DIREITO PENAL
PARTE ESPECIAL

ESQUEMATIZADO

Histórico da Obra

- **1.ª edição:** fev./2011; 2.ª tir., maio/2011; 3.ª tir., ago./2011
- **2.ª edição:** fev./2012; 2.ª tir., set./2012
- **3.ª edição:** fev./2013; 2.ª tir., maio/2013
- **4.ª edição:** jan./2014; 2.ª tir., jul./2014
- **5.ª edição:** jan./2015
- **6.ª edição:** jan./2016; 2.ª tir., mar./2016
- **7.ª edição:** jan./2017; 2.ª tir., set./2017
- **8.ª edição:** jan./2018; 2.ª tir., jun./2018
- **9.ª edição:** jan./2019; 2.ª tir., jul./2019
- **10.ª edição:** fev./2020
- **11.ª edição:** jan./2021

Victor Eduardo Rios Gonçalves

Procurador de Justiça Criminal e Professor em curso preparatório para concursos

DIREITO PENAL

PARTE ESPECIAL

ESQUEMATIZADO

Coordenador
Pedro Lenza

11ª edição
2021

saraiva jur

saraiva EDUCAÇÃO | saraiva jur

Av. Paulista, 901, 3º andar
Bela Vista – São Paulo – SP – CEP: 01311-100

SAC | sac.sets@somoseducacao.com.br

Direção executiva Flávia Alves Bravin
Direção editorial Renata Pascual Müller
Gerência de projetos e produção editoriais Fernando Penteado

Planejamento Josiane de Araujo Rodrigues

Novos projetos Sérgio Lopes de Carvalho
Dalila Costa de Oliveira

Edição Clarissa Boraschi Maria (coord.)
Liana Ganiko Brito

Produção editorial Daniele Debora de Souza (coord.)
Verônica Pivisan Reis

Arte e digital Mônica Landi (coord.)
Camilla Felix Cianelli Chaves
Claudirene de Moura Santos Silva
Deborah Mattos
Guilherme H. M. Salvador
Tiago Dela Rosa

Projetos e serviços editoriais Kelli Priscila Pinto
Laura Paraíso Buldrini Filogônio
Marília Cordeiro
Nicoly Wasconcelos Razuk

Diagramação Adriana Aguiar Santoro
Mônica Landi
Revisão PBA Preparação e Revisão de Textos
Amélia Kassis Ward
Capa Aero Comunicação/Danilo Zanott
Produção gráfica Marli Rampim
Sergio Luiz Pereira Lopes
Impressão e acabamento Edições Loyola

DADOS INTERNACIONAIS DE CATALOGAÇÃO NA PUBLICAÇÃO (CIP)
ANGÉLICA ILACQUA CRB-8/7057

Gonçalves, Victor Eduardo Rios

Direito penal : parte especial / Victor Eduardo Rios Gonçalves. / coord. Pedro Lenza. – 11. ed. – São Paulo: Saraiva Educação, 2021. (Coleção Esquematizado®)
984 p.

Bibliografia
ISBN 978-65-5559-002-9 (impresso)

1. Direito penal - Brasil. I. Título. II. Lenza, Pedro.

CDD 340
20-0484 CDU 343(81)

Índice para catálogo sistemático:

1. Direito penal : Brasil

Data de fechamento da edição: 2-12-2020

Dúvidas? Acesse www.editorasaraiva.com.br/direito

CL 606773 CAE 751939

À Flávia, Isabella e Valentina, amores da minha vida.

AGRADECIMENTOS

Ao amigo Pedro Lenza, pelo convite para a produção deste livro, pelas valiosas orientações durante sua elaboração e, ainda, por todo o apoio prestado.

Ao Professor Damásio de Jesus, pelos conhecimentos transmitidos e pela honra de integrar, há quase duas décadas, o quadro de professores de seu reconhecido Complexo Jurídico.

À minha querida família, que soube dar o suporte necessário com muito carinho e dedicação.

Aos meus grandes amigos Olheno, Salmo, Luiz Kok, Cebrian, Ciro Dias e André.

METODOLOGIA ESQUEMATIZADO

Durante o ano de 1999, pensando, naquele primeiro momento, nos alunos que prestariam o exame da OAB, resolvemos criar uma **metodologia** de estudo que tivesse linguagem "fácil" e, ao mesmo tempo, oferecesse o conteúdo necessário à preparação para provas e concursos.

O trabalho foi batizado como ***Direito constitucional esquematizado***. Em nosso sentir, surgia ali uma metodologia **pioneira**, idealizada com base em nossa experiência no magistério e buscando, sempre, otimizar a preparação dos alunos.

A metodologia se materializou nos seguintes "pilares":

- **esquematizado:** a parte teórica é apresentada de forma objetiva, dividida em vários itens e subitens e em parágrafos curtos. Essa estrutura revolucionária rapidamente ganhou a preferência dos concurseiros;
- **superatualizado:** doutrina, legislação e jurisprudência em sintonia com as grandes tendências da atualidade e na linha dos concursos públicos de todo o País;
- **linguagem clara:** a exposição fácil e direta, a leitura dinâmica e estimulante trazem a sensação de que o autor está "conversando" com o leitor;
- **palavras-chave *(keywords)*:** os destaques na cor azul possibilitam a leitura "panorâmica" da página, facilitando a fixação dos principais conceitos. O realce colorido recai sobre os termos que o leitor certamente grifaria com a sua caneta marca-texto;
- **recursos gráficos:** esquemas, tabelas e gráficos favorecem a assimilação e a memorização dos principais temas;
- **questões resolvidas:** ao final de cada capítulo, o assunto é ilustrado com questões de concursos ou elaboradas pelos próprios autores, o que permite conhecer as matérias mais cobradas e também checar o aprendizado.

Depois de muitos anos de **aprimoramento**, o trabalho passou a atingir tanto os candidatos ao **Exame de Ordem** quanto todos aqueles que enfrentam os concursos em geral, sejam das **áreas jurídica** ou **não jurídica**, de **nível superior** ou mesmo os de **nível médio**, assim como os **alunos de graduação** e demais **profissionais**.

Ada Pellegrini Grinover, sem dúvida, anteviu, naquele tempo, a evolução do *Esquematizado*. Segundo a Professora escreveu em 1999, "a obra destina-se, declaradamente, aos candidatos às provas de concursos públicos e aos alunos de graduação, e, por isso mesmo, após cada capítulo, o autor insere questões para aplicação da parte teórica. Mas será útil também aos operadores do direito mais experientes, como fonte de consulta rápida e imediata, por oferecer grande número de informações buscadas em diversos autores, apontando as posições predominantes na doutrina, sem eximir-se de criticar algumas delas e de trazer sua própria contribuição. Da leitura amena surge um livro 'fácil', sem ser reducionista, mas que revela, ao contrário, um grande poder de síntese, difícil de encontrar mesmo em obras de autores mais maduros, sobretudo no campo do direito".

Atendendo ao apelo de "concurseiros" de todo o País, sempre com o apoio incondicional da Saraiva Educação, convidamos professores das principais matérias exigidas nos concursos públicos das *áreas jurídica* e *não jurídica* para compor a **Coleção Esquematizado®**.

Metodologia pioneira, vitoriosa, consagrada, testada e aprovada. **Professores** com larga experiência na área dos concursos públicos. Estrutura, apoio, profissionalismo e *know-how* da **Saraiva Educação** Sem dúvida, ingredientes indispensáveis para o sucesso da nossa empreitada!

Para a **parte especial do direito penal**, tivemos a honra de contar com o trabalho de **Victor Eduardo Rios Gonçalves**, que soube, com maestria, aplicar a **metodologia "Esquematizado"** à sua vasta e reconhecida experiência profissional como professor, promotor de justiça e autor de consagradas obras.

Victor formou-se, em 1990, na prestigiosa Faculdade de Direito do Largo São Francisco, ingressando, logo no ano seguinte, no Ministério Público de São Paulo.

Desde 1994 tem lecionado direito penal e processual penal no *Damásio Educacional*, o que, por esse motivo, lhe credencia para ser um dos maiores e mais respeitados professores da área.

O professor Victor foi assessor jurídico da Procuradoria-Geral de Justiça durante quatro anos e é autor, entre outros trabalhos, dos livros de direito penal, processo penal e direito de empresas da vitoriosa Coleção Sinopses Jurídicas da Saraiva Educação.

Não temos dúvida de que este livro contribuirá para "encurtar" o caminho do ilustre e "guerreiro" concurseiro na busca do "sonho dourado"!

Esperamos que a **Coleção Esquematizado®** cumpra o seu papel. Em constante parceria, estamos juntos e aguardamos suas críticas e sugestões.

Sucesso a todos!

Pedro Lenza
Mestre e Doutor pela USP
Visiting Scholar pela Boston College Law School
pedrolenza@terra.com.br
https://twitter.com/pedrolenza
http://instagram.com/pedrolenza
http://www.periscope.tv/pedrolenza
https://www.facebook.com/pedrolenza
https://www.youtube.com/pedrolenza
http://www.saraivajur.com.br/esquematizado

NOTA DO AUTOR À 11ª EDIÇÃO

Ao aceitar o honroso convite que me foi dirigido pelo Professor Pedro Lenza, para que aplicasse ao estudo do Direito Penal o consagrado método concebido pelo citado mestre, descortinou-se a possibilidade de oferecer aos estudantes e operadores do direito uma diferenciada fonte de estudo e de consulta, que primasse pela abrangência do conteúdo e pela clareza na forma de sua exposição.

A presente obra, portanto, levando em conta a necessidade de modernização do ensino jurídico, aborda a Parte Especial do Código Penal Brasileiro por meio de linguagem atualizada e com projeto gráfico que facilita a compreensão e o manuseio, mostrando-se ferramenta muito útil aos concursandos, estudantes e profissionais da área jurídica.

Não se mostra razoável, na segunda década do novo milênio, que se perpetue a análise do Direito Penal pela exposição de exemplos e citações que remetem há tempos remotos, não refletindo as práticas delituosas contemporâneas e criando no estudante a sensação de não estar em contato com a realidade por ele próprio vivenciada nos noticiários. Por isso, além das modalidades criminosas que podem ser definidas como "tradicionais", foram também abordadas de forma aprofundada infrações penais como o sequestro-relâmpago, os golpes aplicados pela internet, a clonagem de cartões bancários, o feminicídio, os homicídios cometidos por associações criminosas etc.

Nesta 11ª edição, foram inseridos e comentados novos julgados do Supremo Tribunal Federal e do Superior Tribunal de Justiça sobre temas altamente relevantes.

Aproveito o ensejo, por fim, para externar minha gratidão aos que acreditaram em nosso projeto e adquiriram a 1ª, 2ª, 3ª, 4ª, 5ª, 6ª, 7ª, 8ª, 9ª e 10ª edição deste livro, elaborado com muita dedicação e carinho.

Victor Eduardo Rios Gonçalves

victorriosgoncalves@gmail.com

SUMÁRIO

Capítulo II

Capítulo III

TÍTULO II

Capítulo I

Capítulo II

Capítulo III

Capítulo IV

Capítulo V

Capítulo VII

Capítulo VIII

TÍTULO III

Capítulo I

TÍTULO IV

Capítulo II

TÍTULO VI

Capítulo I

Capítulo I-A

Capítulo II

Capítulo V

Capítulo VI

TÍTULO VII

Capítulo I

Capítulo II

Capítulo III

Capítulo IV

TÍTULO VIII

Capítulo I

Capítulo II

TÍTULO X

Capítulo I

Capítulo II

Capítulo III

Capítulo IV

Capítulo II-A

Capítulo III

INTRODUÇÃO

Na Parte Especial do Código Penal, existem basicamente três espécies de normas — as incriminadoras, as permissivas e as explicativas.

I.1. ESPÉCIES DE NORMAS PENAIS

I.1.1. Normas penais incriminadoras

São aquelas que definem as infrações penais e fixam as respectivas penas. São também chamadas de **tipos penais**.

As normas incriminadoras possuem, necessariamente, duas partes. Na primeira, o legislador descreve a conduta típica e os demais elementos necessários para que o fato seja considerado criminoso. No crime de furto, por exemplo, a conduta ilícita descrita no art. 155, *caput*, do Código Penal é "subtrair, para si ou para outrem, coisa alheia móvel". Esse é o denominado **preceito primário** da norma penal incriminadora.

Os diversos requisitos que compõem o tipo penal são denominados **elementos** ou **elementares** e se subdividem em três espécies: elementos objetivos, subjetivos e normativos.

Os elementos **objetivos** são os verbos constantes dos tipos penais (**núcleos** do tipo) e os demais requisitos, cujos significados não demandam qualquer juízo de valor, como a expressão "coisa móvel" no crime de furto ou a palavra "alguém" para se referir a ser humano no homicídio. Todos os tipos penais possuem elementos objetivos.

Os elementos **subjetivos** dizem respeito à especial finalidade do agente ao realizar a ação ou omissão delituosa. Não são todos os tipos penais que contêm elementos subjetivos. O crime de extorsão mediante sequestro, por exemplo, consiste em "sequestrar pessoa com o fim de obter, para si ou para outrem, qualquer vantagem, como condição ou preço do resgate" (art. 159 do CP). O elemento subjetivo do tipo é a intenção do agente de obter vantagem como decorrência do sequestro.

Os elementos **normativos**, por sua vez, são aqueles cujo significado não se extrai da mera observação, dependendo de uma interpretação, ou seja, de um juízo de valor. No crime de furto, a expressão "coisa alheia" é considerada elemento normativo, pois só se sabe se um bem é alheio quando se está diante de um caso concreto e se faz uma análise envolvendo o bem e a pessoa acusada de tê-lo subtraído.

Os tipos penais compostos somente por elementos objetivos são chamados de **normais**, e aqueles que também contêm elementos subjetivos ou normativos são classificados de **anormais** (por serem exceção).

Na segunda parte da norma incriminadora, a lei prevê a pena a ser aplicada a quem realizar a conduta típica ilícita. No caso do furto, a pena estabelecida é de "reclusão, de um a quatro anos, e multa". Esse é o chamado **preceito secundário** da norma.

Observação: Além da definição legal e da respectiva pena, as normas incriminadoras podem ser complementadas na Parte Especial por circunstâncias que tornam a pena mais grave ou mais branda. No crime de furto, por exemplo, além do tipo básico já mencionado e descrito no *caput* do art. 155, existem as qualificadoras (rompimento de obstáculo, emprego de chave falsa, escalada, concurso de agentes etc.), uma causa de aumento de pena (furto noturno) e hipóteses de abrandamento da reprimenda (conhecidas como furto privilegiado).

As **qualificadoras** alteram a pena em abstrato (preceito secundário) como um todo, descrevendo novas penas máxima e mínima. Assim, no homicídio simples, a pena é de 6 a 20 anos de reclusão, enquanto no qualificado é de 12 a 30 anos.

As **causas de aumento** são índices de **soma** ou **multiplicação** a serem aplicados sobre a pena estabelecida na fase anterior. No homicídio, por exemplo, quando a vítima é menor de 14 anos, a pena é aumentada de 1/3 (art. 121, § 4º, 2ª parte). Na receptação dolosa, a pena é aplicada em dobro se o bem for público (art. 180, § 6º).

I.1.2. Normas penais permissivas

São as que preveem a **licitude** ou a impunidade de determinados comportamentos, apesar de se enquadrarem na descrição típica. São normas permissivas, por exemplo, aquelas que excluem a ilicitude do aborto provocado por médico quando não há outro meio para salvar a vida da gestante, ou quando a gravidez resulta de estupro e há consentimento da gestante (art. 128), ou, ainda, as hipóteses de isenção de pena existentes nos crimes contra o patrimônio praticados contra cônjuge ou contra ascendente sem emprego de violência contra pessoa ou grave ameaça (art. 181 do CP).

I.1.3. Normas penais explicativas (ou complementares)

São as que esclarecem o conteúdo de outras normas ou limitam o âmbito de sua aplicação. Vejam-se, por exemplo, os §§ 4º e 5º do art. 150 do Código Penal que, no crime de violação de domicílio, esclarecem o que está e o que não está contido no significado da palavra "casa".

ESPÉCIES DE NORMAS PENAIS		
Incriminadoras	Permissivas	Explicativas

I.2. DIVISÃO DOS TIPOS PENAIS DE ACORDO COM O BEM JURÍDICO ATINGIDO

Na Parte Especial do Código Penal, as infrações penais foram agrupadas em 11 títulos de acordo com o bem jurídico afetado.

A divisão é a seguinte:

PARTE ESPECIAL DO CÓDIGO PENAL
• Título I — Dos Crimes contra a Pessoa. • Título II — Dos Crimes contra o Patrimônio. • Título III — Dos Crimes contra a Propriedade Imaterial. • Título IV — Dos Crimes contra a Organização do Trabalho. • Título V — Dos Crimes contra o Sentimento Religioso e contra o Respeito aos Mortos. • Título VI — Dos Crimes contra a Dignidade Sexual. • Título VII — Dos Crimes contra a Família. • Título VIII — Dos Crimes contra a Incolumidade Pública. • Título IX — Dos Crimes contra a Paz Pública. • Título X — Dos Crimes contra a Fé Pública. • Título XI — Dos Crimes contra a Administração Pública.

I.3. TEMAS NECESSARIAMENTE ABORDADOS NO ESTUDO DOS DELITOS EM ESPÉCIE

Existem alguns temas de análise obrigatória no estudo de cada um dos ilícitos penais previstos na Parte Especial do Código. Por se tratarem de diretrizes do Direito Penal, será feita uma exposição preliminar acerca desses tópicos.

I.3.1. A conduta e suas classificações

- **Crimes comissivos e omissivos**

São chamados de **crimes comissivos** aqueles que são praticados por meio de uma **ação**, ou seja, a partir de um comportamento positivo em que o agente faz ou realiza algo. Nesses casos, a lei determina um não fazer e o agente comete o crime exatamente por fazer aquilo que a lei proíbe. Assim, quando a lei prevê pena de reclusão, de 6 a 20 anos, para quem matar alguém, está determinando que as pessoas não matem. Caso o agente o faça, receberá a pena anteriormente mencionada.

Os crimes **omissivos**, por sua vez, podem ser próprios ou impróprios.

Os delitos **omissivos próprios** são aqueles em que o tipo penal descreve como ilícito um **não fazer**, ou seja, estabelece certas situações em que a pessoa deve agir e, caso não o faça, incorre no delito. Veja-se, por exemplo, o crime de omissão de socorro, em que uma pessoa vislumbra outra em situação de perigo, e, podendo ajudá-la, nada faz.

Os crimes **omissivos impróprios** ou **comissivos por omissão**, ao contrário dos anteriores, não estão previstos na Parte Especial do Código Penal como delitos autônomos. Sua verificação decorre da norma do art. 13, § 2º, do CP, que estabelece hipóteses em que o sujeito tem o **dever jurídico de evitar o resultado** e, caso não o faça, responde pelo crime. Verifica-se em tipos penais que normalmente exigem uma ação para sua configuração, como ocorre com o homicídio, porém o agente nada faz e isso causa a morte da vítima, devendo, portanto, responder pelo crime, porque tinha o dever jurídico de evitar aquela morte. É o que ocorre com a mãe que intencionalmente deixa de alimentar um filho de pouca idade, causando a morte dele.

O referido dever jurídico, nos termos do art. 13, § 2º, pode decorrer de lei que estabeleça obrigação de cuidado, proteção ou vigilância (como no exemplo da mãe acima mencionado), ou do fato de o agente, de outra forma, ter assumido a responsabilidade de impedir o resultado, ou, ainda, por ter ele provocado o risco de causá-lo com seu comportamento anterior.

Em suma, na Parte Especial do Código, os verbos configuradores da infração penal são comissivos ou omissivos. Ocorre que os crimes comissivos que, em geral, são cometidos por meio de ação podem também ser cometidos por omissão quando o agente tinha o dever jurídico de evitar o resultado, e não o fez, como no exemplo da morte do filho pequeno. Nesse caso, o crime é chamado de omissivo impróprio ou comissivo por omissão.

- **Crimes de ação múltipla**

Essa denominação é dada aos tipos penais que possuem **vários verbos** separados pela partícula "ou". É o que ocorre, por exemplo, no art. 122 do CP, em que se pune quem induz, instiga **ou** presta auxílio ao suicídio de outrem. Nesses casos, a realização de **uma das condutas** já é suficiente para **caracterizar o delito**, caso a vítima se mate; contudo, se o agente realizar mais de uma delas em relação à mesma vítima, ele não responderá por dois crimes. Assim, caso o agente induza e também auxilie a vítima a se matar, responderá por um único crime de participação em suicídio.

Outros exemplos importantes de crimes de ação múltipla são os delitos de receptação, tráfico ilícito de entorpecentes e porte ilegal de arma de fogo.

A doutrina possui outras denominações para essa espécie de infração penal: crimes de **conteúdo variado** ou com **tipo misto alternativo**.

- **Crimes de ação livre ou de ação vinculada**

Crime de **ação livre** é aquele que pode ser praticado por **qualquer meio** de execução, uma vez que a lei não exige comportamento específico. Ex.: o homicídio pode ser cometido por meio de disparo de arma de fogo, golpe de faca, afogamento, fogo ou qualquer outro meio capaz de gerar a morte.

Os crimes de **ação vinculada** são aqueles em que o tipo penal **descreve de forma específica a forma de execução** configuradora da infração penal. É o que ocorre, por exemplo, no crime de maus-tratos em que o ilícito penal só se configura quando a forma de expor a risco a vida ou a saúde da vítima é uma daquelas elencadas no art. 136 do CP (privação de alimentação ou de cuidados indispensáveis, sujeição a trabalho excessivo ou inadequado, ou abuso dos meios de correção e disciplina).

- **Crimes habituais**

Representam aqueles que só se configuram pela reiteração de atos da mesma espécie, como os crimes de curandeirismo (art. 284) e casa de prostituição (art. 229). A prática de ato isolado é considerada atípica.

CLASSIFICAÇÕES QUANTO À CONDUTA			
1) Crimes comissivos, omissivos ou comissivos por omissão	2) Crimes de ação livre ou de ação vinculada	3) Crimes de ação única ou de ação múltipla	4) Crimes habituais ou não habituais

■ I.3.2. Objetividade jurídica e suas classificações

Quando o legislador incrimina certo comportamento, sua intenção é evitar que este se realize, pois todos estarão cientes de que a infração implicará a aplicação da pena prevista. Assim, é possível dizer que o legislador, ao tipificar determinada conduta, tem por objetivo proteger algum ou alguns bens jurídicos. Essa finalidade é a objetividade jurídica. Dessa forma, quando se diz que a objetividade jurídica do furto é o patrimônio, significa que a previsão legal de tal delito tem por objetivo tutelar o patrimônio das pessoas.

- **Crimes simples e complexos**

São classificados como **simples** aqueles crimes cujo tipo penal tutela **um único** bem jurídico, como ocorre com o homicídio, em que a vida humana extrauterina é o único bem tutelado, ou o furto, o qual protege unicamente o patrimônio.

Por sua vez, são chamados de crimes **complexos** aqueles que dizem respeito a **mais de um** bem jurídico, como o latrocínio que tutela, concomitantemente, o patrimônio e a vida.

CLASSIFICAÇÕES QUANTO À OBJETIVIDADE JURÍDICA	
■ Crimes simples	■ Crimes complexos

■ I.3.3. Sujeito ativo e suas classificações

No estudo dos delitos previstos na Parte Especial do Código Penal, um dos tópicos que sempre constitui objeto de análise é o que diz respeito ao sujeito ativo do crime, ou seja, quem pode cometer determinada infração penal, e, ainda, se é possível que duas ou mais pessoas o pratiquem em conjunto. Em razão desses fatores, a doutrina acabou criando denominações para cada um desses aspectos.

- **Crimes comuns e próprios**

Comuns são aqueles que podem ser cometidos por qualquer pessoa pelo simples fato de o tipo penal não exigir qualquer condição especial no sujeito ativo.

Exemplo disso ocorre em crimes como homicídio e furto, que podem ser cometidos por toda e qualquer pessoa.

Próprios são os que só podem ser cometidos por determinada categoria de pessoas, por exigir o tipo penal certa qualidade ou característica no sujeito ativo. Dentre esses, podemos elencar os crimes de infanticídio (art. 123), que só pode ser praticado pela mãe, sob a influência do estado puerperal, e a corrupção passiva em que o sujeito ativo deve ser funcionário público.

É de lembrar, porém, que pessoa que não se reveste de referida qualidade também pode ser responsabilizada pelo crime próprio, caso tenha, dolosamente, colaborado para sua prática, nos termos do art. 30 do CP. Dessa forma, se um funcionário público solicita alguma vantagem indevida em razão do cargo que ocupa, valendo-se para tanto da colaboração de um amigo que leva a solicitação à vítima, ambos respondem pela corrupção passiva.

- **Autoria, coautoria e participação**

Autor é quem executa a conduta típica descrita na lei, ou seja, quem realiza o verbo contido no tipo penal. Ex.: no homicídio, a conduta típica é "matar alguém", sendo autor, dessa forma, quem realiza disparos de arma de fogo contra a vítima, quem a empurra do alto de um prédio ou a afoga em um lago etc.

Na **coautoria**, duas ou mais pessoas, conjuntamente, realizam o ato executório. É o que se dá, por exemplo, quando duas pessoas efetuam disparos contra a vítima ou quando várias pessoas amarram uma pedra no corpo dela e a atiram em um lago profundo.

Existem alguns tipos penais em que o texto legal exige mais de um ato executório para sua configuração. É o que ocorre, *v.g.*, com o crime de roubo em que uma das ações é a *subtração* da coisa alheia móvel, e a outra é o *emprego* de violência ou grave ameaça. Nesses casos, será considerado coautor quem realizar quaisquer dessas condutas e não apenas quem realizar ambas. Dessa forma, quando um dos roubadores segura a vítima para imobilizá-la, enquanto o comparsa coloca a mão no bolso do paletó dela para se apoderar de sua carteira, temos coautoria.

A **participação**, por sua vez, é uma forma de concurso de agentes em que o envolvido não realiza quaisquer das condutas típicas, mas, de alguma outra forma, concorre para o delito. O partícipe, de acordo com a regra do art. 29 do CP, incorre nas mesmas penas dos autores e coautores do crime. São exemplos de participação estimular verbalmente uma pessoa a matar outra ou emprestar dolosamente um revólver para que o agente execute a vítima.

- **Crimes monossubjetivos e plurissubjetivos**

São chamados de **monossubjetivos** aqueles que podem ser cometidos por uma só pessoa, como, por exemplo, o homicídio. Tendo em vista, todavia, que esse crime pode também ser praticado por duas ou mais pessoas em conjunto, ele também é chamado de **crime de concurso eventual**.

Por sua vez, são denominados de **plurissubjetivos** ou crimes de **concurso necessário** aqueles que só podem ser praticados por duas ou mais pessoas em conjunto.

Os crimes plurissubjetivos podem ser:

a) de **condutas paralelas**, em que os agentes auxiliam-se mutuamente, visando um resultado comum, como no crime de associação criminosa (art. 288 do CP);

b) de **condutas convergentes**, em que as condutas se encontram gerando imediatamente o resultado, como ocorria com o crime de adultério, há alguns anos já revogado;

c) de **condutas contrapostas**, em que os envolvidos agem uns contra os outros, como ocorre no crime de rixa (art. 137 do CP).

CRIMES DE CONCURSO NECESSÁRIO		
■ De condutas paralelas	■ De condutas convergentes	■ De condutas contrapostas

- **Crimes de mão própria**

São aqueles cujo tipo penal descreve conduta que só pode ser realizada por **uma única pessoa**, razão pela qual **não admitem coautoria**. No crime de autoaborto, por exemplo, a gestante é punida por praticar um ato abortivo em si mesma. Ora, a expressão "aborto em si mesma" só é compatível com ato da gestante contra o próprio feto. Ninguém além dela pode praticar aborto em *si mesma*.

Os crimes de mão própria, entretanto, **admitem** perfeitamente a **participação**, de modo que o namorado ao incentivar a namorada grávida a tomar um medicamento abortivo é partícipe no crime de autoaborto.

CLASSIFICAÇÕES QUANTO AO SUJEITO ATIVO		
1) Crimes comuns ou próprios	2) Crimes monossubjetivos ou plurissubjetivos	3) Crimes de mão própria

■ I.3.4. Sujeito passivo

É a pessoa ou entidade que sofre os efeitos do delito (a vítima do crime). No homicídio, é a pessoa que foi morta. No furto, o dono do bem subtraído.

Existem alguns crimes em que o sujeito passivo é uma entidade sem personalidade jurídica, como a família, a sociedade etc. Esses delitos são chamados de **crimes vagos**.

■ I.3.5. Objeto material

É a pessoa ou coisa sobre a qual **recai** a conduta delituosa. No crime de furto, por exemplo, é o bem que foi subtraído da vítima (o veículo, o dinheiro etc.).

I.3.6. Consumação e classificações

Um crime se considera consumado quando se reúnem no caso concreto **todos os elementos** de sua definição legal. Consumado o delito, estará o juiz autorizado a aplicar em sua integralidade a pena prevista em abstrato na norma penal incriminadora. Ao contrário, quando o delito for meramente tentado, a pena deverá sofrer uma redução de 1/3 a 2/3, nos termos do art. 14, parágrafo único, do Código Penal.

Para se verificar se um delito se consumou, faz-se necessário analisar quais os elementos componentes de sua descrição típica e à existência de quais deles o texto legal vinculou a aplicação da pena prevista na Parte Especial. Veja-se, por exemplo, o crime de extorsão mediante sequestro (art. 159), que tem como requisitos a captura de alguém e a finalidade de se obter um resgate em troca da libertação. Embora existam esses dois elementos componentes, o texto legal vincula a aplicação da pena integral (crime consumado) ao ato do sequestro (captura) da vítima, estando, assim, consumada essa infração, ainda que o agente não obtenha o resgate pretendido. É da mera leitura do tipo penal que se extrai a conclusão em torno do momento consumativo de cada infração penal.

- **Crimes materiais, formais e de mera conduta**

Referem-se ao **resultado** do crime como condicionante de sua consumação.

Crimes **materiais** são aqueles em relação aos quais a lei descreve uma ação e um resultado e exige a ocorrência deste para que o crime esteja consumado. O mais citado dos crimes materiais é o estelionato (art. 171), em que o tipo penal descreve a ação (empregar fraude para induzir alguém em erro) e o resultado (obtenção de vantagem ilícita em prejuízo alheio), e a forma pela qual está redigido o dispositivo deixa claro que ele só se consuma com a efetiva obtenção da vantagem visada (resultado).

Os crimes **formais** são aqueles em que a lei também descreve uma ação e um resultado, mas a redação do dispositivo deixa evidenciado que a consumação se dá no momento da ação. O exemplo clássico é o crime de extorsão mediante sequestro (art. 159) em que o tipo penal descreve a ação (sequestro) e o resultado visado (o valor do resgate), deixando claro, todavia, que o delito se consuma no momento do sequestro.

Já os crimes **de mera conduta** são aqueles em que o tipo penal descreve apenas uma ação e, portanto, consumam-se no exato instante em que esta é realizada. Ex.: crime de violação de domicílio (art. 150).

- **Crimes instantâneos, permanentes e instantâneos de efeitos permanentes**

Essa classificação se refere à duração do momento consumativo.

Crime **instantâneo** é aquele cuja consumação ocorre em um determinado instante, não se prolongando no tempo. Ex.: crime de lesões corporais.

Crime **permanente** é aquele cujo momento consumativo se prolonga no tempo por vontade do agente. Ex.: crime de sequestro em que o bem jurídico liberdade mantém-se continuamente afetado enquanto a vítima não é libertada. A consequência é a possibilidade de prisão em flagrante enquanto não cessada a permanência. Além disso, a prescrição só corre após a libertação da vítima.

Crime **instantâneo de efeitos permanentes** é aquele cuja consumação se dá em momento determinado, mas seus efeitos são irreversíveis. Ex.: homicídio.

CLASSIFICAÇÕES QUANTO À CONSUMAÇÃO E SUA DURAÇÃO	
1) Crimes materiais, formais ou de mera conduta	2) Crimes instantâneos, permanentes e instantâneos de efeitos permanentes

I.3.7. Tentativa

No estudo dos crimes em espécie sempre é importante analisar se determinado delito é ou não compatível com o instituto da tentativa, pois existem vários que não o são, como os crimes culposos e os preterdolosos, dentre outros.

Ademais, naqueles em que a tentativa é cabível, insta avaliar quando se dá o início de execução, instante a partir do qual é possível o *conatus,* bem como apreciar eventual ineficácia absoluta do meio empregado ou impropriedade absoluta do objeto, que levariam ao reconhecimento do crime impossível e afastariam a tentativa.

I.3.8. Crimes dolosos, culposos e preterdolosos

Crimes **dolosos** são aqueles em que o agente quer o resultado ou assume o risco de produzi-lo, tais como o homicídio, o furto, o roubo, o estupro, o peculato etc. Dependendo da forma como redigido o crime doloso na Parte Especial do Código Penal, ele será incompatível com a figura do dolo eventual, como ocorre com a receptação simples e o crime de favorecimento real.

Crimes **culposos** são aqueles em que o resultado ilícito decorre de imprudência, negligência ou imperícia. A existência da modalidade culposa de determinada infração penal pressupõe expressa previsão no texto legal.

Os **preterdolosos**, por sua vez, são crimes híbridos, em que a lei descreve uma conduta inicial dolosa agravada por um resultado culposo. O crime de lesão corporal seguida de morte (art. 129, § 3º) é o melhor exemplo, pois nele existe por parte do agente apenas intenção de lesionar a vítima, mas, durante a agressão, ele acaba, culposamente, causando sua morte.

I.3.9. Outras classificações

Existem diversas outras classificações de menor importância que serão abordadas especificamente quando se referirem a um determinado ilícito penal. Além disso, será elaborado quadro com a classificação doutrinária das infrações penais que se revestirem de maior relevância.

TÍTULO I

1. DOS CRIMES CONTRA A PESSOA

Neste primeiro Título da Parte Especial do Código Penal são definidos os crimes que atingem a pessoa em seus principais valores físicos ou morais (vida, integridade física, honra, liberdade etc.). Na enorme maioria das infrações penais descritas neste Título, a vítima é a pessoa humana (física). Excepcionalmente, como se verá, o sujeito passivo pode ser pessoa jurídica, como se dá no crime de violação de correspondência comercial (art. 152).

Esse Título é dividido em seis Capítulos, dependendo do bem jurídico afetado pela conduta delituosa, conforme demonstra o quadro abaixo:

DOS CRIMES CONTRA A PESSOA
• Capítulo I — Dos crimes contra a vida. • Capítulo II — Das lesões corporais. • Capítulo III — Da periclitação da vida e da saúde. • Capítulo IV — Da rixa. • Capítulo V — Dos crimes contra a honra. • Capítulo VI — Dos crimes contra a liberdade individual.

DOS CRIMES CONTRA A VIDA

1.1. DOS CRIMES CONTRA A VIDA

A vida é o mais valioso dos bens jurídicos de que dispõe o ser humano, de modo que o primeiro crime previsto na Parte Especial do Código é o **homicídio**.

Além dele, prevê a lei punição ao **infanticídio**, modalidade mais branda de homicídio, porém, descrita no Código como crime autônomo, em que a mãe mata o próprio filho durante ou logo após o parto em razão de alterações em seu estado físico e psíquico.

O suicídio não é, nem poderia ser, elencado como crime, mas quem induz, instiga ou auxilia outra pessoa a se matar comete crime contra a vida conhecido como participação em **suicídio**.

Por fim, nosso legislador tutelou a vida do nascituro, estabelecendo como crime a provocação dolosa de **aborto**.

DOS CRIMES CONTRA A VIDA
• Homicídio (doloso e culposo) (art. 121). • Participação em suicídio ou automutilação (art. 122). • Infanticídio (art. 123). • Aborto (arts. 124 a 128).

Os crimes previstos neste Capítulo, à exceção da modalidade culposa do homicídio e, em nosso entendimento, do crime de participação em automutilação, são julgados pelo **Tribunal do Júri**, na medida em que o art. 5º, XXXVIII, *d*, da Constituição Federal, confere ao Tribunal Popular competência para julgar os **crimes dolosos contra a vida**.

1.1.1. Homicídio

Pode ser doloso ou culposo.

1.1.1.1. Homicídio doloso

Subdivide-se em três modalidades:

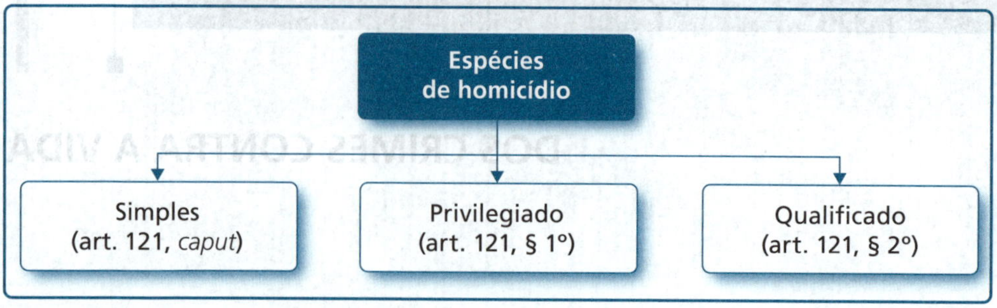

■ 1.1.1.1.1. *Homicídio simples*

> **Art. 121, *caput*** — Matar alguém:
> Pena — reclusão, de 6 a 20 anos.

■ 1.1.1.1.1.1. *Conceito*

O homicídio consiste na eliminação da **vida humana extrauterina** provocada por outra pessoa. A vítima deixa de existir em decorrência da conduta do agente. Este pode realizar o ato homicida pessoalmente, ou atiçando um animal bravio contra a vítima, ou até mesmo valendo-se de pessoa inimputável, como no caso de convencer uma criança a jogar veneno no copo da vítima.

O texto legal não define quando um homicídio é considerado simples. Ao contrário, preferiu o legislador definir expressamente apenas as hipóteses em que o crime é privilegiado (art. 121, § 1º) ou qualificado (art. 121, § 2º). Dessa forma, é **por exclusão** que se conclui que um homicídio é simples, devendo ser assim considerados os fatos em que não se mostrem presentes quaisquer das hipóteses de privilégio e qualquer qualificadora.

■ 1.1.1.1.1.2. *Objetividade jurídica*

A vida humana extrauterina. Antes do nascimento, a eliminação da vida constitui crime de aborto.

Como o homicídio atinge um único bem jurídico, é classificado como crime **simples**. Note-se que até o homicídio qualificado, por atingir um só bem jurídico, constitui crime simples. Não se devem confundir as denominações: homicídio simples e crime simples, que têm significados diversos.

O homicídio é também classificado como crime **de dano**, na medida em que sua configuração exige efetiva lesão ao bem jurídico. Com efeito, para que haja homicídio consumado, não basta que a vítima tenha corrido perigo de vida, sendo necessário o evento morte.

■ 1.1.1.1.1.3. *Meios de execução*

A conduta típica "matar" admite qualquer meio de execução (disparos de arma de fogo, facadas, atropelamento, emprego de fogo, asfixia etc.). Alguns desses meios de execução, aliás, tornam o crime qualificado, como, por exemplo, o fogo, o explosivo, o veneno, a asfixia etc.

O fato de admitir qualquer meio de execução faz com que o homicídio seja classificado como crime de **ação livre**.

É possível que o homicídio seja praticado por **omissão**, como no exemplo da mãe que, querendo a morte do filho pequeno, deixa de alimentá-lo. Temos, nesse caso, um crime **comissivo por omissão**, em que a mãe tinha o dever jurídico de evitar o resultado e podia fazê-lo, porém, querendo a morte do filho, se omite. Em tal caso, a mãe é a única envolvida, sendo a **autora** do crime. Existe, ainda, a **participação por omissão**. Suponha-se que um policial, ao dobrar uma esquina, veja um homem desconhecido estrangulando uma mulher. Ele está armado e pode evitar o resultado, tendo, inclusive, o dever jurídico de fazê-lo. Contudo, ao perceber que a vítima é uma pessoa de quem ele não gosta, resolve se omitir, permitindo que o homicídio se consume. O desconhecido é autor do homicídio, e o policial partícipe por omissão (porque tinha o dever jurídico de evitar o crime e não o fez).

- **Crime impossível por absoluta ineficácia do meio**

Quando o agente realiza um ato agressivo visando matar a vítima, mas esta sobrevive, ele só pode ser responsabilizado por tentativa de homicídio se ficar demonstrado que o meio executório por ele empregado poderia ter causado a morte e que isso só não ocorreu por circunstâncias alheias à sua vontade. É que o art. 17 do Código Penal estabelece que **não se pune a tentativa** quando a consumação se mostrar impossível no caso concreto por absoluta ineficácia do meio. A exclusão da modalidade tentada se dá mesmo o agente desconhecendo referida ineficácia absoluta do meio. Desse modo, se uma pessoa diz a outra que quer cometer um homicídio e pede a ela uma arma emprestada e esta última entrega uma arma de brinquedo, dizendo ao executor que ela é verdadeira, mas este se aproxima da vítima e aperta o gatilho, sem conseguir, evidentemente, causar-lhe nenhum arranhão, não responde por nenhum ilícito penal, muito embora tenha apertado o gatilho da arma de brinquedo querendo matar a vítima. Se o sujeito sabe que a arma é de brinquedo, o crime de homicídio tentado nem poderia ser cogitado por falta de dolo de matar.

Entende-se, no entanto, que é meramente **relativa** a ineficácia do meio e que, portanto, o agente deve responder pela tentativa, quando ele não consegue efetuar os disparos por se tratar de projétil antigo que não detona ou pelo fato de a arma, embora apta a efetuar disparos, apresentar defeito mecânico no momento em que acionada. Se, todavia, a perícia constatar que o revólver era totalmente inapto a realizar disparos pela falta de alguma peça, haverá crime impossível.

Quando se trata de arma descarregada ou com as respectivas cápsulas previamente deflagradas, o entendimento é o de que se configura também crime impossível.

Nesse sentido se manifestou Celso Delmanto:[1] "*o revólver sem munição é absolutamente inidôneo para matar alguém a tiro; já o revólver com balas velhas (que*

[1] Celso Delmanto, *Código Penal comentado*, 4. ed., p. 28.

podem ou não disparar de acordo com a sorte) é meio relativamente ineficaz e seu uso permite configurar tentativa punível".

Fernando Capez,[2] por sua vez, salienta que, se "*uma arma apta a efetuar disparos mas que, às vezes, falha, picotando o projétil e, com isso, vindo a vítima a sobreviver, ocorre tentativa, pois o meio era relativamente eficaz*".

Na jurisprudência podemos encontrar:

"*Estando o revólver empunhado pelo réu desmuniciado, com todas as balas já deflagradas, absolutamente ineficaz o seu uso para a prática do homicídio. Tem-se, na espécie, pois, verdadeira tentativa impossível*" (TJSP — Rel. Camargo Sampaio — *RT* 514/336); "*Configura crime impossível o uso de arma descarregada, ocorrendo tal fato como causa de impunibilidade, segundo o art. 17 do CP*" (TJSC — Rel. Thereza Tang — *ADV* 7.342/760).

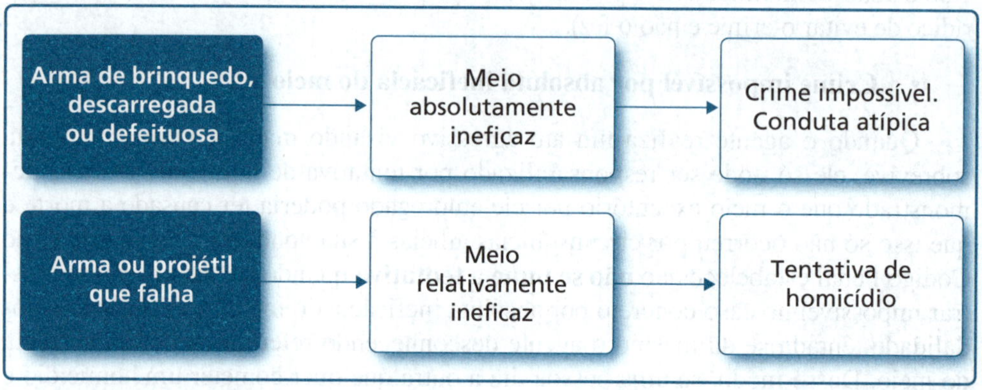

■ 1.1.1.1.1.4. Sujeito ativo

O homicídio enquadra-se no conceito de crime **comum** porque pode ser praticado por **qualquer pessoa**, na medida em que o texto legal não exige qualidade especial para que alguém seja autor desse crime.

Admite também **coautoria** e **participação**, de forma autônoma ou conjunta. Haverá coautoria quando duas pessoas realizarem os atos executórios que culminem na morte da vítima, como quando efetuarem disparos de armas de fogo contra ela. O caso será de participação quando a pessoa não realizar ato executório do homicídio, mas, de alguma outra forma, colaborar para o delito, como, por exemplo, incentivando verbalmente outra pessoa a cometer o crime ou emprestando-lhe a arma de fogo para que o faça. É comum, também, que, em um mesmo caso, existam, concomitantemente, coautores e partícipes. Ex.: duas pessoas armadas efetuam disparos contra a vítima, contando com o incentivo verbal de um partícipe.

[2] Fernando Capez, *Curso de direito penal*, v. 2, p. 22.

Quando várias pessoas, agindo em conluio, efetuam disparos contra várias outras provocando a morte destas, todos os que efetuaram disparos respondem por todos os homicídios.

- **Autoria colateral e autoria incerta no homicídio**

Esses institutos são de aplicação muito rara, principalmente no que se refere à sua incidência no crime de homicídio. A autoria **colateral** se mostra presente quando duas ou mais pessoas querem matar a mesma vítima e realizam ato executório ao mesmo tempo (enquanto ela ainda está viva), *sem que uma saiba da intenção da outra*, sendo que o resultado morte decorre da ação de apenas uma delas. Esses requisitos são indispensáveis para que se fale em autoria colateral pois, quando os envolvidos estão agindo previamente ajustados no sentido de matar a mesma pessoa, eles são considerados coautores e, nessa condição, caso a vítima morra, ambos responderão por crime consumado, ainda que não se descubra qual dos dois realizou o ato executório fatal. Na autoria colateral, como os envolvidos não sabem um da intenção do outro, a análise deve ser feita de maneira individualizada, procurando-se descobrir qual deles causou a morte. Um responderá por crime consumado, enquanto o outro responderá por tentativa. Ex.: duas pessoas estão em uma festa onde também se encontra a vítima que ambas pretendem exterminar, porém uma nada sabe a respeito do intento da outra. Uma delas coloca veneno em um *whisky* e o serve para a vítima, que toma um grande gole. Nesse momento, o outro homicida se aproxima e desfere um tiro mortal na cabeça da vítima que ainda estava viva e morre em razão do disparo sofrido. Este último responde por homicídio consumado. O outro responde por tentativa de homicídio qualificado pelo emprego de veneno.

A autoria **incerta**, por sua vez, ocorre quando estiverem presentes os requisitos da autoria colateral, mas não for possível estabelecer qual dos envolvidos deu causa à morte. Ex.: João e Pedro querem matar a vítima Luiz. Um não sabe da intenção do outro e atiram ao mesmo tempo contra a vítima, que morre recebendo apenas um disparo, mas a perícia bem como o restante da prova colhida são insuficientes para esclarecer quem efetuou o disparo fatal. Em tal caso não é viável que ambos sejam condenados pelo crime consumado, sendo que a solução apontada por toda doutrina é no sentido de que **ambos** respondam por **tentativa** de homicídio, apesar de a vítima ter morrido.

- **Autoria mediata**

Esta é a denominação que se dá às hipóteses em que o agente serve-se de pessoa sem discernimento para executar para ele o homicídio. O executor é **mero instrumento** por atuar sem vontade própria ou sem consciência do que está fazendo e, por isso, **só o autor mediato responde pelo delito**. É o que ocorre, por exemplo, quando o sujeito induz um deficiente mental ou menor de tenra idade a matar alguém, ou quando coage outra pessoa a cometer para ele o crime (coação moral irresistível).

■ *1.1.1.1.1.5. Sujeito passivo*

Pode ser **qualquer ser humano**.

Após o nascimento toda e qualquer pessoa pode ser vítima do crime de homicídio.

Dependendo de certas características do sujeito passivo, haverá deslocamento do crime de homicídio para outros previstos em leis especiais. Assim, quem mata dolosamente o Presidente da República, do Senado Federal, da Câmara dos Deputados ou o Presidente do Supremo Tribunal Federal, comete o crime do art. 29 da Lei de Segurança Nacional (Lei n. 7.170/83). Por sua vez, comete o crime de **genocídio**, previsto no art. 1º da Lei n. 2.889/56, quem mata, com intenção de destruir, no todo ou em parte, grupo nacional, étnico, racial ou religioso.

O assassinato de gêmeos siameses (xifópagos) configura dois crimes de homicídio, ainda que o agente tenha atingido o corpo de apenas um deles, pois a morte de um leva, inexoravelmente, à morte do outro.

Pessoas condenadas à morte podem ser sujeito passivo de homicídio caso assassinadas antes da execução oficial pelo Estado. Lembre-se de que a Constituição Federal só prevê pena de morte em caso de determinados crimes militares em tempo de guerra (art. 5º, XLVII, *a*).

- **Crime impossível por absoluta impropriedade do objeto**

De acordo com o art. 17 do Código Penal, o agente não responde por tentativa de homicídio caso realize ato de execução visando matar determinada pessoa sem saber que ela já havia falecido. É o que ocorre, por exemplo, quando alguém, simulando tratar-se de um presente, coloca uma caixa contendo uma bomba na porta da casa de uma pessoa que, minutos antes, havia morrido no interior de tal residência. Nesse caso, estamos diante de crime impossível por **absoluta impropriedade do objeto**. Considerando, entretanto, que o art. 4º do Código Penal, ao tratar do "tempo do crime", estabelece que se considera cometida a infração penal no momento da ação ou omissão, ainda que outro seja o momento do resultado, deve-se considerar existente a tentativa de homicídio quando se prova que o agente colocou uma carta-bomba no correio (ato de execução do homicídio) quando a vítima ainda estava viva e que ela morreu por causas naturais no período posterior à postagem e anterior à entrega da carta em sua casa.

> **Observação:** Em qualquer dos exemplos citados, se outra pessoa abrir o pacote ou a carta contendo a bomba e morrer, o agente responderá por homicídio em relação a ela, pois, no mínimo, agiu com dolo eventual.

Um exemplo muito citado de crime impossível por absoluta impropriedade do objeto é aquele em que o agente desfere facadas ou tiros em pessoa que está deitada em uma cama, sem saber que ela morrera horas antes em decorrência de ataque cardíaco. Nesse caso, o agente não responde por tentativa de homicídio e tampouco por crime de destruição ou vilipêndio a cadáver, na medida em que estes últimos crimes são dolosos e não havia por parte do agente intenção de destruir ou desrespeitar um cadáver. Sua intenção era a de matar uma pessoa, mas, como o Código Penal não pune a tentativa nesse caso, o agente não receberá nenhuma punição.

■ *1.1.1.1.1.6. Consumação*

O crime de homicídio, por óbvio, consuma-se no momento da **morte** decorrente da conduta dolosa do agente.

- **Momento da morte e sua definição legal**

Na área médica, havia grande controvérsia em torno da definição do momento exato da morte. Para alguns, bastava a morte encefálica, mas, para outros, seria necessário aguardar a cessação completa dos movimentos respiratórios e da circulação sanguínea. Em razão da falta de definição em torno do tema, os médicos se recusavam a efetuar a retirada, para fim de transplante, de órgãos ou tecidos de pessoas com morte encefálica, mas ainda com movimentos cardíacos e respiratórios, com receio de serem acusados de homicídio. O atraso na retirada desses órgãos ou tecidos, contudo, comprometia a qualidade deles e, muitas vezes, a própria viabilidade do transplante.

O legislador, preocupado com as imensas filas de pacientes aguardando transplantes, e fundado em estudos conclusivos de que a morte encefálica é irreversível, aprovou a Lei n. 9.434/97, que, em seu art. 3º, declara que se considera morta a pessoa no momento da **cessação da atividade encefálica**. Referida lei dispõe, outrossim, que a remoção e a retirada dos órgãos, autorizadas em vida pelo falecido ou pelos familiares, serão permitidas após a constatação e registro da morte encefálica por dois médicos que não façam parte da equipe de remoção e transplante. Dessa forma, tendo sido verificada e declarada a morte encefálica, não há nenhuma chance de ser acusado por homicídio aquele que tenha desligado os aparelhos que mantinham artificialmente os batimentos cardíacos e os movimentos respiratórios. Em tal hipótese, a pessoa já estava legalmente morta, e, portanto, não se confunde com a eutanásia, em que uma pessoa está doente, porém viva, e outrem provoca sua morte para abreviar o sofrimento.

Sem que tenha havido morte encefálica, não há falar em homicídio consumado, por mais grave que sejam as sequelas sofridas em decorrência do ato agressivo. Assim, se o agente efetuou disparos na cabeça da vítima, que, em razão disso, há anos permanece em vida vegetativa, sem reconhecer familiares e sem apresentar movimentos corporais, porém, com vida encefálica, ela, juridicamente, está viva, de modo que o autor da agressão só pode ser responsabilizado por tentativa de homicídio.

O homicídio classifica-se como **crime de dano**, pois sua verificação pressupõe efetiva lesão ao bem jurídico tutelado — a vida.

- **Classificações**

No que tange ao **momento consumativo**, o homicídio classifica-se como crime **material**, categoria de ilícitos penais que exigem a superveniência do resultado previsto no texto legal para estarem consumados. Como o **resultado morte** é necessário para a consumação, não há dúvida de que o homicídio é crime material.

Por sua vez, no que se refere à **duração do momento consumativo**, é classificado como crime **instantâneo**, uma vez que o evento morte ocorre em um momento exato. Considerando, entretanto, que a morte é irreversível, costuma-se dizer que o homicídio é crime **instantâneo de efeitos permanentes**.

- **Prova da materialidade**

A materialidade do homicídio é demonstrada pelo **exame necroscópico**, em que o médico legista atesta a ocorrência da morte e suas causas.

A autópsia deve ser feita pelo menos seis horas após o óbito (art. 162 do CPP).

Se a autópsia não tiver sido realizada antes de o corpo ser enterrado ou se surgirem dúvidas em torno da conclusão do perito, poderá ser determinada a exumação do corpo para a sua realização ou para exames complementares, tudo na forma dos arts. 163 e 164 do CPP.

Se não for possível o exame do corpo por ter ele desaparecido, a materialidade do homicídio pode ser demonstrada por prova testemunhal (art. 167 do CPP). É o que ocorre quando o corpo da vítima do homicídio é lançado ao mar e depois não é recuperado, mas testemunhas afirmam ter visto a pessoa morta.

■ *1.1.1.1.1.7. Tentativa*

A tentativa de homicídio é plenamente **possível** e, aliás, muito comum. Para o seu reconhecimento, são exigidos três fatores:

1. **Que exista prova inequívoca de que o agente queria matar a vítima.**

O que diferencia uma tentativa de homicídio em que a vítima tenha sofrido lesão de um crime de lesão corporal é unicamente o dolo do agente. Na tentativa, ele quer matar e não consegue, enquanto na lesão corporal a intenção é apenas de ferir a vítima. Essa distinção, em termos teóricos, é extremamente simples. Na prática, entretanto, tal aspecto causa calorosos debates nos julgamentos em Plenário do Júri, pois, normalmente, o Ministério Público procura provar a existência do dolo de matar para que seja reconhecida a tentativa de homicídio, enquanto a defesa sustenta que o réu queria meramente machucar a vítima, pretendendo, com isso, a desclassificação do crime para o de lesões corporais, que possui pena menor.

Nesses casos, para que possam decidir com acerto, os jurados devem analisar fatores que normalmente indicam a existência ou inexistência da intenção homicida, como, por exemplo, o tipo e a potência da arma utilizada, eventuais ameaças de morte proferidas pelo agente contra a vítima, local em que esta foi alvejada, quantidade de golpes desferidos etc.

2. **Que tenha havido início de execução do homicídio.**

Só é possível reconhecer a existência de tentativa se o agente já deu início à execução do crime, exigência expressa do art. 14, II, do Código Penal. Antes disso, eventuais atos perpetrados pelo agente são meramente preparatórios e ainda não constituem infração penal.

Existe mero ato preparatório nas ações que não podem provocar, por si sós, como sua consequência imediata, o resultado morte. Assim, se alguém compra um veneno para preparar em sua casa um bolo envenenado a fim de levá-lo à casa da vítima para presenteá-la, mas o bolo estraga por ficar tempo demais no forno, temos mero ato preparatório, pois ainda havia uma ação imprescindível para que o resultado morte pudesse se verificar, qual seja, a entrega do bolo, já que, até tal momento, o agente poderia se arrepender e não o encaminhar. Se o homicida, contudo, concretizasse a entrega do bolo envenenado, já estaríamos diante de ato executório, pois a partir desse instante a vítima poderia consumi-lo independentemente de novas ações do homicida.

No exemplo acima, houve circunstância alheia à vontade do agente que impediu o encaminhamento do doce (o fato de o bolo ter queimado), mas ele não responde por tentativa porque houve mero ato preparatório.

Da mesma forma, constitui mero ato preparatório comprar uma arma com a qual se pretende matar a vítima, ou mais, ficar aguardando a vítima passar por determinado local para emboscá-la, mas não conseguir efetuar disparos por ter a vítima alterado seu trajeto nesse dia. Nas hipóteses, faltava ainda uma ação imprescindível por parte do agente para se ter o início de execução, qual seja, a de efetuar disparo com a arma de fogo. Entende-se que o agente poderia desistir, ou não ter efetiva coragem de iniciar os disparos, de modo que tudo deve ser interpretado como ato preparatório do homicídio.

Assim, em se tratando de arma de fogo, o início de execução se dá pelo ato de apertar o gatilho em direção à vítima. Em se tratando de arma branca, o início de execução se dá pelo movimento corpóreo a fim de atingi-la.

Quando se trata de ação homicida a ser realizada em dois atos seguidos, como, por exemplo, jogar gasolina em alguém e depois atear fogo, considera-se ter havido início de execução quando o agente jogar o combustível na vítima, mas for impedido de atirar o fósforo aceso sobre ela.

Em suma, existe início de execução com a prática do primeiro ato idôneo e inequívoco que pode levar à consumação. Ato idôneo é aquele apto a produzir o resultado. Ato inequívoco é aquele indubitavelmente ligado à consumação.

3. Que o resultado morte não tenha ocorrido por circunstâncias alheias à vontade do agente.

Caso realizado ato de execução, haverá tentativa de homicídio qualquer que tenha sido a causa da sobrevivência da vítima, desde que alheia à vontade do agente. Ex.: vítima que conseguiu se esquivar dos disparos ou facadas dados pelo agente; vítima que foi jogada de um penhasco, mas ficou presa em uma árvore; vítima que bebeu apenas um pequeno gole do copo de cerveja envenenada servida pelo agente; disparo na cabeça que não penetrou a calota craniana por ter atingido parte mais consistente do osso; vítima que foi imediatamente socorrida e recebeu tratamento de emergência; intervenção de terceira pessoa que desviou a mão do homicida no exato instante em que efetuava disparo mirando no coração da vítima etc.

Ressalte-se, outrossim, que os casos mais comuns de tentativa são aqueles em que o agente não consegue atingir a vítima em parte vital de seu corpo — por seu nervosismo ou por falta de preparo no manuseio da arma, fatores que, embora inerentes ao agente, são alheios à sua vontade, porque fogem de seu controle.

Na denúncia por crime de tentativa de homicídio é necessário que o promotor de justiça descreva a circunstância alheia à vontade do agente que impediu a consumação.

- **Pluralidade de tentativas em relação à mesma vítima**

É plenamente possível que uma pessoa responda por duas tentativas de homicídio contra a mesma vítima, desde que os atos agressivos que visavam a sua morte tenham sido realizados em **contextos fáticos distintos**. Se, entretanto, o agente, no mesmo episódio, tenta matar a vítima com disparos de arma de fogo e, sem conseguir alvejá-la de forma fatal, apodera-se imediatamente de uma faca e desfere golpes contra ela sem conseguir causar a morte, responde por uma só tentativa de homicídio.

- **Homicídio consumado e tentado contra a mesma vítima**

Se o agente tenta matar a vítima em uma oportunidade e, cessada a execução deste crime, em outro contexto fático, realiza novo ato agressivo conseguindo matá-la, responde por dois crimes, um tentado e outro consumado. Ex.: após alvejar a vítima com disparos de arma de fogo, esta é internada em um hospital. O homicida, ao saber que ela não morreu, vai até o hospital de madrugada, rende os seguranças do estabelecimento e mata a vítima com novos disparos.

De ver-se, entretanto, que, se as duas ações ocorrerem no **mesmo contexto fático**, a consumação do homicídio absorverá a tentativa. É o que ocorre se o agente tenta tirar a vida da vítima com uma faca e, após ser desarmado, apodera-se de uma enxada com a qual consegue consumar o delito desferindo golpes na cabeça dela.

- **Espécies de tentativa em razão do resultado**

Dependendo de a vítima ter sido ou não atingida, a tentativa pode ser branca ou cruenta.

- **Tentativa branca**

Ocorre quando o golpe ou disparo efetuados **não atingem** o corpo da vítima de modo que esta não sofre nenhuma lesão. É necessário que se prove que o agente pretendia atingir a vítima, mas que não conseguiu. Nesse caso, a diminuição referente à tentativa será feita em seu grau máximo (2/3), já que esse redutor deve ser aplicado de acordo com a maior ou menor proximidade da consumação.

É também chamada de tentativa **incruenta**.

- **Tentativa cruenta**

É aquela em que a vítima **sofre lesão corporal** como consequência do ato agressivo perpetrado pelo agente. Conforme já estudado, diferencia-se do crime de lesão corporal em razão do dolo de matar.

■ *1.1.1.1.1.8. Desistência voluntária*

De acordo com o art. 15, 1ª parte, do Código Penal, configura-se tal instituto quando o agente desiste, voluntariamente, de prosseguir na execução do crime, hipótese em que só responde pelos atos já praticados.

Insta, pois, salientar que o reconhecimento desse instituto pressupõe que tenha havido início de execução, já que se trata de exigência expressa no texto legal. Por isso, quando alguém prepara uma carta-bomba ou um doce envenenado tencionando remetê-los à vítima, mas desiste de cometer o crime, mantendo a carta ou o doce consigo, não há falar na desistência voluntária, mas em atipicidade da conduta pela prática de meros atos preparatórios. Nos exemplos acima, não é errado dizer que o agente **desistiu** de cometer o crime, contudo, essa desistência se deu antes mesmo de ele iniciar sua execução, razão pela qual não se mostra presente, tecnicamente, o instituto da desistência voluntária.

No crime de homicídio, a desistência voluntária configura-se quando o agente dá início à sua execução, mas não consegue, de imediato, a morte da vítima, contudo, tendo ainda condições de prosseguir no ataque e concretizar a morte, resolve, voluntariamente, não o fazer. É o que ocorre, por exemplo, quando o homicida possui seis cápsulas em seu revólver e, após efetuar um primeiro disparo e perceber que não atingiu a vítima de forma fatal, resolve não apertar o gatilho novamente, embora pudesse tranquilamente fazê-lo por estar a vítima à sua mercê. Em tais casos, apesar de ter havido dolo de matar por parte do agente no instante em que efetuou o primeiro disparo e até mesmo uma circunstância alheia à sua vontade que impediu o resultado — o erro de pontaria —, o legislador entendeu que o agente não poderia ser responsabilizado por tentativa de homicídio porque a circunstância impeditiva do resultado, e alheia à sua vontade, deveria se mostrar presente durante todo o contexto fático, e não apenas em face da primeira ação. Assim, se analisarmos o fato como um todo, perceberemos inexistir circunstância que tenha impedido o agente de efetuar outros disparos e consumar o homicídio, razão pela qual o art. 15 do Código Penal, até mesmo com o fim de premiar o sujeito pela desistência, estabelece que ele só responde pelos atos anteriores já praticados (e não por tentativa de homicídio). Dessa forma, no exemplo anterior, se o disparo atingiu a vítima sobrevivente, o sujeito responderá por lesão leve ou grave, dependendo do que o disparo nela tenha causado, ou por crime de periclitação da vida (art. 132), caso o disparo não a tenha atingido.

A propósito: "*Mesmo que a intenção do acusado fosse de matar a vítima, não se configura a tentativa de homicídio se voluntariamente desiste da ação delituosa, após atingi-la com dois disparos, abandonando o local com três balas intactas no tambor de seu revólver*" (TJSP — Rel. Camargo Sampaio — *RT* 544/346).

Para que haja o reconhecimento da desistência voluntária, é necessário que o agente tenha percebido que não alvejou a vítima de modo fatal. Por isso, se ele deixou de disparar novos projéteis por pensar que a vítima já estava morta, responde por tentativa de homicídio.

É necessário, outrossim, que a atitude de desistir de prosseguir na execução tenha sido voluntária, ainda que não espontânea, ou seja, o não prosseguimento nos atos executórios há de ser consequência da própria vontade do agente, mesmo que a ideia de desistir tenha sido sugestão de terceiro ou de pedido de clemência da vítima. Não haverá, contudo, desistência voluntária se ele, por exemplo, deixar de efetuar novos disparos para colocar-se em fuga ante a inesperada chegada de policiais ao local onde estava sendo praticado o crime.

■ *1.1.1.1.1.9. Arrependimento eficaz*

Ao passo que na **desistência voluntária** o agente, já tendo realizado algum ato executório, porém, ciente de não ter conseguido realizar ato fatal, resolve se **omitir**, no **arrependimento eficaz** o sujeito já tinha realizado todos os atos executórios ao seu alcance, que, como decorrência causal, já seriam suficientes para ocasionar a morte, porém, se arrepende e **pratica novo ato** para salvar a vida da vítima.

Os exemplos mais comuns de arrependimento eficaz são aqueles em que o agente atinge a vítima em área nobre de seu corpo, mas a socorre de imediato, conseguindo salvá-la; ou quando a envenena e, em seguida, fornece o antídoto.

É possível, todavia, que exista arrependimento eficaz ainda que a vítima não tenha sido lesionada. É o que ocorre quando o agente envia pelo correio uma carta-bomba para a vítima. Seus atos executórios já estão encerrados, bastando aguardar que a vítima abra a carta e morra pelo efeito dos explosivos. Se, todavia, o agente for até a casa dela e resgatar a carta antes de ela ser recebida ou caso a avise para não abrir a correspondência, teremos arrependimento eficaz. Igualmente, se o agente deu forte sonífero para uma pessoa e a deixou trancada no quarto de uma casa e ateou fogo à residência, já realizou os atos necessários a provocar o evento morte, bastando aguardar que o fogo siga seu curso natural. Se, entretanto, ele próprio apagar o fogo, ou acionar os bombeiros para fazê-lo, ou caso entre na casa e retire dali a vítima, teremos hipóteses de arrependimento eficaz.

Em todos os exemplos mencionados, o agente já havia realizado os atos executórios ao seu alcance e, em seguida, realizou nova ação que evitou o resultado. Pode-se, portanto, dizer que, se houver uma **ação** impeditiva do resultado, estará presente o **arrependimento eficaz**, e se houver uma **omissão** no prosseguimento dos atos executórios que estavam em andamento, haverá **desistência voluntária**. Nesse sentido: "*A distinção entre desistência e arrependimento eficaz depende do momento em que ocorre a interrupção do processo executivo. Se o agente ainda não havia feito tudo o que era objetivamente necessário para a consumação (...) há desistência: o agente não prossegue na execução. Exemplo: o agente alveja a vítima e não a atinge; podendo prosseguir com outros disparos, desiste. Se o agente já havia concluído os atos de execução necessários (ex.: lançar a vítima ao mar) há arrependimento*", caso ele resgate a vítima da água (TAMG — Rel. Costa e Silva — *ADV* 7.239/745).

A consequência do arrependimento eficaz é a mesma, ou seja, que o agente só responda pelos atos já cometidos. No último exemplo, ele responderia por crime de incêndio e não por tentativa de homicídio.

Para que seja reconhecido o arrependimento eficaz, é também exigido que tenha ele sido decorrente de ato voluntário do agente — mesmo que não espontâneo — e que a nova ação realizada para salvar a vítima tenha sido exitosa. Daí o nome arrependimento **eficaz**.

■ *1.1.1.1.1.10. Elemento subjetivo*

É o dolo, direto ou eventual.

No dolo **direto** existe vontade livre e consciente de eliminar a vida humana alheia. É também chamado de **animus necandi** ou **animus occidendi**. É o que ocorre na maioria dos homicídios em que fica patente que o agente queria mesmo provocar a morte da vítima.

O tipo penal do homicídio simples não exige nenhuma finalidade específica para sua configuração. Ao contrário, o motivo do crime pode fazer com que passe a ser considerado privilegiado (motivo de relevante valor social ou moral) ou qualificado (motivo fútil ou torpe). Se, entretanto, a motivação do homicida não se enquadrar em nenhuma das hipóteses que tornam o crime qualificado ou privilegiado, automaticamente será ele considerado simples.

É também admissível o dolo **eventual** quando o agente, com sua conduta, assume o risco de provocar a morte. É o que ocorre quando alguém faz roleta-russa mirando o revólver para outra pessoa e, apesar de haver uma só cápsula no tambor, acaba havendo o disparo e a morte. Nossa jurisprudência, inclusive dos Tribunais Superiores, tem admitido a existência de dolo eventual em mortes que decorrem de disputa não autorizada de veículos em via pública — "rachas".

Nesse sentido: "*A conduta social desajustada daquele que, agindo com intensa reprovabilidade ético-jurídica, participa, com o seu veículo automotor, de inaceitável disputa automobilística realizada em plena via pública, nesta desenvolvendo velocidade exagerada — além de ensejar a possibilidade de reconhecimento do dolo eventual inerente a esse comportamento do agente —, justifica a especial exasperação da pena, motivada pela necessidade de o Estado responder, grave e energicamente, a atitude de quem, em assim agindo, comete os delitos de homicídio doloso e de lesões corporais*" (STF — HC 71.800/RS — Rel. Celso de Mello, *DJ* 3-5-1996, p. 13899).

- **Diferença entre a tentativa de homicídio e a lesão corporal seguida de morte**

O elemento subjetivo serve também para diferenciar a tentativa de homicídio do crime de lesão corporal seguida de morte (art. 129, § 3º, do CP). Com efeito, na tentativa o agente quer matar e não consegue, enquanto na lesão seguida de morte ocorre exatamente o oposto, ou seja, o agente quer apenas lesionar, mas, culposamente, acaba provocando a morte.

- **Progressão criminosa**

Verifica-se o instituto da **progressão criminosa** quando o agente inicia uma agressão exclusivamente com intenção de lesionar a vítima, porém, **durante a agressão**, muda de ideia e resolve matá-la. Nesse caso, ainda que o agente tenha resolvido cometer o homicídio somente depois de já haver provocado a lesão na vítima, considera-se absorvido esse delito, respondendo ele apenas pelo homicídio, já que ambos os atos agressivos ocorreram no mesmo contexto fático.

1.1.1.1.1.11. *Classificação doutrinária*

CLASSIFICAÇÃO DOUTRINÁRIA				
Simples e de dano quanto à objetividade jurídica	Comum e de concurso eventual quanto ao sujeito ativo	De ação livre, comissivo ou omissivo quanto aos meios de execução	Material e instantâneo de efeitos permanentes quanto ao momento consumativo	Doloso quanto ao elemento subjetivo

1.1.1.1.1.12. *Ação penal e competência*

O crime de homicídio apura-se mediante ação **pública incondicionada**, sendo a iniciativa exclusiva do **Ministério Público**.

A análise do mérito da acusação, que resultará em condenação ou absolvição do réu, cabe aos jurados, pois, de acordo com o art. 5º, XXXVIII, *d*, da Constituição Federal, os crimes dolosos contra a vida são julgados pelo Tribunal do Júri.

A competência é a do local da consumação do delito. De ver-se, todavia, que a jurisprudência reconhece uma exceção no caso de homicídio doloso quando a vítima é alvejada em uma cidade e levada para hospital de outro município, normalmente grandes centros onde há melhores condições de atendimento, e acaba falecendo nesta última localidade. Teoricamente, o julgamento deveria se dar no local onde a vítima morreu, contudo, isso dificultaria sobremaneira o julgamento no Plenário do Júri, já que as testemunhas do crime estão no local onde a vítima foi alvejada e não são obrigadas a se deslocar para serem ouvidas no dia do julgamento. Nesses casos, o julgamento é feito no local em que ocorreu a ação delituosa, e não no lugar em que a vítima morreu.

Em regra a competência é da Justiça Estadual, salvo se presente alguma circunstância capaz de provocar o deslocamento para a esfera federal, como, por exemplo, o fato de o homicídio ter sido cometido a bordo de navio ou aeronave (art. 109, IX, da Constituição), ou contra servidor público federal em virtude de suas funções (art. 109, IV, da Magna Carta). Dessa forma, o assassinato de um Delegado Federal cometido em razão das investigações que preside deve ser julgado por Tribunal do Júri organizado na Justiça Federal.

O homicídio praticado por um militar contra outro é de competência da Justiça Militar, porém, se a vítima for civil, o julgamento será feito pelo Júri, na Justiça Comum, em obediência à regra contida no art. 125, § 4º, da Constituição Federal, exceto quando praticado por integrante das Forças Armadas, nas hipóteses do art. 9º, § 2º, do Código Penal Militar, com a redação dada pela Lei n. 13.491/2017, quando a competência será da Justiça Militar da União.

- **Curiosidades**

a) É famosa a discussão em torno do homicídio cometido por apenas um dos irmãos siameses (xifópagos). Suponha-se que eles estejam sentados em um sofá e um deles, sem o conhecimento do outro, traga escondido um revólver e, repentinamente, efetue disparos matando outra pessoa. A questão gira em torno da forma de punição, já que, não sendo possível separá-los, é injusto que ambos sejam presos, como também não é correto deixar o homicida totalmente impune (seria uma espécie de autorização para matar). Como o Código Penal não tem solução específica para a hipótese, e tampouco há notícia de caso concreto que tenha sido julgado em nosso país, parece-nos que a solução mais adequada seria aplicar pena alternativa que recaia somente sobre o responsável pelo delito.

b) Suponha-se que uma pessoa tenha sido condenada pelo homicídio da ex-namorada, cujo corpo não foi encontrado, e já tenha cumprido a pena. Posteriormente, a namorada reaparece e o sujeito, alegando que já cumpriu pena por tê-la matado (e que ela já está legalmente morta), comete realmente o homicídio. A solução é que responda novamente pelo delito, podendo, entretanto, obter indenização por erro judiciário quanto à primeira punição.

1.1.1.1.2. Homicídio privilegiado

> **Art. 121, § 1º** — Se o agente comete o crime impelido por motivo de relevante valor social ou moral, ou sob o domínio de violenta emoção, logo em seguida a injusta provocação da vítima, o juiz pode reduzir a pena de um sexto a um terço.

- **Introdução**

As hipóteses de privilégio têm natureza jurídica de **causa de diminuição de pena**, pois, quando presentes, fazem com que a pena seja reduzida de um sexto a um terço. A denominação **privilégio**, embora amplamente consagrada, não consta do texto legal.

É pacífico o entendimento de que, apesar de a lei mencionar que o juiz **pode** diminuir a pena se reconhecido o privilégio, tal redução é obrigatória, na medida em que o art. 483, IV, do Código de Processo Penal, diz que as causas de diminuição de pena devem ser apreciadas pelos jurados na votação dos quesitos e, assim, se estes votarem favoravelmente ao reconhecimento do privilégio, a redução deverá ser aplicada pelo juiz em decorrência do princípio constitucional da **soberania dos vereditos do júri** (art. 5º, XXXVIII, *c*, da Constituição Federal). Por isso é que se diz que a redução da pena decorrente do privilégio — se reconhecido pelos jurados — **é direito subjetivo do réu**. Ao juiz cabe apenas escolher o índice de diminuição entre um sexto e um terço. O Superior Tribunal de Justiça firmou entendimento no sentido de que, sempre que o juiz deixar de aplicar o maior índice de diminuição, deverá fazê-lo de forma fundamentada na sentença. Nesse sentido: "*Há constrangimento ilegal no ponto em que aplicado o privilégio do § 1º do art. 121 do Código Penal no patamar de 1/4, visto que as instâncias ordinárias não apontaram nenhum elemento concreto dos autos — como a relevância do valor moral ou social que motivou a conduta, a intensidade do domínio do réu pela violenta emoção ou o grau da injusta provocação da vítima — que evidenciasse a impossibilidade de aplicação da fração máxima de 1/3*" (STJ — RHC 55.236/SP, Rel. Min. Rogério Schietti Cruz, 6ª Turma, julgado em 18-2-2016, *DJe* 29-2-2016).

- **Motivo de relevante valor social**

Essa primeira hipótese de privilégio está ligada à motivação do agente, que supõe que, ao matar a vítima, estará **beneficiando a coletividade**.

Fora das hipóteses em que o sujeito age acobertado por excludente de ilicitude, a morte de alguém é sempre ato considerado contrário aos interesses sociais. A lei, todavia, permite que os jurados, representando a coletividade, condenem o réu, por considerar o ato criminoso, mas permitam a redução de sua pena porque ele, ao matar, imaginava estar beneficiando o corpo social. O exemplo clássico é o do homicídio do traidor da nação.

- **Motivo de relevante valor moral**

Diz respeito a sentimentos **pessoais** do agente aprovados pela moral média, como piedade, compaixão etc. No dizer de Heleno Cláudio Fragoso, são os motivos tidos como nobres ou altruístas.[3] A própria exposição de motivos do Código Penal cita a **eutanásia** como exemplo de homicídio cometido por motivo de relevante valor moral.

A **eutanásia** se verifica quando o agente tira a vida da vítima para acabar com o grave sofrimento decorrente de alguma enfermidade. Pode se dar por ação, como no caso de sufocação de pessoa com grave cirrose hepática, ou por omissão, ao não providenciar alimento, por exemplo, à pessoa tetraplégica. Alguns mencionam como exemplo de eutanásia omissiva desligar os aparelhos que mantêm viva uma pessoa que se encontra em estado vegetativo. Tal pessoa não consegue respirar sem a ajuda de aparelhos, e, assim, o ato de desligá-los provoca a morte, configurando a eutanásia. Trata-se, entretanto, de uma **ação**, e não de uma omissão.

A **ortotanásia** não constitui crime. Nesta o médico deixa de lançar mão de tratamentos paliativos que só prolongariam por pouco tempo a vida de pessoa com doença irreversível em fase terminal, como em caso de grave câncer em que o médico desiste de tratamento quimioterápico, que só traria mais sofrimento à vítima em razões dos seus efeitos colaterais, quando já se sabe que o quadro não reverterá. Nesse caso, a morte da vítima decorre do câncer, e não da ação ou omissão do médico. Em geral, essa decisão de não prorrogar os tratamentos paliativos é tomada pelo médico em conjunto com o próprio paciente e seus familiares.

A Resolução n. 1.805/2006, do Conselho Federal de Medicina, que tem como fundamento o art. 5º, III, da Constituição Federal — "*ninguém será submetido a tortura nem a tratamento desumano ou degradante*" —, estabelece que "*na fase* ***terminal*** *de enfermidades graves e incuráveis é permitido ao médico limitar ou suspender procedimentos e tratamentos que prolonguem a vida do doente, garantindo-lhe os cuidados necessários para aliviar os sintomas que levam ao sofrimento, na perspectiva de uma assistência integral, respeitada a vontade do paciente ou de seu representante legal*".

É este o teor da Resolução:

---

3 Heleno Cláudio Fragoso, *Lições de direito penal*. Parte especial, v. I, p. 47.

"Art. 1º É permitido ao médico limitar ou suspender procedimentos e tratamentos que prolonguem a vida do doente em fase terminal, de enfermidade grave e incurável, respeitada a vontade da pessoa ou de seu representante legal.

§ 1º O médico tem a obrigação de esclarecer ao doente ou a seu representante legal as modalidades terapêuticas adequadas para cada situação.

§ 2º A decisão referida no caput *deve ser fundamentada e registrada no prontuário.*

§ 3º É assegurado ao doente ou a seu representante legal o direito de solicitar uma segunda opinião médica.

Art. 2º O doente continuará a receber todos os cuidados necessários para aliviar os sintomas que levam ao sofrimento, assegurada a assistência integral, o conforto físico, psíquico, social e espiritual, inclusive assegurando-lhe o direito da alta hospitalar".

Caso o paciente esteja inconsciente e não possa decidir a respeito do tratamento, deve-se levar em conta sua eventual manifestação de vontade previamente manifestada. Com efeito, a Resolução n. 1.995, de 31 de agosto de 2012, do Conselho Federal de Medicina, considerando que novos recursos tecnológicos permitem a adoção de medidas desproporcionais que prolongam o sofrimento do paciente em estado terminal, sem trazer benefícios, admite que ele próprio, **antecipadamente**, rejeite-as. A **finalidade específica da Resolução é regulamentar as hipóteses em que os pacientes se encontram incapazes de comunicar-se ou de expressar de maneira livre e independente suas vontades**. De acordo com o seu art. 2º, nas decisões sobre referidos cuidados e tratamentos ao paciente terminal, o médico levará em consideração as diretivas antecipadas de vontade (conjunto de desejos, **prévia** e **expressamente** manifestados pelo paciente, sobre cuidados e tratamentos que quer, ou não, receber no momento em que estiver incapacitado de expressar, livre e autonomamente, sua vontade). Essas diretivas antecipadas prevalecerão sobre qualquer outro parecer não médico, inclusive sobre os desejos dos familiares. De ver-se, entretanto, que, de acordo com o art. 2º, § 2º, da Resolução, o médico deixará de levar em consideração as diretivas antecipadas de vontade do paciente ou representante que, em sua análise, estiverem em **desacordo** com os preceitos ditados pelo Código de Ética Médica.

Possível também o reconhecimento do relevante valor moral em casos de homicídio consentido para abreviar o sofrimento da vítima.

▸ Pai que mata o estuprador da filha

Esse é um dos casos mais citados como exemplo de homicídio privilegiado em que o pai, algum tempo depois do fato, descobre quem foi o autor do crime sexual contra sua filha, e, então, comete homicídio. Alguns entendem que se trata de relevante valor moral, porque o motivo do pai é defender a honra da filha — sentimento individual relevante (entendimento prevalente). Para outros, trata-se de relevante valor social, porque sua intenção é eliminar um criminoso, beneficiando a coletividade. Embora existam duas correntes quanto ao fundamento, é pacífico que se trata de caso de homicídio privilegiado.

- **Crime praticado sob o domínio de violenta emoção logo em seguida à injusta provocação da vítima**

PRIVILÉGIO		
■ Injusta provocação da vítima	■ Violenta emoção do agente	■ Ato homicida logo em seguida ao ato provocador

▪ **Injusta provocação**

Por uma série de razões, é possível que uma pessoa provoque a outra, fazendo-o, por exemplo, por meio de xingamentos, de brincadeiras de mau gosto, riscando seu carro, jogando lixo ou pichando sua casa etc.

Basicamente o que diferencia os institutos do privilégio e da legítima defesa é o fato de que, no primeiro, ocorre mera **provocação** da vítima, enquanto, na segunda, há ato de injusta **agressão**.

Não se pode, contudo, esquecer que a legítima defesa possui vários outros requisitos. Ela exige, ainda, que o agente use **moderadamente dos meios necessários** para repelir a injusta agressão. Esse requisito não se mostra presente, por exemplo, quando alguém empurra outra pessoa, ou lhe dá um tapa no rosto, ou, ainda, lhe joga alguma bebida no rosto, e o agente, em contrapartida, efetua vários disparos contra ela. Não obstante tenha havido uma agressão por parte desta, a reação homicida foi desproporcional, não sendo possível falar-se em legítima defesa. Não se pode negar, contudo, o caráter provocativo da vítima, o que permitirá o reconhecimento do privilégio.

Da mesma forma, exige a excludente da legítima defesa que a agressão seja **atual ou iminente**. Na prática, contudo, se uma pessoa agrediu outra com socos e chutes e, cessada a agressão, foi até seu veículo para deixar o local, sendo, nesse momento, alvejada pela vítima da agressão, que conseguira pegar um revólver com um amigo que estava próximo, não estará configurada a legítima defesa porque a agressão inicial contra ela já havia cessado. Poderá, todavia, ser reconhecido o privilégio.

Conclui-se, portanto, que, se houver ato de provocação, só pode ser reconhecido o privilégio. Se, entretanto, houver injusta agressão por parte da vítima, poderá ser reconhecida a legítima defesa se presentes os demais requisitos do art. 25 do Código Penal, sendo o réu absolvido. Se, todavia, ausente algum deles, abre-se a possibilidade do reconhecimento do privilégio, pois o ato de agressão não deixa de ser uma provocação. O contrário, porém, não é verdadeiro.

Quando alguém mata em razão de ter flagrado cônjuge ou companheiro em ato de **adultério**, é possível o reconhecimento do **privilégio**, pois é inegável que a situação do flagrante provoca violenta emoção e que o adultério é considerado ato de injusta provocação. Não se trata aqui de morte baseada em mero ciúme, e sim de violenta emoção decorrente do flagrante de adultério. No passado alguns homens que cometeram crimes em tal situação foram absolvidos por **legítima defesa da honra**.

Os Tribunais, todavia, há muitos anos, rechaçaram tal possibilidade de absolvição, alegando que existe completa desproporção entre o homicídio e o ato de adultério, o que inviabiliza a absolvição por legítima defesa. O privilégio, porém, tem sido admitido em tais casos.

Nota-se, por consequência, que, para o reconhecimento do privilégio, não é necessário que a vítima tenha tido a específica intenção de provocar, bastando que o agente se sinta provocado. No caso do adultério, por exemplo, o cônjuge traidor sequer pretendia que o outro tomasse conhecimento disso.

▪ Domínio de violenta emoção

O texto legal é bastante exigente, já que, para o reconhecimento do benefício, não basta a violenta emoção, sendo necessário que o agente fique sob o **domínio** desta. Exige-se, portanto, uma fortíssima alteração no ânimo do agente, isto é, que fique irado, revoltado, perturbado em decorrência do ato provocativo. Trata-se de situação em que o sujeito fica tão intensamente alterado que acaba fazendo uma bobagem, que provavelmente não faria se estivesse calmo. Daí a razão da diminuição da pena, tendo em vista que tal estado emocional foi causado por provocação da vítima.

O art. 28, I, do Código Penal dispõe que a emoção não exclui o crime, mas, na hipótese em análise, se acompanhada de outros requisitos, gera a redução da pena, em razão do disposto no art. 121, § 1º, do Código Penal.

▪ Ato homicida logo em seguida à injusta provocação

Para a aplicação do benefício, mostra-se necessária a chamada **reação imediata**, ou seja, que o ato homicida ocorra logo em seguida à provocação. Não existe uma definição exata em torno da expressão "logo em seguida", sendo ela normalmente reconhecida quando o homicídio ocorre no **mesmo contexto fático da provocação ou minutos depois**. Assim, se a vítima xinga o agente dentro de um bar e este imediatamente saca um revólver e a mata, não há dúvida de que o fato se deu logo após a provocação. Esse requisito, contudo, mostra-se ainda presente, se a pessoa xingada vai até seu carro ou até sua casa, que fica nas proximidades, retorna ao bar minutos depois e mata a vítima.

É possível que a provocação tenha ocorrido há muito tempo, mas o agente só tenha tomado conhecimento pouco antes do homicídio e, nessa hipótese, há privilégio. Deve-se, pois, levar em conta o momento em que o sujeito ficou sabendo da injusta provocação e não aquele em que esta efetivamente ocorreu. Ex.: uma pessoa, em reunião de amigos, difama gravemente outra que não está presente. Alguns dias depois, uma das pessoas presentes à reunião encontra-se com aquele que foi difamado e lhe conta sobre o ocorrido. Este, ao ouvir a narrativa, fica extremamente irritado e, de imediato, vai à casa do difamador e comete homicídio.

- **Diferença entre o privilégio da violenta emoção e a atenuante genérica homônima (de mesmo nome)**

Nota-se no próprio texto legal duas diferenças. No privilégio, exige-se que o agente esteja sob o **domínio** de violenta emoção porque o ato se dá **logo em seguida** à injusta provocação. Na atenuante (art. 65, III, *c*), basta que ele esteja sob **influência** de violenta emoção decorrente de ato injusto, sem a necessidade de que o ato homicida ocorra logo em seguida àquele. Por isso, se o agente matou a vítima em razão de perturbadora emoção ao flagrar o adultério, aplica-se o privilégio. Se ele, todavia, flagra a relação extraconjugal, mas comete o homicídio somente alguns dias depois, mostra-se possível apenas a atenuante genérica.

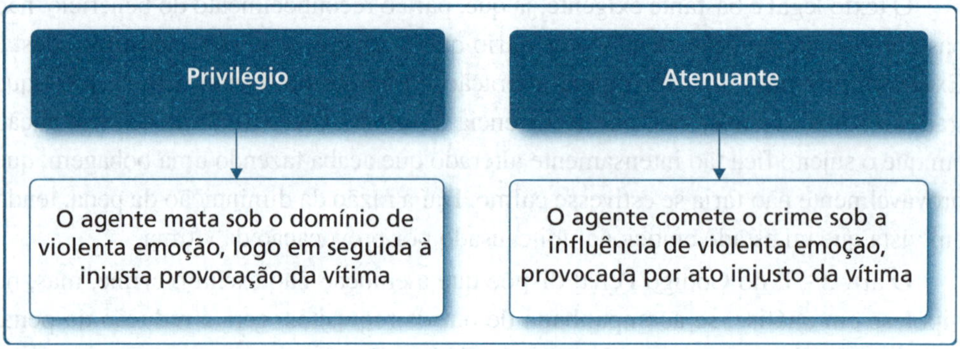

Fácil concluir, portanto, que, como os requisitos são diversos, caso os jurados reconheçam o privilégio, que tem requisitos maiores, não poderá ser aplicada a atenuante. Caso, todavia, recusem o privilégio, o juiz poderá aplicar a atenuante, se presentes seus requisitos.

- **Caráter subjetivo das hipóteses de privilégio**

Todas as figuras de privilégio são de caráter **subjetivo**, porque ligadas à motivação do agente (relevante valor social ou moral) ou à motivação somada à violenta emoção. Assim, nos termos do art. 30 do Código Penal, **não se comunicam** a coautores e partícipes do homicídio. Ex.: pai encontra o estuprador da filha e começa a desferir golpes para matá-lo. Nesse momento, um amigo chega ao local e, sem saber que se trata do estuprador, ajuda-o a matar o malfeitor. O pai responde por homicídio privilegiado, o amigo não. É evidente, contudo, que, se a motivação dos agentes for a mesma, será possível o reconhecimento do privilégio para ambos. Ex.: pai e mãe que matam o estuprador da filha.

■ *1.1.1.1.3. Homicídio qualificado*

- **Introdução**

O crime de homicídio possui ao todo vinte e duas qualificadoras. Em todos esses casos, a pena passa a ser de **12 a 30 anos de reclusão**. Ademais, sendo qualificado o homicídio, tem ele natureza hedionda, o que altera sensivelmente o regime de cumprimento da pena.

- **Classificação das qualificadoras**

Analisando os sete incisos que descrevem as figuras qualificadas do homicídio, é possível perceber que estão elas agrupadas de acordo com características comuns. Pela leitura do texto legal, é fácil notar que algumas se referem ao motivo do crime, outras ao meio ou modo de execução, e que algumas decorrem da conexão do homicídio com outro crime. No feminicídio, por fim, o crime é qualificado porque cometido contra mulher em razão da condição do sexo feminino.

Veja-se o quadro abaixo, em que as qualificadoras são classificadas:

1. Quanto aos **motivos**	■ Paga, promessa de recompensa ou outro motivo torpe, motivo fútil, e homicídio contra integrantes das Forças Armadas ou policiais no exercício ou em razão da função.
2. Quanto ao **meio** empregado	■ Veneno, fogo, explosivo, asfixia, tortura ou outro meio insidioso ou cruel, ou de que possa resultar perigo comum.
3. Quanto ao **modo** de execução	■ Traição, emboscada, dissimulação ou outro recurso que dificulte ou torne impossível a defesa do ofendido.
4. Por **conexão**	■ Para assegurar a execução, a ocultação, a impunidade ou a vantagem de outro crime.
5. Em razão da condição do sexo feminino	■ Feminicídio.

Na primeira modalidade, o delito é considerado mais grave em decorrência de o motivo do crime ser considerado imoral ou desproporcional.

Na segunda, o legislador elencou formas de provocar a morte da vítima que nela causam grande sofrimento, ou em que o agente atua de maneira velada, ou, ainda, com a provocação de perigo a outras pessoas, o que, inegavelmente, justifica maior reprimenda.

Na terceira, o legislador considerou mais graves os crimes praticados de tal maneira que a vítima tenha ficado à mercê do homicida, sem possibilidade de defesa.

Na quarta, o homicídio é considerado qualificado quando cometido em razão de outro crime (conexão).

Por fim, na quinta, no feminicídio, o crime é considerado mais grave por ser cometido contra mulher em razão da condição do sexo feminino.

- **Qualificadoras de caráter subjetivo e objetivo**

Além da classificação já estudada, existe outra que subdivide as qualificadoras entre aquelas que possuem caráter subjetivo e as que têm caráter objetivo. Essa distinção é de suma importância para a compreensão de muitos temas que serão a seguir analisados.

As qualificadoras de caráter **subjetivo** são aquelas ligadas à **motivação** do agente, sendo de suma importância ressaltar que, além das hipóteses de motivo torpe e fútil, as qualificadoras decorrentes da conexão também inserem-se nesse conceito. Com efeito, embora possuam uma classificação autônoma decorrente do vínculo (conexão) do homicídio com outro crime, é inegável que, quando um homicídio é cometido, por exemplo, para assegurar a execução ou a impunidade de outro crime, o que está tornando o delito qualificado é o motivo pelo qual o agente matou a vítima — assegurar a execução ou impunidade. As Leis n. 13.104/2015 e 13.142/2015 acrescentaram duas qualificadoras que, em nosso entendimento, são também de caráter subjetivo: o feminicídio e o homicídio de policial ou integrante das Forças Armadas no exercício ou em razão das funções. De ver-se, entretanto, que, em relação ao feminicídio, existe corrente que sustenta tratar-se de qualificadora de caráter objetivo na hipótese em que cometido em situação de violência doméstica (art. 121, § 2º-A, I) — a esse respeito ver comentários ao feminicídio (art. 121, § 2º, VI, do CP).

Já as qualificadoras de caráter **objetivo** são aquelas referentes a **meio e modo** de execução.

Qualificadoras de caráter subjetivo	Qualificadoras de caráter objetivo
Paga, promessa de recompensa ou outro motivo torpe, e motivo fútil	Veneno, fogo, explosivo, asfixia, tortura ou outro meio insidioso ou cruel, ou de que possa resultar perigo comum
Finalidade de assegurar a execução, ocultação, impunidade ou vantagem de outro crime	Traição, emboscada, dissimulação ou outro recurso que dificulte ou torne impossível a defesa do ofendido
Feminicídio	
Homicídio contra policiais ou integrantes das Forças Armadas ou seus familiares	

■ *1.1.1.1.3.1. Qualificadoras quanto aos motivos*

Art. 121, § 2º, I — Se o homicídio é cometido mediante paga ou promessa de recompensa, ou outro motivo torpe;

Art. 121, § 2º, II — Se o homicídio é cometido por motivo fútil.

- **Paga ou promessa de recompensa**

Essa modalidade de homicídio qualificado é conhecida como homicídio **mercenário** porque uma pessoa contrata outra para executar a vítima mediante pagamento em dinheiro ou qualquer outra vantagem econômica, como a entrega de bens, promoção no emprego etc. A paga é prévia em relação ao homicídio, enquanto a promessa de recompensa é para entrega posterior, como no caso em que o contratante é filho da vítima e promete dividir o dinheiro da herança com a pessoa contratada para matar o pai.

Concordamos com Nélson Hungria[4] e Heleno Cláudio Fragoso[5] quando dizem que a promessa de recompensa deve estar relacionada com prestação econômica (entrega de dinheiro, bens, perdão de dívida, promoção no emprego etc.) e não de outra natureza. Com efeito, não constitui **paga** uma mulher oferecer relação sexual a um homem para que ele, em seguida, mate outra pessoa. Igualmente não constitui **promessa de recompensa** a promessa de sexo futuro para o agente matar a vítima. Em tais casos configura-se a qualificadora prevista na parte final do dispositivo — **outro motivo torpe**. No sentido de que a promessa de recompensa só se refere à prestação econômica, temos ainda as opiniões de Cezar Roberto Bitencourt[6] e Julio Fabbrini Mirabete,[7] enquanto em sentido contrário podemos apontar o entendimento de Damásio de Jesus.[8]

No caso de promessa de recompensa, a qualificadora existe ainda que o mandante, após a prática do crime, não cumpra a promessa e não entregue os valores combinados, pois o que importa é que o executor tenha matado em razão da promessa recebida.

É comum que exista, em um mesmo caso, paga e promessa de recompensa, ou seja, que o contratante adiante uma parte em dinheiro e prometa entregar uma segunda parcela após a prática do crime. Nesse caso, a motivação é uma só (receber dinheiro para matar) e a vítima a mesma, de modo que não se configuram duas qualificadoras.

O homicídio, como regra, classifica-se como crime de concurso eventual, pois, normalmente, pode ser cometido por uma só pessoa ou por duas em concurso. A figura qualificada em análise, todavia, constitui exceção, na medida em que pressupõe o envolvimento mínimo de duas pessoas, sendo, por isso, classificada como **crime de concurso necessário**. A pessoa que contrata é chamada de **mandante**, e a pessoa contratada de **executora**. É comum, outrossim, a existência de mais de um mandante e, ainda mais comum, a de vários executores. Também há a possibilidade de existirem intermediários — pessoas que, a pedido do mandante, entram em contato com o "matador" e o contratam para matar a vítima e que também respondem pelo crime.

A punição de um independe da identificação e punição do outro, desde que exista prova da paga ou da promessa de recompensa. É plenamente corriqueiro que o executor não conheça o mandante e que receba dinheiro adiantado para matar a víti-

4 Nélson Hungria, *Comentários ao Código Penal*, v. V, p. 164.
5 Heleno Cláudio Fragoso, *Lições de direito penal*. Parte especial, v. I, p. 55.
6 Cezar Roberto Bitencourt, *Tratado de direito penal*, v. 2, p. 56.
7 Julio Fabbrini Mirabete, *Manual de direito penal*, v. 2, p. 70.
8 Damásio de Jesus, *Direito penal*, v. 2, p. 67.

ma. Ao ser preso em flagrante, no momento em que mata a vítima, policiais encontram quantidade considerável de dinheiro com ele, que confessa ter recebido a quantia de um desconhecido para praticar o homicídio. Em tal caso, o executor será condenado pelo crime qualificado, embora não se tenha identificado o mandante.

De se ver, aliás, que, se o executor recebe o dinheiro adiantado e desaparece com os valores, sequer procurando a vítima para iniciar o crime de homicídio, temos a hipótese do art. 31 do Código Penal em que nenhum dos envolvidos será punido. Esse dispositivo diz que o ajuste, a determinação ou **instigação** e o auxílio, salvo disposição expressa em sentido contrário, **não são puníveis**, se o crime não chega, pelo menos, a ser tentado. Assim, ainda que o homicídio não tenha sido tentado por razões que estão fora do controle do mandante, não será ele punido. Da mesma forma, se, após o pacto, o executor for atropelado e morrer antes de sair no encalço da vítima.

Podem ser citados como exemplos em que a qualificadora em estudo foi reconhecida: fazendeiros que contrataram pistoleiros para matar missionária que defendia e conscientizava os colonos acerca de seus direitos trabalhistas; companheira de ganhador de prêmio lotérico sem familiares que contratou amigos para matá-lo para dividirem o dinheiro do falecido; suplente de deputado e vice-prefeito que contrataram assassinos para matar os titulares do cargo e, com isso, assumirem sua cadeira; esposa que contratou executor para matar o marido e viver com o amante etc.

✓ Comunicabilidade da qualificadora ao mandante

O executor do homicídio comete o delito por razões altamente imorais, ou seja, pelo lucro, não havendo, de sua parte, motivos pessoais para eliminar a vítima, que, na maioria das vezes, até lhe é desconhecida. Daí a razão de o crime ser qualificado para ele. O que causa acalorada discussão no âmbito doutrinário e jurisprudencial é definir se a qualificadora em tela se aplica também ao mandante, pessoa responsável pela contratação do matador.

A polêmica, basicamente, gira em torno de se definir se a qualificadora da paga ou promessa de recompensa é ou não elementar do homicídio mercenário, uma vez que o art. 30 do Código Penal dispõe que as circunstâncias de caráter pessoal não se comunicam aos comparsas, **salvo se elementares do crime**. O ato de matar em troca de dinheiro ou outros valores é circunstância de caráter pessoal para o executor porque se refere à sua motivação: matar por dinheiro ou outros valores. Assim, caso se entenda que esse aspecto pessoal é **elementar** do homicídio mercenário, ele se comunica ao mandante, e, caso se entenda o contrário, não. Conforme se verá abaixo, cada uma das correntes procura justificar seu entendimento pautada por argumentos técnicos e lógicos. Senão vejamos:

1ª Corrente — **Não se comunica a qualificadora**.

Para os seguidores dessa corrente, deve-se respeitar o entendimento, praticamente pacífico na doutrina, de que elementares são apenas os requisitos essenciais do crime elencados no tipo básico, sendo chamadas de **circunstâncias** os fatores que alteram o montante da pena, tais como as qualificadoras. Esse é o aspecto técnico dessa orientação. O aspecto lógico que sempre é ressalvado pelos defensores dessa tese é o de que o mandante tem seus próprios motivos para querer a morte da vítima, pois apenas o executor mata por dinheiro, de modo que deve ter sua conduta avaliada sob o prisma de sua própria motivação. Assim, o vice-prefeito que contrata um pistoleiro para matar o prefeito a fim de ficar com seu cargo responde pela qualificadora genérica do motivo torpe, e o executor por ter matado em razão da paga. Por outro lado, o pai que descobre quem foi o estuprador de sua filha e contrata outrem para matá-lo incorre em homicídio privilegiado, devendo apenas o executor incidir na figura qualificada da paga.

Em suma, para essa corrente, a paga ou promessa de recompensa não é elementar e, por ser de caráter pessoal, não se estende ao mandante, que deve ser responsabilizado de acordo com os motivos que o levaram a contratar o executor. Nesse sentido, as opiniões de Heleno Cláudio Fragoso,[9] Fernando Capez,[10] Flávio Monteiro de Barros[11] e Rogério Greco.[12]

Na jurisprudência podemos apontar os seguintes julgados:

> *"A Quinta Turma do Superior Tribunal de Justiça, no julgamento do REsp 1.415.502/MG (Rel. Ministro Felix Fischer,* DJe *17/2/2017), firmou compreensão no sentido de que a qualificadora da paga ou promessa de recompensa não é elementar do crime de homicídio e, em consequência, possuindo caráter pessoal, não se comunica aos mandantes. Ressalva de entendimento pessoal do Relator"* (HC 403.263/SP, Rel. Min. Reynaldo Soares da Fonseca, 5ª Turma, julgado em 13-11-2018, *DJe* 22-11-2018).

2ª Corrente — **Comunica-se a qualificadora ao mandante**.

Os seguidores dessa orientação, embora reconheçam que normalmente qualificadoras são circunstâncias e não elementares, ressaltam que, **excepcionalmente**, no caso do homicídio mercenário, não há como deixar de reconhecer que o envolvimento do mandante no crime é requisito essencial para a sua existência — por se tratar de crime de concurso necessário — e, na condição de requisito essencial, deve ser considerado elementar. Assim, deve ser aplicada a qualificadora também a ele, cujo envolvimento no fato criminoso é premissa para sua existência.

Em suma, se excluído o envolvimento do mandante, o fato não pode ser caracterizado como homicídio mercenário, daí por que seu envolvimento no delito constituir elementar. Trata-se, portanto, de qualificadora *sui generis,* pois sua existência tem como premissa o envolvimento de duas pessoas e, assim, para ambos deve ser aplicada a pena maior.

---

9 Heleno Cláudio Fragoso, *Lições de direito penal*. Parte especial, v. I, p. 54.

10 Fernando Capez, *Direito penal*, v. 2, p. 44/45.

11 Flávio Augusto Monteiro de Barros, *Crimes contra a pessoa*, p. 28.

12 Rogério Greco, *Curso de direito penal*, v. II, p. 166.

Argumentam, ainda, sob o prisma da lógica, que o mandante deve também ser condenado pela forma qualificada, pois é dele a iniciativa de procurar o executor e lhe propor o crime. Sem essa proposta não haveria o homicídio.

Podem ser apontados como defensores dessa tese: Julio Fabbrini Mirabete,[13] Damásio de Jesus[14] e Euclides Custódio da Silveira.[15] É a orientação do Supremo Tribunal Federal: "*... a comissão do fato mediante paga, porque qualifica o homicídio e, portanto, constitui* essentialia *do tipo qualificado, não atinge exclusivamente o* accipiens, *mas também o* solvens *e qualquer outro dos coautores do delito: assim já se decidiram, não faz muito, ambas as turmas do Tribunal* (HC 66.571, 2ª Turma, 20.6.89, Rel. Borja, *Lex 156/226*; HC 69.940, 1ª Turma, Rel. Pertence, 09.03.1993)" (STF — HC 71.582, 1ª Turma — Rel. Min. Sepúlveda Pertence, 28-3-1995).

No mesmo sentido: "*No homicídio mercenário, a qualificadora da paga ou promessa de recompensa é elementar do tipo qualificado, comunicando-se ao mandante do delito*" (STJ — AgInt no REsp 1.681.816/GO, 6ª Turma — Rel. Min. Nefi Cordeiro, julgado em 3-5-2018, *DJe* 15-5-2018).

Ressalte-se, por fim, que, ainda que se adote essa corrente, segundo a qual a qualificadora se estende também ao mandante, poderá acontecer de, na votação em Plenário, os jurados reconhecerem que ele agiu por motivo de relevante valor social ou moral (privilégio) e, caso isso aconteça, o juiz automaticamente se verá obrigado a excluir dos quesitos seguintes a qualificadora da paga em relação ao mandante, pois, conforme será estudado no momento oportuno, o reconhecimento do privilégio inviabiliza as qualificadoras de caráter subjetivo. Assim, pode acontecer de os jurados condenarem o executor na forma qualificada e o mandante na forma privilegiada (pai que contratou alguém para matar o estuprador da filha, por exemplo).

Em suma, para essa orientação, o delito é, *a priori*, qualificado para ambos os envolvidos. Por isso, se o vice-prefeito contrata alguém para matar o prefeito para ficar com seu cargo, ambos devem ser condenados pela qualificadora da paga. Excepcionalmente, porém, se os jurados reconhecerem o privilégio para o mandante, ficará afastada para ele a figura qualificada.

- **Motivo torpe**

Conceito. É a motivação vil, repugnante, imoral.

▸ **Preconceito.** Constitui homicídio qualificado pelo motivo torpe aquele praticado em razão de preconceito de raça, cor, religião, etnia ou origem, ou, ainda, por ser a vítima homossexual ou apreciadora deste ou daquele movimento artístico ou musical.

Se a ação, todavia, visa ao extermínio total ou parcial de integrantes de determinada raça, grupo nacional, étnico ou religioso, deve ser reconhecido também o

---

13 Julio Fabbrini Mirabete, *Manual de direito penal*, v. 2, p. 70.

14 Damásio de Jesus, *Direito penal*, v. 2, p. 67.

15 Euclides Custódio da Silveira, *Direito penal*. Crimes contra a pessoa, p. 62.

crime de genocídio (art. 1º, *a*, da Lei n. 2.889/56). O Supremo Tribunal Federal, ao julgar o Recurso Extraordinário 351.487/RR, fixou entendimento de que a realização de mais de uma das condutas previstas na Lei n. 2.889/56, em uma de suas alíneas ou em várias delas, constitui crime **único** de genocídio (no julgado em questão, garimpeiros que mataram 12 índios da tribo Yanomami foram condenados por crime único de genocídio). De acordo com a Corte Suprema, o bem jurídico tutelado no crime de genocídio, mesmo na hipótese de morte, não é a vida, e sim a existência de um grupo nacional, étnico, racial ou religioso. As lesões à vida, à integridade física, à liberdade de locomoção etc., ainda de acordo com aquele julgado, são **meios** de ataque ao bem jurídico tutelado, que, nos diversos tipos de ação genocida, não se confundem com os bens primários também lesados por essas ações instrumentais, **não sendo**, assim, **absorvidos por aquele**. Em suma, decidiu o Supremo Tribunal Federal que o correto seria a punição por 12 crimes de homicídio, além de **um** crime de genocídio. Em face da conexão, o julgamento em tais casos deve se dar perante o Tribunal do Júri.

▸ **Canibalismo.** A pessoa que mata outra para se alimentar de sua carne age por motivo torpe.

▸ **Vampirismo.** Configura motivo torpe matar a vítima para beber seu sangue.

▸ **Rituais macabros.** A morte da vítima em rituais de magia negra, como forma de oferenda, constitui motivo torpe.

▸ **Motivação econômica.** Não há dúvida de que configura a qualificadora em análise quando não tiver havido paga ou promessa de recompensa para a execução do crime, pois, neste caso, a qualificadora seria aquela anteriormente estudada. Assim, quando um filho mata os pais para usufruir da herança, incide na forma qualificada — de acordo com a lei civil, o filho, nesse caso, perde o direito à herança. Da mesma forma, incide na qualificadora do motivo torpe a esposa que mata o marido para receber o valor do seguro de vida que ele havia feito em seu favor.

▸ **Intenção de ocupar o cargo da vítima.** Configura motivo torpe. Exs.: homicídio cometido pelo vice-prefeito ou pelo suplente de deputado, com o intuito de, não desvendada a autoria, assumir o posto do falecido.

▸ **Ciúme.** É considerado um sentimento normal nos seres humanos, não sendo considerado torpe.

▸ **Matar por prazer.** É motivo considerado torpe, já que o agente tira a vida de um semelhante pelo simples sentimento de poder.

▸ **Morte para assegurar a execução ou impunidade de outro crime.** Somente não são enquadradas na qualificadora do motivo torpe por existirem qualificadoras específicas para tais hipóteses no art. 121, § 2º, V, do CP.

▸ **Vingança.** O sentimento de vingança, se fosse analisado de forma isolada, poderia passar a impressão de que necessariamente constituiria motivo torpe, por ser imoral. É pacífico, entretanto, que a vingança não pode ser apreciada como um ato isolado pois, por definição, vingança é uma retribuição relacionada a um fato anterior. Assim, para se verificar se a vingança constitui motivo torpe, é necessário analisar, em cada caso concreto, o que a originou. Se ela tiver se originado de um antecedente torpe, haverá a qualificadora, caso contrário, não. Por isso, quem mata por vingança um credor, por ter ele ingressado com ação judicial de cobrança, responde por crime qualificado. Da mesma forma, o traficante que mata o usuário de droga que atrasou o pagamento de uma compra. Ao contrário, quando o pai descobre quem foi o homem que, meses atrás, abusou sexualmente de sua filha, e, por vingança, o mata, não responde pela forma qualificada — sendo até mesmo hipótese de privilégio conforme estudado anteriormente.

▸ **Morte de policiais civis ou militares por integrantes de facção criminosa.** Inúmeros foram os homicídios praticados contra policiais tão somente com a finalidade de inibir ou afastar as instituições a que pertencem de investigações, visando coibir atos ilícitos da facção criminosa. Nesses casos, aplicava-se a qualificadora do motivo torpe, contudo, atualmente, configura-se qualificadora específica descrita no art. 121, § 2º, VII, introduzida no Código Penal pela Lei n. 13.142/2015.

▸ **Preso que mata outro porque integra facção criminosa adversária.** Não há dúvida em torno da torpeza da motivação.

- **Motivo fútil**

Conceito. É o motivo pequeno, insignificante, ou seja, deve ser reconhecido quando houver total falta de proporção entre o ato homicida e sua causa. Já se reconheceu essa qualificadora quando o pai matou o filho porque este chorava, quando o motorista matou o fiscal de trânsito em razão da multa aplicada, quando o patrão matou o empregado por erro na prestação do serviço, ou, ainda, em homicídio contra dono de bar que se recusou a servir mais uma dose de bebida, ou porque o agente ouviu comentário jocoso em relação ao seu time de futebol etc.

▸ **Ausência de prova quanto ao motivo.** Para que seja reconhecida a qualificadora em estudo, é mister que haja prova de um motivo fútil qualquer. A ausência de prova quanto a este aspecto não autoriza a presunção de que tenha havido motivação pequena.

▸ **Acusado que diz ter matado sem motivo algum.** Quando o agente confessa que cometeu o crime, mas alega que o fez absolutamente sem nenhum motivo, a conclusão inevitável é de que matou pelo simples **prazer** de tirar a vida alheia e, nesse caso, a qualificadora a ser reconhecida é a do motivo **torpe** e não a do motivo fútil.

▸ **Discussão acalorada entre as partes antes do crime.** Não se tem reconhecido a qualificadora do motivo fútil quando a razão do crime é uma forte discussão entre as partes, ainda que o entrevero tenha surgido por motivo de somenos importância. Neste último caso, entende-se que a razão de um ter matado o outro foi a troca de ofensas e não o motivo inicial da discussão. Assim, se uma pessoa efetua disparo de arma de fogo imediatamente após sofrer uma mera "fechada" de outro motorista no trânsito, incide no motivo fútil. Contudo, se após essa "fechada" seguiu-se uma perseguição, tendo os motoristas descido de seus veículos e iniciado veemente troca de ofensas até que um deles efetuou o disparo, não se mostra possível a qualificadora.

▸ **Ciúme.** Nossa doutrina costuma sustentar que o ciúme não pode ser interpretado como um motivo pequeno, pois, para quem o sente, trata-se de sentimento forte. A regra vale para ciúme entre marido e mulher, namorados, filhos em relação aos pais e vice-versa etc. É preciso, contudo, que essa regra não seja interpretada de forma absoluta, pois existem situações práticas em que o agente mata a namorada apenas porque "ela olhou para o lado", não sendo viável excluir-se, de plano, a qualificadora em tal hipótese em que é evidente a desproporção entre o ato e o ciúme dele gerado.

✓ **O motivo de um homicídio pode ser concomitantemente fútil e torpe?** A resposta é negativa. Com efeito, embora seja compreensível certa dificuldade em estabelecer qual delas deve ser reconhecida no caso concreto, uma vez que o motivo pequeno certamente guarda algo de imoral (torpe), é efetivamente necessário que se escolha apenas uma das figuras, ou seja, a que melhor se enquadre no caso concreto. Como o motivo fútil é especial em relação ao torpe, o critério a ser obedecido é muito simples: se a característica marcante quanto à motivação for a desproporção entre o crime e a causa, é a futilidade que deve ser reconhecida. Se, entretanto, não se mostrar presente tal característica, aplica-se o motivo torpe. Por isso, quando uma pessoa mata por preconceito racial ou para cometer canibalismo, não há pequenez, mas completa imoralidade na motivação, que deve ser enquadrada como torpe.

■ *1.1.1.1.3.2. Qualificadoras quanto ao meio de execução*

> **Art. 121, § 2º, III —** Se o homicídio é cometido com emprego de veneno, fogo, explosivo, asfixia, tortura ou outro meio insidioso ou cruel, ou de que possa resultar perigo comum.

Nesse dispositivo, a lei, após explicitar uma série de circunstâncias que tornam mais gravosa a conduta em razão do meio de execução empregado, utiliza a fórmula genérica "ou outro meio insidioso ou cruel, ou de que possa resultar perigo comum". Assim, é evidente que a aplicação da fórmula genérica só será possível se não for viável o enquadramento nas figuras específicas iniciais. Com efeito, é óbvio que o agente que mata a vítima nela ateando fogo causa forte sofrimento, enquadrável, **em tese**, na qualificadora do meio cruel. Para que não haja *bis in idem*, todavia, é claro que a qualificadora específica do emprego de fogo afasta a do meio cruel. No entanto, se o agente provoca fortíssimas queimaduras na vítima com o arremesso de ácido a ponto de causar-lhe a morte, torna-se patente o cabimento da qualificadora do meio cruel, já que a hipótese do ácido não se enquadra em nenhuma das qualificadoras específicas.

- **Veneno**

Veneno é a substância química ou biológica que, introduzida no organismo, pode causar a morte. Pode se apresentar em forma líquida, sólida ou gasosa.

O homicídio qualificado pelo emprego de veneno é também conhecido como **venefício** e sua configuração pressupõe que seja introduzido no organismo da vítima de forma **velada**, sem que a vítima perceba, como, por exemplo, misturando-o na sua bebida ou comida, colocando-o no interior de cápsula de remédio ordinariamente ingerido por ela etc. São comuns casos em que o agente mistura raticida no café que a vítima irá tomar ou no doce que ela irá comer etc.

Se o veneno for inoculado no organismo da vítima com emprego de **violência**, configura-se a qualificadora do **meio cruel** (é o que ocorre quando o agente prende a vítima em recinto repleto de cobras altamente venenosas que picam a vítima por várias vezes, causando sua morte).

Por sua vez, se a vítima souber e consentir em que lhe ministrem veneno, não se aplica nenhuma das qualificadoras.

A constatação de que a causa da morte foi o veneno depende de prova pericial feita nas vísceras ou no sangue da vítima.

Diverge a doutrina em torno do enquadramento como veneno de substâncias que normalmente não podem causar a morte, mas que, em decorrência de doença ou de reação alérgica, podem ser fatais a certas pessoas. É o caso da glicose para pessoas diabéticas e de determinados anestésicos ou antibióticos que podem causar choque anafilático em pessoas alérgicas. A maior parte da doutrina, endossada, inclusive, por Nélson Hungria,[16] entende ser perfeitamente possível o emprego da qualificadora do veneno nesses casos. No mesmo sentido a opinião de Fernando Capez,[17] Cezar Roberto Bitencourt[18] e Flávio Monteiro de Barros.[19] Existe, porém, entendimento minoritário sustentando que só podem ser consideradas como veneno as substâncias que sempre tenham poder letal. Para essa corrente, deve ser escolhida a qualificadora genérica do "meio insidioso" para os casos antes mencionados. Nesse sentido, o pensar de Julio Fabbrini Mirabete.[20] De qualquer forma, é importante ressaltar que, para que se reconheça a qualificadora, é necessário que tenha havido dolo em relação à morte, ou seja, que o agente tenha tido prévia ciência da doença ou da rejeição do organismo da vítima em relação à substância e, intencionalmente, dela tenha feito uso para provocar a morte.

Nos casos em que há emprego de veneno, mas a vítima sobrevive, a punição por tentativa de homicídio pressupõe a demonstração de que o veneno utilizado poderia ter causado a morte caso não fosse ela rapidamente socorrida.

Pode-se falar em crime impossível por absoluta ineficácia do meio quando for feita prova de que a substância não poderia, nem mesmo em altíssimas doses, provocar a morte de um ser humano. Em tais casos, consideravelmente comuns, afasta-se

---

16 Nélson Hungria, *Comentários ao Código Penal*, v. V, p. 165.
17 Fernando Capez, *Direito penal*, v. 2, p. 49.
18 Cezar Roberto Bitencourt, *Tratado de direito penal*, v. 2, p. 58.
19 Flávio Augusto Monteiro de Barros, *Crimes contra a pessoa*, p. 29.
20 Julio Fabbrini Mirabete, *Manual de direito penal*, v. 2, p. 71.

a tentativa de homicídio e o agente responde por crime de lesão corporal — por ter feito a vítima sofrer desarranjo estomacal, por exemplo. Se, entretanto, o veneno tinha potencial para matar, mas foi inoculado em quantia insuficiente para provocar a morte, há mera ineficácia **relativa**, respondendo o agente pelo homicídio qualificado tentado.

- **Fogo**

O homicídio com emprego de fogo tem se tornado constantemente notícia em nossa imprensa, em casos de assassinatos de mendigos que estão dormindo na rua e que são covardemente incendiados, ou de traficantes que queimam seus rivais vivos após colocá-los no meio de uma pilha de pneus. Ficou, aliás, famoso em todo o mundo o caso ocorrido em Brasília em que rapazes jogaram combustível e depois puseram fogo em um índio pataxó que dormia em um ponto de ônibus.

A qualificadora do fogo também se mostra presente quando o agente põe fogo no barraco da vítima e ela morre por aspirar a fumaça proveniente da queima, ainda que o corpo da vítima não seja atingido diretamente pelas chamas. Há, também, a qualificadora se a vítima é colocada em um caldeirão com água e, em seguida, esta é aquecida. Em tais casos, a morte decorreu do **emprego** de fogo.

Como o fogo possui forte capacidade destrutiva, é comum que o agente, ao cometer o homicídio, também danifique objeto alheio. Nesse caso, em tese estaria também configurado o crime de dano qualificado pelo emprego de substância inflamável em concurso formal, o que, entretanto, não ocorre, na medida em que o art. 163, parágrafo único, II, do Código Penal, que trata do crime de dano qualificado, expressamente dispõe que o dano fica absorvido quando o fato constitui crime mais grave. Trata-se de hipótese de subsidiariedade expressa em que o delito de dano considera-se absorvido ainda que o dono do bem danificado não seja a própria vítima do homicídio.

- **Explosivo**

Essa qualificadora configura-se qualquer que seja o tipo de explosivo utilizado, desde os mais potentes empregados para mandar pelos ares veículos, até mesmo os blindados, matando seus ocupantes, ou pelo mero arremesso de bomba de fabricação caseira com o intuito de matar ou ferir torcedor de time de futebol adversário. Haverá também a qualificadora se o agente colocar uma bomba em um avião provocando sua queda e a morte de todos ou de parte dos ocupantes.

Tal como ocorre com o emprego de fogo, caso o explosivo provoque dano em bem alheio, da própria vítima do homicídio ou de terceiro, o delito de dano qualificado pelo emprego de substância explosiva fica absorvido por ser o homicídio crime mais grave, tudo nos termos do art. 163, parágrafo único, II, do Código Penal.

O emprego de explosivo ou fogo deve ser reconhecido como qualificadora quando empregados pelo agente a fim de provocar a morte da vítima, ainda que o resultado morte, no caso concreto, tenha sido decorrência indireta de tais formas de execução. Há alguns anos, por exemplo, uma pessoa colocou explosivo no interior de um avião com o intuito de matar todos os passageiros durante o voo. A bomba explodiu, abriu uma fenda na aeronave e um passageiro foi lançado para fora, morrendo em razão da queda. Não faria sentido que ele respondesse por tentativa qualificada pelo emprego de explosivo em relação aos sobreviventes e por crime consumado sem a qualificadora em relação à pessoa morta. Da mesma forma, se alguém põe fogo em um celeiro para matar a vítima que está amarrada em seu interior e, antes de o fogo atingir o corpo desta, uma viga de madeira se desprende do telhado em razão da ação das chamas e cai na cabeça da vítima provocando sua morte, existe a qualificadora.

O que se deve levar em conta, obviamente, é o dolo de matar com emprego de explosivo ou fogo e o efetivo uso dessas substâncias no caso concreto. Caso, todavia, o sujeito use fogo para acender o pavio de um antigo canhão e mate a vítima pelo impacto do projétil lançado por este, fica evidente a não incidência da qualificadora do emprego de fogo porque, em nenhum momento, quis o agente matar a vítima com fogo.

- **Asfixia**

Consiste em provocar a morte da vítima pelo impedimento da função respiratória. A asfixia pode se dar de forma mecânica ou tóxica.

A **mecânica** pode ocorrer por:

a) Esganadura, em que o agente comprime o pescoço da vítima com o próprio corpo, por tempo suficiente para que a falta de oxigênio ocasione a morte. É o que acontece quando o agente aperta o pescoço da vítima com as mãos, quando lhe dá uma "gravata" com os braços, quando pisa ou senta no pescoço da pessoa caída no chão.

b) Estrangulamento, em que o agente, fazendo uso da própria força, aperta o pescoço da vítima com um fio, um arame, um pedaço de pano ou até com a própria camisa que ela veste.

c) Enforcamento, em que a corda (ou algo similar) colocada no pescoço da vítima se estica pelo peso dela. Tanto é possível o próprio agente puxar a corda para que o corpo da vítima saia do chão, como é possível colocá-la sobre um banco ou tablado e, em seguida, tirar o apoio dos pés. Veja-se, contudo, que para a prática do enforcamento não é imprescindível que a vítima seja "pendurada" com os pés afastados do chão. Nada obsta a que ela esteja sedada ou sob efeito de fortes soníferos, hipótese em que seu corpo se inclina quando colocada de pé, e, nesse caso, basta que a corda esteja fixada acima de sua cabeça para que ocorra o enforcamento.

d) Sufocação, uso de objeto para obstruir a passagem do ar pelas vias de acesso aos pulmões. Tal objeto pode ser utilizado externamente, como, por exemplo, colocando-se um saco plástico ou um travesseiro no rosto da vítima, ou internamente, colocando-se pedaço de pano na garganta. A sufocação pode também ser praticada com o uso das próprias mãos, tapando-se concomitantemente o nariz e a boca da vítima.

e) Afogamento, que se dá pela imersão em meio líquido. Ex.: amarrar um peso na vítima e atirá-la em um lago profundo; lançar a vítima em uma piscina profunda e com pedaços de pau não deixá-la tirar a cabeça de dentro da água; enfiar a cabeça da vítima em um tanque cheio de água etc.

f) Soterramento, que consiste em atirar quantidade considerável de terra, areia ou algo similar sobre a vítima, que não consegue delas se desvencilhar. Normalmente a vítima está amarrada e é lançada em uma vala, sobre a qual os homicidas jogam terra, de modo que o corpo fica coberto e ela não consegue respirar. Não se configura nesse caso o crime de ocultação de cadáver, pois a vítima foi enterrada ainda viva.

É muito comum a ocorrência de mortes por soterramento em deslizamentos de terra de morros em decorrência de fortes chuvas, mas, nesse caso, não se trata de crime de homicídio doloso.

g) Sufocação indireta, consistente em impedir o funcionamento da musculatura abdominal responsável pela respiração. Ex.: colocação de peso sobre a região do diafragma, de modo que, depois de algum tempo, a vítima não consiga mais respirar. Essa hipótese é também conhecida como imprensamento.

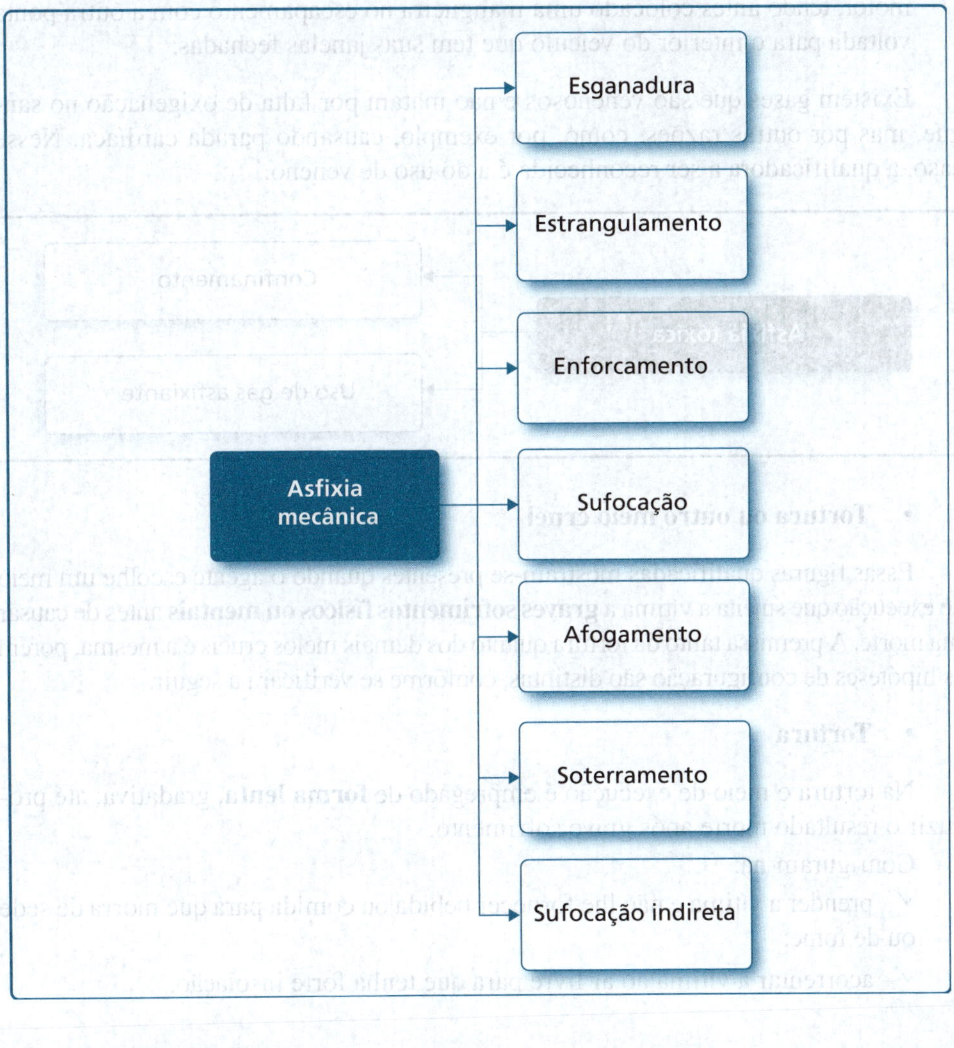

A asfixia **tóxica**, por sua vez, pode se dar por:

a) Confinamento, que consiste em prender a vítima em um recinto onde haja vedação impedindo a renovação de oxigênio, de modo que a própria respiração da vítima, com o passar do tempo, esgota todo o oxigênio antes existente, ocasionando sua morte. Exs.: trancar alguém em um caixão e enterrá-lo, colocar a vítima por longo período no porta-malas de um carro em que não haja suficiente renovação de oxigênio etc.

Ao se colocar a vítima em um cômodo totalmente vedado, é possível provocar sua morte e o processo será ainda acelerado se o agente fizer uma pequena fogueira no canto do recinto para acelerar a queima do oxigênio existente no local.

b) Uso de gás asfixiante, como o monóxido de carbono, o cloro em estado gasoso etc. Ex.: trancar a vítima desacordada dentro de um carro e acionar seu motor, tendo antes colocado uma mangueira no escapamento com a outra ponta voltada para o interior do veículo que tem suas janelas fechadas.

Existem gases que são venenosos e não matam por falta de oxigenação no sangue, mas por outras razões, como, por exemplo, causando parada cardíaca. Nesse caso, a qualificadora a ser reconhecida é a do uso de veneno.

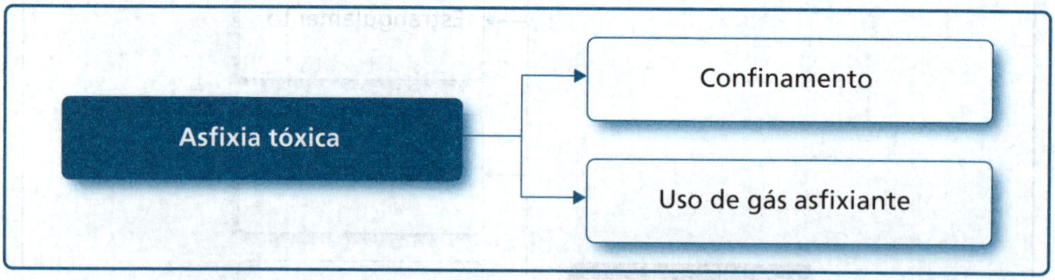

- **Tortura ou outro meio cruel**

Essas figuras qualificadas mostram-se presentes quando o agente escolhe um meio de execução que sujeita a vítima a **graves sofrimentos físicos ou mentais** antes de causar sua morte. A premissa tanto da tortura quanto dos demais meios cruéis é a mesma, porém as hipóteses de configuração são distintas, conforme se verificará a seguir.

- **Tortura**

Na tortura o meio de execução é empregado de **forma lenta**, gradativa, até produzir o resultado morte após grave sofrimento.

Configuram-na:

✓ prender a vítima e não lhe fornecer bebida ou comida para que morra de sede ou de fome;

✓ acorrentar a vítima ao ar livre para que tenha forte insolação;

✓ lentas sessões de mutilações ou de aplicações de ferro em brasa;
✓ amarrar a vítima sobre um formigueiro de espécie agressiva;
✓ crucificação;
✓ empalamento.

Como distinguir o crime de homicídio qualificado pela tortura (art. 121, § 2º, III) do crime de tortura qualificada pela morte (art. 1º, § 3º, da Lei n. 9.455/97)?

A diferença reside na intenção do torturador. Se, como consequência da tortura aplicada, o agente visava provocar a morte da vítima, ou, se com seu modo de agir, assumiu o risco de produzi-la, configura-se o crime de homicídio qualificado. Em outras palavras, se tiver havido dolo, direto ou eventual, em relação à morte, e a tortura tiver sido o meio escolhido para alcançá-la, o agente responde por homicídio qualificado, cuja pena é de 12 a 30 anos de reclusão, e cujo julgamento cabe ao Tribunal do Júri.

Por sua vez, se o agente queria apenas torturar a vítima, para dela obter, por exemplo, uma confissão, mas, durante a sessão de tortura acabou, **culposamente**, ocasionando sua morte, responde por crime de tortura qualificada, que, como se vê, é delito exclusivamente **preterdoloso** (dolo na tortura e culpa na morte). Sua pena é de reclusão, de 8 a 16 anos, e o julgamento cabe ao juízo singular. Ex.: torturar uma pessoa com pedaço de ferro e, em seguida, liberá-la. A vítima, contudo, morre um mês depois, fruto de tétano contraído em decorrência da ferrugem existente no objeto usado para torturar.

É viável, outrossim, a ocorrência de uma terceira situação em que os agentes, por exemplo, torturam a vítima para que ela confesse um crime e aponte o seu mandante e, em seguida, a levam a um local ermo onde a matam com um disparo de arma de fogo a fim de assegurar a impunidade do crime de tortura. Nesse caso, eles respondem por homicídio qualificado — porque a morte visava assegurar a impunidade de outro crime (art. 121, § 2º, V), em concurso material com tortura simples. Não pode ser aplicada a qualificadora da tortura ao crime de homicídio porque não foi ela a causadora da morte da vítima.

- **Meio cruel**

Os demais meios cruéis que qualificam o homicídio, para que possam ser diferenciados da tortura, são aqueles em que o ato executório é breve, embora provoquem forte sofrimento físico na vítima.

Configuram-no:

✓ o espancamento mediante socos e pontapés ou o pisoteamento;
✓ golpes no corpo da vítima com martelo, barra de ferro, pedaço de pau etc.;
✓ apedrejamento;
✓ atropelamento intencional;
✓ jogar a vítima do alto de um prédio ou precipício;

✓ despejar grande quantidade de ácido sobre o corpo da vítima;
✓ choque elétrico de alta voltagem;
✓ amarrar a vítima em um carro ou cavalo e colocá-los em movimento, fazendo a vítima ser arrastada;
✓ cortar os pulsos da vítima para que morra de hemorragia externa;
✓ fazer a vítima cair da motocicleta;
✓ obrigar a vítima a ingerir rapidamente grande quantidade de bebida alcoólica;
✓ colocar a vítima em uma jaula com feras;
✓ transmissão intencional de doença que provoca a morte com sofrimento.

Note-se que, em todos os exemplos mencionados, o ato de execução é rápido, como, por exemplo, no ato da transmissão da doença. A qualificadora, contudo, estará presente quer a vítima morra logo em seguida (como no caso de ser jogada do alto de um prédio), quer haja alguma demora no resultado. O próprio legislador fez essa opção. Veja-se, por exemplo, o caso da explosão. Embora se trate de uma qualificadora específica, é assim classificada em decorrência de ser considerada meio provocador de sofrimento, apesar de a morte normalmente acontecer de imediato.

A crueldade só qualifica o homicídio quando constituir a **causa direta** da morte. Por isso, se, após matar a vítima por um meio comum, o agente desferir-lhe pauladas, arrancar-lhe as pontas dos dedos para dificultar a identificação ou até efetuar esquartejamento para fazer sumir o corpo, responderá por crime de homicídio (simples ou com alguma outra qualificadora) em concurso material com o crime de destruição, ainda que parcial, de cadáver (art. 211 do CP). Esse crime é especial em relação ao delito de ocultação de cadáver que só se configurará se o agente esconder o cadáver sem antes destruí-lo.

A doutrina e a jurisprudência costumam mencionar que a reiteração de golpes, por si só, não constitui meio cruel. Disso somente se depreende que, **nem sempre**, a reiteração causa sofrimento grave, como no caso de vários disparos de revólver em que o primeiro tiro já pode ter atingido a vítima fatalmente. Caso, porém, fique demonstrado que tal reiteração provocou forte sofrimento é evidente a configuração da qualificadora, como nos exemplos já mencionados de agressões a pauladas. Até mesmo o excessivo número de facadas, dependendo da forma como desferidas, pode constituir meio cruel.

Em suma, o que se pode concluir é que a reiteração de golpes **nem sempre** constitui meio cruel, podendo, contudo, configurá-lo, dependendo da forma como tenha ocorrido.

Existe considerável número de julgados no sentido de que a qualificadora do meio cruel pressupõe ânimo calmo e refletido do homicida ao escolher um método que fará a vítima ter um maior sofrimento. A melhor interpretação, todavia, é no sentido de que a qualificadora deve ser reconhecida sempre que o agente dolosamente escolher certo meio de execução que faça a vítima padecer com grande sofrimento, já que se trata de circunstância de caráter objetivo. Para a vítima submetida às fortes dores, é irrelevante que tenha havido premeditação quanto ao meio empregado, sendo necessário o agravamento da pena ainda que não tenha havido ânimo calmo na escolha do meio de execução. Ao contrário, a qualificadora só deve ser afastada, se o meio for objetivamente cruel, quando o agente tiver tido a polidez de aplicar um anestésico na vítima antes de executá-la.

Já foi mencionado anteriormente que as qualificadoras desse inc. III constam de um rol em que umas são especiais em relação às outras, não sendo viável o seu reconhecimento concomitante. Por essa razão, quando se reconhece o emprego de fogo, não pode ser aplicada a qualificadora do meio cruel. Quando se reconhece o emprego de explosivo, não se pode qualificar o crime pelo perigo comum dele decorrente. Excepcionalmente, todavia, a jurisprudência tem admitido o reconhecimento concomitante de duas qualificadoras desse inciso, que são o meio insidioso e o meio cruel, já que ambas são genéricas (não podendo uma ser tida como especial em relação à outra) e os conceitos são bastante distintos. Ademais, é plenamente possível a coexistência no plano fático. Ex.: ao saber que um desafeto irá pular de paraquedas, o agente se infiltra no barracão onde são preparadas as mochilas e faz uma sabotagem para que o paraquedas não abra e a vítima se espatife no chão. Não há como negar a insídia da sabotagem e a crueldade da queda. Nesse sentido: "*O meio insidioso e cruel são coisas distintas. O meio pode ser insidioso, ser cruel, ou ambos*" (TJSP — Rel. Ary Belfort — *RT* 683/303).

- **Meio insidioso**

É um meio velado, uma armadilha, um meio fraudulento para atingir a vítima sem que se perceba que está havendo um crime, como ocorre com as sabotagens em geral (no freio de um veículo, no motor de um avião, na mochila que leva o paraquedas da vítima etc.). Configura, também, meio insidioso trocar o medicamento necessário para manter alguém vivo por comprimidos de farinha.

- **Meio de que possa resultar perigo comum**

Nesses casos, além de causar a morte de quem pretendia, o meio escolhido pelo agente tem o potencial de causar situação de risco à vida ou integridade corporal de número **elevado** e **indeterminado** de pessoas, como, por exemplo, a provocação de um desabamento. O exemplo mais corriqueiro, todavia, é o da execução da vítima com disparos de arma de fogo em meio a uma multidão (*show*, baile, festa de peão etc.) em que o risco tanto decorre da possibilidade de serem atingidas outras vítimas por erro de pontaria como do desespero das pessoas em fuga capaz de gerar pisoteamentos.

Como a redação do dispositivo está na forma hipotética — meio de que *possa* resultar perigo comum —, a doutrina costuma salientar que a qualificadora se aperfeiçoa com a mera possibilidade de o meio empregado causar risco a outras pessoas, não sendo necessário que se prove ter havido um risco efetivo a pessoas determinadas no caso concreto. Ex.: cortar a energia para causar a morte de um paciente que está na UTI caracteriza a qualificadora, ainda que não haja outras pessoas no hospital, uma vez que a falta de energia em tal local é potencialmente perigosa para a coletividade. No entanto, quando existir prova de que o meio, além de matar a vítima, provocou efetivo risco a número indeterminado de pessoas, o agente responderá pelo homicídio qualificado e também por crime de perigo comum (arts. 250 e s.), em concurso formal. Nesse sentido, o entendimento de Nélson Hungria[21] e Damásio de Jesus.[22] Há, entretanto, quem discorde de tal opinião, sustentando que haveria *bis in idem* no reconhecimento concomitante da qualificadora e do crime de perigo comum.

Por haver previsão específica em relação ao emprego de fogo e de explosivo, caso um destes provoque perigo comum, será aplicada apenas a qualificadora específica.

1.1.1.1.3.3. Qualificadoras quanto ao modo de execução

> **Art. 121, § 2º, IV** — Se o homicídio é cometido à traição, de emboscada, ou mediante dissimulação ou outro recurso que dificulte ou torne impossível a defesa da vítima.

Nota-se nesse inciso a existência de três qualificadoras específicas em sua parte inicial (traição, emboscada e dissimulação) seguidas de uma fórmula genérica ao final (outro recurso que dificulte ou impossibilite a defesa da vítima). Em virtude disso, são possíveis duas conclusões:

a) O legislador considera que traição, emboscada e dissimulação são recursos aptos a inviabilizar a defesa da vítima.

b) A fórmula genérica só pode ser utilizada quando não for possível o enquadramento nas figuras específicas iniciais.

- **Traição**

Diverge a doutrina acerca do exato conceito de traição. Para Nélson Hungria,[23] é o ato "*cometido mediante ataque súbito e sorrateiro, atingida a vítima, descuidada ou confiante, antes de perceber o gesto criminoso*", como o golpe dado pelas costas. Já para Julio Fabbrini Mirabete,[24] "*a traição consubstancia-se essencialmente na quebra de confiança depositada pela vítima no agente, que dela se aproveita para matá-la*".

No nosso sentir, a melhor definição é a última, por ser restritiva, já que, no golpe dado pelas costas, por um desconhecido, contra a vítima após uma discussão, torna-se discutível a existência de traição, sendo, porém, perfeitamente adequado o enquadramento na qualificadora genérica existente no final do inc. IV — outro recurso que dificulta ou torna impossível a defesa da vítima. Não se deve, portanto, optar por um enquadramento duvidoso quando existe outro, elencado no próprio texto legal, capaz de solucionar a questão sem dar margem à controvérsia no julgamento em Plenário.

---

21 Nélson Hungria, *Comentários ao Código Penal*, v. V, p. 167-168.
22 Damásio de Jesus, *Direito penal*, v. 2, p. 69.
23 Nélson Hungria, *Comentários ao Código Penal*, v. V, p. 168.
24 Julio Fabbrini Mirabete, *Manual de direito penal*, v. 2, p. 73.

Assim, para o reconhecimento da qualificadora da traição, é necessário que se demonstre que havia uma prévia relação de confiança entre as partes e que o agente tenha se valido de alguma facilidade disso decorrente para matar a vítima em um gesto por esta inesperado. Por isso, matar a esposa no quarto do casal, valendo-se do sono desta, configura traição. Por seu turno, no caso do índio pataxó ocorrido em Brasília, em que rapazes nele atearam fogo enquanto dormia, não há falar em traição, pois inexistente prévia relação de confiança entre eles que tenha sido quebrada, de modo que, neste último caso, aplicável a fórmula genérica do "recurso que dificulta ou impossibilita a defesa da vítima". Igualmente se uma pessoa entra sorrateiramente na casa de um inimigo, com chave falsa, e comete homicídio enquanto a vítima dorme, não há enquadramento na traição, mas apenas na fórmula genérica. Reconheceu-se, por sua vez, a traição no caso em que o agente matou a companheira, por esganadura, durante o ato sexual.

Note-se que, com a inserção da fórmula genérica no texto legal, ao término do inc. IV, tornar-se-ia desnecessária a existência das figuras específicas (traição, dissimulação e emboscada), pois, se elas não existissem, haveria o enquadramento na modalidade "recurso que dificultou ou impossibilitou a defesa da vítima". O legislador, entretanto, optou por especificá-las, de modo que seu reconhecimento, evidentemente, afasta a fórmula genérica. É óbvio, todavia, que nas figuras específicas deve haver algum requisito a mais, além da dificuldade de defesa da vítima, que, no caso da traição, é a quebra da confiança previamente existente.

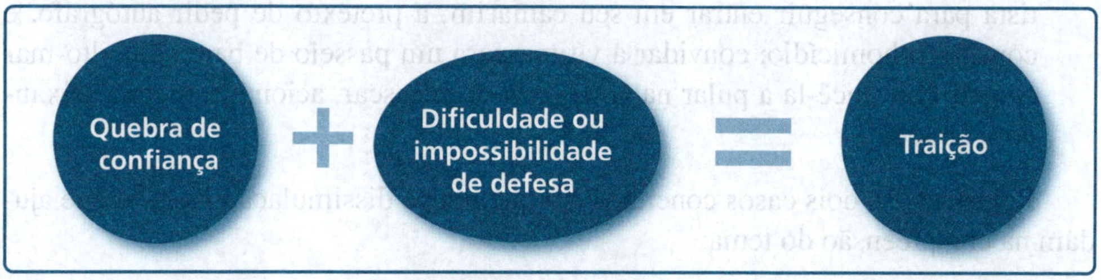

É de ver, portanto, que não é sempre que se mata um amigo, parente, cônjuge ou companheiro, que se mostra presente a qualificadora em análise, mas somente quando o agente se vale de um desses aspectos para colher a vítima em momento em que se encontra desprevenida, sem razões para suspeitar do iminente ataque.

A traição é qualificadora de caráter objetivo, pois, conforme mencionado, não decorre do mero parentesco ou amizade, mas, sim, do fato de o agente ter se aproveitado disso para matá-la em situação em que ela não podia se defender.

- **Emboscada**

O agente aguarda **escondido** a chegada ou a passagem da vítima por determinado local para alvejá-la de surpresa. É também conhecida como **tocaia**.

Pode ser praticada em área urbana ou rural.

Não há necessidade de que a emboscada seja feita em local ermo ou de que a vítima seja encurralada.

O assassinato do presidente norte-americano John F. Kennedy deu-se em emboscada, pois um atirador, do alto de um prédio, o alvejou à distância com arma de precisão quando ele desfilava em carro conversível. No caso referido, nem todo o aparato de segurança existente evitou que o ato se concretizasse.

Se o agente espera a vítima escondido, mas quando esta chega entabula conversa e posterior discussão com ela e só depois comete o homicídio, não se configura a qualificadora, pois somente a emboscada que colhe a vítima de surpresa é que tem tal condão, já que o texto legal se refere à emboscada ou *outro* recurso que dificulte ou impossibilite a defesa da vítima.

- **Dissimulação**

Nesta figura qualificada o agente, **ocultando** sua prévia **intenção homicida**, emprega algum expediente **fraudulento** para ludibriar a vítima, possibilitando a execução do crime. É preciso que o agente, de alguma forma, engane a vítima, e, em tal contexto fático, cometa o homicídio em um gesto não esperado por esta. A dissimulação, portanto, configura-se quando há uma farsa ou uma encenação, uma mentira verbal ou o uso de disfarce para se aproximar da vítima.

A dissimulação pode ser material ou moral.

- Dissimulação **moral**. Consiste na farsa verbal. Exs.: fingir-se fã de um artista para conseguir entrar em seu camarim, a pretexto de pedir autógrafo, e cometer o homicídio; convidar a vítima para um passeio de barco em alto-mar e, após convencê-la a pular na água para se refrescar, acionar o motor, deixando-a no local.

Registrem-se dois casos concretos em que houve dissimulação moral e que ajudam na compreensão do tema:

a) Dois rapazes em pequena cidade do interior que, querendo matar um conhecido, e não vendo oportunidade para tanto dentro do município, porém, cientes de que a vítima era usuária contumaz de maconha, dizem que possuem a droga e convidam-na para fumar em um cafezal na zona rural. A vítima, ao chegar em referido local ermo, foi assassinada.

b) O conhecido Maníaco do Parque que, para atrair suas vítimas, passava-se por fotógrafo profissional de empresa de publicidade e as convidava para encontrá-lo no Parque do Estado, na cidade de São Paulo, a pretexto de realização de sessão de fotos. As vítimas, uma de cada vez, foram até o local, onde sofreram abuso sexual e, em seguida, foram mortas.

- Dissimulação **material**. Dá-se com o uso de disfarces ou métodos análogos para se aproximar da vítima.

Vejamos os seguintes casos de grande repercussão em que seria possível a aplicação da qualificadora (se o fato ocorresse no Brasil):

a) A morte do presidente do Egito, Anuar Sadat, em 6 de outubro de 1981. Integrantes de um grupo fundamentalista infiltraram-se em um desfile militar utilizando-se de roupas do Exército e, ao passarem defronte ao palanque presidencial, efetuaram inúmeros disparos de metralhadora e lançaram granadas, matando o presidente e outras pessoas que se encontravam ao seu lado.

b) Na Itália um irmão jurou o outro de morte. O ameaçado, ciente da periculosidade do irmão, fez as malas para fugir da cidade e ligou uma câmera para deixar uma mensagem, dizendo que se fosse assassinado o responsável seria seu próprio irmão. Nesse momento, a vítima ouviu a campainha de seu apartamento soar e viu, pelo "olho mágico", que era seu vizinho e grande amigo que ali estava. No instante em que abriu a porta, o irmão homicida, que estava escondido atrás do vizinho, efetuou disparos matando a vítima, tendo tudo isso sido filmado pela câmera que permanecia acionada. A dissimulação consistiu no fato de o homicida, ciente de que seu irmão não o receberia, ter capturado o melhor amigo da vítima, o vizinho, e tê-lo feito ficar postado defronte ao "olho mágico", enquanto ele, escondido, permanecia fora do campo de visão da vítima.

- **Qualquer outro recurso que dificulte ou torne impossível a defesa do ofendido**

Conforme já foi mencionado, trata-se de **fórmula genérica** que só pode ser aplicada quando não for possível o enquadramento nas três figuras específicas previstas anteriormente no inc. IV. Por isso, quando o agente mata a vítima valendo-se da surpresa, configura-se a presente qualificadora, desde que ela não tenha decorrido de uma emboscada. Já a surpresa que decorre de um gesto rápido e repentino, ou de um golpe dado pelas costas, configura a qualificadora genérica.

Para o texto legal, basta que a vítima tenha *dificultada* sua capacidade de defesa, ainda que lhe reste alguma chance de evitar o crime. Na modalidade *tornar impossível* a resistência, o agente inviabiliza por completo a defesa, como, por exemplo, quando mata a vítima após tê-la feito entrar em sono profundo com um forte medicamento.

Por se tratar de uma fórmula genérica é necessário que o Ministério Público especifique na denúncia o recurso utilizado pelo agente que dificultou ou impossibilitou a defesa, pois será necessário, ao final, indagar aos jurados se o acusado efetivamente lançou mão de tal recurso e se este dificultou ou impossibilitou a defesa. Exemplo de quesitação feita corretamente: "o réu colocou sonífero na bebida da vítima e se aproveitou de seu sono profundo para matá-la, tendo com isso impossibilitado sua defesa?".

▸ **Vítima presa ou imobilizada.** Os atos de matar pessoa presa, quer efetuando disparos de fora para dentro de uma cela em um presídio, quer após algemá-la e levá-la até local ermo para ser executada, configuram a qualificadora em tela, pois, por estar tolhida de seus movimentos, a vítima não pode se defender ou fugir. Já foram noticiados inúmeros casos em que, por razões torpes (briga de gangues, não pagamento de drogas), grupo de traficantes capturaram a vítima e a levaram para local afastado, onde a colocaram no interior de um pilha de pneus, tolhendo-a por completo de seus movimentos e, em seguida, arremessaram combustível e nela atearam fogo. Nesse caso, além das qualificadoras do motivo torpe e do emprego de fogo, mostra-se também presente o recurso que dificultou a defesa da vítima.

▸ **Superioridade numérica.** Tanto o caso de grupos de extermínio, em que várias pessoas armadas efetuam disparos contra a vítima, como também em espancamentos realizados por um grupo de pessoas contra uma só, configuram a qualificadora em análise. Tornou-se nacionalmente conhecido o caso do adestrador de cães que, à noite, encontrava-se abraçado com outro homem na Praça da República, em São Paulo, quando foram vistos por grupo de *skinheads*, instante em que muitos deles correram em direção ao adestrador e o mataram mediante espancamento. Na hipótese, presentes as qualificadoras do motivo torpe (preconceito, porque a vítima era homossexual), meio cruel e recurso que dificultou a defesa da vítima.

▸ **Vítima embriagada.** Se avançado o estado de embriaguez de modo que impeça sua movimentação e a possibilidade de se esquivar ou de fugir ao ataque, configura-se a qualificadora. "*Agredir alguém completamente embriagado, sem qualquer possibilidade de defesa e apenas porque estava falando alto, configura as qualificadoras do recurso que tornou impossível a defesa do ofendido e, também, a do motivo fútil*" (TJSP — Rel. Dalmo Nogueira — *RT* 510/338).

▸ **Vítima em coma.** Evidente que se encontra impossibilitada de oferecer resistência. Muitos foram os casos em que integrantes de organizações ou associações criminosas efetuaram disparos contra a vítima na rua, porém esta acabou sendo socorrida com vida e levada ao pronto-socorro. Os homicidas, ao tomarem conhecimento de que a vítima estava viva no hospital, aguardaram a diminuição de movimento no local e, de madrugada, invadiram o recinto, renderam os seguranças e mataram a vítima que estava em coma em um dos quartos. É de lembrar que, nesses casos, existem dois crimes: uma tentativa em relação aos primeiros disparos que fizeram a vítima ser internada e um crime consumado (qualificado) no interior do hospital. Apesar de serem os mesmos agentes e a mesma vítima, o delito posterior não absorve o primeiro, na medida em que ocorreram em contextos fáticos diversos.

▸ **Superioridade física.** É famosa a explanação de Nélson Hungria[25] no sentido de que não qualifica o delito, por não se tratar de um recurso buscado pelo agente para evitar a defesa da vítima, sendo-lhe algo inerente.

[25] Nélson Hungria, *Comentários ao Código Penal*, v. V, p. 170.

▸ **Superioridade de armas.** É unânime o entendimento doutrinário de que, por si só, não qualifica o crime. Igualmente não se reconhece a qualificadora apenas pelo fato de uma pessoa armada matar outra desarmada. Entendeu-se que a arma é utilizada pelo agente por ser meio comum, trivial, de fácil obtenção, para cometer o crime, e não como recurso que causará especial dificuldade de defesa para a vítima. Nota-se aqui certa política criminal, para evitar que quase todos os crimes de homicídio sejam considerados qualificados, pois, em sua grande maioria, são praticados por pessoas armadas contra outras desarmadas.

▸ **Veneno.** Por se tratar de qualificadora já elencada no texto legal, cuja premissa é a sua inserção sub-reptícia no organismo da vítima, não pode, por si só, configurar também a qualificadora em estudo, sob pena de ocorrência de *bis in idem*.

▸ **Vítima menor de 14 anos ou maior de 60.** Nossa jurisprudência já não admitia essas circunstâncias como qualificadoras por se tratar de condições pessoais da vítima e não de um recurso utilizado pelo agente. Nesse sentido: "*a condição pessoal da vítima não participa da caracterização de algum meio que prejudique ou impeça a defesa. A idade avançada e a precariedade da saúde do ofendido preexistiam ao crime*" (TJSP — Rel. Ary Belfort). Esse entendimento acabou se confirmando em virtude de inovações legislativas. Com efeito, a Lei n. 8.069/90, conhecida como Estatuto da Criança e do Adolescente, passou a prever no art. 121, § 4º, 2ª parte, do CP, que a pena do homicídio doloso será aumentada em 1/3 se a vítima for menor de 14 anos. Igualmente, a Lei n. 10.741/2003, conhecida como Estatuto do Idoso, passou a prever o mesmo acréscimo se a vítima tiver mais de 60 anos. Assim, se a idade da vítima passou expressamente a ser tratada como causa de aumento de pena, não pode ser tida como qualificadora do recurso que dificultou a defesa da vítima.

▸ **Pessoa com enfermidade.** Quando o agente se vale de enfermidade incapacitante transitória, pode-se dizer que se aproveitou desse momento de fragilidade defensiva para praticar o crime, devendo ser penalizado pela figura qualificada, pois esse foi seu recurso ardiloso — a escolha de um momento em que a vítima não podia se defender. No entanto, se a enfermidade incapacitante é permanente, não há como se concluir que o acusado tenha se valido de uma oportunidade de inviabilizar a defesa, já que a todo instante a vítima não teria como se defender. Melhor seria que esse aspecto fosse transformado em causa de aumento de pena tal como se deu com o fator ligado à idade da vítima. Viável, contudo, o reconhecimento da agravante genérica do art. 61, II, *h*, do CP — crime contra pessoa enferma.

▸ **Outras hipóteses configuradoras.** Lançar um grande peso do alto de um prédio na cabeça de um morador que se encontra no pátio; conduzir um veículo e, ao avistar um inimigo atravessando a rua, acelerar o automóvel para atropelá-lo; conduzir um barco em alto-mar e abandonar intencionalmente o mergulhador que está no fundo do oceano; empurrar por trás alguém que se encontra à beira de um precipício.

▸ **Hipóteses em que não se considerou o crime qualificado.** Ataque precedido de discussão entre as partes; vítima que havia acabado de dar um tapa no agente, pois é previsível que haja reação a esse gesto; vítima que viu o réu chegar armado ao local e teve chance de ir embora, mas preferiu ficar no local etc.

■ 1.1.1.1.3.4. Qualificadoras decorrentes da conexão do homicídio com outro crime

> **Art. 121, § 2º, V** — Se o homicídio é cometido para assegurar a execução, a ocultação, a impunidade ou vantagem de outro crime.

Nesses casos a existência da qualificadora também decorre da **motivação** do agente, ou seja, do fato de ele matar a vítima com a finalidade de, com isso, viabilizar a prática de outro crime, ou assegurar a ocultação, impunidade ou vantagem de um delito anterior. É por essa razão que se diz que, em tais casos, o homicídio é qualificado pela **conexão**, isto é, pela existência de um vínculo entre o homicídio e o outro crime porque, em verdade, o homicídio só foi cometido em razão deste.

Não se pode deixar de mencionar que, se as qualificadoras deste inc. V não tivessem sido expressamente previstas no texto legal, já seria possível o reconhecimento da qualificadora genérica do motivo torpe, pois é evidente a conotação imoral na motivação de quem mata para, por exemplo, viabilizar outro crime ou garantir sua impunidade. Como o legislador optou pela previsão expressa dessas figuras como qualificadoras específicas, até para evitar eventuais controvérsias, conclui-se que seu reconhecimento impede a aplicação concomitante da qualificadora do motivo torpe, pois, caso contrário, haveria *bis in idem*. É interessante ressaltar, entretanto, que, como este inc. V só faz referência à conexão do homicídio com "outro crime", caso a morte da vítima tenha a finalidade de assegurar a execução, a ocultação, a impunidade ou a vantagem de uma **contravenção penal**, a qualificadora a ser reconhecida é a do motivo torpe.

- **Conexão teleológica**

Configura-se quando a finalidade do homicida é assegurar a **execução** de outro crime. A conexão é denominada teleológica porque o agente **primeiro** mata a vítima para depois cometer o outro delito. Exemplos: bandidos que invadem uma cadeia pública e matam um agente penitenciário para facilitar a fuga de pessoa presa; matar o traficante que atua em determinado ponto para assumir o controle do local e ali vender droga; matar o marido para estuprar a esposa; matar o segurança para sequestrar seu patrão etc.

Se o agente, após matar a vítima, efetivamente praticar o outro crime, deve responder por homicídio qualificado em **concurso material** com aquele. É absolutamente incogitável tratar o homicídio qualificado como crime-meio para considerá-lo absorvido pelo crime-fim (princípio da consunção), na medida em que a lei expressamente prevê a autonomia do homicídio qualificado. É claro, portanto, que a conduta posterior ao homicídio deve ter punição autônoma. Assim, se, após matar o marido, o agente realmente estuprar a esposa, ele responde por estupro **consumado** em concurso material; porém, se a esposa, que estava no local do homicídio, consegue fugir antes de o abuso sexual se concretizar, o agente responde por **tentativa** de estupro em relação a ela, além do homicídio qualificado quanto ao marido. Existe, ainda, a possibilidade de o agente, após matar a vítima, nem sequer conseguir dar início à execução do outro crime, hipótese em que só responderá pelo crime contra a vida, tal como ocorre quando o agente mata o marido dentro de sua casa e fica aguardando a chegada da esposa para estuprá-la, mas os vizinhos chamam a polícia e o agente é preso antes mesmo da chegada da mulher ao local. Não se pode falar em tentativa de estupro em relação a uma pessoa que nem esteve no local do homicídio. Importante, porém, ressaltar que a qualificadora será aplicada, pois, quando o agente matou o marido, a intenção daquele era de viabilizar o estupro.

Deve-se também mencionar a possibilidade de o agente cometer o homicídio visando assegurar a execução de outro crime, mas, logo após ter matado a vítima, desistir de cometer o outro delito. Em tal caso também já é possível o reconhecimento da qualificadora.

Atenção: existem algumas situações previstas no Código Penal em que o ato de matar para viabilizar a prática de outro crime constitui delito autônomo e não homicídio qualificado em concurso material com outro crime. É o que ocorre quando o agente mata a vítima para subtrair seus pertences, hipótese configuradora de latrocínio (art. 157, § 3º, II, do Código Penal).

- **Conexão consequencial**

Esta denominação é utilizada em hipóteses em que primeiro é cometido outro crime e **depois** o homicídio com a intenção de assegurar a ocultação, a impunidade ou a vantagem daquele.

▪ **Ocultação**

Nessa hipótese o agente quer evitar que se descubra a própria **existência** do crime anterior, como no famoso exemplo de quem coloca fogo em uma casa e mata a única testemunha da provocação do incêndio, para que todos pensem que o fogo decorreu de causa acidental; ou, ainda, no caso de funcionário de banco que vem efetuando desfalques e falsificando papéis internos para despistar o sumiço de dinheiro e mata um auditor que havia acabado de descobrir os desvios. É também o que ocorre quando um traficante é flagrado por um único policial na posse de entorpecentes e o mata.

Para que se reconheça a qualificadora em tela, é imprescindível que tenha ocorrido um crime anterior e que a finalidade do agente, ao matar a vítima, seja a de evitar que se descubra a ocorrência daquele. Não se confunde tal hipótese com aquela em que o sujeito primeiro mata a vítima e, em seguida, se desfaz do corpo, jogando-o em um rio com uma pedra amarrada ou enterrando-o clandestinamente, em que se configura crime autônomo de **ocultação de cadáver** (art. 211 do CP), em concurso material com o homicídio anteriormente praticado — e não qualificadora deste.

- **Impunidade**

A existência do delito anterior já é conhecida, sendo a intenção do agente a de evitar a **punição** por esse crime. As hipóteses mais comuns são aquelas em que o agente mata a vítima ou uma testemunha do crime anterior que havia sido intimada para ser ouvida em um inquérito ou ação penal e que poderia incriminá-lo. Também não se pode deixar de reconhecer que o agente visa assegurar sua impunidade quando, já condenado, mas, estando em liberdade, mata um policial que pretendia cumprir o mandado de prisão.

Para o reconhecimento da qualificadora, não é necessário que o autor do crime antecedente tenha sido o próprio homicida, pois esta exigência não consta do texto legal, que se contenta com a intenção de assegurar a impunidade de outro crime, independentemente de quem seja seu autor. Suponha-se que um traficante tenha sido preso sozinho ao transportar grande carregamento de cocaína, e que, de dentro do presídio, emita uma determinação a um homicida dele conhecido para que mate as testemunhas. Nesse caso, o homicida responde pelo crime qualificado, bem como o traficante que emitiu a ordem.

Note-se que, se a testemunha ou vítima já prestaram seus depoimentos em juízo incriminando o réu e este, por vingança, comete o homicídio posteriormente, não se aplica a qualificadora em tela, porque, conforme já explicitado, nesse caso a intenção não era a de garantir a impunidade, e sim de vingar-se do depoimento prestado, o que, nesse contexto, constitui motivo torpe.

A conduta de ameaçar ou agredir testemunhas ou vítimas a fim de obter depoimentos favoráveis constitui crime chamado **coação no curso do processo**, previsto no art. 344 do Código Penal, e que é apenado com reclusão, de 1 a 4 anos, **sem prejuízo da pena correspondente à violência**.

Quando alguém mata a fim de assegurar a impunidade por um fato anterior que se descobre ser crime impossível, responde também pela figura qualificada, pois, embora no plano objetivo não exista crime anterior punível, o que importa para o reconhecimento da qualificadora é a intenção do agente que, sem dúvida, era a de garantir a impunidade. Damásio de Jesus,[26] concordando com esse entendimento, cita o exemplo em que o agente, após esfaquear um cadáver, supondo tratar-se de pessoa viva, mata uma testemunha que acabara de entrar no recinto. Em suma, pouco importa que o fato anterior não seja tecnicamente passível de punição (crime impossível, putativo, já prescrito ou acobertado por outra causa extintiva da punibilidade), desde que se prove que o agente não sabia disso no momento do homicídio. Tal discussão, aliás, não é de grande relevância, pois, caso adotado entendimento de que não se configura a qualificadora em análise, o homicídio não seria considerado simples, e sim qualificado pelo motivo torpe.

[26] Damásio de Jesus, *Direito penal*, v. 2, p. 71.

■ **Vantagem**

Essa qualificadora existe quando o agente visa, com o homicídio, assegurar a posse do **produto, preço** ou **proveito** de um crime anterior. **Produto** do crime é a vantagem auferida diretamente com a ação delituosa, ainda que tenha passado por transformação (as joias roubadas ou as barras de ouro, frutos de seu derretimento). **Preço** do crime é o valor cobrado para cometer um delito (dinheiro recebido para matar alguém). **Proveito** do crime é a vantagem auferida indiretamente (a casa comprada com dinheiro roubado).

Já se reconheceu essa qualificadora no caso do roubador que matou o outro no momento da divisão do dinheiro proveniente do crime anteriormente perpetrado, bem como do furtador de veículo que o estacionou em local proibido e matou o fiscal de trânsito que estava prestes a guinchá-lo, pois, uma vez recolhido o veículo, o agente não teria os documentos necessários à sua liberação.

Observação: Nas hipóteses em que o homicídio é qualificado pela conexão (com o fim de assegurar a execução, ocultação, impunidade ou vantagem de outro crime), o tempo decorrido entre os dois delitos é indiferente. Assim, não afasta a qualificadora o fato de alguém ter cometido certo crime há muitos anos e, ao ser descoberto, matar uma testemunha que poderia incriminá-lo. Igualmente se o sujeito mata uma pessoa a fim de viabilizar outro delito que só pretende executar dali a alguns dias ou meses.

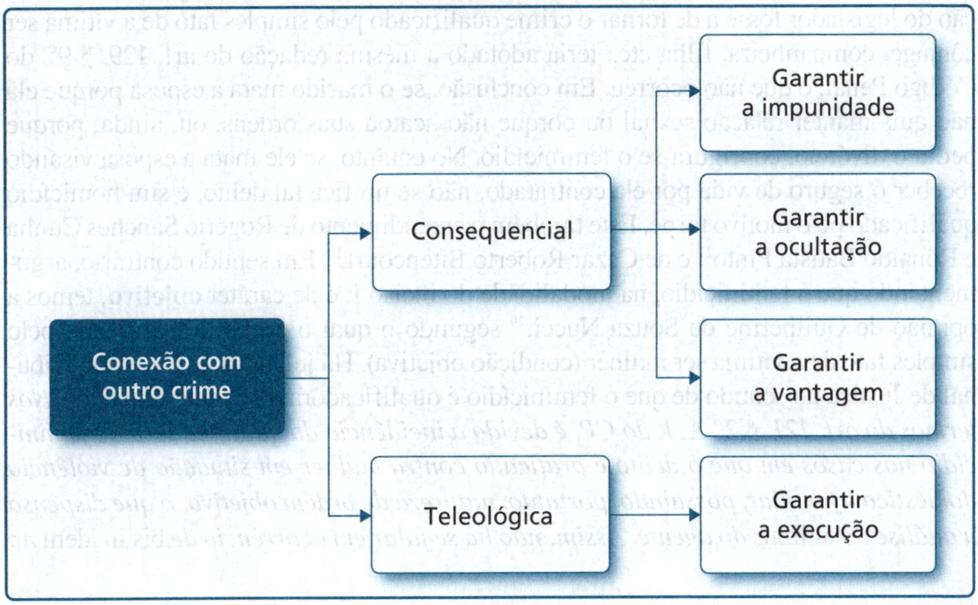

■ *1.1.1.1.3.5. Feminicídio*

Art. 121, § 2º, VI — Se o homicídio é cometido contra a mulher por razões da condição de sexo feminino.

A presente figura delituosa foi introduzida no Código Penal pela Lei n. 13.104/2015. Não obstante a denominação específica contida no texto legal — feminicídio —, cuida-se, em verdade, de mais uma forma qualificada do crime de homicídio.

De acordo com o inc. VI do art. 121, § 2º, do Código Penal, existe feminicídio quando o crime é cometido "contra a mulher por razões da condição de sexo feminino". Cuida-se, em nosso entendimento, de qualificadora de caráter subjetivo, na medida em que não basta que a vítima seja mulher, sendo necessário, de acordo com o texto legal, que o delito seja motivado pela condição de sexo feminino.

A fim de melhor esclarecer o alcance do dispositivo, o legislador inseriu no art. 121, § 2º-A, do Código Penal, *"que há razões de condição de sexo feminino quando o crime envolve: I — violência doméstica e familiar; II — menosprezo ou discriminação à condição de mulher"*.

Em relação ao inciso I (homicídio contra mulher motivado por razões do sexo feminino por envolver violência doméstica ou familiar), é necessário fazer a conjugação com o art. 5º da Lei n. 11.340/2006 (Lei Maria da Penha), que conceitua violência doméstica ou familiar como *"qualquer ação ou omissão* **baseada no gênero** *que lhe cause morte, lesão, sofrimento físico, sexual ou psicológico e dano moral ou patrimonial*", no âmbito da unidade doméstica, da família ou em qualquer relação íntima de afeto. Em suma, para que se tipifique a violência doméstica ou familiar caracterizadora do feminicídio, é inarredável que a agressão tenha como fator determinante o gênero feminino, não bastando que a vítima seja a esposa, a companheira etc. Aliás, se a intenção do legislador fosse a de tornar o crime qualificado pelo simples fato de a vítima ser cônjuge, companheira, filha etc., teria adotado a mesma redação do art. 129, § 9º, do Código Penal, o que não ocorreu. Em conclusão, se o marido mata a esposa porque ela não quis manter relação sexual ou porque não acatou suas ordens, ou, ainda, porque pediu o divórcio, configura-se o feminicídio. No entanto, se ele mata a esposa visando receber o seguro de vida por ela contratado, não se tipifica tal delito, e sim homicídio qualificado pelo motivo torpe. Este também o entendimento de Rogério Sanches Cunha e Ronaldo Batista Pinto[27] e de Cezar Roberto Bitencourt.[28] Em sentido contrário, argumentando que o feminicídio, na modalidade do inciso I, é de caráter **objetivo**, temos a opinião de Guilherme de Souza Nucci,[29] segundo o qual o crime é qualificado pelo simples fato de a vítima ser mulher (condição objetiva). Há julgados no Superior Tribunal de Justiça no sentido de que o feminicídio é qualificadora de caráter objetivo: "*Nos termos do art. 121, § 2º-A, I, do CP, é devida a incidência da qualificadora do feminicídio nos casos em que o delito é praticado contra mulher em situação de violência doméstica e familiar, possuindo, portanto, natureza de ordem objetiva, o que dispensa a análise do* animus *do agente. Assim, não há se falar em ocorrência de* bis in idem *no*

[27] Rogério Sanches Cunha e Ronaldo Batista Pinto, *Violência doméstica*: Lei Maria da Penha comentada artigo por artigo. 6. ed. São Paulo: RT, 2015, p. 84.

[28] Cezar Roberto Bitencourt, <www.cezarbitencourt.adv.br/index.php/artigos/34-homicídio-discriminatorio-por-razões-de-gênero>.

[29] Guilherme de Souza Nucci, *Curso de direito penal*. Parte especial, v. 2. Rio de Janeiro: Forense, 2017, p. 46-47.

reconhecimento das qualificadoras do motivo torpe e do feminicídio, porquanto, a primeira tem natureza subjetiva e a segunda objetiva" (HC 433.898/RS — Rel. Min. Nefi Cordeiro — 6ª T. — j. em 24-4-2018, *DJe* 11-5-2018); "*As qualificadoras do motivo torpe e do feminicídio não possuem a mesma natureza, sendo certo que a primeira tem caráter subjetivo, ao passo que a segunda é objetiva, não havendo, assim, qualquer óbice à sua imputação simultânea. Doutrina. Precedentes*" (HC 430.222/MG — Rel. Min. Jorge Mussi — 5ª T. — j. em 15-3-2018, *DJe* 22-3-2018).

O crime de feminicídio pode também ser praticado contra a filha, a irmã, a mãe etc.

No inciso II, a razão da tipificação do feminicídio é o menosprezo ou discriminação à condição de mulher como motivo do crime. Nesses casos, a vítima pode ser até mesmo uma mulher desconhecida do agente. Incorre nessa infração penal, por exemplo, quem mata mulher por entender que elas não devem trabalhar como motoristas ou que não devem estudar em universidades etc. Nessa modalidade, não há dúvida de que o feminicídio é de caráter subjetivo.

Somente mulheres podem ser sujeito passivo de feminicídio.[30] Homens, homossexuais do gênero masculino ou travestis não podem figurar como sujeito passivo do delito. O homicídio de um travesti cometido por preconceito constitui homicídio qualificado pelo motivo torpe.

■ 1.1.1.1.3.5.1. Causas de aumento de pena do feminicídio

O § 7º do art. 121 do Código Penal estabelece que a pena do feminicídio será aumentada de um terço até a metade se o crime for praticado:

I — durante a gestação ou nos três meses posteriores ao parto;

II — contra pessoa menor de 14 anos, maior de 60 anos ou com deficiência ou portadora de doenças degenerativas que acarretem condição limitante ou de vulnerabilidade física ou mental;

III — na presença física ou virtual de descendente ou de ascendente da vítima;

IV — em descumprimento das medidas protetivas de urgência previstas nos incisos I, II e III do *caput* do art. 22 da Lei n. 11.340, de 7 de agosto de 2006 (Lei Maria da Penha).

De acordo com o referido art. 22, constatada a prática de violência doméstica e familiar contra a mulher, nos termos desta Lei, o juiz poderá aplicar, de imediato, ao agressor, em conjunto ou separadamente, as seguintes medidas protetivas de urgência, entre outras:

I — suspensão da posse ou restrição do porte de armas, com comunicação ao órgão competente;

II — afastamento do lar, domicílio ou local de convivência com a ofendida;

[30] O Plenário do Supremo Tribunal Federal deu provimento ao Recurso Extraordinário (RE) 670.422, com repercussão geral reconhecida, para autorizar a alteração do registro civil de pessoa transgênero, diretamente pela via administrativa, independentemente da realização de procedimento cirúrgico de redesignação de sexo, ou pela via judicial.

III — proibição de determinadas condutas, entre as quais:

a) aproximação da ofendida, de seus familiares e das testemunhas, fixando o limite mínimo de distância entre estes e o agressor;

b) contato com a ofendida, seus familiares e testemunhas por qualquer meio de comunicação;

c) frequentação de determinados lugares a fim de preservar a integridade física e psicológica da ofendida.

IV — restrição ou suspensão de visitas aos dependentes menores, ouvida a equipe de atendimento multidisciplinar ou serviço similar.

Nota-se, pois, que é premissa da majorante em análise que tenha sido previamente determinada uma das medidas protetivas acima transcritas e que o agente cometa o feminicídio descumprindo a restrição que lhe havia sido imposta. Ex.: devido a uma agressão anterior, o Juiz da Vara da Violência Doméstica contra Mulher decreta o afastamento do marido do lar, mas ele, posteriormente, invade a residência e mata a esposa. Responde por feminicídio com a pena aumentada. Esse dispositivo foi inserido no Código Penal pela Lei n. 13.771/2018.

Por ser majorante específica do crime de feminicídio, parece-nos que não é possível a punição concomitante pelo crime do art. 24-A da Lei Maria da Penha, que prevê pena de detenção de 3 meses a 2 anos para quem descumprir determinação judicial que tenha imposto medida protetiva de urgência.

■ 1.1.1.1.3.6. Homicídio contra policiais ou integrantes das Forças Armadas ou seus familiares (art. 121, § 2º, VII)

> **Art. 121, § 2º, VII** — Se o homicídio é cometido contra autoridade ou agente descrito nos arts. 142 e 144 da Constituição Federal, integrantes do sistema prisional e da Força Nacional de Segurança Pública, no exercício da função ou em decorrência dela, ou contra seu cônjuge, companheiro ou parente consanguíneo até terceiro grau, em razão dessa condição.

A Lei n. 13.142, publicada em 7 de julho de 2015, inseriu estas figuras qualificadas no inciso VII do art. 121, § 2º, do Código Penal, que se configuram quando o crime for cometido "*contra autoridade ou agente descrito nos arts. 142 e 144 da Constituição Federal, integrantes do sistema prisional e da Força Nacional de Segurança Pública, no exercício da função ou em decorrência dela, ou contra seu cônjuge, companheiro ou parente consanguíneo até terceiro grau, em razão dessa condição*".

Saliente-se que, antes da aprovação de referida Lei, tais condutas já podiam ser enquadradas como homicídio qualificado (motivo torpe), contudo, devido ao considerável número de crimes contra a vida de policiais, o legislador entendeu ser necessária a inserção no Código Penal de qualificadora específica. De acordo com o texto legal, o homicídio considera-se qualificado quando a vítima for:

a) integrante das Forças Armadas (Exército, Marinha e Aeronáutica) — art. 142 da Constituição Federal;

b) integrante da polícia federal, da polícia rodoviária federal, da polícia ferroviária federal, da polícia civil ou da polícia militar ou corpo de bombeiros militares — art. 144 da Constituição Federal;

c) integrante do sistema prisional;

d) integrante da Força Nacional de Segurança Pública;

e) cônjuge ou companheiro de qualquer das autoridades ou agentes mencionados nos tópicos anteriores em razão dessa condição;

f) parente consanguíneo até terceiro grau de qualquer das autoridades ou agentes mencionados nos tópicos anteriores em razão dessa condição.

Segundo o dispositivo, a qualificadora aplica-se quer o crime tenha sido cometido contra autoridade, quer contra agente, de uma das corporações. No caso da polícia civil, por exemplo, existe a qualificadora se o delito for perpetrado contra delegado de polícia, investigador, agente policial, escrivão de polícia etc.

É pressuposto da figura qualificada que a vítima esteja no exercício de suas funções no momento do delito, ou que esteja de folga, mas o crime seja praticado em razão delas. Quando a vítima é morta no exercício das funções, existe uma presunção de que o crime foi cometido em razão destas. Exs.: integrantes de facção criminosa que atiram contra cabine policial, matando o militar que está em seu interior; bandido que mata policial no momento da abordagem etc. Tal presunção, contudo, é relativa. Se a esposa, por exemplo, flagra o marido (policial em serviço) com outra mulher dentro da viatura e, por ciúme, mata o policial, não incide essa qualificadora — apesar de a vítima estar em horário de serviço.

No que tange aos crimes cometidos contra cônjuges, companheiros ou parentes, é necessário comprovar que a agressão ocorreu em razão dessa condição, tal como expressamente exige o dispositivo em estudo.

O parentesco até terceiro grau a que a lei se refere abrange, na linha reta, crime contra pai ou filho, avô ou neto, bisavô ou bisneto e, na linha colateral, crime contra irmão, tio ou sobrinho.

A expressão parentesco consanguíneo foi utilizada para excluir da majorante o parentesco por afinidade. É evidente que se aplica o aumento quando o crime for cometido, por exemplo, contra filho ou irmão adotivo, mesmo porque o art. 227, § 6º, da Carta Magna proíbe tratamento discriminatório. Cuida-se, evidentemente, de interpretação extensiva, e não de analogia *in malam partem*.

■ 1.1.1.1.3.7. Questões diversas quanto ao homicídio qualificado

- **Premeditação**

Optou o legislador por não prever essa circunstância como qualificadora do homicídio. A existência da premeditação em um homicídio parece ter grande relevância para a opinião pública, pois, sempre que ocorre um homicídio de grande repercussão, os jornalistas se apressam em verificar junto às autoridades se houve ou não premeditação. Esse fator, entretanto, não constitui qualificadora, embora possa ser levado em conta pelo juiz na fixação da pena-base, com fundamento na regra do art. 59 do Código Penal.

Existem algumas qualificadoras, como a emboscada e a dissimulação, que exigem um mínimo de premeditação pelas próprias peculiaridades da figura qualificada. De se ressaltar, contudo, que a qualificadora se deve à emboscada ou à dissimulação e não à premeditação nelas contida.

- **Parricídio e matricídio**

O ato de matar o próprio pai ou a própria mãe não torna, por si só, qualificado o crime de homicídio. Existe, em verdade, agravante genérica prevista no art. 61, II, *e*, do Código Penal, por ter o crime sido cometido contra ascendente, sendo esta a circunstância a ser reconhecida em homicídios contra pai ou mãe, sem prejuízo de qualificadoras que se mostrem presentes no caso concreto.

- **Homicídio qualificado e tentativa**

Todas as espécies de homicídio qualificado são compatíveis com o instituto da tentativa, bastando que o resultado morte almejado pelo agente não seja atingido por circunstâncias alheias à sua vontade.

- **Reconhecimento concomitante de duas ou mais qualificadoras**

É absolutamente comum o reconhecimento de duas ou mais qualificadoras pelos jurados, como, por exemplo, quando, por motivo torpe, o agente coloca fogo na vítima que está dormindo (três qualificadoras). Acontece que, como se trata de um só crime, por haver uma única vítima, basta uma só qualificadora para que seja aplicada a pena do crime qualificado. Em suma, a pena em abstrato é a mesma — 12 a 30 anos — quer seja reconhecida uma ou mais qualificadoras. Não é justo, contudo, que, no caso concreto, o réu condenado por mais de uma figura qualificada tenha a mesma pena daquele em relação ao qual só se reconheceu uma delas. Por isso, embora os jurados tenham reconhecido duas ou mais qualificadoras, o juiz, no momento da aplicação da pena, usa a primeira delas para fixar a pena-base entre os limites de 12 a 30 anos, e, em seguida, utiliza as demais como **circunstâncias agravantes** do art. 61, II, *a* a *d*, do Código Penal que, à exceção da asfixia, são as mesmas hipóteses que qualificam o homicídio. Não se trata de *bis in idem* porque o juiz só reconhecerá como agravantes genéricas as *outras* figuras reconhecidas pelos jurados.

Nesse sentido:

> "*Concorrendo várias as qualificadoras em um mesmo tipo penal, só uma delas deve incidir como aumento. A outra, ou as demais, apenas devem servir como circunstância agravante, ..., quando enquadráveis nas hipóteses previstas nos arts. 61 e 62 do CP*" (STF — HC 71.293-2/RJ — Rel. Celso de Mello, *RT* 726/555); "*Homicídio duplamente qualificado (...) — Conforme orientação jurisprudencial desta Corte, havendo mais de uma circunstância qualificadora reconhecida no decreto condenatório, apenas uma deve formar o tipo qualificado, enquanto as outras devem ser consideradas circunstâncias agravantes, quando expressamente previstas como tais, ou como circunstâncias judiciais desfavoráveis, de forma residual*" (STJ — Rel. Min. Gurgel de Faria — 5ª T. — j. em 26-5-2015, *DJe* 9-6-2015); "*Segundo entendimento desta Corte Superior, reconhecida mais de uma qualificadora, uma delas implica o tipo qualificado, enquanto as demais podem ensejar a exasperação da pena-base ou ser utilizadas para agravar a pena na segunda fase da dosimetria, se previstas no art. 61 do Código Penal*" (STJ — HC 101.096/MS — Rel. Min. Rogerio Schietti Cruz — 6ª T. — j. em 12-2-2015, *DJe* 25-2-2015).

- **Coexistência de qualificadora com a figura privilegiada**

Inicialmente é preciso recordar que as três hipóteses de privilégio previstas no art. 121, § 1º, do CP são de caráter subjetivo, porque relacionadas à motivação do agente (relevante valor social ou moral) ou à motivação (injusta provocação da vítima) somada ao estado emocional disso decorrente (violenta emoção).

As qualificadoras, por sua vez, dividem-se entre aquelas que têm também aspecto subjetivo, porque ligadas à motivação do agente (torpe, fútil, para garantir a execução ou impunidade de outro crime etc.), e outras de caráter objetivo, pois relacionadas ao meio ou modo de execução (fogo, veneno, meio cruel, emboscada, recurso que dificulta a defesa da vítima etc.).

Por raciocínio lógico é fácil notar que a motivação de um homicídio não pode ser ao mesmo tempo autorizadora do reconhecimento do privilégio e de qualificadora. Se os jurados reconheceram que o réu matou por motivo de relevante valor social ou moral, automaticamente estão declarando que o motivo do crime não é fútil nem torpe. Aliás, como o privilégio é votado antes pelos jurados (art. 483, IV e V, do CPP), o seu reconhecimento faz com que o juiz presidente sequer possa colocar em votação as qualificadoras de caráter subjetivo admitidas na pronúncia. Em suma, há **incompatibilidade** entre o **privilégio** e as **qualificadoras** de caráter **subjetivo**.

No entanto, nenhuma incompatibilidade se vislumbra no reconhecimento concomitante do **privilégio** com as qualificadoras **objetivas**, já que se trata de situação perfeitamente possível no plano fático, sendo até mesmo comum. Exs.: a) em razão de violenta emoção, o agente dispara um tiro pelas costas da vítima; b) eutanásia praticada com emprego de veneno; c) crime praticado por motivo de relevante valor social em uma emboscada etc.

- **Caráter hediondo do homicídio**

O art. 1º, I, da Lei n. 8.072/90, alterado pela Lei n. 8.930/94, confere caráter hediondo ao homicídio em duas hipóteses:

a) *Quando praticado em atividade típica de grupo de extermínio, ainda que cometido por um só agente.*

Os doutrinadores costumam salientar que, nesse caso, o homicídio constitui crime hediondo, ainda que se apresente em sua modalidade simples. Trata-se, contudo, de hipótese extremamente improvável, na medida em que os delitos de homicídio cometidos por grupo de extermínio normalmente têm motivação torpe e são praticados de modo a dificultar a defesa da vítima. Mais comentários quanto a esse assunto no tópico 1.1.1.1.5.

b) *Quando se tratar de homicídio qualificado.*

Esta regra abrange todas as formas de homicídio qualificado, consumado ou tentado.

- **Consequências do reconhecimento da natureza hedionda**

1) Proibição de concessão de anistia, graça ou indulto.

2) Regime inicial deve ser necessariamente o fechado. Esta regra, contida no art. 2º, § 1º, da Lei n. 8.072/90, foi considerada inconstitucional pelo Plenário do STF no julgamento do HC 111.840/ES, em junho de 2012. É preciso lembrar, todavia, que no homicídio qualificado consumado a pena mínima é de 12 anos e, por isso, o regime inicial só pode ser mesmo o fechado, nos termos do art. 33, § 2º, *a*, do Código Penal. Em se tratando, porém, de tentativa ou se presente outra causa de diminuição de pena (privilégio, p. ex.), a pena fixada poderá não superar 8 anos e, em tais casos, o juiz só poderá fixar o regime inicial fechado se o acusado for reincidente ou se o caso concreto se revestir de gravidade diferenciada que justifique o regime inicial mais gravoso.

3) A Lei n. 13.964/2019 modificou o art. 112 da Lei de Execuções Penais e estabeleceu regras diferenciadas em relação a crimes hediondos com resultado morte. Para a tentativa de homicídio qualificada — crime hediondo sem resultado morte —, a progressão de regime poderá se dar mediante o cumprimento de 40% da pena (art. 112, V, da LEP), sendo cabível o livramento condicional após o cumprimento de 2/3 da penalidade imposta, salvo se o réu for reincidente específico em crime dessa natureza (art. 83, V, do CP). Para o homicídio **consumado** a progressão poderá se dar após o cumprimento de 50% da pena, se o réu for primário, vedado o livramento condicional (art. 112, VI, da LEP).

- **O homicídio qualificado-privilegiado tem também natureza hedionda?**

A Lei dos Crimes Hediondos é omissa em relação a este tema, de modo que coube à doutrina e à jurisprudência o encontro de uma solução, que se deu com base em interpretação dada ao art. 67 do Código Penal. Com efeito, pela leitura desse dispositivo, pode-se concluir que, quando o juiz reconhecer uma circunstância que torne o crime mais grave e, concomitantemente, outra que o torne mais brando, deve dar maior valor àquela referente à **motivação** do crime. Lembre-se de que, conforme mencionado há pouco, quando um homicídio for, a um só tempo, privilegiado e qualificado, poder-se-á afirmar, com certeza, que o privilégio se deve à motivação do agente, enquanto a qualificadora, ao meio ou modo de execução do delito (qualificadoras objetivas). Assim, é fácil concluir que a maior relevância que o art. 67 do CP determina que se dê aos motivos do crime faz com que a coexistência com o privilégio afaste o caráter hediondo do homicídio qualificado. A solução, ademais, tem conotação justa, quando se pensa em exemplos práticos, como o do pai que mata o estuprador da filha com um tiro pelas costas, ou de alguém que comete eutanásia com veneno; hipóteses em que não se vislumbra a necessidade de tratamento como crime hediondo.

O Supremo Tribunal Federal fez interpretação mais simples sobre o tema. Decidiu que a Lei dos Crimes Hediondos mencionou o homicídio qualificado, mas não fez o mesmo com o homicídio qualificado-privilegiado, de modo que o último não é dotado de natureza hedionda.

Nesse sentido: "*A Lei n. 8.072/90, alterada pela Lei n. 8.930/94, em seu art. 1º, considerou hediondo, entre outros, o homicídio qualificado, consumado ou tentado. Não faz nenhuma referência à hipótese do homicídio qualificado-privilegiado. A extensão, aqui, viola o princípio da reserva legal, previsto entre nós tanto na Magna*

Carta como em regra infraconstitucional (art. 5º, inc. XXXIX, da Lex Maxima*, e art. 1º, do CP). E, por óbvio que tal regra basilar se aplica, também, à fase da execução da pena, visto que sem execução seria algo meramente teórico, sem sentido*" (STJ — HC 153.728/SP — Rel. Min. Felix Fischer — 5ª T. — j. em 13-4-2010, *DJe* 31-5-2010).

Atenção: Na hipótese em discussão, a preponderância que se dá ao privilégio para afastar a natureza hedionda não tem o condão de retirar a agravação da pena decorrente do reconhecimento da qualificadora. Desse modo, sendo o homicídio privilegiado e também qualificado, o juiz deve, inicialmente, aplicar a pena dentre os limites de 12 a 30 anos, referentes ao crime qualificado, e, em seguida, reduzir a pena de 1/6 a 1/3, em razão do privilégio. Com esses fatores, obtém-se a pena definitiva, porém, por não se tratar de delito considerado hediondo, o condenado poderá obter progressão de regime ou livramento condicional em espaço de tempo mais curto, bem como terá direito a eventual anistia, graça ou indulto.

- **Comunicabilidade das qualificadoras no concurso de agentes**

Esse tema já foi estudado detalhadamente quanto à qualificadora da paga ou promessa de recompensa, em relação à qual existem duas correntes. As regras que se estudarão a seguir dizem respeito às demais qualificadoras, devendo a análise ser dividida de acordo com a natureza da circunstância:

a) Qualificadoras de caráter subjetivo, ligadas à motivação do agente, como o motivo fútil e o torpe. De acordo com a regra do art. 30, por não serem elementares do homicídio, seu reconhecimento em relação a um dos réus não se estende aos comparsas. Assim, é plenamente possível que se reconheça o motivo torpe em relação a um dos réus e que o outro seja condenado por homicídio simples. Ex.: a esposa quer a morte do marido para receber o seguro de vida por ele feito e do qual ela é a beneficiária. Para conseguir matá-lo, ela procura uma amiga e mente, dizendo estar desesperada, porque ele a tem agredido constantemente, e, em seguida, pede ajuda para a execução do crime. Caso a amiga preste o auxílio, responderá por homicídio simples.

É claro, entretanto, que, se a motivação dos comparsas tiver sido a mesma, inevitável se mostrará a aplicação da qualificadora para ambos. Dessa forma, se dois irmãos combinam matar o pai para ficarem com o seguro de vida de que são beneficiários, ambos respondem pelo homicídio qualificado por motivo torpe.

b) Qualificadoras de caráter objetivo, ligadas a meio e modo de execução do crime. Nos termos do art. 30 do CP, elas se comunicam aos comparsas.

Em se tratando de **coautoria** em que, por definição, ambos os envolvidos praticaram atos de execução, será mesmo inevitável a aplicação da qualificadora para os dois. Com efeito, quando se diz que João e Pedro são coautores em um crime de homicídio qualificado por emprego de fogo, está subentendido que, por serem coautores, ambos atearam fogo na vítima.

Já em casos de **participação** é necessário que se faça uma distinção. Quando o partícipe estiver presente no local e, sem realizar ato executório, estimular os comparsas a colocarem fogo na vítima, responderá pela figura qualificada, pois quis participar do homicídio, bem como estimular a forma mais gravosa de execução.

Essa mesma regra será aplicada se o partícipe não estiver presente no local, mas existir prova de que ele, em momento anterior, teve ciência de que os comparsas pretendiam atear fogo na vítima e, mesmo assim, os instigou a cometer o delito. Excepcionalmente, entretanto, não será possível a incidência da qualificadora ao partícipe quando se demonstrar que ele incentivou o homicídio, sem, todavia, ter tido prévia ciência de que seria utilizado meio mais gravoso em sua execução. Em tal situação, o partícipe responderá por homicídio simples, tratando-se, aqui, de exceção à regra de que as qualificadoras objetivas se estendem aos comparsas.

■ 1.1.1.1.4. *Causas de aumento de pena relacionadas à idade da vítima*

> **Art. 121, § 4º** — ... . Sendo doloso o homicídio, a pena é aumentada de 1/3 se o crime é praticado contra pessoa menor de 14 ou maior de 60 anos.

Essas circunstâncias majorantes são denominadas causas de aumento de pena e não qualificadoras, porque sua consequência é a incidência de um índice de soma em relação à pena fixada na fase anterior, enquanto nas qualificadoras o texto legal estabelece novas penas mínima e máxima.

A hipótese da vítima menor de 14 anos foi introduzida no Código Penal por ocasião da aprovação da Lei n. 8.069/90, mais conhecida como Estatuto da Criança e do Adolescente. Posteriormente, o Estatuto do Idoso (Lei n. 10.741/2003) acrescentou a hipótese em que a vítima é maior de 60 anos.

Essas causas de aumento aplicam-se a **todas** as figuras do homicídio doloso: simples, privilegiado e qualificado. Não se aplicam, entretanto, ao feminicídio, que possui causas de aumento de pena próprias descritas no art. 121, § 7º, do Código — dentre elas o fato de a vítima ser menor de 14 anos ou maior de 60.

A **idade** da vítima, por constituir causa de aumento de pena específica do homicídio, **não pode ser interpretada**, concomitantemente, como **qualificadora** do crime, sob o argumento de que a pequena ou elevada idade lhe retiram a capacidade de defesa. Com efeito, o legislador já considerou esse aspecto ao estabelecer a circunstância da idade como causa de aumento. Ademais, a idade é algo inerente à vítima e não um recurso do qual o agente lança mão para inviabilizar sua defesa.

Igualmente, o reconhecimento da causa de aumento impede a aplicação da agravante genérica do art. 61, II, *h* (crime contra criança ou pessoa maior de 60 anos), pois isso constituiria irrefutável *bis in idem*.

A causa de aumento pressupõe que a vítima tenha menos de 14 anos, ou seja, que ainda não tenha completado tal idade. Dessa forma, a morte no dia do 14º aniversário não torna maior a pena.

Se a vítima for alvejada um dia antes do aniversário, mas só morrer uma semana depois, incide o aumento, uma vez que as circunstâncias que envolvem o delito, salvo a consumação, devem ser apreciadas em relação ao momento da ação ou omissão. É o que diz expressamente o art. 4º do Código Penal ao regulamentar o tema "tempo do crime". Igualmente, se alguém alvejar a vítima de 59 anos e ela só falecer depois de já ter mais de 60, o aumento não incide.

■ 1.1.1.1.5. Homicídio cometido por milícia privada ou grupo de extermínio (causas de aumento de pena)

> **Art. 121, § 6º** — A pena é aumentada de 1/3 (um terço) até a metade se o crime for praticado por milícia privada, sob o pretexto de prestação de serviço de segurança, ou por grupo de extermínio.

Esse dispositivo foi introduzido no Código Penal pela Lei n. 12.720, de 27 de setembro de 2012.

Inicialmente, o texto legal refere-se às **milícias privadas**. Alguns autores questionam a aplicabilidade do dispositivo legal, alegando que a lei não define o que é milícia. O significado da palavra, entretanto, é facilmente encontrado nos dicionários e diz respeito aos **militares**, à carreira militar. Milícia privada, portanto, é o grupo montado **clandestinamente** por particulares para atuar em determinada área fazendo as vezes da polícia preventiva ostensiva. Não se esqueça, ainda, do aspecto histórico relacionado à apresentação do projeto de lei que se transformou no atual art. 121, § 6º, do CP: inúmeros casos, grande parte deles no Estado do Rio de Janeiro, em que a relativa falta de segurança em certas comunidades, bairros ou morros deu espaço ao surgimento de grupos que passaram a "vender" segurança no local, cobrando ou extorquindo comerciantes e moradores para, armados, evitar a atuação de traficantes ou ladrões na área, expulsando-os mediante emprego de violência. Assim, quando integrantes dessa milícia particular resolvem ceifar a vida de alguém, sob o pretexto de dar segurança aos moradores e comerciantes da região, a pena do homicídio será aumentada.

Tais milícias quase sempre são formadas pelos próprios policiais (da ativa ou da reserva) e, em regra, contam com a conivência de parte dos demais policiais. É claro, contudo, que o grupo também pode ser formado por pessoas que não integram ou integraram os quadros policiais, já que o tipo penal não exige o contrário.

Ressalte-se que, como a formação da milícia em si foi elevada à condição de crime autônomo no art. 288-A, do Código Penal, será possível a punição pelo homicídio com a pena agravada e pelo delito autônomo do art. 288-A, em **concurso material**. Tal conclusão é viável porque a razão dos institutos é diversa: a punição pelo crime de formação de milícia privada decorre do perigo que representa para a coletividade a existência de um grupo de tal natureza agindo de forma contumaz, enquanto o agravamento do homicídio tem como fundamento a maior gravidade da conduta em relação à vítima do caso concreto.

Em segundo lugar, o homicídio tem a pena aumentada quando cometido por **grupo de extermínio**. Discute a doutrina o significado da expressão "grupo de extermínio", havendo, entretanto, consenso de que não se trata de sinônimo de concurso de agentes (coautoria e participação), pois, em geral, quando a lei quer abranger o simples concurso de duas ou mais pessoas, fá-lo de forma explícita, o que não ocorre na hipótese em análise. Assim, para alguns basta o envolvimento de três pessoas, enquanto, para outros, é necessário o número mínimo de quatro. Com o advento da Lei n. 12.850/2013, parece-nos que a primeira interpretação é a correta, bastando três pessoas.

Para que um grupo seja considerado de extermínio, **não** é preciso que os homicidas sejam integrantes de determinada agremiação política, religiosa ou militar, ou ligados a ideologias específicas. Segundo Cézar Roberto Bitencourt, basta que pessoas se unam para a prática de homicídio caracterizado pela **impessoalidade** na determinação da vítima, sendo tal escolha pautada por características do sujeito passivo (e não pelo sujeito em sua individualidade). Exemplificativamente: os agentes resolvem matar travestis, prostitutas, ladrões, menores abandonados etc. De acordo com o autor mencionado, extermínio *"é a chacina que elimina a vítima pelo simples fato de pertencer a determinado grupo ou determinada classe social ou racial, como, por exemplo, mendigos, prostitutas, homossexuais, presidiários etc. A impessoalidade da ação (...) é uma das características fundamentais, sendo irrelevante a unidade ou pluralidade de vítimas. Caracteriza-se a ação de extermínio mesmo que seja morta uma única pessoa, desde que se apresente a impessoalidade da ação, ou seja, pela razão exclusiva de pertencer ou ser membro de determinado grupo social, ético, econômico, étnico etc."*[31]

Por se tratar agora de causa de aumento de pena, o tema deve ser objeto de questionamento aos **jurados** na votação dos quesitos.

Saliente-se que, nos termos do art. 1º, I, da Lei n. 8.072/90, o homicídio, ainda que simples, tem caráter **hediondo** se for praticado **em atividade típica** de grupo de extermínio, ainda que o ato executório seja realizado por uma só pessoa.

Note-se que, para o delito ser considerado hediondo, basta que o crime seja cometido em "atividade típica" de grupo de extermínio, não havendo necessidade de existir efetivamente um grupo criado com tal finalidade. Caso exista efetivamente a formação do grupo, além de o delito ser hediondo, será aplicada a causa de aumento do art. 121, § 6º, do Código Penal. Os chamados "esquadrões da morte", montados por policiais para matar marginais, constituem exemplo de grupo de extermínio, havendo de parte deles, inclusive, intenção de cometer assassinatos em série.

Não existe, por sua vez, *bis in idem* entre a causa de aumento em análise e a qualificadora do motivo torpe. Se um justiceiro, agindo sozinho, resolve exterminar os bandidos que atuam em certo bairro ou alguém resolve, em atitude solo, matar homossexuais, o crime é qualificado pelo motivo torpe, mas não se aplica a causa de aumento referente ao grupo de extermínio (o delito pode até ser considerado hediondo por se tratar de atividade típica de grupo de exterminadores, mas o grupo em si inexiste). Se, entretanto, um "esquadrão da morte" começa a eliminar aqueles que seus membros entendem serem ladrões que atuam em certa região, aplicam-se a qua-

---

[31] Cézar Roberto Bitencourt. *Tratado de direito penal*, 11. ed., São Paulo: Saraiva, 2011, v. 2, p. 68.

lificadora do motivo torpe e a causa de aumento (esta por terem eles criado um grupo com o intuito de eliminar pessoas).

Por ausência de previsão legal, o homicídio simples cometido por integrante de milícia privada **não** constitui crime hediondo, embora a pena possa ser agravada de 1/3 até 1/2, se o crime for cometido sob o pretexto de prestação de serviço de segurança.

1.1.1.2. *Homicídio culposo*

> **Art. 121, § 3º** — Se o homicídio é culposo:
> Pena — detenção de um a três anos.

No homicídio culposo, o agente não quer e não assume o risco de provocar a morte, mas a ela dá causa por **imprudência, negligência** ou **imperícia**. O art. 121, § 3º, limita-se a prever pena de um a três anos de detenção "se o homicídio é culposo", devendo tal dispositivo ser conjugado com o art. 18, II, do Código Penal, que disciplina genericamente os crimes culposos definindo-os como aqueles em que o resultado decorre de imprudência, negligência ou imperícia.

Sabe-se que, no convívio social, de todos se exigem cuidados, cautelas em suas condutas, para que sejam evitadas consequências danosas aos demais cidadãos. Quando alguém realiza uma conduta sem observar esse dever objetivo de cuidado e, com isso, provoca a morte de outra pessoa, comete homicídio culposo.

O juiz deve analisar se o causador da morte, nas circunstâncias do caso concreto, agiu como agiria um homem médio, prudente e de discernimento. Caso conclua que o sujeito não agiu com os cuidados que o homem médio teria tomado, deverá condená-lo pelo homicídio culposo. É por isso que se diz que o crime culposo tem o tipo aberto, na medida em que a lei não especifica exatamente em que casos existe a conduta culposa, que deve ser fruto da comparação entre o que fez o réu e o que teria feito um homem médio nas mesmas circunstâncias.

A inobservância do cuidado objetivo necessário pode manifestar-se de três formas:

- **Imprudência**

É uma ação perigosa, uma conduta comissiva que expõe a risco outras pessoas, por ser marcada pela afoiteza, imoderação, insensatez, tal como se dá quando o agente brinca com um revólver carregado e acaba provocando um disparo acidental; quando uma pessoa por brincadeira empurra outra na piscina e esta bate a cabeça na borda e morre; quando um pedreiro joga um tijolo para outro do alto de uma construção e o tijolo cai na cabeça do operário que está no chão e este morre; quando o agente desrespeita um sinal fechado e atropela a vítima, causando sua morte etc.

- **Negligência**

É uma omissão, uma conduta negativa, uma ausência de precaução quando o caso impunha uma ação preventiva para evitar o resultado. Na negligência, há uma inércia psíquica, uma indiferença do agente que, podendo tomar as cautelas exigíveis, não o faz por descaso. Exs.: não providenciar a manutenção necessária de tempo em tempo nas máquinas de sua indústria, e uma delas explodir pela falta de manutenção, matando um operário; não dar manutenção nos freios de um veículo e atropelar a vítima por falta de freio; não fornecer equipamento de segurança (capacete, luvas etc.) para os trabalhadores de uma construção, sendo que um deles morre com uma pancada na cabeça, decorrente da queda de uma madeira; médico que não faz exames em um paciente antes de lhe ministrar anestésico e este acaba morrendo por choque anafilático por ser alérgico ao medicamento; pais que deixam arma de fogo ao alcance de seu filho pequeno que a encontra e acaba acionando o gatilho e matando a si próprio ou a terceiro etc.

Nota-se, portanto, que, enquanto a imprudência é uma **ação** que provoca o resultado, a negligência é uma **omissão** que a ele dá causa.

- **Imperícia**

É a demonstração de incapacidade ou de falta de conhecimentos técnicos no desempenho de arte, profissão ou ofício que dá causa ao resultado. A imperícia pressupõe sempre a qualificação ou habilitação legal para a arte ou ofício. Não havendo tal habilitação para o desempenho da atividade, a culpa é imputada ao agente por imprudência ou negligência.

Quando um médico mata a vítima durante uma cirurgia por falta de habilidade no manuseio do bisturi, que fez com que seccionasse uma artéria e produzisse uma grave hemorragia, temos imperícia. Se um motorista habilitado, dirigindo normalmente um veículo, não consegue fazer uma curva por falta de habilidade na condução do automóvel temos também imperícia — para dirigir veículo, é necessária habilitação.

- **Coexistência de condutas culposas por parte da mesma pessoa**

É plenamente possível que a mesma pessoa tenha agido, por exemplo, com imprudência e negligência. Nesse caso, se tiver provocado a morte de uma só pessoa, responderá por crime único, mas a gravidade de sua conduta deverá ser levada em conta pelo juiz na fixação da pena-base. Ex.: não fazer a manutenção no freio e dirigir em excesso de velocidade, causando a morte de terceiro.

- **Culpa e erro profissional**

Não se confunde a culpa com erro profissional, mesmo porque ciências como a Medicina não são exatas. Assim, é possível que haja erro de diagnóstico plenamente justificado pelas circunstâncias, como ocorre, por exemplo, quando ressurge doença que há muitos anos não se verificava em certa região e que apresenta sintomas iniciais muito parecidos aos de uma gripe, tal como se deu recentemente com a febre maculosa. No erro profissional são empregados os conhecimentos normais da arte ou ofício, porém o agente chega a uma conclusão errada. Nesse caso, o fato é atípico, salvo se o equívoco for grosseiro.

• **Resultado**

Este é o aspecto mais importante do crime culposo, pois, ainda que o agente realize uma conduta manifestamente imprudente ou negligente, não haverá crime caso ele não atinja alguém e provoque sua morte. Assim, é possível que duas pessoas tenham realizado o mesmo ato imprudente, como, por exemplo, brincar com arma municiada em uma reunião, e que ambos tenham causado um disparo acidental. Contudo, um dos disparos atingiu o teto e o outro matou uma pessoa. Somente o responsável pelo disparo fatal será punido por homicídio culposo.

• **Nexo causal**

É também requisito dos crimes culposos. Com efeito, não basta demonstrar a conduta culposa e o resultado, sendo ainda necessário comprovar o nexo causal entre eles. Dessa forma, quando alguém está dirigindo imprudentemente na contramão e um suicida se atira sob o carro e morre, mostra-se ausente esse requisito, uma vez que o resultado teria ocorrido ainda que o agente estivesse dirigindo corretamente, pois o suicídio (caso fortuito) teria ocorrido da mesma forma.

• **Concorrência de culpas**

Existe concorrência de culpas quando duas ou mais pessoas atuam culposamente dando causa à morte de terceiro, hipótese em que ambas respondem integralmente pelo delito. Assim, se o responsável pela obra em construção não forneceu capacete para seus pedreiros e, ao mesmo tempo, um dos trabalhadores derrubou uma pilha de tijolos do alto do edifício, por tê-la colocado perto do parapeito, há crime de homicídio culposo por parte de ambos. O responsável pela obra agiu com negligência; e o pedreiro que empilhou os tijolos, com imprudência.

• **Compensação de culpas**

Culpas recíprocas não se compensam no Direito Penal. Assim, quando duas pessoas agem culposamente, uma causando lesão na outra, ambas respondem por crime de lesão culposa, ou seja, o fato de uma ter causado lesão na outra não faz com que desapareça a responsabilidade penal. Ao contrário, cada uma responde por um crime de lesão culposa.

Em se tratando, porém, de hipótese em que duas pessoas agem culposamente, mas uma morre e a outra sobrevive, esta responde por homicídio culposo.

Por óbvio, quando ficar constatado que a culpa foi exclusiva da vítima, o réu deverá ser absolvido.

■ *1.1.1.2.1. Sujeito ativo*

Pode ser qualquer pessoa. Trata-se de crime comum.

■ *1.1.1.2.2. Sujeito passivo*

Também pode ser qualquer pessoa.

■ 1.1.1.2.3. Consumação e tentativa

A consumação se dá no momento em que ocorre a morte da vítima, ou seja, com a cessação da atividade encefálica.

A tentativa não é possível porque não existe tentativa de crime culposo. Se o agir imprudente de alguém não atinge a vítima, o fato não constitui crime, e, se a atinge provocando apenas lesões corporais, o fato constitui lesão corporal culposa.

■ 1.1.1.2.4. Causas de aumento de pena

> **Art. 121, § 4º** — No homicídio culposo, a pena é aumentada de um terço, se o crime resulta de inobservância de regra técnica de profissão, arte ou ofício, ou se o agente deixa de prestar imediato socorro à vítima, não procura diminuir as consequências de seu ato, ou foge para evitar a prisão em flagrante. (...)

Essas causas de aumento de pena devem ser especificadas na denúncia.

- **Inobservância de regra técnica de arte, profissão ou ofício**

Existem milhares de regras técnicas que devem ser observadas para evitar acidentes no desempenho das mais diversas profissões. Somente no Código de Obras, por exemplo, existem centenas delas para a construção civil. Outras inúmeras existem para motoristas, pessoas que operam máquinas, eletricistas, agricultores, médicos, dentistas, pilotos de aeronaves e embarcações etc.

Assim, um engenheiro que determina a construção de um muro sem a sustentação adequada das vigas ocasionando sua queda sobre alguém terá sua pena aumentada. O mesmo ocorrerá em relação ao profissional da área médica que, por pressa, não esteriliza o instrumento cirúrgico pelo tempo necessário, fazendo com que o paciente submetido à cirurgia morra algum tempo depois em decorrência de infecção. Outro exemplo é o do eletricista que não desliga a energia da casa onde está trabalhando, provocando a morte de seu ajudante, ou do piloto de helicóptero que não verifica o nível de combustível antes de levantar voo, provocando a queda da aeronave e morte de algum passageiro.

A causa de aumento em análise não se confunde com a modalidade culposa de imperícia. Nesta o sujeito demonstra falta de aptidão para o desempenho da arte, profissão ou ofício, enquanto, na causa de aumento, o agente demonstra a aptidão para realizá-las, porém provoca a morte de alguém, porque, por desleixo, por descaso, deixa de observar regra inerente àquela função. No exemplo da falta de esterilização adequada do bisturi, o médico demonstrou aptidão para o ato cirúrgico, não decorrendo a morte de falta de habilidade na realização de tal ato, e sim da infecção causada pelas bactérias que contaminavam o bisturi.

Questão redacional provoca sério questionamento doutrinário e jurisprudencial em torno da causa de aumento em estudo. Com efeito, nesse dispositivo prevê a lei que a pena do homicídio culposo será aumentada em um terço "**se o crime resulta** da inobservância de regra técnica...". Ora, com essa redação, o texto legal estabelece que a morte culposa decorre da própria causa de aumento de pena, gerando contestações em torno de sua aplicabilidade, pois a causa de aumento se confundiria com a própria negligência (elementar do crime). Sustenta-se que as causas de aumento de pena são circunstâncias extras, que se somam à figura típica básica, para agravar a pena, como na hipótese em que o agente provoca um acidente por imprudência e não socorre a vítima (duas circunstâncias distintas). Assim, existe convincente argumentação no sentido de que a aplicação da causa de aumento de pena no caso da inobservância de regra técnica constituiria *bis in idem* — de modo que se deve aplicar apenas o tipo penal simples. Nesse sentido: "*não se justifica o aumento, ..., uma vez que a inobservância de regra técnica da profissão se erigiu, precisamente, no núcleo da culpa com que se houve o acusado, não podendo assumir a função bivalente de, em primeiro estágio, caracterizar o crime, e, em estágio sucessivo, acarretar o aumento da pena*" (Tacrim-SP — Rel. Jarbas Mazzoni — *Jutacrim* 69/291); "*Homicídio culposo — Inobservância de regra técnica — No homicídio culposo, a majoração da pena em virtude da inobservância de regra técnica é incabível quando esta constituir precisamente o núcleo da culpa com que se houve o agente*" (Tacrim-SP — Rel. Renato Talli — *Jutacrim* 79/253).

Para os seguidores desta corrente, a aplicação da majorante em questão só é possível quando coexistirem duas condutas culposas — a inobservância de regra técnica e outra qualquer — hipótese em que a última será considerada como elementar e a primeira como majorante. Nesse sentido: "*Homicídio culposo. Negligência consistente em inobservância de regra técnica da profissão médica. Não percepção de sintomas visíveis de infecção, cujo diagnóstico e tratamento teriam impedido a morte da vítima. Falta consequente de realização de exame de antibiograma. Mera decorrência. Causa especial de aumento de pena prevista no art. 121, § 4º, do CP. Imputação cumulativa baseada no mesmo fato da culpa. Inadmissibilidade. Majorante excluída da acusação. HC concedido para esse fim. Inteligência do art. 121, §§ 3º e 4º, do CP. A imputação da causa de aumento de pena por inobservância de regra técnica de profissão, objeto do disposto no art. 121, § 4º, do Código Penal, só é admissível quando fundada na descrição de fato diverso daquele que constitui o núcleo da ação culposa*" (STF — HC 95.078 — Rel. Min. Cezar Peluso — 2ª Turma — julgado em 10-3-2009 — *DJe*-089 divulg. 14-5-2009, public. 15-5-2009); "*Não há* bis in idem *pelo aumento implementado com base no § 4º do art. 121 do Código Penal, em razão de constatar-se circunstâncias distintas, uma para configurar a majorante, outra para o reconhecimento do próprio tipo culposo*" (STJ — HC 231.241/SP — Rel. Min. Laurita Vaz — 5ª Turma — julgado em 26-8-2014, *DJe* 4-9-2014); e "*A causa especial de aumento, prevista no art. 121, § 4º do Código Penal (inobservância de regra técnica de profissão) figura no campo da culpabilidade e, pois, para incidir, deve estar fundada em outra nuance ou fato diferente do que compõem o próprio tipo culposo, rendendo ensejo a maior reprovabilidade na conduta do profissional que atua de modo displicente no exercício de seu mister, dando causa ao evento morte. Precedentes desta Corte e do STF* (RHC n. 26.414/RJ — Ministra Maria Thereza de Assis Moura — 6ª Turma — *DJe* 26.11.2012)" (STJ — HC 167.804/RJ — Rel. Min. Sebastião Reis Júnior — 6ª Turma — julgado em 13-8-2013, *DJe* 23-8-2013).

Parte da doutrina e jurisprudência, ao contrário, alega que o dispositivo prevê uma figura qualificada de negligência, tendo havido equívoco do legislador ao tratá-la como causa de aumento, quando o correto teria sido prevê-la como qualificadora, equívoco que, todavia, não elimina a sua possibilidade de incidência. Em suma, para esta última corrente, quando a negligência consistir na inobservância de regra técnica, ela será considerada mais grave e terá pena maior (não havendo *bis in idem*), mas, quando a negligência for de outra natureza, caracterizará o crime simples. Nesse sentido: "*Não configura* bis in idem *considerar, a partir do exame de uma mesma conduta (comissiva ou omissiva), realizado o tipo culposo descrito no art. 121, § 3º, do Código Penal, e, ao mesmo tempo, entender pela causa de aumento prevista no § 4º do citado tipo legal (precedentes)*" (STJ — HC 281.204/SP — Rel. Min. Felix Fischer — 5ª Turma — julgado em 19-3-2015, *DJe* 26-3-2015).

- **Se o agente deixa de prestar imediato socorro à vítima ou não procura diminuir as consequências de seu ato**

O texto legal exige que o socorro à vítima, após ter ela sido afetada pelo ato culposo do agente, seja imediato. É óbvio, contudo, que a pena só será agravada se esse socorro imediato for possível por parte do agente. Se era inviável porque ele próprio ficou gravemente ferido ou porque não havia condições materiais de ser prestado, a pena não será aumentada, caso a vítima não socorrida venha a morrer.

O dever de socorro é solidário, devendo prestá-lo o autor da conduta culposa e todas as outras pessoas presentes. Assim, se alguém dispara acidentalmente uma arma de fogo e atinge a vítima na altura do abdômen na presença de duas testemunhas, todos têm o dever de socorrer a vítima. Caso uma delas se adiante às demais na prestação do socorro, estas ficam desobrigadas. Dessa forma, se uma das testemunhas socorreu a vítima, fazendo-o de imediato, o autor do disparo será responsabilizado apenas pelo homicídio culposo, caso a vítima socorrida venha a falecer. Sua pena não será aumentada. Para tanto, é necessário que ele tenha presenciado o imediato socorro prestado pelo terceiro à vítima.

Em suma, quando o socorro imediato é possível de ser prestado pessoalmente pelo agente e este não o faz, sua pena será agravada, exceto se ele tiver presenciado outra pessoa a ele se adiantar e prestar o auxílio.

Deve-se ressalvar, outrossim, que, na hipótese de nenhum dos presentes socorrer a vítima, o autor do disparo será responsabilizado pelo crime de homicídio culposo com a pena aumentada em um terço (art. 121, § 4º), enquanto as duas testemunhas, que também não prestaram auxílio à vítima baleada, responderão por crime de omissão de socorro agravado pelo resultado morte (art. 135, parágrafo único, parte final).

Se o socorro não foi prestado porque o agente teve que deixar o local por estar sofrendo risco de agressão por parte de amigos ou familiares da pessoa por ele atingida, não incide o aumento em tela. Igualmente se for evidente que a vítima já morreu, não havendo socorro possível de ser prestado.

Se o socorro imediato não podia ser prestado pessoalmente pelo agente, mas poderia ele ter saído em busca de providências para ajudar no socorro, porém não o fez, incide na parte final do dispositivo — não procurar diminuir as consequências de seu ato. Para se eximir da majorante, basta que o agente **tente** (procure) diminuir as consequências de seu ato, não sendo necessário que consiga.

- **Se o agente foge para evitar a prisão em flagrante**

Se o agente socorreu a vítima e depois fugiu do hospital antes da chegada de policiais para evitar sua prisão, haverá o acréscimo em análise. É muito comum, todavia, que o agente fuja do local e não socorra a pessoa por ele atingida. Nessa hipótese, estão presentes duas causas de aumento de pena, contudo, o juiz pode aplicar o aumento de um terço uma única vez, diante do que dispõe o art. 68, parágrafo único, do Código Penal.

Há quem defenda que a presente causa do aumento ofende o princípio do privilégio contra a autoincriminação, segundo o qual ninguém pode ser obrigado a fazer prova contra si mesmo. De acordo com tal entendimento, a obrigação do acusado de permanecer no local para ser preso em flagrante colaboraria na produção de prova contra ele. Sustenta-se, ademais, que o acusado tem o direito de fugir, não podendo o legislador exasperar a pena somente em razão de uma fuga desacompanhada do emprego de violência ou grave ameaça.

■ 1.1.1.2.5. *Perdão judicial*

> **Art. 121, § 5º** — Na hipótese de homicídio culposo, o juiz poderá deixar de aplicar a pena, se as consequências da infração atingirem o próprio agente de forma tão grave que a sanção penal se torne desnecessária.

A aplicação do perdão judicial decorre do sofrimento percebido pelo próprio agente em face de sua conduta culposa. Assim, se, em razão de sua imprudência, um pai causou a morte do próprio filho, mostra-se desnecessária a aplicação da pena de detenção como forma de punição, na medida em que a perda do filho é "castigo" muito maior do que qualquer outro possível. O juiz, então, concede o perdão judicial que exclui a incidência da pena.

O instituto em tela, na prática, tem aplicação tanto em casos em que a vítima do homicídio culposo é ente querido do agente — familiar próximo, cônjuge ou companheiro — como naqueles em que ele próprio fica gravemente ferido em decorrência do evento por ele provocado e que causou a morte de outrem. Ex.: agente que fica gravemente queimado em razão de fogo por ele ateado acidentalmente em uma mata e que matou outra pessoa. Nas primeiras hipóteses, as consequências percebidas pelo beneficiário do perdão são **morais**, enquanto na última são **físicas**.

O perdão judicial não precisa ser aceito para gerar efeito.

Quando duas pessoas agem culposamente, provocando a morte do filho de um deles (concorrência de culpas), o perdão judicial só é concedido ao pai. Por se tratar de circunstância de caráter pessoal, não se comunica aos demais envolvidos, nos termos do art. 30 do Código Penal.

Por outro lado, se uma só pessoa age de modo culposo, causando a morte de seu filho e de terceiro, o juiz não está proibido de lhe conceder o perdão.

- **Natureza jurídica**

Nos termos do art. 107, IX, do Código Penal, o perdão judicial tem natureza de **causa extintiva da punibilidade**.

- **Momento da concessão e reincidência**

Em nosso entendimento, o perdão judicial só pode ser concedido na sentença após o juiz apreciar as provas colhidas e considerar o réu responsável pelo crime culposo de que está sendo acusado. Com efeito, se as provas indicarem que ele não agiu de forma culposa, a solução é a absolvição, mesmo porque não se perdoa um inocente. Em outras palavras, após o juiz considerar o acusado responsável pela infração penal, deixa de lhe aplicar a pena correspondente, por entender que ele já foi suficientemente atingido pelas consequências do fato.

O art. 120 do Código Penal, aliás, estabelece que a concessão do perdão judicial na **sentença** não retira a primariedade do réu, de modo que, em caso de prática de novo crime, não será ele considerado reincidente. Ora, é óbvio que, se o perdão pudesse ser concedido antes da sentença, não seria capaz de gerar reincidência, e, dessa forma, seria completamente desnecessária a regra contida em referido art. 120.

- **Natureza jurídica da sentença que concede o perdão judicial**

Existem duas correntes principais em torno do tema:

a) Como nesta sentença o juiz analisa as provas e declara o réu culpado, ficam afastados apenas os efeitos expressamente declarados no Código Penal — a aplicação da pena de detenção e a perda da primariedade. Os demais efeitos de uma condenação são mantidos porque não afastados pelo texto legal. Para essa corrente, portanto, a sentença que concede o perdão judicial é **condenatória**, subsistindo efeitos secundários da condenação como a obrigação de indenizar e o lançamento do nome do réu no rol dos culpados. Essa era a corrente adotada pelo STF e por boa parte dos doutrinadores, como Damásio de Jesus.[32]

b) Considerando que o instituto do perdão é causa extintiva da punibilidade, a sentença em que este é concedido tem natureza **declaratória**. Este é o entendimento adotado pelo Superior Tribunal de Justiça por meio da Súmula n. 18, que assim dispõe: "*A sentença concessiva do perdão judicial é declaratória da extinção da punibilidade, não subsistindo qualquer efeito condenatório*".

Por essa orientação, se uma pessoa for beneficiada com o perdão judicial, a sentença que o concedeu não poderá ser utilizada na esfera cível como título executivo e

[32] Damásio de Jesus, *Direito penal*, v. II, p. 90.

tampouco o nome do acusado poderá ser lançado no rol dos culpados. Os familiares da vítima do homicídio culposo, se quiserem obter indenização, terão de ingressar com processo de conhecimento no juízo cível.

Por ser objeto de súmula de tribunal superior, este é o entendimento atualmente adotado na prática. É também defendido por autores como Celso Delmanto[33] e Cezar Roberto Bitencourt.[34]

■ 1.1.1.2.6. Ação penal

No homicídio culposo a ação penal também é pública incondicionada.

O julgamento cabe ao juízo singular.

É de se ressalvar, ainda, que, nas hipóteses em que o crime é simples, torna-se cabível a suspensão condicional do processo, nos termos do art. 89 da Lei n. 9.099/95, pois, nesse caso, a pena mínima é de um ano. Todavia, nas hipóteses em que se mostrarem presentes quaisquer das causas obrigatórias de aumento de pena do art. 121, § 4º, do Código Penal, o benefício será inviável.

■ 1.1.1.2.7. Homicídio culposo no Código de Trânsito Brasileiro

Antes do advento da Lei n. 9.503/97, conhecida como Código de Trânsito Brasileiro, a provocação de morte culposa por parte de condutor de veículo caracterizava crime de homicídio comum, previsto no art. 121, § 3º, do Código Penal. A divulgação de estatísticas que reconheceram o Brasil como recordista mundial em mortes no trânsito fez com que o legislador, ao aprovar referido Código de Trânsito, nele introduzisse crimes especiais de homicídio e lesão culposa **na direção de veículo automotor**, mais gravemente apenados. Atualmente, portanto, existem duas modalidades de homicídio culposo. A modalidade prevista no art. 302 da Lei n. 9.503/97 está assim definida:

> **Art. 302.** Praticar homicídio culposo na direção de veículo automotor.
> Penas — detenção, de dois a quatro anos, e suspensão ou proibição de se obter a permissão ou habilitação para dirigir veículo automotor.

Note-se que o tipo penal continua aberto, devendo o juiz, no caso concreto, por meio de um juízo de valor, concluir se o agente atuou ou não com imprudência, negligência ou imperícia.

A caracterização da culpa nos delitos de trânsito provém, normalmente, do desrespeito às normas disciplinares contidas no próprio Código de Trânsito (excesso de velocidade, embriaguez, dirigir na contramão de direção, desrespeito à sinalização, conversão em local proibido, ultrapassagem em local proibido, falar ao telefone celu-

33 Celso Delmanto, *Código Penal comentado*, p. 181.

34 Cezar Roberto Bitencourt, *Tratado de direito penal*, v. 2, p. 90.

lar enquanto dirige, manobra de marcha à ré sem os cuidados necessários, desrespeito à faixa de pedestres, levar passageiros na carroceria de caminhão ou caminhonete, deixar aberta a porta de coletivo etc.). Estas, entretanto, não constituem as únicas hipóteses de reconhecimento do crime culposo, pois o agente, ainda que não desrespeite as normas disciplinares do Código, pode agir com inobservância do cuidado necessário e, assim, responder pelo crime. A ultrapassagem, por exemplo, se feita em local permitido, não configura infração administrativa, mas, se for efetuada sem a necessária atenção, pode dar causa a acidente e implicar crime culposo.

Já se reconheceu, por sua vez, que a culpa era exclusiva da vítima e que o agente não responde pelo delito quando ela cruzou repentinamente a rua ou saiu de trás de carros parados em congestionamento.

- **Causas de aumento de pena**

Nos termos do art. 302, § 1º, do CTB, a pena do homicídio culposo na direção de veículo automotor será aumentada de um terço até metade, se o agente não possui Permissão para Dirigir ou Carteira de Habilitação, se o crime é praticado em faixa de pedestre ou sobre a calçada, se o agente deixa de prestar imediato socorro à vítima quando possível fazê-lo sem risco pessoal, ou, ainda, se ele está, no exercício de sua profissão ou atividade, dirigindo veículo de transporte de passageiros.

A Lei n. 11.705/2008 revogou o inc. V do art. 302, parágrafo único,[35] do CTB, que estabelecia aumento de pena se o autor do homicídio culposo na direção de veículo estivesse sob influência de álcool ou substância tóxica ou entorpecente de efeitos análogos. A Lei n. 12.971/2014, entretanto, acrescentou o § 2º ao art. 302 do Código de Trânsito, estabelecendo pena de **reclusão**, de 2 a 4 anos, e suspensão ou proibição de se obter a permissão ou a habilitação para dirigir veículo automotor, se o agente provoca o homicídio culposo, conduzindo veículo automotor com capacidade psicomotora alterada, em razão da influência de álcool ou de outra substância psicoativa que determine dependência, ou durante participação, em via, de corrida, disputa ou competição automobilística ou ainda em razão de exibição ou demonstração de perícia em manobra de veículo automotor, não autorizada pela autoridade competente. Ocorre que tal dispositivo — art. 302, § 2º, do Código de Trânsito — acabou sendo também revogado pela Lei n. 13.281/2016.

Em 20 de dezembro de 2017, foi publicada a Lei n. 13.546 criando figura qualificada para o crime de homicídio culposo na direção de veículo automotor para a hipótese em que o agente comete o crime conduzindo o veículo sob a influência de álcool ou de qualquer outra substância psicoativa que determine dependência (art. 302, § 3º, do CTB). Em tal hipótese, a pena passou a ser de reclusão, de cinco a oito anos, e suspensão ou proibição do direito de se obter a permissão ou a habilitação para dirigir veículo automotor. A mesma Lei estabelece pena de dois a cinco anos de reclusão, além das demais, para a hipótese em que o agente conduz veículo au-

[35] Modificado, posteriormente, para § 1º, pela Lei n. 12.971/2014.

tomotor com capacidade psicomotora alterada em razão da influência de álcool ou de outra substância psicoativa que determine dependência, e em razão disso provoca, culposamente, lesão corporal grave ou gravíssima na vítima (art. 303, § 2º, do CTB). Tal lei entrou em vigor em 19 de abril de 2018.

Note-se que o Supremo Tribunal Federal, em diversas decisões, definiu que a pessoa que dirige embriagada e que provoca morte na condução de veículo automotor pode ser punida por homicídio culposo ou doloso (dolo eventual), dependendo das circunstâncias do caso concreto — quantidade de bebida ingerida, forma e local de condução do veículo etc. Caso se conclua que o crime é culposo, a pena será a do art. 302, § 3º, do CTB (5 a 8 anos de reclusão). A propósito: "*Não tem aplicação o precedente invocado pela defesa, qual seja, o HC 107.801/SP, por se tratar de situação diversa da ora apreciada. Naquela hipótese, a Primeira Turma entendeu que o crime de homicídio praticado na condução de veículo sob a influência de álcool somente poderia ser considerado doloso se comprovado que a embriaguez foi preordenada. No caso sob exame, o paciente foi condenado pela prática de homicídio doloso por imprimir velocidade excessiva ao veículo que dirigia, e, ainda, por estar sob influência do álcool, circunstância apta a demonstrar que o réu aceitou a ocorrência do resultado e agiu, portanto, com dolo eventual*" (HC 115.352, Rel. Min. Ricardo Lewandowski, 2ª Turma, julgado em 16.04.2013). No mesmo sentido: HC 109.210, Rel. Min. Marco Aurélio, Relator(a) p/ Acórdão: Min. Rosa Weber, 1ª Turma, julgado em 21-8-2012, processo eletrônico *DJe* 154, 7-8-2013, public. 8-8-2013.

- **O âmbito de abrangência do CTB**

O art. 1º da Lei n. 9.503/97 dispõe que "*O trânsito de qualquer natureza* nas vias terrestres *do território nacional, abertas à circulação, rege-se por este Código*".

Assim, embora aviões, helicópteros, lanchas, barcos e *jet-skis* sejam veículos motorizados, a conduta culposa em sua condução não é capaz de configurar crime da lei especial, mas apenas aquele do art. 121, § 3º, do Código Penal.

Por outro lado, apesar de o art. 2º da Lei n. 9.503/97 definir via terrestre de forma a excluir as vias particulares (estacionamentos privados, pátios de postos de gasolina, vias internas de fazendas etc.), entende-se que devem ser aplicados os crimes de homicídio e lesão culposa do Código de Trânsito ainda que o fato não ocorra em via pública. Com efeito, quando o legislador quis exigir que o fato delituoso fosse caracterizado apenas quando ocorresse em via pública, o fez de forma expressa no **tipo penal**, como nos crimes de embriaguez ao volante (art. 306), participação em competição não autorizada (art. 308) e direção sem habilitação (art. 309). Assim, fica evidente a intenção da lei em excepcionar a regra para permitir a configuração de seus crimes de homicídio e lesão culposa, qualquer que seja o local do delito, desde que o agente esteja na direção de veículo automotor em via terrestre.

• Conceito de veículo automotor

O anexo I, do CTB, define veículo automotor como "*todo veículo a motor de propulsão que circule por seus próprios meios, e que serve normalmente para o transporte viário de pessoas e coisas, ou para a tração viária de veículos utilizados para o transporte de pessoas e coisas. O termo compreende os veículos conectados a uma linha elétrica e que não circulam sobre trilhos (ônibus elétrico)*".

Estão inseridos no conceito os automóveis, os utilitários, as vans, as motocicletas, motonetas e ciclomotores, os quadriciclos, os ônibus que não circulam em trilhos, tratores, caminhões etc.

Já a conduta culposa na condução de charrete, carroça ou bicicleta só pode dar origem ao crime culposo comum.

• A expressão "na direção de veículo automotor"

O crime da lei especial não se configura pelo simples fato de a conduta culposa ocorrer no trânsito. Exige expressamente o tipo penal que o agente esteja dirigindo veículo automotor, isto é, que esteja no comando dos mecanismos de controle e velocidade do veículo. Por essa razão, existem várias hipóteses que parecem tipificar o crime em análise, por ocorrerem no trânsito ou serem a este relacionadas, mas que configuram crime comum, por não estar o agente na condução de veículo. Vejam-se os seguintes casos:

a) Pedestre que atravessa pista de rolamento em momento e local inadequados, causando a queda e morte de um motociclista.

b) Passageiro de automóvel ou de ônibus que atira garrafa de refrigerante pela janela provocando acidente na estrada.

c) Garupa de motocicleta que balança o veículo e provoca a queda e morte do condutor.

d) Pessoa que mata motociclista por abrir a porta de um carro sem olhar para trás, provocando colisão.

e) Pessoa que está empurrando um carro desligado, perde o controle sobre o veículo e atropela alguém.

f) Responsável por empresa de ônibus que não providencia a manutenção dos freios da frota, hipótese em que a conduta culposa não é do condutor do veículo.

• Perdão judicial

O art. 300 do Código de Trânsito expressamente permitia o perdão judicial nos crimes culposos nele elencados. Esse dispositivo, todavia, foi vetado pelo Presidente da República com o argumento de que o perdão judicial previsto no art. 121, § 5º, do CP já trata do tema de forma mais abrangente. Conclui-se, portanto, que o perdão judicial, com as regras previstas no Código Penal, aplica-se aos crimes de trânsito.

1.1.2. Induzimento, instigação ou auxílio a suicídio ou à automutilação

> Art. 122. Induzir ou instigar alguém a suicidar-se ou a praticar automutilação ou prestar-lhe auxílio material para que o faça:
> Pena — reclusão, de 6 meses a 2 anos.
> § 1º — Se da automutilação ou da tentativa de suicídio resulta lesão corporal de natureza grave ou gravíssima, nos termos dos §§ 1º e 2º do art. 129 deste Código Penal:
> Pena — reclusão, de 1 a 3 anos.
> § 2º — Se o suicídio se consuma ou se da automutilação resulta morte:
> Pena – reclusão, de 2 a 6 anos.
> § 3º — A pena é duplicada:
> I — se o crime é praticado por motivo egoístico, torpe ou fútil.
> II — se a vítima é menor ou tem diminuída, por qualquer causa, a capacidade de resistência.
> § 4º — A pena é aumentada até o dobro se a conduta é realizada por meio da rede de computadores, de rede social ou transmitida em tempo real.
> § 5º — Aumenta-se a pena em metade se o agente é líder ou coordenador de grupo ou de rede social.
> § 6º — Se o crime de que trata o § 1º deste artigo resulta em lesão corporal de natureza gravíssima e é cometido contra menor de 14 anos ou contra quem, por enfermidade ou deficiência mental, não tem o necessário discernimento para a prática do ato, ou que, por qualquer outra causa, não pode oferecer resistência, responde o agente pelo crime descrito no § 2º do art. 129 deste Código.
> § 7º — Se o crime de que trata o § 2º deste artigo é cometido contra menor de 14 anos ou contra quem, por enfermidade ou deficiência mental, não tem o necessário discernimento para a prática do ato, ou que, por qualquer outra causa, não pode oferecer resistência, responde o agente pelo crime de homicídio descrito, nos termos do art. 121 deste Código.

1.1.2.1. Introdução

Este delito é conhecido pela nomenclatura **"participação em suicídio ou em automutilação"** porque pune quem colabora com o suicídio ou a prática de automutilação por parte de terceiro. Conforme será estudado com mais detalhes em seguida, a participação em **automutilação** foi inserida no art. 122 do Código Penal pela Lei n. 13.968, de 26 de dezembro de 2019. A inserção desta conduta no capítulo Dos Crimes contra a Vida merece crítica por não se tratar efetivamente de crime contra tal bem jurídico.

Nossa legislação não prevê punição para quem tenta se matar e não consegue com o argumento de que, neste caso, a punição serviria apenas de reforço para a ideia suicida. Tampouco pune a autolesão.

Desse modo, considerando que o suicídio e a automutilação em si não constituem ilícitos penais, mas a participação em tais atos sim, pode-se concluir que no art. 122 do Código Penal o legislador tornou crime a participação em fato não criminoso (participação em suicídio ou em automutilação).

As condutas de induzir, instigar ou auxiliar outra pessoa a cometer um crime — um homicídio, por exemplo — normalmente pressupõem que exista a figura do executor. Assim, quando uma pessoa convence outra a matar a vítima, o homicida é chamado de **autor** e quem a induziu a praticar tal crime é **partícipe**. No art. 122 do Código Penal, todavia, quem comete o ato suicida ou a automutilação é considerado vítima, e não pode ser punido. Logo, quem induz, instiga ou auxilia outrem a cometer suicídio ou automutilação é **autor** do delito e esse aspecto gera certa confusão, já que o crime do art. 122 é também chamado de **participação em suicídio ou automutilação**.

Os exemplos abaixo facilitam a compreensão do tema::

a) João instiga Pedro a se matar. João é **autor** do crime de participação em suicídio.

b) André convence João a procurar Pedro e instigá-lo a cometer suicídio. Nesse caso, João também é autor do crime de participação em suicídio, pois foi ele quem manteve contato com a vítima Pedro e a convenceu a se matar. André, por sua vez, é **partícipe** do crime. Daí a frase: **é possível participação em participação em suicídio**.

■ 1.1.2.2. Objetividade jurídica

A preservação da vida humana extrauterina (quando o resultado visado for o suicídio de outrem) e da integridade física (quando visada a automutilação). Trata-se de crime **simples**.

■ 1.1.2.3. Tipo objetivo

Para que haja legalmente um suicídio que possa dar origem ao crime em análise, não é suficiente que alguém tire a própria vida. Com efeito, só existe juridicamente um **suicídio** em caso de supressão **consciente** e **voluntária** da própria vida.

Existem várias situações fáticas em que é realizado um ato atentatório à própria vida, porém, como a vítima não o fez de forma voluntária e consciente, exclui-se o crime em análise, por não ter havido um suicídio. É o que ocorre quando alguém se aproveita da falta de capacidade de entendimento da vítima, por ser uma criança ou alguém com grave deficiência mental, para convencê-la a pular de uma ponte ou a tomar veneno. Em tais hipóteses, a vítima não tinha compreensão das consequências de seu ato, de modo que o sujeito responde por homicídio. Da mesma forma se o agente emprega algum tipo de fraude para que a vítima realize ato contra a própria vida, sem notar que o está fazendo. Ex.: alguém entrega uma granada para outra pessoa e a convence de que ela está descarregada. Em seguida, sugere que ela retire o pino de segurança e a granada explode causando a morte da vítima. É evidente que o autor da fraude responde por homicídio. Também configura homicídio convencer uma pessoa hipnotizada ou sonâmbula a pular de um prédio.

Nas hipóteses abordadas no parágrafo anterior, a vítima não tinha **consciência** de que estava tirando a própria vida. Há, ainda, situações em que ela sabe que está se matando, mas o fato não constitui suicídio por ter havido emprego de violência ou grave ameaça para que ela o fizesse. O autor da coação responderá por homicídio — a supressão da própria vida não foi **voluntária**. Ex.: a) perigosos bandidos mandam a vítima se matar como única forma de eles pouparem a vida de seus familiares; b) bandidos capturam a vítima e dão a ela a opção de tomar veneno, pois, caso contrário, irão torturá-la até a morte.

Não há suicídio no ato daquele que vai à guerra e é morto pelo inimigo. Assim, quem o convenceu a ir à guerra, ainda que pretendesse sua morte, não responde por participação em suicídio (nem por homicídio).

A Lei n. 13.968, de 26 de dezembro de 2019, trouxe grandes modificações no art. 122 do Código Penal que, até então, só punia a participação em suicídio. Ocorre que passaram a acontecer inúmeros casos de automutilação no Brasil e em inúmeras partes do mundo, incentivados em redes sociais por outras pessoas. O caso do "jogo" baleia azul foi decisivo para levar nossos parlamentares à conclusão de que era necessária a modificação do art. 122. Em tal "jogo" — realizado em grupos fechados nas redes sociais —, os chamados "curadores" passam tarefas diárias aos competidores, que avançam de fase apenas se realizarem a tarefa e comprovarem isso aos curadores — em regra, com remessa de fotos pelo telefone celular. Nas fases iniciais, os curadores incentivam diversos tipos de automutilação e, em grande parte dos casos, ao final, incentivam o suicídio do competidor.

- **Induzimento**

Nessa modalidade, o agente **faz surgir** a ideia do suicídio ou da automutilação na vítima, sugerindo a ela tais atos e a incentivando a realizá-los.

Existem vários casos na história da humanidade em que líderes espirituais ou religiosos convenceram alguns ou todos os seus seguidores a se matarem, o que constitui ato de induzimento. Igualmente está presente essa modalidade quando alguém convence outro, que está prestes a ser preso, a cometer suicídio dizendo a este que é melhor morrer a ir para o cárcere.

Se a esposa convence o marido, já doente, a fazer um seguro de vida e a colocá-la como beneficiária e, em seguida, a cometer suicídio — simulando ter havido homicídio, pois, caso contrário, a seguradora não pagará o prêmio — tudo com o intuito de deixá-la, e aos filhos, em boas condições econômicas, ela responderá por participação em suicídio em concurso material com crime de fraude para recebimento de seguro (art. 171, § 2º, V, do CP).

Quem convence outrem a atuar como "homem-bomba", amarrando explosivos no próprio corpo, para cometer atentado matando várias outras vítimas, responde por participação em suicídio e por homicídio em relação às mortes causadas pelo comparsa que se suicidou.

- **Instigação**

Consiste em reforçar a intenção suicida ou de automutilação já presente na vítima. Pode se dar em conversa entre amigos ou pela internet, mas o principal exemplo a ser lembrado é aquele em que a vítima já se encontra no alto de um prédio dizendo que vai se matar e alguém passa a incentivá-la gritando para que realmente pule.

No induzimento, é o agente quem sugere o suicídio ou a automutilação à vítima, que ainda não havia cogitado esse ato, enquanto, na instigação, ela já estava pensando em ceifar a própria vida ou em se autolesionar, e o agente, ciente disso, a estimula a fazê-lo. Como nessas duas modalidades a intenção do agente é a de **convencer** a pessoa a se matar ou se lesionar, o induzimento e a instigação são classificados como participação **moral** em suicídio ou automutilação.

- **Auxílio**

É também chamado de participação **material**, pois consiste em colaborar de alguma forma com o ato executório do suicídio ou da automutilação. A vítima já está convicta de que quer se matar e o agente a ajuda a concretizar o ato.

Considerando que o crime em análise é doloso, é evidente que se torna necessário que o sujeito saiba da intenção suicida ou de automutilação da vítima. Assim, se ele fornece um revólver ou veneno, sabendo que a vítima irá utilizá-los para se matar, responde por auxílio a suicídio. Igualmente, se a pessoa diz querer pular de um prédio e o agente entrega as chaves de seu apartamento para que ela pule do edifício, responde pelo crime.

Apesar de a doutrina denominar essa modalidade de "participação **material**", nada obsta a que o auxílio seja verbal. Com efeito, se a própria vítima já se convenceu de que deve cometer suicídio, sem que tenha havido interferência do agente no sentido de induzi-la ou instigá-la, e pede orientações a ele a respeito de que tipo de veneno deve ser ingerido ou onde é possível comprá-lo, e ele presta as informações, ciente das intenções da vítima, incorre no crime em análise, na forma de auxílio.

É mundialmente conhecido o caso do médico Jack Kevorkian, celebrizado com a alcunha de "Dr. Morte", que realizava nos Estados Unidos o suicídio assistido e, por essa razão, teve sua licença médica cassada e acabou na prisão por algum tempo. Desenvolveu ele um artefato de auxílio a suicídio com o qual a própria vítima dava início a um procedimento, em que inicialmente era inoculado sonífero em seu organismo e, em seguida, substâncias mortais. No Brasil essa conduta, inegavelmente, configuraria auxílio a suicídio.

De notar-se, outrossim, que o reconhecimento do auxílio ao suicídio pressupõe que a colaboração do agente seja secundária em relação ao evento morte e nunca sua causa direta. Com efeito, se alguém quer morrer, mas não tem coragem de realizar um ato suicida, e pede a outrem que a mate com um tiro e o agente efetivamente aperta o gatilho, este responde por homicídio.

O suicídio só está presente quando o ato executório é realizado pela própria vítima. Matar alguém com autorização desta não constitui suicídio. O agente responde por homicídio, porque a autorização da vítima não afasta a tipicidade da conduta, uma vez que esse consentimento não é válido por ser a vida um bem indisponível. Resta a possibilidade do reconhecimento do privilégio do relevante valor moral, por se tratar de hipótese que merece tratamento similar ao da eutanásia.

- **Auxílio por omissão**

Uma das maiores polêmicas que envolvem o crime de participação em suicídio gira em torno da possibilidade de ser o auxílio prestado por omissão.

O entendimento que atualmente prevalece é no sentido positivo, porém, apenas nas hipóteses em que o agente tem o dever jurídico de evitar o resultado (suicídio ou automutilação) e, intencionalmente, não o faz. Essa orientação baseia-se no art. 13, § 2º, do Código Penal, que adota a **teoria da equivalência dos antecedentes causais** e estabelece que responde pelo resultado quem tem o dever jurídico de evitá-lo e, podendo fazê-lo, se omite. Assim, se um bombeiro é chamado para tentar salvar um homem que está no alto de um prédio bradando que irá pular e simplesmente vai embora sem sequer procurar contato com o suicida, responde pelo crime do art. 122 do Código Penal.

Nélson Hungria, esposando dessa tese, assim se manifestou: "*a prestação de auxílio pode ser comissiva ou omissiva. Neste último caso, o crime só se apresenta quando haja um dever jurídico de impedir o suicídio. Exemplo: (...) o diretor da prisão deliberadamente não impede que o sentenciado morra pela greve de fome; o enfermeiro que, percebendo o desespero do doente e seu propósito de suicídio, não lhe toma a arma ofensiva de que está munido e com que vem, realmente, a matar-se. Já não se apresentará, entretanto o crime, por exemplo, no caso da moça que, não obstante o protesto de suicídio da parte de um jovem sentimental, deixa de responder-lhe à missiva de paz e dá causa, assim, a que o tresloucado se mate. Não há, aqui, o descumprimento de um dever jurídico*".[36] Comungando deste entendimento, podemos também apontar Aníbal Bruno,[37] Cezar Roberto Bitencourt,[38] Fernando Capez,[39] Flávio Monteiro de Barros,[40] Julio Fabbrini Mirabete[41] e Magalhães Noronha.[42]

Os defensores da tese contrária argumentam que o art. 13, § 2º, do Código Penal, excepcionalmente, não se aplica ao crime do art. 122, porque a expressão "prestar auxílio", contida em referido tipo penal, é incompatível com a figura omissiva. De acordo com essa orientação, a palavra "prestar" é sempre indicativa de ação. Para tal corrente, nos exemplos de omissão citados (bombeiro, diretor de presídio, enfermeiro), a punição deve dar-se pelo crime de omissão de socorro agravado pelo resultado morte (art. 135, parágrafo único, do CP). Nesse sentido o posicionamento de Celso Delmanto,[43] Damásio de Jesus[44] e Heleno Cláudio Fragoso.[45] Se adotada esta interpretação, deverá também ser aplicada ao bombeiro a agravante genérica do art. 61, II, *g* — crime cometido com violação de dever funcional.

Em relação a pessoas que não têm o dever jurídico de evitar o resultado, não se cogita do crime do art. 122 por omissão.

- **Crime de ação múltipla**

Tal como ocorre no crime em análise, existem vários delitos previstos no Código Penal, e em leis especiais, em que são descritos vários verbos (núcleos) separados pela partícula "ou". Como exemplos, podemos mencionar os crimes de receptação (art. 180 do CP), tráfico de drogas (art. 33 da Lei n. 11.343/2006) e porte ilegal de arma de fogo (art. 14 da Lei n. 10.826/2003). Nessa modalidade de infração penal, basta a realização de uma das condutas típicas para que o fato seja considerado criminoso. É importante salientar, contudo, que a realização de mais de uma das ações previstas no tipo penal constitui crime único, desde que voltadas à mesma vítima. Desse modo, se o agente primeiro convence uma pessoa a se matar (induzimento) e depois fornece veneno para ela ingeri-lo (auxílio), responde por um só crime, sendo que a pluralidade de condutas deve ser considerada pelo juiz na fixação da pena-base.

36 Nélson Hungria, *Comentários ao Código Penal*, v. V, p. 232/233.
37 Aníbal Bruno, *Crimes contra a pessoa*, p. 140.
38 Cezar Roberto Bitencourt, *Tratado de direito penal*, v. 2, p. 106.
39 Fernando Capez, *Curso de direito penal*, v. 2, p. 88.
40 Flávio Augusto Monteiro de Barros, *Crimes contra a pessoa*, p. 48.
41 Julio Fabbrini Mirabete, *Manual de direito penal*, v. 2, p. 85.
42 Magalhães Noronha, *Direito penal*, v. 2, p. 44.
43 Celso Delmanto, *Código Penal comentado*, p. 232.
44 Damásio de Jesus, *Direito penal*, v. 2, p. 98.
45 Heleno Cláudio Fragoso, *Lições de direito penal*. Parte especial, v. I, p. 102.

Além da denominação já mencionada, essa modalidade de delito também é conhecida como crime de **conteúdo variado** ou crime com **tipo misto alternativo**.

- **Momento da ação delituosa**

A configuração do crime de participação em suicídio pressupõe que a conduta do agente — induzimento, instigação ou auxílio — tenha ocorrido antes do ato suicida. Assim, quando alguém, sem qualquer colaboração ou incentivo de outrem, comete o ato suicida (corta os pulsos, por exemplo) e, em seguida, arrepende-se e pede a um vizinho para ser socorrido, e não é atendido, ocorre crime de omissão de socorro. Por sua vez, comete homicídio doloso quem pratica uma ação para intencionalmente impedir o socorro solicitado pelo suicida arrependido. Ex.: o suicida telefona para o socorro médico, mas o vizinho, querendo que sobrevenha o resultado morte da vítima, leva-a para local diverso daquele em que o socorro fora pedido.

- **Excludente de ilicitude**

Estabelece o art. 146, § 3º, do Código Penal, que não constitui crime de constrangimento ilegal a coação exercida para impedir suicídio. Assim, não há crime em forçar alguém que está em greve de fome, correndo risco de vida, a se alimentar; ou em efetuar transfusão de sangue em pessoa que se recusa a receber sangue alheio; ou em amarrar alguém para que não tome um veneno etc. De forma análoga, não constitui constrangimento ilegal a coação para impedir a automutilação.

Quando a pessoa tem o dever jurídico de tentar evitar a morte, como nos casos médicos mencionados, existe divergência em torno de sua responsabilização penal em caso de omissão — auxílio ao suicídio por omissão ou crime de omissão de socorro agravado pelo evento morte. A respeito do assunto ver tópico "*auxílio por omissão*".

■ *1.1.2.4. Sujeito ativo*

Qualquer pessoa. Trata-se de crime **comum**.

■ *1.1.2.5. Sujeito passivo*

Qualquer pessoa.

Conforme veremos a seguir, se a vítima for menor de 14 anos, se não puder entender o caráter do ato (suicídio ou automutilação) em razão de enfermidade ou deficiência mental, ou se, por qualquer outra causa, não puder oferecer resistência, e houver como consequência a efetiva morte ou lesões corporais gravíssimas, o agente responderá por crime de outra natureza (homicídio ou lesão corporal gravíssima).

■ *1.1.2.6. Consumação, tentativa e figuras qualificadas*

Se o agente realiza o ato de induzimento, instigação ou auxílio visando ao ato suicida, mas a vítima não o realiza ou o realiza e não sofre lesão ou sofre apenas lesão leve, configura-se o crime do *caput* do art. 122, cuja pena é de detenção, de 6 meses a 2 anos. Igualmente configura-se a modalidade simples do delito se o agente realiza ato de induzimento, instigação ou auxílio à **automutilação**, mas a vítima não o faz ou sofre apenas lesão corporal de natureza leve.

Se, em consequência do induzimento, instigação ou auxílio à automutilação ou ao suicídio, a vítima sofrer lesão corporal grave ou gravíssima, o delito considera-se **qualificado**, sendo a pena de reclusão, de 1 a 3 anos, nos termos do art. 122, § 1º.

Ademais, se, em consequência do induzimento, instigação ou auxílio à automutilação ou ao suicídio, a vítima morrer, o delito será também qualificado, sendo a pena de reclusão, de 2 a 6 anos, nos termos do art. 122, § 2º. Se o agente pretendia efetivamente incentivar um ato suicida, o resultado agravador do crime qualificado é doloso. Se o agente pretendia incentivar exclusivamente um ato de automutilação e a vítima acabou falecendo em decorrência disso, o crime qualificado é preterdoloso (dolo no antecedente e culpa quanto ao resultado agravador).

Na redação originária do art. 122 do Código Penal (anterior à Lei n. 13.968, de 26 de dezembro de 2019), o texto legal tratava apenas de participação em suicídio (não abrangia a participação em automutilação) e somente permitia a punição do agente nas hipóteses em que a vítima sofresse lesão grave ou morresse. Na primeira hipótese, a pena era de reclusão, de um a três anos, e, na segunda, reclusão de dois a seis.

A própria lei, portanto, excluía a possibilidade de punição daquele que realizasse ato de induzimento, instigação ou auxílio quando a vítima não praticasse o ato suicida, ou quando o praticasse mas sofresse apenas lesões leves, já que, para esses casos, não havia pena. A própria Exposição de Motivos do Código Penal dizia que o crime seria punível, ainda que se frustrasse o suicídio, desde que resultasse lesão grave ao que tentou se matar, deixando clara a finalidade legislativa de deixar de punir as demais hipóteses. As conclusões decorrentes eram as seguintes: a) o crime considerava-se **consumado** até mesmo quando a vítima sofresse lesão grave, já que para esse caso existia pena própria e autônoma, estabelecida na Parte Especial do Código Penal, o que tornava desnecessária a combinação com o seu art. 14, II, que trata do instituto da tentativa. Assim, embora a intenção do agente fosse a morte da vítima por meio do suicídio, o crime não se considerava tentado no caso de ela sofrer lesão grave. Tratava-se de crime consumado, porém, com pena menor do que a que seria aplicada em caso de morte; b) o crime era considerado consumado no momento da lesão grave ou morte; c) a **tentativa**, que teoricamente seria possível, **não existia** porque a lei considerava o delito consumado nas hipóteses em que a vítima morria ou sofria lesão grave e, intencionalmente, tratava o fato como atípico nas situações em que não ocorria o ato suicida, ou quando ele ocorria, mas a vítima não sofria qualquer lesão ou apenas lesão leve.

Com o advento da Lei n. 13.968, de 26 de dezembro de 2019, a situação se modificou. Haverá punição — na figura simples — com mero ato de induzimento, instigação ou auxílio, ou seja, ainda que a vítima não realize o ato suicida ou a automutilação, ou ainda que o realize, mas sofra somente lesões leves. Trata-se, pois, de crime **formal**, que se consuma com a conduta do agente (não mais exigindo a conduta da vítima e o resultado gravoso). Se o agente fornece um revólver para a vítima se matar, mas ela não realiza o ato suicida, temos crime consumado. Caso, todavia, a vítima sofra lesão grave ou morra, não haverá mero exaurimento do crime, mas sim o surgimento das qualificadoras dos §§ 1º e 2º.

O delito, portanto, passou a admitir a tentativa. Exs.: a mensagem de texto enviada que não chega ao destinatário; o veneno encaminhado à vítima para cometer o suicídio não chega até ela.

- **Roleta-russa em grupo**

Quando duas ou mais pessoas fazem roleta-russa em grupo, estimulando-se mutuamente a apertar o gatilho de uma arma voltada contra o próprio corpo, os sobreviventes respondem pelo crime de participação em suicídio.

- **Pacto de morte**

Se duas pessoas fazem um pacto no sentido de cometerem suicídio no mesmo momento e uma delas se mata, mas a outra desiste, a sobrevivente responde pelo crime do art. 122. Assim, se os dois correm em direção a um precipício, um pula e o outro não, este responde pelo delito em análise, ainda que se prove que ele enganou a vítima porque nunca pretendeu se matar. Com efeito, tendo a vítima, conscientemente, realizado um ato suicida, não há como acusar o outro por homicídio.

A mesma solução deverá ser aplicada se ambas realizarem o ato suicida, mas uma delas sobreviver.

Caso ambas sobrevivam, mas uma sofra lesão grave, e a outra lesão leve, teremos as seguintes soluções: a) quem sofreu lesão leve responde pelo crime qualificado do § 1º por ter estimulado ato suicida que gerou lesão grave; b) a pessoa que sofreu a lesão grave responde pelo crime simples por ter estimulado alguém a realizar ato suicida com resultado lesão leve.

- **Pacto de morte em que um dos envolvidos fica incumbido de matar a outra pessoa e depois se matar**

Suponha-se que duas pessoas concordem em morrer na mesma oportunidade e fica decidido que A irá atirar em B e depois em si mesma. Em tal hipótese, se apenas B sobrevive, este responde por participação em suicídio. Se o resultado for o inverso (morte de B), a sobrevivente (A), autora dos disparos, responde por homicídio. Caso, ainda, ambas sobrevivam, A responderá por tentativa de homicídio e B pelo crime do art. 122, em sua forma simples se A tiver sofrido lesão leve, ou qualificada se tiver sofrido lesão grave.

■ *1.1.2.7. Elemento subjetivo*

É o **dolo**, direto ou eventual, no sentido de a vítima cometer suicídio ou se automutilar. **Não existe modalidade culposa** por opção do legislador.

Considera-se ter havido dolo direto quando evidenciado que o agente queria mesmo que a vítima morresse mediante suicídio. Já o dolo eventual se mostra presente quando o sujeito, com sua conduta, assume o risco de estimular um ato suicida. É o que ocorre quando alguém incentiva outra pessoa a fazer roleta-russa, mirando a arma contra a própria cabeça. Não se sabe se a vítima irá realmente morrer, porque só há um projétil no tambor do revólver, porém é evidente a possibilidade de o evento ocorrer, de modo que o incentivador do ato responde pelo crime. A doutrina cita também como exemplo o do carcereiro que não toma qualquer providência em relação a um preso que está fazendo greve de fome (hipótese que pressupõe a aceitação da tese de que o auxílio ao suicídio pode se dar por omissão).

É necessário, ainda, que haja dolo em relação ao suicídio ou automutilação de pessoa ou pessoas **determinadas**. Nesse sentido, o dizer de Julio Fabbrini Mirabete: "*a conduta deve ter como destinatário uma ou várias pessoas certas, não ocorrendo o delito quando se trata de induções ou instigações de caráter geral e indeterminado. Não há crime quando, por exemplo, um autor de obra literária leva leitores ao suicídio, pela influência das ideias de suas personagens, como ocorreu após a publicação de* Werther, *de Goethe, e* René, *de Chateaubriand. Na mesma situação, encontra-se recente obra em que se expõem os vários métodos para a eliminação da própria vida*".[46] Em outras palavras, não se pode punir autores de livros ou músicas que falem em suicídio, e que, eventualmente, levem um desconhecido a cometê-lo, com o argumento de que não há dolo em relação ao suicídio daquela pessoa desconhecida. Se fosse possível, aliás, a punição, também teriam que responder pelo delito os editores dos livros e os responsáveis pela gravadora. Há alguns anos um norte-americano se matou ouvindo a música *Suicide Solution*, de Ozzy Osbourne. Nos Estados Unidos, o músico foi absolvido da acusação de induzimento ao suicídio. No Brasil, a solução seria a mesma, conforme já explicado.

O famoso caso do líder espiritual Jim Jones, ao contrário, seria passível de punição. Com efeito, tal pessoa organizou uma colônia nas selvas das Guianas para a qual se dirigiu com centenas de seus seguidores, a maioria proveniente dos Estados Unidos. Após algum tempo, um congressista americano, acompanhado de três jornalistas, foi visitar a colônia para verificar denúncias de que no local havia trabalho escravo e outros tipos de abuso. Feita a constatação, o congressista e os jornalistas foram mortos a tiros quando deixavam o acampamento. Em seguida, Jim Jones misturou cianureto em um suco e convenceu seus seguidores a tomarem o líquido, cientificando-os do que iria acontecer. Ao todo morreram 913 pessoas que ingeriram o suco envenenado. Na hipótese ele agiu de forma dolosa quanto ao suicídio de pessoas determinadas. Seus atos foram de induzimento e auxílio. É de lembrar que Jim Jones não ingeriu o líquido com o veneno, mas morreu logo em seguida com disparo de arma de fogo na cabeça.

Deve-se salientar, ainda, que o reconhecimento do dolo no crime em tela pressupõe a existência de **seriedade** na conduta do agente. Com efeito, quem, por brincadeira, em conversa informal, sugere que um amigo se mate, e este realmente pratica suicídio alguns dias depois, não responde pelo crime. No máximo teria ele agido de forma culposa, figura que não é passível de punição por ausência de previsão legal. Não há como se cogitar de homicídio culposo porque a vítima não foi morta, e sim cometeu suicídio de forma consciente e voluntária.

46 Julio Fabbrini Mirabete, *Manual de direito penal,* v. 2, p. 83.

Nesse contexto é salutar fazer a seguinte distinção: se alguém, negligentemente, deixa um frasco de veneno sobre uma mesa e este é alcançado por uma criança que o ingere e morre, não há falar na existência de suicídio, pois a criança não sabia o que estava fazendo. Em tal caso, quem deixou a substância no local responde por homicídio culposo. Ao contrário, se ele deixasse o veneno no mesmo local e um adulto o encontrasse e cometesse, conscientemente, suicídio, o fato seria atípico, por tratar-se de colaboração culposa para suicídio, que não é prevista como delito. Em suma, a presença dos requisitos configuradores de um suicídio afasta a possibilidade em torno do crime de homicídio, devendo o agente responder por participação em suicídio se atuou com dolo direto ou eventual, ou devendo ser reconhecida a atipicidade da conduta se tiver agido com culpa em relação ao resultado.

Já houve dezenas de casos em que alguém procurou o ex-namorado(a), companheiro(a) ou cônjuge e ameaçou praticar suicídio caso não fosse reatado o relacionamento. O outro, então, se negou a reatar, e o suicídio se concretizou. O fato é atípico porque a recusa em reatar relacionamento não se enquadra nas condutas típicas (induzir, instigar ou auxiliar).

1.1.2.8. Classificação doutrinária

CLASSIFICAÇÃO DOUTRINÁRIA				
Simples e de dano quanto à objetividade jurídica	Comum e de concurso eventual quanto ao sujeito ativo	De ação livre e múltipla, comissivo (e omissivo para alguns) quanto aos meios de execução	Formal e instantâneo quanto ao momento consumativo	Doloso quanto ao elemento subjetivo

1.1.2.9. Causas de aumento de pena

> **Art. 122,** § 3º — A pena é duplicada:
> I — se o crime é praticado por motivo egoístico, torpe ou fútil.
> II — se a vítima é menor ou tem diminuída, por qualquer causa, a capacidade de resistência.
> § 4º — A pena é aumentada até o dobro se a conduta é realizada por meio da rede de computadores, de rede social ou transmitida em tempo real.
> § 5º —Aumenta-se a pena em metade se o agente é líder ou coordenador de grupo ou de rede social.

Após o advento da Lei n. 13.968/2019, o crime de participação em suicídio ou automutilação passou a ter diversas causas especiais de aumento de pena em seus §§ 3º a 5º. Lembre-se, contudo, da regra do art. 68, par. único, do Código Penal, segundo a qual, se o juiz reconhecer mais de uma causa de aumento de pena da Parte Especial do Código Penal, poderá se limitar a um só aumento, desde que aplique o maior.

- **Motivo egoístico, fútil ou torpe (art. 122, § 3º, I)**

Em tais hipóteses, a pena é aplicada em dobro.

Motivo **egoístico** mostra-se presente quando a intenção do agente ao estimular o suicídio da vítima é auferir algum tipo de vantagem em decorrência da morte daquela. Ex.: induzir o próprio pai a se matar para ficar com seu dinheiro; auxiliar o chefe a cometer suicídio para ficar com seu posto na empresa etc.

Motivo **fútil** é o motivo de somenos importância. Ex.: estimular alguém a se matar em razão de uma desavença de pouca relevância.

Motivo **torpe** é o vil, o repugnante. Ex.: incentivar um suicídio ou automutilação por ter inveja do sucesso ou da beleza da vítima.

- **Vítima menor ou que tem diminuída, por qualquer causa, a capacidade de resistência (art. 122, § 3º, II)**

O dispositivo refere-se à pessoa menor de 18 anos, por entender o legislador que, em tal faixa etária, as pessoas são mais suscetíveis de serem levadas ao suicídio ou à automutilação. Se a vítima tem **menos de 18 e mais de 14 anos**, a pena será duplicada. A pena a ser duplicada depende do resultado advindo (nenhuma lesão, lesão leve, lesão grave ou morte — *caput*, § 1º ou § 2º).

A expressão "capacidade de resistência diminuída" foi empregada para se referir à pessoa que está fragilizada e, portanto, mais suscetível de ser convencida a cometer o suicídio. Ex.: pessoa em crise de depressão; que sofreu grave abalo financeiro ou amoroso; que está embriagada; que possui leve perturbação mental etc.

Após o advento da Lei n. 13.968/2019, é necessário fazer algumas distinções:

a) se a vítima é menor de **14 anos** ou se, por enfermidade ou deficiência mental, não tem o necessário discernimento para a prática do ato, ou se, por qualquer outra causa, não pode oferecer resistência, mas **não sofre lesão ou sofre apenas lesão leve ou grave**, aplica-se a pena do *caput* ou do § 1º, com a majorante em análise.

b) se a vítima é menor de 14 anos ou se, por enfermidade ou deficiência mental, não tem o necessário discernimento para a prática do ato, ou se, por qualquer outra causa, não pode oferecer resistência, e sofre **lesão gravíssima**, o agente **responde pelo** crime do art. 129, § 2º, do CP — crime de **lesão corporal gravíssima**, cuja pena é de 2 a 8 anos de reclusão. É o que diz expressamente o art. 122, § 6º, do Código Penal, com a redação dada pela Lei n. 13.968/2019. Temos aqui um erro do legislador, pois se o agente queria o **suicídio** da vítima e ela sofreu lesão gravíssima, seu dolo deveria levar à responsabilização por tentativa de homicídio, já que a vítima, em razão da idade ou do problema mental, não tinha condições de entender seu ato. Ao estabelecer que o agente responde pelo crime de lesão corporal gravíssima do art. 129, § 2º, do CP, o legislador, além de estabelecer pena menor em relação à tentativa de homicídio, teria excluído o crime da competência do Tribunal do Júri. A hipótese desse § 6º do art. 122 deveria ser aplicável somente em casos em que o agente estimulou a automutilação, ou seja, quando o dolo não era direcionado à morte da vítima.

c) se a vítima é menor de 14 anos ou se, por enfermidade ou deficiência mental, não tem o necessário discernimento para a prática do ato, ou se, por qualquer outra causa, não pode oferecer resistência, e **morre**, o agente responde pelo crime de homicídio, na forma do art. 121 do Código Penal. É o que diz o art. 122, § 7º, do Código Penal. É evidente que, se tiver havido motivação fútil ou torpe, o homicídio será qualificado. Ao homicídio não será aplicada a majorante do art. 121, § 4º, do Código Penal — vítima menor de 14 anos — pois haveria, nesse caso, *bis in idem* — idade inferior a 14 anos tendo duas consequências.

- **Conduta realizada por meio da rede de computadores, de rede social ou transmitida em tempo real (art. 122, § 4º)**

A pena nesses casos pode ser aumentada em **até** o dobro. O Juiz, portanto, pode aplicar índice inferior ao máximo. São os crimes cometidos pela *internet*, ou por redes sociais como *instagram*, *twitter*, *facebook* etc. Exs.: o jogo conhecido como "baleia azul" nas redes sociais, mensagens estimulando a automutilação enviadas pelo *whatsapp* etc.

- **Agente líder ou coordenador de grupo ou de rede social (art. 122, § 5º)**

A pena nesses casos é aumentada em metade. O legislador demonstra aqui falta de técnica. Com efeito, se o agente é líder ou coordenador de rede social sua pena já é aumentada em razão da regra do § 4º, não podendo ser novamente elevada, nos termos do art. 68, par. único, do Código Penal, que diz que o juiz se limita a um aumento quando reconhece duas majorantes da Parte Especial do Código Penal.

■ *1.1.2.10. Ação penal*

Pública incondicionada.

Em nosso entendimento, a competência será do Tribunal do Júri apenas em caso de enquadramento em crime de participação em **suicídio**, em que há dolo em relação ao evento morte, tratando-se, pois, de efetivo crime doloso contra a vida, conforme exige o art. 5º, XXXVIII, *d*, da Constituição Federal.

O crime de participação em automutilação, embora inserido neste Capítulo, não é realmente um crime contra a vida, devendo ser julgado pelo juízo singular. Com efeito, quando uma pessoa agride outra e comete crime de lesão corporal (art. 129), a competência é do juízo singular por não se tratar de crime doloso contra a vida. Logo, quando alguém estimula outrem a se autolesionar, a competência igualmente deve ser do juízo singular, pois o bem jurídico afetado é a integridade física e não a vida.

■ 1.1.3. Infanticídio

> **Art. 123.** Matar, sob a influência do estado puerperal, o próprio filho, durante o parto ou logo após:
> Pena — detenção, de dois a seis anos.

■ *1.1.3.1. Objetividade jurídica*

A preservação da vida humana.

■ *1.1.3.2. Estado puerperal*

O fenômeno do parto, em razão da intensa dor que provoca, da perda de sangue, do esforço necessário, dentre outros fatores decorrentes da grande alteração hormonal por que passa o organismo feminino, pode levar a mãe a um breve período de alteração psíquica que acarrete forte rejeição àquele que está nascendo ou recém-nascido, visto como responsável por todo aquele sofrimento. Se, em razão dessa perturbação, a mãe matar o próprio filho, incorrerá no crime de infanticídio, em que a pena a ser aplicada é muito mais branda do que a de um homicídio. É que, apesar de a vítima ser pessoa totalmente indefesa, está cientificamente demonstrado que a autora do crime encontrava-se em condição diferenciada, com sua capacidade de entendimento diminuída.

Trata-se de crime **sui generis** porque a perturbação psíquica decorrente do estado puerperal reduz apenas **temporariamente** a capacidade de discernimento da mãe, não se enquadrando no conceito de semi-imputabilidade — já que não se trata de perturbação mental crônica, e sim de um estado breve, transitório. Diante da excepcionalidade do quadro, o legislador resolveu cuidar do assunto como crime autônomo, com denominação própria — e não como figura privilegiada do homicídio ou como hipótese de semi-imputabilidade.

Estado puerperal é o conjunto de alterações físicas e psíquicas que ocorrem no organismo da mulher em razão do fenômeno do parto. Toda mulher que está em trabalho de parto encontra-se em estado puerperal. O tipo penal, contudo, exige, para a configuração do infanticídio, que a mãe mate *sob a influência* do puerpério, isto é, que as alterações ocorridas em seu organismo a tenham levado a um sentimento de rejeição ao filho.

Questiona-se, na prática, **se essa perturbação psíquica é presumida ou se deve ser provada**. Em nosso entendimento, por se tratar de elementar do crime, deve ser provada, o que se faz por meio de perícia médica. Os médicos devem apreciar os sintomas exteriorizados pela mãe, os motivos por ela apresentados para a conduta, os meios empregados e outros fatores relevantes. Se concluírem que existiu a perturbação, haverá infanticídio, mas, se atestarem que ela não ocorreu, estará tipificado o homicídio.

A própria Exposição de Motivos do Código Penal menciona que *"o infanticídio é considerado um* delictum exceptum *quando praticado pela parturiente sob a influência do estado puerperal. Esta cláusula, como é óbvio, não quer significar que o puerpério acarrete sempre uma perturbação psíquica: é preciso que fique averiguado ter esta realmente sobrevindo em consequência daquele, de modo a diminuir a capacidade de entendimento ou de autoinibição da parturiente. Fora daí, não há por que distinguir entre infanticídio e homicídio*". Desse trecho resta evidente que não se pode simplesmente presumir a alteração psíquica, dispensando-se a perícia médica. Ao contrário, esta deve ser sempre determinada quando a mãe matar o próprio filho durante o parto ou logo após, sem prejuízo da obtenção de outras provas consideradas importantes. Com efeito, não se pode dispensar a formalização de depoimentos de testemunhas que, por exemplo, aleguem ter ouvido a mulher, durante toda a gestação, dizer que iria matar o filho tão logo ele nascesse — fato plenamente indicativo do crime de homicídio.

A existência desse tipo de depoimento, contudo, é extremamente rara, de modo que a prova conclusiva geralmente é a perícia médica, conforme já mencionado. Não obstante, considerando que é comum o decurso de tempo razoável entre o fato e o exame pericial, é possível que os médicos fiquem em dúvida e apresentem laudo inconclusivo. Nesse caso, é necessário presumir a existência da alteração psíquica, pois, caso contrário, a mulher seria responsabilizada por homicídio, e, em casos de dúvida, a solução deve ser a mais benéfica para a acusada, que, na hipótese, é o reconhecimento do infanticídio.

Em suma, o fato de a morte ter sido decorrente de alteração psíquica decorrente do estado puerperal deve ser investigada e, se possível, provada. Se o laudo resultar positivo, a mulher responde por infanticídio e, se resultar negativo, por homicídio. Se, entretanto, o laudo for inconclusivo, deve-se presumir que a morte se deu por influência do estado puerperal, responsabilizando-se a ré por infanticídio.

Veja-se o seguinte julgado que confirma as assertivas acima: "*a decisão dos jurados reconhecendo ter a ré matado o próprio filho sob a influência do estado puerperal se revela manifestamente contrária à prova dos autos, se o exame médico legal precedido na mesma negou qualquer perturbação psíquica decorrente do puerpério*" (TJSP — Rel. Martiniano de Azevedo — *RT* 377/111).

Está cientificamente demonstrado que o estado puerperal que leva ao reconhecimento do infanticídio apenas reduz a capacidade de entendimento da mulher e é de duração breve. Não se confunde com a chamada **psicose puerperal**, consideravelmente mais rara, em que a mulher perde por completo a capacidade de entendimento e autodeterminação, sendo, em tal caso, tratada como inimputável.

Existe, ainda, a chamada **depressão pós-parto**, quadro de perturbação psíquica que pode se estender por vários meses e que não tem o parto como única fonte desencadeadora. Se a mãe, por exemplo, mata o filho após dois anos de seu nascimento e é diagnosticada a depressão pós-parto, não será possível o reconhecimento do infanticídio. Caso, todavia, se constate que a depressão levou a uma situação de semi-imputabilidade em razão da perturbação da saúde mental, a pena do homicídio poderá ser reduzida de um a dois terços (art. 26, parágrafo único, do CP), sendo ainda cabível a substituição da pena privativa de liberdade por medida de segurança — para tratamento do quadro depressivo crônico (art. 98 do CP).

■ 1.1.3.3. *Elemento temporal*

O crime de infanticídio pode ser praticado no momento em que o filho está nascendo (passando pelo canal vaginal, por exemplo) ou logo após o nascimento. A morte do feto, antes do início do trabalho de parto, constitui crime de autoaborto.

O parto se inicia com a dilatação do colo do útero e finda com a expulsão do feto (nascimento).

Como a duração das alterações no organismo feminino podem variar de uma mulher para outra, acabou pacificando-se o entendimento de que a expressão "logo após o parto" estará presente enquanto durar o estado puerperal de cada mãe em cada caso concreto. Está, entretanto, demonstrado que essas alterações duram no máximo alguns dias, daí por que foi sábia a decisão do legislador em permitir o reconhecimento do infanticídio somente quando o crime acontecer **logo depois** do nascimento. Não se estipulou um prazo certo, mas fixou-se um parâmetro para os juízes e os jurados.

A circunstância **temporal** — durante o parto ou logo após — constitui elemento **normativo** do tipo do infanticídio.

As ocorrências de infanticídio têm reduzido na medida em que a maioria dos partos deixou de ser realizado em residências, passando a ocorrer em hospitais e maternidades, com acompanhamento profissional antes e após o parto.

■ *1.1.3.4. Meios de execução*

Trata-se de crime de **ação livre**, que admite qualquer meio executório capaz de gerar a morte. Os casos mais mencionados na jurisprudência são de sufocação (colocar o recém-nascido em saco plástico) e fratura de crânio. O delito pode também ser cometido por **omissão**, como no caso de mãe que, dolosamente, não amamenta e não alimenta de qualquer outro modo o recém-nascido, ou quando dá à luz sozinha e, intencionalmente, não efetua a ligadura do cordão umbilical fazendo com que o bebê morra por hemorragia.

Ao contrário do que ocorre com o homicídio, a adoção de meio executório mais gravoso não torna o delito qualificado pela asfixia, veneno, fogo etc. Poderá, entretanto, ser aplicada agravante genérica do art. 61, II, *d*, do CP, exceto no caso de asfixia, que não está elencada nesse dispositivo.

■ *1.1.3.5. Sujeito ativo*

Como o tipo penal exige que o crime seja cometido pela própria mãe da vítima, em decorrência do estado puerperal, fica fácil estabelecer que se trata de crime **próprio**, que, de forma imediata, não pode ser praticado por qualquer pessoa, mas só por aquelas que preencham os requisitos mencionados no texto legal.

- **Possibilidade de coautoria e participação.**

Este, em verdade, é um dos temas mais importantes no estudo do crime de infanticídio. Com efeito, embora se trate de crime próprio, que, de forma direta, é cometido pela mãe, a doutrina atual é quase unânime em asseverar que tal delito admite tanto a coautoria quanto a participação. Essa conclusão deve-se, basicamente, ao que dispõe o **art. 30 do CP**: não se comunicam as circunstâncias e condições de caráter pessoal, **salvo quando elementares do crime**. Por esse dispositivo, verifica-se que as elementares de caráter pessoal, obrigatoriamente, comunicam-se aos comparsas que não possuam a mesma condição. Ora, o estado puerperal e a condição de mãe da vítima são elementares do infanticídio e, evidentemente, de caráter pessoal. Por isso, estendem-se àqueles que tenham tomado parte no crime.

Para que a comunicação ocorra, é necessário que estejam presentes todas as elementares do crime em relação à mãe, pois, apenas se caracterizado o infanticídio para ela é que a tipificação poderá se comunicar aos comparsas. Para tanto, exige-se que a mãe tenha realizado algum ato executório no sentido de matar o próprio filho. Assim, caso alguma outra pessoa tenha também tomado parte no ato executório, isto é, se a mãe e o terceiro matarem o recém-nascido, serão considerados **coautores** do crime.

Se apenas a mãe cometer ato executório, tendo sido estimulada a fazê-lo por terceiro, este será **partícipe** no infanticídio.

A incidência da regra do art. 30 do Código Penal nesses casos acaba sendo injusta — principalmente no caso da coautoria — porque possibilita pena mais branda à pessoa que não se encontra em perturbação decorrente do estado puerperal. Sua aplicação, entretanto, é obrigatória, na medida em que se encontra prevista na Parte Geral do Código, e o dispositivo que tipifica o infanticídio (art. 123) não contém qualquer menção em sentido contrário.

Na grande maioria das vezes, a regra do art. 30 do Código Penal tem por consequência a exasperação da pena para aquele que não se reveste da condição pessoal. Veja-se, por exemplo, o caso do funcionário público que, contando com a ajuda de um particular, solicita dinheiro a alguém, hipótese em que os dois respondem por corrupção passiva, já que a condição de funcionário público, por ser elementar de tal crime, estende-se aos quem tenham colaborado para o delito. No infanticídio ocorre a mesma coisa, contudo a consequência é invertida, tendo o condão de beneficiar o terceiro.

No mesmo sentido a opinião de Damásio de Jesus,[47] Fernando Capez,[48] Celso Delmanto,[49] Julio Fabbrini Mirabete[50] e Cezar Roberto Bitencourt.[51]

Nélson Hungria, por muitos anos, foi defensor da tese de que o estado puerperal é condição personalíssima — e não meramente pessoal — e, com esse argumento, sustentava que o terceiro que tomasse parte no crime deveria ser responsabilizado sempre por homicídio. O próprio Nélson Hungria, entretanto, na última edição de sua obra — *Comentários ao Código Penal* — mudou de opinião e passou a seguir a orientação majoritária.

Heleno Cláudio Fragoso, por sua vez, manteve seu entendimento de que o estado puerperal é incomunicável.[52]

- **Ato executório realizado somente por terceiro, contando com incentivo verbal da mãe da vítima**

Quando uma pessoa mata o recém-nascido e a mãe apenas estimula essa conduta, não se mostram presentes as elementares do crime de infanticídio porque a mãe não realizou a conduta típica de matar e o terceiro não estava sob influência do estado puerperal. Como foi outra pessoa quem realizou a conduta típica, o crime dela é o de homicídio e a mãe é partícipe desse crime. Entretanto, apesar de essa conclusão ser tecnicamente a correta, a doutrina, em uníssono, não a aceita, porque a mãe estaria sendo punida mais gravemente, embora tivesse praticado conduta mais branda — se ela, pessoalmente, matasse a criança responderia por infanticídio. Para sanar

[47] Damásio de Jesus, *Direito penal,* v. 2, p. 112/113.

[48] Fernando Capez, *Curso de direito penal,* v. 2, p. 106/107.

[49] Celso Delmanto, *Código Penal comentado,* p. 233.

[50] Julio Fabbrini Mirabete, *Manual de direito penal,* v. 2, p. 90.

[51] Cezar Roberto Bitencourt, *Tratado de direito penal,* v. 2, p. 127/128.

[52] Heleno Cláudio Fragoso, *Lições de direito penal.* Parte especial, v. I, p. 78.

essa distorção, defende-se que, nesse caso, excepcionalmente, deve-se abrir exceção à teoria monista, respondendo o terceiro por homicídio e a mãe por infanticídio, com o argumento de que ela estava em estado puerperal (incomunicável nessa hipótese por ser ela partícipe e não autora do delito).

1.1.3.6. *Sujeito passivo*

É o **filho** que está **nascendo** ou **recém-nascido**. Se a mãe, mesmo estando sob influência do estado puerperal, e, logo após o parto, mata algum outro filho, que não o nascente ou recém-nascido, incide no crime de **homicídio**.

Se a mãe quer matar o próprio filho, mas, por erro, o confunde com outro bebê no berçário da maternidade, responde por infanticídio, porque o art. 20, § 3º, do Código Penal, ao tratar do instituto do **"erro sobre a pessoa"**, determina que o agente seja responsabilizado como se tivesse matado a pessoa que pretendia.

No art. 61, II, *e* e *h*, do Código Penal, existem agravantes genéricas que devem ser aplicadas quando a vítima do crime é descendente ou criança. É evidente, contudo, que tais agravantes não podem ser aplicadas ao infanticídio sob pena de incorrer em *bis in idem*, pois tais circunstâncias já estão contidas no próprio tipo penal.

1.1.3.7. *Consumação*

Tal como ocorre com o homicídio, a consumação se dá no momento da **morte**. Trata-se de crime **material**. Considerando que o crime pode ser cometido durante o parto, não é necessária prova de vida extrauterina, bastando a demonstração de que se tratava de feto vivo.

1.1.3.8. *Tentativa*

É perfeitamente **possível**, pois se trata de crime **plurissubsistente**.

1.1.3.9. *Elemento subjetivo*

É o **dolo**, direto ou eventual. **Não existe modalidade culposa** de infanticídio.

Diverge a doutrina em torno da responsabilização da mãe que, logo após o parto, por algum ato imprudente, cause a morte do filho recém-nascido. A esmagadora maioria entende que ela responde por homicídio culposo. Nesse sentido: Julio Fabbrini Mirabete,[53] Fernando Capez,[54] Nélson Hungria,[55] Cezar Roberto Bitencourt,[56] Magalhães Noronha[57] e Luiz Regis Prado.[58]

Existe, entretanto, entendimento de que o fato deve ser tido como atípico, na medida em que, estando a mãe sob a influência do estado puerperal, não se pode

---

53 Julio Fabbrini Mirabete, *Manual de direito penal,* v. 2, p. 92.

54 Fernando Capez, *Curso de direito penal,* v. 2, p. 104.

55 Nélson Hungria, *Comentários ao Código Penal,* v. V, p. 266.

56 Cezar Roberto Bitencourt, *Tratado de direito penal,* v. 2, p. 125.

57 Magalhães Noronha, *Direito penal,* v. 2, p. 47.

58 Luiz Regis Prado, *Comentários ao Código Penal,* p. 536.

dela exigir os cuidados normais, inerentes a todos os seres humanos. Se o legislador não tipificou a modalidade culposa no crime de infanticídio, conclui-se que não pretendia ver a mãe punida, sendo equivocado classificar o fato como homicídio culposo. É a opinião de Damásio de Jesus[59] e Paulo José da Costa Júnior.[60]

Concordamos com a última tese, embora minoritária. Em nosso entendimento, o legislador deixou de prever a modalidade culposa de infanticídio por razões práticas e não teóricas (ser ou não possível atribuir conduta culposa a quem se encontra em estado puerperal). O aspecto prático a ser ressaltado é que a existência da modalidade culposa seria inócua, de aplicação nula, pois a mãe teria direito ao perdão judicial. Assim, o entendimento da maioria dos autores, no sentido de que a mãe comete homicídio culposo, acaba não tendo consequências concretas no sentido de ser a mãe punida, pois ela, inevitavelmente, receberia o perdão judicial, fazendo com que toda a movimentação da máquina judiciária, com os custos a ela inerentes, fosse sempre inócua. Melhor, portanto, o entendimento de que o fato é atípico, com o argumento de que o legislador não quis a punição da mãe nesse caso.

1.1.3.10. *Classificação doutrinária*

CLASSIFICAÇÃO DOUTRINÁRIA				
■ Simples e de dano quanto à objetividade jurídica	■ Próprio e de concurso eventual quanto ao sujeito ativo	■ De ação livre, comissivo ou omissivo quanto aos meios de execução	■ Material e instantâneo quanto ao momento consumativo	■ Doloso quanto ao elemento subjetivo

Por admitir a coautoria, o infanticídio **não é crime de mão própria**.

1.1.3.11. *Ação penal*

Pública incondicionada, de competência do Júri.

Existe controvérsia em torno da hipótese em que, na votação dos quesitos, os jurados, após reconhecerem a autoria, não aceitam que a acusada tenha agido sob a influência do estado puerperal. Para alguns, ela deve ser condenada imediatamente por homicídio, pois os jurados reconheceram que ela matou o filho e refutaram o estado puerperal. Para outros, deve ser decretada a absolvição, porque os jurados reconheceram crime distinto da pronúncia, porém mais grave. A tese mais aceita é a de que o juiz deve dissolver o Conselho de Sentença para que a pronúncia seja adaptada à decisão dos jurados, designando-se, posteriormente, novo julgamento.

Há, contudo, uma tese no sentido de que, para evitar a controvérsia acima narrada, a denúncia deve ser sempre feita por crime de homicídio, e nunca por infanticídio. Com essa providência, a ré seria pronunciada por homicídio, podendo, então, o pro-

[59] Damásio de Jesus, *Direito penal,* v. 2, p. 109.

[60] Paulo José da Costa Júnior, *Curso de direito penal,* p. 317.

motor de justiça, no dia do julgamento em Plenário, requerer a desclassificação para infanticídio, hipótese em que, caso os jurados refutem a morte em razão do estado puerperal, poderá o juiz prolatar sentença por homicídio.

■ 1.1.4. Aborto

Aborto é a **interrupção da gravidez** com a consequente **morte do produto da concepção**. Este passa por várias fases durante a gravidez, sendo chamado de **ovo** nos dois primeiros meses, de **embrião** nos dois meses seguintes e, finalmente, de **feto** no período restante.

O aborto é possível **desde o início da gravidez**, contudo o momento exato em que esta se inicia é tema extremamente controvertido, pois, para alguns, dá-se com a **fecundação** e, para outros, com a **nidação** (implantação do óvulo fecundado no útero). Essa polêmica não é irrelevante, na medida em que, embora a nidação ocorra poucos dias após a fecundação, há alguns métodos que podem fazer efeito exatamente nesse interregno — após a fecundação para evitar a nidação. É, por exemplo, o caso da **pílula do dia seguinte**. Para os que entendem que a gravidez se inicia com a nidação, tal método não é abortivo, mas para os que entendem que se inicia com a fecundação, sim. É bem verdade que **normas do Ministério da Saúde permitem o uso da pílula do dia seguinte no Brasil**, e, com isso, as mulheres que utilizem referido medicamento ou os médicos que o prescrevam não correm o risco de serem acusados por crime de aborto, já que, para os que entendem que a gravidez se inicia com a **nidação**, o fato é **atípico**, e, para os que acham que já existe gravidez com a **fecundação**, o uso constitui **exercício regular de direito**.

A importância do debate reside no fato de que os defensores da tese de que a gravidez se inicia com a fecundação procuram convencer as autoridades de que a pílula do dia seguinte deve voltar a ser proibida por ser abortiva.

Só se pode cogitar de crime de aborto quando uma mulher está grávida. Não constitui delito de aborto destruir embrião *in vitro*.

Nem sempre o aborto é criminoso. Se for decorrente de **causas naturais**, como malformação do feto, rejeição do organismo da gestante, patologia etc., o fato será atípico. Também não haverá crime de **aborto** se tiver ele sido **acidental** — queda, colisão de veículos, atropelamento etc. Em verdade, para a existência de **crime de aborto**, é necessário que a interrupção da gravidez tenha sido **provocada** — pela própria gestante ou por terceiro — e que não se mostrem presentes quaisquer das hipóteses que excluem a ilicitude do fato (aborto legal).

O aborto, portanto, pode ser:

a) natural;

b) acidental;

c) criminoso;

d) legal.

1.1.4.1. Aborto criminoso

Existem quatro figuras de aborto criminoso:

FORMAS DE ABORTO CRIMINOSO			
Autoaborto (art. 124, 1ª parte)	Consentimento para o aborto (art. 124, 2ª parte)	Provocação de aborto com o consentimento da gestante (art. 126)	Provocação de aborto sem o consentimento da gestante (art. 125)

Inicialmente, analisaremos os elementos constitutivos, bem como as questões referentes ao sujeito ativo e passivo dessas infrações, já que variam de uma para outra. Posteriormente, daremos atenção a tópicos que, por serem comuns, devem ser estudados em conjunto, como consumação, tentativa, elemento subjetivo etc.

1.1.4.1.1. Autoaborto

Art. 124. Provocar aborto em si mesma ou consentir que outrem lho provoque:
Pena — detenção de um a três anos.

No **autoaborto**, previsto na 1ª parte do art. 124, é a **própria gestante** quem pratica as manobras abortivas que levam à morte do feto. O ato executório mais comum é a **ingestão de medicamento abortivo**. Pode o autoaborto, contudo, consistir em quedas intencionais, esforços excessivos a fim de provocar o aborto, utilização de brinquedos contraindicados a mulheres grávidas, como montanhas-russas etc.

Em caso de **tentativa de suicídio** da gestante, não responde ela por tentativa de aborto com o argumento de que não se pune a autolesão. Diverge, contudo, a doutrina, na hipótese de, em consequência da tentativa de suicídio, decorrer efetivamente a morte do feto. Alguns alegam que o fato é atípico porque, ao praticar o ato suicida, não tinha a gestante intenção específica de provocar o aborto. Para outros, agiu ela com dolo eventual e deve ser punida pelo autoaborto.

Como a pena mínima desse delito é de um ano, é **cabível a suspensão condicional do processo**, se a gestante preencher os demais requisitos do art. 89 da Lei n. 9.099/95.

1.1.4.1.1.1. Sujeito ativo

A lei exige a qualidade de gestante na autora do crime em análise, razão pela qual classifica-se como crime **próprio**. Cuida-se, ainda, de crime de **mão própria**, pois não admite a coautoria, na medida em que somente a gestante pode realizar ato abortivo **em si mesma**. Se a gestante e terceira pessoa, concomitantemente, desferirem pancadas contra o ventre da primeira, haverá crime de autoaborto por parte da gestante e de provocação de aborto com o consentimento da gestante (art. 126) para o terceiro.

É plenamente possível, e, aliás, muito comum, a figura da **participação** no autoaborto. Com efeito, são partícipes, por exemplo, aqueles que incentivam verbalmente a gestante a ingerir medicamento abortivo ou que o adquirem para ela. Em geral, são amigos, namorados ou familiares.

Existe, também, participação por parte do farmacêutico que, ciente da finalidade para a qual será utilizado o produto, efetua a venda do medicamento sem a devida receita médica, ou o médico que prescreve a substância a pedido da gestante que quer abortar.

Quem age a fim de obter lucro, como o farmacêutico no exemplo acima, deve ter sua pena agravada por ter agido por motivo torpe — art. 61, II, *a*, do Código Penal. Pode, também, em âmbito administrativo, ter sua licença cassada, o mesmo ocorrendo com a permissão para o exercício da profissão em relação ao médico.

▪ 1.1.4.1.1.2. Sujeito passivo

É o **produto da concepção**, cuja vida é tutelada pela legislação penal. Trata-se de entendimento praticamente unânime na doutrina.

Em nosso entendimento, não assiste qualquer razão a Heleno Cláudio Fragoso[61] e Julio Fabbrini Mirabete[62] quando sustentam que o feto não é titular de bem jurídico e, por isso, os sujeitos passivos do crime seriam o Estado e a comunidade nacional.

Fragoso chega a mencionar que o aborto sequer pode ser considerado crime contra a pessoa.

Não se pode negar, contudo, a existência de vida no feto, o que, aliás, justifica a classificação do delito no capítulo Dos Crimes Contra a Vida, referindo-se a lei, evidentemente, à vida do feto. Nossa lei, portanto, definiu tratar-se o feto do sujeito passivo do autoaborto.

▪ 1.1.4.1.2. Consentimento para o aborto

> **Art. 124.** Provocar aborto em si mesma ou **consentir que outrem lho provoque**:
> Pena — detenção de um a três anos.

Nessa modalidade, a gestante não pratica em si o ato abortivo, mas **permite** que outra pessoa **nela realize a manobra provocadora** da morte do feto. Muitas vezes, a gestante até paga por isso, o que, todavia, não é requisito do crime, bastando sua anuência.

É a modalidade mais comum de aborto, em que a gestante procura um médico, uma parteira ou uma amiga para nela realizar o ato. Existem até pessoas, que não são da área médica, que se especializam na prática do aborto consentido, mediante cobrança.

É extremamente importante ressaltar, todavia, que nossa lei fez uma clara distinção, devendo a gestante responder pelo crime do art. 124, em razão de seu consentimento, e a terceira pessoa que realizar a manobra abortiva, pelo crime do art.

[61] Heleno Cláudio Fragoso, *Lições de direito penal*. Parte especial, v. I, p. 111.
[62] Julio Fabbrini Mirabete, *Manual de direito penal*, v. 2, p. 94.

126 do Código Penal, que possui pena mais elevada — trata-se do crime de **provocação de aborto com o consentimento da gestante**.

Como a pena mínima do crime de consentimento para o aborto também é de um ano, é **cabível a suspensão condicional do processo**, se a gestante preencher os demais requisitos do art. 89 da Lei n. 9.099/95.

■ 1.1.4.1.2.1. Sujeito ativo

Trata-se também de crime **próprio**, pois a lei exige qualidade específica no autor do crime, isto é, o estado gravídico. É, ainda, crime de **mão própria** por não admitir coautoria. Apenas a gestante pode prestar consentimento válido.

O pai de uma moça de 16 anos, grávida do namorado, que a leva ao médico e, sem que ela saiba, paga para este realizar curetagem no momento do exame, não responde por crime de consentimento para o aborto. Em tal hipótese, o médico responde pelo crime de provocação de aborto sem o consentimento da gestante (art. 125) e o pai é partícipe de tal crime.

Se o pai falsifica um exame laboratorial, o leva para o médico juntamente com a referida filha grávida de 16 anos, e, com o exame, engana o médico, convencendo-o de que a filha corre risco de morte em razão da gravidez, e pede para que ele faça o aborto, sem que a filha saiba do que está acontecendo, temos hipótese em que o médico não cometeu crime, por imaginar que estava agindo para salvar a vida da gestante, o que, nos termos do art. 128, I, do Código Penal, afasta o crime. Nesse caso, o pai é autor mediato do crime de provocação de aborto sem o consentimento da gestante.

O crime de consentimento para o aborto admite a figura da **participação**. Será partícipe, por exemplo, o namorado que der dinheiro para a gestante procurar alguém para nela realizar o aborto, ou a amiga ou familiares que a acompanharem a uma clínica de aborto apoiando a prática do crime.

O art. 126, parágrafo único, do Código Penal, estabelece que **não é válido o consentimento prestado por gestante não maior de 14 anos**. Com isso, *a contrario sensu*, é possível concluir que o consentimento prestado por gestante maior de 14 anos e menor de 18 é válido, embora só possa ela ser punida perante a Vara da Infância e da Juventude. Assim, se a gestante de 15 anos é levada pelo namorado a uma clínica de aborto e ali é realizado o ato abortivo, ela responde pelo ato infracional de consentimento para o aborto na vara especializada, o namorado é partícipe no crime de consentimento para o aborto, respondendo perante a Justiça Comum, se maior de idade, e o médico incorre no crime de provocação de aborto **com** o consentimento da gestante (art. 126).

Se a gestante for menor de 14 anos e, caso se dirija sozinha ao médico e autorize o ato abortivo, tal consentimento, conforme já mencionado, não é válido, de modo que o médico incorre no crime de aborto **sem** o consentimento da gestante. É verdade que a gravidez de mulher menor de 14 anos leva à conclusão de que foi ela vítima de estupro de vulnerável (art. 217-A do Código Penal, com a redação dada pela Lei n. 12.015/2009). Nessa hipótese, prevê a lei que é permitida a realização do aborto, mas apenas **se houver autorização dos representantes legais** da grávida (art. 128, II, do CP).

■ 1.1.4.1.2.2. *Sujeito passivo*

É o **produto da concepção**, da mesma forma que no autoaborto.

- **Aborto social ou por causas econômicas**

Praticamente todas as gestantes que são acusadas por crime de autoaborto ou consentimento para o aborto, ao serem interrogadas, alegam que o fizeram por causas sociais — ser a gravidez decorrente de aventura sexual, serem muito jovens —, ou por causas econômicas — falta de condição financeira para criar o filho. Nenhum desses fatores, todavia, gera a exclusão da pena ou sua redução. Em verdade, o legislador já levou em conta esses aspectos para estabelecer penas menores para a gestante no art. 124.

■ 1.1.4.1.3. *Provocação de aborto com o consentimento da gestante*

> **Art. 126.** Provocar aborto com o consentimento da gestante:
> Pena — reclusão, de um a quatro anos.
> Parágrafo único. Aplica-se a pena do artigo anterior, se a gestante não é maior de quatorze anos, ou é alienada ou débil mental, ou se o consentimento é obtido mediante fraude, grave ameaça ou violência.

De acordo com a teoria **unitária** ou **monista**, adotada por nossa legislação, todos os que concorrerem para o resultado criminoso devem responder pelo **mesmo** crime. Na situação em análise, o resultado é um só, ou seja, a morte do feto. Assim, em razão da referida teoria unitária, todos os envolvidos deveriam responder pelo mesmo crime. Nosso legislador, contudo, entendeu que as condutas têm gravidades distintas e, por isso, resolveu aqui criar uma **exceção** à referida teoria, de tal modo que a gestante incorra em crime mais brando (art. 124, 2ª parte), por ter consentido no aborto, enquanto o terceiro, que realiza a manobra, pratica crime mais severamente punido, descrito no art. 126. Veja-se, contudo, que a pena mínima desse crime é também de um ano, permitindo a incidência do benefício da suspensão condicional do processo, caso presentes os demais requisitos do art. 89 da Lei n. 9.099/95.

- **O consentimento da gestante como premissa do crime**

Para a existência do crime de provocação de aborto com o consentimento da gestante, é necessário que este perdure até a consumação do ato. Caso a gestante que, inicialmente, havia prestado consentimento se arrependa — já na sala própria para a realização da manobra abortiva — e peça ao agente que não o faça, mas este prossiga na execução do crime e pratique o aborto, responderá, evidentemente, por crime de aborto **sem** o consentimento, restando atípico o fato em relação à gestante que havia retirado o consentimento e foi forçada ao ato.

O **consentimento**, para que seja válido, **deve ter sido obtido de forma livre e espontânea**. Daí o art. 126, parágrafo único, do Código Penal estabelecer que o consentimento obtido com emprego de violência, grave ameaça ou fraude não é válido, devendo o agente ser punido por crime de aborto **sem** o consentimento da gestante. O mesmo dispositivo, aliás, não reconhece valor ao consentimento prestado exclusivamente por gestante não maior de 14 anos, ou alienada, ou débil mental, respondendo igualmente por aborto **sem** o consentimento da gestante quem realize o ato abortivo baseado em referida autorização nula.

1.1.4.1.3.1. *Sujeito ativo*

Essa modalidade de aborto constitui crime **comum**, pois pode ser cometido por qualquer pessoa – médico ou qualquer um que saiba realizar ato abortivo. É possível a **participação**, como, por exemplo, por parte da enfermeira que presta assistência a um médico no instante em que ele realiza a curetagem abortiva.

É comum a **associação** de três ou mais pessoas para montar, clandestinamente, uma clínica de aborto para atendimento de gestantes que pretendam interromper a gravidez mediante pagamento. Nesse caso, os médicos, secretárias, enfermeiras e seguranças que atuem na clínica, cientes de sua destinação, respondem por crime de **associação criminosa** (art. 288), além dos crimes de **aborto** que tenham provocado ou para os quais hajam colaborado, em **concurso material**. As mulheres grávidas que realizaram aborto em tal clínica não integram a associação, respondendo apenas pelo consentimento para o aborto prestado em seu caso concreto.

Veja-se o seguinte caso, aliás, muito corriqueiro: namorado leva gestante à clínica de aborto onde médico realiza ato abortivo assistido por enfermeira. Como a grávida comete um crime e o médico outro, surge a dúvida em torno da responsabilização dos demais envolvidos (namorado e enfermeira). A solução, contudo, é simples, bastando verificar à conduta de quem está vinculada a colaboração do partícipe. Ora, a conduta do namorado é, claramente, de participação no consentimento prestado pela gestante, de modo que ela é autora do crime de consentimento para o aborto e ele é partícipe deste mesmo crime. Já a enfermeira realizou ação de auxílio na prática da manobra abortiva, preparando a gestante e fornecendo os instrumentos ao médico que, por sua vez, realizou, sozinho, a manobra mortal para o feto, hipótese em que ele é autor do crime de provocação de aborto com o consentimento da gestante, e a enfermeira partícipe desse crime.

Suponha-se, agora, que um médico, pai de filha grávida maior de idade, a convença a abortar e, em seguida, com seu consentimento, realize nela o ato abortivo. Nesse caso, como se trata de um único aborto, o médico não pode ser punido duplamente (participação no consentimento da filha e provocação do aborto), de modo que responderá apenas pelo crime mais grave — art. 126 do CP. Da mesma forma, uma enfermeira de clínica de aborto que, inicialmente, incentiva uma amiga a consentir no ato e, posteriormente, auxilia o médico no ato abortivo. Não é possível que responda por dois crimes — porque houve um só aborto — devendo ser punida apenas por seu envolvimento no fato mais grave (art. 126).

1.1.4.1.3.2. *Sujeito passivo*

É o **produto da concepção**. A gestante, por prestar consentimento para o ato, não é considerada vítima. Ao contrário, conforme já estudado, comete ilícito penal mais brando.

1.1.4.1.4. *Provocação de aborto sem o consentimento da gestante*

> **Art. 125.** Provocar aborto, sem o consentimento da gestante:
> Pena — reclusão, de três a dez anos.

Esta é a modalidade mais grave do crime de aborto e pode se caracterizar em duas hipóteses:

1ª) Quando não há, no plano fático, qualquer autorização por parte da gestante. Exs.: quando alguém agride uma mulher grávida para causar o abortamento, ou, ainda, quando, clandestinamente, introduz substância abortiva na bebida dela.

2ª) Quando há, no plano fático, autorização da gestante, mas tal anuência carece de valor jurídico em razão do que dispõe o texto legal. É o que se dá nas cinco hipóteses elencadas no art. 126, parágrafo único, do Código Penal:

a) se o consentimento foi obtido com emprego de **fraude**. Ex.: o médico e o pai da criança em gestação, que, mancomunados, falsificam exame e convencem a moça de que o prosseguimento da gravidez provocará a morte dela e, com isso, obtêm sua assinatura concordando com a realização do aborto. Descoberta a farsa, o médico e o pai respondem por aborto sem o consentimento. Para a gestante enganada, o fato não é considerado crime;

b) se o consentimento foi obtido com emprego de **grave ameaça**;

c) se foi obtido com emprego de **violência**;

d) se a gestante não é maior de 14 anos;

e) se é alienada ou débil mental, de modo que não tenha capacidade para compreender o significado de seu gesto.

Observação: Se a gestante é menor de 14 anos ou é portadora de enfermidade ou deficiência mental que a impeça de ter discernimento para o ato sexual, significa que ela foi vítima de **estupro de vulnerável** (art. 217-A e § 1º, do Código Penal, com a redação dada pela Lei n. 12.015/2009). Nesses casos, o aborto é lícito, desde que haja **consentimento do representante legal** da gestante para a sua realização (art. 128, II). Se, todavia, não existe tal consentimento, o médico que realiza o ato abortivo comete o crime de aborto sem o consentimento da gestante porque a autorização dada **apenas por esta** não é válida.

- **Homicídio doloso de mulher grávida e aborto**

Quem mata uma mulher, ciente de sua gravidez, e com isso provoca também a morte do feto, responde pelos crimes de aborto sem o consentimento da gestante e homicídio. Como a morte do feto é decorrência do homicídio da gestante, pode-se concluir que o agente teve, no mínimo, dolo eventual em relação ao aborto.

Entendemos que não há *bis in idem* em se aplicar a agravante genérica do art. 61, II, *h*, do Código Penal, por ser a vítima do homicídio uma mulher grávida. Só ocorreria dupla apenação pelo mesmo fato se tal agravante fosse aplicada ao crime de aborto.

Caso fique demonstrado que o agente não sabia da gravidez, por estar a mulher ainda no início da gestação, sua responsabilização penal se resumirá ao crime de homicídio, pois, nesse caso, puni-lo por aborto constituiria responsabilidade objetiva, que é vedada. É que, em tal situação, sequer é possível imputar dolo eventual a ele, e o crime de aborto só se pune a título de dolo.

- **Latrocínio de mulher grávida e aborto**

Já ocorreram inúmeros casos de roubo com emprego de arma de fogo em que o agente, durante a execução do crime, efetuou disparo e matou a gestante, causando também a morte do feto. Quase sempre o agente tem ciência da gravidez por ser ela visível diante da idade gestacional e, em tais casos, o agente responde por latrocínio e por crime de aborto sem o consentimento da gestante.

1.1.4.1.4.1. Sujeito ativo

Trata-se de crime **comum**, que pode ser cometido por qualquer pessoa.

1.1.4.1.4.2. Sujeito passivo

Essa é a única modalidade de aborto em que, necessariamente, há duas vítimas, embora o delito seja um só. Com efeito, além do **feto**, não se pode deixar de considerar a **gestante** como vítima de tal infração penal.

1.1.4.1.5. Temas comuns a todas as modalidades de aborto

1.1.4.1.5.1. Objetividade jurídica

Os crimes de aborto tutelam a **vida humana intrauterina**. O ato de provocar aborto, portanto, implica provocar a morte do feto, quer seja ele expulso, quer permaneça, já sem vida, no ventre materno.

Se o feto já está morto por causas naturais ou provocadas, mas permanece mumificado no útero da mulher, a conduta posterior, consistente em sua retirada, não constitui ilícito penal.

1.1.4.1.5.2. Consumação

O crime de aborto, qualquer que seja sua modalidade, só se consuma no momento da **morte do feto**. Trata-se de crime **material**. Mesmo no crime de consentimento para o aborto, é evidente que a consumação não se dá com a mera anuência da gestante, pois pode ela desistir e se retirar do local, hipótese de desistência voluntária. Somente no instante em que o terceiro nela realizar a manobra abortiva, haverá a consumação dos dois crimes (arts. 124 e 126).

A comprovação do crime de aborto pressupõe demonstração de que a mulher estava grávida. Essa prova normalmente é pericial — exames no corpo da mulher ou nos próprios restos fetais. Na ausência da prova pericial, a testemunhal poderá suprir a falta, nos termos do art. 167 do Código de Processo Penal.

1.1.4.1.5.3. *Tentativa*

É **possível** em todas as figuras de aborto criminoso. Basta que seja realizado um ato capaz de provocar aborto e que a morte do feto não ocorra por circunstâncias alheias à vontade do(s) envolvido(s).

Se não tiver havido início de execução, o fato será atípico. É o que ocorre, por exemplo, se a gestante presta o consentimento no interior de uma clínica, mas a manobra abortiva propriamente dita não chega a ser iniciada pela chegada de policiais ao local. Nesse caso, houve apenas atos preparatórios.

Existem algumas questões que merecem especial atenção:

a) Na tentativa de aborto, é possível que o feto permaneça vivo no útero materno ou que seja expulso com vida e sobreviva.

b) Se a manobra abortiva for realizada e o feto for expulso com vida, mas morrer, o aborto será considerado consumado, desde que fique demonstrado que a sua morte decorreu da manobra agressiva contra ele realizada enquanto se encontrava no útero da mãe. Exs.: golpe abortivo que atinge o corpo do feto; imaturidade etc. Essa conclusão se deve à regra do art. 4º do Código Penal, que considera cometido o crime no momento da ação, ainda que o resultado ocorra posteriormente. Nos casos em análise, o ato agressivo foi voltado ao feto, e o dolo do agente era o de cometer aborto, respondendo, portanto, por este crime.

c) Se a manobra realizada provocar a expulsão do feto com vida e, em seguida, for realizada nova agressão contra o recém-nascido, haverá tentativa de aborto em concurso material com homicídio ou infanticídio, dependendo das circunstâncias.

- **Crime impossível por absoluta impropriedade do objeto**

Essa forma de crime impossível mostra-se presente em duas situações:

a) Quando o **feto já está morto**, e o agente, sem saber disso, realiza uma manobra pretensamente abortiva.

b) Quando a mulher se engana, pensando estar grávida, ou quando o resultado de um exame é falsamente positivo, e o agente realiza um ato visando causar a morte do feto, que obviamente não ocorrerá em razão da **inexistência de gravidez**.

Em ambos os casos, o fato é atípico porque o art. 17 do Código Penal expressamente dispõe que, nos casos de crime impossível, o agente não responde nem mesmo por delito tentado.

- **Crime impossível por absoluta ineficácia do meio**

Apresenta-se essa modalidade de crime impossível quando o agente quer provocar o aborto mas escolhe um **meio** de execução absolutamente **incapaz de gerar a morte** do produto da concepção. Ex.: ingestão de medicamentos ou chás que não têm poder abortivo, embora o agente, por falta de informação, imagine presente essa característica. É comum que a mulher grávida, em desespero, tome algumas aspirinas e passe mal do estômago. Ao chegar no hospital conta que ingeriu os medicamentos para abortar, mas a perícia constata que o feto não foi e não poderia ter sido afetado pelo uso de tal substância. O fato será considerado atípico, sendo inviável a punição por tentativa de aborto, nos termos do art. 17 do Código Penal.

■ 1.1.4.1.5.4. Meios de execução

Os crimes de aborto enquadram-se no conceito de crime de **ação livre**, pois admitem qualquer forma de execução, evidentemente, desde que aptos a causar o resultado. Os métodos mais usuais são a ingestão de medicamentos que causam contração no útero na fase inicial da gravidez, provocando o descolamento do produto da concepção e sua consequente expulsão; raspagem ou curetagem; sucção do feto; introdução de objetos pontiagudos pelo canal vaginal para provocar contração uterina; utilização de choque elétrico, também para ocasionar contração no útero; uso de instrumentos contundentes para agredir a gestante na altura do ventre (com ou sem seu consentimento) etc.

O aborto pode, ainda, ser cometido por **omissão**. Exs.: a) médico que, percebendo a possibilidade de aborto natural e ciente da existência de medicamentos que podem evitar sua ocorrência, intencionalmente deixa de receitá-los; b) gestante, para a qual é receitado medicamento absolutamente necessário para evitar o aborto, que, querendo a superveniência do resultado, não o ingere.

■ 1.1.4.1.5.5. Elemento subjetivo

É o **dolo**.

Todas as modalidades podem ser praticadas com dolo direto, o que se verifica quando o agente quer efetivamente causar o aborto. As modalidades de autoaborto e provocação de aborto sem o consentimento da gestante são ainda compatíveis com o dolo eventual. O mesmo não ocorre com os crimes de consentimento para o aborto e provocação de aborto com o consentimento da gestante. Com efeito, como esses crimes pressupõem um consentimento específico para ato determinado — o aborto —, não há falar em dolo eventual.

Nossa legislação **não prevê modalidade culposa** do crime de aborto. Assim, quando alguém o provoca por negligência, imprudência ou imperícia, responde por delito de **lesões corporais**, mas, nesse caso, considera-se sujeito passivo a gestante. É que em todo caso de abortamento a gestante sofre algum tipo de lesão. Por sua vez, se a responsável pelo ato culposo tiver sido a própria mulher grávida, o fato será considerado **atípico** porque não se mostra possível a punição da autolesão — não pode a mulher ser autora e vítima do crime de lesão culposa.

- **Contravenção penal**

O art. 20 da Lei das Contravenções Penais pune com pena de multa quem anuncia processo, substância ou objeto destinado a provocar aborto.

1.1.4.1.5.6. *Aborto de gêmeos*

Quando a conduta é realizada antes de o agente saber que se trata de gravidez de gêmeos, responde por crime único, já que imaginava tratar-se de feto único. Se, todavia, já havia sido feito exame de ultrassom ou outro similar, e o agente (terceiro ou gestante) sabia que se tratava de gêmeos, responde por dois crimes de aborto, na medida em que houve dolo em relação a ambos. A hipótese é de concurso formal impróprio, em que as penas são somadas, porque o agente queria efetivamente os dois resultados.

1.1.4.1.5.7. *Ação penal*

Todas as formas de aborto apuram-se mediante ação pública incondicionada. O julgamento é feito pelo Tribunal do Júri.

1.1.4.1.5.8. *Penas restritivas de direitos*

O art. 44, I, do Código Penal, permite a substituição da pena privativa de liberdade por restritivas de direitos, quando a condenação não superar quatro anos, desde que se trate de crime cometido sem violência ou grave ameaça à pessoa. Entendemos que o dispositivo não engloba violência contra o feto, de modo que, nos crimes de aborto, é cabível referida substituição, se a pena aplicada não superar quatro anos, desde que não haja agressão contra a gestante para a provocação do aborto e desde que presentes os demais requisitos de caráter subjetivo elencados nos demais incisos do referido art. 44.

1.1.4.1.5.9. *Classificação doutrinária*

CLASSIFICAÇÃO DOUTRINÁRIA				
■ Simples e de dano quanto à objetividade jurídica	■ Próprio e de mão própria no autoaborto e no consentimento para o aborto e comum nas demais figuras	■ De ação livre, comissivo ou omissivo quanto aos meios de execução	■ Material e instantâneo quanto ao momento consumativo	■ Doloso quanto ao elemento subjetivo

1.1.4.1.6. *Causas de aumento de pena*

> **Art. 127.** As penas cominadas nos dois artigos anteriores são aumentadas de um terço, se, em consequência do aborto ou dos meios empregados para provocá-lo, a gestante sofre lesão corporal de natureza grave; e são duplicadas, se, por qualquer dessas causas, lhe sobrevém a morte.

Esse dispositivo está elencado no Código Penal com a denominação "forma qualificada". No texto legal, entretanto, estão previstos índices de aumento e não qualificadoras propriamente ditas, razão pela qual o correto é classificá-las como **causas de aumento de pena**.

Por expressa disposição legal, elas só são aplicáveis ao **terceiro** que realiza o aborto com ou sem o consentimento da gestante, pois, no início do art. 127, está expressamente previsto que os aumentos são exclusivos dos crimes previstos nos **dois** artigos anteriores, que são os arts. 125 e 126.

É evidente que a **gestante** que incorre nos crimes do art. 124 (autoaborto e consentimento para aborto) não pode ter sua pena agravada por ter, ela própria, sofrido lesão de natureza grave. Todavia, a lei, ao excluir a incidência do aumento aos que estejam incursos no art. 124, esqueceu-se de que tais delitos admitem participação. Assim, se o namorado instiga a namorada grávida a realizar autoaborto e ela morre ou sofre lesão grave, não há como aplicar o aumento do art. 127 em relação a ele. A solução é que seja punido como **partícipe** no crime de autoaborto e por crime autônomo de **homicídio ou lesão culposa**, caso se demonstre que houve conduta culposa de sua parte em relação ao evento morte ou lesão grave. Ex.: o sujeito, ao instigar o aborto, aconselha a gestante a utilizar quantidade excessiva de medicamento abortivo e isso ocasiona a sua morte. Responde por participação no autoaborto, porque instigou a namorada, e por homicídio culposo, em razão de ter sido imprudente ao sugerir o uso de medicamento em excesso.

É também importante lembrar que, se alguém realiza uma manobra abortiva e, com isso, provoca culposamente a morte da gestante, mas, posteriormente, se prova que o feto já estava morto por causas naturais, deve-se reconhecer a existência de **crime impossível** em relação ao delito de aborto, de modo que o agente só poderá ser punido por crime de **homicídio culposo**.

- **Caráter preterdoloso das causas de aumento de pena**

Em face de os índices de aumento serem consideravelmente pequenos, é pacífica a interpretação de que o dispositivo em análise é exclusivamente preterdoloso, ou seja, só pode ser reconhecido quando a morte ou a lesão de natureza grave forem consequências culposas do aborto ou dos meios empregados para praticá-lo. Em suma, existe **dolo no aborto** e **culpa no resultado** agravador. São hipóteses, em verdade, muito corriqueiras no dia a dia, pois um grande número de abortos é realizado por pessoas sem experiência na área médica, com instrumentos inadequados ou em locais em que não é possível o socorro à gestante em caso de complicação decorrente da manobra abortiva. Por isso, são frequentes hemorragias ou infecções das quais decorrem a perda da capacidade reprodutora (lesão grave) ou a morte.

Em decorrência do que dispõe o art. 127, se o autor do aborto provocar a morte da gestante, terá sua pena dobrada. Suponha-se que tenha havido consentimento da gestante para o aborto, hipótese configuradora do crime do art. 126, que é apenado com reclusão, de um a quatro anos. O evento morte fará com que tal pena seja dobrada, alcançando os limites de dois a oito anos, evidenciando que o resultado morte não foi aqui previsto a título de dolo. Conforme já estudado, quem dolosamente mata mulher grávida pratica dois delitos: homicídio e aborto sem o consentimento da gestante.

• **Possibilidade excepcional da tentativa**

Não obstante o art. 127 do Código Penal contenha hipóteses preterdolosas, é possível que o aumento seja aplicado quando o aborto não se consuma, mas a gestante sofre lesão grave ou morre. É evidente tratar-se de hipótese extremamente rara, porém, ela é viável na medida em que há duas vidas em jogo. Com efeito, é possível, no plano fático, a realização de ato abortivo na fase final da gestação e que o feto, em razão disso, seja expulso com vida e sobreviva, mas a gestante sofra hemorragia e morra. Nesse caso, aplica-se o redutor da tentativa em relação ao aborto e, em seguida, o acréscimo da pena decorrente da morte culposa da gestante.

1.1.4.1.7. *Aborto legal*

> **Art. 128.** Não se pune o aborto praticado por médico:
> I — se não há outro meio de salvar a vida da gestante;
> II — se a gravidez resulta de estupro e o aborto é precedido de consentimento da gestante ou, quando incapaz, de seu representante legal.

Existem duas hipóteses expressamente previstas no Código Penal em que a provocação de aborto não é considerada crime. Esses dispositivos têm natureza jurídica de causas especiais de exclusão da ilicitude. As figuras em que o aborto é legal são chamadas de aborto necessário e sentimental.

1.1.4.1.7.1. *Aborto necessário ou terapêutico*

É a modalidade prevista no art. 128, I, do Código Penal, e exige **dois** requisitos para a exclusão da ilicitude:

1) Que não haja outro meio senão o aborto para salvar a vida da gestante. É o que ocorre, por exemplo, nos casos de gravidez tubária, em que o óvulo fecundado não implanta no útero, e sim em uma das trompas, podendo gerar seu rompimento e grave hemorragia interna.

Não é necessário que haja situação de risco atual para a gestante, pois, para tal hipótese, já existe a excludente do estado de necessidade. Assim, é evidente que, se nos primeiros meses da gestação os exames já demonstram que o crescimento do feto poderá provocar a morte da gestante por hemorragia nos meses seguintes, não faz sentido aguardar que o risco se concretize para só nesse momento posterior realizar o aborto.

2) Que seja realizado por médico. A exclusão da ilicitude com base neste dispositivo pressupõe que a manobra abortiva seja feita por médico, pois, conforme já mencionado, não há situação de risco atual para a gestante, havendo tempo para que a intervenção seja feita por profissionais habilitados na área da medicina, que, além disso, são os únicos que podem interpretar os exames e concluir pela existência de risco futuro para a vida da gestante em razão da gravidez.

Se, todavia, existir perigo atual para a gestante, estando ela prestes a morrer em decorrência de complicações na gestação, qualquer pessoa poderá realizar a intervenção abortiva a fim de lhe salvar a vida, estando, nesse caso, acobertada pela excludente do estado de necessidade de terceiro.

■ 1.1.4.1.7.2. Aborto sentimental ou humanitário

Esta figura, por sua vez, pressupõe **três** requisitos:

1) Que a gravidez seja resultante de estupro. Esta a razão de a denominação ser aborto sentimental, pois a provocação do aborto é permitida em tal caso por se tratar de gravidez indesejada decorrente de ato sexual forçado.

Com o advento da Lei n. 12.015/2009, que deixou de fazer distinção entre crimes de estupro e atentado violento ao pudor, revogando este último e passando a chamar de estupro todo e qualquer ato sexual cometido com violência ou grave ameaça, deixou de ser necessário discutir a possibilidade de aborto legal quando a gravidez resultar de atentado violento ao pudor, já que este crime não mais existe como infração autônoma.

2) Que haja consentimento da gestante ou de seu representante legal se ela for incapaz. Apenas nessa modalidade é exigido o consentimento. No aborto necessário, em que há risco para a vida da gestante, o consentimento não é requisito, embora seja comum os médicos colherem a autorização.

Em nenhuma das modalidades de aborto legal exige-se autorização judicial. No aborto sentimental, aliás, também não se exige a prévia condenação do estuprador, mesmo porque é comum que ele não tenha sido identificado e, ainda que o tenha sido, não é possível aguardar o desfecho da ação penal, posto que o tempo de gravidez costuma ser menor do que a desta.

Para a realização do aborto sentimental, basta que o médico se convença da ocorrência da violência sexual — por exames que tenha feito na vítima, por cópias de depoimentos em inquérito policial ou boletim de ocorrência etc. É de se ressaltar, por ser oportuno, que o Ministério da Saúde editou, no ano de 2005, a Portaria 1.145, deixando claro que não é necessária a existência de boletim de ocorrência para a realização do aborto sentimental. Em 2020, o Ministério da Saúde publicou a Portaria 2.282,[63] modificando o **procedimento de justificação e autorização** de interrup-

[63] Eis o teor da portaria: "Art. 1º É obrigatória a notificação à autoridade policial pelo médico, demais profissionais de saúde ou responsáveis pelo estabelecimento de saúde que acolheram a paciente dos casos em que houver indícios ou confirmação do crime de estupro.

Parágrafo único. Os profissionais mencionados no *caput* deverão preservar possíveis evidências materiais do crime de estupro a serem entregues imediatamente à autoridade policial, tais como fragmentos de embrião ou feto com vistas à realização de confrontos genéticos que poderão levar à identificação do respectivo autor do crime, nos termos da Lei Federal n. 12.654, de 2012.

Art. 2º O Procedimento de Justificação e Autorização da Interrupção da Gravidez nos casos previstos em lei compõe-se de quatro fases que deverão ser registradas no formato de termos, arquivados anexos ao prontuário médico, garantida a confidencialidade desses termos.

Art. 3º A primeira fase será constituída pelo relato circunstanciado do evento, realizado pela própria gestante, perante 2 (dois) profissionais de saúde do serviço.

ção da gravidez. Ressalte-se, entretanto, que, se o médico não adotar tal procedimento, mas ficar provado que a gravidez era mesmo resultante de estupro, não haverá crime de aborto a ser apurado.

3) Que seja realizado por médico. Como nessa modalidade de aborto não há situação de emergência, se não for feito por médico, haverá crime. Assim, se a gestante realizar o ato abortivo em si mesma, responderá por autoaborto, não havendo

---

Parágrafo único. O Termo de Relato Circunstanciado deverá ser assinado pela gestante ou, quando incapaz, também por seu representante legal, bem como por 2 (dois) profissionais de saúde do serviço, e conterá:

I — local, dia e hora aproximada do fato;

II — tipo e forma de violência;

III — descrição dos agentes da conduta, se possível; e

IV — identificação de testemunhas, se houver.

Art. 4º A segunda fase se dará com a intervenção do médico responsável que emitirá parecer técnico após detalhada anamnese, exame físico geral, exame ginecológico, avaliação do laudo ultrassonográfico e dos demais exames complementares que porventura houver.

§ 1º A gestante receberá atenção e avaliação especializada por parte da equipe de saúde multiprofissional, que anotará suas avaliações em documentos específicos.

§ 2º Três integrantes, no mínimo, da equipe de saúde multiprofissional subscreverão o Termo de Aprovação de Procedimento de Interrupção da Gravidez, não podendo haver desconformidade com a conclusão do parecer técnico.

§ 3º A equipe de saúde multiprofissional deve ser composta, no mínimo, por obstetra, anestesista, enfermeiro, assistente social e/ou psicólogo.

Art. 5º A terceira fase se verifica com a assinatura da gestante no Termo de Responsabilidade ou, se for incapaz, também de seu representante legal, e esse termo conterá advertência expressa sobre a previsão dos crimes de falsidade ideológica (art. 299 do Código Penal) e de aborto (art. 124 do Código Penal), caso não tenha sido vítima do crime de estupro.

Art. 6º A quarta fase se encerra com o Termo de Consentimento Livre e Esclarecido, que obedecerá aos seguintes requisitos:

I — o esclarecimento à mulher deve ser realizado em linguagem acessível, especialmente sobre:

a) os desconfortos e riscos possíveis à sua saúde;

b) os procedimentos que serão adotados quando da realização da intervenção médica;

c) a forma de acompanhamento e assistência, assim como os profissionais responsáveis; e

d) a garantia do sigilo que assegure sua privacidade quanto aos dados confidenciais envolvidos, passíveis de compartilhamento em caso de requisição judicial;

II — deverá ser assinado ou identificado por impressão datiloscópica, pela gestante ou, se for incapaz, também por seu representante legal; e

III — deverá conter declaração expressa sobre a decisão voluntária e consciente de interromper a gravidez.

Art. 7º Todos os documentos que integram o Procedimento de Justificação e Autorização da Interrupção da Gravidez nos casos previstos em lei, conforme modelos constantes nos anexos I, II, III, IV e V desta Portaria, deverão ser assinados pela gestante, ou, se for incapaz, também por seu representante legal, e elaborados em duas vias, sendo uma fornecida à gestante.

Art. 8º Na segunda fase procedimental, descrita no art. 4º desta Portaria, a equipe médica deverá informar acerca da possibilidade de visualização do feto ou embrião por meio de ultrassonografia, caso a gestante deseje, e essa deverá proferir expressamente sua concordância, de forma documentada".

exclusão da ilicitude, ainda que prove ter sido vítima de estupro. Igualmente haverá delito se o aborto for praticado por enfermeira.

Se a gestante, ao saber que está grávida, vai até uma delegacia de polícia e mente que foi estuprada um mês atrás, mas que teve vergonha de se expor na época dos fatos, e, depois disso, faz uso do boletim de ocorrência para enganar o médico, fazendo-o crer na ocorrência do crime sexual e o convencendo a realizar o aborto, temos as seguintes consequências: a) para o médico, não há crime porque ele supôs estar agindo acobertado pela excludente de ilicitude do aborto sentimental. Trata-se de hipótese de descriminante putativa (art. 20, § 1º, do CP); b) a gestante responde por crime de consentimento para o aborto e por comunicação falsa de crime (art. 340), em concurso material.

- **Gravidez resultante de estupro cometido por mulher**

Suponha-se que uma mulher mantenha relação sexual com homem portador de grave doença mental, cometendo, assim, crime de estupro de vulnerável, e que, do ato sexual, resulte gravidez. Evidente, que, sendo ela a autora do crime, não pode se beneficiar com a excludente em estudo, ainda que haja anuência dos representantes da vítima.

1.1.4.1.7.3. Aborto em caso de anencefalia

O Plenário do Supremo Tribunal Federal, em abril de 2012, julgou procedente a Arguição de Descumprimento de Preceito Fundamental n. 54, ajuizada pela Confederação Nacional dos Trabalhadores na Saúde (CNTS), a fim de declarar a **constitucionalidade** da interrupção da gravidez nos casos de gestação de feto **anencéfalo**. Tal conduta, portanto, foi considerada **atípica e independe de autorização judicial**, bastando a concordância da gestante. A anencefalia consiste na malformação do tubo neural, a caracterizar-se pela ausência parcial do encéfalo e do crânio, resultante de defeito no fechamento do tubo neural durante o desenvolvimento embrionário. Em seu diagnóstico, é necessária a constatação da ausência dos hemisférios cerebrais, do cerebelo, além da presença de um tronco cerebral rudimentar ou, ainda, a inexistência parcial ou total do crânio. Ressalvou o STF no julgamento que o "*anencéfalo, assim como o morto cerebral, não deteria atividade cortical, de modo que se mostraria deficiente de forma grave no plano neurológico, dado que lhe faltariam não somente os fenômenos da vida psíquica, mas também a sensibilidade, a mobilidade, a integração de quase todas as funções corpóreas. Portanto, o feto anencefálico não desfrutaria de nenhuma função superior do sistema nervoso central 'responsável pela consciência, cognição, vida relacional, comunicação, afetividade e emotividade'. (...) essa malformação seria doença congênita letal, pois não haveria possibilidade de desenvolvimento de massa encefálica em momento posterior, pelo que inexistiria, diante desse diagnóstico, presunção de vida extrauterina, até porque seria consenso na medicina que o falecimento diagnosticar-se-ia pela morte cerebral*".

Posteriormente ao julgamento pelo STF, o Conselho Federal de Medicina, em 14 de maio de 2012, publicou a Resolução n. 1.989/2012, regulamentando o procedimento em casos de constatação de anencefalia. De acordo com o art. 1º da Resolução, na ocorrência do diagnóstico inequívoco de anencefalia o médico pode, a pedido da gestante, independente de autorização do Estado, interromper a gravidez. Já o seu art. 2º dispõe que o diagnóstico de anencefalia é feito por exame ultrassonográfico realizado a partir da 12ª (décima segunda) semana de gestação e deve conter: I — duas fotografias, identificadas e datadas: uma com a face do feto em posição sagital; a outra, com a visualização do polo cefálico no corte transversal, demonstrando a ausência da calota craniana e de parênquima cerebral identificável; II — laudo assinado por dois médicos, capacitados para tal diagnóstico. Por fim, o § 2º de seu art. 3º esclarece que, ante o diagnóstico de anencefalia, a gestante tem o direito de: I — manter a gravidez; II — interromper imediatamente a gravidez, independentemente do tempo de gestação, ou adiar essa decisão para outro momento.

■ 1.1.4.1.7.4. *Aborto eugenésico*

Aborto eugênico ou eugenésico é aquele realizado quando os exames pré-natais demonstram que o filho nascerá com alguma **anomalia** como Síndrome de Down, ausência congênita de algum membro etc. A sua realização, por falta de amparo legal que lhe dê suporte, constitui crime. **Não é lícito**, portanto, o aborto **eugenésico**. Não há crime, entretanto, na hipótese de feto inviável em caso de anencefalia, conforme estudado no item anterior.

■ 1.1.4.1.7.5. *Aborto consentido no primeiro trimestre da gestação*

Em 29 de novembro de 2016, a 1ª Turma do STF, ao julgar o HC 124.306/RJ, cujo relator para acórdão foi o Min. Luís Roberto Barroso, concedeu a ordem para manter a liberdade dos réus, utilizando na fundamentação da decisão o argumento de que a Constituição de 1988 não recepcionou os crimes de aborto consentido (arts. 124 e 126 do CP), desde que realizado no primeiro trimestre da gestação. Argumentou o Relator que a criminalização é incompatível com os seguintes direitos fundamentais: os direitos sexuais e reprodutivos da mulher, que não pode ser obrigada pelo Estado a manter uma gestação indesejada; a autonomia da mulher, que deve conservar o direito de fazer suas escolhas existenciais; a integridade física e psíquica da gestante, que é quem sofre, no seu corpo e no seu psiquismo, os efeitos da gravidez; e a igualdade da mulher, já que homens não engravidam e, portanto, a equiparação plena de gênero depende de se respeitar a vontade da mulher nessa matéria. Aduziu, ainda, que a punição ofenderia o princípio da proporcionalidade.

Ressalve-se, entretanto, que não é possível afirmar, no presente momento, que a Corte Suprema permitiu o aborto no primeiro trimestre da gravidez. Em primeiro lugar porque a 1ª Turma limitou-se a utilizar os fundamentos acima mencionados para não decretar a prisão dos réus, não determinando o trancamento da ação penal por atipicidade. Em segundo lugar, porque a decisão não foi proferida pelo Plenário do STF (mas por maioria de votos dos integrantes da 1ª Turma), não tendo, assim, caráter vinculante.

■ 1.1.5. Questões

1. (Ministério Público/SP — Vunesp — 2015) Sobre o feminicídio, introduzido no Código Penal pela Lei n. 13.104/2015, assinale a alternativa correta.

a) Foi introduzido como um novo crime no Código Penal, incidindo sempre que mulheres figurarem como vítimas de homicídio tentado ou consumado.
b) Trata-se de mais uma hipótese de homicídio simples, mas que terá sua pena aumentada em 1/3 pelo fato da vítima ser mulher.
c) Não foi incluído no rol dos crimes hediondos, considerando as graves consequências já estabelecidas nas causas de aumento do § 7° do artigo 121, CP.
d) Acrescentou uma hipótese de homicídio qualificado no § 2° do artigo 121, CP.
e) Estabeleceu uma modalidade de homicídio qualificado, mas manteve as penas do homicídio simples, considerando as causas de aumento previstas no § 7° do artigo 121, CP.

2. (Ministério Público/SP — 2019) José e João trabalhavam juntos. José, o rei da brincadeira. João, o rei da confusão. Certo dia, discutiram acirradamente. Diversos colegas viram a discussão e ouviram as ameaças de morte feitas por João a José. Ninguém soube o motivo da discussão. José não se importou com o fato e levou na brincadeira. Alguns dias depois, em um evento comemorativo na empresa, João bradou "eu te mato José" e efetuou disparo de arma de fogo contra José. Contudo o projétil não atingiu José e sim Juliana, matando a criança que chegara à festa naquele momento, correndo pelo salão.

Nesse caso, é correto afirmar que, presente a figura

a) do erro sobre a pessoa, nos termos do artigo 20, § 3°, do Código Penal, João deve responder por homicídio doloso sem a agravante de crime cometido contra criança.
b) do erro sobre a pessoa, nos termos do artigo 20, § 3°, do Código Penal, João deve responder por homicídio doloso, com a agravante de crime cometido contra criança.
c) *aberratio criminis*, artigo 74 do Código Penal, João deve responder por tentativa de homicídio e homicídio culposo sem a agravante de crime cometido contra criança, em concurso formal de crimes.
d) *aberratio ictus*, artigo 73 do Código Penal, João deve responder por homicídio doloso sem a agravante de crime cometido contra criança.
e) *aberratio ictus*, artigo 73 do Código Penal, João deve responder por tentativa de homicídio e homicídio culposo, com a agravante de crime cometido contra criança, em concurso material de crimes.

3. (Ministério Público/RS — 40° concurso) Considere as seguintes assertivas:

I. O homicídio simples tentado inclui-se entre os crimes hediondos, se praticado em atividade típica de grupo de extermínio.
II. A vingança e a premeditação, embora não nominadas como tais, são qualificadoras do homicídio, como espécies de motivação torpe.
III. O fato de o homicídio ser praticado contra criança torna-o qualificado, em face da dificuldade de defesa da vítima (CP, art. 121, § 2°, IV).
IV. O "outro crime", de que fala a qualificadora do homicídio sob o inc. V, do § 2°, do art. 121, (conexão teleológica) do Código Penal, pode vir a ser executado por terceiro que não o agente do homicídio, e, ainda que não venha, por qualquer razão, a ser executado, não se afasta a qualificadora supramencionada.
V. O agente que, após atropelar a vítima, não lhe presta assistência, quando podia fazê-lo, sem risco, vindo ela a falecer, responde por dois crimes: homicídio culposo e omissão de socorro.

a) Estão certas as assertivas II e III.
b) Estão certas as assertivas I e IV.
c) Estão certas as assertivas IV e V.
d) Apenas a assertiva II está correta.
e) Corretas são as assertivas I e III.

4. (Magistratura/SP — 169º concurso) Se o agente mata a vítima, por temer que ela possa reconhecê-lo como autor de anterior estupro, o homicídio é qualificado:

a) por motivo torpe.
b) para assegurar a ocultação.
c) por motivo fútil.
d) para assegurar a impunidade.

5. (Acadepol/SP — 2008) Sobre os crimes contra a vida previstos no Código Penal brasileiro, está incorreto afirmar que:

a) não pratica conduta típica a gestante que, por imprudência, dá causa a interrupção da gravidez.
b) não se admite a figura tentada no crime de participação em suicídio.
c) respondem por infanticídio, não por homicídio, tanto a mãe que, em estado puerperal, presta auxílio, quanto o terceiro que, auxiliado por aquela, pratica atos executórios de homicídio sobre o recém-nascido.
d) no crime de homicídio doloso, existe perfeita compatibilidade entre as circunstâncias legais do privilégio e as qualificadoras de ordem subjetiva.
e) inexiste crime de evento do qual resultem apenas lesões corporais de natureza leve ao suicida instigado por outrem.

6. (Ministério Público/SP — 86º concurso) Não é causa de aumento de pena, de um terço até metade, no crime de homicídio culposo praticado na direção de veículo automotor, a circunstância de o agente:

a) não possuir Permissão para Dirigir ou Carteira de Habilitação.
b) praticá-lo em faixa de pedestres ou na calçada.
c) deixar de prestar socorro, quando possível fazê-lo sem risco pessoal, à vítima do acidente.
d) estar sob influência de álcool ou substância tóxica ou entorpecente de efeitos análogos.
e) no exercício de sua profissão ou atividade, estar conduzindo veículo de transporte de passageiros.

7. (Ministério Público/PI) Assinale a alternativa correta.

a) Pai que vê o filho menor afogando-se, mas que, podendo socorrê-lo, se nega a tanto, sob o argumento de que o filho precisa "aprender a ser homem", responde pelo resultado morte, no caso de o adolescente vir a falecer.
b) Pai que vê o filho menor afogando-se, mas que, podendo socorrê-lo, se nega a tanto, sob o argumento de que o filho precisa "aprender a ser homem", responde por omissão de socorro, no caso de o adolescente vir a falecer.
c) Os crimes comissivos por omissão não guardam correspondência com os crimes omissivos impróprios.
d) Os crimes comissivos por omissão correspondem aos crimes omissivos próprios.
e) Os crimes comissivos por omissão não possuem previsão no Código Penal brasileiro.

8. (Acadepol/SP) De acordo com nossa legislação,

a) nos casos de suicídio, havendo coação irresistível, deverá o fato ser tipificado como homicídio;
b) para se caracterizar um infanticídio, não se faz mister a prova de que o feto tenha nascido com vida;
c) em tese, o infanticídio pode ser culposo ou doloso, dependendo da conduta da mãe do nascente;
d) poderão figurar como sujeito passivo do infanticídio o recém-nascido ou o feto abortado.

9. (Ministério Público/PI) Assinale a alternativa correta.

a) O Código Penal brasileiro não prevê crimes de concurso necessário de agentes, pois o concurso de pessoas sempre pressupõe concordância dos participantes.
b) O crime de infanticídio constitui hipótese de delito *sui generis.*

c) Em termos de imputabilidade penal, o Código Penal brasileiro adota o critério psicológico.
d) A coação moral irresistível é causa supralegal de inexigibilidade de conduta diversa.
e) No concurso de pessoas, as circunstâncias e as condições de caráter pessoal nunca podem se estender ao coautor do delito.

10. (Magistratura/SP — 171º concurso) O agente que, dolosamente, impede o socorro ao suicida que se arrependera do ato extremado e tentava buscar auxílio comete:
a) crime de omissão de socorro.
b) crime de homicídio.
c) crime de induzimento ao suicídio.
d) fato penalmente irrelevante.

11. (Acadepol/SP) Prevê nossa legislação substantiva que:
a) a ocorrência de lesão corporal de natureza grave, na gestante, não é circunstância autorizadora de aumento de pena, no caso de aborto provocado por terceiro;
b) a ocorrência de lesão corporal de natureza leve, na gestante, é circunstância autorizadora de aumento de pena, no caso de aborto provocado por terceiro;
c) a ocorrência de lesão corporal de natureza grave, na gestante, é circunstância autorizadora de aumento de pena, no caso de aborto provocado por terceiro;
d) a ocorrência de lesões leves ou graves na gestante será sempre circunstância irrelevante, para fins de aumento de pena, no caso de aborto praticado por terceiro.

12. (Ministério Público/PE — FCC) Sobre o crime de aborto, é correto afirmar:
a) Não se pune o aborto praticado por médico se a gravidez resulta de estupro e o aborto é precedido de consentimento da gestante ou do seu representante legal, se incapaz.
b) Não constitui infração penal provocar aborto em si mesma.
c) É permitido provocar aborto com o consentimento da gestante, em qualquer hipótese.
d) Quando o aborto praticado por terceiro configura crime, as penas são aumentadas de um terço se, em consequência do aborto ou dos meios empregados para provocá-lo, a gestante sofre lesão corporal de natureza leve ou grave.
e) Em qualquer hipótese não pratica crime a gestante que consente no aborto.

13. (Ministério Público/SP — 82º concurso) A. induziu a gestante B. a provocar aborto em si mesma, e ela o provocou. Em outra hipótese, C. executou aborto em D., gestante, com o seu consentimento. Procede dizer que
a) não há concurso de pessoas nos dois casos.
b) no primeiro caso, A. é partícipe de B., no crime de autoaborto e, no segundo, C. é autor de outro crime, ou seja, o de provocação de aborto com o consentimento da gestante.
c) no segundo caso, C. responde por crime de autoaborto.
d) no primeiro caso, B. responde por outro crime que não o de autoaborto, e, no segundo, C. responde por outro crime que não o de provocação de aborto com o consentimento da gestante.
e) no segundo caso, só D. poderá ser responsabilizada por crime.

14. (Magistratura/SP — 171º concurso) É incorreto afirmar-se que:
a) para a realização do aborto sentimental, é prescindível a existência de autorização judicial.
b) o namorado que acompanha a gestante que deseja abortar ou paga o aborto criminoso, a pedido dela, comete o crime de autoaborto na condição de coautor.
c) em caso de aborto necessário feito por médico, nenhum crime pratica a enfermeira que o auxiliou.
d) para a realização do aborto necessário é prescindível o consentimento da gestante ou de seus familiares.

15. (Magistratura/SP — 171º concurso) Inexistindo médico em uma longínqua fazenda, é correto dizer-se que, no caso de aborto necessário feito por enfermeira, sem o consentimento da vítima:

a) é aplicável ao caso a causa de exclusão da criminalidade prevista como aborto necessário.
b) a enfermeira comete o crime de aborto sem o consentimento da gestante.
c) a enfermeira deve ser absolvida pela justificativa do estado de necessidade de terceiro.
d) a enfermeira é beneficiada pelo reconhecimento do exercício regular de direito.

16. (Ministério Público/MG — 44º concurso) Em face das assertivas seguintes, pode-se afirmar que:

I. Cometido homicídio contra velho, pressupõe-se caracterizada a qualificadora do recurso que impossibilitou a defesa da vítima.
II. Ocorre a conexão ocasional quando o homicídio é cometido a fim de assegurar a ocultação, impunidade ou vantagem em relação a outro delito.
III. Vítima de tentativa de homicídio um dia antes de completar quatorze anos, o menor falece em tal aniversário, impondo a causa de aumento de pena ao homicídio.
IV. Não é possível a concorrência do homicídio privilegiado com as qualificadoras de natureza subjetiva.

a) Somente I e II estão incorretas.
b) Somente II e III estão incorretas.
c) Somente I, II e IV estão incorretas.
d) Somente I, II e III estão incorretas.
e) Todas estão incorretas.

17. (OAB — Exame unificado — 2009/3 — CESPE) Amaro, durante uma calorosa discussão no trânsito, desferiu, com intenção homicida, dois tiros de revólver em Bernardo. Mesmo dispondo de mais munição e podendo prosseguir, Amaro arrependeu-se, desistiu de continuar a ação criminosa e prestou imediato socorro a Bernardo, levando-o ao hospital mais próximo. A atitude de Amaro foi fundamental para a preservação da vida de Bernardo, que, contudo, teve sua integridade física comprometida, ficando incapacitado para suas ocupações habituais por sessenta dias, em decorrência das lesões provocadas pelos disparos. Considerando essa situação hipotética, assinale a opção correta:

a) A atitude de Amaro caracteriza arrependimento posterior, tornando-o isento de pena.
b) Amaro deve responder apenas pelo delito de lesão corporal de natureza grave.
c) Amaro deve responder pelo delito de tentativa de homicídio.
d) A atitude de Amaro caracteriza desistência voluntária, ficando excluída a ilicitude de sua conduta.

18. (Ministério Público/SP — 2012 — 89º concurso) Agente que, mediante paga, fazendo uso de revólver mata a vítima e, após, para assegurar a ocultação e impunidade do crime, com uma faca esquarteja o cadáver e espalha as diversas partes do corpo por locais ermos variados pratica homicídio

a) duplamente qualificado: art. 121, § 2º, inc. III (com emprego de meio cruel) e inc. V (para assegurar a ocultação e impunidade de outro crime) em concurso material com o crime de destruição, subtração ou ocultação de cadáver (art. 211) do Código Penal.
b) triplamente qualificado: art. 121, § 2º, inc. I (mediante paga), inc. III (com emprego de meio cruel) e inc. V (para assegurar a ocultação e impunidade de outro crime) do Código Penal.
c) duplamente qualificado: art. 121, § 2º, inc. I (mediante paga) e inc. V (para assegurar a ocultação e impunidade de outro crime) do Código Penal.
d) qualificado: art. 121, § 2º, inc. I (mediante paga) em concurso material com o delito de destruição, subtração ou ocultação de cadáver (art. 211) do Código Penal.
e) duplamente qualificado: art. 121, § 2º, inc. I (mediante paga) e inc. III (com emprego de meio cruel) em concurso material com o delito de vilipêndio a cadáver (art. 212) do Código Penal.

19. (OAB — 2018.1 — FGV) Márcia e Plínio se encontram em um quarto de hotel e, após discutirem o relacionamento por várias horas, acabaram por se ofender reciprocamente. Márcia, então, querendo dar fim à vida de ambos, ingressa no banheiro do quarto e liga o gás, aproveitando-se do fato de que Plínio estava dormindo. Em razão do forte cheiro exalado, quando ambos já estavam desmaiados, os seguranças do hotel invadem o quarto e resgatam o casal, que foi levado para o hospital. Tanto Plínio, quanto Márcia acabaram sofrendo lesões corporais graves.

Registrado o fato na delegacia, Plínio, revoltado com o comportamento de Márcia, procura seu advogado e pergunta se a conduta dela configuraria crime de

a) lesão corporal, grave apenas.
b) tentativa de homicídio qualificado e tentativa de suicídio.
c) tentativa de homicídio qualificado, apenas.
d) tentativa de suicídio, por duas vezes.

20. (Ministério Público/CE — 2009) O reconhecimento do homicídio privilegiado é incompatível com a admissão da qualificadora:

a) do motivo fútil.
b) do emprego de explosivo.
c) do meio cruel.
d) do emprego de veneno.
e) da utilização de meio de que possa resultar perigo comum.

21. (OAB — CESPE) Considere que uma gestante, sóbria, estando na direção de seu veículo automotor, colida, culposamente, com um poste, causando, em razão do impacto sofrido, o aborto. Nessa situação, a conduta da gestante

a) corresponde ao delito de homicídio.
b) corresponde ao delito de lesão corporal culposa.
c) corresponde ao delito de aborto provocado pela gestante.
d) não gera responsabilidade, haja vista a inexistência de previsão legal para a modalidade culposa de aborto.

22. (Magistratura/SP — 2014 — Vunesp) Analise estas duas hipóteses isoladas: 1) o agente matou o indivíduo que estuprou sua filha menor e 2) o agente, que é traficante de drogas, matou seu concorrente para dominar o comércio de drogas no bairro. Relativamente ao crime de homicídio, escolha a opção que indique, respectivamente, o que, em tese, cada uma destas situações poderia significar num eventual Júri:

a) causa de diminuição de pena; agravante genérica.
b) causa de diminuição de pena; qualificadora.
c) atenuante genérica; agravante genérica.
d) atenuante genérica; causa de aumento de pena.

23. (OAB — 2017.2 — FGV) Pedro, quando limpava sua arma de fogo, devidamente registrada em seu nome, que mantinha no interior da residência sem adotar os cuidados necessários, inclusive o de desmuniciá-la, acaba, acidentalmente, por dispará-la, vindo a atingir seu vizinho Júlio e a esposa deste, Maria. Júlio faleceu em razão da lesão causada pelo projétil e Maria sofreu lesão corporal e debilidade permanente de membro. Preocupado com sua situação jurídica, Pedro o procura para, na condição de advogado, orientá-lo acerca das consequências do seu comportamento. Na oportunidade, considerando a situação narrada, você deverá esclarecer, sob o ponto de vista técnico, que ele poderá vir a ser responsabilizado pelos crimes de

a) homicídio culposo, lesão corporal culposa e disparo de arma de fogo, em concurso formal.
b) homicídio culposo e lesão corporal grave, em concurso formal.
c) homicídio culposo e lesão corporal culposa, em concurso material.
d) homicídio culposo e lesão corporal culposa, em concurso formal.

24. (Magistratura/MG — 2018 — Consulplan) Fulano, querendo matar Beltrano, efetua um disparo de revólver contra este, mas erra o alvo, vindo a atingir Sicrano, ferindo este último levemente no braço. Nessa situação hipotética, conforme legislação aplicável ao caso, Fulano deverá responder por

a) homicídio tentado contra Sicrano.
b) homicídio tentado contra Beltrano.
c) lesões corporais leves contra Sicrano.
d) lesões corporais culposas contra Sicrano.

■ GABARITO ■

1. "d". A assertiva "a" está errada porque não é todo homicídio contra mulher que configura o feminicídio. A alternativa "b" está errada porque o feminicídio não é modalidade de crime simples. A alternativa "c" está errada porque o feminicídio foi incluído no rol dos crimes hediondos. Por fim, a alternativa "e" está errada porque a pena do feminicídio não é a do crime simples.

2. "d". O texto legal diz que o agente responde como se tivesse atingido quem pretendia.

3. "b". A assertiva II está errada porque a vingança nem sempre constitui motivo torpe e a premeditação sequer é circunstância ligada à motivação. A assertiva III está errada porque o fato de o crime ser cometido contra criança é causa de aumento de pena e não qualificadora. Por fim, a assertiva V está errada porque a falta de socorro por parte do próprio autor do atropelamento não constitui crime autônomo de omissão de socorro, e sim causa de aumento de pena do próprio homicídio culposo.

4. "d". O enunciado diz que o estupro ocorreu em data anterior, tendo a vítima sido liberada do local do crime após sua prática. Agora, em data posterior, ela pode reconhecê-lo. Nota-se, pois, que a existência do estupro é conhecida e o agente quer assegurar sua impunidade com a morte da vítima.

5. "d". A afirmação está errada porque o privilégio só é compatível com as qualificadoras objetivas. A questão foi elaborada no ano de 2008, quando o crime do art. 122 não admitia tentativa, o que não mais ocorre desde as alterações da Lei n. 13.968/2019.

6. "d". A Lei n. 11.705/2008 revogou o dispositivo que previa a embriaguez como causa de aumento do crime em tela.

7. "a". O pai, por lei, tem obrigação de cuidado, proteção e vigilância sobre os filhos menores, ou seja, nos termos do art. 13, § 2º, *a*, do Código Penal, tem o dever de evitar o resultado e, caso não o faça, responde por ele (morte).

8. "a". Só existe suicídio quando a supressão da própria vida é voluntária. Se a vítima sofreu coação irresistível e, por isso, se matou, o agente responde por homicídio.

9. "b". Nélson Hungria, ao comentar o crime de infanticídio, salienta o caráter *sui generis* deste crime, na medida em que a autora do crime não está em seu estado normal tampouco pode ser considerada inimputável, recebendo, contudo, uma pena mais branda, embora tenha matado um recém-nascido indefeso.

Todas as demais alternativas contêm erros. O Código Penal prevê crimes de concurso necessário, como associação criminosa ou rixa. Em termos de imputabilidade o critério adotado é o biopsicológico. A coação moral irresistível é causa legal de exclusão da culpabilidade (art. 22 do CP). As circunstâncias de caráter pessoal podem se comunicar quando forem elementares do crime.

10. "b". O sujeito, por meio de uma ação, colaborou com o resultado morte, respondendo, assim, por homicídio. Só é possível o crime de participação em suicídio quando o estímulo ou ajuda do agente tiverem ocorrido antes do ato suicida.

11. "c". O art. 127 do Código Penal é expresso no sentido de que, no aborto provocado por terceiro, a pena é aumentada se a gestante sofrer *lesão grave* ou morrer.

12. "a". O art. 128, II, do Código Penal, expressamente autoriza o aborto na hipótese da alternativa A.

A alternativa B está errada porque o autoaborto constitui crime previsto no art. 124 do CP.

A alternativa C está errada porque o consentimento da gestante só exclui o crime se a gravidez for resultante de estupro e o ato abortivo for realizado por médico.

A hipótese D está errada porque o art. 127 não prevê aumento de pena quando a gestante sofre lesão leve.

O enunciado E está equivocado porque o consentimento no aborto é previsto como crime no art. 124, 2ª parte, do CP.

13. "b". É a única das alternativas que apresenta a solução correta para os dois casos. B. é autora de autoaborto e A. partícipe em tal crime. Por sua vez, C. cometeu crime de aborto com consentimento da gestante.

14. "b". O namorado não é coautor, e sim partícipe. O crime de consentimento para o aborto, por ser de mão própria, não admite a coautoria.

15. "c". Aplica-se a excludente genérica do estado de necessidade porque a excludente do aborto necessário pressupõe que o sujeito seja médico.

16. "a". O item I está errado porque homicídio contra idoso gera causa de aumento de pena, e não a qualificadora mencionada. O item II está errado porque a conexão na hipótese é a consequencial e não a ocasional.

17. "b". Após atingir a vítima, o agente realizou nova ação, caracterizando arrependimento eficaz, devendo responder apenas pela lesão corporal, nos termos do art. 15 do Código Penal.

18. "d". A única qualificadora que se extrai do enunciado é a da "paga". Não houve meio cruel porque o crime foi cometido mediante disparo de arma de fogo. Também não se configurou a qualificadora do inc. V porque a morte não visava ocultar crime anterior — a ocultação do cadáver é que visava ocultar o homicídio e, por isso, configurou-se também o delito de ocultação e destruição de cadáver (art. 211).

19. "c". A tentativa de suicídio não constitui infração penal.

20. "a". O privilégio, por ser sempre de caráter subjetivo, é incompatível com as qualificadoras dessa mesma natureza. Nas demais alternativas, a qualificadora mencionada é de caráter objetivo.

21. "d". Não existe crime de aborto culposo. Como a gestante estava sóbria, também não pode ser responsabilizada por crime de embriaguez ao volante.

22. "b". A primeira hipótese caracteriza homicídio privilegiado (causa de diminuição de pena). Na segunda, o crime é qualificado porque cometido para assegurar a execução de outro crime.
23. "d".
24. "b". Em casos de *aberratio ictus*, o agente responde como se tivesse atingido quem pretendia (art. 73 do CP).

II

DAS LESÕES CORPORAIS

1.2. DAS LESÕES CORPORAIS

O crime de lesões corporais subdivide-se em duas categorias: a das lesões dolosas e a das culposas. Por sua vez, a modalidade dolosa possui quatro figuras, que dependem do resultado provocado na vítima. Assim, a lesão dolosa pode ser leve, grave, gravíssima ou seguida de morte.

LESÕES CORPORAIS	
Dolosa	**Culposa**
• Leve	
• Grave	
• Gravíssima	
• Seguida de morte	

1.2.1. Lesões corporais dolosas

1.2.1.1. Lesões leves

> **Art. 129, *caput* —** Ofender a integridade corporal ou a saúde de outrem:
> Pena — detenção de três meses a um ano.

1.2.1.1.1. Objetividade jurídica

A integridade física e a saúde das pessoas.

1.2.1.1.2. Tipo objetivo

O texto legal não define quando uma lesão corporal é leve. Ao contrário, o legislador apenas descreve expressamente quando uma lesão deve ser considerada de natureza grave (art. 129, § 1º) ou gravíssima (art. 129, § 2º). Por isso, é por **exclusão** que se conclui que uma lesão é de natureza **leve**, devendo ser assim considerada, portanto, aquela que não é grave nem gravíssima.

É exatamente por isso que constam, no formulário próprio para os legistas apresentarem o laudo do exame de corpo de delito, quesitos relacionados à configuração de cada uma das modalidades consideradas graves ou gravíssimas de lesão corporal. Apenas quando o legista responder negativamente a todas elas, é que será possível dizer que a lesão é leve.

Para que haja tipificação do crime de lesão corporal, o texto legal exige que o ato agressivo perpetrado contra a vítima tenha provocado ofensa em sua **integridade corporal** ou em sua **saúde**.

- **Ofensa à integridade corporal**

É o **dano anatômico** decorrente de uma agressão. É a alteração na anatomia prejudicial ao corpo humano. Pressupõe que o ato agressivo rompa ou dilacere algum tecido do corpo da vítima, externa ou internamente. Os casos mais comuns de lesão corporal são as escoriações, as equimoses, os cortes, as fraturas, as fissuras, os hematomas, as luxações, o rompimento de tendões ou ligamentos, as queimaduras etc.

Equimoses decorrem do rompimento de pequenos vasos sanguíneos (capilares) no tecido subcutâneo, em razão de uma forte pancada recebida, e conferem coloração roxa à pele. A equimose **constitui lesão** porque é provocada pelo rompimento de tecidos — os vasos sanguíneos.

A **dor**, desacompanhada de alteração anatômica ou ofensa à saúde, **não constitui lesão**. Nesse sentido: "*A dor física, por si só, sem o respectivo dano anatômico ou funcional, não constitui lesão corporal. Impõe-se a solução máxime porque, de índole inteiramente subjetiva, a dor só por falível presunção pode ser reconhecida como efeito da violência*" (Tacrim-SP — Rel. Silva Franco — *Jutacrim* 40/89).

Eritemas não constituem lesão, pois são o resultado do deslocamento sanguíneo momentâneo para certa parte do corpo, que conferem vermelhidão à pele. Podem decorrer, por exemplo, de um beliscão ou de um tapa. A provocação de eritema como consequência de uma agressão pode configurar tentativa de lesão corporal ou contravenção de vias de fato, dependendo da existência da intenção de lesionar.

Há divergência doutrinária em relação ao **corte** não autorizado de **cabelo** ou **barba**, exceto quando isso se dá a fim de **humilhar** a vítima, o que configura, pacificamente, o delito de **injúria real** (art. 140, § 2º, do CP). Fora dessa hipótese, para alguns a conduta constitui crime de lesão corporal de natureza leve e, para outros, contravenção de vias de fato. Se o agente, porém, raspa o cabelo de uma criança ou adolescente que está sob sua guarda, autoridade ou vigilância, a fim de lhe causar **vexame**, haverá crime mais grave, descrito no art. 232 do Estatuto da Criança e do Adolescente (Lei n. 8.069/90). Como se trata de parte de ser humano, o cabelo não pode ser considerado objeto material de furto ou roubo, de modo que se alguém corta, clandestinamente ou com violência, os longos cabelos da vítima, com a intenção de vendê-los para que sejam usados na confecção de perucas ou em apliques, o crime a ser reconhecido é o de lesão corporal ou a contravenção de vias de fato.

- **Ofensa à saúde**

Abrange a provocação de perturbações **fisiológicas** ou **mentais** na vítima.

Perturbação **fisiológica** é o desajuste no funcionamento de algum órgão ou sistema que compõe o corpo humano. Ex.: transmissão intencional de doença que afete o sistema respiratório, ministração de alimento ou medicamento na bebida da vítima que provoque diarreia, vômito ou náuseas, ministração de diurético que a faça urinar repetidamente, uso de aparelho de choque elétrico que provoque paralisia muscular etc. Note-se que, nesses exemplos, a perturbação fisiológica é de duração transitória, pois o organismo trata de recompor o funcionamento do órgão afetado. Isso, todavia, não altera a conclusão de que houve ofensa à saúde e torna necessária a punição do agente.

Perturbação **mental** abrange a causação de qualquer desarranjo no funcionamento cerebral. Ex.: provocar convulsão, choque nervoso, doenças mentais etc. Nesse sentido: *"O conceito de dano à saúde tanto compreende a saúde do corpo como a mental também. Se uma pessoa, à custa de ameaças, provoca em outra um choque nervoso, convulsões ou outras alterações patológicas, pratica lesão corporal"* (TJSC — Rel. Marcílio Medeiros — *RT* 478/374).

É comum que um só ato agressivo provoque concomitantemente ofensa à integridade corporal e à saúde. Ex.: um chute no tórax que fratura uma costela e, ao mesmo tempo, faz com que a vítima tenha crises de vômito. Há, nesse caso, crime único.

- **Princípio da insignificância**

No crime de lesão corporal leve a doutrina e a jurisprudência têm aceitado a aplicação do princípio da insignificância para reconhecer a atipicidade da conduta quando a lesão for de tal forma irrisória que não justifique a movimentação da máquina judiciária, com os custos a ela inerentes. É o que ocorre quando alguém dá um alfinetada em outra pessoa, causando a perda de poucas gotas de sangue.

■ 1.2.1.1.3. Sujeito ativo

Pode ser **qualquer pessoa**. Trata-se de crime **comum**.

■ 1.2.1.1.4. Sujeito passivo

Pode ser qualquer pessoa. Como o tipo penal exige dano à integridade corpórea ou à saúde de **outrem**, a autolesão não se enquadra no conceito de lesão corporal. Assim, se o agente o fizer para simular uma agressão e, com isso, receber o valor do seguro que tinha feito em relação à sua integridade corpórea, incorrerá no crime de fraude para recebimento de seguro (art. 171, § 2º, V, do CP). Em tal caso, contudo, a vítima será a seguradora. Quem se autolesiona para não prestar serviço militar comete o crime do art. 184 do Código Penal Militar. Cuida-se de crime militar aplicável a quem ainda sequer se incorporou.

A autolesão por outra razão qualquer não constitui crime.

O feto não pode ser sujeito passivo do crime de lesões corporais. Se o agente, intencionalmente, ministra medicamento a fim de provocar deformidade no feto, o fato é atípico. Trata-se de evidente falha em nossa legislação. Só existirá crime se ficar demonstrada intenção de provocar a morte do feto, hipótese em que o agente responderá por aborto, consumado ou tentado, dependendo do resultado.

■ *1.2.1.1.5. Meios de execução*

O crime pode ser praticado por **ação** ou por **omissão**. Trata-se de crime de **ação livre**.

A provocação de várias lesões na vítima no mesmo contexto fático constitui delito único. Esse fator, todavia, deve ser levado em conta pelo juiz na aplicação da pena-base.

■ *1.2.1.1.6. Consumação*

No momento em que ocorre a ofensa à integridade corporal ou à saúde da vítima. Trata-se de crime **material**.

- **Exame de corpo de delito**

A comprovação da **materialidade** deste crime, que deixa vestígios, é feita pelo exame pericial — exame de corpo de delito (direto ou indireto) —, no qual o médico legista deve atestar a ocorrência da lesão, sua extensão e causas prováveis. Para o oferecimento de denúncia, todavia, basta a juntada de qualquer boletim médico ou prova equivalente (art. 77, § 1º, da Lei n. 9.099/95), sendo que, posteriormente, deverá ser anexado o laudo definitivo do exame de corpo de delito.

Na ausência do exame pericial decorrente do desaparecimento das lesões, a **prova testemunhal**, desde que cabal, **pode suprir-lhe a falta**, conforme permite o art. 167 do Código de Processo Penal. As testemunhas, nesse caso, devem ser claras quanto à natureza e o local das lesões.

■ *1.2.1.1.7. Tentativa*

É possível, desde que se prove que o agente queria lesionar a vítima e não conseguiu.

- **Distinção entre a tentativa de lesões corporais e a contravenção de vias de fato (art. 21 da Lei das Contravenções Penais)**

Na tentativa, o agente quer lesionar a vítima e não consegue por circunstâncias alheias à sua vontade. Na contravenção, fica demonstrado que o agente, desde o início, não tinha a intenção de machucar a vítima. Ex.: empurrão, tapa, beliscão etc. Nesse sentido: "*Indiscutível a possibilidade da tentativa no uso de lesões corporais dolosas, impondo-se a condenação do réu se o conjunto probatório se mostra suficiente para embasar a conclusão de que ele agiu com dolo de ferir*" (Tacrim-SP — Rel. Ralpho Waldo — *Jutacrim* 76/312).

Se, por acaso, o agente quer cometer apenas a contravenção e, de forma não intencional, provoca lesões na vítima, responde por lesões **culposas**. Ex.: empurrar levemente a vítima e esta cair, fraturando o braço.

- **Distinção entre tentativa de lesões corporais e o crime de periclitação da vida e da saúde do art. 132 do Código Penal**

A diferença localiza-se também no dolo. Na tentativa, o agente, por circunstâncias alheias à sua vontade, não consegue concretizar a lesão que pretendia causar na vítima, enquanto no crime de perigo, a intenção é apenas de assustá-la, provocando-lhe situação de risco. Nesse sentido: "*A conduta do agente que investe contra a vítima armado de instrumento hábil a produzir ferimentos, presente o dolo direto, não configura o delito de perigo para a vida, se, só por motivos alheios à vontade do réu, o resultado lesivo não se consuma. A hipótese é a da chamada tentativa branca de lesão corporal*" (Tacrim-SP — Rel. Francis Davis — *Jutacrim* 15/193).

■ 1.2.1.1.8. *Elemento subjetivo*

É o dolo, direto ou eventual.

A intenção de lesionar, caracterizadora do dolo direto, é muito comumente referida como *animus vulnerandi* ou *animus laedendi.*

■ 1.2.1.1.9. *Classificação doutrinária*

CLASSIFICAÇÃO DOUTRINÁRIA				
■ Simples e de dano quanto à objetividade jurídica	■ Comum e de concurso eventual quanto ao sujeito ativo	■ De ação livre, comissivo ou omissivo quanto aos meios de execução	■ Material e instantâneo quanto ao momento consumativo	■ Doloso quanto ao elemento subjetivo

■ 1.2.1.1.10. *Absorção das lesões leves*

Existem inúmeros crimes no Código Penal e em leis especiais em que o emprego de violência física é elementar do delito, constituindo meio de execução da infração penal. É o que ocorre em crimes como roubo, extorsão, estupro, tortura etc. Como em nenhum dos tipos penais mencionados existe ressalva, dando autonomia ao crime de lesões corporais de natureza leve, a conclusão é de que, por ser meio de execução, fica absorvido. Assim, se o agente, durante um roubo ou estupro, causar lesão leve na vítima, ele responde só pelo crime-fim, ficando absorvidas as lesões leves, que, todavia, poderão ser levadas em conta pelo juiz na fixação da pena-base (art. 59 do CP). Concomitantemente, existem vários crimes cometidos com emprego de violência em que o texto legal expressamente ressalva a autonomia das lesões, de modo que, se, ao praticar o outro crime com emprego de violência, o agente causar também lesão leve na vítima, responderá pelos dois delitos. É o que ocorre em crimes como a injúria real, constrangimento ilegal, dano qualificado, resistência, exercício arbitrário das próprias razões etc.

1.2.1.1.11. *Ação penal*

Desde o advento da Lei n. 9.099/95, a ação penal passou a ser pública condicionada à representação do ofendido ou, se incapaz, de seu representante legal (art. 88 da Lei n. 9.099/95).

Nas outras formas de lesão dolosa (grave, gravíssima e seguida de morte), a ação penal continua sendo pública incondicionada.

1.2.1.1.12. *Observações*

- **Intervenções cirúrgicas**

No caso de cirurgia de **emergência**, em que a necessidade da intervenção decorre da existência de risco para a vida do paciente, não haverá crime por parte do médico, mesmo que não exista consentimento do paciente ou de seus representantes legais, visto que, nesse caso, agiu ele acobertado pela excludente do **estado de necessidade de terceiro** (da própria pessoa submetida à cirurgia). Assim, se alguém chega acidentado em um hospital e, estando desacordado, o médico amputa sua perna para evitar mal maior, não responde por crime de lesão corporal. Mesmo que a vítima diga, posteriormente, que preferia ter morrido a ficar sem a perna, não se pode cogitar de punição ao médico, exceto se tiver havido erro de diagnóstico, quando responderá por lesão culposa.

Quando se tratar de cirurgia **corretiva** ou **terapêutica**, sem que haja situação de emergência, a operação só poderá ser feita se houver prévia autorização e, nessa hipótese, terá o cirurgião atuado sob a excludente do **exercício regular de direito**, conforme entendimento da maioria dos doutrinadores. Em suma, entende-se que o fato é típico, porque, nas intervenções cirúrgicas, o médico faz incisões, dilacerando alguns tecidos do corpo do paciente; porém, a conduta não é antijurídica em face da excludente do exercício regular de direito. Heleno Cláudio Fragoso,[64] contudo, entende que, nesses casos, nem há tipicidade, uma vez que lesão é um **dano** à integridade corporal, o que não ocorre no caso de intervenção cirúrgica em que a finalidade é restituir ou melhorar a saúde do paciente. "Típico só pode ser o resultado que prejudica, ou seja, o resultado de dano."

Em se tratando de cirurgia meramente estética, implante de prótese no seio, por exemplo, em que não há nenhuma melhora na saúde, mas apenas mudança na aparência, aplica-se a excludente do exercício regular de direito em caso de autorização da paciente.

- **Lesões esportivas**

Em certos esportes em que a lesão é uma consequência normal de sua prática (boxe, lutas marciais), também não há crime em face do **exercício regular de direito**. Todos esses esportes são regulamentados e, desde que observadas as regras, o fato não constitui crime.

---

64 Heleno Cláudio Fragoso, *Lições de direito penal*. Parte especial, v. I, p. 129.

Sempre que houver abuso intencional, todavia, o fato constituirá crime, ainda que ocorra durante a prática esportiva. O boxeador que morde a orelha do opoente, arrancando-lhe um pedaço, comete crime. Igualmente, o jogador de futebol que, intencionalmente, desfere um soco no rosto de outro e lhe quebra os dentes ou o nariz, ainda que o fato ocorra com a bola em jogo.

- **Estatuto do torcedor e lesões corporais**

O Estatuto do Torcedor pune com reclusão, de um a dois anos, quem pratica violência durante evento esportivo ou nas proximidades do estádio em dia de jogo (raio de 5 km), ou em seu trajeto (art. 41-B, da Lei n. 12.299/2010). Como o texto legal não especifica, o crime concretiza-se independentemente da superveniência de lesões em terceiros, como, por exemplo, atirar pedra em ônibus, explodir bomba de fabricação caseira, derrubar alambrado, atirar garrafa ou pedra em campo, lançar detrito, urina ou fogos de artifício em outros torcedores, trocar socos e chutes com outras pessoas. Caso se concretizem lesões corporais em terceiros, caberá aos tribunais definir se estas absorvem o novo crime ou o contrário ou, ainda, se ambos subsistem em concurso (formal ou material). É provável que prevaleça o entendimento de que o crime mais grave é que deve subsistir, de modo que eventual lesão leve fique absorvida, mas que a lesão grave absorva o delito da nova lei.

- **Doação de órgão por pessoa viva**

A Lei n. 9.434/97 regulamenta o transplante de órgãos e admite que pessoa viva seja doadora, desde que capaz e que a faça de forma gratuita. Além disso, só será possível se houver autorização do doador e desde que não haja possibilidade de graves prejuízos à sua saúde. O desrespeito a essas regras caracteriza crime específico do art. 14 da mesma Lei, que, aliás, possui qualificadoras idênticas às estabelecidas no Código Penal no que se refere aos crimes de lesões graves ou seguidas de morte.

- **Consentimento da vítima**

A doutrina tradicional sustenta que a incolumidade física é bem indisponível, de forma que o consentimento não exclui o crime, exceto nas situações social e culturalmente aceitas, como no caso de colocação de brincos em meninas e na circuncisão realizada em recém-nascidos em algumas religiões.

Heleno Cláudio Fragoso[65] argumenta que "*o consentimento do ofendido exclui a ilicitude, desde que validamente obtido e a ação não ofenda os bons costumes*".

Após o advento da Lei n. 9.099/95, é forçoso, todavia, reconhecer que a incolumidade física passou a ser bem apenas relativamente indisponível. No que se refere a lesões de natureza leve, o prévio consentimento do ofendido, desde que capaz, exclui o crime. Com efeito, a partir do momento em que a lei estabeleceu que a ação penal só pode ser promovida se houver representação da vítima, tornou-se possível o seguinte raciocínio: se a víti-

[65] Heleno Cláudio Fragoso, *Lições de direito penal*. Parte especial, v. I, p. 129.

ma não consente na agressão, porém, posteriormente, deixa de oferecer representação, faz com que a punibilidade do agente seja extinta. Assim, por lógica, a prévia autorização impede o próprio surgimento do direito de punir do Estado.

A realização de tatuagem e a colocação de *piercings* só é permitida em pessoas maiores de idade. Se feitas ou colocadas em menores constitui crime.

■ *1.2.1.2. Lesões corporais graves*

Estão previstas no art. 129, § 1º, do Código Penal e possuem pena de reclusão, de **um a cinco anos**. A pena mínima prevista — um ano — faz com que seja possível a suspensão condicional do processo, se o réu preencher os demais requisitos do art. 89 da Lei n. 9.099/95.

Embora possua denominação própria — lesão grave —, é extremamente comum que doutrinadores e juízes a ela se refiram como lesão corporal qualificada.

> **Art. 129, § 1º, I** — Se resulta incapacidade para as ocupações habituais por mais de trinta dias.

- **Ocupações habituais**

A atividade habitual a que se refere a lei é **qualquer ocupação rotineira**, do dia a dia da vítima, como andar, praticar esportes, alimentar-se, estudar, trabalhar etc. Não se trata, portanto, de qualificadora que se refira especificamente à incapacitação para o trabalho, de modo que **crianças, desempregados e aposentados** também podem ser vítimas desse crime. É claro que, quando a vítima tem emprego, a incapacitação para as atividades habituais engloba a incapacitação para o trabalho. A propósito: "*Em tema de lesão corporal de natureza grave, irrelevante ao reconhecimento da agravante do art. 129, § 1º, I, do CP, o não exercer a vítima qualquer atividade remunerada, bastando a tal desiderato restar o sujeito passivo impedido de exercer a atividade comum corporal*" (Jutacrim 43/368); "*A hipótese do art. 129, § 1º, do CP abrange também a criança, pois que as ocupações habituais não são apenas as de natureza lucrativa, mas sim as atividades gerais da vítima, como entidade humana e social*" (Tacrim-SP — Rel. Adalberto Spagnuolo — *Jutacrim* 36/298); "*A ocupação de que trata o art. 129, § 1º, I, do CP, não é só o trabalho, mas a atividade costumeira, pena de, caso contrário, estarem excluídos do dispositivo repressivo a criança e o ancião*" (Tacrim-SP — Rel. Gonçalves Sobrinho — *Jutacrim* 32/266).

A vítima deve estar efetivamente incapacitada para que se reconheça a lesão grave. Assim, se uma pessoa pode realizar as suas atividades normalmente, mas deixa de fazê-lo, ficando dentro de casa, por mera **vergonha** de que as pessoas vejam suas lesões e comentem sobre o assunto, o crime **não** pode ser tido como qualificado.

A incapacitação pode ser física ou mental.

- **Crime a prazo e sua comprovação**

Essa forma de lesão grave enquadra-se no conceito de crime a prazo porque sua configuração depende do transcorrer de determinado prazo: mais de trinta dias.

Apesar de ser necessário aguardar o decurso de referido prazo para que se tenha prova de que a incapacitação durou tanto tempo, o momento consumativo do crime é o da provocação das lesões. Em outras palavras, o crime se consuma no momento em que o agente provoca as lesões que incapacitarão a vítima por mais de trinta dias, e não no trigésimo primeiro dia após a agressão. A prescrição começa a correr, portanto, da data da agressão.

O Código de Processo Penal, em seu art. 168, § 2º, exige, para a comprovação do decurso desse prazo, a realização de um **exame complementar**, após o trigésimo dia, para que o médico legista constate e declare que a vítima continua incapacitada. Assim, não basta que, no dia da agressão, no exame inicial, o médico faça uma previsão de que o quadro de incapacitação não reverterá em menos de trinta e um dias. Esse prognóstico não tem valor porque a medicina não é ciência exata, de modo que o organismo da vítima pode reverter a incapacitação antes do tempo previsto. Por isso, quando o médico legista, no exame inicial, verifica que existe a possibilidade de a incapacidade perdurar mais de trinta dias, não deve declará-la de imediato, e sim marcar um retorno da vítima para o trigésimo primeiro dia, para que, nesta nova data, verifique se subsiste a incapacitação.

O exame complementar feito antes do prazo legal não tem valor.

Se a vítima só comparecer após a data exata (31º dia após a agressão), duas hipóteses podem ocorrer:

a) Se ela já estiver recuperada, o legista não terá como dizer se ela se recuperou antes ou depois do prazo legal, não bastando as palavras da vítima. Assim, se ela não comparece para fazer o exame complementar na data inicialmente agendada e, por isso, o delegado que preside o inquérito designa nova data fazendo com que o exame só aconteça, por exemplo, noventa dias depois da agressão, e, em tal oportunidade, a vítima já estiver recuperada, o laudo não poderá dizer que a lesão foi grave.

b) Se ainda estiver incapacitada, a perícia deve concluir que a lesão é grave. Ex.: vítima que, após seis meses da data da agressão, comparece para exame complementar e ainda está incapacitada.

O art. 168, § 3º, do Código de Processo Penal, dispõe que "a falta de exame complementar poderá ser suprida pela prova testemunhal".

Nos termos do que foi acima exposto: *"Sendo prematuro o laudo de exame complementar de sanidade, por ter sido oferecido antes dos 30 dias a que se refere o art. 129, § 1º, I, do CP, ao capitular a lesão como grave, ineficaz deve ser havido para o fim do art. 168, § 2º, do CPP"* (TJSP — Rel. Cunha Camargo — *RT* 587/292); *"Sendo processado o agente por lesão corporal de natureza grave, e não realizado exame complementar na forma prevista no § 2º do art. 168 do Código de Processo Penal, impõe-se a desclassificação para lesão corporal leve, se a acusação não produziu prova testemunhal bastante da incapacidade para as ocupações habituais por mais de trinta dias, sendo insuficiente a só afirmação da vítima nesse sentido*" (TJSP — Rel. Luiz Pantaleão — *RJTJSP* 146/287); "*Embora realizado muito tempo depois o exame complementar, é de se ponderar que o que pretende a lei penal é que se estabeleça o nexo causal entre a conduta delituosa e o resultado; e isto ficou patente nos autos eis que a vítima, por ocasião do referido exame, ainda deambulava com auxílio de muletas*" (TJSP — Rel. Sinézio de Souza — *RJTJSP* 131/484); "*Realizado o exame complementar de sanidade depois de decorrido o trintídio da agressão e achando-se a vítima, a esse tempo, já curada, não há falar em incapacidade para as ocupações habituais por mais de 30 dias, impondo-se, por isso, a desclassificação para lesão leve*" (TJSP — Rel. Cunha Camargo — *RT* 574/347).

- **Ocupações habituais ilícitas e imorais**

A atividade que a vítima ficou impossibilitada de realizar deve ser **lícita**, pouco importando se é ou não moral. Assim, a lesão é grave quando incapacita uma prostituta de exercer suas atividades, já que a prostituição em si não é crime. Nesse sentido: "*A meretriz exerce atividade imoral, mas não ilícita. Pode, pois, ser vítima de lesão grave, que lhe acarrete incapacidade para as ocupações habituais por mais de 30 dias*" (Tacrim-SP — Rel. João Guzzo — *RT* 449/425).

Por outro lado, se uma lesão incapacita um ladrão de empunhar sua arma em roubos que usualmente comete, não há falar em lesão grave por esta consequência nele gerada.

- **Desnecessidade da intenção de criar a incapacitação**

A qualificadora em análise existe, quer o agente tenha tido a específica intenção de gerar a incapacitação, quer tenha sido ela decorrência culposa do ato agressivo. Em outras palavras, a lesão grave em tela pode ou não ser preterdolosa.

Art. 129, § 1º, II — Se resulta perigo de vida.

- **Natureza do perigo e sua demonstração**

Perigo de vida é a possibilidade **grave** e **imediata** de morte. Deve ser um perigo efetivo, concreto, comprovado por perícia médica, devendo o legista **especificar** exatamente **em que consistiu o perigo** sofrido. Não basta, portanto, que o médico perito diga que houve perigo de vida; ele deve descrever precisamente em que consistiu. Ex.: grande perda de sangue que provocou choque hemorrágico, ferimento em órgão vital, necessidade de cirurgia de emergência etc. A falta dessa descrição é a maior causa de desclassificações para crime de lesão leve. Assim, quando um promotor de justiça recebe um inquérito em que o laudo diz que houve perigo de vida, mas não detalha em que ele consistiu, deve requerer a devolução dos autos ao perito para que o laudo seja complementado a fim de esclarecer exatamente por que a vítima quase morreu.

Nesse sentido: "*A simples afirmativa de laudo pericial quanto à existência de perigo de vida não basta à Justiça, cabendo ao experto apontar os sintomas verificados no examinando e a respectiva sequela natural, sem jamais sobrepor-se através de conclusão imotivada ao prudente arbítrio do julgador*" (Tacrim-SP — Rel. Ferreira Leite — *Jutacrim* 37/42); "*Para a configuração da qualificadora do perigo de vida é necessário que o laudo técnico não seja genérico e que traga em seu bojo descrição convincente de sua ocorrência*" (TJSC — Rel. Márcio Batista — *RT* 638/324); "*a simples referência à laparotomia não basta para o reconhecimento de perigo de vida, sendo necessário que se mencione em que consistiu tal perigo. Nesse sentido a doutrina e a jurisprudência*" (Tacrim-SP — Rel. Oliveira e Costa — *Jutacrim* 37/211).

- **Perigo decorrente da sede das lesões e não do fato em si**

O perigo de vida a que a lei se refere na figura qualificada da lesão corporal é aquele que decorre da gravidade das lesões, apuráveis mediante perícia médica, e não aquele que decorre do fato em si. Dessa forma, se um soco causa um pequeno corte na boca da vítima (lesão leve), mas, em razão do impacto, a vítima dá um passo para trás e quase é atropelada por um ônibus que passa pelo local, a lesão não é considerada grave pelo perigo de vida.

- **Hipótese exclusivamente preterdolosa**

O laudo pericial concluindo pela existência de perigo de vida é apenas a constatação da consequência do ato agressivo. A natureza efetiva da infração penal deverá ser analisada sob o prisma do dolo do agente. Com efeito, se ficar evidenciada a intenção de matar e que o agente, ao executar o crime de homicídio, não conseguiu provocar a morte, mas causou perigo de vida, deve responder por tentativa de homicídio. O local onde desferidos os golpes e a sua quantidade são fatores decisivos na análise do dolo. Evidente que um tiro na cabeça que provoque perda de massa encefálica constitui crime de tentativa de homicídio se a vítima não morrer.

Assim, para que seja reconhecido o crime de **lesão grave pelo perigo de vida**, é necessário que haja laudo pericial declarando a existência do perigo e que, no caso concreto, se conclua que o agente não quis matar a vítima. Em outras palavras, referida modalidade de lesão grave **é exclusivamente preterdolosa**, exigindo dolo de lesionar e culpa em relação ao perigo de vida.

Art. 129, § 1º, III — Se resulta debilidade permanente de membro, sentido ou função.

- **Debilidade**

É sinônimo de **redução** ou **enfraquecimento** na capacidade de utilização do membro, sentido ou função, que, todavia, mantém em parte sua capacidade funcional. Se houver perda ou inutilização de membro, sentido ou função, a lesão será considerada gravíssima (art. 129, § 2º, III). Assim, a agressão que faz com que a vítima passe, permanentemente, a andar mancando, constitui lesão grave, mas a que a faz ficar paraplégica é lesão gravíssima.

- **Caráter permanente da debilidade**

É necessário que haja um prognóstico médico no sentido de que a debilidade é irreversível. Quando, por exemplo, alguém tem um dedo extirpado pelo agressor, é evidente que o médico tem condições de dizer que a debilidade é permanente, na medida em que, não tendo o dedo sido reimplantado de imediato, a vítima ficará para sempre sem referida parte do corpo.

- **Membros**

São os braços e as pernas.

Agressões que provoquem, como já mencionado, a perda de um dedo ou a diminuição na mobilidade de um braço ou de uma perna, desde que permanentes, configuram a lesão grave. Certas fraturas ósseas ou rompimento de ligamentos ou tendões podem também fazer com que a vítima fique, para sempre, com menos força nos braços ou pernas, ou que passe a andar mancando de uma perna ou que só consiga caminhar com auxílio de muletas. Nessas hipóteses a lesão também é considerada grave.

Nos termos acima mencionados: "*A perda de parte de um dedo — amputação do segundo dedo da mão direita, entre a falange e a falanginha — caracteriza a qualificadora do inc. III do § 1º, do art. 129 do CP*" (TJRS — Rel. Gilberto Correa — *RTJE* 44/292); "*A perda de um dedo da mão não caracteriza perda ou inutilização de membro, sentido ou função. A jurisprudência tem-se inclinado no sentido de que mesmo a perda de um olho, de uma orelha, de um rim etc., mantido o outro órgão íntegro, não abolida a função, constitui lesão grave e não gravíssima*" (TJSP — Rel. Ângelo Galluci — *RT* 591/309); "*Afetado o membro inferior da vítima de golpe traumático por constrangedor passo claudicante, por tempo indeterminado, é de se reconhecer a qualificadora correlata da debilidade da função da marcha*" (Tacrim-SP — Rel. Azevedo Júnior — *Jutacrim* 20/153).

- **Sentidos**

São os mecanismos sensoriais por meio dos quais percebemos o mundo exterior. São o tato, o olfato, o paladar, a visão e a audição. Estes dois últimos são os mais comumente afetados por agressões. Configuram a lesão grave situações em que a vítima continua a enxergar ou ouvir, mas com uma redução de 20% ou 30%, por exemplo, na respectiva capacidade. Ademais, embora existam algumas vozes divergentes, tem prevalecido o entendimento de que a provocação de cegueira completa em um só olho ou surdez total em um só ouvido, mantido intacto o outro órgão, constitui mera debilidade da visão ou audição (lesão grave), porque a vítima continua podendo enxergar ou ouvir, não havendo, em tais casos, perda ou inutilização do sentido, que configuraria lesão gravíssima. Nesse sentido: "*A lesão de um olho, de um ouvido, de um testículo, de um ovário, de um rim, mantido o outro íntegro, debilitada, mas não abolida da função respectiva, deve ser catalogada, não como gravíssima, mas sim grave*" (Tacrim-SP — Rel. Costa Mendes — *Jutacrim* 43/236); "*A ablação ou inutilização de um dos elementos componentes de determinada função ou sentido, como ocorre em relação àqueles que se apoiam em órgãos duplos, acarreta tão só a diminuição funcional do organismo e não sua perda. Isso ocorre, por exemplo, em relação ao sentido da visão, quando se vem a inutilizar um dos órgãos em que aquela se situa*" (Tacrim-SP — Rel. Valentim Silva — *RT* 536/341).

- **Funções**

Dizem respeito ao funcionamento de um sistema ou aparelho do corpo humano. Exs.: função reprodutora, mastigatória, excretora, circulatória, respiratória etc. Assim, agressões que provoquem dificuldade permanente para a vítima respirar ou que lhe causem perene aumento de pressão sanguínea constituem lesão grave. Igualmente, a perda de um testículo, que diminui a capacidade reprodutora, caracteriza a qualificadora em estudo.

Atos agressivos que provoquem a perda de um ou alguns dentes podem configurar debilidade da função mastigatória se assim entenderem os peritos em face dos dentes que foram perdidos: "*A perda de quatro dentes e ossos do maxilar acarreta, obrigatoriamente, uma permanente debilidade da função mastigatória*" (Tacrim-SP — Rel. Prestes Barra — *RT* 418/279); "*Para que se configure a gravidade da lesão, resultante da perda de um dente, precisam os peritos justificar* quantum satis *a conclusão de que ela acarretou debilidade permanente da função mastigatória*" (TJSP — Rel. Cunha Camargo — *RT* 612/317); "*O fato de ter a vítima implantado uma 'ponte' no lugar dos dentes perdidos na agressão que sofreu é irrelevante para fins de tipificação penal da infração. Ninguém está obrigado a usar dentes postiços ou disfarces para favorecer a sorte de seu ofensor*" (TJSP — Rel. Denser de Sá — *RT* 593/339).

Art. 129, § 1º, IV — Se resulta aceleração do parto.

O que se exige, em verdade, é que a agressão perpetrada provoque um nascimento prematuro, uma antecipação do parto. Premissa desta qualificadora é que o feto seja expulso com vida e sobreviva, pois a agressão que causa aborto (morte do feto) constitui lesão gravíssima (art. 129, § 2º, V).

A tipificação desta figura pressupõe que o agente **saiba** da gravidez, pois, caso contrário, haveria responsabilidade objetiva. Ademais, trata-se de modalidade estritamente preterdolosa, em que o agente tem apenas dolo de lesionar e, culposamente, causa o nascimento prematuro. Com efeito, se o agente tivesse intenção de provocar o aborto e causasse nascimento prematuro, responderia por crime mais grave — tentativa de aborto sem o consentimento da gestante.

Importante o seguinte julgado: "*Se o agente ignora a gravidez da vítima, não se lhe pode imputar o crime de lesão grave se de sua ação delituosa resultar acelera-*

ção do parto, nem o delito de lesão gravíssima se resultar aborto" (Tacrim-SP — Rel. Silva Leme — *Jutacrim* 10/249).

■ 1.2.1.3. Lesões corporais gravíssimas

Importante mencionar, inicialmente, que essa denominação não consta expressamente do Código Penal. A rubrica "lesão grave" engloba os §§ 1º e 2º do art. 129. Todavia, como as hipóteses do § 2º possuem pena maior do que as do parágrafo anterior, convencionou-se, doutrinariamente, chamá-las de lesões gravíssimas, para estabelecer uma distinção.

É possível que o laudo pericial aponte, concomitantemente, a existência de lesão grave e também de lesão gravíssima. Ex.: que a amputação de um braço, além de caracterizar lesão gravíssima pela perda de membro, causou também perigo de vida à vítima pelo extenso sangramento provocado (lesão grave). Nesses casos, o réu responde por crime único, aplicando-se a qualificadora de maior pena — lesão gravíssima. Além disso, se uma mesma agressão provocar pluralidade de lesões gravíssimas, o fato só poderá ser levado em conta pelo juiz na fixação da pena-base, pois trata-se igualmente de crime único.

> **Art. 129, § 2º, I** — Se resulta incapacidade permanente para o trabalho.

Tendo em vista o texto legal referir-se à palavra "trabalho", sem fazer qualquer tipo de ressalva, conclui-se que a incapacitação que torna gravíssima a lesão corporal é aquela que impede a vítima de exercer o trabalho em geral. Exige-se, portanto, a incapacitação genérica e não específica em relação ao trabalho antes exercido pela vítima. Assim, se alguém ganhava a vida como violinista profissional e a agressão lhe causou diminuição na agilidade de uma das mãos, impossibilitando-o de continuar na profissão de músico, mas a perícia constata que ele pode exercer diversas outras funções: advogado, ator, vendedor, motorista etc., a lesão não será considerada gravíssima, mas meramente grave (incapacidade para as ocupações habituais por mais de 30 dias — tocar o instrumento era uma ocupação habitual). Julio Fabbrini Mirabete[66] critica tal entendimento, que é praticamente pacífico, sustentando que a exigência da incapacitação genérica torna difícil a aplicação deste dispositivo, pois "*sempre restará à vítima possibilidade de vender bilhetes de loteria*". Em verdade, todavia, existem critérios médicos para definir quando alguém está incapacitado para o trabalho, não sendo raro o seu reconhecimento. Basta ver a quantidade considerável de pessoas que obtêm aposentadoria por invalidez para o trabalho e que não passaram a ter vida vegetativa.

> **Art. 129, § 2º, II** — Se resulta enfermidade incurável.

É a alteração permanente da saúde da vítima por processo patológico, a transmissão ou provocação intencional de uma moléstia para a qual não existe cura no estágio atual da medicina.

---

66 Julio Fabbrini Mirabete, *Manual de direito penal,* v. 2, p. 112.

Exige-se a existência de afirmação pericial no sentido de que a medicina não dispõe de meios para reverter o quadro e eliminar a doença instalada no corpo da vítima.

- **Transmissão de AIDS**

É polêmico o enquadramento daquele que, intencionalmente, transmite AIDS a outra pessoa, por meio de relação sexual ou outro meio qualquer.

Quando referida síndrome imunológica tornou-se conhecida, há poucas décadas, levava inexoravelmente à morte, o que, aliás, dava-se muito rapidamente. Por isso, as primeiras manifestações jurídicas em torno da transmissão de AIDS apontavam sempre no sentido do crime de homicídio. Todavia, com o avanço das pesquisas em torno de referida doença, foram desenvolvidos diversos medicamentos que, utilizados em conjunto, têm o poder de evitar a instalação das doenças oportunistas, verdadeiras provocadoras da morte. Em razão disso, passou a se questionar se a AIDS ainda é fatal para os soropositivos. Para alguns, a resposta é afirmativa, e os medicamentos constituem a circunstância alheia à vontade do agente, que impede a consumação do homicídio, devendo o agente responder por tentativa de tal crime. Para outros, os "coquetéis" de medicamentos, por evitarem o resultado morte na maioria dos casos, impedem o enquadramento como homicídio tentado, devendo o agente responder por lesão corporal gravíssima pela transmissão de moléstia incurável, pois, embora possa ser controlada, a AIDS ainda não tem cura. Nesse sentido o dizer de Julio Fabbrini Mirabete:[67] "*A transmissão da AIDS, pelo coito ou transfusão, enquanto não ocorre a morte da vítima, é crime de lesão corporal grave (gravíssima em verdade), que pode ser integrado por dolo direto ou eventual*". Este também o entendimento adotado pelo Superior Tribunal de Justiça no julgamento do HC 160.982/DF — Rel. Min. Laurita Vaz — 5ª Turma — julgado em 17-5-2012 — *DJe* 28-5-2012.

Art. 129, § 2º, III — Se resulta perda ou inutilização de membro, sentido ou função.

- **Membros**

A **perda** de membro pode se dar por mutilação ou amputação. Em ambos os casos, haverá lesão gravíssima. A **mutilação** é decorrência imediata da ação criminosa, ocorrendo quando o próprio agente extirpa uma parte do corpo da vítima. Ex.: com um facão ou foice o agressor corta o braço dela. A **amputação** decorre de intervenção cirúrgica imposta pela necessidade de salvar a vítima da agressão ou impedir consequências mais graves. O autor do golpe responde pela lesão gravíssima desde que haja nexo causal entre a necessidade de amputação e o ato agressivo por ele perpetrado. Ex.: uma facada na perna que provoca gangrena e a necessidade de sua amputação.

[67] Julio Fabbrini Mirabete, *Manual de direito penal*, v. 2, p. 113.

A **inutilização** de membro pressupõe que ele permaneça, ainda que parcialmente, ligado ao corpo da vítima, mas incapacitado de realizar suas atividades próprias. Ocorre, por exemplo, quando a vítima fica paraplégica ou perde por completo o movimento dos braços.

A extirpação de um **dedo** constitui lesão grave (debilidade permanente), exceto se for o **polegar**, pois, quanto a este trata-se de lesão gravíssima por ficar a vítima impossibilitada de pegar e segurar normalmente objetos. A extirpação da **mão** constitui **inutilização** de membro, e a do **braço** todo constitui **perda** de membro. Provocar paralisia completa de braço ou perna é **inutilização** de membro, enquanto provocar diminuição de sua força ou mobilidade caracteriza lesão grave.

A utilização de prótese pela vítima (de mão, de braço) não exclui o crime em análise. Já o reimplante imediato, desde que a vítima tenha os movimentos recompostos, implica desclassificação para modalidade mais branda do delito.

- **Sentidos**

Já foi estudado que, em caso de cegueira em um só olho ou surdez em um só ouvido, há lesão grave, porque a vítima continua podendo ver e ouvir, não tendo havido perda ou inutilização de quaisquer desses sentidos. Por isso, ocorre perda da visão ou audição quando a vítima fica totalmente cega ou surda, e inutilização quando lhe resta tão pouca capacidade, que só consegue enxergar vultos disformes ou sombras, ou só consegue ouvir sons distorcidos sem poder compreendê-los.

- **Função**

Existem algumas funções que são vitais, como a respiratória e a circulatória. Em relação a estas, não há falar em lesão gravíssima por perda ou inutilização, porque, em tais casos, a consequência é a morte. Por isso, é a função reprodutora que normalmente é atingida nesta forma de lesão gravíssima. Ex.: agressão em que a vítima perde os testículos ou ovários.

A extirpação do pênis também é exemplo de lesão gravíssima — perda de função sexual e reprodutora.

Como a integridade corporal, no que diz respeito àquelas de natureza grave, constitui bem indisponível, alguns médicos chegaram a responder processo criminal por terem realizado vasectomia ou ligadura de trompas, ainda que com a autorização do paciente. Tais procedimentos de esterilização cirúrgica, todavia, estão atualmente regulamentados pela Lei n. 9.263/96, e, desde que haja autorização do paciente, não configuram crime.

Também no caso de cirurgia transexual, com ablação do pênis, entende-se que não há crime se fica plenamente demonstrado que a pessoa tinha todas as características psicológicas do sexo feminino — via-se e comportava-se como mulher — de tal forma que a cirurgia somente lhe trouxe benefícios. Considerando que dano à integridade corporal, por definição, é a alteração anatômica prejudicial ao corpo humano, conclui-se que não há dolo de lesionar, mas, sim, intenção de reduzir o sofrimento físico e mental do paciente e, assim, não há crime. Nesse sentido: *"Não age dolosamente o médico que, através de cirurgia, faz a ablação de órgãos genitais externos de transexual, procurando curá-lo ou reduzir seu sofrimento físico ou mental. Semelhante cirurgia não é vedada por lei, nem mesmo pelo Código de Ética Médica"* (Tacrim-SP — Rel. Denser de Sá — *RT* 545/355).

Art. 129, § 2º, IV — Se resulta deformidade permanente.

A configuração desta qualificadora pressupõe os seguintes requisitos: a) que se trate de dano estético; b) que o dano seja de certa monta; c) que seja permanente; d) que seja visível; e) que seja capaz de provocar impressão vexatória.

- **Dano estético**

É sinônimo de perda de beleza pela marca deixada no corpo da vítima em decorrência do ato agressivo. Os casos mais comuns são o de cortes profundos que deixam fortes cicatrizes, queimaduras com água fervente ou ácido, arrancamento do globo ocular, da orelha ou parte desta, fratura nos ossos da face etc. Veja-se *"Arrancamento, com dentada, de parte do pavilhão auricular do ofendido, caracteriza deformidade permanente por ensejar à vítima um dano estético visível e irreparável"* (Tacrim-SP — Rel. Camargo Aranha — *Jutacrim* 59/161).

A doutrina costuma ressaltar que a análise deve ser feita de acordo com a vítima, pois é diferente a cicatriz provocada no belo rosto de uma mulher jovem e a mesma cicatriz no rosto de um homem idoso. *Data venia*, caso a marca no corpo de quaisquer delas possa ser vista por outras pessoas, a lesão será considerada gravíssima, não sendo mais admissível esse tipo de diferenciação, posto que a Constituição Federal estabelece que todos são iguais perante a lei. Nesse sentido: *"Para se caracterizar deformidade permanente não se exige tratar-se de verdadeiro aleijão, nem tampouco de aparência horripilante. Assim, é de se reconhecer a qualificadora se apresentar o ofendido gilvaz visível no rosto, de 10 centímetros, de aspecto desagradável para qualquer pessoa. Longe vai o tempo em que a cicatriz na face constituía para o homem motivo de orgulho"* (Tacrim-SP — Rel. Valentim Silva — *Jutacrim* 20/70).

O ato de lançar ácido na vítima para lhe causar queimaduras é conhecido como crime de vitriolagem: *"A vitriolagem, caso raro nos dias atuais, é crime perpetrado mediante arremesso de ácido sulfúrico contra a vítima, com o objetivo de lhe causar lesões corporais deformantes da pele e dos tecidos subjacentes, inserindo-se, pois, no art. 129, § 2º, IV, do CP"* (TJSP — Rel. Andrade Junqueira — *RT* 563/323).

Se a audiência não for filmada, é altamente recomendável à acusação a anexação de fotografia da vítima e da lesão, pois, em caso de recurso da defesa em que se questione a existência do dano estético e sua extensão, os integrantes do Tribunal terão melhores condições de apreciar o caso.

- **De certa monta**

O requisito aqui analisado refere-se à necessidade de que o dano estético tenha certa proporção, a ponto de provocar razoável diminuição de beleza, pois não é justificável considerar como gravíssima uma lesão em que reste uma cicatriz de meio centímetro no braço da vítima, ainda que seja ela permanente. "*O dano estético precisa ser de vulto, proporcional à gravidade da pena. Deve constituir incômodo permanente, vexame constante para o ofendido. A simples linha cicatricial, p. ex., ainda que no rosto, não é dano estético suficiente para caracterizar a lesão corporal*" (gravíssima) (TJSP — Rel. Denser de Sá — *RT* 595/349). O julgado se refere a uma cicatriz muito suave (branda).

- **Permanente**

É o dano que não desaparece pelo passar do tempo, pelo simples poder de recomposição do organismo humano.

A possibilidade de correção, exclusivamente por meio de cirurgia plástica, não afasta a qualificadora, caso a vítima não a realize, já que ninguém é obrigado a submeter-se a procedimento cirúrgico. É praticamente pacífico, todavia, o entendimento de que, se a vítima fizer a plástica, e **houver total correção**, com o desaparecimento do dano estético, o crime deve ser desclassificado. Esse o entendimento de Damásio de Jesus,[68] Julio Fabbrini Mirabete[69] e Fernando Capez.[70] Nesse sentido: "*Se a vítima de deformidade, voluntariamente e com êxito, submeteu-se a uma cirurgia reparadora, para figura menos grave, em certas circunstâncias, a sanção do réu poderá ser desclassificada*" (Tacrim-SP — Rel. Azevedo Franceschini — *Jutacrim* 11/74). Estamos, porém, com Flávio Monteiro de Barros[71] que, embora reconheça a prevalência do já mencionado entendimento doutrinário, critica tal posicionamento "*que consagra a vingança privada, deixando ao alvedrio da vítima a decisão de fazer ou não incidir a qualificadora*". Há também nesse sentido julgado do Superior Tribunal de Justiça: "*A qualificadora 'deformidade permanente' do crime de lesão corporal (art. 129, § 2º, IV, do CP) não é afastada por posterior cirurgia estética reparadora que elimine ou minimize a deformidade na vítima. Isso porque, o fato criminoso é valorado no momento de sua consumação, não o afetando providências posteriores, notadamente quando não usuais (pelo risco ou pelo custo, como cirurgia plástica ou de tratamentos prolongados, dolorosos ou geradores do risco de vida) e promovidas a critério exclusivo da vítima*" (HC 306.677-RJ — Rel. Min. Ericson Maranho

---

68 Damásio de Jesus, *Direito penal,* v. 2, p. 143.

69 Julio Fabbrini Mirabete, *Manual de direito penal,* v. 2, p. 114.

70 Fernando Capez, *Curso de direito penal,* v. 2, p. 142.

71 Flávio Augusto Monteiro de Barros, *Crimes contra a pessoa,* p. 104.

(Desembargador convocado do TJ-SP) — Rel. para acórdão Min. Nefi Cordeiro, julgado em 19-5-2015 — *DJe* 28-5-2015).

- **Visível**

A necessidade de que o dano estético seja visível, nos dias de hoje, não restringe praticamente em nada o alcance desta qualificadora, pois consideram-se visíveis todas as partes do corpo que possam ser vistas quando a pessoa estiver com roupa de banho e estas, atualmente, são consideravelmente pequenas. Não haverá a qualificadora, por exemplo, se a cicatriz localizar-se na sola do pé ou no couro cabeludo e seja coberta pelos fios de cabelo. Nota-se, pois, que **não** são apenas as marcas deixadas no rosto ou no pescoço que configuram a lesão gravíssima.

Assim: "*o dano estético representado pela falta de um olho configura-se incontestavelmente numa deformidade permanente, que, obviamente não fica descaracterizada pela dissimulação de um olho de vidro*" (Tacrim-SP — Rel. Xavier Homrich — *RT* 480/346); "*Não se pode exigir que a vítima procure encobrir, com artifícios ou indumentária adequada, as queimaduras que lhe provocaram dano estético irreparável e permanente, no pescoço, no tórax e na região abdominal, causando impressão vexatória*" (Tacrim-SP — Rel. Nigro Conceição — *RT* 522/397).

- **Capaz de provocar impressão vexatória**

A lesão só será considerada gravíssima se a deformidade causar má impressão nas pessoas que olham para a vítima, de tal modo que esta se sinta incomodada em expor tal parte do seu corpo. Em outras palavras, a deformidade deve ser considerada feia, antiestética pelas pessoas em geral, não sendo, contudo, exigido que a vítima tenha se tornado uma monstruosidade. Assim: "*o conceito de deformidade repousa na estética, somente ocorrendo quando a lesão cause uma impressão, senão de repugnância ou de mal-estar, pelo menos de desgosto ou desagrado. Assim, o simples gilvaz não importa, por si mesmo, necessariamente, na graveza da lesão*" (Tacrim-SP — Rel. Galvão Coelho — *Jutacrim* 42/231).

Art. 129, § 2º, V — Se resulta aborto.

O aborto deve ter sido consequência culposa do ato agressivo. Com efeito, a lesão gravíssima em análise é **exclusivamente preterdolosa**, pressupondo dolo na lesão e culpa no aborto, na medida em que, se o agente atua com dolo em relação à provocação do aborto, responde por crime mais grave, de aborto sem o consentimento da gestante (art. 125 do CP).

O agente deve saber que a vítima está grávida para que não ocorra punição decorrente de responsabilidade objetiva.

Vejam-se os seguintes julgados: "*Para a configuração do delito previsto no art. 129, § 2º, V, do CP, é indispensável que o agente tenha conhecimento da gravidez da vítima ou que sua ignorância quanto a ela seja inescusável*" (TJSP — Rel. Cunha Camargo — *RT* 556/317); "*Indispensável ao reconhecimento do delito do art. 129, § 2º, V, do CP, é a existência de laudo médico-pericial que estabeleça nexo causal entre as lesões sofridas pela vítima e o abortamento*" (Tacrim-SP — Rel. Baptista Garcia — *Jutacrim* 49/278).

- **Distinção entre hipóteses que envolvem lesão grave e aborto**

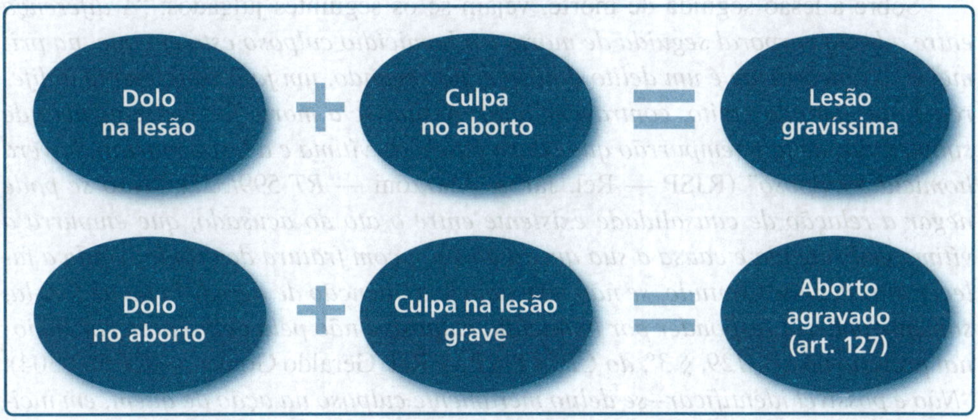

■ *1.2.1.4. Lesões corporais seguidas de morte*

> **Art. 129, § 3º** — Se resulta morte e as circunstâncias evidenciam que o agente não quis o resultado, nem assumiu o risco de produzi-lo:
> Pena — reclusão, de quatro a doze anos.

Trata-se de modalidade criminosa **exclusivamente preterdolosa**, em que o agente quer apenas lesionar a vítima, mas acaba, culposamente, causando sua morte. Ex.: uma facada na perna que atinge a artéria femural na região da coxa e, em face do extenso sangramento, a vítima morre de hemorragia.

Se o agente comete **vias de fato** — ato agressivo sem intenção de lesionar — e disso decorre a morte da vítima — o agente responde apenas por **homicídio culposo**. É o que ocorre quando alguém dá um empurrão na vítima e esta acaba se desequilibrando e caindo de cabeça no chão, sofrendo, com isso, traumatismo craniano.

O crime de lesão seguida de morte pressupõe, portanto, que haja prova de que o agente queria lesionar a vítima e que, em nenhum momento, ele quis ou assumiu o risco de causar sua morte, provocando-a por mera culpa. É que, se ficar demonstrada a existência de dolo, direto ou eventual, em relação ao resultado morte, estará caracterizado homicídio doloso.

O crime em estudo é híbrido (dolo na lesão e culpa na morte), não se confundindo com o instituto da **progressão criminosa** no homicídio. Nesta, o agente inicia uma agressão querendo apenas lesionar a vítima, mas, durante a agressão, muda de ideia e, no mesmo contexto fático, dolosamente mata. Nesse caso, ele responde apenas por homicídio, que absorve o delito anterior de lesões corporais.

As lesões seguidas de morte, por serem crime exclusivamente preterdoloso, são incompatíveis com a figura da tentativa.

O crime de lesão corporal seguida de morte é de competência do juízo singular.

Sobre a lesão seguida de morte, vejam-se os seguintes julgados: "*A diferença entre a lesão corporal seguida de morte e o homicídio culposo está em que, na primeira, o antecedente é um delito doloso e, no segundo, um fato penalmente indiferente, ou, quando muito, contravencional. Assim, se a morte for consequência de simples vias de fato (empurrão que causa queda da vítima e a lesão mortal), haverá homicídio culposo*" (RJSP — Rel. Jarbas Mazzoni — *RT* 599/322); "*Não se pode negar a relação de causalidade existente entre o ato do acusado, que empurra a vítima embriagada e causa a sua queda ao solo, com fratura de crânio, vindo a falecer dias depois. Contudo, se não teve aquele a intenção de agredi-la ou de feri-la, somente poderia responder por homicídio culposo e não pelo delito preterintencional previsto no art. 129, § 3º, do CP*" (TJSP — Rel. Geraldo Gomes — *RT* 582/304); "*Não é possível identificar--se delito meramente culposo na ação de quem, em incidente ocorrido em jogo de futebol, vendo o adversário caído, desfere-lhe violento pontapé na cabeça, fraturando-a e provocando a sua morte*" (Tacrim-SP — Rel. Cunha Bueno — *RT* 502/279); "*Não é possível negar-se que, na lesão corporal seguida de morte, a ação do agente (em sentido amplo) é dolosa; quem feriu quis ferir; o resultado é que escapa à vontade do agente; foi além do que ele quis, mas lhe é atribuível pela previsibilidade, e, portanto, há culpa em sentido estrito. Trata-se, pois, de delito doloso e culposo, há dolo no antecedente e culpa no consequente*" (*RT* 375/165).

- **Quadro comparativo entre as lesões corporais qualificadas exclusivamente preterdolosas e as que podem ou não se revestir de tal característica**

EXCLUSIVAMENTE PRETERDOLOSAS	PODEM OU NÃO SER PRETERDOLOSAS
• Lesão grave decorrente do perigo de vida; • Lesão grave decorrente de aceleração do parto; • Lesão gravíssima pela provocação de aborto; • Lesão seguida de morte.	• Lesão grave pela incapacidade para as ocupações habituais por mais de 30 dias; • Lesão grave pela debilidade permanente de membro, sentido ou função; • Lesão gravíssima pela incapacidade permanente para o trabalho; • Lesão gravíssima pela transmissão de moléstia incurável; • Lesão gravíssima pela perda ou inutilização de membro, sentido ou função; • Lesão gravíssima pela deformidade permanente.

1.2.1.5. *Lesão corporal privilegiada*

> **Art. 129, § 4º** — Se o agente comete o crime impelido por motivo de relevante valor social ou moral ou sob o domínio de violenta emoção, logo em seguida a injusta provocação da vítima, o juiz pode reduzir a pena de um sexto a um terço.

Trata-se de instituto idêntico ao do art. 121, § 1º, do Código Penal, razão pela qual aplicam-se às lesões privilegiadas as regras já estudadas em relação ao homicídio privilegiado. A sua incidência, se presentes os requisitos legais, é direito subjetivo do réu.

O privilégio é aplicável a todas as formas de lesão dolosa — leve, grave, gravíssima e seguida de morte — mas não incide sobre a lesão culposa.

1.2.1.6. *Substituição da pena da lesão leve*

> **Art. 129, § 5º** — O Juiz, não sendo graves as lesões, pode ainda substituir a pena de detenção por multa:
> I — se ocorre qualquer das hipóteses do parágrafo anterior.
> II — se as lesões são recíprocas.

- **Lesões leves privilegiadas**

Verifica-se que o juiz tem duas opções quando se trata de lesão **leve** privilegiada: pode reduzir a pena de um sexto a um terço fundado no § 4º, ou substituir a pena por multa com base no § 5º.

Caso se trate, todavia, de lesão leve qualificada pela violência doméstica contra mulher, o art. 17 da Lei n. 11.340/2006 (Lei Maria da Penha) veda a substituição da pena privativa de liberdade somente por multa, de modo que, se o delito for privilegiado (violenta emoção, por exemplo), o juiz apenas terá a alternativa de reduzir a pena de um sexto a um terço.

- **Lesões leves e recíprocas**

Premissa para a aplicação do presente dispositivo é que duas pessoas tenham cometido crime de lesão corporal leve, uma contra a outra. Isso não ocorre, por exemplo, quando se prova que uma delas tomou a iniciativa da agressão e que a outra, ao se defender, acabou causando também lesão leve na primeira. Nesse caso, só há crime de lesão corporal por parte de quem iniciou a agressão, estando o outro em legítima defesa. É comum, também, que ambos os envolvidos atribuam ao outro o início das agressões, sustentando que agiram em legítima defesa, e a prova colhida não seja suficiente para sanar a dúvida, hipótese em que ambos deverão ser absolvidos.

O instituto da substituição da pena, assim, terá vez, por exemplo, se uma pessoa agredir outra no início de um baile e, após cessada a agressão, a vítima, ao término do evento, for à desforra e agredir o primeiro, em situação em que não pode mais alegar legítima defesa. Nesse caso, os dois cometeram crimes de lesões corporais leves, e ambos podem ter a pena substituída por multa.

Haverá também reconhecimento de crimes por parte de ambos quando os dois partirem, concomitantemente, para a agressão, um contra o outro, tal como ocorre quando se soltam dois cães bravios próximos um do outro.

Sobre o assunto: "*Para se caracterizar a responsabilidade penal, nas lesões corporais dolosas, em caso de briga, com agressões mútuas, é fundamental que a prova esclareça quem foi o iniciador, o provocador da contenda. Se este ponto não ficou claro, deve-se absolver ambos os litigantes*" (Tacrim-SP — Rel. Pedro Gagliardi — *RT* 692/285); "*Se ambos os acusados alegam que se limitaram a defender-se de agressão iniciada pelo outro e a prova é contraditória a esse respeito, é de se absolver ambos, por falta de elementos precisos para se fundamentar a condenação*" (Tacrim-SP — Rel. Ferreira Leite — *Jutacrim* 22/97); "*Tratando-se de entrevero de mútua iniciativa em que os briguentos se desafiam e buscam, cada qual, desforra em razão de alterações anteriores, devem ambos ser responsabilizados pelas consequências reciprocamente causadas*" (Tacrim-SP — Rel. Camargo Sampaio — *Jutacrim* 32/184); "*Partindo réu e vítima para recíproca agressão após mútua aceitação do entrevero, impõe-se a dupla responsabilização pelas consequências do desforço físico*" (Tacrim-SP — Rel. Manoel Pedro Pimentel — *Jutacrim* 23/227).

- **Possibilidade de substituição por multa prevista na Parte Geral do Código Penal**

É certo que o art. 44, § 2º, do Código Penal, com a redação dada pela Lei n. 9.704/98, permite a substituição da pena por multa, se a sanção fixada na sentença não superar um ano, o que pode causar a impressão de que o dispositivo em tela (art. 129, § 5º) perdeu o sentido porque a pena máxima da lesão leve é exatamente de um ano. Ocorre que, para o cabimento da substituição prevista na Parte Geral, são necessários diversos requisitos, como, por exemplo, primariedade e bons antecedentes, que não são exigidos na Parte Especial, restando, assim, aplicáveis os dispositivos.

1.2.1.7. Causas de aumento de pena

> **Art. 129, § 7º, c.c. art. 121, § 4º** — Aumenta-se a pena de 1/3 (um terço) se ocorrer qualquer das hipóteses dos §§ 4º e 6º do art. 121 deste Código.

Assim, pela combinação dos dispositivos a pena será majorada qualquer que seja a modalidade de lesão corporal dolosa — leve, grave, gravíssima e seguida de morte —, se a vítima for menor de 14 ou maior de 60 anos (art. 121, § 4º) ou se o crime for cometido por milícia privada a pretexto de prestação de serviço de segurança ou grupo de extermínio (art. 121, § 6º).

1.2.1.8. Lesões corporais contra policiais ou integrantes das Forças Armadas ou seus familiares

> **Art. 129, § 12** — Se a lesão for praticada contra autoridade ou agente descrito nos arts. 142 e 144 da Constituição Federal, integrantes do sistema prisional e da Força Nacional de Segurança Pública, no exercício da função ou em decorrência dela, ou contra seu cônjuge, companheiro ou parente consanguíneo até terceiro grau, em razão dessa condição, a pena é aumentada de um a dois terços.

A presente causa de aumento foi introduzida no Código Penal pela Lei n. 13.142/2015 e tem aplicação quando qualquer crime de lesão corporal dolosa (leve, grave, gravíssima ou seguida de morte) for cometido contra:

a) integrante das Forças Armadas (Exército, Marinha e Aeronáutica) — art. 142 da Constituição Federal;

b) integrante da polícia federal, da polícia rodoviária federal, da polícia ferroviária federal, da polícia civil ou da polícia militar ou corpo de bombeiros militares — art. 144 da Constituição Federal;

c) integrante do sistema prisional;

d) integrante da Força Nacional de Segurança Pública;

e) cônjuge ou companheiro de qualquer das autoridades ou agentes mencionados nos tópicos anteriores em razão dessa condição;

f) parente consanguíneo até terceiro grau de qualquer das autoridades ou agentes mencionados nos tópicos anteriores em razão dessa condição.

De acordo com o texto legal, a causa de aumento aplica-se quer o crime tenha sido cometido contra autoridade, quer contra agente, de uma das corporações. No caso da polícia civil, por exemplo, existe a majorante se o delito for perpetrado contra delegado de polícia, investigador, agente policial, escrivão de polícia etc. É pressuposto da causa de aumento que a vítima esteja no exercício de suas funções no momento do delito ou que este tenha sido cometido em decorrência delas. Quem agride policial que está de folga em razão, por exemplo, de uma discussão de trânsito não incorre na causa de aumento.

No que tange aos crimes cometidos contra cônjuges, companheiros ou parentes, é necessário comprovar que a agressão ocorreu em razão dessa condição, tal como expressamente exige o dispositivo em estudo.

O parentesco até terceiro grau a que a lei se refere abrange, na linha reta, crime contra pai ou filho, avô ou neto, bisavô ou bisneto e, na linha colateral, crime contra irmão, tio ou sobrinho.

A expressão parentesco consanguíneo foi utilizada para excluir da majorante o parentesco por afinidade. É evidente que se aplica o aumento quando o crime for cometido, por exemplo, contra filho ou irmão adotivo, mesmo porque o art. 227, § 6º, da Carta Magna, proíbe tratamento discriminatório. Cuida-se, evidentemente, de interpretação extensiva, e não de analogia *in malam partem*.

Saliente-se, por fim, que o art. 1º, I-A, da Lei n. 8.072/90, com a redação que lhe foi dada pela Lei n. 13.142/2015, considera crime hediondo a lesão corporal dolosa gravíssima (art. 129, § 2º, do CP) e a lesão seguida de morte (art. 129, § 3º, do CP), nos casos em que aplicada a majorante deste § 12.

1.2.2. Lesão corporal culposa

> **Art. 129, § 6º** — Se a lesão é culposa:
> Pena — detenção, de dois meses a um ano.

O crime de lesões corporais culposas possui a mesma dinâmica do homicídio culposo, diferenciando-se deste apenas em razão do resultado e da respectiva pena.

Ao contrário do que ocorre nas lesões dolosas, na modalidade culposa não há distinção no que tange à gravidade das lesões. A capitulação é sempre no mesmo dispositivo — art. 129, § 6º — e a gravidade da lesão só deve ser levada em consideração pelo juiz na fixação da pena-base (art. 59 do CP).

De acordo com o art. 88 da Lei n. 9.099/95, a ação penal é pública condicionada à representação. Além disso, a composição acerca dos danos civis, realizada na audiência preliminar, no Juizado Especial Criminal, e homologada pelo juiz, implica renúncia ao direito de representação, e gera a extinção da punibilidade do agente. Lembre-se, porém, de que o STF, ao julgar a ADI n. 4.424, em fevereiro de 2012, decidiu que, nos casos de lesão culposa decorrentes de **violência doméstica ou familiar contra a mulher**, a ação é **pública incondicionada**. Veja-se que, para tanto, não basta que a vítima seja, por exemplo, a esposa, sendo necessário que a lesão culposa tenha sido fruto de violência doméstica (agressão sem dolo específico de lesionar e que provoca lesão como decorrência culposa). Ex.: marido que empurra a esposa, sem a intenção de machucá-la, mas que, acidentalmente, provoca sua queda e, por consequência, lesões culposas.

Se a lesão culposa for cometida na direção de veículo automotor, estará configurado crime mais grave, descrito no art. 303 do Código de Trânsito Brasileiro (Lei n. 9.503/97).

1.2.2.1. Causas de aumento de pena

> **Art. 129, § 7º** — Aumenta-se a pena de um terço, se ocorrer qualquer das hipóteses do art. 121, § 4º.

Assim, haverá acréscimo na pena do autor de uma lesão corporal culposa, se o crime resultar da inobservância de regra técnica de arte, ofício ou profissão, se o agente deixar de prestar imediato socorro à vítima, não procurar diminuir as consequências de seu ato ou fugir para evitar a prisão em flagrante.

1.2.2.2. Perdão judicial

> **Art. 129, § 8º** — Aplica-se à lesão culposa o disposto no § 5º do art. 121.

O dispositivo referido é o que trata do perdão judicial no homicídio culposo, de modo que as regras lá estudadas aplicam-se também à lesão culposa.

1.2.3. Violência doméstica

> **Art. 129, § 9º** — Se a lesão for praticada contra ascendente, descendente, irmão, cônjuge ou companheiro, ou com quem conviva ou tenha convivido, ou, ainda, prevalecendo-se o agente das relações domésticas, de coabitação ou de hospitalidade:
> Pena — detenção, de três meses a três anos.
> **Art. 129, § 10** — Nos casos previstos nos §§ 1º a 3º deste artigo, se as circunstâncias são as indicadas no § 9º deste artigo, a pena aumenta-se de um terço.
> **Art. 129, § 11** — Na hipótese do § 9º deste artigo, a pena será aumentada de um terço se o crime for cometido contra pessoa portadora de deficiência.

Esses dispositivos, criados pela Lei n. 10.886/2004, não constituem tipos penais autônomos, já que não possuem núcleo, isto é, não têm nenhum verbo descrevendo uma conduta típica propriamente dita. Para criar um tipo penal autônomo, não basta lhe dar um nome — "violência doméstica", como ocorre no caso em tela. Pela redação dos §§ 9º e 10, resta claro que, a partir do texto legal aprovado, o legislador quis apenas acrescentar algumas circunstâncias com o intuito de agravar o crime de lesões corporais. Tanto é assim que, como já mencionado, não descreveu uma conduta típica nova, mas, sim, fez remissão ao crime de lesão corporal, iniciando o § 9º, com a expressão "se a lesão...", deixando evidente que, ao acrescentar circunstâncias (crime contra ascendente, descendente, irmão, cônjuge etc.) e prever novos limites de pena, acabou criando, no § 9º, o crime de **lesão corporal dolosa leve qualificada pela violência doméstica**.

A pena da figura qualificada que, originariamente, era de seis meses a um ano, foi alterada pela Lei n. 11.340/2006 (conhecida como Lei Maria da Penha), passando a ser de três meses a três anos de detenção. Como a pena máxima passou a ser de três anos, o crime **não mais se enquadra no conceito de infração de menor potencial ofensivo**, restando, assim, inaplicáveis os institutos da Lei n. 9.099/95 referentes ao tema. O julgamento, tampouco, será feito no Juizado Especial Criminal.

Nos termos do art. 28-A, § 2º, IV, do CPP, não cabe acordo de não persecução penal em crime que envolva violência doméstica ou familiar contra mulher.

No § 10, o legislador estabeleceu **causas de aumento de pena** de um terço para os crimes de lesão grave, gravíssima ou seguida de morte, se cometidos contra ascendente, descendente, irmão, cônjuge etc. Com efeito, o § 10 faz expressa menção aos §§ 1º a 3º do art. 129, deixando claro que se refere a essas modalidades de lesão corporal, ficando evidenciado, por exclusão, que o § 9º é exclusivo para as lesões de natureza leve.

O § 10, aliás, ajuda a demonstrar que não foram criados tipos penais autônomos, mas, sim, circunstâncias que agravam a pena do delito de lesão corporal dolosa, porque, expressamente, diz que as penas aumentam-se de um terço, "se as circunstâncias são as indicadas no § 9º deste artigo". É sabido que **circunstâncias** são elementos agregados que aumentam a pena e não elementares de um delito.

Em suma, não existe um crime chamado "violência doméstica", mas crimes de lesão corporal agravados pela violência doméstica, mesmo porque o Capítulo em estudo se chama Das Lesões Corporais.

É possível, ainda, notar, pela leitura de tais parágrafos, que nem sequer é necessário que o fato ocorra no âmbito doméstico para que a pena seja majorada. Com efeito, não consta do texto legal que a pena só será aumentada se o crime contra ascendente, descendente, irmão, cônjuge ou companheiro, ou contra quem o agente conviva ou tenha convivido, tiver sido praticado dentro de casa. É indiferente, portanto, o local em que a agressão ocorra. Haverá sempre a agravação se a vítima for uma das pessoas enumeradas na lei, tratando-se, contudo, de enumeração taxativa. Apenas nas últimas figuras do dispositivo, ou seja, quando o agente cometer o crime prevalecendo-se de relações domésticas, de coabitação ou de hospitalidade, é que se pressupõe que o fato ocorra no ambiente doméstico, mas nestas hipóteses a vítima não precisa ser ascendente, descendente, cônjuge etc. Exs.: agressão do patrão contra a empregada doméstica; do hóspede visitante contra o anfitrião; de um estudante contra outro que mora na mesma "república". A conclusão não pode ser outra, na medida em que as primeiras figuras estão separadas destas últimas no texto legal pela conjunção alternativa "ou", de modo que não é necessário, para agravar a pena, que a agressão seja feita pelo agente contra um descendente, prevalecendo-se de relação doméstica, já que a lei diz "contra descendente, ..., **ou** prevalecendo de relação doméstica".

Tendo em vista que a Lei Maria da Penha (Lei n. 11.340/2006), que trata da violência doméstica ou familiar contra as **mulheres**, ganhou grande repercussão na mídia, é necessário que se esclareça que, embora tenha alterado o montante da pena do crime em análise, não modificou o texto originário, de modo que a vítima das hipóteses agravadas dos §§ 9º e 10 pode ser homem ou mulher (o filho ou a filha, o pai ou a mãe, o avô ou a avó, o irmão ou a irmã, o marido ou a esposa, o companheiro ou a companheira etc.). A Lei n. 11.340/2006 contém, todavia, outras regras preventivas e repressivas, mais gravosas, para as hipóteses em que a vítima é mulher. É o que ocorre, por exemplo, no art. 41 desta Lei, que veda os benefícios da Lei n. 9.099/95 quando a violência doméstica for contra mulher, de modo que tanto a provocação de lesão leve no pai como na mãe enquadram-se no art. 129, § 9º, do Código Penal, mas, na última hipótese, é incabível a suspensão condicional do processo, enquanto no caso de a vítima ser o pai, mostra-se possível referido benefício, desde que o réu preencha os demais requisitos do art. 89 da Lei n. 9.099/95.

Deve-se salientar que não mais podem incidir sobre o crime de lesão corporal as agravantes genéricas do art. 61, II, *e* e *f*, que possuem redação idêntica às hipóteses agora elencadas no § 9º.

Em relação à regra do § 10, é preciso ressalvar que não é rara a agressão contra filho menor de 14 anos que lhe cause lesão grave. Nesse caso, estaríamos diante de duas causas de aumento de pena — a do referido § 10 e aquela prevista no art. 129, § 7º (c.c. art. 121, § 4º), que se refere à vítima menor de 14 anos. O juiz, então, está obrigado a aumentar a pena duas vezes? A resposta é negativa, em razão da regra do art. 68, parágrafo único, do Código Penal, que estabelece que, se o juiz reconhecer duas causas de aumento, *ambas da Parte Especial*, poderá aplicar um só aumento.

O § 11 estabelece que, no caso de lesão contra ascendente, descendente, irmão, cônjuge etc., a pena sofrerá, ainda, acréscimo de **um terço** se a vítima for pessoa portadora de **deficiência**. O dispositivo abrange a deficiência física e a mental.

- **Ação penal na lesão leve qualificada pela violência doméstica contra mulher**

O fato de o art. 41 da Lei Maria da Penha estabelecer que os dispositivos da Lei n. 9.099/95 não se aplicam aos crimes cometidos com violência doméstica ou familiar contra mulher fez surgir controvérsia em torno de a ação penal, para apurar o crime de lesão leve em tais casos, ser condicionada à representação ou incondicionada, uma vez que a regra que estabelece ser condicionada a ação penal na lesão leve encontra-se no art. 88 da Lei n. 9.099/95.

A primeira corrente diz que, em razão do mencionado art. 41, a ação é incondicionada, tendo sido esta a intenção do legislador a fim de conferir eficácia ao combate a esse tipo de violência, que não pode ficar à mercê da vítima.

A segunda corrente entende que a ação penal continua sendo condicionada à representação porque o art. 16 da própria Lei Maria da Penha regulamenta a forma como a vítima pode renunciar ao direito de representação, de modo que o art. 41 desta Lei restringiria apenas outros institutos da Lei n. 9.099/95. É a opinião, dentre outros, de Damásio de Jesus:[72] "*Segundo entendemos, a Lei n. 11.340/2006 não pretendeu transformar em pública incondicionada a ação penal por crime de lesão corporal cometido contra mulher no âmbito doméstico e familiar, o que contrariaria a tendência brasileira da admissão de um Direito Penal de Intervenção Mínima e dela retiraria meios de restaurar a paz no lar. Público e incondicionado o procedimento policial e o processo criminal, seu prosseguimento, no caso de a ofendida desejar extinguir os males de certas situações familiares, só viria piorar o ambiente doméstico, impedindo reconciliações*". Entendendo também tratar-se de ação pública condicionada à representação temos a opinião de Cezar Roberto Bitencourt.[73]

O Superior Tribunal de Justiça, em um primeiro momento, proferiu diversas decisões, em suas duas turmas criminais, no sentido de que a ação era pública incondicionada (HC 91.540/MS, Rel. Napoleão Nunes Maia Filho; HC 96.992/DF, Rel. Jane Silva, dentre outros). No ano de 2010, entretanto, ambas as turmas criminais do Superior Tribunal de Justiça reapreciaram o tema e adotaram o entendimento no sentido de que a ação penal depende de representação (HC 157.416/MT, Rel. Min. Arnaldo Esteves; HC 278.588, Rel. Celso Limongi; HC 154.749, Min. Laurita Vaz; HC 124.106/MS, Min. Celso Limongi; HC 91.540/MS, Rel. Napoleão Nunes Maia Filho; RHC 23.047/GO, Min. Jorge Mussi; RHC 26.072/DF, Min. Felix Fischer; REsp 1.097.042/DF, Min. Jorge Mussi).

---

[72] Damásio de Jesus, *Da exigência de representação da ação penal pública por crime de lesão corporal resultante de violência doméstica e familiar contra a mulher (Lei n. 11.340, de 7 de agosto de 2006)*. Disponível em: <http://www.damasio.com.br>.

[73] Cezar Roberto Bitencourt, *Boletim IBCrim*, maio/2009, p. 10.

O **Supremo Tribunal Federal**, todavia, por seu **Plenário**, ao julgar a Ação Direta de Inconstitucionalidade (ADI) n. 4.424/DF, decidiu, **em definitivo**, que no crime de lesão leve qualificado pela violência doméstica ou familiar contra **mulher** a ação penal é **pública incondicionada**. O fundamento é o de que o art. 41 da Lei Maria da Penha (Lei n. 11.340/2006) afasta a aplicação da Lei n. 9.099/95 aos crimes que envolvam violência doméstica ou familiar contra a mulher e a necessidade de representação no crime de lesão leve encontra-se exatamente no art. 88 da Lei n. 9.099/95. Em razão disso, o Superior Tribunal de Justiça teve que modificar seu entendimento e aprovou, em 31 de agosto de 2015, a Súmula n. 542, com o seguinte teor: *"a ação penal relativa ao crime de lesão corporal resultante de violência doméstica contra a mulher é pública incondicionada"*. O STF decidiu também que outros crimes cometidos com violência doméstica ou familiar contra a mulher cuja necessidade de representação se encontre em outras leis (no Código Penal, por exemplo) e não na Lei n. 9.099/95, continuam a depender de referida condição de procedibilidade (crime de ameaça, por exemplo).

Dessume-se do teor do julgamento do STF que, em caso de violência doméstica causadora de lesão leve em **homem**, a ação penal depende de representação porque o art. 41 da Lei Maria da Penha só afasta os institutos da Lei n. 9.099/95 quando a vítima for mulher.

De acordo com a Súmula n. 589 do Superior Tribunal de Justiça, "É inaplicável o princípio da insignificância nos crimes ou contravenções penais praticados contra a mulher no âmbito das relações domésticas".

■ 1.2.4. Questões

1. (Magistratura/SP — 171° concurso) Pode-se aceitar configurada a debilidade permanente de membro se, em decorrência da lesão corporal sofrida, a vítima:

a) sofre paralisia de um braço.
b) perde um dedo da mão.
c) perde uma das mãos.
d) perde totalmente um dos braços.

2. (Magistratura/SP — 172° concurso) Se o agente lesiona levemente a vítima, sabendo de seu estado de gravidez, e esta vem a abortar em virtude da ação do réu, o agente responderá por:

a) lesões leves.
b) lesões gravíssimas.
c) lesões graves.
d) perigo para a vida ou a saúde de outrem.

3. (Delegado de Polícia/SP) Estudando o crime de lesão corporal previsto em nosso Código Penal em suas diversas espécies verifica-se que a classificação em "gravíssima":

a) não se encontra nele expressa, sendo uma criação doutrinária.
b) está, juntamente com a de natureza leve e grave, expressa nesse delito.
c) está normalmente expressa nesse delito, mas limitada ao resultado aborto e ao da deformidade permanente.
d) está normalmente expressa nesse delito prevendo outros resultados além do aborto e da deformidade permanente.

4. (Ministério Público/RS — 40º concurso) Marque a opção correta:

a) Os §§ 1º, 2º e 3º do art. 129 do Código Penal (lesões corporais qualificadas pelo resultado) contêm apenas figuras preterdolosas do crime.
b) Apenas as qualificadoras do perigo de vida, aceleração do parto, morte e aborto são necessariamente figuras de crimes preterintencionais; as demais admitem o dolo tanto em relação às lesões corporais, como em relação ao resultado qualificador.
c) Não se admite a tentativa de lesões corporais graves; ou houve o resultado qualificador, ou então haverá lesões leves ou outro crime.
d) As qualificadoras das lesões corporais são de natureza objetiva, com o que, no caso de concurso de agentes, comunicam-se sempre entre os partícipes.
e) As causas de diminuição de pena do art. 129, § 4º, do Código Penal, ligadas à motivação ou à violenta emoção do agente, comunicam-se ao coautor, e não se aplicam às lesões seguidas de morte.

5. (Ministério Público/MG) Após discutir com Lúcia, sua namorada, Augusto perdeu o controle e desferiu-lhe um violento soco no rosto, que a fez cair, batendo com a cabeça no meio-fio de uma calçada. Ao perceber que sua namorada havia desmaiado, desesperado, levou-a imediatamente ao pronto-socorro mais próximo. Após ficar internada por uma semana, Lúcia veio a falecer devido ao traumatismo cranioencefálico sofrido. Neste caso, Augusto teria cometido crime de:

a) homicídio culposo.
b) lesão corporal seguida de morte.
c) lesão corporal simples.
d) homicídio privilegiado.

■ GABARITO ■

1. "b". Nas demais alternativas ocorre lesão gravíssima por perda ou inutilização de membro.
2. "b". A hipótese se enquadra perfeitamente na figura de lesão gravíssima descrita no art. 129, § 2º, V, do Código Penal.
3. "a". A expressão lesão "gravíssima" não existe no Código Penal, tendo sido adotada pela doutrina para diferenciá-la das hipóteses de lesão grave do art. 129, § 1º, do CP, na medida em que as penas são diferentes.
4. "b". Todas as demais alternativas possuem afirmações erradas.
5. "b". O agressor agiu com dolo no antecedente (lesão corporal) e culpa no resultado agravador (morte). O enunciado não permite concluir que ele tenha agido com intenção de matar. Tampouco pode ser responsabilizado apenas por homicídio culposo em razão do dolo inicial de lesionar. Por fim, não há que se cogitar de arrependimento eficaz, porque a vítima acabou morrendo.

III

DA PERICLITAÇÃO DA VIDA E DA SAÚDE

1.3. DA PERICLITAÇÃO DA VIDA E DA SAÚDE

Dentro da classificação geral dos crimes, há uma que interessa especificamente a este Capítulo:

a) Crimes de **dano**, que são aqueles em que ocorre efetiva lesão ao bem jurídico tutelado.

b) Crimes de **perigo**, que se caracterizam pela mera possibilidade de dano, bastando, portanto, que o bem jurídico tutelado seja exposto a uma situação de risco; já em relação ao dolo, basta que o agente tenha a intenção de expor a vítima a tal situação de perigo.

O perigo pode ser:

Individual, quando atinge indivíduos determinados. São os crimes previstos nos arts. 130 e seguintes do Código Penal.	**Coletivo ou comum,** quando atinge um número elevado e indeterminado de pessoas. São previstos nos arts. 250 e seguintes.

Os crimes de perigo, por sua vez, subdividem-se, ainda em:

Perigo **concreto**, cuja caracterização pressupõe **prova** efetiva de que uma pessoa correu risco. Nessa espécie de crime, o tipo penal expressamente menciona que **alguém** deve ter sido exposto a perigo, de modo que, na denúncia, o Ministério Público, necessariamente, deve identificar a(s) pessoa(s) exposta(s) a risco.	Perigo **abstrato**, em que a lei descreve uma conduta e **presume** a existência do perigo sempre que tal conduta seja realizada, independentemente da comprovação de que alguém efetivamente tenha sofrido risco, não admitindo, ainda, que se faça prova em sentido contrário. Nessa modalidade de delito, o tipo penal simplesmente descreve a conduta perigosa. No crime de disparo de arma de fogo previsto no art. 15 do Estatuto do Desarmamento, por exemplo, basta que o Ministério Público mencione a ocorrência dos disparos, não sendo necessário dizer que pessoa A ou B foi exposta a risco, porque a lei presume que, sempre que alguém efetua disparo em via pública, há situação de perigo. Já no crime de perigo de contágio venéreo, **que também é de perigo abstrato**, o texto legal exige a identificação da vítima, mas presume que, da relação sexual com pessoa contaminada, decorre automaticamente a situação de risco.

1.3.1. Perigo de contágio venéreo

> **Art. 130.** Expor alguém, por meio de relações sexuais ou qualquer ato libidinoso, a contágio de moléstia venérea, de que sabe ou deve saber que está contaminado:
> Pena — detenção, de três meses a um ano, ou multa.
> § 1º Se é intenção do agente transmitir a moléstia:
> Pena — reclusão, de um a quatro anos, e multa.
> § 2º Somente se procede mediante representação.

1.3.1.1. Objetividade jurídica

O dispositivo tutela a incolumidade física e a saúde das pessoas.

1.3.1.2. Tipo objetivo

A caracterização do delito se dá pela prática de qualquer ato sexual — cópula vagínica, anal, sexo oral etc. — desde que apta à transmissão da moléstia venérea, como sífilis, blenorragia (gonorreia), cancro mole, papilomavírus (HPV) etc. É claro que o fato não constitui crime se o agente não expõe a vítima a perigo de contágio fazendo uso, por exemplo, de preservativo.

Trata-se de crime de **ação vinculada** porque o tipo penal especifica que sua configuração só pode se dar pela prática de atos sexuais.

O Decreto-lei n. 16.300/1923 considera moléstias venéreas "*a sífilis, a gonorreia e o cancro mole ou o cancro venéreo simples*". Tal enumeração, entretanto, não é taxativa, já que o enquadramento de uma doença como venérea depende, em verdade, da ciência médica.

A AIDS, embora possa ser sexualmente transmitida, não é doença venérea porque pode ser transmitida por outras formas. Por isso, em relação a esta doença o crime é o de perigo de contágio de moléstia grave (art. 131) se não ocorrer a transmissão. Caso, todavia, a vítima seja contaminada pelo agente de forma intencional, o crime será o de lesão corporal gravíssima ou o de homicídio, conforme a corrente adotada (sobre o tema, ver comentários ao art. 129, § 2º, II, do CP).

No crime em análise o ato sexual normalmente é consentido, porque a vítima não tem ciência da doença. É possível, porém, que o agente acometido de moléstia venérea estupre uma pessoa, empregando, para tanto, violência ou grave ameaça; nesse caso, ele responderá por estupro em concurso formal com o delito em estudo, caso não transmita a doença. Se ocorrer a transmissão, ele responderá por crime de estupro com a pena aumentada de um sexto até a metade, nos termos do art. 234, IV, do Código Penal, com redação dada pela Lei n. 12.015/2009.

1.3.1.3. Sujeito ativo

Pode ser qualquer pessoa, homem ou mulher, casada ou solteira, recatada no aspecto sexual ou prostituta. Como o tipo penal exige característica diferenciada no sujeito ativo — estar acometido de doença venérea — enquadra-se no conceito de crime **próprio**. Discordamos da doutrina tradicional que diz tratar-se de crime comum com o argumento de que qualquer pessoa pode contrair doença venérea e ser autor deste crime. Se assim fosse, o crime de corrupção passiva também não seria próprio, uma vez que qualquer pessoa pode tornar-se servidor público e depois pedir dinheiro em troca da concessão de vantagens.

1.3.1.4. *Sujeito passivo*

Também pode ser **qualquer pessoa**, inclusive as prostitutas. Pode ser do mesmo sexo ou do sexo oposto ao do autor do delito.

Se duas pessoas estão acometidas da mesma doença venérea, ainda que fique demonstrado que o contato sexual entre elas poderia agravar o quadro, nenhuma responde pelo delito. Com efeito, o tipo penal exige que se exponha a vítima a risco de *contágio,* e não de agravamento da doença preexistente.

1.3.1.5. *Elemento subjetivo*

Na figura simples, do art. 130, *caput*, é o dolo de manter a relação sexual, mesmo ciente de que poderá transmitir a doença. O agente, tendo a opção de não ter a relação, opta pela satisfação de sua libido, expondo a vítima a risco de contágio. No que diz respeito ao conhecimento acerca da doença, a caracterização se dá tanto quando o agente sabe da doença (dolo direto em relação a tal elementar) como quando deve saber que está contaminado — hipótese que, de acordo com maioria quase absoluta da doutrina, indica culpa, havendo, entretanto, entendimento de que seria referente a dolo eventual.

Na figura qualificada do art. 130, § 1º, estamos diante de um crime **de perigo com dolo de dano**, e, portanto, nos termos da lei, o agente tem de ter efetivo conhecimento de que está acometido da doença e deve ter intenção de transmiti-la.

1.3.1.6. *Consumação*

No momento da prática do ato sexual, independentemente da efetiva transmissão da doença. Trata-se de crime de perigo **abstrato** (a lei presume o perigo sempre que houver relação sexual com pessoa contaminada com doença venérea).

Ocorrendo o contágio, o agente responde apenas pelo crime do art. 130, *caput*, do Código Penal, já que, por ter havido mero dolo de perigo, conclui-se que ele não queria transmitir a doença e, por isso, só poderia ser punido por lesão corporal culposa que, entretanto, fica afastada por ter pena menor. Se, todavia, houver prova de que o acusado agiu com dolo eventual, responderá por crime de lesão corporal.

Também na hipótese qualificada do § 1º, a consumação se dá no momento da relação sexual, pois, para sua configuração, basta a intenção de transmitir a moléstia, não sendo, contudo, necessário que o resultado se concretize. Caso haja a transmissão, não há como negar que a lesão é dolosa, pois o agente queria o resultado. Todavia, se a lesão decorrente da moléstia venérea for leve, o agente só responderá pelo crime do art. 130, § 1º, que tem pena maior. Tal delito, portanto, se configura quando o agente pratica o ato sexual querendo a transmissão e não consegue o resultado ou quando consegue, mas a lesão é considerada leve. Ao contrário se, em razão da moléstia, a vítima sofrer lesão grave ou gravíssima, o agente só responderá por estas que, por terem pena maior, absorvem o delito previsto no art. 130, § 1º.

■ *1.3.1.7. Tentativa*

É possível quando o agente inicia atos pré-sexuais com a vítima mas não consegue concretizá-los, de modo a causar a situação de perigo (ex.: tirar a roupa da vítima, mas não realizar com ela a conjunção carnal em razão da chegada de outras pessoas ao local). É, entretanto, de difícil comprovação.

■ *1.3.1.8. Classificação doutrinária*

CLASSIFICAÇÃO DOUTRINÁRIA				
■ Simples e de perigo abstrato quanto à objetividade jurídica	■ Próprio quanto ao sujeito ativo	■ De ação vinculada e comissivo quanto aos meios de execução	■ De mera conduta na forma simples, formal na qualificada e instantâneo quanto ao momento consumativo	■ Doloso quanto ao elemento subjetivo

■ *1.3.1.9. Ação penal*

É pública condicionada à representação. Na modalidade simples, o procedimento deve tramitar junto ao Juizado Especial Criminal, por se tratar de infração de menor potencial ofensivo.

■ 1.3.2. Perigo de contágio de moléstia grave

> **Art. 131.** Praticar, com o fim de transmitir a outrem moléstia grave de que está contaminado, ato capaz de produzir o contágio:
> Pena — reclusão, de um a quatro anos, e multa.

■ *1.3.2.1. Objetividade jurídica*

A incolumidade física e a saúde da pessoa.

■ *1.3.2.2. Tipo objetivo*

O delito em estudo configura-se pela prática de **qualquer ato** capaz de transmitir a doença (beijo, espirro intencional próximo à vítima, lamber o garfo com o qual ela irá comer etc.). Trata-se, portanto, de crime de **ação livre** que admite qualquer meio de execução, desde que apto a transmitir a doença. Como se exige prova de que o ato praticado era capaz de provocar o contágio, conclui-se que se trata de crime de perigo **concreto**.

O tipo penal exige que se trate de moléstia grave — que provoca séria perturbação da saúde — e contagiosa (tuberculose ou "covid-19", por exemplo).

As doenças venéreas, sendo elas graves, tipificam o crime, desde que o perigo de contágio não decorra de ato sexual, já que, nesse caso, aplica-se o art. 130 do Código.

■ 1.3.2.3. Sujeito ativo

Qualquer pessoa que está **contaminada** com moléstia grave, conforme exige o tipo penal. Se alguém **que não está contaminado** aplica em outrem injeção contendo o vetor de transmissão de doença grave, incorre em crime de lesão corporal, consumada ou tentada, dependendo de ter ou não havido a transmissão.

Entendemos tratar-se de crime **próprio**, pois o delito só pode ser cometido por quem está acometido de doença contagiosa grave.

■ 1.3.2.4. Sujeito passivo

Qualquer pessoa. Caso se trate de doença para a qual exista vacina e sendo a vítima vacinada, o ato praticado pelo agente não é capaz de transmitir o contágio, não configurando, portanto, a infração penal, ainda que o agente não saiba disso.

■ 1.3.2.5. Consumação

O texto legal é bastante claro no sentido de que cuida de crime **formal**, que se consuma no instante em que o agente pratica o ato capaz de produzir o contágio, independentemente da efetiva transmissão. Trata-se, porém, de crime de perigo **concreto**, pois é necessário comprovar que o ato era capaz de transmitir a doença.

Tendo em vista o montante das penas, se ocorrer a transmissão da doença e as lesões forem consideradas leves (apesar de a doença ser grave), o agente só responde pelo crime do art. 131, que tem pena maior. Se, entretanto, as lesões forem graves ou gravíssimas, o agente só responde pelas lesões.

■ 1.3.2.6. Tentativa

É possível. O agente tenta beijar a vítima, mas ela recusa.

■ 1.3.2.7. Elemento subjetivo

Trata-se de crime de **perigo com dolo de dano**, que apenas se caracteriza quando o agente quer transmitir a doença. Em razão disso, **somente** admite o **dolo direto**. Como a lei não prevê modalidade culposa, o fato será atípico se o agente atua apenas de forma imprudente e não ocorre a transmissão da doença. Haverá, entretanto, lesão culposa, se ocorrer o contágio.

1.3.2.8. *Classificação doutrinária*

CLASSIFICAÇÃO DOUTRINÁRIA				
■ Simples e de perigo concreto quanto à objetividade jurídica	■ Próprio quanto ao sujeito ativo	■ De ação livre e comissivo quanto aos meios de execução	■ Formal e instantâneo quanto ao momento consumativo	■ Doloso quanto ao elemento subjetivo

1.3.2.9. *Ação penal*

É pública incondicionada. Como a pena mínima é de um ano, é cabível a suspensão condicional do processo, se o réu preencher os demais requisitos do art. 89 da Lei n. 9.099/95.

1.3.3. Perigo para a vida ou saúde de outrem

> **Art. 132.** Expor a vida ou a saúde de outrem a perigo direto e iminente:
> Pena — detenção, de três meses a um ano, se o fato não constitui crime mais grave.

1.3.3.1. *Objetividade jurídica*

A vida e a saúde da pessoa.

1.3.3.2. *Tipo objetivo*

A conduta típica consiste em "expor alguém a perigo", que significa criar ou colocar a vítima em situação de risco. Trata-se de crime de **ação livre**, pois admite qualquer forma de execução: "fechar" o carro de outra pessoa de forma intencional; abalroar dolosamente seu carro contra o da vítima com ela dentro; desferir golpe com instrumento contundente próximo à vítima; tirar uma "fina" de um pedestre para assustá-lo.

O crime em tela pode também ser praticado por omissão, como no caso do patrão que não fornece equipamentos de segurança para seus funcionários, desde que disso resulte situação concreta de perigo. O descumprimento das normas de segurança, por si só, constitui contravenção penal prevista no art. 19 da Lei n. 8.213/91, infração esta que fica absorvida quando o fato caracteriza o crime do art. 132 em decorrência da situação concreta de risco criada. Há também conduta omissiva por parte do responsável que não faz os exames exigidos no sangue do doador antes de efetuar uma transfusão.

O crime de exposição a perigo pressupõe que este seja direto e iminente.

O perigo é **direto** quando voltado à(s) pessoa(s) determinada(s). Perigo **iminente**, por sua vez, é aquele que pode provocar imediatamente o dano.

Como o tipo penal exige que a vida ou a saúde "de outrem" seja exposta a risco, é fácil a conclusão de que o crime em estudo é de perigo **concreto**, devendo a acusação demonstrar que pessoa certa e determinada foi exposta a risco.

■ 1.3.3.3. Sujeito ativo

Pode ser qualquer pessoa. Trata-se de crime **comum**.

■ 1.3.3.4. Sujeito passivo

Qualquer pessoa. O tipo penal não exige qualquer vinculação ou relação jurídica entre a vítima e o autor do crime.

Alguns autores costumam mencionar que não podem ser sujeito passivo deste crime aqueles que têm o dever de enfrentar o perigo, como policiais e bombeiros. Deve-se, porém, ter cautela com tal conclusão, pois o dever destas pessoas de enfrentar o perigo não significa que as outras tenham o direito de tomar a iniciativa de expô-las a risco. Assim, não comete crime quem se arrisca a nadar em um local perigoso, fazendo com que bombeiros sejam chamados para salvá-lo, sofrendo estes também perigo. Não há dolo de perigo neste caso. No entanto, se alguém vê um policial de trânsito no meio da rua e, para assustá-lo, passa muito próximo a ele em excesso de velocidade, responde pelo crime em tela.

■ 1.3.3.5. Consumação

No momento em que é praticado o ato do qual resulte perigo **concreto** para a vítima.

■ 1.3.3.6. Tentativa

É possível.

■ 1.3.3.7. Elemento subjetivo

É o dolo de expor a perigo pessoa ou pessoas determinadas.

Não existe modalidade culposa.

Se o sujeito agiu com dolo de dano, responde por outro crime, como, por exemplo, por tentativa de lesão corporal ou tentativa de homicídio.

A pessoa que, *v.g.*, organiza um rodeio, em que peões se expõem a risco montando em cavalos ou touros bravios, não comete o crime em análise, pois não tem a específica intenção de criar situação de risco, e sim de organizar um entretenimento. Ademais, são os próprios peões que aceitam montar os animais. Esse exemplo vale também para quem organiza corrida de Fórmula 1 ou eventos similares.

■ 1.3.3.8. Caráter subsidiário

A lei, ao tratar da pena deste crime, deixou claro que se trata de delito subsidiário, cuja configuração pressupõe que o fato não constitua ilícito mais grave. Por isso, se o agente, com intenção apenas de assustar a vítima, resolve passar perto dela com o carro, porém, acidentalmente a atinge e provoca sua morte, responde por homicídio culposo na direção de veículo, ficando absorvido o crime do art. 132. Dependendo, todavia, do modo como tenha agido o autor do delito, poderá ser até mesmo punido por crime mais grave em razão de ter agido com dolo eventual, o que, todavia, só será possível em situações extremas e nas quais haja prova cabal de que ele assumiu o risco de provocar o resultado.

Saliente-se, por sua vez, que, se o agente, com uma só ação, intencionalmente, expõe duas ou mais pessoas a perigo, responde por dois delitos em **concurso formal** (art. 70 do CP).

Durante anos, a hipótese mais comum de configuração deste crime do art. 132 era o disparo de arma de fogo próximo a alguém para intimidá-lo. Se o agente, entretanto, efetuasse o disparo para cima, e não próximo à vítima, estaria configurada apenas a contravenção penal de disparo de arma de fogo em via pública (art. 28 da LCP). Atualmente, entretanto, após mudanças legislativas, o ato de efetuar disparo de arma de fogo em local habitado ou em suas adjacências, na via pública ou em direção a ela, configura o crime do art. 15 da Lei n. 10.826/2003 (Estatuto do Desarmamento), que tem pena consideravelmente maior — reclusão, de dois a quatro anos — e se tipifica, nos termos da lei, desde que o disparo não tenha como finalidade a prática de outro delito. No crime de disparo de arma de fogo, a objetividade jurídica é a incolumidade **pública**, que é afetada quando o fato ocorre em um dos locais mencionados no tipo penal, pois a lei presume o perigo quando ocorre em local habitado ou em suas adjacências. Assim, quando o agente efetua um disparo para o alto no meio da multidão para comemorar o título do seu time de futebol, incorre no referido crime do art. 15. Poderia, entretanto, haver divergência na hipótese em que o agente efetua o disparo para causar perigo a pessoa determinada. Em tal caso, sua conduta se amolda nos dois tipos penais — art. 132 do Código Penal e art. 15 do Estatuto do Desarmamento. Não há como se punir o agente por dois delitos em concurso formal, pois a situação de perigo é uma só. A punição, portanto, deve se dar por crime único. Como o art. 15 contém ressalva no sentido de que referido delito tem sua tipicidade afastada quando a intenção do agente é cometer outro crime, poderia haver entendimento de que este crime fica absorvido para dar lugar àquele descrito no art. 132 do Código Penal. Acontece que, neste, também existe subsidiariedade expressa, conforme já mencionado. Dessa forma, como ambos os delitos são subsidiários, o agente deve ser punido pelo crime mais grave, ou seja, pelo crime de disparo de arma de fogo em via pública (art. 15 do Estatuto do Desarmamento).

Por sua vez, se o disparo for efetuado no meio de uma floresta ou em outro lugar desabitado, a conduta não se amolda em tal crime. Nessa hipótese, se a intenção do agente era expor pessoa determinada a situação de risco, estará tipificado o crime do art. 132, mas se não queria causar perigo concreto para ninguém, o fato é atípico.

Se o perigo a outrem é provocado por determinadas condutas elencadas como crime no Código de Trânsito Brasileiro, fica afastado o do art. 132. Ex.: embriaguez ao volante, participação em "racha", excesso de velocidade em determinados locais (arts. 306, 308 e 310 da Lei n. 9.503/97). Fora das hipóteses expressamente tipificadas como delitos autônomos no Código de Trânsito, a utilização de veículo para expor outrem a situação de risco configura o crime do art. 132.

1.3.3.9. Classificação doutrinária

CLASSIFICAÇÃO DOUTRINÁRIA				
Simples e de perigo concreto quanto à objetividade jurídica	Comum quanto ao sujeito ativo	De ação livre e comissivo ou omissivo quanto aos meios de execução	Instantâneo quanto ao momento consumativo	Doloso quanto ao elemento subjetivo

1.3.3.10. Causa de aumento de pena

> **Art. 132, parágrafo único** — A pena é aumentada de um sexto a um terço se a exposição da vida ou da saúde de outrem a perigo decorre de transporte de pessoas para a prestação de serviços em estabelecimentos de qualquer natureza, em desacordo com as normas legais.

Esse dispositivo, introduzido no Código Penal pela Lei n. 9.777/98, tem a finalidade de punir mais gravemente os responsáveis pelo transporte de trabalhadores, em geral, os rurais (boias-frias), a fim de prevenir o enorme número de acidentes registrados com elevado número de vítimas fatais, em razão de o transporte ser feito na carroceria de caminhões ou em veículos em péssimo estado de conservação.

Pelo texto legal, somente haverá o aumento se houver desrespeito às normas legais destinadas a garantir a segurança, atualmente previstas na Lei n. 9.503/97 (Código de Trânsito Brasileiro).

O aumento da pena pressupõe também a ocorrência de perigo **concreto**, ou seja, que se constate o efetivo transporte de pessoas fora dos padrões de segurança exigidos em lei.

1.3.3.11. Ação penal

É pública incondicionada, de competência do Juizado Especial Criminal.

1.3.4. Abandono de incapaz

> **Art. 133.** Abandonar pessoa que está sob seu cuidado, guarda, vigilância ou autoridade, e, por qualquer motivo, incapaz de defender-se dos riscos resultantes do abandono:
> Pena — detenção, de seis meses a três anos.

1.3.4.1. *Objetividade jurídica*

A vida e a saúde da pessoa incapaz de defender-se.

1.3.4.2. *Tipo objetivo*

Abandonar o incapaz significa deixá-lo sem assistência afastando-se dele, de modo que seja exposto a risco.

Segundo Heleno Cláudio Fragoso,[74] o crime pode ser praticado mediante um deslocamento no espaço, por meio de ação (levar a vítima a um determinado lugar e dela se afastar) ou por omissão (deixar a vítima no lugar onde se encontra). No último exemplo, a bem da verdade, não há uma omissão do agente, e sim uma ação, consistente em se afastar do local onde a vítima permanece. Há omissão se o agente (o pai, por exemplo) deve buscar uma criança em certo local e, intencionalmente, não vai apanhá-la.

Pode-se dizer que o crime pode ser cometido **com** ou **sem** deslocamento espacial da vítima, desde que ela fique desamparada e, com isso, seja exposta a risco.

Existe o crime, por exemplo, quando uma babá deixa criança de pouca idade sozinha em casa e sai para namorar, uma vez que a criança, por não ter ainda exata noção do perigo, pode subir em um sofá e cair, mexer em produtos tóxicos, sufocar-se com um saco plástico etc. Igualmente, o enfermeiro contratado para tomar conta de pessoa doente, privada de seus movimentos, que deixa de lhe dar assistência por alguns dias, ou os pais que abandonam seus filhos etc. Há inúmeros casos relatados de pais que deixaram seus filhos de pouca idade no interior de veículos e foram para o bar conversar com amigos ou para lojas fazer compras, cometendo, assim, o crime em estudo.

Note-se que "*o abandono pode ser temporário ou definitivo. Sua duração é indiferente, desde que seja por espaço de tempo juridicamente relevante (capaz de pôr em risco o bem jurídico tutelado)*".[75]

A propósito: "*deixando o agente abandonadas as crianças que estavam sob sua guarda, após furtar a residência da qual era empregada doméstica, expondo aquelas a perigo real e concreto, configurado está o delito previsto no art. 133 do Código Penal, em concurso material com o crime do art. 155 do mesmo estatuto*" (Tacrim — Rel. Dias Filho — *RT* 541/396).

A pessoa que não tem a vítima sob seus cuidados e a encontra em situação de abandono, mas não lhe presta assistência, comete delito de omissão de socorro.

Pressuposto do crime em análise é a ocorrência de perigo concreto, efetivo, como consequência do abandono.

Não há crime quando é o próprio assistido quem se afasta sem que o agente perceba o ocorrido.

---

[74] Heleno Cláudio Fragoso, *Lições de direito penal*. Parte especial, v. I, p. 154.

[75] Heleno Cláudio Fragoso, *Lições de direito penal*. Parte especial, v. I, p. 154.

■ 1.3.4.3. Sujeito ativo

Trata-se de crime **próprio**, pois só pode ser autor do delito quem exerce cuidado, guarda vigilância ou autoridade sobre a vítima. No dizer de Damásio de Jesus[76] "*cuidado é a assistência eventual. Ex.: o enfermeiro que cuida de portador de doença grave. Guarda é a assistência duradoura. Ex.: menores sob a guarda dos pais. Vigilância é a assistência acauteladora. Ex.: guia alpino em relação ao turista. Autoridade é o poder de uma pessoa sobre outra, podendo de ser direito público ou privado*".

■ 1.3.4.4. Sujeito passivo

É a pessoa que está sob a guarda, cuidado, vigilância ou autoridade do agente, desde que esteja incapacitada de se defender dos riscos decorrentes do abandono.

■ 1.3.4.5. Consumação

No momento em que, em razão do abandono, a vítima sofre situação **concreta** de perigo. Trata-se de crime **instantâneo**, e, mesmo que o agente, posteriormente, reassuma o dever de assistência, o delito já estará consumado.

■ 1.3.4.6. Tentativa

É possível.

■ 1.3.4.7. Elemento subjetivo

É a vontade livre e consciente de abandonar o assistido. Pode haver dolo direto ou eventual em relação ao perigo que decorra do abandono.

Não existe modalidade culposa. Se o agente esquece temporariamente a criança no supermercado e vai embora, não responde pelo delito, ainda que policiais já tenham sido acionados pelos funcionários do estabelecimento.

■ 1.3.4.8. Distinção

a) Se o agente tem a vítima sob seus cuidados e deixa de lhe prestar assistência, comete abandono de incapaz, mas, se a vítima não está sob seus cuidados e o agente a encontra ao desamparo e não lhe presta assistência, comete omissão de socorro.

b) Se a vítima for recém-nascido e a intenção do agente for de ocultar desonra própria, o crime será o de exposição ou abandono de recém-nascido (art. 134).

---

76 Damásio de Jesus, *Direito penal*, v. 2, p. 168.

■ 1.3.4.9. *Classificação doutrinária*

CLASSIFICAÇÃO DOUTRINÁRIA				
■ Simples e de perigo concreto quanto à objetividade jurídica	■ Próprio quanto ao sujeito ativo	■ De ação livre e comissivo ou omissivo quanto aos meios de execução	■ Instantâneo quanto ao momento consumativo	■ Doloso quanto ao elemento subjetivo

■ 1.3.4.10. *Formas qualificadas*

> **Art. 133, § 1º** — Se do abandono resulta lesão corporal de natureza grave:
> Pena — reclusão, de um a cinco anos.
> § 2º Se resulta morte:
> Pena — reclusão, de quatro a doze anos.

Pelo montante das penas cominadas, inferiores à do homicídio simples, resta óbvia a conclusão de que essas qualificadoras são **exclusivamente preterdolosas**. Assim, em havendo intenção por parte do agente de provocar o resultado mais gravoso, ou, tendo ele assumido o risco de produzi-lo, responderá por crime de lesão corporal grave ou homicídio doloso, tentado ou consumado, dependendo do caso. Se, todavia, as lesões sofridas forem leves, subsiste o crime de abandono de incapaz, que as absorve por ter pena maior.

■ 1.3.4.11. *Causas de aumento de pena*

> **Art. 133, § 3º** — As penas cominadas neste artigo aumentam-se de um terço:
> I — se o abandono ocorre em local ermo;
> II — se o agente é ascendente ou descendente, cônjuge, irmão, tutor ou curador da vítima;
> III — se a vítima é maior de 60 anos.

Local **ermo** é o local afastado, isolado.

A enumeração do inc. II é taxativa, não se podendo fazer uso de analogia para abranger outras hipóteses não mencionadas expressamente. O texto legal, por exemplo, não agrava a pena quando o crime é cometido pelo companheiro da vítima, e, por isso, não pode incidir a majorante, já que, nesse caso, haveria analogia *in malam partem*, que é vedada.

A hipótese do inc. III, que se refere à pessoa idosa, foi inserida no Código Penal pela Lei n. 10.741/2003, conhecida como Estatuto do Idoso.

■ 1.3.4.12. *Ação penal*

É pública incondicionada. Tendo em vista a pena mínima prevista em abstrato, mostra-se cabível a suspensão condicional do processo se o réu preencher os demais requisitos do art. 89 da Lei n. 9.099/95.

1.3.5. Exposição ou abandono de recém-nascido

> **Art. 134.** Expor ou abandonar recém-nascido, para ocultar desonra própria:
> Pena — detenção, de seis meses a dois anos.

1.3.5.1. Objetividade jurídica

A segurança do recém-nascido.

1.3.5.2. Tipo objetivo

As condutas típicas são **expor e abandonar** o recém-nascido. Na primeira figura, o agente remove o recém-nascido do local em que se encontra, deixando-o em local onde não terá assistência. Na segunda, o agente deixa o bebê no local em que já estava, dele se afastando. A doutrina costuma dizer que só há crime se, em razão do abandono, o recém-nascido for exposto a situação de **risco concreto**, na medida em que, embora o neonato seja indefeso, caso a mãe o abandone no berçário de uma maternidade, continuará ele a ter toda a assistência de que necessita, recebendo até mesmo o leite de outras mulheres. Configura, assim, crime abandonar o bebê no banco de uma rodoviária, na porta de um supermercado etc. Veja-se, porém, que, se comprovado dolo de provocar a morte por parte de mulher que, por exemplo, colocou o recém-nascido em uma lata de lixo ou no meio de uma mata, responderá ela por tentativa de homicídio ou por homicídio consumado — dependendo do resultado. Nestes casos, se ela estiver sob a influência do estado puerperal, responderá por infanticídio (consumado ou tentado).

A doutrina costuma dizer que o crime de abandono de recém-nascido é uma espécie **privilegiada** do crime de abandono de incapaz, porque possui pena menor em razão da finalidade de ocultar desonra própria. O Código Penal, porém, trata referida conduta como infração autônoma, já que possui pena própria.

1.3.5.3. Sujeito ativo

Não há dúvida de que o crime pode ser cometido por mãe solteira ou casada, que concebeu fora do casamento, e que venha a abandonar o recém-nascido para ocultar a própria desonra.

Diverge, contudo, a doutrina, em torno da possibilidade de o pai, que concebeu em relação adulterina ou incestuosa, ser também sujeito ativo do delito. Entendendo que o pai pode ser autor deste crime, podemos citar Nélson Hungria,[77] Maga-

[77] Nélson Hungria, *Comentários ao Código Penal,* v. V, p. 437.

lhães Noronha,[78] Julio Fabbrini Mirabete, Heleno Cláudio Fragoso,[79] Flávio Monteiro de Barros[80] e Damásio de Jesus.[81] Em sentido oposto, argumentando que desonra **própria** é só a da mulher, temos o entendimento de Celso Delmanto[82] e Cezar Roberto Bitencourt.[83] Para estes, o pai comete crime de abandono de incapaz (art. 133), que tem pena maior.

Qualquer que seja a corrente adotada em relação ao pai, o crime de abandono de recém-nascido enquadra-se no conceito de crime **próprio**, porque não pode ser cometido por outras pessoas. Todavia, quem colaborar com a mãe (ou com o pai, para os que o admitem como sujeito ativo) será partícipe ou coautor do crime de abandono de recém-nascido, nos termos do art. 30 do Código Penal, na medida em que as circunstâncias de caráter pessoal, quando elementares do crime, estendem-se aos que não possuem tal característica. No caso, a circunstância pessoal que se comunica por ser elementar é a finalidade de ocultar desonra própria.

Se o ato for cometido em razão do estado puerperal (e não houver dolo de matar o bebê), poderá ser reconhecida a atenuante genérica inominada do art. 66 do Código Penal para o crime do art. 134.

As prostitutas não podem ser autoras do crime em tela com o argumento de que não têm desonra a ocultar. Em caso de abandono, responderão pelo crime de abandono de incapaz do art. 133.

■ 1.3.5.4. Sujeito passivo

É o recém-nascido. Existe, porém, séria controvérsia em torno do alcance desta condição.

Para alguns, o prazo não é fixo, sendo a **queda do cordão umbilical** o marco divisório em que a criança deve deixar de ser tratada como recém-nascida. É a opinião de Damásio de Jesus[84] e Julio Fabbrini Mirabete,[85] com a qual concordamos.

A outra corrente defende que a condição de recém-nascido alcança o **primeiro mês** de vida. É a opinião de Heleno Cláudio Fragoso,[86] Cezar Roberto Bitencourt[87] e Flávio Monteiro de Barros.[88]

78 E. Magalhães Noronha, *Direito penal,* v. 2, p. 91.
79 Heleno Cláudio Fragoso, *Lições de direito penal*. Parte especial, v. I, p. 157.
80 Flávio Augusto Monteiro de Barros, *Crimes contra a pessoa,* p. 138.
81 Damásio de Jesus, *Direito penal,* v. 2, p. 174.
82 Celso Delmanto, *Código Penal comentado,* p. 252.
83 Cezar Roberto Bitencourt, *Tratado de direito penal,* v. 2, p. 245.
84 Damásio de Jesus, *Direito penal,* v. 2, p. 174.
85 Julio Fabbrini Mirabete, *Manual de direito penal,* v. 2, p. 134.
86 Heleno Cláudio Fragoso, *Lições de direito penal*. Parte especial, v. I, p. 158.
87 Cezar Roberto Bitencourt, *Tratado de direito penal,* v. 2, p. 247.
88 Flávio Augusto Monteiro de Barros, *Crimes contra a pessoa,* p. 139.

■ 1.3.5.5. Consumação

No momento em que o recém-nascido sofre perigo **concreto** como consequência do ato de abandono. É desnecessário que a mulher consiga efetivamente ocultar a desonra própria. Por isso, trata-se de crime formal.

■ 1.3.5.6. Tentativa

É possível quando o agente elege a forma comissiva para o cometimento do crime.

■ 1.3.5.7. Elemento subjetivo

É o dolo de perigo. Exige, ainda, o tipo penal um especial fim por parte do agente que é o de **"ocultar desonra própria"**. Essa honra que o agente visa preservar é a de natureza sexual, a boa fama, a reputação. Quando o fato já é conhecido da coletividade, não há como se ocultar desonra própria, configurando o abandono o crime do art. 133 do CP. Por isso, se todos viram uma mulher solteira grávida durante o período gestacional, não há que cogitar de ocultação de desonra após o nascimento. Haverá, todavia, o crime, se ela havia conseguido esconder a gravidez, com uso de roupas largas ou mudando-se de cidade.

Se a causa do abandono for miséria, excesso de filhos ou outra, o crime será também o de abandono de incapaz do art. 133 do Código Penal, delito que também ocorrerá se o agente não for pai nem mãe da vítima.

■ 1.3.5.8. Classificação doutrinária

CLASSIFICAÇÃO DOUTRINÁRIA				
■ Simples e de perigo concreto quanto à objetividade jurídica	■ Próprio quanto ao sujeito ativo	■ De ação livre e comissivo ou omissivo quanto aos meios de execução	■ Formal quanto ao momento consumativo	■ Doloso quanto ao elemento subjetivo

■ 1.3.5.9. Formas qualificadas

> **Art. 134, § 1º** — Se do fato resulta lesão corporal de natureza grave:
> Pena — detenção, de um a três anos.
> § 2º Se resulta a morte:
> Pena — detenção, de dois a seis anos.

Pelo montante das penas cominadas, inferiores à do homicídio simples, resta óbvia a conclusão de que essas qualificadoras são **exclusivamente preterdolosas**. Assim, em havendo intenção por parte do agente de provocar o resultado mais gravoso, ou, tendo ele assumido o risco de produzi-lo, responderá por crime de lesão corporal grave ou homicídio doloso, tentado ou consumado, dependendo do caso. Assim, se a mãe colocar o filho em uma cesta e a colocar em um rio, mas, posteriormente, a correnteza virar a cesta e o bebê morrer, evidente se mostra a configuração do homicídio.

Se as lesões sofridas pela vítima forem leves, subsiste o crime de abandono de recém-nascido, que as absorve por ter pena maior.

■ *1.3.5.10. Ação penal*

Pública incondicionada, de competência do Juizado Especial Criminal.

■ 1.3.6. Omissão de socorro

> **Art. 135.** Deixar de prestar assistência, quando possível fazê-lo sem risco pessoal, à criança abandonada ou extraviada, ou à pessoa inválida ou ferida, ao desamparo ou em grave e iminente perigo; ou não pedir, nesses casos, o socorro da autoridade pública:
> Pena — detenção, de dois a seis meses, ou multa.

■ *1.3.6.1. Objetividade jurídica*

A preservação da vida e da saúde das pessoas e a consagração do dever de assistência mútua e solidariedade entre os homens.

■ *1.3.6.2. Tipo objetivo*

O crime pode ocorrer de duas maneiras:

a) Falta de assistência **imediata**, que se verifica quando o agente pode prestar o socorro pessoalmente à pessoa que dele necessita, e não o faz. Ex.: uma pessoa vê outra se afogando e, sabendo nadar, nada faz para salvá-la.

Essa modalidade só se configura, nos termos da lei, quando a prestação do socorro não põe em risco a vida ou a incolumidade física da pessoa, que, em verdade, não precisa realizar atos heroicos, que podem ter como consequência a própria morte. Convém lembrar, contudo, que certas profissões, como a dos bombeiros, trazem o dever de enfrentar o perigo, e os seus agentes somente não responderão pela omissão de socorro quando o risco for efetivamente consistente.

Se a prestação de socorro implicar produção de risco à terceira pessoa, a omissão não constituirá crime.

b) Falta de assistência **mediata**, que se dá quando o agente, não podendo prestar o socorro pessoalmente, deixa de solicitar auxílio às autoridades públicas quando havia meios para tanto. No exemplo anterior, se a pessoa não soubesse nadar, deveria noticiar o afogamento a qualquer agente da autoridade para que esta providenciasse o salvamento. Não o fazendo, incorre na figura prevista na parte final do art. 135. Para se livrar da responsabilização penal, o agente deve acionar de imediato as autoridades.

A doutrina costuma salientar que a lei não confere duas opções ao agente. Assim, se for possível a ele prestar pessoalmente o socorro, só se eximirá da responsabilidade penal se o fizer. Caso opte por acionar as autoridades, retardando o socorro que já poderia ter sido prestado pessoalmente, responde pelo crime. Evidente, entretanto, que não existirá infração penal se o agente optar por acionar as autoridades por vislumbrar que há tempo para a chegada destas para um socorro mais apropriado, agindo, portanto, a fim de evitar o agravamento da situação da vítima.

1.3.6.3. *Sujeito ativo*

Pode ser qualquer pessoa, independentemente de vinculação jurídica com a vítima. Trata-se de crime **comum**.

Todos os presentes que se omitirem serão considerados autores do crime.

Quem não pode pessoalmente prestar socorro, mas de uma forma qualquer incentiva a omissão por parte daquele que poderia prestá-lo, será considerado partícipe. Assim, se uma pessoa presencia um acidente e telefona para um amigo dizendo que irá se atrasar para o jogo de futebol combinado porque irá socorrer a vítima e este o convence a não prestar o socorro, será partícipe do delito.

Existem inúmeros julgados reconhecendo crime de omissão de socorro por parte de médicos e enfermeiros que demoram a atender pacientes em situação de risco, embora pudessem fazê-lo de imediato, ou por motoristas que passam por local de acidente e se negam a colocar o acidentado dentro de seu carro para levá-lo a um pronto-socorro, para não sujar o veículo.

> "*Responde por omissão de socorro o médico que, embora solicitado, deixa de atender de imediato a paciente que, em tese, corria risco de vida, omitindo-se no seu dever*" (Tacrim-SP — Lauro Malheiros — *Jutacrim* 47/223); "*Caracteriza o crime de omissão de socorro a conduta do médico que, impassível e indiferente, deixa por horas vítima com operação infeccionada dentro de ambulância, negando-lhe internação, e nem mesmo ministrando a ela sedativo para minimizar seu sofrimento, desrespeitando o agente seu dever profissional*" (Tacrim-SP — Rel. Silva Rico — *RJD* 9/123); "*Responde pela infração a enfermeira que deixa de prestar socorro de urgência a doente, por falta de convênio entre o nosocômio e a entidade assistencial a que estava filiado o paciente, vindo este a falecer a caminho de outro hospital*" (Tacrim-SP — Rel. Weiss de Andrade — *Jutacrim* 52/172); "*Responde penalmente o motorista que, tendo presenciado agressão física contra terceiro, recusa-se a prestar imediato socorro à vítima, transportando quem visivelmente se encontra necessitado de atendimento médico*" (Tacrim-SP — Rel. Geraldo Pinheiro — *Jutacrim* 30/209); "*Infringe o disposto no art. 135, parágrafo único, do CP, aquele que se recusa a transportar em seu veículo, para ser socorrida, pessoa gravemente ferida e que, logo após, vem a falecer*" (Tacrim-SP — Rel. Cunha Camargo — *RT* 522/397).

• **Várias pessoas presentes que se omitem.** Quando várias pessoas, concomitantemente, deixam de auxiliar a vítima, todas respondem pelo crime.

• **Socorro por um dos presentes.** Tendo em vista que se trata de obrigação solidária, se apenas uma das pessoas presentes presta o socorro à vítima, embora existam outras no local, não há crime porque o socorro, objetivamente, foi prestado. Saliente-se, todavia, que só não se tipificará o delito se o omitente tiver presenciado o socorro prestado pelo terceiro.

1.3.6.4. *Sujeito passivo*

O texto legal expressamente enumera as pessoas que podem ser vítimas deste crime, subdividindo-as em cinco categorias:

1. CRIANÇA ABANDONADA	■ É aquela que, propositadamente, foi deixada por seus responsáveis e que, assim, está entregue a si mesma, sem poder prover a própria subsistência. Distingue-se do crime de abandono de incapaz porque, na omissão, o sujeito encontra a vítima em abandono e não lhe presta assistência, enquanto no abandono de incapaz é o próprio agente, responsável pelo menor, quem o abandona. ■ Considera-se criança quem tem menos de 12 anos.
2. CRIANÇA EXTRAVIADA	■ É aquela que se perdeu, ou seja, que não sabe retornar ao local onde estão seus responsáveis.
3. PESSOA INVÁLIDA, AO DESAMPARO	■ Inválida é a pessoa que não pode valer de si própria para a prática dos atos normais dos seres humanos. Pode decorrer de defeito físico, de idade avançada, de doença etc. A pessoa deve, ainda, estar ao desamparo, ou seja, impossibilitada de se afastar de situações de perigo por suas próprias forças e sem contar com a assistência de outra pessoa. Caso se trate de pessoa idosa que esteja necessitando de tratamento de saúde, haverá crime específico previsto no art. 97 da Lei n. 10.741/2003 (Estatuto do Idoso), por parte de quem recusar, retardar ou dificultar sua assistência, hipótese em que a pena será de seis meses a um ano de detenção, e multa.
4. PESSOA FERIDA, AO DESAMPARO	■ É aquela que está lesionada, de forma acidental ou por provocação de terceiro, e que está também desamparada. ■ Se foi o próprio agente quem, culposamente, lesionou a vítima e depois não a socorreu, responde por crime específico de lesões corporais culposas com a pena aumentada de um terço pela omissão de socorro (art. 129, §§ 6º e 7º). ■ Se o agente feriu intencionalmente a vítima, a fim de lhe causar lesões corporais ou a morte, e, posteriormente, não a socorreu, responde tão somente por lesão corporal ou homicídio, não agravando sua pena a falta de assistência à vítima. Ao contrário, caso a socorra com sucesso, poderá ser beneficiado pelo instituto do arrependimento eficaz (art. 15 do CP).

<table>
<tr>
<td>5. PESSOA EM GRAVE E IMINENTE PERIGO</td>
<td>■ Nos termos do texto legal, o perigo a que a vítima está submetida deve ser de grandes proporções e estar prestes a desencadear o dano. Ex.: pendurada em um abismo ou isolada em uma grande enchente, no interior de uma casa na encosta de um morro prestes a desabar etc. Mesmo que a vítima não queira ser socorrida, haverá o crime se o agente não lhe prestar socorro ou não acionar as autoridades, já que a vida e a incolumidade física são bens indisponíveis. Assim, se alguém percebe que outra está prestes a se atirar de um prédio e cometer suicídio, deve acionar as autoridades para que tentem evitá-lo. Se nada fizer, incorrerá em omissão de socorro. Já em relação às autoridades acionadas que se omitam, e que têm o dever de evitar o resultado caso possível, existe controvérsia em torno da forma como devem ser punidas (sobre o assunto ver comentários ao art. 122 do CP).
■ Não haverá crime de omissão de socorro se a oposição da vítima inviabilizar a sua prestação.
■ Para a configuração do crime em análise, não importa quem causou a situação de perigo — a própria vítima, terceiro, forças da natureza etc.
■ Se o causador do perigo tiver sido o próprio omitente, poderá ele responder pelo crime de omissão de socorro, caso não sobrevenha lesão corporal ou morte — lembre-se de que, na hipótese em análise, a vítima está em situação de perigo e não ferida. Note-se, porém, que o causador da situação de perigo, nos termos do art. 13, § 2°, c, do Código Penal, passa a ter o dever jurídico de evitar a produção do resultado; assim, caso a vítima morra ou sofra lesão corporal em decorrência da omissão de socorro, o agente responderá por crime de lesão ou homicídio em suas formas dolosas.
■ Quando se trata de pessoa idosa em situação de perigo, a omissão de assistência configura crime mais grave, descrito na primeira parte do art. 97 da Lei n. 10.741/2003 (Estatuto do Idoso).</td>
</tr>
<tr>
<td colspan="2">Observação: Nas quatro primeiras hipóteses (criança abandonada ou extraviada e pessoa inválida ou ferida ao desamparo), o crime é de perigo abstrato ou presumido, isto é, basta que se prove que a situação da vítima se enquadrava em uma dessas circunstâncias, e a ausência de socorro será considerada crime. Já na última hipótese, o crime é de perigo concreto, cabendo ao órgão acusador demonstrar que a vítima estava em uma situação efetiva de perigo e que, mesmo assim, o agente se omitiu. A diferença é que, nas quatro hipóteses iniciais, o legislador especifica em que consiste a situação de risco (criança abandonada etc.), enquanto na última existe uma menção genérica — vítima em iminente e grave perigo — devendo-se demonstrar, no caso concreto, qual era esse perigo.</td>
</tr>
</table>

■ *1.3.6.5. Consumação*

No momento da **omissão**, uma vez que a vítima já se encontrava anteriormente em situação de risco.

■ *1.3.6.6. Tentativa*

Não é possível, na medida em que se trata de crime omissivo puro (próprio), para os quais nunca é admissível o *conatus*. Se o agente presta o socorro no momento próprio, o fato é atípico; se não presta, o delito está consumado. Nesse sentido: "*o crime de omissão de socorro constitui infração instantânea, que não admite tenta-*

tiva, consumando-se no instante em que o sujeito omite a prestação de socorro" (Tacrim-SP — Rel. Goulart Sobrinho — *Jutacrim* 35/152).

A falta de socorro quando a vítima está evidentemente morta não constitui crime, sendo considerada hipótese de crime impossível, pois não há socorro a ser prestado.

■ 1.3.6.7. Elemento subjetivo

É o dolo de perigo, direto ou eventual.

■ 1.3.6.8. Distinção

O Código de Trânsito Brasileiro (Lei n. 9.503/97) tipificou condutas criminais diferenciadas para punir mais gravemente os condutores de veículos que transgridem a lei, deixando de prestar socorro.

Assim, analisando os arts. 303 e 304 do referido Código de Trânsito, podemos chegar às seguintes conclusões:

a) O condutor de veículo automotor que, culposamente, provoque acidente, causando lesões na vítima e, que, em seguida, não a socorra, comete o crime de lesão culposa com a pena aumentada pela falta de socorro (art. 303, § 1º, III, da Lei n. 9.503/97). Aqui a omissão de socorro atua como causa de aumento do crime de lesão culposa na direção de veículo.

b) O condutor de veículo envolvido em acidente, que não agiu de forma culposa, mas que, em seguida, não prestou socorro à vítima, comete o crime de omissão de socorro previsto no art. 304 do Código de Trânsito, que tem pena de seis meses a um ano de detenção, ou multa (mais grave que a omissão de socorro do Código Penal).

c) Qualquer outra pessoa que não preste socorro em caso de acidente de trânsito incorre no crime do art. 135 do Código Penal. É o que acontece, por exemplo, com um pedestre ou com condutores de outros veículos, não envolvidos no acidente, que não prestam socorro aos acidentados.

d) Omissão de socorro não relacionada a acidente de veículos configura sempre o crime do art. 135 do CP, exceto se a vítima for pessoa idosa, hipótese em que configura crime específico já mencionado, previsto no art. 97 do Estatuto do Idoso.

■ 1.3.6.9. Classificação doutrinária

CLASSIFICAÇÃO DOUTRINÁRIA				
■ Simples e de perigo abstrato nas primeiras figuras e concreto na última	■ Comum quanto ao sujeito ativo	■ Omissivo próprio (ou puro) quanto aos meios de execução	■ Instantâneo quanto ao momento consumativo	■ Doloso quanto ao elemento subjetivo

■ *1.3.6.10. Causas de aumento de pena*

> **Art. 135, parágrafo único** — A pena é aumentada de metade, se da omissão resulta lesão corporal de natureza grave, e triplicada, se resulta a morte.

Tendo em vista o pequeno montante da pena a ser aplicada, ainda que triplicada na hipótese de morte da vítima, conclui-se que essas figuras qualificadas são exclusivamente **preterdolosas**, ou seja, aplicam-se quando há dolo na omissão de socorro e culpa na lesão grave ou morte.

Trata-se de qualificadoras em que o resultado, em verdade, não decorre diretamente da omissão, e sim da causa originária que fez surgir a necessidade do socorro. No caso em tela, portanto, o nexo causal deve ser analisado de outra forma, já que se trata de crime omissivo, isto é, somente serão aplicadas as qualificadoras se ficar provado que, caso o agente tivesse socorrido a vítima, poderia ter-se evitado a ocorrência do resultado agravador. Nesse sentido: "*ainda que a morte da vítima não resulte da omissão de socorro, é suficiente para que se configure o delito em sua forma qualificada, que se comprove que a atuação do sujeito ativo poderia evitar o resultado, tanto mais tratando-se o agente de médico no exercício dessa atividade*" (Tacrim-SP — Rel. Abreu Machado — *RT* 636/301).

■ *1.3.6.11. Ação penal*

Pública incondicionada, de competência do Juizado Especial Criminal — mesmo nas hipóteses agravadas pela provocação de lesão grave ou morte.

■ 1.3.7. Condicionamento de atendimento médico-hospitalar emergencial

> **Art. 135-A.** Exigir cheque-caução, nota promissória ou qualquer garantia, bem como o preenchimento prévio de formulários administrativos, como condição para o atendimento médico-hospitalar emergencial:
> Pena — detenção, de 3 (três) meses a 1 (um) ano, e multa.

■ *1.3.7.1. Objetividade jurídica*

A preservação da vida e da saúde das pessoas que necessitam de atendimento médico de emergência.

■ *1.3.7.2. Tipo objetivo*

Infelizmente, é comum pessoas que se encontram gravemente **enfermas** ou **acidentadas** verem protelado o atendimento médico de **emergência** em hospitais ou clínicas da rede privada, caso não assinem documento se comprometendo a pagar pelo atendimento. A falta de socorro nesses casos já configuraria o crime de omissão de socorro. O legislador, contudo, aprovou a Lei n. 12.653, publicada em 29 de maio de 2012, a fim de evitar a própria **exigência** da assinatura do cheque-caução, da nota promissória ou de outra garantia como condição para o atendimento, e, assim, tipificou tais condutas como crime no art. 135-A do Código Penal. O delito, portanto, configura-se no exato instante em que feita a **exigência** pelo funcionário do hospital ou posto de atendimento, ainda que posteriormente a vítima venha a ser socorrida por médicos que trabalham no local ou por terceiros. A pena é maior do que a do crime de omissão de socorro.

Configura-se também a infração penal se o agente condiciona o atendimento ao **prévio preenchimento** de formulários **administrativos**, pretendendo o legislador que primeiro atenda-se o paciente para depois serem tomadas as providências burocráticas.

Note-se que só haverá crime se o funcionário **exigir** a assinatura ou o preenchimento do formulário, **condicionando** o atendimento a tais providências por parte da vítima ou seus familiares. É necessário, ainda, que se trate de pessoa em quadro de **emergência** médica, conforme exige o próprio tipo penal.

Cuida-se de crime de perigo **concreto** porque pressupõe demonstração de que a vítima se encontrava em situação de risco.

1.3.7.3. *Sujeito ativo*

Somente os funcionários e responsáveis pela recepção em hospital ou clínica de atendimento emergencial, além de seus superiores que tenham determinado que assim agissem (chefe de serviço, diretores do hospital, proprietários). Trata-se de crime **próprio**.

Se os médicos se recusam a prestar o atendimento, incorrem em crime de omissão de socorro.

1.3.7.4. *Sujeito passivo*

A pessoa de quem é exigida a caução ou promissória e aquela que necessita do atendimento emergencial.

1.3.7.5. *Consumação*

Com a simples **exigência** da garantia ou do preenchimento do formulário, ainda que a vítima venha a ser posteriormente atendida.

1.3.7.6. *Tentativa*

Em regra inviável, uma vez que estas exigências geralmente são feitas na presença da pessoa que se encontra necessitada do atendimento ou de seus familiares, consumando-se de imediato.

1.3.7.7. *Causas de aumento de pena*

De acordo com o parágrafo único, do art. 135-A, a pena é aumentada até o **dobro** se da negativa de atendimento resulta **lesão** corporal de natureza **grave**, e até o **triplo** se resulta a **morte**. As hipóteses são, evidentemente, **preterdolosas**.

■ *1.3.7.8. Ação penal*

Pública **incondicionada**, de competência do Juizado Especial Criminal, salvo no caso de morte (em que a pena máxima é de 3 anos).

■ 1.3.8. Maus-tratos

> **Art. 136.** Expor a perigo a vida ou a saúde de pessoa sob sua autoridade, guarda ou vigilância, para fim de educação, ensino, tratamento ou custódia, quer privando-a de alimentação ou cuidados indispensáveis, quer sujeitando-a a trabalho excessivo ou inadequado, quer abusando dos meios de correção ou disciplina:
> Pena — detenção, de dois meses a um ano, ou multa.

■ *1.3.8.1. Objetividade jurídica*

A vida e a saúde daquele que se encontra sob a guarda, autoridade ou vigilância de outrem para fim de educação, ensino, tratamento ou custódia.

■ *1.3.8.2. Tipo objetivo*

O crime consiste em expor a risco a vida ou a saúde da vítima por uma das formas enumeradas no tipo penal. Assim, como o texto legal expressamente elenca as formas de execução trata-se de delito **de ação vinculada**.

As formas de execução do crime de maus-tratos são:

a) Privação de alimentos. A lei se refere a vítimas que não têm condições de obter o próprio alimento, de modo que o agente comete o crime deixando de alimentar a pessoa que está sob sua guarda, autoridade ou vigilância. A privação pode ser relativa (diminuição no volume de alimentos fornecidos) ou absoluta (total). Para a configuração do crime, basta a privação relativa, desde que seja suficiente para gerar perigo para a vida ou para a saúde da vítima. Em caso de privação total de alimentos, somente poderá ser cogitado o crime de maus-tratos se ocorrer apenas por um curto espaço de tempo. Se o agente deixa totalmente de alimentar uma pessoa que está sob sua guarda, autoridade ou vigilância, fazendo-o por um longo período, responderá por tentativa de homicídio ou por delito consumado, caso a vítima venha a falecer.

O carcereiro que deixa de alimentar o preso durante um dia pode incorrer no crime de maus-tratos. Caso a privação de alimentos se estenda um pouco mais, ele poderá responder por crime de tortura (art. 1º, inc. II, ou § 1º, da Lei n. 9.455/97). Se parar de fornecer alimentação em definitivo, estará praticando homicídio, consumado ou tentado, dependendo do resultado.

b) Privação de cuidados indispensáveis. A lei se refere a cuidados médicos, fornecimento de agasalho, de higiene etc. O fato de não higienizar pessoa que está sob sua guarda pode, por exemplo, provocar-lhe doenças, assaduras, brotoejas na pele etc.

c) Sujeição a trabalhos excessivos ou inadequados. Trabalho excessivo é aquele que provoca fadiga acima do normal, quer pelo grande volume de tarefas, quer pelo grande número de horas de serviço. Trabalho inadequado é aquele impróprio ou inconveniente às condições de idade, sexo, desenvolvimento físico da vítima etc. É o que ocorre quando o agente exige que a vítima carregue peso acima do que ela suporta, ou em local muito quente ou frio, ou quando um adolescente é obrigado a trabalhar à noite etc. "*Respondem por maus-tratos os responsáveis por nosocômio que submetem doentes mentais a condições desumanas, trabalhos exaustivos, redução de alimentação, agressões e confinamento em locais inadequados. Suficiente à configuração do delito é o perigo de dano à incolumidade da vítima*" (Tacrim-SP — Rel. Goulart Sobrinho — *Jutacrim* 49/289).

d) Abuso dos meios de disciplina e correção. O texto legal se refere aos castigos corporais imoderados. Apesar de estarem cada vez mais em desuso, a lei não considera crime a aplicação de leves palmadas ou chineladas em criança, embora possam justificar a aplicação de medidas educativas e protetivas, ou de advertência, por parte do Conselho Tutelar (art. 18-B do Estatuto da Criança e do Adolescente, com a redação dada pela Lei n. 13.010/2014 — conhecida como Lei da Palmada). O delito consiste no **abuso** do poder de correção e disciplina e este passa a existir quando o meio empregado atinge tal intensidade que gera situação de perigo para a vida ou para a saúde da vítima. Assim, ocorre a infração penal quando o agente desfere violentos chutes ou socos na vítima, quando lhe desfere enorme surra com uma cinta etc.

Vejam-se os seguintes julgados que ajudam uma melhor compreensão em torno do crime em estudo: "*Pratica o delito do art. 136 do CP o agente que agride a filha, desferindo-lhe chineladas no rosto, máxime quando testemunhas afirmem ser tal conduta uma constante*" (Tacrim-SP — Rel. Samuel Júnior — *RJD* 22/283); "*Incorre nas sanções do art. 136 do CP, a Diretora de escola que, com o intuito de atribuir castigo a aluno de 9 anos de idade, que estava sob sua autoridade, para fins de educação, por ter ele colocado uma formiga no braço de um colega, abusa dos meios de correção e disciplina, expondo a perigo a saúde física e mental do ofendido, fazendo com que este, na presença de outros alunos, coloque no próprio corpo, para ser picado, 48 insetos*" (Tacrim-SP — Rel. Orlando Bastos — *RJD* 20/229); "*O agente que obriga a filha a comer insetos, como meio de correção, incorre nas penas do art. 136 do CP, pois, ainda que se admita que os limites do direito de corrigir são elásticos e que sempre se deva levar em conta o nível social do corrigente, qualquer pessoa, ainda que de escassa cultura, formará a convicção de que ocorre, na espécie, abuso inadmissível*" (Tacrim-SP — Rel. Xavier de Aquino — *RJD* 23/282).

O art. 13 do Estatuto da Criança e do Adolescente (Lei n. 8.069/90) dispõe que "*os casos de suspeita ou confirmação de castigo físico, de tratamento cruel ou degradante e de maus-tratos contra criança ou adolescente serão obrigatoriamente comunicados ao Conselho Tutelar da respectiva localidade, sem prejuízo de outras providências legais*". Já o seu art. 245 estabelece pena, de caráter administrativo, de três a vinte salários de referência (aplicáveis em dobro em caso de reincidência) para o médico, professor ou responsável por estabelecimento de atenção à saúde e de ensino fundamental, pré-escola ou creche que deixe de comunicar à autoridade competente os casos de que tenha conhecimento, envolvendo suspeita ou confirmação de maus-tratos contra criança ou adolescente.

1.3.8.3. Sujeitos do delito

O crime de maus-tratos é um crime **próprio específico**, pois exige uma vinculação, uma relação jurídica entre o sujeito ativo e a vítima, na medida em que o texto legal exige que ela esteja sob autoridade, guarda ou vigilância do agente para fim de educação, ensino, tratamento ou custódia. A vítima, portanto, deve estar subordinada ao agente.

Segundo Damásio de Jesus,[89] "*cuidado é a assistência eventual. Ex.: o enfermeiro que cuida de portador de doença grave. Guarda é a assistência duradoura. Ex.: menores sob a guarda dos pais. Vigilância é a assistência acauteladora. Ex.: guia alpino em relação ao turista. Autoridade é o poder de uma pessoa sobre outra, podendo de ser direito público ou privado*".

O companheiro da mãe da vítima quando exerce guarda, autoridade ou vigilância sobre o menor pode cometer crime de maus-tratos. Nesse sentido: "*Embora não sendo pai da vítima, pode o amásio de sua mãe figurar como sujeito ativo do delito de maus-tratos se restar comprovado que, na ocasião dos fatos, encontrava-se aquela sob sua autoridade, guarda ou vigilância*" (Tacrim-SP — Rel. Lourenço Filho — *RJD* 17/119).

A **esposa** não se encontra em relação de subordinação para com o **marido**, de modo que as agressões por ele perpetradas configuram crime de lesão corporal agravada pela violência doméstica (art. 129, § 9º, do Código Penal), ou, se não houver agressão, mas outra forma de exposição a risco, pelo crime de periclitação da vida e da saúde (art. 132), neste último caso com a agravante genérica do art. 61, II, *e*, do Código Penal (crime contra cônjuge).

Para a configuração do crime de maus-tratos, é ainda necessário que a vítima esteja sob a subordinação do agente para fim de educação, ensino, tratamento ou custódia. Nélson Hungria,[90] discorrendo sobre o tema, explica que "*educação compreende toda atividade docente destinada a aperfeiçoar, sob o aspecto intelectual, moral, técnico ou profissional, a capacidade individual. Ensino, aqui, em sentido menos amplo que o de educação: é a ministração de conhecimentos que devem formar o fundo comum da cultura (ensino primário, propedêutico). Tratamento abrange não só o emprego de meios e cuidados no sentido da cura de moléstias, como o fato continuado de prover a subsistência de uma pessoa. Finalmente, custódia deve*

---

[89] Damásio de Jesus, *Direito penal*, v. 2, p. 168.

[90] Nélson Hungria, *Comentários ao Código Penal*, v. V, p. 450.

ser entendida em sentido estrito: refere-se à detenção de uma pessoa para fim autorizado em lei. Assim, o crime em questão é praticável por pais, tutores, curadores, diretores de colégio ou de institutos profissionais, professores, patrões, chefes de oficina ou contramestres, enfermeiros, carcereiros, em relação, respectivamente, aos filhos (menores), pupilos, curatelados, discípulos, fâmulos (menores), operários (menores) aprendizes, enfermos, presos".

1.3.8.4. Consumação

No momento da produção do perigo. Trata-se de crime de perigo **concreto** em que deve ser produzida prova da efetiva situação de risco sofrida pela vítima.

Algumas das formas de execução do crime de maus-tratos exigem certa duração, como no caso da privação de alimentos, em que não basta deixar a vítima, uma única vez, sem café da manhã para sua configuração. Em outras modalidades, todavia, basta uma única ação para que o crime se concretize, como no caso do abuso dos meios de correção e disciplina. Em suma, algumas modalidades do delito são classificáveis como crimes instantâneos, enquanto outras se mostram adequadas ao conceito de crimes permanentes.

1.3.8.5. Tentativa

É **possível** nas modalidades **comissivas**. Ex.: alguém que ia desferir cintadas na vítima, mas é detido por outra pessoa quando a cinta estava prestes a atingir o sujeito passivo. Nas hipóteses de privação de alimentos ou cuidados indispensáveis, a tentativa é impossível, quer por se tratar de figuras omissivas, quer por exigirem alguma habitualidade para sua configuração, conforme explanado no item anterior.

1.3.8.6. Elemento subjetivo

É o dolo de perigo, direto ou eventual. Nesse sentido: "*O agente que coloca crianças que estão sob sua guarda, sem camisa, sobre formigueiro, com o fim de corrigi-las, comete o crime de maus-tratos, pois o elemento subjetivo do delito abarca a aceitação do risco de exposição a perigo, ou seja, o dolo eventual*" (Tacrim-SP — Rel. Moacir Peres — *RJD* 25/271).

1.3.8.7. Distinção

- **Maus-tratos e crime de tortura**

Se o meio empregado pelo agente provocar na vítima **intenso** sofrimento físico ou mental, estará configurado o crime do art. 1º, II, da Lei n. 9.455/97 (Lei Antitortura), que tem redação bastante parecida com a figura do crime de maus-tratos que diz respeito ao abuso dos meios de correção ou disciplina. O crime de tortura, todavia, por possuir pena bem maior, é reservado para condutas mais graves, em que o sofrimento causado na vítima, de acordo com o texto legal, é **intenso**, de grandes proporções. A análise deve ser feita caso a caso. Configuram o crime de tortura, por exemplo, amarrar a vítima e chicoteá-la, aplicar ferro em brasa ou queimá-la várias vezes com cigarro etc. A redação do crime de tortura é "*submeter alguém sob sua guarda, poder ou autoridade, com emprego de violência ou grave ameaça, a intenso sofrimento físico ou mental, como forma de aplicar castigo corporal ou medida de caráter preventivo*".

- **Maus-tratos e Estatuto da Criança e do Adolescente**

Se o agente não expõe um menor a perigo, mas o sujeita a situação vexatória ou a constrangimento, configura-se o crime do art. 232 da Lei n. 8.069/90 (Estatuto da Criança e do Adolescente). Ex.: raspar o cabelo da criança para castigá-la.

- **Maus-tratos e Estatuto do Idoso**

Um novo tipo penal foi incluído em nossa legislação no art. 99 da Lei n. 10.741/2003 (Estatuto do Idoso) para punir, de forma específica, o crime de maus-tratos contra pessoa idosa. Tal crime, em verdade, possui a mesma pena do art. 136, contudo dispensa a relação de guarda, autoridade ou vigilância para com o idoso. Assim, se um vizinho comete maus-tratos contra pessoa com mais de 60 anos, sem estar com sua guarda (etc.), infringe o crime da lei especial.

- **Maus-tratos e lesões corporais leves**

A diferença entre esses dois crimes reside no dolo. Nas lesões corporais, o dolo é de dano, porque o agente quer machucar a vítima. Nos maus-tratos, o dolo é de perigo.

Quando o agente, a fim de corrigir o filho, aplica-lhe uma surra e, desta, culposamente, decorre alguma lesão, o crime é apenas o de maus-tratos, já que o delito de lesão culposa possui a mesma pena. Se, contudo, ficar caracterizado que houve dolo de provocar as lesões, o agente responde pelo crime do art. 129, que é mais grave.

1.3.8.8. *Classificação doutrinária*

CLASSIFICAÇÃO DOUTRINÁRIA				
Simples e de perigo concreto quanto à objetividade jurídica	Próprio quanto ao sujeito ativo	De ação múltipla, vinculada e comissivo ou omissivo quanto aos meios de execução	Instantâneo ou permanente dependendo da hipótese	Doloso quanto ao elemento subjetivo

1.3.8.9. *Figuras qualificadas*

Art. 136, § 1º — Se do fato resulta lesão corporal de natureza grave:
Pena — reclusão, de um a quatro anos.
§ 2º Se resulta a morte:
Pena — reclusão, de quatro a doze anos.

Tendo em vista o montante da pena, consideravelmente pequena em face do resultado morte ou lesão grave, torna-se inequívoca a conclusão de que se trata de hipóteses **exclusivamente preterdolosas**, em que o agente atua com dolo em relação aos maus-tratos e culpa quanto ao resultado agravador. Nesse sentido: "*Se não pretendia o acusado eliminar o filho e tampouco assumiu o risco de fazê-lo, mas objetivava corrigi-lo, ainda que de forma despropositada, descontrolada e brutal, a ponto de provocar-lhe a morte, deverá responder pelo delito de maus-tratos, na forma qualificada (§ 2º do art. 136, do CP), e não por homicídio qualificado*" (TJSP — Rel. Silva Leme — *RT* 561/328).

Na hipótese em que a vítima sofre lesão grave, o juiz pode aplicar a regra do art. 92, II, do Código Penal, e decretar, como efeito da condenação, a incapacidade para o exercício do pátrio poder (poder familiar), tutela ou curatela. Tal dispositivo aplica-se também ao crime de tortura, que, igualmente, possui pena de reclusão. Essa regra do Código Penal é inaplicável em relação à modalidade simples do crime de maus-tratos, porque esta é apenada com detenção e o dispositivo é expresso no sentido de ser aplicável somente a crimes apenados com reclusão. É evidente, porém, que o Estatuto da Criança e do Adolescente, por conter normas genéricas, permite ao juiz da Vara da Infância e Juventude decretar a suspensão ou perda do pátrio poder (poder familiar) em qualquer caso de maus-tratos, desde que haja razões para tanto. Nesse caso, contudo, não se trata de efeito decorrente imediatamente da condenação criminal, e sim de decisão de outro Juízo.

■ *1.3.8.10. Causas de aumento de pena*

> **Art. 136, § 3º** — A pena aumenta-se de um terço, se o crime é praticado contra pessoa menor de catorze anos.

Esse dispositivo, inserido no Código Penal pelo Estatuto da Criança e do Adolescente, inviabiliza a aplicação concomitante ao crime de maus-tratos da agravante genérica do art. 61, II, *h*, do Código, que se refere a crimes cometidos contra criança.

■ *1.3.8.11. Ação penal*

É pública incondicionada e, na modalidade simples do delito, de competência do Juizado Especial Criminal.

IV. DA RIXA

1.4. DA RIXA

Neste Capítulo está descrito apenas o crime de rixa em suas figuras simples e qualificadas.

1.4.1. Rixa

> **Art. 137.** Participar de rixa, salvo para separar os contendores:
> Pena — detenção, de quinze dias a dois meses, ou multa.

Não é rara a existência de tumultos com grande número de pessoas envolvidas na troca de agressões em que se mostra impossível, pela quantidade de litigantes, saber quem agrediu quem. O legislador resolveu, então, punir todos os que integrarem a luta, independentemente de se fazer prova das pessoas que atingiram ou foram atingidas por este ou aquele réu. Em suma, todos serão acusados pelo crime de rixa, ainda que tenham "levado a pior" na briga.

Evidente que aqueles que se limitaram a atos de defesa ou que entraram na contenda apenas para separar os lutadores não responderão pelo delito.

A rixa é uma **luta desordenada**, marcada pelo tumulto, que envolve a troca de agressões por pelo menos **três pessoas**, em que os lutadores **visam todos os outros** indistintamente.

Não há crime de rixa quando há vários lutadores, porém pertencentes a dois grupos perfeitamente identificados lutando entre si. Nesse caso, os integrantes do grupo respondem pelas lesões causadas nos opositores e vice-versa. A jurisprudência, todavia, vem reconhecendo o crime de rixa quando se inicia uma troca de agressões entre dois grupos distintos, mas, em razão do grande número de envolvidos, surge tamanha confusão que, durante seu desenrolar, torna-se inviável identificar os componentes de cada grupo. Em tais casos, em que é impossível saber quem atingiu quem, fica prejudicada a punição por crime de lesão corporal, restando punir os agentes por crime de rixa. É o que ocorre, por exemplo, em algumas brigas de torcedores em que o número de envolvidos é tão elevado que se torna impossível a identificação das partes, pois nem todos estão identificados com as camisas de seus times.

São esclarecedores os seguintes julgados: "*Conceitua-se a rixa como sendo lutas que surgem inopinadamente envolvendo várias pessoas que, voluntariamente, adentram no palco dos acontecimentos para o que der e vier, figurando como agressoras e agredidas ao mesmo tempo*" (Tacrim-SP — Rel. Silva Pinto — *Jutacrim* 87/434); "*O delito de rixa caracteriza-se pela confusão ou tumulto e pela participação de vários contendores, sem que se possa saber a atuação hostil de cada participante. Assim, encontrando-se determinada a posição de cada agente, não há falar-se na infração*" (Tacrim — Rel. Castro Duarte — *Jutacrim* 52/266); "*Tipifica o delito de rixa a participação no conflito sem o objetivo de separar os contendores, sendo irrelevante que não tenha sido definida exatamente a autoria das lesões*" (Tacrim-SP — Rel. Manoel Pedro — *Jutacrim* 13/373); "*A rixa é delito de multidão, isto é, de um grupo mais ou menos elevado de pessoas que se agridem mútua e indiscriminadamente, impossibilitando ou dificultando a perfeita determinação do modo de agir de cada um no desenrolar da contenda*" (Tacrim-SP — Rel. Silvio Lemmi — *Jutacrim* 43/377); "*Caracteriza-se o delito de rixa por uma confusão originária e por isso mesmo conceitual, bem como pela subitaneidade correlata, traços que, também por isso, impossibilitam ou dificultam a apuração da conduta de cada um dos rixentos*" (Tacrim-SP — Rel. Italo Galli — *RT* 412/307); "*Responderá por participação na rixa quem, inicialmente, tem intenção de separar os dois briguentos, mas, quando da confusão generalizada, dela é parte integrante e ativa. Inteiramente prejudicado o alegado ânimo de apartar os contendores quando o pacificador se transforma em mais um briguento*" (Tacrim-SP — Rel. Chiaradia Netto — *Jutacrim* 5/15).

■ 1.4.1.1. *Objetividade jurídica*

A vida e a saúde das pessoas envolvidas na luta.

■ 1.4.1.2. *Tipo objetivo*

A conduta típica é "participar de rixa", que significa tomar parte na troca de agressões desferindo chutes, socos, pauladas etc.

A doutrina costuma fazer uma distinção, esclarecendo que a participação pode ser:

a) Material — por parte daqueles que realmente **integram** a luta. Estes são autores do crime. Na rixa devem existir pelo menos três pessoas nessa condição.

b) Moral — por parte daqueles que **incentivam** os demais a tomarem parte no evento por meio de induzimento, instigação ou qualquer outra forma de estímulo. O partícipe moral, todavia, deve ser, no mínimo, a quarta pessoa, já que a tipificação do crime exige pelo menos três na efetiva troca de agressões.

Na primeira hipótese, o agente é chamado de **partícipe da rixa** e, na segunda, de **partícipe do crime de rixa**.

- **Legítima defesa**

Quem entra na rixa para participar da luta não pode alegar legítima defesa, afirmando que agrediu outras pessoas por ter sido agredido por elas. É que, quem entra na luta, por esse simples fato já está praticando ato antijurídico e, no exato instante em que nela ingressa, já está cometendo o delito de rixa.

É claro, todavia, que, se todos estiverem lutando desarmados e, em determinado momento, um dos lutadores puxar uma faca e correr em direção a outro, e este, para se defender da facada, acabar matando o oponente, teremos legítima defesa em relação ao homicídio, mas o crime de rixa, que já havia se consumado, deverá ser reconhecido, aliás, em sua forma qualificada em razão da morte — ainda que decorrente de legítima defesa.

Igualmente pode alegar legítima defesa quem estava no local no momento em que a luta se iniciou e nela não adentrou, porém, teve de se defender no instante em que os briguentos dele se aproximaram desferindo chutes e socos.

É evidente que quem entra na luta apenas para separar os contendores e acaba se defendendo de um ou outro gesto agressivo está em situação de legítima defesa.

■ *1.4.1.3. Sujeitos do delito*

O crime de rixa enquadra-se no conceito de crime **de concurso necessário**, pois, para sua configuração, mostra-se necessário o envolvimento de, no mínimo, três pessoas. Nesse número incluem-se os menores de idade e doentes mentais.

Na rixa as condutas são definidas como **contrapostas**, já que os rixosos agem, indistintamente, **uns contra os outros**. Dessa forma, todos são, ao mesmo tempo, autores e vítimas do crime. Os réus são também sujeitos passivos do crime.

A rixa é crime único praticado por três ou mais pessoas. Por isso, não pode ser usada como exemplo de conexão por reciprocidade, já que o instituto da conexão pressupõe a configuração de dois ou mais crimes, o que ocorre, por exemplo, quando há dois crimes de lesões corporais (recíprocas).

■ *1.4.1.4. Consumação*

No momento em que se inicia a troca de agressões. Trata-se de crime de **perigo abstrato** em que a lei presume o perigo em razão do entrevero.

Cuida-se de crime de perigo porque se configura com a simples troca de agressões, sem a necessidade de que quaisquer dos envolvidos sofra lesão. Caso isso ocorra e o autor das lesões seja identificado, responderá ele pela rixa e pelas lesões leves. A contravenção de vias de fato, porém, fica absorvida. Se alguém sofrer lesão grave ou morrer, a rixa será considerada qualificada.

■ *1.4.1.5. Tentativa*

Em regra não é possível, pois, ou ocorre a rixa e o crime está consumado, ou ela não se inicia, e, nesse caso, o fato é atípico. É que, em geral, a rixa surge subitamente, *ex improviso*, sem prévia combinação e, se surgiu, o crime já se consumou.

Damásio de Jesus,[91] entretanto, salienta ser possível a tentativa na rixa *ex proposito*, em que várias pessoas combinam uma briga entre si, na qual cada um lutará indistintamente contra todos, marcando inclusive horário para a luta ocorrer. Nesse caso, se a polícia for avisada e evitar o início da violência recíproca, o crime estará tentado. Recentemente foi noticiado pela imprensa que jovens agendavam, pela *internet*, lutas generalizadas entre gangues.

■ 1.4.1.6. Elemento subjetivo

É o dolo de integrar a luta. É irrelevante o motivo que levou ao surgimento da briga.

■ 1.4.1.7. Classificação doutrinária

CLASSIFICAÇÃO DOUTRINÁRIA				
■ Simples e de perigo abstrato quanto à objetividade jurídica	■ Comum e de concurso necessário quanto ao sujeito ativo	■ De ação livre e comissivo quanto aos meios de execução	■ De mera conduta e instantâneo quanto ao momento consumativo	■ Doloso quanto ao elemento subjetivo

■ 1.4.1.8. Rixa qualificada

> **Art. 137, parágrafo único —** Se ocorre morte ou lesão corporal de natureza grave, aplica-se, pelo fato da participação na rixa, a pena de detenção, de seis meses a dois anos.

Saliente-se, inicialmente, que a pena da figura qualificada é a mesma, quer a vítima sofra lesão grave ou morra. Essa é a única hipótese em que tais situações são equiparadas no que diz respeito à pena.

A rixa qualificada é um dos últimos resquícios de responsabilidade objetiva em nossa legislação penal, uma vez que sua redação, bem como a explicação contida na Exposição de Motivos do Código Penal, deixa claro que todos os envolvidos na rixa sofrerão maior punição, independentemente de terem ou não sido os responsáveis diretos pelo resultado agravador. Assim, se alguém morrer ou sofrer lesão grave, todos os que tomaram parte na rixa receberão pena maior. Até mesmo a vítima das lesões graves terá sua pena majorada, conforme entendimento pacífico da doutrina e da jurisprudência (julgados ao fim deste tópico).

Se for descoberto o autor do resultado agravador, ele responderá pela rixa qualificada em concurso material com o crime de lesões graves ou homicídio (doloso ou culposo, dependendo do caso concreto), enquanto **todos os demais** continuarão res-

---

[91] Damásio de Jesus, *Direito penal,* v. 2, p. 196.

pondendo pela rixa qualificada. É o entendimento, dentre outros, de Nélson Hungria,[92] Julio Fabbrini Mirabete,[93] Cezar Roberto Bitencourt[94] e Fernando Capez.[95] Sem discordar expressamente desse entendimento, reconhecendo tratar-se da solução prevista em lei, Damásio de Jesus[96] a critica, alegando que se cuida de dupla apenação pelo mesmo fato, e conclui que a solução **deveria** ser a punição por rixa simples em concurso material com a lesão grave ou morte.

A qualificadora se aplica, quer o resultado tenha ocorrido em um dos integrantes da rixa, quer em terceiro que passava pelo local e apenas assistia à luta.

Se ocorrerem várias mortes, será reconhecida apenas uma rixa qualificada, devendo a pluralidade de mortes ser levada em conta na fixação da pena-base.

Diz a lei que a rixa é qualificada quando efetivamente ocorre lesão grave ou morte. Assim, em caso de tentativa de homicídio perpetrada durante a luta em que a vítima não sofra lesão grave, não se reconhece a qualificadora. Por isso, se identificado o autor da tentativa de homicídio, ele responde por esse crime em concurso material com rixa simples e, para os demais integrantes da briga, aplica-se somente a pena da rixa simples.

Se o agente tomou parte da rixa e dela se afastou antes da morte da vítima, responde pela forma qualificada, com o argumento de que, com seu comportamento anterior, colaborou para a criação de condições para o desenrolar da luta, que culminou em resultado mais lesivo. No entanto, se ele entrou na luta após o evento morte, responde apenas por rixa simples.

Os seguintes julgados dizem respeito ao crime de rixa qualificada:

> "*Se ocorre conflito generalizado, com a efetiva participação de três ou mais pessoas, uma das quais sofre ferimento grave, configurada estará a rixa qualificada (CP, art. 137, parágrafo único), crime pelo qual responderão todos os contendores. Identificado, porém, entre os rixentos, o autor da lesão, responderá ele, e somente ele, pelos crimes de rixa qualificada e lesão grave, em concurso material*" (TJRJ — Rel. Raphael Cirigliano — *RT* 550/453); "*Não se exime da pena de rixa qualificada o participante que sofre a lesão de natureza grave. Não se trata de puni-lo pelo mal que sofreu, mas por ter tomado parte na rixa, cuja particular gravidade é atestada precisamente pela lesão que lhe foi infligida*" (Tacrim-SP — Rel. Ferreira Leite — *RT* 423/390); "*Sendo incerta a autoria da lesão recebida por um dos rixentos, todos os partícipes, inclusive o ferido, respondem pela infração agravada*" (Tacrim-SP — Rel. Cunha Camargo — *Jutacrim* 22/235).

1.4.1.9. *Ação penal*

É pública incondicionada, de competência do Juizado Especial Criminal, mesmo na modalidade qualificada.

---

92 Nélson Hungria, *Comentários ao Código Penal*, v. VI, p. 24.
93 Julio Fabbrini Mirabete, *Manual de direito penal*, v. 2, p. 150.
94 Cezar Roberto Bitencourt, *Tratado de direito penal*, v. 2, p. 278.
95 Fernando Capez, *Curso de direito penal*, v. 2, p. 215.
96 Damásio de Jesus, *Direito penal*, v. 2, p. 198.

1.4.2. Quadros comparativos

CRIMES DE PERIGO ABSTRATO	CRIMES DE PERIGO CONCRETO
• Perigo de contágio venéreo (art. 130); • Omissão de socorro, nas hipóteses de criança abandonada ou extraviada e de pessoa inválida ou ferida ao desamparo (art. 135); • Rixa (art. 137).	• Perigo de contágio de moléstia grave (art. 131); • Perigo para a vida ou para a saúde de outrem (art. 132); • Abandono de incapaz (art. 133); • Exposição ou abandono de recém-nascido (art. 134); • Omissão de socorro, na hipótese de pessoa em grave e iminente perigo (art. 135); • Maus-tratos (art. 136).

CRIMES COMUNS	CRIMES PRÓPRIOS
• Perigo para a vida ou para a saúde de outrem (art. 132); • Omissão de socorro (art. 135); • Rixa (art. 137).	• Perigo de contágio venéreo (art. 130); • Perigo de contágio de moléstia grave (art. 131); • Abandono de incapaz (art. 133); • Exposição ou abandono de recém-nascido (art. 134); • Maus-tratos (art. 136).

1.4.3. Questões

1. (Magistratura/SP — 171º concurso) Se o agente, após o abandono e consequente exposição do abandonado a perigo concreto, reassume o dever de assistência, ocorre:

a) arrependimento eficaz.
b) desistência voluntária.
c) arrependimento posterior.
d) consumação do crime de abandono de incapaz.

2. (Ministério Público/SP — 79º concurso) O delito de rixa é considerado de concurso necessário porque:

a) exige a participação de duas ou mais pessoas as quais devem agir com unidade de desígnios.
b) exige a participação de mais de quatro pessoas.
c) exige a participação de três ou mais pessoas identificáveis.
d) exige a participação de, no mínimo, quatro pessoas.
e) exige a participação de três ou mais pessoas.

3. (Magistratura/SP — 170º concurso) Durante uma partida de futebol, que terminou num conflito entre jogadores, o torcedor Raimundo invade o campo e passa a distribuir socos e pontapés nos contendores, um dos quais vem a sofrer ferimentos graves, causados por outra pessoa envolvida no tumulto. A infração cometida por Raimundo caracteriza-se como:

a) contravenção de vias de fato.
b) participação em rixa qualificada.
c) crime de lesão corporal grave.
d) participação em rixa simples.

4. (Delegado de Polícia/SP) No crime de rixa em que os agentes cometem condutas contra pessoa, que, por sua vez, comporta-se da mesma maneira e é também sujeito ativo do delito, fale-se doutrinariamente em:

a) crimes de condutas paralelas.
b) crimes de condutas convergentes.
c) crimes de condutas contrapostas.
d) crimes de condutas dependentes.
e) crimes de condutas monossubjetivas.

5. (OAB — 2009.2 — CESPE) A respeito do crime de omissão de socorro, assinale a opção correta:

a) É impossível ocorrer participação, em sentido estrito, em crime de omissão de socorro.
b) A omissão de socorro classifica-se como crime omissivo próprio e instantâneo.
c) A criança abandonada pelos pais não pode ser sujeito passivo de ato de omissão de socorro praticado por terceiros.
d) O crime de omissão de socorro é admitido na forma tentada.

6. (Delegado de Polícia/ES — Funcab) Gertrudes, para ir brincar o carnaval, deixou dormindo em seu apartamento seus filhos Lúcio, de cinco anos de idade, e Lígia, de sete anos de idade. As crianças acordaram e, por se sentirem sós, começaram a chorar. Os vizinhos, ouvindo os choros e chamamentos das crianças pela janela do apartamento, que ficava no terceiro andar do prédio, arrombaram a porta, recolheram as crianças e entregaram-nas ao Conselho Tutelar. Logo, pode-se afirmar que Gertrudes deve responder pelo crime de:

a) perigo a vida ou saúde de outrem e os vizinhos não praticaram crime, pois estavam agindo em legítima defesa de terceiros.
b) abandono de incapaz e os vizinhos não praticaram crime, pois estavam agindo em legítima defesa de terceiros.
c) perigo a vida ou saúde de outrem e os vizinhos não praticaram crime, pois estavam agindo em estado de necessidade de terceiros.
d) abandono de incapaz e os vizinhos não praticaram crime, pois estavam agindo em estado de necessidade de terceiros.
e) pelo crime de abandono material e os vizinhos não praticaram crime, pois estavam agindo em estado de necessidade exculpante de terceiros.

■ GABARITO ■

1. "d". O arrependimento aconteceu após a consumação do crime, não se tratando, contudo, de hipótese de arrependimento posterior, previsto no art. 16 do Código Penal, que consiste em reparação de dano ou restituição de coisa.
2. "e". O erro da alternativa C reside no fato de que a punição por crime de rixa não pressupõe a identificação de todos os envolvidos na luta.
3. "b". O art. 137, parágrafo único, do Código Penal é claro no sentido de que todos os que se envolverem na luta responderão pela figura qualificada, ainda que não tenham sido os causadores da lesão grave.
4. "c". As condutas são contrapostas porque os agentes atuam uns contra os outros.
5. "b". A omissão de socorro é efetivamente crime omissivo e instantâneo. A alternativa A está errada porque é possível a participação. A assertiva C está errada porque a lei expressamente diz que criança abandonada pode ser vítima do delito. A alternativa D está errada porque, em se tratando de crime omissivo próprio, não se admite a tentativa.
6. "d". O enunciado se amolda no art. 133 do CP.

V

DOS CRIMES CONTRA A HONRA

1.5. DOS CRIMES CONTRA A HONRA

A Constituição Federal, em seu art. 5º, X, dispõe que *"são invioláveis a intimidade, a vida privada, a* **honra** *e a imagem das pessoas, assegurado o direito a indenização pelo dano material ou moral decorrente de sua violação"*. Por isso, pune-se também criminalmente quem, deliberadamente, ofende a honra alheia.

Os crimes contra a honra são a calúnia, a difamação e a injúria. Cada um desses delitos tem requisitos próprios e, além de estarem descritos no Código Penal, estão também previstos em leis especiais, como o Código Eleitoral, o Militar e a Lei de Segurança Nacional. Desse modo, os tipos penais da legislação comum só terão vez se não ocorrer quaisquer das hipóteses especiais.

Atualmente, a ofensa perpetrada por meio de imprensa configura crime comum, na medida em que o Supremo Tribunal Federal, ao julgar a ADPF n. 130, entendeu que a Lei de Imprensa (Lei n. 5.250/67) não foi recepcionada pela Constituição Federal de 1988. É claro, porém, que, se o crime for cometido pela imprensa, na **propaganda eleitoral**, estará caracterizada calúnia, difamação ou injúria do Código Eleitoral (Lei n. 4.737/67).

- **Consentimento do ofendido**

Sendo a honra um bem disponível, o prévio consentimento do ofendido, desde que capaz, exclui o crime. Já o consentimento dado pelo representante legal de ofendido incapaz não exclui o delito, pois a honra afetada não é a dele. Em tal caso, como os crimes contra a honra, em regra, são de ação privada, o juiz deve nomear curador para analisar a conveniência de intentar queixa-crime em favor do menor, por haver colidência de interesses, no termos do art. 148, parágrafo único, *f*, da Lei n. 8.069/90 (Estatuto da Criança e do Adolescente).

1.5.1. Calúnia

> **Art. 138.** Caluniar alguém, imputando-lhe falsamente fato definido como crime:
> Pena — detenção, de seis meses a dois anos, e multa.
> § 1º Na mesma pena incorre quem, sabendo falsa a imputação, a propala ou divulga.

1.5.1.1. Objetividade jurídica

O crime de calúnia tutela a honra objetiva, isto é, o bom nome, a reputação das pessoas perante o grupo social. Em poucas palavras, honra objetiva é o que os outros pensam a respeito dos atributos morais de alguém.

1.5.1.2. Tipo objetivo

- **Imputação de fato determinado**

Na calúnia o agente atribui a prática de um fato criminoso a outrem, ou seja, narra que alguém teria cometido um crime. Como a calúnia dirige-se à honra objetiva, é necessário que essa narrativa seja feita a terceiros e não ao próprio ofendido. Não basta, ademais, que o agente chame alguém de assassino, ladrão, estelionatário, pedófilo, corrupto etc., porque, em todos esses casos, o agente não narrou um fato concreto, mas apenas xingou outra pessoa — o que configura crime de injúria, conforme veremos adiante. A calúnia é o mais grave dos crimes contra a honra, exatamente porque pressupõe que o agente narre um **fato criminoso concreto** e o atribua a alguém. A narrativa, e não o mero xingamento, possui maior credibilidade perante aqueles que a ouvem, e daí o motivo da maior apenação. Por isso, configura calúnia dizer que "João entrou em minha casa e subtraiu o meu carro da garagem" (se for falsa a imputação), mas caracteriza mera injúria comentar simplesmente que João é ladrão.

Não se faz necessária uma narrativa minuciosa do fato, bastando que seja possível ao ouvinte identificar que foi feita referência a um acontecimento concreto. A propósito: "*para a caracterização da calúnia, embora a lei não exija minúcias e pormenores, é indispensável que a atribuição feita tenha por objeto fato determinado e falso, definido como crime*" (Tacrim-SP — Rel. Silva Rico — *RJD* 2/58).

- **Fato definido como crime**

Para a configuração da calúnia não importa se a imputação refere-se a crime de ação pública ou privada, apenado com reclusão ou detenção, doloso ou culposo etc.

Note-se, todavia, que, se a imputação for de fato contravencional, não haverá o enquadramento no tipo penal da calúnia, respondendo o agente, porém, por crime de difamação, que abrange a imputação de qualquer outra espécie de fato ofensivo — desde que não seja definido como crime.

É irrelevante a análise da punibilidade do suposto autor do crime pelo fato que lhe foi imputado. O que interessa no crime em análise não é saber se o Estado poderia punir o ofendido, se ele efetivamente tivesse cometido o delito. Tanto é assim que o art. 138, § 2º, do CP, expressamente diz ser punível a calúnia contra os mortos. Igualmente, se alguém disser que Pedro cometeu determinado furto no dia em que todos assistiam à final da Copa do Mundo de 1994, haverá crime de calúnia se a imputação for falsa, pouco importando que, se fosse verdadeira, Pedro não mais poderia ser punido em face da prescrição. O que importa é que o bom nome de Pedro ficou afetado pela imputação de um fato que, objetivamente, é definido como crime por nossa lei.

Diferente será a solução se o fato for narrado de forma a estar acobertado por excludente de ilicitude, pois, nesse caso, o fato não é encarado como criminoso por parte de quem ouve.

Se alguém está sendo processado por calúnia e o crime por ele imputado ao ofendido deixar de existir, deverá ser beneficiado pela desclassificação para difamação. Há alguns anos o crime de adultério foi revogado. Ora, se alguém estivesse sendo acusado por calúnia, por ter inventado que Júlia, mulher casada, estava traindo o marido com Jacinto, e, exatamente no transcorrer da ação, sobreviesse a lei revogatória, o agente deveria ser condenado por difamação.

- **Falsidade da imputação**

Só existe calúnia se a imputação for falsa. Sendo verdadeira, o fato é atípico.

A **falsidade** pode se referir:

a) à existência do fato criminoso imputado, hipótese em que o agente narra um crime que ele sabe que não ocorreu;

b) à autoria do crime, ou seja, quando o delito existiu, mas o agente, tendo ciência de que determinada pessoa não pode ter sido o seu causador, a ele atribui a responsabilidade pelo fato.

A **falsidade** da imputação é o elemento **normativo** do crime de calúnia.

Se o agente faz uma imputação objetivamente falsa, acreditando categoricamente que ela é verdadeira, não responde pelo crime por ter havido erro de tipo, caso se demonstre, posteriormente, que houve engano da parte dele.

■ 1.5.1.3. *Elemento subjetivo*

É o dolo de ofender a honra objetiva da vítima.

Quando alguém está na **dúvida**, não deve atribuir crime a outrem. Se o faz, e depois se demonstra que a imputação era falsa, responde pela calúnia porque agiu com dolo eventual em relação à falsidade da imputação. Não se confunde essa hipótese — em que o agente estava na dúvida e deveria se calar — com aquela mencionada no tópico anterior, em que ele, por erro plenamente justificado pelas circunstâncias, tinha certeza de que se tratava de imputação verdadeira.

Quando o agente efetivamente sabe que a imputação é falsa, existe dolo direto.

De qualquer forma, o propósito de ofender a honra é indissociável do crime de calúnia. É o que se chama de *animus injuriandi vel diffamandi*. Em suma, quando o agente faz a narrativa perante os ouvintes é necessário que queira atingir a boa reputação da vítima, quer tenha certeza de que a imputação é falsa, quer esteja na dúvida e assuma o risco a esse respeito.

Exige-se, por fim, seriedade na conduta, pois, se a narrativa é feita por brincadeira (*jocandi animu*), o fato é atípico por falta de dolo.

- **Calúnia e denunciação caluniosa**

Na **calúnia** o agente visa atingir apenas a **honra** da vítima, imputando-lhe falsamente um crime perante outra(s) pessoa(s). Na **denunciação caluniosa**, descrita no art. 339, do Código Penal, a conduta é mais grave, pois nela o agente quer prejudicar a vítima perante as autoridades constituídas, narrando a elas que tal pessoa teria cometido um crime ou contravenção, quando, em verdade, sabe que esta é inocente. Com isso, o agente dá causa ao início de uma investigação policial, administrativa ou até mesmo a uma ação penal. Em outras palavras, trata-se de crime mais grave porque põe em risco a liberdade de pessoa inocente e porque faz com que as autoridades percam seu precioso tempo investigando um inocente. A denunciação caluniosa é crime contra a **administração da justiça**.

É comum que, com uma só ação, o agente cometa denunciação caluniosa e, ao mesmo tempo, ofenda a honra da vítima. Nesse caso, nossos tribunais firmaram entendimento de que a calúnia fica absorvida pelo crime mais grave. Nesse sentido: "*Calúnia e denunciação caluniosa constituem-se em imputações de que uma é excludente da outra, se fundada no mesmo fato*" (STF — Rel. Clóvis Ramalhete — *RT* 561/418); "*A calúnia, como crime menor, é abrangida pela denuncia caluniosa, crime maior, quando ambos os delitos estiverem fundados em um mesmo fato*" (Tacrim-SP — Rel. Gonzaga Franceschini — *RJD* 4/76).

CALÚNIA	DENUNCIAÇÃO CALUNIOSA
1) Intenção de atingir a honra (crime contra a honra objetiva); 2) Imputação falsa de crime; 3) Ação penal privada.	1) Intenção de prejudicar a vítima perante as autoridades (crime contra a administração da justiça); 2) Imputação falsa de crime ou contravenção; 3) Ação penal pública incondicionada.

1.5.1.4. *Meios de execução*

A calúnia, tal como os demais crimes contra a honra, pode ser cometida de forma verbal, por escrito, por gestos ou por qualquer outro meio simbólico. É plenamente possível, por exemplo, que, com um gesto de mão, alguém indique que certa pessoa está cometendo ato de corrupção. O meio simbólico, por sua vez, pode ser uma *charge* publicada em um informativo, um quadro, uma escultura, uma encenação etc.

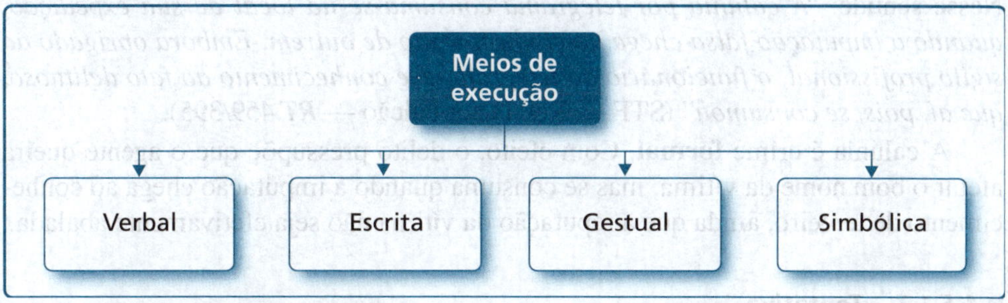

1.5.1.5. *Formas de calúnia*

- **Inequívoca ou explícita**

Ocorre quando a ofensa é feita às claras, sem deixar qualquer margem de dúvida em torno da intenção de ofender.

- **Equívoca ou implícita**

Quando a ofensa é velada, sub-reptícia. O agente dá a entender que alguém teria feito alguma coisa.

- **Reflexa**

Quando o agente quer caluniar uma pessoa, mas, na narrativa do fato, acaba também atribuindo crime a uma outra. Em relação a esta última, a calúnia é reflexa. Ex.: querendo deixar uma mulher malfalada, o agente diz que ela procurou determinado médico para fazer aborto. Reflexamente, o sujeito atribui crime de aborto também ao médico.

Observação: Essas classificações, embora normalmente elencadas na doutrina em relação ao crime de calúnia, aplicam-se também à difamação e à injúria.

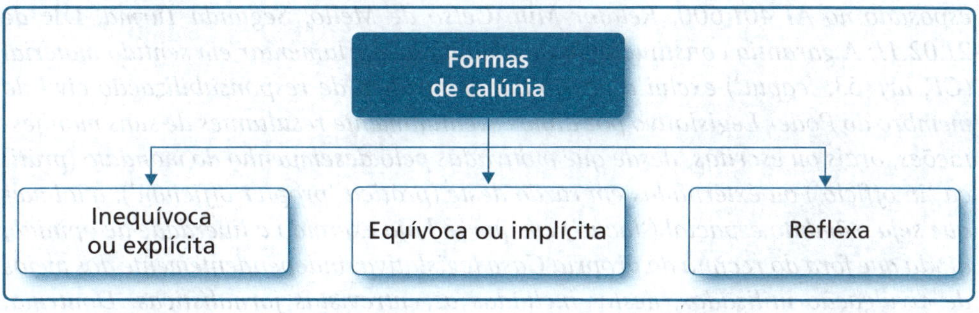

■ 1.5.1.6. Consumação

Por se tratar de crime que afeta a honra objetiva, a calúnia só se consuma no instante em que **terceira pessoa** toma conhecimento da imputação. Independe, portanto, de se saber quando a vítima tomou conhecimento da ofensa contra ela feita. Nesse sentido: "*A calúnia por telegrama consuma-se no local de sua expedição, quando a imputação falsa chega ao conhecimento de outrem. Embora obrigado ao sigilo profissional, o funcionário do telégrafo teve conhecimento do fato delituoso, que aí, pois, se consumou*" (STF — Rel. Djaci Falcão — *RT* 459/395).

A calúnia é crime **formal**. Com efeito, o delito pressupõe que o agente queira afetar o bom nome da vítima, mas se consuma quando a imputação chega ao conhecimento de terceiro, ainda que a reputação da vítima não seja efetivamente abalada.

■ 1.5.1.7. Tentativa

A calúnia verbal não admite a tentativa, pois, ou o agente profere a ofensa e o crime está consumado, ou não o faz e, nesse caso, o fato é atípico. Na forma escrita, entretanto, a tentativa é admissível, como, por exemplo, no caso da carta que se extravia contendo a calúnia.

■ 1.5.1.8. Sujeito ativo

Pode ser qualquer pessoa, exceto aquelas que gozam de imunidade. O art. 53 da Constituição Federal confere a Deputados e Senadores inviolabilidade por suas palavras, votos e opiniões, de modo que, por condutas realizadas no exercício de suas atividades — na Casa Legislativa, em palestras ou em entrevistas — não podem ser acusados de calúnia. A imunidade, contudo, não é absoluta. Quando um Deputado acusa falsamente o síndico de seu condomínio de desvio de dinheiro, que ele sabe não ter ocorrido, responde pelo crime contra honra porque tal conduta não guarda qualquer relação com suas funções. Nesse sentido: "*A imunidade parlamentar material, que confere inviolabilidade, na esfera civil e penal, a opiniões, palavras e votos manifestados pelo congressista (CF, art. 53,* caput*), incide de forma absoluta quanto às declarações proferidas no recinto do Parlamento. 2. Os atos praticados em local distinto escapam à proteção absoluta da imunidade, que abarca apenas manifestações que guardem pertinência, por um nexo de causalidade, com o desempenho das funções do mandato parlamentar. 3. Sob esse enfoque, irretorquível o entendimento esposado no AI 401.600, Relator Min. Celso de Mello, Segunda Turma,* DJe *de 21.02.11: A garantia constitucional da imunidade parlamentar em sentido material (CF, art. 53, 'caput') exclui a possibilidade jurídica de responsabilização civil do membro do Poder Legislativo por danos eventualmente resultantes de suas manifestações, orais ou escritas, desde que motivadas pelo desempenho do mandato (prática 'in officio') ou externadas em razão deste (prática 'propter officium'), qualquer que seja o âmbito espacial ('locus') em que se haja exercido a liberdade de opinião, ainda que fora do recinto da própria Casa legislativa, independentemente dos meios de divulgação utilizados, nestes incluídas as entrevistas jornalísticas. Doutrina.*

Precedentes" (STF — RE 606.451 AgR-segundo — Rel. Min. Luiz Fux — 1ª Turma — julgado em 23.03.2011 — *DJe*-072 divulg. 14-4-2011, public. 15-4-2011).

O art. 27, § 1º, da Constituição Federal estende essas imunidades aos Deputados Estaduais.

Os vereadores, dentro dos limites do município em que exercem a vereança, possuem também imunidade material, nos termos do art. 29, VIII, da Constituição.

■ 1.5.1.9. Sujeito passivo

Pode ser qualquer pessoa.

- **Desonrados**

As pessoas que já não gozam de bom nome também podem ser caluniadas porque uma nova ofensa pode piorar ainda mais a sua reputação.

- **Mortos**

Em relação a estes, existe previsão expressa no art. 138, § 2º, do Código Penal, no sentido de que é punível a calúnia contra os mortos. Ressalta-se, todavia, que o sujeito passivo, em tal caso, não é o falecido, que não mais é titular de direitos. As vítimas são os familiares, interessados na manutenção do bom nome do morto.

- **Menores de idade e deficientes mentais**

A calúnia consiste em imputar falsamente **fato definido em lei como crime**. Ora, quem diz que um rapaz de 16 anos empregou força física para manter relação sexual com uma colega de classe, ciente de que isso é mentira, claramente atribuiu ao menor o crime previsto no art. 213 do CP — estupro — e, com isso, afetou a sua imagem perante a coletividade. Há, inegavelmente, crime de calúnia. O mesmo raciocínio aplica-se aos deficientes mentais, que também podem ser sujeito passivo do crime.

- **Pessoa jurídica**

Como pessoas jurídicas, em regra, não podem cometer fato definido como crime, não podem também ser sujeito passivo da calúnia. Eventuais ofensas têm como sujeito passivo a pessoa que, dentro da empresa, seria a responsável pelo fato imputado.

A Constituição Federal, em seus arts. 173, § 5º, e 225, § 3º, permite a responsabilização criminal da pessoa jurídica que venha a cometer crimes contra a ordem econômica e a financeira, a economia popular ou o meio ambiente, nos moldes da lei que venha a definir tais modalidades de infração penal. A Lei n. 9.605/98 foi aprovada para complementar o texto constitucional e elencar diversos crimes ambientais que podem ser cometidos por pessoa jurídica. Atualmente, portanto, é possível caluniar uma pessoa jurídica imputando-lhe falsamente um fato definido como crime contra o meio ambiente.

■ 1.5.1.10. *Subtipo da calúnia*

No *caput* do art. 138, encontra-se o tipo **principal** ou **fundamental** do crime, que pune o precursor da calúnia, ou seja, aquele que teve a iniciativa de ofender a honra de outrem, imputando-lhe falsamente o fato criminoso. O **subtipo**, por sua vez, está previsto no art. 138, § 1º, do Código Penal, e reserva as mesmas penas a quem toma conhecimento da imputação e, tendo pleno conhecimento de que ela é falsa, a propala ou divulga. Nesses casos, em nada lhe beneficia a alegação de que não foi ele quem inventou os fatos, e que se limitou a repetir o que ouviu, na medida em que sabia ser falsa a imputação. É evidente que, para a configuração do subtipo, é necessário que o agente tenha propalado ou divulgado o fato inverídico de que tomou conhecimento querendo que seus ouvintes pensem ser verdadeira a assertiva.

Propalar é relatar **verbalmente**. **Divulgar** é relatar por **qualquer outro modo**. O crime se configura ainda que o agente conte o fato apenas para uma pessoa, pois isso possibilita que o ouvinte retransmita a informação a terceiros.

Importante aspecto a ser ressalvado em relação ao subtipo da calúnia é que a exigência de que o agente tenha efetivo conhecimento em torno da falsidade da imputação faz com que tal delito seja compatível exclusivamente com o dolo direto. **Não admite o dolo eventual.**

■ 1.5.1.11. *Exceção da verdade*

O crime de calúnia pressupõe que a imputação seja falsa. Se ela for verdadeira, o fato é atípico. **A falsidade da imputação é presumida**, sendo, entretanto, uma presunção **relativa**, uma vez que a lei permite que o acusado (ofensor) se proponha a provar, no mesmo processo, por meio de exceção da verdade, que sua imputação é verdadeira. Assim, se o querelado conseguir provar a veracidade de suas afirmações, será absolvido e, caso o crime imputado seja de ação pública e ainda não esteja prescrito, o juiz deverá remeter cópia dos autos ao Ministério Público, na forma do art. 40 do Código de Processo Penal, para que referida Instituição tome as providências pertinentes — promoção de ação penal em relação ao autor da infração.

A exceção da verdade é um verdadeiro procedimento incidental, usado como meio de defesa, que deve ser apresentada no prazo da defesa prévia (se o procedimento tramitar no Jecrim, nas hipóteses em que a pena máxima da calúnia não supere dois anos), ou da resposta escrita (se a tramitação se der no juízo comum por estar presente alguma causa de aumento que retire a competência do Juizado Especial). O querelado pode arrolar testemunhas para confirmar a veracidade da imputação. O juiz, então, ouve as testemunhas arroladas por ambas as partes e, ao final, analisa a exceção da verdade. O ônus de provar a veracidade da imputação é do querelado, pois, como já mencionado, existe uma presunção — relativa — de que ela é falsa. Assim, caso ele prove cabalmente ser verdadeira a imputação, será absolvido da calúnia por atipicidade de sua conduta. Caso, todavia, não tenha êxito, será condenado, exceto, é claro, se houver alguma outra causa que impeça o decreto condenatório.

- **Exceção da verdade quando o querelado goza de foro por prerrogativa de função**

O art. 85 do Código de Processo Penal estabelece que, caso seja oposta exceção da verdade contra querelante que goze de foro por prerrogativa de função, deverá a exceção ser julgada pelo Tribunal e não pelo Juízo por onde tramita a ação penal. Assim, suponha-se que um juiz de direito, sentindo-se caluniado, ingresse com ação penal contra o ofensor, na Comarca de Ribeirão Preto. O querelado, então, ingressa com exceção da verdade, dispondo-se a provar que o juiz efetivamente praticou o crime que lhe foi imputado. Nesse caso, a exceção da verdade deverá ser julgada pelo Tribunal de Justiça. A doutrina, contudo, entende que apenas a exceção é julgada pela Corte Superior, devendo os autos retornar à comarca de origem para a decisão do processo originário, que, todavia, deverá respeitar os parâmetros do julgamento quanto à exceção da verdade, que vincula o juiz de 1ª instância.

- **Hipóteses em que é legalmente vedada a exceção da verdade**

O art. 138, § 3º, do Código Penal, após declarar, inicialmente, que é cabível a exceção da verdade na calúnia, em seguida, enumera três hipóteses em que a utilização desse meio de defesa é vedada:

> **Art. 138, § 3º, I** — Se, constituindo o fato imputado crime de ação privada, o ofendido não foi condenado por sentença irrecorrível.

Suponha-se que João, atual namorado de Luíza, tenha atribuído a Pedro (ex-namorado da moça), perante várias pessoas em uma mesa de bar, a prática de crime de dano, dizendo que ele teria sido o responsável pelos riscos que apareceram na lataria do carro dela naquele dia. Suponha-se, ainda, que o fato tenha chegado aos ouvidos de Luíza. Apenas ela teria legitimidade para ingressar com ação contra o autor do crime de dano, para apurar se foi efetivamente Pedro quem cometeu tal delito, já que se trata de crime de ação privada. Suponha-se, ainda, que ela tenha resolvido não entrar com a ação, até mesmo para não se indispor com o ex-namorado, e que Pedro, sentindo-se ofendido por João, tenha oferecido queixa contra ele, acusando-o de calúnia por ter dito que ele praticou crime de dano. Nesse caso, João não poderá entrar com exceção da verdade.

De acordo com o texto legal, João só poderia entrar com exceção da verdade se Pedro já tivesse sido condenado pelo crime de dano. Há, aqui, uma falha em nosso sistema legislativo. Com efeito, se Pedro já tivesse sido condenado, não haveria necessidade de João opor exceção da verdade, com a consequente dilação probatória. Bastaria ao interessado juntar cópia do processo originário e da sentença que condenou Pedro.

Caso exista ação em andamento para apurar o crime imputado (o dano no exemplo acima) e seja proposta a ação penal para apurar o crime de calúnia, não será necessário ao querelado opor a exceção da verdade, bastando que alerte o juízo da existência da ação para apurar o crime conexo (conexão probatória) para que seja determinada a junção das ações penais, a fim de que haja julgamento conjunto.

Art. 138, § 3º, II — Se o crime é imputado ao Presidente da República, ou chefe de governo estrangeiro.

O dispositivo visa evitar que, em razão da grandeza do cargo exercido, uma pessoa qualquer que tenha falado mal do presidente se disponha a provar que sua imputação seja verdadeira, causando constrangimentos desnecessários. O texto legal, portanto, confere uma espécie de imunidade ao Presidente, garantindo que somente possa ser acusado de maneira formal pelo Procurador-Geral da República, perante o Supremo Tribunal Federal, e nunca como forma de defesa de alguém que esteja sendo processado por caluniá-lo.

Assim, quando alguém está sendo acusado por ter caluniado, por exemplo, um Governador de Estado, é cabível a exceção da verdade, mas esta será julgada pelo Superior Tribunal de Justiça. Se a exceção da verdade for oposta contra um Prefeito, a exceção será cabível, mas será julgada pelo Tribunal de Justiça, tudo nos termos do art. 85 do Código de Processo Penal. O Supremo Tribunal Federal, todavia, não julga exceção da verdade contra o Presidente da República, porque esta é vedada. Pode, entretanto, o Pretório Excelso julgar exceção da verdade contra Deputados Federais, Senadores e outras autoridades que gozem de foro por prerrogativa de função junto àquele tribunal.

Se o crime contra a honra do Presidente tiver sido cometido por motivação política, ou se houver lesão real ou potencial à Segurança Nacional, haverá crime específico — contra a Segurança Nacional (art. 26, c.c. arts. 1º e 2º, da Lei n. 8.170/83).

Em relação aos chefes de governo estrangeiro (Primeiros-Ministros, por exemplo), a vedação visa prestigiar as relações internacionais, impedindo que um cidadão qualquer se proponha a produzir provas contra o chefe de outra nação.

Art. 138, § 3º, III — Se do crime imputado, embora de ação pública, o ofendido foi absolvido por sentença irrecorrível.

O crime imputado pode ser de ação pública ou privada. Em qualquer caso, se já existe sentença absolutória transitada em julgado em relação a tal crime, a presunção de falsidade da imputação torna-se absoluta, não sendo possível opor-se a exceção da verdade, ainda que se alegue a existência de novas provas não juntadas no processo originário em que o ofendido (da calúnia) foi absolvido. O argumento é de que a absolvição transitada em julgado impede que se reabra discussão em torno do tema.

Entendemos equivocada a regra. Com efeito, se a absolvição nos autos originários se deu por insuficiência de provas, deve ser possível o uso de novas provas em exceção da verdade. Realmente a ação originária não poderá ser reaberta porque não existe revisão criminal *pro societate*. É absurdo, contudo, impossibilitar a defesa do querelado em situações como esta, fazendo com que seja condenado apesar de ter feito uma imputação verdadeira.

VEDAÇÕES À OPOSIÇÃO DE EXCEÇÃO DA VERDADE		
■ Se o crime imputado é de ação privada, salvo se o ofendido já foi condenado por tal crime	■ Se a ofensa for contra o Presidente da República ou chefe de governo estrangeiro	■ Qualquer que seja o crime, se o ofendido já foi absolvido por sentença irrecorrível

- **Possibilidade de condenação por imputação verdadeira**

Conforme já mencionado, existe presunção de que as imputações de crime são falsas, em razão do princípio da presunção de inocência, que, no caso, aplica-se em favor do ofendido pela calúnia. Tal presunção, contudo, é relativa, porque a lei, em regra, admite a exceção da verdade. O ônus de provar a veracidade da imputação, contudo, é de quem a faz. Ocorre que, nas hipóteses em que a lei veda o uso da exceção da verdade, a presunção de falsidade da imputação assume caráter absoluto e o autor da imputação pode ser condenado, ainda que tenha feito narrativa verdadeira, já que está impossibilitado de fazer prova nesse sentido.

- **Inconstitucionalidade da vedação da exceção da verdade**

Exatamente por possibilitar a condenação por crime de calúnia de pessoa que fez imputação verdadeira e, portanto, não teria cometido crime algum, é que parte da doutrina vem sustentando que essas vedações ao uso da exceção da verdade ferem o princípio constitucional da ampla defesa (art. 5º, LV, da Constituição Federal), porque proíbem o uso de meio de defesa que demonstraria a atipicidade da conduta. Comungamos desse entendimento.

- **Exceção de notoriedade do fato**

O art. 523 do Código de Processo Penal prevê, ainda, a exceção de **notoriedade** do fato, em que o querelado, nos crimes de calúnia e difamação, visa demonstrar que apenas falou coisas que já eram de domínio público, de modo que sua fala não atingiu a honra da vítima, pois o assunto já era, anteriormente, de conhecimento geral.

■ 1.5.1.12. *Classificação doutrinária*

CLASSIFICAÇÃO DOUTRINÁRIA				
■ Simples quanto à objetividade jurídica	■ Comum quanto ao sujeito ativo	■ De ação livre e comissivo quanto aos meios de execução	■ Formal e instantâneo quanto ao momento consumativo	■ Doloso quanto ao elemento subjetivo

■ 1.5.2. Difamação

> **Art. 139.** Difamar alguém, imputando-lhe fato ofensivo à sua reputação:
> Pena — detenção, de três meses a um ano, e multa.

1.5.2.1. *Objetividade jurídica*

O crime de difamação tutela também a honra **objetiva**, isto é, o bom nome, a reputação da pessoa perante o grupo social. De modo simplificado, honra objetiva é o que os outros pensam a respeito dos atributos de alguém.

1.5.2.2. *Tipo objetivo*

- **Imputação de fato determinado**

Conforme indica o próprio nome do delito, difamar significa causar má fama, arranhar o conceito de que a vítima goza perante seus pares, abalar sua reputação. Tal como ocorre na calúnia, a difamação pressupõe que o agente atribua à vítima um **fato determinado**, concreto, que, para os outros, seja algo negativo. O que distingue os dois delitos basicamente é que, na calúnia, o fato imputado necessariamente deve ser definido como crime, enquanto a **difamação é genérica**, isto é, abrange a imputação de qualquer outro fato ofensivo. Assim, constitui difamação dizer, com o intuito de atingir a honra alheia, que um trabalhador estava embriagado enquanto prestava serviços; que um empreiteiro utilizou material de péssima qualidade em uma construção; que o empregado dorme em serviço; que o juiz não lê direito os processos que decide; que uma mulher casada está tendo relações sexuais com o vizinho; que determinada moça foi vista trabalhando como garota de programa em certa casa noturna (a prostituição em si não é crime); que certa pessoa estava fumando *crack* em uma festa (o uso da droga não é crime) etc.

A imputação de fato **contravencional** não está abrangida pelo tipo penal da calúnia, que se refere exclusivamente à imputação falsa de crime. Assim, comete difamação quem atribui a outrem a exploração de jogo do bicho, que é uma contravenção penal.

- **Falsidade da imputação**

Ao contrário do que ocorre com a calúnia, **na difamação não se exige que a imputação seja falsa**. Em outras palavras, a lei tenciona que cada um tome conta da própria vida e evite fazer comentários desairosos sobre a vida alheia, pois, ainda que verdadeiros, constituirão crime de difamação. Assim, se alguém viu a filha do vizinho entrando para trabalhar em casa de prostituição, não deve espalhar isso para os demais moradores, porque, ao fazê-lo, o agente sabe que a moça ficará malfalada. Se o fizer, responderá pela difamação, ainda que o fato seja verdadeiro.

Ressalte-se, todavia, que é relativa a regra de que existe difamação ainda que a imputação seja verdadeira. Com efeito, se um funcionário de um prédio conta para o patrão que a babá de seu filho não cuida do menino quando ele está perto da piscina, para ficar trocando mensagens por telefone, ou que ela usa droga na presença da criança, não está configurada a infração por falta de intenção de ofender, já que ele visava apenas proteger o menor.

• **Inexistência de subtipo**

Como na difamação não existe necessidade de a imputação ser falsa, entendeu o legislador ser desnecessário criar um subtipo. Com efeito, na calúnia, o legislador sentiu a necessidade de especificar que existe crime na conduta daquele que não foi o seu precursor, se estava ele ciente da falsidade da imputação por ele propalada ou divulgada, em nada lhe beneficiando alegar que apenas repetiu o que lhe disseram. Na difamação, quem repete o que ouviu comete nova difamação, por não existir figura autônoma para a hipótese.

■ *1.5.2.3. Exceção da verdade*

Como na difamação a veracidade da imputação não afasta a tipicidade, evidente que, em tal infração penal, a **exceção da verdade é incabível**, pois não geraria qualquer efeito prático.

Excepcionalmente, todavia, o art. 139, parágrafo único, do Código Penal, estabelece que, se o fato é imputado a **funcionário público** e diz respeito ao exercício de suas funções, será cabível a exceção da verdade. Essa regra se justifica porque há interesse público em permitir que o autor da imputação demonstre que um funcionário público agiu de forma irregular, para que ele possa ser punido e orientado ou desligado de suas funções. Se a exceção da verdade for julgada procedente, o querelado será absolvido. A prova da verdade nesse caso constitui excludente específica da ilicitude do crime de difamação.

■ *1.5.2.4. Diferenças entre calúnia e difamação*

CALÚNIA	DIFAMAÇÃO
1) O fato imputado deve ser definido como crime. 2) A imputação deve ser falsa. 3) É punível contra os mortos. 4) Admite, em regra, a exceção da verdade. 5) Possui subtipo.	1) O fato imputado deve ser desonroso, mas nunca definido como crime. 2) Não é necessário que a imputação seja falsa. 3) Não é possível contra os mortos. 4) Não admite, em regra, a exceção da verdade. 5) Não possui subtipo.

■ *1.5.2.5. Elemento subjetivo*

É o dolo de afetar negativamente a honra alheia. É necessário que o agente faça a imputação com *animus diffamandi*. Se o agente imputa um fato, sem se dar conta de que pode ser tido como desonroso, não comete o crime, por ter havido o que a doutrina e a jurisprudência chamam de *animus narrandi*. Assim, ao comentar com outrem que sempre tem visto Antonio jogando truco na mesa de um bar, sem a intenção de ofendê-lo, o agente não comete difamação por falta de dolo, ainda que, para o ouvinte, possa soar como algo negativo alguém, costumeiramente, permanecer horas jogando cartas. Igualmente, comentar ter visto o Pedro, meia hora atrás, quando ele apostava no jogo do bicho, não constituirá difamação se o agente tiver feito esse comentário por ter se acostumado com pessoas apostando no jogo do bicho, sem se dar conta de que o apostador também é contraventor.

■ 1.5.2.6. Meios de execução

Como os demais crimes contra a honra, a difamação pode ser cometida de forma verbal, por escrito, gestos ou qualquer meio simbólico.

Há alguns anos, um jogador de famoso time de futebol foi expulso de campo pelo árbitro e, ao deixar o gramado, fez um sinal típico para as câmeras de televisão e para o público, deixando claro, com tal gesto, que estava acusando o árbitro de atuar embriagado.

Tem se tornado comum, por sua vez, a difamação pela montagem de fotografias e posterior divulgação via *internet* (meio simbólico).

■ 1.5.2.7. Sujeito ativo

Pode ser qualquer pessoa, exceto aqueles que gozam de imunidade, como os Deputados e Senadores, e os Vereadores, nos limites do município onde exercem suas atividades (arts. 53 e 29, VIII, da Constituição Federal). Necessário, porém, que não se trate de ofensa gratuita, despida de relação com o desempenho das funções, pois, caso contrário, haverá delito. Nesse sentido: *"a imunidade, em sentido material, prevista no art. 53 da CF, não alcança manifestações proferidas com finalidade diversa da função parlamentar. Assim, as ofensas perpetradas fora do âmbito da Assembleia Legislativa e sem qualquer relação com o exercício do mandato, justificam o prosseguimento da ação penal"* (STJ — HC 22.556 — Rel. Min. Jorge Scartezzini — *DJU* 18-8-2003, p. 216); *"o entendimento pretoriano realça que a imunidade material dos vereadores, concebida pela Constituição Federal, quanto aos delitos de opinião, se circunscreve ao exercício do mandato em estreita relação com o desempenho da função do cargo. Há, portanto, limites para os pronunciamentos feitos no recinto da Câmara dos Vereadores, quando não restritos aos interesses do município ou da própria edilidade..."* (STJ — HC 29.092 — Rel. Min. Paulo Medina — *DJU* 16-5-2005, p. 420).

O art. 7º, § 2º, Lei n. 8.906/94 (Estatuto da OAB), que regulamentou a imunidade dos advogados descrita genericamente no art. 133 da Constituição Federal, dispõe que tais profissionais não cometem crimes de difamação ou injúria, quando no exercício de suas atividades, sem prejuízo das sanções disciplinares pelo órgão próprio da Ordem. A imunidade alcança eventuais ofensas feitas no bojo de ação judicial, em acompanhamento de clientes em delegacias de polícia, em Comissões Parlamentares de Inquérito, em Tabelionatos, durante oitiva em inquérito civil no Ministério Público etc. É evidente, contudo, que referida imunidade não é absoluta, não alcançando ofensas que não tenham qualquer relação com a atividade profissional.

Os membros do Ministério Público gozam também de imunidade nos termos do art. 41, V, da Lei n. 8.625/93 — Lei Orgânica do Ministério Público.

O art. 41 da Lei Complementar n. 35/79, Lei Orgânica da Magistratura, confere o mesmo tipo de imunidade aos juízes de direito: *"salvo os casos de improbidade ou excesso de linguagem, o magistrado não pode ser punido ou prejudicado pelas opi-*

niões que manifestar ou pelo teor das decisões que proferir". A esse respeito, veja-se o seguinte julgado do Supremo Tribunal Federal: *"o Magistrado é inviolável pelas opiniões que expressar ou pelo conteúdo das decisões que proferir, não podendo ser punido nem prejudicado em razão de tais pronunciamentos. É necessário, contudo, que esse discurso judiciário, manifestado no julgamento da causa, seja compatível com o* usus fori *e que, desprovido de intuito ofensivo, guarde, ainda, com o objeto do litígio, indissociável nexo de causalidade e pertinência. Doutrina. Precedentes. A* ratio *subjacente à norma inscrita no art. 41 da LOMAN decorre da necessidade de proteger os magistrados no desempenho de sua atividade funcional, assegurando-lhes condições para o exercício independente da jurisdição"* (STF — Inq. 2.699/DF — Rel. Min. Celso de Mello — Pleno — *DJe* 7-5-2003).

1.5.2.8. Sujeito passivo

Pode ser qualquer pessoa.

- **Desonrados**

As pessoas que já não gozam de bom nome também podem ser difamadas, porque uma nova ofensa pode piorar ainda mais sua reputação.

- **Mortos**

Como só existe regra expressa prevendo a possibilidade de punição para a calúnia (art. 138, § 2º, do CP), conclui-se que **não é punível a difamação contra pessoas mortas.**

- **Menores de idade e deficientes mentais**

Tais pessoas têm reputação a zelar e **podem**, perfeitamente, ser vítimas de difamação. Em caso concreto, um funcionário de escola de ensino fundamental disse ter visto dois adolescentes fazendo "troca-troca" no banheiro do colégio, provocando forte repercussão no âmbito da escola e comentários em toda a coletividade. Os jovens passaram a ser objeto de zombaria por parte de outros estudantes, provocando sérios danos psicológicos em ambos, que, inclusive, mudaram de estabelecimento de ensino.

- **Pessoa jurídica**

É antiga a polêmica em torno da possibilidade de a pessoa jurídica figurar como vítima do crime de difamação.

No sentido afirmativo, podemos elencar autores como Damásio de Jesus,[97] Cezar Roberto Bitencourt[98] e Flávio Monteiro de Barros.[99] Segundo esses autores, a pessoa jurídica possui reputação, nome a zelar, que pode ser afetada pela atribuição

[97] Damásio de Jesus, *Direito penal,* v. 2, p. 207.

[98] Cezar Roberto Bitencourt, *Tratado de direito penal,* v. 2, p. 302.

[99] Flávio Augusto Monteiro de Barros, *Crimes contra a pessoa,* p. 186.

de fatos desonrosos. A maliciosa propalação de que determinada empresa não cumpre suas avenças ou de que sempre atrasa as entregas de mercadorias pode afetar irremediavelmente seus negócios. O Supremo Tribunal vem admitindo a difamação contra pessoa jurídica, em razão de dispositivo nesse sentido no art. 23, III, da Lei de Imprensa (Lei n. 5.250/67), não havendo motivos para que o fato não seja criminoso se, igualmente ofensivo, mas cometido por meio diverso, já que o bem jurídico tutelado é o mesmo. Veja-se: *"A pessoa jurídica não pode ser sujeito passivo dos crimes de injúria e calúnia, sujeitando-se apenas à imputação de difamação. Precedentes"* (STF — Rel. Maurício Corrêa — Pet 2.491/AgR/BA — *DJ* 14-6-2002, p. 00127). Ainda nesse sentido: RHC 61.993/RS; RHC 59.290/RS; RHC 83.091/DF e Inq. 800/RJ.

Em entendimento mais conservador, Nélson Hungria[100] e Magalhães Noronha[101] recusam a possibilidade de pessoa jurídica ser vítima de difamação, argumentando, basicamente, que, estando a difamação contida no Título Dos Crimes Contra a Pessoa, só pode ter como vítima pessoas naturais, pois é isso o que ocorre nos demais delitos elencados em tal Título. No Superior Tribunal de Justiça, podem ser encontrados inúmeros julgados nesse sentido: *"Pela lei em vigor, pessoa jurídica não pode ser vítima dos crimes contra a honra previstos no Código Penal. A própria difamação* ex vi legis *(art. 139 do CP) só permite como sujeito passivo a criatura humana. Inexistindo qualquer norma que permita a extensão da incriminação, nos crimes contra a pessoa (Título I do Código Penal), não se inclui a pessoa jurídica no polo passivo e, assim, especificamente, (Capítulo IV do Título I) só se protege a honra das pessoas físicas. (Precedentes)"* (STJ — AgRg n. 672.522/PR — Rel. Felix Fischer — *DJ* 17-10-2005, p. 335). No mesmo sentido: HC 7.391/SP; HC 10.602/GO; RHC 7.512/MG; REsp 603.807/RN.

Entendemos correto o primeiro entendimento, pois, no Título I da Parte Especial, que trata dos crimes contra a pessoa, existem outros crimes praticados contra pessoa jurídica, como, por exemplo, o de violação de correspondência comercial (art. 152 do CP).

■ 1.5.2.9. Consumação

Considerando que a difamação atinge a honra objetiva — porque pressupõe a narrativa de fato concreto —, a consumação se dá quando **terceira pessoa** toma conhecimento da imputação.

■ 1.5.2.10. Tentativa

Só é possível na forma escrita, quando, por exemplo, uma carta contendo a ofensa se extravia.

---

[100] Nélson Hungria, *Comentários ao Código Penal,* v. VI, p. 44.

[101] Magalhães Noronha, *Direito penal,* v. 2, p. 121.

1.5.2.11. *Classificação doutrinária*

CLASSIFICAÇÃO DOUTRINÁRIA				
■ Simples quanto à objetividade jurídica	■ Comum quanto ao sujeito ativo	■ De ação livre e comissivo quanto aos meios de execução	■ Formal e instantâneo quanto ao momento consumativo	■ Doloso quanto ao elemento subjetivo

1.5.3. Injúria

> **Art. 140.** Injuriar alguém, ofendendo-lhe a dignidade ou o decoro:
> Pena — detenção, de um a seis meses, ou multa.

1.5.3.1. *Objetividade jurídica*

O crime de injúria tutela a **honra subjetiva**, ou seja, o sentimento que cada um tem acerca de seus próprios atributos físicos, morais ou intelectuais. É um crime que afeta a **autoestima** da vítima, seu amor-próprio.

1.5.3.2. *Tipo objetivo*

- **Atribuição de característica negativa**

A injúria difere totalmente dos outros crimes contra a honra porque é o único deles em que o agente não atribui um fato determinado ao ofendido. Na injúria, o agente não faz uma narrativa, mas atribui uma qualidade negativa a outrem. Consiste, portanto, em um xingamento, no uso de expressão desairosa ou insultuosa para se referir a alguém.

A característica negativa atribuída a outrem, para configurar injúria, deve ser ofensiva à sua dignidade ou decoro.

A ofensa à **dignidade** é aquela que se refere aos atributos **morais** da vítima. Configuram-na dizer que alguém é safado, ladrão, velhaco, vagabundo, golpista, corrupto, estelionatário, pedófilo etc. Muito comum, também, injúria contra mulheres com a utilização de palavras como piranha, vagabunda, prostituta ou outras similares.

A ofensa ao **decoro**, por sua vez, diz respeito a expressões que afetam os atributos **físicos** ou **intelectuais** de alguém. Tipificam-na taxar alguém de burro, idiota, ignorante, celerado, monstro, baleia, porco, bruxa etc.

- **Descrição das palavras ofensivas na peça inicial da ação penal**

Ainda que as palavras injuriosas sejam consideradas de baixo calão, devem ser expressamente mencionadas na queixa-crime ou na denúncia, sob pena de inépcia, pois o juiz só pode avaliar se as recebe ou rejeita quando tem efetivo conhecimento da ofensa feita.

■ 1.5.3.3. *Elemento subjetivo*

É o dolo, ou seja, a intenção deliberada de atingir a honra subjetiva da vítima — *animus injuriandi vel diffamandi*.

Pacífico, por sua vez, o entendimento de que não há crime, pela ausência de intenção de ofender, quando a palavra desairosa é utilizada por brincadeira ou para disciplinar alguém (*animus jocandi* ou *corrigendi*).

■ 1.5.3.4. *Consumação*

Por se tratar de crime contra a honra subjetiva, a injúria só se consuma quando a ofensa proferida **chega ao conhecimento da vítima**. Assim, se a ofensa é feita em sua presença, a consumação é imediata. Se feita em sua ausência, o aperfeiçoamento só se dará quando derem ciência à vítima do que dela foi dito.

Verifica-se, portanto, que a injúria pode ser praticada tanto na presença quanto na ausência da vítima.

- **Injúria contra funcionário público e desacato**

O crime de injúria **contra funcionário público**, referente ao desempenho de suas funções, excepcionalmente, só pode ser cometido na **ausência** da vítima. É que a ofensa irrogada **em sua presença** constitui crime mais grave, previsto no art. 331 do Código Penal, chamado **desacato**. Assim, se um servidor do Poder Judiciário, quando está no cartório, na presença de seus colegas de trabalho, diz que o juiz de direito é preguiçoso para sentenciar, comete crime de injúria agravada pelo fato de a vítima ser funcionário público (art. 141, II, do CP). Se alguém, todavia, vai até uma sala de audiência e xinga pessoalmente o juiz, responde por desacato.

■ 1.5.3.5. *Tentativa*

Teoricamente é possível na forma escrita. Todavia, se a vítima em nenhum momento tomar conhecimento da ofensa, não haverá ação penal, já que a iniciativa é privada. Hipoteticamente existe também tentativa quando uma pessoa xinga outra que está em um trem que, ao partir, apita longamente e vai-se embora, de modo que a vítima não ouve o que foi dito.

■ 1.5.3.6. *Meios de execução*

São os mesmos dos demais crimes contra honra: verbal, por escrito, gestual ou qualquer outro meio simbólico.

Despedir-se de alguém com as mãos fechadas, implica chamá-lo de sovina, pão-duro. Dar o nome de uma pessoa a um porco de criação é uma forma simbólica de ofendê-la. Igualmente quem imprime retrato de outrem em papel higiênico, ou pendura chifres na porta de sua casa, ou serve capim em um prato para que ele coma, ou afixa um rabo na parte traseira de sua calça etc. (os exemplos são de Nélson Hungria).[102]

---

[102] Nélson Hungria, *Comentários ao Código Penal*, v. VI, p. 95/96.

Até por omissão o crime pode ser cometido, como na hipótese mencionada por Julio Fabbrini Mirabete[103] em que alguém acintosamente não aperta a mão de pessoa que fora cumprimentá-la.

1.5.3.7. *Formas de ofender*

A ofensa pode ser feita de forma explícita (ou inequívoca), implícita (ou equívoca) ou reflexa. Chamar um homem de corno, por exemplo, ofende, reflexamente, sua esposa ou namorada.

Pode ainda ser **imediata**, quando feita pelo próprio agente, ou **mediata**, quando ele convence, por exemplo, uma criança a se aproximar de um político e chamá-lo de corrupto. Da mesma forma quem ensina um papagaio a proferir impropérios em referência a certa pessoa.

Nélson Hungria[104] sugere, ainda, outras formas de injúria, como: ofensa por exclusão (como quando declaro honestas determinadas pessoas de um grupo, omitindo referência às demais); interrogativa ("será você um gatuno?"); dubitativa ou suspeitosa ("talvez seja fulano um intrujão"); irônica (quando alguém, querendo dizer verdades, finge estar brincando); condicionada (quando se diz que alguém seria um canalha se fizesse tal coisa, quando todos sabem que ele o fez); truncada (você é um m...); por fingimento (chamar o juiz de meretríssimo, como se tivesse se enganando).

1.5.3.8. *Sujeito ativo*

Pode ser qualquer pessoa, exceto as que gozam de imunidade, como Deputados, Senadores, Vereadores em seus municípios, advogados no desempenho de suas atividades, membros do Ministério Público (ver sujeito ativo no crime de difamação).

1.5.3.9. *Sujeito passivo*

Pode ser qualquer pessoa. É necessário, todavia, que a ofensa seja endereçada a pessoa ou pessoas determinadas, já que o tipo penal exige expressamente que o agente injurie **"alguém"**. Por isso, dizer que jogadores de futebol são todos mercenários ou que banqueiros são vampiros do dinheiro alheio não constitui crime. No entanto, se o agente se referir aos jogadores atuais de time determinado ou a banqueiros de certa instituição, responderá pelo crime.

- **Desonrados**

Podem figurar como sujeito passivo porque têm honra subjetiva.

- **Mortos**

Por não possuírem honra subjetiva, não podem ser injuriados.

[103] Julio Fabbrini Mirabete, *Manual de direito penal,* v. 2, p. 166.
[104] Nélson Hungria, *Comentários ao Código Penal,* v. VI, p. 96.

- **Menores de idade e deficientes mentais**

Desde que possam entender o significado da ofensa, podem figurar como vítima de injúria. Haverá, entretanto, crime impossível na ofensa endereçada à criança de tenra idade que ainda não compreenda as palavras ditas. Nesse caso, não há falar em injúria contra os pais, se as palavras referiram-se única e exclusivamente ao menor, já que honra subjetiva não se transfere.

Note-se que, se o menor entende o caráter ofensivo, há crime, mas a ação penal é promovida pelos pais, seus representantes legais. Se o menor, todavia, não entende o que foi dito, o fato é atípico e não há ação a ser proposta.

- **Pessoas jurídicas**

Na condição de entes fictícios, não possuem honra subjetiva e não podem ser sujeito passivo de injúria.

■ 1.5.3.10. *Exceção da verdade*

Como a injúria não contém a exposição de um fato determinado, em nenhuma hipótese se admite-se o uso da exceção da verdade. Seria absurdo, aliás, alguém chamar outro de burro e querer provar a veracidade da imputação, propondo testes de inteligência a ele.

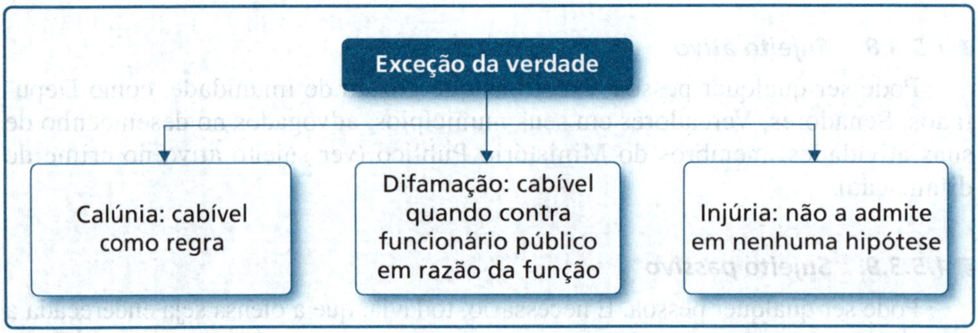

■ 1.5.3.11. *Classificação doutrinária*

CLASSIFICAÇÃO DOUTRINÁRIA				
■ Simples quanto à objetividade jurídica	■ Comum quanto ao sujeito ativo	■ De ação livre e comissivo quanto aos meios de execução	■ Formal e instantâneo quanto ao momento consumativo	■ Doloso quanto ao elemento subjetivo

■ 1.5.3.12. *Concurso de crimes*

Se o agente, em um só contexto fático, faz uso de diversas palavras injuriosas contra a mesma vítima, responde por crime único e não por um crime para cada palavra ofensiva.

É possível, por sua vez, que o agente, em um mesmo momento, profira várias ofensas, de caráter distinto, hipótese em que haverá concurso formal. Suponha-se que o agente, inicialmente, narre um furto determinado, imputando-o a uma certa mulher e, ao final, refira-se a ela como "drogada". Ele responde por calúnia e injúria. Se o agente narrasse que ela furtou alguém durante ato de prostituição, estaria narrando dois fatos concretos ofensivos: o furto e o ato de prostituição. Nesse caso, ele responderia por calúnia e difamação.

1.5.3.13. *Perdão judicial*

> **Art. 140, § 1º** — O juiz pode deixar de aplicar a pena:
> I — quando o ofendido, de forma reprovável, provocou diretamente a injúria;
> II — no caso de retorsão imediata, que consista em outra injúria.

O perdão judicial é causa extintiva da punibilidade (art. 107, IX, do CP). As modalidades em estudo somente se aplicam à injúria simples.

- **Provocação do ofendido**

A finalidade do dispositivo é permitir a isenção de pena quando o juiz perceber que um xingamento foi proferido em momento de irritação decorrente de provocação da vítima, que fez com que o agente perdesse momentaneamente o controle emocional.

É necessário que a provocação seja considerada reprovável e que tenha sido feita naquele exato momento, na presença do ofensor (provocação direta).

- **Retorsão imediata**

Retorsão significa revide, isto é, trata-se de hipótese em que uma pessoa ofende outra imediatamente após ter sido ofendida por esta. Ambas praticaram crimes de injúria. O fato de alguém ter feito xingamento não torna lícito o revide. O juiz, porém, pode conceder o perdão a ambos. Esse inc. II, se não existisse, estaria contido na hipótese do inc. I.

1.5.3.14. *Diferenças entre injúria e calúnia/difamação*

INJÚRIA	CALÚNIA/DIFAMAÇÃO
1) Atinge a honra subjetiva.	1) Atingem a honra objetiva.
2) Consuma-se quando a vítima toma conhecimento da ofensa.	2) Consumam-se quando terceira pessoa toma conhecimento da imputação.
3) Admite perdão judicial em certas hipóteses.	3) Nunca admitem perdão judicial.
4) Não admite a exceção da verdade.	4) A calúnia admite a exceção da verdade como regra e a difamação quando for contra funcionário público em razão da função.
5) A retratação não gera nenhum efeito.	5) A retratação, se cabal e antes da sentença, extingue a punibilidade.

1.5.3.15. *Injúria real*

> **Art. 140, § 2º** — Se a injúria consiste em violência ou vias de fato, que, por sua natureza ou pelo meio empregado, se consideram aviltantes.
> Pena — detenção, de três meses a um ano, e multa, além da pena correspondente à violência.

Cuida-se de figura qualificada do crime de injúria, em que o agente ofende a vítima por meio de uma agressão física (violência ou vias de fato).

Para a configuração da injúria real, é preciso que a agressão perpetrada seja considerada **aviltante** (humilhante) em razão:

a) da **natureza do ato**. Raspar o cabelo da vítima, esbofeteá-la em público, cuspir em seu rosto, cavalgar a vítima, jogá-la em uma fonte de água no meio de uma festa etc.

b) do **meio empregado**. Atirar tomate podre ou ovo em pessoa que está fazendo um discurso; atirar cerveja ou bolo no rosto de alguém em uma festa etc.

A propósito: "*Tosagem de cabelo da mulher, pelo marido, em um ímpeto de ciúme, configura a injúria real, constituindo o ato material do corte de cabelo a contravenção de vias de fato, com o objetivo manifesto de injuriar a vítima. Se ocorre apenas vias de fato, a contravenção é absorvida pelo delito*" (Tacrim-SP — Rel. Chiaradia Netto — *RT* 485/333).

- **Concurso de injúria real com crime de lesões leves**

Se da violência empregada para ofender resultarem lesões corporais, ainda que leves, o agente responderá pelos dois crimes. É o que dispõe expressamente o texto legal, sendo certo, ainda, que as penas devem ser somadas, já que o dispositivo diz que as sanções referentes à injúria real (detenção e multa) devem ser aplicadas "além da pena correspondente à violência". Assim, embora se trate de hipótese que, pelas regras da Parte Geral do Código, enquadra-se no conceito de concurso formal — a mesma agressão ofende e causa as lesões —, cederá vez à regra específica da Parte Especial.

Se o crime for cometido por meio de vias de fato — agressão sem intenção de lesionar —, a contravenção prevista no art. 21 da LCP ficará absorvida.

1.5.3.16. *Injúria racial ou preconceituosa*

> **Art. 140, § 3º** — Se a injúria consiste na utilização de elementos referentes a raça, cor, etnia, religião, origem ou a condição de pessoa idosa ou portadora de deficiência:
> Pena — reclusão, de um a três anos, e multa.

Essa qualificadora do crime de injúria foi introduzida no Código Penal pela Lei n. 9.459/97, mas a sua parte final, referente a vítimas idosas ou deficientes, foi inserida pelo Estatuto do Idoso (Lei n. 10.741/2003).

A 1ª parte do dispositivo, que trata da ofensa referente à raça, cor, etnia, religião ou origem, conhecida como injúria "racial", merece esclarecimento no sentido de ser diferenciada do crime de **racismo** do art. 20 da Lei n. 7.716/89, também introduzido pela Lei n. 9.459/97. Com efeito, o crime de injúria, como todos os demais crimes contra a honra, pressupõe que a ofensa seja endereçada a **pessoa determinada** ou, ao menos, a um **grupo determinado** de indivíduos. Assim, quando o agente se dirige a uma outra pessoa e a ofende fazendo referência à sua cor ou religião, configura-se a injúria qualificada. O crime de **racismo**, por meio de manifestação de opinião, estará presente quando o agente se referir de forma preconceituosa indistintamente **a todos os integrantes** de certa raça, cor, religião etc.

OFENSA À(S) PESSOA(S) DETERMINADA(S)	OFENSA À(S) PESSOA(S) INDETERMINADA(S)
1) Referente à raça, cor, religião etc., constitui injúria qualificada.	1) Referente à raça, cor, religião etc., constitui racismo.
2) Referente a outros aspectos, constitui injúria simples.	2) Referente a outros aspectos, não constitui crime.[105]

Lembre-se, ainda, da existência de outras modalidades de crime de racismo, previstos também na Lei n. 7.716/89, não consistentes em ofensas verbais ou escritas, mas decorrentes de atos discriminatórios, como não permitir que alguém fique sócio de clube em razão da raça ou cor, não permitir que se alimente em certo restaurante, que ingresse em ônibus, negar-lhe emprego etc.

De acordo com o art. 5º, XLII, da Constituição Federal, a prática do **racismo** constitui crime inafiançável e imprescritível. O Superior Tribunal de Justiça tem estendido tais regras ao delito de **injúria racial**. A propósito: AgRg no AREsp 686.965/DF, Rel. Min. Ericson Maranho (Desembargador Convocado do TJ/SP), 6ª Turma, julgado em 18-8-2015, *DJe* 31-8-2015; AgRg no AREsp 734.236/DF, Rel. Min. Nefi Cordeiro, 6ª Turma, julgado em 27-2-2018, *DJe* 8-3-2018.

A qualificadora da injúria, no que diz respeito a pessoas idosas (com mais de 60 anos) ou deficientes, só se configura quando a ofensa for referente a essa condição pessoal da vítima. Assim, configuram-na chamar idoso de "decrépito", "velho esclerosado", "velho babão", "matusalém", "múmia" ou o deficiente de "ponto e vírgula" (porque ele manca com uma das pernas), "toco" (porque não tem um braço ou as pernas), "retardado" etc. Por sua vez, uma ofensa contra idoso que não seja referente a essa condição, como, por exemplo, chamá-lo de vagabundo, constitui injúria simples, com a agravante genérica do art. 61, II, *h*, do Código Penal — crime contra pessoa idosa.

---

[105] O Plenário do STF, no julgamento da Ação Direta de Inconstitucionalidade por Omissão (ADO) n. 26, entendeu que houve omissão inconstitucional do Congresso Nacional por não editar lei que criminalize atos de homofobia e de transfobia, de modo que, enquanto não for aprovada lei específica, deverá haver enquadramento no crime de racismo da própria Lei n. 7.716/89.

1.5.4. Disposições comuns

1.5.4.1. Causas de aumento de pena

> **Art. 141.** As penas cominadas neste Capítulo aumentam-se de um terço, se qualquer dos crimes é cometido:
> I — contra o Presidente da República, ou contra chefe de governo estrangeiro;
> II — contra funcionário público, em razão de suas funções;
> III — na presença de várias pessoas, ou por meio que facilite a divulgação da calúnia, da difamação ou da injúria;
> IV — contra pessoa maior de 60 anos ou portadora de deficiência, exceto no caso de injúria.
> Parágrafo único. Se o crime é cometido mediante paga ou promessa de recompensa, aplica-se a pena em dobro.

- **Ofensa contra Presidente da República ou chefe de governo estrangeiro** (inciso I)

Qualquer que seja o crime contra a honra, a pena será aumentada em um terço. Lembre-se, todavia, que, se o crime for o de calúnia ou difamação, e for constatada motivação política, haverá crime específico, previsto na Lei de Segurança Nacional (art. 26 c.c. arts. 1º e 2º da Lei n. 7.170/83).

- **Ofensa contra funcionário público em razão da função** (inciso II)

Nos termos do texto legal, deve haver nexo de causalidade entre a ofensa e as funções desempenhadas pelo funcionário ofendido. Presente tal requisito, é irrelevante que os impropérios tenham sido ditos a ele em momento de folga ou fora do horário de serviço.

Não se aplica a causa de aumento, contudo, se a ofensa refere-se às funções, mas é feita quando o ofendido já se aposentou ou desligou-se do cargo. É que, nesse caso, ao tempo da ação o ofendido não era mais funcionário público; e a lei exige que o seja.

A propósito: "*O simples fato de ser a vítima vereador não basta à aplicação da majorante do art. 141, II, do CP. Indispensável a tal desiderato ser a ofensa proferida em razão das funções públicas do sujeito passivo*" (Tacrim-SP — Rel. Geraldo Pinheiro — *Jutacrim* 42/178).

- **Ofensa feita na presença de várias pessoas** (inciso III, 1ª parte)

A expressão "várias pessoas" significa que deve haver pelo menos três pessoas presentes. Com efeito, quando a lei quer se referir a um número mínimo de duas pessoas o faz de forma expressa, como pode-se confirmar nos arts. 155, § 4º, IV; 157, § 2º, II; 226, IV, *a*, do Código Penal.

Nesse número não se computam os autores ou coautores do crime e os que, por qualquer razão, não podem entender a ofensa, como crianças, surdos ou loucos, uma vez que a razão do aumento é a maior lesão à honra decorrente do imediato conhecimento, por diversas pessoas, das palavras desairosas proferidas.

A expressão "na presença", inserida no Código Penal quando não existiam certas tecnologias, não afasta o aumento quando a ofensa é feita em conversas na *internet* em *chats* ou em reuniões virtuais que envolvam o número mínimo de pessoas exigidos pelo texto legal.

Apesar de a injúria afetar a honra subjetiva, o aumento também se aplica a esse delito, pois, além de o texto legal não trazer exceção expressa, é inegável que xingar alguém em público, quando há várias pessoas presentes, tem maior gravidade. O inc. III, ademais, menciona expressamente o crime de injúria.

- **Meio que facilite a divulgação** (inciso III, 2ª parte)

São exemplos de meios que facilitam a divulgação: a afixação de cartazes em local público, a distribuição de panfletos, a colocação de faixa em poste, a pichação de muro com dizeres ofensivos, o uso de alto-falantes em veículo, a divulgação em *site* na internet ou a distribuição indiscriminada de e-mails ou mensagens de texto por meio de telefone celular etc. Lembre-se, ainda, de que a facilidade de comunicação pelas redes sociais tem se mostrado terreno fértil para a proliferação dos crimes contra a honra, hipótese em que a pena será aumentada em razão do dispositivo em análise.

O Supremo Tribunal Federal entendeu que a Lei de Imprensa não foi recepcionada pela Carta Constitucional de 1988 e, no ano de 2009, no julgamento da ADPF n. 130, cassou sua eficácia. Assim, ofensas proferidas em jornais ou revistas, ou em programas de rádio ou de televisão, configuram crime contra a honra do Código Penal com a causa de aumento em estudo.

- **Calúnia ou difamação contra pessoa maior de 60 anos ou portadora de deficiência** (inciso IV)

Essa causa de aumento não se aplica ao crime de injúria por haver expressa exclusão no texto legal, na medida em que há regra especial para a injúria consistente na utilização de elementos referentes à condição de pessoa idosa ou deficiente (art. 140, § 3º).

Nos crimes de calúnia e difamação, basta que a vítima seja idosa ou portadora de deficiência. O aumento existe ainda que a ofensa não seja referente a essas condições pessoais, pois a lei não faz exigência em sentido contrário como ocorre na injúria qualificada.

A deficiência pode ser física ou mental.

- **Paga ou promessa de recompensa** (parágrafo único)

A paga é prévia em relação à prática do crime. A promessa de recompensa é para pagamento posterior.

Trata-se de crime de concurso necessário em que a causa de aumento de pena será aplicada a ambos os envolvidos.

Aqui o aumento é maior do que nas hipóteses anteriores. A pena é aplicada em dobro.

1.5.4.2. *Excludentes de ilicitude*

> **Art. 142.** Não constituem injúria ou difamação punível:
> I — a ofensa irrogada em juízo, na discussão da causa, pela parte ou por seu procurador;
> II — a opinião desfavorável da crítica literária, artística ou científica, salvo quando inequívoca a intenção de injuriar ou difamar;
> III — o conceito desfavorável emitido por funcionário público, em apreciação ou informação que preste no cumprimento de dever do ofício.
> Parágrafo único. Nos casos dos ns. I e III, responde pela injúria ou pela difamação quem lhe dá publicidade.

Como o texto legal elenca algumas hipóteses e diz que "não constituem injúria ou difamação puníveis", conclui-se que tais regras têm natureza jurídica de causas especiais de exclusão da ilicitude, não constituindo, portanto, infração penal. Ressalve-se que as excludentes **não incidem sobre o crime de calúnia**.

- **Ofensa irrogada pela parte, em juízo, na discussão da causa**

Essa hipótese, mencionada no art. 142, I, do Código Penal, aplicava-se, originariamente, para excluir os crimes de difamação e injúria tanto em relação às ofensas feitas pessoalmente por uma das partes como aquelas feitas por seu advogado em juízo. Conforme se verá adiante, no que tange aos advogados, o dispositivo encontra-se derrogado, na medida em que passou a existir regra própria para estes, mais abrangente. O art. 142, I, do CP, todavia, continua em vigor em relação às partes e, para que exclua a ilicitude, pressupõe que a ofensa seja feita:

a) Na **discussão da causa**. Deve haver relação entre a ofensa feita e algum dos temas, de fato ou de direito, tratado nos autos. Impropérios ou comentários desairosos feitos gratuitamente constituem crime.
Caso haja vínculo efetivo entre a ofensa e o debate existente nos autos, haverá exclusão da ilicitude, qualquer que tenha sido o meio pelo qual a ofensa tenha sido perpetrada, verbal ou escrita.

b) Em **juízo**. Pode ser juízo cível ou criminal, trabalhista ou falimentar. A ação pode ser de conhecimento, executória etc.

Observação: A excludente alcança as partes propriamente ditas (autor e réu), bem como assistentes, litisconsortes, terceiros intervenientes, inventariantes etc.

- **Ofensa proferida por advogado**

O art. 133 da Constituição Federal dispõe que *"o advogado é indispensável à administração da justiça, sendo inviolável por seus atos e manifestações no exercício da profissão, nos limites da lei"*.

O dispositivo legal que regulamentava o assunto era o mesmo art. 142, I, do Código Penal, que também confere imunidade às partes, na discussão da causa e em juízo. Nosso legislador, porém, atento ao fato de que as funções dos advogados são muito mais amplas, aprovou novo texto legal, mais moderno e adequado ao âmbito de atuação dos advogados, deixando de restringir a excludente a fatos ocorridos em juízo. Nos termos do art. 7º, § 2º, Lei n. 8.906/94 (Estatuto da OAB), "*o advogado tem imunidade profissional, não constituindo injúria, difamação ou desacato puníveis qualquer manifestação de sua parte, no exercício de sua atividade, em juízo ou fora dele, sem prejuízo das sanções disciplinares perante a OAB*". O Supremo Tribunal Federal, ao julgar a ADIN n. 1.127/DF, suspendeu a eficácia do dispositivo em relação ao crime de desacato, mas manteve sua aplicação em relação aos crimes contra a honra. Atualmente, portanto, a imunidade alcança eventuais ofensas feitas no tramitar de ação judicial, em acompanhamento de clientes em delegacias de polícia, em Comissões Parlamentares de Inquérito, em Tabelionatos, no Ministério Público para que o cliente seja ouvido no bojo de inquérito civil etc. É evidente, contudo, que referida imunidade não é absoluta, não alcançando ofensas que não tenham qualquer relação com a atividade profissional.

Até mesmo a ofensa contra o juiz da causa está abrangida pelo dispositivo, desde que tenha relevância na defesa do cliente. Assim, se em razões recursais o advogado sustenta que o juiz leu com pressa os autos e, por isso, não percebeu determinada prova relevante, não comete difamação. É claro que se fizer xingamentos completamente descabidos ao magistrado, responderá pelo crime.

Nesse sentido: "*Imunidade do advogado por ofensas ao Juiz ou autoridade dirigente de processo administrativo: superação, pelo art. 7º, § 2º do EOAB (Lei n. 8.906/94), da jurisprudência formada sob o art. 142, I, do Código Penal, que os subtraía de modo absoluto do alcance da* libertas conviciandi, *que, entretanto, continua a reclamar que as expressões utilizadas pelo profissional — ainda que, em tese injuriosas ou difamatórias — guardem pertinência com a discussão da causa e não degenerem em abuso da prerrogativa, mediante contumélias e epítetos pessoais, absolutamente dispensáveis ao exercício do nobre múnus da advocacia*" (STF — RHC 80.536-DF — 1ª Turma — Rel. Sepúlveda Pertence — *RTJ* 180/245); "*Crime contra a honra; Imunidade profissional do advogado: compreensão da ofensa a Juiz, desde que tenha alguma pertinência à causa. 1. O art. 7º, § 2º, da Lei n. 8.906/94 (Estatuto da Advocacia) superou a jurisprudência formada sob o art. 142 do CP, que excluía do âmbito da imunidade profissional do advogado a injúria ou a difamação do juiz da causa. 2. Sob a lei nova, a imunidade do advogado se estende à eventual ofensa irrogada ao juiz, desde que pertinente à causa que defende. 3. O STF só deferiu a suspensão cautelar, no referido art. 7º, § 2º, do EAOAB, da extensão da imunidade à hipótese de desacato: nem um só voto entendeu plausível a arguição de inconstitucionalidade quanto à injúria ou difamação. 4. A imunidade profissional cobre, assim, manifestação pela imprensa do Advogado-Geral da União, que teria utilizado expressão depreciativa a despacho judicial em causa contra ele movida*" (STF — Pleno — Rel. do Acórdão Min. Sepúlveda Pertence — *DJ* 1º-8-2003, p. 105).

- **Manifestação desfavorável da crítica**

A finalidade do dispositivo é conferir certa liberdade para que os críticos possam expor suas opiniões sem o receio de cometerem crime. O próprio texto legal, contudo, ressalva que, se o indivíduo utiliza a crítica com a clara e evidente intenção de ofender, responde pelo delito, restando, óbvio, portanto, que não foi conferida imunidade absoluta aos críticos.

A regra em tela voltou a ter grande importância após o Supremo Tribunal Federal ter declarado que a Lei de Imprensa não foi recepcionada pela Constituição Federal, pois, no mais das vezes, a manifestação dos críticos é veiculada em jornais, revistas, ou por meio de rádio etc.

- **Conceito desfavorável emitido por funcionário público**

O funcionário, em verdade, está apenas cumprindo seu dever, e não poderia mesmo ser punido, tal como ocorre com a excludente genérica do estrito cumprimento do dever legal. A finalidade do dispositivo é a de ressalvar que mesmo eventuais ofensas não configuram injúria ou difamação, salvo, evidentemente, se houver abusos ou desvios, já que nenhuma imunidade é absoluta. Quando um delegado de polícia menciona que o indiciado é um perigoso bandido, a fim de convencer o juiz a decretar-lhe a prisão preventiva, não incorre em crime de injúria.

- **Responsabilidade criminal de quem dá publicidade à ofensa**

Se uma ofensa é feita, por exemplo, no bojo de uma ação trabalhista, por uma das partes, o fato não constitui crime, mas o funcionário do Judiciário que dela tome conhecimento e passe a divulgar seu conteúdo responde pela infração penal. O mesmo ocorrerá na hipótese de quem divulga o conceito desfavorável emitido por funcionário público.

■ *1.5.4.3. Retratação*

> **Art. 143.** O querelado que, antes da sentença, se retrata cabalmente da calúnia ou da difamação, fica isento de pena.
> Parágrafo único. Nos casos em que o querelado tenha praticado a calúnia ou a difamação utilizando-se de meios de comunicação, a retratação dar-se-á, se assim desejar o ofendido, pelos mesmos meios em que se praticou a ofensa.

A retratação é causa **extintiva** da punibilidade, nos termos do art. 107, VI, do Código Penal.

Retratar significa voltar atrás no que disse, assumir que errou ao fazer a imputação.

Para que gere efeitos, é necessário que a retratação seja **cabal**, isto é, total e incondicional. Deve englobar tudo o que foi dito. É evidente, portanto, que não há verdadeira retratação quando o agente diz que errou ao imputar um desvio de cinquenta mil reais, porque, em verdade, o furto foi de apenas trinta mil.

Trata-se de circunstância de caráter **pessoal**, de modo que, se forem dois os autores da calúnia ou difamação e só um deles se retratar, a ação penal poderá ser proposta ou ter andamento quanto ao outro. Além disso, se uma só pessoa ofende duas outras e apenas se retrata quanto a uma delas, subsiste a punibilidade em relação à outra.

Para que a retratação gere efeitos, a lei **não** exige que a parte ofendida a aceite. Se já existir ação em andamento, basta que o sujeito se retrate perante o juiz — pessoalmente ou por petição — para que seja declarada extinta a punibilidade.

Outro requisito para que a retratação possibilite a extinção da punibilidade é que ela seja feita **antes da sentença de 1ª instância**. A retratação feita em grau de recurso não gera efeito.

Como o texto legal somente se refere à retratação do "querelado", entende-se que ela só extingue a punibilidade quando a calúnia ou a difamação forem apuradas mediante ação **privada**. Quando a ação for pública, como no caso de crime contra o Presidente da República, a retratação não gera efeito algum.

A Lei n. 13.188/2015 acrescentou um parágrafo único no art. 143 do Código Penal, estabelecendo que, nos casos em que o querelado tenha praticado a calúnia ou a difamação utilizando-se de meios de comunicação, a retratação dar-se-á, se assim desejar o ofendido, pelos mesmos meios em que se praticou a ofensa.

Como no crime de injúria não há imputação de fato determinado, o legislador excluiu a possibilidade de a retratação extinguir a punibilidade em tal delito. Assim, eventual retratação não beneficia o autor de crime de **injúria**.

■ 1.5.4.4. *Pedido de explicações em juízo*

> **Art. 144.** Se, de referências, alusões ou frases, se infere calúnia, difamação ou injúria, quem se julga ofendido pode pedir explicações em juízo. Aquele que se recusa a dá-las, ou, a critério do juiz, não as dá satisfatórias, responde pela ofensa.

O pedido de explicações é uma medida facultativa, normalmente utilizada quando a frase ou expressão proferida não é clara, deixando dúvida quanto à efetiva intenção de ofender. Para que não proponha uma queixa-crime temerária, o ofendido pode apresentar petição em juízo narrando o ocorrido e solicitando a intervenção judicial, no sentido de notificar o autor do ato para que este se explique. Trata-se, portanto, de procedimento anterior ao oferecimento da queixa-crime. Como não há rito específico previsto em lei, o pedido de explicações segue o procedimento das notificações avulsas, ou seja, após o requerimento da vítima, o juiz determina a notificação do autor da imputação a ser esclarecida, fixando um prazo para a resposta. Findo o prazo concedido, com ou sem resposta, o juiz entrega os autos ao requerente (vítima). O juiz não julga o pedido de explicações. Se, posteriormente, for proposta queixa-crime, será nesse momento que o juiz analisará as explicações dadas, para verificar se recebe ou rejeita a queixa.

A parte final do art. 144 diz que aquele que se recusa a dar as explicações ou as dá de forma insatisfatória responde pela ofensa. Isso não significa, todavia, que o juiz estará obrigado a condenar o ofensor, já que, após o recebimento da queixa, o querelado terá todas as oportunidades de defesa admitidas em lei, observando-se o princípio do contraditório. O dispositivo tem a única finalidade de ressalvar a importância da resposta e esclarecer que, em verdade, a omissão será levada em conta pelo juiz por ocasião da análise em torno do recebimento ou rejeição da queixa.

O pedido de explicações não interrompe o prazo decadencial.

A sua distribuição tornará o juízo prevento, caso, posteriormente, seja oferecida queixa-crime.

■ *1.5.4.5. Ação penal*

> **Art. 145.** Nos crimes previstos neste Capítulo somente se procede mediante queixa, salvo quando, no caso do art. 140, § 2º, da violência resulta lesão corporal.
> Parágrafo único. Procede-se mediante requisição do Ministro da Justiça, no caso do inciso I do *caput* do art. 141 deste Código, e mediante representação do ofendido, no caso do inciso II do mesmo artigo, bem como no caso do § 3º do art. 140 deste Código.

Pode-se notar pela leitura do dispositivo que existe **uma regra**, seguida de **quatro exceções**.

- **Regra**

A ação penal é **privada**, devendo ser proposta por meio de queixa-crime. Tal regra vale para os crimes de calúnia, difamação e injúria.

Deverá ser proposta dentro do prazo decadencial de seis meses, contados da data em que se descobriu a autoria do delito.

Na procuração outorgada ao advogado para a propositura da ação penal, deve constar expressamente o nome do querelado, bem como menção específica ao fato criminoso, nos termos do art. 44 do Código de Processo Penal.

- **Exceções**

a) Ofensa contra o Presidente da República ou chefe de governo estrangeiro. A ação é pública **condicionada à requisição** do Ministro da Justiça.

Note-se que a existência de referida requisição não vincula o Órgão do Ministério Público, que pode não oferecer a denúncia caso se convença da inocorrência da calúnia, difamação ou injúria.

b) Ofensa contra funcionário público em razão de suas funções. Nos termos da lei, a ação é pública **condicionada à representação**. O Supremo Tribunal Federal, todavia, entendeu que, nesses casos, o funcionário público tem também a opção de valer-se da regra consagrada no Código Penal para os crimes contra a honra, e oferecer queixa-crime (ação privada) sem que haja risco de rejeição por ilegitimidade de parte. Nesse sentido, a Súmula n. 714 do STF: "*é concorrente a legitimidade do* *ofendido, mediante queixa, e do Ministério Público, condicionada à representação do ofendido, para a ação penal por crime contra a honra de servidor público em razão do exercício de suas funções*". O fundamento da súmula é de que o Código Penal estabeleceu a ação pública condicionada apenas para o servidor não ter que arcar com as despesas de contratação de advogado para promovê-la, porém, pode ele abrir mão da prerrogativa e ingressar com a ação privada.

É de se ressaltar, todavia, que uma opção exclui a outra. Com efeito, se o funcionário oferecer representação ao Ministério Público, mas o representante dessa Instituição promover o arquivamento do inquérito, não mais poderá o servidor intentar queixa-crime.

c) Crime de injúria racial ou preconceituosa. A ação penal passou a ser pública **condicionada à representação** desde o advento da Lei n. 12.033/2009, que alterou a redação do art. 145, parágrafo único.

d) Crime de injúria real do qual resulta lesão corporal como consequência da violência empregada. Segundo o texto legal, a ação é pública **incondicionada**. A finalidade do legislador era a de estabelecer a mesma espécie de ação penal para os dois delitos: injúria real e lesões corporais. Assim, ainda que a lesão fosse leve, ambos os delitos deveriam ser apurados mediante ação pública incondicionada, na medida em que, por ocasião da aprovação do dispositivo em análise, esta era a modalidade de ação penal prevista para o crime de lesão leve. Após o advento da Lei n. 9.099/95, para que o objetivo da lei seja preservado, é necessário que se faça a seguinte adequação, com o intuito de a espécie de ação ser a mesma: se a injúria real provocar lesão leve, ambos os delitos dependem de representação do ofendido; se causar lesão grave ou gravíssima, a ação penal será incondicionada.

O Supremo Tribunal Federal, por seu Plenário, ao julgar a Ação Direta de Inconstitucionalidade (ADIn) n. 4.424/DF, decidiu, em definitivo, que no crime de lesão leve qualificado pela violência doméstica ou familiar contra mulher a ação penal é pública incondicionada.[106] Assim, se houver também injúria real, ambos os delitos se apuram sem a necessidade da representação.

No caso de injúria real cometida com emprego de vias de fato, considerando que a contravenção fica absorvida, aplica-se a regra do art. 145, *caput*, do Código Penal, isto é, a ação penal é privada.

1.5.5. Questões

1. (Ministério Público/SP — 78º concurso) Assinale a alternativa correta em relação aos seguintes enunciados:

I. Os crimes de calúnia e difamação consumam-se no momento em que a ofensa chega ao conhecimento de terceiro, enquanto o crime de injúria consuma-se no momento em que a ofensa chega ao conhecimento da vítima.

II. Imputar falsamente ao proprietário de uma casa lotérica a prática diária de jogo do bicho em seu estabelecimento comercial configura o crime de calúnia.

---

[106] No mesmo sentido, a Súmula n. 542 do STJ: "A ação penal relativa ao crime de lesão corporal resultante de violência doméstica contra a mulher é pública incondicionada".

III. A exceção da verdade nos crimes contra a honra somente é admitida nos crimes de calúnia e nos crimes de injúria cometidos contra funcionários públicos.

a) Nenhum dos enunciados é correto.
b) Somente os enunciados I e III são corretos.
c) Somente os enunciados II e III são corretos.
d) Somente os enunciados I e II são corretos.
e) Somente um dos enunciados é correto.

2. (Delegado de Polícia/SP) A retratação não é cabível, nos crimes de:

a) calúnia.
b) injúria.
c) difamação.
d) calúnia e injúria.

3. (Magistratura Federal/3ª Região — 6º concurso) Nos crimes de calúnia, difamação e injúria, se o ofendido é funcionário público e a ofensa é relativa ao exercício de suas funções:

a) admite-se, em qualquer caso, a exceção da verdade.
b) admite-se a exceção da verdade apenas no crime de calúnia.
c) admite-se a exceção da verdade nos crimes de calúnia e difamação.
d) admite-se a exceção da verdade no crime de injúria real, se o funcionário público, de forma reprovável, provocou diretamente a ofensa.

4. (Magistratura Federal/1ª Região) Sobre os crimes contra a honra, assinale a alternativa correta:

I. Não constitui injúria a ofensa irrogada em juízo, na discussão da causa, pela parte ou por seu procurador.
II. É possível a retratação quando o Ministério Público ingressa com ação penal, após representação movida pelo funcionário público, ofendido em razão das suas funções.
III. Não constitui calúnia a opinião desfavorável emitida por funcionário público, em apreciação ou informação que preste no cumprimento de dever de ofício.
IV. Paulo está sendo processado por Pedro pela prática do crime previsto no art. 161, inc. II, § 3º, do Código Penal, crime de ação privada, com processo tramitando na 3ª Vara Criminal. Houve sentença condenatória de que recorreu Paulo, cujo recurso ainda não foi julgado. Ocorre que Antonio, amigo de Pedro, afirmou em uma festa que Paulo havia praticado o esbulho, tal como está no processo que ele responde. Paulo, indignado com essa afirmação, ingressou com queixa-crime contra Antonio acusando-o da prática de calúnia. Nesse caso, Antonio pode promover exceção da verdade.

a) Somente a I está correta.
b) A I e a IV estão corretas.
c) A II e a III estão corretas.
d) Somente a IV está correta.

5. (Ministério Público/SP — 82º concurso) Leia atentamente os enunciados abaixo.

I. Admite-se exceção da verdade na difamação, se o ofendido é funcionário público e a ofensa é relativa ao exercício de suas funções.
II. É admitido perdão judicial em caso de difamação.
III. Na difamação e na calúnia há ofensa à honra subjetiva e, na injúria, à honra objetiva.
IV. Não se possibilita arguição de exceção da verdade na hipótese de injúria.
V. A lei prevê que é punível a difamação da memória dos mortos.

Tendo em vista o que estabelece o Código Penal, pode-se afirmar que:

a) Os enunciados I e IV são incorretos.
b) Somente os enunciados II e V são corretos.
c) Somente o enunciado III é correto.
d) Todos os enunciados são corretos.
e) Os enunciados II, III e V são incorretos.

6. (Delegado de Polícia/SP) Quanto aos crimes contra a honra, podemos afirmar:

a) não se pune a calúnia contra os mortos;
b) se, antes da sentença, o querelado se retratar cabalmente da injúria proferida, ficará isento de pena;
c) admite-se a exceção da verdade na difamação, se o ofendido for funcionário público e a ofensa for relativa a suas funções;
d) as penas cominadas serão aumentadas de um terço, se o crime for praticado contra o Presidente da República ou contra o Governador de algum dos Estados brasileiros.

7. (Delegado de Polícia/SP) Agente que, perante uma autoridade policial, declara, mentirosamente, que sua colega de trabalho, casada, honesta, cometeu adultério consigo durante recente viagem conjunta a serviço, pratica o crime de:

a) calúnia.
b) difamação.
c) autoacusação falsa.
d) falsa comunicação de crime.
e) denunciação caluniosa.

8. (OAB — 2011.3 — FGV) Ana Maria, aluna de uma Universidade Federal, afirma que José, professor concursado da Instituição, trai a esposa todo dia com uma gerente bancária. A respeito do fato acima, é correto afirmar que Ana Maria praticou o crime de

a) calúnia, pois atribuiu a José o crime de adultério, sendo cabível, entretanto, a oposição de exceção da verdade com o fim de demonstrar a veracidade da afirmação.
b) difamação, pois atribuiu a José fato desabonador que não constitui crime, sendo cabível, entretanto, a oposição de exceção da verdade com o fim de demonstrar a veracidade da afirmação, uma vez que José é funcionário público.
c) calúnia, pois atribuiu a José o crime de adultério, não sendo cabível, na hipótese, a oposição de exceção da verdade.
d) difamação, pois atribuiu a José fato desabonador que não constitui crime, não sendo cabível, na hipótese, a oposição de exceção da verdade.

9. (Magistratura/SP — 2013 — Vunesp) A, perante várias pessoas, afirmou falsamente que B, funcionário público aposentado, explorava a atividade ilícita do jogo do bicho, quando exercia as funções públicas. Ante a imputação falsa, é correto afirmar que A cometeu o crime de

a) difamação, não se admitindo a exceção da verdade.
b) calúnia, admitindo-se a exceção da verdade.
c) calúnia, não se admitindo a exceção da verdade.
d) difamação, admitindo-se a exceção da verdade.

10. (Magistratura/SP — 2015) A respeito da retratação nos crimes contra a honra, pode-se afirmar que fica isento de pena o querelado que, antes da sentença, retrata-se cabalmente

a) da calúnia ou injúria.
b) da injúria ou difamação.
c) da calúnia, injúria ou difamação.
d) da calúnia ou difamação.

11. (OAB — 2017.2 — FGV) Roberta, enquanto conversava com Robson, afirmou categoricamente que presenciou quando Caio explorava jogo do bicho, no dia 03.03.2017. No dia seguinte, Roberta contou para João que Caio era um "furtador". Caio toma conhecimento dos fatos, procura você na condição de advogado e nega tudo o que foi dito por Roberta, ressaltando que ela só queria atingir sua honra. Nesse caso, deverá ser proposta queixa-crime, imputando a Roberta a prática de

a) 1 crime de difamação e 1 crime de calúnia.
b) 1 crime de difamação e 1 crime de injúria.
c) 2 crimes de calúnia.
d) 1 crime de calúnia e 1 crime de injúria.

12. (Ministério Público/SP – 2019) Nos crimes contra a honra, a ação penal,
a) no crime contra chefe de governo estrangeiro, será pública condicionada à representação.
b) no crime contra funcionário público, em razão de suas funções, será pública condicionada à representação.
c) no crime de injúria real, será de iniciativa privada, ainda que resulte lesão corporal.
d) no crime de injúria racial, será de iniciativa privada.
e) no crime contra Presidente da República, será pública condicionada à representação.

■ GABARITO ■

1. "e". Apenas o enunciado I está correto. O enunciado II está errado porque a imputação de jogo do bicho constitui difamação, pois se trata de imputação de fato contravencional. O enunciado III está errado porque não existe exceção da verdade na injúria.
2. "b". De acordo com o art. 143 do Código Penal, a retratação só gera efeito nos crimes de calúnia e difamação.
3. "c". A exceção da verdade é cabível na calúnia como regra e, na difamação, se for contra funcionário público e a ofensa for feita em razão de suas funções.
4. "a". O enunciado II está errado porque a ação em andamento é pública e o art. 143 do Código Penal só admite a retratação em crime de ação privada. O enunciado III está errado porque a excludente de ilicitude ali mencionada só existe para os crimes de difamação e injúria (art. 142, III). Por fim, o enunciado IV contém erro porque a exceção da verdade só é possível após o trânsito em julgado de sentença condenatória (art. 138, § 3º, I).
5. "e". O enunciado II está errado porque o perdão judicial só existe na injúria. No enunciado III o erro está na inversão das afirmações. O enunciado V está errado porque só se pune a calúnia contra os mortos.
6. "c". Todas as demais alternativas possuem informações incorretas.
7. "b". A imputação de adultério, desde a Lei n. 11.0106/2005, não constitui imputação de crime, pois referida lei revogou tal ilícito penal. Assim, inviável a tipificação como calúnia ou denunciação caluniosa. O fato narrado, contudo, é ofensivo à reputação da vítima, configurando crime de difamação.
8. "d". Cuida-se de difamação porque o adultério não é mais considerado crime, porém continua a ser fato desabonador. A exceção da verdade não é cabível, uma vez que a ofensa não diz respeito às funções do ofendido (art. 139, parágrafo único, do CP).
9. "a". A imputação de fato definido como contravenção penal configura difamação. Não é cabível a exceção da verdade, pois a vítima não era mais funcionária pública no momento da ofensa.
10. "d". É o que diz o art. 143 do CP.
11. "b". No primeiro caso houve imputação de fato definido como contravenção. No segundo caso não houve narrativa de fato determinado, o que caracteriza injúria.
12. "b". As demais alternativas estão em desacordo com o art. 145 do CP. Saliente-se que, de acordo com a Súmula 714 do STF, "é concorrente a legitimidade do ofendido, mediante queixa, e do Ministério Público, condicionada à representação do ofendido, para a ação penal por crime contra a honra de servidor público em razão do exercício de suas funções".

VI

DOS CRIMES CONTRA A LIBERDADE INDIVIDUAL

1.6. DOS CRIMES CONTRA A LIBERDADE INDIVIDUAL

Liberdade individual é a faculdade de autodeterminação, de fazer o que quiser, dentro, evidentemente, dos limites legais. Não diz respeito apenas ao direito de ir e vir, mas também ao direito de realizar ou não realizar condutas de acordo com a própria escolha, de ter paz de espírito por não se sentir ameaçado, de não ter sua residência devassada, senão por ordem legal ou em situações específicas, de não ter devassada sua correspondência ou seus segredos etc. Por isso, no Capítulo em análise os crimes contra a liberdade individual foram subdivididos em quatro categorias, dependendo da forma como afetada a liberdade da vítima: a) crimes contra a liberdade pessoal; b) crimes contra a inviolabilidade de domicílio; c) crimes contra a inviolabilidade de correspondência; d) crimes contra a inviolabilidade de segredos.

Este Capítulo, portanto, foi dividido em **quatro seções**, dependendo da forma como o agente atinge a liberdade individual da vítima.

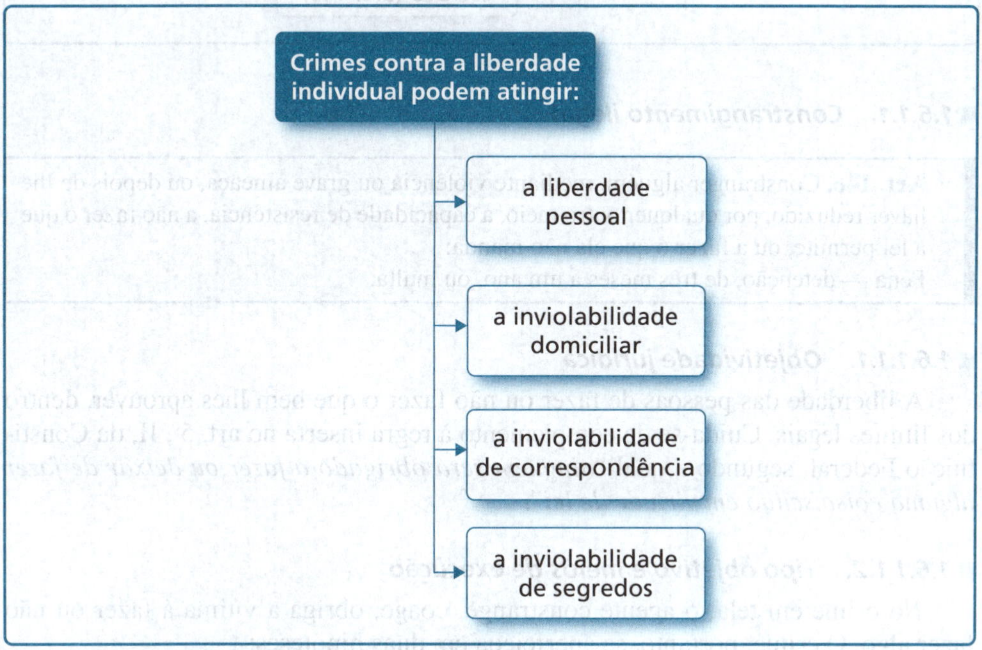

SEÇÃO I

1.6.1. Dos crimes contra a liberdade pessoal

Neste Capítulo estão previstos quatro crimes: a) constrangimento ilegal (art. 146); b) ameaça (art. 147); c) sequestro ou cárcere privado (art. 148); d) redução a condição análoga à de escravo (art. 149).

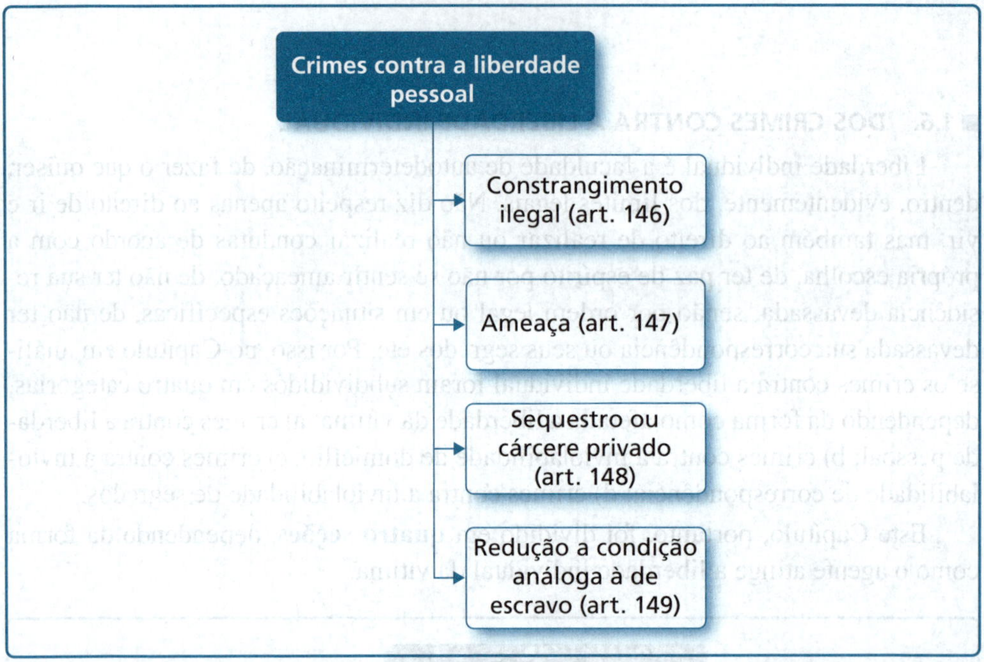

1.6.1.1. Constrangimento ilegal

> **Art. 146.** Constranger alguém, mediante violência ou grave ameaça, ou depois de lhe haver reduzido, por qualquer outro meio, a capacidade de resistência, a não fazer o que a lei permite, ou a fazer o que ela não manda:
> Pena — detenção, de três meses a um ano, ou multa.

1.6.1.1.1. Objetividade jurídica

A liberdade das pessoas de fazer ou não fazer o que bem lhes aprouver, dentro dos limites legais. Cuida-se de complemento à regra inserta no art. 5º, II, da Constituição Federal, segundo a qual "*ninguém será obrigado a fazer ou deixar de fazer alguma coisa senão em virtude de lei*".

1.6.1.1.2. Tipo objetivo e meios de execução

No crime em tela, o agente constrange, coage, obriga a vítima a fazer ou não fazer algo. O crime, portanto, se aperfeiçoa em duas hipóteses:

1) Quando a vítima é **obrigada a fazer algo**: a levar o agente a algum lugar, a fazer uma viagem que não queria, a escrever uma carta, a dizer onde se encontra uma pessoa, a indicar onde se encontram certos documentos, a dançar com o agente, a mergulhar em uma piscina gelada, a cortar a grama da casa do agente, a tomar um copo de bebida alcoólica, a usar cinto de castidade no período de ausência do marido etc.

2) Quando a vítima é **obrigada a não fazer algo**: a não fazer uma viagem, a não ir às aulas, a não ir a uma festa ou baile, a não ir ao banheiro etc. Abrange, também, a hipótese em que ela é obrigada a tolerar que o agente faça algo.

A propósito: "*Se o agente, através da promessa de mal, exerce sobre a vítima ação inibitória, obstando-lhe a realização de trabalho para o qual fora contratado, comete o crime de constrangimento ilegal e, não o de ameaça, uma vez que tal conduta deu-se para fim determinado, qual seja, não fazer a tarefa*" (Tacrim-SP — Rel. Gonzaga Franceschini — *RJD* 11/56); "*Comete o crime de constrangimento ilegal em concurso material com lesões corporais leves, o agente que, mediante ameaças de morte e agressões físicas, obriga a vítima a fornecer-lhe o endereço da ex-amásia, produzindo-lhe ferimentos leves*" (Tacrim-SP — Rel. Hélio de Freitas — *Jutacrim* 91/401); "*Pratica crime de constrangimento ilegal o agente que, empunhando arma, procura obrigar moças a entrarem em automóvel, para dar-lhes, contra a vontade delas, uma carona*" (Tacrim-SP — Rel. Adauto Suannes — *RT* 592/351).

Para a tipificação do crime de constrangimento ilegal, é, ainda, necessário que o agente force a vítima a realizar ou deixar de realizar a conduta pelo emprego de violência, grave ameaça ou qualquer outro meio que reduza sua capacidade de resistência.

Violência é o emprego de força física ou de atos agressivos sobre a vítima (socos, pontapés etc.). Assim, comete o crime o namorado que, enciumado com o fato de a namorada estar prestes a viajar com as amigas, segura-a impedindo que entre no ônibus. Igualmente, quem usa de força física para forçar a vítima a ingerir um copo de bebida alcoólica etc.

Diante das peculiaridades do caso, entendemos que também existe constrangimento ilegal se uma pessoa empurra a cadeira de rodas de um portador de deficiência locomotora e o leva para um breve passeio contra a vontade dele. Poderia se questionar qual a violência física empregada, contudo, o ato de empurrar a cadeira é ato de força em razão do estado físico da vítima. Também se poderia questionar qual teria sido a ação da vítima, contudo, como ela não pode caminhar, o ato de levá-la a outro local significa que ela foi obrigada a fazer algo. A conduta em análise não constitui crime de sequestro, já que a vítima permaneceu por pouco tempo com o agente, conforme se exporá adiante.

Existe crime de constrangimento ilegal tanto na hipótese em que o agente vai dando chutes na vítima até que ela pule em uma piscina gelada contra sua vontade, como quando o próprio agente a agarra à força e a joga na piscina. Em ambos os casos, a vítima foi forçada a algo que não queria.

Grave ameaça é a promessa de mal grave a ser causado no próprio agente ou em terceiro que lhe é querido. Dessa forma, comete o delito a pessoa de proporções físicas avantajadas que manda a vítima franzina mudar de assento em um estádio de futebol pois, caso contrário, irá agredi-la. Igualmente constitui crime dizer para a mãe que irá matar o filho dela, caso ela vá a uma festa.

Ao contrário do que ocorre no crime de ameaça, no constrangimento ilegal **não é necessário que o mal prometido à vítima seja injusto**, bastando que a pretensão do agente seja ilegítima.

Existe ainda uma **forma genérica** de cometer o crime de constrangimento ilegal, consistente no emprego de **qualquer outro meio que reduza a capacidade de resistência da vítima** para que ela faça ou deixe de fazer algo, como, por exemplo, o emprego de soníferos, calmantes ou de hipnose. Configura, portanto, o delito, hipnotizar alguém para determiná-lo a fazer algo, ou ministrar sorrateiramente sonífero na bebida da vítima para que ela durma e não vá ao bar se encontrar com os amigos. Essa fórmula genérica é também conhecida como **violência imprópria**.

- **Delito exclusivamente comissivo**

No constrangimento ilegal a conduta do agente é **sempre comissiva**, pois a lei exige que ele empregue violência, grave ameaça ou outro meio que reduza a capacidade de resistência da vítima. O que é possível, em verdade, é que o agente queira uma omissão da **vítima**, mas o crime de constrangimento ilegal, em si, não admite a figura omissiva.

1.6.1.1.3. *Sujeito ativo*

Trata-se de crime **comum**, pois pode ser cometido por qualquer pessoa.

1.6.1.1.4. *Sujeito passivo*

Pode ser **qualquer pessoa** que tenha capacidade de determinação. Costuma-se dizer que as crianças de pouca idade e os deficientes mentais não têm vontade própria e, por isso, não podem ser sujeito passivo do presente crime. A bem da verdade, sempre que a pessoa, ainda que de pouca idade ou deficiente mental, possa entender o caráter intimidatório da ameaça, o crime se configura. Assim, quem aponta uma faca para uma criança de 6 anos e grita com ela para que não entre na escola e esta, sentindo-se intimidada, não vai à aula, comete o crime em análise. Da mesma maneira, se o agente ameaça agredir um deficiente mental e diz para ele lavar as calçadas de sua casa e a vítima o faz, existe o crime. A análise, portanto, deve ser feita no caso concreto, pois, evidentemente, não comete o crime o pai que obriga o filho de 6 anos a acompanhar a família em uma viagem para a praia, apesar de a criança insistir que não quer viajar para assistir a um jogo de futebol na escola. É que, no último exemplo, é legítima a pretensão do pai que, ademais, não pode permitir que um filho dessa idade fique sozinho em casa enquanto o resto da família viaja.

Obviamente os portadores de deficiência auditiva, visual ou locomotora podem ser sujeito passivo de constrangimento ilegal.

Pessoas jurídicas não podem ser sujeito passivo de constrangimento ilegal, e sim o representante da empresa que sofre a violência ou grave ameaça e, em nome daquela, realiza ou deixa de realizar algum ato contra a sua vontade.

■ 1.6.1.1.5. Caráter subsidiário e distinção

Levando-se em conta o montante da pena prevista para o crime de constrangimento ilegal — três meses a um ano de detenção, ou multa — bem como o fato de o seu tipo penal ser genérico — obrigar a vítima a fazer ou não fazer algo — a conclusão inevitável a que se deve chegar é a de que referido delito é eminentemente subsidiário, cedendo lugar sempre que a violência ou grave ameaça empregadas visarem fins específicos, descritos em outro tipo penal.

a) Na **extorsão** (art. 158 do CP), o agente também emprega violência ou grave ameaça para obrigar a vítima a fazer ou não fazer algo, havendo, entretanto, intenção de obter indevida vantagem **econômica** como consequência da ação ou omissão da vítima. Ex.: obrigar alguém a assinar um cheque; obrigar o credor a não entrar em juízo com uma ação de cobrança.

b) No **estupro** (art. 213), o agente emprega violência ou grave ameaça para forçar a vítima a atos de natureza sexual.

c) Empregar violência ou grave ameaça para forçar a vítima a confessar um crime configura uma das modalidades do crime de **tortura**, previsto no art. 1º, inc. I, *a*, da Lei n. 9.455/97.

d) Caso o agente mantenha a vítima privada de sua liberdade por **tempo relevante**, estará configurado o crime de **sequestro** ou **cárcere privado** (art. 148). Esse esclarecimento é relevante na medida em que, no constrangimento ilegal, o agente, muitas vezes, restringe também a liberdade de ir e vir da vítima. A restrição da liberdade, contudo, é mais branda do que a privação exigida no crime de sequestro. A diferenciação deve ser feita no caso concreto, levando-se em conta a gravidade da conduta e a duração da privação da liberdade, pois o crime de sequestro tem a pena consideravelmente maior. Assim, se o agente ameaça um motorista e o obriga a levá-lo até a rodoviária da cidade, em um trajeto que dura cerca de dez a quinze minutos, o crime é o de constrangimento ilegal. Se o agente, entretanto, obriga a vítima a levá-lo, em seu carro, da cidade de São Paulo até o Rio de Janeiro, em um trajeto de seis horas, o crime é o de sequestro. Por sua vez, quando o agente ameaça a vítima para que ela faça uma viagem, tendo ela, entretanto, liberdade de ir e vir durante toda a sua duração, bem como no local visitado, porque o agente não a acompanha, o crime é o de constrangimento ilegal. Ex.: o namorado ameaça a namorada para que ela saia da cidade durante a época do carnaval, ficando ele no local para os festejos.

A propósito: "*Privação da liberdade pelo sequestro ou pelo cárcere privado e constrangimento ilegal. Distinção. Indiscutível que há grande afinidade entre privação de liberdade pelo sequestro, ou pelo cárcere privado, com o crime de constrangimento ilegal, pois, em ambos há uma constrição da liberdade. Porém, no delito do art. 148 do CP, o que se constringe é principalmente a liberdade de locomoção e a atividade antijurídica se protrai no tempo, ao passo que no constrangimento só há compressão da liberdade pessoal no tocante a determinada ação ou omissão e não há permanência do momento consumativo. Assim, privada a vítima de sua liberdade de locomoção de forma não momentânea, em privação rápida ou instantânea, mas por longo espaço de tempo, caracteriza-se o sequestro e não constrangimento ilegal*" (TJSP — Rel. Corrêa Dias — *RT* 650/465).

e) Se a intenção do agente é forçar o **consumidor** a pagar alguma dívida, configura-se crime especial do art. 71 da Lei n. 8.078/90 (Código de Defesa do Consumidor).

f) A conduta de coagir **idoso** a doar, contratar, testar ou outorgar procuração, constitui crime especial do art. 107 da Lei n. 10.741/2003 (Estatuto do Idoso).

g) Quem usa de violência ou grave ameaça para forçar alguém a votar, ou não votar, em determinado candidato ou partido, ainda que tal fim não seja atingido, incorre no crime do art. 301 da Lei n. 4.737/65 (Código Eleitoral).

Existem, por sua vez, crimes que **são absorvidos pelo constrangimento ilegal**, quer por serem meio para a prática desse delito, quer por terem pena menor, como os delitos **de ameaça e de violação de domicílio** (quando alguém ingressa em casa alheia para praticar o constrangimento ilegal). Nesse sentido: "*Diferentemente da ameaça, na qual o medo é o próprio objetivo do agente, no constrangimento ilegal o medo é o meio através do qual se alcança o fim almejado, subjugando-se a vontade da vítima e obrigando-a a fazer aquilo a que foi constrangida*" (TAMG — Rel. Edelberto Santiago — *RT* 616/360); "*No crime de ameaça o incutimento do medo é o fim em si mesmo. O objetivo do agente é inquietar o sujeito passivo. Mas, se através do mal anunciado, o objetivo é subjugar-lhe a vontade para alcançar outro fim, o crime é de constrangimento ilegal*" (Tacrim-SP — Rel. Gonzaga Franceschini — *RJD* 11/56). E, ainda: "*O constrangimento ilegal, como crime-fim e mais grave, há de absolver a violação de domicílio, que é o momento executivo e nele se consubstancia*" (TAMG — *RT* 535/350).

- **Constrangimento ilegal e tortura**

O art. 1º, inc. I, *b*, da Lei Antitortura (Lei n. 9.455/97) passou a prever crime específico, classificado como tortura, para conduta que, anteriormente, enquadrava-se no conceito genérico de constrangimento ilegal. O mencionado tipo da lei especial consiste em "*constranger alguém com emprego de violência ou grave ameaça, causando-lhe sofrimento físico ou mental, para provocar ação ou omissão de natureza criminosa*". Com isso, se alguém ameaçar gravemente a vítima para forçá-la a entregar grande carregamento de droga para ele, o coator responderá pelo crime de tráfico em concurso material com o crime de tortura. O executor da conduta ilícita, por ter sofrido coação moral irresistível, não será punido por tráfico. Antes da Lei Antitortura, o agente responderia por tráfico em concurso material com constrangimento ilegal. Veja-se, todavia, que, como o tipo penal do crime de tortura exige que a coação seja para a prática de **crime**, caso alguém empregue violência para forçar a vítima a cometer **contravenção penal**, responderá pela contravenção e por constrangimento ilegal. É o que ocorre, por exemplo, se o agente ameaça a vítima para forçá-la a vender apostas do jogo do bicho.

■ *1.6.1.1.6. Elemento subjetivo*

O dolo, que, nesse crime, significa a vontade de empregar a violência ou grave ameaça e a consciência de que a ação ou omissão pretendidas são ilegítimas.

A **ilegitimidade** da pretensão pode ser:

> **a) Absoluta:** quando o agente não tem qualquer direito à ação ou omissão da vítima. Ex.: obrigar alguém a ingerir uma bebida alcoólica.
>
> **b) Relativa:** quando existe o direito, mas a vítima não pode ser forçada por não haver lei que a obrigue. Ex.: obrigar alguém a pagar dívida de jogo (a vantagem pode ser considerada devida, mas a lei civil não fornece instrumentos para a cobrança desse tipo de dívida).

Quando a pretensão do agente é **legítima** ou se ele, por erro plenamente justificado, pensa ser ela legítima, mas usa de violência ou grave ameaça para satisfazê-la, responde por crime de **exercício arbitrário das próprias razões** (art. 345 do CP). Ex.: ameaçar o inquilino para que ele pague o aluguel. A diferença em relação à dívida de jogo é a de que a do aluguel pode ser cobrada em juízo e a do jogo não. Nesta última hipótese, a pretensão é ilegítima, ainda que relativamente, e, por isso, configura o constrangimento ilegal, que é mais grave.

Se a finalidade do agente ao empregar a violência ou grave ameaça é de evitar que alguém pratique **ato imoral** (prostituição, por exemplo), **responde por constrangimento ilegal**, porque o texto legal prevê a tipificação do crime sempre que a conduta não for **proibida** por **lei** e não existe lei que proíba a venda do corpo para fins sexuais por parte de pessoa maior de idade (apenas a exploração dela por outrem).

É evidente, entretanto, que não se configura o constrangimento ilegal quando a intenção do agente é evitar que a outra pessoa cometa um crime. Ex.: usar de violência para impedir que o filho saia armado de casa para matar um desafeto. Para estes casos, existem as excludentes de ilicitude da Parte Geral do Código Penal.

Não existe modalidade culposa do crime de constrangimento ilegal.

■ *1.6.1.1.7. Consumação*

Tendo em vista a redação do dispositivo, que prevê pena para quem constrange a vítima a fazer ou não fazer algo, é unânime o entendimento no sentido de que se trata de crime **material** em que a consumação só ocorre **quando a vítima, coagida, faz o que o agente mandou que ela fizesse, ou deixa de fazer o que ele ordenou que não fizesse**. Trata-se de crime peculiar, na medida em que a consumação do crime se dá no momento da ação ou omissão da vítima.

1.6.1.1.8. *Tentativa*

É possível quando o agente emprega a violência, grave ameaça ou a violência imprópria e não obtém, por circunstâncias alheias à sua vontade, a ação ou omissão da vítima. Ex.: vítima que sai correndo do local ao ser ameaçada para que entre em um carro; vítima que faz sinal para uma viatura policial que passava pelo local no momento em que estava sendo ameaçada etc.

1.6.1.1.9. *Classificação doutrinária*

CLASSIFICAÇÃO DOUTRINÁRIA				
■ Simples quanto à objetividade jurídica	■ Comum quanto ao sujeito ativo	■ De ação livre e comissivo quanto aos meios de execução	■ Material e instantâneo quanto ao momento consumativo	■ Doloso quanto ao elemento subjetivo

1.6.1.1.10. *Causas de aumento de pena*

> **Art. 146, § 1º** — As penas aplicam-se cumulativamente e em dobro, quando, para a execução do crime, se reúnem mais de três pessoas, ou há emprego de armas.

- **Concurso de agentes**

Em razão da redação do dispositivo, exige-se que pelo menos quatro pessoas tenham se reunido e tomado parte em atos de execução do delito. A lei, portanto, pressupõe a existência de, ao menos, **quatro coautores**, pois apenas estes realizam ato executório. Ademais, o texto legal exige que se **reúnam** para a realização desse tipo de ato. Dessa forma, se apenas duas pessoas realizarem atos executórios, contando com a colaboração de dois partícipes, que incentivam a prática do delito, haverá crime de constrangimento ilegal **simples**. Essa também é a visão de Cezar Roberto Bitencourt[107] e Julio Fabbrini Mirabete.[108] Discordando desse entendimento, podemos mencionar Fernando Capez,[109] segundo o qual incluem-se os partícipes para se chegar ao número mínimo de quatro pessoas.

- **Emprego de armas**

Observe-se, em primeiro lugar, que, de acordo com a maioria dos doutrinadores, a menção à palavra "armas", no plural, refere-se ao gênero e não ao número de armas. Esse é o entendimento de Nélson Hungria[110] e Magalhães Noronha.[111]

---

[107] Cezar Roberto Bitencourt, *Tratado de direito penal,* v. 2, p. 357.
[108] Julio Fabbrini Mirabete, *Manual de direito penal,* v. 2, p. 180.
[109] Fernando Capez, *Curso de direito penal,* v. 2, p. 281.
[110] Nélson Hungria, *Comentários ao Código Penal,* v. VI, p. 161.
[111] E. Magalhães Noronha, *Direito penal,* v. 2, p. 154.

Ousamos, contudo, discordar dessa orientação. Com efeito, existem inúmeros outros crimes previstos no Código Penal em que o legislador expressamente previu aumento de pena quando houver "emprego de arma" — no singular. É o que ocorre em crimes como o roubo (art. 157, § 2º-A, I, do CP) e a extorsão (art. 158, § 1º, do CP). Não há, portanto, absolutamente nenhuma razão para que se aceite que, no crime de constrangimento ilegal, o legislador tenha feito uso da palavra no plural sem a intenção de estabelecer uma distinção. É essa também a interpretação de Cezar Roberto Bitencourt.[112]

Por sua vez, como o texto legal não estabeleceu qualquer ressalva, o aumento deverá ser aplicado, quer se trate de armas **próprias**, quer de armas **impróprias**. As primeiras são aquelas fabricadas para servir mesmo como meio de ataque ou de defesa — armas de fogo, punhais, espadas etc. Já as armas impróprias são objetos feitos com outra finalidade qualquer, mas que também possuem poder vulnerante (de matar ou ferir), e, por isso, também provocam maior temor à vítima — facas de cozinha, navalhas, foices, tesouras etc.

Para que haja o aumento, é necessário que as armas sejam efetivamente usadas, não bastando, portanto, a mera simulação.

No que se refere às **armas de brinquedo**, sempre existiram duas correntes, ou seja, a dos que defendiam a inaplicabilidade do aumento, por não se enquadrar o fato no texto legal, já que se trata de um brinquedo e não efetivamente de uma arma, e a dos que sustentavam cabível a exasperação pelo fato de facilitar a execução do crime a exibição de um objeto com formato de arma de fogo, ainda que de brinquedo, mas que pareça verdadeiro à vítima. O Superior Tribunal de Justiça, ao tratar do mesmo assunto, mas em relação ao crime de roubo, havia, inicialmente, aprovado a Súmula n. 174 admitindo expressamente o aumento da pena no caso do uso de arma de brinquedo. Posteriormente, contudo, referido tribunal cancelou tal súmula, passando a não mais reconhecer o acréscimo no uso da arma de brinquedo para o roubo. Atualmente, o entendimento do Supremo Tribunal Federal e do Superior Tribunal de Justiça é o de que **não se admite o acréscimo da pena**, quer para o roubo, quer para o constrangimento ilegal.

■ *1.6.1.1.11. Autonomia do crime de lesões corporais*

> **Art. 146, § 2º** — Além das penas cominadas, aplicam-se as correspondentes à violência.

Em decorrência desse dispositivo, caso a violência empregada para a prática do constrangimento ilegal provoque lesões corporais, ainda que leves na vítima, o agente responderá pelos dois crimes. É pacífico, ainda, que **as penas dos dois crimes deverão ser somadas**, já que o texto legal estabelece que as penas referentes ao crime de lesões

[112] Cezar Roberto Bitencourt, *Tratado de direito penal,* v. 2, p. 357.

corporais deve ser aplicada "além das cominadas" para o constrangimento ilegal. Assim, embora se trate de situação que, em tese, enquadra-se no conceito de concurso formal — uma só ação, pois a agressão que lesionou a vítima foi a mesma que a coagiu, e dois resultados —, as penas deverão ser somadas, já que a regra específica, prevista na Parte Especial do Código, tem prevalência.

■ 1.6.1.1.12. *Excludentes de tipicidade*

> **Art. 146, § 3º** — Não se compreendem na disposição deste artigo:
> I — a intervenção médica ou cirúrgica, sem o consentimento do paciente ou de seu representante legal, se justificada por iminente perigo de vida.

Por ocasião do estudo do crime de lesões corporais, tivemos a oportunidade de mencionar que constitui estado de necessidade de terceiro realizar intervenção cirúrgica para salvar a vida do paciente, ainda que não haja consentimento deste, por estar ele, por exemplo, desacordado. Já o dispositivo em análise foi inserido no Código Penal para abarcar situações em que existe expressa discordância do paciente ou de seu representante legal em relação ao procedimento médico ou cirúrgico, embora esteja presente risco iminente de morte. É que, nesta hipótese, ao contrário da anterior em que a vítima se encontrava desacordada, o médico terá que fazer uso de força física para submeter o paciente ao procedimento, e, em razão disso, haveria risco de enquadramento no constrangimento ilegal. O dispositivo em análise, entretanto, exclui expressamente a tipicidade da conduta, declarando que tal ato não se compreende na disposição do artigo em tela. Apesar de se tratar de situação similar à do estado de necessidade de terceiro, o legislador, para sanar eventuais dúvidas ou titubeios dos médicos, entendeu conveniente deixar expressa a exclusão da tipicidade, para que eles não tenham receio, por exemplo, de realizar transfusão de sangue em um menor de idade, ainda que com emprego de força física, caso haja discordância dos pais por razões religiosas.

> **Art. 146, § 3º** — Não se compreendem na disposição deste artigo:
> II — a coação exercida para impedir suicídio.

Igualmente, esta hipótese já estaria acobertada pela excludente do estado de necessidade. Todavia, considerando que o suicídio ou sua tentativa não constituem crime, poder-se-ia argumentar que as pessoas têm o direito de se matar, e, caso alguém as impeça com violência ou grave ameaça, estaria incurso no constrangimento ilegal. Por isso, entendeu por bem o legislador deixar expressa a não configuração do delito em tais casos. Assim, não constitui crime amarrar alguém para que ele não tome veneno.

■ 1.6.1.1.13. *Ação penal*

É **pública incondicionada**, de competência do Juizado Especial Criminal — mesmo nas figuras qualificadas, em que a pena máxima não supera dois anos.

1.6.1.2. *Ameaça*

> **Art. 147.** Ameaçar alguém, por palavra, escrito ou gesto, ou qualquer outro meio simbólico, de causar-lhe mal injusto e grave.
>
> Pena — detenção, de um a seis meses, ou multa.
>
> Parágrafo único. Somente se procede mediante representação.

1.6.1.2.1. *Objetividade jurídica*

A liberdade das pessoas no que tange à sua tranquilidade ou sossego, na medida em que a pessoa ameaçada tende a alterar sua rotina com receio de que o mal prometido se concretize.

1.6.1.2.2. *Tipo objetivo*

A conduta típica consiste em ameaçar, isto é, intimidar, anunciar a provocação de um mal injusto e grave.

O **mal** prometido deve ser **grave**, devendo, portanto, referir-se à promessa de dano a bem jurídico relevante para a vítima, como a vida, a integridade física, o patrimônio, a dignidade sexual etc. Ex.: ameaçar a vítima de morte, ameaçar desfigurar seu rosto, dizer que vai colocar fogo no carro dela, falar que irá estuprá-la da próxima vez que se encontrarem etc.

É ainda necessário que o **mal** prometido seja **injusto**, ou seja, contrário ao direito, pois, se o mal prometido for permitido pela legislação, o fato será atípico, como, por exemplo, dizer que vai despejar o inquilino que não paga os aluguéis, falar que vai protestar o cheque não honrado, anunciar que irá demitir empregado etc. A **injustiça** da ameaça é o elemento **normativo** do crime.

Exige-se, ainda, que a ameaça seja **verossímil**, isto é, que se refira a mal que possa ser concretizado, razão pela qual não há crime quando o agente diz que fará cair um meteoro na casa da vítima ou que fará chover tanto a ponto de provocar inundação no bairro. Em tais casos, ocorre crime impossível por ineficácia absoluta do meio, porque ninguém se sente intimidado por palavras que não têm nenhuma credibilidade. É claro que para verificar a verossimilhança da ameaça deve se levar em conta o homem médio e não pessoas extremamente medrosas e crédulas. Não se pode esquecer, ainda, que crianças podem ser sujeito passivo de ameaça e, em relação a estas, o critério deve ser relativizado.

Não há crime quando o agente roga uma praga à vítima dizendo, por exemplo, "tomara que você morra logo" ou "se Deus quiser você terá um infarto". É que, nesses casos, o agente não prometeu um mal cuja concretização dependa dele de algum modo.

A ameaça pode se dar:

a) Por **palavras** — na presença da vítima, por mensagem de voz enviada a ela, por telefone etc.

b) Por **escrito** — carta, bilhete, e-mail, mensagem de texto por telefone etc.

c) Por **gesto** — apontar uma arma, fazer sinal com a mão como se tivesse apertando o gatilho de uma arma em direção da vítima, passar o dedo no pescoço simulando um degolamento etc.

d) Por **meio simbólico** — enviar um pequeno caixão para a vítima, afixar à porta da casa de alguém o emblema ou sinal usado por uma associação de criminosos (exemplo da Exposição de Motivos da Parte Especial do Código Penal, item 51).

Apesar de a lei especificar as quatro formas de execução pelas quais o crime de ameaça pode ser cometido, entendemos tratar-se de crime de ação livre, já que a lei elencou todas as formas possíveis de execução.

A ameaça pode ser classificada em:

1) Direta — quando se refere a mal a ser provocado na própria vítima. Ex.: João diz a Pedro que irá matá-lo, fazendo a intimidação chegar ao seu conhecimento por um dos quatro meios de execução anteriormente mencionados (por escrito, por palavras etc.).

2) Indireta — quando se refere a mal a ser causado em terceira pessoa querida pela vítima. Ex.: dizer à mãe que irá sequestrar seu filho ou estuprar sua filha. Entendemos, ainda, que o próprio filho pode cometer o crime quando, para intimidar o pai, diz seriamente que irá se suicidar.

3) Explícita — é a ameaça feita às claras, não deixando o agente qualquer dúvida quanto à sua intenção de intimidar. É o que se dá, por exemplo, quando o agente aponta uma arma para a vítima ou quando diz claramente que pretende matá-la.

4) Implícita — em que o agente dá a entender, de forma velada, que está prometendo um mal à vítima. Ex.: dizer que a última pessoa que o tratou assim "não comeu peru no Natal".

- **Ameaça condicionada**

Cuida-se de tema controvertido definir se é possível a existência de crime de ameaça quando o agente condiciona o mal que prometeu à vítima a algum evento. Entendemos que a resposta é positiva, salvo se o agente condiciona o mal a um ato ou omissão imediatos por parte da própria vítima, pois, nesses casos, o crime seria o de constrangimento ilegal. Por isso, se uma pessoa armada se dirige à vítima dizendo a ela "se você for embora, eu te mato", e esta, amedrontada, permanece no local, temos constrangimento ilegal. Por sua vez, quando se condiciona o mal a evento futuro e incerto por parte da vítima, há crime de ameaça, como, por exemplo, dizer, "se você se casar de novo, eu te mato". Da mesma forma, há crime de ameaça se a condicionante não diz respeito à vítima. Ex.: "se meu time perder, eu te mato".

- **Promessa de mal atual ou futuro**

Para alguns autores, só existe ameaça se o mal prometido é atual. Para outros, só existe se a promessa for de mal futuro. Entendemos, porém, que a ameaça é possível em ambos os casos. Tanto existe crime em apontar uma arma para alguém que está presente (promessa de mal atual) como lhe mandar um bilhete dizendo "quando eu te encontrar, vou te matar" (promessa de mal futuro). Nos dois casos a vítima se sente amedrontada. Só não há crime quando o mal é prometido para um futuro longínquo, como, por exemplo, dizer para alguém de 18 anos de idade que, quando ele completar 80 anos, será morto.

■ *1.6.1.2.3. Sujeito ativo*

Pode ser **qualquer pessoa**. Trata-se de crime **comum**.

■ *1.6.1.2.4. Sujeito passivo*

Pode ser **qualquer pessoa, desde que possa compreender o significado da ameaça**, pois, caso contrário, não se sentirá intimidada. Por isso, ameaçar de morte um recém-nascido constitui crime impossível por absoluta impropriedade do objeto. É evidente, no entanto, que dizer à mãe que irá matar o bebê configura o delito.

O tipo penal, ademais, exige que a ameaça seja dirigida a **alguém**, de modo que ela deve ter sido proferida a pessoa determinada ou a um grupo determinado de pessoas. Não há crime, portanto, quando o agente, referindo-se genericamente, para se gabar, diz que mata todos os que se colocam contra ele. É claro, todavia, que, se ele disser isso a uma pessoa que acabara de se opor a ele em algum aspecto, fica subentendido que a está ameaçando.

- **Ameaça e violência doméstica ou familiar contra mulher**

É realmente muito comum a ocorrência de ameaça contra mulher perpetrada pelo marido, companheiro ou filho. Nesses casos, mostra-se aplicável a Lei n. 11.340/2006, conhecida como Lei Maria da Penha, que, em seu art. 41, veda a aplicação de quaisquer dos dispositivos da Lei n. 9.099/95. Assim, embora o crime de ameaça tenha pena máxima de seis meses, se cometido com violência doméstica ou familiar contra mulher, afastam-se os benefícios da transação penal e da suspensão condicional do processo, dentre outros previstos na Lei n. 9.099/95, devendo o julgamento ser feito na vara especializada de violência contra mulher e não no Juizado Especial Criminal Comum. O art. 28-A, § 2º, IV, do CPP veda o acordo de não persecução penal nos crimes que envolvam violência doméstica ou familiar contra mulher.

A ação penal continua sendo condicionada à representação em tais casos, mas, se a vítima, após tê-la oferecido, quiser se retratar antes do início da ação penal, terá de fazê-lo em juízo, em audiência especialmente designada para tal fim, nos termos do art. 16 da Lei Maria da Penha.

O art. 17 da mesma Lei acrescenta, ademais, que, no caso de condenação, o juiz não poderá substituir a pena privativa de liberdade por entrega de cestas básicas ou outras de prestação pecuniária, bem como substituí-la por pena exclusiva de multa. Esta parte final, entretanto, não se aplicaria ao crime de ameaça em que a incidência isolada de multa é prevista no próprio tipo penal (detenção de um a seis meses, **ou multa**), pois o que a Lei Maria da Penha veda é a **substituição** da pena privativa de liberdade por pena exclusiva de multa. O Superior Tribunal de Justiça, entretanto, tem entendimento em sentido oposto: "*Consoante a jurisprudência desta Corte Superior, é incabível em crimes ou contravenções penais praticados em contexto de violência doméstica a aplicação de pena de cesta básica ou outra de prestação pecuniária, ainda que os delitos pelos quais o réu haja sido condenado tenham previsão alternativa de pena de multa (AgRg no REsp 1.691.667/RJ, Rel. Min. Rogerio Schietti Cruz, 6ª Turma, julgado em 2-8-2018,* DJe *9-8-2018)*" (STJ AgRg no REsp 1.801.196/RJ, Rel. Min. Jorge Mussi, 5ª Turma, julgado em 28-5-2019, *DJe* 6-6-2019).

A substituição por outra espécie de pena restritiva de direitos é cabível, como a prestação de serviços à comunidade.

■ *1.6.1.2.5. Elemento subjetivo*

É o dolo, consistente na intenção específica de amedrontar, intimidar. É necessário que a ameaça tenha sido proferida em tom de seriedade, mas não se exige que o agente tenha, em seu íntimo, a intenção de concretizar o mal prometido. É claro que, se as palavras ameaçadoras tiverem sido proferidas por brincadeira (*jocandi animu*), o fato será atípico.

O crime de ameaça é **eminentemente subsidiário**, de modo que fica absorvido quando a intenção do agente é outra.

> **a)** Se a intenção é, por meio da ameaça, obter alguma vantagem em ação ou investigação em andamento, o crime é o de **coação no curso do processo** (art. 344). Ex.: ameaçar testemunha antes do depoimento que irá prestar em juízo, a fim de que o favoreça. Note-se que, se o depoimento desfavorável já foi prestado, e o agente, por vingança, profere uma ameaça de morte, o crime é o de ameaça. Nesse sentido: "*O delito do art. 344 do CP exige, para a sua configuração, o dolo específico, que se caracteriza pelo fim de favorecer interesse próprio ou alheio. Tratando-se de testemunha, consiste em obrigá-la a depor falsamente. Se esta já havia deposto quando feita a ameaça, não há que se falar, portanto, na infração em tela*" (TJSP — Rel. Acácio Rebouças — *RT* 420/62).
>
> **b)** Se a finalidade é forçar a vítima a fazer ou não fazer algo, o crime é o de **constrangimento ilegal** (art. 146).
>
> **c)** Se a intenção é subjugar a vítima para dela obter alguma vantagem econômica, poderão estar caracterizados crimes de **roubo** (art. 157) ou **extorsão** (art. 158).
>
> **d)** Se a ameaça visa dominar a vítima para viabilizar abusos sexuais contra ela, o crime será o de **estupro** (art. 213).

e) Se a intenção é a de evitar a execução de ato legal por parte de funcionário público, o crime é o de **resistência** (art. 329), hipótese, aliás, em que sequer se exige que a ameaça seja grave.

- **Ameaça feita durante momento de exaltação de ânimos**

Apesar de a maior parte da **doutrina** ressalvar que a exaltação de ânimos não impede o reconhecimento do crime de ameaça em razão do art. 28, I, do CP, que diz que a emoção não exclui o crime, forçoso reconhecer que, na **jurisprudência**, existe tendência em sentido contrário, com o argumento de que a pessoa que profere ameaça em momento de ira não tem intenção de causar temor à vítima, e sim de fazer uma bravata. Uma solução intermediária parece ser a melhor. Com efeito, existem algumas situações em que fica realmente nítido que o sujeito proferiu as palavras ameaçadoras "da boca pra fora" (como se diz popularmente), em razão da alteração de ânimos, o que fica, aliás, claro para a própria vítima. Quem nunca ouviu em uma discussão entre irmãos ou entre amigos, um deles, em momento de raiva, gritar: "eu te mato"? No contexto em que os fatos se deram, a própria vítima não se sente amedrontada e não oferece representação. Por outro lado, caso a vítima diga que se sentiu atemorizada pelo contexto fático, não há como o juiz se sobrepor a essas declarações e dizer que o fato é atípico, exceto se perceber que a pretensa vítima está mentindo. Ex.: João comunica a policiais que uma pessoa está vendendo droga em determinado ponto. Policiais, então, passam a dar ronda no local e impedem o movimento de venda porque os compradores não se aproximam ao ver a viatura. O traficante, ao saber que João foi o responsável pela ação policial, em momento de grande raiva, diz a João que vai matá-lo. É claro que existe o crime em tal hipótese. Da mesma forma, se um ex-namorado, violento e ciumento, ao ver a ex-namorada conversando com outra pessoa, fica nervoso e diz que irá matá-la.

- **Ameaça feita por pessoa embriagada**

Existem também dois entendimentos. Para alguns, constitui crime porque o art. 28, II, do CP, estabelece que a embriaguez não exclui o delito. Outros alegam que a embriaguez é incompatível com o dolo de ameaçar. Em nosso entendimento, é necessário analisar o caso concreto, excluindo-se o ilícito penal apenas se restar constatado que a embriaguez era de tal forma avançada que o agente não tinha consciência da gravidade do que dizia.

A propósito: "Crime de ameaça no âmbito das relações domésticas. Pleito absolutório. (...) *Dada a adoção da teoria da* actio libera in causa *pelo Código Penal, somente a embriaguez completa, decorrente de caso fortuito ou força maior que reduza ou anule a capacidade de discernimento do agente quanto ao caráter ilícito de sua conduta, é causa de redução ou exclusão da responsabilidade penal nos termos dos §§ 1º e 2º do art. 28 do Diploma Repressor*" (STJ — AgRg no AREsp 1247201/DF, Rel. Min. Jorge Mussi, 5ª Turma, julgado em 17-5-2018, *DJe* 1º-6-2018).

1.6.1.2.6. *Consumação*

No momento em que a vítima toma conhecimento do teor da ameaça, independentemente de sofrer efetiva intimidação. Trata-se de crime formal, bastando que o agente queira intimidar e que a ameaça proferida tenha potencial para tanto.

1.6.1.2.7. *Tentativa*

É possível nos casos de ameaça feita por carta ou pela remessa de fita com gravação ameaçadora pelo correio que não chegam ao destinatário, ou pelo envio de mensagem de texto que não chega à pessoa pretendida por erro no endereçamento do número telefônico.

Nélson Hungria[113] destaca que não há tentativa no caso de carta extraviada, por considerar que o envio de carta é mero ato preparatório. A nosso ver, todavia, o envio da carta é ato executório, pois, na realidade, após a remessa, não há mais nenhuma ação a ser praticada pelo autor da ameaça. Os atos seguintes dependem do correio (a entrega) e da vítima (abrir e ler o conteúdo).

Damásio de Jesus,[114] por sua vez, ressalta que a tentativa "*é admissível quando se trata de ameaça realizada por meio escrito. Na prática, porém, é de difícil ocorrência. Trata-se de crime cuja ação penal somente se procede mediante representação. Ora, se o sujeito exerce o direito de representação é porque tomou conhecimento do mal prenunciado. Se isso ocorreu, o crime é consumado e não tentado*". É preciso, contudo, lembrar que, quando a vítima é menor de idade, os titulares do direito de representação são, em regra, os pais. Suponha-se, então, que o pai, que tem o mesmo nome de seu filho Júnior, abra por engano a carta e, ao tomar conhecimento do conteúdo, apresente o caso à polícia, oferecendo representação contra o agente, sem dar conhecimento do ocorrido ao filho para que este não se amedronte. Em tal caso, há tentativa, e o crime será apurado. Igualmente se uma mensagem de texto é enviada ao telefone celular de um menor e o pai, que havia pedido o aparelho emprestado, vê a mensagem e a leva à polícia, não comunicando o caso ao menor, ou que "abre" o e-mail que tem em conjunto com o menor e lê antes dele a mensagem ameaçadora e não lhe dá conhecimento, porém oferece representação às autoridades. Note-se, aliás, que, nesses exemplos, a ameaça chegou ao destino, mas não ao destinatário, sendo diferente da carta extraviada. Nesse caso, existiu objetivamente uma tentativa, mas, se a carta retornar para o remetente ou ficar perdida em uma agência do correio, não haverá mesmo apuração do crime e punição do seu autor.

1.6.1.2.8. *Classificação doutrinária*

CLASSIFICAÇÃO DOUTRINÁRIA				
■ Simples quanto à objetividade jurídica	■ Comum quanto ao sujeito ativo	■ De ação livre e comissivo quanto aos meios de execução	■ Formal e instantâneo quanto ao momento consumativo	■ Doloso quanto ao elemento subjetivo

[113] Nélson Hungria, *Comentários ao Código Penal*, v. VI, p. 188.
[114] Damásio de Jesus, *Código Penal anotado*, p. 496.

■ 1.6.1.2.9. Ação penal

É **pública condicionada** à representação nos termos do art. 147, parágrafo único, do Código Penal. Tendo em vista o montante máximo da pena, insere-se na competência do Juizado Especial Criminal.

■ 1.6.1.3. Sequestro ou cárcere privado

> **Art. 148.** Privar alguém de sua liberdade, mediante sequestro ou cárcere privado:
> Pena — reclusão, de um a três anos.

■ 1.6.1.3.1. Objetividade jurídica

A liberdade de locomoção (de ir e vir).

■ 1.6.1.3.2. Tipo objetivo

A conduta típica é privar alguém de sua liberdade. Essa privação pode se dar por qualquer meio — violência, grave ameaça, uso de soníferos etc. O crime pode ser cometido mediante **deslocamento** (detenção), levando-se a vítima até um determinado local, ou mediante **retenção** no próprio local onde já se encontra (trancar a esposa em casa, por exemplo).

Costuma-se distinguir **sequestro** de cárcere privado sustentando que, no primeiro, a vítima é deixada **em lugar aberto** com possibilidade de considerável movimentação, porém, sem poder deixar aquele local. Ex.: em uma chácara, em uma praia deserta. **No segundo**, a vítima é privada da liberdade **em local fechado** (trancada em um quarto ou no porta-malas de um carro). No primeiro caso, há **enclausuramento** e, no último, **confinamento**.

O crime pode ser cometido por omissão, como no caso de um médico que, ciente da cura do paciente, dolosamente não lhe dá alta porque pretende continuar cobrando pela internação.

Como a liberdade é bem disponível, **o consentimento exclui o crime**, desde que prestado por pessoa capaz. Evidente, portanto, a existência de crime se o consentimento for prestado, por exemplo, por criança de 10 anos de idade, sem a anuência dos pais.

■ 1.6.1.3.3. Elemento subjetivo

É o dolo. O tipo penal não exige qualquer intenção específica, contudo, se estiver presente alguma finalidade prevista em lei como elemento componente de crime mais grave, evidente que restará absorvido o crime do art. 148. É o que ocorre nos seguintes casos:

a) Se o sequestro visa ao pedido de resgate em troca da libertação da vítima, o crime é o de **extorsão mediante sequestro** (art. 159).

b) Se o sequestro for realizado com o fim de praticar crime de tortura, teremos crime de **tortura** majorado (art. 1º, § 4º, III, da Lei n. 9.455/97).

c) Se o agente subtrai criança ou adolescente ao poder de quem o tem sob sua guarda em virtude de lei ou de ordem judicial, com o fim de colocação em lar substituto, configura-se **crime do art. 237 da Lei n. 8.069/90** (Estatuto da Criança e do Adolescente), que tem pena maior.

Se a finalidade do agente for a prática de atos libidinosos com a vítima, estará presente qualificadora do próprio crime de sequestro (art. 148, § 1º, V).

Em relação às diferenças entre sequestro e constrangimento ilegal, ver comentários ao art. 146.

- **Sequestro e crimes de roubo e extorsão**

Ver comentários aos crimes de roubo majorado (art. 157, § 2º, V) e "sequestro-relâmpago" (art. 158, § 3º).

1.6.1.3.4. *Sujeito ativo*

Pode ser qualquer pessoa. Trata-se de crime **comum**.

1.6.1.3.5. *Sujeito passivo*

Qualquer pessoa, inclusive as impossibilitadas de se locomover ou os doentes graves, bem como crianças e enfermos mentais. O fato de um portador de necessidades especiais não poder se locomover não significa que possam levá-lo a outros locais contra sua vontade.

1.6.1.3.6. *Consumação*

Quando a vítima for privada de sua liberdade **por tempo juridicamente relevante**. Manter alguém em seu poder por um ou dois minutos não constitui crime, exceto se o agente tinha intenção de permanecer mais tempo com ela mas foi impedido ou se a vítima fugiu, hipótese em que haverá tentativa de sequestro.

Cuida-se de crime **permanente** cuja consumação se prolonga no tempo, pois a liberdade da vítima é continuamente afetada enquanto ela não for solta. Por isso, a **prisão em flagrante** é possível a todo momento, até a libertação da vítima (art. 303 do Código de Processo Penal).

Nos termos do art. 111, III, do Código Penal, a prescrição só começa a correr a partir da data em que cessa a execução do crime.

Se, durante o período em que a vítima está sequestrada, surge nova lei que torna o crime mais grave (aumento de pena ou figura qualificada), ela incide sobre o delito. É o que diz a Súmula n. 711 do STF: "*a lei penal mais grave aplica-se ao crime continuado ou ao crime permanente, se a sua vigência é anterior à cessação da continuidade ou da permanência*".

1.6.1.3.7. *Tentativa*

É possível, quando o agente inicia o ato de execução, mas não consegue manter a vítima privada de sua liberdade por tempo juridicamente relevante. Ex.: o marido tranca as portas da casa para que a esposa não saia, mas ela, imediatamente, deixa a residência pela porta dos fundos com cópia de chave que ele não sabia existir.

1.6.1.3.8. *Classificação doutrinária*

CLASSIFICAÇÃO DOUTRINÁRIA				
■ Simples quanto à objetividade jurídica	■ Comum quanto ao sujeito ativo	■ De ação livre e comissivo ou omissivo quanto aos meios de execução	■ Material e permanente quanto ao momento consumativo	■ Doloso quanto ao elemento subjetivo

1.6.1.3.9. *Ação penal*

Pública incondicionada.

1.6.1.3.10. *Figuras qualificadas*

> **Art. 148, § 1º** — A pena é de reclusão, de dois a cinco anos:
> I — se a vítima é ascendente, descendente, cônjuge ou companheiro do agente ou maior de 60 anos.

A norma penal é taxativa, não admitindo analogias ou interpretações extensivas, de modo que não há aumento se a vítima for padrasto ou madrasta, genro, irmão, tio ou sobrinho etc.

Em relação aos filhos adotivos, é evidente a existência da qualificadora, uma vez que o texto constitucional veda qualquer distinção (art. 227, § 6º).

Quanto a pessoas que vivem em união estável, encerrou-se a controvérsia em razão da Lei n. 11.106/2005, que introduziu a figura do "companheiro" como sujeito passivo da figura qualificada.

Em relação à pessoa maior de 60 anos, inserida no Código Penal pelo Estatuto do Idoso, é importante lembrar que, se a vítima foi capturada quando possuía menos de 60 anos, mas permaneceu privada de sua liberdade até alcançar tal idade, a qualificadora se aplica porque o sequestro é crime permanente.

> **II** — se o crime é praticado mediante internação da vítima em casa de saúde ou hospital.

O crime pode ser cometido com emprego de fraude enganando-se os profissionais da área médica com exames falsos, ou com a anuência destes, hipótese em que serão coautores do crime.

III — se a privação da liberdade dura mais de 15 dias.

Para a configuração da qualificadora, é preciso que a vítima fique sem liberdade por pelo menos 16 dias (mais de 15). Trata-se de prazo penal, que se conta na forma do art. 10 do Código, incluindo-se o dia da captura.

IV — se o crime é praticado contra menor de 18 anos.

Esse dispositivo foi inserido no Código Penal pela Lei n. 11.106/2005.

V — se o crime é praticado para fins libidinosos.

Essa qualificadora também foi inserida no Código Penal pela Lei n. 11.106/2005, que, concomitantemente, revogou o crime de rapto violento, previsto no art. 219. A conduta típica é praticamente a mesma — privação da liberdade da vítima para fim libidinoso —, tendo, porém, havido algumas alterações relevantes:

a) No sequestro qualificado, a vítima pode ser qualquer pessoa, homem ou mulher, enquanto, no rapto, apenas mulheres podiam ser sujeito passivo. Além disso, uma prostituta pode ser vítima de sequestro qualificado, porque, ao contrário do que ocorria no crime de rapto, o novo texto não exige que a vítima seja honesta no aspecto da sexualidade.

b) No rapto, a finalidade libidinosa era elementar e no sequestro é qualificadora.

c) No rapto a ação penal, em regra, era privada, e no sequestro é pública incondicionada.

d) O sequestro é crime contra a pessoa, mais especificamente contra a liberdade individual, enquanto o rapto era classificado como crime contra os costumes.

O crime de sequestro qualificado é **formal**, pois se consuma no momento da captura da vítima, ainda que o agente não consiga realizar com ela nenhum dos atos libidinosos que pretendia. Caso, todavia, consiga realizar tais atos com emprego de violência ou grave ameaça, responderá por crime de estupro, em concurso material com o de sequestro.

Art. 148, § 2º — Se resulta à vítima, em razão de maus-tratos ou da natureza da detenção, grave sofrimento físico ou moral.
Pena — reclusão, de dois a oito anos.

Essa qualificadora aplica-se, por exemplo, quando a vítima fica detida em local frio, excessivamente úmido, muito quente, na companhia de ratos ou baratas, quando é exposta à falta de alimentação ou é mantida por muito tempo sem luz solar etc. Também é aplicável se a vítima for espancada pelos sequestradores, exceto se ela sofrer lesão grave ou morrer, hipóteses em que se aplicarão as penas dos crimes autônomos de lesões corporais graves ou homicídio, em concurso material com sequestro simples ou com alguma das qualificadoras do § 1º.

Se estiver presente alguma das hipóteses do § 1º e também do § 2º, aplica-se a pena desta última figura, que é maior. Como se trata de um só crime, não podem ser aplicadas ambas as penas.

■ 1.6.1.4. Redução a condição análoga à de escravo

> **Art. 149.** Reduzir alguém a condição análoga à de escravo, quer submetendo-o a trabalhos forçados ou a jornada exaustiva, quer sujeitando-o a condições degradantes de trabalho, quer restringindo, por qualquer meio, sua locomoção em razão da dívida contraída com o empregador ou preposto:
> Pena — reclusão, de dois a oito anos, e multa, além da pena correspondente à violência.
> § 1º Nas mesmas penas incorre quem:
> I — cerceia o uso de qualquer meio de transporte por parte do trabalhador, com o fim de retê-lo no local de trabalho;
> II — mantém vigilância ostensiva no local de trabalho ou se apodera de documentos ou objetos pessoais do trabalhador, com o fim de retê-lo no local de trabalho.
> § 2º A pena é aumentada de metade, se o crime é cometido:
> I — contra criança ou adolescente;
> II — por motivo de preconceito de raça, cor, etnia, religião ou origem.

■ 1.6.1.4.1. Objetividade jurídica

A liberdade individual em todas as suas manifestações.

Essa modalidade de infração penal é também conhecida como crime de **plágio**, em que uma pessoa fica totalmente sujeita, submissa a outra.

■ 1.6.1.4.2. Tipo objetivo

Não é necessário que haja escravidão — nos moldes do passado — bastando que a conduta do empregador se enquadre em uma das figuras expressamente elencadas no tipo penal. O dispositivo em análise, aliás, teve sua redação alterada pela Lei n. 10.803/2003, exatamente para especificar as formas de execução do delito. Com efeito, pela redação originária, o delito era de ação livre, porque o texto legal não definia exatamente quais condutas deveriam ser consideradas criminosas, o que dificultava o enquadramento. Atualmente, o crime é de ação **vinculada**, permitindo o texto legal a tipificação do ilícito sempre que se mostrar presente quaisquer das condutas típicas nele elencadas:

a) submissão da vítima a trabalhos forçados ou jornada exaustiva;
b) sujeição a condições degradantes de trabalho;
c) restrição, por qualquer meio, da liberdade de locomoção em razão de dívida contraída para com o empregador ou preposto deste;

d) cerceamento do uso de meios de transporte, com intuito de reter a vítima no local de trabalho;

e) manutenção de vigilância ostensiva no local de trabalho ou apoderamento de documentos ou objetos pessoais do trabalhador, com o fim de retê-lo.

A enumeração legal é **taxativa**, não admitindo o uso de analogia para extensão a outras hipóteses.

Trata-se, ademais, de crime de ação múltipla em que a realização de uma só conduta já é suficiente para caracterizar o delito; porém, a realização de mais de uma delas, em relação à mesma vítima, constitui crime único.

- **Provocação de lesões na vítima**

Se a vítima sofrer qualquer espécie de lesão, ainda que leve, em razão dos trabalhos forçados ou da jornada exaustiva, ou em decorrência de alguma forma de violência utilizada para tanto ou para evitar que a vítima deixe o local, as penas serão cumuladas, já que isso se encontra expresso no preceito secundário da norma penal, que estabelece pena de reclusão, de dois a oito anos, e multa, **além da pena correspondente à violência**.

1.6.1.4.3. *Sujeito ativo*

Pode ser qualquer pessoa. Trata-se de crime **comum**.

1.6.1.4.4. *Sujeito passivo*

Também pode ser **qualquer pessoa**. Eventual **consentimento** da vítima **é irrelevante**, já que não se admite que alguém concorde em viver em condição de escravidão.

Se a vítima for criança ou adolescente, aplica-se o aumento de metade da pena, descrito no art. 149, § 2º, I.

1.6.1.4.5. *Elemento subjetivo*

É o dolo, direto ou eventual. Não se exige intenção específica, senão aquela implícita no tipo penal que é de se aproveitar da mão de obra da vítima.

Se o crime tiver sido cometido por motivo de preconceito de raça, cor, etnia, religião ou origem, a pena sofrerá acréscimo de metade, nos termos do art. 149, § 2º, II. Assim, se ficar provado que o sujeito cometeu o crime porque a vítima é branca, negra, indígena, oriental, boliviana, argentina, nordestina, católica, judia, árabe, hindu etc., sua pena será maior.

1.6.1.4.6. *Consumação*

Como o Código Penal exige que a vítima seja reduzida à condição análoga à de escravo, é evidente que a situação fática deve perdurar por período razoavelmente longo, de modo a ser possível a constatação, de acordo com as circunstâncias do caso concreto, de que houve uma completa submissão da vítima ao agente. Assim, a sujeição da vítima a trabalhos forçados, de forma eventual, pode caracterizar crime de maus-tratos (art. 136) ou constrangimento ilegal (art. 146).

Em se tratando de delito que atinge a liberdade da vítima, pode ser classificado como crime **permanente**, já que sua consumação se prolonga no tempo enquanto a vítima estiver submetida ao agente, de modo que, nesse período, a prisão em flagrante é sempre possível, nos termos do art. 303 do Código de Processo Penal.

■ *1.6.1.4.7. Tentativa*

É possível.

■ *1.6.1.4.8. Classificação doutrinária*

CLASSIFICAÇÃO DOUTRINÁRIA				
■ Simples quanto à objetividade jurídica	■ Comum quanto ao sujeito ativo	■ De ação vinculada, múltipla e comissiva quanto aos meios de execução	■ Permanente e material quanto ao momento consumativo	■ Doloso quanto ao elemento subjetivo

■ *1.6.1.4.9. Ação penal*

É pública incondicionada. O Plenário do Supremo Tribunal Federal declarou que a competência para apurar este crime é sempre da **Justiça Federal** (Recurso Extraordinário n. 398.041, julgado em 30 de novembro de 2006).

■ *1.6.1.5. Tráfico de pessoas*

> **Art. 149-A.** Agenciar, aliciar, recrutar, transportar, transferir, comprar, alojar ou acolher pessoa, mediante grave ameaça, violência, coação, fraude ou abuso, com a finalidade de:
> I — remover-lhe órgãos, tecidos ou partes do corpo;
> II — submetê-la a trabalho em condições análogas à de escravo;
> III — submetê-la a qualquer tipo de servidão;
> IV — adoção ilegal; ou
> V — exploração sexual.
> Pena — reclusão, de quatro a oito anos, e multa.

■ *1.6.1.5.1. Introdução*

Esta infração penal foi introduzida no Código Penal pela Lei n. 13.344/2016, aprovada com o fim de dar efetividade ao Decreto n. 5.017/2004, pelo qual o Brasil aderiu ao Protocolo Adicional à Convenção das Nações Unidas contra o Crime Organizado Transnacional Relativo à Prevenção, Repressão e Punição do Tráfico de Pessoas, em Especial Mulheres e Crianças (Convenção de Palermo).

■ *1.6.1.5.2. Objetividade jurídica*

A liberdade pessoal.

■ *1.6.1.5.3. Tipo objetivo*

O tipo penal do crime de tráfico de pessoas descreve oito condutas típicas (**agenciar, aliciar, recrutar, transportar, transferir, comprar, alojar ou acolher**), o objeto material sobre o qual recai uma dessas condutas **(pessoa)**, cinco meios executórios **(grave ameaça, violência, coação, fraude ou abuso)** e, por fim, cinco elementos subjetivos **(finalidade de remover órgãos, tecidos ou partes do corpo da vítima, submetê-la a trabalho em condições análogas à de escravo ou a qualquer tipo de servidão; submetê-la à adoção ilegal ou à exploração sexual)**.

CONDUTAS TÍPICAS	MEIOS DE EXECUÇÃO	ELEMENTO SUBJETIVO
■ agenciar, aliciar, recrutar, transportar, transferir, comprar, alojar ou acolher	■ grave ameaça, violência, coação, fraude ou abuso	■ Intenção de remover órgãos, tecidos ou partes do corpo da vítima, submetê-la a trabalho em condições análogas à de escravo ou a qualquer tipo de servidão; submetê-la à adoção ilegal ou à exploração sexual

A realização de qualquer das condutas típicas só configurará infração penal se realizada mediante violência física, grave ameaça, coação, fraude ou abuso. Há abuso econômico, por exemplo, quando alguém oferece considerável quantia de dinheiro para pessoa extremamente necessitada, a fim de que faça doação de um rim. Existe abuso da autoridade decorrente do poder familiar, por exemplo, quando os pais vendem um recém-nascido para adoção ilegal ou para a remoção de órgãos etc. Há coação, por exemplo, quando os pais se valem do temor reverencial da filha para obrigá-la a se prostituir no exterior, dizendo que necessitam do dinheiro.

Caso não tenha havido qualquer dos meios de execução acima mencionados, o consentimento da vítima exclui a infração penal, desde que o consentimento seja válido, ou seja, desde que a vítima seja capaz e que o consentimento não tenha sido obtido mediante paga (há regra expressa no art. 3º, *b*, do Decreto n. 5.017/2004 no sentido de que o consentimento obtido mediante paga não tem valor). Quando uma moça é enganada e aceita um convite para trabalhar como garçonete na Europa sem saber que, em verdade, terá de trabalhar como prostituta, configura-se o delito. No entanto, se a moça (maior de idade) concorda em ir para lá trabalhar como prostituta, não se tipifica a infração penal, exceto se tiver sido paga para tanto.

Tal como mencionado, a configuração do delito pressupõe que o agente queira realizar tráfico de órgãos da vítima (remoção de órgãos, tecidos ou partes do corpo), submetê-la a trabalho análogo ao de escravo ou a qualquer tipo de servidão, colocá-la ilegalmente em família substituta mediante adoção ou submetê-la à exploração sexual. Se a finalidade for outra qualquer, não estará tipificada a infração penal.

A hipótese mais comum de configuração é justamente aquela em que é visada a exploração sexual da vítima, ou seja, a obtenção de lucro mediante a exploração de sua sexualidade. Antes da aprovação da Lei n. 13.344/2016, o tráfico nacional ou internacional de pessoa para fim de exploração sexual era previsto como crime nos arts. 231 e 231-A do Código Penal, dispositivos que, entretanto, foram expressamente revogados por referida Lei. O tema passou a ser previsto no art. 149-A, porém, com algumas diferenças, como a necessidade de empregar violência, grave ameaça, fraude etc. — que não eram elementares daquelas infrações penais, e sim qualificadoras.

Cuida-se de crime com tipo misto alternativo em que a realização de mais de uma conduta típica em relação à mesma vítima configura crime único.

▪ *1.6.1.5.4. Consumação*

No momento em que realizada a conduta típica, ainda que o agente não obtenha o resultado almejado. Trata-se de crime formal. Se, após a consumação do tráfico de pessoa, o agente efetivamente remove órgãos da vítima ou a submete a trabalho escravo, por exemplo, responde pelas condutas em concurso material.

Em algumas das modalidades o delito tem natureza permanente: transportar, acolher e alojar. Nas demais, o delito é instantâneo.

▪ *1.6.1.5.5. Tentativa*

É possível, quando o agente emprega a violência, a grave ameaça, a fraude (etc.), mas não consegue concretizar a conduta típica, ou seja, não consegue, por exemplo, aliciar, transportar, transferir, comprar a vítima.

▪ *1.6.1.5.6. Sujeito ativo*

Pode ser qualquer pessoa. Cuida-se de crime comum.

▪ *1.6.1.5.7. Sujeito passivo*

Qualquer pessoa. A pena, todavia, será aumentada, caso a vítima seja menor de idade, pessoa idosa ou portadora de deficiência (§ 1º, II).

A vítima pode ser homem ou mulher. Existe crime, por exemplo, no tráfico que visa à exploração sexual de prostituta, garoto de programa ou travesti.

Se o agente cometer concomitantemente o delito em relação a mais de uma pessoa, parece-nos que deverá ser aplicada a regra do concurso formal impróprio — em razão da autonomia de desígnios —, de modo que as penas devem ser somadas, nos termos do art. 70, *caput*, parte final, do Código Penal.

▪ *1.6.1.5.8. Majorantes*

O § 1º do art. 149-A contém diversas causas de aumento de pena. De acordo com tal dispositivo, a pena será aumentada de um terço até a metade:

I — se o crime for cometido por funcionário público no exercício da função ou a pretexto de exercê-la. O conceito de funcionário público encontra-se no art. 327, *caput*, do Código Penal e abrange quem, embora transitoriamente ou sem remuneração, exerce cargo, emprego ou função pública. Além disso, o § 1º do mesmo art. 327 equipara a funcionário público quem exerce cargo, emprego ou função em entidade paraestatal, e quem trabalha para empresa prestadora de serviço contratada ou conveniada para a execução de atividade típica da Administração Pública.

A majorante incide quando o agente comete o crime no desempenho efetivo das funções ou quando ele diz que está em seu exercício, mas não está.

II — se o crime for cometido contra criança, adolescente ou pessoa idosa ou com deficiência. Criança é a pessoa que tem menos de 12 anos de idade. Adolescente é quem tem 12 anos ou mais e é menor de 18. Idosa é a pessoa que tem 60 anos ou mais. Portadora de deficiência é aquela que possui qualquer defeito físico ou mental.

III — se o agente se prevalecer de relações de parentesco, domésticas, de coabitação, de hospitalidade, de dependência econômica, de autoridade ou de superioridade hierárquica inerente ao exercício de emprego, cargo ou função. Relação de coabitação indica que autor e vítima moram sob o mesmo teto, de forma não transitória, enquanto relação de hospitalidade ocorre quando a vítima recebe alguém em sua casa para visita ou para permanência por certo período e este se aproveita da situação para cometer o crime.

Os termos autoridade e superioridade hierárquica abrangem tanto aquela exercitada na esfera pública quanto na privada, pois, se não fosse desse modo, o dispositivo seria despiciendo, já que o inciso I já pune de forma mais grave o funcionário público. Por isso, haverá a majorante se o crime for cometido pelo coronel em relação ao soldado ou pelo dono de uma empresa em relação a algum funcionário. Na primeira hipótese, entretanto, por ser o autor do delito funcionário público, estará caracterizada também a majorante do inciso I.

A expressão dependência econômica refere-se às hipóteses em que a vítima depende financeiramente do agente para sobreviver.

IV — se a vítima do tráfico de pessoas for retirada do território nacional. A legislação apresenta falha nesse dispositivo, pois não pune mais gravemente a situação inversa, ou seja, aquela em que a vítima é trazida para o território nacional.

O envio de criança ou adolescente ao exterior, em desacordo com as formalidades legais, mediante emprego de violência, grave ameaça ou fraude, poderá configurar crime especial descrito no art. 239, parágrafo único, da Lei n. 8.069/90 (Estatuto da Criança e do Adolescente), desde que a finalidade não seja uma daquelas previstas no art. 149-A do Código Penal.

Caso o juiz reconheça mais de uma majorante no caso concreto, não deverá aplicar o índice de acréscimo mais de uma vez, nos termos do art. 68, parágrafo único, do Código Penal. O magistrado poderá, entretanto, aplicar o aumento acima do mínimo legal, devendo, contudo, fundamentar o índice escolhido.

1.6.1.5.9. Crime privilegiado

Nos termos do art. 149-A, § 2º, a pena será reduzida de um a dois terços (causa de diminuição de pena), desde que coexistam dois requisitos:

a) que o réu seja primário;

b) que ele não integre organização criminosa.

Se o juiz não declarar o réu reincidente ao proferir a sentença, automaticamente deverá ser ele considerado primário.

A Lei n. 12.850/2013, por sua vez, define organização criminosa em seu art. 1º, § 1º: "*Considera-se organização criminosa a associação, de 4 (quatro) ou mais pessoas estruturalmente ordenada e caracterizada pela divisão de tarefas, ainda que informalmente, com objetivo de obter, direta ou indiretamente, vantagem de qualquer natureza, mediante a prática de infrações penais cujas penas máximas sejam superiores a 4 (quatro) anos, ou que sejam de caráter transnacional*".

Como o texto legal não estabelece qualquer regra para o magistrado escolher o índice de redução, em regra, a diminuição ocorrerá no patamar máximo.

1.6.1.5.10. Classificação doutrinária

CLASSIFICAÇÃO DOUTRINÁRIA				
■ Simples quanto à objetividade jurídica	■ Comum quanto ao sujeito ativo	■ De ação vinculada, múltipla e comissiva quanto aos meios executórios	■ Permanente ou instantâneo e formal quanto ao momento consumativo	■ Doloso quanto ao elemento subjetivo

1.6.1.5.11. Pena e ação penal

A pena é de reclusão de quatro a oito anos e multa, mas pode sofrer modificações em razão das majorantes previstas no § 1º e da causa de diminuição de pena do § 2º.

A Lei n. 13.344/2016 modificou a redação do art. 83, V, do Código Penal, e passou a prever que, no crime de tráfico de pessoas, o livramento condicional somente poderá ser obtido após o cumprimento de dois terços da pena, desde que o apenado não seja reincidente específico em crimes dessa natureza. Quanto a tal instituto, portanto, o tráfico de pessoas passou a ter tratamento idêntico ao dos crimes hediondos e assemelhados, embora não tenha tal natureza, já que o legislador preferiu não o inserir no rol da Lei n. 8.072/90 (Lei dos crimes hediondos).

A ação penal é pública incondicionada. A competência é da Justiça Estadual, exceto no caso de tráfico internacional em que a apuração deve ser feita na Justiça Federal, nos termos do art. 109, V, da Carta Magna, que estabelece ser de competência da Justiça Federal a punição para crimes previstos em tratado ou convenção internacional quando, iniciada a execução no País, o resultado tenha ou devesse ter ocorrido no estrangeiro ou reciprocamente. O Brasil, conforme já mencionado, por meio do Decreto n. 5.017/2004, aderiu ao Protocolo Adicional à Convenção das Nações Unidas contra o Crime Organizado Transnacional Relativo à Prevenção, Repressão e Punição do Tráfico de Pessoas, em Especial Mulheres e Crianças.

SEÇÃO II

■ 1.6.2. Dos crimes contra a inviolabilidade do domicílio

Existe, em verdade, um único crime nesta Seção II, que é o de violação de domicílio.

■ *1.6.2.1. Violação de domicílio*

> **Art. 150.** Entrar ou permanecer, clandestina ou astuciosamente, ou contra a vontade expressa ou tácita de quem de direito, em casa alheia ou em suas dependências:
> Pena — detenção, de um a três meses, ou multa.

■ *1.6.2.1.1. Objetividade jurídica*

A tranquilidade da vida doméstica. O crime em tela visa dar concretude ao preceito constitucional de que a casa é asilo inviolável do cidadão (art. 5º, XI).

Não se trata de delito que protege a posse ou a propriedade do imóvel, posto que não se considera crime, por exemplo, o ingresso em casa abandonada ou desabitada.

■ *1.6.2.1.2. Tipo objetivo*

A lei estabelece duas formas de execução do crime:

a) entrar em casa alheia — significa que o agente invade, ingressa totalmente na residência da vítima ou em alguma de suas dependências;

b) permanecer em casa alheia — pressupõe que, em um primeiro momento, o agente tenha tido autorização para lá estar e, cessada essa autorização, ele deixe de se deslocar para fora de suas dependências, por tempo razoável.

Por se tratar **de tipo misto alternativo**, é claro que haverá crime único se o agente entrar sem autorização na casa e, depois de ser descoberto e receber ordem para se retirar, insistir em ali permanecer.

De acordo com o texto legal, o crime se tipifica se a entrada ou permanência ocorre:

a) de forma **clandestina**, isto é, sem que a vítima perceba;

b) de forma **astuciosa**, em que o agente emprega alguma espécie de fraude para obter acesso ao local, como, por exemplo, vestindo uniforme de empresa telefônica, de força e luz, de gás, mentindo tratar-se de pintor contratado pelo condomínio etc.

O fato pode se dar, ainda:

a) contra a **vontade expressa** do morador, nas hipóteses em que o responsável pela residência claramente se opõe à entrada ou permanência do agente;

b) contra a **vontade tácita** do morador, nas situações em que é possível ao agente concluir, em razão das circunstâncias do caso concreto, que o morador não deseja sua entrada ou permanência no local.

A descrição típica, por fim, exige que a oposição seja de **quem de direito**, isto é, daquele que tem o poder legal de impedir a entrada ou permanência de pessoas em sua casa (proprietário, possuidor, locatário etc.).

No caso de **edifícios ou condomínios térreos**, cada morador tem direito de vetar a entrada ou permanência de pessoas em sua unidade, bem como nas áreas comuns. Se, todavia, houver autorização de outro condômino ao acesso à área comum, a entrada estará autorizada e não existirá crime.

No que se refere a **habitações coletivas**, prevalece o entendimento de que, havendo oposição de um dos moradores, persistirá a proibição.

Em caso de divergência entre pais e filhos, prevalece a determinação dos pais, exceto se a residência for de propriedade de filho maior de idade.

Os **empregados** têm direito de impedir a entrada de pessoas estranhas em seus aposentos, direito que, entretanto, não atinge o proprietário da casa se houver justa causa para o ingresso. Os empregados não têm direito de receber pessoas no interior de residência ou de apartamento, exceto se houver autorização dos proprietários. A propósito: "*Comete violação de domicílio quem entra em casa alheia, a convite de empregada residente, para fins ilícitos ou imorais. Tratando-se de lar honrado e digno, quando ausente ou insciente o titular do direito de proibição, de se presumir tácito dissenso à violação do lar*" (Tacrim-SP — Rel. Lauro Malheiros — *Jutacrim* 33/296). Nesse caso, nos parece que deve também responder pelo delito quem autorizou a entrada sem ter poder para tanto.

Existe polêmica em torno da divergência de **cônjuges** ou **companheiros** quanto à entrada de alguém na residência do casal. Cezar Roberto Bitencourt[115] entende que deve prevalecer a proibição se um deles se opuser. Discordamos de tal orientação, mesmo porque, se levada às últimas consequências, faria com que o cônjuge autorizante fosse partícipe do crime. Como não existe regra expressa sobre o assunto, a solução deve ser a mais liberal, até porque, se o marido diz que não quer que sua esposa receba visitas, mas a esposa autoriza a entrada, não há como se vislumbrar dolo de violar domicílio por parte da pessoa que foi autorizada. Nesse sentido: "*Se um homem entra em uma residência por convite ou autorização da mulher, para com esta manter colóquio amoroso, inadmissível é a condenação daquele por violação de domicílio, por arguida ofensa à vontade tácita do chefe de família*" (Tacrim-SP — Rel. Francis Davis — *Jutacrim* 48/363).

- **Norma penal explicativa (conceito de casa)**

Os §§ 4º e 5º do art. 150 contêm regras para esclarecer o que se inclui e o que exclui do conceito de casa.

Assim, compreendem-se no conceito (art. 150, § 4º):

115 Cezar Roberto Bitencourt, *Tratado de direito penal*, v. 2, p. 404.

"I — qualquer compartimento habitado" — casas, apartamentos, barracos de favela etc.

Casas desabitadas ou abandonadas, portanto, não se incluem na definição.

"II — aposento ocupado de habitação coletiva" — quarto de hotel, cortiço, motel etc. A propósito: "*O fato de um motel receber rotineiramente casais para encontros amorosos não desnatura sua condição de habitação coletiva. Todos quanto nele ingressam gozam de proteção legal*" (Tacrim-SP — Rel. Sidnei Benetti — *RT* 689/366).

"III — compartimento não aberto ao público, onde alguém exerce sua profissão ou atividade" — escritório, consultório, parte interna de uma oficina etc. Entende-se, pois, que não há crime no ingresso às partes abertas desses locais, como recepção, sala de espera etc.

A lei protege expressamente as **dependências** da casa, ou seja, considera crime o ingresso não autorizado em quintal, garagem, terraço etc. A propósito: "*Os próprios jardins, o quintal e a garagem constituem, para efeitos da lei, dependência da casa, principalmente em se tratando do crime de violação de domicílio (art. 150 do CP). Por-se no telhado de moradia habitada, é violar a liberdade doméstica, ou a casa como asilo inviolável*" (Tacrim-SP — Rel. Sérgio Pitombo — *RJD* 8/167).

Por outro lado, não se compreendem no conceito de casa (art. 150, § 5º):

"I — hospedaria, estalagem ou qualquer outra habitação coletiva, enquanto aberta, salvo a restrição do n. II do parágrafo anterior" — o prostíbulo ou a casa de meretriz quando fechadas ao público podem ser objeto do crime em tela. Nesse sentido: "A *garantia individual da inviolabilidade domiciliar estende-se também aos bordéis e casas de tolerância, quanto à entrada em horas de repouso e contra a vontade expressa da moradora, inquilina ou proprietária do imóvel. Irrelevante tratar-se de lupanar porque protege a lei o sítio reservado à vida íntima do indivíduo ou sua atividade privada*" (Tacrim-SP — Rel. Ricardo Couto — *Jutacrim* 31/334); "*Quando fechado ao público é inviolável o domicílio da meretriz, e, nessa situação, comete o crime do art. 150 quem contra a sua vontade ali força a entrada*" (Tacrim-SP — Rel. Roberto Martins — *RT* 456/405).

"II — Taverna, casa de jogos e outras do mesmo gênero" — estão, pois, excluídos os bares, estabelecimentos comerciais na parte aberta ao público, igrejas, veículos (salvo se houver parte própria para alguém morar ou pernoitar, como nos *traillers*). Entende-se, outrossim, que não estão incluídos na expressão casa as pastagens de uma fazenda ou o gramado de casa não murada ou cercada, nem as repartições públicas. A Lei n. 13.870/2019 inseriu no § 5º do art. 5º, do Estatuto do Desarmamento, a seguinte regra: "aos residentes em área rural, para os fins do disposto no *caput* deste artigo, considera-se residência ou domicílio toda a extensão do respectivo imóvel rural". O dispositivo é expresso, todavia, no sentido de que seu alcance é limitado aos fins do próprio *caput*, ou seja, sua finalidade é apenas a de permitir a posse de arma de fogo registrada em nome do dono da fazenda em toda a extensão do imóvel rural.

■ *1.6.2.1.3. Sujeito ativo*

Pode ser qualquer pessoa. Trata-se de crime **comum**. Até mesmo o proprietário de casa alugada pode ser autor do crime, caso nela ingresse sem autorização do inquilino.

■ 1.6.2.1.4. Sujeito passivo

O morador, titular do direito de proibir a entrada ou permanência de alguém na casa.

■ 1.6.2.1.5. Elemento subjetivo

É o dolo. Para a configuração do crime de violação de domicílio, é necessário que a conduta seja **um fim em si mesmo**. Por isso, se o ingresso em casa alheia tem por fim a prática de outro crime, resta absorvida a violação de domicílio. Ex.: ingresso na casa para a prática de furto, homicídio, estupro, ameaça etc. Existem, inclusive, inúmeros julgados reconhecendo a absorção da violação de domicílio até quando o crime-fim é de menor gravidade, como o exercício arbitrário das próprias razões, tal como se dá no caso de quem entra em casa alheia para se apossar de bens para autorressarcimento de dívida vencida e não paga. Flávio Monteiro de Barros[116] discorda de tal orientação, amparado por parte da jurisprudência, argumentando que, nesses casos, o agente deve responder por dois crimes, mesmo porque os bens jurídicos tutelados são distintos. Nesse sentido: "*O crime, quando tentado ou consumado, se mais grave, absorve a violação de domicílio, que é punida separadamente quando o delito-fim for mais brandamente punido*" (Tacrim-SP — Rel. Valentim Silva — *Jutacrim* 25/140).

O crime também não se configura quando o agente entra nas dependências da casa alheia para fugir de pessoas que o perseguem para agredi-lo ou roubá-lo (estado de necessidade), ou quando entra por engano na casa (erro de tipo).

Entendemos que, se o agente ingressa em casa alheia contra a vontade do morador durante fuga da polícia, incorre no crime em análise, pois o agente não visa à prática de outro crime, e sim se eximir da punição de delito anterior. Em sentido contrário, porém, podemos apontar: "*Inexiste dolo específico na conduta de quem, fugindo da polícia, entra ou permanece em casa alheia, contra vontade expressa ou tácita de quem de direito*" (TJSP — Rel. Fortes Barbosa — *RT* 142/357).

■ 1.6.2.1.6. Consumação

Quando o agente ingressa completamente na casa da vítima, ou quando, ciente de que deve sair, não o faz **por tempo juridicamente relevante**. A rápida permanência, com espontânea e imediata retirada na sequência, não constitui crime. Assim, a primeira modalidade constitui crime instantâneo e, a segunda, delito permanente, cuja prisão em flagrante é possível enquanto não cessada a execução (art. 303 do CPP).

Trata-se, ainda, de crime de **mera conduta**, uma vez que o tipo penal não descreve qualquer resultado.

■ 1.6.2.1.7. Tentativa

É possível em ambas as figuras. Embora a modalidade "permanecer" em casa alheia seja omissiva, admite, excepcionalmente, a tentativa por ser, concomitante-

[116] Flávio Augusto Monteiro de Barros, *Crimes contra a pessoa*, p. 269/270.

mente, considerada crime permanente, que só se consuma pela recusa em deixar o local por tempo considerável. Assim, se o agente diz que não vai sair, mas imediatamente é retirado à força por pessoas presentes, mostra-se configurada a tentativa.

■ 1.6.2.1.8. Figuras qualificadas

> **Art. 150, § 1º** — Se o crime é cometido durante a noite, ou em lugar ermo, ou com emprego de violência ou de arma, ou por duas ou mais pessoas:
> Pena — detenção, de seis meses a dois anos, além da pena correspondente à violência.

Em um só dispositivo o legislador elencou cinco qualificadoras, referentes a tempo, local, meio e modo de execução.

Noite é o período em que não há luz solar.

Lugar **ermo** é o local afastado, onde não há circulação de pessoas.

Violência, como o texto legal não fez distinção, é tanto aquela empregada contra pessoa, como contra coisa (arrombamento de porta, por exemplo). De acordo ainda com o texto legal, se a violência for empregada contra pessoa e esta sofrer lesão corporal, ainda que leve, as penas devem ser somadas.

O emprego de **arma** que qualifica o delito pode ser tanto de arma **própria** quanto **imprópria**. As armas propriamente ditas (ou próprias) são aquelas fabricadas para servir mesmo como arma: revólveres, pistolas, espingardas, punhais. Já as impróprias são objetos feitos com outra finalidade, mas que também têm potencialidade lesiva, como navalhas, facas de cozinha, foices, canivetes etc.

A **simulação** de arma e o uso de arma de **brinquedo** não qualificam o crime. Em relação a estas últimas, existiam duas correntes na doutrina e na jurisprudência, porém, após o Superior Tribunal de Justiça ter cancelado a Súmula n. 174, que admitia o aumento no crime de roubo com arma de brinquedo, restou pacificado que a exasperação da pena é indevida.

Quanto ao **concurso de agentes**, basta o envolvimento de duas pessoas, quer sejam **coautoras**, quer uma delas seja **partícipe**.

■ 1.6.2.1.9. Causas de aumento de pena

> **Art. 150, § 2º** — Aumenta-se a pena de um terço, se o fato é cometido por funcionário público, fora dos casos legais, ou com inobservância das formalidades estabelecidas em lei, ou com abuso de poder.

Esse dispositivo foi expressamente revogado pela Lei n. 13.869/2019.

Atualmente, o funcionário público que "invadir ou adentrar, clandestina ou astuciosamente, ou à revelia da vontade do ocupante, imóvel alheio ou suas dependências, ou nele permanecer nas mesmas condições, sem determinação judicial ou fora das condições estabelecidas em lei" cometerá crime de **abuso de autoridade** do art. 22, *caput*, da Lei n. 13.869/2019 – apenado com detenção de 1 a 4 anos, e multa. Na mesma pena incorre quem cumpre mandado de busca domiciliar após as 21h e antes das 5h (art. 22, § 1º, III).

É evidente, todavia, que não há crime, "se o ingresso for para prestar socorro, ou quando houver fundados indícios que indiquem a necessidade do ingresso em razão de situação de flagrante delito ou de desastre" (art. 22, § 2º).

■ 1.6.2.1.10. *Excludentes de ilicitude*

> **Art. 150, § 3º** — Não constitui crime a entrada ou permanência em casa alheia ou em suas dependências:
> I — durante o dia, com observância das formalidades legais, para efetuar prisão ou outra diligência;
> II — a qualquer hora do dia ou da noite, quando algum crime estiver ali sendo praticado ou na iminência de o ser.

Esse preceito deve ser interpretado de acordo com o art. 5º, XI, da Constituição Federal, que diz que "*a casa é asilo inviolável do indivíduo, ninguém nela podendo penetrar sem consentimento do morador, salvo em caso de flagrante delito ou desastre, ou para prestar socorro, ou, durante o dia, por determinação judicial*".

Assim, pode-se concluir:

a) No caso de **prisão em flagrante**, pode-se invadir a casa, a qualquer hora do dia ou da noite, para prender o autor do delito, ainda que seja o próprio morador. Se os policiais, por erro plenamente justificado, entendem que está ocorrendo um crime no local e invadem a casa, porém constatam que não há crime ali em andamento, não respondem por violação de domicílio por se tratar de caso de **descriminante putativa** (art. 20, § 1º, do CP). A Constituição Federal usa genericamente a expressão "flagrante delito", abrangendo os crimes e as contravenções.

b) No caso de prisão **por mandado**, se não houver consentimento do morador (pouco importando se o mandado é contra ele ou terceiro), temos duas hipóteses: se for durante o dia, o executor do mandado convocará duas testemunhas e entrará à força, mesmo que tenha que arrombar a porta. Se for à noite, o executor deverá guardar todas as saídas da casa e, logo que amanhecer, entrará à força, na presença de duas testemunhas (art. 293).

c) No caso de mandado de **busca e apreensão**, caso o morador se recuse a permitir a entrada, poderá ser feito uso de força, desde que durante o dia.

d) Como a Constituição Federal não repetiu a hipótese contida no Código Penal, que permite a entrada na casa alheia quando há algum crime na iminência de ser cometido, aplica-se o disposto na Carta Magna, que diz que é possível o ingresso, a qualquer hora, para prestar socorro, ou seja, tal expressão refere-se a socorro decorrente de acidente doméstico, evento da natureza ou evento criminoso na iminência de ser desencadeado. Aliás, ainda que não existisse essa interpretação, o acesso à residência seria possível em decorrência da excludente do estado de necessidade.

e) É também possível o ingresso, a qualquer hora, em caso de **desastre**.

1.6.2.1.11. *Classificação doutrinária*

CLASSIFICAÇÃO DOUTRINÁRIA				
■ Simples quanto à objetividade jurídica	■ Comum quanto ao sujeito ativo	■ De ação livre, de ação múltipla e comissivo ou omissivo quanto aos meios de execução	■ De mera conduta e instantâneo na primeira figura e permanente na segunda	■ Doloso quanto ao elemento subjetivo

SEÇÃO III

1.6.3. Dos crimes contra a inviolabilidade de correspondência

1.6.3.1. *Violação de correspondência*

Os delitos previstos no art. 151, *caput*, e em seu § 1º, I, do Código Penal, foram substituídos pelos crimes previstos no art. 40 da Lei n. 6.538/78, que trata do serviço postal e de telegramas.

> **Art. 40.** Devassar indevidamente o conteúdo de correspondência fechada dirigida a outrem:
> Pena — detenção, até seis meses, ou pagamento não excedente a vinte dias-multa.

1.6.3.1.1. *Objetividade jurídica*

A inviolabilidade da correspondência alheia. O dispositivo visa dar concretude ao art. 5º, XII, da Constituição Federal, que declara ser inviolável o sigilo de correspondência e das comunicações telegráficas.

1.6.3.1.2. *Tipo objetivo*

Trata a lei de proteger a carta, o bilhete, o telegrama, desde que **fechados**. Veja-se que, apesar de o texto legal declarar a inviolabilidade de correspondência sem prever qualquer exceção, é evidente que tal princípio não pode ser encarado como absoluto, pois há situações em que é necessária a abertura da correspondência para se evitar mal maior, hipótese que pode ser encarada como estado de necessidade. Suponha-se que, por meio de interceptação telefônica, se descubra um plano de sequestro em que uma pessoa que está nas ruas, incumbida de estudar possíveis vítimas, diz ao preso, líder de facção criminosa, que irá lhe remeter uma carta com o nome e o endereço da pessoa a ser sequestrada, para que ele se comunique com as pessoas que deverão executar o sequestro (outros componentes da organização criminosa que estão soltos). Nesse caso, a única forma de proteger a vítima é descobrindo de quem se trata, e isso só será possível mediante a abertura da carta. Da mesma forma, se a finalidade for evitar fuga ou resgate de presos do interior de estabelecimento prisional.

O Código de Processo Penal, em seu art. 240, § 1º, *f*, prevê a possibilidade de apreensão de "cartas, abertas ou não, destinadas ao acusado ou em seu poder, quando haja suspeita de que o conhecimento de seu conteúdo possa ser útil à elucidação do fato". Durante algum tempo, entendeu-se que tal dispositivo não teria sido recepcionado pela Carta Magna porque, conforme mencionado, o art. 5º, XII, da Constituição Federal consagra a inviolabilidade do sigilo de correspondência. Os Tribunais Superiores, porém, decidiram que a inviolabilidade de correspondência não possui caráter absoluto e, por tal motivo, passaram a admitir esse meio de prova, em razão da necessidade de harmonizar a regra constitucional com o interesse coletivo de manutenção da ordem pública. A violação da correspondência, todavia, reveste-se de caráter excepcional e a validade da prova assim obtida pressupõe a existência de autorização judicial. A propósito: "*A jurisprudência desta Corte consagrou o entendimento de que o princípio constitucional da inviolabilidade das comunicações (art. 5º, XII, da CF) não é absoluto, podendo o interesse público, em situações excepcionais, sobrepor-se aos direitos individuais para evitar que os direitos e garantias fundamentais sejam utilizados para acobertar condutas criminosas. A busca e apreensão das cartas amorosas foi realizada em procedimento autorizado por decisão judicial, nos termos do art. 240, § 1º,* f, *do Código de Processo Penal*" (STF — RHC 115.983/RJ — 2ª Turma — Rel. Min. Ricardo Lewandowski — julgado em 16-4-2013 — *DJe*-172 3-9-2013). No mesmo sentido: "*O princípio constitucional da inviolabilidade das comunicações não é absoluto. O interesse público, em situações excepcionais, pode se sobrepor à privacidade, para evitar que direitos e garantias fundamentais sejam utilizados para resguardar conduta criminosa. Como já decidiu a Suprema Corte, 'a cláusula tutelar da inviolabilidade do sigilo epistolar não pode constituir instrumento de salvaguarda de práticas ilícitas' (HC 70814, 1ª Turma, Rel. Min. Celso de Mello, DJ de 24/06/1994.). Não viola o sigilo de correspondência da Paciente simples menção, no julgamento em plenário, à apreensão de cartas que provam o relacionamento extraconjugal entre a Paciente e o corréu, acusados do homicídio da vítima. A prova foi obtida com autorização judicial, fundada no interesse das investigações, justamente para apurar a motivação do crime*" (STJ — HC 203.371/RJ — 5ª Turma — Rel. Min. Laurita Vaz — julgado em 3-5-2012 — *DJe* 17-9-2012).

Damásio de Jesus[117] lembra ser permitido ao curador abrir carta endereçada ao doente mental e ao pai abrir a endereçada ao filho menor, pois, embora este tenha

---

[117] Damásio de Jesus, *Código Penal anotado*, p. 513.

direito à intimidade, tal direito não é absoluto, podendo ser violada a carta sempre que verificada a existência de qualquer risco para o menor.

O art. 10 da Lei n. 6.538/78 estabelece que não constitui violação de sigilo da correspondência postal a abertura de carta:

I — endereçada a homônimo, no mesmo endereço;

II — que apresente indícios de conter objeto sujeito a pagamento de tributos;

III — que apresente indícios de conter valor não declarado, objeto ou substância de expedição, uso ou entrega proibidos;

IV — que deva ser inutilizada, na forma prevista em regulamento, em virtude de impossibilidade de sua entrega e restituição.

Nos casos dos incs. II e III, todavia, a abertura será feita obrigatoriamente na presença do remetente ou do destinatário, no termos do parágrafo único do referido art. 10.

Para que haja crime, é necessário que a abertura da correspondência se dê de forma **indevida** (elemento **normativo** do tipo), de modo que o consentimento do destinatário exclui a tipicidade. Entende-se que, entre marido e mulher existe consentimento tácito quando se trata de correspondência bancária ou comercial, presunção esta que cede quando se demonstra que havia orientação expressa para que o cônjuge não abrisse a correspondência endereçada ao outro. Tampouco existe tal presunção quando se trata de carta enviada por amigo ou parente.

Entende-se, outrossim, que não existe crime quando a correspondência nitidamente contém uma revista ou livro, que não constituem transferência de informação específica de uma pessoa a outra.

O tipo penal em análise refere-se à correspondência fechada, não abrangendo o conhecimento indevido de teor de correio eletrônico. Em relação a este, a violação constitui crime especial previsto no art. 154-A do Código Penal, que pune a invasão de dispositivo informático alheio.

Quando a violação da correspondência constituir meio para a prática de crime mais grave, ficará por este absorvida. Ex.: para descobrir segredos da vítima e depois extorqui-la.

■ *1.6.3.1.3. Sujeito ativo*

Pode ser qualquer pessoa. Trata-se de crime **comum**. Se for cometido por funcionário público no desempenho das funções, a pena será agravada nos termos do art. 43 da Lei n. 6.538/78.

■ *1.6.3.1.4. Sujeito passivo*

O remetente e o destinatário, que são as pessoas interessadas na manutenção do sigilo. Trata-se de crime com **duplo sujeito passivo**.

■ *1.6.3.1.5. Elemento subjetivo*

É o dolo. Não existe modalidade culposa, não podendo ser punido aquele que, por engano, abre e lê correspondência alheia.

■ 1.6.3.1.6. *Consumação*

Não basta que o agente abra a carta; o delito só se consuma quando ele se intera de seu conteúdo, exigência feita pelo próprio tipo penal.

■ 1.6.3.1.7. *Tentativa*

É possível quando o agente é flagrado quando está abrindo a carta, sendo, porém, impedido de ler seu conteúdo.

■ 1.6.3.1.8. *Causa de aumento de pena*

Nos termos do art. 40, § 2º, da Lei n. 6.538/78, a pena será aumentada em metade se a conduta causar dano para outrem. O dano pode ser econômico ou moral.

■ 1.6.3.1.9. *Classificação doutrinária*

CLASSIFICAÇÃO DOUTRINÁRIA				
■ Simples quanto à objetividade jurídica	■ Comum quanto ao sujeito ativo	■ Comissivo quanto aos meios de execução	■ De mera conduta e instantâneo quanto ao momento consumativo	■ Doloso quanto ao elemento subjetivo

■ 1.6.3.1.10. *Ação penal*

É pública **condicionada à representação**, nos termos do art. 151, § 4º, do Código Penal, mantido em vigor pelo art. 48 da Lei n. 6.538/78. Por se tratar de infração de menor potencial ofensivo, a competência é do Juizado Especial Criminal.

■ 1.6.3.2. *Sonegação ou destruição de correspondência*

> **Art. 40, § 1º** — Incorre nas mesmas penas quem se apossa indevidamente de correspondência alheia, embora não fechada, para sonegá-la ou destruí-la, no todo ou em parte.

■ 1.6.3.2.1. *Objetividade jurídica*

Como no presente tipo penal não importa se o agente teve ou não conhecimento do conteúdo, a objetividade jurídica é o direito do destinatário de receber a correspondência e o de mantê-la consigo se assim o quiser.

■ 1.6.3.2.2. *Tipo objetivo*

Trata-se de figura penal que tem por finalidade punir o agente que se apodera de correspondência alheia, **aberta ou fechada**, com o fito de sonegá-la (fazer com que não chegue até a vítima) ou destruí-la. Na primeira modalidade, o destinatário ainda não recebeu a carta, de modo que a sonegação impede que o conteúdo chegue ao seu conhecimento. Na destruição, é possível que o destinatário já tenha recebido e lido a carta, pois o tipo penal tutela também a correspondência não fechada. É o que ocorre quando o namorado encontra uma carta já lida pela namorada e, por ciúme, a destrói.

Se a correspondência tem valor econômico, a subtração constitui furto, e a destruição crime de dano.

■ 1.6.3.2.3. *Sujeito ativo*

Pode ser qualquer pessoa. Trata-se de crime **comum**. Se for cometido por funcionário público no desempenho das funções, a pena será agravada nos termos do art. 43 da Lei n. 6.538/78.

■ 1.6.3.2.4. *Sujeito passivo*

O **remetente ou o destinatário**.

■ 1.6.3.2.5. *Elemento subjetivo*

É o **dolo**, sendo irrelevante o motivo que levou o agente a querer destruir ou sonegar a correspondência alheia.

■ 1.6.3.2.6. *Consumação*

Ocorre no instante que o agente se **apodera** da correspondência, sendo, portanto, crime **formal**, pois dispensa, para fim de consumação, que o agente consiga sonegar ou destruir a correspondência. Essa conclusão decorre do texto legal.

■ 1.6.3.2.7. *Tentativa*

É cabível quando o agente não consegue se apossar da carta.

■ 1.6.3.2.8. *Causa de aumento de pena*

Nos termos do art. 40, § 2º, da Lei n. 6.538/78, a pena será aumentada em metade se a conduta causar dano para outrem. O dano pode ser econômico ou moral.

■ 1.6.3.2.9. *Classificação doutrinária*

CLASSIFICAÇÃO DOUTRINÁRIA				
■ Simples quanto à objetividade jurídica	■ Comum quanto ao sujeito ativo	■ De ação livre e comissivo quanto aos meios de execução	■ Formal e instantâneo quanto ao momento consumativo	■ Doloso quanto ao elemento subjetivo

■ 1.6.3.2.10. *Ação penal*

Com o mesmo fundamento do delito anterior, trata-se de crime de ação pública **condicionada à representação**, de competência do Juizado Especial Criminal.

■ 1.6.3.3. *Violação de comunicação telegráfica, radioelétrica ou telefônica*

> **Art. 151, § 1º, II** — Na mesma pena incorre quem indevidamente divulga, transmite a outrem ou utiliza abusivamente comunicação telegráfica ou radioelétrica dirigida a terceiro, ou conversação telefônica entre outras pessoas.

■ 1.6.3.3.1. *Objetividade jurídica*

O sigilo das conversas telegráficas, radioelétricas e telefônicas. Visa o dispositivo dar concretude ao art. 5º, XII, da Constituição Federal, que declara ser inviolável o sigilo das comunicações telegráficas, de dados e das comunicações telefônicas, salvo, no último caso, por ordem judicial, nas hipóteses e na forma que a lei estabelecer para fins de investigação criminal ou instrução processual penal.

■ 1.6.3.3.2. *Tipo objetivo*

As condutas típicas são:

a) divulgar — relatar o conteúdo a outras pessoas;
b) transmitir — narrar o conteúdo à pessoa determinada;
c) utilizar — usar para qualquer fim.

O delito somente se aperfeiçoa quando a divulgação ou transmissão são feitas de forma **indevida** (elemento **normativo**) ou quando a utilização é feita de forma **abusiva**.

Em relação a conversações telefônicas, o tipo penal ainda pode ser aplicado para quem, por exemplo, ouve conversa alheia em extensão telefônica e divulga seu conteúdo. Atualmente, entretanto, constitui crime, bem mais gravemente apenado (reclusão, de dois a quatro anos, e multa) "*realizar interceptação de comunicações telefônicas, de informática ou telemática, promover escuta ambiental ou quebrar segredo da Justiça, sem autorização judicial ou com objetivos não autorizados em lei*". Esse crime está descrito no art. 10, da Lei n. 9.296/96, que regulamentou as hipóteses em que pode ser decretada a interceptação telefônica, bem como o procedimento a ser adotado. Assim, quem realiza a interceptação de conversa telefônica alheia sem autorização judicial já está cometendo crime, independentemente da futura divulgação do conteúdo. Além disso, como as gravações feitas de forma autorizada devem ser mantidas em sigilo, nos termos do art. 8º da Lei n. 9.296/96, quem tomar conhecimento de seu conteúdo e der divulgação cometerá também o delito, em sua parte final. Ex.: funcionário de Distrito Policial que transmite o conteúdo das gravações obtidas mediante interceptação a órgãos da imprensa.

■ 1.6.3.3.3. Sujeito ativo

Pode ser qualquer pessoa. Trata-se de crime comum. A pena será de um a três anos de detenção, se o crime for cometido com abuso de função em serviço postal, telegráfico, radioelétrico ou telefônico, e, em tal caso, a ação é pública incondicionada (art. 151, § 4º).

■ 1.6.3.3.4. Sujeito passivo

Os mesmos estudados nos dois crimes anteriores.

■ 1.6.3.3.5. Consumação

No momento em que ocorre a divulgação, transmissão ou utilização.

■ 1.6.3.3.6. Tentativa

É possível.

■ 1.6.3.3.7. Ação penal e pena

É **pública condicionada à representação**. A pena é de um a seis meses, ou multa, sendo, por isso, de competência do Juizado Especial Criminal.

■ 1.6.3.4. Impedimento de comunicação ou conversação

> **Art. 151, § 1º, III** — Na mesma pena incorre quem impede a comunicação ou a conversação referidas no número anterior.

A lei pune quem impede a comunicação telegráfica ou radioelétrica dirigida a terceiros ou a conversação entre outras pessoas. É indiferente que o agente o faça de forma continuada ou não. O crime configura-se quando o agente impede a comunicação ou conversação já iniciadas ou mesmo quando, ainda não iniciadas, o agente atua de forma a inviabilizar que as partes entrem em contato telefônico, telegráfico etc. A pena do crime é aumentada em metade se a conduta provoca dano (art. 151, § 2º). A ação é pública condicionada à representação (art. 151, § 4º). A pena será de um a três anos de detenção, se o crime for cometido com abuso de função em serviço postal, telegráfico, radioelétrico ou telefônico, e, em tal caso, a ação é pública incondicionada (art. 151, § 4º).

■ 1.6.3.5. Correspondência comercial

> **Art. 152.** Abusar da condição de sócio ou empregado de estabelecimento comercial ou industrial para, no todo ou em parte, desviar, sonegar, subtrair ou suprimir correspondência, ou revelar a estranho seu conteúdo:
> Pena — detenção, de três meses a dois anos.
> Parágrafo único. Somente se procede mediante representação.

■ 1.6.3.5.1. *Objetividade jurídica*

A inviolabilidade da correspondência das empresas.

■ 1.6.3.5.2. *Tipo objetivo*

O art. 152 contém um tipo misto alternativo, incriminando quem **desvia** (dá rumo diverso do correto), **sonega** (se apropria e esconde), **subtrai** (furta) ou **suprime** (destrói) correspondência comercial. Basta a realização de uma dessas condutas para que o fato seja considerado crime, mas a prática de mais de uma delas, em relação à mesma correspondência, constitui crime único.

Também há crime na conduta do sócio ou do empregado que revela o conteúdo da correspondência a outras pessoas que dele não deviam tomar conhecimento.

Nélson Hungria[118] nos lembra que *"é preciso, para a existência do crime, que haja, pelo menos, possibilidade de dano, seja patrimonial ou moral"*, pois, *"não se compreenderia que sócio cometesse crime por praticar qualquer dos atos referidos no texto legal, se dele nenhum dano pudesse resultar à sociedade ou outrem. Quanto ao empregado, se, do mesmo modo, não houvesse sequer perigo de dano, além do infligido à intangibilidade da correspondência, não haveria necessidade de incriminação fora do art. 151. Se o conteúdo da correspondência é fútil ou inócuo, não pode ser objeto do crime em questão"*. O art. 151 mencionado é o atual art. 40 da Lei n. 6.538/78.

O objeto material do delito é a correspondência comercial, assim entendida aquela que diga respeito às atividades exercidas pela empresa. Se disser respeito a assuntos estranhos à atividade ali desenvolvida, a conduta poderá caracterizar apenas o crime comum de violação de correspondência.

■ 1.6.3.5.3. *Sujeito ativo*

Trata-se de crime próprio, que só pode ser cometido pelas pessoas elencadas no texto legal — sócio ou empregado da empresa vítima. Não é necessário que o agente esteja trabalhando no momento da infração penal.

O sujeito ativo pode ser sócio ou empregado tanto da empresa remetente quando da destinatária.

■ 1.6.3.5.4. *Sujeito passivo*

É a empresa remetente ou destinatária.

■ 1.6.3.5.5. *Elemento subjetivo*

É o dolo. Não se exige qualquer finalidade específica.

Não existe figura culposa.

■ 1.6.3.5.6. *Consumação*

No exato momento em que praticado quaisquer dos atos descritos no tipo penal.

---

118 Nélson Hungria, *Comentários ao Código Penal*, v. VI, p. 246.

■ *1.6.3.5.7. Tentativa*

É possível.

■ *1.6.3.5.8. Classificação doutrinária*

CLASSIFICAÇÃO DOUTRINÁRIA				
■ Simples quanto à objetividade jurídica	■ Próprio quanto ao sujeito ativo	■ De ação livre e comissivo quanto aos meios de execução	■ Material e instantâneo quanto ao momento consumativo	■ Doloso quanto ao elemento subjetivo

■ *1.6.3.5.9. Ação penal*

Pública condicionada à representação. Esta poderá ser oferecida pela própria pessoa jurídica ou pelos sócios.

SEÇÃO IV

■ 1.6.4. Dos crimes contra a inviolabilidade dos segredos

■ *1.6.4.1. Divulgação de segredo*

> **Art. 153.** Divulgar alguém, sem justa causa, conteúdo de documento particular ou de correspondência confidencial, de que é destinatário ou detentor, e cuja divulgação possa produzir dano a outrem:
> Pena — detenção, de um a seis meses, ou multa.

■ *1.6.4.1.1. Objetividade jurídica*

A finalidade do dispositivo é resguardar o sigilo em relação a segredos contidos em documentos particulares ou em correspondência confidencial cujo conhecimento por outras pessoas possa provocar dano a outrem.

■ *1.6.4.1.2. Tipo objetivo*

A conduta típica é divulgar o conteúdo de documento particular ou de correspondência sigilosa.

Divulgar significa dar conhecimento do conteúdo a número elevado e indeterminado de pessoas. Não basta, portanto, a transmissão a uma só pessoa (embora exista entendimento minoritário em sentido contrário).

O objeto material deste crime é o **documento particular**, ou seja, aquele que não é elaborado por funcionário público no desempenho de suas funções, e a **correspondência sigilosa**. O caráter confidencial do conteúdo da correspondência pode estar expresso em seu texto ou implícito na natureza da informação contida. É necessário, ainda, que o documento ou correspondência contenham algum segredo cuja divulgação possa provocar dano material ou moral a outrem. Se não houver um segredo ou se não existir a potencialidade de provocar dano, a divulgação é atípica.

O tipo penal em análise, portanto, diz respeito apenas ao segredo escrito. Assim, a divulgação de segredo que lhe foi confidenciado oralmente não constitui crime, salvo se constituir violação de sigilo decorrente de dever profissional (art. 154) — sacerdote que ouve confissão e a divulga — ou crime contra a honra — moça que conta em segredo para uma amiga que teve relação sexual com dois homens ao mesmo tempo e esta conta o que ouviu para inúmeras pessoas, cometendo, assim, crime de difamação.

A divulgação de segredo contido em documento público pode, eventualmente, caracterizar crime de violação de sigilo funcional, quando praticado por funcionário público (art. 325).

A descrição típica contém um elemento **normativo** manifestado na expressão "sem justa causa", que significa a inexistência de motivo razoável a justificar a divulgação. Há justa causa, por exemplo, quando a divulgação se faz necessária para o desvendamento de um crime, ou quando há consentimento do interessado.

▪ 1.6.4.1.3. *Sujeito ativo*

Trata-se de crime **próprio**, pois só pode ser cometido pelo destinatário ou detentor do documento ou correspondência.

▪ 1.6.4.1.4. *Sujeito passivo*

É a pessoa que pode sofrer o dano como consequência da divulgação do segredo. Pode ser o remetente da carta, o destinatário (no caso de o autor do crime ser o detentor) ou qualquer outra pessoa.

▪ 1.6.4.1.5. *Consumação*

No momento da divulgação do segredo, independentemente da produção de qualquer dano. Trata-se, pois, de crime **formal**.

▪ 1.6.4.1.6. *Tentativa*

É possível.

▪ 1.6.4.1.7. *Elemento subjetivo*

O crime é doloso e, como a lei exige que o fato ocorra sem justa causa, é necessário que o agente saiba da ilegitimidade de seu comportamento, que tenha ciência de que o conteúdo divulgado era sigiloso e que, portanto, poderia gerar prejuízo a outrem.

Não existe figura culposa.

1.6.4.1.8. Classificação doutrinária

CLASSIFICAÇÃO DOUTRINÁRIA				
■ Simples quanto à objetividade jurídica	■ Próprio quanto ao sujeito ativo	■ De ação livre e comissivo quanto aos meios de execução	■ Formal e instantâneo quanto ao momento consumativo	■ Doloso quanto ao elemento subjetivo

1.6.4.1.9. Forma qualificada

> **Art. 153, § 1º-A** — Divulgar, sem justa causa, informações sigilosas ou reservadas, assim definidas em lei, contidas ou não nos sistemas de informação ou banco de dados da Administração Pública:
> Pena — reclusão, de um a quatro anos, e multa.

Essa modalidade qualificada foi introduzida no Código Penal pela Lei n. 9.983/2000 e se refere a outro tipo de informação sigilosa ou reservada, ou seja, aquelas que sejam assim definidas expressamente em lei. Trata-se, pois, de norma penal em **branco** a ser complementada por outras leis. A conduta típica é a mesma da modalidade simples, divulgar sem justa causa.

1.6.4.1.10. Ação penal

Os §§ 1º e 2º do art. 153 estabelecem como regra a ação pública condicionada à representação, salvo se o fato causar prejuízo à Administração Pública, hipótese em que a ação será incondicionada. Note-se, portanto, que o crime em análise, embora considere-se consumado com a simples divulgação do segredo (crime formal), sofre consequências se o fato causar prejuízo à Administração Pública. Na modalidade simples, a competência é do Juizado Especial Criminal.

1.6.4.2. Violação de segredo profissional

> **Art. 154.** Revelar alguém, sem justa causa, segredo de que tem ciência em razão da função, ministério, ofício ou profissão, e cuja revelação possa produzir dano a outrem:
> Pena — detenção, de três meses a um ano, ou multa.
> Parágrafo único. Somente se procede mediante representação.

1.6.4.2.1. Objetividade jurídica

Resguardar o sigilo profissional.

Na vida em sociedade, nas relações entre os homens, muitas vezes um indivíduo, no exercício de sua atividade, toma conhecimento de segredos de outras pessoas e, por isso, o legislador erigiu à condição de crime a conduta daqueles que, sem um motivo justo, revelem tais segredos. É o caso, por exemplo, do advogado que ouve seu cliente confessar particularmente o cometimento do delito de que está sendo acusado, do sacerdote em relação às confissões dos fiéis, do médico etc.

■ *1.6.4.2.2. Tipo objetivo*

A conduta típica consiste em **revelar** o segredo, o que significa dar ciência, contar a alguém o segredo. **Ao contrário do que ocorre com o crime do artigo anterior, cuja conduta típica é divulgar, no crime em análise basta que o segredo seja contado a uma só pessoa** para que já esteja configurado, desde que isso possa, evidentemente, causar dano a alguém. A revelação pode se dar indistintamente pelas formas escrita, oral etc.

O crime só se configura se não existir justa causa para a divulgação do segredo. Assim, o motorista particular de um político que revela o conteúdo de conversas sigilosas que ouviu o patrão realizar pelo telefone celular responde pelo delito. Já o motorista que toma ciência de que o patrão irá receber um carregamento de cocaína e noticia o fato a policiais não comete a infração penal.

■ *1.6.4.2.3. Sujeito ativo*

Trata-se de crime **próprio**. No dizer de Damásio de Jesus,[119] "*sujeitos ativos do crime são os confidentes necessários, pessoas que recebem o conteúdo do segredo em razão da função, ministério, ofício ou profissão. Dizem-se confidentes necessários porque, em razão de sua atividade específica, normalmente tomam conhecimento de fatos particulares da vida alheia*".

Função é o encargo decorrente de lei, de contrato, ou de ordem judicial, como, por exemplo, tutela, curatela, direção de escola.

Ministério é uma atividade decorrente de uma situação fática e não de direito, de origem religiosa ou social. Ex.: sacerdote, freira, assistente social voluntária.

Ofício é o desempenho de atividade manual. Ex.: motorista particular, pedreiro ou jardineiro que tomam conhecimento de fatos no desempenho de suas atividades.

Profissão, no dizer de Nélson Hungria,[120] abrange qualquer atividade exercida habitualmente e com fim de lucro. Ex.: médico, dentista, advogado etc.

Os **auxiliares** dessas pessoas também respondem pelo crime quando tomam conhecimento do segredo no desempenho de suas atividades. Exs.: estagiários, enfermeiras etc.

Se o agente toma conhecimento do segredo em razão de função pública, a revelação constitui crime especial previsto no art. 325 do Código Penal.

[119] Damásio de Jesus, *Direito penal*, v. 2, p. 263.

[120] Nélson Hungria, *Comentários ao Código Penal*, v. VI, p. 264.

■ 1.6.4.2.4. Sujeito passivo

É aquele que pode sofrer algum dano com a revelação do segredo, podendo ser o titular do segredo e/ou terceiro.

■ 1.6.4.2.5. Consumação

Por ser crime **formal**, a infração se consuma no momento em que o segredo chega até a terceira pessoa, mesmo que disso não decorra prejuízo para a vítima, bastando, portanto, a possibilidade do dano.

■ 1.6.4.2.6. Tentativa

É possível, por exemplo, na forma escrita, quando uma carta contendo a revelação do segredo se extravia.

■ 1.6.4.2.7. Elemento subjetivo

É o dolo. Não existe figura culposa.

■ 1.6.4.2.8. Classificação doutrinária

CLASSIFICAÇÃO DOUTRINÁRIA				
■ Simples quanto à objetividade jurídica	■ Próprio quanto ao sujeito ativo	■ De ação livre e comissivo quanto aos meios de execução	■ Formal e instantâneo quanto ao momento consumativo	■ Doloso quanto ao elemento subjetivo

■ 1.6.4.2.9. Ação penal

Nos termos do parágrafo único do art. 154, é **pública condicionada à representação**.

■ 1.6.4.3. Invasão de dispositivo informático

> **Art. 154-A.** Invadir dispositivo informático alheio, conectado ou não à rede de computadores, mediante violação indevida de mecanismo de segurança e com o fim de obter, adulterar ou destruir dados ou informações sem autorização expressa ou tácita do titular do dispositivo ou instalar vulnerabilidades para obter vantagem ilícita:
> Pena — detenção, de 3 (três) meses a 1 (um) ano, e multa.

■ 1.6.4.3.1. Objetividade jurídica

A segurança nas operações informáticas e o sigilo das informações e dados dos usuários.

▪ 1.6.4.3.2. *Tipo objetivo*

Até a aprovação da Lei n. 12.737/2012, a punição por crimes cibernéticos somente era possível na forma da legislação comum, na medida em que não havia crimes **específicos** em relação ao tema. Para que referida punição fosse possível, entretanto, mostrava-se necessário algum **resultado** posterior (a subtração de valores, o dano, a ofensa à honra etc.). A fim de **antecipar** a possibilidade de punição dos cibercriminosos que disseminam vírus ou arquivos espiões pela rede ou invadem dispositivos informáticos alheios, a referida lei introduziu no art. 154-A do Código Penal o crime que recebeu o nome de "invasão de dispositivo informático". De acordo com a redação do novo dispositivo, basta que o agente **invada** o computador alheio com o fim de obter, adulterar ou destruir dados ou informações, ou, ainda, que instale **vulnerabilidades** no sistema a fim de obter vantagem ilícita. Realizada uma dessas condutas, o delito estará consumado, ainda que o agente não atinja seu objetivo (obter, adulterar ou destruir informações ou obter vantagem ilícita). Em havendo um desses resultados posteriores, o fato poderá constituir crime mais grave, conforme se verá abaixo.

Comete o crime do art. 154-A, por exemplo, quem transfere vírus para o computador da vítima (por meio de página da internet ou por e-mails conhecidos como spams), a fim de danificar arquivos ou para instalar programas espiões (cavalo de troia, por exemplo).

Se houver autorização judicial para a obtenção dos arquivos do computador de determinada pessoa, o fato não constitui crime, uma vez que o tipo penal exige que a violação ocorra de forma indevida. Do mesmo modo, não haverá crime se existir autorização expressa ou tácita do titular do dispositivo.

O próprio tipo penal salienta que o computador violado pode **estar ou não conectado** à internet, posto que, embora menos comum, é possível instalar pessoalmente programas em computadores não conectados à rede, que fazem cópias dos arquivos da vítima (imagens, textos etc.) e que, posteriormente, são retirados, também pessoalmente, pelo agente.

A Exposição de Motivos da Lei n 12.737/2012 esclarece que o tipo penal "estabelece como elemento necessário para a configuração do crime a violação indevida de **mecanismo de segurança** — evitando, assim, a criminalização do mero acesso a dispositivos desprotegidos, ou ainda a violação legítima a mecanismos de segurança, como a eliminação de uma medida técnica de proteção que inviabilize o acesso legítimo, em outro dispositivo informático, de um CD ou DVD protegido, por exemplo".

▪ 1.6.4.3.3. *Elemento subjetivo*

É o **dolo**. Não existe modalidade culposa. Não há crime por parte de quem envia e-mail a outra pessoa sem saber que está transferindo um vírus ao outro aparelho.

Note-se que a configuração da infração penal pressupõe a específica intenção de obter, adulterar ou destruir dados ou informações por meio da indevida invasão do dispositivo informático alheio, ou, ainda, de obter vantagem ilícita. Existe crime, por exemplo, por parte de quem invade computador de outrem com o intuito de danificar os arquivos existentes, de obter a senha de seu cartão bancário, de ter acesso ao conteúdo de suas conversas etc.

■ 1.6.4.3.4. Consumação

No exato instante da **invasão**. Trata-se de crime **formal** que se consuma **independentemente** da efetiva obtenção, adulteração ou destruição de dados pretendida pelo agente. Na última figura do *caput* (instalar vulnerabilidades), o crime se consuma quando o arquivo espião é **instalado**, mesmo que o agente não consiga a vantagem pretendida.

■ 1.6.4.3.5. Tentativa

É possível. É o que ocorre, por exemplo, quando a vítima não abre um e-mail que lhe foi enviado (spam) contendo arquivo espião ou quando o programa antivírus impede uma invasão.

■ 1.6.4.3.6. Sujeito ativo

Trata-se de crime **comum**, que pode ser cometido por qualquer pessoa.

■ 1.6.4.3.7. Sujeito passivo

O dono do computador invadido e qualquer outra pessoa cujos dados sejam copiados ou danificados por estarem nos arquivos do computador afetado.

■ 1.6.4.3.8. Figura equiparada

De acordo com o art. 154-A, § 1º, "*na mesma pena incorre quem produz, oferece, distribui, vende ou difunde dispositivo ou programa de computador com o intuito de permitir a prática da conduta definida no* caput".

■ 1.6.4.3.9. Causa de aumento de pena da figura simples

De acordo com o art. 154-A, § 2º, "aumenta-se a pena de um **sexto a um terço** se da invasão **resulta prejuízo econômico**". Esta causa de aumento de pena é aplicável, por exemplo, quando, em razão da invasão, programas do computador invadido são danificados ou arquivos são apagados, ou, ainda, quando a invasão é em algum site de venda de produtos cujo funcionamento acaba afetado e as vendas inviabilizadas por algum período.

O crime de dano simples (art. 163, *caput*, do CP), que tem pena menor, fica absorvido. De ver-se, entretanto, que o delito em estudo é **subsidiário** em relação a crimes contra o patrimônio, como o furto, o estelionato e a extorsão, que possuem pena maior. Assim, se o agente obtém dados bancários da vítima por meio de um site falso ou um programa espião e, com estes dados, consegue efetuar saques da conta da vítima ou transferências bancárias, incorre em crime de furto qualificado. Se com as informações obtidas fraudulentamente consegue fazer compras enganando o vendedor, incorre em crime de estelionato. Se exige dinheiro da vítima para não divulgar informações sigilosas obtidas, comete delito de extorsão.

1.6.4.3.10. *Figura qualificada*

De acordo com o art. 154-A, § 3º, se *"da invasão resultar a obtenção de conteúdo de comunicações eletrônicas privadas, segredos comerciais ou industriais, informações sigilosas, assim definidas em lei, ou o controle remoto não autorizado do dispositivo invadido"*, a pena será de reclusão, de 6 (seis) meses a 2 (dois) anos, e multa, **se a conduta não constituir crime mais grave**.

A invasão de computador alheio com a consequente obtenção do conteúdo de e-mails trocados, de fotografias, ou de segredos em geral já é suficiente para tipificar o delito em estudo. No crime em questão, o agente, pessoalmente ou a distância, invade a caixa de mensagens, tendo acesso ao conteúdo dos e-mails da vítima. Haverá, porém, punição por crime mais grave se houver **interceptação** não autorizada de comunicação informática — art. 10 da Lei n. 9.296/96. Na interceptação, é utilizado um programa "espião" que duplica ou desvia as comunicações em trânsito (e-mails remetidos por alguém ou a ele encaminhados).

É claro que, se o agente obtiver, por exemplo, a senha da conta corrente de alguém e, posteriormente, efetuar saques ou transferências indevidas, haverá crime de furto qualificado pela fraude, que, por ser mais grave, absorve o delito em questão. Do mesmo modo, se o agente exigir dinheiro da vítima para não divulgar suas fotografias ou segredos, o crime será o de extorsão. O próprio tipo penal prevê sua **absorção** diante de delitos mais graves **(subsidiariedade expressa)**.

Em suma, a mera invasão do computador alheio configura o crime do *caput*. Se o agente danifica algum arquivo ou programa, sua pena será aumentada na forma do § 2º. Se obtém alguma informação, segredo etc., incorre no crime qualificado do § 3º. Por fim, se utiliza a informação obtida para a prática de outro crime mais gravemente apenado, responde apenas por esta infração penal.

1.6.4.3.11. *Aumento da pena da figura qualificada*

Na hipótese do § 3º, aumenta-se a pena de **um a dois terços** se houver **divulgação**, **comercialização** ou **transmissão** a terceiro, a qualquer título, dos dados ou informações obtidos. Exs.: a) O agente invade o computador de uma atriz e copia fotografias sensuais particulares e comercializa as fotografias com sites pornográficos ou com revistas; b) O agente consegue, com a invasão, o texto de um livro que está sendo redigido por um famoso escritor ou uma música que será gravada por uma famosa banda e divulga a música ou o livro.

1.6.4.3.12. *Causas gerais de aumento de pena*

No § 5º do art. 154-A, está previsto aumento de pena de qualquer das modalidades da infração penal (simples ou qualificada), se o crime for praticado contra:

I — Presidente da República, governadores e prefeitos;

II — Presidente do Supremo Tribunal Federal;

III — Presidente da Câmara dos Deputados, do Senado Federal, de Assembleia Legislativa de Estado, da Câmara Legislativa do Distrito Federal ou de Câmara Municipal; ou

IV — dirigente máximo da administração direta e indireta federal, estadual, municipal ou do Distrito Federal.

Nesses casos, a pena será agravada de um **terço até a metade**.

1.6.4.3.13. *Ação penal*

Nos crimes definidos no art. 154-A, somente se procede mediante **representação**, salvo se o crime for cometido contra a administração pública direta ou indireta de qualquer dos Poderes da União, Estados, Distrito Federal ou Municípios ou contra empresas concessionárias de serviços públicos, quando a ação será pública **incondicionada**.

1.6.5. Questões

1. (Magistratura/SP — 173° concurso) Suponha-se que um médico, ante iminente perigo de vida, pratique uma intervenção cirúrgica arbitrariamente, ou seja, sem o consentimento do paciente ou de seu representante legal. O comportamento deve ser considerado:

a) crime de lesão corporal culposa.
b) atípico.
c) crime de constrangimento ilegal.
d) crime de lesão corporal dolosa.

2. (Ministério Público/SP — 83° concurso) O agente que priva sua ex-namorada, com 17 anos de idade, de liberdade, detendo-a em recinto fechado de sua casa por dez dias e provocando-lhe, em razão de maus-tratos, grave sofrimento físico, a fim de obrigá-la a reatar o relacionamento, responde por:

a) crime de cárcere privado qualificado pelo fato de a vítima sofrer grave sofrimento físico.
b) sequestro em concurso com lesões corporais, já que provocou grave sofrimento físico para a vítima.
c) crime de constrangimento ilegal, além das penas correspondentes à violência.
d) sequestro especial previsto no art. 230 do Estatuto da Criança e do Adolescente.
e) crime de extorsão mediante sequestro qualificado pelo fato de ser a vítima menor de 18 anos, já que a intenção do agente era reatar relacionamento e, com isso, obter vantagem.

3. (Procurador da República — 18° concurso) O fazendeiro H. é surpreendido por fiscais da DRT mantendo trabalhadores em trabalho de sol a sol, com breve descanso, no período — 10 minutos —, para digerir pouca ração, que dos mesmos cobra, impedindo-os de sair do local de trabalho. Ouvidos, os empregados consentem com esta situação, que, dizem, assumiram a fim de que não ficassem desempregados:

a) Há cárcere privado.
b) Há redução a condição análoga à de escravo.
c) O consentimento dos ofendidos impede a caracterização de ilícito contra a liberdade.
d) Por estar o ilícito previsto em Tratado, ainda que pendente da aprovação parlamentar, cabe seja reconhecido como crime.

4. (Magistratura/SP — 2015) A mídia tem noticiado casos em que trabalhadores, em sua grande maioria estrangeiros, são submetidos a trabalhos forçados e jornadas exaustivas, configurando assim o crime de redução à condição análoga à de escravo. Sobre esse delito, assinale a alternativa que não o tipifica.

a) Vigilância ostensiva no local de trabalho.

b) Apoderar-se de documentos ou objetos pessoais do trabalhador com o fim de retê-lo no local de trabalho.
c) Recusar o fornecimento de alimentação ou água potável.
d) Restringir sua locomoção em razão de dívida contraída com o preposto.

5. (Ministério Público/SP – 2019) De acordo com a legislação de combate ao tráfico de pessoas, considere as seguintes afirmações.

I. O Brasil, embora signatário da Convenção de Palermo, não possuía, até 2016, nenhum tipo penal específico que permitisse a punição do tráfico de pessoas para trabalho em condições análogas à de escravo.

II. O tráfico de pessoas é crime previsto no título dos crimes contra a dignidade sexual.

III. O livramento condicional para condenado por tráfico de pessoas, não reincidente específico em crimes dessa natureza, só pode ser concedido se cumpridos mais de 2/3 (dois terços) da pena.

IV. No tráfico de pessoas, praticada a conduta descrita no tipo e concretizada a finalidade, com a remoção de órgãos do corpo da pessoa, para fins de transplante, haverá concurso de crimes.

Estão corretas apenas as afirmações

a) II, III e IV.
b) II e IV.
c) I e III.
d) I, II e III.
e) I, III e IV.

■ GABARITO ■

1. "b". O art. 146, § 3°, I, do Código Penal, expressamente autoriza o médico a agir de tal forma se justificada por iminente perigo de morte, sendo, assim, atípica a conduta.
2. "a". A conduta enquadra-se perfeitamente na figura qualificada do crime de cárcere privado do art. 148, § 2°, do Código Penal. O crime de constrangimento ilegal fica absorvido por ser subsidiário e possuir pena menor, e o crime de lesão grave não se configurou porque a vítima teve sofrimento, e não lesão grave.
3. "b". A conduta enquadra-se perfeitamente no art. 149 do Código Penal e, em tal delito, o consentimento das vítimas não é válido.
4. "c". É a única hipótese que não consta do texto legal.
5. "e". O crime de tráfico de pessoas foi introduzido no Código pela Lei n. 13.344/2016. O livramento condicional só pode ser obtido após o cumprimento de 2/3 da pena (art. 83, V, do CP). O crime de tráfico de pessoas é independente em relação aos crimes-fim.

TÍTULO II

2. DOS CRIMES CONTRA O PATRIMÔNIO

Neste Título II da Parte Especial estão previstos crimes em que o agente, de alguma forma, atinge o patrimônio alheio. Os delitos estão divididos em vários Capítulos de acordo com a forma de agir e de lesar o patrimônio, que pode se dar, por exemplo, por subtração pura e simples (furto), pelo emprego de violência física ou grave ameaça (roubo e extorsão), pela captura de alguém (sequestro-relâmpago e extorsão mediante sequestro), pelo emprego de fraude (estelionato), pela inversão de ânimo em relação ao bem que já está em sua posse ou detenção (apropriação indébita), pela destruição da coisa alheia (dano) etc.

Ao todo, o Título em análise é dividido em oito Capítulos:

DOS CRIMES CONTRA O PATRIMÔNIO
• Capítulo I — Do furto; • Capítulo II — Do roubo e da extorsão; • Capítulo III — Da usurpação; • Capítulo IV — Do dano; • Capítulo V — Da apropriação indébita; • Capítulo VI — Do estelionato e outras fraudes; • Capítulo VII — Da receptação; • Capítulo VIII — Das disposições gerais.

DO FURTO

■ 2.1. DO FURTO

Neste Capítulo estão previstos dois crimes, o furto (art. 155) e o furto de coisa comum (art. 156).

O furto (art. 155), por sua vez, subdivide-se, de acordo com o texto legal, em quatro figuras: simples, noturno, privilegiado e qualificado.

■ 2.1.1. Furto simples

> **Art. 155.** Subtrair, para si ou para outrem, coisa alheia móvel:
> Pena — reclusão, de um a quatro anos, e multa.

■ *2.1.1.1. Objetividade jurídica*

Como no crime de furto ocorre uma subtração pura e simples de bens alheios, pode-se concluir que se trata de delito que afeta apenas o **patrimônio** e, eventualmente, a posse. Trata-se de crime **simples**.

■ *2.1.1.2. Tipo objetivo*

As elementares do crime de furto podem ser divididas em quatro partes:

a) a **conduta típica**, consistente em um ato de **subtração**;
b) o **objeto material**, que deve ser coisa **móvel**;
c) o **elemento normativo coisa alheia**;
d) o elemento **subjetivo** do tipo consistente no **fim de assenhoreamento definitivo** do bem.

■ *2.1.1.3. Subtração*

A subtração, núcleo do tipo do crime de furto, pode verificar-se em duas hipóteses.

A primeira delas, mais óbvia, dá-se quando o agente, sem qualquer autorização, apodera-se da coisa alheia e a leva embora, causando, assim, prejuízo econômico à vítima, que fica despojada do bem que lhe pertence. Existe furto, por exemplo, quando alguém se apodera de produtos na prateleira de um supermercado, esconde-os sob a blusa e sai do local sem efetuar o devido pagamento no caixa; quando o agente vê uma bicicleta estacionada na rua e sai com ela pedalando; quando a empregada doméstica se apossa de um brinco da patroa e o leva para sua casa no fim do expediente; quando o agente vê uma máquina de cortar grama no jardim de uma casa e ali adentra para levar o bem etc.

Já a segunda forma de subtração necessita de maior atenção para que não seja confundida com o crime de apropriação indébita. É que, se a própria vítima entregar o objeto ao agente, mas não o autorizar a deixar o local em sua posse, porém ele, sorrateiramente ou mediante fuga, tirar o bem dali, o crime será o de furto. Em tal caso diz-se que a posse ou detenção eram **vigiadas**, e que o agente, ao levar o objeto, tirou-o da esfera de vigilância do dono, cometendo, portanto, furto. É o que ocorre, por exemplo, quando o funcionário do caixa de uma loja recebe dinheiro dos clientes e leva os valores recebidos para casa, ou quando alguém recebe um livro para ler dentro de uma biblioteca e o esconde na mochila levando-o embora do estabelecimento, ou, ainda, quando alguém pede para ver uma joia dentro de uma loja e, ao recebê-la, sai correndo com ela.

Note-se que, para a posse ser considerada **vigiada**, basta que o agente tenha recebido o bem em determinado local e **que não tenha obtido autorização para dali sair com ele**, pois, nesses casos, o agente, para se locupletar, tem que **tirar** o objeto dali, e é exatamente isso que faz o crime de furto se estabelecer. Para que a posse seja considerada vigiada, não é necessário que a vítima esteja olhando para o agente, basta que não o tenha autorizado a deixar o local na posse do bem.

É possível que haja posse vigiada até mesmo em local aberto (na rua, em uma praça). Ex.: pessoa recebe uma blusa de um vendedor de rua (camelô) para experimentá-la e, quando está com a roupa no corpo, sai correndo com ela.

É necessário ressaltar, outrossim, que, como os casos de posse vigiada dão origem ao crime de furto, por exclusão, apenas nas hipóteses em que a posse é **desvigiada** — e o agente não restitui o bem — é que se configura o crime de apropriação indébita. O que pode causar algum estranhamento é o fato de o art. 168 do Código Penal, que define o crime de apropriação indébita, referir-se genericamente ao ato de se apropriar de coisa alheia móvel da qual se tem a posse ou detenção, sem fazer qualquer ressalva. Ocorre que, como a doutrina e a jurisprudência firmaram entendimento de que posse vigiada dá origem ao crime de furto, restaram apenas ao crime de apropriação indébita as hipóteses em que a posse ou detenção são desvigiadas, razão, aliás, que faz com que doutrinadores realcem a **quebra de confiança** como característica da apropriação, na medida em que a vítima, além de entregar o bem ao agente, autoriza que ele deixe o local em sua posse, acreditando em sua boa-fé, porém vê-se despojada pela falta de restituição.

A distinção entre posse vigiada e desvigiada é a existência ou não de autorização para deixar o local na posse do bem. Assim, quem recebe um carro emprestado de um amigo para fazer uma viagem e depois não o devolve comete apropriação indébita (o amigo consentiu que o agente deixasse o local na posse do veículo);

quem aluga um carro e depois não o restitui também comete apropriação (igualmente o agente saiu do estabelecimento com autorização para deixar o local); quem aluga um DVD em locadora e depois não o devolve também comete apropriação indébita — repita-se que o fato de o dono do estabelecimento saber para quem alugou o DVD não torna a posse vigiada, pois esse conceito significa única e exclusivamente que a pessoa não tinha autorização para deixar o recinto e teve que tirar o bem do local sem anuência para tanto. No caso do aluguel do DVD, havia essa autorização para deixar o local.

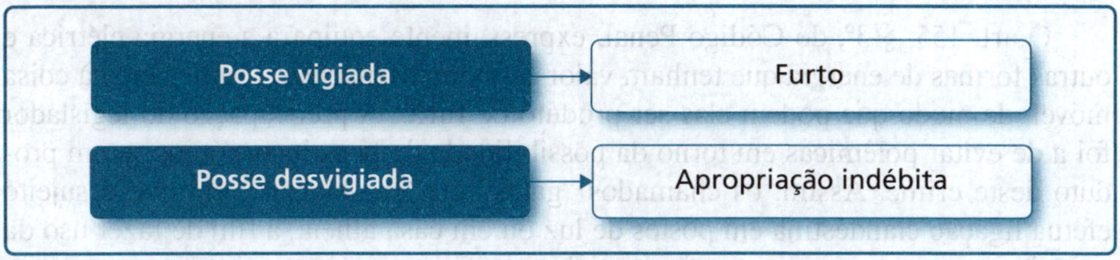

■ 2.1.1.4. *Coisa móvel*

Apenas a coisa móvel pode ser objeto de furto porque somente ela pode ser transportada e, assim, tirada da esfera de vigilância da vítima. Os bens imóveis, portanto, não podem ser furtados; cabe ressalvar que se consideram imóveis apenas os bens que não possam ser levados de um local para outro. Eventuais ficções da lei civil que confiram tratamento de coisa imóvel a bens que podem ser deslocados não se aplicam no âmbito penal.

É possível, também, o furto de partes que compõem um imóvel, como, por exemplo, a subtração de telhas já instaladas ou de portões já colocados. É que, em tais casos, o agente mobiliza os bens antes de levá-los.

Os animais domésticos ou domesticados, quando tiverem dono, e os semoventes (bois, porcos, cabras) podem ser objeto de furto. O furto **de gado** possui denominação própria: **abigeato**. Semoventes constituem espécie do gênero coisa móvel. A subtração de semovente domesticável de produção caracteriza modalidade qualificada do delito de furto (ver comentários ao art. 155, § 6º).

É possível, ainda, o furto de terra ou areia pela extração clandestina em imóvel alheio, bem como de árvores, desde que o fato não constitua crime contra o meio ambiente (Lei n. 9.605/98). Além disso, a extração de mineral em propriedade alheia configura também crime de furto.

Nélson Hungria[121] advogava a tese de que o patrimônio não é integrado exclusivamente por coisas que possuem valor econômico, mas também por aquelas que tenham valor apenas afetivo, que, por tal motivo, também poderiam ser objeto material do crime de furto: “a nota predominante do elemento patrimonial é o seu caráter

[121] Nélson Hungria. *Comentários ao Código Penal*, v. VII, p. 8.

econômico, o seu valor traduzível em pecúnia; mas cumpre advertir que, por extensão, também se dizem patrimoniais aquelas coisas que, embora sem valor venal, representam uma utilidade, ainda que simplesmente moral (valor de afeição), para o seu proprietário". Há, porém, quem entenda que o fato não constitui crime, devendo a parte prejudicada — proprietário da coisa subtraída — buscar indenização por danos morais na esfera cível.

- **Furto de energia elétrica e de outras formas de energia que tenham valor econômico**

O art. 155, § 3º, do Código Penal, expressamente equipara a energia elétrica e outras formas de energia que tenham valor econômico (nuclear, térmica etc.) à coisa móvel, de modo que podem elas ser produto de furto. A preocupação do legislador foi a de evitar polêmicas em torno da possibilidade de bens incorpóreos serem produto deste crime. Assim, os chamados "gatos" ou "gambiarras", em que o sujeito efetua ligação clandestina em postes de luz ou em casa alheia, a fim de fazer uso da energia sem pagar por isso, configuram furto.

A Exposição de Motivos da Parte Especial do Código Penal, em seu item 56, elenca a energia genética dos reprodutores como exemplo de furto de energia. Assim, a subtração de sêmen constitui crime.

A regra do art. 155, § 3º, do Código Penal foi repetida no art. 83, I, do Código Civil, que dispõe que todas as formas de energia são consideradas coisas móveis.

A jurisprudência tem, ainda, reconhecido o crime de furto de energia na captação clandestina de sinal de TV a cabo: "*... o sinal de TV a cabo pode ser equiparado à energia elétrica para fins de incidência do artigo 155, § 3º, do Código Penal. Doutrina. Precedentes*" (STJ — RHC 30.847/RJ — Rel. Min. Jorge Mussi — 5ª Turma — julgado em 20-8-2013 — *DJe* 4-9-2013); "*O sinal de televisão propaga-se através de ondas, o que na definição técnica se enquadra como energia radiante, que é uma forma de energia associada à radiação eletromagnética. II. Ampliação do rol do item 56 da Exposição de Motivos do Código Penal para abranger formas de energia ali não dispostas, considerando a revolução tecnológica a que o mundo vem sendo submetido nas últimas décadas. III. Tipicidade da conduta do furto de sinal de TV a cabo*" (STJ — REsp 1.123.747/RS — Rel. Min. Gilson Dipp — 5ª Turma — julgado em 16-12-2010 — *DJe* 1º-2-2011); "*Segundo o entendimento do Superior Tribunal de Justiça a captação irregular de sinal de TV a cabo configura delito previsto no art. 155, § 3º, do CP*" (STJ — REsp 1.076.287/RN — Rel. Min. Arnaldo Esteves Lima — 5ª Turma — julgado em 2-6-2009).

Saliente-se que o art. 35 da Lei n. 8.977/95 diz que "*constitui ilícito penal a interceptação ou a recepção não autorizada dos sinais de TV a cabo*". Tal dispositivo não esclarece qual seria o ilícito penal, porém, considerando que o sinal é captado de forma clandestina, a conclusão é a de que se trata de crime de furto.

Existe, porém, julgado do STF afastando a configuração do crime de furto de energia, no que se refere ao sinal de TV a cabo: "*O sinal de TV a cabo não é energia, e assim, não pode ser objeto material do delito previsto no art. 155, § 3º, do Código Penal. Daí a impossibilidade de se equiparar o desvio de sinal de TV a cabo ao delito descrito no referido dispositivo. Ademais, na esfera penal não se admite a aplicação da analogia para suprir lacunas, de modo a se criar penalidade não mencionada na lei (analogia* in malam partem*), sob pena de violação ao princípio constitucional da estrita legalidade. Precedentes. Ordem concedida*" (HC 97.261 — 2ª Turma — Rel. Joaquim Barbosa — *DJe* 81, p. 29). Há, também, julgados do STJ nesse sentido: "*O Supremo Tribunal Federal, no julgamento do HC n. 97.261/RS, entendeu que o sinal de televisão não se equipararia à energia elétrica, bem assim que não haveria subtração na hipótese de captação indevida de sinal, motivo pelo qual a conduta não se amoldaria ao crime do art. 155, § 3º, do Código Penal. Asseverou também que a ausência de previsão de sanção no art. 35 da Lei n. 8.977/1995, que definiu a captação clandestina de sinal como ilícito penal, somente poderia ser suprida por outra lei, não podendo ser utilizado o preceito secundário de outro tipo penal, sob pena de haver indevida analogia* in malam partem. *Precedente da Sexta Turma desta Corte Superior*" (STJ — REsp 1.838.056/RJ — 6ª Turma — Rel. Min. Laurita Vaz — julgado em 9-6-2020 — *DJe* 25-6-2020); "*A captação clandestina de sinal de televisão fechada ou a cabo não configura o crime previsto no art. 155, § 3º, do Código Penal*" (AgRg no REsp 1.185.601/RS — Rel. Min. Sebastião dos Reis Júnior — 6ª Turma — julgado em 5-9-2013 — *DJe* 23-9-2013).

No sentido da configuração de crime na captação de sinal **telefônico**: "*Participa da consumação do furto consistente na subtração de energia elétrica aquele que se utiliza de telefone clandestino ligado àquela energia e à linha de outro aparelho, acarretando prejuízo a seu proprietário, com o aumento dos impulsos, e à concessionária do serviço público*" (*RT* 622/292); "*Conforme reiterada jurisprudência, o furto do impulso telefônico também caracteriza o delito do § 3º do art. 155 do Código Penal, porque há a subtração de energia, a qual permite o funcionamento do sistema telefônico, podendo ela, a exemplo da energia elétrica, ser equiparada à coisa móvel. Esta ação, além disso, acarreta prejuízo ao proprietário da linha telefônica, seja ele um particular ou a concessionária do serviço público*" (Apelação Criminal n. 70009002734 — Rel. Sylvio Baptista, julgada em 4-11-2004); "*Nos termos do § 3º do art. 155 do Código Penal, equipara-se à coisa móvel a energia elétrica ou qualquer outra que tenha valor econômico, aí podendo ser incluídas a genética, a mecânica, a térmica e a radioativa, o que deixa certo que aquele que subtrai, para si, sinais de comunicação (impulsos telefônicos) de propriedade da TELEMAR, pratica o delito de furto, sendo flagrante o prejuízo sofrido pela empresa concessionária respectiva*" (Apelação Criminal n. 0667/04 — Rel. Marcus Henrique Pinto Basílio — julgada em 20-4-2004); "*Se o furto consiste na subtração de coisa móvel, entre as quais a energia elétrica que permite o funcionamento do sistema telefônico, o momento consumativo do delito está na utilização do telefone para quaisquer ligações*" (Tacrim-SP — Rel. Marrey Neto — j. 4-8-1987).

- **Seres humanos**

Os seres humanos podem ser transportados, porém, não se enquadram no conceito de **coisa**, de modo que **não podem ser objeto material de furto**, mas apenas de crimes específicos como sequestro (art. 148), extorsão mediante sequestro (art. 159) e subtração de incapaz (art. 249). Da mesma forma, a subtração de parte de ser humano, enquanto o integra, constitui crime de lesão corporal ou contravenção de vias de fato (conforme o entendimento adotado), ainda que haja interesse econômico envolvido, como no caso do corte não autorizado de cabelo para venda a empresas de confecção de perucas ou a cabeleireiros que as utilizarão em apliques capilares. É possível, porém, que haja furto em relação a tecido humano que já não integre o corpo, como, por exemplo, a subtração de sangue do banco que o armazena.

Por sua vez, a extração não autorizada (subtração) de órgão ou tecido humano, **para fim de transplante**, constitui crime específico previsto na Lei n. 9.434/97 (art. 14). É a finalidade do agente que transporta o crime para esta lei especial, que regulamenta os transplantes. Ex.: médico que, durante cirurgia na cavidade abdominal, para extração de apêndice, retira sorrateiramente o rim da vítima, para transplantá-lo em outro paciente.

Os objetos que as pessoas usam para complementação estética ou para auxílio em suas funções podem ser furtados, como dentaduras, próteses etc.

- **Títulos de crédito**

O furto de título de crédito em geral constitui crime-meio para a prática de outro crime, restando por este absorvido. É o que ocorre, por exemplo, quando o agente subtrai folha de cheque e se passa pelo correntista para efetuar compra em um mercado, hipótese configuradora de estelionato, porque o agente obteve vantagem ilícita no valor da compra ao enganar o vendedor.

O problema é que, muitas vezes, o agente subtrai as folhas de cheque com intuito de usá-las futuramente, mas é preso na posse das cártulas, antes de utilizá-las, o que impede o reconhecimento do estelionato, pois o agente não iniciou a execução deste crime. Quando se trata de cheque já preenchido em determinado valor e assinado pelo correntista, a jurisprudência não tem tido dúvida em reconhecer o delito de furto, como no caso de funcionário que subtrai os cheques recebidos pelo estabelecimento comercial, os quais estavam no cofre da empresa aguardando o momento para serem descontados. Quando se trata, contudo, de cheques em branco, há duas correntes, pois alguns entendem que, enquanto não preenchidos, não têm valor econômico, não configurando o furto, ao passo que outros reconhecem referido valor e a existência do crime. A propósito: "*De acordo com a jurisprudência desta Corte Superior de Justiça, folhas de cheque e cartões bancários não podem ser objeto material do crime de receptação, uma vez que desprovidos de valor econômico, indispensável à caracterização do delito contra o patrimônio, entendimento também aplicável ao crime de furto, destinado à tutela do mesmo bem jurídico. Precedentes*" (STJ — HC 118.873/SC — Rel. Min. Jorge Mussi — 5ª Turma — julgado em 17-3-2011 — *DJe* 25-4-2011); "*Em tema de furto, sendo juridicamente irrelevante o valor da coisa, não há crime. E não se pode considerar juridicamente relevante o valor de simples folha de cheque em branco*" (Tacrim-SP — *Jutacrim* 71/390); "*O talonário de cheques, posto que coisa alheia, não tem nenhuma expressão econômica, e, sen-*

do o furto crime contra o patrimônio, exige, para que se tipifique, desfalque ao patrimônio alheio" (Tacrim-SP — *RT* 564/357). **Em sentido contrário**: "*Furto de talonário ou de cheques avulsos em branco. A coisa alheia móvel a que se refere o art. 155 do CP é tudo quanto, para a vítima, represente valor. Nega vigência àquele dispositivo a decisão que reclama, para ver caracterizado o furto, tenha a coisa valor ponderável de comércio*" (STF — *RT* 587/428); (STJ — HC 200.895/RJ — Rel. Min. Marilza Maynard — Desembargadora Convocada — 5ª Turma – julgado em 21-5-2013 — *DJe* 27-5-2013); (STJ — AgRg no REsp 1.342.213/MT — Rel. Min. Laurita Vaz — 5ª Turma — julgado em 6-5-2014 — *DJe* 13-5-2014). No Superior Tribunal de Justiça, o entendimento atualmente predominante é o de que o fato configura crime de furto: "*Não se desconhece que a partir do julgamento do REsp 150.908/SP este Superior Tribunal de Justiça firmou o entendimento de que folhas de cheque e cartões bancários não podem ser objeto material dos crimes de receptação e furto, uma vez que desprovidas de valor econômico, indispensável para a caracterização dos delitos patrimoniais. 3. Contudo, ao examinar o CC 112.108/SP, a 3ª Seção desta Corte Superior de Justiça modificou tal posição, consignando que o talonário de cheque possui valor econômico, aferível pela provável utilização das cártulas para obtenção de vantagem ilícita por parte de seus detentores*" (STJ — AgRg no HC 410.154/RS, Rel. Min. Jorge Mussi, 5ª Turma, julgado em 3-10-2017, *DJe* 11-10-2017); "*É de reconhecer-se potencialidade lesiva a um talonário de cheques, dado seu inegável valor econômico, aferível pela provável utilização das cártulas como meio fraudulento para a obtenção de vantagem ilícita por parte de seus detentores*" (STJ — CC 112.108/SP, Rel. Min. Marco Aurélio Bellizze, Rel. p/ Acórdão Ministro Rogerio Schietti Cruz, 3ª Seção, julgado em 12-2-2014, *DJe* 15-9-2014).

■ *2.1.1.5. Coisa alheia*

É o elemento **normativo** do furto, pois pressupõe que o juiz, em todo caso concreto, verifique se o bem não pertencia a quem o subtraiu.

Para que uma coisa seja considerada alheia, é necessário que ela tenha dono. Assim, por não terem dono, **não podem ser objeto de furto** a coisa de **ninguém** (*res nullius*), isto é, aquela que nunca teve proprietário, como um cão de rua, os peixes das águas públicas, e a coisa **abandonada** (*res derelicta*). Em relação à última, o Código Civil prevê expressamente que, quem encontra coisa abandonada e dela se apodera torna-se seu legítimo proprietário (arts. 1.263 e 1.275, III, do CC). Por isso, se o dono jogou fora um par de tênis, quem o encontrar e dele se apossar passará a ser seu novo proprietário. A partir desse instante, o par de tênis deixou de ser coisa abandonada e novamente poderá ser objeto de furto, inclusive por parte do antigo dono.

As coisas **perdidas** (*res desperdicta*) têm dono, contudo, só são assim consideradas aquelas que estão fora da esfera de vigilância do dono porque foram perdidas em local **público** (ruas, praças, avenidas) ou **aberto ao público** (estádios, supermercados, metrô, ônibus), já tendo o responsável dali se afastado. Em tais casos, quem encontra o objeto e dele se apodera **não** realiza ato de **subtração**, daí por que o legislador, considerando que o bem tem dono, tipificou a conduta como **apropriação de coisa achada** (art. 169, parágrafo único, II). Quem encontra uma carteira na calçada e fica com ela comete esse crime, caso o dono já não esteja mais no local. Se o agente, todavia, vê que uma pessoa está conversando na mesa de um bar na calçada e que, do bolso traseiro de sua calça, acabou de cair uma carteira sem que ela tenha notado, e ele, sorrateiramente, se aproxima e pega a carteira, comete furto, porque, neste caso, a carteira, embora no chão, ainda estava na esfera de vigilância da vítima. Da mesma forma, quando o dono de um objeto não sabe onde ele está, mas este se encontra dentro de sua casa ou escritório, o bem não se considera tecnicamente perdido. Assim, se a dona de casa não percebeu que seu brinco caiu enquanto ela tomava banho e a empregada, ao limpar o ralo, achou o brinco e o levou embora, esta responde por crime de furto.

- **Coisas de uso comum e furto de água encanada**

Coisas de uso comum são aquelas de que todos podem fazer uso, como a água e o ar, e não podem, em princípio, ser objeto material de furto. Caso, todavia, já tenham sido destacadas de seu ambiente natural e estejam sendo exploradas comercialmente por alguém, a subtração constitui crime de furto, tal como ocorre com o desvio de água encanada que pertence à concessionária — que tem custos para a captação e tratamento etc. Nesse sentido: "*Crime de furto qualificado pela fraude. Furto de água praticado mediante ligação clandestina. Recurso provido. 1. Configura o crime de furto qualificado pela fraude (art. 155, § 4º, II, do Código Penal) a conduta consistente no furto de água praticado mediante ligação clandestina que permitia que a água fornecida pela CAESB fluísse livremente, sem passar pelo medidor de consumo. 2. Recurso provido para condenar o réu como incurso nas sanções do art. 155, § 4º, II, do Código Penal, determinando que o Tribunal* a quo *redimensione a pena imposta*" (STJ — REsp 741.665/DF — Rel. Arnaldo Esteves de Lima — *DJ* 5-11-2007, p. 347).

Por sua vez, o desvio ou o represamento **de águas correntes** alheias constitui modalidade do crime de usurpação (art. 161, § 1º, I, do CP).

- **Ressarcimento dos valores no furto de energia e de água encanada**

A partir do ano de 2015, o Superior Tribunal de Justiça firmou entendimento de que o pagamento pelo agente dos valores apurados pela vítima em razão da subtração de energia elétrica ou de água encanada, realizado antes do início da ação penal, gerava a extinção da punibilidade, por aplicação analógica *in bonam partem* das regras sobre o tema da legislação tributária: "*Este Superior Tribunal de Justiça firmou o entendimento de que o valor fixado como contraprestação de serviços públicos essenciais — como a energia elétrica e a água — conquanto não seja tributo, possui natureza jurídica de preço público, aplicando-se, por analogia, as causas extintivas da punibilidade previstas para os crimes tributários. 3. No caso, o pagamento integral do débito em momento anterior ao recebimento da denúncia, enseja a aplicação da legislação tributária (art. 83, §§ 2º e 4º, da Lei n. 9.430/96, entre outros)*" (STJ – HC 384.399/SC — Rel. Min. Reynaldo Soares da Fonseca —

5ª Turma — julgado em 27-4-2017 — *DJe* 5-5-2017); "*Embora o valor estipulado como contraprestação de serviços públicos essenciais — como a energia elétrica e a água — não seja tributo, possui ele a natureza jurídica de preço público, já que cobrado por concessionárias de serviços públicos, que se assemelham aos próprios entes públicos concedentes, de maneira que o pagamento do preço antes do recebimento da denúncia enseja a extinção da punibilidade. Precedentes. 2. Recurso em* habeas corpus *provido, para determinar o trancamento da ação penal 0044640-69.2012.8.13.0151*" (RHC 59.656/MG — Rel. Min. Rogerio Schietti Cruz — Rel. p/ Acórdão Ministro Nefi Cordeiro — 6ª Turma — julgado em 24-5-2016, *DJe* 7-6-2016).

No mesmo sentido: RHC 56.505/SP, Rel. Min. Antonio Saldanha Palheiro, 6ª Turma, julgado em 09.08.2016, *DJe* 24.08.2016); (RHC 72.825/SP, Rel. Min. Maria Thereza de Assis Moura, 6ª Turma, julgado em 30-6-2016, *DJe* 8-8-2016); (HC 347.353/SP, Rel. Min. Reynaldo Soares da Fonseca, 5ª Turma, julgado em 28-6-2016, *DJe* 1º-8-2016); (RHC 62.437/SC, Rel. Min. Nefi Cordeiro, 6ª Turma, julgado em 21-6-2016, *DJe* 1º-7-2016); (RHC 59.324/MS, Rel. Min. Jorge Mussi, 5ª Turma, julgado em 13-10-2015, *DJe* 21-10-2015); (AgRg no AREsp 945.360/RJ, Rel. Min. Sebastião Reis Júnior, 6ª Turma, julgado em 18-8-2016, *DJe* 5-9-2016); (HC 311.182/RJ, Rel. Min. Gurgel de Faria, 5ª Turma, julgado em 6-8-2015, *DJe* 25-8-2015).

No ano de 2018, todavia, a 5ª Turma do Superior Tribunal de Justiça modificou esse entendimento: "*Tem-se por pretensão aplicar o instituto da extinção de punibilidade ao crime de furto de energia elétrica em razão do adimplemento do débito antes do recebimento da denúncia. 2. Este Tribunal já firmou posicionamento no sentido da sua possibilidade. Ocorre que no caso em exame, sob nova análise, se apresentam ao menos três causas impeditivas, quais sejam: a diversa política criminal aplicada aos crimes contra o patrimônio e contra a ordem tributária; a impossibilidade de aplicação analógica do art. 34 da Lei n. 9.249/95 aos crimes contra o patrimônio; e a tarifa ou preço público tem tratamento legislativo diverso do imposto. 3. O crime de furto de energia elétrica mediante fraude praticado contra concessionária de serviço público situa-se no campo dos delitos patrimoniais. Neste âmbito, o Estado ainda detém tratamento mais rigoroso. O desejo de aplicar as benesses dos crimes tributários ao caso em apreço esbarra na tutela de proteção aos diversos bens jurídicos analisados, pois o delito em comento, além de atingir o patrimônio, ofende a outros bens jurídicos, tais como a saúde pública, considerados, principalmente, o desvalor do resultado e os danos futuros. 4. O papel do Estado nos casos de furto de energia elétrica não deve estar adstrito à intenção arrecadatória da tarifa, deve coibir ou prevenir eventual prejuízo ao próprio abastecimento elétrico do País. Não se pode olvidar que o caso em análise ainda traz uma particularidade, porquanto trata-se de núcleo empresarial, com condições financeiras de cumprir com suas obrigações comerciais. A extinção da punibilidade neste caso estabeleceria tratamento desigual entre os que podem e os que não podem pagar, privilegiando determinada parcela da sociedade. 5. Nos crimes contra a ordem tributária, o legislador*

(Leis n. 9.249/95 e n. 10.684/03), ao consagrar a possibilidade da extinção da punibilidade pelo pagamento do débito, adota política que visa a garantir a higidez do patrimônio público, somente. A sanção penal é invocada pela norma tributária como forma de fortalecer a ideia de cumprimento da obrigação fiscal. 6. Nos crimes patrimoniais existe previsão legal específica de causa de diminuição da pena para os casos de pagamento da 'dívida' antes do recebimento da denúncia. Em tais hipóteses, o Código Penal, em seu art. 16, prevê o instituto do arrependimento posterior, que em nada afeta a pretensão punitiva, apenas constitui causa de diminuição da pena. 7. A jurisprudência se consolidou no sentido de que a natureza jurídica da remuneração pela prestação de serviço público, no caso de fornecimento de energia elétrica, prestado por concessionária, é de tarifa ou preço público, não possuindo caráter tributário. Não há como se atribuir o efeito pretendido aos diversos institutos legais, considerando que os dispostos no art. 34 da Lei n. 9.249/95 e no art. 9º da Lei n. 10.684/03 fazem referência expressa e, por isso, taxativa, aos tributos e contribuições sociais, não dizendo respeito às tarifas ou preços públicos" (AgRg no REsp 1.427.350/RJ, Rel. Min. Jorge Mussi, Rel. p/ Acórdão Min. Joel Ian Paciornik, 5ª Turma, julgado em 20-2-2018, *DJe* 14-3-2018); "*Este Superior Tribunal de Justiça se posicionava no sentido de que o pagamento do débito oriundo do furto de energia elétrica, antes do oferecimento da denúncia, configurava causa de extinção da punibilidade, pela aplicação analógica do disposto no art. 34 da Lei n. 9.249/95 e do art. 9º da Lei n. 10.684/03. III — A Quinta Turma desta Corte, entretanto, no julgamento do AgRg no REsp n. 1.427.350/RJ, modificou a posição anterior, passando a entender que o furto de energia elétrica não pode receber o mesmo tratamento dado aos crimes tributários, considerando serem diversos os bens jurídicos tutelados e, ainda, tendo em vista que a natureza jurídica da remuneração pela prestação de serviço público, no caso de fornecimento de energia elétrica, é de tarifa ou preço público, não possui caráter tributário, em relação ao qual a legislação é expressa e taxativa. IV — 'Nos crimes patrimoniais existe previsão legal específica de causa de diminuição da pena para os casos de pagamento da 'dívida' antes do recebimento da denúncia. Em tais hipóteses, o Código Penal, em seu art. 16, prevê o instituto do arrependimento posterior, que em nada afeta a pretensão punitiva, apenas constitui causa de diminuição da pena' (REsp 1.427.350/RJ, Quinta Turma, Rel. Min. Jorge Mussi, Rel. p/ Acórdão Min. Joel Ilan Paciornik,* DJe *13-3-2018)* Habeas corpus *não conhecido*" (HC 412.208/SP, Rel. Min. Felix Fischer, 5ª Turma, julgado em 20-3-2018, *DJe* 23-3-2018). Entendemos correta esta última interpretação, pois é completamente descabida a analogia entre as regras relativas ao crime de furto e aquelas previstas em leis especiais para os delitos contra a ordem tributária. Em nosso entendimento, o ressarcimento antes do início da ação penal no furto de energia ou no furto de água encanada gera apenas a redução da pena prevista no art. 16 do Código Penal (arrependimento posterior). Finalmente, em março de 2019, a **Terceira Seção do Superior Tribunal de Justiça pacificou a questão, firmando entendimento de que o ressarcimento dos valores antes do início da ação**

penal não gera a extinção da punibilidade, mas apenas a referida redução do art. 16 do Código Penal (RHC 101.299/RS, Rel. Min. Nefi Cordeiro, Rel. p/ Acórdão Ministro Joel Ilan Paciornik, 3ª Seção, julgado em 13-3-2019, *DJe* 4-4-2019).

- **Subtração de cadáver ou parte dele**

Dependendo da hipótese, esta conduta pode configurar crime de subtração de cadáver (art. 211), furto ou delito previsto na Lei de Transplantes.

Com efeito, o legislador, atento ao fato de que haveria questionamento em torno de o cadáver integrar o patrimônio dos familiares (no sentido econômico), tipificou a subtração de cadáver ou de parte deste como crime específico contra o **respeito aos mortos** — art. 211 do Código Penal.

Se o cadáver, contudo, pertence a uma faculdade de medicina ou instituto científico (para estudos), ou a museus (múmias em exposição), a subtração claramente lesa o patrimônio de tais entidades, configurando crime de furto.

Por fim, a subtração de tecido ou órgão de cadáver, logo após a morte, **para fim de transplante**, configura crime do art. 14 da Lei n. 9.434/97. É claro, porém, que não existe crime quando há autorização prévia para a retirada dos órgãos.

- **Subtração de objetos enterrados com o cadáver**

É bastante comum a invasão de cemitérios para o arrombamento de sepultura e posterior subtração das roupas e sapatos enterrados que estão dentro do caixão, ou dos dentes ou obturações de ouro, ou anéis que os familiares não retiraram etc. Em tais casos, existe divergência doutrinária em torno da classificação jurídica a ser dada, pois não há consenso em torno de se tratar de coisa **alheia**.

A primeira corrente entende que esses objetos equiparam-se à coisa abandonada, pois não existe interesse por parte dos herdeiros em tê-los de volta. Assim, o crime não seria o de furto, e sim o de violação de sepultura, descrito no art. 210 do Código Penal.

A segunda corrente entende que os bens pertencem aos herdeiros e que a subtração constitui furto. O arrombamento da sepultura para essa corrente constitui qualificadora do crime de furto — rompimento de obstáculo —, e não crime autônomo.

Preferimos a primeira corrente, pois nos parece que o sentimento do herdeiro em casos como tais é o de indignação com o desrespeito à sepultura do ente querido, e não o de quem sofreu uma lesão patrimonial. Além disso, a opção pelo crime de violação de sepultura resolve a questão das pessoas enterradas que não deixaram herdeiros.

- **Subtração de coisa própria que se encontra em poder de terceiro em razão de contrato ou ordem judicial**

Evidentemente não constitui crime de furto, na medida em que o tipo penal expressamente exige que se trate de coisa **alheia**. A fim, todavia, de evitar esse tipo de comportamento, que coloca em risco as relações jurídicas, o legislador tipificou, no art. 346 do Código Penal, a conduta de tirar coisa própria que se encontra em poder de terceiro em razão de convenção (contrato) ou de determinação judicial. A pena é de detenção, de seis meses a dois anos, e multa. Tal infração integra a rubrica "exercício arbitrário das próprias razões", porém, como existe outra figura deste delito no art. 345, o crime ora em análise é comumente designado como **subtipo** do exercício arbitrário.

Desse modo, se o bem encontra-se em poder de um depositário em razão de ordem judicial de busca e apreensão, e o dono vai até o local e, sorrateiramente, o subtrai, incorre no crime do art. 346. Da mesma forma comete tal delito o dono de um carro alugado que, durante a vigência do contrato, utiliza-se da cópia da chave que está em seu poder para pegar o carro de volta, sem a autorização do locatário, ou, ainda, no caso do mútuo pignoratício, o devedor que subtrai o bem que havia entregado ao credor como garantia da dívida — lembre-se de que, pela lei civil, o penhor só transfere a posse ao credor, e não a propriedade.

Se um veículo tiver sido apreendido por determinação de autoridade de trânsito, por falta de licenciamento por exemplo, e o dono for até o pátio onde se encontra o veículo e lá efetuar a subtração, não responderá por furto porque o bem é dele e nem pelo crime do art. 346, porque a apreensão não se deu por ordem **judicial**. No entanto, o agente responde por crime de **desobediência** à ordem de apreensão.

- **Furto e exercício arbitrário das próprias razões**

Quando alguém tem um direito, ou pensa tê-lo, e a outra parte se recusa a observá-lo, deve o interessado procurar o Poder Judiciário para fazer valer sua pretensão. Caso não o faça e resolva a questão pessoalmente, exorbitando as regras legais, comete crime de exercício arbitrário das próprias razões. É o que ocorre, por exemplo, quando o locador troca as chaves da casa alugada para que o inquilino, que está com os aluguéis atrasados, não possa mais entrar, quando o correto seria ingressar com ação judicial de despejo.

O crime de exercício arbitrário das próprias razões tem um alcance bastante extenso e, na grande maioria das vezes, não guarda semelhança com o crime de furto.

Há, porém, uma situação em que tais delitos muito se aproximam, que é aquela em que o credor, insatisfeito com a inadimplência do devedor, vai até a casa deste e subtrai objeto que tem valor semelhante ao da dívida. Nesse caso, houve subtração de coisa alheia, porque o bem levado pertence ao devedor. O delito configurado, contudo, não é o de furto, porque o credor não agiu com intenção de obter locupletamento ilícito, que é requisito do crime patrimonial em análise. O credor tinha apenas intenção de se autorressarcir da dívida vencida e não paga, por isso responde por exercício arbitrário das próprias razões pelo desrespeito ao Poder Judiciário, já que ele poderia obter o valor pretendido por meio da ação judicial devida.

O exercício arbitrário é **crime contra a administração da justiça**. É claro, todavia, que haverá furto se, a pretexto de se ressarcir, o credor subtrair bens de valor muito superior ao da dívida, agindo, nesse caso, com intenção de locupletamento patrimonial indevido.

▪ 2.1.1.6. *Fim de assenhoreamento definitivo (elemento subjetivo do tipo)*

Quando o tipo penal do furto exige que o agente subtraia o bem **para si ou para outrem**, está a indicar que este crime pressupõe a intenção de manter a coisa em seu poder ou de repassá-la a terceiro de forma não transitória. É o que se chama de *animus rem sibi habendi*.

O dolo genérico de praticar crime de furto, por sua vez, é denominado *animus furandi*.

Quando o agente se apossa clandestinamente de coisa alheia para usá-la momentaneamente, e logo em seguida a restitui à vítima, o fato há de ser considerado atípico, por ter havido o que se chama de furto de uso.

- **Furto de uso**

Esse instituto não é previsto expressamente no Código Penal, mas é aceito por toda doutrina e jurisprudência, que exigem a coexistência de dois requisitos para seu reconhecimento e, por consequência, da atipicidade da conduta.

— **Requisito subjetivo:** *intenção, desde o momento do apossamento, de uso momentâneo da coisa subtraída*. Não há um período máximo de tempo estabelecido pela doutrina ou pelos tribunais a ser aplicado a todos os casos. Trata-se, em verdade, de um parâmetro a ser levado em conta pelos juízes, nos casos concretos, para apreciar a existência ou não do furto de uso de acordo com as circunstâncias de cada caso. É certo, contudo, que só se vê o reconhecimento do instituto em estudo quando o uso se dá apenas por algumas horas ou dias. Não se admite furto de uso que dure semanas ou meses. Assim, quando alguém pega uma motocicleta para dar uma volta e a restitui algumas horas depois, comete furto de uso. Igualmente a empregada doméstica que se apossa de um vestido da patroa na sexta-feira e o restitui no primeiro dia em que retorna ao trabalho (no sábado ou na segunda-feira, dependendo do caso), ou o jardineiro que pega a bicicleta que está guardada na casa do patrão para ir embora e retorna com ela no dia seguinte.

Se ficar demonstrado que o agente efetuou a subtração com intenção de permanecer com o bem, mas, posteriormente à consumação, arrependeu-se e o restituiu, responde pelo crime de furto com a pena reduzida de um a dois terços em decorrência do instituto do **arrependimento posterior** (art. 16 do CP). Daí por que se diz que, no furto de uso, é necessário provar que, **desde o princípio**, havia intenção de usar brevemente a coisa alheia.

Para o reconhecimento do furto de uso, não se exige a existência de uma situação de perigo. Com efeito, se alguém subtrai um carro para socorrer o filho que se acidentou, a hipótese é de estado de necessidade, que exclui a ilicitude da conduta. No caso da empregada doméstica há pouco mencionado, não existe qualquer situação de risco, mas apenas intenção de usar uma roupa bonita no fim de semana. No furto de uso, portanto, basta que o agente queira usar momentaneamente o bem alheio e o pegue "emprestado" sem pedir ao dono e, em seguida, o restitua. O fato é considerado atípico pela ausência do elemento subjetivo próprio do crime de furto. Evidente, contudo, a possibilidade de punição no âmbito trabalhista no exemplo acima.

A jurisprudência afasta a possibilidade do reconhecimento do furto de uso quando a intenção do agente é utilizar o bem alheio momentaneamente, porém, **para fim criminoso**, pois, caso contrário, poderia haver estímulo a esse tipo de conduta. Assim, comete furto em concurso material com o outro crime quem subtrai momentaneamente um carro para usá-lo em um sequestro.

— **Requisito objetivo:** *efetiva e integral restituição do bem*. Não basta que o agente queira devolver, é necessário que ele efetivamente restitua o objeto ao proprietário. Assim, quando ele o abandona em local diverso, considera-se configurado o crime de furto. Da mesma forma, considera-se praticado o crime quando o agente devolve o bem sem alguma peça ou acessório. Por exemplo, no furto de uso de um carro, se o agente, antes de devolvê-lo, tira o estepe ou o restitui com muito menos combustível, responde pelo furto destes.

Caso o agente, ao usar o veículo, provoque acidentalmente arranhões ou danos na lataria, porém o devolva imediatamente ao dono, não responde pelo crime, devendo ser responsabilizado civilmente, exceto se o agente se envolver em um acidente e abandonar o automóvel.

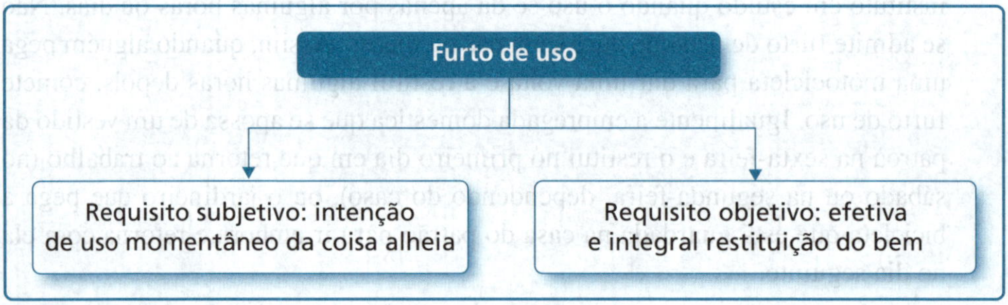

■ *2.1.1.7. Sujeito ativo*

Pode ser qualquer pessoa, exceto o dono do bem, já que o tipo penal exige que se trate de coisa alheia. Cuida-se de crime **comum**.

Quem, por erro, pensando que um bem é alheio, subtrai coisa própria, não responde por tentativa de furto. Quando uma pessoa, para "pregar uma peça" em um ladrão que é seu amigo, esconde a carteira deste dentro de uma bolsa que está em um vestiário do estabelecimento onde eles se encontram e o convence a ir ao vestiário subtrair a carteira, o fato é atípico, pois a carteira é do próprio agente, ainda que ele não saiba disso. Nesse caso estamos diante de crime putativo (imaginário, suposto), pois o sujeito pensa que está cometendo um crime, mas não está.

Por sua vez, quando alguém, por erro plenamente justificado pelas circunstâncias, se apossa e leva embora coisa alheia, pensando tratar-se de bem que lhe pertence, não responde por crime de furto por falta de dolo de cometer esse delito. A hipótese é de **erro de tipo** e normalmente acontece quando os objetos são muito semelhantes, possibilitando o engano.

O funcionário público que subtrai ou concorre para que seja subtraído bem público ou particular que se encontra sob a guarda ou custódia da Administração, valendo-se de alguma facilidade que lhe proporciona o cargo, comete crime de peculato-furto (ver comentários ao art. 312, § 1º), que tem pena maior.

O crime de furto admite coautoria e participação e, nesses casos, será qualificado pelo concurso de agentes, conforme será posteriormente analisado.

Se o agente cometer o crime na companhia de um menor de idade, responderá por crime de furto qualificado em concurso com o delito de corrupção de menores (art. 244-B, da Lei n. 8.069/90, com a redação dada pela Lei n. 12.015/2009). Nélson Hungria[122] menciona que se trata de concurso **formal**. Além disso, de acordo com a Súmula n. 500 do Superior Tribunal de Justiça, "*a configuração do crime previsto no artigo 244-B do Estatuto da Criança e do Adolescente independe da prova da efetiva corrupção do menor, por se tratar de delito formal*".

É possível também autoria **mediata** no furto. É o que ocorre, por exemplo, quando o agente contrata o motorista de um caminhão para um carreto dizendo a ele que vá até determinado local onde existe uma casa em construção e carregue o veículo com os tijolos que ali estão e os leve até outra construção. O motorista, de boa-fé, vai até o local e faz o transporte, mas se apura, posteriormente, que os tijolos não pertenciam ao agente. Ele responde pelo crime, mas o motorista do caminhão, que não agiu com dolo de furtar, não.

▪ 2.1.1.8. *Sujeito passivo*

O dono do bem subtraído é sempre vítima do crime de furto. Além dele, também pode ser considerado sujeito passivo o possuidor ou detentor, **caso sofram prejuízo econômico** em decorrência do crime. Exemplos: patrão entrega dinheiro para que um empregado efetue um pagamento e um ladrão, no interior do ônibus, consegue sorrateiramente furtar os valores. Nesse caso, o empregado não sofreu prejuízo financeiro, somente o patrão foi vítima. Por sua vez, se alguém está na posse de um veículo objeto de alienação fiduciária, em relação ao qual vem pagando as prestações à financeira, e o carro é furtado, consideram-se como vítima tanto a instituição financeira, proprietária do veículo, como o possuidor, que ficou sem o bem cujas prestações já estava pagando.

Não importa, outrossim, se a posse é ilegítima. Por isso, comete crime quem furta objeto anteriormente furtado por outra pessoa (ladrão que furta ladrão). É que, embora o primeiro furtador não seja dono do bem, a coisa é alheia em relação ao segundo. A vítima do último furto, todavia, não é o autor da primeira subtração, e sim o dono do objeto.

---

[122] Nélson Hungria, *Comentários ao Código Penal*, v. VII, p. 47.

Da mesma forma, constitui crime o furto de produto contrabandeado, restando, de outro lado, punir a vítima do furto pelo crime de contrabando.

No caso de furto qualificado pelo emprego de fraude, considera-se vítima a pessoa lesada e também aquela enganada pelo emprego da fraude, ainda que esta não seja possuidora ou detentora do objeto.

O **sujeito passivo** do furto pode ser pessoa **física** ou **jurídica**. Quando o agente subtrai mercadorias de um supermercado, a vítima é a pessoa jurídica, dona do supermercado.

Não obsta o reconhecimento do crime de furto a não identificação da vítima, desde que haja prova de que a coisa é alheia. É o que ocorre quando policiais presenciam o acusado subtraindo a bolsa de uma senhora e iniciam uma perseguição vindo a prendê-lo alguns quarteirões adiante, porém, quando retornam ao local do crime, não mais localizam a vítima, que acaba não sendo identificada. Nesse sentido julgado do STF — *RTJ* 124/1041.

■ 2.1.1.9. Consumação

Várias teorias procuram explicar o momento consumativo do furto: a) **concretatio**, segundo a qual tocar a coisa alheia consuma o furto; b) **apprehensio**, para a qual é necessário o agente segurar a coisa; c) **amotio**, que exige o deslocamento físico do bem; d) **ablatio**, que pressupõe que o agente coloque o bem no local em que pretendia.

Pesquisando a doutrina e o farto histórico da jurisprudência nacional, é possível concluir que foi adotada uma orientação que pode ser chamada de **teoria da inversão da posse** para determinar o momento consumativo. *Grosso modo*, essa corrente exige que a vítima perca a posse e o agente a obtenha. Durante muito tempo, a doutrina e a jurisprudência entenderam que essa inversão da posse pressupunha que o bem fosse tirado da esfera de vigilância da vítima e o agente obtivesse, ainda que por pouco tempo, sua posse tranquila. Posteriormente, todavia, os tribunais superiores modificaram tal entendimento e passaram a decidir que o furto se consuma no momento em que cessa a clandestinidade por parte do agente, sendo desnecessárias a posse mansa e pacífica e a retirada da esfera de vigilância da vítima. Entende-se que cessa a clandestinidade quando o agente consegue deslocar o bem do local onde se encontrava, ainda que seja ele imediatamente perseguido e preso. Em novembro de 2015, a Terceira Seção do Superior Tribunal de Justiça, ao julgar o REsp 1.524.450, sob a relatoria do Min. Nefi Cordeiro, em sede de recurso repetitivo, aprovou a tese n. 934, segundo a qual "*consuma-se o crime de furto com a posse de fato da* res furtiva, *ainda que por breve espaço de tempo e seguida de perseguição ao agente, sendo prescindível a posse mansa e pacífica ou desvigiada*". A teoria adotada entre aquelas acima elencadas é a da *amotio* (embora alguns julgados do Superior Tribunal de Justiça, equivocadamente, digam que a teoria da *amotio* é também chamada de *apprehensio*[123]).

[123] "... No que se refere à consumação do crime de furto, esta Corte Superior e o Supremo Tribunal Federal adotam a teoria da *apprehensio*, também denominada de *amotio*, segundo a qual considera-se consumado o mencionado delito no momento em que o agente obtém a posse da *res furtiva*, ainda que não seja mansa e pacífica e/ou haja perseguição policial, sendo prescindível que o objeto

A propósito, vejam-se os seguintes julgados: "*Este Superior Tribunal de Justiça firmou entendimento no sentido de que para consumação do furto, basta o desapossamento da coisa subtraída, o qual se dá com a inversão da posse, não sendo necessário que a* res furtiva *saia da esfera de vigilância da vítima, e muito menos que o agente tenha posse mansa e pacífica sobre a mesma*" (STJ — REsp 1.716.938/RJ, Rel. Min. Jorge Mussi, 5ª Turma, julgado em 19-4-2018, *DJe* 27-4-2018); "*Na hipótese, arrombada a porta do estabelecimento comercial-vítima, atingido o seu interior e havida a apoderação do bem (embora não cessada a clandestinidade), a subtração — elementar do furto simples — não se concluiu, mas o arrombamento, componente do tipo derivado furto qualificado, sim e o crime só não foi finalizado porque obstado pela intervenção policial tempestiva*" (STJ — REsp 1.178.317/RS — Rel. Min. Napoleão Nunes Maio Filho — 5ª Turma — julgado em 26-10-2010 — *DJe* 13-12-2010); "*Para a consumação do crime de furto, não se exige a posse mansa, pacífica e não vigiada da* res furtiva, *sendo reconhecida pela jurisprudência do Supremo Tribunal Federal — STF e do Superior Tribunal de Justiça — STJ a aplicação da teoria da amotio, que a apenas demanda a inversão da posse do objeto material do crime*" (STJ — RHC 80.542/RS — Rel. Min. Joel Ilan Paciornik — 5ª Turma — julgado em 4-5-2017 — *DJe* 17-5-2017); "*Cumpre ressaltar que esta Corte e o Supremo Tribunal Federal adotam a teoria da amotio, segundo a qual o crime de furto se consuma no momento da inversão da posse do bem, tornando-se o agente efetivo possuidor da coisa, ainda que não seja de forma mansa e pacífica, sendo prescindível que o objeto subtraído saia da esfera de vigilância da vítima*" (STJ — AgInt no AREsp 1.012.883/ES — Rel. Min. Ribeiro Dantas — 5ª Turma — julgado em 25-4-2017 — *DJe* 3-5-2017); **e** "*O Superior Tribunal de Justiça consolidou o entendimento, no julgamento do REsp 1.524.450/RJ, sob o rito dos recursos repetitivos, de que o delito de furto consuma-se com a simples posse da coisa alheia móvel subtraída, ainda que por breves instantes e seguida de perseguição ao agente, sendo prescindível a posse mansa e pacífica ou desvigiada. 2. Agravo regimental improvido*" (STJ — AgRg no AREsp 1.546.170/SP — Rel. Min. Nefi Cordeiro — 6ª Turma — julgado em 26-11-2019 — *DJe* 3-12-2019).

Vejamos as seguintes hipóteses concretas:

a) O agente inicia a execução do furto, mas é preso antes mesmo de se apoderar do bem. Trata-se de crime tentado, tal como ocorre quando o agente quebra o vidro do carro para furtar o toca-CD e é preso imediatamente pelo guarda noturno, antes de retirar o aparelho de som do painel. Em razão da intenção de furtar, responde por tentativa de furto qualificado e não por mero crime de dano.

---

do crime saia da esfera de vigilância da vítima..." (STJ — HC 246.331/RS — Rel. Min. Laurita Vaz — 5ª Turma — julgado em 17-12-2013 — *DJe* 3-2-2014); "Ademais, o Superior Tribunal de Justiça adota a teoria da *apprehensio* rei ou *amotio*, segundo a qual a consumação do crime de furto dá-se com a simples inversão do título da posse, não sendo, pois, necessário que a coisa saia da esfera de vigilância da vítima, ocorrendo a consumação do delito ainda que haja a retomada da *res furtiva*, logo em seguida, pela própria vítima ou por terceiro" (STJ — AgRg no AREsp 296.525/DF — Rel. Min. Assussete Magalhães — 6ª Turma — julgado em 18-6-2013 — *DJe* 7-8-2013).

b) O ladrão se apossa do bem pretendido, mas é preso ainda no local. Temos também crime tentado, tal como na hipótese em que o ladrão, após quebrar o vidro e entrar no carro, é preso em seu interior, já com o toca-CD nas mãos.

c) O agente quebra o vidro do carro, se apossa do toca-CD e sai correndo com ele nas mãos, mas é visto por policiais que passavam pelo local, os quais, **imediatamente**, iniciam uma perseguição e conseguem prendê-lo em flagrante, sendo os bens recuperados. De acordo com o entendimento jurisprudencial anterior, se esta perseguição fosse ininterrupta e os policiais prendessem o ladrão e recuperassem o bem, o crime de furto estaria tentado, por não ter o agente conseguido, em nenhum momento, a posse tranquila. Segundo a interpretação atualmente adotada — de que o furto se consuma quando cessada a clandestinidade —, considera-se consumado o crime. Nesse sentido, o entendimento do Supremo Tribunal Federal e das duas turmas criminais do Superior Tribunal de Justiça: "*O Superior Tribunal de Justiça consolidou o entendimento de que o delito de furto, assim como o de roubo, consuma-se com a simples posse da coisa alheia móvel subtraída, ainda que por breves instantes, sendo desnecessário que o bem saia da esfera de vigilância da vítima. Prescindível, portanto, a posse tranquila do bem, obstada, muitas vezes, pela imediata perseguição*" (STJ — AgRg no AREsp 1.102.799/RS, Rel. Min. Nefi Cordeiro, 6ª Turma, julgado em 17-4-2018, *DJe* 30-4-2018); *"O entendimento pacificado nesta Corte, que considera consumado o crime de roubo, bem como o de furto, no momento em que o agente se torna possuidor da* res furtiva*, ainda que haja perseguição policial e não obtenha a posse tranquila do bem, sendo prescindível que o objeto do crime saia da esfera de vigilância da vítima"* (STJ — AgRg no REsp 1.346.113/SP, Rel. Min. Laurita Vaz, 5ª Turma, julgado em 22-4-2014, *DJe* 30-4-2014).

d) O agente se apodera do bem da vítima e consegue se evadir do local sem ser perseguido, sendo localizado, algum tempo depois, na posse do bem furtado, por mera coincidência de abordagem policial ou porque a vítima comunicara o fato à polícia. É o que se passa, por exemplo, quando alguém furta um carro que está parado na rua, mas a vítima volta ao local logo em seguida e percebe a ausência do veículo, comunicando de imediato o fato aos policiais, que saem à procura do furtador. Em tal caso, ainda que o veículo seja recuperado rapidamente, o crime considera-se consumado. Da mesma forma, se o furtador leva a bolsa de uma senhora e vai-se embora, o crime está consumado, ainda que, alguns minutos depois, policiais desconfiem do comportamento dele, parado em um beco mexendo em uma bolsa feminina, e resolvam abordá-lo, descobrindo o que se passou.

e) Pode haver furto consumado mesmo que o bem permaneça no âmbito patrimonial do lesado. É o caso, por exemplo, da empregada doméstica que se apodera de uma joia da patroa e a esconde por alguns dias em um local qualquer da casa, para depois, sem despertar suspeitas, transportá-la para outro lugar. Em tal caso, ainda que a joia seja recuperada antes de ser tirada da casa, é necessário que se reconheça que desapareceu, por parte da vítima, mesmo que momentaneamente, a possibilidade de exercer seu poder de livre disposição sobre a coisa, e o crime, portanto, está consumado.

f) Quando há duas pessoas cometendo juntamente um crime de furto e uma delas consegue evadir-se levando bens da vítima, enquanto a outra é presa em flagrante no local, sem nada levar, o crime considera-se consumado para ambas, pois, quando duas pessoas estão agindo em concurso, auxiliando-se mutuamente, a consumação em relação a uma se estende a todas, na medida em que a pessoa presa colaborou para a consumação por parte do comparsa que conseguiu fugir.

O furto é crime **material**.

■ 2.1.1.10. *Tentativa*

É possível em todas as modalidades de furto — simples, privilegiado e qualificado.

Parte dos doutrinadores salienta que, quando o agente deseja furtar objetos do interior de uma residência, o mero ato de ingressar na área externa da casa ainda não constitui ato executório, devendo o agente, se flagrado em tal momento, responder por crime de violação de domicílio, por ter havido mero ato preparatório do furto. Esse entendimento só é aceitável, todavia, se o agente limitou-se a ingressar em área aberta da residência, sem **ter pulado muro ou arrombado portão**, na medida em que essas condutas, por constituírem qualificadoras do furto, indicam claramente que o agente já está cometendo tal crime, de modo que, se a pessoa for presa nesta oportunidade, antes de se apossar de qualquer bem da vítima, responderá por tentativa de furto qualificado.

Além disso, se o ladrão já entrou no **interior** da residência, deverá responder por tentativa de furto, caso seja flagrado antes de conseguir se apossar de qualquer bem, independentemente, neste caso, de ter empregado escalada ou arrombamento.

- **Prisão em flagrante e tentativa**

Apesar de a consumação do furto pressupor a posse do bem e a cessação da clandestinidade deve-se ressaltar que a ocorrência de prisão em flagrante não implica necessariamente o reconhecimento da tentativa. É o que ocorre, por exemplo, quando o ladrão furta o objeto e deixa o local sem ser perseguido, porém, alguns minutos depois, é encontrado por policiais na posse do bem subtraído. Nesse caso, o art. 302, IV, do Código de Processo Penal, expressamente permite a prisão em flagrante, embora o crime esteja consumado. Essa modalidade é conhecida como flagrante **presumido** ou **ficto**.

- **Crime impossível ou tentativa em face da inexistência de bens**

Damásio de Jesus[124] sustenta que, se o punguista põe a mão no bolso da vítima para furtar-lhe a carteira, mas nada encontra porque a vítima a esqueceu em casa,

[124] Damásio de Jesus, *Direito penal*, v. 2, p. 310.

dá-se crime impossível, que não é punível, diante da inexistência de objeto material. No mesmo sentido, o entendimento de Celso Delmanto,[125] Cezar Roberto Bitencourt[126] e Fernando Capez.[127] Esses autores mencionam, entretanto, que, se a vítima está com sua carteira no bolso direito, mas o ladrão põe a mão somente no bolso esquerdo, configura-se a tentativa, porque o objeto material está presente, apenas não foi encontrado pelo agente.

Nélson Hungria,[128] discordando da orientação anterior, salienta que se deve diferenciar a ausência habitual do objeto material da casual ou transitória. Para ele, é indiferente que a vítima tenha esquecido a carteira em casa ou que a tenha guardado em bolso distinto daquele explorado pelo agente, pois, em ambos os casos, a ausência é **meramente acidental**, configurando tentativa de furto em qualquer hipótese. Heleno Cláudio Fragoso,[129] comungando dessa opinião, salienta que "*não haverá crime impossível, mas tentativa punível, se a ausência da coisa é apenas acidental e relativa, como no caso do ladrão que encontra vazio o bolso do lesado ou o cofre arrombado*".

Não existe, entretanto, controvérsia para hipóteses em que a ausência de objetos é habitual, duradoura, como no caso de furtador que entra em residência que não conhece e, em seu interior, nada encontra para subtrair porque a casa está vazia. É pacífico o entendimento de que, nesse caso, há crime impossível de furto, respondendo o agente apenas por violação de domicílio.

- **Crime impossível ou tentativa em razão da existência de alarmes ou sistemas similares que impedem a consumação**

Não se pode falar em crime impossível por absoluta ineficácia do meio quando o agente não consegue consumar o crime em razão de dispositivos antifurto (alarmes sonoros, dispositivos que cortam a corrente elétrica ou o combustível de veículos etc.). Entende-se que a ineficácia é relativa porque não existe nenhum sistema de segurança infalível, sendo possível ao agente desarmá-lo ou até mesmo levar o veículo de outra forma (guinchando-o ou empurrando-o). Há, portanto, tentativa de furto nesses casos.

- **Crime impossível ou tentativa em casos de pessoa que tem sua conduta vigiada**

É absolutamente corriqueira a situação de pessoa que esconde sob sua blusa mercadorias que retirou da prateleira de supermercado e é presa logo após sair do estabelecimento, sem efetuar o devido pagamento, por funcionários que a vigiavam pessoalmente ou por meio de câmeras de segurança. A **doutrina** é praticamente

[125] Celso Delmanto, *Código Penal comentado*, p. 295.
[126] Cezar Roberto Bitencourt, *Tratado de direito penal*, v. 3, p. 19.
[127] Fernando Capez, *Curso de direito penal*, v. 2, p. 357.
[128] Nélson Hungria, *Comentários ao Código Penal*, v. VII, p. 29.
[129] Heleno Cláudio Fragoso, *Lições de direito penal*. Parte especial, v. I, p. 268.

unânime no sentido de que há crime de tentativa de furto. Na **jurisprudência** é amplamente majoritário esse mesmo entendimento, porém, existem alguns julgados em sentido oposto, reconhecendo o crime impossível.

Em nosso entendimento, a alegação de crime impossível em tais casos constitui desvirtuamento do texto legal, porque, à toda evidência, o meio empregado não é absolutamente ineficaz; tanto é assim, que inúmeros furtos em supermercado se consumam, diariamente, em situação idêntica. A mera constatação de que não existe sistema de segurança *totalmente* eficaz já torna óbvia essa conclusão. Além disso, mesmo quando os seguranças percebem a conduta do furtador, continua sendo possível a consumação do delito, já que ele pode conseguir fugir em desabalada carreira e não ser alcançado pelos funcionários do estabelecimento, ou até mesmo agredir os seguranças a fim de garantir sua impunidade ou a detenção do bem. É forçoso lembrar, ademais, que, na última hipótese (agressão aos seguranças), o furto em andamento transforma-se em roubo impróprio (art. 157, § 1º, do CP), enquanto, se adotada a tese do crime impossível, isso não seria viável, pois, se não havia furto em andamento — já que crime impossível implica atipicidade da conduta —, a agressão posterior aos seguranças acabaria sendo interpretada como crime de lesão corporal ou contravenção de vias de fato.

Dispõe o art. 17 do Código Penal que existe crime impossível em apenas duas hipóteses de consumação inviável, isto é, quando o meio escolhido pelo agente é absolutamente ineficaz e quando há absoluta impropriedade do objeto material. Eventuais providências tomadas pela vítima visando evitar a consumação de crimes não estão abrangidas pelo texto do art. 17 e, por isso, há infração penal quando se constata que o meio escolhido era apto a gerar a consumação, mas as providências anteriormente tomadas pela vítima é que impediram o resultado. Dizer que há crime impossível quando um estabelecimento contrata funcionários que acabam evitando furtos, seria o mesmo que sustentar que não há crime quando se atinge alguém na altura do peito com um disparo de arma de fogo e ela não morre unicamente porque, sob sua blusa, havia um colete à prova de balas — no exemplo, o disparo de arma de fogo era meio eficaz para provocar a morte, e o que impediu a consumação foi a atitude preventiva tomada pela vítima, tal qual ocorre no caso do supermercado. Nessas hipóteses, o agente deve responder pela tentativa. Há crime impossível, por exemplo, se alguém usa arma de plástico para tentar praticar homicídio, pois tal arma não mata ninguém. Ao contrário, existe ilícito penal em casos de atentado ao patrimônio alheio que são evitados por meio de alarmes, sistemas de conta-corrente ou corta-combustível, blindagem de veículo etc.

Em suma, eventuais ações ou precauções da vítima, de preposto seu ou de policial, que impeçam, no caso concreto, a consumação do delito, não levam ao reconhecimento de crime impossível.

Do Supremo Tribunal Federal é importante salientar os seguintes julgados: "*Furto qualificado. Sistema de vigilância. Súmula 567 do STF.*[130] *Incidência da*

[130] A Súmula n. 567, em verdade, é do Superior Tribunal de Justiça.

Súmula 567 desta Corte, segundo a qual o 'Sistema de vigilância realizado por monitoramento eletrônico ou por existência de segurança no interior de estabelecimento comercial, por si só, não torna impossível a configuração do crime de furto'. 4. Habeas Corpus *não conhecido*" (STF — HC 111.278 — Rel. Marco Aurélio, Rel. p/ Acórdão Roberto Barroso — 1ª Turma — julgado em 10-4-2018 — *DJe* divulg. 30-5-2018, public. 1º-6-2018)"; "*Tese de crime impossível. Os sistemas de vigilância de estabelecimentos comerciais, ou até mesmo os constantes monitoramentos realizados por funcionários, não têm o condão de impedir totalmente a consumação do crime. Precedentes do STF*" (HC 117.083 — Rel. Min. Gilmar Mendes — 2ª Turma — julgado em 25-2-2014 — *DJe*-051, divulg. 14-3-2014, public. 17-3-2014); "*I — A questão discutida neste* habeas *é saber se o constante monitoramento do agente pelo equipamento de vigilância eletrônico, com a posterior abordagem de um segurança da loja para impedir a consumação do crime, é suficiente para torná-lo impossível, nos termos do art. 17 do Código Penal. II — No caso sob exame, o meio empregado pelo paciente não foi absolutamente ineficaz, tanto que demandou a participação de um agente de segurança para impedir a sua saída com os objetos furtados do estabelecimento comercial. III — A existência de equipamentos de segurança apenas dificulta a ocorrência do crime, mas não o impede totalmente, a ponto de torná-lo impossível. IV — A jurisprudência desta Suprema Corte, em outras oportunidades, afastou a tese de crime impossível pela só existência de sistema de vigilância instalado no estabelecimento comercial, visto que esses dispositivos apenas dificultam a ação dos agentes, sem impedi-la. V —* Habeas corpus *denegado*" (HC 104.341 — 1ª Turma — Rel. Min. Ricardo Lewandowski — *DJe* 213, 8-11-2010, p. 469-479); "*Os sistemas de vigilância existentes em estabelecimentos comerciais não impedem, mas apenas dificultam, a consumação do crime de furto. 3. Destarte, não há que se falar em crime impossível em razão da ineficácia absoluta do meio empregado. Precedentes: HC 104.105, Primeira Turma, Relator o Ministro Ricardo Lewandowski, DJ de 04.11.10; HC 107.577, Primeira Turma, Relatora a Ministra Cármen Lúcia, DJ de 06.06.11; HC 110.975, Primeira Turma, Relatora a Ministra Cármen Lúcia, DJ de 1º.08.12; HC 104.341, Primeira Turma, Relator o Ministro Ricardo Lewandowski, DJ de 08.11.12*" (STF — RHC 116.197 — Rel. Min. Luiz Fux — 1ª Turma — julgado em 11-6-2013, processo eletrônico *DJe*-123 divulg. 26-6-2013, public. 27-6-2013); "*Consubstancia tentativa de furto a prática de sair de estabelecimento comercial com mercadoria sem passar pelo caixa visando o pagamento respectivo, não se podendo, ante esse contexto, agasalhar a tese do crime impossível*" (STF — HC 106954 — Rel. Min. Marco Aurélio — 1ª Turma — julgado em 3-4-2018, *DJe*-073 divulg. 16-4-2018, public. 17-4-2018).

Trata-se, em verdade, de situação similar à do flagrante esperado, em que a doutrina e a jurisprudência sempre sustentaram a existência do ilícito penal.

Em fevereiro de 2016, o Superior Tribunal de Justiça aprovou a **Súmula n. 567**, com o seguinte teor: "*sistema de vigilância realizado por monitoramento eletrônico ou por existência de segurança no interior de estabelecimento comercial, por si só, não torna impossível a configuração do crime de furto*". O agente, portanto, responde pela infração penal.

2.1.1.11. *Absorção*

1) Quando o agente ingressa em casa alheia para cometer crime de furto, o delito de violação de domicílio (art. 150 do CP) fica absorvido por se tratar de crime-meio.

2) Se o agente, após furtar um objeto, o destrói, o crime de dano (art. 163 do CP) é considerado *post factum* impunível, pois não houve novo prejuízo à vítima — que já havia perdido integralmente o bem em razão da subtração.

3) Se o agente, após furtar um objeto, passando-se por seu legítimo dono, vende-o a um terceiro, deveria responder por dois crimes (furto e disposição de coisa alheia como própria — art. 171, § 2º, I, do CP), na medida em que há duas vítimas. O primeiro é sujeito passivo porque ficou sem o bem por algum tempo e o segundo porque ficou sem ele em definitivo (segundo a lei civil, o dono tem o direito de reaver o bem furtado ainda que o terceiro adquirente esteja de boa-fé). Existem, contudo, inúmeros julgados no sentido de que o crime de disposição de coisa alheia fica absorvido, com o argumento de que, com a venda, o agente estaria apenas fazendo lucro em relação aos objetos subtraídos. Em suma, o que se está dizendo é que não importa que ele tenha provocado dois prejuízos porque, no contexto como um todo, ele obteve uma só vantagem.

2.1.1.12. *Concurso de crimes — impossibilidade de continuidade delitiva com crime de roubo*

Apesar de ambas as infrações penais terem como conduta típica um ato de subtração e de estarem previstas no mesmo Título, inviável o reconhecimento da continuidade delitiva entre furto e roubo por estarem previstos em tipos penais diversos, **não** sendo considerados crimes da mesma **espécie**. Nesse sentido: "*Entretanto, em caso como o dos autos, nos quais foram cometidos os delitos de roubo e de furto, a jurisprudência desta Corte firmou-se no sentido de que não há como se reconhecer a continuidade delitiva entre os referidos delitos, pois são infrações penais de espécies diferentes e que têm definição legal autônoma. Precedentes*" (STJ — HC 299.516/SP, Rel. Min. Reynaldo Soares da Fonseca, 5ª Turma, julgado em 21-6-2018, *DJe* 29-6-2018); "*Inviável o reconhecimento da continuidade delitiva entre os crimes de furto qualificado e roubo circunstanciado, pois, não obstante do mesmo gênero, são de espécies diferentes. 3. Agravo regimental desprovido*" (STJ — AgRg no HC 448.864/MS, Rel. Min. Joel Ilan Paciornik, 5ª Turma, julgado em 12-11-2019, *DJe* 25-11-2019); "*No que tange ao pedido de reconhecimento da continuidade delitiva entre os crimes de roubo duplamente majorado e furto qualificado, é pacífico o entendimento desta Corte no sentido que tais delitos, conquanto possam ser considerados do mesmo gênero, são de espécies diversas, o que obsta a incidência do art. 71 do Estatuto Repressor Penal. Precedentes*" (STJ — HC 357.183/RS, Rel. Min. Ribeiro Dantas, 5ª Turma, julgado em 9-8-2016, *DJe* 23-8-2016); "*É consolidado* *nesta Corte o entendimento de que não há falar em continuidade delitiva entre roubo e furto, porquanto, ainda que possam ser considerados delitos do mesmo gênero, não são da mesma espécie*" (STJ — HC 202.792/SP, Min. Maria Thereza de Assis Moura, 6ª Turma, *DJe* 19-9-2013).

■ 2.1.1.13. Furto famélico

É aquele cometido por quem se encontra em estado de extrema penúria e, não tendo outra forma de conseguir alimento para si ou para seus familiares, subtrai pequena quantidade de mantimentos ou um animal (uma galinha, por exemplo) para se alimentar. O furto famélico não constitui crime em razão da excludente de ilicitude do **estado de necessidade**, próprio ou de terceiro, pois a falta de alimentação acarreta riscos à vida e à saúde. O furto famélico só pode ser reconhecido quando o agente não tinha outros meios de conseguir o alimento naquele instante.

A palavra "famélico" está relacionada ao estado de fome. Assim, apesar de também existir o estado de necessidade, que exclui o crime de furto, quando o agente subtrai cobertor para não morrer de frio ou medicamento para não morrer em razão de doença, tais casos não recebem a denominação de furto famélico.

■ 2.1.1.14. Furto cometido por inimputável em razão da dependência de droga

É comum que usuários de drogas passem a subtrair objetos da própria residência a fim de obter dinheiro para sustentar a dependência física ou psíquica. Quando os bens subtraídos pertencem aos pais, o agente está automaticamente isento de pena e nem sequer pode ser iniciada investigação penal, por estar presente a escusa absolutória do art. 181, I, do CP — exceto se o ascendente tiver 60 anos ou mais (art. 183, III, do CP). Não é raro, porém, que o dependente cometa furtos na rua, no colégio, na casa de amigos e, nesses casos, a ação penal deve ser instaurada. Ocorre que o art. 45 da Lei n. 11.343/2006 (Lei Antidrogas) prevê que é **isento de pena** o agente que, em razão da **dependência**, ou sob o efeito, proveniente de caso fortuito ou força maior, de droga, era, ao tempo da ação ou da omissão, **qualquer que tenha sido a infração penal praticada**, **inteiramente incapaz de entender o caráter ilícito do fato ou de determinar-se de acordo com esse entendimento**. Dessa forma, durante a ação penal que apura o crime de furto, o juiz deve determinar a instauração de incidente de dependência toxicológica e, caso os peritos concluam que o acusado não tinha capacidade de entendimento e autodeterminação em razão de sua drogadição, será considerado inimputável e deverá ser absolvido. Cuida-se, contudo, de absolvição **imprópria**, porque o art. 45, parágrafo único, da Lei n. 11.343/2006 prevê que, quando absolver o agente em razão da referida inimputabilidade, poderá determinar o juiz, na sentença, o seu encaminhamento para tratamento médico adequado da dependência.

Note-se que a inimputabilidade em questão isenta o réu de pena, qualquer que tenha sido a espécie de infração penal cometida. As mais comuns, contudo, são o furto e o roubo.

2.1.1.15. *Classificação doutrinária*

CLASSIFICAÇÃO DOUTRINÁRIA				
■ Crime simples e de dano quanto à objetividade jurídica	■ Crime comum e de concurso eventual quanto ao sujeito ativo	■ Crime de ação livre e comissivo quanto aos meios de execução	■ Crime material e instantâneo quanto ao momento consumativo	■ Crime doloso quanto ao elemento subjetivo

2.1.1.16. *Pena e ação penal*

A pena do furto simples é cumulativa: multa e privativa de liberdade (reclusão, de um a quatro anos, e multa). Como a pena mínima não supera um ano, é cabível a suspensão condicional do processo, se presentes os demais requisitos do art. 89 da Lei n. 9.099/95.

A ação penal é pública incondicionada.

2.1.2. Furto noturno

> **Art. 155, § 1º** — A pena aumenta-se de um terço, se o crime é praticado durante o repouso noturno.

Esse instituto tem natureza jurídica de **causa de aumento de pena** (majorante).

No furto noturno, não é cabível a suspensão condicional do processo porque a pena mínima em abstrato é de um ano e quatro meses, em razão do aumento obrigatório de um terço previsto no dispositivo. A suspensão condicional pressupõe que a pena mínima não supere um ano.

Apesar de o nome do instituto ser "furto noturno", não basta que o fato ocorra à noite (período de ausência de luz solar), exigindo o texto legal que ocorra durante o período em que os moradores de determinada localidade costumam estar dormindo, repousando, devendo a análise ser feita de acordo com as características de cada região (rural ou urbana).

Por se tratar de norma que agrava a pena, não se admite analogia para abranger furtos cometidos contra pessoas que estão repousando pela manhã ou à tarde.

O aumento do furto noturno aplica-se a fatos ocorridos no interior de **residências** (casas térreas, apartamentos, quartos de hotel, *trailers*) ou em suas **áreas externas**, como quintais, varandas, garagens, terraços etc.

Existe divergência doutrinária e jurisprudencial para a hipótese em que o furto é praticado em casa onde não há moradores repousando no momento do crime, como ocorre com as casas desabitadas ou de veraneio, na ausência dos donos, ou que estejam vazias em razão de viagem do proprietário etc. Para alguns, a expressão "repouso noturno" se refere ao sono dos moradores, de modo que, na ausência deles, o acréscimo da pena não pode incidir. Para outros, a expressão se refere ao repouso da coletividade, de forma que, ainda que não haja ninguém no local furtado, o aumento deve ser aplicado. **Este último entendimento foi adotado pelo Superior Tribunal de Justiça**.

No passado havia consistente entendimento no sentido de que o furto noturno não deveria ser aplicado se o fato ocorresse em estabelecimento comercial fechado, com o argumento de que, em tais casos, o agente estaria se valendo da ausência de pessoas no local e não do sono dos moradores. Atualmente, entretanto, os julgados do Superior Tribunal de Justiça apontam em sentido contrário, autorizando o aumento da pena em razão da menor vigilância decorrente do repouso da coletividade. A propósito: "*Incide a causa de aumento de pena referente à prática do crime de furto durante o repouso noturno ainda que o local dos fatos seja estabelecimento comercial ou residência desabitada, tendo em vista a maior vulnerabilidade do patrimônio. Precedentes*" (AgRg no REsp 1.582.497/MG, Rel. Min. Antonio Saldanha Palheiro, 6ª Turma, julgado em 15-8-2017, *DJe* 28-8-2017); "*A jurisprudência desta Corte Superior de Justiça firmou-se no sentido de que 'incide a majorante prevista no § 1º do art. 155 do Código Penal, quando o crime é cometido durante a madrugada, horário no qual a vigilância da vítima é menos eficiente e seu patrimônio mais vulnerável, o que ocorre inclusive para estabelecimentos comerciais. A causa especial de aumento de pena do furto cometido durante o repouso noturno pode se configurar mesmo quando o crime é cometido em estabelecimento comercial ou residência desabitada, sendo indiferente o fato de a vítima estar, ou não, efetivamente repousando' (HC 191.300/MG, Rel. Ministra Laurita Vaz, Quinta Turma, julgado em 12/06/2012, DJe 26/06/2012). Precedentes*" (AgRg no REsp 1.546.118/MG, Rel. Min. Reynaldo Soares da Fonseca, 5ª Turma, julgado em 2-2-2016, *DJe* 10-2-2016). É claro, porém, que, se o furto ocorrer em estabelecimento comercial **aberto**, onde existem pessoas trabalhando, não se aplicará o instituto. Também não incide se o fato ocorre em bares ou casas noturnas em funcionamento.

O Superior Tribunal de Justiça firmou também entendimento de que a majorante é cabível quando o furto ocorre em via pública quando não há vigilância sobre o bem, como no caso do furto de veículo estacionado na rua praticado durante a madrugada: "*Este Superior Tribunal de Justiça já firmou entendimento no sentido de que 'para a incidência da causa especial de aumento de pena prevista no § 1º do art. 155 do Código Penal é suficiente que a infração ocorra durante o repouso noturno, período de maior vulnerabilidade para as residências, lojas e veículos, de modo que, igualmente, é irrelevante o fato de se tratar de crime cometido em via pública' (HC 162.305/DF, Rel. Min. Napoleão Nunes Maia Filho, 5ª Turma, julgado em 20/05/2010, DJe 21/06/2010)*" (REsp 1.738.084/RS, Rel. Min. Jorge Mussi, 5ª Turma, julgado em 2-8-2018, *DJe* 10-8-2018).

Durante muito tempo prevaleceu o entendimento de que essa majorante somente se aplica ao furto simples. **Seria incabível às formas qualificadas de furto** porque estão previstas em dispositivos posteriores (§§ 4º a 7º) e porque já possuem pena maior em abstrato. O argumento principal, todavia, era o de que a agravação seria desproporcional no caso do furto qualificado, porque o dispositivo prevê acréscimo fixo de 1/3 da pena pelo fato de o delito ocorrer durante o repouso noturno. Assim, no furto simples o aumento mínimo acabaria sendo de 4 meses (pena mínima de 1 ano aumentada de 1/3), enquanto, se fosse possível sua incidência no delito qualificado, a mesma circunstância — crime durante o repouso noturno — geraria um aumento mínimo de 8 meses (pena mínima de 2 anos do crime qualificado aumentada em 1/3). A doutrina é praticamente unânime nesse sentido. Podemos, ainda, apontar os seguintes julgados dos tribunais superiores: "*I — Incide a majorante prevista no art. 155, § 1º, do Código Penal se o delito é praticado durante o repouso noturno, período de maior vulnerabilidade inclusive para estabelecimentos comerciais, como ocorreu* in casu *(Precedentes). II — Entretanto, a causa especial de aumento de pena do repouso noturno é aplicável somente às hipóteses de furto simples, sendo incabível no caso do delito qualificado (Precedente). Recurso desprovido*" (STJ — REsp 940.245/RS — Rel. Min. Felix Fischer — 5ª Turma — julgado em 13-12-2007, *DJe* 10-3-2008); **e** "*1 — A causa especial de aumento do § 1º, do art. 155, do CP (repouso noturno) somente incide sobre o furto simples, sendo, pois, descabida a sua aplicação na hipótese de delito qualificado (art. 155, § 4º, IV, do CP). Precedentes jurisprudenciais. 2 — Ordem concedida*" (STJ — HC 10.240/RS — Rel. Min. Fernando Gonçalves — 6ª Turma — julgado em 21-10-1999, *DJ* 14-2-2000, p. 79).

Acontece que as Cortes Superiores passaram a entender que a posição dos parágrafos não impede a aplicação do **privilégio** (§ 2º) ao crime de furto **qualificado** (§§ 4º a 7º) — ver tópico seguinte. Em razão disso, **vários julgados recentes do Superior Tribunal de Justiça passaram a admitir a incidência do aumento decorrente do furto noturno às figuras qualificadas**: "*A alegada incompatibilidade da causa de aumento de pena referente ao repouso noturno com o furto qualificado, não merece prosperar, uma vez que este Superior Tribunal de Justiça firmou entendimento de que 'a causa de aumento prevista no § 1° do artigo 155 do Código Penal, que se refere à prática do crime durante o repouso noturno — em que há maior possibilidade de êxito na empreitada criminosa em razão da menor vigilância do bem, mais vulnerável à subtração —, é aplicável tanto na forma simples como na qualificada do delito de furto'. Precedentes*" (AgRg no HC 466.655/SC, Rel. Min. Felix Fischer, 5ª Turma, julgado em 12-3-2019, *DJe* 18-3-2019); "*A causa de aumento de pena prevista no § 1º do art. 155 do Código Penal, relativa à prática de furto durante o repouso noturno, é aplicável na qualificada do delito, bem como independe se o local está habitado*" (HC 456.927/SC, Rel. Min. Laurita Vaz, 6ª Turma, julgado em 12-3-2019, *DJe* 28-3-2019); "*A jurisprudência deste Tribunal Superior é pacífica no sentido de admitir que a causa de aumento prevista no § 1° do art. 155 do Código Penal — CP (prática do crime de furto no período noturno) pode incidir tanto no crime de furto simples* (caput) *como na sua forma qualificada (§ 4°)*" (STJ — AgRg no HC 577.123/SC, Rel. Min. Joel Ilan Paciornik, 5ª Turma, julgado em 2-6-2020, *DJe* 15-6-2020); **e** "*É possível a incidência da causa de aumento referente ao repouso noturno tanto no crime de furto simples como na sua modalidade qualificada. Precedentes*" (STJ — AgRg no AREsp 1.373.881/DF, Rel. Min. Rogerio Schietti Cruz, 6ª Turma, julgado em 2-6-2020, *DJe* 10-6-2020).

2.1.3. Furto privilegiado

> **Art. 155, § 2º** — Se o criminoso é primário, e é de pequeno valor a coisa furtada, o juiz pode substituir de pena de reclusão pela de detenção, diminuí-la de um a dois terços, ou aplicar somente a pena de multa.

De acordo com o texto legal, o reconhecimento do privilégio pressupõe a coexistência de dois requisitos: primariedade e pequeno valor do bem furtado.

- **Primariedade**

A condição de pessoa primária não é definida no Código Penal, que contém apenas definição de reincidência em seu art. 63. Assim, a *contrario sensu*, considera-se **primária** toda e qualquer pessoa que **não seja considerada reincidente pelo juiz na sentença**. Dessa forma, as pessoas que já foram condenadas anteriormente, mas já cumpriram pena há mais de cinco anos antes de cometer o furto, são consideradas primárias, nos termos do art. 64, I, do Código Penal e, nessa condição, têm direito ao benefício. O art. 155, § 2º, exige apenas primariedade, dispensando bons antecedentes. Não se pode ignorar, contudo, a existência de alguns julgados exigindo também os bons antecedentes, o que, contudo, fere o texto legal, sendo de se lembrar que, por se tratar de norma favorável aos réus, apenas podem ser exigidos requisitos expressamente previstos em lei — e os bons antecedentes não o são.

A condenação anterior por contravenção penal não retira a primariedade daquele que, posteriormente, comete crime, não impossibilitando o privilégio.

- **Pequeno valor da coisa subtraída**

Em primeiro lugar, há de se dizer que foi adotado critério **objetivo** no que diz respeito ao conceito de coisa de pequeno valor, devendo ser assim considerada aquela que **não ultrapassa um salário mínimo**. Não se deve, assim, comparar o valor do bem com o do patrimônio da vítima, na medida em que, se assim fosse, o furto cometido contra grandes empresas ou contra pessoas detentoras de grande fortuna seria praticamente sempre privilegiado.

O valor do salário mínimo é aquele vigente **à época do crime**.

Para que se saiba o valor do bem subtraído, é necessária **avaliação** formal, que deverá ser ordenada pelo Delegado de Polícia sempre que instaurar inquérito policial para apurar crime de furto e cujo auto deve ser anexado ao inquérito. Essa avaliação normalmente é feita pelos peritos da própria Polícia Civil.

No caso do furto de vários objetos, leva-se em conta o valor dos bens em sua somatória.

No caso de tentativa, considera-se o valor dos bens pretendidos.

Na hipótese de crime continuado, será possível o benefício se o valor de cada subtração não extrapolar o valor do salário mínimo. Há, porém, quem defenda que deve ser feita a soma dos valores de todos os crimes que compõem a continuidade, porém, tal entendimento faria com que a aplicação do instituto da continuidade delitiva fosse prejudicial ao acusado. O Superior Tribunal de Justiça firmou entendimento no sentido de que nos casos de continuidade delitiva o valor a ser considerado para fins de concessão do privilégio (art. 155, § 2º, do CP) é a soma dos bens subtraídos: "*... quando se está diante de crime continuado ou de concurso de crimes, esta Corte Superior tem entendido que a aferição desse valor deve levar em conta a soma do valor total do prejuízo causado em todos os ilícitos, a fim de que se verifique o cumprimento dos requisitos da figura privilegiada. Desse modo, se a soma do prejuízo causado em todos crimes ultrapassar o valor do salário mínimo, torna-se inviável o reconhecimento do benefício*" (STJ — AgRg no HC 568.662/MS, Rel. Min. Ribeiro Dantas, 5ª Turma, julgado em 19-5-2020, *DJe* 28-5-2020). No mesmo sentido: AgRg no AREsp 712.222/MG — Rel. Min. Reynaldo Soares da Fonseca — 5ª Turma — julgado em 3-11-2015 — *DJe* 9-11-2015; HC 260.814/MG — Rel. Min. Nefi Cordeiro — 6ª Turma — julgado em 22-9-2015 — *DJe* 19-10-2015; AgRg no AREsp 653.257/MG — Rel. Min. Gurgel de Faria — 5ª Turma — julgado em 30-6-2015 — *DJe* 4-8-2015; AgRg no REsp 1.436.308/RS — Rel. Min. Walter de Almeida Guilherme (Desembargador Convocado do TJ/SP) — 5ª Turma — julgado em 3-2-2015 — *DJe* 9-2-2015; AgRg no AREsp 277.735/DF — Rel. Min. Assusete Magalhães — julgado em 1º-10-2013 — *DJe* 2-12-2013.

De acordo com o texto legal, que se refere a **pequeno valor da coisa**, o que se deve levar em conta é efetivamente o valor encontrado por meio de avaliação e não o montante final do prejuízo da vítima. É muito comum policiais prenderem o autor do crime algum tempo depois, ainda na posse da *res furtiva*, que, em razão disso, acaba sendo devolvida ao dono. Caso o furto tenha sido de um veículo, por exemplo, o réu não terá direito ao privilégio, pois o carro vale mais do que um salário mínimo, pouco importando que a vítima tenha recuperado o bem.

A propósito dos temas acima abordados quanto ao crime privilegiado, veja-se: "*No que se refere à figura do furto privilegiado, o art. 155, § 2º, do Código Penal impõe a aplicação do benefício penal na hipótese de adimplemento dos requisitos legais da primariedade e do pequeno valor do bem furtado, assim considerado aquele inferior ao salário mínimo ao tempo do fato. Trata-se, em verdade, de direito subjetivo do réu, não configurando mera faculdade do julgador a sua concessão, embora o dispositivo legal empregue o verbo 'poder'. O art. 155, § 2º, do CP apenas menciona o pequeno valor da* res furtivae, *não sendo admissível que o prejuízo suportado pela vítima venha a ser reconhecido como óbice à incidência do privilégio, ao contrário do previsto para o crime de estelionato privilegiado. Ora, não é facultado ao intérprete criar novos requisitos não elencados na legislação de regência para a concessão da benesse*" (STJ — HC 396.785/SC — Rel. Min. Ribeiro Dantas — 5ª Turma — julgado em 20-6-2017 — *DJe* 28-6-2017).

Caso o próprio ladrão se arrependa após a consumação do crime e devolva o bem à vítima, o caso é de **arrependimento posterior**, cuja consequência é a redução da pena de um a dois terços, nos termos do art. 16 do CP.

- **Consequências do reconhecimento do privilégio**

O texto legal confere três opções ao juiz que reconhece o privilégio. A pena originária de um crime de furto simples é de reclusão, de um a quatro anos, e multa, contudo, em se tratando de delito privilegiado o juiz poderá:

a) substituir a pena de reclusão por detenção;
b) diminuir a pena privativa de liberdade de um a dois terços;
c) aplicar **somente** a pena de **multa**.

As hipóteses *a* e *b* podem ser cumuladas porque não são incompatíveis.

O juiz deve optar por uma delas de acordo com as características de cada caso concreto. Suponha-se, por exemplo, que o réu furtou coisa de pequeno valor e é primário, porém ostenta maus antecedentes. Como vimos anteriormente, os maus antecedentes não vedam o privilégio, mas o juiz poderá aplicar, dentre as hipóteses legais, o menor benefício ao réu (substituição por detenção, sem redução no montante da pena, por exemplo). Da mesma forma, caso se trate de furto noturno (art. 155, § 1º) ou acompanhado de alguma agravante genérica (crime contra idoso, por exemplo).

Apesar de o dispositivo em estudo estabelecer que o juiz **"pode"** adotar uma das providências acima, é pacífico que, estando presentes os requisitos legais, a aplicação de alguma das consequências do privilégio é **obrigatória** por se tratar de **direito subjetivo do réu**.

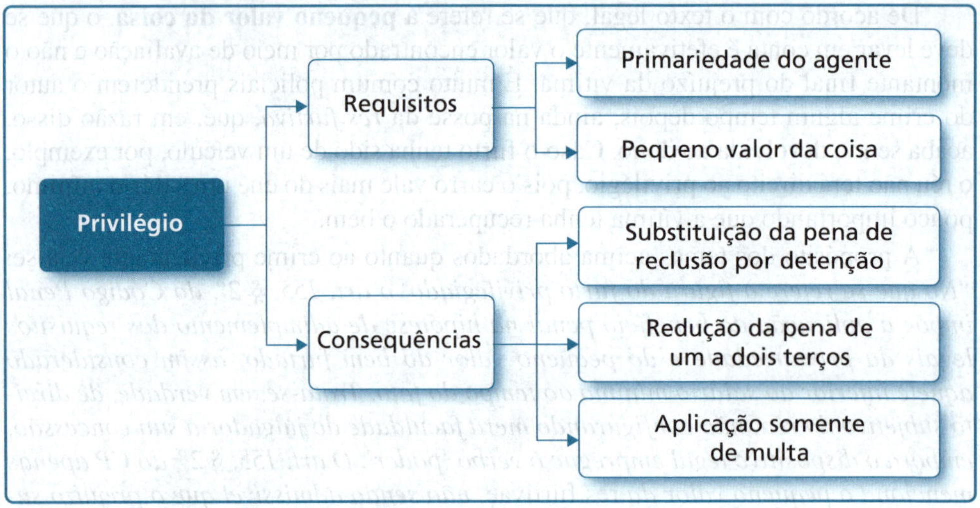

- **Possibilidade de aplicação do privilégio ao furto qualificado**

Na doutrina sempre foi dominante o entendimento de que, ainda que estejam presentes os requisitos do privilégio, **não** pode o benefício ser aplicado caso se trate de **furto qualificado**, em razão da posição dos parágrafos do art. 155: o fato de o privilégio estar previsto no § 2º indicaria que o legislador quis restringir sua incidência às figuras anteriores, que são o furto simples (*caput*) e o noturno (§ 1º), afastando-o das figuras qualificadas descritas nos §§ 4º, 5º, 6º e 7º. Argumenta-se, ademais, que, se fosse possível a aplicação do privilégio ao crime qualificado, estaria o juiz autorizado a aplicar somente pena de multa a esse crime, o que não é admissível, pois acabaria sendo aplicada a mesma pena (multa) ao furto simples privilegiado e ao qualificado (ofensa ao princípio da proporcionalidade). Em suma, quer pela posição dos parágrafos, quer pela incompatibilidade da figura qualificada com as consequências do privilégio, a maior parte da doutrina sempre entendeu incabível o benefício quando o juiz condena o réu por furto qualificado. É claro que existe também entendimento doutrinário em sentido contrário, com o argumento de que não há expressa vedação legal na coexistência dos institutos, e tudo que não é vedado é permitido. É o entendimento de Cezar Roberto Bitencourt.[131] Em termos jurisprudenciais, prevaleceu por muitos anos o entendimento de que os institutos eram incompatíveis. De ver-se, todavia, que, apesar do histórico jurisprudencial imenso e do entendimento dominante na doutrina em contrário, o Supremo Tribunal Federal passou a admitir a partir de 2009 a figura do furto qualificado e privilegiado: "*A Turma, ..., deferiu* habeas corpus *para aplicar a minorante prevista no § 2º do art. 155 do CP ('Se o criminoso é primário, e é de pequeno valor a coisa furtada, o juiz pode substituir a pena de reclusão pela de detenção, diminuí-la de um a dois terços, ou aplicar somente a pena de multa.') à pena de condenado por furto qualificado mediante concurso de pessoas (CP, art. 155, § 4º, IV). Assentou-se, de início, que se deveria considerar como critério norteador a verificação da compatibilidade entre as qualificadoras (CP, art. 155, § 4º) e o privilégio (CP, art. 155, § 2º) e, a esse respeito, entendeu-se que, no segmento do crime de furto, não haveria incompatibilidade entre as regras constantes dos dois parágrafos referidos. Reputou-se, então, possível, na espécie, a incidência do privilégio estabelecido no § 2º do art. 155 do CP, visto que, apesar de o crime ter sido cometido em concurso de pessoas, o paciente seria primário e a coisa furtada de pequeno valor (R$ 125,00). Tendo isso em conta, reduziu-se, em 2/3, a pena-base fixada em 2 anos e 4 meses de reclusão, o que conduziria à pena corporal de 9 meses e 10 dias de reclusão. Enfatizou-se, por fim, que o cumprimento da pena restritiva de direito, consistente na prestação de serviço à comunidade, será feito na forma a ser determinada pelo magistrado sentenciante, observado, como período, o cumprimento da pena ora fixada*" (STF — HC 96.843/MS — Rel. Min. Ellen Gracie — julgado em 24-3-2009). No mesmo sentido: HC 97.051/RS — Rel. Min. Carmen Lúcia; HC 97.034/MG — Min. Ayres Brito; HC 98.265/MS — Min. Ayres Brito; HC 99.581/RS — Min. Cezar Peluso. Com isso, o Superior Tribunal de Justiça, que entendia pacificamente não ser aplicável o privilégio ao furto qualificado, viu-se obrigado a modificar seu entendimento em razão das decisões do Supremo. "*1. Segundo orientação mais moderna desta Corte Superior de Justiça, o privilégio estatuído no § 2º do artigo 155 do Código Penal, mostra-se compatível com as qualificadoras do delito de furto, desde que as qualificadoras sejam de ordem objetiva e que a pena final não fique restrita à multa. Precedentes do STF e deste STJ*" (AgRg no REsp 1.111.797/SP — 5ª Turma — Rel. Min. Jorge Mussi — *DJe* 10-8-2011).

Posteriormente, o Superior Tribunal de Justiça pacificou o tema, aprovando a Súmula n. 511: "**é possível o reconhecimento do privilégio previsto no § 2º do art. 155 CP nos casos de furto qualificado, se estiverem presentes a primariedade do agente, o pequeno valor da coisa e a qualificadora for de ordem objetiva**".

---

[131] Cezar Roberto Bitencourt, *Tratado de direito penal*, v. 3, p. 25.

Deve-se salientar apenas que a ressalva final da súmula, que restringe o alcance do privilégio apenas às qualificadoras de caráter objetivo, não faz sentido, pois não há qualquer incompatibilidade concreta entre os requisitos do furto privilegiado e a forma qualificada pelo abuso de confiança (única que pode ser considerada de caráter subjetivo). No crime de homicídio, são as peculiaridades do privilégio e das qualificadoras de caráter subjetivo que as tornam incompatíveis porque todas dizem respeito à motivação, o que não ocorre no furto. Ora, se os jurados consideram que o sujeito matou por motivo de relevante valor social ou moral, não podem reconhecer as qualificadoras do motivo fútil ou torpe. No entanto, se o réu é primário e a coisa de pequeno valor, não faz sentido admitir o privilégio em relação a todas as outras qualificadoras e não o admitir naquela referente ao abuso de confiança, já que não há incompatibilidade entre os institutos.

Considerando que os tribunais superiores passaram a entender cabível o privilégio no furto qualificado, a melhor solução seria os juízes, nos casos concretos, evitarem a substituição por multa exclusiva no caso dos delitos qualificados, já que a gravidade do fato é maior em tal hipótese.

2.1.4. Princípio da insignificância

Não se confunde o instituto do privilégio, em que o réu é condenado com uma pena menor, com o princípio da insignificância, decorrente do princípio da intervenção mínima, segundo o qual não se reconhece a existência de justa causa para a ação penal quando a lesão ao bem jurídico tutelado é irrisória, ínfima, insignificante. Ex.: o furto de um doce, de uma rosa etc. É o que se chama de **furto de bagatela**. Em tais casos, o fato é considerado **atípico**.

Como o princípio da insignificância não é regulado expressamente em lei, os integrantes do Supremo Tribunal Federal resolveram fazê-lo e passaram a exigir a **coexistência** dos seguintes vetores para a sua incidência: (a) mínima ofensividade da conduta do agente, (b) nenhuma periculosidade social da ação, (c) reduzidíssimo grau de reprovabilidade do comportamento e (d) inexpressividade da lesão jurídica provocada.

Os Tribunais, inclusive os superiores, têm dado maior amplitude ao conceito de bagatela, para abarcar não apenas a subtração de bens que tenham valor próximo de zero, mas também objetos com valor de até dez por cento do salário mínimo vigente (STJ[132]), ou, em alguns casos, até um pouco mais.[133] No entanto, têm entendido

---

[132] Há consenso no Superior Tribunal de Justiça no sentido de que o limite para a aplicação do princípio da insignificância no crime de furto é o de 10% do salário mínimo. Confira-se: "In casu, *constata-se que o valor das* res furtivae *— 2 (dois) botijões de gás cheios, estimados em R$ 200,00 (duzentos reais) e um rádio, avaliado em R$ 270,00 (duzentos e setenta reais) — é superior a 10% (dez por cento) do salário mínimo vigente à época dos fatos. Logo, a referida quantia, nos termos do entendimento pacífico do Superior Tribunal de Justiça, não pode ser considerada insignificante*" (STJ — AgRg no AREsp 1.619.041/MS, Rel. Min. Laurita Vaz, 6ª Turma, julgado em 9-6-2020, *DJe* 23-6-2020); "*Segundo a orientação jurisprudencial desta Corte, o valor total da* res furtiva*, não é considerado ínfimo, por ultrapassar 10% do salário mínimo vigente à época dos fatos. Ademais, trata-se de agente com histórico de reiteração em delitos contra o patrimônio, circunstância*

que a gravidade diferenciada do delito no caso concreto pode afastar o princípio da insignificância por indicar a necessidade de imposição de pena (um arrombamento com grande prejuízo para a vítima ou a presença de outra qualificadora qualquer, furto com invasão de domicílio ou com clonagem de cartão de crédito, furto contra criança ou pessoa idosa, por exemplo).

A propósito: "*A jurisprudência reconhece a maior gravidade do furto qualificado, impedindo a aplicação do princípio da insignificância nos casos em que o furto é praticado mediante escalada, concurso de pessoas, arrombamento ou rompimento de obstáculo*" (STJ — AgRg no HC 550.972/SC, Rel. Min. Sebastião Reis Junior, 6ª Turma, julgado em 18-2-2020, *DJe* 28-2-2020).

Nos casos de continuidade delitiva, o valor a ser considerado para o reconhecimento da insignificância é a soma dos bens subtraídos (AgRg no AREsp 712.222/MG — Rel. Min. Reynaldo Soares da Fonseca — 5ª Turma — julgado em 3-11-2015 — *DJe* 9-11-2015; HC 260.814/MG — Rel. Min. Nefi Cordeiro — 6ª Turma — julgado em 22-9-2015 — *DJe* 19-10-2015; AgRg no AREsp 653.257/MG — Rel. Min. Gurgel de Faria — 5ª Turma — julgado em 30-6-2015 — *DJe* 4-8-2015; AgRg no REsp 1.436.308/RS — Rel. Min. Walter de Almeida Guilherme (Desembargador

que mostra-se incompatível com o princípio da insignificância. Precedentes" (STJ — AgRg no HC 574.484/RJ, Rel. Min. Joel Ilan Paciornik, 5ª Turma, julgado em 26-5-2020, *DJe* 9-6-2020); "*Esta Corte Superior tem afastado a incidência do princípio da insignificância nos casos em que o valor do bem subtraído ultrapassa o percentual de 10% do salário mínimo vigente à época dos fatos, bem como quando se tratar de acusado reincidente, contumaz na prática de delitos, como na hipótese desses autos*" (STJ — AgRg no AREsp 1.538.022/MG, Rel. Min. Sebastião Reis Junior, 6ª Turma, julgado em 3-3-2020, *DJe* 12-3-2020); "*Ocorre que, na hipótese dos autos, não é possível o reconhecimento do benefício, uma vez que o valor dos objetos subtraídos, avaliados em R$ 272,00 (duzentos e setenta e dois reais), não pode ser considerado irrisório, já que equivale a mais de 10% (dez por cento) do salário mínimo vigente à época do fato (R$ 937,00). Precedentes*" (STJ — AgRg no HC 542.737/PR, Rel. Min. Leopoldo de Arruda Raposo (Desembargador Convocado do TJ/PE), 5ª Turma, julgado em 5-12-2019, *DJe* 13-12-2019); "*A jurisprudência do STJ não admite a aplicação do princípio da insignificância se o valor da(s) coisa(s) subtraída(s) equivale a mais de 10% do salário mínimo vigente à época do fato. Superado este aspecto, é de se notar que não socorre à defesa a hipótese de atipia consubstanciada no princípio da insignificância, em razão de que o prejuízo à vítima supera 10% (dez por cento) do salário-mínimo vigente à época dos fatos. Precedentes*" (STJ — AgRg no RHC 91.323/SP, Rel. Min. Felix Fischer, 5ª Turma, julgado em 7-6-2018, *DJe* 13-6-2018); "*...no tocante à inexpressividade da lesão jurídica provocada, esta Corte Superior firmou o entendimento segundo o qual, para o preenchimento dessa condição (indispensável) de incidência do princípio da bagatela, o valor que se atribui, mediante avaliação, à coisa supostamente furtada não pode ser superior a 10% do valor correspondente ao salário mínimo vigente à época do fato apresentado como delituoso. Precedentes. (HC 426.292/SP, Rel. Ministro Ribeiro Dantas, Quinta Turma, julgado em 03/04/2018, DJe 09/04/2018)*" (STJ — HC 399.905/SC, Rel. Min. Reynaldo Soares da Fonseca, 5ª Turma, julgado em 24-4-2018, *DJe* 7-5-2018).

[133] No Supremo Tribunal Federal há julgados em que o princípio da insignificância foi aplicado apesar de o valor ser superior a 10% do salário mínimo: HC 138.697 — Rel. Min. Ricardo Lewandowski — 2ª Turma — julgado em 16-5-2017 — *DJe*-113 divulg. 29-5-2017, public. 30.05.2017; HC 136.896 — Rel. Min. Dias Toffoli — 2ª Turma — julgado em 13-12-2016 — *DJe*-033 divulg. 17-2-2017 public. 20-2-2017.

Convocado do TJ/SP) — 5ª Turma — julgado em 3-2-2015 — *DJe* 9-2-2015; AgRg no AREsp 277.735/DF — Rel. Min. Assusete Magalhães — julgado em 1º-10-2013 — *DJe* 2-12-2013.

Saliente-se, também, que as Cortes Superiores já decidiram que, na análise da inexpressividade da lesão provocada, deve ser também considerado o valor sentimental do bem para a vítima e não apenas o aspecto econômico: "*As circunstâncias peculiares do caso concreto inviabilizam a aplicação do postulado da insignificância à espécie. Paciente que invadiu a residência de músico, donde subtraiu um quadro denominado 'disco de ouro', premiação a ele conferida por ter alcançado a marca de mais de cem mil discos vendidos no País. 2. Embora a* res *subtraída não tenha sido avaliada, essa é dotada de valor sentimental inestimável para a vítima. Não se pode, tão somente, avaliar a tipicidade da conduta praticada em vista do seu valor econômico, especialmente porque, no caso, o prejuízo suportado pela vítima, obviamente, é superior a qualquer quantia pecuniária*" (STF — HC 107.615 — Rel. Min. Dias Toffoli — 1ª Turma — julgado em 6-9-2011 — *DJe*-192 divulg. 5-10-2011, public. 6-10-2011, *RT* v. 101, n. 918, 2012, p. 707-712); "*O pequeno valor da* res furtiva *não se traduz, automaticamente, na aplicação do princípio da insignificância. Há que se conjugar a importância do objeto material para a vítima, levando-se em consideração a sua condição econômica, o valor sentimental do bem, como também as circunstâncias e o resultado do crime, tudo de modo a determinar, subjetivamente, se houve relevante lesão. Precedente desta Corte*" (STJ — HC 60.949/PE — Rel. Min. Laurita Vaz — 5ª Turma — julgado em 20-11-2007 — *DJ* 17-12-2007 — p. 235).

No que diz respeito à reincidência e à habitualidade criminosa no furto, existem inúmeros recursos do Ministério Público contrários ao reconhecimento da insignificância com o argumento de que, sendo o réu reincidente, não faria jus nem mesmo ao privilégio, e, nesses casos, a movimentação da máquina judiciária não seria indevida. Os julgados abaixo colacionados demonstram, todavia, que o Supremo Tribunal Federal, em um primeiro momento, não se convenceu desses argumentos, continuando a reconhecer o furto de bagatela mesmo para reincidentes, no que foi seguido pelo Superior Tribunal de Justiça e por outros tribunais estaduais, com o argumento de que a insignificância do valor gera a atipicidade da conduta e, sendo o fato atípico, é irrelevante que o réu seja reincidente:

> "*Para a incidência do princípio da insignificância só devem ser considerados aspectos objetivos da infração praticada. Reconhecer a existência de bagatela no fato praticado significa dizer que o fato não tem relevância para o Direito Penal. Circunstâncias de ordem subjetiva, como a existência de registro de antecedentes criminais, não podem obstar ao julgador a aplicação do instituto*" (STF — RE 514.531/RS — Rel. Min. Joaquim Barbosa — *DJe* 43, p. 1.260, 6-3-1990).
>
> "*A inexpressividade financeira dos objetos que se tentou furtar salta aos olhos, a revelar a extrema carência material do ora paciente. Risco de um desfalque praticamente nulo no patrimônio da suposta vítima, que, por isso mesmo, nenhum sentimento de impunidade experimentará com o reconhecimento da atipicidade da conduta do agente. Análise objetiva que torna irrelevante a existência de registros criminais em curso contra o paciente. Precedentes: AI 559.904-GO, da relatoria do Ministro Sepúlveda*

Pertence; e HC 88.393, da relatoria do Ministro Cezar Peluso. 4. Habeas corpus *deferido para determinar o trancamento da ação penal, com a adoção do princípio da insignificância penal*" (STF — HC 94.427/RS — Rel. Min. Carlos Brito — *DJe* 64, p. 457, 3-4-2009).

"*Ação penal. Justa causa. Inexistência. Delito de furto. Subtração de roda sobressalente com pneu de automóvel estimados em R$ 160,00 (cento e sessenta reais).* Res furtiva *de valor insignificante. Crime de bagatela. Aplicação do princípio da insignificância. Irrelevância de considerações de ordem subjetiva. Atipicidade reconhecida. Absolvição. HC concedido para esse fim. Precedentes. Verificada a objetiva insignificância jurídica do ato tido por delituoso, é de ser afastada a condenação do agente, por atipicidade do comportamento. Não cabem para averiguação de tipicidade da conduta, ponderações sobre as circunstâncias pessoais do agente. Se determinado fato não é típico, passa a ser irrelevante se foi praticado por reincidente contumaz ou por alguém que não tenha antecedentes criminais, pois não há crime! Assim, se a análise concreta dos fatos levar à conclusão de que a lesão ao bem jurídico é insignificante, a atipicidade do fato leva à inexistência de crime, pouco importando as circunstâncias pessoais do agente (...); esta Corte, para aplicar o princípio da insignificância, analisa as particularidades da conduta e de seu resultado — como, por exemplo, ausência de periculosidade social da ação. Daí afirmar que as características pessoais do agente são irrelevantes para a aplicação do princípio, uma vez que não têm o condão de,* per si, *configurar a tipicidade de crime algum*" (STF — HC 93393/RS — Rel. Min. Cezar Peluso — *DJe* 89, p. 366, 15-5-2009).

Posteriormente, os integrantes da Corte Suprema, ao perceberem que tal interpretação constituía estímulo aos criminosos habituais, alteraram o entendimento, havendo dezenas de julgados mais recentes **refutando a insignificância por ser o réu reincidente** ou **furtador contumaz:** "*1. A tipicidade penal não pode ser percebida como o trivial exercício de adequação do fato concreto à norma abstrata. Além da correspondência formal, para a configuração da tipicidade, é necessária análise materialmente valorativa das circunstâncias do caso concreto, no sentido de se verificar a ocorrência de alguma lesão grave, contundente e penalmente relevante do bem jurídico tutelado. 2. O princípio da insignificância reduz o âmbito de proibição aparente da tipicidade legal e, por consequência, torna atípico o fato na seara penal, apesar de haver lesão a bem juridicamente tutelado pela norma penal. 3. Para a incidência do princípio da insignificância, devem ser relevados o valor do objeto do crime e os aspectos objetivos do fato, tais como a mínima ofensividade da conduta do agente, a ausência de periculosidade social da ação, o reduzido grau de reprovabilidade do comportamento e a inexpressividade da lesão jurídica causada. 4. A reincidência, apesar de tratar-se de critério subjetivo, remete a critério objetivo e deve ser excepcionada da regra para análise do princípio da insignificância, já que não está sujeita a interpretações doutrinárias e jurisprudenciais ou a análises discricionárias. O criminoso reincidente, como é o caso do ora Paciente, apresenta comportamento reprovável, e sua conduta deve ser considerada materialmente típica. 5. Ordem denegada*" (HC 107.674/MG — 1ª Turma — Rel. Min. Cármen Lúcia — *DJe* 176, 14-9-2011); e "*Reconhecida a reincidência, a reprovabilidade do com-*

portamento do agente é significativamente agravada, sendo suficiente para inviabilizar a incidência do princípio da insignificância. Precedentes. Ausência dos requisitos para a concessão da ordem de habeas corpus *de ofício. Agravo regimental a que se nega provimento*" (AI 600.500/MG — 2ª Turma — Rel. Min. Joaquim Barbosa — *DJe* 108, 7-6-2011). No mesmo sentido, ainda: HC 108.528 (*DJe* 1º-8-2011) e HC 107.138 (*DJe* 30-5-2011).

Esse também o entendimento no Superior Tribunal de Justiça: "*A Terceira Seção desta Corte, no julgamento do EAREsp n. 221.999/RS (Rel. Ministro Reynaldo Soares da Fonseca, julgado em 11-11-2015,* DJe *10-12-2015), estabeleceu a tese de que 'a reiteração criminosa inviabiliza a aplicação do princípio da insignificância, ressalvada a possibilidade de, no caso concreto, as instâncias ordinárias verificarem que a medida é socialmente recomendável*' (STJ — AgRg no HC 569.984/SP, Rel. Min. Jorge Mussi, 5ª Turma, julgado em 16-6-2020, DJe 24-6-2020); "*Em que pese o pequeno valor dos objetos subtraídos, constata-se que o Agravante é reincidente específico em crimes patrimoniais e ostenta duas condenações penais definitivas (roubo e furto), o que impossibilita a aplicação do princípio da insignificância no caso concreto*" (STJ — AgRg no AREsp 1.445.086/DF, Rel. Min. Laurita Vaz, 6ª Turma, julgado em 5-5-2020, *DJe* 22-5-2020); "*A Terceira Seção desta Corte, no julgamento do EREsp n. 221.999/RS (de minha relatoria,* DJe *10/12/2015), firmou entendimento no sentido de que a reiteração criminosa inviabiliza a aplicação do princípio da insignificância, ressalvada a possibilidade de, no caso concreto, as instâncias ordinárias verificarem que a medida é socialmente recomendável. Afinal, tal princípio não objetiva resguardar condutas habituais juridicamente desvirtuadas, pois comportamentos contrários à lei, ainda que isoladamente irrisórios, quando transformados pelo infrator em verdadeiro meio de vida, revelam intensa reprovabilidade e perdem a característica da bagatela*" (HC 399.905/SC, Rel. Min. Reynaldo Soares da Fonseca, 5ª Turma, julgado em 24-4-2018, *DJe* 7-5-2018).

Excepcionalmente, todavia, quando o valor do bem é extremamente pequeno, tem-se aplicado o princípio da insignificância.

2.1.5. Furto qualificado

As qualificadoras estão previstas nos §§ 4º a 7º do Código Penal.

No § 4º existem, ao todo, oito qualificadoras, distribuídas em quatro incisos do § 4º e no § 4º-A (introduzido pela Lei n. 13.654/2018).

É comum que o juiz reconheça duas ou mais qualificadoras desse § 4º e, se isso ocorrer, a primeira servirá para qualificar o crime e as demais servirão como circunstância judicial para fixação da pena-base acima do mínimo. Não podem ser consideradas agravantes genéricas porque não constam do rol do art. 61 do Código Penal. A propósito: "*Com efeito, 'a jurisprudência desta Corte é firme no sentido de que, em caso de existência de duas circunstâncias qualificadoras, uma delas por ser utilizada para qualificar o delito e a outra para exasperar a pena-base' (HC n. 483.025/SC, Sexta Turma, Rel.ª Min.ª Laurita Vaz,* DJe *09/04/2019). Desta feita, não se vislumbra nenhuma ilegalidade na negativação da culpabilidade dos pacientes, tendo em vista a utilização de uma das qualificadoras do delito de furto para exasperar a pena-base"* (STJ — AgRg no HC 576.913/SC, Rel. Min. Felix Fischer, 5ª Turma, julgado em 9-6-2020, *DJe* 17-6-2020); *"A jurisprudência desta Corte é firme no sentido de que, em caso de existência de duas circunstâncias qualificadoras, uma delas por ser utilizada para qualificar o delito e a outra para exasperar a pena-base"* (STJ — HC 483.025/SC, Rel. Min. Laurita Vaz, 6ª Turma, julgado em 21-3-2019, *DJe* 9-4-2019). Caso seja reconhecida uma qualificadora para a qual seja prevista uma pena maior e outra com pena menor, o juiz aplicará a pena da primeira e a outra incidirá como circunstância judicial do art. 59.

Todas as qualificadoras do § 4º referem-se aos meios de execução do furto, de modo que todas são compatíveis com o instituto da tentativa, bastando, para tanto, que o agente não consiga concretizar a subtração. Quando se tratar de crime qualificado consumado em uma das modalidades do § 4º, em que a pena mínima é de 2 anos, mostrar-se-á incabível a suspensão condicional do processo, na medida em que tal benefício pressupõe que a pena mínima estabelecida em abstrato não supere 1 ano (art. 89 da Lei n. 9.099/95). Em se tratando, contudo, de tentativa de furto qualificado, o benefício será cabível, pois a pena mínima é de 8 meses em razão da redução máxima decorrente do *conatus* (2/3).

2.1.5.1. *Rompimento ou destruição de obstáculo*

> **Art. 155, § 4º** — A pena é de reclusão, de dois a oito anos, e multa, se o crime é cometido:
> I — com destruição ou rompimento de obstáculo à subtração da coisa.

Essa qualificadora mostra-se presente quando o agente arromba trincos, fechaduras, portas ou janelas, ou, ainda, quando consegue arrombar um cofre ou nele fazer um furo com um maçarico, ou, ainda, quando consegue fazer um buraco na parede de uma loja para nela adentrar etc. Muito comum, outrossim, a conduta de quebrar o vidro de um carro, parado em um semáforo, com uma pilha ou pedra, para furtar a bolsa que está no banco do passageiro, já que se trata de violência contra coisa.

Igualmente incorre na figura qualificada quem corta com um alicate a corrente que prende uma bicicleta ou uma motocicleta a um poste.

Todos os obstáculos mencionados nos exemplos acima são classificados como **passivos**. Como o texto legal, todavia, não faz restrição, a qualificadora abrange também as condutas que atinjam obstáculos **ativos**. É o que ocorre, por exemplo, quando o agente corta uma cerca eletrificada ou o fio de um alarme sonoro.

A qualificadora em análise pressupõe, necessariamente, que o obstáculo seja **danificado**, no todo ou em parte, tanto que o art. 171 do Código de Processo Penal expressamente exige **perícia** para constatar os **vestígios** nele deixados. É de se lembrar, todavia, de que, se os vestígios tiverem desaparecido, a prova testemunhal poderá suprir-lhe a falta, nos termos do art. 167 do mesmo Código. Ex.: vítima que troca o vidro do carro — de cujo interior os ladrões subtraíram objetos — antes de comparecer à delegacia de polícia para noticiar o crime. Caso, em situação diversa, fique evidenciado que a perícia poderia ter sido realizada e apenas não foi por desídia das autoridades responsáveis pela investigação, a prova testemunhal não poderá suprir-lhe a falta. Nos casos concretos, portanto, o juiz só poderá utilizar a prova testemunhal para suprir a falta da perícia se justificar expressamente a razão pela qual esta não pôde ser realizada e desde que a responsabilidade não seja das autoridades incumbidas da persecução penal: "*A jurisprudência desta Corte firmou-se no sentido de que, para incidir a qualificadora do rompimento de obstáculo, prevista no art. 155, § 4º, I, do Código Penal, faz-se indispensável a realização de perícia, sendo possível substituí-la por outros meios de prova se o delito não deixar vestígios, ou esses tenham desparecido ou, ainda, se as circunstâncias do crime não permitirem a confecção do laudo. Assim, não tendo sido mencionadas pela Corte* a quo *circunstâncias que dispensam a realização do laudo pericial, inexiste justificativa suficiente para a não elaboração do exame, devendo ser afastada a qualificadora disposta no inciso I do § 4º do art. 155 do Código Penal. Precedentes*" (STJ — AgRg no HC 557.077/SC, Rel. Min. Nefi Cordeiro, 6ª Turma, julgado em 9-6-2020, *DJe* 16-6-2020); "*É firme a jurisprudência desta Corte Superior no sentido de que, para reconhecimento da qualificadora do rompimento do obstáculo, é imprescindível a realização de exame pericial, sendo possível a sua substituição por outros meios probatórios somente se o delito não deixar vestígios ou tenham esses desaparecido, ou, ainda, se as circunstâncias do crime não permitirem a confecção do laudo. Assim, se era possível a realização da perícia, mas essa não ocorreu, a prova testemunhal e o exame indireto não suprem a sua ausência. 2. Na hipótese dos autos, a Corte de origem, ao apreciar a matéria, não apresentou qualquer justificativa para a não realização da perícia, devendo, assim, ser mantida a decisão agravada, que afastou a qualificadora prevista no art. 155, § 4º, inciso I, do Código Penal*" (STJ — AgRg no REsp 1.869.240/MS, Rel. Min. Reynaldo Soares da Fonseca, 5ª Turma, julgado em 19-5-2020, *DJe* 27-5-2020); "*Prevalece nesta Corte Superior o entendimento de que 'o reconhecimento da qualificadora de rompimento de obstáculo exige a realização de exame pericial, o qual somente pode ser substituído por outros meios probatórios quando inexistirem vestígios, o corpo de delito houver desaparecido ou as circunstâncias do crime não permitirem a confecção do laudo*'" (AgRg no REsp 1.705.450/RO, Rel. Min. Nefi Cordeiro, 6ª Turma, julgado em 13-3-2018, *DJe* 26-3-2018). "2. *No caso concreto, a instância ordinária justificou a dispensa do exame pericial para a comprovação do rompimento de obstáculo, haja vista o reparo imediato da estrutura danificada pela ação delitiva do agravante, bem como pela existência de prova oral suficiente para amparar a inclusão da qualificadora no decreto condenatório. Verificada, portanto, uma das hipóteses capazes de excepcionar a obrigatoriedade da prova técnica. Precedentes*" (STJ — AgRg no REsp 1.868.829/SE, Rel. Min. Jorge Mussi, 5ª Turma, julgado em 19-5-2020, *DJe* 29-5-2020).

Rompimento é a danificação **parcial** do obstáculo, como no arrombamento do trinco de uma porta. Destruição é a danificação **completa**, como quebrar uma porta de vidro, que fica toda estilhaçada no chão.

A mera **remoção** do obstáculo, sem que ele sofra qualquer dano, **não** qualifica o furto. Ex.: desparafusar janela ou porta, desligar o interruptor do alarme sonoro, extrair o dispositivo antifurto de uma roupa dentro da loja sem danificá-lo, descobrir o segredo de um cofre e abri-lo etc. Por isso é que se diz que nesta qualificadora a vítima sofre dois prejuízos financeiros: o valor do bem furtado e o do obstáculo danificado. Existem, aliás, muitos casos em que o conserto da porta quebrada ou do cofre destruído custa mais do que o bem furtado.

A qualificadora somente pode ser reconhecida quando o rompimento ou destruição constituírem **meio** para a subtração, e é exatamente por essa razão que o crime de dano fica absorvido. Pouco importa que o agente tenha arrombado a porta para conseguir entrar na casa ou que tenha entrado normalmente por uma porta que já estava aberta e tenha arrombado a janela para fugir com os bens pelos fundos diante da chegada de moradores ao local. Nas duas hipóteses, o arrombamento ocorreu antes da consumação do crime e constituiu meio de execução, configurando a figura qualificada. Só não haverá a qualificadora se o agente tiver quebrado as janelas de uma casa por mera maldade, por vandalismo, sem que isso tenha sido necessário para entrar ou sair do local. Em tal hipótese, o agente responde por furto simples em concurso material com crime de dano.

Costuma-se salientar que cão de guarda não constitui obstáculo no sentido técnico da palavra, de modo que a sua morte para viabilizar um furto configuraria crime de dano em concurso material com o furto. O texto legal, entretanto, não fez qualquer ressalva, de modo que não se pode negar o caráter de obstáculo (algo que dificulta o acesso ao bem pretendido pelo ladrão) ao cão de guarda. Não há razão para a distinção.

Importante salientar que só se tem aceitado a configuração da presente qualificadora quando a conduta atinge obstáculo que impede a apreensão ou a remoção do bem, e nunca obstáculo que seja **parte integrante** da própria coisa e que, por tal razão, seja juntamente com ele subtraído. Assim, aplica-se a qualificadora quando o agente arromba um portão para furtar o carro da garagem, mas não se aplica quando o agente arromba a porta do próprio carro para levá-lo. Argumenta-se que, no primeiro caso, o agente causou dois prejuízos à vítima e, no segundo, não (ao levar o carro, provocou prejuízo no valor integral do bem, não havendo um *plus* em relação ao dano em sua porta). Ademais, na primeira hipótese, é possível a perícia no portão, enquanto na segunda é inviável a perícia na porta, exceto se o carro tiver sido prontamente recuperado, o que é raro.

Dessa forma, aplica-se a qualificadora quando se arromba um cofre para subtrair os valores nele contidos; quando se arromba uma porta ou janela para furtar as mercadorias de dentro de uma loja ou residência; quando se arromba a janela de um carro para furtar o toca-CD ou uma jaqueta de seu interior etc.

Essa interpretação acaba causando certo espanto, pois considera qualificado o crime em caso de arrombamento da porta de veículo para a subtração de objetos de seu interior, e simples quando o furto é do próprio veículo cuja porta foi arrombada.[134] De ver-se, entretanto, que o juiz, no caso do furto simples do carro, pode fixar a pena-base acima do mínimo em razão do alto prejuízo provocado à vítima (art. 59 do CP), enquanto na hipótese do furto qualificado de bens do interior do veículo, se forem estes de valor inferior ao salário mínimo e o réu primário, poderá aplicar o privilégio (de acordo com o entendimento atual do STF e do STJ). Com isso, corrige-se a aparente distorção no que se refere ao montante da pena.

A propósito do tema colacionamos diversos julgados do Superior Tribunal de Justiça: "*A Terceira Seção do Superior Tribunal de Justiça, no julgamento do EREsp n. 1.079.847/SP, reconheceu restar configurada a qualificadora do rompimento de obstáculo 'quando o agente, visando subtrair aparelho sonoro localizado no interior do veículo, quebra o vidro da janela do automóvel para atingir seu intento, primeiro porque este obstáculo dificultava a ação do autor, segundo porque o vidro*

---

[134] "*A jurisprudência deste Superior Tribunal de Justiça firmou-se no sentido de que não incide a qualificadora prevista no art. 155, § 4º, inciso I, do Estatuto Repressivo, quando praticado o arrombamento de veículo objetivando a sua própria subtração, tal como ocorreu na hipótese dos autos*" (STJ — AgRg no REsp 1654823/RS, Rel. Min. Jorge Mussi, 5ª Turma, julgado em 14-9-2017, *DJe* 20-9-2017); "*A incidência da qualificadora do art. 155, § 4º, inciso I, do Código Penal, pressupõe conduta praticada pelo Réu objetivada à destruição ou ao rompimento do óbice que dificulta a obtenção da coisa. Se o dano é contra o próprio objeto do furto, sendo o obstáculo peculiar à* res furtiva, *não incide a majorante*" (STJ — AgRg no AREsp 230.117/DF, Rel. Min. Felix Fischer, 5ª Turma, julgado em 24-2-2015, *DJe* 3-3-2015); "*Esta Corte já firmou posicionamento no sentido de que o rompimento de obstáculo inerente ao objeto do furto não caracteriza a circunstância qualificadora. Precedente*" (STJ — REsp 743.615/RS, Rel. Min. Gilson Dipp, 5ª Turma, julgado em 4-8-2005, *DJ* 29-8-2005, p. 436); "*A prática de violência caracterizada pelo rompimento de obstáculo contra o próprio objeto do furto, sendo o empecilho peculiar a coisa, não gera a incidência da qualificadora do art. 155, § 4º, inciso I, do Código Penal*" (STJ — REsp 618.236/RS, Rel. Min. Laurita Vaz, 5ª Turma, julgado em 3-2-2005, *DJ* 7-3-2005, p. 326).

Em sentido contrário: "*Não é possível deixar de reconhecer a prática de furto qualificado apenas e simplesmente por se ter avariado o próprio bem subtraído, pois referida circunstância não tem o condão de desconfigurar o efetivo rompimento de obstáculo. Não há dúvidas de que as portas, os vidros e o alarme do carro visam exatamente impedir ou pelo menos dificultar sua subtração e dos bens que estão no seu interior, sendo ainda inquestionável a necessidade de transposição desta barreira para que se furte tanto o carro quanto os objetos do seu interior. A conduta em ambos os casos é a mesma, consiste em romper obstáculo como meio necessário para subtrair coisa alheia móvel, o que denota sua maior reprovabilidade, ante a utilização de meios excepcionais para superar os obstáculos defensivos da propriedade. Dessa forma, é indiferente para configurar referida qualificadora analisar qual o bem subtraído*" (STJ — REsp 1395838/SP, Rel. Min. Marco Aurélio Bellizze, 5ª Turma, julgado em 20-5-2014, *DJe* 28-5-2014); "*O rompimento ou a destruição de obstáculo, independentemente da exterioridade ou não deste em relação à coisa objeto da subtração, implica, em princípio, no reconhecimento do furto em sua forma qualificada. 2. Sob qualquer ângulo que se aprecie o art. 155, § 4º, I do CPB, não se constata referência sobre o obstáculo ser exterior ou próprio à coisa subtraída, bastando que seja necessário à subtração que se destrua ou se vença algo que atrapalhe a consecução do objetivo delituoso*" (STJ — HC 90.371/MG, Rel. Min. Napoleão Nunes Maia Filho, 5ª Turma, julgado em 16-10-2008, *DJe* 19-12-2008).

não é parte integrante da res furtiva *visada, no caso, o som automotivo'. Precedentes*" (STJ — HC 328.896/DF — Rel. Min. Ribeiro Dantas — 5ª Turma — julgado em 5-4-2016 — *DJe* 15-4-2016); "*Segundo a jurisprudência desta Corte, incide a qualificadora do rompimento de obstáculo 'quando o agente, visando subtrair aparelho sonoro localizado no interior do veículo, quebra o vidro da janela do automóvel para atingir seu intento, primeiro porque este obstáculo dificultava a ação do autor, segundo porque o vidro não é parte integrante da* res furtiva *visada, no caso, o som automotivo' (EREsp 1.079.847/SP — Rel. Min. Jorge Mussi — 3ª Seção — julgado em 22.05.2013 —* DJe *05.09.2013)*" (STJ — AgRg no AREsp 731.468/DF — Rel. Min. Antonio Saldanha Palheiro — 6ª Turma — julgado em 9-3-2017 — *DJe* 21-3-2017); "*A subtração de objetos localizados no interior de veículo automotor, mediante o rompimento ou destruição do vidro do automóvel, qualifica o furto. Precedentes do Supremo Tribunal Federal. 2. De rigor a incidência da qualificadora do inciso I do § 4º do art. 155 do CP quando o agente, visando subtrair aparelho sonoro localizado no interior do veículo, quebra o vidro da janela do automóvel para atingir o seu intento, primeiro porque este obstáculo dificultava a ação do autor, segundo porque o vidro não é parte integrante da* res furtiva *visada, no caso, o som automotivo. 3. Comprovada por perícia a destruição do obstáculo, não há como afastar a qualificadora prevista no art. 155, § 4º, I, do Código Penal*" (EREsp 1.079.847/SP — Rel. Min. Jorge Mussi — 3ª Seção — julgado em 22-5-2013, *DJe* 5-9-2013); "*A questão em exame já foi enfrentada no âmbito da Terceira Seção desta Corte no julgamento do EREsp n. 1.079.847/SP, ocasião em que se consolidou a orientação de que a subtração de objeto localizado no interior de veículo automotor mediante o rompimento do vidro qualifica o furto*" (AgRg no REsp 1.364.606/DF — Rel. Min. Jorge Mussi — 5ª Turma — julgado em 22-10-2013, *DJe* 29-10-2013).

No mesmo sentido, podemos mencionar alguns julgados do Supremo Tribunal Federal: "*A destruição ou avaria de automóvel para a subtração de objeto que se encontra em seu interior faz incidir a qualificadora prevista no inciso I do § 4º do art. 155 do Código Penal. II — O rompimento de obstáculo para alcançar a* res furtiva *leva a uma maior reprovabilidade da conduta*" (HC 95.351 — Rel. Min. Ricardo Lewandowski — 1ª Turma — julgado em 21-10-2008, *DJe*-211 divulg. 6-11-2008, public. 7-11-2008); "*A destruição ou avaria de automóvel para a subtração de objeto que se encontra em seu interior faz incidir a qualificadora prevista no inciso I do § 4º do art. 155 do Código Penal*" (HC 98.406 — Rel. Min. Ellen Gracie — 2ª Turma — julgado em 16-6-2009, *DJe*-121 divulg. 30-6-2009, public. 1º-7-2009); "*Arrombamento de veículo automotor para furtar objeto. Incidência da qualificadora do inciso I do § 4º do art. 155 do Código Penal. Precedentes. Ordem denegada. 1. A jurisprudência da Corte está consolidada no sentido de que 'configura o furto qualificado a violência contra coisa, considerado veículo, visando adentrar no recinto para retirada de bens que nele se encontravam' (HC 98.606/RS — 1ª Turma — Rel. Min. Marco Aurélio, DJe de 28.05.2010)*" (HC 110.119 — Rel. Min. Dias Toffoli — 1ª Turma — julgado em 13-12-2011, processo eletrônico *DJe*-039 divulg. 24-2-2012, public. 27-2-2012); e "*Configura o furto qualificado a violência contra coisa, consi-*

derada veículo, visando adentrar no recinto para retirada de bens que nele se encontravam" (HC 98.606/RS — Rel. Min. Marco Aurélio — *DJe*, p. 948, 28-5-2010).

Tem-se entendido, por sua vez, que a conduta de cortar com canivete a bolsa da vítima para, sorrateiramente, furtar a carteira ou outros valores de seu interior, não constitui rompimento de obstáculo porque a bolsa é usada para transporte e não para proteção dos valores. A propósito: "*Corte de bolsa não tipifica o rompimento de obstáculo à subtração da coisa, pois tal utensílio se destina a carregar valores e objetos e não a defendê-los da ação de ladrões*" (Tacrim-SP — Rel. Dante Busana — *RT* 582/333). Possível, contudo, o reconhecimento da qualificadora da destreza, se a vítima não notar a conduta do agente.

A forma tentada é plenamente compatível com a figura qualificada, bastando que o agente já tenha dado início ao ato de arrombamento, danificando, ainda que parcialmente, o obstáculo, mesmo que seja preso antes de conseguir entrar no local que pretendia, não tendo, portanto, conseguido concretizar a subtração por circunstâncias alheias à sua vontade.

2.1.5.2. Abuso de confiança

Art. 155, § 4º, II (1ª figura) — Se o crime é cometido mediante abuso de confiança.

A doutrina e a jurisprudência são muito criteriosas na análise dessa qualificadora, somente a reconhecendo se coexistirem duas circunstâncias no caso concreto.

Em **primeiro** lugar, é necessário que se demonstre a existência de uma **especial** (grande) confiança da vítima no agente, que pode decorrer de forte amizade ou coleguismo no trabalho, parentesco, namoro ou noivado, relações profissionais etc. Assim, considerando que a relação de confiança pode se dar em vários níveis, pode-se dizer que foi estabelecida uma diretriz aos juízes no sentido de não reconhecerem a qualificadora quando verificarem a existência de uma confiança pequena, comum, que não seja suficiente para justificar tamanho agravamento da pena. Dessa forma, embora se possa concluir que haja alguma confiança do patrão em todos os empregados que contratou, nem sempre o furto cometido por estes consistirá em furto qualificado, mas apenas quando se fizer prova de que se tratava de empregado que gozava de confiança diferenciada por parte do patrão. Assim, se o tesoureiro da empresa, a quem o patrão confiou as chaves do cofre para, no final do expediente, guardar os valores obtidos com as vendas, faz uso dessa chave no fim de semana para furtar os valores, o crime é qualificado. Por outro lado, se um funcionário comum, de um supermercado onde trabalham dezenas de pessoas, leva alguns produtos do estabelecimento escondidos sob suas vestes, o crime é simples.

O mesmo raciocínio vale para empregados domésticos, embora em relação a estes exista maior volume no reconhecimento da qualificadora. Com efeito, quando se trata, por exemplo, de jardineiro recém-contratado que subtrai produtos de limpeza, não se aplica a qualificadora, mas quando o furto é cometido por empregada que trabalha há anos na residência e que por tal razão estava sozinha no interior da casa no momento em que furtou algumas joias da patroa, o delito é qualificado.

O furto cometido por empregado se chama **famulato**.

O critério estabelecido pela doutrina e jurisprudência, no sentido de que deve haver prova de **especial** confiança da vítima no agente, deve ser observado em todo e qualquer caso concreto. Assim, embora exista a premissa de que, no furto cometido por um irmão contra o outro, há quebra de especial confiança, é plenamente possível que se demonstre, no caso concreto, que aqueles irmãos eram inimigos capitais, não havendo qualquer espécie de relação de confiança entre eles, hipótese em que a qualificadora será refutada, reconhecendo-se apenas a agravante genérica do art. 61, inc. II, *e* — crime contra irmão.

Se a subtração for perpetrada por cônjuge, durante a constância da sociedade conjugal, companheiro, durante o convívio estável, ascendente ou descendente, o furto sequer é punível ante as causas de isenção de pena (escusas absolutórias), elencadas no art. 181 do Código Penal. Se a vítima, entretanto, tiver 60 anos ou mais, as imunidades deixam de existir, no termos do art. 183, III, do Código Penal, e, em tais casos, será possível a aplicação da qualificadora se o furto tiver sido cometido, por exemplo, pelo marido ou pelo filho.

O **segundo** requisito para o reconhecimento da qualificadora do abuso de confiança é que o agente tenha **se aproveitado de alguma facilidade decorrente da relação de confiança** para executar o furto. É nisso que consiste o **abuso** (de confiança). Assim, o amigo que furta bens do interior da casa do outro durante uma visita incide na forma qualificada, restando prejudicada a agravante genérica referente a crime cometido com abuso de relação de hospitalidade (art. 61, II, *f*) porque tal aspecto está contido na dinâmica da qualificadora. No entanto, se o mesmo amigo invade a casa durante viagem da vítima, cometendo o furto de uma maneira como qualquer outra pessoa poderia tê-lo praticado, o crime é simples.

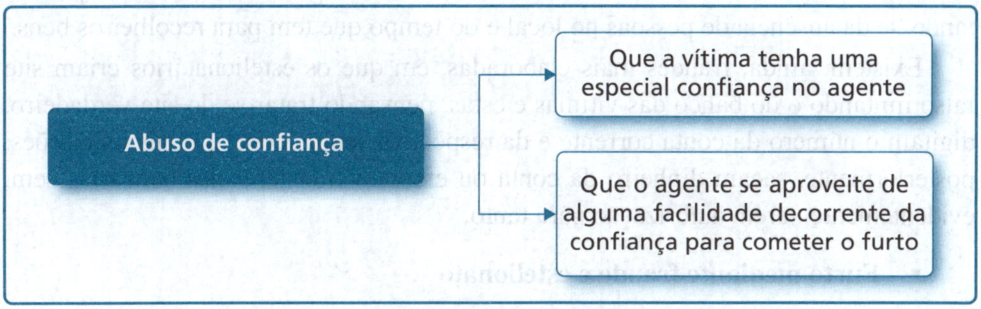

Essa modalidade de furto qualificado tem em comum com o crime de apropriação indébita a ocorrência de quebra de confiança. A diferença entre as duas infrações penais, contudo, é clara, posto que, no furto, o agente retira objetos da vítima valendo-se da menor vigilância dispensada em razão da confiança, enquanto, na apropriação indébita, a própria vítima entrega o bem ao agente e o autoriza a deixar o local em sua posse, e ele não o restitui.

A modalidade tentada é plenamente possível, quando o agente que goza da confiança da vítima é flagrado no ato de subtração e acaba sendo impedido de continuar na empreitada criminosa.

■ 2.1.5.3. Emprego de fraude

Art. 155, § 4º, II (2ª figura) — Se o crime é cometido mediante fraude.

Fraude é qualquer artifício, engodo, ardil ou artimanha utilizados pelo agente a fim de facilitar ou viabilizar a subtração.

Os métodos fraudulentos são muito variados.

Existem hipóteses em que a fraude é empregada pelo agente para **distrair**, desviar a atenção da vítima, como no famoso exemplo em que duas pessoas entram em uma loja onde só existe um vendedor e, enquanto uma delas distrai a vítima com perguntas e pedidos de mercadorias, a outra esconde objetos sob suas vestes. Nesse caso, além da qualificadora da fraude, mostra-se também presente a do concurso de agentes.

Há casos em que a fraude visa possibilitar a **aproximação** do agente dos bens que pretende furtar, como no caso em que ele desliga a rede de uma casa e, em seguida, se passa por funcionário da empresa telefônica, inclusive com o respectivo uniforme falso, e consegue entrar na residência a pretexto de efetuar o conserto, ou quando finge ser pessoa responsável pela manutenção em máquinas de uma certa empresa para conseguir ter acesso ao local.

Ocorrem também situações em que a finalidade da fraude é **afastar** a vítima do local onde estão seus bens, pois a sua presença inviabilizaria o furto. Ex.: descobrir o nome e o local onde uma criança estuda e telefonar para a mãe, passando-se pelo diretor da escola, e dizer que ela deve ir a determinado hospital porque o filho se acidentou. Com isso, a mãe sai de casa e o agente consegue efetuar o furto aproveitando-se da ausência de pessoas no local e do tempo que tem para recolher os bens.

Existem, ainda, fraudes mais elaboradas, em que os estelionatários criam site falso imitando o do banco das vítimas e estas, pensando tratar-se do site verdadeiro, digitam o número da conta corrente e da respectiva senha, com as quais os ladrões, posteriormente, sacam dinheiro da conta ou efetuam transferências bancárias sem, evidentemente, terem autorização para tanto.

- **Furto mediante fraude e estelionato**

Estes crimes não se confundem. No furto, o bem é subtraído (não se podendo esquecer de que o conceito de furto abrange os casos de posse vigiada), enquanto, no estelionato, a vítima entrega a posse desvigiada do bem por ter sido enganada pelo golpista.

Quando é o próprio agente quem, após empregar a fraude, se apodera do objeto e o leva embora, a questão não gera dificuldade, sendo evidente a configuração do furto mediante fraude. O tema torna-se um pouco mais complexo quando a própria vítima entrega o bem em decorrência de uma fraude empregada pelo agente. Se ela entrega apenas uma posse vigiada e ele, sorrateiramente ou mediante fuga, o leva embora, comete furto mediante fraude. Ex.: agente fica sabendo que certo comerciante recebeu grande carga de *notebooks* de marca famosa. Coloca os emblemas da Polícia Civil em um veículo e se dirige ao estabelecimento, mentindo para o comerciante que recebeu informação de que os computadores são falsificados e que necessita levá-los ao Distrito Policial para perícia. A vítima entrega os aparelhos ao agente e o acompanha dentro da viatura, onde também são colocados os computadores. No trajeto, o falso policial simula um problema na bateria da viatura e faz com que a vítima desça do automóvel para ajudar a empurrá-lo. O agente, então, dá a partida e foge com os computadores, deixando a vítima na rua. Trata-se de furto mediante fraude. Ao contrário, quando o agente vai até a loja e compra um computador com cheque falsificado de terceiro e recebe o aparelho com autorização para com ele deixar o recinto, o crime é o de estelionato, porque o agente recebeu posse desvigiada (com autorização para deixar o local com o bem) após ter empregado fraude.

A jurisprudência tem, ainda, dado maior elasticidade ao conceito de posse vigiada quando o fato ocorre em local aberto, público. Assim, quando um falso comprador pede para fazer um *test-drive* com um veículo, recebendo autorização do dono para dar uma volta no quarteirão e desaparece com o automóvel, tem-se entendido, majoritariamente, que a posse era vigiada e que o crime é o de furto. Existem, é claro, julgados sustentando que, em tal caso, a posse era desvigiada, e o crime é o de estelionato. Não se pode deixar de mencionar que a primeira tese provém da área cível, em que os julgadores, a fim de reconhecer a obrigação da seguradora de indenizar o segurado, ampliaram o conceito de posse vigiada, reconhecendo o crime de furto, na medida em que as apólices de seguro só cobrem furto qualificado e roubo, e não o estelionato. A propósito: "*Na hipótese em tela, a vítima entregou as chaves de seu carro para que o Paciente, na qualidade de segurança da rua, o estacionasse, não percebendo que o seu veículo estava sendo furtado. Conforme ressaltado pelo Tribunal de origem, a vítima 'não tinha a intenção de se despojar definitivamente de seu bem, não queria que o veículo saísse da esfera de seu patrimônio', restando, portanto, configurado o furto mediante fraude*" (STJ — HC 217.545/RJ — Rel. Min. Laurita Vaz — 5ª Turma — julgado em 3-12-2013 — *DJe* 19-12-2013); "*Ocorre furto mediante fraude e não estelionato nas hipóteses de subtração de veículo posto à venda mediante solicitação ardil de teste experimental ou mediante artifício que leve a vítima a descer do carro. Habeas corpus denegado*" (STJ — HC 8.179/GO — Rel. Min. Vicente Leal — 6ª Turma — *DJ* 17-5-1999, p. 239); "*I — Segundo entendimento desta Corte, para fins de pagamento de seguro, ocorre furto mediante fraude, e não estelionato, o agente que, a pretexto de testar veículo posto à venda, o subtrai* (v.g. *REsp 226.222/RJ, DJ 17/12/99, HC 8.179-GO, DJ de 17.5.99). III — Sendo o segurado vítima de furto, é devido o pagamento da indenização pela perda do veículo, nos termos previstos na apólice de seguro*" (STJ — REsp 672.987/MT — Rel. Min. Jorge Scartezzini — 4ª Turma — *DJ* 30-10-2006, p. 310).

É evidente que, quando alguém compra e recebe em definitivo um carro, e depois a vítima descobre que o pagamento foi feito com depósito fraudulento em banco, o crime é o de estelionato porque a posse foi entregue em definitivo, e não para um *test-drive*.

Faz-se, também, necessário distinguir os dois crimes quando os valores ilícitos são obtidos com o uso de cartão bancário ou de crédito clonados. O tipo penal do estelionato exige que o agente obtenha a vantagem ilícita mantendo **alguém** em erro. É necessário, portanto, que o agente engane alguma pessoa (alguém) e não uma máquina, um computador. Dessa forma, se com o cartão clonado o agente consegue sacar valores da conta da vítima em um caixa eletrônico, o crime é o de furto. Se o agente, entretanto, vai até o caixa do estabelecimento bancário, apresenta o cartão clonado ao funcionário do caixa e consegue dele receber dinheiro após ter digitado a senha da vítima, o crime é o de estelionato, pois o funcionário lhe entregou a posse desvigiada dos valores — entrega com autorização para deixar o recinto — após ter sido induzido em erro. Da mesma forma, quando alguém faz compra com cartão de crédito clonado, enganando o vendedor da loja, o crime é o de estelionato. A propósito da distinção, veja-se: "*O furto mediante fraude não se confunde com o estelionato. A distinção se faz primordialmente com a análise do elemento comum da fraude que, no furto, é utilizada pelo agente com o fim de burlar a vigilância da vítima que, desatenta, tem seu bem subtraído, sem que se aperceba; no estelionato, a fraude é usada como meio de obter o consentimento da vítima que, iludida, entrega voluntariamente o bem ao agente. 2. Hipótese em que o Acusado se utilizou de equipamento coletor de dados, popularmente conhecido como "chupa-cabra", para copiar os dados bancários relativos aos cartões que fossem inseridos no caixa eletrônico bancário. De posse dos dados obtidos, foi emitido cartão falsificado, posteriormente utilizado para a realização de saques fraudulentos. 3. No caso, o agente se valeu de fraude — clonagem do cartão — para retirar indevidamente valores pertencentes ao titular da conta bancária, o que ocorreu, por certo, sem o consentimento da vítima, o Banco. A fraude, de fato, foi usada para burlar o sistema de proteção e de vigilância do Banco sobre os valores mantidos sob sua guarda, configurando o delito de furto qualificado*" (STJ — REsp 1.412.971/PE, Rel. Min. Laurita Vaz, 5ª Turma, julgado em 7-11-2013, *DJe* 25-11-2013).

Outra distinção importante é a seguinte: se o agente entra em um supermercado, pega uma caixa de papelão com garrafas plásticas cheias de água e, no lugar, coloca garrafas cheias de um caro champanhe e fecha a caixa, mas, ao efetuar o pagamento, a funcionária cobra apenas o valor da água, o crime é o de furto qualificado. Nesse caso, o supermercado, representado pela funcionária enganada, em nenhum momento, soube que aquelas caras garrafas estavam sendo retiradas do recinto. Por isso, é evidente que o crime é o de furto, já que houve subtração. A hipótese é equivalente àquela em que o ladrão esconde um relógio dentro da caixa de papelão com as garrafas de água e paga somente por estas. Se o agente, todavia, troca a etiqueta de preço e apresenta a garrafa de champanhe no caixa, e a funcionária vê a garrafa, mas, ludibriada, cobra o preço menor e entrega a garrafa ao golpista, o crime é o de estelionatoto. Nesse caso, a funcionária, que representa a vítima (o supermercado) viu e entregou a garrafa ao agente, tendo, entretanto, cobrado preço menor. Nesse caso, não houve subtração.

2.1.5.4. *Escalada*

Art. 155, § 4º, II (3ª figura) — Se o crime é cometido mediante escalada.

Escalada é a utilização de via de acesso **anormal** para adentrar no local do furto, como pular um muro ou portão, entrar pelo telhado ou pela chaminé, pela sacada de um prédio, de paraquedas dentro de um sítio etc.

A escavação de túnel, evidentemente, é forma anormal de ingresso ao local do crime, configurando a qualificadora. Essa conduta, aliás, vem se tornando razoavelmente comum, como ocorreu no impressionante furto em agência do Banco Central em Fortaleza, entre os dias 5 e 6 de agosto de 2005.

É pacífico, por sua vez, o entendimento jurisprudencial no sentido de que a qualificadora só se justifica quando o agente necessita fazer um **esforço considerável** para ter acesso ao local pretendido ou quando faz uso de **instrumentos auxiliares**, como cordas ou escadas. É que não existe gravidade diferenciada na conduta, a permitir que o crime seja tido como qualificado, se o agente consegue adentrar no local com facilidade, embora por forma anormal, como se dá, por exemplo, quando pula um pequeno muro ou grade, ou, ainda, quando ingressa por uma janela térrea. Em tais casos, aliás, não existe propriamente uma escalada. Ao contrário, em se tratando de um muro alto ou de janela elevada, configura-se a qualificadora. Nesse sentido: "*A entrada por janela é, inegavelmente, ingresso por via anormal. Assim, somente quando prove o agente ser a janela de fácil acesso, não demandando esforço para ser galgada, é que a qualificadora da escalada deixa de existir*" (Tacrim-SP — Rel. Manoel Pedro — *Jutacrim* 26/71).

Não existe uma altura definida pela doutrina ou jurisprudência a partir da qual surge a qualificadora. Os critérios a serem utilizados pelos juízes como paradigma são aqueles mencionados no parágrafo anterior (necessidade de esforço considerável ou facilidade na transposição). Para auxiliar os juízes em tal verificação, o Código de Processo Penal, em seu art. 171, expressamente exige perícia no local para constatar o modo como se deu a escalada, bem como o tipo e as características do muro, portão, janela, entre outros, transpostos.

A tentativa é plenamente possível. Veja-se, por exemplo, a hipótese do sujeito que adentrou na casa pelo telhado, mas foi imediatamente preso no interior da residência porque vizinhos haviam acionado a polícia ao vê-lo sobre a casa da vítima.

Em relação ao furto de fios elétricos do alto de postes ou de túneis, existem duas correntes. Para alguns, configura a qualificadora em razão da necessidade de esforço para se chegar até os fios. Para outros, não configura a qualificadora porque a finalidade do poste não é proteger os fios, o que seria requisito da figura qualificada.

2.1.5.5. Destreza

> **Art. 155, § 4º, II (4ª figura)** — Se o crime é cometido mediante destreza.

Destreza é a **habilidade física** ou **manual** do agente que lhe permite efetuar a subtração de algum bem que a vítima **traz consigo sem que ela perceba**. É o que ocorre com os chamados batedores de carteira (punguistas ou *pick pockets*), que, normalmente, atuam em locais de grande movimento como ônibus, metrôs, trens, ruas ou avenidas movimentadas, onde, sorrateiramente, colocam a mão dentro da bolsa de mulheres e furtam sua carteira, seu telefone celular etc. É claro, todavia, que o crime também pode ser cometido contra homens, colocando-se a mão no bolso do paletó, ou contra mulheres em outras circunstâncias, como no caso do agente que, com extrema habilidade, consegue tirar um colar ou uma pulseira sem que a vítima note.

O ato de cortar uma bolsa com uma lâmina e furtar a carteira da vítima sem que ela perceba constitui a figura qualificada: "*É qualificado o furto pela destreza quando o agente, com especial habilidade, sem que a vítima o perceba, corta a bolsa onde são carregados os valores que subtrai*" (Tacrim-SP — Rel. Dante Busana — *Jutacrim* 77/229).

Não constitui destreza pegar uma bolsa de cima de um balcão e sair correndo, como também a subtração de objetos que não estejam sendo portados pela vítima. Nota-se, portanto, que a doutrina e a jurisprudência restringiram o alcance da qualificadora da destreza à subtração de objetos que a vítima traz consigo. Em outros casos, ainda que o agente demonstre habilidade fora do comum para o furto, não se aplica a qualificadora, como em casos de ligação direta em veículo. Nesse sentido: "*Habilidade de quem com arame 'pesca'* a res *que se encontra no display de vitrine. A qualificadora da destreza só se faz presente quando a ação recai sobre o lesado, sobre coisa sobre sua posse direta ou, pelo menos, sob sua guarda imediata e vistas, sem que ele, graças ao* modus operandi, *note a subtração*" (Tacrim-SP — Rel. Roberto Martins — *Jutacrim* 54/181).

Quando a vítima está totalmente embriagada ou dormindo e, por isso, não percebe a subtração, também não se configura a qualificadora: "*A destreza inútil não qualifica o crime. É o caso do emprego de destreza num furto em que a vítima se encontra em estado de embriaguez completa. Há circunstâncias pessoais da vítima que exoneram a hipótese de destreza. Se ocorre estar o sujeito passivo dormindo (...), em estado de inconsciência, em se tratando de paralítico destituído de capacidade sensorial, de louco, de embriagado etc., pode o agente facilmente cometer a subtração*" (Tacrim-SP — Rel. Régio Barbosa — *RT* 704/331).

A doutrina salienta, outrossim, que, se a vítima percebe a conduta do agente, não se aplica a qualificadora. Essa regra, contudo, só vale se a vítima nota a conduta pela total falta de habilidade demonstrada pelo agente, por gesto grosseiro. Se o agente tem a mão leve, mas a vítima só percebe o ato, por exemplo, pelo reflexo no vidro do coletivo ou porque, por coincidência, seu telefone celular tocou dentro da bolsa no exato instante em que o agente estava com a mão dentro dela, existe a qualificadora. Da mesma forma, afigura-se presente a qualificadora se a vítima não nota a subtração, mas outra pessoa presente no local vê o que se passa e a avisa. A propósito: "*Agente que logra rasgar a bolsa da ofendida e dali subtrai-lhe a carteira, comete furto qualificado pela destreza. Se a vítima se apercebesse da subtração, essa qualificadora não poderia ser reconhecida. Mas, se terceiro alerta a vítima, permanece a qualificadora da destreza*" (Tacrim-SP — Rel. Celso Limongi — *Jutacrim* 96/173); "*A qualidade da destreza é incompatível com o gesto grosseiro e rude do agente. Ocorre aquela quando o acusado, agindo com habilidade e sutileza subtrai algo à vítima sem que esta disso se aperceba. É o modo que, na gíria dos malviventes, se denomina punga e que não deve ser confundida com o arrebatamento de inopino, pois em tal caso não há destreza, mas audácia*" (Tacrim-SP — Rel. Canguçu de Almeida — *RT* 582/346).

2.1.5.6. Emprego de chave falsa

> **Art. 155, § 4º, III** — Se o crime é cometido com emprego de chave falsa.

O conceito de chave falsa abrange:

a) A imitação da verdadeira feita clandestinamente, ou seja, sem o conhecimento e autorização da vítima. Assim, se um empregado se apossa da chave verdadeira, faz uma cópia clandestina em um chaveiro e, em seguida, põe a verdadeira de volta no local onde estava, para, no fim de semana, quando o patrão estiver viajando, abrir a porta da casa com a cópia e cometer o furto, incide na figura qualificada. Da mesma forma, se a vítima deixa um carro para ser consertado e o mecânico tira, clandestinamente, uma cópia, para furtar o carro quando ele estiver estacionado na rua, temos crime qualificado.

As cópias que não são clandestinas não podem ser tidas como chave falsa. Dessa forma, se o empregado encontra a cópia da chave do carro do patrão guardada em uma gaveta e usa essa chave reserva para subtrair o veículo, a qualificadora não incide. Com efeito, tal chave é verdadeira, por ser cópia cuja existência é de conhecimento da vítima, e, por isso, não pode ser equiparada à chave falsa, pois não o é, ainda que tenha sido subtraída. No exemplo em análise, o crime de furto é simples, ou, eventualmente, qualificado pelo abuso de confiança, dependendo da relação entre o empregado que furtou e o patrão.

Além disso, a utilização de chave verdadeira, obtida com emprego de **fraude**, não constitui uso de chave falsa, e sim furto mediante fraude. Se um hóspede deixa o hotel para um passeio, entregando a chave ao recepcionista, e, algum tempo depois, o agente, notando que chegou outro recepcionista, se apresenta a este como o hóspede e pede a chave daquele quarto, vindo a recebê-la e, com ela, abre a porta do quarto e subtrai a mala do hóspede, responde por furto qualificado pela fraude, porque a chave não é falsa. Ressalte-se que o crime é o de furto e não o de estelionato porque o objeto material do crime é a mala que foi levada do quarto sem o consentimento do hóspede (subtração), e não a chave que foi entregue pelo recepcionista. Esta é apenas o instrumento do crime.

Por fim, quando alguém vê que a vítima guardou a chave de sua casa sob um vaso ao deixar a residência e, em seguida, pega a chave e dela faz uso para entrar na casa, responde por furto simples.

b) Qualquer instrumento, com ou sem formato de chave, capaz de abrir uma fechadura (ou dispositivo análogo) sem arrombá-la. Abrange os instrumentos que têm outra finalidade, mas que também podem abrir a fechadura dependendo da habilidade do agente, como, clipe de papel, grampo de cabelo, chave de fenda, e, principalmente, aqueles que os próprios ladrões confeccionam para servir efetivamente como chave falsa e que são chamados de mixas ou gazuas.

A chave mestra da camareira, que abre as portas de todos os quartos do hotel, não é chave falsa.

Caso a chave falsa seja apreendida, deverá ser submetida à perícia, tal como ocorre com todo instrumento de crime (art. 175 do CPP).

Vale mencionar, ainda, que prevalece o entendimento de que a qualificadora da chave falsa não se aplica no caso de ligação direta de fios sob o painel do veículo para dar a partida no automóvel, pois, nesse caso, não há emprego de qualquer objeto sobre o ponto de ignição real.

Existem alguns julgados que dizem, inclusive, que o uso de chave mixa na própria ignição do veículo não configura a qualificadora porque esta pressuporia o emprego de chave falsa em fechadura externa, para que o agente consiga obter acesso ao local do furto. O texto legal, entretanto, não faz essa exigência, referindo-se, genericamente, à chave falsa. O instrumento que dá partida em veículo é incontestavelmente uma chave, aliás, a mesma que abre sua porta, de modo que, em nosso entendimento, se não for a chave verdadeira, configura a qualificadora.

A tentativa é viável se o agente já tiver inserido a chave falsa na fechadura, desde que não consiga concretizar a subtração por circunstâncias alheias à sua vontade.

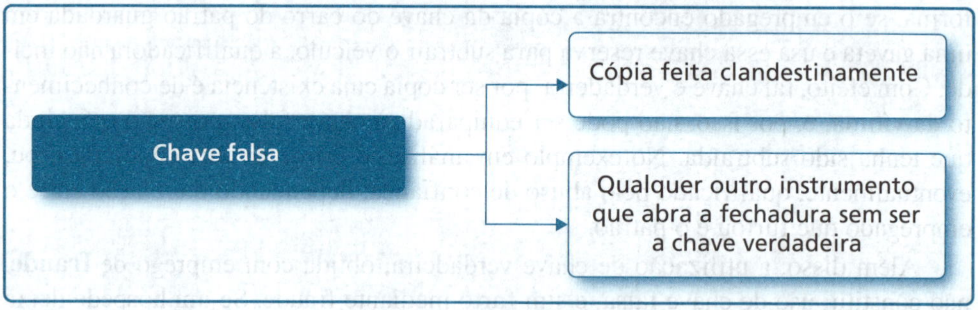

■ *2.1.5.7. Concurso de pessoas*

Art. 155, § 4º, IV — Se o crime é cometido mediante concurso de duas ou mais pessoas.

A qualificadora é cabível ainda que um dos envolvidos seja menor de idade ou que apenas um deles tenha sido identificado em razão da fuga dos demais do local.

Assim, para aplicar a qualificadora, não é necessário que o juiz condene duas ou mais pessoas na sentença, exigindo-se, contudo, prova de que havia outras pessoas envolvidas.

Aplica-se a qualificadora, ainda, em casos de incidência de escusa absolutória em relação a um dos envolvidos. Assim, se o filho da vítima pratica uma subtração juntamente com um amigo, este incorre na figura qualificada, enquanto o filho é isento de pena, nos termos do art. 181, II, do Código Penal.

Diverge a doutrina em torno da necessidade de estarem presentes duas pessoas **no local** do furto praticando atos de execução do crime. Nélson Hungria,[135] Cezar Roberto Bitencourt[136] e Celso Delmanto[137] entendem que a qualificadora somente se aplica quando há duas pessoas executando diretamente a subtração, pois, somente nesse caso existiria maior dificuldade da vítima na defesa de seu patrimônio.

De outro lado, Damásio de Jesus,[138] Julio Fabbrini Mirabete,[139] Fernando Capez[140] e Heleno Cláudio Fragoso[141] interpretam que a qualificadora alcança todas as pessoas envolvidas na infração penal, ainda que não tenham praticado atos executórios e mesmo que uma só tenha estado no local do crime realizando ato de subtração. Concordamos com esta última orientação. Em primeiro lugar, porque não é verdade que apenas a existência de duas ou mais pessoas no local torna mais fácil a subtração. Veja-se, por exemplo, o caso do empregado doméstico que deixa a janela da casa destravada e passa a informação ao executor, informando-lhe, inclusive, os locais onde as joias estão escondidas e o horário em que a casa estará vazia. O empregado é partícipe porque, embora não estivesse no local no momento da subtração, é inegável que sua colaboração é essencial para o crime. Não é correto diminuir a importância do partícipe. Ademais, o texto legal se refere, genericamente, a furto cometido **mediante concurso de agentes** sem fazer restrição, sendo sabido que referida expressão abrange tanto a coautoria quanto a participação. De salientar-se, outrossim, que, quando a lei quer exigir atos executórios por parte de todos os envolvidos no crime, o faz de forma expressa, tal como se dá na causa de aumento de pena do constrangimento ilegal em que o art. 146, § 1º, estabelece que as penas serão aplicadas cumulativamente e em dobro se, para a **execução** do crime, se reúnem mais de três pessoas. Se no furto não foi adotada essa forma de redação, significa que o legislador não quis exigir a presença de duas ou mais pessoas realizando atos executórios no local.

Apesar da divergência doutrinária em relação ao tema, na jurisprudência tem se visto o reconhecimento da qualificadora em qualquer caso de envolvimento de duas ou mais pessoas no crime, tendo sido adotada, assim, a segunda corrente.

---

135 Nélson Hungria, *Comentários ao Código Penal,* v. VII, p. 46.
136 Cezar Roberto Bitencourt, *Tratado de direito penal,* v. 3, p. 38.
137 Celso Delmanto, *Código Penal comentado,* p. 303.
138 Damásio de Jesus, *Código Penal anotado,* p. 546.
139 Julio Fabbrini Mirabete, *Manual de direito penal,* v. 2, p. 231.
140 Fernando Capez, *Curso de direito penal,* v. 2, p. 373.
141 Heleno Cláudio Fragoso, *Lições de direito penal*. Parte especial, v. I, p. 277.

Não existe qualquer divergência, por sua vez, quando há duas pessoas no local realizando ato executório, contando com a ajuda de uma terceira pessoa na condição de partícipe. Nesse caso, é pacífico que a qualificadora se aplica a todos eles.

A figura qualificada em análise é também compatível com a figura da tentativa.

- **Furto qualificado e associação criminosa**

Discute-se na doutrina e jurisprudência se é possível cumular o crime de furto qualificado pelo concurso de agentes com o delito de associação criminosa[142] (art. 288) ou se isso constituiria *bis in idem*. Conforme se verá a seguir, existem julgados do Supremo Tribunal Federal em ambos os sentidos, porém há, na atualidade, uma forte tendência no sentido de que o crime qualificado pode ser cumulado com o delito de associação criminosa (antigo delito de quadrilha com algumas modificações — ver comentários ao art. 288 do CP) porque os bens jurídicos tutelados, no que diz respeito à pluralidade de envolvidos, são distintos: na associação criminosa, é o perigo que a associação para a prática reiterada de crimes representa para a coletividade; e, na qualificadora do furto, é a maior facilidade para perpetrar o ato de subtração. A propósito: "*É admissível o concurso entre os crimes de quadrilha e de furto qualificado pelo concurso de pessoas, não se configurando* bis in idem. *Precedentes. 3. O crime de quadrilha se consuma pela simples associação e não pelo resultado da participação conjunta das pessoas associadas, de forma que num roubo ou num furto praticado por membros de uma quadrilha só respondem os que efetivamente participaram do delito. Precedentes*" (STF — HC 77.485-9 — Rel. Min. Maurício Côrrea — *DJ* 7-5-1999); "*Não configura* bis in idem *a condenação por crime de formação de quadrilha e furto qualificado pelo concurso de agentes, ante a autonomia e independência dos delitos*" (STJ — HC 123.932/SP — Rel. Min. Arnaldo Esteves Lima — 5ª Turma — julgado em 16-6-2009 — *DJe* 3-8-2009); **e** "*Quanto ao mais, a decisão deve ser mantida incólume porque proferida em conformidade com a jurisprudência assentada nesta Casa Superior de Justiça, no sentido da possibilidade de coexistência entre os crimes de quadrilha ou bando e o de furto ou roubo qualificado pelo concurso de agentes, porquanto os bens jurídicos tutelados são distintos e autônomos os delitos*" (STJ — AgRg no REsp 1.404.832/MS — Rel. Min. Laurita Vaz — 5ª Turma — julgado em 25-3-2014 — *DJe* 31-3-2014).

Em sentido contrário: "*Quadrilha e furto qualificado (CP, art. 155, § 4º). — Se o réu primeiro associou-se para furtar e, após, o grupo iniciou a prática desses delitos, dois crimes estão praticados, o de quadrilha (CP, 288) e o de furto (CP, art. 155). Entretanto o furto, ainda que praticado pelo grupo, é apenado como delito simples, não qualificado como de associados (CP, art. 155, § 4º, IV), o que seria* bis in idem, *pois a circunstância associativa criminal, no caso, constitui fato ante-*

---

[142] A Lei n. 12.850/2013 modificou a denominação do crime de quadrilha ou bando, passando a chamá-lo de associação criminosa. Além disso, com o advento dessa nova Lei, basta a associação de três ou mais pessoas com o fim de cometer crimes para estar configurada a infração penal, ao passo que, no regime anterior, o crime de quadrilha exigia envolvimento mínimo de quatro pessoas.

rior e autônomo, já apenado (CP, art. 288). Habeas corpus *concedido, parcialmente, para excluir a qualificação do furto*" (STF — RHC 58928/RJ — 1ª Turma — Rel. Min. Clóvis Ramalhete — *DJ* 21-8-1981, p. 7972); "*Cumulação incabível de qualificadora do furto (concurso de agentes), com a condenação por quadrilha.* Habeas corpus *concedido, em parte, ficando, a cargo do juiz das execuções, a adequação da pena e a verificação de ocorrência, ou não, da prescrição. Extensão concedida a corréus* (STF — HC 65.717/SP — Min. Octávio Gallotti — *DJ* 24-6-1988, p. 16113).

Os julgados acima mencionam o crime de quadrilha porque são anteriores à Lei n. 12.850/2013.

- **Princípio da proporcionalidade**

Alguns defensores passaram a sustentar em seus recursos que a qualificadora em análise, se aplicada na forma como prevista no Código, afrontaria o princípio da **proporcionalidade**, uma vez que, no crime de roubo, o concurso de agentes faz apenas com que a pena seja aumentada de um terço até metade (art. 157, § 2º, II), enquanto, no furto, o reconhecimento da qualificadora faz com que a pena acabe sendo o dobro daquela prevista para o crime simples. Com esse fundamento, passaram a sustentar que, também no furto qualificado, deveria ser aplicado o aumento de um terço até metade. Tal entendimento, evidentemente, não vingou, na medida em que o Poder Legislativo pode prever gravames distintos para cada tipo de infração penal. Ademais, considerando que a pena em abstrato do roubo é muito maior que a do furto, conclui-se que, em termos práticos, o aumento de um terço é maior do que a duplicação da pena do furto, e daí a distinção feita pelo legislador. De qualquer forma, o Superior Tribunal de Justiça, rechaçando a tese, publicou a Súmula n. 442 nos seguintes termos: "*é inadmissível aplicar, no furto qualificado, pelo concurso de agentes, a majorante do roubo*". O Supremo Tribunal Federal adotou o mesmo entendimento (HC 95.398 — Rel. Min. Cármen Lúcia — 1ª Turma — julgado em 4-8-2009, *DJe*-167 divulg. 3-9-2009, public. 4-9-2009, HC 95.351 — Rel. Min. Ricardo Lewandowski — 1ª Turma — julgado em 21-10-2008 — *DJe*-211 divulg. 6-11-2008, public. 7-11-2008).

2.1.5.8. Emprego de explosivo ou artefato análogo

> **Art. 155, § 4º-A** — A pena é de reclusão de 4 a 10 anos e multa, se houver emprego de explosivo ou de artefato análogo que cause perigo comum.

Esse dispositivo foi inserido no Código Penal pela Lei n. 13.654, de 23 de abril de 2018, e se aplica, por exemplo, quando o agente coloca dinamites para explodir um caixa eletrônico visando à subtração do dinheiro ou, ainda, quando explode a parede de um estabelecimento comercial para ter acesso ao seu interior. A nova qualificadora tem pena maior do que aquela do § 4º, I — rompimento ou destruição de obstáculo à subtração da coisa.

A configuração dessa modalidade qualificada no crime de furto impede o reconhecimento concomitante do crime de explosão (art. 251 do CP).

A qualificadora pressupõe que a explosão provoque perigo comum, ou seja, que provoque perigo a número elevado e indeterminado de pessoas. É preciso, pois, que se trate de explosão de consideráveis proporções.

É comum o furto com emprego de explosivo cometido mediante o concurso de pessoas, hipótese em que o juiz deve aplicar a qualificadora mais grave (§ 4º-A) e considerar o concurso de pessoas como circunstância judicial do art. 59 do Código Penal na fixação da pena-base.

Essa modalidade de furto qualificado foi transformada em crime hediondo pela Lei n. 13.964/2019. A hipótese passou a constar do art. 1º, IX, da Lei n. 8.072/90.

Em se tratando de subtração perpetrada também mediante rompimento ou destruição de obstáculo, necessária perícia para a constatação dos vestígios, nos termos do art. 171 do Código de Processo Penal.

2.1.5.9. *Transporte de veículo para outro estado ou país*

> **Art. 155, § 5º** — A pena é de reclusão de três a oito anos, se a subtração for de veículo automotor que venha a ser transportado para outro Estado ou para o exterior.

Esse parágrafo foi inserido no Código Penal pela Lei n. 9.426/96. A qualificadora tem como objeto qualquer veículo automotor — automóvel, motocicleta, van, caminhão, trator, ônibus, aeronave, lancha etc. Não incide, contudo, quando se trata apenas do transporte de alguma de suas peças.

Trata-se de qualificadora que, ao contrário das anteriores, não se refere ao meio de execução do crime, e sim a um resultado posterior, qual seja, o transporte do veículo automotor para outro Estado da Federação ou para outro país.

Para a configuração da qualificadora, é necessário que exista, já **no momento da subtração, intenção de transportar o veículo** para um dos locais que a lei menciona; contudo, de acordo com o próprio texto legal, pode-se concluir que a qualificadora só se aperfeiçoa se o agente efetivamente transpõe a divisa com outro Estado ou a fronteira com outro país. É que o dispositivo diz que a pena será maior **se o veículo vier a ser transportado para outro Estado ou para o exterior**.

Assim, se o sujeito furta um automóvel para usá-lo no mesmo Estado em que cometido o crime e, alguns anos depois, resolve fazer uma visita a um parente em outro Estado, não surge a qualificadora nesse momento posterior. Da mesma forma, não incide a qualificadora se o agente subtrai uma motocicleta para levá-la para o exterior, mas é preso cinco minutos depois do crime.

Veja-se, ainda, que, se ele conseguiu subtrair o veículo e já está em uma estrada dirigindo-se para outro Estado, quando vem a ser parado em uma *blitz* e os policiais acabam apreendendo o veículo, não se pode cogitar de tentativa de furto qualificado. Primeiro porque o furto se consumou, visto que o agente já estava na posse do bem há algum tempo. Segundo porque a qualificadora do § 5º pressupõe que a divisa com o outro Estado seja transposta, o que não aconteceu. Poderá, entretanto, ser reconhecida alguma das qualificadoras do § 4º, se presentes os seus requisitos no caso concreto.

Se o agente, estando próximo da divisa, subtrair um veículo e for imediatamente perseguido, vindo a cruzar o marco divisório entre os Estados, mas acabar preso, responderá por crime consumado de acordo com o atual entendimento dos tribunais superiores no sentido de que o furto não exige, para sua consumação, a posse tranquila do bem.

O reconhecimento dessa qualificadora afasta a incidência daquelas previstas no § 4º, porque o furto é um só e não é possível aplicar duas penas. Assim, prevalece a do § 5º, que é maior, incidindo as demais como circunstâncias judiciais do art. 59 do CP.

Na figura qualificada do § 5º, não existe previsão legal de multa cumulativa.

A pessoa que é **contratada após a consumação do furto** para levar o veículo para outro Estado ou país é considerada **receptadora**. Os furtadores que a contrataram responderão pelo furto qualificado.

■ 2.1.5.10. *Furto de semovente domesticável de produção*

> **Art. 155, § 6º** — A pena é de reclusão de dois a cinco anos se a subtração for de semovente domesticável de produção, ainda que abatido ou dividido em partes no local da subtração.

Essa forma qualificada do crime de furto foi introduzida no Código Penal pela Lei n. 13.330/2016 e pune a subtração de animais domesticáveis de produção (boi, porco, cabra, ovelha, galinha etc.). De acordo com o dispositivo, não desnatura a qualificadora o fato de o animal ser abatido ou dividido em partes no próprio local. Não configura a modalidade qualificada, todavia, a subtração de animais já abatidos, por exemplo, do interior de um frigorífico ou açougue.

É bastante comum a prática desta modalidade de delito mediante concurso de pessoas e rompimento de obstáculo (destruição de cerca, por exemplo). Nesses casos, estariam presentes figuras qualificadas do § 4º do art. 155 e também deste § 6º. De ver-se, entretanto, que a pena do § 4º prevalece — por ser maior.

O fato de ter se tornado modalidade qualificada do delito não impede o reconhecimento do furto famélico quando ocorrer, por exemplo, a subtração de uma galinha para saciar a própria fome.

■ 2.1.5.11. *Furto de substância explosiva ou acessório*

> **Art. 155, § 7º** — A pena é de reclusão de 4 a 10 anos, e multa, se a subtração for de substâncias explosivas ou de acessórios que, conjunta ou isoladamente, possibilitem sua fabricação, montagem ou emprego.

Essa forma qualificada foi incluída no Código Penal pela Lei n. 13.654/2018.

O que torna qualificada a infração penal é o seu objeto material, qual seja, substância explosiva ou acessório que, conjunta ou isoladamente, possibilite sua fabricação, montagem ou emprego. A lei não exige qualquer intenção específica em relação ao uso posterior do explosivo ou acessório.

Se, em um contexto fático, furtadores subtraem explosivos e, posteriormente, utilizam-no para explodir um caixa eletrônico e subtrair o dinheiro de seu interior, eles devem responder por dois crimes de furto qualificados. O primeiro é qualificado na figura deste § 7º, e o segundo qualificado na modalidade do § 4º-A. Como são duas condutas distintas e com formas de execução diversas, a hipótese é de concurso material.

2.1.6. Furto de coisa comum

> **Art. 156.** Subtrair o condômino, coerdeiro ou sócio, para si ou para outrem, a quem legitimamente a detém, a coisa comum:
> Pena — detenção, de seis meses a dois anos, ou multa.
> § 1º Somente se procede mediante representação.
> § 2º Não é punível a subtração de coisa comum fungível, cujo valor não excede a quota a que tem direito o agente.

No crime de furto do art. 155, o agente subtrai coisa que lhe é alheia. Ocorre que há casos em que duas os mais pessoas são, concomitantemente, donas de um bem móvel. Caso uma delas subtraia o bem em sua integralidade, causando, com isso, prejuízo à quota-parte do outro proprietário, encontraríamos dificuldade no enquadramento do crime no art. 155, na medida em que o bem é, em parte alheio, em parte do próprio furtador, não se podendo puni-lo por metade de um crime. Assim, o legislador criou, para esses casos, a figura criminosa autônoma do **furto de coisa comum** (art. 156), em que o agente subtrai a coisa das mãos do condômino, coerdeiro ou sócio.

O **objeto material** desse crime é somente a **coisa comum**, de natureza móvel, pois, embora o tipo penal não mencione expressamente, apenas esta pode ser subtraída.

Como a conduta típica é a mesma do furto previsto no art. 155 — subtração —, aplicam-se ao furto de coisa comum os comentários feitos em relação àquele, no que diz respeito ao momento consumativo, tentativa, elemento subjetivo etc.

Em relação ao **sujeito ativo**, contudo, deve-se ressaltar sua natureza de crime **próprio**, que só pode ser cometido por condômino (de bem móvel), coerdeiro e sócio. Em relação a este último, diverge a doutrina acerca da possibilidade de aplicação do art. 156 ao sócio de sociedade com personalidade jurídica que subtrai bem que pertence à empresa. Nélson Hungria[143] e Damásio de Jesus[144] admitem a hipótese argu-

---

143 Nélson Hungria, *Comentários ao Código Penal*, v. VII, p. 49.

144 Damásio de Jesus, *Direito penal*, v. 2, p. 337.

mentando que o texto legal não faz distinção. Já Magalhães Noronha,[145] Julio Fabbrini Mirabete[146] e Heleno Cláudio Fragoso[147] entendem que, em tal caso, o agente deve responder pelo furto do art. 155, uma vez que o patrimônio da pessoa jurídica é distinto do de seus proprietários, restando ao crime do art. 156 ser aplicado em hipóteses de sociedade de fato. Preferimos esta última corrente, pois, de acordo com a legislação civil, os objetos que pertencem a sociedades com personalidade jurídica não constituem coisa comum dos sócios.

Quando o agente já está na posse da coisa comum e não a restitui, o crime é o de apropriação indébita, e não de furto de coisa comum.

Sujeito passivo, por óbvio, é o condômino, coerdeiro ou sócio, ou eventualmente, terceira pessoa que, legitimamente, detinha o bem. Se a detenção era ilegítima, o fato é atípico. A **legitimidade** da detenção é o elemento **normativo** do crime.

O legislador, considerando que nas hipóteses desse artigo as partes muitas vezes são parentes ou amigos próximos, decidiu que a ação penal é pública, mas depende de **representação**. Se forem várias, basta que uma ofereça representação para que esteja autorizada a propositura da ação penal pelo Ministério Público.

A pena máxima, por ser de dois anos, faz com que essa infração penal seja de menor potencial ofensivo, inserindo-se na competência do Juizado Especial Criminal, o que não ocorre com o furto simples do art. 155, *caput*, que tem pena máxima de quatro anos.

- **Exclusão do crime**

O art. 156, § 2º, do Código Penal, dispõe que a subtração não é punível quando se trata de coisa comum **fungível**, cujo valor não ultrapasse a quota-parte do agente. Coisa fungível é aquela que pode ser substituída por outra da mesma espécie, quantidade e qualidade. Para que fique afastado o crime, é necessário que o montante subtraído não tenha excedido a quota-parte do agente, pois, nesse caso, não terá causado prejuízo econômico ao sócio, coerdeiro ou condômino. Suponha-se que o pai tenha morrido e que dois filhos tenham herdado dez mil sacas de café que estavam depositadas na propriedade de um deles. Se o outro, sem o conhecimento do primeiro, retira cinco mil sacas, o fato não constitui crime. No caso em análise, um dos irmãos legitimamente detinha a posse da coisa comum, mas a subtração não constitui crime em decorrência da regra do art. 156, § 2º. A opinião prevalente na doutrina é no sentido de que se trata de excludente de ilicitude, já que a lei menciona que "não é punível a subtração".

De ver-se que, quando o bem é infungível, há crime, posto que, em tal hipótese, a outra parte sempre sofre prejuízo.

---

[145] E. Magalhães Noronha, *Direito penal,* v. 2, p. 256.

[146] Julio Fabbrini Mirabete, *Manual de direito penal,* v. 2, p. 233.

[147] Heleno Cláudio Fragoso, *Lições de direito penal*. Parte especial, v. I, p. 285.

2.1.7. Questões

1. (Acadepol/SP — 2003) De acordo com a legislação pátria,

a) sempre que o autor de furto for primário, deverá sua conduta ser analisada como "furto privilegiado";
b) nos casos de furto de veículo automotor, o transporte deste para outro Estado é circunstância impositiva de pena mais grave;
c) a extração de mineral em propriedade alheia, sem a competente autorização, não caracteriza o crime de furto;
d) responderá por furto quem subtrair coisa alheia para pagar-se ou ressarcir-se de prejuízos.

2. (Ministério Público/SP — 83º concurso) Tícia, no dia 1º de janeiro de 2003, ao sair de uma festa realizada em um clube, passa pela chapelaria e verifica que ali está uma bolsa bonita, que entende ser valiosa. Então, vai até o local e, dizendo que havia perdido o tíquete comprovador da propriedade e que no interior da bolsa estavam todos seus documentos e as chaves de sua casa, convence a funcionária responsável pela chapelaria e recebe a bolsa, da qual se apossa. Ao retirar-se do local, apura que a bolsa valia R$ 130,00 e tinha em seu interior coisas sem nenhuma importância. Tícia responderá pelo crime de:

a) furto simples, podendo ser aplicado em seu favor o privilégio em face do pequeno valor da coisa.
b) furto qualificado pela utilização da fraude, não podendo ser beneficiada pelo privilégio, pois este é incompatível com o furto qualificado.
c) estelionato, podendo ser aplicado em seu favor o privilégio em face do pequeno prejuízo causado.
d) furto simples, pois o valor do bem não pode ser considerado pequeno.
e) estelionato, não podendo ser aplicado em seu favor o privilégio, pois o prejuízo causado não pode ser considerado pequeno.

3. (Ministério Público/SP — 79º concurso) Antônio, durante a madrugada e mediante escalada, adentrou uma indústria de roupas objetivando praticar a subtração de vestimentas lá fabricadas. No momento em que se encontrava no interior do prédio, para realizar a subtração, foi surpreendido por um guarda particular da firma que, de arma em punho, lhe deu voz de prisão. Antônio, após se envolver em luta corporal com o guarda e arrebatar-lhe a arma, com a mesma lhe deu uma coronhada na cabeça, ferindo-o e, ato contínuo, fugiu do local sem nada levar. Antônio, com sua conduta, deverá ser responsabilizado por:

a) tentativa de furto qualificado em concurso material com o delito de lesões corporais.
b) tentativa de roubo impróprio.
c) tentativa de roubo próprio.
d) tentativa de furto qualificado em concurso formal com o delito de lesões corporais.
e) tentativa de roubo impróprio em concurso material com o delito de lesões corporais.

4. (Ministério Público/SP — 82º concurso) A. entrou em uma loja e, enquanto o amigo que o acompanhava distraía a vítima (proprietária do estabelecimento), foi embora do local com vestimenta que não lhe pertencia, não mais retornando. A. cometeu o crime de:

a) furto qualificado por fraude.
b) estelionato.
c) furto qualificado por destreza.
d) furto qualificado por abuso de confiança.
e) furto de uso.

5. (Magistratura/SP — 169º concurso) Apresentando-se como interessado na aquisição de um automóvel e, a pretexto de experimentá-lo, o réu obtém do dono as respectivas chaves para dar uma volta no quarteirão. Entretanto, na sequência do planejado, desaparece com o veículo. A tipificação jurídico-penal do caso é:

a) furto qualificado por abuso de confiança.
b) furto qualificado por destreza.
c) estelionato.
d) furto qualificado por fraude.

6. (Magistratura/GO — 2009 — FCC) Determinada pessoa recebeu em proveito próprio coisa alheia móvel cuja subtração específica previamente encomendara a outrem. Assim, cometeu o delito de

a) furto simples.
b) receptação dolosa.
c) furto qualificado pelo concurso.
d) favorecimento real.
e) favorecimento pessoal.

7. (Magistratura/GO — 2015 — FCC) Em relação ao crime de furto, é correto assegurar que

a) no caso de incidirem duas qualificadoras, uma qualifica o delito e a outra atua como agravante comum, ainda que não prevista como tal.
b) é qualificado pelo concurso de pessoas, ainda que posterior a participação de outrem e não prometida com precedência.
c) é punível a subtração de coisa comum por condômino, coerdeiro ou sócio, desde que fungível e o valor não exceda a quota a que tem direito o agente.
d) a relação de emprego sempre configura a qualificadora do abuso de confiança.
e) é admissível o reconhecimento da figura privilegiada do delito, em algumas situações, nos casos de furto qualificado.

8. (TRF — 3ª Região — FCC) A respeito do crime de furto, considere:

I. Peter cavou um túnel e, com grande esforço, conseguiu entrar no interior de uma loja, dali subtraindo produtos eletrônicos.
II. Paulus, com o auxílio de uma corda, entrou pela janela em uma residência, de onde subtraiu objetos.
III. Plinius escalou uma árvore, galgou o telhado de um supermercado e removeu várias telhas, entrando no local, de onde subtraiu diversos objetos.

Ficou caracterizada a qualificadora da escalada

a) nos furtos cometidos por Peter e Paulus, apenas.
b) nos furtos cometidos por Peter, Paulus e Plinius.
c) nos furtos cometidos por Peter e Plinius, apenas.
d) nos furtos cometidos por Paulus e Plinius, apenas.
e) no furto cometido por Plinius, apenas.

9. (Defensor Público/RN — CESPE) João, imputável, foi preso em flagrante no momento em que subtraía para si, com a ajuda de um adolescente de dezesseis anos de idade, cabos de telefonia avaliados em cem reais. Ao ser interrogado na delegacia, João, apesar de ser primário, disse ser Pedro, seu irmão, para tentar ocultar seus maus antecedentes criminais. Por sua vez, o adolescente foi ouvido na delegacia especializada, confirmou sua participação nos fatos e afirmou que já havia sido internado anteriormente pela prática de ato infracional análogo ao furto.

Nessa situação hipotética, conforme a jurisprudência dominante dos tribunais superiores, em tese, João praticou os crimes de

a) furto qualificado privilegiado, corrupção de menores e falsa identidade.
b) corrupção de menores e falsidade ideológica.
c) furto simples, falsa identidade e corrupção de menores.
d) furto qualificado e falsidade ideológica.
e) furto simples e corrupção de menores.

■ GABARITO ■

1. "b". A alternativa A está errada porque o privilégio pressupõe também o pequeno valor da coisa. A alternativa C está errada porque a subtração de mineral constitui furto e a D está errada porque a intenção de autorressarcimento gera o crime de exercício arbitrário das próprias razões.

2. "c". O crime é o de estelionato porque a funcionária enganada entregou a bolsa em definitivo para Tícia. É cabível o privilégio em razão do valor de R$ 130,00 à época dos fatos (inferior a um salário mínimo).

3. "a". Não há que cogitar de roubo impróprio porque a premissa deste crime é que o agente já tenha subtraído os bens da vítima, o que não ocorreu no caso em análise. O concurso entre a tentativa de furto e as lesões corporais é material, já que fruto de duas condutas distintas.

4. "a". A única alternativa adequada é a que se refere ao furto mediante fraude, porém deve-se mencionar que o correto seria tipificar a conduta como furto qualificado pela fraude e pelo concurso de agentes, alternativa que, todavia, não existe entre as elencadas.

5. "d". Apesar de divergências, prevalece o entendimento de que, quem recebe as chaves apenas para dar uma volta no quarteirão, tem posse vigiada do bem, de modo que a fuga com o veículo constitui ato de subtração e, portanto, de furto. Ao enganar o dono do carro, o agente incidiu também na qualificadora da fraude.

6. "c". O agente responde pelo crime de furto na condição de partícipe por ter induzido outra pessoa a cometer o delito. A qualificadora do concurso de agentes aplica-se tanto a casos de coautoria quanto de participação.

7. "e". A alternativa A está errada porque a segunda qualificadora deve ser usada como circunstância judicial no crime de furto (e não como agravante genérica). A assertiva B está errada porque o concurso pressupõe envolvimento anterior ou concomitante à prática do delito. A alternativa C está errada porque em desacordo com o art. 156, § 2º, do CP. A alternativa D está errada porque a relação de emprego nem sempre caracteriza a qualificadora (depende do caso concreto). Por fim, a alternativa E está correta porque corresponde ao entendimento do STF e do STJ (Súmula n. 511).

8. "b". As condutas dos três foram cometidas mediante escalada: escavação de túnel, uso de corda para acessar a janela e entrar pelo telhado.

9. "a". Furto privilegiado porque o réu é primário e a coisa de pequeno valor. Corrupção de menores porque o comparsa é menor de 18 anos. Falsa identidade porque se passou pelo irmão perante a autoridade policial.

II

DO ROUBO E DA EXTORSÃO

2.2. DO ROUBO E DA EXTORSÃO

Neste Capítulo estão previstos os crimes de roubo (art. 157), extorsão (art. 158), extorsão mediante sequestro (art. 159) e extorsão indireta (art. 160).

2.2.1. Do roubo

Essa figura criminosa abrange o roubo simples (que pode ser próprio ou impróprio), nove causas de aumento de pena e duas qualificadoras.

2.2.1.1. Roubo próprio

> **Art. 157, *caput* —** Subtrair coisa móvel alheia, para si ou para outrem, mediante grave ameaça ou violência a pessoa, ou depois de havê-la, por qualquer meio, reduzido à impossibilidade de resistência:
> Pena — reclusão, de quatro a dez anos, e multa.

2.2.1.1.1. Objetividade jurídica

O roubo é crime **complexo** na medida em que atinge mais de um bem jurídico: **o patrimônio e a incolumidade física ou a liberdade individual.** Com efeito, como no roubo ocorre subtração de coisa alheia, o patrimônio é bem jurídico sempre afetado. Além disso, quando a subtração se dá mediante violência, afeta-se também a incolumidade física da vítima, e quando é praticada mediante grave ameaça ou com emprego de soníferos, atinge-se também a liberdade individual, ainda que momentaneamente.

2.2.1.1.2. Tipo objetivo

A configuração do crime de roubo exige a presença das elementares do furto já analisadas anteriormente: a) a subtração como conduta típica; b) coisa móvel como objeto material; c) a circunstância de a coisa ser alheia como elemento normativo; d) a finalidade de assenhoreamento definitivo, para si ou para terceiro, como elemento subjetivo. Trata-se, contudo, de infração bem mais grave do que o furto porque, enquanto neste ocorre uma subtração pura e simples, no roubo, o agente domina a vítima, pelo emprego de violência, grave ameaça ou qualquer outro meio que torne impossível a sua resistência.

- **Violência**

Violência (*vis absoluta*) é o emprego de força física ou a prática de ato agressivo. Exs.: agarrar ou abraçar a vítima para imobilizá-la e subtrair seus pertences; laçar a vítima com uma corda para imobilizá-la; agredi-la com socos ou chutes para subjugá-la; derrubá-la no chão com uma rasteira, empurrá-la com força; desferir pauladas etc.

O ato de desferir facada ou disparo de arma de fogo contra a vítima constitui emprego de violência e caracteriza roubo; porém, se o agente o faz com intenção de matá-la, responde por crime de latrocínio, consumado ou tentado, dependendo do resultado.

Quando o agente dá uma violenta trombada na vítima para desequilibrá-la e, em seguida, subtrai sua bolsa ou carteira, responde por crime de roubo porque a trombada é uma forma de violência. Se o agente, entretanto, apenas encosta levemente na vítima, em meio a uma multidão, a fim de abrir a bolsa dela e sorrateiramente subtrair sua carteira, comete furto qualificado pela destreza. Nesse sentido: "*Trombada. Tal modalidade de assalto urbano, ainda que levíssima a lesão corporal resultante, e discreta a diminuição da resistência da vítima, classifica-se como roubo, e não como simples furto. Precedentes do STF*" (STJ — REsp 8.259/SP — Rel. Min. José Dantas — 5ª turma — *DJU* 17-6-1991, p. 8211); "*Fica tipificado o roubo, e não o furto, no caso de a subtração ter sido praticada mediante trombada (violência à pessoa), que é o expediente usado para desequilibrar a vítima, chocando-se contra seu corpo, e assim, permitindo o apossamento da* res" (Tacrim-SP — Rel. Pires Neto).

Nas hipóteses de arrebatamento consistentes em **arrebentar** objeto que envolve alguma parte do corpo da vítima, estará configurado o roubo quando a força empregada pelo agente lesionar a vítima, provocar-lhe dor ou, ainda, derrubá-la ou desequilibrá-la. Por isso, se é uma corrente ou pulseira de ouro grossa que o agente puxa e lesiona o pescoço ou o punho da vítima, o crime é o de roubo. Contudo, se se trata de um cordão consideravelmente frágil e a vítima praticamente não sente o instante em que o agente lhe arrebenta a peça, o crime é o de furto. Da mesma forma, quando se trata de uma pulseira de couro velha, muito gasta, que o agente consegue arrebentar sem muito esforço ao puxar o relógio de pulso da vítima. Por outro lado, se ele arrebenta a alça de uma bolsa que estava no ombro da vítima fazendo com que esta caia no chão ou sofra desequilíbrio, o crime é o de roubo.

Se o bem está nas mãos da vítima (uma carteira, por exemplo) e o agente se limita a puxá-lo e sair correndo, o crime é o de furto.

Para que a violência tipifique crime de roubo, o texto legal exige que esta seja empregada **contra pessoa** (o próprio dono do bem ou terceiro) e nunca apenas contra a coisa. A violência contra obstáculo para viabilizar a subtração é qualificadora do furto.

- **Grave ameaça**

É a promessa de mal injusto, grave e iminente a ser provocado no próprio dono do bem ou em terceiro (filho, cônjuge etc.). Pode-se dar por promessa de morte, de lesão, de colocar fogo na casa da vítima, de praticar violência sexual etc.

A **simulação de arma**, como nos casos em que o agente esconde uma das mãos sob a blusa ou sob um pedaço de pano, ou quando encosta um dos dedos nas costas da vítima e manda-a não olhar para trás, **constitui grave ameaça**, já que tais condutas têm poder intimidatório, porque a vítima não sabe que se trata de uma simulação e, portanto, sente-se amedrontada. O mesmo raciocínio aplica-se ao emprego de **arma de brinquedo** que tenha características semelhantes às verdadeiras, visto que, igualmente, **tem poder intimidatório**. Em ambos os casos, o crime é o de roubo. A propósito: "*Simulação do porte de arma. Basta que a conduta do acusado tenha criado, na vítima, o sentimento de medo e subjugação, para que, em princípio, se vislumbre o crime de roubo*" (STF — RHC 59.549-9/RJ — Rel. Décio Miranda — Pleno *DJU* 5-3-1982, p. 1549); "*Roubo mediante simulação de arma. Segundo a jurisprudência do STF, se o agente, simulando porte de arma, ameaça, intimida e subjuga a vítima, subtraindo-lhe os pertences, configura-se o crime de roubo e não furto qualificado*" (STF — RE 108.662-9/SP — 1ª Turma — Rel. Sydney Sanches — *RJDTacrim* 7/255); "*Ameaça nada mais é que a intimidação de outrem, que, na hipótese de crime de roubo, pode ser feita com emprego de arma, com a sua simulação, ou até mesmo de forma velada*" (STJ — REsp 1.294.312/SE — Rel. Min. Rogerio Schietti Cruz — 6ª Turma — julgado em 25-10-2016 — *DJe* 17-11-2016); "*A simulação de arma de fogo não pode ser utilizada para majorar a pena-base, sob pena de incorrer em indevido* bis in idem, *pois tal circunstância já foi valorada para a tipificação da conduta como crime de roubo, caracterizando a elementar da grave ameaça. Precedentes*" (STJ — HC 575.728/SP, Rel. Min. Ribeiro Dantas, 5ª Turma, julgado em 23-6-2020, *DJe* 26-6-2020).

Tem-se também entendido que o fato de os roubadores abordarem a vítima gritando que é um assalto e exigindo a entrega de bens constitui roubo, ainda que não tenha sido mostrada qualquer arma e não tenha sido proferida ameaça expressa, já que, em tal situação, a vítima sente-se atemorizada pelas próprias circunstâncias da abordagem. Nesse sentido: "*Anúncio de assalto em circunstâncias capazes de configurar grave ameaça e tipificar crime de roubo, independentemente da exibição de arma, e não de furto, como concluíra o acórdão recorrido. Recurso provido por negativa de vigência ao art. 157 do CP*" (STF — Rel. Octávio Galloti — *RT* 638/378); "*A abordagem da vítima com arrocho, isto é, com a presença física e ameaçadora dos marginais, com o propósito de lesão patrimonial, constitui roubo e não furto*" (Tacrim-SP — Rel. Mafra Carbonieri — *RJD* 5/180); "*Está caracterizado o crime de roubo, e não o de furto, quando a vítima é subjugada psicologicamente, diante da presença ameaçadora dos agentes e uso de expressão do propósito delituoso mesmo não havendo emprego de arma*" (Tacrim-SP — Rel. Gonçalves Nogueira — *RJD* 8/257).

A **grave ameaça** é também denominada *vis relativa ou vis compulsiva*.

- **Qualquer outro meio que reduza a vítima à impossibilidade de resistência**

Trata-se de **fórmula genérica** inserida no texto legal pelo legislador a fim de possibilitar a tipificação do roubo em hipóteses em que o agente subjuga a vítima antes de efetuar a subtração, porém sem empregar violência física ou grave ameaça. É o que ocorre, por exemplo, quando ele sorrateiramente coloca sonífero na bebida da vítima para subtrair-lhe os pertences enquanto ela está sedada, ou quando usa de hipnose para deixá-la inconsciente e, em tal momento, concretizar a subtração.

Essa forma de execução do roubo é conhecida como **violência imprópria**.

A **denúncia deve especificar o meio de execução** que reduziu a vítima à impossibilidade de resistência.

Para a configuração do crime de roubo, não basta que o agente se aproveite de uma situação fática em que a vítima não pode resistir. Por isso, quando alguém se aproveita do fato de a vítima já estar dormindo para subtrair sua carteira, comete crime de furto, pois, de acordo com o texto legal, para a configuração do roubo mediante violência imprópria, é necessário **que o agente empregue** um recurso qualquer sobre a vítima que retire desta a capacidade de resistência. Dessa forma, se o próprio agente provoca o estado de inconsciência na vítima pela ministração sorrateira de sonífero em sua bebida, caracteriza-se o crime de roubo.

O arrebatamento de surpresa constitui crime de furto. É o que ocorre, por exemplo, quando a vítima coloca momentaneamente sua bolsa sobre um balcão e o agente dela se apodera e sai correndo.

2.2.1.1.3. *Sujeito ativo*

Pode ser qualquer pessoa, exceto o próprio dono do bem, já que a lei exige que a coisa seja alheia. Trata-se de crime **comum**.

Admite coautoria e participação. Ressalte-se que, para a existência de coautoria, não é necessário que **todos** os envolvidos realizem todos os atos de execução, podendo haver divisão de tarefas. Assim, se um dos agentes emprega a violência para derrubar a vítima, permitindo que o comparsa consiga colocar a mão no bolso dela e levar a carteira, temos coautoria, já que ambos os envolvidos cometeram ato de execução (o primeiro porque empregou violência e o segundo porque efetuou subtração). É chamada de **coautoria funcional** aquela decorrente da divisão de atos executórios pelos envolvidos, tal como no exemplo mencionado.

Ao contrário do que ocorre no crime de furto, em que existe uma figura típica própria, com pena menor, chamada "furto de coisa comum", para a hipótese de o autor da subtração ser condômino, coerdeiro ou sócio, no crime de roubo essas circunstâncias não alteram a tipificação, caracterizando sempre o delito do art. 157 do Código Penal.

2.2.1.1.4. *Sujeito passivo*

O proprietário, bem como o possuidor ou detentor do bem, que sofra prejuízo econômico, e também todos aqueles que sofram a violência ou grave ameaça, ainda que não tenham prejuízo patrimonial. Assim, é possível que haja **várias vítimas em um só roubo**: a) João empresta o carro para Pedro, e os roubadores apontam a arma para este, levando o carro. Há um único crime de roubo do qual ambos são vítimas. Pedro porque sofreu a grave ameaça e João porque ficou sem o seu carro; b) Paulo e Maria estão dentro de um automóvel pertencente ao primeiro quando os roubadores ameaçam os dois, levando apenas o carro. Ambos são vítimas, mas há um só crime, porque apenas um patrimônio foi lesado.

Pessoa jurídica também pode ser sujeito passivo de roubo na condição de proprietária dos valores subtraídos. Assim, se os assaltantes entram em um banco e dominam dez pessoas, entre funcionários e clientes, mas levam apenas o dinheiro do cofre da agência, há onze vítimas (as dez pessoas que sofreram a grave ameaça e a instituição financeira — pessoa jurídica — dona dos valores subtraídos).

■ 2.2.1.1.5. *Concurso de crimes*

Ao contrário das hipóteses mencionadas no item anterior, existem algumas situações, comuns no dia a dia, que caracterizam mais de um crime de roubo:

a) Se o agente **em um único contexto fático** emprega grave ameaça contra duas pessoas e subtrai bens de ambas, responde por dois crimes de roubo em concurso formal (art. 70 do CP), já que houve uma só ação (a mesma grave ameaça para ambas as vítimas) e duas lesões patrimoniais. É o que acontece quando o ladrão vê um casal andando na rua e aponta uma faca para os dois, levando a carteira de ambos. A jurisprudência tem aplicado o concurso formal próprio a esses casos, provavelmente porque a pena ficaria muito alta se houvesse muitas vítimas e as penas fossem somadas. Nesse sentido: "*Conforme a iterativa jurisprudência desta Corte, não há que se falar em crime único quando, num mesmo contexto fático, são subtraídos bens pertencentes a vítimas distintas, caracterizando concurso formal, por terem sido atingidos patrimônios diversos, nos moldes do art. 70 do Código Penal*" (STJ — HC 581.345/SP, Rel. Min. Ribeiro Dantas, 5ª Turma, julgado em 16-6-2020, *DJe* 22-6-2020); "*Praticado o crime de roubo em um mesmo contexto fático, mediante uma só ação, contra vítimas diferentes, tem-se configurado o concurso formal de crimes, e não a ocorrência de crime único, visto que violados patrimônios distintos. Precedentes*" (STJ — AgRg no AREsp 1.588.159/GO, Rel. Min. Rogerio Schietti Cruz, 6ª Turma, julgado em 19-5-2020, *DJe* 28-5-2020).

b) O agente aborda uma pessoa em uma esquina e rouba seu dinheiro. Minutos depois aborda outra pessoa na esquina de cima e também subtrai seus pertences. Aqui houve claramente duas ações (duas graves ameaças) contra vítimas distintas, estando caracterizados dois crimes de roubo em continuação delitiva (art. 71 do CP). Note-se que os crimes foram cometidos em sequência.

Têm se tornado frequentes os chamados "arrastões" em edifícios em que os criminosos, após conseguirem entrar em um prédio e dominar os funcionários (porteiro, zelador), passam a aguardar a chegada de moradores na garagem. Assim, ao abordar cada novo morador que chega, acompanham a vítima até seu apartamento onde os bens são subtraídos, enquanto as demais vítimas já roubadas permanecem com os comparsas na garagem. Nesse caso, a abordagem de cada uma das vítimas não ocorre concomitantemente, mas, sim, de forma sequencial, tratando-se, portanto, de crime continuado e não de concurso formal. Da mesma maneira, quando os roubadores tomam a iniciativa de arrombar a porta de cada um dos apartamentos e abordar seus moradores já no interior de sua residência.

c) Se o agente aborda uma só pessoa e apenas contra ela emprega a grave ameaça, mas acaba subtraindo objetos desta e de terceiro, que também se encontravam em poder dela, responde por dois crimes de roubo em concurso formal, desde que a prova colhida indique que ele sabia que estava subtraindo bens pertencentes a pessoas diversas. É o que ocorre, por exemplo, quando o roubador aponta a arma para o cobrador do ônibus e leva o seu relógio, bem como o dinheiro da empresa, ou quando a ameaça é dirigida à funcionária do caixa de um supermercado e o agente leva seu colar e o dinheiro do estabelecimento. Tal solução, entretanto, não poderá ser aplicada, se ficar demonstrado que o agente não tinha ciência de que os patrimônios eram distintos, tal como no caso em que o agente ameaça a vítima e leva seu carro, sem saber que no porta-malas havia objetos pertencentes a terceiro. É que, no último caso, não se pode dizer que o agente tinha dolo de lesar dois patrimônios e, em tal hipótese, puni-lo por dois roubos seria responsabilidade objetiva.

Há julgado dissonante do Superior Tribunal de Justiça, entendendo que há sempre crime único nas hipóteses supramencionadas (AgRg no REsp 1.396.144/DF — Rel. Min. Walter de Almeida Guilherme — 5ª Turma — julgado em 23-10-2014 — *DJe* 5-11-2014).

d) Se o agente comete roubo em residência subtraindo objetos pertencentes ao corpo familiar como um todo (aparelho de som e televisão, por exemplo), responde por crime único. Caso, todavia, reste clara a intenção de subtrair objetos individualizados de cada um integrantes da família, haverá concurso formal. Ex.: subtrair as joias da esposa e as roupas do marido.

- **Roubo simples e latrocínio**

Apesar de o latrocínio ser uma forma qualificada do crime de roubo, não se aceita a configuração de crime continuado entre essas infrações penais, com o argumento de que o latrocínio atinge um bem jurídico a mais do que o roubo simples (a vida humana), de modo que não podem ser considerados crimes da mesma espécie, o que é requisito da continuação delitiva. Entre tais crimes, existe, portanto, **concurso material**. Veja-se, por exemplo, o seguinte julgado em que os roubadores, após cometerem latrocínio dentro de um banco, ao matar um segurança durante assalto ao estabelecimento, roubaram o carro de um particular na saída da agência: "*Concurso material. Latrocínio (roubo em estabelecimento bancário e morte do agente policial) e roubo de automóvel de particular, no qual os réus fugiram*" (STF — Rel. Néri da Silveira — *RT* 695/416).

No mesmo sentido: "*Os crimes de roubo e latrocínio, embora previstos no mesmo tipo penal, não pertencem a uma mesma espécie, se diferenciando quanto ao meio de execução, o que impossibilita o reconhecimento da continuidade delitiva entre eles. No delito de roubo, o agente se volta contra o patrimônio da vítima, enquanto que no crime de latrocínio, há uma ação dolosa que lesiona dois bens jurídicos distintos — o patrimônio e a vida —, o que revela que os meios de execução escolhidos pelo agente são propositadamente distintos. Não havendo homogeneidade de execução na prática dos dois delitos (roubo e latrocínio), inviável se falar em continuidade delitiva, devendo incidir à hipótese a regra do concurso material*" (STJ — HC 223.711/SP — Rel. Min. Marilza Maynard — 5ª Turma — julgado em 23-4-2013, *DJe* 25-4-2013); "*Os crimes de roubo e latrocínio, pelos quais o Paciente foi condenado, apesar de serem do mesmo gênero, não são da mesma espécie. No crime de roubo, a conduta do agente ofende o patrimônio. No delito de latrocínio, ocorre lesão ao patrimônio e à vida da vítima, não havendo homogeneidade de execução na prática dos dois delitos, razão pela qual tem aplicabilidade a regra do concurso material. Precedentes*" (STJ — HC 240.630/RS — Rel. Min. Laurita Vaz — 5ª Turma — julgado em 4-2-2014 — *DJe* 17-2-2014); **e** "*Nos termos da jurisprudência desta Corte, os crimes de roubo e latrocínio, conquanto sejam do mesmo gênero, são de espécies diversas, razão pela qual não há falar em crime continuado, o qual pressupõe, dentre os seus requisitos, a utilização de um mesmo modo de execução, o que não ocorre entre delitos que atentam contra diferentes objetividades jurídicas, quais sejam: patrimônio e integridade física (roubo) e patrimônio e vida (latrocínio). Precedentes*" (STJ — HC 212.430/SP — Rel. Min. Nefi Cordeiro — 6ª Turma — julgado em 25-8-2015 — *DJe* 15-9-2015).

▪ 2.2.1.1.6. Consumação

Durante muito tempo entendeu-se que o crime de roubo exigia para sua consumação que o bem fosse tirado da esfera de vigilância do dono e o agente tivesse sua posse tranquila, ainda que por pouco tempo. Ocorre que no roubo o agente inicialmente domina a vítima pelo emprego de violência ou grave ameaça, e, por isso, no exato instante em que ele se apossa do bem pretendido, sua posse já é efetiva, não sendo necessário que consiga tirá-lo do local. Os Tribunais Superiores, então, modificaram o entendimento e passaram a entender que o roubo se consuma **no momento em que o agente se apossa do bem da vítima**, ainda que seja preso no local. Nesse sentido: "*Roubo consumado e tentado. Sobre a matéria, a mais recente jurisprudência do STF, firmada no julgamento em plenário do RE n. 102.490-9/SP, a 17.09.1987, é no sentido de que o roubo se consuma no instante em que o ladrão se torna possuidor da coisa móvel alheia subtraída mediante grave ameaça ou violência, não se fazendo necessário para que o agente se torne possuidor saia ele da esfera de vigilância do antigo possuidor*" (STF — Rev. Crim. 4.821-5/SP — Pleno — Rel. Min. Néri da Silveira — *DJ* 11-10-1991). No mesmo sentido existem inúmeros julgados das duas Turmas do Supremo Tribunal Federal e das duas Turmas Criminais do Superior Tribunal de Justiça. Exemplificativamente, podemos apontar os seguintes: "*A decisão ora questionada está em perfeita consonância com a jurisprudência desta Corte no sentido de que a consumação do roubo ocorre no momento da subtração, com a inversão da posse da res, independentemente,* *portanto, da posse pacífica e desvigiada da coisa pelo agente. Precedentes*" (STF — HC 109.078 — Rel. Min. Ricardo Lewandowski — 2ª Turma — *DJe* 206, 26-10-2011); "*É firme a jurisprudência da Corte no sentido de que 'à consumação do crime de roubo é suficiente a verificação de que, cessada a clandestinidade ou a violência, tenha o agente tido a posse da coisa subtraída, ainda que retomada logo em seguida' (HC n. 94.243/SP, 2ª Turma, Relator o Ministro Eros Grau, DJe de 14/8/09). 3.* Habeas corpus *denegado*" (STF — HC 106.610 — Rel. Min. Dias Toffoli — 1ª Turma — *DJe* 083, 5-5-2011); "*É assente no Superior Tribunal de Justiça a orientação de que para a consumação do delito de roubo não é necessária a posse mansa e pacífica do bem subtraído, sendo suficiente a inversão da posse mediante violência ou grave ameaça, ainda que haja imediata perseguição e prisão, sendo prescindível que o objeto subtraído saia da esfera de vigilância da vítima*" (STJ — AgRg nos EDcl no AREsp 506.442/ES — Rel. Min. Walter de Almeida Guilherme — 5ª Turma — julgado em 18-12-2014 — *DJe* 2-2-2015); "*De acordo com o entendimento firmado pelo Superior Tribunal de Justiça, considera-se consumado o crime de roubo no momento em que o agente se torna possuidor da coisa alheia móvel, ainda que não obtenha a sua posse tranquila e pacífica*" (STJ — AgRg no REsp 1.458.796/SP — Rel. Min. Ericson Maranho — 6ª Turma — julgado em 18-12-2014 — *DJe* 6-2-2015).

O Superior Tribunal de Justiça, confirmando tal entendimento, aprovou a tese n. 916, em sede de recurso repetitivo, posteriormente transformada na **Súmula n. 582**, segundo a qual "*consuma-se o crime de roubo com a inversão da posse do bem, mediante emprego de violência ou grave ameaça, ainda que por breve tempo e em seguida a perseguição imediata ao agente e recuperação da coisa roubada, sendo prescindível a posse mansa e pacífica ou desvigiada*".

■ 2.2.1.1.7. Tentativa

É possível quando o agente emprega a violência ou grave ameaça e não consegue se apoderar dos bens visados. Ex.: vítima que, após sofrer a grave ameaça, acelera o carro em que está e foge; agente que é preso no momento da abordagem porque policiais passavam pelo local e flagraram sua conduta; vítima que ao ser ameaçada entra em luta corporal com o roubador, fazendo com que ele fuja etc.

■ 2.2.1.1.8. Roubo de uso

Ao contrário do que ocorre com o furto, delito que atinge apenas o patrimônio, em relação ao qual a jurisprudência entende ser possível o reconhecimento da atipicidade da conduta quando a intenção do agente for a de uso momentâneo, embora não autorizado, do bem alheio, com imediata restituição, **no roubo**, por serem também afetadas a incolumidade física e a liberdade da vítima pelo emprego da violência ou grave ameaça, **não se reconhece a intenção de uso momentâneo como hipótese de atipicidade**. Nesse sentido: "*O ânimo de apossamento — elementar do crime de roubo — não implica, necessariamente, o aspecto de definitividade. Ora, apossar-*

se de algo é ato de tomar posse, dominar ou assenhorar-se do bem subtraído, que pode trazer o intento de ter o bem para si, entregar para outrem ou apenas utilizá-lo por determinado período, como no caso em tela. 3. O agente que, mediante grave ameaça ou violência, subtrai coisa alheia para usá-la, sem intenção de tê-la como própria, incide no tipo previsto no art. 157 do Código Penal" (STJ — REsp 1.323.275/GO — Rel. Min. Laurita Vaz — 5ª Turma — julgado em 24-4-2014 — *DJe* 8-5-2014); "*O roubo de uso é figura desconhecida do direito pátrio não servindo de base para tese absolutória, máxime em razão da violência ou grave ameaça empregada com o objetivo de obter-se a subtração patrimonial. É inconfundível com a figura do furto de uso, objeto de criação jurisprudencial, às vezes adotada, mas intrinsecamente diversa daquela*" (Tacrim-SP — Rel. Eduardo Goulart — Ap. 628.837 — julgada em 13-9-1990).

■ 2.2.1.1.9. Roubo privilegiado

Esta figura não existe no Código Penal, de modo que, ainda que o réu seja primário e a coisa roubada de pequeno valor, sua pena não poderá ser diminuída em razão disso. A propósito: "*Crime contra o patrimônio. Roubo qualificado. Coautoria.* Res furtiva. *Valor. Crime privilegiado. Reconhecimento. Inadmissibilidade*" (STF — RHC 63.123/SP — 1ª Turma — Rel. Min. Rafael Mayer — *DJ* 2-8-1985, p. 339).

■ 2.2.1.1.10. Roubo e princípio da insignificância

Tendo em vista que no crime de roubo há emprego de violência ou grave ameaça, a jurisprudência tem, reiteradamente, negado a possibilidade de aplicação do princípio da insignificância a tal delito, por entender que a conduta sempre é relevante no âmbito penal de modo a tornar necessária a imposição da reprimenda. Nesse sentido, o entendimento de ambas as Turmas do Supremo Tribunal Federal: "*1. Princípio da insignificância e crime de roubo. É da jurisprudência do Supremo Tribunal que o princípio da insignificância não se aplica ao delito de roubo* (v.g. *AI 557.972, 2ª Turma, 07.03.2003, Ellen Gracie, DJ 31.03.2006)*" (STF — RE 454.394/MG — 1ª Turma — Rel. Ministro Sepúlveda Pertence — *DJ* 23-3-2007, p. 103); "*... há consenso nesta Corte no sentido de que o princípio da insignificância não se aplica ao crime de roubo, posto tratar-se de delito complexo que envolve patrimônio, grave ameaça e a integridade física e psicológica da vítima* (HC 95.174 — 2ª Turma — Rel. Min. Eros Grau — *DJe* 20-3-2009, e AI-AgR 557.972 — 2ª Turma — Rel. Min. Ellen Gracie — *DJ* 31-3-2006). 5. Recurso ordinário desprovido" (RHC 111.433 — Rel. Min. Luiz Fux — 1ª Turma — *DJe* 120, 20-6-2012); "*A questão tratada no presente* writ *diz respeito à possibilidade de aplicação do princípio da insignificância ao crime de roubo. 2. Como é cediço, o crime de roubo visa proteger não só o patrimônio, mas, também, a integridade física e a liberdade do indivíduo. 3. Deste modo,* *ainda que a quantia subtraída tenha sido de pequena monta, não há como se aplicar o princípio da insignificância diante da evidente e significativa lesão à integridade física da vítima do roubo. 4. Ante o exposto, denego a ordem de* habeas corpus" (STF — HC 96.671/MG — 2ª Turma — Rel. Min. Ellen Gracie — *DJ* 24-4-2009, p. 665); **e** "*É inviável reconhecer a aplicação do princípio da insignificância para crimes praticados com violência ou grave ameaça, incluindo o roubo. Jurisprudência consolidada do Supremo Tribunal Federal. Recurso ordinário em* habeas corpus *não provido*" (RHC 106.360 — Rel. Min. Rosa Weber — 1ª Turma — julgado em 18-9-2012 — *DJe*-195 divulg. 3-10-2012, public. 4-10-2012). Este também o entendimento pacífico nas duas Turmas Criminais do Superior Tribunal de Justiça: "*Mantida a condenação pelo delito de roubo, não há falar na incidência do princípio da insignificância, porquanto não se aplica aos delitos cometidos mediante violência ou grave ameaça a pessoa*" (STJ — AgRg no AREsp 1.589.938/DF, Rel. Min. Nefi Cordeiro, 6ª Turma, julgado em 18-2-2020, *DJe* 27-2-2020); "*1. Segundo a jurisprudência do Supremo Tribunal Federal, o princípio da insignificância tem como vetores a mínima ofensividade da conduta do agente, a nenhuma periculosidade social da ação, o reduzido grau de reprovabilidade do comportamento e a inexpressividade da lesão jurídica provocada. 2. O mencionado brocardo não poderá incidir como elemento gerador de impunidade, mormente em se tratando de roubo — crime contra o patrimônio de natureza complexa,* à medida em que *a norma penal tutela não só o bem material em si, mas também a incolumidade da vítima, não importando, na espécie, se o valor da res furtiva é de pequena monta*" (HC 190.343/MG — Rel. Min. Jorge Mussi — 5ª Turma — *DJe* 30-4-2012); "*1. A iterativa jurisprudência desta Casa de Justiça é no sentido de ser inaplicável o princípio da insignificância ao delito de roubo, exatamente por conta da violência ou grave ameaça, que afastam os requisitos de mínima ofensividade da conduta, de reduzidíssimo grau de reprovabilidade do comportamento e de inexpressividade da lesão jurídica*" (HC 125.993/SP — Rel. Min. Og Fernandes — 6ª Turma — *DJe* 27-6-2012); "*A jurisprudência desta Corte Superior afasta a aplicabilidade do princípio da insignificância em crimes cometidos mediante o uso da violência ou grave ameaça, como o roubo*" (RHC 82.226/SP — Rel. Min. Reynaldo Soares da Fonseca — 5ª Turma — julgado em 25-4-2017 — *DJe* 3-5-2017); **e** "*A jurisprudência desta Corte é firme em assinalar que, nos crimes praticados mediante violência ou grave ameaça contra a vítima, como no roubo, não é aplicável o princípio da insignificância*" (AgRg no AREsp 1.013.662/BA — Rel. Min. Rogerio Schietti Cruz — 6ª Turma — julgado em 7-2-2017 — *DJe* 16-2-2017). Em igual sentido: STJ — AgRg no REsp 1.363.672/DF — Rel. Min. Marco Aurélio Bellizze — 5ª Turma — *DJe* 16-4-2013 (AgRg no REsp 1.259.050/DF — Rel. Min. Assusete Magalhães — 6ª Turma — julgado em 18-6-2013 — *DJe* 8-8-2013).

▪ 2.2.1.1.11. *Classificação doutrinária*

CLASSIFICAÇÃO DOUTRINÁRIA				
▪ Crime complexo e de dano quanto à objetividade jurídica	▪ Crime comum e de concurso eventual quanto ao sujeito ativo	▪ Crime de ação livre e comissivo quanto aos meios de execução	▪ Crime material e instantâneo quanto ao momento consumativo	▪ Crime doloso quanto ao elemento subjetivo

▪ 2.2.1.1.12. *Ação penal*

Em todas as modalidades de roubo, simples ou qualificadas, a ação penal é pública incondicionada.

▪ 2.2.1.2. *Roubo impróprio*

> **Art. 157, § 1º —** Na mesma pena incorre quem, logo depois de subtraída a coisa, emprega violência contra pessoa ou grave ameaça, a fim de assegurar a impunidade do crime ou a detenção da coisa para si ou para terceiro.

▪ 2.2.1.2.1. *Distinção*

As principais diferenças entre o roubo próprio e o impróprio são as seguintes:

1) No roubo **próprio**, a **violência** e a **grave ameaça** constituem **meio** para o agente subjugar a vítima e viabilizar a subtração. São, portanto, empregadas **antes** e **durante** a subtração. No roubo **impróprio**, o agente queria inicialmente cometer apenas um **furto** e já havia, inclusive, **se apoderado do bem visado**, contudo, **logo após a subtração**, ele emprega **violência física ou grave ameaça** a fim de garantir sua **impunidade** ou a **detenção** do referido bem. Exemplos: a) o agente, após sair do supermercado com mercadorias escondidas sob a blusa, é abordado por seguranças e, nesse momento, passa a ameaçá-los de morte; b) o agente está saindo de uma casa onde se apossou de uma bicicleta e se depara com o dono que está retornando, instante em que pega um pedaço de pau e agride a vítima. Nesses casos, o crime de furto que estava em andamento desaparece e dá lugar ao roubo impróprio, porque, em um mesmo contexto fático, somaram-se a subtração e a violência ou grave ameaça. No roubo impróprio, a violência ou grave ameaça ocorrem sempre **depois** da subtração.

2) O roubo **próprio** pode ser cometido mediante violência, grave ameaça ou **qualquer outro meio que reduza a vítima à impossibilidade de resistência** (violência imprópria). O roubo **impróprio**, por sua vez, **não admite a fórmula genérica** por último mencionada, somente podendo ser cometido pelo emprego de violência física ou grave ameaça. Alguns autores criticam essa postura do legislador e dizem ser possível que o agente, após se apoderar de algum bem da vítima, coloque, por exemplo, sonífero em sua bebida. Tal crítica, entretanto, não tem efeitos práticos, na medida em que o § 1º do art. 157 do

Código Penal não menciona essa forma de execução e, portanto, não é capaz de configurar roubo impróprio. Ademais, não se consegue imaginar que alguém que tenha ido cometer um furto traga consigo um sonífero, sendo, em nosso entendimento, acertada a opção do legislador.

ROUBO PRÓPRIO	ROUBO IMPRÓPRIO
1) A violência ou grave ameaça são empregadas antes e durante a subtração. 2) A finalidade da violência ou grave ameaça é subjugar a vítima e viabilizar a subtração. 3) Admite a violência imprópria como meio de execução.	1) A violência ou grave ameaça são empregadas após a subtração. 2) A finalidade da violência ou grave ameaça é garantir a impunidade do crime de furto que estava em andamento ou a detenção do bem. 3) Não admite violência imprópria como meio de execução.

No que diz respeito a sujeito ativo e passivo, objeto material e elemento subjetivo, aplicam-se ao roubo impróprio as mesmas regras do roubo próprio.

■ *2.2.1.2.2. Tipo objetivo*

Analisando a descrição típica do crime de roubo impróprio, percebe-se a necessidade da coexistência de três requisitos para sua configuração.

- **Que o agente já tenha se apoderado do bem que pretendia furtar**

O tipo penal exige expressamente que a violência ou grave ameaça sejam empregadas após a subtração da coisa, tornando evidente que, antes de o agente se apossar de algum dos bens que pretendia, o crime de roubo impróprio é incogitável por faltar-lhe uma de suas elementares.

Assim, se o agente entra em uma casa para praticar um furto e **antes de se apoderar de qualquer objeto** surge alguém no local e o agente emprega contra ela violência ou grave ameaça, temos as seguintes possibilidades: a) se a finalidade do agente ao agredir ou ameaçar a vítima é a de concretizar a subtração, responde por roubo próprio porque a violência ou grave ameaça foram empregadas antes de perpetrada a subtração; b) se sua finalidade ao agredir ou ameaçar a vítima é fugir do local sem ser preso, responde por tentativa de furto em concurso material com crime de lesão corporal ou ameaça (agravadas porque empregadas a fim de garantir a impunidade de outro crime — art. 61, II, *b*, do Código Penal).

- **Que a violência ou grave ameaça ocorram logo após a subtração**

O delito de roubo impróprio pressupõe que, **no mesmo contexto fático**, somem-se dois fatores: **a subtração e a violência ou grave ameaça**. Assim, só estará configurado o roubo impróprio se a violência ou grave ameaça forem empregadas **imediatamente** após a subtração, ainda no mesmo desenrolar dos fatos. Exs.: a) ladrão sai de uma loja sem efetuar o pagamento das mercadorias que escondeu sob a blusa e, no estacionamento, agride os seguranças que o abordaram; b) ladrão que acabou de retirar o toca-CD do painel de um carro ameaça o guarda-noturno que se aproxima.

Firmou-se, dessa forma, entendimento de que, tendo o agente conseguido deixar o local do crime em poder do bem, a violência ou grave ameaça empregada em contexto fático diverso constitui crime autônomo em concurso material com o furto consumado. Assim, se o agente furtou um carro e foi-se embora, porém, algumas horas depois, deparou-se com a vítima quando estava na posse do bem e acabou por agredi-la, provocando-lhe lesões, responderá por crimes de furto consumado e lesões corporais.

- **Que a finalidade do agente ao empregar a violência ou grave ameaça seja a de garantir sua impunidade ou a detenção da coisa para si ou para outrem**

Em primeiro lugar, deve-se mencionar que, de acordo com o tipo penal, basta que o agente queira assegurar sua impunidade **ou** a detenção do bem. Em razão da partícula alternativa "ou", conclui-se pela existência do roubo impróprio ainda que a intenção do agente seja apenas uma destas. Ex.: após se apoderar de uma televisão da vítima, o agente percebe que ela está voltando para casa e a ameaça, porém foge sem levar o bem, pois não conseguiria correr com ele em razão de seu peso. Em tal exemplo, já está configurado o crime de roubo impróprio.

Presente uma das finalidades elencadas no tipo penal, haverá roubo impróprio qualquer que tenha sido a vítima da violência ou grave ameaça: o próprio dono do bem que estava sendo furtado, um vizinho, um segurança, ou até mesmo um policial. Neste último caso, há de se ressalvar que, se o ladrão, logo após a subtração, agredir um policial para não ser preso, a finalidade de garantir a impunidade transformará o crime de furto em roubo impróprio, o que inviabilizará o reconhecimento concomitante do crime de resistência, pois, caso isso ocorresse, haveria *bis in idem*.

Se, durante um furto, o agente percebe que o guarda-noturno que está dormindo na calçada é um antigo inimigo e, nesse momento, dá-lhe uma paulada na cabeça, por vingança de desavenças anteriores, o crime de roubo impróprio não se configura porque a violência não teve o intento de assegurar a impunidade ou a detenção do bem. Responde por furto e lesões corporais.

ROUBO IMPRÓPRIO (REQUISITOS)		
■ Que o agente já tenha se apoderado do bem que pretendia furtar	■ Que empregue violência ou grave ameaça logo após a subtração da coisa	■ Que a violência ou grave ameaça tenham a finalidade de garantir a detenção da coisa ou a impunidade

■ *2.2.1.2.3. Consumação*

Não há dúvida, em razão da redação do art. 157, § 1º, do Código Penal, de que o crime de roubo impróprio se consuma **no exato momento em que é empregada a violência ou grave ameaça contra a vítima, ainda que o agente não atinja sua finalidade de garantir a impunidade ou a detenção do bem**. Ex.: o agente sorrateiramente abre a bolsa de uma mulher de idade e se apodera de sua carteira. A vítima percebe o ocorrido e exige a devolução, instante em que o agente desfere um violento soco no rosto dela. O crime está consumado, ainda que ele seja imediatamente preso por populares que o viram agredindo aquela senhora. Nesse sentido: "*Roubo impróprio. Consumação. No roubo, quando a violência é subsequente à subtração, o momento consumativo é o emprego da violência*" (STF — Rec. Crim. 4.752-9/SP — Rel. Min. Sydney Sanches — *DJ* 18-12-1987, p. 29137); **e** "*Tendo sido reconhecido o emprego de violência contra a vítima, consumou-se o crime de roubo impróprio, não se exigindo, como sustentado na inicial, a posse mansa e pacífica da* res. *Precedentes.*" (STJ — HC 175.017/RJ — Rel. Min. Maria Thereza de Assis Moura — 6ª Turma — julgado em 26-2-2013 — *DJe* 8-3-2013).

É bom lembrar que, quando o agente desfere golpes contra a vítima, mas não consegue atingi-la, por ter ela se esquivado, temos roubo impróprio consumado porque a violência já foi empregada. Violência é todo golpe desferido contra a vítima e não apenas aqueles que a atingem.

■ *2.2.1.2.4. Tentativa*

Tanto na doutrina quanto na jurisprudência existem duas correntes a respeito de sua admissibilidade:

a) Nélson Hungria[148] diz que "*não há falar-se em tentativa: ou a violência é empregada, e tem-se a consumação, ou não é empregada, e o que se apresenta é o crime de tentativa de furto*". Este também o entendimento de Magalhães Noronha[149] e Damásio de Jesus.[150]

b) Heleno Cláudio Fragoso,[151] por outro lado, diz que "*a tentativa de roubo impróprio é possível e se verifica sempre que o agente, tendo completado a subtração, é preso após tentar o emprego da violência ou da ameaça para assegurar a posse da coisa ou a impunidade*". No mesmo sentido, o entendimento de Julio Fabbrini Mirabete.[152]

Preferimos a primeira corrente. Com efeito, se após se apossar de um bem da vítima, o agente, ao perceber a aproximação desta, corre em direção a ela com um pedaço de pau na mão para agredi-la, mas é detido por populares que se aproximam nesse instante, temos roubo impróprio consumado porque, dentro da normalidade, a vítima já se sentiu intimidada com a ação do ladrão que correu em sua direção com um pedaço de pau nas mãos. Em outras palavras, a tentativa de violência deve ser considerada como grave ameaça já concretizada. Além disso, não existe tentativa de ameaça entre pessoas presentes — ou ela existe ou não. A doutrina é unânime em

---

148 Nélson Hungria, *Comentários ao Código Penal*, v. VII, p. 61.
149 E. Magalhães Noronha, *Direito penal*, v. 2, p. 248.
150 Damásio de Jesus, *Código Penal anotado*, p. 559.
151 Heleno Cláudio Fragoso, *Lições de direito penal*. Parte especial, v. I, p. 295.
152 Julio Fabbrini Mirabete, *Manual de direito penal*, v. 2, p. 239.

asseverar que tentativa de ameaça só existe na forma escrita, enquanto no roubo impróprio, estão todos no mesmo local. O próprio Fragoso, aliás, concorda com essa assertiva ao abordar o crime de ameaça (art. 147).

Em termos jurisprudenciais, pode-se ressaltar que os Tribunais Superiores firmaram entendimento de que não se admite tentativa de roubo impróprio. A propósito: *"O crime previsto no art. 157, § 1º, do Código Penal consuma-se no momento em que, após o agente tornar-se possuidor da coisa, a violência é empregada, não se admitindo, pois, a tentativa (Precedentes do Pretório Excelso e desta Corte)"* (STJ — REsp 1.025.162/SP, Rel. Min. Felix Fischer, 5ª Turma, julgado em 11-9-2008, *DJe* 10-11-2008); *"Roubo impróprio. Consuma-se com o uso da violência imediata, visando assegurar a impunidade do crime. Não há que se falar em tentativa. Inteligência do § 1º, do art. 157 do Código Penal. Dissídio jurisprudencial. Recurso extraordinário conhecido e provido, para condenar-se o réu como incurso no art. 157, § 1º, do Código Penal"* (STF — Re 102.391/SP — 2ª Turma — Rel. Min. Djaci Falcão — *DJ* 10-8-1984, p. 12452); *"Roubo impróprio. Consumação. O crime do art. 157, § 1º, do Código Penal não admite tentativa, tendo em vista que o momento consumativo é o emprego da violência"* (STJ — REsp 46.275/SP — 5ª Turma — Rel. Min. Assis Toledo, *DJ* 20-3-1995, p. 6137). No mesmo sentido: STJ — HC 120.574/RJ, Rel. Min. Celso Limongi (Desembargador Convocado do TJ/SP), 6ª Turma, julgado em 12-4-2011, *DJe* 2-5-2011, e STJ — REsp 102.162/SP — 5ª Turma — Rel. Min. Felix Fischer — *DJe* 10-11-2008.

Não se pode deixar de lembrar que, conforme já explicado anteriormente, enquanto o agente ainda não se apossou de qualquer bem da vítima, mostra-se ausente elementar exigida expressamente pelo tipo penal do roubo impróprio, de modo que, aquele que está tentando furtar mas não chegou a ter em suas mãos algum bem da vítima, e acaba empregando violência para fugir, responde por tentativa de furto em concurso material com crime de lesão corporal e nunca por tentativa de roubo impróprio.

■ 2.2.1.3. Causas de aumento de pena (roubo majorado)

O art. 157, §§ 2º e 2º-A e B, do Código Penal, estabelece nove causas de aumento de pena **aplicáveis tanto ao roubo próprio quanto ao impróprio**. Nas hipóteses do § 2º, o aumento é de 1/3 até 1/2, enquanto nas modalidades do § 2º-A, o acréscimo é de 2/3. Por fim, no § 2º-B, a pena é aplicada em dobro. Quando presente uma dessas hipóteses, o delito é chamado de roubo majorado (ou circunstanciado).

É bastante comum que o juiz reconheça duas ou até mais dessas causas de aumento, como, por exemplo, o concurso de agentes e a restrição de liberdade da vítima, mas, nesse caso, o magistrado só poderá aplicar um aumento. Em tais hipóteses, que se revestem de maior gravidade do que nos roubos em que se reconhece uma única majorante, os juízes costumavam aplicar o aumento em índice acima do mínimo, já que a lei permite um acréscimo de um terço até metade da pena. No ano de 2010, entretanto, o Superior Tribunal de Justiça aprovou a Súmula n. 443 no sentido de que *"o aumento na terceira fase de aplicação da pena no crime de roubo circunstanciado exige fundamentação concreta, não sendo suficiente para a sua exaspera-*

ção a mera indicação do número de majorantes". Assim, não basta ao juiz dizer que fará o aumento acima do mínimo porque foram duas ou três as causas de aumento reconhecidas. Deverá apresentar fundamentação específica para tanto. Ressalte-se, porém, que, de acordo com a súmula, o juiz poderá aplicar o aumento acima do mínimo, ainda que reconheça apenas uma das causas de aumento previstas, desde que apresente justificativa convincente, como, por exemplo, que eram muitos os roubadores ou que a restrição de liberdade ocorreu em local ermo etc.

Caso o juiz reconheça, por exemplo, uma majorante prevista no § 2º (aumento de 1/3 até 1/2) e outra no § 2º-A (acréscimo de 2/3), parece-nos que, nos termos do art. 68, parágrafo único,[153] do Código Penal, o juiz deverá aplicar somente o aumento maior (2/3). É o que ocorre, por exemplo, quando o roubo é cometido mediante restrição de liberdade (art. 157, § 2º, V) e com emprego de arma de fogo de uso permitido (art. 157, § 2º-A, I). Em tal hipótese, o juiz deve aumentar a pena em 2/3 pelo emprego da arma de fogo e, em seguida, aumentar a pena-base em razão da restrição de liberdade — art. 59 do CP.

Ressalte-se, ainda, que, embora seja corriqueiro o uso das expressões "roubo **qualificado** pelo emprego de arma de fogo" ou "pelo concurso de agentes", não há dúvida de que essas circunstâncias têm natureza jurídica de **causas de aumento de pena**, a serem aplicadas na terceira e última fase da fixação de pena (art. 68 do CP), já que lei fez menção a índices de acréscimo. As qualificadoras do roubo, em verdade, estão previstas no § 3º, do art. 157 — roubo qualificado pela lesão grave ou morte (latrocínio).

As causas de aumento de pena são as seguintes:

■ 2.2.1.3.1. Emprego de arma

> **Art. 157, § 2º —** A pena aumenta-se de um terço até metade:
> I — se a violência ou ameaça é exercida com emprego de arma.
> **(revogado pela Lei n. 13.654/2018)**

■ 2.2.1.3.2. Concurso de pessoas

> **Art. 157, § 2º —** A pena aumenta-se de um terço até metade:
> II — se há concurso de duas ou mais pessoas.

Aplicam-se aqui as regras estudadas em relação ao crime de furto qualificado pelo concurso de agentes (art. 155, § 4º, IV, do CP), lembrando-se de que, no roubo, todavia, referido concurso constitui causa de aumento de pena.

---

[153] Art. 68, parágrafo único — "*No concurso de causas de aumento ou de diminuição previstas na parte especial, pode o juiz limitar-se a um só aumento ou a uma só diminuição, prevalecendo, todavia, a causa que mais aumente ou diminua*".

Aplica-se o aumento ainda que o juiz condene uma só pessoa na sentença, desde que haja prova do envolvimento de outra, que não pode ser punida, por exemplo, por ser menor de idade, por ter morrido, por ter fugido e não ter sido identificada etc.

O aumento incide tanto para coautores como para partícipes, mas existe divergência na doutrina em torno da hipótese em que uma só pessoa pratica ato de execução. Ex.: um dos agentes aborda a vítima sozinho, enquanto o comparsa fica dentro de um carro esperando para auxiliar na fuga. A respeito da controvérsia, ver comentários ao art. 155, § 4º, do Código Penal (a conclusão majoritária é no sentido de admitir o aumento).

Se o roubo for cometido na companhia de pessoa menor de idade, o agente deve responder pelo roubo majorado e também pelo crime de corrupção de menores do art. 244-B da Lei n. 8.069/90 (Estatuto da Criança e do Adolescente). As cortes superiores firmaram entendimento de que não há *bis in idem* em tal hipótese porque os bens jurídicos afetados são diversos: "*Não configura* bis in idem *a aplicação da majorante relativa ao concurso de pessoas no roubo e a condenação do agente por corrupção de menores, tendo em vista serem condutas autônomas que atingem bens jurídicos distintos. Precedentes*" (STJ — AgRg no REsp 1.806.593/SP, Rel. Min. Rogerio Schietti Cruz, 6ª Turma, julgado em 26-5-2020, *DJe* 4-6-2020); "*Deve ser reconhecido o concurso formal de crimes quando a corrupção de menores ocorre em razão da prática de delito de roubo majorado na companhia do adolescente*" (STJ — AgRg no AREsp 1.665.758/RO, Rel. Min. Laurita Vaz, 6ª Turma, julgado em 19-5-2020, *DJe* 5-6-2020); "*Ressalta-se que 'A jurisprudência desta Corte Superior se assentou no sentido de que não configura* bis in idem *a incidência da causa de aumento referente ao concurso de agentes pelo envolvimento de adolescente na prática do crime, seguida da condenação pelo crime de corrupção de menores, já que se está diante de duas condutas autônomas e independentes, que ofendem bens jurídicos distintos' (REsp 1.714.810/PR, Rel. Ministro Jorge Mussi, 5ª Turma, julgado em 25-9-2018,* DJe *3-10-2018)*" (STJ — AgRg no AREsp 1.581.282/SE, Rel. Min. Joel Ilan Paciornik, 5ª Turma, julgado em 28-4-2020, *DJe* 4-5-2020); "*Na espécie, o Tribunal local assentou que a conduta descrita como o delito de roubo majorado pelo concurso de agentes não absorve o crime de corrupção de menores, porque restou evidenciada a existência de crimes autônomos, sem nexo de dependência ou subordinação, fundamentação que se alinha à jurisprudência desta Corte. Precedentes.* Habeas corpus *não conhecido*" (STJ — HC 405.448/MS, Rel. Min. Reynaldo Soares da Fonseca, 5ª Turma, julgado em 19-9-2017, *DJe* 26-9-2017); "*Não configura* bis in idem *a incidência da causa de aumento referente ao concurso de agentes no delito de roubo, seguida da condenação pelo delito de corrupção de menores, já que são duas condutas, autônomas e independentes, que ofendem bens jurídicos distintos — no roubo, o patrimônio e a integridade física e psíquica da pessoa, e na corrupção de menores, a integridade do menor de dezoito anos e a preservação dos padrões éticos da sociedade (HC n. 93.354/PR, Primeira Turma, STF, Relator o Ministro Luiz Fux, DJe de 19/10/2011)*" (STJ — HC 394.112/SP, Rel. Min. Maria Thereza de Assis Moura, 6ª Turma, julgado em 3-8-2017, *DJe* 14-8-2017).

A hipótese é de concurso formal entre os crimes de roubo e corrupção de menores. Este também o entendimento de Nélson Hungria.[154] No mesmo sentido: "*O crime de corrupção de menor foi cometido no mesmo contexto fático e momento da prática do crime de roubo, razão pela qual se mostra mais correto o reconhecimento do concurso formal de crimes, uma vez que não restou demonstrada, de forma concreta, a autonomia das condutas ou a precedência de uma em relação à outra. Infere-se no caso que, mediante uma única ação, o paciente praticou ambos os delitos, tendo a corrupção de menores se dado em razão da prática do delito patrimonial. Sendo assim, de rigor o reconhecimento do concurso formal*" (STJ — AgRg no HC 532.029/SP, Rel. Min. Ribeiro Dantas, 5ª Turma, julgado em 4-2-2020, *DJe* 13-2-2020); "*Deve ser reconhecido o concurso formal de crimes quando a corrupção de menores ocorre em razão da prática de delito de roubo majorado na companhia do adolescente*" (STJ — AgRg no AREsp 1.665.758/RO, Rel. Min. Laurita Vaz, 6ª Turma, julgado em 19-5-2020, *DJe* 5-6-2020).

■ 2.2.1.3.3. Vítima em serviço de transporte de valores

> **Art. 157, § 2º** — A pena aumenta-se de um terço até metade:
> III — se a vítima está em serviço de transporte de valores e o agente conhece tal circunstância.

O presente dispositivo tem por finalidade conferir proteção aos que trabalham com transporte de valores, assim como àqueles que necessitam desse tipo de serviço para deslocar seus bens ou valores de um local para outro (bancos, joalherias, empresas em geral etc.), já que os assaltantes, em razão do lucro elevado, têm preferência por esse tipo de crime.

A doutrina interpretou a expressão "vítima em serviço de transporte de valores" no sentido de que o aumento só tem vez quando a vítima está carregando valores em via pública **a trabalho** e nunca para fins particulares. Assim, quando alguém saca considerável quantia em dinheiro de um banco para pagar um carro que comprou, não está em **serviço** de transporte de valores. De outro lado, existe o aumento quando o roubo é praticado a carro-forte, a motoristas de veículos de empresas que transportam joias ou até mesmo a motoboys que carregam valores para depósitos e pagamentos bancários etc.

De acordo com o texto legal, é necessário, ainda, que o agente tenha plena ciência de que está roubando alguém que está em serviço de transporte de valores, sendo, portanto, incabível o dolo eventual quanto a este aspecto.

Não existe no crime de **furto** qualificadora semelhante a essa causa de aumento de pena do roubo.

[154] Nélson Hungria, *Comentários ao Código Penal*, v. VII, p. 47.

2.2.1.3.4. *Transporte de veículo roubado para outro estado ou país*

> **Art. 157, § 2º** — A pena aumenta-se de um terço até metade:
> IV — se a subtração for de veículo automotor que venha a ser transportado para outro Estado ou para o exterior.

Tal como ocorre com a qualificadora do furto, essa causa de aumento só se aperfeiçoa quando o agente cruza a divisa com outro Estado ou a fronteira com outro país (a esse respeito ver comentários ao art. 155, § 5º, do CP).

O dispositivo abrange o roubo de automóveis, tratores, motocicletas, caminhões, aeronaves, embarcações etc.

2.2.1.3.5. *Restrição da liberdade da vítima*

> **Art. 157, § 2º** — A pena aumenta-se de um terço até metade:
> V — se o agente mantém a vítima em seu poder, restringindo sua liberdade.

O dispositivo em análise refere-se à **restrição** de liberdade, que não se confunde com **privação** de liberdade — elementar do crime de **sequestro ou cárcere privado** (art. 148 do CP). Esta é mais duradoura, exige que a vítima seja mantida em poder do sequestrador por tempo juridicamente relevante. Na **restrição** da liberdade, por sua vez, a vítima é mantida em poder do roubador apenas por **alguns minutos**. Essa distinção é facilmente percebida na prática. Com efeito, existem inúmeros crimes de roubo, principalmente de automóvel, em que o agente, após a abordagem, fica com a vítima dentro do veículo por breve espaço de tempo, unicamente para que possa sair do local e atingir via de maior velocidade. Normalmente, a finalidade do roubador ao manter a vítima consigo é a de evitar que ela acione imediatamente a polícia enquanto ele permanece no trânsito, evitando, com isso, o risco da prisão. Caso ele a solte logo em seguida, incorrerá na causa de aumento do art. 157, § 2º, V, do Código Penal.

Por outro lado, quando os agentes roubam um caminhão e levam consigo o motorista até um galpão onde passam horas descarregando as mercadorias contidas no veículo para, só posteriormente, levarem o motorista a outro local e o soltarem, configuram-se os crimes de roubo (sem a causa de aumento em estudo) em concurso **material** com o crime de sequestro do art. 148 do Código Penal. Entende-se que o concurso é material porque os roubadores permaneceram com a vítima após se apossarem do bem, ou seja, após a consumação do crime de roubo, de modo que a privação da liberdade posterior é entendida como nova ação.

Além da restrição da liberdade, o inc. V exige que o agente **mantenha a vítima em seu poder**. Assim, quando o agente rouba um bar e, no momento de ir embora, tranca os clientes e o dono no banheiro, não se pode dizer que ele manteve as vítimas em seu poder quando as trancou, na medida em que o fez exatamente no momento da fuga. Em tal caso, ou o agente responde por crime de sequestro (além do roubo), caso as vítimas permaneçam presas no local por tempo relevante, ou esse aspecto será considerado apenas como circunstância judicial do art. 59, caso elas consigam se soltar ou forem soltas logo após a fuga do roubador.

Essa modalidade de roubo majorado foi inserida no rol dos **crimes hediondos** pela Lei n. 13.964/2019 (art. 1º, II, "a", da Lei n. 8.072/90).

2.2.1.3.6. *Roubo de substância explosiva ou acessório*

> **Art. 157, § 2º, VI —** A pena aumenta-se de um terço até metade se a subtração for de substâncias explosivas ou de acessórios que, conjunta ou isoladamente, possibilitem sua fabricação, montagem ou emprego.

Essa forma majorada foi incluída no Código Penal pela Lei n. 13.654/2018.

O que torna a pena mais grave é o objeto material do delito, qual seja, substância explosiva ou acessórios que, conjunta ou isoladamente, possibilitem sua fabricação, montagem ou emprego. O texto legal não exige qualquer finalidade específica para o agravamento da reprimenda.

2.2.1.3.7. *Emprego de arma branca*

> **Art. 157, § 2º —** A pena aumenta-se de um terço até metade:
> VII — se a violência ou grave ameaça é exercida com emprego de arma branca.

Esse dispositivo foi inserido no Código Penal pela Lei n. 13.964/2019.

O art. 157, § 2º, I, do CP (revogado expressamente pela Lei n. 13.654/2018), previa aumento de um terço até metade da pena se houvesse emprego de **arma**. Como fazia menção genérica ao uso de "arma" para a prática de roubo, abrangia tanto o emprego de armas próprias como o emprego de armas impróprias. As primeiras são os instrumentos feitos para servir efetivamente como arma — arma propriamente dita —, como as armas de fogo, os punhais, as espadas, o soco inglês etc. As impróprias são os instrumentos feitos com outra finalidade, mas que também têm potencialidade lesiva, como a navalha, a faca de cozinha, o canivete, o espeto de churrasco, a tesoura, o martelo, o machado etc.

A Lei n. 13.654/2018, além de revogar o mencionado § 2º, I, acrescentou, no § 2º-A, inc. I, do art. 157, majorante de dois terços da pena se houver emprego de arma **de fogo** (revólver, pistola, garrucha etc). Em razão disso, quem fizesse uso de qualquer outro tipo de arma só poderia ter sua pena aumentada com base no art. 59 do CP. Tal situação — inclusive considerada por muitos como erro involuntário do legislador — acabou sofrendo severas críticas. Em razão disso, ao aprovar a Lei n. 13.964/2019, o legislador inseriu novamente o aumento de 1/3 até 1/2 para quem fizer uso de arma **branca** para a prática de roubo. Não há consenso em torno do conceito de **arma** branca, contudo, considerando as razões que levaram o legislador a querer corrigir o equívoco decorrente da revogação do inciso I, conclui-se que **abrange qualquer espécie de arma própria (que não seja de fogo) ou imprópria**. O legislador não utilizou singelamente a palavra "arma" para não gerar conflito com o emprego de arma de fogo — previsto em outro dispositivo como hipótese de maior majoração da pena.

A respeito do emprego de arma de fogo, ver comentários ao art. 157, § 2º-A e B, do CP.

Se o roubo for praticado por duas pessoas e só uma utilizar a arma branca, o aumento valerá para ambas.

A Lei n. 13.964/2019 inseriu no rol dos **crimes hediondos** da Lei n. 8.072/90 o crime de roubo cometido com qualquer espécie de arma de fogo, mas não fez o mesmo em relação ao roubo praticado com arma branca.

■ 2.2.1.3.8. *Emprego de arma de fogo*

> **Art. 157, § 2º-A, I —** A pena aumenta-se de dois terços se a violência ou ameaça é exercida com emprego de arma de fogo;

Antes da aprovação da Lei n. 13.964/2019, o emprego de qualquer tipo de arma de fogo para a prática de roubo era enquadrado nesse dispositivo. Ocorre que referida lei inseriu no § 2º-B do art. 157, a previsão de que a pena do roubo será aplicada em dobro se houver emprego de arma de fogo **de uso proibido ou restrito**.

Assim, há de ser feita a seguinte distinção: **a) se o agente comete o roubo com arma de fogo de uso permitido, a pena será aumentada em 2/3; b) se faz uso de arma de fogo de uso proibido ou restrito, a pena será aplicada em dobro**.

A definição de arma de fogo de uso permitido encontra-se no **art. 2º, I, do Dec. n. 9.847/2019**: "armas de fogo semiautomáticas ou de repetição que sejam: a) de porte, cujo calibre nominal, com a utilização de munição comum, não atinja, na saída do cano de prova, energia cinética superior a mil e duzentas libras-pé ou mil seiscentos e vinte joules; b) portáteis de alma lisa; ou c) portáteis de alma raiada, cujo calibre nominal, com a utilização de munição comum, não atinja, na saída do cano de prova, energia cinética superior a mil e duzentas libras-pé ou mil seiscentos e vinte joules". A relação específica das armas de fogo de uso permitido encontra-se na Portaria n. 1.222/2019 do Comando do Exército.

A Lei n. 13.964/2019 inseriu o crime de roubo cometido com emprego de arma de fogo no rol dos **crimes hediondos** (art. 1º, II, "b", da Lei n. 8.072/90).

O texto legal exige o **emprego** da arma. Assim, haverá o aumento se o agente apontar a arma de fogo para a vítima ou ao menos mostrá-la. Se o roubo for praticado por duas pessoas e só uma utilizar a arma de fogo, o aumento valerá para ambas.

- **Simulação de arma**

Pacificou-se na doutrina e jurisprudência que o fato de o agente mentir que está armado, quer verbalmente, quer por meio de gesto (encostando um de seus dedos nas costas da vítima, ou colocando sua mão sob a blusa, por exemplo), **não constitui emprego de arma de fogo**, pois o agente, evidentemente, não manuseou qualquer arma.

- **Arma de brinquedo**

Eis uma das questões mais polêmicas no âmbito do Direito Penal nas últimas décadas que, na atualidade, encontra-se pacificada. As duas formas de interpretar o dispositivo são as seguintes:

a) O motivo do aumento da pena é a maior facilidade que o roubador encontra para dominar a vítima quando lhe mostra uma arma, pois, assim, diminui a possibilidade de reação por parte desta. Essa mesma facilidade é encontrada quando ele usa uma arma de brinquedo, uma vez que a vítima não sabe disso, de modo que também nesse caso a pena deve ser agravada. Um dos maiores defensores dessa tese foi Nélson Hungria.[155]

b) A razão do aumento é a maior potencialidade lesiva da conduta, que só existe quando a arma é verdadeira, pois, apenas com o emprego desta no roubo, a incolumidade física da vítima corre maior risco. Além disso, o brinquedo não se enquadra no conceito de arma. Trata-se de entendimento **amplamente prevalente na doutrina**.

Em termos jurisprudenciais, a grande maioria dos julgados era no sentido de reconhecer o aumento no uso da arma de brinquedo, a ponto de o Superior Tribunal de Justiça ter aprovado a Súmula n. 174 declarando que "*no crime de roubo, a intimidação feita com arma de brinquedo autoriza o aumento da pena*". Posteriormente, entretanto, em 24 de outubro de 2001, o mesmo Superior Tribunal de Justiça cancelou referida súmula e passou a recusar o aumento nos casos de emprego de arma de brinquedo. O Supremo Tribunal Federal também refuta o agravamento em tal caso. Assim, embora não haja nenhuma súmula em vigor, o cancelamento daquela antes existente e a sucessão de julgados dos tribunais superiores rejeitando o aumento nos casos de emprego de arma de brinquedo tornaram pacífica a não incidência da majorante. O entendimento aplica-se também a **outros simulacros**, como isqueiro com formato de arma de fogo, pistola de cola etc.

Armas de brinquedo também são chamadas de armas fintas, isto é, falsas.

- **Arma desmuniciada**

No passado, predominava entendimento de que, por ser efetivamente arma e estar apenas transitoriamente sem potencialidade lesiva, deveria incidir o acréscimo. Todavia, após o cancelamento da súmula referente à arma de brinquedo, foram proferidas inúmeras decisões no Superior Tribunal de Justiça rejeitando o aumento por falta de potencialidade lesiva da arma desmuniciada, entendimento que hoje é amplamente majoritário. A propósito: "*A jurisprudência desta Corte Superior está sedimentada no sentido de que a utilização de arma desmuniciada ou sem potencialidade para realização de disparo, utilizada como meio de intimidação, serve unicamente à caracterização da elementar grave ameaça, não se admitindo o seu reconhecimento como a causa de aumento de pena em questão*" (STJ — HC 445.043/SC, Rel. Min. Joel Ilan Paciornik, 5ª Turma, julgado em 21-2-2019, *DJe* 6-3-2019); "*A jurisprudência desta Corte Superior é sedimentada no sentido de que a utilização de arma desmuniciada, como meio de intimidação, serve unicamente à caracterização da elementar grave ameaça, não se admitindo o seu reconhecimento como cau-*

[155] Nélson Hungria, *Comentários ao Código Penal*, v. VII, p. 58.

sa de aumento da pena em questão. Precedentes" (STJ — HC 376.263/DF — Rel. Min. Joel Ilan Paciornik — 5ª Turma — julgado em 10-11-2016 — *DJe* 21-11-2016); "*O emprego de arma de fogo, ainda que comprovadamente desmuniciada, tipifica o crime de roubo, pois, por si só, tem o condão de infligir à vítima 'grave ameaça'. Todavia, porque ausente a potencialidade lesiva, não há como reconhecer a majorante do inc. I do § 2º do art. 157 do Código Penal (STJ — HC 169.083/SP — Rel. Ministro Jorge Mussi — 5ª Turma — julgado em 03.02.2011; HC 161.326/SP, Rel. Min. Maria Thereza de Assis Moura — 6ª Turma — julgado em 21.09.2010)*" (STJ — HC 302.090/SP — Rel. Min. Newton Trisotto (Desembargador Convocado do TJ/SC), 5ª Turma, julgado em 5-2-2015, *DJe* 20-2-2015); "*... no caso em apreço, a arma de fogo foi devidamente apreendida e periciada, ficando demonstrado que estava sem munição, razão pela qual se impõe a exclusão da causa de aumento de pena. Precedentes*" (STJ — HC 261.090/SP — Rel. Min. Og Fernandes — 6ª Turma — julgado em 13-8-2013 — *DJe* 30-8-2013); "*Nos termos da jurisprudência desta Corte, o emprego de arma de fogo desmuniciada, como forma de intimidar a vítima do delito de roubo, malgrado caracterize a grave ameaça configuradora do crime de roubo, não justifica o reconhecimento da majorante do art. 157, § 2º, I, do Código Penal, ante a ausência de potencialidade ofensiva do artefato*" (HC 247.708/SP, Rel. Min. Ribeiro Dantas, 5ª Turma, julgado em 19-4-2018, *DJe* 25-4-2018).

- **Arma quebrada incapaz de efetuar disparo**

Pelas mesmas razões apontadas no tópico anterior, não se tem reconhecido o aumento em tal caso: "*Esta Corte acumula julgados no sentido de que o uso de arma de fogo reconhecida como ineficaz para efetuar disparos não possui o condão de atrair a aplicação da majorante inserta no art. 157, § 2º, inciso I, do Código Penal — CP. Isso porque o elemento preponderante para a majoração da pena,* in casu, *é a potencialidade ofensiva agravada pela arma de fogo, e não o fator de intimidação que o artefato possa vir a ocasionar*" (STJ — HC 350.711/SP — Rel. Min. Joel Ilan Paciornik — 5ª Turma, julgado em 19-4-2016 — *DJe* 28-4-2016); "*A jurisprudência desta Corte é pacífica no sentido de que a utilização de arma inapta, como forma de intimidar a vítima do delito de roubo, caracteriza o emprego de violência, porém não permite o reconhecimento da majorante de pena, já que esta vincula-se ao potencial lesivo do instrumento, dada a sua ineficácia para a realização de disparos*" (STJ — AgRg no REsp 1.532.816/SP — Rel. Min. Reynaldo Soares da Fonseca — 5ª Turma — julgado em 7-6-2018 — *DJe* 15-6-2018); "*A utilização de arma sem potencialidade lesiva, atestada por perícia, como forma de intimidar a vítima no delito de roubo, caracteriza a elementar grave ameaça, porém, não permite o reconhecimento da majorante de pena (emprego de arma). Na espécie, foi constatado pelo auto de apreensão e pela perícia que a arma era ineficaz para produção de disparos, bem como estava desmuniciada, fato que evidencia a ausência da potencialidade lesiva do instrumento, sendo, de rigor, o afastamento a referida majorante*" (STJ — HC 257.856/SP — Rel. Min. Maria Thereza de Assis Moura — 6ª Turma — julgado em 20-3-2014 — *DJe* 7-4-2014); "*O acórdão impugnado, ao considerar a incidência da causa de aumento referida, incorreu em constrangimento ilegal, pois, de acordo com posicionamento adotado por esta Corte Superior, comprovada a ausência de sua potencialidade lesiva da arma empregada, indevida a imposição da causa de aumento de pena prevista no inciso I do § 2º do art. 157 do CP. IV — A utilização da arma de fogo comprovadamente sem potencialidade lesiva, como na espécie, presta-se tão somente à caracterização da elementar da grave ameaça empregada contra a vítima, com o intuito de intimidá-la*" (HC 416.745/PR, Rel. Min. Felix Fischer, 5ª Turma, julgado em 12-12-2017, *DJe* 1º-2-2018); "*De acordo com a jurisprudência desta Corte superior, o uso de arma desmunicidada, no delito de roubo, caracteriza o emprego da grave ameaça, mas não pode ser utilizada como causa de aumento - art. 157, § 2º, I, do CP. Precedente.*" (AgRg no AREsp 722.298/ES, Rel. Min. Nefi Cordeiro, 6ª Turma, julgado em 13-3-2018, *DJe* 26-3-2018).

- **Arma não apreendida e não submetida à perícia para constatação da eficácia**

Tendo em vista o entendimento sedimentado nos tribunais superiores no sentido de que não existe o aumento de pena quando a arma é de brinquedo ou quando está desmuniciada ou quebrada, surgiu discussão em torno de uma situação absolutamente corriqueira em que as vítimas dizem que os réus estavam armados, mas eles não foram presos em flagrante — ou apenas um foi preso e o comparsa fugiu —, não havendo a apreensão da arma. A discussão, em verdade, gira em torno do ônus da prova. O tema foi submetido ao Plenário do Supremo Tribunal Federal, que, por maioria de votos, vencidos apenas os Ministros Cezar Peluso, Eros Grau e Gilmar Mendes, assim decidiu: "*Roubo qualificado pelo emprego de arma de fogo. Apreensão e perícia para a comprovação de seu potencial ofensivo. Desnecessidade. Circunstância que pode ser evidenciada por outros meios de prova. Ordem denegada. I — Não se mostra necessária a apreensão e perícia da arma de fogo empregada no roubo para comprovar o seu potencial lesivo, visto que tal qualidade integra a própria natureza do artefato. II — Lesividade do instrumento que se encontra* in re ipsa. *III — A qualificadora do art. 157, § 2º, I, do Código Penal, pode ser evidenciada por qualquer meio de prova, em especial pela palavra da vítima — reduzida à impossibilidade de resistência pelo agente — ou pelo depoimento de testemunha presencial. IV — Se o acusado alegar o contrário ou sustentar a ausência de potencial lesivo da arma empregada para intimidar a vítima, será dele o ônus de produzir tal prova, nos termos do art. 156 do Código de Processo Penal. V — A arma de fogo, mesmo que não tenha o poder de disparar projéteis, pode ser empregada como instrumento contundente, apto a produzir lesões graves. VI — Hipótese que não guarda correspondência com o roubo praticado com arma de brinquedo. VII — Precedente do STF. VIII — Ordem indeferida*" (STF — HC 96.099/RS — Pleno — Rel. Min. Ricardo Lewandowski — *DJ* 4-6-2009, p. 498).

No mesmo sentido: "*O acórdão impugnado está em harmonia com o entendimento firmado pelo Plenário desta Corte no julgamento do HC 96.099 (rel. min. Ricardo Lewandowski, DJe n. 104, de 04.06.2009), segundo o qual o reconheci-*

mento da causa de aumento de pena prevista no art. 157, § 2º, inc. I, do Código Penal, prescinde da apreensão da arma e da confirmação de seu potencial lesivo, bastando, para sua incidência, que constem dos autos elementos de convicção suficientes à comprovação de tal circunstância, em especial pelo depoimento das vítimas e de um dos corréus" (STF — HC 100.724 — Rel. Min. Joaquim Barbosa — 2ª Turma — *DJe* 146, 1º-8-2011, p. 157); **e** "*O reconhecimento da causa de aumento de pena prevista no art. 157, § 2º, I, do Código Penal prescinde da apreensão e da realização de perícia na arma, quando provado o seu uso no roubo por outros meios de prova. Inteligência dos arts. 158 e 167 do Código de Processo Penal brasileiro. Precedente do Plenário (HC 96.099/RS)*" (STF — HC 104.925 — Rel. Min. Rosa Weber — 1ª Turma — *DJe* 202, 19-6-2012). A 3ª Seção do Superior Tribunal de Justiça (turmas criminais conjuntas) também pacificou entendimento nesse sentido: "*A Terceira Seção do STJ, no julgamento dos EREsp n. 961.863/RS, pacificou o entendimento de serem dispensáveis a apreensão da arma e a realização de exame pericial para que incida o aumento na pena por uso de arma em roubo, quando existirem nos autos outros elementos probatórios que levem a concluir pela sua efetiva utilização no crime*" (HC 173.216/SP — Rel. Min. Gurgel de Faria — 5ª Turma — julgado em 16-12-2014, *DJe* 2-2-2015).

Saliente-se que a solução acima somente se mostra possível se a arma não for apreendida. Com efeito, de acordo com o art. 175 do Código de Processo Penal, os instrumentos do crime, quando apreendidos, devem ser submetidos a perícia para a constatação de sua natureza e eficácia. Assim, somente se a prova pericial restar prejudicada pela não apreensão da arma é que a prova testemunhal poderá suprir-lhe a falta, nos exatos termos do art. 167 do mesmo Código. Nesse sentido: "*Consoante o entendimento da Terceira Seção deste Superior Tribunal, para a incidência da majorante prevista no inciso I do § 2º do art. 157 do Código Penal, mostra-se prescindível a apreensão e perícia da arma de fogo para a comprovação do seu efetivo poder vulnerante, quando existirem nos autos elementos de prova que atestem o seu emprego na ação criminosa (EREsp n. 961.863/RS). Precedentes. 2. Quando há apreensão da arma de fogo, é indispensável a realização de perícia para a incidência da aludida causa especial de aumento, que somente pode ser suprida por prova testemunhal se os vestígios desapareceram por completo ou quando estes não puderem ser constatados pelos peritos, o que não é o caso dos autos. Inteligência dos arts. 158 e 167 do Código de Processo Penal. 3. Verificando que não houve, no caso em comento, o desaparecimento da arma de fogo, inviável utilizar-se dos depoimentos das vítimas e da própria confissão do paciente para corroborar a configuração da causa de aumento prevista no art. 157, § 2º, I, do Código Penal, por não se enquadrar a hipótese dos autos naquela prevista no art. 167 do Código de Processo Penal, que autoriza a suavização da regra do art. 158 do mesmo diploma normativo ao permitir o suprimento da prova técnica pela testemunhal. 4. Ordem concedida para afastar a causa especial de aumento prevista no art. 157, § 2º, I, do Código Penal, tornando a reprimenda do paciente definitiva em 4 anos de reclusão e pagamento de 10 dias-multa*" (STJ — HC 175.778/MG — Rel. Min. Sebastião Reis Júnior — 6ª Turma — julgado em 1º-3-2012 — *DJe* 19-3-2012).

- **Roubo com emprego de arma em concurso material com associação criminosa armada**

Sob a ótica de que o crime de quadrilha (modificado para associação criminosa pela Lei n. 12.850/2013)[156] afeta a paz pública e se consuma no momento da associação, tendo a pena aumentada até metade se o grupo é armado (art. 288, parágrafo único, do CP, com a redação da Lei n. 12.850/2013), e que seus integrantes, ao cometerem posteriormente o roubo, em concurso e com emprego de arma, estão violando novo bem jurídico, de caráter individual, da vítima do assalto, o Supremo Tribunal Federal vem admitindo o concurso material do crime de roubo, majorado pelo concurso de agentes e o emprego de arma, com o delito de associação criminosa armada. Nesse sentido: "*Esta Corte já firmou o entendimento de que a condenação simultânea pelos crimes de roubo qualificado com emprego de arma de fogo (art. 157, § 2º, I, do CP) e de formação de quadrilha armada (art. 288, parágrafo único, do CP) não configura* bis in idem, *uma vez que não há nenhuma relação de dependência ou subordinação entre as referidas condutas delituosas e porque elas visam bens jurídicos diversos. Precedentes*" (HC 113.413 — Rel. Min. Ricardo Lewandowski — 2ª Turma — julgado em 16-10-2012, processo eletrônico *DJe*-222 divulg. 9-11-2012, public. 12-11-2012); **e** "*As condenações por roubo circunstanciado pelo emprego de arma e por quadrilha armada não configuram o vedado* bis in idem, *em face da autonomia dos crimes, bem como das circunstâncias que os qualificam. Precedentes*" (RHC 102.984 — Rel. Min. Dias Toffoli — 1ª Turma — julgado em 8-2-2011, *DJe*-086 divulg. 9-5-2011, public. 10-5-2011 ement vol-02518-01, p. 138). No mesmo sentido, o HC 77.287 (Rel. Min. Sydney Sanches, *DJ* 7-5-1999) e o HC 75.349 (Rel. Min. Néri da Silveira, *DJ* 26-11-1999) (STF — HC 84.669/SP — Rel. Min. Joaquim Barbosa — 2ª Turma — *DJ* 17-6-2005, p. 74).

Os julgados acima mencionam o crime de quadrilha porque são anteriores à Lei n. 12.850/2013.

O entendimento é o mesmo no Superior Tribunal de Justiça: "*... não há que falar em* bis in idem, *ante a imputação concomitante das majorantes do emprego de arma e concurso de pessoas do crime de roubo com as majorantes da quadrilha armada — prevista no parágrafo único do art. 288 do Código Penal (antiga redação) —, na medida em que se tratam — os crimes de roubo circunstanciado pelo emprego de arma e concurso de pessoas e de formação de quadrilha armada — de delitos autônomos e independentes, cujos objetos jurídicos são distintos — quanto ao crime de roubo: o patrimônio, a integridade jurídica e a liberdade do indivíduo e, quanto ao de formação de quadrilha (atual associação criminosa): a paz pública —, bem como diferentes as naturezas jurídicas, sendo o primeiro material, de perigo concreto, e o segundo formal, de perigo abstrato*" (STJ — AgRg no HC 470.629/MS — Rel. Min. Felix Fischer — 5ª Turma — julgado em 19-3-2019 — *DJe* 26-3-2019); "*Segundo a jurisprudência deste Tribunal Superior, não 'há falar em* bis in idem, *pela imputação*

[156] Além de alterar o nome do delito, a Lei n. 12.850/2013 passou a exigir a associação de apenas três integrantes na composição do grupo, enquanto no crime de quadrilha o número mínimo era de quatro integrantes.

concomitante da majorante do emprego de arma do crime de roubo com a majorante da quadrilha armada — prevista no parágrafo único do art. 288 do CP (em sua antiga redação) —, na medida em que se trata de delitos autônomos e independentes, cujos objetos jurídicos são distintos — sendo, quanto ao crime de roubo: o patrimônio, a integridade jurídica e a liberdade do indivíduo e, quanto ao de formação de quadrilha (atual associação criminosa): a paz pública —, bem como diferentes as naturezas jurídicas, sendo o primeiro material, de perigo concreto, e o segundo formal, de perigo abstrato' (HC n. 131.838/SP, relator Ministro Nefi Cordeiro, 6ª Turma, julgado em 10-6-2014, DJe *1º-7-2014)*" (STJ — AgRg no REsp 1.456.290/MT — Rel. Min. Antonio Saldanha Palheiro — 6ª Turma — julgado em 11-4-2019 — *DJe* 29-4-2019).

- **Reconhecimento da causa de aumento de pena no roubo e crime de porte ilegal de arma de fogo**

Apesar de a doutrina salientar que o agente deve responder pelos dois crimes, uma vez que os momentos consumativos são diversos na medida em que o agente já portava ilegalmente a arma em via pública antes de cometer o roubo, a verdade é que, na prática, não se vê esse tipo de condenação, com o argumento de que ele só saiu de casa armado para praticar o roubo, de modo que o porte ilegal é considerado crime-meio. É claro que, se o sujeito for flagrado com a arma em contexto fático diverso — absolutamente desvinculado ao do roubo antes cometido —, responderá pelas duas infrações em concurso material. Nesse sentido: "*Não se aplica o princípio da consunção ao caso, de forma que a conduta de portar ilegalmente arma de fogo não pode ser absorvida pelo crime de roubo, pois o acórdão recorrido assentou que os crimes foram autônomos, cometidos em momentos distintos, sem nexo de dependência ou subordinação, entendimento que se alinha à jurisprudência desta Corte*" (STJ — HC 317.337/RJ — Rel. Min. Reynaldo Soares da Fonseca — 5ª Turma — julgado em 9-8-2016 — *DJe* 16-8-2016).

▪ 2.2.1.3.9. Emprego de explosivo ou artefato análogo que provoque destruição ou rompimento de obstáculo

> **Art. 157, § 2º-A, II —** A pena aumenta-se de dois terços se há destruição ou rompimento de obstáculo mediante o emprego de explosivo ou de artefato análogo que cause perigo comum.

Esse dispositivo foi inserido no Código Penal pela Lei n. 13.654/2018. Para a configuração dessa majorante é necessário que tenha havido emprego de violência contra pessoa ou grave ameaça (premissa para o crime de roubo) e que também tenha havido destruição ou rompimento de obstáculo com emprego de explosivo. Ex.: roubadores apontam uma arma para seguranças de um estabelecimento bancário a fim de subjugá-los e, posteriormente, explodem a porta do cofre para subtrair os valores. Se não houver emprego de violência contra pessoa ou grave ameaça o crime é o de furto qualificado.

Em se tratando de subtração perpetrada também mediante rompimento ou destruição de obstáculo, necessária perícia para a constatação dos vestígios, nos termos do art. 171 do Código de Processo Penal.

A Lei n. 13.964/2019 inseriu o furto qualificado pelo emprego de explosivo ou artefato análogo no rol dos crimes hediondos (art. 1º, IX, da Lei n. 8.072/90), mas, absurdamente, deixou de fazer o mesmo com o roubo cometido em idênticas circunstâncias.

2.2.1.3.10. Emprego de arma de fogo de uso restrito ou proibido

> **Art. 157, § 2º-B** — Se a violência ou grave ameaça é exercida com emprego de arma de fogo de uso restrito ou proibido, aplica-se em dobro a pena prevista no *caput* deste artigo.

Esse dispositivo foi inserido no Código Penal pela Lei n. 13.964/2019.

O motivo da maior agravação é, obviamente, a maior potencialidade lesiva dessas armas de fogo.

Armas de fogo de uso **restrito**, nos termos do art. 2º, II, do Decreto n. 9.847/2019, são: as armas de fogo **automáticas** e as **semiautomáticas** ou de repetição que sejam: a) não portáteis; b) de porte, cujo calibre nominal, com a utilização de munição comum, atinja, na saída do cano de prova, energia cinética superior a mil e duzentas libras-pé ou mil seiscentos e vinte joules; ou c) portáteis de alma raiada, cujo calibre nominal, com a utilização de munição comum, atinja, na saída do cano de prova, energia cinética superior a mil e duzentas libras-pé ou mil seiscentos e vinte joules. A relação específica de armas de fogo, cujo calibre nominal, com a utilização de munição comum, atingem, na saída do cano de prova, energia cinética superior a mil seiscentos e vinte joules, encontra-se na Portaria n. 1.222/2019 do Comando do Exército.

Armas de uso **proibido** são aquelas para as quais há **vedação total** ao uso. De acordo com o art. 2º, III, do Decreto n. 9.847/2019, são armas de fogo de uso proibido: a) as armas de fogo classificadas como de uso proibido em acordos e tratados internacionais dos quais a República Federativa do Brasil seja signatária; ou b) as armas de fogo dissimuladas, com aparência de objetos inofensivos.

Essa forma de roubo majorado constitui **crime hediondo** (art. 1º, II, "b", do Código Penal).

Após a entrada em vigor da Lei n. 13.964/2019, temos, portanto, as seguintes hipóteses:

a) emprego de arma branca — aumento de 1/3 até 1/2 da pena (art. 157, § 2º, VII);

b) emprego de arma de fogo de uso permitido — aumento de 2/3 da pena (art. 157, § 2º-A, inciso I);

c) emprego de arma de fogo de uso restrito ou proibido — pena aplicada em dobro — (art. 157, § 2º-B).

Se forem usadas duas ou mais armas e houver enquadramento em dois desses dispositivos, será aplicado apenas o aumento maior.

Caso o roubador utilize arma de fogo considerada de uso permitido em razão do seu calibre, mas que esteja com numeração raspada ou suprimida, entendemos que se aplica a majorante ora em estudo, pois o art. 16, parágrafo único, IV, do Estatuto do Desarmamento equipara armas de fogo nessas condições às armas de uso restrito.

■ 2.2.1.4. Roubo qualificado pelo resultado

> **Art. 157, § 3º —** Se da violência resulta:
> I — lesão corporal grave, a pena é de reclusão de sete a dezoito anos, e multa;
> II — morte, a pena é de reclusão de vinte a trinta anos, e multa.

■ 2.2.1.4.1. Lesão grave

As lesões graves que qualificam o roubo são aquelas descritas no art. 129, §§ 1º e 2º, do Código Penal. A provocação de lesão leve em decorrência da violência empregada fica absorvida pelo crime de roubo, na medida em que o texto legal não a menciona como forma qualificada tampouco ressalva a sua autonomia, tal como ocorre em outros delitos.

Se a subtração fica na esfera da tentativa, mas o agente efetivamente provoca lesões graves na vítima, responde pelo crime qualificado consumado. A propósito: "*O tipo penal concernente ao roubo qualificado pelo resultado lesão corporal grave (CP, art. 157, § 3º, primeira parte) realiza-se em todos os seus elementos estruturais ('essentialia delicti'), dando ensejo ao reconhecimento da consumação desse delito, sempre que o agente, procedendo com a intenção de executar a subtração patrimonial (embora frustrada em sua efetivação), comete violência física de que resultem lesões corporais de natureza grave (HC n. 71.069, Ministro Celso de Mello). 2. Recurso especial provido*" (STJ — REsp 1.582.657/MG — Rel. Min. Sebastião Reis Junior — 6ª Turma — julgado em 24-5-2016 — *DJe* 13-6-2016).

A pena máxima para essa modalidade qualificada pelo resultado era de 15 anos, mas foi aumentada para 18 anos por ocasião da aprovação da Lei n. 13.654/2018.

■ 2.2.1.4.2. Morte

É a figura conhecida como **latrocínio**, que se verifica quando a violência física empregada pelo agente, durante e em razão do roubo, provoca a morte da vítima.

- **Âmbito de incidência**

As qualificadoras — lesão grave ou morte — **aplicam-se** tanto ao roubo **próprio** quanto ao **impróprio**.

O reconhecimento das figuras qualificadas afasta a possibilidade de aplicação das causas de aumento do §§ 2º e 2º-A e B. Justifica-se esse entendimento pelo fato de as penas em abstrato das formas qualificadas já serem muito maiores. Além disso, o legislador, ao elencar as causas de aumento no § 2º, demonstrou pretender restringi-las às figuras simples do roubo que a antecedem (roubo próprio e impróprio — *caput* e § 1º). Observe-se que é justificável considerar mais grave um roubo quando o sujeito domina a vítima mostrando-lhe um revólver, já que isso facilita a execução do delito. No entanto, quando o roubador provoca a morte da vítima, é irrelevante diferenciar se o fez com um revólver, com uma paulada na cabeça ou jogando-a de um precipício. O que importa é que a vítima morreu e, em todos os casos, o crime é o de latrocínio. Não faria sentido aumentar a pena do latrocínio se a morte decorresse do emprego de arma de fogo e não em outras hipóteses nas quais o meio empregado provoca mais sofrimento (asfixia, tortura, fogo). No latrocínio, portanto, não é a posição dos parágrafos isoladamente que impede a aplicação das majorantes e sim a inexistência de maior lesividade da conduta quando a morte decorre de arma de fogo do que de outro meio executório.

Nesse sentido: "*Delito de latrocínio (art. 157, § 3º, do CP). Causas de aumento por concurso de pessoas e emprego de arma de fogo (art. 157, § 2º, I e II). Aplicação. Inadmissibilidade.* Bis in idem. *Maior gravidade já considerada na cominação da pena base. HC não conhecido. Ordem concedida de ofício. Precedentes. Não se aplicam as majorantes previstas no § 2º do art. 157 do Código Penal à pena base pelo delito tipificado no § 3º*" (STF — HC 94994/SP – Rel. Min. Cezar Peluso – 2ª Turma — julgamento 16-9-2008); "*Na espécie, não prospera o incremento sancionatório, eis que incabível a utilização das causas de aumento de pena constantes do § 2º do artigo 157 do Código Penal para majorar a reprimenda aplicada pela prática do crime de roubo qualificado pelo resultado lesão corporal grave, porquanto as referidas majorantes somente podem incidir sobre os delitos de roubo próprio e impróprio*" (STJ — HC 330831 — Rel. Min. Maria Thereza de Assis Moura — 6ª Turma — Data do Julgamento 3-9-2015 — Data da Publicação/Fonte *DJe* 22-9-2015); "*As causas especiais de aumento de pena previstas no parágrafo 2º do artigo 157 do Código Penal não são aplicáveis ao crime de latrocínio*" (STJ — HC 28625/SP — Rel. Min. Paulo Gallotti — 6ª Turma — Data do Julgamento 9-8-2005 — Data da Publicação/Fonte *DJ* 19-12-2005); "*Conforme abalizada doutrina e jurisprudência, por constituir o crime de roubo qualificado um modelo típico próprio — crime complexo formado pela integração dos delitos de roubo e lesão corporal grave —, não se lhe aplicam as causas especiais de aumento de pena previstas para o crime de roubo, inscritas no § 2º do art. 157, do Código Penal*" (STJ — HC 69.446/MS, Rel. Min. Laurita Vaz — 5ª Turma — julgado em 11-12-2007 — *DJ* 7-2-2008, p. 1).

- **Natureza hedionda**

Nos termos do art. 1º, II, "c", da Lei n. 8.072/90, o latrocínio e o roubo qualificado pela lesão grave, consumados ou tentados, são considerados **crimes hediondos**.

A figura do roubo qualificado pela lesão grave passou a ter natureza hedionda com a entrada em vigor da Lei n. 13.964/2019, que modificou a Lei n. 8.072/90.

Saliente-se que, nos termos do art. 112 da Lei de Execuções Penais (Lei n. 7.210/84), as regras para a progressão de regime e a obtenção de livramento condicional são mais severas para os delitos hediondos com **resultado morte**, do que em relação aos outros crimes hediondos.

De acordo com referido dispositivo da Lei de Execuções Penais, nos crimes hediondos a progressão de pena para regime mais brando do que o inicialmente fixado na sentença exige o cumprimento de 40% da pena, e o livramento pode ser obtido após o cumprimento de 2/3 da pena, salvo se o réu for reincidente em crimes dessa natureza. Tais regras valem para o roubo qualificado pela lesão grave e a tentativa de latrocínio. Em se tratando de latrocínio consumado (crime hediondo com resultado morte), é sempre vedado o livramento condicional, e a progressão se dá com o cumprimento de 50% da pena. Os referidos índices referem-se a condenados primários. Se, todavia, o sentenciado for reincidente, a progressão se dará pelo cumprimento de 60% da pena (em crime hediondo sem evento morte) ou 70% (em caso de crime hediondo com evento morte).

Por ser crime hediondo, o autor de latrocínio e de roubo qualificado pela lesão grave não pode obter anistia, graça ou indulto.

O regime inicial deve ser o fechado, na medida em que a pena mínima é de 20 anos.

O art. 9º da Lei n. 8.072/90 prevê um aumento de metade da pena se a vítima fatal estiver em quaisquer das condições do art. 224 do Código Penal (não for maior de 14 anos, for alienada ou débil mental e o agente souber disso, ou, por qualquer causa, não puder oferecer resistência). Como, todavia, o art. 224 foi expressamente revogado pela Lei n. 12.015/2009, entende-se que esse aumento tornou-se inviável por ter desaparecido o dispositivo que lhe dava complemento.

• Natureza da infração

Para a concretização das figuras qualificadas, o resultado, lesão grave ou morte, pode ter sido provocado dolosa ou culposamente. Essa conclusão é inevitável em decorrência do montante da pena — 20 a 30 anos no caso do latrocínio. Ora, se tal pena é aplicável quando a morte é decorrência culposa da violência empregada para roubar, não se pode tratar como roubo, em concurso material com homicídio, a hipótese em que o agente mata dolosamente durante o crime, pois, se assim fosse, a pena ficaria menor na última situação, em que o fato é de maior gravidade. Em suma, haverá latrocínio, quer a morte tenha sido consequência dolosa ou culposa da violência empregada durante o roubo. É por isso que se diz que o latrocínio admite a figura preterdolosa (roubo com morte culposa), mas não é delito exclusivamente preterdoloso.

Deve-se lembrar, outrossim, que, se o agente efetua disparos querendo matar a vítima (tiros na cabeça, por exemplo), mas ela não morre, vindo, contudo, a sofrer sequelas graves, responderá ele por tentativa de latrocínio — em razão do seu dolo de matar durante o roubo —, e não por crime qualificado pela lesão grave. Aliás, se demonstrado o dolo de matar durante o contexto fático do roubo haverá tentativa de latrocínio até mesmo se a vítima não sofrer lesão. Ex.: roubador efetua disparos mirando o peito da vítima, mas não a atinge. A propósito: "*Uma vez evidenciado que a paciente agiu com dolo, não apenas quanto à subtração, mas também quanto ao resultado morte, resta configurada hipótese de latrocínio tentado, não o desnaturando o fato de as vítimas não terem sofrido lesão corporal. Precedentes*" (STJ — HC 212.430/SP — Rel. Min. Nefi Cordeiro — 6ª Turma — julgado em 25-8-2015 — *DJe* 15-9-2015).

Podemos, assim, concluir que são possíveis as seguintes situações durante um roubo:

a) O agente emprega violência contra a vítima querendo matá-la e efetivamente provoca a morte. Responde por latrocínio consumado. O fato de a morte ter sido dolosa deve fazer o juiz aplicar a pena acima do mínimo legal. Trata-se de hipótese em que o latrocínio não é preterdoloso.

b) O sujeito emprega violência sem a intenção de matar a vítima, porém, culposamente, dá causa ao resultado. Responde também por latrocínio consumado. Em tal caso, o crime é considerado preterdoloso. Ex.: durante o crime, o agente amordaça a vítima para que ela não grite por socorro e, sem se dar conta, provoca a morte dela por asfixia.

c) O agente emprega violência querendo causar lesão grave na vítima e efetivamente o faz. Responde por roubo qualificado pela lesão grave. Ex.: disparo de arma de fogo na perna da vítima que lhe provoca incapacidade para as ocupações habituais por mais de trinta dias.

d) O agente emprega violência contra a vítima sem a intenção específica de lhe causar lesão grave, mas, culposamente, a provoca. Também responde por roubo qualificado pela lesão grave (hipótese preterdolosa).

e) O roubador usa de violência querendo matar a vítima, mas não consegue atingir seu intento. Comete tentativa de latrocínio, ainda que a vítima sofra lesão de natureza grave.

- **Natureza jurídica**

a) crime **complexo** (tutela dois bens jurídicos distintos: patrimônio e vida); b) **plurissubsistente** (vários atos integram sua conduta podendo ser fracionado); c) crime **unissubjetivo** ou de **concurso eventual** (pode ser cometido por uma só pessoa, mas admite coautoria e participação); d) crime **material** (exige a produção de resultado naturalístico para a consumação); e) crime **comum** (não exige qualidade especial do sujeito ativo); f) crime de **dano** (pressupõe dano aos bens jurídicos); g) crime **comissivo** (pressupõe ação do criminoso); h) de **forma livre** (pode ser praticado por qualquer meio); i) crime **instantâneo** (sua consumação não se prolonga no tempo); g) **preterdoloso ou não** (ver tópico anterior).

- **Competência**

De acordo com a Súmula n. 603 do STF, "*a competência para o processo e julgamento de latrocínio é do juiz singular e não do Tribunal do Júri*". O Supremo Tribunal Federal, portanto, firmou entendimento de que o latrocínio, ainda que decorrente de morte dolosa, por estar previsto no Título dos crimes contra o **patrimônio**, não se enquadra na competência do Júri, que é apenas para as infrações classificadas em lei como "crimes contra a vida".

- **Pluralidade de mortes e subtração única**

Quando duas ou mais pessoas são mortas, mas apenas um patrimônio é lesado, a doutrina e a jurisprudência dominantes são no sentido de que há crime único. O argumento é o de que, por ser o latrocínio um crime complexo, que surge da soma da morte com a subtração, só se configuram dois latrocínios quando ocorrerem duas mortes e duas lesões patrimoniais. Em razão disso, se os agentes roubam o dinheiro de uma agência bancária, mas matam dois seguranças, configura-se crime único e a pluralidade de pessoas mortas deve ser levada em conta pelo juiz no momento da fixação da pena-base, com fundamento no art. 59 do Código Penal.

Destoando de tal entendimento, o Superior Tribunal de Justiça passou a entender que, em tais casos, a hipótese é de concurso **formal impróprio**, em que as penas devem ser somadas: *"A jurisprudência desta Corte firmou-se no sentido de que, configurado o latrocínio, previsto no art. 157, § 3º, parte final, do Código Penal, no qual há uma única subtração patrimonial, com desígnios autônomos e com dois resultados morte, fica caracterizado o concurso formal impróprio, disposto no art. 70,* caput, *parte final, do Código Penal. — Aplica-se ao concurso formal impróprio a regra do concurso material, de forma que as penas devem ser aplicadas cumulativamente, como procedeu a Corte de origem, sem alteração na dosimetria da pena"* (STJ — HC 291.724/RJ, Rel. Min. Reynaldo Soares da Fonseca, 5ª Turma, julgado em 20-8-2015, *DJe* 28-8-2015); *"Segundo a jurisprudência desta Corte, 'tipifica-se a conduta do agente que, mediante uma só ação, dolosamente e com desígnios autônomos, pratica dois ou mais crimes, obtendo dois ou mais resultados, no art. 70, 2ª parte, do Código Penal — concurso formal impróprio, aplicando-se as penas cumulativamente. Na compreensão do Superior Tribunal de Justiça, no caso de latrocínio (artigo 157, parágrafo 3º, parte final, do Código Penal), uma única subtração patrimonial, com quatro resultados morte, caracteriza concurso formal impróprio'"* (STJ, HC 165.582/SP, Rel. Min. Maria Thereza de Assis Moura, 6ª Turma, *DJe* de 6-6-2013).

Tendo em vista referido posicionamento das duas Turmas Criminais do Superior Tribunal de Justiça, inúmeros recursos chegaram à **Corte Suprema** e esta reiterou seu entendimento de que se trata de **crime único**, conforme julgados abaixo colacionados:

"Há plausibilidade jurídica na pretensão defensiva, uma vez que o Superior Tribunal de Justiça acabou por decidir contrariamente ao entendimento da Corte ao assentar que "nos delitos de latrocínio (...), havendo uma subtração, porém mais de uma morte, resta configurada hipótese de concurso formal impróprio de crimes e não crime único" (grifei). Cito precedentes do Supremo Tribunal Federal sobre o tema: *"Crime — Latrocínio — Desclassificação afastada. Aquele que se associa a comparsas para a prática de roubo, sobrevindo a morte da vítima, responde pelo crime de latrocínio, ainda que não tenha sido o autor do disparo fatal ou a participação se revele de menor importância. Latrocínio — Pluralidade de vítimas — Concurso formal impróprio não configurado. A pluralidade de vítimas em crime de latrocínio não enseja a conclusão de ocorrência de concurso formal impróprio"*. (STF — RHC 133575, Rel. Min. Marco Aurélio 1ª Turma, julgado em 21-2-2017, processo eletrônico *DJe*-101 divulg. 15-5-2017, public. 16-5-2017); *"Habeas corpus. 2. O acórdão impugnado condenou o paciente pela prática de dois latrocínios em concurso formal. 3. É incontroverso nos autos que houve prática delitiva caracterizada pela subtração de um único bem — um caminhão — com duas mortes. (...) Quantidade de mortes repercute na fixação da pena-base (art. 59 do CP) 5. Precedente: STF, HC n. 71267-3/ES. 6. Sentença deve ser restabelecida. 7. Ordem de habeas corpus concedida para afastar o concurso formal impróprio de latrocínios e determinar o restabelecimento da sentença"* (STF — HC 107201, Rel. Min. Gilmar Mendes, 2ª Turma, julgado em 2-9-2014, processo eletrônico *DJe*-218 divulg. 5-11-2014, public. 6-11-2014); *"Segundo entendimento acolhido por esta Corte, a pluralidade de vítimas atingidas pela violência no crime de roubo com resultado morte ou lesão grave, embora único o patrimônio lesado, não altera a unidade do crime, devendo essa circunstância ser sopesada na individualização da pena, que, no caso, é de 20 (vinte) a 30 (trinta) anos. Precedentes. 2. Desde que a conduta do agente esteja conscientemente dirigida a atingir mais de um patrimônio, considerado de forma objetiva, como requer o fim de proteção de bens jurídicos do Direito Penal, haverá concurso de crimes*" (STF — HC 96.736/DF, 2ª Turma, Rel. o Ministro Teori Zavascki, *DJe* 2-10-2013). No mesmo sentido: HC 140368, Rel. Min. Dias Toffoli, julgado em 4-6-2018, publicado em processo eletrônico *DJe*-113 divulg. 7-6-2018 public. 8-6-2018) e RHC 151142, Rel. Min. Alexandre de Moraes, julgado em 20-8-2018, publicado em processo eletrônico *DJe*-173 divulg. 22-8-2018, public. 23-8-2018).

- **Homicídio doloso e furto**

Não é raro que uma pessoa mate intencionalmente outra em razão de uma prévia desavença entre elas, consumando o crime de homicídio e, em seguida, resolva verificar os bolsos da vítima e, ao encontrar dinheiro, o subtraia. Em tal caso, deve responder por crimes de homicídio doloso em concurso material com furto, pois a intenção de subtrair surgiu após a morte e deu-se em um momento em que não era mais necessário usar de violência física. É de se mencionar, aliás, que o sujeito passivo do furto são os familiares da vítima.

Da mesma forma, quando o filho mata o pai dentro de casa em razão de algum desentendimento familiar, mas, posteriormente, simula que ladrões entraram na casa e, para dar credibilidade à sua versão, desaparece com alguns bens do local. Responde por homicídio e não por latrocínio.

Quem incentiva a vítima a cometer suicídio para, em seguida, subtrair pertences incorre em crime de participação em suicídio (art. 122 do CP), em concurso material com furto.

- **Crime complexo**

O crime de latrocínio enquadra-se no conceito de crime complexo porque atinge mais de um bem jurídico: **a vida e o patrimônio**. Em razão disso, várias hipóteses mostram-se possíveis quando o agente atua com intenção de matar durante o roubo:

a) Se a **subtração e a morte se consumam**, temos latrocínio **consumado**.

b) Se a **subtração** fica na esfera da **tentativa**, mas o agente efetivamente **mata** a vítima, temos latrocínio **consumado**. É o que diz a Súmula n. 610 do STF: "*há crime de latrocínio quando o homicídio se consuma ainda que não realize o agente a subtração de bens da vítima*". É o que ocorre, por exemplo, quando a vítima que está sendo roubada sai correndo e os ladrões, para evitar a fuga, efetuam disparos contra ela, mas a vítima consegue se evadir, vindo, contudo, a morrer minutos depois em razão dos ferimentos sofridos.

c) Se a **subtração e a morte forem tentadas**, haverá **tentativa** de latrocínio.

d) Se a subtração for **consumada** e a morte **tentada**, o crime também será o de **tentativa de latrocínio**, conforme reiterada jurisprudência e entendimento doutrinário dominante (Magalhães Noronha[157] e Heleno Cláudio Fragoso,[158] dentre outros), mesmo porque é a interpretação que decorre da própria Súmula n. 610 do STF. Há alguns anos, contudo, o próprio STF, reformando decisão do STJ, decidiu que, se o agente tenta, dolosamente, matar a vítima e subtrai seus pertences, responde por tentativa de homicídio em concurso material com roubo (STF — HC 91.585/RJ — Rel. Min. Cezar Peluso — 2ª Turma — *DJ* 18-12-2008, p. 817), interpretação também esposada por Nélson Hungria.[159] Esse julgado isolado, contudo, não altera a interpretação em relação aos demais tópicos estudados nos itens anteriores e, por ora, não afeta a interpretação dominante. A propósito: "*Comprovado, portanto, ter havido a subtração consumada (o réu subtraiu o envelope com dinheiro) e a intenção de matar a vítima, impõe-se a conclusão de restar configurada a tentativa de latrocínio, o que é perfeitamente possível*" (STJ — HC 314.203/PR — Rel. Min. Gurgel de Faria — 5ª Turma — julgado em 30-6-2015 — *DJe* 4-8-2015).

• Latrocínio (requisitos)

A lei não descreve expressamente quais os requisitos do crime de latrocínio, contudo, diante das manifestações doutrinárias e das centenas de julgados a respeito desse delito, é possível elencar três requisitos para sua configuração, sendo certo que, na ausência de qualquer deles, porém tendo ocorrido subtração e morte, o agente responderá por crimes de homicídio e roubo em concurso.

São requisitos do latrocínio:

a) que a morte seja decorrente da **violência** empregada pelo agente;

b) que a violência causadora da morte tenha sido empregada **durante** o contexto fático do roubo;

c) que haja nexo causal entre a violência provocadora da morte e o roubo em andamento (violência empregada **em razão** do roubo).

▪ 1º requisito — morte decorrente da violência

Esse requisito está expresso no art. 157, § 3º, do Código Penal, cujo tipo penal é "se da **violência** resulta lesão grave, (...) ou morte". Assim, haverá latrocínio se o roubador atirar contra a vítima, esfaqueá-la, jogá-la do prédio etc. A lei exige que a **violência seja intencional**, já que o roubo é crime doloso; contudo, haverá latrocínio, conforme já estudado, quer tenha havido dolo, quer tenha havido culpa **em relação ao resultado morte**. Assim, quando o agente atira com intenção de matar a vítima do roubo, temos violência e morte dolosas, mas quando o agente a amordaça para que ela não grite por socorro durante o roubo em sua residência e acaba provocando culposamente a morte dela por asfixia, temos violência intencional e morte culposa, havendo, também no último caso, latrocínio.

157 E. Magalhães Noronha, *Direito penal,* v. 2, p. 253.

158 Heleno Cláudio Fragoso, *Lições de direito penal*. Parte especial, v. I, p. 300.

159 Nélson Hungria, *Comentários ao Código Penal,* v. VII, p. 63.

Existem casos em que o agente comete roubo exclusivamente por meio de grave ameaça, apontando uma arma para a vítima, que, diante do quadro, acaba apavorando-se de uma tal maneira que morre de ataque cardíaco. Em tal situação, na qual a morte decorre de **grave ameaça**, simplesmente não há enquadramento no tipo penal do latrocínio, devendo o agente responder por roubo agravado pelo emprego de arma em concurso formal com homicídio culposo; o concurso é formal porque a mesma grave ameaça utilizada para roubar foi a provocadora da morte. Em alguns casos noticiados na imprensa restou demonstrado que as vítimas fatais não eram pessoas com problemas cardíacos, e que a causa do infarto foi a excessiva tensão a que foram submetidas. Daí o motivo de se dizer que existe a punição pelo homicídio culposo por ser sempre previsível a provocação de ataque cardíaco em tais casos, independentemente de análise de prévios problemas cardíacos por parte da vítima.

Se o agente rouba um carro e mantém a vítima ao seu lado e, ao dirigir o veículo, acaba realizando uma imprudência — passa um sinal vermelho, por exemplo —, provocando um acidente no qual morre a vítima do roubo, responde ele por crime de roubo em concurso **material** com homicídio culposo na direção de veículo automotor (art. 302 do Código de Trânsito). Não há latrocínio porque a morte não foi decorrência de violência intencional utilizada pelo roubador. O concurso não é formal porque a morte não foi decorrente da grave ameaça, e sim de uma outra ação do roubador, qual seja, a de cruzar o sinal desfavorável, que se soma à conduta anterior do roubo (concurso material).

Se uma pessoa, que está sendo roubada dentro de sua casa, sai correndo para fugir do ladrão e acaba sendo atropelada por um ônibus, não há latrocínio e tampouco homicídio culposo por parte do roubador. Responde ele por roubo, consumado ou tentado, dependendo do caso. Da mesma forma, quando o crime está sendo cometido no segundo ou terceiro andar de um prédio, e a vítima pula do apartamento para fugir do ladrão, por supor que nada de grave irá acontecer, mas acaba morrendo.

- **2º requisito — que a violência causadora da morte tenha sido empregada durante o contexto do roubo**

O contexto fático do roubo instala-se com o seu início de execução e prolonga-se até a fuga imediatamente posterior ao ato de subtração. Assim, há latrocínio, por exemplo, quando o agente mata a vítima logo no início da abordagem, ou quando o faz durante o tempo em que permanece com ela enquanto se desenrola o assalto, ou ainda quando está saindo do interior do banco roubado e mata os seguranças que tentam detê-lo.

Para a configuração do latrocínio, não é necessário que a vítima morra durante o roubo, basta que a violência seja empregada em seu contexto fático, ainda que o resultado ocorra horas ou dias depois, desde que em razão daquela violência.

- **3º requisito — que haja nexo causal entre a violência e o roubo em andamento**

O latrocínio exige que a violência causadora da morte tenha sido empregada em razão do roubo que estava sendo cometido. Considerando que o latrocínio pode ter por base um roubo próprio ou um roubo impróprio, costuma-se dizer que esse nexo causal mostra-se presente tanto na hipótese em que a violência causadora da morte é empregada como meio para a subtração como também na hipótese em que é empregada a fim de garantir a impunidade do agente ou a detenção do bem relacionados ao crime em andamento. Nesse sentido: "*delito de latrocínio (...) para a sua configuração é fundamental que a violência tenha sido exercida para o fim da subtração ou para garantir, depois dessa, a impunidade do crime ou a detenção da coisa subtraída (...). O objeto jurídico tutelado, nesses casos, é o patrimônio e a integridade física, não havendo que se falar, portanto, em competência do Júri Popular*" (STJ — HC 21.961/MG — Rel. Min. José Arnaldo da Fonseca — 5ª Turma — *JSTJ* 176/83).

É preciso, então, que fique clara a seguinte distinção: se o agente mata a fim de garantir a sua impunidade em relação ao roubo que ele está cometendo naquele instante, o crime é o de latrocínio. Se, entretanto, o roubo foi cometido dias antes e ele mata alguém para garantir sua impunidade quanto ao delito anterior, responde por crime de roubo em concurso material com homicídio qualificado.

Caso um roubador encapuzado, durante um roubo a banco, perceba dentre os clientes um antigo inimigo e, aproveitando-se da oportunidade de estar armado e o inimigo dominado, tira-lhe a vida, responde por homicídio em concurso material com roubo, porque não matou para viabilizar o roubo nem tampouco para assegurar sua impunidade (não seria reconhecido em razão do capuz que vestia) ou a detenção da coisa. Se, entretanto, estiver cometendo um roubo sem capuz em um estabelecimento e notar dentre os clientes uma pessoa que o conhece e que pode entregá-lo à polícia, vindo a matá-la, responde por latrocínio — porque matou, **durante** o roubo, para assegurar sua impunidade.

- **Sujeito passivo do latrocínio**

Presentes os três requisitos enumerados no tópico anterior, haverá latrocínio quem quer que seja a vítima fatal: o dono do bem subtraído, uma namorada ou amigo do dono do bem roubado, um segurança ou guarda-noturno, um empregado do estabelecimento roubado, um policial etc. Existe, porém, uma exceção, que se mostra presente quando um dos assaltantes, durante o roubo, mata o comparsa em razão de alguma desavença ligada ao crime. Nesse caso, como a pessoa morta é uma das autoras do roubo, não pode ser considerada, concomitantemente, vítima do mesmo crime — roubo qualificado pela morte (latrocínio). O sobrevivente responde por homicídio em concurso material com roubo.

Ressalte-se, todavia, que, se o agente efetuou disparo querendo matar a vítima e, por erro de pontaria, matou o comparsa, responde por crime de latrocínio, porque, na hipótese, houve *aberratio ictus*, e, em tal caso, o art. 73 do Código Penal prevê que o agente deve ser punido como se tivesse matado quem pretendia.

- **Concurso de agentes**

A princípio, todos os envolvidos respondem pelo latrocínio, ainda que apenas um dos assaltantes tenha matado a vítima. Caso, todavia, fique provado que um deles quis participar de crime menos grave (apenas do roubo), pois expressamente disse aos comparsas antes do crime que não queria que ninguém atirasse, responderá apenas pelo roubo, nos termos do art. 29, § 2º, do Código Penal, podendo sua pena ser aumentada em metade por ser previsível o resultado.

2.2.2. Extorsão

2.2.2.1. Extorsão simples

> **Art. 158.** Constranger alguém, mediante violência ou grave ameaça, e com o intuito de obter, para si ou para outrem indevida vantagem econômica, a fazer, tolerar que se faça ou deixar de fazer alguma coisa:
> Pena — reclusão, de quatro a dez anos, e multa.

2.2.2.1.1. Objetividade jurídica

Tal como no crime de roubo, tutela-se na extorsão o patrimônio, bem como a incolumidade física e a liberdade individual.

2.2.2.1.2. Tipo objetivo

O crime consiste em obrigar, coagir a vítima a **fazer** algo (a entregar dinheiro ou outro bem qualquer, a preencher e assinar um cheque, a fazer compras para o agente, a pagar suas contas etc.), a **tolerar** que se faça algo (permitir que o agente rasgue um título de crédito, fazer uso de um imóvel sem pagar por isso etc.) ou a **deixar de fazer** alguma coisa (não entrar em uma concorrência, não ingressar com uma ação de execução ou de cobrança) etc.

As formas de execução da extorsão são a violência e a grave ameaça, e, nisso, o crime é semelhante ao roubo. A pena, aliás, é a mesma.

A jurisprudência tem entendido que configura grave ameaça ter fotografias ou vídeos de alguém mantendo relação extraconjungal e exigir-lhe dinheiro para não divulgar o fato para a família ou para não reproduzir as imagens na internet. Entende também que o mal prometido pode ser outra lesão patrimonial: "*Hipótese em que foi exigido da vítima o pagamento de determinado valor (indevida vantagem econômica), sob pena de destruição de seu caminhão — bem necessário ao desempenho de sua atividade habitual —, que havia sido furtado. 2. O Tribunal de origem, alinhado ao entendimento deste Sodalício, concluiu pela tipicidade da conduta praticada pelo agravante, na medida em que a ameaça a que se refere o* caput *artigo 158 do Código Penal, exercida com o fim de obter a indevida vantagem econômica, pode ter por conteúdo grave dano à pessoa ou aos bens da vítima. Precedentes desta Corte e do STF*" (STJ — AgRg no AREsp 724.776/SC — Rel. Min. Jorge Mussi — 5ª Turma — julgado em 10-3-2016 — *DJe* 16-3-2016); "*Nos termos da jurisprudência desta Corte, configura a grave ameaça necessária para a tipificação do crime de extorsão a exigência de vantagem indevida sob ameaça de destruição e não devolução de veículo da vítima, que havia sido dela subtraído. Precedentes*" (STJ — HC 343.825/SC — Rel. Min. Ribeiro Dantas — 5ª Turma — julgado em 15-9-2016 — *DJe* 21-9-2016).

2.2.2.1.3. *Elemento subjetivo e normativo*

A **intenção** de obter **indevida** vantagem econômica é o que diferencia a extorsão dos crimes de constrangimento ilegal (art. 146) e exercício arbitrário das próprias razões (art. 345).

No constrangimento ilegal, o agente também emprega violência ou grave ameaça para forçar a vítima a fazer ou não fazer algo, porém, sua intenção não é de obter alguma vantagem econômica, mas outra qualquer.

Já o crime de exercício arbitrário das próprias razões é bastante amplo, abrangendo a hipótese em que o agente emprega violência ou grave ameaça para cobrar o que lhe é **devido**. A existência desse crime, em verdade, não decorre da obtenção da vantagem devida, mas, sim, do emprego de violência ou grave ameaça para obtê-la, pois, o procedimento correto seria ingressar em juízo para receber o que lhe é de direito, e não ameaçar ou agredir a vítima.

O elemento normativo do crime de extorsão reside na necessidade de ser **indevida** a vantagem visada.

2.2.2.1.4. *Sujeito ativo*

Pode ser qualquer pessoa. Trata-se de crime **comum**.

2.2.2.1.5. *Sujeito passivo*

São assim considerados todos os que sofrerem a violência ou grave ameaça, bem como aqueles que sofrerem a lesão patrimonial.

2.2.2.1.6. *Consumação*

A Súmula n. 96 do Superior Tribunal de Justiça cuida do tema dispondo que "*o crime de extorsão consuma-se independentemente da obtenção da vantagem indevida*". Essa interpretação é decorrente do próprio texto legal que exige que o agente tenha intenção de obter a vantagem indevida, mas não vincula a consumação à sua efetiva obtenção. Costuma-se dizer, por isso, que a extorsão é crime **formal**. Veja-se, entretanto, que os crimes formais consumam-se no momento da ação, e não é exatamente isso o que ocorre na extorsão, que, teoricamente, passa por três momentos: a) o emprego da violência ou grave ameaça pelo agente; b) a ação ou omissão da vítima; c) a obtenção da vantagem econômica indevida pelo agente. Este último momento não é exigido para a consumação, porém, de acordo com a própria redação do dispositivo, pode-se concluir que a extorsão não se consuma com o emprego da violência ou grave ameaça, mas apenas quando a vítima, constrangida, faz o que o agente a mandou fazer ou deixa de fazer o que ele ordenou que ela não fizesse. Assim, quando o agente remete uma carta contendo uma ameaça e uma exigência, ou telefona para a vítima fazendo o mesmo e esta imediatamente rasga a carta, desliga o telefone ou procura a polícia, não cedendo à exigência do agente, o crime de extorsão mostra-se tentado. Por outro lado, se o sujeito obriga a vítima a preencher e assinar um cheque em seu favor e ela o faz, o crime está consumado, ainda que o agente, posteriormente, não consiga descontar o cheque. A propósito: "*O delito tipificado no artigo 158 do Código Penal se consuma independentemente da obtenção da vantagem indevida, bastando que a vítima faça, deixe de fazer ou tolere que o agente faça alguma coisa mediante violência ou grave ameaça*" (HC 232.062/RJ — Rel. Min. Jorge Mussi — 5ª Turma — julgado em 11-3-2014 — *DJe* 25-3-2014). No mesmo sentido: STJ — HC 310.452/SC — Rel. Min. Felix Fischer — 5ª Turma — julgado em 14-4-2015 — *DJe* 22-4-2015).

A propósito da consumação do crime de extorsão, veja-se ainda: "*Recurso especial. Extorsão. Crime consumado. Ação positiva da vítima que, apesar da comunicação do crime à polícia, cedeu à exigência dos agentes. Recurso provido. 1. O crime de extorsão é formal e se consuma no momento em que a vítima, submetida a violência ou grave ameaça, realiza o comportamento desejado pelo criminoso. É irrelevante que o agente consiga ou não obter a vantagem indevida, pois esta constitui mero exaurimento do crime. Súmula n. 96 do STJ. 2. Caso o ameaçado vença o temor inspirado e deixe de atender à imposição quanto à pretendida ação, é inquestionável a existência da tentativa de extorsão*" (STJ — REsp 1.467.129/SC — Rel. Min. Rogerio Schietti Cruz — 6ª Turma — julgado em 2-5-2017 — *DJe* 11-5-2017); "*A extorsão é crime formal e se consuma no momento em que a vítima, submetida a violência ou grave ameaça, submete-se ao comando do criminoso, sendo irrelevante a efetiva obtenção da vantagem indevida, que constitui mero exaurimento do delito. Inteligência da Súmula 96/STJ. Precedentes*" (STJ — HC 410.220/PB, Rel. Min. Reynaldo Soares da Fonseca, 5ª Turma, julgado em 8-2-2018, *DJe* 23-2-2018); "*1. O crime de extorsão é crime formal e se consuma no momento em que a vítima, submetida a violência ou a grave ameaça, realiza o comportamento desejado pelo criminoso. 2. Deve ser reconhecida a consumação do crime de extorsão, nos termos da sentença condenatória e do acórdão que a confirmou, haja vista que a vítima forneceu ao recorrido seu cartão bancário e a respectiva senha, fazendo o que lhe foi exigido. A conduta foi, ainda, exaurida, porquanto o corréu sacou numerário da conta corrente*" (STJ — REsp 1.288.494/SP — Rel. Min. Rogerio Schietti Cruz — 6ª Turma — julgado em 8-11-2016 — *DJe* 21-11-2016).

Observação: Existem casos em que a ação ou omissão da vítima são concomitantes à obtenção da vantagem ilícita por parte do agente, tal como se dá quando ela é obrigada a entregar pessoalmente dinheiro a ele.

2.2.2.1.7. *Tentativa*

É possível, conforme explicado no item anterior.

2.2.2.1.8. *Distinção*

Além das relevantes diferenciações já tratadas em relação ao constrangimento ilegal e ao exercício arbitrário das próprias razões, é importante distinguir a extorsão dos crimes de estelionato, roubo e concussão.

- **Extorsão e estelionato**

Na hipótese de extorsão em que a vítima é obrigada a entregar algo ao agente, o delito se assemelha ao estelionato porque, também neste crime, é a vítima quem entrega os bens ou valores a ele. A diferença, teoricamente, é simples, pois na extorsão a entrega decorre de temor, na medida em que a vítima sofre violência ou grave ameaça, enquanto no estelionato a entrega decorre de engano, já que a vítima é ludibriada pelo emprego de uma fraude qualquer.

Ocorre que é consideravelmente comum o agente empregar fraude **e** grave ameaça contra a mesma vítima para dela obter **uma única** vantagem econômica; neste caso, o agente só pode responder por um crime contra o patrimônio, que, na hipótese, é o de extorsão — delito mais grave. É o que acontece, por exemplo, quando o sujeito finge ser policial e ameaça prender a vítima, caso ela não lhe entregue dinheiro. A ameaça de prisão é grave, e o fato de se fingir policial é uma fraude. Ele, entretanto, responde apenas por extorsão.

Da mesma maneira, quando o filho desaparece de casa, escondendo-se em um sítio e, com a ajuda de amigos, entra em contato com o pai, simulando ter sido sequestrado e exigindo dinheiro como se fosse um resgate. O crime é o de extorsão porque o pai se sente coagido, amedrontado, o que é suficiente para configurar grave ameaça, pois, conforme é sabido, esta não pressupõe que o agente possa ou queira concretizar o mal prometido. É exatamente pelo mesmo motivo que a subtração perpetrada com arma de brinquedo constitui roubo, e não furto mediante fraude. Saliente-se, outrossim, que o filho também responde pelo crime de extorsão, não o beneficiando a escusa absolutória contida no art. 181, II, do Código Penal, na medida em que o art. 183 expressamente afasta tal instituto em relação aos delitos de roubo e extorsão.

Tem se tornado comum a prática de extorsão por meio de telefonema em que o agente simula ter sequestrado algum parente da vítima, que por alguma razão se encontra incomunicável naquele momento, e exige que ela lhe faça um depósito em dinheiro ou adquira para ele créditos de telefonia celular etc. Acerca da configuração da extorsão em tal caso, veja-se: "*Conforme jurisprudência do Superior Tribunal de Justiça — STJ, a conduta de simulação de sequestro com o objetivo de ameaçar a vítima amolda-se ao delito de extorsão tipificado no art. 158 do Código Penal — CP. Isso porque, no crime de extorsão, a vítima entrega seus bens com medo de o agente cumprir suas ameaças, ao passo que, no estelionato, a vítima sofre o prejuízo por ser induzida a erro, mediante meio ardiloso e sem ameaças. Precedentes: CC 129.275/RJ, Rel. Ministra Laurita Vaz, Terceira Seção,* DJe *3/2/2014 e CC 115.006/RJ, Rel. Ministra Maria Thereza de Assis Moura, Terceira Seção,* DJe *21/3/2011) 5. No caso concreto, constata-se que o agente praticou ameaças, as quais aterrorizaram a vítima que temeu pela morte de sua filha*" (STJ — CC 163.854/RJ — Rel. Min. Joel Ilan Paciornik — 3ª Seção — julgado em 28-8-2019 — *DJe* 9-9-2019); "*O caso em apreço melhor se subsume, em princípio, ao crime de extorsão, pois o interlocutor teria, por meio de ligação telefônica, simulado o sequestro da irmã da vítima, exigindo o depósito de determinada quantia em dinheiro sob o pretexto de matá-la, tudo a revelar que o sujeito passivo do delito em momento algum agiu ilu-*

dido, mas sim em razão da grave ameaça suportada" (STJ — CC 129.275/RJ — Rel. Min. Laurita Vaz — 3ª Seção — julgado em 11-12-2013 — *DJe* 3-2-2014).

- **Extorsão e roubo**

Segundo Nélson Hungria,[160] "*a infalível distinção entre extorsão e roubo é que neste o agente toma por si mesmo, enquanto naquela faz com que se lhe entregue, ou ponha à sua disposição, ou se renuncie a seu favor*". Essa interpretação, entretanto, teria como consequência considerar o fato como extorsão se o agente apontasse uma arma para a vítima e exigisse a imediata entrega do dinheiro contido na carteira, enquanto, se ele próprio tomasse a carteira das mãos da vítima, o crime seria o de roubo. A doutrina e a jurisprudência, todavia, não aceitaram essa forma de distinção, sob o argumento de que, se a vítima está dominada e o próprio agente pode concretizar a subtração, mas por mera comodidade determina a entrega, o crime deve ser sempre o de roubo.

A diferenciação atualmente acatada é no sentido de que o crime é o de roubo quando o agente subtrai o bem ou pode, de imediato, subtraí-lo, tal como ocorre quando aponta uma arma para a vítima e determina a entrega do relógio. No último caso, diz-se que a colaboração da vítima em entregar o bem não era imprescindível, pois, se não o fizesse, o agente imediatamente o tomaria. Só haverá extorsão, portanto, quando a vítima entregar o bem e ficar demonstrado que sua colaboração era imprescindível para o agente obter a vantagem visada, pois, se ela se recusasse, ele não teria condições de, naquele momento, efetuar a subtração. É o que ocorre sempre que a exigência é feita a distância (por carta ou telefonema, por exemplo) ou quando réu e vítima estão no mesmo ambiente, mas a vantagem econômica do agente depende de algum ato pessoal da vítima (assinar um cheque, fornecer a senha do cartão bancário para o saque de valores no caixa eletrônico etc.).

- **Impossibilidade do reconhecimento de continuidade delitiva entre roubo e extorsão**

Se o agente comete crimes de roubo e de extorsão, ainda que pelas mesmas circunstâncias de tempo, local e modo de execução, mostra-se **inviável** o reconhecimento da **continuidade delitiva** entre as infrações penais, porque **não** são elas consideradas da **mesma espécie**, já que previstas em tipos penais diversos. As penas, portanto, deverão ser somadas, na forma do concurso **material**. Cuida-se de tema pacificado nos tribunais superiores: "Habeas corpus. *Roubo e extorsão. Continuidade delitiva. Inadmite-se continuidade delitiva de roubo e extorsão. Precedentes do STF. Ordem indeferida*" (STF — HC 67.181 — Rel. Min. Francisco Rezek — 2ª Turma — *DJ* 30-6-1989, p. 11648); "*É clássica a jurisprudência desta Corte no sentido de que os delitos de roubo e de extorsão praticados mediante condutas autônomas e subsequentes (a) não se qualificam como fato típico único; e (b) por se tratar de crimes de espécies distintas, é inviável o reconhecimento da continuidade delitiva (CP, art. 71). Precedentes*" (HC 113.900 — Rel. Min. Teori Zavascki — 2ª Turma — julgado em 4-11-

[160] Nélson Hungria, *Comentários ao Código Penal*, v. VII, p. 67.

2014, processo eletrônico *DJe*-228 divulg. 19-11-2014, public. 20-11-2014); "*Conforme a orientação jurisprudencial deste Superior Tribunal de Justiça é inviável o reconhecimento da continuidade delitiva entre os crimes de roubo e de extorsão, por se tratarem de delitos de espécies distintas, ainda que cometidos no mesmo contexto temporal. Precedentes*" (STJ — HC 552.481/SP, Rel. Min. Joel Ilan Paciornik, 5ª Turma, julgado em 18-2-2020, *DJe* 2-3-2020); "*Não é possível o reconhecimento da continuidade delitiva entre os crimes de roubo e extorsão, pois embora sejam delitos do mesmo gênero, são de espécies distintas, o que inviabiliza a aplicação da regra contida no art. 71 do Código Penal. Precedentes*" (STJ — HC 461.794/SC, Rel. Min. Reynaldo Soares da Fonseca, 5ª Turma, julgado em 7-2-2019, *DJe* 14-2-2019); "*Conforme entendimento pacífico desta Corte, não há continuidade delitiva entre os delitos de roubo e extorsão, porque de espécies diferentes*" (STJ — HC 411.722/SP, Rel. Min. Maria Thereza de Assis Moura, 6ª Turma, julgado em 8-2-2018, *DJe* 26-2-2018); e "*O Superior Tribunal de Justiça firmou entendimento de que os crimes de roubo e de extorsão, por constituírem delitos de espécies diversas, não permitem o reconhecimento do instituto da continuidade delitiva. 2. Agravo regimental improvido*" (STJ — AgInt no REsp 1672216/SP, Rel. Min. Nefi Cordeiro, 6ª Turma, julgado em 24-4-2018, *DJe* 11-5-2018).

- **Extorsão e concussão**

Na concussão o sujeito ativo é sempre funcionário público, e a vítima cede às exigências deste por temer represálias decorrentes do exercício do cargo. A extorsão, que é crime mais gravemente apenado, pode ser cometida por qualquer pessoa, inclusive por funcionário público no exercício de suas funções, desde que haja emprego de **violência** ou **grave ameaça**, requisito inexistente na concussão. A propósito: "*O emprego de violência ou grave ameaça é circunstância elementar do crime de extorsão tipificado no art. 158 do Código Penal. Assim, se o funcionário público se utiliza desse meio para obter vantagem indevida, comete o crime de extorsão e não o de concussão*" (STJ — AgRg no REsp 1763917/SP, Rel. Min. Ribeiro Dantas, 5ª Turma, julgado em 18-10-2018, *DJe* 24-10-2018).

2.2.2.1.9. *Classificação doutrinária*

CLASSIFICAÇÃO DOUTRINÁRIA				
■ Crime complexo e de dano quanto à objetividade jurídica	■ Crime comum e de concurso eventual quanto ao sujeito ativo	■ Crime de ação livre e comissivo quanto aos meios de execução	■ Crime formal e instantâneo quanto ao momento consumativo	■ Crime doloso quanto ao elemento subjetivo

2.2.2.1.10. *Ação penal*

É pública incondicionada.

■ 2.2.2.2. *Causas de aumento de pena*

> **Art. 158, § 1º** — Se o crime é cometido por duas ou mais pessoas, ou com emprego de arma, aumenta-se a pena de um terço até a metade.

Na primeira hipótese, exige-se que o crime seja "cometido por duas ou mais pessoas", redação diferente daquela existente no roubo mediante concurso de agentes, de modo que se exige coautoria na extorsão, ou seja, mostra-se necessária a presença de ao menos duas pessoas praticando atos executórios para que a pena seja agravada. No mesmo sentido, a opinião de Julio Fabbrini Mirabete[161] e Fernando Capez.[162]

Arma é todo instrumento que tem poder vulnerante (potencialidade lesiva), isto é, capacidade para matar ou ferir. Como o texto legal não contém qualquer ressalva, o aumento deve ser aplicado, quer se trate de arma **própria**, quer de arma **imprópria**. As primeiras são aquelas fabricadas para servir mesmo como meio de ataque ou de defesa — armas de fogo, punhais, espadas etc. Já as armas impróprias são objetos feitos com outra finalidade qualquer, mas que também possuem poder vulnerante (de matar ou ferir), e, por isso, também provocam maior temor à vítima — facas de cozinha, navalhas, foices, tesouras etc.

Em relação ao emprego de arma de fogo, aplica-se tudo o que foi estudado em relação ao roubo (ver comentários ao art. 157, § 2º-A, I, do CP), lembrando-se, contudo, que, no crime de extorsão, a Lei n. 13.654/2018 não modificou o índice de majoração que continua sendo de um terço até a metade, ao passo que no crime de roubo a pena é aumentada atualmente de dois terços caso se trate de arma de fogo de uso permitido ou é aplicada em dobro quando a arma utilizada for de uso restrito ou proibido.

■ 2.2.2.3. *Extorsão qualificada pela lesão grave ou morte*

> **Art. 158, § 2º** — Aplica-se à extorsão praticada mediante violência o disposto no § 3º do artigo anterior.

Tal como ocorre no roubo, estas qualificadoras só se aplicam quando a lesão grave ou morte decorrem da **violência** empregada para a prática da extorsão. Nos expressos termos da lei, as qualificadoras seguem as mesmas regras do roubo qualificado pela lesão grave ou morte.

A antiga redação do art. 1º, III, da Lei n. 8.072/90, previa que a extorsão qualificada pela morte, consumada ou tentada, configurava crime hediondo. A Lei n. 13.964/2019 alterou a redação desse dispositivo e não mais menciona como crime hediondo qualquer modalidade do art. 158, § 2º, do CP.

---

161 Julio Fabbrini Mirabete, *Manual de direito penal,* v. 2, p. 250.

162 Fernando Capez, *Curso de direito penal,* v. 2, p. 409.

2.2.2.4. *Extorsão qualificada pela restrição da liberdade (sequestro-relâmpago)*

> **Art. 158, § 3º** — Se o crime é cometido mediante a restrição da liberdade, e essa condição é necessária para a obtenção da vantagem econômica, a pena é de reclusão, de seis a doze anos, além da multa; se resulta lesão corporal grave ou morte, aplicam-se as penas previstas no art. 159, §§ 2º e 3º, respectivamente.

Com a proliferação dos caixas eletrônicos em agências bancárias, supermercados e lojas de conveniência, multiplicou-se assustadoramente uma espécie de crime consistente em capturar a vítima, apossar-se de seu cartão bancário e, em seguida, exigir, mediante grave ameaça, o fornecimento da senha, com a qual os agentes fazem saques da conta da vítima. Às vezes, também, a conduta consiste em utilizar o cartão de débito da vítima para fazer compras com sua senha enquanto ela permanece em poder dos comparsas. Como nessa modalidade delituosa a vítima permanece algum tempo com os agentes, passou a ser conhecida como **sequestro-relâmpago**. Na doutrina e na jurisprudência surgiram três correntes em torno da capitulação a ser dada: roubo, extorsão ou extorsão mediante sequestro, tendo prevalecido a interpretação de que se trata de crime de extorsão por ser imprescindível a colaboração da vítima em fornecer a senha. O legislador, por sua vez, por meio da Lei n. 11.923, de 17 de abril de 2009, pacificou o tema, transformando o sequestro-relâmpago em figura qualificada do crime de **extorsão**.

O delito diferencia-se da extorsão mediante sequestro, porque, nesta, o resgate é exigido de outras pessoas (familiares em geral), enquanto, no sequestro-relâmpago, não há essa exigência a terceiros, mas à própria pessoa sequestrada (ex.: para que forneça a senha).

A Lei n. 13.964/2019 conferiu **natureza hedionda** a essa modalidade do crime de extorsão, bem como para suas figuras qualificadas pela provocação de lesão grave ou morte.

- **Aplicabilidade das causas de aumento referentes ao cometimento do crime por duas ou mais pessoas ou com emprego de arma**

Parte da doutrina sustenta que essas causas de aumento, por estarem previstas no § 1º do art. 158, não se aplicam ao crime de sequestro-relâmpago introduzido pelo legislador em parágrafo posterior. O Superior Tribunal de Justiça, todavia, possui entendimento em sentido contrário: "*Tendo em vista que o texto legal é unidade e que as normas se harmonizam, conclui-se, a partir de uma interpretação sistemática do artigo 158 do Código Penal, que o seu § 1º não foi absorvido pelo § 3º, pois, como visto, o § 3º constitui-se qualificadora, estabelecendo outro mínimo e outro máximo da pena abstratamente cominada ao crime; já o § 1º prevê uma causa especial de aumento de pena. 4. Dessa forma, ainda que topologicamente a qualificadora esteja situada após a causa especial de aumento de pena, com esta não se funde, uma vez que tal fato configura mera ausência de técnica legislativa, que se explica pela inserção posterior da qualificadora do § 3º no tipo do artigo 158 do*

Código Penal, que surgiu após uma necessidade de reprimir essa modalidade criminosa" (REsp 1.353.693/RS — Rel. Min. Reynaldo Soares da Fonseca — 5ª Turma — julgado em 13-9-2016 — *DJe* 21-9-2016); "*A teor dos precedentes deste Superior Tribunal, ante a interpretação sistemática do art. 158 do CP, é possível a incidência das causas especiais de aumento de pena do § 1° (concurso de agentes e emprego de arma) tanto na extorsão simples (*caput*) quanto na qualificada pela restrição da liberdade da vítima (§ 3°), inobstante a ordem dos parágrafos no tipo penal, pois a Lei n. 11.923/2009 não tipificou crime diferente nem absorveu circunstâncias mais graves da extorsão já enumeradas previamente. 2. Em situações outras, esta Corte já rechaçou a mera interpretação topográfica e reconheceu ser compatível a utilização de majorante ou privilégio previstos em parágrafo anterior à qualificadora, desde que relacionados a idêntico crime, como* in casu. *3. Agravo regimental não provido*" (STJ — AgInt no HC 439.716/SP, Rel. Min. Rogerio Schietti Cruz, 6ª Turma, julgado em 21-6-2018, *DJe* 1º-8-2018).

- **Concurso material de crimes**

Em quase todos os casos de sequestro-relâmpago, os agentes, além de sacarem o dinheiro da vítima após exigirem o número de sua senha, subtraem bens e valores que ela traz consigo (dinheiro, veículo, telefone celular etc.), cometendo crime de roubo em relação a esta última conduta. A hipótese é de concurso **material** nesses casos. A propósito: "*É firme o entendimento desta Corte Superior de que ficam configurados os crimes de roubo e extorsão, em concurso material, se o agente, após subtrair bens da vítima, mediante emprego de violência ou grave ameaça, a constrange a entregar o cartão bancário e a respectiva senha, para sacar dinheiro de sua conta corrente*" (STJ — AgRg no AREsp 1.557.476/SP, Rel. Min. Nefi Cordeiro, 6ª Turma, julgado em 18-2-2020, *DJe* 21-2-2020); "*Estão configurados os crimes de roubo e extorsão, em concurso material, se o agente, após subtrair bens da vítima, mediante emprego de violência ou grave ameaça, a obriga a realizar saques em caixa eletrônico. 4. Ordem denegada*" (STJ — HC 476.558/SP, Rel. Min. Laurita Vaz, 6ª Turma, julgado em 11-12-2018, *DJe* 1º-2-2019); "*É firme o entendimento desta Corte Superior de que ficam configurados os crimes de roubo e extorsão, em concurso material, se o agente, após subtrair bens da vítima, mediante emprego de violência ou grave ameaça, a constrange a entregar o cartão bancário e a respectiva senha, para sacar dinheiro de sua conta corrente" (HC 127.320/SP, Rel. Min. Rogerio Schietti Cruz, 6ª Turma, julgado em 7-5-2015,* DJe *15-5-2015)*" (STJ — AgRg no REsp 1.702.185/SP, Rel. Min. Nefi Cordeiro, 6ª Turma, julgado em 13-3-2018, *DJe* 26-3-2018); "*Apesar de o roubo e a extorsão classificarem-se como crimes contra o patrimônio, os núcleos do tipo são distintos, sendo certo que a subtração dos bens não se encontra na linha de desdobramento da extorsão. Daí a clara pluralidade de condutas, praticadas com desígnios autônomos, a exigir o reconhecimento do concurso de delitos. Precedentes. 3. Embora o entendimento predominante desta Corte seja no sentido de reconhecer o concurso material entre os crimes de roubo e extorsão, a sentença condenatória reconheceu o concurso formal e não tendo o Ministério Público impugnado o presente ponto em recurso de apelação, é* *de se manter o concurso formal a fim de evitar* reformatio in pejus" (STJ — EDcl no REsp 1609057/SP, Rel. Min. Nefi Cordeiro, 6ª Turma, julgado em 17-4-2018, *DJe* 2-5-2018); "*Em se tratando de ações diversas e com desígnios autônomos, não há falar na existência de crime único entre os delitos de roubo e extorsão, mantendo-se incólume o concurso material*" (STJ — HC 411.722/SP, Rel. Min. Maria Thereza de Assis Moura, 6ª Turma, julgado em 8-2-2018, *DJe* 26-2-2018). No mesmo sentido há julgados do Supremo Tribunal Federal: "*Subtração violenta de bens. Posterior constrangimento da vítima a fornecer a senha de cartão bancário. Manutenção do ofendido, por várias horas, em poder dos agentes. Pluralidade de condutas e autonomia de desígnios. Inexistência de contexto fático único. Ordem denegada. 1. Tratando-se de duas condutas distintas, praticadas com desígnios autônomos, deve ser reconhecido o concurso material entre roubo qualificado (art. 157, § 2º, I, II e V, CP) e extorsão qualificada (art. 158, § 1º, CP). 2. Ordem de* habeas corpus *denegada*" (STF — HC 121395, Rel. Min. Dias Toffoli, 1ª Turma, julgado em 21-10-2014, processo eletrônico *DJe*-229, divulg. 20-11-2014, public. 21-11-2014).

Trata-se de concurso material porque os agentes exigem a senha e efetivam os saques após a consumação do roubo, ou seja, depois de se apossarem dos bens da vítima. Assim, há nitidamente duas condutas criminosas, o que afasta o crime único e o concurso formal. Em sendo roubo e extorsão crimes de espécies diversas, por estarem descritos em tipos penais autônomos, inviável, também, o reconhecimento da continuidade delitiva.

- **Resultado morte ou lesão grave**

A parte final do art. 158, § 3º, do Código Penal, estabelece que, se resulta lesão grave ou morte, devem ser aplicadas as penas do crime de **extorsão mediante sequestro qualificado por tais resultados** (art. 159, §§ 2º e 3º), fazendo com que a pena passe a ser consideravelmente maior. Estamos, portanto, diante de um crime de **extorsão** qualificada, em que se deve aplicar a pena de um crime de extorsão **mediante sequestro** qualificado.

■ 2.2.3. Extorsão mediante sequestro

■ *2.2.3.1. Modalidade simples*

> **Art. 159.** Sequestrar pessoa com o fim de obter, para si ou para outrem, qualquer vantagem como condição ou preço do resgate:
> Pena — reclusão, de oito a quinze anos.

■ *2.2.3.1.1. Objetividade jurídica*

Nesse dispositivo, a conduta típica consiste em capturar alguém e exigir resgate em troca de sua libertação. Os bens jurídicos tutelados, portanto, são o **patrimônio** e a **liberdade**. Trata-se de crime **complexo**.

2.2.3.1.2. *Natureza hedionda*

De acordo com o art. 1º, inc. IV, da Lei n. 8.072/90, o crime de extorsão mediante sequestro constitui crime hediondo, **tanto em sua figura simples quanto em suas formas qualificadas**.

2.2.3.1.3. *Tipo objetivo*

A conduta típica é **sequestrar**, que consiste em capturar alguém e privá-lo de sua liberdade. Apesar de não haver menção expressa no texto legal, abrange também o cárcere privado, que é mais grave, em que a vítima fica trancafiada em local totalmente fechado — enquanto no sequestro existe alguma possibilidade de deambulação. Normalmente a captura da vítima se dá com emprego de violência ou grave ameaça, o mesmo ocorrendo para sua manutenção no cativeiro. O emprego de violência ou grave ameaça, apesar de não mencionados expressamente no tipo penal, estão implícitos no verbo "sequestrar", que engloba também as hipóteses em que a vítima não pode, por qualquer causa, oferecer resistência (pequena idade, doença etc.).

O tipo penal exige que o sequestro seja de uma **pessoa**, isto é, de um ser humano. Por isso, a captura de animal de estimação seguida de pedido de resgate como condição para não o matar constitui o crime de extorsão do art. 158 do Código Penal. Da mesma forma, a subtração de um cadáver para exigir resgate da família não constitui extorsão mediante sequestro, e sim crime de subtração de cadáver (art. 211 do CP). Nesse sentido: "*atua com afronta ao sentimento de reverência dos vivos para com os mortos, que a lei penal tutela, o agente funerário que subtrai os corpos das vítimas de acidente do necrotério e exige importância em dinheiro para a devolução dos mesmos às respectivas famílias. O* summatum opus *ocorre com a simples efetividade, pouco importando o fim último do agente*" (TJSP — *RT* 522/325).

2.2.3.1.4. *Elemento subjetivo do tipo*

É a intenção de obter qualquer vantagem como condição ou preço do resgate.

É praticamente pacífico que a vantagem visada deve ser de caráter **econômico**, na medida em que a extorsão mediante sequestro é crime contra o patrimônio. Pode ser, entretanto, **qualquer** vantagem econômica — dinheiro, joias, a entrega de títulos ou bens de valor etc. Por essa interpretação, amplamente dominante, se o agente capturar o filho de uma mulher para forçá-la a um encontro sexual, sob pena de matar a criança, responderá por crime de estupro contra a mãe em concurso material com sequestro contra a criança (art. 148); se ele capturar o filho de um diretor de penitenciária para exigir a soltura de um preso de sua facção criminosa, responderá por sequestro do filho do diretor (art. 148) em concurso material com o crime de facilitação de fuga de pessoa presa (art. 351).

Damásio de Jesus[163] discorda de tal entendimento, sustentando que a expressão "qualquer vantagem" contida no art. 159 permite a configuração da extorsão mediante sequestro qualquer que seja a espécie de vantagem visada (econômica ou não).

---

[163] Damásio de Jesus, *Direito penal*, v. 2, p. 374/375.

Conforme já salientado, esse entendimento não prevalece, na medida em que o delito em análise é expressamente definido em lei como crime contra o **patrimônio**. Por essa razão, pode-se também concluir que a finalidade da expressão "qualquer vantagem" inserida no art. 159 é a de abranger tanto a hipótese em que o sequestro visa a uma vantagem econômica indevida como também as hipóteses em que a vantagem visada é **devida**. Quando a vantagem pretendida é indevida, é óbvia a configuração do crime, contudo, se o sequestro visa a uma vantagem devida, seria possível sustentar a ocorrência de crimes de sequestro (art. 148) e exercício arbitrário das próprias razões em concurso material (art. 345), o que, entretanto, não é correto, porque a expressão "qualquer vantagem" teve exatamente a finalidade de inserir no tipo penal a hipótese, noticiada em jornais, em que um credor sequestrou o filho do devedor para exigir, sem se identificar obviamente, valores semelhantes ao da dívida. É que, em tal caso, para o pai, o efeito é absolutamente o mesmo, já que não sabe quem é o sequestrador.

■ 2.2.3.1.5. *Sujeito ativo*

Pode ser qualquer pessoa. Trata-se de crime **comum**.

■ 2.2.3.1.6. *Sujeito passivo*

Também pode ser qualquer pessoa.

Adiante será estudado que, se a vítima for menor de 18 ou maior de 60 anos, o crime de extorsão mediante sequestro torna-se qualificado (art. 159, § 1º, do CP).

■ 2.2.3.1.7. *Consumação*

Pela própria redação do dispositivo, é fácil concluir que a consumação se dá no exato instante em que a vítima é capturada, privada de sua liberdade, ainda que os sequestradores não consigam receber ou até mesmo pedir o resgate, desde que se prove que a intenção deles era essa. Para a consumação, entretanto, exige-se que a vítima seja tirada do local onde estava por tempo juridicamente relevante, posto que, se o bandidos a abordam em uma via pública, tiram-na de seu carro e a colocam em outro, mas são imediatamente presos quando iam sair do local da abordagem, o crime mostra-se tentado. É claro que, em tal caso, deverá existir alguma prova demonstrando que eles pretendiam pedir um resgate (confissão, gravação em escuta telefônica etc.).

Se os agentes já sequestraram a vítima e a puseram no porta-malas de um carro e, uma hora depois, enquanto a estão levando para outra cidade onde está preparado o cativeiro, são parados por *blitz* de rotina de Polícia Rodoviária, quando se constata a presença da vítima no veículo e ela é libertada, o crime está consumado. Nesse caso, a vítima já estava privada de sua liberdade por tempo relevante, sendo dispensável a existência do pedido de resgate aos familiares, bastando que se prove a intenção dos criminosos de fazê-lo. Ex.: a vítima sequestrada narra aos policiais que os ladrões lhe perguntaram quanto sua família poderia pagar pelo resgate.

Note-se que o **efetivo pagamento do resgate** constitui **mero exaurimento** do crime de extorsão mediante sequestro, porque não altera sua capitulação jurídica, podendo, entretanto, ser levado em conta pelo juiz no momento da fixação da pena, posto que o art. 59 do Código Penal diz que, na fixação da pena-base, o juiz deve levar em conta as consequências do crime, e é evidente que o caso concreto tem consequências mais gravosas quando, além da privação da liberdade, sobrevém a redução patrimonial pelo pagamento do resgate.

A extorsão mediante sequestro é crime **permanente**, cuja consumação se prolonga no tempo, pois, enquanto a vítima permanece em poder dos sequestradores, sua liberdade está, a todo momento, tolhida. Disso decorre a possibilidade de prisão em flagrante enquanto ela permanecer em poder dos sequestradores (art. 303 do CPP).

■ 2.2.3.1.8. *Tentativa*

É possível, desde que os agentes já tenham feito a abordagem visando sequestrar a vítima, mas não tenham conseguido levá-la por circunstâncias alheias à sua vontade. É o que ocorre quando a vítima, ao ser abordada, consegue fugir acelerando seu veículo, ou quando seus seguranças reagem e impedem que ela seja levada.

A conduta de estudar os passos da vítima para escolher o melhor momento para a captura constitui mero ato preparatório. O início de execução só ocorre com a efetiva abordagem.

■ 2.2.3.1.9. *Competência*

Como o crime se consuma no momento em que a vítima é sequestrada, a competência para a sua apuração é a do local de onde se deu a captura, nos termos do art. 70 do Código de Processo Penal.

Acontece que é razoavelmente comum que a vítima seja sequestrada em uma cidade e mantida em cativeiro em outra. Como o delito em estudo tem natureza permanente, pode-se dizer que o crime se consumou na primeira cidade — já sendo possível a aplicação da pena integral do delito —, mas continuou em curso na segunda. Em tais casos, a ação penal pode ser proposta em qualquer dessas localidades, devendo ser utilizado o critério da prevenção para que seja fixada a competência em uma delas. É que o art. 71 do Código de Processo Penal dispõe que "*tratando-se de infração permanente, praticada em território de duas ou mais jurisdições, a competência firmar-se-á por prevenção*". Assim, se a vítima foi sequestrada na cidade A, mas foi mantida em cativeiro na cidade B, sendo o resgate pago na cidade C, a ação penal poderá ser proposta nas localidades A e B, fixando-se uma delas por prevenção. Na cidade C, ocorreu mero exaurimento do crime, não podendo a ação nela tramitar.

■ 2.2.3.1.10. *Classificação doutrinária*

CLASSIFICAÇÃO DOUTRINÁRIA				
■ Crime complexo quanto à objetividade jurídica	■ Crime comum e de concurso eventual quanto ao sujeito ativo	■ Crime de ação livre e comissivo quanto aos meios de execução	■ Crime formal e permanente quanto ao momento consumativo	■ Crime doloso quanto ao elemento subjetivo

■ 2.2.3.1.11. *Ação penal*

É pública incondicionada.

■ 2.2.3.2. *Figuras qualificadas*

> **Art. 159, § 1º** — Se o sequestro dura mais de vinte e quatro horas, se o sequestrado é menor de dezoito ou maior de sessenta anos, ou se o crime é cometido por bando ou quadrilha:
>
> Pena — reclusão, de doze a vinte anos.

Para o reconhecimento da qualificadora, **basta uma** dessas hipóteses.

As vinte e quatro horas são contadas do momento da captura até o da libertação.

A hipótese de vítima menor de 18 anos voltou a ter incidência plena após o advento da Lei n. 12.015/2009 ter tornado inviável o aumento referente à vítima não maior de 14 anos, ao revogar expressamente o art. 224 do Código Penal, que dava complemento ao art. 9º da Lei dos Crimes Hediondos e previa referido acréscimo. Em suma, atualmente será aplicada a qualificadora deste § 1º qualquer que seja a idade da vítima inferior a 18 anos.

A hipótese de vítima maior de 60 anos foi inserida no Código Penal pelo Estatuto do Idoso (Lei n. 10.741/2003). Se a vítima tiver 59 anos ao ser sequestrada, mas ainda estiver em cativeiro após completar os 60, a qualificadora da idade também terá incidência, sem prejuízo daquela referente à duração superior a 24 horas. É plenamente viável o reconhecimento de duas qualificadoras desse parágrafo, devendo o juiz levar em conta tal aspecto na fixação da pena.

O conceito de quadrilha ou bando, por sua vez, encontrava-se no art. 288 do Código Penal — associação de **quatro** ou mais pessoas para a prática reiterada de crimes. A denominação "quadrilha ou bando" foi excluída do Código Penal pela Lei n. 12.850/2013, que, todavia, deixou de modificar o presente art. 159, § 1º, que manteve referida denominação. A nova redação do art. 288 trata do crime de **associação criminosa**, cuja configuração exige a associação de apenas **três** pessoas para a prática de crimes. Essa nova definição, contudo, não pode ser aplicada ao crime de extorsão mediante sequestro, já que não se trata de "quadrilha" e também porque a lei nova é mais gravosa (de modo a inviabilizar a analogia). A solução é continuar a aplicar o antigo conceito de quadrilha, considerando qualificado o crime quando praticado por associação de quatro ou mais pessoas.

■ 2.2.3.3. *Qualificadoras decorrentes da lesão grave ou morte*

> **Art. 159, § 2º** — Se do fato resulta lesão corporal de natureza grave:
>
> Pena — reclusão, de dezesseis a vinte e quatro anos.
>
> **Art. 159, § 3º** — Se resulta morte:
>
> Pena — reclusão, de vinte e quatro a trinta anos.

A expressão "se do fato resulta" lesão grave ou morte leva à conclusão de que essas qualificadoras só têm incidência quando o resultado agravador for provocado **na própria pessoa sequestrada**. Desse modo, se os sequestradores cortarem a orelha da vítima para enviar aos familiares e aumentar a pressão para o pagamento do resgate, existe a qualificadora (a deformidade permanente é uma modalidade de lesão grave), tal como ocorre quando os agentes matam a vítima por falta de pagamento do resgate, ou porque ela os conhecia e iria entregá-los à polícia se fosse solta, ou até por mera maldade ou outro motivo qualquer.

Não haverá, porém, a qualificadora quando os sequestradores matarem um segurança para conseguir sequestrar o patrão, hipótese que caracterizará crimes de homicídio qualificado e extorsão mediante sequestro, em concurso material. É claro que, caso os agentes, posteriormente, matem o patrão, responderão também pelo art. 159, § 3º.

As qualificadoras aplicam-se quer tenha havido **dolo**, quer tenha havido **culpa** em relação ao resultado agravador, já que o texto legal não faz distinção. Caso tenha havido dolo, o juiz deverá levar esse aspecto em conta na fixação da pena-base, mas o crime é o mesmo. Na expressiva maioria dos casos concretos em que houve incidência dessa qualificadora, a morte da vítima foi provocada dolosamente pelos sequestradores. É porém possível que a morte decorra de imprudência da parte deles, como aconteceu no caso em que deixaram a vítima trancada em local tão fortemente vedado, para que seus pedidos de socorro não fossem ouvidos, que ela acabou morrendo em razão da falta de oxigênio no recinto.

Se a morte ou lesão grave forem causadas por caso fortuito, não se aplicam as qualificadoras. Ex.: relâmpago atinge a casa de madeira em que a vítima está em cativeiro e esta se incendeia. Igualmente se forem decorrentes de culpa de terceiro. Ex.: vítima que depois de libertada é atropelada por um caminhão na contramão.

- **Reconhecimento de qualificadoras de gravidades distintas**

O crime de extorsão mediante sequestro possui três parágrafos contendo qualificadoras com penas diferentes. Com isso, é possível que, em um único crime, mostrem-se presentes qualificadoras de gravidade distintas, como, por exemplo, quando um sequestro dura mais de 24 horas e depois a vítima é morta. Em tal caso, considerando que somente uma pena pode ser aplicada aos réus, deverá incidir a mais grave, qual seja, a do § 3º. O fato de o sequestro ter durado mais de 24 horas deverá ser considerado como circunstância judicial do art. 59 do Código Penal na fixação da pena-base.

2.2.3.4. Delação eficaz

> **Art. 159, § 4º** — Se o crime é cometido em concurso, o concorrente que o denunciar à autoridade, facilitando a libertação do sequestrado, terá sua pena reduzida de um a dois terços.

O dispositivo em estudo foi introduzido no Código Penal pela Lei n. 8.072/90 e, posteriormente, sua redação foi alterada pela Lei n. 9.269/96.

Trata-se de causa de diminuição de pena que, para ser aplicada, exige que o crime seja cometido por pelo menos duas pessoas e que qualquer delas arrependa-se e delate as demais para a autoridade, fazendo com que a vítima venha a ser libertada. Como a lei usa a palavra **"concorrente"**, a delação pode partir tanto de coautor quanto de partícipe do crime.

Para a obtenção do benefício, o agente deve, por iniciativa própria ou quando questionado pela autoridade, prestar informações que efetivamente facilitem a localização e a libertação do sequestrado. Se as informações prestadas não levarem à libertação da vítima, a pena não sofrerá qualquer diminuição. Daí o nome do instituto ser delação **eficaz**, também conhecido, todavia, como delação **premiada**.

Uma vez libertada a vítima, o *quantum* da redução levará em conta o grau do auxílio do delator. **Quanto maior a colaboração prestada, maior a redução.**

Esse instituto, criado pela primeira vez pela Lei dos Crimes Hediondos, não vem tendo o alcance que se pretendia, pois, geralmente, os envolvidos em extorsão mediante sequestro são muito perigosos, de modo que os comparsas têm receio de efetuar delação e sofrer graves represálias.

2.2.4. Extorsão indireta

> **Art. 160.** Exigir ou receber, como garantia de dívida, abusando da situação de alguém, documento que pode dar causa a procedimento criminal contra a vítima ou contra terceiro:
> Pena — reclusão, de um a três anos, e multa.

2.2.4.1. Objetividade jurídica

O patrimônio e a liberdade individual. O dispositivo tutela indiretamente, a administração da justiça, que pode ser afetada em caso de apresentação do documento fraudulento às autoridades.

Importante mencionar a explicação contida na Exposição de Motivos da Parte Especial do Código Penal, em seu item 57, para justificar a tipificação do crime de extorsão indireta: "*Destina-se o novo dispositivo a coibir os torpes e opressivos expedientes a que recorrem por vezes os agentes de usura, para garantir-se contra o risco do dinheiro mutuado. São bem conhecidos esses recursos, como, por exemplo, o de induzir o necessitado cliente a assinar um contrato simulado de depósito ou a forjar no título de dívida a firma de algum parente abastado, de modo que, não resgatada a dívida no vencimento, ficará o mutuário sob a pressão da ameaça de um processo por apropriação indébita ou falsidade*".

Assim, pode-se dizer que o dispositivo em questão tutela também a normalidade nas relações entre credor e devedor, protegendo este último quando se encontra economicamente fragilizado.

2.2.4.2. *Tipo objetivo*

O crime de extorsão indireta pressupõe a coexistência de três requisitos:

a) Exigência ou recebimento de documento que possa dar causa a procedimento criminal contra a vítima ou terceiro. Na conduta "exigir", o agente impõe a entrega do documento como condição da entrega do dinheiro ou do aperfeiçoamento de um contrato qualquer (compra e venda, locação etc.). Na modalidade "receber", a iniciativa é da vítima, que procura o agente, faz a proposta e a entrega do documento para garantir a concretização do negócio que pretende.

b) Intenção de garantir ameaçadoramente o pagamento da dívida. Neste crime, a vítima, para obter o crédito, simula o "corpo de delito" de uma infração penal qualquer (falsifica cheque, assina duplicata simulada, falsifica assinatura, elabora documento em que confessa um crime qualquer etc.) e entrega o documento ao agente, que, na posse deste, tem uma maior garantia de seu crédito, uma vez que, em caso de inadimplência, poderá dar publicidade ao documento e, assim, causar o início de um procedimento criminal. A vítima, nesse contexto, vê-se fortemente impelida a não deixar passar o vencimento da dívida sem o seu pagamento, em razão do risco de ser processada criminalmente.

Firmou-se, na jurisprudência, entendimento de que não há extorsão indireta quando o devedor entrega ao credor, como garantia da dívida, cheque pré-datado sem fundos, uma vez que este não pode dar origem a processo-crime, já que o delito de emissão de cheque sem fundos (art. 171, § 2º, VI, do CP) é incompatível com a figura do cheque pré-datado. Há, entretanto, extorsão indireta quando o credor exige a emissão de um cheque sem fundos como garantia da dívida, mas determina ao emitente que não lhe preencha a data de emissão, hipótese em que o portador do cheque pode preenchê-lo posteriormente, retirando-lhe o caráter de pré-datado.

Ressalve-se, ainda, que não há extorsão indireta na hipótese em que um funcionário de empresa desvia dinheiro e, ao ser descoberto, assina uma confissão se comprometendo a recompor os valores furtados. O fato é que em tal caso, ele confessou um crime que realmente existiu e que foi por ele cometido.

c) Abuso da situação de necessidade financeira da vítima. Cuida-se de expressa exigência do tipo penal. Sem a ciência dessa condição financeira desfavorável, não se configura o delito. A dificuldade financeira pode decorrer de má gestão dos negócios, de dívidas anteriores, de vício em jogo ou em drogas, de desgraça familiar ou própria etc.

2.2.4.3. *Sujeito ativo*

Pode ser qualquer pessoa. Trata-se de crime **comum**. Na maioria das vezes, entretanto, o autor desse crime é um **agiota**.

Exige-se que o agente saiba da dificuldade financeira pela qual está passando a vítima.

2.2.4.4. *Sujeito passivo*

Qualquer pessoa em dificuldade financeira.

2.2.4.5. *Consumação e tentativa*

Na hipótese em que o próprio agente **exige** o documento fraudulento como garantia da dívida, o crime se consuma no instante em que a exigência chega ao conhecimento da vítima. Trata-se de crime **formal**, pois se consuma ainda que a vítima não elabore o documento. A sua efetiva elaboração e entrega ao agente constitui **mero exaurimento** do crime nesta modalidade. A tentativa é possível quando se trata de exigência feita por escrito que se extravia.

Na figura **"receber"**, o crime é **material**, isto é, só se aperfeiçoa com a tradição do documento ao credor. A tentativa é possível quando as partes, por exemplo, concordam verbalmente em concretizar um negócio que será garantido pela entrega de um documento fraudulento, mas, antes da tradição, familiares da vítima a impedem de elaborar e entregar o documento ao agente.

Saliente-se que, para a configuração do crime de extorsão indireta, basta a exigência ou a entrega de documento que, teoricamente, possa dar causa ao início de um procedimento criminal. Em outras palavras, não se exige que o agente, em caso de inadimplência, efetivamente apresente o documento às autoridades. Caso, entretanto, o faça e seja iniciada investigação contra a vítima (que em verdade é inocente porque o documento é simulado), o agente responderá pela extorsão indireta e por denunciação caluniosa, em concurso material, na medida em que os bens jurídicos afetados são diversos, não havendo absorção de um pelo outro.

2.2.4.6. *Ação penal*

É pública incondicionada. Tendo em vista que a pena mínima é de um ano, mostra-se cabível a suspensão condicional do processo, desde que o réu preencha os demais requisitos do art. 89 da Lei n. 9.099/95.

2.2.5. Questões

1. (Ministério Público/RS — 40º concurso) O agente que, invadindo um açougue de arma em punho, mata o proprietário e fere gravemente a sua mulher (do açougueiro), ambos vitimados a tiros, sendo que a mulher levou um balaço na cabeça, e depois foge com o dinheiro do caixa do açougue, deve responder:

a) por um só latrocínio, já que se trata de patrimônio único (do casal), sobre o qual incide a causa especial de aumento de pena do emprego de arma (CP, art. 157, § 2º, I).
b) por dois crimes, latrocínio (CP, art. 157, § 3º, segunda parte) e por roubo qualificado pela lesão grave (CP, art. 157, § 3º, primeira parte), em concurso material.
c) por latrocínio e tentativa de latrocínio, em concurso formal, majorando-se a pena em face do emprego de arma.
d) por um só latrocínio, servindo a pluralidade de vítimas como circunstância judicial na dosimetria da pena.
e) por um latrocínio e por uma tentativa de homicídio qualificado pela conexão teleológica, em continuidade delitiva.

2. (Magistratura/RS — Vunesp — 2018) Utilizando-se de uma chave falsa, José invadiu um museu e amarrou o vigilante Marcos na cama em que este cochilava, a fim de efetivar a subtração de obras de arte que guarneciam o local. Durante a amarração, Marcos acorda, tenta impedir José, mas não consegue se desvencilhar das cordas e assiste, impotente, ao cometimento do crime. Praticada a subtração, José deixou o local, sem desamarrar Marcos. Horas depois, por conta de uma inesperada e forte chuva seguida de inundação, e em razão

de estar amarrado, Marcos morreu por afogamento. Considere a inundação causa superveniente relativamente independente.
Diante desse quadro, José será responsabilizado por

a) latrocínio (CP, art. 157, § 3º).
b) roubo impróprio (CP, art. 157, § 1º).
c) roubo (CP, art. 157) em concurso com homicídio culposo (CP, art. 121, § 3º).
d) roubo próprio (CP, art. 157, *caput*).
e) furto qualificado (CP, art. 155, § 4º, III) em concurso com homicídio culposo (CP, art. 121, § 3º).

3. (Ministério Público/SP — 78º concurso) O crime de roubo pode ser classificado quanto ao momento consumativo, quanto à forma de ação, quanto ao número de agentes e quanto ao resultado como:

a) instantâneo, comissivo, plurissubjetivo e formal.
b) permanente, comissivo, unissubjetivo e material.
c) instantâneo, omissivo, plurissubjetivo e formal.
d) instantâneo, comissivo, unissubjetivo e material.
e) permanente, omissivo, plurissubjetivo e material.

4. (Ministério Público/SP — 79º concurso) João, objetivando subtrair o relógio de Manoel, aponta-lhe um revólver. Manoel, assustado com o gesto ameaçador, permite que João lhe subtraia o relógio sendo, logo em seguida, em decorrência da grave ameaça, acometido de intenso choque nervoso, que o obriga a permanecer internado em um hospital por quarenta dias. João com sua conduta, deverá ser responsabilizado por:

a) roubo qualificado pelo resultado lesão de natureza grave.
b) roubo agravado em concurso formal com delito de lesão corporal de natureza grave.
c) roubo agravado em concurso material com o delito de lesão corporal de natureza grave.
d) furto qualificado em concurso formal com o delito de lesão corporal de natureza grave.
e) furto qualificado em concurso material com o delito de lesão corporal de natureza grave.

5. (Magistratura/SP — 174º concurso) O agente despoja um motorista de seu carro e bens pessoais. Em seguida, sempre sob ameaça de arma, coloca a vítima no interior do porta-malas do veículo, no qual se afasta, deixando-a, horas depois, em estrada de outro município. O agente deve responder por:

a) concurso material entre roubo e sequestro.
b) sequestro, que absorve o roubo, por ser este *ante factum* impunível.
c) roubo, que absorve o sequestro, por ser este *post factum* impunível.
d) roubo qualificado (art. 157, § 2º, V, do Código Penal).

6. (Ministério Público — 79º concurso) O crime de extorsão mediante sequestro, em sua modalidade simples, está consumado quando:

a) ocorre a obtenção da vantagem patrimonial pretendida pelos agentes.
b) a vítima é libertada ou morta após o pagamento do preço do resgate.
c) foi realizado o primeiro contato dos agentes, exigindo a vantagem patrimonial indevida.
d) houver decorrido o prazo de vinte e quatro horas do sequestro.
e) a vítima é sequestrada.

7. (Ministério Público/SP — 83º concurso) Mévio, mediante arrombamento de uma janela, ingressa na residência de Remo e subtrai algumas joias. Logo depois, ao se retirar com o produto do crime, é surpreendido por Remo, que o aborda. Mévio, então, para não ser preso, mediante socos e pontapés agride Remo, causando-lhe lesões corporais de natureza leve, e foge. Entretanto, ao chegar na rua, Mévio é preso por vigilantes noturnos, que para ali se dirigiram alertados pelo barulho e que conseguem recuperar o acervo rapinado. Mévio responderá por:

a) furto simples em concurso com lesões corporais.
b) roubo próprio consumado, pois houve a inversão de posse do bem subtraído.

c) tentativa de roubo próprio, já que não teve a posse tranquila do produto do crime.
d) roubo impróprio consumado, pois este crime, em regra, não admite a tentativa.
e) furto qualificado pelo rompimento de obstáculo em concurso com lesões corporais.

8. (Magistratura/SP — 169º concurso) O agente sequestra um menor, com a intenção de extorquir os pais dele, mas solta-o ante o insucesso de obter o preço do resgate. Assinale a solução correta:

a) Crime de sequestro ou cárcere privado.
b) Arrependimento eficaz.
c) Desistência voluntária.
d) Crime consumado de extorsão mediante sequestro.

9. (OAB — 2018.1 — FVG) Flávia conheceu Paulo durante uma festa de aniversário. Após a festa, ambos foram para a casa de Paulo, juntamente com Luiza, amiga de Flávia, sob o alegado desejo de se conhecerem melhor. Em determinado momento, Paulo, sem qualquer violência real ou grave ameaça, ingressa no banheiro para urinar, ocasião em que Flávia e Luiza colocam um pedaço de madeira na fechadura, deixando Paulo preso dentro do local. Aproveitando-se dessa situação, subtraem diversos bens da residência de Paulo e deixam o imóvel, enquanto a vítima, apesar de perceber a subtração, não tinha condição de reagir. Horas depois, vizinhos escutam os gritos de Paulo e chamam a Polícia. De imediato, Paulo procura seu advogado para esclarecimentos sobre a responsabilidade penal de Luiza e Flávia. Considerando as informações narradas, o advogado de Paulo deverá esclarecer que as condutas de Luiza e Flávia configuram crime de

a) roubo majorado.
b) furto qualificado, apenas.
c) cárcere privado, apenas.
d) furto qualificado e cárcere privado.

10. (OAB — 2017.3 — FGV) Decidido a praticar crime de furto na residência de um vizinho, João procura o chaveiro Pablo e informa do seu desejo, pedindo que fizesse uma chave que possibilitasse o ingresso na residência, no que foi atendido. No dia do fato, considerando que a porta já estava aberta, João ingressa na residência sem utilizar a chave que lhe fora entregue por Pablo, e subtrai uma TV. Chegando em casa, narra o fato para sua esposa, que o convence a devolver o aparelho subtraído. No dia seguinte, João atende à sugestão da esposa e devolve o bem para a vítima, narrando todo o ocorrido ao lesado, que, por sua vez, comparece à delegacia e promove o registro próprio. Considerando o fato narrado, na condição de advogado(a), sob o ponto de vista técnico, deverá ser esclarecido aos familiares de Pablo e João que

a) nenhum deles responderá pelo crime, tendo em vista que houve arrependimento eficaz por parte de João e, como causa de excludente da tipicidade, estende-se a Pablo.
b) ambos deverão responder pelo crime de furto qualificado, aplicando-se a redução de pena apenas a João, em razão do arrependimento posterior.
c) ambos deverão responder pelo crime de furto qualificado, aplicando-se a redução de pena para os dois, em razão do arrependimento posterior, tendo em vista que se trata de circunstância objetiva.
d) João deverá responder pelo crime de furto simples, com causa de diminuição do arrependimento posterior, enquanto Pablo não responderá pelo crime contra o patrimônio.

11. (MP/GO — 2008) O crime de extorsão mediante sequestro definido no art. 159 do Código Penal (sequestrar pessoa com o fim de obter, para si ou para outrem, qualquer vantagem, como condição ou preço do resgate) caracteriza-se como:

a) material, instantâneo de efeitos permanentes e multitudinário.
b) formal, permanente e complexo.
c) de mera conduta, complexo e plurissubsistente.
d) material, permanente e comissivo próprio.

12. (Delegado de Polícia/CE — Vunesp — 2015) O filho de João tem grave problema de saúde e precisa realizar custoso procedimento cirúrgico, que a família não tem condição de pagar. Imagine que Pedro empresta R$ 50.000,00 a João, mas como garantia de tal dívida exige que João, de próprio punho e em documento escrito, confesse ter traído a própria esposa, bem como ter fraudado a empresa em que ambos trabalham, desviando recursos em proveito próprio. João cede à exigência a fim de obter o empréstimo. A conduta de Pedro

a) é isenta de pena, por incidir causa supralegal que afasta a culpabilidade, qual seja, o consentimento da vítima.
b) configura exercício arbitrário das próprias razões.
c) é atípica, por ausência de previsão legal.
d) configura constrangimento ilegal.
e) configura extorsão indireta.

13. (Magistratura/SP — 182º concurso) A e B, agindo de comum acordo, apontaram revólveres para C exigindo a entrega de seus bens. Quando B encostou sua arma no corpo de C, este reagiu entrando em luta corporal com A e B, recusando a entrega da "res furtiva". Nesse entrevero, a arma portada por B disparou e o projétil atingiu C, que veio a falecer, seguindo-se a fuga de A e B, todavia, sem levar coisa alguma de C. Esse fato configura

a) roubo tentado e lesão corporal seguida de morte.
b) roubo tentado e homicídio consumado.
c) latrocínio.
d) homicídio consumado.

14. (Ministério Público/SP — 2012 — 89º concurso) Considere:

I. No crime de extorsão mediante sequestro (art. 159, CP), a consumação do crime ocorre com o recebimento do preço do resgate.
II. O consentimento válido do ofendido exclui o delito de sequestro e cárcere privado (art. 148, CP).
III. O crime de extorsão (art. 158, CP) consuma-se independentemente da obtenção da vantagem indevida.
IV. O crime de sequestro e cárcere privado (art. 148, CP) consuma-se quando o sujeito passivo fica privado de sua liberdade de locomoção.
V. O delito de extorsão mediante sequestro (art. 159, CP) é delito continuado, prolongando-se no tempo o seu momento consumativo.

Está correto o que se afirma APENAS em

a) I e II.
b) II, IV e V.
c) I, III e V.
d) II, III e V.
e) II, III e IV.

15. (Magistratura/AL — 2007 — FCC) O crime de roubo

a) só se configura se a violência ou grave ameaça preceder a subtração.
b) não é complexo.
c) tem por sujeito passivo apenas o proprietário da coisa subtraída.
d) só será qualificado pelo concurso de duas ou mais pessoas se todas foram imputáveis.
e) não será qualificado se da violência resultar lesão de natureza leve.

16. (Magistratura/MG — 2007) Carlos desceu do carro para acompanhar a noiva Beatriz até a porta do prédio, quando foram abordados por Leôncio de Tal, que, de revólver em punho, exigiu que Carlos lhe entregasse a carteira e o relógio, no que foi prontamente atendido. Quando se preparava para fugir, ainda de arma em punho, vendo o celular nas mãos de Beatriz, tomou-lhe o referido telefone e saiu a passos largos do local. Entretanto, o assalto foi percebido por transeuntes que gritaram "pega ladrão", sendo Leôncio preso logo em seguida por policial civil que ouviu os gritos, e os bens restituídos aos proprietários. Qual a capitulação correta para a denúncia na hipótese acima?

a) A que imputa a Leôncio a prática do delito previsto no art. 157, § 2º-A, inciso I, do CP (por duas vezes) em concurso material.
b) A que imputa a Leôncio a prática do delito previsto no art. 157, § 2º-A, inciso I, do CP (por duas vezes) em concurso formal.

c) A que imputa a Leôncio a prática do delito previsto no art. 157, § 2º-A, inciso I, cc. art. 14, II, ambos do CP (por duas vezes) em concurso material.
d) A que imputa a Leôncio a prática do delito previsto no art. 157, § 2º-A, inciso I, cc. art. 14, II, ambos do CP (por duas vezes) em concurso formal.

17. (Magistratura/PR — 2010 — PUC-PR) A respeito do crime previsto no art. 159 do CP (extorsão mediante sequestro), assinale a alternativa correta:

I. A consumação ocorrerá quando houver o recebimento do resgate.
II. Se outra pessoa, que não a privada de sua liberdade, sofrer a lesão patrimonial, cuida-se de outro delito, mas não o de extorsão mediante sequestro.
III. Trata-se de um crime de consumação antecipada, não se exigindo que o agente obtenha vantagem econômica, o que, se ocorrer, será o exaurimento do crime.
IV. É delito continuado, prolongando-se no tempo o seu momento consumativo.

a) apenas as assertivas I e II estão corretas.
b) apenas a assertiva II está correta.
c) apenas as assertivas II e IV estão corretas.
d) apenas a assertiva III está correta.

18. (Magistratura/SP — 2013 — Vunesp) A e B, agindo em concurso e com unidade de desígnios entre si, mediante grave ameaça, exercida com o emprego de arma de fogo, abordaram C, que reagiu após o anúncio de assalto. Ante a reação, B efetuou um disparo contra C, mas por erro na execução, o projétil atingiu o comparsa, causando-lhe a morte. Em seguida, B pôs-se em fuga, sem realizar a subtração patrimonial visada. Esse fato configura

a) roubo tentado e homicídio consumado, em concurso material.
b) latrocínio tentado.
c) homicídio consumado.
d) latrocínio consumado.

19. (Defensor Público/MG — 2014 — FUNDEP — DPE) Analise o caso a seguir. Após terem subtraído significativa quantia de dinheiro de um estabelecimento comercial, mediante grave ameaça, objetivando a detenção da res furtiva e a impunidade do crime, os agentes efetuaram disparos de arma de fogo contra policiais militares que os aguardavam na porta do estabelecimento. Embora não tenham conseguido fugir da ação policial e nem atingir nenhum dos milicianos, os agentes atuaram com evidente animus necandi em relação aos policiais militares. Conforme o atual entendimento do Superior Tribunal de Justiça, nesse caso, ocorreu

a) roubo consumado em concurso material com homicídio tentado.
b) roubo tentado em concurso material com resistência.
c) latrocínio consumado.
d) latrocínio tentado.

20. (Ministério Público/GO — 2016) Sobre os crimes contra o patrimônio, indique a alternativa correta:

a) A interpretação da majorante do repouso noturno no crime de furto é aquela que indica sua coincidência com o conceito de noite.
b) Os crimes de roubo e de extorsão não são considerados crimes da mesma espécie, de modo que é não possível o reconhecimento da continuidade delitiva entre eles.
c) Para o reconhecimento da qualificadora da destreza no crime de furto, a conduta do agente pode recair sobre vítima ou sobre a coisa objeto da subtração.
d) Tratando-se de crime acessório, porquanto imprescindível a prática de um anterior crime, a receptação fica dependente da punibilidade deste último.

21. (Ministério Público/SP – 2019) Assinale a alternativa INCORRETA.

a) A destruição ou o rompimento de obstáculo com explosivo ou artefato análogo que cause perigo comum é causa expressa de aumento de pena no crime de roubo.

b) A conduta de fabricar, vender, transportar ou mesmo soltar balões que possam provocar incêndios nas florestas e demais formas de vegetação, em áreas urbanas ou qualquer tipo de assentamento humano é crime.
c) Há latrocínio consumado, quando o homicídio se consuma, ainda que não realizada a subtração dos bens da vítima.
d) A conduta de descumprir decisão judicial que defere medidas protetivas de urgência previstas na Lei n. 11.340/06 é crime previsto na denominada Lei Maria da Penha, independentemente de as medidas protetivas terem sido deferidas por juiz criminal ou civil.
e) O crime de roubo do qual resulta lesão corporal grave, nos termos das alterações trazidas pela Lei n. 13.654/2018, só pode se verificar a título de preterdolo.

■ GABARITO ■

1. "d". Conforme já foi estudado, se, para subtrair patrimônio único (do açougue, no caso), o agente mata duas pessoas, há um só crime de latrocínio, devendo a pluralidade de vítimas ser levada em conta na fixação da pena-base. Da mesma forma, quando ocorrer uma morte e uma lesão grave em consequência do assalto.

2. "d". Trata-se de roubo próprio porque houve emprego de força física anterior à subtração. Não se aplica a majorante da restrição da liberdade porque o agente não manteve a vítima em seu poder tal como exige o art. 157, § 2º, V, do CP. A conduta posterior de manter a vítima amarrada por horas poderia configurar o crime de cárcere privado (art. 148). Não pode ser imputado ao roubador o crime de homicídio culposo porque o resultado posterior não era previsível.

3. "d". É instantâneo porque sua configuração não pressupõe que a conduta se prolongue no tempo. Comissivo porque cometido mediante ação. Unissubjetivo porque pode ser cometido por uma só pessoa. Material porque a consumação ocorre com o resultado.

4. "b". Deve-se, contudo, salientar que a lesão corporal pela qual o agente responde é culposa.

5. "a". O crime de sequestro tem autonomia porque houve privação de liberdade por várias horas, e não mera restrição de liberdade por poucos minutos que caracterizaria a causa de aumento do roubo.

6. "e". A redação do art. 159 do Código Penal deixa claro que o delito consuma-se com o sequestro, independentemente de os agentes terem conseguido pedir ou receber o valor do resgate.

7. "d". O crime é o de roubo impróprio porque foi empregada violência logo após a subtração. A justificativa para se considerar o crime consumado é o fato de que referido delito se consuma no momento do emprego da violência ou grave ameaça, ainda que o agente não consiga garantir sua impunidade ou a detenção da coisa.

8. "d". A intenção de extorquir é suficiente para a configuração do crime de extorsão mediante sequestro, que se considera consumado porque a vítima foi efetivamente privada de sua liberdade e, após a consumação do crime, não mais é possível o arrependimento eficaz ou a desistência voluntária.

9. "a". O crime é o de roubo porque Flávia e Luiza reduziram a vítima à impossibilidade de resistência antes de realizarem a subtração (violência imprópria).

10. "d". João cometeu crime simples porque não precisou usar a chave falsa. O arrependimento não evitou a consumação do furto, tratando-se, portanto, de hipótese de arrependimento posterior, em que a sua pena deverá ser reduzida de 1/3 a 2/3 (art. 16 do CP). Não houve relevância causal na conduta de Pablo, pois a chave falsa não foi usada pelo autor da infração. Por isso, não é punível a participação no furto.

11. "b". O crime é formal porque se consuma com o sequestro. É permanente porque sua consumação se prolonga no tempo enquanto a vítima estiver com os sequestradores. É complexo porque diz respeito a mais de um bem jurídico: à liberdade e ao patrimônio.

12. "e". O enunciado enquadra-se na descrição típica do crime de extorsão indireta do art. 160 do Código Penal.

13. "c". É o que diz a Súmula 610 do Supremo Tribunal Federal.

14. "e". A assertiva I está errada porque o crime de extorsão mediante sequestro é formal e se consuma independentemente da obtenção do resgate. Por sua vez, a assertiva V está errada porque tal crime não é continuado, e sim permanente.

15. "e". A assertiva A está errada porque na modalidade de roubo impróprio a violência ou grave ameaça ocorrem após a subtração. A assertiva B está errada porque o roubo é delito complexo, já que afeta mais de um bem jurídico. A alternativa C está errada porque também é sujeito passivo a pessoa que sofre a violência ou grave ameaça, ainda que nada lhe seja roubado. Por fim, o erro da assertiva D reside no fato de que o aumento da pena do roubo ocorre ainda que um dos envolvidos seja menor de idade.

16. "b". O concurso é formal porque, no mesmo contexto fático, o réu subtraiu objetos de Carlos e Beatriz. Além disso, o roubo se consumou porque o roubador apossou-se efetivamente dos bens das vítimas. Como o enunciado não menciona que a arma de fogo é de uso proibido ou restrito, aplica-se a majorante do art. 157, § 2º-A, inc. I.

17. "d". A afirmação I está errada porque o delito em questão se consuma com o sequestro, e não com o pagamento do resgate. A afirmação II está errada porque existe o crime, ainda que o prejuízo econômico seja de pessoa diversa daquela sequestrada. A afirmação IV está errada porque o crime tem natureza permanente, e não continuada.

18. "d". Houve *aberratio ictus* e, por isso, o agente responde como se tivesse matado quem pretendia, ou seja, por latrocínio. O delito é consumado, nos termos da Súmula 610 do STF.

19. "d". O latrocínio é tentado porque a vítima não morreu.

20. "b". O roubo e a extorsão efetivamente não são considerados crimes da mesma espécie.

21. "e". O roubo qualificado pela lesão grave não é exclusivamente preterdoloso. Por isso a alternativa E está errada. Alternativa A correta nos termos do art. 157, § 2º-A, II, do CP. Alternativa B correta nos termos do art. 42 da Lei n. 9.605/98 (Lei Ambiental). A alternativa C está correta, nos termos da Súmula 610 do STF. Por fim, a alternativa D está correta, nos termos do art. 24-A da Lei Maria da Penha (Lei n. 11.340/2006).

III

DA USURPAÇÃO

2.3. DA USURPAÇÃO

Este Capítulo abrange os crimes de alteração de limites, usurpação de águas, esbulho possessório e supressão ou alteração de marca em animais.

2.3.1. Alteração de limites

> **Art. 161, *caput*** — Suprimir ou deslocar tapume, marco ou qualquer outro sinal indicativo de linha divisória para apropriar-se, no todo ou em parte, de coisa imóvel alheia:
> Pena — detenção, de um a seis meses, e multa.

2.3.1.1. Objetividade jurídica

Visa a lei resguardar a posse e a propriedade dos bens imóveis.

2.3.1.2. Tipo objetivo

Esse tipo penal possui duas condutas típicas alternativas:

a) **supressão**, ou seja, a total retirada do marco divisório;

b) **deslocamento** do marco divisório, afastando-o do local correto, de modo a aumentar a área do agente.

2.3.1.3. Elemento subjetivo

É necessário que o agente tenha intenção de apropriar-se, no todo ou em parte, da propriedade alheia, por meio da supressão ou deslocamento do marco divisório. Caso demonstre, por exemplo, que retirou uma cerca apenas para reformá-la, não haverá o delito.

2.3.1.4. Sujeito ativo

É amplamente dominante o entendimento de que se trata de crime **próprio**, somente podendo ser praticado pelo vizinho do imóvel, quer na zona urbana, quer na rural.

■ 2.3.1.5. *Sujeito passivo*

O vizinho, dono ou possuidor do imóvel.

■ 2.3.1.6. *Consumação*

No exato instante em que o agente suprime ou desloca o marco divisório, ainda que a vítima posteriormente perceba o ocorrido e retome a parte de que foi tolhida. Trata-se de **crime formal**.

■ 2.3.1.7. *Tentativa*

É possível quando o agente é flagrado iniciando a supressão ou deslocamento e é impedido de prosseguir. Se já o fez por completo, conforme já mencionado, o crime está consumado, ainda que a vítima retome posteriormente a parte a que faz jus.

■ 2.3.1.8. *Ação penal*

Nos termos do art. 161, § 3º, do Código Penal, a ação penal é privada, exceto se para a prática do crime tiver havido emprego de **violência** ou se a propriedade usurpada for **pública**, hipóteses em que a ação penal será pública incondicionada.

Trata-se de infração de menor potencial ofensivo, de competência do Juizado Especial Criminal.

■ 2.3.2. Usurpação de águas

> **Art. 161, § 1º** — Na mesma pena incorre quem:
> I — desvia ou represa, em proveito próprio ou de outrem, águas alheias.

■ 2.3.2.1. *Objetividade jurídica*

Visa a lei resguardar as águas públicas ou particulares que passem por determinado local, evitando que o dono do terreno sofra prejuízo caso alguém queira desviar o seu curso ou represá-las, sem autorização para tanto.

■ 2.3.2.2. *Tipo objetivo*

Águas alheias são aquelas que não pertencem ao agente.

Exige-se que sejam águas correntes, cujo curso seja desviado ou represado pelo agente, alterando, portanto, seu fluxo pela propriedade. Quando se trata de água já represada pelo dono (para criação de peixes, para banho etc.), a sua retirada constitui ato de subtração, configurando delito de furto.

■ 2.3.2.3. *Sujeito ativo*

Pode ser qualquer pessoa. Trata-se de crime **comum**. Pode ser cometido por vizinho ou não. No caso de águas comuns que atravessam condomínios, até o condômino pode ser autor do crime, desde que, com o desvio, seja prejudicado o uso de algum coproprietário.

■ 2.3.2.4. *Sujeito passivo*

A pessoa que pode sofrer dano em decorrência do desvio ou represamento (proprietário, possuidor, arrendatário etc.).

■ 2.3.2.5. *Consumação*

O crime se consuma no instante em que o agente efetua o desvio ou represamento, ainda que não obtenha a vantagem em proveito próprio ou alheio a que o texto legal se refere. Cuida-se, portanto, de crime **formal**, conclusão que é inevitável em decorrência da própria redação do dispositivo.

■ 2.3.2.6. *Tentativa*

É possível.

■ 2.3.2.7. *Ação penal*

Nos termos do art. 161, § 3º, do Código Penal, a ação penal é privada, exceto se para a prática do crime tiver havido emprego de **violência** ou se a propriedade usurpada for **pública**, hipóteses em que a ação penal será pública incondicionada.

Trata-se de infração de menor potencial ofensivo, de competência do Juizado Especial Criminal.

■ 2.3.3. Esbulho possessório

> **Art. 161, § 1º** — Na mesma pena incorre quem:
> II — invade, com violência a pessoa ou grave ameaça, ou mediante concurso de mais de duas pessoas, terreno ou edifício alheio, para o fim de esbulho possessório.

■ 2.3.3.1. *Objetividade jurídica*

Tutela-se também aqui a posse e a propriedade dos bens imóveis e, ainda, a incolumidade física e a liberdade individual nas hipóteses em que o crime venha a ser cometido com emprego de violência ou grave ameaça.

■ 2.3.3.2. *Tipo objetivo*

A presente infração penal pressupõe a invasão de propriedade imóvel alheia, edificada ou não, desde que o fato se dê mediante emprego de violência a pessoa ou grave ameaça, ou, ainda, mediante concurso de duas ou mais pessoas. Quanto a esta última hipótese, diverge a doutrina em torno do significado da expressão "concurso de mais de duas pessoas". Heleno Cláudio Fragoso,[164] Celso Delmanto[165] e Damásio de Jesus[166] defendem a necessidade do envolvimento de pelo menos quatro pessoas (autor do crime em concurso com mais de duas), ao passo que Nélson Hungria[167] sustenta que a expressão contida no texto legal se contenta com o envolvimento de apenas três. Parece-nos claro que o texto legal se refere aos envolvidos em sua totalidade, ou seja, exige que haja concurso de mais de duas pessoas para a prática da infração, o que totaliza **três**.

É possível que o agente invada a propriedade alheia sozinho ou em concurso com apenas mais uma pessoa e sem emprego de violência ou grave ameaça. Nesse caso, o fato é atípico. Não obstante, o art. 1.210, § 1º, do Código Civil, permite que o dono retome a posse, desde que o faça imediatamente, por meio do chamado desforço imediato. Se, nesse instante, logo após a invasão pacífica, o invasor empregar violência para se manter na posse quando o legítimo proprietário tentava retomá-la pelo desforço imediato, haverá a configuração do delito.

No que pertine à configuração do delito na invasão de propriedades rurais pelos integrantes do Movimento dos Trabalhadores Rurais Sem Terra (MTST), existem duas correntes: a) o fato não constitui infração penal. Nesse sentido, vejam-se HC 91.616 MC/RS — Rel. Min. Carlos Britto — Decisão Proferida pelo Ministro Ricardo Lewandowski — julgado em 11.06.2007, publicado em *DJ* 20.06.2007, p. 23; **e** HC 5.574/SP — Rel. Min. William Patterson — Rel. p/ Acórdão Ministro Luiz Vicente Cernicchiaro — 6ª Turma — julgado em 08.04.1997, *DJ* 18.08.1997, p. 37916). Este também o entendimento de Rogério Greco;[168] **e** b) o fato constitui esbulho possessório. É o entendimento adotado pelo Plenário do Supremo Tribunal no julgamento da ADI 2.213: "*O esbulho possessório — mesmo tratando-se de propriedades alegadamente improdutivas — constitui ato revestido de ilicitude jurídica. — Revela-se contrária ao Direito, porque constitui atividade à margem da lei, sem qualquer vinculação ao sistema jurídico, a conduta daqueles que — particulares, movimentos ou organizações sociais — visam, pelo emprego arbitrário da força e pela ocupação ilícita de prédios públicos e de imóveis rurais, a constranger, de modo autoritário, o Poder Público a promover ações expropriatórias, para efeito de execução do programa de reforma agrária. — O processo de reforma agrária, em uma sociedade estruturada em bases democráticas, não pode ser implementado pelo uso arbitrário da força e pela prática de atos ilícitos de violação possessória, ainda que se cuide de imóveis alegadamente improdutivos, notadamente porque a Constituição da República — ao amparar o proprietário com a cláusula de garantia do direito de propriedade (CF, art. 5º, XXII) — proclama que 'ninguém será privado (...) de seus bens, sem o devido processo legal' (art. 5º, LIV). — O respeito à lei e à autoridade da Constituição da*

[164] Heleno Cláudio Fragoso, *Lições de direito penal*. Parte especial, v. I, p. 328.
[165] Celso Delmanto, *Código Penal comentado,* p. 323.
[166] Damásio de Jesus, *Direito penal,* v. 2, p. 390.
[167] Nélson Hungria, *Comentários ao Código Penal,* v. VII, p. 93.
[168] Rogério Greco, *Curso de direito penal*. Parte Especial, v. III, p. 154.

República representa condição indispensável e necessária ao exercício da liberdade e à prática responsável da cidadania, nada podendo legitimar a ruptura da ordem jurídica, quer por atuação de movimentos sociais (qualquer que seja o perfil ideológico que ostentem), quer por iniciativa do Estado, ainda que se trate da efetivação da reforma agrária, pois, mesmo esta, depende, para viabilizar-se constitucionalmente, da necessária observância dos princípios e diretrizes que estruturam o ordenamento positivo nacional. — O esbulho possessório, além de qualificar-se como ilícito civil, também pode configurar situação revestida de tipicidade penal, caracterizando-se, desse modo, como ato criminoso (CP, art. 161, § 1º, II; Lei n. 4.947/66, art. 20)" (STF — ADI 2.213 MC — Rel. Min. Celso de Mello — Tribunal Pleno — julgado em 4-4-2002 — *DJ* 23-4-2004, p. 7, ement vol-02148-02, p. 296).

■ 2.3.3.3. *Elemento subjetivo*

O crime só existe se a invasão se dá com o fim específico de esbulho possessório (elemento subjetivo do tipo), ou seja, desde que o agente queira excluir a posse da vítima para passar a exercê-la ele próprio.

■ 2.3.3.4. *Sujeito ativo*

Pode ser qualquer pessoa, exceto o dono. Trata-se de crime **comum**. O dono que invade imóvel alugado não incorre no tipo penal em análise, que exige expressamente que o bem seja alheio. Dependendo da hipótese, poderá incorrer em crime de violação de domicílio (art. 150) ou retirada de coisa própria do poder de terceiro (art. 346 do CP).

■ 2.3.3.5. *Sujeito passivo*

O dono ou possuidor do imóvel invadido.

■ 2.3.3.6. *Consumação*

No momento da invasão.

■ 2.3.3.7. *Tentativa*

É possível quando a invasão não se aperfeiçoa em razão da oposição apresentada pelo dono, possuidor ou por terceiro.

■ 2.3.3.8. *Distinção*

Se o imóvel invadido ou ocupado é terreno ou unidade residencial, construída ou em construção, pelo Sistema Financeiro de Habitação, existe crime específico previsto no art. 9º da Lei n. 5.741/71, que tem pena maior — detenção de seis meses a dois anos, e multa.

Por sua vez, comete o crime do art. 20 da Lei n. 4.947/66, quem invade, a fim de ocupá-las, terras da União, Estados ou Municípios, ainda que destinados à reforma agrária. A pena, nesse caso, é de detenção, de seis meses a três anos.

■ 2.3.3.9. *Concurso*

Se o agente comete o esbulho com emprego de violência, responde também pelas lesões corporais causadas, ainda que leves, nos termos do art. 161, § 2º, do Código Penal. O texto legal deixa claro que as penas serão somadas.

Os doutrinadores costumam dizer que esse dispositivo também se aplica aos crimes de alteração de limites e usurpação de águas quando cometidos com emprego de violência. Ressalte-se, contudo, que, como esses dois crimes não contêm a violência dentre suas elementares, sequer é necessária regra expressa para a hipótese de provocação de lesão, sendo óbvio que esta não ficaria absorvida.

■ 2.3.3.10. *Ação penal*

Nos termos do art. 161, § 3º, do Código Penal, a ação penal é privada, exceto se para a prática do crime tiver havido emprego de **violência** ou se a propriedade usurpada for **pública**, hipóteses em que a ação penal será pública incondicionada.

Trata-se de infração de menor potencial ofensivo, de competência do Juizado Especial Criminal.

■ 2.3.4. Supressão ou alteração de marca em animais

> **Art. 162.** Suprimir ou alterar, indevidamente, em gado ou rebanho alheio, marca ou sinal indicativo de propriedade:
> Pena — detenção, de seis meses a três anos, e multa.

■ 2.3.4.1. *Objetividade jurídica*

Tutela-se aqui a propriedade e a posse dos animais semoventes.

Premissa do crime em análise é que não tenha havido prévio furto ou apropriação indébita dos animais, pois, nesses casos, o agente só será punido pela conduta anterior, sendo a supressão ou alteração da marca um *post factum* impunível. A própria Exposição de Motivos da Parte Especial do Código Penal, em seu item 58, salienta que "*não se confunde esta modalidade de usurpação com o abigeato, isto é, o furto de animais: o agente limita-se a empregar um meio fraudulento (supressão ou alteração de marca ou sinal) para irrogar-se a propriedade dos animais. Se esse meio fraudulento é usado para dissimular o anterior furto de animais, já não se tratará de usurpação: o crime continuará com seu* nomen juris*, isto é, furto*".

■ 2.3.4.2. *Tipo objetivo*

A conduta típica consiste em apagar ou modificar o sinal indicativo de propriedade em gado ou rebanho alheios. Quando a lei se refere a **gado**, está protegendo a propriedade de animais de **grande** porte, como bois ou cavalos, e quando se refere a **rebanho**, o faz em relação a animais de porte **menor**, como porcos, ovelhas, cabras etc.

A infração penal apenas existe quando a conduta se dá **indevidamente** (elemento normativo do tipo), sendo óbvio que, quem compra legalmente o animal, pode remarcá-lo sem incorrer no ilícito penal.

Por ausência de previsão legal, marcar animal alheio desmarcado não constitui crime. Trata-se aqui de evidente falha da legislação.

Marcas são feitas por ferro em brasa ou elementos químicos no couro do animal. Em geral, são letras ou figuras. **Sinais**, em geral, são brincos colocados nas orelhas ou no focinho do animal com formato característico.

■ *2.3.4.3. Sujeito ativo*

Pode ser qualquer pessoa, inclusive quem possui animal que pertence a terceiro.

■ *2.3.4.4. Sujeito passivo*

O dono do animal.

■ *2.3.4.5. Consumação*

Ocorre com a simples supressão ou alteração da marca ou sinal, ainda que se dê apenas em relação a um animal.

■ *2.3.4.6. Tentativa*

É possível, quando o agente não consegue concretizar a remarcação iniciada, pela repentina chegada de alguém ao local, ou até mesmo quando concretiza a remarcação, porém a faz de tal forma que continua sendo possível identificar a marca do verdadeiro dono.

■ *2.3.4.7. Ação penal*

Pública incondicionada. Como a pena mínima não supera um ano, admite a suspensão condicional do processo, desde que o acusado preencha os demais requisitos do art. 89 da Lei n. 9.099/95.

IV

DO DANO

2.4. DO DANO

Neste Capítulo estão previstos os crimes de dano propriamente ditos e o de introdução ou abandono de animais em propriedade alheia.

2.4.1. Dano simples

> **Art. 163, *caput* —** Destruir, inutilizar ou deteriorar coisa alheia:
> Pena — detenção, de um a seis meses, ou multa.

2.4.1.1. Objetividade jurídica

O dispositivo tutela a propriedade e a posse das coisas móveis e imóveis.

2.4.1.2. Tipo objetivo

O tipo penal do crime de dano elenca três condutas típicas:

a) Destruir: é a mais grave das condutas em relação ao objeto material, pois este deixa de existir em sua individualidade, é extinto, eliminado. Exs.: derrubar uma casa, transformando-a em um amontoado de escombros; queimar livros; jogar uma coleção de copos de cristal no chão etc.

b) Inutilizar: nesta modalidade o bem continua existindo, porém, sem poder ser utilizado para a finalidade a que se destina. Exs.: quebrar os ponteiros de um relógio, as hélices de um ventilador ou o motor de um carro etc. É evidente que esses bens podem ser consertados, mas, no momento do crime, foram inutilizados pelo agente. É o que basta.

c) Deteriorar: o bem continua existindo e apto para suas funções, contudo, com algum estrago parcial. Exs.: quebrar os vidros de um carro ou de uma casa, amassar ou riscar a lataria de um veículo etc.

A conduta de pichar, grafitar ou, por qualquer outro meio, conspurcar edificação ou monumento **urbano**, constitui crime contra o meio ambiente, descrito no art. 65, *caput*, da Lei n. 9.605/98, cuja pena é de detenção de três meses a um ano, e multa.

Se o local pichado for imóvel rural, haverá crime de dano (deterioração de coisa alheia). Da mesma forma, se a pichação recair em bem móvel (ex.: na lataria de um veículo). Por fim, se a pichação recair sobre monumento ou coisa tombada, em virtude de seu valor artístico, arqueológico ou histórico, teremos crime ambiental qualificado, previsto no art. 65, parágrafo único, da Lei n. 9.605/98, cuja pena é de seis meses a um ano de detenção, e multa.

A conduta de dar sumiço, fazer desaparecer coisa alheia, **sem danificá-la**, não constitui crime de dano por falta de previsão legal. Exs.: soltar um animal que tem dono, jogar um anel em um lago etc. É evidente, porém, que caracteriza ilícito civil.

O **consentimento** da vítima para a prática do dano exclui o delito, na medida em que se trata de bem disponível, desde que a vítima seja pessoa capaz (maior de idade e no gozo das faculdades mentais).

- **Objeto material**

Pode ser coisa móvel ou imóvel, desde que tenha dono. A *res nullius* (coisa que nunca teve dono) e a *res derelicta* (coisa abandonada) não podem ser objeto de crime de dano, pois não podem ser tidas como coisa alheia. Quem as danifica não comete ilícito penal. Já a coisa perdida (*res desperdicta*) tem dono, e quem dolosamente a danifica ao encontrá-la comete crime de dano.

■ 2.4.1.3. *Elemento subjetivo*

É o dolo, direto ou eventual. **Não** existe previsão legal de crime de dano **culposo**, que constitui apenas ilícito civil.

Existe forte divergência em torno da necessidade de especial finalidade por parte de quem dolosamente danifica coisa alheia consubstanciada na intenção específica de causar prejuízo à vítima (*animus nocendi*):

a) Nélson Hungria[169] sustenta que é necessário o *animus nocendi* e explica dizendo que não há crime na conduta de uma pessoa que, para pregar uma peça, corta os fios da campainha da casa de um amigo.

b) Damásio de Jesus[170] e Magalhães Noronha[171] defendem que não se mostra exigível tal fim específico, simplesmente porque o tipo penal não o menciona. Para tais autores, basta que o agente tenha ciência de que sua conduta causará prejuízo e, mesmo assim, a realize.

Entendemos correta a última posição, já que o tipo penal, efetivamente, não exige qualquer intenção específica por parte do agente. Ademais, no exemplo de Nélson Hungria, a conduta não seria considerada crime em razão do princípio da insignificância — cortar um fio elétrico — cuja reposição custa apenas alguns centavos. Difícil seria susten-

169 Nélson Hungria, *Comentários ao Código Penal,* v. VII, p. 108.
170 Damásio de Jesus, *Direito penal,* v. 2, p. 396 e 400.
171 E. Magalhães Noronha, *Direito penal,* v. 2, p. 309.

tar e concordar com a atipicidade da conduta de pessoa que, para pregar uma peça, colocasse fogo no automóvel de um amigo. Essa discussão tem contornos mais concretos quando se estuda o dano qualificado, na hipótese em que preso danifica a cela para fugir, pois em relação a esse tema existem inúmeros julgados, inclusive de tribunais superiores.

No crime de dano, ao contrário do que ocorre com os crimes contra o patrimônio em geral, não se exige intenção de locupletamento ilícito por parte do agente, bastando que ele danifique a coisa alheia, causando, com isso, prejuízo à vítima. Assim, se em razão de um desentendimento, um vizinho quebra as janelas da residência do outro, ou, se por inveja, o agente risca a lataria de um carro estacionado na rua, configura-se o delito.

Para que exista o crime, ademais, é necessário que o dano seja um fim em si mesmo e não meio para a prática de outro crime, pois, nesse caso, ficará absorvido. É o que ocorre, por exemplo, quando alguém danifica a porta de uma casa para nela adentrar e subtrair pertences, hipótese em que o agente responde apenas por crime de furto qualificado pelo rompimento de obstáculo.

■ 2.4.1.4. *Sujeito ativo*

Pode ser qualquer pessoa, exceto o dono do bem danificado. Trata-se de crime **comum**.

Em se tratando de dano cometido por condômino, haverá crime apenas se o bem for infungível, ou, se for fungível, desde que o valor do prejuízo exceda o montante da quota-parte do agente. Assim, se duas pessoas compraram juntas um quadro valioso (bem infungível) e uma delas danifica intencionalmente metade da obra, está configurado o crime. No entanto, se elas compraram em conjunto 5.000 quilos de café (bem fungível) e uma delas danifica metade, não há crime por não ter havido prejuízo financeiro ao outro, que mantém seu direito sobre o restante do café não atingido.

Quem destrói ou danifica coisa própria que se encontra em poder de terceiro em razão de contrato (aluguel, por exemplo) ou determinação judicial (busca e apreensão, por exemplo) comete o crime do art. 346 do Código Penal — espécie de exercício arbitrário das próprias razões.

Quem destrói, total ou parcialmente, coisa própria, com o intuito de haver indenização ou valor de seguro, comete crime de fraude contra seguradora (art. 171, § 2º, V, do CP). Ex.: segurado que joga o próprio carro de uma ribanceira para, mentindo para a seguradora que se tratou de um acidente, receber o valor do seguro.

■ 2.4.1.5. *Sujeito passivo*

O proprietário do bem danificado e, eventualmente, o possuidor que sofra prejuízo econômico em consequência do dano.

■ 2.4.1.6. *Consumação*

No momento em que o bem é danificado no todo ou em parte. Se o agente queria destruir um objeto alheio, mas conseguiu apenas deteriorá-lo, existe o crime consumado, porque o ato de deteriorar já é suficiente para tipificar a infração, conforme já estudado.

Por se tratar de delito que deixa vestígio, exige-se perícia para comprovar a materialidade (art. 158 do CPP).

■ 2.4.1.7. *Tentativa*

É possível. Ex.: agente coloca uma bomba caseira para destruir o vaso sanitário de uma escola e esta não detona por falha na produção do explosivo.

■ 2.4.1.8. *Princípio da insignificância*

Tem-se admitido o reconhecimento de tal princípio, que leva à atipicidade da conduta, quando o valor do bem danificado é irrisório, ínfimo, pois, em tal caso, não se justifica a movimentação da máquina judiciária com os custos a ela inerentes.

■ 2.4.1.9. *Reparação do prejuízo*

O crime de dano simples apura-se mediante ação privada e enquadra-se no conceito de infração de menor potencial ofensivo. Assim, caso haja composição civil quanto aos prejuízos, homologada pelo juiz na audiência preliminar do Juizado Especial Criminal, haverá renúncia ao direito de queixa, o que gera automaticamente a extinção da punibilidade do agente, nos termos do art. 74, parágrafo único, da Lei n. 9.099/95.

■ 2.4.1.10. *Distinção*

Existem outros crimes no Código Penal que também se configuram com a provocação de dano: a) quem danifica sepultura, incorre em crime de violação de sepultura (art. 210 do CP); b) quem danifica documento público ou particular, em benefício próprio ou alheio ou em prejuízo de terceiro, comete o crime de supressão de documento (art. 305 do CP).

■ 2.4.1.11. *Classificação doutrinária*

CLASSIFICAÇÃO DOUTRINÁRIA				
■ Crime simples e de dano quanto à objetividade jurídica	■ Crime comum e de concurso eventual quanto ao sujeito ativo	■ Crime de ação livre e comissivo ou omissivo quanto aos meios de execução	■ Crime material e instantâneo quanto ao momento consumativo	■ Crime doloso quanto ao elemento subjetivo

■ 2.4.1.12. *Dano qualificado*

Nos quatro incisos do parágrafo único do art. 163 do Código Penal, estão elencadas cinco qualificadoras do crime de dano. Em tais hipóteses, a pena é de seis meses a três anos de detenção, e multa, não configurando, portanto, infração de menor potencial ofensivo. A competência, assim, não é do Juizado Especial Criminal, e a reparação do prejuízo não extingue a punibilidade. Considerando, porém, que a pena mínima é de seis meses, possível a suspensão condicional do processo, desde que o réu preencha os demais requisitos do art. 89 da Lei n. 9.099/95.

▪ 2.4.1.12.1. *Emprego de violência ou grave ameaça*

> **Art. 163, parágrafo único** — Se o crime é cometido:
> I — com violência à pessoa ou grave ameaça.
> (...)
> Pena — detenção, de seis meses a três anos, e multa, além da pena correspondente à violência.

A qualificadora em análise só tem aplicação quando a violência contra pessoa ou a grave ameaça forem empregadas como **meio** para o agente conseguir danificar o bem alheio. Por isso, se o sujeito já praticou o dano e, posteriormente, ao ser questionado pela vítima, vem a agredi-la e causar-lhe lesões, responde por dano simples em concurso material com lesões corporais. Nesse sentido: "A *violência à pessoa que qualifica o crime de dano é aquela empregada pelo agente como meio para assegurar a execução do delito e praticada antes ou durante tal execução. Se já consumado o dano sem violência à pessoa, seguindo-se esta àquele, configura-se o crime de dano simples em concurso com o de lesão corporal*" (Tacrim-SP — Rel. Arnaldo Malheiros — *Jutacrim* 44/127).

Veja-se, ainda, que o próprio texto legal ressalva que, se a violência for meio para o dano, restará configurado o crime qualificado e, caso a vítima sofra lesão, ainda que leve, o agente responderá também por esse crime. Nesse caso, as penas serão somadas porque a lei determina a aplicação da pena do dano qualificado, *além* da pena correspondente à violência.

A violência a que o texto legal se refere como qualificadora do dano é aquela empregada contra pessoa, uma vez que o emprego de violência contra a coisa está implícito em todo crime de dano. Para o reconhecimento da qualificadora, é indiferente que a violência ou grave ameaça tenham sido empregadas contra o próprio dono do bem danificado ou contra terceiro. Ex.: João quer danificar o veículo de Paulo que se encontra em um estacionamento particular. O manobrista procura impedir o crime, mas é agredido por João, que, em seguida, concretiza o delito.

▪ 2.4.1.12.2. *Emprego de substância explosiva ou inflamável*

> **Art. 163, parágrafo único** — Se o crime é cometido:
> II — com emprego de substância inflamável ou explosiva, se o fato não constitui crime mais grave.

A figura em análise é expressamente subsidiária, ficando absorvida sempre que o fato constituir crime mais grave, como homicídio qualificado pelo emprego de fogo ou explosivo (art. 121, § 2º, II, do CP), incêndio (art. 250 do CP) ou explosão (art. 251).

Assim, se o agente, a fim de matar a vítima, coloca uma bomba em seu carro, provocando a destruição do veículo e a morte dela, responde apenas pelo homicídio qualificado. O crime de dano desaparece em sua integralidade e não apenas a qualificadora. A regra aplica-se ainda que o veículo pertença a terceiro, já que a lei não faz distinção.

Se alguém joga gasolina em um carro e nele ateia fogo, comete crime de dano qualificado. Se põe fogo em um posto de gasolina, causando enormes chamas, pratica o crime de incêndio (art. 250 do CP). A diferença é que o fogo de grandes proporções coloca em risco grande número de pessoas, o que não acontece quando o agente coloca fogo em um carro que está em local afastado. O crime de incêndio é delito de perigo comum, enquanto o dano é apenas crime contra o patrimônio.

■ *2.4.1.12.3. Dano em patrimônio público e outros entes*

> **Art. 163, parágrafo único —** Se o crime é cometido:
> III — contra o patrimônio da União, de Estado, do Distrito Federal, de Município ou de autarquia, fundação pública, empresa pública, sociedade de economia mista ou empresa concessionária de serviços públicos.

A redação originária deste dispositivo não mencionava o Distrito Federal. Sempre defendemos, todavia, que o dano ao patrimônio de referido ente público estaria abrangido pelo dano qualificado. Em nosso entendimento, a aplicação da qualificadora não constituiria analogia *in malam partem*, e sim respeito à Constituição Federal, que prevê tratamento isonômico entre os Estados e o Distrito Federal. O Superior Tribunal de Justiça, todavia, passou a entender que se tratava de dano simples: "*1. O inciso III do parágrafo único do art. 163 do Código Penal, ao qualificar o crime de dano, não faz menção aos bens do Distrito Federal. Dessa forma, o entendimento desta Corte perfilha no sentido de que ausente expressa disposição legal nesse sentido, é vedada a interpretação analógica* in malam partem, *devendo os prejuízos causados ao patrimônio público distrital configurarem apenas crime de dano simples, previsto no* caput *do referido artigo*" (STJ — AgInt no REsp 1.585.531/DF — Rel. Min. Joel Ilan Paciornik — 5ª Turma — julgado em 2-2-2017 — *DJe* 10-2-2017); "*Embora o Distrito Federal seja ente federativo, o inciso III do parágrafo único do art. 163 do Código Penal, ao qualificar o crime de dano, não faz menção a bens distritais. Ausente expressa disposição legal nesse sentido e vedada a interpretação analógica* in malam partem, *os prejuízos causados ao patrimônio público distrital configuram crime de dano simples a ser punido com base no* caput *do art. 163 do Código Penal*" (STJ — AgInt no AgRg no REsp 1.597.587/DF — Rel. Min. Sebastião Reis Júnior — 6ª Turma — julgado em 20-10-2016 — *DJe* 14-11-2016); "*No caso dos autos, o recorrente teria danificado patrimônio do Distrito Federal, ente federativo cujos bens não se encontram expressamente abrangidos nos previstos no inciso III do parágrafo único do artigo 163 do Código Penal. 4. Ainda que com a previsão da forma qualificada do dano o legislador tenha pretendido proteger o patrimônio público de forma geral, e mesmo que a destruição ou a inutilização de bens distritais seja tão prejudicial quanto as cometidas em face das demais pessoas jurídicas de direito público interno mencionadas na norma penal incriminadora em exame, o certo é que, como visto, não se admite analogia* in malam partem *no Direito Penal, de modo que não é possível incluir o Distrito Federal no rol constante do dispositivo em apreço. Precedente do STJ*" (STJ — HC 308.441/DF — Rel. Min. Jorge Mussi — 5ª Turma — julgado em 23-8-2016 — *DJe* 31-8-2016). No mesmo sentido: HC 154.051/DF — Rel. Min. Maria Thereza de Assis Moura — julgado em 4-12-2012; STJ — REsp 1.369.653/DF — Min. Marco Aurélio Bellizze, decisão monocrática proferida em 25-4-2014. Ocorre que, em 7 de dezembro de 2017, foi sancionada a Lei n. 13.531, que modificou a redação do dispositivo em estudo para especificar que também o dano ao patrimônio distrital constitui crime qualificado. A mesma Lei incluiu no rol das figuras qualificadas o dano contra o patrimônio de empresas públicas, autarquias e fundações públicas — mantidas as demais hipóteses que já constavam do texto legal.

A finalidade do dispositivo é conferir especial proteção aos bens públicos — e de outros entes que prestam serviços públicos ou cujas ações são majoritariamente públicas —, que estão mais expostos à ação de vândalos, pois, conforme se pode conferir com facilidade, são inúmeros os casos de danos em telefones públicos, em luzes de postes, em placas de estradas, em ônibus, metrôs ou trens, em estádios municipais ou estaduais, em bancos de praças, em janelas de órgãos públicos ou escolas públicas etc.

Se o bem é particular em sua integralidade e está apenas locado à União, Estado ou Município, não incide a qualificadora, já que o texto legal exige que seja atingido o **patrimônio** de um desses entes públicos.

A subtração de telefone público caracteriza crime de furto, e não dano.

Discute-se na doutrina e na jurisprudência a existência de dano qualificado na hipótese de preso que danifica a cela ou outra parte da penitenciária ou cadeia pública a fim de fugir. Conforme estudado anteriormente, para os que defendem que só há crime de dano quando o agente tem a específica intenção de causar prejuízo à vítima (*animus nocendi*), o preso não comete crime algum, pois sua intenção não é causar prejuízo, e sim voltar à liberdade. Por outro lado, para os que argumentam que o tipo penal não exige qualquer fim específico, bastando que o agente tenha ciência de que causará o prejuízo, o preso comete delito de dano qualificado.

O Supremo Tribunal assim já decidiu: "*Crime de dano. Preso que danifica cela para fugir. Exigência apenas do dolo genérico. CP, art. 163, parágrafo único, III. I — Comete o crime de dano qualificado o preso que, para fugir, danifica a cela do estabelecimento prisional em que está recolhido*" (STF — HC 73.189/MS — Rel. Min. Carlos Velloso — 2ª Turma — *DJ* 29-3-1996, p. 9346). Trata-se, contudo, de julgado bastante antigo.

No Superior Tribunal de Justiça, por sua vez, é pacífico o entendimento de que o fato é atípico: "*Consoante jurisprudência desta Corte, para a configuração do crime de dano previsto no art. 163 do Código Penal, mostra-se imprescindível a presença do elemento subjetivo específico, qual seja, o* animus nocendi, *que consiste na vontade deliberada de causar prejuízo ao patrimônio alheio. 2 — 'A* *destruição de patrimônio público (buraco na cela) pelo preso que busca fugir do estabelecimento no qual encontra-se encarcerado não configura o delito de dano qualificado (art. 163, parágrafo único, inciso III do CP), porque ausente o dolo específico (*animus nocendi*), sendo, pois, atípica a conduta' (HC n. 260.350/GO, Relª. Ministra Maria Thereza de Assis Moura, 6ª Turma, DJe 21/5/2014)*" (AgRg no HC 409.417/SC, Rel. Min. Antonio Saldanha Palheiro, 6ª Turma, julgado em 24-10-2017, *DJe* 6-11-2017); "*O aresto objurgado alinha-se a entendimento pacificado neste Sodalício no sentido de que o dano praticado contra estabelecimento prisional, em tentativa de fuga, não configura fato típico, haja vista a necessidade do dolo específico de destruir, inutilizar ou deteriorar o bem, o que não ocorre quando o objetivo único da conduta é fugir*" (STJ — AgRg no AREsp 578.521/GO — Rel. Min. Jorge Mussi — 5ª Turma — julgado em 11-10-2016 — *DJe* 26-10-2016); "*Nos termos da jurisprudência desta Corte, para que se possa falar em crime de dano qualificado contra patrimônio da União, Estado ou Município, mister se faz a comprovação do elemento subjetivo do delito, qual seja, o* animus nocendi, *caracterizado pela vontade de causar prejuízo ao erário. Nesse passo, a destruição, deterioração ou inutilização das paredes ou grades de cela pelo detento, com vistas à fuga de estabelecimento prisional, ou, ainda, da viatura na qual o flagranteado foi conduzido à delegacia de polícia, demonstra tão somente o seu intuito de recuperar a sua liberdade, sem que reste evidenciado o necessário dolo específico de causar dano ao patrimônio público. 4.* Writ *não conhecido e* habeas corpus *concedido, de ofício, para absolver o réu quanto ao crime de dano qualificado...*" (STJ — HC 503.970/SC, Rel. Min. Ribeiro Dantas, 5ª Turma, julgado em 30-5-2019, *DJe* 4-6-2019); **e** "*De acordo com a jurisprudência do Superior Tribunal de Justiça, o delito de dano ao patrimônio público, quando praticado por preso para facilitar a fuga do estabelecimento prisional, demanda a demonstração do dolo específico de causar prejuízo ao bem público. (Precedentes.)*" (STJ — RHC 56.629/AL — Rel. Min. Antonio Saldanha Palheiro — 6ª Turma — julgado em 30-6-2016 — *DJe* 1º-8-2016). Ainda nesse sentido, podemos apontar os seguintes julgados do STJ: HC 90.840/MS; HC 25.658/SP; HC 24.108/DF; HC 20.518/SP; HC 48.284/MS; REsp 661.904/RS; REsp 234.853/MG; REsp 493.148/SP; REsp 867.353/PR.

Para o Superior Tribunal de Justiça, o preso que danifica a cela comete apenas falta grave, que lhe gera diversas consequências negativas durante a execução da pena.

Em relação à conduta do preso que danifica as dependências da penitenciária apenas como ato de vandalismo (e não visando à fuga), é pacífico o entendimento de que responde por dano qualificado.

O Superior Tribunal de Justiça interpreta que não é possível a aplicação do princípio da insignificância nas hipóteses de dano qualificado, quando o prejuízo ao patrimônio público afetar bem de relevância social e tornar evidente o elevado grau de periculosidade social da ação e de reprovabilidade da conduta do agente. A propósito: "*Nas hipóteses de dano qualificado, independente do valor patrimonial do bem, havendo transcendência do bem jurídico patrimonial, atingindo bens jurídicos outros, de relevância social, incabível a aplicação da bagatela, diante da evidente periculosidade social da ação e maior grau de reprovabilidade da conduta.* In casu, *o suposto comportamento do paciente mostrou-se extremamente reprovável, transcendendo o mero prejuízo financeiro sofrido pela Administração Pública, porquanto o bem danificado possui inquestionável valor de relevância social, consistente no regular funcionamento dos órgãos policiais, que restou prejudicado, e o respeito às autoridades policiais, que é essencial à segurança pública*" (STJ — HC 324.550/MT — Rel. Min. Ribeiro Dantas — 5ª Turma — julgado em 16-6-2016 — *DJe* 28-6-2016).

▪ 2.4.1.12.4. *Motivo egoístico ou prejuízo considerável à vítima*

> **Art. 163, parágrafo único, IV —** Se o crime é cometido:
> IV — por motivo egoístico ou com prejuízo considerável para a vítima.

Existem, em verdade, duas qualificadoras nesse inciso.

A primeira refere-se ao motivo egoístico, isto é, ao dano praticado por quem, com ele, visa conseguir algum benefício de ordem econômica ou moral.

A segunda tem como fundamento o fato de o agente ter causado um prejuízo patrimonial elevado ao sujeito passivo. O juiz, portanto, deve confrontar o montante do prejuízo com o patrimônio da vítima e só reconhecer a qualificadora quando verificar que o prejuízo é efetivamente expressivo e que o agente queria mesmo provocá-lo.

▪ 2.4.1.13. *Ação penal*

> **Art. 167.** Nos casos do art. 163, do inc. IV do seu parágrafo e do art. 164, somente se procede mediante queixa.

Esse dispositivo contém duas regras:

a) Em se tratando de dano **simples**, de dano **qualificado pelo motivo egoístico ou pelo prejuízo considerável à vítima** (inc. IV), a ação penal é **privada**.

b) Em se tratando de dano qualificado pelo **emprego de violência contra pessoa ou grave ameaça, substância explosiva ou inflamável ou contra bens públicos, ou de autarquia, fundação pública, empresa pública, sociedade de economia mista ou empresa concessionária de serviços públicos**, a ação é **pública incondicionada**.

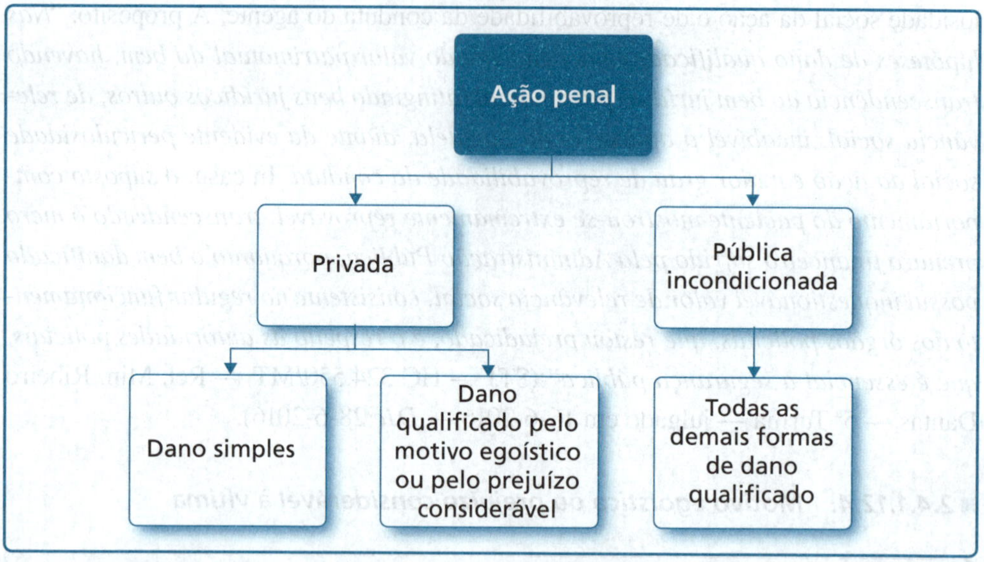

- **Desclassificação**

Considerando que a modalidade simples do crime de dano é de ação privada e que algumas figuras qualificadas são de ação pública incondicionada, caso o réu tenha sido denunciado por uma dessas formas qualificadas e o juiz, na sentença, entenda que houve o dano, mas que não está demonstrada a qualificadora, não poderá condenar o réu pela figura simples. Em tal caso, após declarar a inexistência da qualificadora, deverá decretar a nulidade da ação penal, desde o seu princípio, por ilegitimidade de parte, já que a ação foi proposta pelo Ministério Público, quando o correto teria sido a vítima intentar queixa-crime (arts. 395, II, e 564, II, do CPP). A vítima, então, poderá propor novamente a ação se ainda não decorrido o prazo decadencial de seis meses. A propósito: "*Operada a desclassificação de dano qualificado (art. 163, parágrafo único, I, do CP) para o de dano simples (art. 163,* caput*) o processo torna-se nulo* ab initio *porque a ação penal, que era pública, passa a ser privada e, assim, o MP perde sua titularidade*" (Tacrim-SP — Rel. Rubens Gonçalves — *Jutacrim* 91/344).

■ 2.4.2. Introdução ou abandono de animais em propriedade alheia

> **Art. 164.** Introduzir ou deixar animais em propriedade alheia, sem consentimento de quem de direito, desde que do fato resulte prejuízo:
> Pena — detenção, de quinze dias a seis meses, e multa.

■ *2.4.2.1. Objetividade jurídica*

A finalidade do dispositivo é proteger a propriedade e a posse de imóveis rurais e urbanos de danos que possam ser causados por animais.

2.4.2.2. *Tipo objetivo*

As condutas típicas são introduzir ou deixar animais em propriedade alheia. A primeira delas é comissiva, exigindo que o agente coloque o animal na propriedade de outrem. A segunda é omissiva, em que o sujeito não retira o animal que, por si só, entrou em terras alheias, quando estava ciente disso e poderia ter efetuado a retirada.

O imóvel em questão pode ser urbano ou rural.

A configuração do delito exige, ainda que não haja consentimento de quem de direito (elemento **normativo**).

Embora a lei mencione a palavra "animais", no plural, deve-se entender que a expressão foi usada para se referir ao gênero, bastando, assim, a introdução de um único animal na propriedade alheia para a configuração do delito, desde que esse animal solitário tenha causado alguma espécie de dano no local, já que a ocorrência de prejuízo é elementar do crime em estudo. Celso Delmanto[172] discorda dessa interpretação, alegando que um único animal não é capaz de causar danos expressivos. A melhor solução, entretanto, é deixar a análise para o caso concreto. Com efeito, como o tipo penal exige a provocação de prejuízo em decorrência da conduta do animal, haverá crime, quer a introdução seja de um animal, quer seja de vários, exceto se o prejuízo causado por aquele ou aqueles for irrisório (muito pequeno), hipótese em que o fato será considerado atípico em razão do princípio da insignificância.

2.4.2.3. *Sujeito ativo*

Pode ser qualquer pessoa, proprietário ou não do animal. Evidente, contudo, que o dono do imóvel não pode ser sujeito ativo. É possível que o imóvel esteja arrendado e o dono faça entrar animais em sua propriedade, provocando danos nas culturas plantadas pelo possuidor. Não será possível, entretanto, o enquadramento no art. 164, cujo tipo penal expressamente exige a introdução em **propriedade alheia**. É perfeitamente viável, nesse caso, o enquadramento como crime de dano (art. 163), já que a plantação destruída ou inutilizada, nesse exemplo, constitui coisa alheia em relação ao dono do imóvel.

2.4.2.4. *Sujeito passivo*

O proprietário ou possuidor do imóvel.

2.4.2.5. *Elemento subjetivo*

É o dolo de introduzir ou deixar animal em propriedade alheia. De acordo com Heleno Cláudio Fragoso,[173] "*não deve haver o propósito de causar dano (pois, neste caso, o crime seria o do art. 163)*". Damásio de Jesus,[174] no mesmo sentido, argumen-

[172] Celso Delmanto, *Código Penal comentado,* p. 328.
[173] Heleno Cláudio Fragoso, *Lições de direito penal,* v. I, p. 3.460.
[174] Damásio de Jesus, *Direito penal,* v. 2, p. 404.

ta que "*é necessário que o dolo do sujeito, na hipótese que estamos cuidando, não abranja o prejuízo. Se isso ocorre, há desclassificação do fato para o crime de dano comum*". Embora Damásio mencione a palavra desclassificação, o crime de dano possui pena maior.

Pois bem, com base em tudo o que foi dito, pode-se concluir que o crime em estudo tem a estrutura similar à de um delito preterdoloso (expressão normalmente usada para crimes qualificados pelo resultado). Com efeito, exige-se dolo em relação à conduta — introduzir ou deixar animais em propriedade alheia — e culpa em relação ao prejuízo disso decorrente (resultado).

O crime não admite modalidade culposa. Se o ingresso do animal ocorrer por falta de cuidado do dono, haverá ilícito civil.

Por fim, existe consenso no sentido de que há crime de furto quando o agente introduz o animal em propriedade alheia para que ali se alimente das pastagens ou plantações. Haverá o crime do art. 164, entretanto, se os animais pisarem na plantação e a estragarem, se derrubarem cercas etc.

■ 2.4.2.6. Consumação

De acordo com o texto legal, a consumação só ocorre no instante em que o animal provoca dano na propriedade alheia. Trata-se, assim, de crime **material**, em que não basta a conduta de introduzir ou deixar o animal em imóvel alheio, exigindo-se que, em decorrência disso, sobrevenha prejuízo à vítima.

■ 2.4.2.7. Tentativa

Como a lei exige a superveniência do resultado como elementar do crime, entende-se que a tentativa não é possível, na medida em que o agente, conforme já estudado, não tem intenção específica de provocar tal prejuízo. Assim, se ocorre o resultado, o crime está consumado. Se não ocorre, o fato é atípico, ainda que os animais tenham efetivamente ingressado no imóvel alheio.

■ 2.4.2.8. Reparação do prejuízo

Considerando que se trata de crime de ação privada e enquadra-se no conceito de infração de menor potencial ofensivo, caso haja composição civil quanto aos prejuízos, homologada pelo juiz na audiência preliminar do Juizado Especial Criminal, haverá renúncia ao direito de queixa, o que gera automaticamente a extinção da punibilidade do agente, nos termos do art. 74, parágrafo único, da Lei n. 9.099/95.

■ 2.4.2.9. Ação penal

Nos termos do art. 167 do Código Penal, a ação penal é privada.

2.4.3. Dano em coisa de valor artístico, arqueológico ou histórico

> **Art. 165.** Destruir, inutilizar ou deteriorar coisa tombada pela autoridade competente em virtude de valor artístico, arqueológico ou histórico:
> Pena — detenção, de seis meses a dois anos, e multa.

Esse crime foi revogado pelo art. 62, I, da Lei n. 9.605/98, que pune com reclusão, de um a três anos, e multa, a pessoa que destruir, inutilizar ou deteriorar bem especialmente protegido por lei, **ato administrativo** ou decisão judicial.

2.4.4. Alteração de local especialmente protegido

> **Art. 166.** Alterar, sem licença da autoridade competente, o aspecto de local especialmente protegido por lei:
> Pena — detenção, de um mês a um ano, ou multa.

Revogado pelo art. 63 da Lei n. 9.605/98, que assim dispõe: "*alterar o aspecto ou estrutura de edificação ou local especialmente protegido por lei, ato administrativo ou decisão judicial, em razão de seu valor paisagístico, ecológico, turístico, artístico, histórico, cultural, religioso, arqueológico, etnográfico ou monumental, sem autorização da autoridade competente ou em desacordo com a concedida*". A pena é de reclusão, de um a três anos, e multa.

V

DA APROPRIAÇÃO INDÉBITA

■ 2.5. DA APROPRIAÇÃO INDÉBITA

Neste Capítulo estão previstos os crimes de apropriação indébita, apropriação indébita previdenciária, apropriação de coisa havida por erro, caso fortuito ou força da natureza, apropriação de tesouro e apropriação de coisa achada.

■ 2.5.1. Apropriação indébita

> **Art. 168.** Apropriar-se de coisa alheia móvel, de que tem a posse ou detenção:
> Pena — reclusão, de um a quatro anos, e multa.

■ *2.5.1.1. Objetividade jurídica*

O dispositivo tutela o patrimônio e eventualmente a posse. Conforme se nota pelo tipo penal, o possuidor ou detentor atual é o autor do crime. É possível, entretanto, que o bem, antes de ser entregue ao agente, esteja na legítima posse de outra pessoa, hipótese em que esta também será vítima. Ex.: mútuo pignoratício em que o credor está na posse de um relógio de ouro do devedor e, por precaução, o entrega a um amigo para que o guarde em um cofre, porém este último se apodera do bem. Em tal caso, tanto o devedor (dono do relógio) como o credor que perdeu a garantia (possuidor) foram atingidos pelo delito.

■ *2.5.1.2. Tipo objetivo*

A apropriação indébita é um crime normalmente marcado pela quebra de confiança (embora não seja requisito do delito), uma vez que a vítima espontaneamente entrega um bem ao agente e autoriza que ele deixe o local em seu poder, e este, depois de estar na posse ou detenção, inverte seu ânimo em relação ao objeto, passando a se comportar como dono. Em outras palavras, a vítima entrega a posse ou detenção transitórias ao agente, e ele não mais restitui o bem.

O Código Civil distingue possuidor e detentor. De acordo com o art. 1.196, possuidor é quem tem de fato o exercício, pleno ou não, de algum dos poderes inerentes à propriedade. Já o art. 1.198 considera detentor aquele que, achando-se em relação de dependência para com outro, conserva a posse em nome deste e em cumprimento de ordens ou instruções suas.

Apesar de na lei civil esses institutos terem consequências distintas, no âmbito penal, no que tange ao crime de apropriação indébita, a diferenciação não se mostra tão relevante, já que esse crime se mostra presente em qualquer das duas hipóteses.

Podemos elencar quatro requisitos para a configuração do crime de apropriação indébita: a) que a própria vítima entregue o bem ao agente de forma livre, espontânea e consciente; b) que a posse ou detenção recebidas sejam desvigiadas; c) que o agente esteja de boa-fé no momento da tradição; d) que o agente inverta o ânimo em relação ao objeto que já está em seu poder.

- **Entrega do bem pela vítima**

Existem vários delitos no Código Penal em que a própria vítima entrega o bem ao agente, tal como ocorre no estelionato, na apropriação de coisa havida por erro, na extorsão e, eventualmente, até no roubo. Em todos esses crimes, o tipo penal esclarece as circunstâncias em que deve ocorrer a entrega (mediante fraude no estelionato, em razão de erro espontâneo na apropriação de coisa havida por erro, em decorrência de violência ou grave ameaça na extorsão e no roubo). Como no tipo penal da apropriação indébita, todavia, não há esclarecimento expresso em torno da forma como se deve dar a entrega do bem ao agente, foi preciso analisar os demais tipos penais em que isso ocorre e, por exclusão, concluir que, na apropriação indébita, a entrega deve se dar de **forma livre**, **espontânea** e **consciente**.

A entrega deve ocorrer de forma **livre** e **espontânea**, porque a vítima não pode ter sido coagida a fazê-lo, pois, se o fosse, o crime seria o de roubo ou extorsão. A entrega deve se dar de modo **consciente**, porque a vítima não pode estar em erro, pois, se estiver, o crime será o de estelionato ou de apropriação de coisa havida por erro.

Em suma, na apropriação indébita a vítima entrega o bem porque quer, à pessoa certa e no montante correto. Não há medo de sua parte e nenhum tipo de engano. Por isso é que se diz que na apropriação indébita o agente recebe uma posse ou detenção lícita. Ao entrar na posse ou detenção ele não está cometendo nenhum crime, o que só ocorrerá posteriormente quando resolver tornar sua a coisa alheia.

- **Posse ou detenção desvigiadas**

É também por exclusão que se conclui que na apropriação indébita a posse ou detenção necessariamente devem ser desvigiadas, visto que, como já estudado, se forem vigiadas e o agente tiver que tirar o bem do local sem autorização, o crime será o de furto.

É importante ressaltar que, para se considerar desvigiada a posse, basta que a vítima entregue o bem ao agente e o autorize a deixar o local em seu poder. É o que ocorre, por exemplo, quando um amigo empresta o carro para outro fazer uma viagem. Embora a vítima saiba perfeitamente a quem emprestou o veículo, a posse é considerada desvigiada simplesmente porque quem emprestou o automóvel autorizou o outro a deixar o local em seu poder. Caso não haja restituição e se prove o dolo do agente, haverá crime de apropriação indébita.

▪ **Boa-fé do agente ao receber o bem**

Se o agente já recebe o bem de má-fé, isto é, com intenção de dele se locupletar, o crime é o de **estelionato**, que é mais grave. Por isso, novamente por exclusão, conclui-se que, na apropriação indébita, o agente recebe o bem de boa-fé, ou seja, com intenção de devolvê-lo à vítima ou dar-lhe a correta destinação de acordo com a orientação recebida (entregá-lo a terceiro, efetuar pagamento etc.) e, só posteriormente, resolve dele se locupletar.

Na **apropriação indébita o dolo é posterior** ao recebimento do bem, enquanto no estelionato esse dolo é necessariamente anterior, na medida em que o agente teve que empregar fraude para induzir ou manter a vítima em erro para que a entrega se concretizasse. Se um amigo pede emprestada uma motocicleta a outro, ciente de que não mais irá devolvê-la, a conduta de solicitar o empréstimo, que em geral nada tem de ilícita, deve ser interpretada como fraudulenta, configuradora de estelionato em razão do dolo antecedente. O pedido de empréstimo serviu somente para enganar a vítima. Se, entretanto, fica demonstrado que o amigo solicitou a moto de boa-fé e que só depois de já estar na posse do veículo é que resolveu não mais devolvê-la, responde por apropriação indébita.

Se, em um caso concreto, houver dúvida em torno da boa ou má-fé do agente no momento do recebimento do bem, deverá ele ser condenado por apropriação indébita. Primeiro, porque a boa-fé é presumida, ao passo que a má-fé deve ser provada e, na situação em análise, não existe tal prova. Segundo, porque a apropriação indébita tem pena um pouco menor — *in dubio pro reo*.

▪ **Inversão de ânimo**

É justamente no momento da inversão de ânimo que se configura o ilícito penal, pois desaparece a boa-fé por parte do agente e surge a má-fé, o dolo de se tornar dono daquilo de que é mero possuidor ou detentor.

A inversão de ânimo pode manifestar-se de duas formas:

1) Pela prática **de ato de disposição** que somente poderia ser efetuado pelo proprietário (venda, locação, doação etc.). Essa modalidade é chamada de **"apropriação propriamente dita"** (ou apropriação indébita própria).

Quando o agente vende a coisa alheia que está em seu poder dando prévio conhecimento ao comprador a respeito disso, este último incorre em crime de receptação.

Por sua vez, quando o possuidor mente ao comprador, dizendo que o objeto lhe pertence, o crime de apropriação indébita muito se assemelha ao crime de disposição de coisa alheia como própria (art. 171, § 2º, do CP), em que o agente "vende, permuta, dá em locação ou garantia coisa alheia como própria". A diferenciação é possível porque: a) na apropriação indébita a coisa necessariamente é móvel, enquanto no outro crime ela pode ser móvel ou imóvel; b) quando o objeto material for bem móvel, estará configurada a apropriação indébita se o agente tinha a prévia posse ou detenção do bem, e o delito de disposição de coisa alheia como própria se não as tinha. Assim, configura-se este último crime se a vítima vê um cavalo amarrado em uma árvore e supõe que o animal pertence a uma pessoa que está perto e a ela se dirige e faz uma proposta de compra. O agente, que não estava em poder do cavalo, percebe a possibilidade de locupletar-se ilicitamente e vende o animal, que é desamarrado e entregue ao comprador.

2) Pela **recusa** na devolução do bem à vítima ou de entrega ao destinatário a quem o bem fora direcionado. Essa figura de apropriação indébita é conhecida como **"negativa de restituição"** (ou apropriação indébita imprópria). Nessa forma do crime, o agente, em alguns casos, declara expressamente que não irá devolver o bem, contudo, isso não é imprescindível, pois é comum que o possuidor ou detentor desapareça com ele e não seja mais localizado, hipótese em que o dolo de se apropriar resta claro por seu comportamento e pelo tempo decorrido.

Existem, portanto, duas modalidades do crime em estudo: apropriação propriamente dita e negativa de restituição. Tal distinção tem por fundamento, basicamente, o fato de o agente ter se desfeito do bem no momento do crime ou ter permanecido com ele.

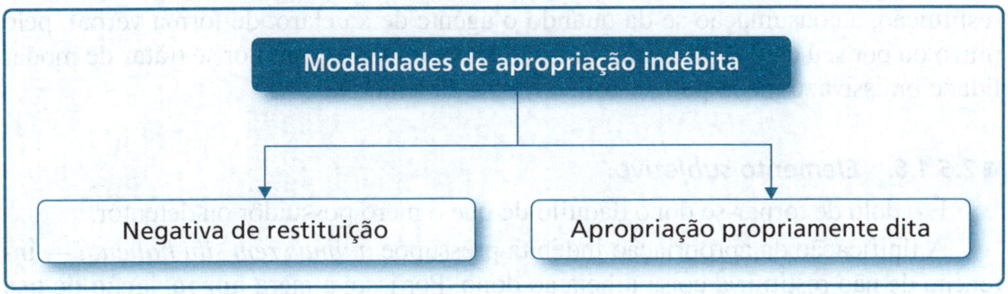

■ 2.5.1.3. *Sujeito ativo*

Pode ser qualquer pessoa que tenha a posse ou detenção lícita de uma coisa alheia. Entendemos, como a maioria da doutrina, que se trata de crime comum, pois o requisito de ter a posse ou detenção não é uma qualidade ou peculiaridade do sujeito, e sim uma relação jurídica transitória entre ele e a coisa. Rogério Greco,[175] contudo, entende tratar-se de crime próprio.

Como não existe figura similar à do furto de coisa comum (art. 156), o condômino, coerdeiro ou sócio que tenha a posse integral do bem pode cometer apropriação indébita, caso se trate de bem infungível, ou, se fungível, caso se apodere de montante superior ao de sua quota-parte.

175 Rogério Greco, *Curso de direito penal*. Parte especial, v. III, p. 203.

■ 2.5.1.4. Sujeito passivo

Quem sofre o prejuízo. Normalmente é o proprietário, mas também podem sê-lo o possuidor, o usufrutuário etc.

Ressalte-se que, atualmente, quem se apropria de bens, proventos, pensão ou outro rendimento de pessoa idosa, incorre no crime especial previsto no art. 102 do Estatuto do Idoso (Lei n. 10.741/2003). Caso a vítima seja portadora de deficiência, o crime será o do art. 89 da Lei n. 13.146/2015 (Estatuto da Pessoa com Deficiência). Esses crimes, por serem especiais, impedem a tipificação do crime de apropriação indébita do art. 168 do Código Penal.

■ 2.5.1.5. Consumação e tentativa

Embora se diga, genericamente, que a apropriação indébita consuma-se no momento da inversão do ânimo, esse instante é extremamente inexato por se tratar de aspecto puramente subjetivo. É possível que uma pessoa que esteja na posse de um bem alheio conclua que não irá devolvê-lo e, alguns segundos depois, mude de ideia, sem que ninguém tenha ficado sabendo disso. Não há como falar em crime seguido de arrependimento posterior nesse caso. Assim, na prática pode-se dizer que o delito consuma-se no momento em que o agente, de alguma maneira, exterioriza, dá sinais inequívocos de que passou a se comportar como dono. Na apropriação propriamente dita, isso ocorre com a prática do ato de disposição. Como se trata de uma ação, a tentativa é possível quando, por exemplo, a venda não se concretiza. Na negativa de restituição, a consumação se dá quando o agente deixa claro, de forma verbal, pelo prazo ou por seu comportamento, que não irá devolver o bem. Por se tratar de modalidade omissiva, é incompatível com a figura da tentativa.

■ 2.5.1.6. Elemento subjetivo

É o dolo de tornar-se dono daquilo de que é mero possuidor ou detentor.

A tipificação da apropriação indébita pressupõe *animus rem sibi habendi* — intenção de não restituir a coisa alheia ao dono. Por isso, a mera **apropriação de uso não constitui crime**. Ocorre apropriação indébita de uso quando alguém tem a posse ou detenção da coisa alheia, mas não está autorizado a dela fazer uso, porém o faz, mas imediatamente a restitui em sua integralidade. O fato é considerado **atípico** pela ausência do dolo característico do crime de apropriação indébita. É o que se verifica, por exemplo, quando o dono de uma oficina mecânica usa o carro de um cliente que estava em seu poder para consertos, mas, quando o proprietário vai buscar o automóvel no dia seguinte, entrega-o em perfeito estado e com a mesma quantidade de combustível. Existe, nesse caso, mero ilícito civil.

O esquecimento na devolução da coisa alheia não constitui crime por falta de dolo.

■ 2.5.1.7. Objeto material

Apenas as coisas móveis podem ser objeto do crime. A apropriação de imóvel não caracteriza o delito em estudo, mas, dependendo da forma como perpetrada, pode constituir esbulho possessório (art. 161, § 1º, II, do CP).

Também não pode ser objeto do crime a mão de obra contratada e não paga, posto que não constitui uma "coisa", um objeto.

■ 2.5.1.8. Questões relevantes

- **Transporte de cofre trancado**

Se alguém recebe um cofre trancado com a incumbência de transportá-lo e, no trajeto, arromba-o para se apoderar dos valores nele contidos, comete crime de furto qualificado em razão do rompimento de obstáculo. Não se pode falar em apropriação indébita, pois, nos dizeres de Nélson Hungria,[176] a posse do continente (cofre) entregue cerrado (trancado, fechado) não implica posse ou detenção do conteúdo (valores existentes em seu interior). Assim, se o agente não tinha posse ou detenção dos valores, não se pode cogitar de crime de apropriação indébita.

- **Arrependimento posterior**

Ocorre quando o agente, após ter cometido o crime, normalmente ao ser descoberto, restitui o bem ou repara o prejuízo da vítima. Nesses casos, o art. 16 do Código Penal prevê como consequência a redução da pena de um a dois terços.

- **Prestação de contas**

A prestação de contas e eventual interpelação judicial não condicionam a existência do crime, exceto em determinados casos concretos, como, por exemplo, na gestão de negócios, na compensação de créditos etc.

Nesse sentido: "Habeas corpus — *A jurisprudência desta Corte (a título exemplificativo, no RHC 53.713 e no RHC 68.132) é no sentido de que, em se tratando de apropriação indébita, não é necessária a prévia prestação de contas, a não ser em casos excepcionais, o que não ocorre na hipótese. Também é pacífico que, depois de consumado o crime, o pagamento não é causa da extinção da punibilidade por falta de previsão legal*" (STF — HC 74.965/RS — 1ª Turma — Rel. Min. Moreira Alves — *DJU* 1º-8-1997).

- **Direito de retenção**

Não há crime quando o agente tem direito de retenção do objeto, como em certas hipóteses dos contratos de depósito e mandato (arts. 644 e 681 do Código Civil), pois, nesses casos, a pessoa está no exercício regular de um direito, que exclui a ilicitude do fato.

- **Apropriação de coisa alheia fungível**

Em regra é perfeitamente possível a apropriação de coisa fungível. Ex.: dinheiro. Contudo, como o bem fungível pode ser reposto imediatamente por outro da

[176] Nélson Hungria, *Comentários ao Código Penal*, v. VII, p. 132.

mesma espécie, qualidade e quantidade, a verificação do crime pressupõe prova da intenção de não efetuar tal reposição imediata. Assim, se o patrão entrega duas notas de cinquenta reais ao empregado para que ele efetue um pagamento no banco e este resolve locupletar-se dos valores e retornar ao trabalho mentindo que foi roubado, existe o crime. No entanto, se, no trajeto do trabalho até o banco, o empregado vê uma camisa de seu time do coração e gasta o dinheiro que estava em seu poder, não se pode concluir, de plano, que tenha cometido o crime, posto que ele pode ir até o banco, onde também tem conta corrente, sacar o dinheiro e efetuar o pagamento que o patrão havia determinado. É preciso, portanto, verificar o desdobramento fático.

Saliente-se, por outro lado, que, nos casos em que a posse da coisa fungível decorre de contrato de **mútuo** ou de **depósito**, não pode haver apropriação indébita, porque os arts. 587 e 645 do Código Civil estabelecem que nesses contratos ocorre a imediata transferência da propriedade no instante da tradição (entrega). Dessa forma, o sujeito já recebe o bem na condição de dono, situação incompatível com a do delito de apropriação indébita, que exige o recebimento de coisa "alheia" e a posterior inversão de ânimo sobre ela.

■ 2.5.1.9. *Causas de aumento de pena*

> **Art. 168, § 1º —** A pena é aumentada de um terço, quando o agente recebeu a coisa:
> I — em depósito necessário.

O conceito de depósito necessário é encontrado no art. 647 do Código Civil, que assim dispõe: "*É depósito necessário: I — o que se faz em desempenho de obrigação legal; II — o que se efetuar por ocasião de alguma calamidade, como o incêndio, a inundação, o naufrágio ou o saque*".

A primeira modalidade é chamada de depósito necessário **legal**. Existe, contudo, consenso na doutrina no sentido de que, em tal caso, o agente sempre recebe o bem no desempenho de função pública e, caso dele se aproprie, comete crime de peculato (art. 312, *caput*). Assim, a figura agravada do crime de apropriação indébita decorrente de depósito necessário estaria restrita ao chamado depósito **miserável** (art. 674, inc. II), em que uma pessoa recebe a posse ou a detenção de coisas alheias para evitar que elas pereçam porque o dono não tem onde guardá-las em razão de um incêndio ou inundação etc. Em tal caso, a apropriação dos bens se reveste de especial gravidade em face da condição da vítima.

Existe, ainda, a figura do depósito necessário **por equiparação**, descrito no art. 649 do Código Civil, que se refere às bagagens dos viajantes ou hóspedes nas hospedarias onde estiverem. É evidente que só haverá apropriação indébita se houver posse ou detenção por parte do sujeito ativo, ou seja, nas situações em que as bagagens estejam sob a responsabilidade dos funcionários do hotel, pois, quando estão no quarto e alguém entra e subtrai os valores, que não estão em sua posse ou detenção, o crime é o de furto.

Para alguns autores, como Julio Fabbrini Mirabete,[177] no caso da equiparação do art. 649, por se tratar de hipótese de depósito necessário, em que o agente não é funcionário público, configura-se apropriação indébita agravada neste inc. I do art. 168, § 1º. Damásio de Jesus[178] e Nélson Hungria,[179] por outro lado, entendem que se trata de equiparação para fins civis, mas que, em verdade, não se trata de depósito efetivamente necessário, razão pela qual o correto seria considerar o crime de apropriação indébita agravado na figura do inc. III, porque o funcionário do hotel recebeu o bem em razão de seu **emprego**.

Art. 168, § 1º — A pena é aumentada de um terço, quando o agente recebeu a coisa:
II — na qualidade de tutor, curador, síndico, liquidatário, inventariante, testamenteiro ou depositário judicial.

Tutor é a pessoa nomeada judicialmente a quem compete cuidar de menor de idade e administrar seus bens, caso seus pais tenham falecido, sido declarados ausentes ou destituídos do poder familiar (se não colocado em família substituta).

Curador é a pessoa nomeada judicialmente para administrar os bens de pessoas que, por causa transitória ou permanente, não podem exprimir sua vontade, dependentes de álcool ou drogas ou pródigas.

A figura do **liquidatário** foi abolida de nossa legislação pela Lei de Falências. A figura do **síndico**, por sua vez, foi substituída na atual Lei de Falências (Lei n. 11.101/2005), pela do **administrador judicial**, a quem incumbe, dentre inúmeras outras funções, administrar os bens da massa falida. Acontece que, caso ele se aproprie de um desses bens, cometerá, atualmente, crime previsto no art. 173 da Lei Falimentar.

Inventariante é a pessoa a quem compete a administração da herança, desde a assinatura do compromisso até a homologação da partilha, nos termos do art. 1.991 do Código Civil.

Testamenteiro é quem tem a incumbência de cumprir as disposições de última vontade contidas em testamento.

Depositário judicial, nos termos do art. 159 do Novo Código de Processo Civil, é a pessoa nomeada pelo juiz para a guarda e conservação de bens penhorados, arrestados, sequestrados ou arrecadados por ordem do juízo. Caso seja particular, responderá por apropriação indébita com a pena aumentada. Caso, porém, seja funcionário público, responderá por peculato.

---

177 Julio Fabbrini Mirabete, *Manual de direito penal,* v. 2, p. 288.

178 Damásio de Jesus, *Direito penal,* v. 2, p. 421.

179 Nélson Hungria, *Comentários ao Código Penal,* v. VII, p. 148.

Art. 168, § 1º — A pena é aumentada de um terço, quando o agente recebeu a coisa:
III — em razão de ofício, emprego ou profissão.

Emprego é a prestação de serviço com subordinação e dependência, que podem ou não existir no ofício ou profissão. O caixa de estabelecimento bancário ou farmácia, o vendedor de loja, o *office boy* são todos empregados da empresa ou do escritório em que trabalham. Tendo o agente recebido a posse ou detenção em razão do emprego, a majorante deverá ser reconhecida, quer o dono do bem seja o próprio empregador, quer seja cliente ou fornecedor deste.

Ofício é a ocupação manual ou mecânica que supõe certo grau de habilidade e que é útil e necessária à sociedade (jardineiro, pintor, pedreiro, mecânico, costureiro, relojoeiro etc.).

A **profissão** caracteriza-se pela inexistência de qualquer vinculação hierárquica e pelo exercício predominantemente técnico e intelectual (arquiteto, agrônomo, veterinário, médico etc.). Comete o crime em análise o advogado que, tendo procuração da parte vencedora da ação civil, levanta os valores depositados em juízo e não os entrega ao cliente. É comum, nesses casos, que o advogado passe a mentir para quem contratou seus serviços, dizendo que a justiça é demorada, escondendo dele, portanto, que a ação já foi julgada.

■ *2.5.1.10. Classificação doutrinária*

CLASSIFICAÇÃO DOUTRINÁRIA				
■ Crime simples e de dano quanto à objetividade jurídica	■ Crime comum e de concurso eventual quanto ao sujeito ativo	■ Crime de ação livre e comissivo ou omissivo quanto aos meios de execução	■ Crime material e instantâneo quanto ao momento consumativo	■ Crime doloso quanto ao elemento subjetivo

■ *2.5.1.11. Suspensão condicional do processo*

Na modalidade simples de apropriação indébita, em que a pena mínima é de um ano, o benefício é cabível, desde que o réu preencha os requisitos da Lei n. 9.099/95. Em se tratando, contudo, de hipótese em que esteja presente qualquer das causas de aumento do § 1º, a suspensão não se mostra cabível porque a pena mínima é de um ano e quatro meses (um ano acrescido de um terço).

■ *2.5.1.12. Ação penal*

É pública incondicionada.

■ 2.5.2. Apropriação indébita previdenciária

A Lei n. 9.983/2000 inseriu no art. 168-A do Código Penal o crime de apropriação indébita previdenciária, punindo com reclusão, de dois a cinco anos, e multa quem "*deixar de repassar à previdência social as contribuições recolhidas dos contribuintes, no prazo e forma legal ou convencional*".

O dispositivo visa tutelar as fontes de custeio da previdência social e, por consequência, os benefícios a que fazem jus os cidadãos garantidos pelo sistema da seguridade social.

O objeto material do crime é a contribuição social que já foi recolhida, mas não foi repassada ao sistema previdenciário dentro do prazo legal ou convencional (ex.: prazo estipulado entre bancos ou agências lotéricas para o repasse ao INSS).

Trata-se de crime doloso.

O sujeito ativo é a pessoa responsável por repassar a contribuição recolhida ao sistema previdenciário. Segundo Damásio de Jesus[180] "as contribuições, muitas vezes, são recolhidas em instituições bancárias, que, por convênios ('convenções') celebrados com o INSS, dispõem de prazo para repassarem os valores à Previdência Social. Portanto, poderão também figurar como sujeitos ativos". O autor refere-se, obviamente, aos funcionários da instituição bancária que deixam de efetuar o repasse.

Sujeito passivo é o Estado, representado pelo Instituto Nacional do Seguro Social (INSS).

Diverge a doutrina em torno da classificação do delito quanto ao momento consumativo. Cezar Roberto Bitencourt[181] sustenta que se trata de crime material. Celso Delmanto[182] alega tratar-se de delito formal, enquanto Rogério Greco[183] defende tratar-se de crime de mera conduta. Entendemos tratar-se de crime material, pois há efetivo prejuízo à previdência pela falta do repasse. Este, aliás, o entendimento do Supremo Tribunal Federal: "*A apropriação indébita disciplinada no artigo 168-A do Código Penal consubstancia crime omissivo material e não simplesmente formal. Inquérito — Sonegação fiscal — Processo administrativo. Estando em curso processo administrativo mediante o qual questionada a exigibilidade do tributo, ficam afastadas a persecução criminal e — ante o princípio da não contradição, o princípio da razão suficiente — a manutenção de inquérito, ainda que sobrestado*" (Inq 2.537 AgR — Rel. Min. Marco Aurélio — Tribunal Pleno — julgado em 10-3-2008, *DJe*-107 divulg. 12-6-2008, public. 13-6-2008).

Para a configuração do delito basta o dolo genérico, não sendo necessária a específica intenção de se locupletar (*animus rem sibi havendi*). Nesse sentido: "*Em crimes de sonegação fiscal e de apropriação indébita de contribuição previdenciária, este Superior Tribunal de Justiça pacificou a orientação no sentido de que sua comprovação prescinde de dolo específico sendo suficiente, para a sua caracterização, a presença do dolo genérico consistente na omissão voluntária do recolhimento, no prazo legal, dos valores devidos*

[180] Damásio de Jesus, *Direito penal*, v. 2, p. 426.
[181] Cezar Roberto Bitencourt, *Tratado de direito penal*, v. 3, p. 257.
[182] Celso Delmanto, *Código Penal comentado*, p. 386.
[183] Rogério Greco, *Curso de direito penal*, v. 3, p. 219.

(AgRg no AREsp 493.584/SP — Rel. Min. Reynaldo Soares da Fonseca — 5ª Turma — julgado em 02.06.2016 — DJe *08.06.2016)*" (STJ — AgRg no REsp 1.477.691/DF — Rel. Min. Nefi Cordeiro — 6ª Turma — julgado em 11-10-2016 — *DJe* 28-10-2016); "*O delito de apropriação indébita previdenciária constitui crime omissivo próprio, que se perfaz com a mera omissão de recolhimento da contribuição previdenciária dentro do prazo e das formas legais, prescindindo, portanto, do dolo específico*" (STJ — AgRg no AREsp 899.927/SP — Rel. Min. Sebastião dos Reis Júnior — 6ª Turma — julgado em 2-6-2016 — *DJe* 16-6-2016). Há inúmeros outros julgados do Superior Tribunal de Justiça no mesmo sentido. Do Supremo Tribunal Federal podemos apontar o seguinte julgado: "*A jurisprudência da Egrégia 2ª Turma deste Supremo Tribunal Federal é firme no sentido de que para a configuração do crime de apropriação indébita previdenciária basta a demonstração do dolo genérico*" (HC 98.272 — Rel. Min. Ellen Gracie — 2ª Turma — julgado em 29-9-2009 — *DJe*-195, divulg. 15-10-2009, public. 16-10-2009, ement vol-02378-03, p. 487, *LEXSTF* v. 31, n. 370, 2009, p. 464-472, *LEXSTF* v. 31, n. 371, 2009, p. 435-443).

Em relação aos crimes de natureza fiscal ou equiparados, os tribunais superiores firmaram entendimento de que a ação penal só pode ser ajuizada após o esgotamento da via administrativa, ou seja, somente após o **lançamento definitivo** é que a denúncia pode ser oferecida. Acrescente-se, ainda, que, antes disso o lapso prescricional não tem início. Nesse sentido: "*Na linha da jurisprudência deste Tribunal Superior, o crime de apropriação indébita previdenciária, previsto no art. 168-A, ostenta natureza de delito material. Portanto, o momento consumativo do delito em tela corresponde à data da constituição definitiva do crédito tributário, com o exaurimento da via administrativa (ut, (RHC 36.704/SC — Rel. Min. Felix Fischer — 5ª Turma —* DJe *26.02.2016)*" (STJ — AgRg no REsp 1.644.719/SP — Rel. Min. Reynaldo Soares da Fonseca — 5ª Turma — julgado em 23-5-2017 — *DJe* 31-5-2017); "*1. Nos termos dos precedentes da Corte, os crimes de apropriação indébita previdenciária e sonegação de contribuição previdenciária são delitos materiais, exigindo portanto a constituição definitiva do débito tributário perante o âmbito administrativo para configurar-se como conduta típica*" (STJ — RHC 44.669/RS — Rel. Min. Nefi Cordeiro — 6ª Turma — julgado em 5-4-2016 — *DJe* 18-4-2016).

O Supremo Tribunal Federal entende que a punição pelo delito em questão não se equipara a uma forma de prisão civil por dívida e, por isso, declarou a constitucionalidade do dispositivo: "*O acórdão recorrido afina com a jurisprudência desta nossa Corte de que não existe nenhuma relação entre o crime de apropriação indébita previdenciária e a prisão civil por dívida. Precedentes: HC 91.704, sob a relatoria do ministro Joaquim Barbosa; AI 366.390-AgR, sob a relatoria do ministro Nelson Jobim; AI 675.619-AgR, sob a relatoria da ministra Cármen Lúcia; e RE 391.996-AgR, sob a relatoria da ministra Ellen Gracie*" (AI 800.589 AgR — Rel. Min. Ayres Britto — 2ª Turma — julgado em 26-10-2010, *DJe*-029, divulg. 11-2-2011, public. 14-2-2011, ement vol-02463-01, p. 288, *LEXSTF* v. 33, n. 387, 2011, p. 220-224).

É comum que o responsável pelo repasse da contribuição se omita em fazê-lo de forma reiterada, o que, de acordo com o Superior Tribunal de Justiça, configura continuidade delitiva: "*1. Em razão da natureza jurídica da apropriação indébita previ-*

denciária, crime omissivo próprio, instantâneo e unissubsistente, a falta do regular recolhimento da contribuição, implica no reconhecimento da continuidade delitiva" (AgRg no REsp 1.315.984/SP — Rel. Min. Jorge Mussi — 5ª Turma — julgado em 16-2-2016 — *DJe* 23-2-2016).

O Superior Tribunal de Justiça entende ser possível o reconhecimento da continuidade delitiva entre os crimes de apropriação indébita previdenciária e de sonegação previdenciária (art. 337-A): "*1. É possível o reconhecimento de crime continuado em relação aos delitos tipificados nos artigos 168-A e 337-A do Código Penal, porque se assemelham quanto aos elementos objetivos e subjetivos e ofendem o mesmo bem jurídico tutelado, qual seja, a arrecadação previdenciária. 2. A prática de crimes de apropriação indébita previdenciária em que o agente estiver à frente de empresas distintas, mas pertencentes ao mesmo grupo empresarial, não afasta o reconhecimento da continuidade delitiva*" (STJ — REsp 859.050/RS — Rel. Min. Rogerio Schietti Cruz — 6ª Turma — julgado em 3-12-2013 — *DJe* 13-12-2013).

- **Figuras equiparadas**

Estabelece o art. 168-A, em seu § 1º, três figuras equiparadas, dispondo que "*nas mesmas penas incorre quem deixar de:*

> *I — recolher, no prazo legal, contribuição ou outra importância destinada à previdência social que tenha sido descontada de pagamento efetuado a segurados, a terceiros ou arrecadada do público;*
>
> *II — recolher contribuições devidas à previdência social que tenham integrado despesas contábeis ou custos relativos à venda de produtos ou à prestação de serviços;*
>
> *III — pagar benefício devido a segurado, quando as respectivas cotas ou valores já tiverem sido reembolsados à empresa pela previdência social*".

Na figura do inc. I, o sujeito desconta de segurado (empregado, empregado doméstico, empresário ou trabalhador autônomo que presta serviços eventuais a empresas etc.) qualquer valor destinado à previdência e não o recolhe. O sujeito ativo dos crimes do § 1º, I, é o empresário individual, o administrador da empresa, o empregador etc.

A hipótese do inc. II tem incidência quando no preço final do produto ou do serviço está embutido o valor das contribuições devidas e estas não são recolhidas para o INSS após contabilizadas.

Por fim, na hipótese do inc. III, a empresa deve ter sido reembolsada pela Previdência Social e não ter pago o benefício ao segurado no prazo. É o que ocorre, por exemplo, com o salário-família reembolsado à empresa pela Previdência Social. Se o empregador já foi reembolsado pela previdência e não o repassou ao segurado, responde pela apropriação de tal valor.

- **Extinção da punibilidade**

Existem algumas hipóteses expressamente previstas em lei que geram a extinção da punibilidade do agente:

a) se ele, espontaneamente, declara e confessa as contribuições, importâncias ou valores e presta as informações devidas à Previdência Social, na forma definida em lei ou regulamento, **antes do início da ação fiscal** (art. 168-A, § 2º). A ação fiscal se inicia com a notificação pessoal do contribuinte a respeito de sua instauração;

b) se a pessoa jurídica relacionada com o agente efetuar o pagamento integral dos débitos, inclusive acessórios (art. 9º, § 2º, da Lei n. 10.684/2003[184]), em qualquer momento da persecução penal. Saliente-se, outrossim, que o art. 9º desta Lei e seu § 1º estabelecem a suspensão da pretensão punitiva estatal e da prescrição, se a empresa obtiver o parcelamento dos valores devidos, desde que o pedido de parcelamento tenha sido formalizado antes do recebimento da denúncia criminal (art. 83, § 2º, da Lei n. 9.430/96, com a redação dada pela Lei n. 12.382/2011). Para fatos ocorridos antes desta última lei, os tribunais reconhecem a possibilidade de suspensão da pretensão punitiva estatal se o parcelamento tiver sido obtido antes do trânsito em julgado da sentença condenatória.

Em suma, após o advento da Lei n. 12.382/2011, se o agente obtiver o parcelamento antes do recebimento da denúncia, suspendem-se a prescrição e a pretensão punitiva e, em caso de pagamento, extingue-se a punibilidade. Após o início da ação penal, o parcelamento não mais poderá ser obtido, porém, de acordo o entendimento dominante, se o devedor efetuar o pagamento em qualquer fase da persecução, restará também extinta a punibilidade.

Entendemos que o pagamento dos valores devidos após a condenação definitiva não gera a extinção da punibilidade, já que o mencionado art. 9º menciona expressamente a pretensão punitiva, e não a extinção da pretensão executória. A propósito: "*A quitação do débito decorrente de apropriação indébita previdenciária enseja a extinção da punibilidade (art. 9º, § 2º, da Lei n. 10.684/03), desde que realizada antes do trânsito em julgado da sentença condenatória*" (STJ — HC 90.308/SP — Rel. Min. Nefi Cordeiro — 6ª Turma — julgado em 2-6-2015 — *DJe* 12-6-2015); "*Apropriação indébita previdenciária. Quitação integral do débito. Sentença transitada em julgado. Extinção da punibilidade. Art. 9º, da Lei n. 10.684/03. Impossibilidade. O art. 9º da Lei n. 10.684/03 trata da extinção da punibilidade pelo pagamento da dívida previdenciária, antes do trânsito em julgado da condenação, uma vez que faz menção expressa à pretensão punitiva do Estado. Não há que se falar em extinção da punibilidade pelo pagamento, quando se trata de pretensão executória, que é o caso dos autos*" (STJ — HC 302.059/SP — Rel. Min. Maria Thereza de Assis Moura — 6ª Turma — julgado em 3-2-2015, *DJe* 11-2-2015). No mesmo sentido: (STJ — RHC 29.576/ES — Rel. Min. Marco Aurélio Bellizze — 5ª Turma — julgado em

[184] Existe regra semelhante nos arts. 68 e 69 da Lei n. 11.941/2009.

19-11-2013, *DJe* 26-2-2014). Há, porém, julgados nas cortes superiores admitindo a extinção da punibilidade pelo pagamento mesmo após o trânsito em julgado da sentença condenatória. Nesse sentido: "*Com o advento da Lei n. 10.684/2003, no exercício da sua função constitucional e de acordo com a política criminal adotada, o legislador ordinário optou por retirar do ordenamento jurídico o marco temporal previsto para o adimplemento do débito tributário redundar na extinção da punibilidade do agente sonegador, nos termos do seu artigo 9º, § 2º, sendo vedado ao Poder Judiciário estabelecer tal limite. 2. Não há como se interpretar o referido dispositivo legal de outro modo, senão considerando que o pagamento do tributo, a qualquer tempo, até mesmo após o advento do trânsito em julgado da sentença penal condenatória, é causa de extinção da punibilidade do acusado*" (STJ — HC 362.478/SP, Rel. Min. Jorge Mussi, 5ª Turma, julgado em 14-9-2017, *DJe* 20-9-2017).

- **Perdão judicial e privilégio**

Estabelece, por fim, o § 3º, que o juiz pode deixar de aplicar a pena (perdão judicial) ou aplicar somente a de multa (figura privilegiada) se o agente for primário e de bons antecedentes, desde que:

> I — tenha promovido, após o início da ação fiscal e antes de oferecida a denúncia, o pagamento da contribuição social previdenciária, inclusive acessórios; ou
>
> II — o valor das contribuições devidas, inclusive acessórios, seja igual ou inferior àquele estabelecido pela Previdência Social, administrativamente, como o mínimo para o ajuizamento de suas execuções fiscais.
>
> § 4º A faculdade prevista no § 3º deste artigo não se aplica aos casos de parcelamento de contribuições cujo valor, inclusive dos acessórios, seja superior àquele estabelecido, administrativamente, como sendo o mínimo para o ajuizamento de suas execuções fiscais.

A regra do inc. I perdeu o sentido na medida em que, conforme já estudado, o pagamento dos valores devidos em qualquer fase da persecução gera a extinção da punibilidade nos termos do art. 9º, § 2º, da Lei n. 10.684/2003 e do art. 69 da Lei n. 11.941/2009.

Já em relação ao inc. II existem duas correntes. A primeira entende que continua a ser aplicável por haver incompatibilidade entre o princípio da insignificância e o bem jurídico tutelado no delito de apropriação indébita previdenciária. Para tal corrente, portanto, se os valores forem inferiores ao mínimo fixado administrativamente para o ajuizamento das execuções fiscais, o juiz somente poderá conceder o perdão judicial ou aplicar pena exclusiva de multa. A propósito: "*O art. 168-A, em seu § 3º, inc. II, do Código Penal, evidencia que é inaplicável o princípio da insignificância para o crime em questão, uma vez que expressamente prevê a possibilidade do Perdão Judicial para os valores das contribuições devidas, inclusive acessórios, quando o valor devi-*

do seja igual ou inferior àquele estabelecido pela previdência social, administrativamente, como sendo o mínimo para o ajuizamento de suas execuções fiscais. Atualmente, a Portaria n. 4.943, do Ministério da Previdência e Assistência Social, dispõe, em seu art. 4º (redação dada pela Portaria n. 296/MPS de 08 de agosto de 2007), que a Dívida Ativa do INSS de valor até R$ 10.000,00 (dez mil reais) considerada no CNPJ não será ajuizada, exceto se existirem outras dívidas em face do mesmo devedor, hipótese em que serão agrupadas para o fim de ajuizamento" (TRF 3ª Região — 2ª Turma — AP. 1999.08.99.093000 — Rel. Cotrim Guimarães — *DJU* 9-6-1990).

No Supremo Tribunal Federal existem inúmeros julgados negando a possibilidade de aplicação do princípio da insignificância ao delito em estudo. Veja-se: "*... o bem jurídico tutelado pelo delito de apropriação indébita previdenciária é a 'subsistência financeira à Previdência Social', conforme assentado por esta Corte no julgamento do HC 76.978/RS, rel. Min. Maurício Corrêa ou, como leciona Luiz Regis Prado, 'o patrimônio da seguridade social e, reflexamente, as prestações públicas no âmbito social' (Comentários ao Código Penal, 4. ed. São Paulo: RT, 2007, p. 606). 4. Consectariamente, não há como afirmar-se que a reprovabilidade da conduta atribuída ao paciente é de grau reduzido, porquanto narra a denúncia que este teria descontado contribuições dos empregados e não repassado os valores aos cofres do INSS, em prejuízo à arrecadação já deficitária da Previdência Social, configurando nítida lesão a bem jurídico supraindividual. O reconhecimento da atipicidade material* in casu *implicaria ignorar esse preocupante quadro. Precedente: HC 98021/SC, rel. Min. Ricardo Lewandowski, 1ª Turma, DJ de 13/8/2010. 5. Parecer do MPF pela denegação da ordem. 6. Ordem denegada*" (HC 102.550 — Rel. Min. Luiz Fux — 1ª Turma — julgado em 20-9-2011, *DJe*-212 public. 8-11-2011, p. 41). No mesmo sentido, vejam-se: HC 107.331 — Rel. Min. Gilmar Mendes — 2ª Turma — julgado em 28-5-2013, *DJe*-110 public. 12-6-2013; HC 110.124 — Rel. Min. Cármen Lúcia — 1ª Turma — julgado em 14-2-2012, *DJe*-055 public. 16-3-2012; HC 107.041 — Rel. Min. Dias Toffoli — 1ª Turma — julgado em 13-9-2011, *DJe*-193 public. 7-10-2011; HC 98.021 — Rel. Min. Ricardo Lewandowski — 1ª Turma, julgado em 22-6-2010, *DJe*-149 divulg. 12-8-2010, public. 13-8-2010, ement vol-02410-03, p. 516, *RMDPPP* v. 7, n. 37, 2010, p. 99-105, *LEXSTF* v. 32, n. 381, 2010, p. 425-433, *RT* v. 100, n. 904, 2011, p. 516-520.

O Superior Tribunal de Justiça também não admite a aplicação do princípio da insignificância a este delito: "*Consoante entendimento firmado pela Terceira Seção desta Corte, não é possível a aplicação do princípio da insignificância ao crime de apropriação indébita previdenciária, independentemente do valor apropriado, dado o elevado grau de reprovabilidade da conduta do agente que atenta contra a subsistência da Previdência Social. Precedentes desta Corte e do Supremo Tribunal Federal. 2. Agravo regimental não provido*" (STJ — AgRg no REsp 1862853/MG, Rel. Min. Rogerio Schietti Cruz, 6ª Turma, julgado em 27-10-2020, *DJe* 12-11-2020); "*Am-*

bas as Turmas que compõem o Supremo Tribunal Federal entendem ser inaplicável o princípio da insignificância aos crimes de sonegação de contribuição previdenciária e apropriação indébita previdenciária, tendo em vista a elevada reprovabilidade dessas condutas, que atentam contra bem jurídico de caráter supraindividual e contribuem para agravar o quadro deficitário da Previdência Social. 2. A Terceira Seção desta Corte Superior concluiu que não é possível a aplicação do princípio da insignificância aos crimes de apropriação indébita previdenciária e de sonegação de contribuição previdenciária, independentemente do valor do ilícito, pois esses tipos penais protegem a própria subsistência da Previdência Social, de modo que é elevado o grau de reprovabilidade da conduta do agente que atenta contra este bem jurídico supraindividual. 3. Agravo regimental desprovido" (STJ — AgRg no REsp 1783334/PB, Rel. Min. Laurita Vaz, 6ª Turma, julgado em 07-11-2019, *DJe* 2-12-2019).

2.5.3. Apropriação de coisa havida por erro, caso fortuito ou força da natureza

> **Art. 169, *caput*** — Apropriar-se alguém de coisa alheia vinda a seu poder por erro, caso fortuito ou força da natureza:
> Pena — detenção, de um mês a um ano, ou multa.

2.5.3.1. Objetividade jurídica

O dispositivo tutela a propriedade.

2.5.3.2. Tipo objetivo

No art. 169, *caput*, do Código Penal, existem duas figuras criminais distintas, que devem ser estudadas em separado: 1) apropriação de coisa havida por erro; b) apropriação de coisa havida por caso fortuito ou força da natureza.

2.5.3.2.1. Apropriação de coisa havida por erro

Tal como ocorre na apropriação indébita, nesse crime também é a vítima quem, espontaneamente, entrega o bem ao agente. A diferença entre os dois delitos reside no fato de que, na apropriação indébita, a vítima entrega o bem sem estar em erro, enquanto no delito em estudo é necessário que a vítima, por algum motivo, esteja em situação de erro, ou seja, com uma incorreta percepção da realidade, que, no caso concreto, é a causa determinante da entrega.

O erro da vítima pode se referir:

a) À **pessoa** destinatária do bem, ou seja, o objeto deveria ser entregue a uma pessoa, e a vítima, por engano, entrega a outra. É o que ocorre, por exemplo, quando alguém compra um presente em certa loja e pede para que este seja entregue no endereço do aniversariante, mas o funcionário da loja se engana e faz a entrega em endereço errado, para outra pessoa. Inúmeros casos já aconteceram em que, por erro de digitação da própria vítima ou do caixa do banco, acabou ocorrendo depósito de dinheiro na conta corrente de pessoa diversa da que se pretendia, e o titular dessa conta, ao perceber a existência de valores que não lhe pertenciam, efetuou imediatamente o saque, cometendo, assim, o delito em estudo.

b) À **coisa** entregue. É o que se verifica quando uma pessoa compra um bem de menor valor e, por erro, os funcionários da loja colocam no pacote objeto muito mais valioso e o agente, ao abri-lo em casa, resolve não o devolver.

c) À **existência da obrigação** ou parte dela. Ocorre quando a pessoa se engana, achando que deve entregar um bem ou valor a terceiro, quando isso não é necessário. É o que acontece, por exemplo, quando o marido já pagou os valores que devia, por ter comprado fiado em uma padaria durante um mês, e o funcionário que recebeu o dinheiro deu a entrada no caixa, mas não comentou com o patrão. Posteriormente, a esposa, sem saber que a dívida já estava quitada, vai até o estabelecimento e efetua novamente pagamento, agora ao dono. Este, depois de receber o dinheiro, quando vai dar entrada no caixa, percebe a anotação feita pelo funcionário de que a dívida já havia sido paga, porém resolve ficar com o dinheiro.

É **extremamente importante** salientar que o crime de apropriação de coisa havida por erro tem como requisito fundamental que o agente receba o bem de boa-fé, ou seja, que só perceba o equívoco da vítima quando já esteja na posse ou detenção do bem e que, apenas nesse instante, resolva apoderar-se dele, não o restituindo a quem de direito. Essa conclusão é inevitável, na medida em que, se o agente, antes de receber o bem (ainda que poucos segundos antes da tradição), percebe que está havendo um engano e que a vítima está prestes a lhe entregar algo por erro, mas, maliciosamente, mantém-se em silêncio para que a entrega se concretize, o crime é o de estelionato. Com efeito, a Exposição de Motivos da Parte Especial do Código Penal, em seu item 61, ressalva que "*o próprio silêncio, quando malicioso ou intencional, acerca do preexistente erro da vítima, constitui meio fraudulento característico do estelionato*". No último exemplo, portanto, o agente manteve a vítima em erro por meio de uma fraude, qual seja, o silêncio, e, por isso, responde por estelionato. Note-se que seu dolo era antecedente, pois percebeu o erro da vítima antes de receber o bem, o que confirma a ocorrência do crime do art. 171. Na apropriação de coisa havida por erro, o agente recebe o bem de boa-fé e só descobre o erro depois disso. Seu dolo é **posterior**.

Também na apropriação indébita, o dolo é posterior, porém, nesse crime, a vítima não está em erro quando efetua a entrega.

Em razão do que foi exposto, podem ser elencados os seguintes requisitos no crime de apropriação havida por erro: a) que a vítima esteja em erro não provocado pelo agente; b) que a vítima espontaneamente entregue o bem ao agente; c) que ele, ao receber o bem, esteja de boa-fé (não perceba o erro da vítima), pois, caso contrário, o crime seria o de estelionato; d) que, já estando na posse do bem, perceba que o recebeu por erro e resolva dele se apoderar.

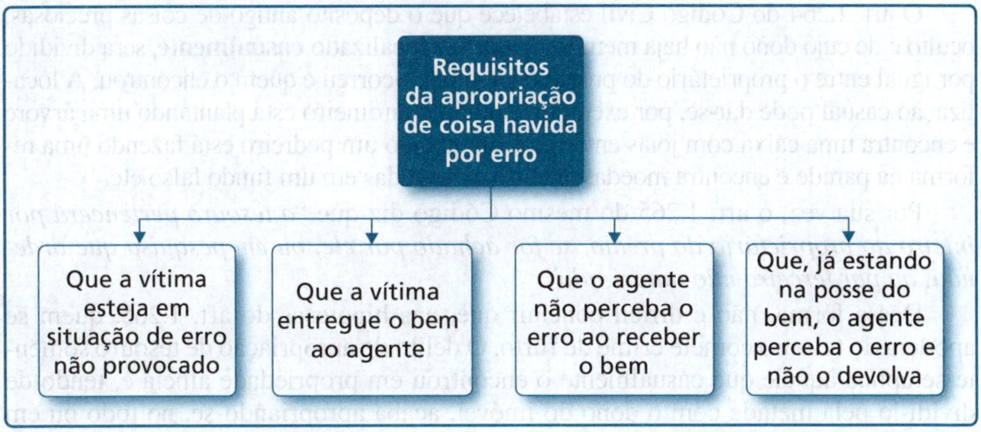

Não existe o crime quando o agente pensa ter recebido uma doação ou prêmio, pois, em tais casos, não há dolo de locupletamento ilícito.

Também não há crime se o agente, ao perceber o erro, não tem como devolver o bem ou valor ao proprietário, por não saber de quem se trata e não possuir meios para identificá-lo. No tipo penal em análise, ao contrário do que ocorre com o delito de apropriação de coisa achada, não existe obrigação de procurar as autoridades públicas para a elas efetuar a devolução, até porque quem incidiu em erro é que tem condições de procurar a pessoa a quem entregou o objeto. Se esta, então, recusar a devolução, haverá crime.

■ 2.5.3.2.1.1. *Sujeito ativo, passivo, consumação e tentativa*

Aplicam-se as regras estudadas em relação ao crime de apropriação indébita.

■ 2.5.3.2.2. *Apropriação de coisa havida por caso fortuito ou força da natureza*

Estas figuras estão descritas na 2ª parte do art. 169, *caput*, do Código Penal, sendo certo que caso fortuito e força da natureza são expressões que possuem praticamente o mesmo significado, pressupondo um acontecimento acidental e inevitável. No **caso fortuito**, existe alguma participação **humana** no evento. Ex.: bois que ingressam em propriedade alheia porque alguém esqueceu a porteira aberta. Na hipótese de **força da natureza, não existe esta participação humana** inicial que contribua para o evento. Ex.: vendaval que leva objetos para a casa do vizinho ou aumento do volume de águas de um rio que levam um barco até propriedade alheia. Em ambos os casos, o delito se concretizará se o agente, ao perceber o que ocorreu, negar-se a restituir os bens. O crime só se configura se ele sabe que o objeto é alheio e que veio às suas terras em razão de caso fortuito ou força da natureza.

2.5.4. Apropriação de tesouro

> **Art. 169, parágrafo único** — Na mesma pena incorre:
> I — quem acha tesouro em prédio alheio e se apropria, no todo ou em parte, da quota a que tem direito o proprietário do prédio.

O art. 1.264 do Código Civil estabelece que o depósito antigo de coisas preciosas, oculto e de cujo dono não haja memória, uma vez localizado **casualmente**, será dividido por igual entre o proprietário do prédio onde o fato ocorreu e quem o encontrou. A localização casual pode dar-se, por exemplo, quando o jardineiro está plantando uma árvore e encontra uma caixa com joias enterrada, ou quando um pedreiro está fazendo uma reforma na parede e encontra moedas de ouro escondidas em um fundo falso etc.

Por sua vez, o art. 1.265 do mesmo Código diz que "*o tesouro pertencerá por inteiro ao proprietário do prédio, se for achado por ele, ou em pesquisa que ordenou, ou por terceiro não autorizado*".

Dessa forma, não é difícil concluir que, nas hipóteses do art. 1.265, quem se apodera do tesouro comete crime de furto. O delito de apropriação de tesouro somente se aplica àquele que casualmente o encontrou em propriedade alheia e, tendo de dividi-lo pela metade com o dono do imóvel, acaba apropriando-se, no todo ou em parte, da quota do proprietário, garantida pelo art. 1.264 da lei civil. É o que diz expressamente o tipo penal.

2.5.5. Apropriação de coisa achada

> **Art. 169, parágrafo único** — Na mesma pena incorre:
> II — quem acha coisa alheia perdida e dela se apropria, total ou parcialmente, deixando de restituí-la ao dono ou legítimo possuidor ou de entregá-la à autoridade competente, dentro do prazo de 15 dias.

O objeto material desse crime é a **coisa perdida**, assim entendida aquela que se extraviou de seu proprietário ou possuidor em local **público** (ruas, avenidas, praças) ou **aberto ao público** (ônibus, metrôs, supermercados, casas de espetáculos etc.), pois apenas nesses casos o objeto encontra-se fora da esfera de vigilância do dono. Por isso, se o proprietário pensa que perdeu o bem mas ele está dentro de sua residência, sendo encontrado por outra pessoa que, sorrateiramente, leva-o embora, ocorre crime de furto pois, tecnicamente, não estava perdido, e o agente teve que o tirar da esfera de vigilância do dono.

Por outro lado, estará configurada a apropriação de coisa achada, quer o encontro da coisa perdida tenha sido casual, quer tenha o agente presenciado a perda em situação em que a vítima já se afastava do local. Ex.: carteira que caiu do bolso do garupa de uma moto sem que este percebesse. Não se pode falar em crime de furto no último caso porque, já tendo a vítima se afastado do local e estando o bem em lugar público, não há ato de subtração por parte de quem viu a carteira cair, devendo responder por apropriação de coisa achada. Diversa seria a solução se o agente tivesse visto a carteira cair do bolso de uma pessoa que ainda estava sentada na mesa de um bar na calçada e esticasse a perna para puxar a carteira e dela se apoderasse. Em tal exemplo, apesar de a carteira estar no chão, ela ainda encontrava-se na esfera de vigilância do dono, pois este, no momento de pagar a conta, certamente a procuraria no chão ao não encontrá-la no bolso de sua calça.

O objeto **esquecido em local público ou aberto ao público é considerado coisa perdida**, mas, se o esquecimento ocorreu em local privado (no balcão de uma loja, por exemplo), o apoderamento constitui furto.

É evidente, por sua vez, que comete furto quem provoca a perda do bem para depois dele se apoderar. Dependendo da forma como cometido o crime, poderá até mesmo ser aplicada a qualificadora do emprego de fraude.

Quem encontra coisa **abandonada** não comete crime algum, já que esta não possui dono, pois o antigo proprietário dela se desinteressou e jogou fora. Não se trata, portanto, de coisa alheia. Quem encontrar a coisa abandonada e com ela ficar passará a ser seu legítimo proprietário, nos termos do art. 1.263 do Código Civil. Ademais, se em razão da má conservação da coisa perdida, quem a encontrou a supôs abandonada, não responde pelo crime por ter havido erro de tipo.

A conduta típica consiste em "apropriar-se" do bem e, como no crime de apropriação indébita, pressupõe a finalidade de ter a coisa para si com fim de assenhoreamento definitivo (*animus rem sibi habendi*).

A lei confere prazo de **15 dias** para a devolução do bem encontrado, diretamente ao dono — caso o conheça ou haja identificação e endereço no objeto encontrado — ou às autoridades. **Antes do decurso deste prazo**, se o agente for encontrado na posse do bem, **não poderá ser responsabilizado**, pois a tipificação do crime pressupõe que tenham decorrido os 15 dias. Trata-se de **crime a prazo**. É claro, porém, que, se antes disso, o agente praticar ato de disposição incompatível com a possibilidade de devolução, a consumação se dará de forma antecipada. Ex.: agente que encontra um relógio perdido e imediatamente procura um relojoeiro e o vende.

Como não existe figura culposa, se ficar demonstrada a intenção do agente de restituir e que, por justa causa ou por esquecimento, acabou deixando passar o prazo de 15 dias sem a devolução, o fato será considerado atípico.

A legislação civil também trata da devolução de coisas achadas. O art. 1.233 do Código Civil estabelece que, quem encontra coisa alheia perdida, deve devolvê-la ao legítimo dono ou possuidor, e seu parágrafo único acrescenta que, se não forem conhecidos, o bem deverá ser entregue à autoridade competente, que, nos termos do art. 746 do Novo Código de Processo Civil, é a autoridade policial ou o juiz. Se o bem for entregue à autoridade policial, esta deverá encaminhá-lo ao juiz. Em seguida, serão expedidos editais se o dono for desconhecido, e, após o decurso do prazo sem que este tenha comparecido, o bem será vendido em hasta pública. Caso o dono compareça, deverá provar a propriedade do bem.

Apesar de a lei civil especificar as autoridades a quem os bens devem ser entregues, é evidente que não há crime por parte de quem os encontra e, em seguida, os entrega no setor de achados e perdidos do *shopping center* ou do metrô onde se deu o encontro. Em tais casos, o agente **não se apropriou** da coisa achada. Caso a pessoa que recebeu o bem dele se apodere, responderá por crime de apropriação indébita, já que não foi ela quem encontrou o objeto.

A apropriação de coisa achada é crime **omissivo próprio** e, por isso, **não admite tentativa**.

■ *2.5.5.1. Ação penal*

Todos os crimes previstos no art. 169 do Código Penal apuram-se mediante ação pública incondicionada e são de competência do Juizado Especial Criminal, pois em todos eles a pena máxima é de um ano.

■ 2.5.6. Apropriação privilegiada

> **Art. 170.** Nos crimes previstos neste Capítulo, aplica-se o disposto no art. 155, § 2º.

Verifica-se que as mesmas regras previstas para a aplicação do privilégio no crime de furto incidem sobre o delito de apropriação indébita, até mesmo para as formas agravadas do § 1º. Dessa forma, se o réu for primário e a coisa apropriada for de pequeno valor (não superior a um salário mínimo), o juiz poderá substituir a pena de reclusão por detenção, diminuí-la de um a dois terços, ou aplicar apenas a pena de multa.

Conforme se vê no art. 170, o privilégio é aplicável a todos os crimes do Capítulo em estudo, abrangendo, portanto, aqueles descritos no art. 169 — apropriação de coisa havida por erro, caso fortuito ou força da natureza etc. Em relação a estes, entretanto, a aplicação do privilégio só pode ter por consequência a redução da pena de um a dois terços, porque eles já são apenados com detenção, e a multa já é prevista em abstrato como pena alternativa. Com efeito, a pena para as figuras do art. 169 é de detenção, de um mês a um ano, ou multa.

Quanto à apropriação previdenciária, que possui pena maior, entendemos que o privilégio não é aplicável, em razão de regras próprias previstas no art. 168-A, § 3º, II, do Código Penal.

■ 2.5.7. Questões

1. (Delegado de Polícia/SP — 2001) O dolo é subsequente à posse de coisa móvel nos crimes de:

a) apropriação indébita.
b) furto.
c) roubo.
d) estelionato.

2. (Magistratura Federal/3ª Região — 11º concurso) Com relação ao crime consistente em deixar de recolher contribuição previdenciária, ou importância descontada do pagamento feito aos segurados, a terceiros ou arrecadadas do público (art. 168-A, § 1º, I, do Código Penal), pode-se afirmar corretamente que:

a) é extinta a punibilidade se o agente, notificado pela fiscalização da Previdência Social, efetua o pagamento do débito antes do oferecimento da denúncia.
b) é extinta a punibilidade se o agente, voluntariamente, paga o devido à Previdência Social antes do início de qualquer fiscalização.
c) é extinta a punibilidade se o agente, confessando o débito à Previdência Social, paga o devido ou obtém parcelamento antes do oferecimento da denúncia.
d) é extinta a punibilidade se o agente, primário e de bons antecedentes, promove o efetivo pagamento do débito antes da sentença.

3. (MP-PI — 2007) Lépido, exercendo o *munus* público de inventariante, tomou para si um computador dos bens deixados pelo *de cujus*, e do qual tinha posse em razão da referida condição. Lépido cometeu, em tese, o crime de:

a) roubo.
b) desvio de bem.
c) apropriação indébita.
d) peculato.
e) furto qualificado.

4. (Magistratura/SP — 2015) O afilhado que cuida e tem a função de curador de sua madrinha, esta com 65 anos de idade, acometida de Alzheimer, vendeu imóvel da ofendida por R$ 80.000,00, recebendo, inicialmente, R$ 20.000,00. Quando foi lavrada a escritura pública, o curador recebeu o restante do pagamento, no importe de R$ 60.000,00, apropriando-se do numerário. Assim,

a) o comportamento do afilhado caracteriza o crime de apropriação, previsto no Estatuto do Idoso.
b) o afilhado é isento de pena por ter praticado o delito em prejuízo de ascendente.
c) o comportamento do afilhado caracteriza o crime de estelionato, na modalidade de abuso de incapazes.
d) o comportamento do afilhado caracteriza o crime de apropriação indébita, agravado em face da qualidade de curador.

5. (Magistratura/MG — EJEF) Inocêncio contratou os serviços profissionais de um advogado para propor ação trabalhista a qual foi julgada procedente, mas a quantia paga pela empresa ré, apesar de recebida pelo advogado, não foi entregue a Inocêncio. Procurado, o advogado alega que precisou do dinheiro, mas pretende devolvê-lo a Inocêncio quando puder. Quanto à conduta do advogado, assinale a alternativa correta.

a) Não se trata de infração penal, mas mero descumprimento contratual.
b) Restou caracterizado o delito de furto qualificado pelo abuso de confiança.
c) A inversão do título da posse exercida sobre a quantia caracteriza a apropriação indébita.
d) Mesmo tendo utilizado a quantia recebida da empresa na ação trabalhista para fins pessoais, caso o advogado a restitua a Inocêncio, o crime permanece na esfera da tentativa.

6. (Magistratura/SP — 2013 — Vunesp) A, de forma reiterada, apropriou-se de pensão proveniente do INSS, pertencente a B, pessoa idosa, e dela recebida, dando ao rendimento mensal aplicação diversa de sua finalidade. A cometeu o crime de

a) furto qualificado pelo abuso de confiança.
b) apropriação indébita, definido no artigo 102, "caput", da Lei n. 10.741/03 (Estatuto do Idoso), com agravamento da pena, em face da circunstância prevista no artigo 61, inciso II, letra *h*, do Código Penal (crime contra idoso).
c) apropriação indébita previdenciária, definido no artigo 168-A, "caput", do Código Penal.
d) apropriação indébita, definido no artigo 102, "caput", da Lei n. 10.741/03 (Estatuto do Idoso), com aumento de pena decorrente da continuidade delitiva, prevista no artigo 71, *caput*, do Código Penal.

■ GABARITO ■

1. "a". Nos demais crimes o dolo é antecedente.
2. "b". O art. 168-A, § 2º, do Código Penal, é expresso no sentido de que a extinção da punibilidade pressupõe que o fato determinante ocorra antes do início da ação fiscal.

3. "c". O crime é o de apropriação indébita. O art. 168, § 1º, II, do Código Penal, aliás, dispõe que, sendo o sujeito ativo inventariante, sua pena será aumentada em um terço.

4. "a".

5. "c". O advogado tinha a posse dos valores e, por isso, incorreu em apropriação indébita agravada por ter obtido a posse no desempenho de sua profissão (art. 168, § 1º, III, do CP).

6. "d". Quem se apropria de bens, proventos, pensão ou outro rendimento de pessoa idosa incorre no crime especial previsto no art. 102 do Estatuto do Idoso (Lei n. 10.741/2003). Como a conduta ocorreu de modo reiterado, aplica-se a regra da continuidade delitiva. Por ser elementar da infração penal que a conduta seja cometida contra idoso, não se mostra aplicável a agravante genérica do art. 61, II, *h*, do Código Penal (crime contra idoso).

VI

DO ESTELIONATO E OUTRAS FRAUDES

2.6. DO ESTELIONATO E OUTRAS FRAUDES

Neste Capítulo, além do estelionato comum (art. 171, *caput*) e de suas subespécies (art. 171, § 2º), estão ainda previstos os crimes de duplicata simulada (art. 172), abuso de incapazes (art. 173), induzimento à especulação (art. 174), fraude no comércio (art. 175), outras fraudes (art. 176), fraudes e abusos na fundação ou administração de sociedade por ações (art. 177), emissão irregular de conhecimento de depósito ou *warrant* e fraude à execução.

2.6.1. Estelionato

> **Art. 171, *caput*** — Obter, para si ou para outrem, vantagem ilícita em prejuízo alheio, induzindo ou mantendo alguém em erro, mediante artifício, ardil, ou qualquer outro meio fraudulento:
> Pena — reclusão, de um a cinco anos, e multa.

2.6.1.1. Objetividade jurídica

O dispositivo tutela o patrimônio.

2.6.1.2. Tipo objetivo

O estelionato é um crime marcado pelo emprego de fraude, uma vez que o agente, valendo-se de alguma artimanha, consegue enganar a vítima e convencê-la a entregar-lhe algum bem e, na sequência, locupleta-se ilicitamente com tal objeto.

Ao iniciar a execução do estelionato, o golpista emprega artifício, ardil ou qualquer outra fraude.

O **artifício** mostra-se presente quando, para enganar a vítima, o agente lança mão de algum artefato, faz uso de algum objeto para ajudá-lo no engodo. No conto do bilhete premiado, por exemplo, ele engana a vítima com um bilhete falso. No conto da guitarra, ludibria a vítima fazendo truque com uma falsa máquina de fazer dinheiro e a vende para esta. O artifício também pode consistir em disfarces, efeitos especiais etc.

Ardil é a conversa enganosa, ou seja, o agente engana a vítima com mentiras verbais. Exs.: sabendo que uma televisão deve ser retirada em certo local por pessoa chamada Eurípedes, o agente comparece alguns minutos antes, mente chamar-se Eurípedes, pega a televisão e vai-se com ela embora; pessoa entra em contato telefônico e se apresenta como representante de empresa que cuida de crianças abandonadas ou de pessoas idosas e pede doação em determinada conta corrente, quando, em verdade, trata-se de um golpe (esta é uma das modalidades do conto do vigário).

Por fim, a expressão qualquer **outro meio fraudulento** é uma fórmula genérica, inserida no tipo penal para abranger qualquer outra artimanha capaz de enganar o sujeito passivo, como, por exemplo, o **silêncio**. A Exposição de Motivos da Parte Especial do Código Penal, em seu item 61, ressalva que "*o próprio silêncio, quando malicioso ou intencional, acerca do preexistente erro da vítima, constitui meio fraudulento característico do estelionato*". Assim, se a vítima espontaneamente incide em erro e, por isso, está prestes a entregar um bem ou valor ao agente, e este, antes de recebê-lo, percebe o engano e se cala, para que a entrega se concretize e ele obtenha vantagem, responde por estelionato. Em tal caso, o agente manteve a vítima em erro por meio de fraude (o silêncio). Nota-se, pois, que a fraude caracterizadora do estelionato pode consistir em uma omissão.

De acordo com o tipo penal do estelionato, é necessário que o agente, ao empregar o artifício, ardil ou outra fraude, tenha por finalidade **induzir** ou **manter** o sujeito passivo em erro. Na primeira hipótese, é o agente quem toma a iniciativa de procurar a vítima e ludibriá-la. Na segunda, ela espontaneamente incorre em erro em relação a determinada situação, e o agente, ao perceber tal engano, a mantém nesse estado.

Conforme já mencionado no estudo do crime de furto mediante fraude, quando se procurou estabelecer a distinção em relação ao estelionato, o art. 171, *caput*, exige que **alguém** seja induzido ou mantido em erro e que, por isso, entregue um bem, próprio ou alheio, ao agente. Esta pessoa ludibriada pode ser a mesma que sofre o prejuízo ou terceiro. É necessário, contudo, que o agente engane um **ser humano**, não havendo estelionato, e sim furto, por parte de quem, fazendo uso de um cartão clonado em um caixa eletrônico, consegue sacar, sem autorização, dinheiro da conta da vítima. Nesse caso, não existe **alguém** que tenha sido enganado. Ademais, houve subtração de valores. Nesse sentido: "*1. O furto mediante fraude não se confunde com o estelionato. A distinção se faz primordialmente com a análise do elemento comum da fraude que, no furto, é utilizada pelo agente com o fim de burlar a vigilância da vítima que, desatenta, tem seu bem subtraído, sem que se aperceba; no estelionato, a fraude é usada como meio de obter o consentimento da vítima que, iludida, entrega voluntariamente o bem ao agente. 2. Hipótese em que o agente se valeu de fraude eletrônica para a retirada de mais de dois mil e quinhentos reais de conta bancária, por meio da 'Internet Banking' da Caixa Econômica Federal, o que ocorreu, por certo, sem qualquer tipo de consentimento da vítima, o Banco. A fraude, de fato, foi usada para burlar o sistema de proteção e de vigilância do Banco sobre os valores mantidos sob sua guarda. Configuração do crime de furto qualificado por fraude, e não estelionato*" (STJ — CC 67.343/GO — Rel. Min. Laurita Vaz — 3ª Seção — julgado em 28-3-2007, *DJ* 11-12-2007, p. 170). No mesmo sentido os seguintes julgados do Superior Tribunal de Justiça: CC 131.043/MA — Rel. Min. Gurgel de Faria — 3ª Seção — julgado em 8-10-2014, *DJe* 14-10-2014; AgRg no CC

110.767/SP — Rel. Min. Gilson Dipp — 3ª Seção — julgado em 9-2-2011, *DJe* 17-2-2011); CC 81.477/ES — Rel. Min. Og Fernandes — 3ª Seção — julgado em 27-8-2008, *DJe* 8-9-2008; REsp 1.163.170/SP — Rel. Min. Felix Fischer — 5ª Turma — julgado em 19-8-2010, *DJe* 20-9-2010.

O tipo penal do estelionato exige, ainda, que a vantagem obtida pelo agente seja **ilícita**. Caso seja lícita a vantagem obtida por meio da fraude, o crime será o de exercício arbitrário das próprias razões (art. 345).

Por se tratar de crime contra o patrimônio, a vantagem ilícita visada pelo estelionatário deve ser, necessariamente, de cunho patrimonial.

2.6.1.3. Consumação

A forma como o art. 171 está redigido não permite outra conclusão senão a de que o estelionato é crime **material**, que só se consuma quando o agente efetivamente obtém a vantagem ilícita almejada. Saliente-se que o estelionato pressupõe **duplo resultado**: o prejuízo da vítima e a vantagem do agente. Esses resultados, normalmente, são concomitantes, porém é possível (embora raro) que a vítima sofra o prejuízo e o agente não obtenha a vantagem pretendida; em tal caso, o crime considera-se tentado. É o que ocorre, por exemplo, quando alguém publica um anúncio fraudulento de venda de veículo em um jornal e convence a vítima a efetuar um depósito em determinada conta bancária, a fim de concretizar o negócio. A vítima faz o depósito, mas, por erro, digita o número errado e a pessoa em cuja conta o dinheiro caiu, ao notar os valores, imediatamente, saca o dinheiro. Em tal hipótese, a pessoa que publicou o anúncio e não recebeu o dinheiro responde por tentativa de estelionato, e aquela em cuja conta corrente o dinheiro foi depositado por engano incide no crime de apropriação de coisa havida por erro.

Quando a vítima sofre o prejuízo em uma comarca e a vantagem é obtida pelo agente em outra é nessa última que a ação penal deve ser proposta — local da consumação. A propósito: "*O prejuízo alheio, apesar de fazer parte do tipo penal, está relacionado à consequência do crime de estelionato e não à conduta propriamente. De fato, o núcleo do tipo penal é obter vantagem ilícita, razão pela qual a consumação se dá no momento em que os valores entram na esfera de disponibilidade do autor do crime, o que somente ocorre quando o dinheiro ingressa efetivamente em sua conta corrente*" (STJ — CC 139.800/MG — Rel. Min. Reynaldo Soares da Fonseca — 3ª Seção — julgado em 24-6-2015 — *DJe* 1º-7-2015).

Quando a vítima, ludibriada, faz transferência bancária de sua conta corrente para a do golpista, o crime se consuma no momento em que os valores passam a estar à disposição do agente. Assim, se a conta da vítima fica em uma comarca e a do estelionatário em outra, o foro competente é o do local em que se situa o banco do autor do delito. Nesse sentido o entendimento atual do Superior Tribunal de Justiça: "*Se o crime de estelionato só se consuma com a efetiva obtenção da vantagem indevida pelo agente ativo, é certo que só há falar em consumação, nas hipóteses de transferência e depósito, quando o valor efetiva-*

mente ingressa na conta bancária do beneficiário do crime" (STJ — CC 169.053/DF, Rel. Min. Sebastião Reis Júnior, 3ª Seção, julgado em 11-12-2019, *DJe* 19-12-2019); "*Já na situação em que a vítima, induzida em erro, se dispõe a efetuar depósitos em dinheiro e/ou transferências bancárias para a conta de terceiro (estelionatário), a obtenção da vantagem ilícita por certo ocorre quando o estelionatário efetivamente se apossa do dinheiro, seja dizer, no momento em que ele é depositado em sua conta. Precedentes: CC 169.053/DF, Rel. Ministro Sebastião Reis Júnior, Terceira Seção, julgado em 11-12-2019,* DJe *19-12-2019; CC 161.881/CE, Rel. Ministro Joel Ilan Paciornik, Terceira Seção, julgado em 13-3-2019,* DJe *25-3-2019; CC 162.076/RJ, Rel. Ministro Joel Ilan Paciornik, Terceira Seção, julgado em 13-3-2019,* DJe *25-3-2019; CC 114.685/RS, Rel. Ministro Marco Aurélio Bellizze, Terceira Seção, julgado em 9-4-2014,* DJe *22-4-2014; CC 101.900/RS, Rel. Ministro Jorge Mussi, Terceira Seção, julgado em 25-8-2010,* DJe *6-9-2010; CC 96.109/RJ, Rel. Ministro Arnaldo Esteves Lima, Terceira Seção, julgado em 26-8-2009,* DJe *23-9-2009*" (STJ — AgRg no CC 171.632/SC, Rel. Min. Reynaldo Soares da Fonseca, 3ª Seção, julgado em 10-6-2020, *DJe* 16-6-2020).

■ 2.6.1.4. Tentativa

A tentativa mostra-se possível em várias fases do crime, desde que o agente já tenha dado início à execução do delito e não tenha conseguido obter a vantagem visada:

a) O agente emprega a fraude e não consegue enganar a vítima. Nesse caso, é necessário que o meio fraudulento não seja totalmente ineficaz, conforme se verá abaixo.

b) O agente emprega a fraude, engana a vítima, mas ela acaba não entregando os bens ou valores a ele. Ex.: no momento em que a vítima ludibriada iria efetuar a entrega, outra pessoa intervém e a alerta sobre o golpe, impedindo que a entrega se concretize.

c) O agente emprega a fraude, engana a vítima, ela entrega os valores, mas estes não chegam a ele, que, portanto, não obtém a vantagem visada. Essa hipótese foi explicada no item anterior. É o que ocorre se a vítima é ludibriada e convencida a remeter algum bem ao agente, pelo correio ou por transportadora, e o bem desaparece no trajeto.

■ 2.6.1.5. Crime impossível

Quando o agente emprega a fraude, mas não consegue enganar a vítima, é sempre necessário avaliar se a fraude empregada poderia tê-la enganado. Se concluirmos que sim, mas que a vítima não foi enganada por algum especial cuidado que tenha tido no caso concreto, o agente responderá por tentativa. Se, entretanto, restar claro que a fraude era totalmente inidônea, o fato será considerado atípico por ter havido **crime impossível por absoluta ineficácia do meio**.

A ineficácia da fraude, todavia, deve ser analisada de acordo com a **vítima** escolhida pelo golpista no **caso concreto**, pois é comum que estelionatários abordem pessoas muito humildes e consigam ludibriá-las com farsas que não enganariam a maioria das pessoas. Nenhum brasileiro, por exemplo, seria enganado se o agente desse, de troco, algumas notas de cruzeiros ou cruzados (unidades monetárias antigas). Tal conduta, todavia, pode enganar um estrangeiro que tenha acabado de chegar ao País, e é óbvio que os golpistas, intencionalmente, procuram abordar tais pessoas em rodoviárias ou aeroportos.

Ressalte-se, ainda, que, se a vítima for enganada e o estelionato se consumar, sequer é necessário analisar a eficácia da fraude, já que a conclusão é evidente.

■ 2.6.1.6. *Sujeito ativo*

É tanto aquele que emprega a fraude como aquele que dolosamente recebe a vantagem ilícita. Ex.: João e Pedro, previamente combinados, colocam o crime em prática. João emprega fraude e convence Lúcia a entregar um objeto para Pedro, que, após recebê-lo, desaparece com o bem. Em tal caso, Pedro tomou parte na própria execução do delito e, portanto, é coautor do crime de estelionato.

Lembrando, porém, que, para a existência do crime, é necessário que o agente vise "proveito próprio ou alheio", indaga-se como deve ser a responsabilização do terceiro, destinatário da vantagem ilícita, que, ao contrário do exemplo acima, não toma parte na execução do estelionato, recebendo o bem das mãos do golpista após a consumação de tal crime.

A resposta depende da forma como tal pessoa se envolveu nos fatos. Se ela, de alguma maneira, estimulou anteriormente a prática do crime, será partícipe do estelionato. Se, entretanto, não o estimulou, mas, no momento em que recebeu o bem, já estava ciente de sua procedência criminosa, responde por receptação dolosa (art. 180, *caput*, do CP). Por fim, se não estimulou a prática do crime e tampouco sabia da procedência ilícita do bem, sua conduta é atípica.

■ 2.6.1.7. *Sujeito passivo*

Os que sofrem o prejuízo patrimonial e todos os que foram enganados pela fraude perpetrada (ainda que não sejam economicamente prejudicados). É plenamente possível, portanto, que o agente engane uma pessoa e esta entregue bem pertencente a outra, hipótese em que ambas são vítimas de um único estelionato. Essa situação, aliás, é muito comum em golpes dados em lojas ou similares, quando o prejuízo é do estabelecimento comercial e a pessoa ludibriada é um funcionário. Pessoas jurídicas também podem ser sujeito passivo do crime em tela na condição de prejudicadas economicamente pelo golpe.

- **Distinção do estelionato com outros crimes em relação ao sujeito passivo:**

1) Estelionato e crimes contra a economia popular. Quando o agente emprega fraude visando à obtenção de vantagem ilícita poderá incorrer em um desses crimes, dependendo do sujeito passivo. O tipo penal do estelionato exige a obtenção de vantagem em prejuízo "alheio", sendo necessária, portanto, a identificação de **pessoa** ou **pessoas determinadas** que tenham sofrido a lesão patrimonial. No estelionato, portanto, é necessária a identificação da vítima. Nos crimes contra a economia popular, ao contrário, o golpe visa a pessoas indeterminadas, tal como ocorre quando alguém adultera o taxímetro, a bomba de gasolina do posto, as balanças de mercearias ou açougues etc. Em tais casos, configura-se o crime do art. 2º, XI, da Lei n. 1.521/51, bastando, para tanto, que fiscais constatem a adulteração, independentemente da identificação de vítimas específicas no caso concreto.

Aqueles que obtêm ou tentam obter ganhos ilícitos em detrimento do povo ou de número indeterminado de pessoas mediante mecanismos conhecidos como correntes ou pirâmides respondem por crime específico previsto no art. 2º, IX, da Lei n. 1.521/51. Em razão da redação desse dispositivo, todos os que ingressarem no "jogo" responderão pelo delito, até mesmo os que sofrerem prejuízo, posto que mesmo eles visavam obter vantagem futura. Não há crime, entretanto, quando se trata de corrente que não envolve valores, por exemplo, corrente de orações.

Quem vende combustível adulterado comete crime especial do art. 1º da Lei n. 8.176/91. Exs.: álcool combustível fora das especificações (com grande volume de água misturada); gasolina misturada com solvente ou com volume de álcool superior às especificações.

2) Estelionato e abuso de incapazes. Se a vítima não tem discernimento, por ser menor de idade, portadora de alienação ou debilidade mental, o crime é o de abuso de incapaz, previsto no art. 173 do Código Penal, que tem pena maior e é formal — consuma-se ainda que a vítima não sofra prejuízo.

2.6.1.8. Quadro comparativo

Importante a comparação entre três crimes em que a própria vítima entrega o bem ao agente:

APROPRIAÇÃO INDÉBITA	APROPRIAÇÃO DE COISA HAVIDA POR ERRO	ESTELIONATO
1) A vítima entregar o bem sem estar em erro; 2) Não há emprego de fraude; 3) O agente recebe bem de boa-fé. O dolo é posterior.	1) A vítima entrega o bem em razão de erro não provocado pelo agente; 2) Não há emprego de fraude; 3) O agente recebe o bem de boa-fé. O dolo é posterior.	1) A vítima entrega o bem em decorrência de erro provocado ou espontâneo; 2) Há emprego de fraude para induzir ou manter a vítima em erro; 3) O agente já recebe o bem de má-fé. O dolo é antecedente.

2.6.1.9. Distinções

- **Estelionato e jogo de azar**

Quem banca jogo de azar incorre na contravenção do art. 50 da Lei das Contravenções Penais, cujo nome é exatamente "jogo de azar". Ocorre que, para que haja efetivamente jogo de azar, é necessário que o apostador possa vencer, dependendo, total ou parcialmente, da sorte. Assim, se o responsável pelo jogo tiver empregado alguma fraude para inviabilizar a possibilidade de vitória do apostador, o crime será o de estelionato.

- **Estelionato e curandeirismo**

Se o agente cobra apenas por consultas, o crime é o de curandeirismo, mas se promete curas impossíveis e cobra quantias consideráveis pelo tratamento, o crime é o de estelionato. É necessária a análise no caso concreto.

- **Estelionato, tráfico de influência e exploração de prestígio**

No **tráfico de influência** (art. 332 do CP), a fraude consiste em o agente dizer à vítima que tem influência sobre certo funcionário público e solicitar-lhe dinheiro a pretexto de influenciar referido funcionário no desempenho de suas funções, no sentido de ajudar de alguma forma a vítima. Trata-se de crime especial em relação ao estelionato porque, além do golpe, o agente afeta negativamente a imagem da Administração Pública. No crime de **exploração de prestígio** (art. 357), a conduta é semelhante, mas o agente especifica que sua influência será exercida sobre juiz, jurado, órgão do Ministério Público, funcionário da justiça, perito, tradutor, intérprete ou testemunha.

- **Estelionato e furto de energia**

É necessário observar a seguinte distinção: quando o agente capta, clandestinamente, a energia da rede pública ou do vizinho, o crime é o de furto, quer tenha havido desvio total (sem passar pelo medidor), quer tenha havido fraude no aparelho para o consumo ser registrado a menor (furto qualificado pela fraude). Se, todavia, o consumo ocorrer normalmente e for regularmente registrado no medidor e, **posteriormente**, o agente adulterar o "relógio de luz" para diminuir o valor da conta, o crime será o de estelionato.

2.6.1.10. *Estelionato e falsificação de documento*

A falsificação de documento, público ou particular, está tipificada como crime nos arts. 297 a 299 do Código Penal. É muito comum, todavia, que a falsificação do documento tenha por finalidade enganar a vítima para viabilizar um golpe, tal como se dá com a falsificação de cheque alheio. Existem casos em que os golpistas falsificam em gráficas as próprias folhas do cheque. Outros alteram para mais o valor de cheques que receberam já preenchidos e assinados pelo titular da conta e, em seguida, depositam ou sacam o valor do cheque ou dele fazem uso em compras, causando prejuízo ao emitente. É também comum o agente subtrair a folha em branco e, passando-se pelo titular da conta, falsificar sua assinatura no momento da aquisição de produtos. Para esses casos, surgiram quatro correntes na doutrina e na jurisprudência, embora o tema esteja atualmente pacificado por uma súmula do Superior Tribunal de Justiça:

1) O agente deve ser punido pelos dois crimes, em concurso material, uma vez que atingem bens jurídicos distintos (o patrimônio e a fé pública), o que impede que um absorva o outro.

2) Os crimes são autônomos, mas deve ser aplicada a regra do concurso formal. Essa corrente é semelhante à primeira no que diz respeito a um delito não absorver o outro. Altera-se apenas a interpretação quanto à forma do concurso de crimes.

3) A falsificação do documento, por ter pena maior (dois a seis anos de reclusão), absorve o estelionato.

4) O agente responde apenas por estelionato. O crime de falsificação de documento fica absorvido por ser crime-meio (princípio da consunção). Esse é o entendimento atualmente adotado em razão da Súmula n. 17 do Superior Tribunal de Justiça: "*Quando o falso se exaure no estelionato, sem mais potencialidade lesiva, é por este absorvido*".

De acordo com a súmula, quando o agente falsifica um cheque alheio e engana o vendedor de uma loja, fazendo-se passar pelo correntista, só responde pelo estelionato porque, em tal caso, o cheque foi entregue ao vendedor, e o golpista não pode mais usá-lo (a falsificação se exauriu no estelionato). No entanto, se o agente tivesse também falsificado um documento de identidade para apresentá-lo ao vendedor no momento da compra com o cheque falso, ele responderia por dois crimes: estelionato e falsificação do documento de identidade. É que este documento permanece com o agente após a prática do estelionato, subsistindo, portanto, a potencialidade lesiva que a súmula menciona.

Por se tratar do mesmo raciocínio, entende-se que a subtração da folha de cheque, por ser crime-meio, fica absorvida pelo estelionato, o mesmo ocorrendo quanto à eventual receptação da cártula em branco.

■ 2.6.1.11. *Torpeza bilateral*

Ocorre quando a vítima também age de má-fé no caso concreto, ou seja, quando ela também visa obter uma vantagem econômica ilícita, não necessariamente em prejuízo da outra parte. É o caso, por exemplo, de quem é ludibriado pelo agente e compra dele uma máquina pensando que ela faz dinheiro falso. É evidente que não há crime por parte da pessoa enganada que sofreu o prejuízo. Existe, contudo, forte divergência em termos doutrinários e jurisprudenciais em torno da configuração de estelionato por parte daquele que obteve a vantagem econômica valendo-se da má-fé concomitante da outra parte.

Nélson Hungria defende com veemência a inexistência de crime em tal hipótese. Segundo ele, não há estelionato porque a lei não pode amparar a má-fé da vítima. Além disso, o agente não pode responder pelo ilícito penal, já que a própria pessoa prejudicada não pode requerer a reparação do dano na esfera cível por não poder pleitear em juízo alegando sua própria torpeza. Muito interessante a defesa do ponto de vista de Nélson Hungria,[185] cujo trecho transcrevemos: "*Tomemos, para ilustração da tese, o caso da fraude em negócio ilícito ou imoral, ou da chamada torpeza bilateral. Os exemplos desta poderiam ser indefinidamente alinhados, mas fixemos os seguintes: um indivíduo inculcando-se assassino profissional, ardilosamente obtém de outro certa quantia para matar um seu inimigo, sem que jamais tivesse o propósito de executar o crime; um falso vendedor de produtos farmacêuticos impinge, por bom preço, a uma faiseuse d'anges, como de eficiência de abortiva, substâncias inócuas; a cafetina recebe dinheiro do velho libertino, prometendo-lhe levar à alcova uma virgem, quando na realidade o que lhe vem a proporcionar é uma jovem meretriz; o simulado falsário capta o dinheiro de outrem, a pretexto de futura entrega de cédulas falsas ou em troca de máquina para fabricá-las, vindo a verificar-se que aquelas não existem ou esta não passa de um truque (conto da guitarra); o vigarista consegue trocar por um bom dinheiro o paco que o otário julga conter uma fortuna, de que se vai locupletar à custa da ingenuidade daquele; o cliente da prostituta não lhe paga o* pretium carnis, *tendo ocultado não dispor de dinheiro para fazê-lo. É uma* vexata quaestio *a indagação sobre se, em tais casos* et similia, *é ou não reconhecível o estelionato ou a fraude patrimonial. Estamos em que se deve responder, categoricamente, pela negativa. Não só argumentos de ordem prática ou de política criminal, senão de rigorosa lógica jurídica justificam, na espécie, a indiferença do direito penal. O patrimônio individual cuja lesão fraudulenta constitui o estelionato é o juridicamente protegido, e somente goza da proteção do direito o patrimônio que serve a um fim legítimo, dentro de sua função econômico-social. Desde que ele é aplicado a um fim ilícito ou imoral, a lei, que é a expressão do direito como mínimo ético indispensável ao convívio social, retira-lhe o arrimo, pois, de outro modo, estaria faltando sua própria finalidade*".

Prevaleceu, entretanto, o entendimento no sentido de que existe o crime, com os seguintes argumentos: a) o fato é típico, pois presentes todos os requisitos do art. 171 do Código Penal. O agente, dolosamente, empregou fraude, enganou a vítima e obteve vantagem econômica, não se mostrando presente qualquer excludente de ilicitude; b) o tipo penal não exige boa-fé por parte da vítima; c) a reparação do dano na esfera cível é matéria que interessa apenas à vítima, mas a punição do golpista visa proteger toda a coletividade evitando que ele prejudique outras pessoas.

Dentre outros, defendem esse entendimento Heleno Cláudio Fragoso,[186] Magalhães Noronha[187] e Fernando Capez.[188] No mesmo sentido, podemos apontar diversos julgados: "*Fraude bilateral. Embora reprovável a conduta da vítima que participa da trama de outrem visando a vantagem ilícita, a sua boa-fé não é elemento do tipo previsto no art. 171 do CP. Sanciona-se a conduta de quem arquiteta a fraude porque o Direito Penal tem em vista, primordialmente, a ofensa derivada do delito*" (STF — RHC — Rel. Min. Carlos Madeira — *RT* 622/387); "*É irrelevante a existência de fraude bilateral para a descriminalização do estelionato, pois o Código não reclama a boa-fé do sujeito passivo desse crime*" (Tacrim-SP — Ver. 125.484 —

[185] Nélson Hungria, *Comentários ao Código Penal*, v. VII, p. 193/193.

[186] Heleno Cláudio Fragoso, *Lições de direito penal*, Parte especial, v. I, p. 390/391.

[187] E. Magalhães Noronha, *Direito penal*, v. 2, p. 394.

[188] Fernando Capez, *Curso de direito penal*, v. 2, p. 481.

Rel. Dante Busana); "*Torpeza bilateral. Irrelevância para configuração do delito. Vítimas que acreditaram ser o acusado agente fiscal, tal como ele o afirmava. Suposição de que o subornavam quando por ele estavam sendo enganados. O Direito Penal tutela a propriedade garantida na Constituição não como direito subjetivo individual, mas considerando a ordem jurídica geral. Os fatos delituosos são punidos pela criminalidade que revelam, e não em razão das qualidades morais dos sujeitos passivos. Qualquer que seja a moralidade destes, não desaparecem a criminalidade do agente e os motivos que determinam a intervenção da lei penal*" (Tacrim-SP — Rel. Dante Busana — *RT* 585/316); "*Estelionato e fraude bilateral. Conto da guitarra. Subsiste o estelionato, mesmo que concorrente a má-fé do lesado, pois que, enquanto a vítima não tem intenção alguma de iludir o agente, este, entretanto, lançando mão do meio vedado em lei, com ele a conduz a erro*" (Tacrim-SP — AC 299.629 — Rel. Viana Santos). "*Desde que a ação amolde-se à figura típica do art. 171 do Código Penal, não há como se excluir o crime por eventual torpeza bilateral, sendo irrelevante para a configuração do delito a participação, maliciosa ou não da vítima*" (STJ — decisão monocrática — Rel. Min. Laurita Vaz, j. 31-10-2008, public. 12-11-2008). No mesmo sentido: STF — RHC 65.186/SP — Rel. Min. Carlos Madeira — 2ª Turma, j. 19-6-1987.

■ 2.6.1.12. Classificação doutrinária

CLASSIFICAÇÃO DOUTRINÁRIA				
■ Crime simples e de dano quanto à objetividade jurídica	■ Crime comum e de concurso eventual quanto ao sujeito ativo	■ Crime de ação livre e comissivo ou omissivo quanto aos meios de execução	■ Crime material e instantâneo quanto ao momento consumativo	■ Crime doloso quanto ao elemento subjetivo

■ 2.6.1.13. Ação penal

A Lei n. 13.964/2019 introduziu o § 5º no art. 171 do Código Penal, passando a prever que, no crime de estelionato, a ação penal é pública **condicionada à representação**, exceto se a vítima for a Administração Direta ou Indireta, criança ou adolescente, pessoa com deficiência mental, maior de 70 anos ou incapaz. Nessas últimas hipóteses, a ação é incondicionada.

Essa modalidade de ação penal vale para o estelionato comum do art. 171, *caput*, do CP, e para as demais modalidades do § 2º.

As normas de caráter processual penal têm aplicação imediata, nos termos do art. 2º do CPP. Assim, não é necessária a representação em relação a ações penais que já estejam em curso (denúncia já recebida quando da entrada em vigor da nova lei). A representação, contudo, será necessária em relação a estelionatos que ainda estejam em fase de investigação (inquérito policial). Nesse sentido: "*A Lei 13.964/2019 inseriu no art. 171 do Código Penal o § 5º, determinando que o delito de estelionato 'somente se procede mediante representação', elencadas hipóteses de exceção. Da leitura do dispositivo, verifica-se que se trata de norma de conteúdo processual, razão pela qual não será possível retroagir no presente caso, tendo em vista que os fatos ocorreram em 11-7-2012. Portanto, se ao tempo do fato não era exigida a representação da vítima o processo seguiu o figurino legal à época, atendendo-se à determinação do art. 2º, do Código de Processo Penal*" (STF — ARE 1.230.095 AgR, Rel. Gilmar Mendes, 2ª Turma, julgado em 24-8-2020, *DJe*-218 divulg. 31-8-2020, public. 1º-9-2020); "*Observa-se que o novo comando normativo apresenta caráter híbrido, pois, além de incluir a representação do ofendido como condição de procedibilidade para a persecução penal, apresenta potencial extintivo da punibilidade, sendo tal alteração passível de aplicação retroativa por ser mais benéfica ao réu. Contudo, além do silêncio do legislador sobre a aplicação do novo entendimento aos processos em curso, tem-se que seus efeitos não podem atingir o ato jurídico perfeito e acabado (oferecimento da denúncia), de modo que a retroatividade da representação no crime de estelionato deve se restringir à fase policial, não alcançando o processo. Do contrário, estar-se-ia conferindo efeito distinto ao estabelecido na nova regra, transformando-se a representação em condição de prosseguibilidade e não procedibilidade*" (STJ — HC 573.093/SC, Rel. Min. Reynaldo Soares da Fonseca, 5ª Turma, julgado em 9-6-2020, *DJe* 18-6-2020). Em sentido contrário: "*A retroação do § 5º do art. 171 do Código Penal alcança todos os processos em curso, ainda sem trânsito em julgado, sendo que essa não gera a extinção da punibilidade automática dos processos em curso, nos quais a vítima não tenha se manifestado favoravelmente à persecução penal. Aplicação do art. 91 da Lei n. 9.099/1995 por analogia (...) Ordem parcialmente concedida, confirmando-se a liminar, para determinar a aplicação retroativa do § 5º do art. 171 do Código Penal, inserido pela Lei n. 13.964/2019, devendo ser a vítima intimada para manifestar interesse na continuação da persecução penal em 30 dias, sob pena de decadência, em aplicação analógica do art. 91 da Lei n. 9.099/1995*" (STJ — HC 583.837/SC, Rel. Min. Sebastião Reis Júnior, 6ª Turma, julgado em 4-8-2020, *DJe* 12-8-2020).

2.6.1.14. Forma privilegiada

> **Art. 171, § 1º** — Se o criminoso é primário, e é de pequeno valor o prejuízo, o juiz pode aplicar a pena conforme o disposto no art. 155, § 2º.

Essa forma de privilégio aplica-se ao estelionato comum, descrito no *caput* do art. 171, e também às figuras assemelhadas, descritas em seu § 2º.

Para que seja reconhecido o benefício, o agente deve ser primário e o prejuízo da vítima de pequeno valor. Em outras palavras, é necessário que o juiz reconheça, na sentença, que o réu não é reincidente e que o prejuízo por ele causado à vítima não ultrapassou o montante de um salário mínimo na data dos fatos. Deve-se levar em conta o prejuízo causado no momento da consumação do crime, de modo que eventual reparação posterior do dano não autoriza a concessão do benefício, tornando possível, contudo, a aplicação do instituto do arrependimento posterior (art. 16 do CP), desde que a reparação ocorra antes do recebimento da denúncia.

Na tentativa de estelionato, o que se leva em conta é o montante do prejuízo que o agente causaria se consumasse a infração.

As consequências do privilégio são as mesmas do furto: a) substituição da pena de reclusão por detenção; b) redução da pena privativa de liberdade de um a dois terços; c) aplicação somente da pena de multa.

O estelionato privilegiado difere do furto privilegiado, na medida em que, neste, se leva em conta o valor do bem subtraído, e não o prejuízo causado à vítima.

2.6.2. Figuras assemelhadas

O § 2º do art. 171 do Código Penal descreve uma série de subtipos de estelionato que possuem a mesma pena da figura fundamental do *caput*. A principal distinção é que a figura fundamental, por ser genérica, é subsidiária em relação às demais. Com efeito, nos seis subtipos contidos nos incisos do § 2º, a lei expressamente descreve em que consiste o meio fraudulento empregado pelo agente, de modo que a figura comum do art. 171, *caput*, do Código Penal, só poderá ser aplicada nas hipóteses remanescentes, não abrangidas pelas figuras específicas.

2.6.2.1. Disposição de coisa alheia como própria

> **Art. 171, § 2º** — Nas mesmas penas incorre quem:
> I — vende, permuta, dá em pagamento, em locação ou em garantia coisa alheia como própria.

No crime em análise, o agente se passa por dono de certo bem (móvel ou imóvel) e o negocia com terceiro de boa-fé sem possuir autorização do proprietário, causando, assim, prejuízo ao adquirente.

O delito se consuma no instante em que o agente recebe o preço. No caso de locação, a consumação se dá com o recebimento do valor do aluguel.

A tentativa é plenamente possível.

O sujeito ativo pode ser qualquer pessoa. Trata-se de crime **comum**.

Sujeito passivo é quem adquire, aluga ou recebe o bem em garantia sem saber que não pertence ao agente. Se este, no caso concreto, entregar o bem que vendeu ou alugou sem que seja o seu proprietário, será também sujeito passivo o dono da coisa. Suponha-se que o caseiro de um imóvel de veraneio ou de campo, sabendo que os donos passarão um tempo sem ir ao local, apresente-se como dono e venda o imóvel a terceiro, entregando-lhe as chaves e desaparecendo em seguida. Os compradores usam a casa durante um tempo até que os verdadeiros proprietários aparecem no local e descobrem o ocorrido, e ingressem com ação para reaver a posse. Tanto o comprador como o dono foram vítimas do crime.

Trata-se de crime de **ação vinculada**, pois o tipo penal enumera os modos de execução de forma taxativa (venda, permuta, locação, dação em pagamento ou em garantia), não admitindo ampliação por analogia. Por essa razão, a elaboração de **compromisso de compra e venda** por parte de quem não é dono **não constitui o crime** em análise, e sim o estelionato comum, caso haja obtenção de vantagem ilícita — o que não gera grande diferença, já que a pena em abstrato é a mesma. A propósito: "*Na esfera penal, vender difere de prometer vender, dois institutos civis com* *características próprias e efeitos diversos. Não havendo crime sem lei anterior que o defina, não pode o intérprete equiparar a promessa de venda de coisa alheia como própria, não prevista expressamente em lei, à venda, prevista em lei, de coisa alheia como própria*" (TJGB — Rel. Ney Cidade Palmeiro — *RT* 417/377); "*O vocábulo 'vender' significa transmitir domínio, que não se confunde com o simples compromisso de compra e venda, onde existe típica obrigação de fazer, não podendo ser este meio uma das formas configuradoras do delito previsto no art. 171, § 2º, I, do CP de 1940*" (TJSP — Rel. Marino Falcão — *RT* 614/286).

Conforme já estudamos ao abordar o crime de furto, em termos jurisprudenciais, firmou-se entendimento de que a venda a terceiro de boa-fé de objeto furtado pelo próprio ladrão constitui *post factum* impunível porque ele estaria apenas transformando em dinheiro o bem subtraído (fazendo lucro em relação ao bem furtado). A propósito: "*A disposição de coisa produto de crime, ou parte dela, como própria, não constitui crime autônomo. Não passa de exaurimento do delito perpetrado pelo agente. É fato posterior não punível*" (Tacrim-SP — Rel. Fernandes Rama — *RT* 556/345).

Em termos doutrinários o tema é controvertido. Heleno Cláudio Fragoso[189] a respeito do tema diz que "*os fatos posteriores que significam um aproveitamento e por isso ocorrem regularmente depois do fato anterior são por este consumidos. É o que ocorre nos crimes de intenção, em que aparece especial fim de agir. A venda pelo ladrão da coisa furtada como própria não constitui estelionato*". Com entendimento contrário, Francisco de Assis Toledo[190] sustenta que "*se o agente vende a coisa para terceiro de boa-fé, comete estelionato em concurso material, com o antecedente furto, por empreender nova lesão autônoma contra vítima diferente, através de conduta não compreendida como consequência natural e necessária da primeira*".

Apesar de concordamos com os argumentos da última corrente, é forçoso lembrar que, na prática, a primeira é que vem sendo adotada pelos tribunais.

Veja-se, ainda, que, quando o ladrão dá ciência ao comprador de que o bem é furtado, não se cogita do crime de disposição de coisa alheia como própria porque o comprador foi informado de que o bem não é do furtador. Em tal caso, o adquirente responde por crime de receptação dolosa.

▪ 2.6.2.2. *Alienação ou oneração fraudulenta de coisa própria*

> **Art. 171, § 2º** — Nas mesmas penas incorre quem:
>
> II — vende, permuta, dá em pagamento ou em garantia coisa própria inalienável, gravada de ônus ou litigiosa, ou imóvel que prometeu vender a terceiro, mediante pagamento em prestações, silenciando sobre qualquer dessas circunstâncias.

As condutas típicas são as mesmas do parágrafo anterior — vender, permutar, dar em pagamento ou em garantia — tendo sido excluída apenas a hipótese de locação. No crime em análise, todavia, o objeto pertence ao agente, contudo está gravado de cláusula de inalienabilidade ou de ônus, ou cuida-se de coisa litigiosa ou de imóvel

[189] Heleno Cláudio Fragoso, *Lições de direito penal*. Parte geral, p. 360.

[190] Francisco de Assis Toledo, *Princípios básicos de direito penal*, p. 54.

que o agente prometeu vender parceladamente a outrem. Apenas na última figura o objeto material necessariamente deve ser coisa imóvel, por expressa determinação legal. Nas demais, pode ser móvel ou imóvel.

É preciso salientar que não haverá crime se o agente realizar o negócio após cientificar a outra parte acerca das circunstâncias que envolvem o bem, uma vez que o texto legal estabelece como elementar do crime o **silêncio em torno delas**. O fato de a causa impeditiva estar registrada em Cartório não exclui o crime, já que o tipo penal esclarece que a exclusão só se dá quando a parte expressamente informa a outra a esse respeito.

Coisa **inalienável** é aquela que não pode ser vendida em razão de determinação legal, convenção (doação com cláusula de inalienabilidade, por exemplo) ou disposição testamentária.

Coisa **gravada de ônus** é aquela sobre a qual pesa um direito real em decorrência de cláusula contratual ou disposição legal (art. 1.225 do Código Civil). É o caso, por exemplo, da hipoteca e da anticrese.

Bem **litigioso** é aquele objeto de discussão judicial (usucapião contestado, reivindicação etc.).

Existe, por fim, crime na alienação ou oneração de imóvel que o agente prometeu vender a terceiro mediante pagamento em prestações. Note-se que, aqui, a conduta consiste em vender, permutar ou dar em pagamento ou garantia imóvel sobre o qual pesa compromisso de compra e venda válido com terceira pessoa. O imóvel **ainda pertence ao agente**, mas sobre ele pesa compromisso de compra e venda.

Já vimos no tópico anterior que quem assina compromisso de vender coisa **alheia** como se fosse própria comete estelionato comum, por não haver tal conduta típica dentre as modalidades criminosas do § 2º.

O crime se consuma no momento em que é realizada a conduta típica e a tentativa é possível.

2.6.2.3. Defraudação do penhor

> **Art. 171, § 2º** — Nas mesmas penas incorre quem:
> III — defrauda, mediante alienação não consentida pelo credor ou outro modo, a garantia pignoratícia, quando tem a posse do bem empenhado.

O penhor é um direito real em que a coisa **móvel** dada em garantia fica sujeita ao cumprimento da obrigação. Uma pessoa, por exemplo, empresta dinheiro a outra, e o devedor entrega joias ao credor como garantia da dívida. O devedor continua sendo dono dos bens, mas eles ficam na posse do credor, de modo que, não havendo pagamento da dívida, as joias serão usadas para tal fim — serão vendidas pelo credor, por exemplo. Note-se que, tal como mencionado, a regra é que, com a constituição do penhor, o bem móvel passe às mãos do credor. É, aliás, o que dispõe o art. 1.431 do Código Civil: "*constitui-se o penhor pela transferência efetiva da posse que, em garantia do débito ao credor ou a quem o represente, faz o devedor, ou alguém por ele, de uma coisa móvel, suscetível de alienação*". Ocorre que, no parágrafo único do mesmo art. 1.431, o legislador estabeleceu algumas hipóteses em que o bem empenhado pode ficar nas mãos do devedor (cláusula *constituti*): "*no penhor rural, industrial, mercantil e de veículos, as coisas empenhadas continuam em poder do devedor que as deve guardar e conservar*". É exatamente nessas hipóteses que pode surgir o crime de defraudação do penhor, isto é, quando o devedor está em poder do bem empenhado e o vende, permuta, doa, ou de alguma outra maneira o inviabiliza como garantia de dívida — destruindo-o, ocultando-o, inutilizando-o, consumindo-o etc.

Sujeito ativo é somente o **devedor** que tem a posse do bem empenhado. Trata-se de crime **próprio**.

Sujeito passivo é o **credor** que, com a defraudação, fica sem a garantia de sua dívida.

A consumação ocorre no momento da defraudação, ainda que, posteriormente, o agente seja forçado ao pagamento mediante ação judicial.

A tentativa é possível.

■ 2.6.2.4. *Fraude na entrega de coisa*

> **Art. 171, § 2º** — Nas mesmas penas incorre quem:
> IV — defrauda substância, qualidade ou quantidade de coisa que deve entregar a alguém.

A presente infração penal pressupõe uma situação jurídica envolvendo duas pessoas, em que uma tem o **dever** de entregar objeto, móvel ou imóvel a outra; porém, de alguma forma o modifica fraudulentamente, de modo que possa prejudicar a outra parte. Essa alteração pode recair sobre a substância (natureza da coisa a ser entregue, por exemplo, entregar objeto de vidro no lugar de cristal ou latão dourado no lugar de ouro), sobre a qualidade (entregar mercadoria da mesma espécie, mas de pior qualidade, objeto usado como se fosse novo) ou sobre a quantidade (dimensão ou peso menores etc.).

Apesar da forma como está redigido o dispositivo, entende-se que, para fim de consumação, exige-se a efetiva entrega do bem à vítima. Assim, o ato de defraudar o bem antes da efetiva entrega é considerado ato preparatório, pois o agente pode ainda se arrepender e efetuar a entrega dentro dos parâmetros combinados. Por isso, a tentativa é possível quando o agente tenta, mas não consegue entregar o bem. Ex.: a vítima percebe a fraude a se recusa a receber o objeto.

Sujeito ativo pode ser qualquer pessoa que, por alguma razão, esteja obrigada a entregar alguma coisa a outrem. Sujeito passivo é qualquer pessoa que tenha o direito de receber a coisa da outra parte.

2.6.2.5. *Fraude para recebimento de indenização ou valor de seguro*

> **Art. 171, § 2º** — Nas mesmas penas incorre quem:
> V — destrói, total ou parcialmente, ou oculta coisa própria, ou lesa o próprio corpo ou a saúde, ou agrava as consequências da lesão ou doença, com o intuito de haver indenização ou valor de seguro.

Premissa deste crime é a prévia existência de um contrato de seguro em vigor, sem o qual haveria crime impossível.

Existem três hipóteses elencadas no texto legal:

a) Destruir ou **ocultar**, no todo ou em parte, coisa própria. Pode ser coisa móvel (veículo, por exemplo) ou imóvel. Comete o crime, por exemplo, quem, por não querer mais um veículo ou precisar de dinheiro, nele ateia fogo ou o esconde. Tem-se, ainda, reconhecido o crime em análise quando alguém leva seu veículo a outro Estado ou País e lá o vende e, em seguida, alega ter sido furtado para solicitar o valor do seguro.

b) Lesionar o próprio corpo ou **saúde**. Nessa modalidade, o agente se autolesiona, mas faz parecer à seguradora que foi vítima de agressão ou de acidente.

Como o texto legal se refere à autolesão, teoricamente o crime seria o de estelionato comum quando o agente solicitasse a outra pessoa que o agredisse para, em razão da lesão, solicitar o seguro. Prevalece, contudo, o entendimento esposado por Magalhães Noronha,[191] segundo o qual, em tal hipótese, haverá coautoria no crime de fraude contra seguradora, sem prejuízo da punição do agressor pelo crime de lesão corporal — pois o consentimento da vítima não exclui o delito por ser a incolumidade física bem indisponível, precipuamente em relação às lesões de natureza grave ou gravíssima que, em regra, são aquelas que geram direito à indenização por parte da seguradora.

Damásio de Jesus[192] sustenta que também existe o crime em estudo quando o agente se autolesiona, mas o beneficiário é terceiro (filho, esposa), posto que, em tal caso, o golpe contra a seguradora não se altera. Magalhães Noronha[193] discorda deste entendimento e defende que, se a beneficiária é terceira pessoa, configura-se o crime comum de estelionato, posto que a figura do art. 171, § 2º, V, pressupõe intenção "de haver" a indenização, isto é, de obtê-la em proveito próprio.

c) Agravar as consequências da lesão ou **doença**. Ex.: provocar infecção em um ferimento para que ocorra gangrena na perna e a necessidade de amputação.

O crime de fraude contra seguradora é **formal**, isto é, consuma-se no momento em que o agente realiza a conduta típica (destruir, ocultar, autolesionar etc.), ainda que o agente não consiga receber o que pretendia por ter a seguradora descoberto o golpe. Como o tipo penal exige que o agente queira receber o valor do seguro, a prova da sua má-fé normalmente se faz pelo documento em que ele solicita a indenização ou o pagamento do seguro, com alegações falsas (de que sofreu uma queda, por

[191] E. Magalhães Noronha, *Direito penal*, v. 2, p. 401.
[192] Damásio de Jesus, *Direito penal*, v. 2, p. 444.
[193] E. Magalhães Noronha, *Direito penal*, v. 2, p. 405.

exemplo, em caso de autolesão). O efetivo recebimento do valor do seguro, contudo, é mero **exaurimento** do delito.

Se o agente esconde seu veículo em um sítio em Campos do Jordão e solicita a indenização na cidade de São Paulo, o crime deve ser apurado na primeira cidade, local onde foi praticada a conduta típica. A situação é similar à da extorsão mediante sequestro em que o crime se consuma com a captura da vítima, e não com o pedido de resgate.

A tentativa é possível, como, por exemplo, no caso de quem tenta empurrar seu veículo morro abaixo e é impedido por terceiros. Deve, porém, haver prova de que o fazia a fim de aplicar golpe na seguradora.

Sujeito ativo do delito é o **segurado**. Trata-se de crime **próprio**. Sujeito passivo é a seguradora. O bem jurídico tutelado é o patrimônio da empresa seguradora, sendo a coisa ou o corpo do agente mero instrumento do delito.

■ 2.6.2.6. *Fraude no pagamento por meio de cheque*

> **Art. 171, § 2º** — Na mesma pena incorre quem:
>
> VI — emite cheque sem suficiente provisão de fundos em poder do sacado, ou lhe frustra o pagamento.

■ 2.6.2.6.1. *Tipo objetivo*

Esse dispositivo prevê duas condutas típicas autônomas:

1) Emitir cheque sem fundos. Em tal hipótese, no momento em que o agente preenche o cheque e o entrega a terceiro, já não existe a quantia respectiva em sua conta bancária. É a hipótese mais comum, em que a vítima, acreditando na boa-fé do agente, entrega-lhe uma mercadoria em troca de uma cártula que, em seguida, não é honrada pelo banco por insuficiência de fundos, ficando, assim, com o prejuízo.

2) Frustrar o pagamento do cheque. Nessa modalidade, existe o dinheiro respectivo na conta bancária no momento da emissão da cártula, porém o emitente, antes de a vítima conseguir descontar o valor na agência, saca a quantia que ali havia ou emite ordem de sustação.

Para a configuração desses crimes, é necessário que o sujeito tenha agido de **má-fé**, isto é, com dolo de obter vantagem ilícita pela emissão do cheque ou pela frustração de seu pagamento. Por essa razão, não responde pelo crime em tela quem consegue provar que imaginava ter o dinheiro disponível na conta, mas se esqueceu de que havia contas em débito automático que diminuíram o seu saldo naquela data. Nesse sentido existe a Súmula n. 246 do Supremo Tribunal Federal: "*comprovado não ter havido fraude, não se configura o crime de emissão de cheque sem fundos*". Apesar de a súmula só fazer menção à uma das figuras típicas, por ser ela a mais comum, é evidente que a regra também vale para aquele que susta um cheque para evitar um prejuízo, e não para obter uma vantagem ilícita. Assim, se alguém emite um cheque para pagar um móvel ou eletrodoméstico que comprou, mas o bem não lhe é entregue, não há crime na sustação da cártula. O delito reside na **ilegítima** frustração do pagamento.

Para a configuração do crime de fraude no pagamento por meio de cheque, é necessário que a emissão do título tenha sido a causa determinante do convencimento da vítima e, portanto, a razão direta de seu prejuízo e do locupletamento do agente. Por tal motivo, entende-se que não se configura tal delito quando o **cheque é emitido para pagamento de dívida anterior ou de obrigação já vencida e não paga**, posto que, em tal caso, o prejuízo da vítima é anterior à emissão do cheque. Veja-se o exemplo de pessoa que, por imprudência, causa um acidente de veículos provocando apenas danos materiais no carro da outra parte e, imediatamente, emite um cheque para pagar pelos estragos causados, mas o cheque volta sem fundos. Não há crime porque o prejuízo era anterior, ou seja, foi a colisão entre os veículos que gerou o dano econômico. Em outras palavras, o causador do acidente poderia simplesmente ter dito que não iria pagar, hipótese em que o dono do carro abalroado teria que ingressar com ação cível para provar sua culpa e, só após a procedência da ação de conhecimento, receberia o que lhe era devido. Assim, o cheque sem fundos melhorou a situação jurídica do credor, pois, embora não tenha recebido o valor respectivo pela recusa de pagamento decorrente da insuficiência de fundos, não precisará ingressar com ação de conhecimento, pois, sendo o cheque um título executivo extrajudicial, poderá ser executado imediatamente. A propósito: "*Se a emissão de cheque servia para pagamento de alugueres e despesas de condomínio em atraso, e pois, para pagamento de dívida que preexistia à sua emissão, o título não melhorou e muito menos piorou a situação do credor, que ficou a mesma. Não foi o credor induzido a desfalcar o seu patrimônio, por, na boa-fé, aceitar o cheque. O seu patrimônio já estava desfalcado pela dívida já existente que deve ser cobrada pelos meios regulares. O prejuízo, evidentemente, tem que ser resultado do recebimento do cheque pela vítima*" (Tacrim-SP — Rel. Gonzaga Franceschini — *Jutacrim* 91/403).

Não há crime na emissão de cheque sem fundos para substituição de outro título de crédito anteriormente emitido e não honrado. Trata-se também de hipótese de prejuízo anterior. Veja-se: "*Emissão e entrega de cheque sem lastro em substituição a nota promissória vencida não traz para o agente proveito patrimonial e nem piora a situação do credor, podendo tão só caracterizar eventual ilícito civil*" (Tacrim-SP — Rel. Gonzaga Franceschini — *Jutacrim* 90/387); "*Sendo material o delito do art. 171, § 2º, VI, do CP, indispensável a superveniência de prejuízo. Não se configura, portanto, o crime quando o cheque sem fundos é dado em pagamento de dívida representada por outro título de crédito, como, por exemplo, duplicata vencida*" (TAPR — Rel. Martins Ricci — *RT* 629/366).

É claro, por outro lado, que existe o crime quando o cheque é emitido para pagamento de alguma compra porque, em tal caso, a vítima entrega a mercadoria em contrapartida ao cheque recebido.

Saliente-se, ainda, que é necessário que a emissão do cheque tenha causado algum prejuízo, uma diminuição patrimonial para a vítima, o que não ocorre, de acordo com a jurisprudência, quando a cártula é emitida para pagamento de dívida de jogo ilícito ou de programa com prostituta. Nesse sentido: "*As dívidas de jogo ou aposta não obrigam a pagamento. Sendo ato estranho ao Direito Civil,* ipso facto, *não está sujeito à sanção penal o cheque como meio de pagamento de tal dívida. Se a lei civil, em determinado caso, nega proteção ao patrimônio, não poderá ter cabimento aí a sanção penal*" (Tacrim-SP — Rel. Ricardo Couto — *RT* 413/272).

Quando se trata de cheque especial, em que o banco garante o pagamento até determinado valor, somente haverá crime se este for ultrapassado. Se o banco pagar o cheque porque o seu valor estava dentro do limite de garantia, e o cliente não repuser posteriormente os valores, não haverá crime, tratando-se de mero ilícito civil pelo descumprimento de cláusula contratual.

O cheque tem natureza jurídica de **ordem de pagamento à vista**. É, contudo, extremamente comum que as pessoas o utilizem como se fosse uma nota promissória, no caso do cheque pré-datado (que a doutrina costuma chamar de pós-datado porque contém data posterior à da emissão). Entende-se que, nesse caso, não se pode falar no crime de fraude no pagamento por meio de **cheque** porque o agente não lançou mão do título como cheque. Assim, se o destinatário do título aguardar a data aprazada, e o cheque não for pago por falta de fundos, duas situações podem ocorrer: a) se ficar provado que o agente emitiu o cheque de má-fé, com intenção, desde o início, de obter vantagem ilícita, responde por **estelionato comum** (art. 171, *caput*); b) se não for feita tal prova, o fato será considerado atípico. A propósito: "*A vítima aceitando o cheque pré-datado para descontá-lo no banco sacado 17 dias depois de sua emissão, concorreu para que o cheque fosse desfigurado de ordem de pagamento à vista para promessa de pagamento a prazo, e, assim, o fato perdeu a tipicidade do crime previsto no art. 171, § 2º, VI, do CP*" (STF — Rel. Min. Soarez Muñoz — *RT* 592/445).

■ 2.6.2.6.2. Distinção

Não se confunde o crime de fraude no pagamento por meio de cheque, que só pode ser cometido nas duas modalidades anteriormente estudadas pelo **titular da conta**, com inúmeros outros golpes que podem ser praticados com cheque alheio ou com o próprio talonário, mas em situações diversas das previstas no § 2º, VI, do art. 171, e que **configuram o estelionato comum** do *caput*, tal como nos casos abaixo:

a) Falsificação de cheque alheio.

b) Abertura de conta corrente com documentos falsos e consequente obtenção de cheques verdadeiros do banco. Em tal caso, o banco normalmente não paga os cheques alegando falta de fundos, até que descobre o verdadeiro golpe — uso de documentos falsos para a abertura da conta. Após a descoberta da farsa, resta claro que o crime é o de estelionato comum, sendo irrelevante o carimbo de cheque sem fundos colocado pelo banco no verso da cártula.

c) Sustação do cheque antes de sua emissão. Nesse caso, a fraude é anterior à própria emissão.

d) Emissão de cheques que ainda estavam em poder do agente, mas referentes a conta corrente que já fora encerrada: "*Configura-se o estelionato clás-*

sico, previsto no caput do art. 171 do CP, o pagamento através de cheque sem fundos, de conta encerrada, porquanto se trata de meio ardiloso preconcebido, com vistas a ludibriar a boa-fé do credor, não se confundindo com o delito previsto no § 2º, VI, do supracitado dispositivo legal" (TAMG — Rel. Carlos Biasutti — *RT* 678/358).

Existe divergência na hipótese em que alguém recebe um cheque nominal e, ao tentar sacá-lo junto banco, é informado da inexistência de fundos e, para não ficar com o prejuízo, resolve fazer compras com a mesma cártula, endossando-a. Dizem alguns que o endosso equivale a uma nova emissão porque recoloca o título em circulação, caracterizando, assim, o crime do art. 171, § 2º, VI, do Código Penal. Outros sustentam que endosso e emissão são institutos distintos, de forma que o endossante deve responder por estelionato comum.

■ 2.6.2.6.3. Sujeito ativo

É o titular da conta corrente do cheque emitido.

■ 2.6.2.6.4. Sujeito passivo

É a pessoa que sofre o prejuízo em decorrência da recusa de pagamento por parte do banco sacado.

■ 2.6.2.6.5. Consumação

É pacífico o entendimento de que o crime em análise não se consuma no instante em que o cheque entra em circulação, mas apenas no momento em que o banco sacado efetivamente recusa o pagamento. Assim, não há crime quando alguém emite um cheque sem fundos, mas imediatamente cobre o valor respectivo em sua conta bancária, antes da recusa de pagamento pelo banco. Bastará para a consumação, contudo, **uma única recusa**.

A respeito desse tema existem duas súmulas que, embora tratem da fixação do foro competente, esclarecem o momento consumativo, já que a competência é fixada pelo local da consumação do delito:

1) Súmula n. 244 do Superior Tribunal de Justiça: "*compete ao foro local da recusa processar e julgar o crime de estelionato mediante cheque sem provisão de fundos*".

2) Súmula n. 521 do Supremo Tribunal Federal: "*o foro competente para o processo e julgamento dos crimes de estelionato, sob a modalidade de emissão dolosa de cheque sem provisão de fundos, é o do local onde se deu a recusa do pagamento pelo sacado*".

Assim, se a conta corrente do emitente for da cidade de Bauru, será esta a comarca competente, qualquer que tenha sido o local da compra feita com o cheque sem fundos.

Quando, todavia, a compra é feita mediante falsificação de cheque alheio, a solução é diferente, porque o crime cometido é o de estelionato comum, que se consuma no momento e no local da obtenção da vantagem ilícita. Assim, se o agente faz uma compra na cidade de Niterói e ali recebe as mercadorias compradas, mas efetua o pagamento falsificando cheque de pessoa cuja conta fica na cidade de Campinas, o foro competente é o de Niterói. Nesse sentido existe, inclusive, a Súmula n. 48 do Superior Tribunal de Justiça: "*compete ao juízo do local da obtenção da vantagem ilícita processar e julgar crime de estelionato cometido mediante falsificação de cheque*".

■ 2.6.2.6.6. Tentativa

É possível em ambas as modalidades do crime:

a) se o agente, de má-fé, emite um cheque sem fundos, e um parente ou amigo deposita o valor no banco antes da apresentação da cártula, sem que o sujeito tenha feito qualquer pedido nesse sentido;

b) após a emissão dolosa de um cheque, o agente solicita ao gerente a sua sustação e este se esquece de concretizá-la, vindo o cheque a ser pago.

■ 2.6.2.6.7. Ressarcimento do valor do cheque

Como no crime em análise o nome do criminoso encontra-se estampado no cheque, é comum que ele seja intimado a depor no Distrito Policial e, em tal ocasião, se disponha a ressarcir a vítima. O Supremo Tribunal Federal, ciente de que o interesse primordial da vítima é receber o valor do cheque, e não o de punir o seu emitente, aprovou, por política criminal, a Súmula n. 554, segundo a qual o pagamento do valor do cheque, antes do recebimento da denúncia, retira a justa causa para a ação penal. Essa súmula, entretanto, não se aplica a outras modalidades de estelionato, em relação às quais o ressarcimento antes do início da ação tem apenas o condão de reduzir a pena em face do arrependimento posterior (art. 16 do CP). A propósito: "*Segundo a jurisprudência deste Tribunal Superior, o ressarcimento integral, no tocante ao crime de estelionato, na sua forma fundamental, não tem o condão de extinguir a punibilidade*" (STJ — AgInt no RHC 75.903/SP — Rel. Min. Rogerio Schietti Cruz — 6ª Turma — julgado em 17-11-2016 — *DJe* 29-11-2016); "*Esta Corte firmou o entendimento de que o ressarcimento integral no tocante ao crime de estelionato, na sua forma fundamental, não tem o condão de extinguir a punibilidade. É de ver que até se permite tal providência no que se refere ao crime tipificado no art. 171, § 2º, VI, do Código Penal, desde que o ressarcimento ocorra em momento anterior ao recebimento da denúncia. 3. O ressarcimento do dano, na hipótese do crime de estelionato na sua forma fundamental, pode ensejar apenas a aplicação do art. 16 do Código Penal*" (STJ — HC 279.805/SP — Rel. Min Maria Thereza de Assis Moura — 6ª Turma — julgado em 23-10-2014 — *DJe* 10-11-2014); "*Não se pode falar em trancamento da ação penal por falta de justa causa quanto ao crime de estelionato na sua forma fundamental, por-*

quanto a orientação contida na Súmula 554 do Supremo Tribunal Federal é restrita ao crime de estelionato na modalidade de emissão de cheque sem fundos, prevista no art. 171, § 2º, inciso VI, do Código Penal. Precedentes" (STJ — HC 156.424/SP — Rel. Min. Laurita Vaz — 5ª Turma — julgado em 20-9-2011 — *DJe* 3-10-2011); **e** *"Na linha dos precedentes desta Corte, a reparação do dano, anteriormente ao recebimento da denúncia, não exclui o crime de estelionato em sua forma básica, uma vez que o disposto na Súmula n. 554 do STF só tem aplicação para o crime de estelionato na modalidade emissão de cheques sem fundos, prevista no art. 171, § 2º, inciso VI, do Código Penal"* (STJ — RHC 20.387/BA — Rel. Min. Felix Fischer — 5ª Turma — julgado em 27-2-2007 — *DJ* 30-4-2007, p. 329).

Já o pagamento do valor do cheque após o início da ação, mas antes da sentença, implica reconhecimento de atenuante genérica do art. 65, III, *b*, do Código Penal.

■ 2.6.3. Causas de aumento de pena

> **Art. 171, § 3º** — A pena aumenta-se de um terço, se o crime é cometido em detrimento de entidade de direito público ou de instituto de economia popular, assistência social ou beneficência.
> **Art. 171, § 4º** — Aplica-se a pena em dobro se o crime for cometido contra idoso.

Além da União, Estados, Distrito Federal e Municípios, são entidades de direito público as autarquias e as entidades paraestatais.

Tendo em vista o grande número de fraudes praticadas contra o INSS, o Superior Tribunal de Justiça aprovou a Súmula n. 24 assim dispondo: *"aplica-se ao crime de estelionato, em que figure como vítima entidade autárquica da Previdência Social, a qualificadora do § 3º do art. 171 do Código Penal"*. De lembrar-se apenas que o dispositivo contém, tecnicamente, **causas de aumento de pena**, e não qualificadoras propriamente ditas.

É comum que, com o emprego da fraude, **o próprio agente** passe a auferir, mensalmente, benefícios indevidos junto à entidade autárquica. Nesse caso, evidencia-se o caráter **permanente** da infração, de modo que a prescrição somente passa a correr a partir do último recebimento. Nesse sentido: *"É pacífica a jurisprudência do Supremo Tribunal Federal no sentido de que o 'crime de estelionato previdenciário, quando praticado pelo próprio beneficiário das prestações, tem caráter permanente, cessando a atividade delitiva apenas com o fim da percepção das prestações' (HC 107.385, Rel. Min. Rosa Weber). 2. No caso, sendo o paciente o próprio beneficiário das prestações, o termo inicial da contagem do prazo de prescrição é a data em que cessada a permanência do delito (art. 111, III, do CP)"* (STF — HC 99.503 — Rel. Min. Roberto Barroso — 1ª Turma — julgado em 12-11-2013, acórdão eletrônico *DJe*-244 divulg. 11-12-2013, public. 12-12-2013); *"Paciente que é beneficiário das parcelas de aposentadoria percebidas mediante fraude (recebimento de auxílio-doença mediante a falsificação de laudos periciais) pratica crime permanente, previsto no art. 171, § 3º, do CP, cuja execução se protrai no tempo, renovando-se a cada parcela recebida. Assim, o termo inicial do prazo prescricional deve ser* *contado a partir da cessação do pagamento do benefício indevido, e não do recebimento da primeira parcela remuneratória. 2. Ordem denegada*" (STF — HC 117.168 — Rel. Min. Teori Zavascki — 2ª Turma — julgado em 3-9-2013, processo eletrônico *DJe*-182 divulg. 16-9-2013, public. 17-9-2013).

No mesmo sentido a 3ª Seção do Superior Tribunal de Justiça pacificou entendimento de que, "*sendo o objetivo do estelionato a obtenção de vantagem ilícita em prejuízo alheio, nos casos de prática contra a Previdência Social, a ofensa ao bem jurídico tutelado pela norma é reiterada, mês a mês, enquanto não há a descoberta da aplicação do ardil, artifício ou meio fraudulento. Tratando-se, portanto, de crime permanente, inicia-se a contagem para o prazo prescricional com a supressão do recebimento do benefício indevido e, não, do recebimento da primeira parcela da prestação previdenciária, como entendeu a decisão que rejeitou a denúncia*" (REsp 1.206.105/RJ — Rel. Min. Gilson Dipp — 3ª Seção — julgado em 27-6-2012, *DJe* 22-8-2012). Note-se que, nesses casos, o agente emprega fraude uma única vez e passa a auferir lucros ilícitos mensais, tratando-se, assim, de crime único (de natureza permanente). Diferente é a hipótese — razoavelmente comum — em que terceira pessoa, após a morte do beneficiário regular, apossa-se do cartão do falecido e, ludibriando a autarquia (sem comunicar a morte), vai mensalmente ao banco para retirar os valores indevidos após a morte. Em tal caso temos crimes de estelionato em continuidade delitiva (um para cada saque indevido), pois o agente, a cada mês, realiza nova fraude. Nesse sentido: "*O delito de estelionato, praticado contra a Previdência Social, mediante a realização de saques depositados em favor de beneficiário já falecido, consuma-se a cada levantamento do benefício, caracterizando-se, assim, continuidade delitiva, nos termos do art. 71 do Código Penal, devendo, portanto, o prazo prescricional iniciar-se com a cessação do recebimento do benefício previdenciário. Precedentes. Agravo regimental desprovido*" (STJ — AgRg no REsp 1.378.323/PR — Rel. Min. Marilza Maynard (Desembargadora Convocada do TJ/SE) — 6ª Turma — julgado em 26-8-2014 — *DJe* 10-9-2014); "*Tem aplicação a regra da continuidade delitiva ao estelionato previdenciário praticado por terceiro, que após a morte do beneficiário segue recebendo o benefício antes regularmente concedido ao segurado, como se ele fosse, sacando a prestação previdenciária por meio de cartão magnético todos os meses. 2. Diversamente do que ocorre nas hipóteses de inserção única de dados fraudulentos seguida de plúrimos recebimentos, em crime único, na hipótese dos autos não há falar em conduta única, mas sim em conduta reiterada pela prática de fraude mensal, com respectiva obtenção de vantagem ilícita. 3. Recurso desprovido*" (STJ — REsp 1.282.118/RS — Rel. Min. Maria Thereza de Assis Moura — 6ª Turma — julgado em 26-2-2013 — *DJe* 12-3-2013).

O Superior Tribunal de Justiça entende inaplicável o princípio da insignificância ao estelionato previdenciário: "'*Não é possível a aplicação do princípio da insignificância ao crime de estelionato contra a Previdência Social independentemente dos valores obtidos indevidamente pelo agente, pois, consoante jurisprudência do STJ e do STF, em se tratando de estelionato cometido contra entidade de direito público, considera-se o alto grau de reprovabilidade da conduta do agente, que atinge a coletividade como um todo' (AgRg no AREsp 1476284/PE, Rel. Min. Ribeiro Dantas, 5ª Turma, julgado em 25-6-2019,* DJe *1º-7-2019)'* (STJ — AgRg no REsp 1.849.115/SC — Rel. Min. Nefi Cordeiro — 6ª Turma — julgado em 16-6-2020 — *DJe* 23-6-2020); "*O aresto objurgado alinha-se a entendimento assentado neste Sodalício no sentido de que cuidando-se de estelionato praticado contra entidade de direito público, inviável se mostra o reconhecimento do crime de bagatela, independentemente dos valores obtidos indevidamente pelo agente, haja vista a maior reprovabilidade de sua conduta, que atenta contra o patrimônio público, a moral administrativa e a fé pública, situação que atrai o óbice do Verbete Sumular n. 83/STJ, também aplicável ao recurso especial interposto com fundamento na alínea* a *do permissivo constitucional*" (STJ — AgRg no AREsp 627.891/RN — Rel. Min. Jorge Mussi — 5ª Turma — julgado em 17-11-2015 — *DJe* 25-11-2015).

Será também majorada a pena se o crime for cometido contra instituto de economia popular, assistência social ou beneficência, justificando-se o aumento pelo fato de que o prejuízo reflete em seus beneficiários — que são pessoas necessitadas.

A Lei n. 13.228/2015 acrescentou uma causa de aumento de pena no art. 171, § 4º, do Código Penal, que recebeu a denominação "estelionato contra idoso". Estabelece referido dispositivo que a pena do estelionato será aplicada em dobro quando a vítima do delito for pessoa idosa, ou seja, com idade igual ou superior a 60 anos. Há muitos casos, todavia, em que o agente não tem conhecimento de que a vítima é idosa e, em tais hipóteses, a majorante não poderá incidir, como, por exemplo, em certos golpes perpetrados pela internet nos quais não há qualquer contato entre o autor do crime e a vítima.

2.6.4. Duplicata simulada

> **Art. 172, *caput* —** Emitir fatura, duplicata ou nota de venda que não corresponda à mercadoria vendida, em quantidade ou qualidade, ou ao serviço prestado:
> Pena — detenção, de dois a quatro anos, e multa.

Nas vendas a prazo, com a emissão da nota e da fatura, é possível que o vendedor emita uma duplicata, que, por tratar-se de título de crédito, pode ser colocada em circulação. Assim, o vendedor pode descontar antecipadamente o valor da venda nela contido com terceira pessoa (comumente em bancos), e esta, por ocasião do vencimento, receber do comprador. A duplicata também pode ser emitida em decorrência da prestação de serviços.

Ocorre que, se a duplicata, fatura ou nota de venda for emitida sem que corresponda a uma efetiva venda ou serviço prestado, poderá gerar prejuízo para quem a desconte. Isso porque, na data do vencimento, é evidente que a pessoa que consta no título como adquirente da mercadoria ou destinatário do serviço prestado irá se recusar a efetuar o pagamento, pois não há o que ser pago.

Alguns empresários passaram a ter como comportamento costumeiro emitir duplicata simulada, descontá-la junto ao banco para obter capital e, na data do vencimento, pagar, eles próprios, o valor respectivo, sem que o banco e a pessoa apontada como compradora ou prestadora do serviço fiquem sabendo disso. Em tal caso, não houve prejuízo financeiro efetivo, porém é óbvio que o empresário lançou mão de um meio fraudulento, qual seja, a elaboração de uma cártula contendo informação falsa. Por essa razão, tipificou-se como crime o simples ato de "emitir" a duplicata simulada, ainda que disso não decorra prejuízo. Trata-se, pois, de crime **formal**. Emitir, todavia, não é apenas preencher, e sim **colocar a duplicata em circulação**, pois, antes disso, o emitente pode simplesmente rasgar a duplicata simulada que confeccionou. Nesse sentido: "*No que tange ao momento consumativo do fato criminoso imputado nos autos, já foi decidido por este Sodalício que "O delito do artigo 172 do CP sempre foi, na antiga e na atual redação, crime de natureza formal. Consuma-se com a expedição da duplicata simulada, antes mesmo do desconto do título falso perante a instituição bancária" (REsp 147.507/RS, Rel. Ministro José Arnaldo da Fonseca, Quinta Turma, julgado em 03/08/2000, DJ 18/09/2000, p. 147)*" (AgRg no REsp 1.482.745/SP, Rel. Min. Jorge Mussi, 5ª Turma, julgado em 22-5-2018, *DJe* 28-5-2018).

O entendimento prevalente na doutrina é o de que tal crime não admite tentativa, porque, ou o título é emitido e está consumado, ou não é, e o fato é atípico. É possível, contudo, que o agente tente colocar a duplicata em circulação e não consiga, razão pela qual surgiu entendimento de que a tentativa é possível em tal caso. É a opinião, por exemplo, de Cezar Roberto Bitencourt,[194] com a qual concordamos.

O sujeito ativo é quem emite dolosamente o documento simulado. Sujeito passivo é quem desconta o título e o sacado apontado no título, que corre o risco de ser protestado.

A duplicata simulada, por ser crime especial, absorve o crime de falsidade ideológica.

O art. 172, *caput*, do Código Penal (que teve a redação alterada pela Lei n. 8.137/90) incrimina a emissão de duplicata ou nota de venda que não corresponda à mercadoria vendida, em **quantidade** ou **qualidade**. Por isso, existe quem defenda que o fato só é típico se houver desproporção entre a quantidade (ou a qualidade) vendida e aquela que consta da nota ou duplicata. Para os seguidores dessa orientação, o fato é atípico na hipótese de maior gravidade, qual seja a emissão de nota ou duplicata que não corresponda a qualquer venda ou prestação de serviço. O Supremo Tribunal Federal e o Superior Tribunal de Justiça, todavia, rechaçaram tal interpretação, firmando entendimento de que o fato constitui crime quer haja apenas desproporção, quer haja completa inexistência de venda ou prestação de serviço. A propósito: "*Duplicata simulada — Venda inexistente — Artigo 172 do Código Penal — Alcance. A Lei n. 8.137, de 28 de dezembro de 1990, não expungiu do cenário jurídico, como fato glosado no campo penal, a emissão de fatura, duplicata ou nota que não corresponda a uma venda ou prestação de serviços efetivamente realizados, conduta que se mostra tão punível quanto aquelas que encerrem simulação relativamen-*

194 Cezar Roberto Bitencourt, *Tratado de direito penal*, v. 3, p. 306.

te a qualidade ou quantidade dos produtos comercializados" (STF — HC 72.538 — Rel. Min. Marco Aurélio — 2ª Turma — julgado em 27-6-1995 — *DJ* 18-8-1995, p. 24898, ement vol. 01796-02, p. 417); "*A teor dos julgados desta Corte Superior, configura-se o crime tipificado no art. 172 do CP se o sujeito ativo emite duplicata que não corresponde à venda de mercadoria ou prestação de serviço. Precedentes*" (STJ — AgRg no AREsp 540.173/GO — Rel. Min. Rogerio Schietti Cruz — 6ª Turma — julgado em 6-9-2016 — *DJe* 15-9-2016); "*O delito de duplicata simulada, previsto no artigo 172 do Código Penal, com redação dada pela Lei n. 8.137, de 27.12.1990, configura-se quando o agente emite duplicata que não corresponde à efetiva transação comercial, sendo típica a conduta ainda que não haja qualquer venda de mercadoria ou prestação de serviço (REsp 1.267.626/PR — Rel. Min. Maria Thereza de Assis Moura — 6ª Turma —* DJe *16.12.2013)*" (STJ — AgRg no AREsp 624.470/SP — Rel. Min. Ericson Maranho (Desembargador Convocado do TJ/SP) — 6ª Turma — julgado em 5-3-2015 — *DJe* 13-3-2015).

2.6.5. Falsidade no livro de registro de duplicatas

Art. 172, parágrafo único — Nas mesmas penas incorrerá aquele que falsificar ou adulterar a escrituração do Livro de Registro de Duplicatas.

A exigência de referido livro para os empresários que emitem duplicatas encontra-se no art. 19 da Lei n. 5.474/68.

O tipo penal em análise é, em verdade, dispensável, pois, em sua ausência, a conduta configuraria falsidade documental, lembrando-se de que o art. 297, § 2º, do Código Penal equipara a documento público os livros mercantis. Todavia, em razão da existência do delito especial ora em estudo, apenas a falsificação de outros livros será considerada falsidade documental. Quando o falso recair especificamente no Livro de Registro de Duplicatas, estará configurado o delito deste art. 172, parágrafo único.

É relevante salientar, ainda, que tal delito só tem autonomia quando o autor da falsificação do livro não emite efetivamente qualquer duplicata simulada baseada na escrituração falsa, pois, se o fizer, responderá apenas pela figura do *caput*, ficando a falsificação absorvida por se tratar de crime-meio. Ademais, se o empresário primeiro emitir a duplicata e depois falsificar o livro, a última conduta será considerada *post factum* impunível. Percebe-se, portanto, que o crime em análise afeta apenas a boa-fé nos títulos e documentos, já que dele não decorre qualquer prejuízo patrimonial e, assim, a vítima é o Estado. Daí por que se mencionou acima que a conduta deveria estar descrita entre os crimes de falsidade documental e não como figura autônoma dentre os crimes contra o patrimônio.

Sujeito ativo do crime é o autor da falsificação ou adulteração.

A figura "falsificar" significa criar a escrituração, enquanto a modalidade "adulterar" pressupõe a prévia existência de uma escrituração válida que venha a ser modificada pelo agente. Deve-se ressaltar que, para a existência do crime, é necessário que o produto da falsificação seja capaz de iludir, pois, em se tratando de falsificação grosseira, o fato é atípico.

O crime consuma-se com a falsificação ou adulteração, independentemente da obtenção de qualquer vantagem ou provocação de prejuízo a outrem. A tentativa é possível quando o agente é flagrado dando início ao processo de falsificação e se vê impossibilitado de prosseguir na execução.

2.6.6. Abuso de incapazes

> **Art. 173.** Abusar, em proveito próprio ou alheio, de necessidade, paixão ou inexperiência de menor, ou da alienação ou debilidade mental de outrem, induzindo qualquer deles à prática de ato suscetível de produzir efeito jurídico em prejuízo próprio ou de outrem:
> Pena — reclusão, de dois a seis anos, e multa.

Abusar significa aproveitar-se de alguém. No crime em tela o abuso consiste em o agente valer-se da necessidade, paixão ou inexperiência de pessoa menor de 18 anos ou portadora de doença mental e, assim, convencê-la a praticar um ato jurídico que possa produzir efeito em seu próprio prejuízo ou em prejuízo de terceiro. Diferencia-se do estelionato porque não se mostra necessária uma fraude para enganar a vítima, bastando que o agente se aproveite de sua reduzida capacidade de compreensão dos atos da vida civil. Apesar de o tipo penal exigir intenção por parte do agente de obter vantagem, para si ou para outrem, cuida-se de crime **formal** que se consuma com a prática do ato pela vítima, ainda que dele não advenha efetiva vantagem para o agente ou para terceiro.

A propósito: "*Configura abuso de incapaz o induzimento de débil mental à prática de atos que podem afetar seu patrimônio e o de terceiro, com proveito próprio para o réu ou para outrem (...). Vítima portadora de oligofrenia em grau de debilidade mental leve é incapaz para certos atos da vida civil, entre eles a outorga de procuração e transação comerciais*" (TARS — Rel. Antonio Carlos Netto Mangabeira — *RT* 607/270); "*Tipifica-se o crime de abuso de incapazes, previsto no art. 173 do CP, se o agente, previamente mancomunado com terceira pessoa, que figurou como 'testa de ferro', abusa, em proveito próprio, do débil estado mental de sua genitora, induzindo-a à prática de ato simulado, suscetível de efeitos jurídicos (cessão de meação), em prejuízo próprio e, eventualmente, de terceiros*" (Tacrim-SP — Rel. Heitor Prado — *RJD* 4/44); "*Incorre nas penas do art. 173 do Código Penal o agente que, a partir de um relacionamento amoroso com uma menor, faz com que esta venda joias da família para que ele, em proveito próprio, adquira outro bem, sendo irrelevante a análise acerca da vontade da impúbere*" (Tacrim-SP — Rel. Ivan Marques — *RJD* 22/45).

A tentativa é possível.

O sujeito ativo pode ser qualquer pessoa. Trata-se de crime **comum**.

Sujeito passivo é a pessoa menor de 18 anos ou pessoa portadora de alienação ou debilidade mental.

No art. 106 do Estatuto do Idoso (Lei n. 10.741/2003), existe tipo penal específico em que o agente abusa da incapacidade de pessoa idosa **sem discernimento**, em razão de idade avançada ou por doença. Tal dispositivo prevê pena de reclusão, de dois a quatro anos, para quem "*induzir pessoa idosa sem discernimento de seus atos a outorgar procuração para fins de administração de bens ou deles dispor livremente*".

2.6.7. Induzimento à especulação

> **Art. 174.** Abusar, em proveito próprio ou alheio, da inexperiência ou da simplicidade ou inferioridade mental de outrem, induzindo-o à prática de jogo ou aposta, ou à especulação com títulos ou mercadorias, sabendo ou devendo saber que a operação é ruinosa:
> Pena — reclusão, de um a três anos, e multa.

Trata-se de figura penal que, igualmente, pressupõe uma situação de abuso, porém aqui o sujeito passivo deve ser pessoa **inexperiente** (com pouca vivência nos negócios), **simples** (humilde, sem malícia) ou com desenvolvimento mental **deficiente** (índice de inteligência aquém do normal). A lei, portanto, visa proteger o patrimônio de pessoas rústicas, simplórias, ignorantes, que são mais facilmente ludibriadas.

Para a configuração do ilícito, é necessário que o agente, com intenção de obter vantagem, aproveite-se da condição da vítima para convencê-la à prática de jogo, aposta ou especulação com títulos ou mercadorias. Exige-se, ainda, que o agente saiba ou deva saber que tal ato é ruinoso, ou seja, que ele tenha certeza disso ou que as circunstâncias tragam um prognóstico claro a esse respeito.

Cuida-se de crime **formal**, que se consuma com a prática do ato pela vítima, ainda que dele não advenha qualquer vantagem para o agente ou para terceiro. A lei pune a má-fé do sujeito, e, assim, o crime existe ainda que a vítima, por alguma excepcionalidade, venha a lucrar com a operação.

A tentativa é possível.

2.6.8. Fraude no comércio

> **Art. 175.** Enganar, no exercício de atividade comercial, o adquirente ou consumidor:
> I — vendendo, como verdadeira ou perfeita, mercadoria falsificada ou deteriorada;
> II — entregando uma mercadoria por outra:
> Pena — detenção, de seis meses a dois anos, ou multa.
> § 1º Alterar em obra que lhe é encomendada a qualidade ou o peso de metal ou substituir, no mesmo caso, pedra verdadeira por falsa ou por outra de menor valor; vender pedra falsa por verdadeira; vender, como precioso, metal de outra qualidade:
> Pena — reclusão, de um a cinco anos, e multa.

Trata-se de dispositivo que protege não só o patrimônio mas também a boa-fé que deve existir nas relações comerciais.

O sujeito ativo deve ser **empresário**, pois, se não o for, o crime será o de fraude na entrega de coisa (art. 171, § 2º, IV, do CP). Trata-se, portanto, de crime **próprio**.

Nos termos da lei, sujeito passivo pode ser qualquer adquirente ou consumidor, até mesmo outro empresário que adquira o objeto.

A primeira conduta típica é "vender" mercadoria falsificada ou deteriorada como se fosse verdadeira ou perfeita. Atualmente, entretanto, é difícil imaginar situação que não esteja revogada pelo art. 7º da Lei n. 8.137/90, que trata dos crimes contra as relações de consumo. O inc. III do mencionado artigo pune com detenção, de dois a cinco anos, ou multa quem "*misturar gêneros e mercadorias de espécies diferentes, para vendê-los ou expô-los à venda como puros; misturar gêneros e mercadorias de qualidades desiguais para vendê-los ou expô-los à venda por preço estabelecido para os de mais alto custo*". Ademais, o inc. IX do mesmo artigo tipifica outras condutas que também envolvem mercadoria deteriorada ou falsificada, ao prever a mesma pena para aquele que vende, tem em depósito para venda, expõe à venda ou, de qualquer forma, entrega matéria-prima ou mercadoria em condições impróprias para consumo, sendo que o art. 18, § 6º, II, do Código de Defesa do Consumidor (Lei n. 8.078/90) complementa tal dispositivo estabelecendo que se consideram impróprias para consumo as mercadorias **deterioradas** ou **falsificadas**.

A segunda conduta típica prevista no art. 175 consiste em entregar uma mercadoria por outra, enganando o consumidor. O engodo pode referir-se à própria substância, sua qualidade ou quantidade. Ressalte-se, novamente, que, se o agente não for empresário, o crime será o de fraude na entrega de coisa.

Essas figuras típicas consumam-se no momento da entrega do objeto material ao adquirente ou consumidor. A tentativa é possível quando a vítima percebe a fraude e recusa-se a receber o bem.

No § 1º do art. 175 estão elencadas quatro figuras qualificadas do crime de fraude no comércio consistentes em:

a) alterar a qualidade ou o peso de metal em obra encomendada;

b) substituir pedra verdadeira por falsa ou outra de menor valor em obra encomendada;

c) vender pedra falsa por verdadeira;

d) vender, como precioso, metal de outra natureza.

Por fim, no § 2º do art. 175 existe regra permitindo a aplicação do privilégio a todas as modalidades do crime de fraude no comércio, desde que o réu seja primário e pequeno o valor da coisa.

■ 2.6.9. Outras fraudes

> **Art. 176.** Tomar refeição em restaurante, alojar-se em hotel ou utilizar-se de meio de transporte sem dispor de recursos para efetuar o pagamento:
> Pena — detenção, de quinze dias a dois meses, ou multa.
> Parágrafo único. Somente se procede mediante representação, e o juiz pode, conforme as circunstâncias, deixar de aplicar a pena.

Nesse dispositivo estão previstas três condutas ilícitas.

A primeira delas é **tomar refeição** em restaurante sem dispor de recursos para efetuar o pagamento. A lei refere-se genericamente a restaurante, de tal forma que abrange lanchonetes, cafés, bares e outros estabelecimentos que sirvam refeição. Esta, aliás, engloba a ingestão de bebidas. Como o tipo penal diz "tomar refeição em restaurante", entende-se que o delito não se configura quando o agente é servido em sua própria residência.

A segunda conduta incriminada é **alojar-se** em hotel sem dispor de recursos para efetuar o pagamento. A punição, evidentemente, estende-se a fatos que ocorram em estabelecimentos similares, como pensões ou pousadas.

A última conduta criminosa consiste em utilizar-se de **meio de transporte** (ônibus, táxi, lotação, barco, trem) sem possuir recursos para efetuar o pagamento.

O tipo penal expressamente exige que o agente realize as condutas típicas **sem dispor de recursos para efetuar o pagamento** naquele instante. Por isso, entende-se que o delito não se configura nas chamadas "penduras" ou "pinduras" realizadas pelos estudantes de direito no dia 11 de agosto, porque eles possuem os recursos para pagar, apenas se recusam a fazê-lo por julgarem-se convidados do estabelecimento em homenagem ao dia em que se comemora a inauguração dos cursos de Direito no País.

Também não há crime quando o agente se recusa a efetuar o pagamento por discordar do valor da conta apresentada.

Quem paga restaurante com cheque sem fundos incorre em crime mais grave previsto no art. 171, § 2º, VI, do Código Penal.

Os crimes consumam-se com a utilização, ainda que parcial, do serviço (alimentação, hospedagem ou transporte). A tentativa é possível. Por fim, o parágrafo único do art. 176 contém duas regras:

a) a ação penal é **pública condicionada à representação**. Não se esqueça, ademais, de que a infração é de menor potencial ofensivo, de competência do Juizado Especial Criminal;

b) poderá ser concedido o perdão judicial se as circunstâncias do caso indicarem sua pequena gravidade (pequeno prejuízo, por exemplo).

Havendo estado famélico, o fato não será considerado crime em face do estado de necessidade.

2.6.10. Fraudes e abusos na fundação ou administração de sociedade por ações

> **Art. 177, *caput* —** Promover a fundação de sociedade por ações, fazendo, em prospecto ou em comunicação ao público ou à assembleia, afirmação falsa sobre a constituição da sociedade, ou ocultando fraudulentamente fato a ela relativo:
> Pena — reclusão, de um a quatro anos, e multa, se o fato não constitui crime contra a economia popular.

A modalidade criminosa prevista no *caput* do art. 177 refere-se à **fundação** da sociedade por ações.

De acordo com a brilhante lição de Julio Fabbrini Mirabete,[195] trata-se de crime em que o fundador da sociedade por ações (sociedade anônima ou comandita por ações) "*induz ou mantém em erro os candidatos a sócios, o público ou presentes à assembleia, fazendo falsa afirmação sobre circunstâncias referentes à sua constituição ou ocultando fato relevante desta. Podem girar elas sobre falsa informação a respeito de subscrições ou entradas, de recursos técnicos da companhia, de nomes de pseudoinvestidores etc. Na forma omissiva, pode o agente cometer o crime ocultando o nome dos fundadores, de problemas técnicos etc., cujo conhecimento poderia prejudicar ou impedir a subscrição de ações e a própria constituição da sociedade*". A fraude pode constar de prospecto ou de comunicação feita ao público ou em assembleia da empresa.

Trata-se de crime **próprio** em que o sujeito ativo é o responsável pela fundação da sociedade por ações. Sujeito passivo são as pessoas físicas ou jurídicas que subscreveram o capital ludibriadas. Cuida-se, contudo, de delito **formal** que se consuma no momento em que é lançado o prospecto ou o comunicado com a afirmação falsa ou contendo a omissão fraudulenta de informação relevante, ainda que disso não decorra qualquer resultado lesivo. É pacífico o entendimento de que o crime não admite a tentativa na modalidade omissiva. Em relação à figura comissiva, existe controvérsia.

O texto legal, ao cuidar da pena, deixa claro que o crime em análise, bem como as figuras do § 1º, é subsidiário, ou seja, cede lugar quando o fato se enquadra como crime contra a economia popular da Lei n. 1.521/51 (art. 3º, VII a X).

Nas figuras descritas no § 1º do art. 177, a lei penal incrimina **fraudes** e **abusos** na administração da sociedade por ações, estabelecendo as mesmas penas para:

> *"I — o diretor, o gerente ou o fiscal de sociedade por ações, que, em prospecto, relatório, parecer, balanço ou comunicação ao público ou à assembleia, faz afirmação falsa sobre as condições econômicas da sociedade, ou oculta fraudulentamente, no todo ou em parte, fato a elas relativo;*
>
> *II — o diretor, o gerente ou o fiscal que promove, por qualquer artifício, falsa cotação das ações ou de outros títulos da sociedade;*
>
> *III — o diretor ou o gerente que toma empréstimo à sociedade ou usa, em proveito próprio ou de terceiro, dos bens ou haveres sociais, sem prévia autorização da assembleia geral;*
>
> *IV — o diretor ou o gerente que compra ou vende, por conta da sociedade, ações por ela emitidas, salvo quando a lei o permite;*
>
> *V — o diretor ou o gerente que, como garantia de crédito social, aceita em penhor ou em caução ações da própria sociedade;*
>
> *VI — o diretor ou o gerente que, na falta de balanço, em desacordo com este, ou mediante balanço falso, distribui lucros ou dividendos fictícios;*
>
> *VII — o diretor, o gerente ou o fiscal que, por interposta pessoa, ou conluiado com acionista, consegue a aprovação de conta ou parecer;*
>
> *VIII — o liquidante, nos casos dos ns. I, II, III, IV, V e VII;*
>
> *IX — o representante da sociedade anônima estrangeira, autorizada a funcionar no País, que pratica os atos mencionados nos ns. I e II, ou dá falsa informação ao Governo."*

[195] Julio Fabbrini Mirabete, *Manual de direito penal*, v. 2, p. 318.

Nota-se, portanto, que, em tal dispositivo, o legislador pune o diretor, o gerente e, em alguns casos, o fiscal e o liquidante, que incidam em fraude em afirmação referente à situação econômica da empresa, realizem falsa cotação de ações, tomem emprestado ou usem indevidamente bens ou haveres da sociedade, comprem ou vendam ilegalmente ações, prestem caução ou penhor ilegais, distribuam lucros ou dividendos fictícios ou aprovem fraudulentamente conta ou parecer.

Todos esses crimes são **próprios**, pois só podem ser cometidos pelas pessoas expressamente mencionadas no texto legal.

Na hipótese do inc. I, sujeito passivo pode ser qualquer pessoa.

No inc. II, vítimas são os sócios ou quaisquer outras pessoas que possam sofrer prejuízo em razão da falsa cotação. Ex.: o acionista que vende a ação abaixo do preço em razão da falsa cotação, ou o estranho que adquire a ação acima do preço pela mesma razão.

Nas hipóteses dos incs. III a VIII, as vítimas são a sociedade e seus acionistas.

Já no inc. IX, o dispositivo incrimina o representante de sociedade estrangeira autorizada a funcionar no País que faça comunicação falsa, que se omita fraudulentamente quanto à situação econômica da empresa, que promova falsa cotação de ações ou títulos desta ou, ainda, que preste informação falsa ao Governo. Nesse caso, além da sociedade e de seus acionistas, o Estado também pode ser sujeito passivo.

Por fim, o § 2º do art. 177 prevê pena de seis meses a dois anos de detenção, e multa, ao "*acionista que, a fim de obter vantagem para si ou para outrem, negocia o voto nas deliberações de assembleia geral*". Tal infração, contudo, perdeu sua importância prática depois que o art. 118 da Lei n. 6.404/76 permitiu o acordo de acionistas, inclusive quanto ao exercício do direito de voto. É claro, entretanto, que o tipo penal não está revogado, constituindo infração penal o acordo espúrio, feito sem as formalidades legais ou em desacordo com dispositivo legal, no intuito de obter vantagem ilícita.

O crime consuma-se com a negociação do voto, independentemente da efetiva votação. A tentativa é possível.

2.6.11. Emissão irregular de conhecimento de depósito ou *warrant*

> **Art. 178.** Emitir conhecimento de depósito ou *warrant*, em desacordo com disposição legal:
> Pena — reclusão, de um a quatro anos, e multa.

A matéria tratada nesse dispositivo tem seu fundamento no Decreto n. 1.102/1903, que permite a emissão do conhecimento de depósito e do *warrant* quando mercadorias são depositadas em armazéns gerais. Esses títulos, negociáveis por endosso, são entregues ao depositante, sendo que o primeiro é documento de propriedade da mercadoria e confere ao dono o poder de disposição sobre a coisa, enquanto o segundo confere ao portador direito real de garantia sobre as mercadorias. Assim, quem possui ambos tem a plena propriedade delas.

Conforme se pode verificar pela própria redação do artigo, a simples emissão não constitui crime. Delito é a circulação desses títulos em desacordo com disposição legal. Trata-se, pois, de **norma penal em branco**, complementada pelo decreto há pouco mencionado. De acordo com seus ditames, a emissão é irregular quando:

a) a empresa não está legalmente constituída (art. 1º);

b) inexiste autorização do Governo Federal para a emissão (arts. 2º e 4º);

c) inexistem as mercadorias no documento especificadas;

d) há emissão de mais de um título para a mesma mercadoria ou gêneros especificados no título;

e) o título não perfaz as exigências reclamadas no art. 15 do decreto.

Sujeito ativo é o depositário da mercadoria. Sujeito passivo é o endossatário ou portador que recebe o título sem saber da ilegalidade.

O crime se consuma quando o título é colocado em circulação e a tentativa não é possível, pois, ou o agente o coloca em circulação, consumando o crime, ou não o faz, sendo atípica a conduta.

2.6.12. Fraude à execução

> **Art. 179.** Fraudar execução, alienando, desviando, destruindo ou danificando bens, ou simulando dívidas:
>
> Pena — detenção, de seis meses a dois anos, ou multa.
>
> Parágrafo único. Somente se procede mediante queixa.

Pressuposto desse crime é a existência de uma sentença a ser executada ou de uma ação executiva em andamento. O agente, então, com o fim de fraudar a execução, desfaz-se de seus bens por meio de uma das condutas descritas na lei (alienando, desviando, destruindo ou danificando bens, ou, ainda, simulando dívidas).

Sujeito ativo é o devedor. Se for empresário e as condutas forem perpetradas após decretada sua quebra, o ato caracterizará crime falimentar (art. 168 da Lei n. 11.101/2005). O sujeito passivo é o credor.

Trata-se de crime **material** que somente se consuma quando a vítima sofre algum prejuízo patrimonial em consequência da atitude do agente. A tentativa é possível quando o sujeito não consegue realizar a conduta típica pretendida.

A ação penal é **privada**. Se a fraude, entretanto, atingir execução promovida pela União, Estado ou Município, a ação será pública incondicionada nos termos do art. 24, § 2º, do Código de Processo Penal.

2.6.13. Questões

1. (Ministério Público/SP — 79º concurso) De acordo com a orientação sumular oriunda do Superior Tribunal de Justiça, quando o falso se exaure no estelionato, sem mais potencialidade lesiva, haverá:

a) falso.

b) falso em continuidade delitiva com estelionato.
c) estelionato.
d) falso em concurso formal com estelionato.

2. (Magistratura/SP — 170º concurso) Em que dispositivo do Código Penal se enquadra, em tese, o chamado "pendura" praticado pelos estudantes de Direito, em comemoração à fundação dos cursos jurídicos no país?

a) Estelionato privilegiado, devido ao pequeno valor do prejuízo causado.
b) Delito de fraude, consistente em tomar refeição em restaurante, sem dispor de recursos para pagar a despesa.
c) Crime de dano qualificado, por motivo egoístico.
d) Em nenhuma das capitulações supra, por se tratar de fato atípico.

3. (OAB/SP — 137º exame — CESPE) Viviane esteve em uma locadora de filmes e, fazendo uso de documento falso, preencheu o cadastro e locou vários DVDs, já com a intenção de não devolvê-los. Nessa situação hipotética, por ter causado à casa comercial prejuízo equivalente ao valor dos DVDs, Viviane praticou, segundo o CP, o delito de:

a) uso de documento falso.
b) estelionato.
c) furto mediante fraude.
d) apropriação indébita.

4. (Delegado de Polícia/SP — 2008) O estelionato é qualificado, com aumento da pena de um terço, se cometido em detrimento de:

a) entidade de direito público.
b) pessoa maior de 60 anos.
c) pessoa incapaz.
d) ascendente e descendente.
e) companhia de seguros.

5. (Defensor Público/PA — 2015 — FMP) Assinale a alternativa CORRETA.

a) Conforme entendimento sumulado pelo Superior Tribunal de Justiça, quando o falso se exaure no estelionato, sem mais potencialidade lesiva, configura-se concurso material de crimes.
b) O pagamento de cheque emitido sem suficiente provisão de fundos, após o recebimento da denúncia, não obsta ao prosseguimento da ação penal.
c) O crime de estelionato se consuma com a simples indução ou manutenção da vítima em erro, independentemente da efetiva obtenção de vantagem indevida.
d) No crime de estelionato, sendo o autor primário e de pequeno valor o prejuízo, o juiz pode deixar de aplicar a pena.
e) Se a vítima efetua o pagamento do cheque emitido sem suficiente provisão de fundos, antes do recebimento da denúncia, incide a circunstância atenuante genérica da pena, pelo fato de o agente ter procurado, por sua espontânea vontade, e com eficiência, logo após o crime, evitar-lhe ou minorar-lhe as consequências.

6. (Procurador da República — 2015 — PGR) Tratando-se de estelionato contra a previdência social, assinale a alternativa correta:

a) Decisões recentes do Supremo Tribunal Federal têm afirmado que o estelionato contra a previdência, quando praticado em proveito próprio, é crime permanente;
b) O termo inicial do prazo prescricional no estelionato contra a previdência cometido em proveito próprio é o dia do protocolo do requerimento do benefício;
c) O estelionato contra a previdência é crime contra a administração pública;
d) No estelionato contra a previdência, sujeito passivo é, sempre, o beneficiário, mesmo que conhecendo ilicitudes cometidas pelo intermediário.

7. (Magistratura/SP — 2017) Em relação aos crimes contra o patrimônio, é correto afirmar que

a) É isento de pena quem comete furto em prejuízo de ascendente, independentemente da idade da vítima.
b) Admitem a figura privilegiada os crimes de furto, dano, apropriação indébita, estelionato e receptação.
c) Constitui causa de aumento de pena do furto simples a subtração de semovente domesticável de produção, ainda que abatido ou dividido em partes no local da subtração.
d) Não incide a agravante de crime praticado contra maior de sessenta anos no caso de estelionato contra idoso.

■ GABARITO ■

1. "c". É o que diz a Súmula n. 17 do STJ.
2. "d". Em nossa opinião, o fato é atípico, pois os estudantes têm o dinheiro, apenas se recusam a pagar por se sentirem convidados pelo dono do estabelecimento em dia festivo.
3. "b". Viviane empregou fraude (uso do documento falso) para induzir a funcionária em erro e receber a posse desvigiada dos DVDs, já com dolo de não os devolver. Presentes, portanto, todos os requisitos do crime de estelionato.
4. "a". Existe previsão expressa no art. 171, § 3º, do Código Penal, estabelecendo agravação da pena no crime de estelionato quando a vítima é entidade de direito público.
5. "b". A alternativa A está errada porque, na hipótese, o estelionato absorve o falso. A assertiva C contém erro porque o estelionato exige a obtenção da vantagem para sua consumação. A alternativa D está errada porque a consequência é apenas a redução da pena. Por fim, o erro da alternativa E consiste em dizer que a pena será reduzida, quando, em verdade, a ação sequer poderá ser proposta.
6. "a". As demais alternativas estão erradas porque: o termo inicial da prescrição é o do recebimento da última vantagem indevida; o estelionato contra a previdência é crime contra o patrimônio; e a vítima é a autarquia previdenciária.
7. "d". A alternativa A está errada porque não há isenção de pena quando a vítima tem 60 anos ou mais (art. 183, III, do CP). A alternativa B está errada porque não há previsão legal de figura privilegiada para o crime de dano. A alternativa C está errada porque a circunstância ali mencionada constitui qualificadora e não causa de aumento de pena. Saliente-se que a alternativa D está correta porque, nos termos do art. 171, § 4º, do CP, constitui qualificadora do estelionato o fato de a vítima ser maior de 60 anos, de modo que, efetivamente, não pode incidir a agravante genérica porque, nesse caso, sua aplicação constituiria *bis in idem*.

VII

DA RECEPTAÇÃO

■ 2.7. DA RECEPTAÇÃO

A receptação, delito dos mais importantes do Título dos crimes contra o patrimônio, está toda tratada no art. 180 do Código Penal, e subdivide-se em modalidades **dolosa** e **culposa**.

■ 2.7.1. Receptação dolosa

A receptação dolosa possui as seguintes figuras:

a) simples, que pode ser própria (*caput*, 1ª parte) ou imprópria (*caput*, 2ª parte);
b) qualificada (§ 1º e 180-A);
c) majorada (§ 6º);
d) privilegiada (§ 5º, 2ª parte).

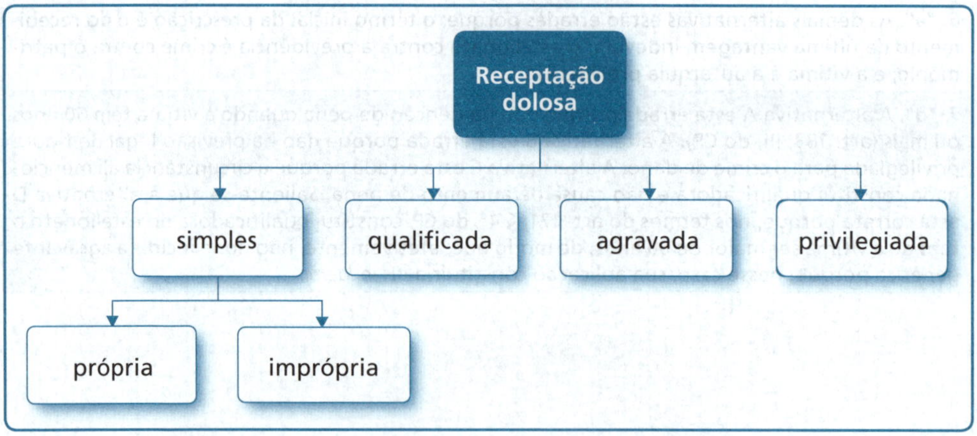

■ 2.7.1.1. *Receptação própria*

> **Art. 180, *caput*, 1ª parte** — Adquirir, receber, transportar, conduzir ou ocultar, em proveito próprio ou alheio, coisa que sabe ser produto de crime...:
> Pena — reclusão, de um a quatro anos, e multa.

■ 2.7.1.1.1. *Objetividade jurídica*

O patrimônio.

■ 2.7.1.1.2. *Tipo objetivo*

O crime de receptação própria possui cinco núcleos separados pela conjunção alternativa **"ou"**. Assim, a realização de uma só conduta já é suficiente para configurar o crime, mas a prática de mais de uma delas em relação ao mesmo objeto material constitui crime único. Por isso, quem adquire e depois conduz um carro roubado comete um só delito. Enquadra-se, portanto, no conceito de crime de **ação múltipla**, também chamado de crime de **conteúdo variado** ou com **tipo misto alternativo**.

As condutas incriminadas são:

a) Adquirir: obter a propriedade, a título oneroso (compra e venda ou permuta) ou gratuito (doação).

b) Receber: obter a posse, ainda que transitoriamente. Ex.: receber um carro para guardar na garagem de sua casa, sabendo que ele é furtado.

O fato de pegar carona em carro que sabe ser roubado ou furtado não constitui receptação, na medida em que a conduta do caronista não se enquadra em quaisquer das figuras típicas elencadas no art. 180.

c) Transportar: levar um objeto de um local para outro. Ex.: o motorista de um caminhão que carrega carga roubada.

d) Conduzir: dirigir veículo de origem ilícita.

e) Ocultar: esconder, colocar o objeto em local onde não seja visto pelas pessoas em geral.

- **Crime acessório**

A receptação é classificada como crime acessório porque sua existência pressupõe a ocorrência de um delito anterior. Ocorre, por exemplo, quando alguém compra um carro roubado, uma bicicleta furtada, um relógio produto de estelionato etc.

A receptação é crime contra o patrimônio, mas **não tem como requisito que o crime antecedente também seja desse Título** — embora normalmente o seja. Assim, quem adquire, por exemplo, objeto produto de peculato (crime contra a Administração Pública) comete receptação. O correto é afirmar que o crime antecedente deve ter reflexos patrimoniais, sendo desnecessário que esteja previsto no Título dos crimes contra o patrimônio.

Apesar de extenso o texto, entendemos pertinente colacionar julgado do brilhante Desembargador Dante Busana em torno do tema: "*Embora verdadeiro que o crime precedente à receptação não necessita ser patrimonial e pode, eventualmente, constituir-se num falso documental, não é menos certo que a receptação, delito contra o patrimônio, supõe sempre a lesão a este bem jurídico. 'A receptação, escreve Heleno Cláudio Fragoso — constitui uma nova violação do direito já anteriormente agredido, mantendo ou perpetuando uma situação antijurídica' (Lições de Direito Penal, v. 2/160, 3. ed., Bushatsky, 1977). Por importar em nova violação de direito já anteriormente agredido e ter como objetividade jurídica o patrimônio, a receptação supõe que o delito* a quo *seja patrimonial ou, quando menos, envolva, de algum modo, situação patrimonial, como ocorre no peculato, no contrabando, na corrupção ativa e em alguns casos de falso. Nestes casos, apesar da objetividade jurídica principal do crime antecedente ser a administração pública ou a fé pública, o bem jurídico secundário é o patrimônio (público ou particular) cuja lesão a prática do delito do art. 180 do CP mantém ou perpetua. Com a luminosa clareza que constitui sua marca, ensina Nélson Hungria: 'A receptação pode ser definida como o crime que acarreta a manutenção, consolidação ou perpetuidade de uma situação patrimonial anormal, decorrente de um crime anterior praticado por outrem' (Comentários ao Código Penal, v. VII/296, Forense, 1955). Porque é indispensável 'uma situação patrimonial anormal, decorrente de um crime anterior', configura o delito de receptação o recebimento, em proveito próprio ou alheio, de letra de câmbio, promissória ou cheques que se sabe falsos, mas não o recebimento doloso de certidão falsa de assento de nascimento. Não bastasse, afastaria o crime do art. 180 do CP o fato de o sujeito ativo ter participado da consumação do delito antecedente intermediando a criação do falso. O réu concorreu para a consumação do crime do art. 297 do CP, e, à evidência, não pode ser punido por receptação. O receptador, como cediço, não pode haver concorrido para o crime* a quo" (TJSP — Rel. Dante Busana — *RJTJSP* 128/481).

É possível, ainda, várias receptações sucessivas em relação ao mesmo objeto material, cometidas por pessoas distintas em ocasiões diversas, ou, como costumam dizer os doutrinadores, é possível receptação de receptação. É necessário, contudo, que os sucessivos adquirentes tenham ciência da origem criminosa do bem. Assim, ainda que tenha havido uma quebra na sequência, haverá receptação, como, por exemplo, no seguinte caso: o receptador Arnaldo vende o objeto para Bento, que não sabe da origem criminosa, e este, por sua vez, vende-o para Carlos, que tem ciência da procedência espúria do objeto. É óbvio que nesse caso Arnaldo e Carlos respondem por receptação dolosa, pois o objeto não deixa de ser produto de crime apenas porque Bento não sabia de sua origem.

Como o tipo penal exige que o objeto seja produto de **crime**, o ato de receber ou ocultar objeto produto de **contravenção não configura** receptação, podendo, dependendo do caso concreto, tipificar alguma outra infração penal ou ser atípico.

Se o objeto for produto de crime e o agente souber disso, haverá receptação ainda que o crime antecedente seja de ação penal privada e o ofendido não tenha oferecido queixa-crime, ou que o delito dependa de representação não oferecida pela vítima. Em tais casos, o Ministério Público terá que provar, incidentalmente, a ocorrência do crime anterior na ação penal que apura a receptação, hipótese, entretanto, em que só o autor desse crime poderá ser condenado e nunca o autor do delito anterior.

A receptação, por sua vez, é sempre crime de ação **pública incondicionada**.

Interessante ressalvar que alguns crimes acessórios guardam relação de proporcionalidade com a pena do crime antecedente, o que não ocorre com a receptação dolosa, cuja pena é sempre de reclusão, de um a quatro anos, e multa, quer o crime antecedente seja de maior, quer de menor gravidade. A pena em abstrato, portanto, é a mesma, quer seja o objeto produto de latrocínio (punido com reclusão, de 20 a 30 anos, e multa), quer de apropriação de coisa achada (apenada com detenção, de 1 mês a 1 ano, ou multa).

- **Receptação e contrabando ou descaminho**

Quem adquire objeto ciente de que é produto de contrabando ou descaminho comete receptação, exceto se o fizer no exercício de atividade comercial ou industrial, hipótese em que estará tipificada figura específica do próprio crime de descaminho, prevista no art. 334, § 1º, IV, do Código Penal, ou de contrabando, descrita no art. 334-A, § 1º, V, do mesmo Código.

- **Aquisição de CDs falsificados**

Constitui crime específico de **violação de direito autoral**, previsto no art. 184, § 2º, do Código Penal, a conduta de, **com intuito de lucro**, adquirir fonograma reproduzido com violação de direito autoral. Essa figura criminosa pune, por exemplo, o camelô ou outro tipo de comerciante que compra os CDs "piratas" com intuito de lucro na revenda por preço maior. A pena de tal crime é maior que a da receptação — reclusão, de dois a quatro anos, e multa. O consumidor que adquire CD pirata comete receptação.

- **Receptação e crime falimentar**

Quem adquire ou recebe bem desviado que sabe pertencer à massa falida comete crime especial, previsto no art. 174 da Lei de Falências (Lei n. 11.101/2005).

■ *2.7.1.1.3. Objeto material*

É o objeto produto de crime, assim entendido, aquele que é obtido em decorrência da ação delituosa, ainda que tenha passado por alguma transformação após o delito. Assim, são produtos de crime o relógio roubado, o carro furtado, a bicicleta produto de apropriação indébita, o computador obtido por meio de um peculato, como também as barras de ouro provenientes do derretimento de joias subtraídas.

O **instrumento** do crime não é obtido com a ação delituosa. Ele já estava em poder do autor do crime antecedente que dele fez uso para a prática da infração penal. A arma de fogo usada em um roubo ou a chave falsa utilizada em um furto, por exemplo, não são produtos, mas, sim, instrumentos de crime e, por isso, não podem ser objeto de receptação (exceto, evidentemente, se forem também de origem criminosa).

Quem oculta o instrumento de um crime para "dar cobertura" ao autor do delito antecedente comete favorecimento real, delito previsto no art. 349 do Código Penal.

O **preço** do crime tampouco pode ser objeto material de receptação. O exemplo mais óbvio é o veículo regularmente comprado por alguém e entregue a um assassino como pagamento pelo homicídio entre eles combinado. O carro recebido é o preço, e não o produto do homicídio.

O Superior Tribunal de Justiça entende que talonário de cheque produto de furto ou roubo pode ser objeto material de receptação: "*Receptação. Talonário de cheques. Valor econômico. Existência. Posterior utilização fraudulenta. Vulnerabilidade da vítima. Prejuízo ao titular do talonário e banco de natureza privada. Competência da justiça estadual. 1. É de reconhecer-se potencialidade lesiva a um talonário de cheques, dado seu inegável valor econômico, aferível pela provável utilização das cártulas como meio fraudulento para a obtenção de vantagem ilícita por parte de seus detentores*" (STJ — CC 112.108/SP — Rel. Min. Marco Aurélio Bellizze — Rel. p/ Acórdão Min. Rogerio Schietti Cruz — 3ª Seção — julgado em 12-2-2014 — *DJe* 15-9-2014). No mesmo sentido: REsp 1.348.507/SP — Rel. Min. Nefi Cordeiro — julgado em 28.04.2017 — publicado em 4-5-2017; AREsp 104.0873/MG — Rel. Min. Felix Fischer — 5ª Turma — julgado em 28-4-2017 — publicado em 8-5-2017; REsp 1.449.787/SC — Rel. Min. Leopoldo de Arruda Raposo (Desembargador Convocado do TJ/PE) — 5ª Turma — julgado em 24-9-2015 — publicado em 29-9-2015.

Quem adquire veículo produto de furto ou roubo e, em seguida, adultera seus sinais identificadores (placas, chassi), responde por receptação em concurso material com o delito previsto no art. 311 do Código Penal (adulteração de sinal identificador de veículo automotor), na medida em que os bens jurídicos afetados são diversos.

- **Receptação de coisa imóvel**

Bens imóveis **não** podem ser objeto de receptação. É o que diz o Supremo Tribunal Federal: "Habeas Corpus — *Receptação de bem imóvel — Impossibilidade de tipificação desse crime no Direito Penal Brasileiro vigente — Interpretação do art. 180 do Código Penal. Recurso de* Habeas Corpus *provido*" (STF — RHC 58.329/MG — 1ª Turma — Rel. Min. Cunha Peixoto — *DJ* 28-11-1980, p. 10100). "*Em face da legislação penal brasileira, só as coisas móveis ou mobilizadas podem ser objeto de receptação. Interpretação do art. 180 do Código Penal. Assim, não é crime, no direito pátrio, o adquirir imóvel que esteja registrado em nome de terceiro, que não o verdadeiro proprietário, em virtude de falsificação de procuração. Recurso ordinário a que se dá provimento, para se ter a denúncia por inepta com relação ao recorrente*" (STF — RHC 57.710/SP — 2ª Turma — Rel. Min. Moreira Alves — *DJ* 6-5-1980, p. 3484).

Na doutrina, essa é também a opinião de Nélson Hungria,[196] Magalhães Noronha,[197] Damásio de Jesus[198] e Fernando Capez.[199] Argumentam que a palavra "receptação" significa dar abrigo, esconder, o que só é possível com as coisas móveis, e que a receptação pressupõe deslocamento do bem do poder de quem o detém. Em sentido contrário, podemos apontar as opiniões de Heleno Cláudio Fragoso[200] e Julio Fabbrini Mirabete,[201] que sustentam que os imóveis podem ser produto de crime (estelionato, por exemplo) e que o tipo penal do art. 180 não exige que o objeto material seja coisa móvel, ao contrário do que ocorre em delitos como furto, roubo e apropriação indébita.

2.7.1.1.4. *Sujeito ativo*

O autor do crime de receptação pode ser qualquer pessoa. Trata-se de crime **comum**.

Evidente, entretanto, que o **autor**, **coautor** ou **partícipe** do crime antecedente somente respondem por tal delito e nunca pela receptação. Assim, quem "encomenda" um carro de determinada marca e cor para um ladrão e paga por ele após o cometimento do furto é partícipe deste crime por ter induzido o furtador a subtrair tal veículo, e não autor de uma receptação.

Da mesma maneira, quando duas pessoas furtam objetos de uma casa e dividem o produto do crime e, posteriormente, uma delas compra os objetos, que, na divisão, tinham ficado com o comparsa, só responde pelo furto qualificado pelo concurso de agentes. A aquisição para esta pessoa constitui *post factum* impunível.

- **Advogados**

Podem cometer receptação caso recebam produto de crime como pagamento por serviços prestados em defesa de criminosos, desde que conheçam a procedência ilícita. Não há qualquer espécie de imunidade para os defensores.

2.7.1.1.5. *Sujeito passivo*

A receptação é um crime que não faz surgir um novo sujeito passivo. A vítima de tal delito é a mesma do crime antecedente.

Apesar de o tipo penal da receptação não exigir que a coisa seja alheia, é claro que o dono do objeto não pode cometer receptação quando adquire o bem que lhe havia sido furtado ou roubado anteriormente. É que uma pessoa não pode ser, ao mesmo tempo, sujeito ativo e passivo de um crime. Excepcionalmente, entretanto, o

---

196 Nélson Hungria, *Comentários ao Código Penal,* v. VII, p. 304.
197 E. Magalhães Noronha, *Direito penal,* v. 2, p. 516.
198 Damásio de Jesus, *Direito penal,* v. 2, p. 457/458.
199 Fernando Capez, *Curso de direito penal,* v. 2, p. 530.
200 Heleno Cláudio Fragoso, *Lições de direito penal.* Parte especial, v. I, p. 163.
201 Julio Fabbrini Mirabete, *Manual de direito penal,* v. 2, p. 353/354.

proprietário poderá responder por receptação, como, por exemplo, na hipótese em que toma emprestado dinheiro de alguém e deixa com o credor algum bem como garantia da dívida (mútuo pignoratício). Na sequência, sem que haja ajuste com o dono, uma pessoa furta referido objeto e, posteriormente, o oferece ao proprietário, que o adquire com a intenção de locupletar-se com a conduta, pagando, evidentemente, valor muito menor e não noticiando o fato às autoridades e ao credor. Em tal caso, o dono responde por receptação, uma vez que a vítima é o credor cujo patrimônio foi lesado pela perda do direito real de garantia sobre o bem empenhado, e não o dono do bem (autor da receptação).

■ 2.7.1.1.6. *Consumação*

No exato instante em que o agente adquire, recebe, oculta, conduz ou transporta o bem. Nas últimas três figuras, a receptação é considerada crime **permanente**, isto é, sua consumação se prolonga durante todo o tempo em que o agente estiver conduzindo, transportando ou escondendo o objeto de origem criminosa, o que, aliás, possibilita a prisão em flagrante a qualquer momento, nos termos do art. 303 do Código de Processo Penal.

Nas modalidades "adquirir" e "receber", a receptação é crime **instantâneo**, de modo que a prisão em flagrante só é possível quando o agente está comprando ou recebendo o bem. Se alguém comprou um carro há meses, e o veículo roubado está estacionado defronte à sua residência, ele não pode ser preso em flagrante porque, em tal instante, ele não está mais comprando o automóvel. O fato de permanecer na posse do bem não faz com que o crime seja considerado permanente. Ressalte-se, entretanto, que, se essa pessoa que comprou o carro meses atrás for parada por *blitz* policial em momento em que esteja conduzindo o carro roubado, poderá ser presa em flagrante porque estava realizando nova conduta típica. Só poderá, entretanto, ser condenada por **uma** receptação, por se tratar de um mesmo objeto material roubado.

■ 2.7.1.1.7. *Tentativa*

A receptação **própria** é crime **material e é compatível** com a figura da tentativa. Ex.: pessoa é contratada para conduzir veículo furtado e é flagrada antes de começar a dirigi-lo; sujeito está negociando a compra de um carro roubado, mas o negócio não se concretiza etc.

■ 2.7.1.1.8. *Elemento subjetivo*

O tipo penal da receptação própria exige que o agente **saiba da procedência criminosa do bem**. Significa que ele deve ter plena ciência da origem ilícita. Daí por que se diz que a receptação simples só é compatível com a figura do dolo **direto,** na medida em que o agente **quer** efetivamente comprar ou receber algo que sabe ser de origem criminosa.

Se o sujeito apenas desconfia de tal origem, mas não tem certeza a esse respeito e, mesmo assim, adquire ou recebe o objeto, que depois se apura ser mesmo de origem espúria, responde por recepção **culposa**, uma vez que a figura da receptação dolosa é **incompatível com o dolo eventual**. Em suma, em se tratando de receptação, quem agir com dolo eventual ou de forma culposa responde por receptação culposa (art. 180, § 3º, do CP).

A maioria dos doutrinadores entende que somente existe receptação quando o agente já conhece a origem ilícita do bem no momento em que realiza a conduta típica. Por isso, se alguém compra um objeto sem saber de sua procedência e, depois de já estar na posse, toma conhecimento da origem criminosa e o mantém em seu poder, não responde por receptação. Em verdade essa interpretação decorre da própria redação do art. 180, *caput*, do Código Penal, pois, se o agente, depois de tomar conhecimento da procedência, não adquiriu, recebeu, ocultou, conduziu ou transportou o bem, o fato é atípico. Haverá, entretanto, configuração da receptação, se, depois de tomar ciência, o agente realizar nova conduta típica. Ex.: após saber que o bem é roubado, o agente, querendo com ele permanecer, o esconde. Comungam deste entendimento Fernando Capez,[202] Magalhães Noronha,[203] Damásio de Jesus,[204] Julio Fabbrini Mirabete[205] e Heleno Cláudio Fragoso.[206] Nélson Hungria,[207] citando jurisprudência francesa, discorda desse entendimento dizendo que não há razão para a distinção, porém, não apresenta qualquer argumento convincente.

Nos casos de crime permanente, mostra-se possível a configuração da receptação na hipótese em que o agente inicia o transporte de uma carga da cidade de São Paulo para Curitiba e, no trajeto, recebe um telefonema esclarecendo que se trata de objetos roubados e, mesmo assim, prossegue no transporte e concretiza a entrega ao destinatário na última cidade.

Quando o objeto produto de crime é apreendido em poder de alguém, entende o Superior Tribunal de Justiça que cabe a ele provar sua boa-fé em relação à posse do objeto, sem que isso implique inversão do ônus da prova (art. 156 do CPP). Nesse sentido: "*Não há que se falar em indevida inversão do ônus da prova, considerando que esta Corte Superior possui entendimento pacífico no sentido de que, tratando--se de crime de receptação, em que o acusado foi flagrado na posse do bem, a ele competiria demonstrar que desconhecia a sua origem ilícita, o que, no caso, não ocorreu (precedentes)*" (STJ — HC 366.639/SP — Rel. Min. Felix Fischer — 5ª Turma — julgado em 28-3-2017 — *DJe* 5-4-2017); "*Esta Corte Superior de Justiça firmou o entendimento de que, tratando-se de crime de receptação, cabe ao acusado flagrado na posse do bem demonstrar a sua origem lícita ou a conduta culposa, nos termos do art. 156 do CPP. Precedentes*" (STJ — HC 469.025/SC, Rel. Min. Felix Fischer, 5ª Turma, julgado em 13-12-2018, *DJe* 1º-2-2019); "*Quando há*

[202] Fernando Capez, *Curso de direito penal*, v. 2, p. 533.
[203] E. Magalhães Noronha, *Direito penal*, v. 2, p. 493.
[204] Damásio de Jesus, *Direito penal*, v. 2, p. 507.
[205] Julio Fabbrini Mirabete, *Manual de direito penal*, v. 2, p. 354.
[206] Heleno Cláudio Fragoso, *Lições de direito penal*. Parte especial, v. I, p. 478.
[207] Nélson Hungria, *Comentários ao Código Penal*, v. VII, p. 306/307.

a apreensão do bem resultante de crime na posse do agente, é ônus do imputado comprovar a origem lícita do produto ou que sua conduta ocorreu de forma culposa. Isto não implica inversão do ônus da prova, ofensa ao princípio da presunção de inocência ou negativa do direito ao silêncio, mas decorre da aplicação do art. 156 do Código de Processo Penal, segundo o qual a prova da alegação compete a quem a fizer. Precedentes" (STJ — AgRg no HC 446.942/SC, Rel. Min. Laurita Vaz, 6ª Turma, julgado em 4-12-2018, *DJe* 18-12-2018); "*A conclusão das instâncias ordinárias está em sintonia com a jurisprudência consolidada desta Corte, segundo a qual, no crime de receptação, se o bem houver sido apreendido em poder do paciente, caberia à defesa apresentar prova acerca da origem lícita do bem ou de sua conduta culposa, nos termos do disposto no art. 156 do Código de Processo Penal, sem que se possa falar em inversão do ônus da prova*" (STJ — HC 388.640/SP — Rel. Min. Ribeiro Dantas — 5ª Turma — julgado em 13-6-2017 — *DJe* 22-6-2017).

- **Receptação e favorecimento real**

A existência da receptação pressupõe que o agente queira obter alguma vantagem, para si ou para outrem. A palavra **"outrem"** refere-se a qualquer outra pessoa que não a autora do crime antecedente. Com efeito, aquele que, por exemplo, esconde um objeto produto de furto a fim de ajudar exclusivamente o próprio ladrão comete crime especial chamado favorecimento real, descrito da seguinte forma no art. 349 do Código Penal: "*prestar a criminoso, fora dos casos de coautoria e receptação, auxílio destinado a tornar seguro o proveito do crime*".

- **Receptação e lavagem de dinheiro**

A Lei n. 12.683/2012 alterou a redação do art. 1º da Lei n. 9.613/98, que trata dos crimes de lavagem de dinheiro, e passou a punir com pena de reclusão, de três a dez anos, e multa, quem "*ocultar ou dissimular a natureza, origem, localização, disposição, movimentação ou propriedade de bens, direitos ou valores provenientes, direta ou indiretamente, de infração penal*". Neste crime, porém, pressupõe-se a específica intenção de **dissimular** a **origem** dos bens ou valores e lhes dar, fraudulentamente, **aparência lícita**, a fim de serem **reintroduzidos** na economia formal, requisitos inexistentes na receptação.

2.7.1.1.9. *Norma penal explicativa*

> **Art. 180, § 4º** — A receptação é punível, ainda que desconhecido ou isento de pena o autor do crime de que proveio a coisa.

Esse dispositivo possui duas partes:

a) O receptador pode ser punido ainda que não se saiba quem foi o autor do crime antecedente.

Cuida-se de situação absolutamente comum no dia a dia, em que se flagra alguém na posse de um carro roubado, mas não se sabe quem o roubou, ou quando se encontram peças de vários carros furtados em um desmanche, mas não se descobre quem os subtraiu.

Para a condenação do receptador, portanto, basta que se prove que o bem proveio de um crime anterior, ainda que não se saiba quem o praticou. A prova da existência do crime anterior normalmente é feita pela oitiva da vítima no inquérito que apura a receptação ou pela juntada do boletim de ocorrência narrando o crime anterior de autoria desconhecida.

É evidente, por sua vez, que, se forem identificados o receptador e também o autor do crime antecedente, os crimes serão apurados em uma só ação penal em decorrência da chamada conexão probatória ou instrumental (art. 76, III, do CPP), em que a prova de um crime influi na de outro. Nessa hipótese, em que o juiz deve proferir uma única sentença em relação aos dois crimes, fica a questão: *e se o juiz absolver o autor do crime antecedente, pode condenar a pessoa acusada pela receptação*? A resposta depende do motivo pelo qual o juiz absolveu o acusado do delito antecedente. Se tal motivo for incompatível com o reconhecimento da receptação, deverá também absolver a pessoa acusada por este crime. Assim, se o juiz absolver o autor do suposto crime antecedente por ser o fato atípico, não poderá condenar o comprador porque o objeto não era produto de crime. Igualmente, se o absolver com o argumento de que está provada a inexistência do fato. Por outro lado, o receptador poderá ser condenado, por exemplo, se o juiz tiver absolvido o acusado do delito antecedente por falta de provas de que ele tenha sido o autor de tal crime, mas existir prova de que o bem é de origem criminosa.

b) O receptador pode ser punido ainda que seja isento de pena o autor do crime de que proveio a coisa.

As causas de isenção de pena em relação ao autor do crime antecedente que não atingem a possibilidade de punição do receptador são:

1) As excludentes de culpabilidade (menoridade, doença mental etc.). Assim, comete receptação quem adquire um carro furtado por um menor, sendo completamente irrelevante o fato de o Estatuto da Criança e do Adolescente chamar essa conduta de ato infracional, uma vez que a regra ora em estudo não permite que paire qualquer dúvida em torno da configuração da receptação.

2) As escusas absolutórias. Dessa forma, embora o filho que furte o televisor do próprio pai seja isento de pena, nos termos do art. 181, II, do Código Penal, quem dele adquirir o bem, ciente da forma como foi obtido, responde por receptação.

- **Extinção da punibilidade do crime antecedente**

De acordo com o art. 108 do Código Penal, **"a extinção da punibilidade de crime que é pressuposto (...) de outro não se estende a este"**. Assim, se morre o autor do roubo, em nada resta afetada a possibilidade de punição do receptador. Se for declarada a prescrição do furto antecedente, continua sendo punível a receptação se tal crime não foi atingido pelo lapso prescricional, por ter ocorrido em data posterior à subtração.

Existem, entretanto, duas exceções a essa regra do art. 108, ou seja, nas hipóteses em que a extinção da punibilidade do crime antecedente vem a ser declarada em razão de *abolitio criminis* ou de anistia, que são causas extintivas que decorrem da promulgação de uma nova lei. Em tais casos, deixará também de ser punível a receptação em face do disposto no art. 2º, parágrafo único, do Código Penal, que determina que a lei nova, que de qualquer modo favoreça o acusado, retroage para aplicar-se a fatos anteriores. Dessa forma, se alguém compra um objeto, que à época dos fatos era fruto do crime de apropriação de coisa havida por caso fortuito (art. 169) e, posteriormente, uma nova lei revoga esse crime, considera-se que essa lei já estava em vigor na data da aquisição e que o agente, portanto, adquiriu um objeto procedente de fato atípico.

■ 2.7.1.2. Receptação imprópria

> **Art. 180, *caput*, 2ª parte —** ... Influir para que terceiro de boa-fé adquira, receba ou oculte (coisa produto de crime):
> Pena — reclusão, de um a quatro anos, e multa.

Quando alguém sabe que um objeto é de procedência ilícita e convence outra pessoa, que também conhece tal origem, a adquirir o bem, esta última comete receptação própria e o primeiro é partícipe de tal crime. Se, entretanto, o terceiro adquirente está de boa-fé, isto é, se desconhece a procedência do objeto, não pode ele ser punido, o que também inviabiliza a punição de quem o convenceu a comprar por participação em receptação própria. Por essa razão, o legislador, atento ao fato de que o agente sabia da origem criminosa do bem e mesmo assim o ofereceu ao terceiro de boa-fé, tipificou tal conduta como crime autônomo, chamado receptação imprópria.

Deve-se lembrar, outrossim, que o autor do crime antecedente nunca pode responder por receptação, de modo que não comete receptação imprópria o autor de um furto que ofereça o bem a um terceiro de boa-fé. Em suma, comete receptação imprópria o **intermediário**, ou seja, aquele que não cometeu o crime antecedente, mas conhece a origem ilícita do bem e procura convencer um terceiro de boa-fé a adquiri-lo, recebê-lo ou ocultá-lo.

Como a conduta típica "influir" significa entrar em contato com alguém oferecendo-lhe o bem, a doutrina é unânime em afirmar que a receptação imprópria é crime **formal** e se consuma no instante em que o agente **oferece** o bem, independentemente de o terceiro ter realmente se convencido e o adquirido ou recebido. Por essa mesma razão, a **receptação imprópria não admite tentativa**. O que importa é o agente ter feito a proposta. Se a fez, o crime está consumado, caso contrário, o fato é atípico.

Se o agente envia uma carta oferecendo um objeto roubado a um terceiro de boa-fé, o crime já está consumado, ainda que a carta se extravie.

RECEPTAÇÃO PRÓPRIA	RECEPTAÇÃO IMPRÓPRIA
■ Crime material	■ Crime formal
■ Admite a tentativa	■ Não admite a tentativa

2.7.1.3. *Classificação doutrinária*

CLASSIFICAÇÃO DOUTRINÁRIA				
■ Crime simples quanto à objetividade jurídica	■ Crime comum quanto ao sujeito ativo	■ Crime comissivo quanto aos meios de execução	■ Crime material na receptação própria e formal na imprópria	■ Crime instantâneo nas duas primeiras figuras e permanente nas três últimas

2.7.1.4. *Causa de aumento de pena (receptação majorada)*

> **Art. 180, § 6º** — Tratando-se de bens do patrimônio da União, de Estado, do Distrito Federal, de Município ou de autarquia, fundação pública, empresa pública, sociedade de economia mista ou empresa concessionária de serviços públicos, aplica-se em dobro a pena prevista no *caput* deste artigo.

O maior rigor da pena se justifica porque na receptação dolosa o agente conhece a origem do bem e, em se tratando de produto de crime que integra o patrimônio de uma das entidades referidas no texto legal, evidente a maior gravidade da conduta. Não basta que o agente saiba que o bem é de origem ilícita. Mister também que ele tenha específico conhecimento de que o patrimônio de uma das pessoas jurídicas elencadas no § 6º foi atingido.

Essa causa de aumento de pena, nos expressos termos legais, só é aplicável às figuras **simples** da receptação dolosa (própria ou imprópria), previstas no *caput* do art. 180. Em se tratando de figura qualificada do art. 180, § 1º, do CP, que já possui pena muito maior, não haverá exasperação se o produto do crime pertencer à União, Estado, Município etc. Tal circunstância, contudo, poderá ser considerada na fixação da pena-base (art. 59 do CP).

O Superior Tribunal de Justiça havia firmado entendimento de que o dispositivo não abrangia a hipótese em que o bem pertencia ao patrimônio do Distrito Federal, porque o texto legal não mencionava tal hipótese. Por isso, foi aprovada a Lei n. 13.531, de 7 de dezembro de 2017, que incluiu a receptação de bens do Distrito Federal, bem como de bens pertencentes a autarquias, empresas públicas e fundações públicas dentre as formas majoradas — mantidas as demais hipóteses que já constavam do texto legal.

2.7.1.5. Receptação qualificada

> **Art. 180, § 1º** — Adquirir, receber, transportar, conduzir, ocultar, ter em depósito, desmontar, montar, remontar, vender, expor à venda, ou de qualquer forma utilizar em proveito próprio ou alheio, no exercício de atividade comercial ou industrial, coisa que deve saber ser produto de crime:
> Pena — reclusão, de três a oito anos, e multa.

A figura qualificada constitui crime **próprio**, pois só pode ser cometida por comerciantes e industriais, no desempenho dessas atividades. A razão do agravamento da pena é o forte estímulo dessas pessoas à criminalidade. Ademais, elas encontram grande facilidade em vender o produto da receptação a terceiros de boa-fé, clientes que não têm razão para desconfiar da procedência dos bens que estão sendo oferecidos, por exemplo, por um lojista. É o caso de revendedores de peças de automóveis que adquirem carros roubados por preços ínfimos e os revendem a preços normais a seus clientes.

O legislador inseriu regra no § 2º, do art. 180, no sentido de equiparar "*à atividade comercial, para efeito do parágrafo anterior, qualquer forma de comércio irregular ou clandestino, inclusive o exercido em residência*". Trata-se de norma penal **explicativa** cuja finalidade é não deixar dúvida sobre a possibilidade de aplicação da qualificadora a camelôs, pessoas que exerçam comércio em suas próprias casas ou qualquer outro comerciante que não tenha sua situação regularizada junto aos órgãos competentes.

Para a existência da qualificadora, necessário que fique demonstrado que o agente exerce com habitualidade as atividades comerciais ou industriais, ainda que tenha cometido a receptação uma única vez. Assim, não existe a qualificadora quando alguém que não é comerciante diz que comprou um carro roubado a fim de revendê-lo; porém, ela se mostra presente quando alguém que normalmente trabalha com comércio de carros o faz, ainda que não se trate de empresário regularizado.

A figura qualificada foi inserida no Código Penal pela Lei n. 9.426/96. Nela o legislador incriminou doze condutas típicas, justamente com a finalidade de não deixar sem punição qualquer situação fática envolvendo produtos ilícitos e comerciantes ou industriais. Deve-se salientar que a maior parte dos verbos, como montar, desmontar, remontar, conduzir e transportar, foi inserida para facilitar a punição de receptadores de automóveis e autopeças, fato facilmente constatável em face do teor das demais alterações trazidas pela Lei n. 9.426/96, que por diversas vezes referiu-se a "veículos automotores", "chassi" etc. Nota-se, ademais, que, embora tal lei tenha expressamente denominado a figura de "receptação qualificada", cuida-se, em verdade, de um tipo penal autônomo, pois nele existem os núcleos, o objeto material e até mesmo a descrição dos sujeitos ativos. Em razão disso, quem colaborar com o comerciante ou industrial, embora sem se revestir dessa qualidade, porém ciente da condição do comparsa, responderá também pelo crime qualificado, em razão da regra do art. 30 do Código Penal.

Por se tratar de tipo misto alternativo, a realização de mais de uma conduta em relação ao mesmo objeto material constitui crime único. Ex.: comerciante que adquire, desmonta e vende as peças de carro roubado. Se forem, entretanto, dois carros, responde por dois delitos.

- **A expressão "coisa que deve saber ser produto de crime"**

Referida expressão, constante do art. 180, § 1º, do Código Penal, de acordo com remansosa doutrina, tem a finalidade de punir o comerciante ou industrial que atua com dolo eventual em relação ao produto do crime — hipótese não existente para outras pessoas, já que a receptação simples só é compatível com o dolo direto.

Discute-se, na prática, como deve ser a punição do comerciante ou industrial que efetivamente **sabe** da procedência criminosa do bem, uma vez que essa hipótese não foi mencionada no tipo penal da figura qualificada.

Existem duas correntes principais:

1ª) O comerciante ou industrial deve ser punido também pelo crime qualificado, pois, se a lei assim considera a conduta menos grave (dolo eventual), não há como se negar a qualificadora na situação mais grave (dolo direto). É o entendimento mais aceito na jurisprudência. No Supremo Tribunal Federal, existem julgados das duas Turmas nesse sentido, inclusive com expressa declaração da constitucionalidade das penas da receptação qualificada: "*A conduta descrita no § 1º do art. 180 do Código Penal é evidentemente mais gravosa do que aquela descrita no* caput *do dispositivo, eis que voltada para a prática delituosa pelo comerciante ou industrial, que, pela própria atividade profissional, possui maior facilidade para agir como receptador de mercadoria ilícita. Não obstante a falta de técnica na redação do dispositivo em comento, a modalidade qualificada do § 1º abrange tanto o dolo direto como o dolo eventual, alcança a conduta de quem "sabe" e de quem "deve saber" ser a coisa produto de crime. Ora, se o tipo pune a forma mais leve de dolo (eventual), a conclusão lógica é de que, com maior razão, também o faz em relação à forma mais grave (dolo direto), ainda que não o diga expressamente. Se o dolo eventual está presente no tipo penal, parece evidente que o dolo direto também esteja, pois o menor se insere no maior. Deste modo, não há que se falar em violação ao princípio da razoabilidade e da proporcionalidade (...) denego a ordem de* habeas corpus" (STF — HC 97.344 — 2ª Turma — Rel. Min. Ellen Gracie — *DJ* 28-5-2009); "*1. A questão de direito de que trata o recurso extraordinário diz respeito à alegada inconstitucionalidade do art. 180, § 1º, do Código Penal, relativamente ao seu preceito secundário (pena de reclusão de 3 a 8 anos), por suposta violação aos princípios constitucionais da proporcionalidade e da individualização da pena. 2. Trata-se de aparente contradição que é resolvida pelos critérios e métodos de interpretação jurídica. 3. Não há dúvida acerca do objetivo da criação da figura típica da receptação qualificada que, inclusive, é crime próprio relacionado à pessoa do comerciante ou do industrial. A ideia é exatamente a de apenar mais severamente aquele que, em razão do exercício de sua atividade comercial ou industrial, pratica alguma das condutas descritas no referido § 1º, valendo-se de sua maior facilidade para tanto devido à infraestrutura que lhe favorece. 4. A lei expressamente pretendeu também punir o agente que, ao praticar qualquer uma das ações típicas contempladas no § 1º, do art.*

180, agiu com dolo eventual, mas tal medida não exclui, por óbvio, as hipóteses em que o agente agiu com dolo direto (e não apenas eventual). Trata-se de crime de receptação qualificada pela condição do agente que, por sua atividade profissional, deve ser mais severamente punido com base na maior reprovabilidade de sua conduta. 5. Não há proibição de, com base nos critérios e métodos interpretativos, ser alcançada a conclusão acerca da presença do elemento subjetivo representado pelo dolo direto no tipo do § 1º, do art. 180, do Código Penal, não havendo violação ao princípio da reserva absoluta de lei com a conclusão acima referida. 6. Inocorrência de violação aos princípios constitucionais da proporcionalidade e da individualização da pena. Cuida-se de opção político-legislativa na apenação com maior severidade aos sujeitos ativos das condutas elencadas na norma penal incriminadora e, consequentemente, falece competência ao Poder Judiciário interferir nas escolhas feitas pelo Poder Legislativo na edição da referida norma. 7. Recurso extraordinário improvido" (RE 443.388 — Rel. Min. Ellen Gracie — 2ª Turma — julgado em 18-8-2009, *DJe*-171 — divulg. 10-9-2009, public. 11-9-2009 — ement vol. 02373-02, p. 00375); **e** "*1. Esta Corte Suprema já se posicionou acerca da constitucionalidade do § 1º do art. 180 do Código Penal, em razão da maior gravidade e reprovabilidade social da receptação qualificada*" (RHC 117.143 — Rel. Min. Rosa Weber — 1ª Turma — julgado em 25-6-2013, processo eletrônico *DJe*-158 — divulg. 13-8-2013, public. 14-8-2013).

No mesmo sentido têm decidido as turmas criminais do Superior Tribunal de Justiça: "Habeas corpus. *Receptação qualificada. Alegada inconstitucionalidade do § 1º do artigo 180 do estatuto repressivo. Fixação da pena prevista no* caput. *Impossibilidade. Crime autônomo. Maior gravidade e reprovabilidade da conduta. Ofensa ao princípio da proporcionalidade. Não ocorrência. 1. A definição das formas qualificadas para algumas espécies de delitos, as quais via de regra acompanham um apenamento mais gravoso, se justifica pela necessidade de se impor um maior juízo de reprovabilidade às condutas que afetem de forma mais intensa os bens jurídicos tutelados pela norma penal. 2. Não se mostra prudente a imposição da pena prevista para a receptação simples em condenação pela prática de receptação qualificada, pois a distinção feita pelo próprio legislador atende aos reclamos da sociedade que representa, no seio da qual é mais reprovável a conduta praticada no exercício de atividade comercial. Precedentes do Superior Tribunal de Justiça e da Suprema Corte*" (HC 233.970/MS — Rel. Min. Jorge Mussi — 5ª Turma — *DJe* 17-5-2012); "Habeas corpus. *Receptação qualificada. Alegada inconstitucionalidade do § 1º do art. 180 do CP. Fixação da pena prevista no* caput. *Impossibilidade. Exercício da atividade comercial ou industrial. Maior gravidade e reprovabilidade da conduta. Ofensa ao princípio da proporcionalidade. Não ocorrência. 1. Embora seja certo que o delito do § 1º do art. 180 do Código Penal traga como elemento constitutivo do tipo o dolo eventual, a pena mais severa cominada à forma qualificada da receptação tem sua razão de ser na maior gravidade e reprovabilidade da conduta praticada no exercício da atividade comercial ou industrial, cuja lesão exponencial resvala num número indeterminado de consumidores*" (HC 189.297/BA — Rel. Min. Sebastião Reis Júnior — 6ª Turma — *DJe* 29-6-2012); **e** "*1. Não há ofensa aos princípios da proporcionalidade e da razoabilidade, pela majoração da pena de um delito praticado com dolo eventual (art. 180, § 1º, do Código Penal) em detrimento de um crime praticado com dolo direto (art. 180, caput, do Código Penal), pois o legislador objetivou apenar mais gravemente aquele que sabe ou devia saber que o produto era de origem criminosa e, ainda sim, dele se utilizou para a atividade comercial ou industrial*" (HC 186.066/SP — Rel. Min. Laurita Vaz — 5ª Turma — julgado em 5-2-2013, *DJe* 15-2-2013). O tema encontra-se também sedimentado na Terceira Seção do Superior Tribunal de Justiça: "*Por ocasião do julgamento do EREsp n. 772.086/RS, a Terceira Seção desta Corte de Justiça, firmou o entendimento de que a aplicação da pena prevista no crime de receptação qualificada não ofende o princípio da proporcionalidade, por ter o legislador buscado punir de forma mais rigorosa a conduta do agente que atua no exercício de atividade comercial ou industrial. Igual entendimento é esposado pelo STF*" (AgRg no REsp 1.423.316/SP — Rel. Min. Moura Ribeiro — 5ª Turma — julgado em 12-8-2014, *DJe* 15-8-2014).

2ª) Em razão do princípio da tipicidade plena, o "deve saber" abrange apenas o dolo eventual. Dessa forma, o comerciante ou industrial que atuar com dolo eventual responde pela figura qualificada, enquanto aquele que agir com dolo direto responde pela figura simples do *caput,* evitando-se, destarte, a analogia *in malam partem.* Como isso fere os princípios da proporcionalidade e da razoabilidade, já que o fato mais grave seria punido com pena menor, a solução seria desconsiderar a pena do § 1º para o agente que atuasse com dolo eventual e aplicar-se a ele a pena do *caput.* Com esse entendimento, em outras palavras, a figura qualificada não faria a pena ficar maior, mas apenas possibilitaria a punição do comerciante que agisse com dolo eventual. É a opinião de Damásio de Jesus.[208] Existe um julgado do STF nesse sentido (HC 92.525 — Rel. Min. Celso de Mello — julgado em 31-2-2008).

É necessário dizer, ainda, que existe uma outra forma de interpretar o dispositivo, no sentido de que a expressão "deve saber" teria sido utilizada como elemento **normativo** do tipo, e não como elemento subjetivo (para indicar dolo eventual). Assim, "deve saber" seria apenas um critério para que o juiz, no caso concreto, pudesse analisar se o comerciante ou industrial, tendo em vista a experiência nas atividades que exerce ou as circunstâncias que envolveram o fato, tinha ou não a obrigação de conhecer a origem criminosa do bem. Por exemplo, um comerciante de veículos usados não pode alegar desconhecimento acerca de uma adulteração grosseira de chassi de um automóvel por ele adquirido, devendo responder pelo crime qualificado. Tal entendimento, contudo, não encontrou respaldo na jurisprudência.

---

[208] Damásio de Jesus, *Direito penal,* v. 2, p. 506.

2.7.1.5.1. *Recepção de semovente domesticável de produção*

Art. 180-A. Adquirir, receber, transportar, conduzir, ocultar, ter em depósito ou vender, com a finalidade de produção ou de comercialização, semovente domesticável de produção, ainda que abatido ou dividido em partes, que deve saber ser produto de crime:
Pena — reclusão, de dois a cinco anos, e multa.

A presente figura qualificada, introduzida no Código Penal pela Lei n. 13.330/2016, possui dois elementos especializantes:

a) o objeto material deve ser semovente domesticável **de produção** (boi, porco, cabra, galinha etc.);

b) a conduta do receptador deve ser realizada com a finalidade específica de produção ou comercialização futura do animal (elemento subjetivo do tipo). Não basta, pois, que o agente compre um semovente domesticável de produção para que esteja presente o crime qualificado. É preciso que o faça especificamente com o intuito de produção ou comercialização.

Ressalve-se, outrossim, que essa forma qualificada também contém a expressão "que deve saber ser produto de crime", que abrange o dolo eventual e o dolo direto (de acordo com entendimento sedimentado no Supremo Tribunal Federal e no Superior Tribunal de Justiça — ver comentários ao art. 180, § 1º, do CP).

2.7.1.6. *Receptação privilegiada*

Art. 180, § 5º, 2ª parte — ... Na receptação dolosa aplica-se o disposto no § 2º do art. 155.

O privilégio só é aplicável à receptação dolosa (própria ou imprópria), sendo incabível na receptação culposa.

Apesar de não haver restrição expressa no texto legal, entendemos que o benefício é incabível em relação às figuras qualificadas do § 1º, na medida em que as consequências extremamente brandas do privilégio são incompatíveis com a gravidade da receptação qualificada, vez que permitem ao juiz a aplicação exclusiva de pena de multa. Os tribunais superiores, todavia, passaram a admitir a aplicação do privilégio no furto qualificado, tendo o Superior Tribunal de Justiça, inclusive, aprovado a Súmula n. 511 nesse sentido. Por isso, parece-nos que também em relação à receptação será adotada tal interpretação.

Os requisitos do privilégio são os mesmos do furto: primariedade e pequeno valor do produto do crime. As consequências são a substituição da pena de reclusão por detenção, a redução da pena privativa de liberdade de um a dois terços, e a aplicação exclusiva da pena de multa.

2.7.2. Receptação culposa

> **Art. 180, § 3º** — Adquirir ou receber coisa que, por sua natureza ou pela desproporção entre o valor e o preço, ou pela condição de quem a oferece, deve presumir-se obtida por meio criminoso:
> Pena — detenção, de um mês a um ano, ou multa, ou ambas.

Nas relações humanas da vida em sociedade, algumas cautelas são necessárias no sentido de evitar a aquisição ou o recebimento, a qualquer título, de objetos provenientes de conduta criminosa. Esses cuidados, inerentes ao homem médio, visam justamente dificultar a proliferação de objetos dessa natureza, bem como evitar eventual estímulo à criminalidade. A observância dessas precauções é obrigação legal e a omissão constitui crime de receptação culposa se o agente acabar adquirindo ou recebendo objeto produto de crime, ainda que sem ter ciência disso.

2.7.2.1. *Tipo objetivo*

Nessa modalidade de receptação, estão descritas apenas as condutas "adquirir" e "receber". Os doutrinadores costumam dizer que o verbo "ocultar" não foi inserido nesse tipo penal porque quem espontaneamente o faz sabe da procedência ilícita do bem.

Na receptação culposa, ao contrário do que se passa com os delitos culposos em geral, o tipo penal **não é aberto** porque o texto legal descreve os parâmetros que indicam a existência da conduta culposa:

> **a) A natureza do objeto.** Certos bens, por sua própria essência ou por disposição legal, pressupõem cuidados especiais que, se não forem observados, levarão ao reconhecimento do crime culposo. É o caso, por exemplo, da aquisição de um revólver sem a cautela de se pesquisar sua numeração junto aos órgãos oficiais (toda arma de fogo deve estar cadastrada), ou de se adquirir um veículo sem fazer as devidas consultas aos órgãos de trânsito ou sem se exigir a sua documentação completa etc.
>
> **b) Desproporção entre o valor de mercado e o preço pago.** Para que seja possível essa comparação, exige-se, durante a investigação, a avaliação dos bens por peritos, para que se possa saber qual o verdadeiro valor de mercado. Ademais, para que se conclua ter ocorrido crime culposo, é evidente que deve haver uma diferença considerável entre os valores, de tal forma que faria surgir desconfiança em qualquer pessoa de bom senso, uma vez que é sabido que os criminosos costumam vender os bens de origem ilícita por preços menores, para se desfazer rapidamente dos objetos.
>
> **c) Condição do ofertante.** É o que ocorre, por exemplo, quando alguém compra um objeto de pessoa desconhecida ou quando adquire um objeto valioso de pessoa que não teria condições de ter um como aquele etc.

É claro que só existirá receptação culposa se ficar demonstrado que o bem tinha procedência criminosa. Por isso, se alguém compra um carro por valor muito abaixo do preço de mercado porque o vendedor estava em dificuldade financeira, mas o carro não é de procedência ilícita, o fato é atípico. Da mesma forma, se alguém compra um relógio de ouro de um morador de rua e, posteriormente, fica demonstrado que ele havia recebido o relógio de presente de um milionário, também não se mostra presente a receptação culposa.

Saliente-se, ainda, que, como acontece em todo crime culposo, exige-se que o juiz se convença de que o agente, em razão de um dos parâmetros mencionados, **deveria ter presumido a origem espúria do bem**. Em outras palavras, deve o juiz concluir que o homem médio desconfiaria da procedência ilícita e, por isso, não adquiriria ou receberia o bem.

■ *2.7.2.2. Perdão judicial*

> **Art. 180, § 5º, 1ª parte** — Na hipótese do § 3º, se o criminoso é primário, pode o juiz, tendo em consideração as circunstâncias, deixar de aplicar a pena...

O perdão judicial só é **aplicável à receptação culposa**, nos expressos termos legais. É absolutamente incabível nas figuras dolosas, para as quais existe o privilégio.

Para a concessão do perdão, são exigidos dois requisitos:

a) primariedade do agente;

b) que circunstâncias do delito indiquem sua pouca gravidade, como, por exemplo, pequeno valor do bem.

Presentes os requisitos legais, a concessão do perdão pelo juiz é obrigatória, não obstante a lei mencione que ele "pode" deixar de aplicar a pena. Cuida-se, em realidade, de **direito subjetivo do acusado**.

O perdão judicial é causa extintiva da punibilidade e, de acordo com a Súmula n. 18 do Superior Tribunal de Justiça, a sentença que o concede é declaratória da extinção da punibilidade, não subsistindo qualquer outro efeito. Além disso, o art. 120 do Código Penal prevê que a pessoa beneficiada com o perdão judicial não perde a primariedade.

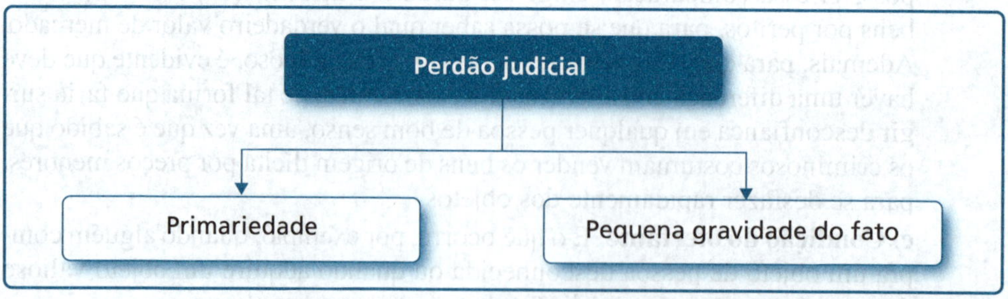

■ 2.7.3. Ação penal

Todas as modalidades de receptação apuram-se mediante ação pública incondicionada.

2.7.4. Questões

1. (OAB/PR — 2007) Sobre o crime de receptação, assinale a alternativa correta:

a) sujeito ativo pode ser qualquer pessoa, incluindo-se o coautor do crime antecedente.
b) sujeito passivo é a pessoa que figura como vítima no crime antecedente, do qual teve origem a coisa receptada.
c) é impossível a receptação em cadeia, a receptação da receptação.
d) a receptação somente é punível se conhecido o autor do crime de que proveio a coisa receptada.

2. (OAB/SP — 131º exame — VUNESP) Veja o seguinte tipo "Adquirir, em proveito próprio ou alheio, no exercício de atividade comercial ou industrial, coisa que deve saber ser produto de crime" corresponde ao crime de:

a) fraude no comércio.
b) dano qualificado.
c) receptação qualificada.
d) favorecimento real.

3. (Ministério Público/MG — 44º concurso) Em face das assertivas seguintes, pode-se afirmar que:

I. Se a apropriação indébita se refere ao uso da coisa, não há crime.
II. Ocorre a apropriação indébita de coisa furtada, se o agente não sabia de sua origem.
III. Se a coisa é produto de contravenção, não é cabível a receptação.
IV. Incabível a receptação dolosa, se o sujeito recebe a coisa com dolo eventual.

a) Somente I e II estão incorretas.
b) Somente III e IV estão incorretas.
c) Somente I e III estão corretas.
d) Somente II e IV estão corretas.
e) Todas estão corretas.

4. (Ministério Público/SP — 87º concurso) Assinale a alternativa correta:

a) o ato de ter em depósito, no interior da própria residência, no exercício de atividade comercial, coisa que deve saber ser produto de crime de estelionato constitui crime de receptação na modalidade dolosa do art. 180, *caput*, do Código Penal.
b) o crime de receptação, nas modalidades dolosa ou culposa, pressupõe, por expressa disposição legal, a anterior prática de crime contra o patrimônio.
c) no crime de receptação, a modalidade privilegiada (art. 180, § 5º, c.c. art. 155, § 2º, do CP) só pode ser reconhecida quando se tratar da figura culposa do delito.
d) o crime de receptação imprópria implica necessariamente que o terceiro que adquire ou recebe a coisa esteja de boa-fé.
e) o perdão judicial aplica-se à receptação culposa, mesmo na hipótese de o réu ser reincidente.

5. (Magistratura-SE — 2015 — FCC) No delito de receptação qualificada, a expressão "coisa que deve saber ser produto de crime" possui interpretação do STF no sentido de que,

a) se trata de norma inconstitucional com relação ao preceito secundário, por violar o princípio da proporcionalidade quando comparada à pena prevista para o *caput*.
b) se aplica apenas aos casos de dolo eventual, excluindo-se o dolo direto.
c) abrange igualmente o dolo direto.
d) configura má utilização da expressão, por ser indicativa de culpa consciente.
e) impede que no exercício de atividade comercial possa se alegar receptação culposa.

6. (Ministério Público/SP - 2019) Com base na orientação jurisprudencial assentada no STJ, em relação à prova, é correto afirmar que, no crime de

a) embriaguez na condução de veículo automotor, a prova sobre a alteração da capacidade psicomotora do condutor não admite prova testemunhal.

b) tráfico de drogas, é necessário prova de que a venda vise aos frequentadores do estabelecimento de ensino, para o reconhecimento da respectiva majorante.
c) furto, a comprovação da causa de aumento do rompimento de obstáculo, quando desaparecerem os vestígios, não admite prova testemunhal.
d) receptação, uma vez apreendida a *res furtiva* em poder do réu, cabe à defesa apresentar prova acerca da origem lícita do bem.
e) roubo, é imprescindível a apreensão e perícia da arma de fogo, para a comprovação da respectiva causa de aumento.

■ GABARITO ■

1. "b". Todas as demais alternativas contêm afirmações falsas.
2. "c". Trata-se da figura qualificada de receptação descrita no art. 180, § 1º, do Código Penal.
3. "e". As quatro alternativas estão corretas.
4. "d". Na alternativa "a", o correto seria dizer que a receptação é qualificada (art. 180, § 1º). Na alternativa "b", o erro consiste em afirmar que o crime anterior deve ser contra o patrimônio. Na alternativa "c", o engano consiste em dizer que o privilégio é cabível na modalidade culposa, pois só é viável na dolosa. Por fim, o equívoco da alternativa "e" reside no fato de que o perdão judicial só é possível se o réu for primário.
5. "c". Este é o entendimento do STF e do STJ.
6. "c". A embriaguez ao volante pode ser provada por testemunhas (art. 306, § 2º, do Código de Trânsito Brasileiro). Nos termos do art. 167 do CPP, a prova testemunhal pode suprir a falta da perícia na qualificadora do crime de furto. O STJ firmou entendimento de que a majorante do crime de tráfico não tem como premissa que a droga seja destinada aos frequentadores do estabelecimento de ensino. As Cortes Superiores firmaram entendimento de que não é imprescindível a apreensão da arma para a majorante respectiva do crime de roubo.

■ 2.7.5. Classificação dos crimes contra o patrimônio em relação à necessidade de efetiva lesão patrimonial

CRIMES FORMAIS	CRIMES MATERIAIS
• Extorsão; • Extorsão mediante sequestro; • Extorsão indireta (modalidade exigir); • Usurpação; • Supressão de marca em animais; • Fraude para recebimento de seguro; • Duplicata simulada; • Abuso de incapazes; • Induzimento à especulação; • Fraudes e abusos na fundação ou administração de sociedade por ações; • Emissão irregular de conhecimento de depósito ou *warrant*; • Receptação imprópria.	• Furto; • Roubo; • Extorsão indireta (modalidade receber); • Dano; • Roubo; • Apropriação indébita; • Apropriação indébita previdenciária;* • Apropriação de coisa havida por erro, caso fortuito ou força da natureza, apropriação de tesouro e de coisa achada; • Estelionato comum; • Disposição de coisa alheia como própria, alienação ou oneração fraudulenta de coisa própria; defraudação do penhor, fraude na entrega de coisa e no pagamento de cheque; • Fraude no comércio; • Outras fraudes; • Fraude à execução; • Receptação própria.

Observação: Quanto ao crime de apropriação indébita previdenciária, não é pacífica sua natureza (de mera conduta, formal ou material). A respeito ver comentários ao art. 168-A.

VIII

DISPOSIÇÕES GERAIS

2.8. DISPOSIÇÕES GERAIS

Neste último Capítulo do Título dos crimes contra o patrimônio, são regulamentadas as imunidades absolutas e relativas, bem como elencadas as hipóteses em que tais benefícios são incabíveis.

2.8.1. Imunidades absolutas

> **Art. 181.** É isento de pena quem comete qualquer dos crimes previstos neste título, em prejuízo:
>
> I — do cônjuge, na constância da sociedade conjugal;
>
> II — de ascendente ou descendente, seja o parentesco legítimo ou ilegítimo, seja civil ou natural.

As imunidades absolutas, também chamadas de **escusas absolutórias**, têm como consequência a **total isenção de pena** para o autor da infração penal. Em razão disso, se a autoridade policial sabe que o autor da subtração foi o filho, sequer deve instaurar inquérito. Se só fica sabendo que o autor foi tal pessoa após a instauração, deve concluí-lo e remetê-lo ao juízo para que seja ali arquivado.

As hipóteses em análise são **excludentes** de punibilidade. Como o parentesco e o casamento são anteriores à conduta, sequer permitem o surgimento do direito de punir do Estado. **Não** são, portanto, causas **extintivas** da punibilidade.

As imunidades só valem para os crimes contra o patrimônio; não se aplicam em relação a crimes conexos de outra natureza.

A isenção só existe quando a conduta gera exclusivamente prejuízo a uma das pessoas enumeradas no texto legal (cônjuge, ascendente ou descendente). Se causar, concomitantemente, prejuízo a terceiro, haverá crime em relação a este. Ex.: filho que subtrai objetos que pertencem ao pai e a outras pessoas. Nesse caso, o filho responde pelo crime.

O inc. I, do art. 181, refere-se a fato cometido contra cônjuge, durante a constância da sociedade conjugal, ou seja, antes de eventual separação ou divórcio. Assim, deve-se levar em conta a **data do fato**, e não a de sua descoberta. Se uma subtração é cometida pela esposa, pouco importa que o fato seja descoberto quando o casal já está divorciado. A imunidade existe. Da mesma forma, se o noivo subtrai bem da noiva, não há imunidade, ainda que se casem dias depois.

O regime de bens do casamento é irrelevante. A imunidade visa evitar constrangimentos às pessoas casadas, não tendo relação com a situação patrimonial decorrente do matrimônio.

A enumeração legal é taxativa, porém está pacificado que a escusa absolutória **alcança também os companheiros** por fatos ocorridos durante a convivência comum, uma vez que a Constituição Federal reconhece a **união estável** como **entidade familiar** (art. 226, § 3º), havendo, em tal caso, aplicação de analogia *in bonam partem*.

O inc. II determina a aplicação da imunidade quando o crime for cometido contra ascendente ou descendente, qualquer que seja o grau na linha reta (pai, avô, filho, neto). O esclarecimento feito pela lei, no sentido de que a escusa abrange o parentesco legítimo ou ilegítimo, natural ou civil, atualmente seria dispensável porque a Constituição Federal proíbe esse tipo de distinção.

A imunidade, contudo, não se aplica ao parentesco por afinidade (sogro ou sogra, genro ou nora etc.).

2.8.2. Imunidades relativas

> **Art. 182.** Somente se procede mediante representação, se o crime previsto neste título é cometido em prejuízo:
> I — do cônjuge, desquitado ou judicialmente separado;
> II — de irmão, legítimo ou ilegítimo;
> III — de tio ou sobrinho, com quem o agente coabita.

As imunidades **relativas** (ou processuais) têm como consequência a necessidade de **representação** da vítima em crimes contra o patrimônio que, normalmente, seriam apurados mediante ação pública incondicionada.

O inc. I aplica-se quando o fato ocorre entre partes que são separadas judicialmente ou desquitadas (pela antiga legislação civil). Se o fato ocorrer entre pessoas divorciadas, não há qualquer imunidade.

Em relação a crime praticado por irmão (inc. II), a imunidade vale, quer sejam filhos do mesmo pai e da mesma mãe (irmãos germanos), quer tenham apenas um deles em comum (irmãos unilaterais). Dessa forma, se um irmão furta um objeto de outro, a ação penal depende de representação da vítima. Se esta for menor de idade, o direito de representação deve ser exercido pelos representantes legais ou, se houver colidência de interesses, pelo curador nomeado pelo juiz.

O inc. III, por sua vez, somente tem aplicação quando tio e sobrinho moram, de forma não transitória, na mesma residência. Em tal hipótese, pressupõe-se que a existência da ação penal poderá acarretar problemas na convivência, daí a necessidade da representação. Veja-se, por outro lado, que é irrelevante que o crime tenha sido praticado no local em que as partes moram ou em outro lugar qualquer.

2.8.3. Exceções

> **Art. 183.** Não se aplica o disposto nos dois artigos anteriores:
> I — se o crime é o de roubo ou de extorsão, ou, em geral, quando haja emprego de grave ameaça ou violência à pessoa.

Evidente, assim, que as imunidades não são aplicáveis a todos os crimes contra o patrimônio. O dispositivo em análise afasta a aplicação dos institutos a todas as modalidades de roubo e extorsão, bem como para os demais crimes contra o patrimônio que envolvam violência contra pessoa ou grave ameaça: dano qualificado (art. 163, parágrafo único, II, do CP) e esbulho possessório (art. 161, § 1º, II, do CP).

- **Lei Maria da Penha**

O art. 7º, da Lei n. 11.340/2006 (Lei Maria da Penha), conceitua violência doméstica ou familiar contra a mulher, abrangendo para os fins de aplicação de referida Lei a violência física (inc. I), a psicológica (inc. II), a sexual (inc. III), a **patrimonial** (inc. IV) e a moral (inc. V). Em razão do inc. IV, alguns autores interpretaram equivocadamente que todo crime patrimonial cometido contra a esposa, a companheira, a filha etc., estaria excluído das imunidades, ainda que se tratasse de crimes como furto ou apropriação indébita. Esta interpretação é equivocada porque, nos expressos termos do art. 183, I, do CP, as imunidades só devem ser excluídas se o crime envolver **violência contra a pessoa** ou grave ameaça. Violência contra a pessoa é a violência física (real), é a que decorre de uma efetiva agressão ou do emprego de força física contra a vítima. No furto, na apropriação indébita e no estelionato, não há emprego de violência contra a pessoa e, por isso, as imunidades são cabíveis. Violência patrimonial e violência física não se confundem nem mesmo no texto da Lei Maria da Penha, conforme se verifica nos incs. I e IV da mencionada Lei, que as diferencia. Ao dispor que existe violência patrimonial em crimes como o furto, a Lei Maria da Penha estabeleceu apenas que tal crime, por gerar lesão patrimonial, admite a incidência das normas protetivas à mulher elencadas na própria lei, não havendo, contudo, extensão a dispositivos do Código Penal que nitidamente não foram por ela abrangidos. Se fosse verdade que a Lei Maria da Penha tivesse transformado toda forma de violência patrimonial, doméstica ou familiar, contra a mulher, em forma de violência física, então a subtração pura e simples contra a esposa deveria ser tipificada como roubo (e não como furto); o estelionato contra a filha deveria ser enquadrado como extorsão. Nada mais absurdo. Em suma, se o marido furta bens da esposa maior de 60 anos, não incide a imunidade em razão da idade da vítima e, em tal caso, são aplicáveis as medidas processuais de proteção da Lei Maria da Penha. Se, todavia, a esposa não tiver mais de 60 anos, mostrar-se-á presente a imunidade por não envolver o delito violência física ou grave ameaça, mas serão igualmente cabíveis as medidas protetivas da Lei n. 11.340/2006.

O Superior Tribunal de Justiça adotou nosso entendimento acerca do tema: "*1. O artigo 181, inciso I, do Código Penal estabelece imunidade penal absoluta ao cônjuge que pratica crime patrimonial na constância do casamento. 2. De acordo com o artigo 1.571 do Código Civil, a sociedade conjugal termina pela morte de um dos cônjuges, pela nulidade ou anulação do casamento, pela separação judicial e pelo divórcio, motivo pelo qual a separação de corpos, assim como a separação de fato, que não têm condão de extinguir o vínculo matrimonial, não são capazes de afastar a imunidade prevista no inciso I do artigo 181 do Estatuto Repressivo. 3. O advento da Lei 11.340/2006 não é capaz de alterar tal entendimento, pois embora tenha previsto a violência patrimonial como uma das que pode ser cometida no âmbito doméstico e familiar contra a mulher, não revogou quer expressa, quer tacitamente, o artigo 181 do Código Penal. 4. A se admitir que a Lei Maria da Penha derrogou a referida imunidade, se estaria diante de flagrante hipótese de violação ao princípio da isonomia, já que os crimes patrimoniais praticados pelo marido contra a mulher no âmbito doméstico e familiar poderiam ser processados e julgados, ao passo que a mulher que venha cometer o mesmo tipo de delito contra o marido estaria isenta de pena. 5. Não há falar em ineficácia ou inutilidade da Lei 11.340/2006 ante a persistência da imunidade prevista no artigo 181, inciso I, do Código Penal quando se tratar de violência praticada contra a mulher no âmbito doméstico e familiar, uma vez que na própria legislação vigente existe a previsão de medidas cautelares específicas para a proteção do patrimônio da ofendida.6. No direito penal não se admite a analogia em prejuízo do réu, razão pela qual a separação de corpos ou mesmo a separação de fato, que não extinguem a sociedade conjugal, não podem ser equiparadas à separação judicial ou o divórcio, que põem fim ao vínculo matrimonial, para fins de afastamento da imunidade disposta no inciso I do artigo 181 do Estatuto Repressivo. 7. Recurso provido para determinar o trancamento da ação penal apenas com relação ao recorrente*" (RHC 42.918/RS, Rel. Min. Jorge Mussi, 5ª Turma, julgado em 5-8-2014, *DJe* 14-8-2014).

> **Art. 183.** Não se aplica o disposto nos dois artigos anteriores:
> II — ao estranho que participa do crime.

Dessa forma, se um furto for cometido pelo filho e por um amigo, temos as seguintes consequências: a) o filho é completamente isento de pena em razão da escusa absolutória do art. 181, II, do Código Penal; b) o amigo responde por crime de furto qualificado pelo concurso de agentes, já que a imunidade não o beneficia.

A palavra "participa" foi aqui usada no sentido genérico, abrangendo evidentemente a coautoria.

> **Art. 183.** Não se aplica o disposto nos dois artigos anteriores:
> III — se o crime é praticado contra pessoa com idade igual ou superior a sessenta anos.

Essa hipótese que exclui as imunidades nos crimes contra o patrimônio foi inserida no Código Penal pelo Estatuto do Idoso (Lei n. 10.741/2003). Em razão disso, todos os crimes contra o patrimônio de pessoa idosa são passíveis de punição, ainda que cometidos por cônjuge, filho etc. Além disso, serão aplicáveis as agravantes genéricas do art. 61, II, *e* e *h*.

■ 2.8.4. Questões

1. (OAB/SP — 131º exame — VUNESP) João e Pedro, agindo de comum acordo, subtraíram, para si, importância em dinheiro que Maria, mãe de João, com 62 (sessenta e dois) anos de idade, guardava em sua casa. Em face desse fato,

a) João e Pedro podem ser processados, porque Pedro não é atingido por escusa absolutória, e João porque, embora pudesse ser beneficiado pela escusa, esta não se aplica pelo fato de a vítima ter mais de 60 (sessenta) anos de idade.
b) João e Pedro não podem ser processados, porque ambos seriam beneficiados por escusa absolutória.
c) João não poderia ser processado porque seria beneficiado pela escusa absolutória, mas Pedro poderia ser processado porque a ele não se aplicaria a escusa.
d) João e Pedro podem ser processados porque não há mais escusa absolutória em crime patrimonial praticado por filho contra a mãe.

2. (Ministério Público/SP — 82º concurso) "A", adotado por "B", subtraiu, para si, coisa móvel a este pertencente. Com relação à imunidade penal absoluta, é correto afirmar que:

a) não se pode cogitar de isenção de pena.
b) à vista do parentesco existente entre os sujeitos ativo e passivo, poder-se-á cogitar de isenção de pena só se a vítima não tiver outros filhos.
c) só poderia haver isenção de pena se existisse laço de consanguinidade entre "A" e "B".
d) cabe reconhecer a imunidade absoluta porque o parentesco é natural.
e) admite-se a isenção de pena no caso, diante do parentesco civil.

3. (Ministério Público/SC — 2008)

I. A extorsão é crime formal e se consuma quando o sujeito ativo recebe a vantagem exigida.
II. O depósito necessário miserável, quando se constitui em figura criminosa, é aquele previsto no art. 168, I, (necessário) do CP.
III. A figura prevista no art. 171, V, do CP, fraude para recebimento de indenização ou valor de seguro, é crime formal.
IV. A receptação na modalidade imprópria não admite tentativa.
V. A escusa relativa prevista nas disposições gerais dos crimes contra o patrimônio extingue a punibilidade do agente ativo do crime.

a) apenas III, IV e V estão corretos;
b) apenas I, II e III estão corretos;
c) apenas II, III e IV estão corretos;
d) apenas II, III e V estão corretos;
e) apenas I, IV e V estão corretos.

4. (Defensor Público/RO — Vunesp — 2017) João, de 30 anos, em concurso com a amiga Maria, de 25 anos, cometem apropriação indébita contra o pai de João, de 50 anos. Os três moram na mesma casa.

É correto afirmar que João

a) e Maria são isentos de pena.
b) é isento de pena e Maria somente será processada mediante representação.
c) e Maria somente serão processados mediante representação.
d) é isento de pena, mas a Maria não socorre semelhante benefício.
e) somente será processado mediante representação e Maria é isenta de pena.

5. (Ministério Público/SP – 2019) Em relação aos crimes patrimoniais, a ação penal, no crime de

a) furto contra o cônjuge separado judicialmente, será pública condicionada à representação.
b) introdução de animais em propriedade alheia, será pública condicionada à representação.
c) dano, será sempre pública incondicionada.
d) apropriação indébita contra irmão maior de 60 (sessenta) anos, será pública condicionada à representação.
e) furto contra tio com quem coabita, será pública condicionada à representação em relação ao estranho que participou do crime.

■ GABARITO ■

1. "a". O art. 183, II, do Código Penal, exclui a escusa ao terceiro que participa do crime e o inc. III do mesmo artigo a exclui quando a vítima tem mais de 60 anos.
2. "e". É o que diz expressamente o art. 181, II, do Código Penal.
3. "c". A assertiva I está errada porque a extorsão dispensa a obtenção da vantagem indevida para estar consumada. A assertiva V está errada porque as escusas absolutórias não são causas extintivas, mas excludentes de punibilidade.
4. "d". João é isento de pena por ser filho da vítima (de 50 anos) e porque a apropriação indébita não envolve violência física ou grave ameaça. Maria pode ser punida, nos termos do art. 183, II, do Código Penal.
5. "a". É o que diz o art. 182, I, do Código Penal. No crime de introdução de animais em propriedade alheia, a ação penal é privada (art. 167). No crime de dano, há a ação penal e só é pública incondicionada em algumas hipóteses (art. 167). Na apropriação indébita contra irmão maior de 60 anos, a ação é incondicionada (art. 183, III). Em relação ao estranho que participa do crime não se aplicam as imunidades relativas, por isso a alternativa E está errada.

TÍTULO III

3. DOS CRIMES CONTRA A PROPRIEDADE IMATERIAL

Este Título, originariamente, era subdividido em quatro Capítulos:

a) Dos crimes contra a propriedade intelectual (capítulo I);
b) Dos crimes contra o privilégio de invenção (capítulo II);
c) Dos crimes contra as marcas de indústria e comércio (capítulo III);
d) Dos crimes de concorrência desleal (capítulo IV).

Ocorre que os últimos três Capítulos foram expressamente revogados pela Lei n. 9.269/96, restando em vigor apenas o que trata dos crimes contra a propriedade intelectual.

DOS CRIMES CONTRA A PROPRIEDADE INTELECTUAL

3.1. DOS CRIMES CONTRA A PROPRIEDADE INTELECTUAL

Neste Capítulo estavam previstos dois crimes:

a) violação de direito autoral (art. 184);

b) usurpação de nome ou pseudônimo alheio.

Este último, todavia, foi revogado pela Lei n. 10.695/2003, restando em vigor apenas o crime de violação de direito autoral.

3.1.1. Violação de direito autoral

Art. 184. Violar direitos de autor e os que lhe são conexos:

Pena — detenção, de três meses a um ano, ou multa.

§ 1º Se a violação consistir em reprodução total ou parcial, com intuito de lucro direto ou indireto, por qualquer meio ou processo, de obra intelectual, interpretação, execução ou fonograma, sem autorização expressa do autor, do artista intérprete ou executante, do produtor, conforme o caso, ou quem o represente:

Pena — reclusão, de dois a quatro anos, e multa.

§ 2º Na mesma pena do § 1º incorre quem, com o intuito de lucro direto ou indireto, distribui, vende, expõe à venda, aluga, introduz no País, adquire, oculta, tem em depósito, original ou cópia de obra intelectual ou fonograma reproduzido com violação do direito de autor, do direito de artista intérprete ou executante ou do direito do produtor de fonograma, ou, ainda, aluga original ou cópia de obra intelectual ou fonograma, sem a expressa autorização dos titulares dos direitos ou de quem os represente.

§ 3º Se a violação consistir no oferecimento ao público, mediante cabo, fibra ótica, satélite, ondas ou qualquer outro sistema que permita ao usuário realizar a seleção da obra ou produção para recebê-la em tempo e lugar previamente determinados por quem formula a demanda, com intuito de lucro, direto ou indireto, sem autorização expressa, conforme o caso, do autor, do artista intérprete ou executante, do produtor do fonograma, ou quem o represente:

Pena — reclusão, de dois a quatro anos.

§ 4º O disposto nos §§ 1º, 2º e 3º não se aplica quando se tratar de exceção ou limitação ao direito de autor ou os que lhe são conexos, em conformidade com o previsto na Lei n. 9.610/98, nem a cópia de obra intelectual ou fonograma, em um só exemplar, para uso privado do copista, sem intuito de lucro direto ou indireto.

3.1.1.1. *Objetividade jurídica*

A preservação dos direitos autorais e da propriedade intelectual, assegurados pelo art. 5º, XXVII, da Constituição Federal: "*aos autores pertence o direito exclusivo de utilização, publicação ou reprodução de suas obras, transmissível aos herdeiros pelo tempo que a lei fixar*".

3.1.1.2. *Tipo objetivo*

Consiste em violar direito autoral. **Violar** é sinônimo de transgredir, ofender. O autor tem direitos patrimoniais e morais sobre sua obra. Assim, caracterizam o crime o plágio, a utilização indevida de imagem da obra, a sua reprodução não autorizada e até a confecção pela editora de número maior de exemplares de um livro sem o conhecimento do autor, a fim de não pagar os direitos autorais sobre o número excedente.

O alcance do conceito de direito autoral é fornecido por lei especial (Lei n. 9.610/98), sendo o tipo penal em estudo, portanto, uma **norma penal em branco**. Referida lei, ademais, contém diversos outros conceitos que complementam as figuras qualificadas do delito, de modo que será necessário transcrever tais conceitos para ser possível a compreensão do dispositivo. **Autor** é a pessoa física criadora de obra literária, artística ou científica (art. 11 da Lei n. 9.610/98). A lei penal, contudo, também tutela os direitos **conexos** ao do autor que são os direitos dos artistas intérpretes ou executantes, dos produtores fonográficos e das empresas de radiodifusão (art. 89).

No § 1º do art. 184 pune-se de forma mais grave (figura **qualificada**) a conduta de **reproduzir**, total ou parcialmente, **com intuito de lucro** direto ou indireto, por qualquer meio ou processo, sem autorização, obra intelectual, interpretação, execução ou fonograma. Assim, comete o crime qualificado, por exemplo, o livreiro que tira cópias integrais ou de capítulos de livros e as expõe à venda, já que não serão pagos direitos autorais sobre elas, ou quem faz cópias piratas de CDs ou elabora fitas de áudio com coletâneas de músicas a fim de comercializá-las.

O tipo qualificado exige que a reprodução ocorra sem autorização do autor, artista intérprete ou executante, ou do produtor. A própria Lei n. 9.610/98 cuida de defini-los:

Reprodução é a cópia de um ou vários exemplares de uma obra literária, artística ou científica ou de um fonograma, de qualquer forma tangível, incluindo qualquer armazenamento permanente ou temporário por meios eletrônicos ou qualquer outro meio de fixação que venha a ser desenvolvido (art. 5º, VI). A figura simples do *caput* só tem aplicação quando a violação do direito autoral não consistir em **reprodução** desautorizada.

Artistas intérpretes ou executantes são todos os atores, cantores, músicos, bailarinos ou outras pessoas que representem um papel, cantem, recitem, declamem, interpretem ou executem em qualquer forma obras literárias ou artísticas ou expressões do folclore (art. 5º, XIII).

Produtor é a pessoa física ou jurídica que toma a iniciativa e tem a responsabilidade econômica da primeira fixação do fonograma ou da obra audiovisual, qualquer que seja a natureza do suporte utilizado (art. 5º, XI).

Fonograma é toda fixação de sons de uma execução, ou interpretação de outros sons, ou de uma representação de sons que não seja uma fixação incluída em uma obra audiovisual (art. 5º, IX).

Nos termos do art. 7º da Lei n. 9.610/98, **obras intelectuais** protegidas são as criações do espírito, expressas por qualquer meio ou fixadas em qualquer suporte, tangível ou intangível, conhecido ou que se invente no futuro, tais como: os textos de obras literárias, artísticas ou científicas (inc. I); as conferências, alocuções, sermões e outras obras da mesma natureza (inc. II); as obras dramáticas e dramático-musicais (inc. III); as obras coreográficas e pantomímicas, cuja execução cênica se fixe por escrito ou por outra forma qualquer (inc. IV); as composições musicais, tenham ou não letra (inc. V); as obras audiovisuais, sonorizadas ou não, inclusive as cinematográficas (inc. VI); as obras fotográficas e as produzidas por qualquer processo análogo ao da fotografia (inc. VII); as obras de desenho, pintura, gravura, escultura, litografia e arte cinética (inc. VIII); as ilustrações, cartas geográficas e outras obras da mesma natureza (inc. IX); os projetos, esboços e obras plásticas, concernentes à geografia, engenharia, topografia, arquitetura, paisagismo, cenografia e ciência (inc. X); as adaptações, traduções e outras transformações de obras originais, apresentadas como criação intelectual nova (inc. XI); os programas de computador (inc. XII); e as coletâneas ou compilações, antologias, enciclopédias, dicionários, bases de dados e outras obras que, por sua seleção, organização ou pela disposição de seu conteúdo, constituam uma criação intelectual (inc. XIII).

O tipo penal do art. 184, § 1º, do Código Penal, não mais contém expressamente a expressão videofonograma. É evidente, entretanto, que a pirataria de fitas de videocassete ou de DVDs continua configurando violação de direito autoral, já que o tipo penal qualificado pune a violação de direito **intelectual** e, conforme mencionado, este abrange as obras **audiovisuais**, sonorizadas ou não, inclusive as cinematográficas (art. 7º, VI).

Saliente-se que, de acordo com o art. 7º, § 1º, da Lei n. 9.610/98, os programas de computador são objetos de legislação específica, ou seja, a Lei n. 9.609/98, que, em seu art. 12, pune criminalmente a violação de direitos de autor de programa de computador.

Por sua vez, o art. 8º da Lei n. 9.610/98 estabelece que não são objeto de proteção como direitos autorais: as ideias, procedimentos normativos, sistemas, métodos, projetos ou conceitos matemáticos como tais (inc. I); os esquemas, planos ou regras para realizar atos mentais, jogos ou negócios (inc. II); os formulários em branco para serem preenchidos por qualquer tipo de informação, científica ou não, e suas instruções (inc. III); os textos de tratados ou convenções, leis, decretos, regulamentos, decisões judiciais e demais atos oficiais (inc. IV); as informações de uso comum, tais como calendários, agendas, cadastros ou legendas (inc. V); os nomes e títulos isolados (inc. VI); e o aproveitamento industrial ou comercial das ideias contidas nas obras (inc. VII).

O § 2º do art. 184 estabelece que, na mesma pena do § 1º, incorre quem, com o **intuito de lucro** direto ou indireto, distribui, vende, expõe à venda, aluga, introduz no País, adquire, oculta, tem em depósito, original (primeira reprodução) ou cópia de obra intelectual ou fonograma reproduzido com violação do direito de autor, do direito de artista intérprete ou executante ou do direito do produtor de fonograma, ou, ainda, aluga original ou cópia de obra intelectual ou fonograma, sem a expressa autorização dos titulares dos direitos ou de quem os represente. Esse dispositivo pune, por exemplo, os camelôs que expõem à venda e comercializam CDs ou DVDs falsificados, ou aqueles que efetuam a distribuição desses produtos, bem como lojistas que vendem camisas ou cadernos com estampas de personagens de desenhos animados sem que tenha havido autorização dos titulares do direito autoral (criação intelectual). Pune também o dono de locadora que aluga fitas ou DVDs piratas etc.

O **Supremo Tribunal Federal** não acata a tese de que a venda por camelôs de CDs e DVDs falsificados deve ser considerada atípica porque tolerada pela coletividade. Com efeito, não se pode esquecer que o crime em análise, além de afetar o direito econômico dos autores e produtores sobre a obra, gera também imensos prejuízos ao fisco (já que as cópias piratas não pagam impostos) e aos lojistas regularmente estabelecidos, posto que se trata de concorrência desigual. A propósito: "1. O princípio da adequação social reclama aplicação criteriosa, a fim de se evitar que sua adoção indiscriminada acabe por incentivar a prática de delitos patrimoniais, fragilizando a tutela penal de bens jurídicos relevantes para vida em sociedade. 2. A violação ao direito autoral e seu impacto econômico medem-se pelo valor que os detentores das obras deixam de receber ao sofrer com a 'pirataria', e não pelo montante que os falsificadores obtêm com a sua atuação imoral e ilegal. 3. Deveras, a prática não pode ser considerada socialmente tolerável haja vista os expressivos prejuízos experimentados pela indústria fonográfica nacional, pelos comerciantes regularmente estabelecidos e pelo Fisco, fato ilícito que encerra a burla ao pagamento de impostos. 4. In casu, a conduta da paciente amolda-se ao tipo de injusto previsto no art. 184, § 2º, do Código Penal, porquanto comercializava mercadoria pirateada (CD's e DVD's de diversos artistas, cujas obras haviam sido reproduzidas em desconformidade com a legislação)" (HC 120.994 — Rel. Min. Luiz Fux — 1ª Turma — julgado em 29-4-2014, processo eletrônico *DJe*-093 divulg. 15-5-2014, public. 16-5-2014).

No mesmo sentido vêm decidindo as duas Turmas criminais do **Superior Tribunal de Justiça**: "Habeas corpus. *Violação de direito autoral. Comercialização de DVD's 'piratas'. Alegada atipicidade da conduta. Princípio da adequação social. Inaplicabilidade. Incidência da norma penal prevista no art. 184, § 2º, do Código Penal. 1. O paciente, em 17.03.06, manteve expostos à venda 250 (duzentos e cinquenta) DVDs com títulos diversos, reproduzidos com violação de direitos autorais, com intuito de lucro. 2. A jurisprudência desta Corte consolidou-se no sentido de que a conduta prevista no art. 184, § 2º, do Código Penal, é formal e materialmente típica, afastando a aplicação do princípio da adequação social. Precedentes. 3. A quantidade de mercadorias apreendidas (250 DVDs) demonstra a existência de efetiva lesão ao bem jurídico tutelado pela norma penal, excluindo a possibilidade de aplicação do princípio da insignificância. 4. Ordem denegada*" (STJ — HC 175.811/MG — Rel. Min. Adilson Vieira Macabu — 5ª Turma — *DJe* 28-6-2012); **e** "*Penal.* Habeas corpus. *Exposição à venda de CDs e DVDs 'piratas'. Violação de direito* *autoral. Art. 184, § 2º, do Código Penal. Princípios da insignificância e da adequação social. Não incidência. Precedentes do STJ. Ordem denegada. I. O Supremo Tribunal Federal manifestou entendimento no sentido de que, para a incidência do princípio da insignificância, é necessária a presença de quatro vetores, a saber: a) a mínima ofensividade da conduta do agente; b) nenhuma periculosidade social da ação; c) o reduzidíssimo grau de reprovabilidade do comportamento e d) a inexpressividade da lesão jurídica provocada. Isso porque 'O direito penal não se deve ocupar de condutas que produzam resultado, cujo desvalor — por não importar em lesão significativa a bens jurídicos relevantes — não represente, por isso mesmo, prejuízo importante, seja ao titular do bem jurídico tutelado, seja à integridade da própria ordem social' (HC 84.412/SP, Rel. Min. Celso de Mello, Segunda Turma,* DJU *de 19/11/2004). II. No caso posto em análise, trata-se da exposição à venda de 74 (setenta e quatro) cópias contrafeitas de CDs e DVDs de títulos diversos, sem expressa autorização dos titulares dos direitos ou de quem os represente. III. Tal conduta não é dotada de mínima ofensividade, inexpressiva lesividade ao bem jurídico tutelado, tampouco de reduzido grau de reprovabilidade, porque, além de violar seriamente o direito autoral, causa grandes prejuízos, não apenas aos artistas, mas também aos comerciantes regularmente estabelecidos, a todos os integrantes da indústria fonográfica nacional e, ainda, ao Fisco. IV. A propagação do comércio de mercadorias 'pirateadas', com o objetivo de lucro, revela alto grau de reprovabilidade da conduta do agente, que, embora rotineira, não a torna socialmente adequada e aceitável. Precedentes. V. Ordem denegada*" (STJ — HC 214.978/SP — Rel. Min. Assussete Magalhães — 6ª Turma — *DJe* 26-9-2012). **No mesmo sentido a Súmula n. 502 do Superior Tribunal de Justiça:** "*presentes a materialidade e a autoria, afigura-se típica, em relação ao crime previsto no artigo 184, parágrafo 2º, do Código Penal, a conduta de expor à venda CDs e DVDs piratas*".

Os tribunais superiores também entendem que para a punição pelo delito em análise é desnecessária a identificação do titular do direito autoral no **laudo pericial**, bem como sua oitiva. É evidente, entretanto, que o laudo deve atestar a contrafação: "*para a comprovação da prática do crime de violação de direito autoral de que trata o § 2º do art. 184 do CP, é dispensável a identificação dos produtores das mídias originais no laudo oriundo de perícia efetivada nos objetos falsificados apreendidos, sendo, de igual modo, desnecessária a inquirição das supostas vítimas para que elas confirmem eventual ofensa a seus direitos autorais. De acordo com o § 2º do art. 184 do CP, é formalmente típica a conduta de quem, com intuito de lucro direto ou indireto, adquire e oculta cópia de obra intelectual ou fonograma reproduzido com violação do direito de autor, do direito de artista intérprete ou do direito do produtor de fonograma. Conforme o art. 530-D do CPP, deve ser realizada perícia sobre todos os bens apreendidos e elaborado laudo, que deverá integrar o inquérito policial ou o processo. O exame técnico em questão tem o objetivo de atestar a ocorrência ou não de reprodução procedida com violação de direitos autorais. Comprovada a materialidade delitiva por meio da perícia, é totalmente desnecessária a identificação e inquirição das supostas vítimas, até mesmo porque o ilícito em exame é apurado mediante ação penal pública incondicionada, nos* *termos do inciso II do artigo 186 do CP*" (STJ — HC 191.568/SP — Rel. Min. Jorge Mussi — julgado em 7-2-2013).

O Superior Tribunal de Justiça, ademais, tem admitido que a perícia seja feita por amostragem e que considere apenas os aspectos externos do material apreendido: "*Para a configuração do crime de violação de direito autoral não é necessário que a perícia técnica seja realizada em todo o conteúdo apreendido, o que configuraria um excessivo formalismo, visto que a análise do material por amostragem já demonstra a materialidade do delito. 2 — Vale destacar que mesmo a análise somente de aspectos externos do produto já permite a constatação de sua falsidade*" (AgRg no AREsp 431.902/MG — Rel. Min. Rogerio Schietti Cruz, 6ª Turma — julgado em 5-8-2014 — *DJe* 19-8-2014); **e** "*A Lei n. 10.695/2003 incluiu os arts. 530-A a 530-G ao Código de Processo Penal, prevendo novas regras para a apuração dos crimes contra a propriedade imaterial. 2. A lei autorizou menores formalidades para atestar a falsidade da mercadoria, não sendo razoável exigir minúcias exageradas no laudo pericial, como a catalogação de centenas ou milhares de CDs e DVDs, indicação de cada título e autor da obra apreendida e contrafeita, sendo válida, ainda, a perícia realizada nas características externas do material apreendido. Precedentes*" (AgRg no AREsp 473.146/MG — Rel. Min. Nefi Cordeiro — 6ª Turma — julgado em 7-10-2014 — *DJe* 21-10-2014).

No ano de 2016, o Superior Tribunal de Justiça aprovou a Súmula n. 574, com o seguinte teor: "Para a configuração do delito de violação de direito autoral e a comprovação de sua materialidade, é suficiente a perícia realizada por amostragem do produto apreendido, nos aspectos externos do material, e é desnecessária a identificação dos titulares dos direitos autorais violados ou daqueles que os representem".

Se comprovada a transnacionalidade do delito, a competência será da Justiça Federal: "*O entendimento firmado nesta Terceira Seção é de que a competência para processar e julgar o delito de violação de direito autoral, previsto no art. 184, § 2º, do Código Penal, quando ausente a transnacionalidade dos bens, sendo, portanto, inexistente lesão a interesses, bens ou serviços da União, é da Justiça Estadual*" (STJ — CC 130.602/PR — Rel. Min. Marilza Maynard (Desembargadora convocada do TJ/SE) — 3ª Seção — julgado em 26-2-2014, *DJe* 13-3-2014).

Por fim, o § 3º pune a violação consistente em oferecer ao público, mediante cabo, fibra ótica, satélite, ondas ou qualquer outro sistema que permita ao usuário realizar a seleção da obra ou produção para recebê-la em tempo e lugar previamente determinados por quem formula a demanda, com intuito de lucro, direto ou indireto, sem autorização expressa, conforme o caso, do autor, do artista intérprete ou executante, do produtor do fonograma ou quem o represente. Note-se que o tipo penal somente prevê punição para quem oferece, e não para quem adquire.

■ 3.1.1.3. Exclusão do crime

Nos termos do § 4º do art. 184 do Código Penal, o disposto nos §§ 1º, 2º e 3º não se aplica quando se tratar de **exceção** ou **limitação** ao direito de autor ou os que lhe são conexos, em conformidade com o previsto na Lei n. 9.610/98, nem a cópia de obra intelectual ou fonograma, **em um só exemplar**, para uso privado do copista, sem **intuito de lucro direto ou indireto**. É o que ocorre, no último caso, quando um estudante tira cópia única de um livro para estudar para uma prova. As demais limitações ao direito do autor estão expressamente elencadas no art. 46 da Lei n. 9.610/98. Quando estiver presente qualquer dessas hipóteses, o fato não constitui crime.

▪ 3.1.1.4. *Sujeito ativo*

Pode ser qualquer pessoa. Trata-se de crime **comum**.

▪ 3.1.1.5. *Sujeito passivo*

O autor da obra, seus sucessores ou, ainda, aqueles a quem os direitos do autor tenham sido cedidos, conforme permite o art. 49, I, da Lei n. 9.610/98. Com efeito, o autor pode negociar os direitos **patrimoniais** relativos à obra. Pode, por exemplo, receber considerável quantia adiantada para que, em um prazo de cinco anos, os valores correspondentes aos direitos autorais auferidos sejam transferidos a quem efetuou o adiantamento. Em tal caso, a violação terá também como vítima o cessionário.

▪ 3.1.1.6. *Consumação*

No momento da efetiva violação. Na hipótese do § 1º, dá-se com a reprodução da obra intelectual ou do fonograma, já que tal dispositivo pune o responsável pela reprodução. Já no § 2º, a consumação ocorre quando o agente distribui, vende, expõe à venda, aluga, introduz no País, adquire, oculta ou tem em depósito a reprodução feita com violação de direito autoral. Por fim, a figura do § 3º consuma-se quando o agente oferece ao público a obra ou produção alheia.

▪ 3.1.1.7. *Tentativa*

É possível em todas as figuras.

▪ 3.1.1.8. *Ação penal*

Existem várias regras no art. 186 do Código Penal:

a) ação **privada** — na modalidade simples do *caput*;

b) ação **pública incondicionada** — nas figuras qualificadas dos §§ 1º e 2º, e se o crime for cometido em desfavor de entidades de direito público, autarquia, empresa pública, sociedade de economia mista ou fundação instituída pelo poder público;

c) ação **pública condicionada à representação** — na hipótese qualificada do § 3º.

TÍTULO IV

4. DOS CRIMES CONTRA A ORGANIZAÇÃO DO TRABALHO

4.1. ATENTADO CONTRA A LIBERDADE DE TRABALHO

> **Art. 197.** Constranger alguém mediante violência ou grave ameaça:
> I — a exercer ou não exercer arte, ofício, profissão ou indústria, ou a trabalhar ou não trabalhar durante certo período ou em determinados dias:
> Pena — detenção, de um mês a um ano, além da pena correspondente à violência.
> II — a abrir ou fechar o seu estabelecimento de trabalho, ou a participar de parede ou paralisação de atividade econômica:
> Pena — detenção, de três meses a um ano, e multa, além da pena correspondente à violência.

4.1.1. Objetividade jurídica

O direito de exercer livremente atividade laborativa ou empresarial.

4.1.2. Tipo objetivo

O crime em análise é uma espécie de constrangimento ilegal relacionado a atividades laborativas ou empresariais, o qual pune quatro condutas, cometidas por meio de violência ou grave ameaça, consistentes em o agente obrigar a vítima a:

a) exercer ou não exercer arte, ofício, profissão ou indústria;
b) trabalhar ou não trabalhar durante certo período ou em determinados dias;
c) abrir ou fechar o seu estabelecimento de trabalho;
d) participar de parede (greve) ou paralisação de atividade econômica.

Pode-se dizer que as duas últimas figuras são qualificadas porque possuem pena um pouco maior.

É evidente que só haverá crime quando a vítima for obrigada a não exercer atividade profissional lícita. Por sua vez, obrigar alguém a exercer atividade ilícita pode configurar crime de tortura (art. 1º, I, b, da Lei n. 9.455/97), se o próprio exercício da atividade enquadrar-se em algum tipo penal.

O ato de forçar alguém a exercer atividade profissional, se cometido de forma permanente, pode configurar crime de redução a condição análoga à de escravo (art. 149) do CP.

Não há crime, por sua vez, no ato de convencer alguém a participar de greve, pois o que caracteriza o ilícito penal é o emprego de violência ou grave ameaça para forçar alguém a aderir ao movimento.

■ 4.1.3. Sujeito ativo

Pode ser qualquer pessoa. Trata-se de crime **comum**.

■ 4.1.4. Sujeito passivo

Também pode ser qualquer pessoa. Se várias pessoas forem coagidas em um mesmo contexto fático, haverá crime único.

■ 4.1.5. Consumação

No instante em que a vítima, coagida, realiza ou deixa de realizar a atividade que o agente determinou.

■ 4.1.6. Tentativa

É possível quando o sujeito emprega violência ou grave ameaça, mas não obtém o que pretendia da vítima.

■ 4.1.7. Concurso

O próprio texto legal ressalva que, se da violência empregada resultar lesão corporal, ainda que leve, o agente responderá pelo crime-fim (art. 197 do CP) e pelas lesões. As penas, de acordo com o texto legal, serão somadas.

■ 4.1.8. Ação penal

É pública incondicionada. Como a pena máxima é de um ano, a competência é do Juizado Especial Criminal.

Quando for atingido trabalhador de forma individual, a competência será da Justiça Estadual. Se for afetada categoria profissional como um todo, a competência será da Justiça Federal. Nossos tribunais continuam seguindo a Súmula n. 115 do extinto Tribunal Federal de Recursos: "*compete à Justiça Federal processar e julgar os crimes contra a organização do trabalho, quando tenham por objeto a organização geral do trabalho ou direitos dos trabalhadores considerados coletivamente*".

■ 4.2. ATENTADO CONTRA A LIBERDADE DE CONTRATO DE TRABALHO OU BOICOTAGEM VIOLENTA

> **Art. 198.** Constranger alguém, mediante violência ou grave ameaça, a celebrar contrato de trabalho, ou a não fornecer a outrem ou a não adquirir de outrem matéria-prima ou produto industrial ou agrícola:
>
> Pena — detenção, de um mês a um ano, e multa, além da pena correspondente à violência.

■ 4.2.1. Objetividade jurídica e tipo objetivo

O dispositivo em análise contém duas figuras típicas bastante distintas.

Na primeira delas pune-se quem emprega violência ou grave ameaça para forçar a vítima a celebrar contrato de trabalho. O bem jurídico aqui tutelado, evidentemente, é a liberdade de contratar. Note-se que o tipo penal não menciona a conduta de constranger a vítima a não celebrar contrato de trabalho, de forma que, em tal caso, configura-se o delito de constrangimento ilegal (art. 146).

A segunda figura criminosa é a **boicotagem violenta**, consistente em forçar a alguém a não fornecer ou a não adquirir matéria-prima, produtos industriais ou agrícolas de outrem. Nessa hipótese, o que se tutela, de forma imediata, é a liberdade do comércio de mercadorias, para evitar o boicote forçado de fornecedores ou consumidores. De forma indireta, procura-se proteger os trabalhadores e o titular da empresa prejudicada. Não há crime em se tentar convencer alguém a não adquirir determinados tipos de produtos porque seriam, por exemplo, prejudiciais à saúde ou ao meio ambiente, ou por qualquer outro motivo. O crime consiste em empregar violência ou grave ameaça para forçar o boicote.

■ 4.2.2. Sujeito ativo

Pode ser qualquer pessoa. Trata-se de crime **comum**.

■ 4.2.3. Sujeito passivo

Pode ser qualquer pessoa. As pessoas que são coagidas à boicotagem não praticam crime algum, sendo vítimas deste. O empresário prejudicado é também vítima indireta do delito.

■ 4.2.4. Consumação

Na primeira figura típica, o crime se consuma no momento em que é celebrado o contrato de trabalho. Na boicotagem, o delito se aperfeiçoa no instante em que é negado o fornecimento ou aquisição de mercadorias.

■ 4.2.5. Tentativa

Possível em ambas as figuras delituosas.

■ 4.2.6. Concurso

O próprio texto legal ressalva que, se da violência empregada resultar lesão corporal, ainda que leve, o agente responderá pelo crime-fim (art. 198 do CP) e pelas lesões. As penas, de acordo com o texto legal, serão somadas.

■ 4.2.7. Ação penal

É pública incondicionada. Como a pena máxima é de um ano, a competência é do Juizado Especial Criminal.

■ 4.3. ATENTADO CONTRA A LIBERDADE DE ASSOCIAÇÃO

> **Art. 199.** Constranger alguém, mediante violência ou grave ameaça, a participar ou deixar de participar de determinado sindicato ou associação profissional:
> Pena — detenção, de um mês a um ano, e multa, além da pena correspondente à violência.

■ 4.3.1. Objetividade jurídica

A liberdade de associação prevista no art. 8º, *caput*, e inc. V, da Constituição Federal, que estabelecem que "*é livre a associação profissional ou sindical*" e que "*ninguém será obrigado a filiar-se ou manter-se filiado a sindicato*".

■ 4.3.2. Tipo objetivo

Trata-se também de delito em que a vítima é obrigada, mediante violência ou grave ameaça, a fazer ou deixar de fazer algo. Cuida-se, contudo, de delito especial em relação ao constrangimento ilegal porque a vítima é obrigada, especificamente, a participar ou deixar de participar de sindicato ou outra espécie de associação profissional.

É necessário que o agente obrigue a vítima a tomar ou deixar de tomar parte em sindicato **determinado**, específico. Se a vítima for obrigada a filiar-se em um sindicato qualquer (sem especificação por parte do agente), o crime será o de constrangimento ilegal, por faltar uma das elementares do crime do art. 199.

■ 4.3.3. Sujeito ativo

Pode ser qualquer pessoa. Trata-se de crime **comum**.

■ 4.3.4. Sujeito passivo

Qualquer pessoa.

■ 4.3.5. Consumação

Quando a vítima, constrangida, passa a integrar as atividades de certo sindicato ou quando deixa de fazê-lo na ocasião em que pretendia integrá-lo.

4.3.6. Tentativa

É cabível quando o agente emprega a violência ou grave ameaça, mas não obtém a ação ou omissão da vítima.

4.3.7. Concurso

O próprio texto legal ressalva que, se da violência empregada resultar lesão corporal, ainda que leve, o agente responderá pelo crime-fim (art. 199 do CP) e pelas lesões. As penas, de acordo com o texto legal, serão somadas.

4.3.8. Ação penal

É pública incondicionada. Como a pena máxima é de um ano, a competência é do Juizado Especial Criminal.

Quando for atingido trabalhador de forma individual, a competência será da Justiça Estadual. Se for afetada categoria profissional como um todo, a competência será da Justiça Federal. Nossos tribunais continuam seguindo a Súmula n. 115 do extinto Tribunal Federal de Recursos: "*compete à Justiça Federal processar e julgar os crimes contra a organização do trabalho, quando tenham por objeto a organização geral do trabalho ou direitos dos trabalhadores considerados coletivamente*".

4.4. PARALISAÇÃO DE TRABALHO SEGUIDA DE VIOLÊNCIA OU PERTURBAÇÃO DA ORDEM

> **Art. 200.** Participar de suspensão ou abandono coletivo de trabalho, praticando violência contra pessoa ou coisa:
> Pena — detenção, de um mês a um ano, e multa, além da pena correspondente à violência.
> Parágrafo único. Para que se considere coletivo o abandono de trabalho é indispensável o concurso de, pelo menos, três empregados.

4.4.1. Objetividade jurídica

A liberdade de trabalho.

4.4.2. Tipo objetivo

O tipo penal engloba duas figuras típicas:

a) participar de suspensão coletiva do trabalho. É o *lockout* feito pelos empregadores. Entendemos que a expressão "participar de suspensão coletiva" é indicativa de que não basta um único empresário suspender suas atividades, sendo necessário o concurso de mais de um empregador.

b) participar de abandono coletivo de trabalho. A lei se refere à greve feita pelos empregados. Para que haja o crime, é necessário o abandono de pelo menos três trabalhadores, nos termos do parágrafo único do dispositivo em estudo.

Importante, porém, ressalvar que as condutas acima mencionadas somente constituem infração penal quando realizadas mediante **emprego de violência contra pessoa ou coisa**. Exs.: depredar a empresa, agredir seguranças ou policiais etc. Se a violência for empregada a fim de forçar outro empregado a entrar na greve, o crime será o do art. 197, II, do Código Penal.

4.4.3. Sujeito ativo

Na primeira figura típica, é o empregador, e na segunda, os empregados. Também respondem pelo crime aqueles que não são empregadores ou empregados, mas que, em conluio com estes, empreguem a violência.

4.4.4. Sujeito passivo

No caso de violência contra pessoa, é aquele que foi agredido. Em se tratando de violência contra coisa, é a empresa atingida.

4.4.5. Consumação

No exato instante em que for empregada a violência.

4.4.6. Tentativa

É admissível.

4.4.7. Concurso

O próprio texto legal ressalva que, se da violência empregada resultar lesão corporal, ainda que leve, o agente responderá pelo crime-fim (art. 200 do CP) e pelas lesões. As penas, de acordo com o texto legal, serão somadas.

4.4.8. Ação penal

É pública incondicionada. Como a pena máxima é de um ano, a competência é do Juizado Especial Criminal.

4.5. PARALISAÇÃO DE TRABALHO DE INTERESSE PÚBLICO

> **Art. 201.** Participar de suspensão ou abandono coletivo de trabalho, provocando a interrupção de obra pública ou serviço de interesse coletivo:
> Pena — detenção, de seis meses a dois anos, e multa.

Esse dispositivo encontra-se revogado pela Constituição Federal e pela Lei de Greve (Lei n. 7.783/89).

4.6. INVASÃO DE ESTABELECIMENTO INDUSTRIAL, COMERCIAL OU AGRÍCOLA. SABOTAGEM

> **Art. 202.** Invadir ou ocupar estabelecimento industrial, comercial ou agrícola com o intuito de impedir ou embaraçar o curso normal do trabalho, ou com o mesmo fim danificar o estabelecimento ou as coisas nele existentes ou delas dispor:
> Pena — reclusão, de um a três anos, e multa.

4.6.1. Objetividade jurídica

A propriedade e a liberdade de trabalho.

4.6.2. Tipo objetivo

A primeira figura ilícita consiste em invadir ou ocupar estabelecimento industrial, comercial ou agrícola. **Invasão** é a entrada indevida, expressamente desautorizada. **Ocupação** é o ingresso seguido de permanência no local por tempo juridicamente relevante. Esta última modalidade constitui crime permanente, pois a lesão ao bem jurídico dura enquanto perdurar a ocupação.

A segunda figura, conhecida pelo nome de **sabotagem**, engloba três condutas típicas: a) danificar o estabelecimento; b) danificar coisas nele existentes; c) dispor de coisas nele existentes.

4.6.3. Elemento subjetivo

O crime em análise pressupõe que as condutas típicas sejam realizadas com a específica intenção de impedir ou embaraçar o curso normal do trabalho. Este crime nada tem a ver com movimento grevista — previsto em outros tipos penais. A depredação com intento de impedir o curso normal do trabalho pode se dar, por exemplo, por vingança; para que cesse o barulho das máquinas; por parte de concorrente que quer atrapalhar as atividades do outro; por parte de trabalhadores que foram demitidos de uma empresa em razão da abertura de outra de grande porte que se quer fazer paralisar etc.

Se o agente não tiver a intenção específica prevista no art. 202, a conduta poderá caracterizar crime de esbulho possessório, dano ou furto.

4.6.4. Sujeito ativo

Pode ser qualquer pessoa. Trata-se de crime **comum**. Pode haver envolvimento de algum empregado da empresa ou não.

4.6.5. Sujeito passivo

A coletividade e os proprietários da empresa.

■ 4.6.6. Consumação

O crime se consuma no instante em que é realizada a conduta típica — invasão, ocupação, dano ou disposição. Cuida-se de crime **formal**, na medida em que a consumação independe da efetiva paralisação ou embaraço das atividades laborativas.

■ 4.6.7. Tentativa

É possível.

■ 4.6.8. Ação penal

É pública incondicionada. Considerando que a pena mínima é de um ano, mostra-se cabível a suspensão condicional do processo, se presentes os demais requisitos do art. 89 da Lei n. 9.099/95.

A competência é da Justiça Federal porque a conduta atinge direito coletivo dos trabalhadores.

■ 4.7. FRUSTRAÇÃO DE DIREITO ASSEGURADO POR LEI TRABALHISTA

> **Art. 203.** Frustrar, mediante fraude ou violência, direito assegurado pela legislação do trabalho:
>
> Pena — detenção, de um a dois anos, e multa, além da pena correspondente à violência.

■ 4.7.1. Objetividade jurídica

Tutela o dispositivo os direitos trabalhistas, previstos na Constituição Federal (art. 7º), na CLT e em leis especiais.

■ 4.7.2. Tipo objetivo

O dispositivo em análise constitui norma penal em branco, porque os direitos trabalhistas vêm definidos em outras normas (Constituição Federal, CLT e leis especiais), tais como, direito a férias, 13º salário, adicionais por insalubridade ou horas extras, valor mínimo de salário, descanso semanal etc.

A conduta típica é frustrar, mediante violência ou fraude, os referidos direitos. Note-se que o tipo penal não mencionou a grave ameaça, mas apenas a violência física e a fraude. Frustrar nada mais é do que não observar o direito do trabalhador. Se a frustração, entretanto, se der pelo mero inadimplemento, sem que tenha havido fraude ou violência, o fato é atípico.

Existem direitos trabalhistas renunciáveis e, quanto a estes, entende-se que não há crime se houver a concordância do trabalhador. A anuência deste, entretanto, é irrelevante, mantendo-se o ilícito penal, quando se trata de direito trabalhista irrenunciável, como, por exemplo, o salário mínimo. Em tal caso, entretanto, deve ter sido empregado meio fraudulento para acobertar o fato, sendo sujeito passivo o Estado.

■ 4.7.3. Sujeito ativo

Pode ser qualquer pessoa. O crime normalmente é praticado pelo patrão contra o empregado. Pode, todavia, ser cometido por este contra aquele ou até mesmo por ambos, agindo de comum acordo, para frustrar o texto legal, no que tange a direitos que são irrenunciáveis por serem de ordem pública.

■ 4.7.4. Sujeito passivo

É a pessoa cujo direito é violado. Na hipótese em que há conluio entre trabalhador e empregado, sujeito passivo é o Estado.

■ 4.7.5. Consumação

No momento em que é frustrado o direito trabalhista.

■ 4.7.6. Tentativa

É possível.

■ 4.7.7. Figuras equiparadas

A Lei n. 9.777/98 acrescentou o § 1º ao art. 203, prevendo as mesmas penas para quem:

> "I — *obrigar ou coagir alguém a usar mercadorias de determinado estabelecimento, para impossibilitar o desligamento do serviço em virtude da dívida*".

Se o agente impedir a locomoção do empregado em razão dessa dívida, haverá crime mais grave de redução a condição análoga à de escravo, previsto no art. 149, *caput*, do Código Penal, com a redação que lhe deu a Lei n. 10.803/2005.

> "II — *impedir alguém de se desligar de serviços de qualquer natureza, mediante coação ou por meio de retenção de seus documentos pessoais ou contratuais*".

Atualmente, entretanto, as condutas de manter vigilância ostensiva no local de trabalho ou de se apoderar de documentos ou objetos pessoais do trabalhador, com o fim de retê-lo no local de trabalho, caracteriza também crime mais grave de redução a condição análoga à de escravo, previsto no art. 149, § 1º, II, do Código Penal, com a redação dada pela Lei n. 10.803/2005.

■ 4.7.8. Causas de aumento de pena

Nos termos do art. 203, § 2º, do Código Penal, a pena será aumentada de um sexto a um terço se a vítima for menor de 18 anos, idosa, gestante, indígena ou portadora de deficiência física ou mental.

4.7.9. Concurso de crimes

De acordo com o que estabelece o próprio tipo penal, se da violência empregada resultarem lesões corporais, ainda que leves, o agente responderá pelos dois crimes e as penas serão somadas.

4.7.10. Ação penal

É pública incondicionada, de competência do Juizado Especial Criminal.

Se for atingido direito individual, a competência será da Justiça Estadual. Se afetados direitos de trabalhadores considerados coletivamente, a competência será da Justiça Federal.

4.8. FRUSTRAÇÃO DE LEI SOBRE A NACIONALIZAÇÃO DO TRABALHO

> **Art. 204.** Frustrar, mediante fraude ou violência, obrigação legal relativa à nacionalização do trabalho:
> Pena — detenção, de um mês a um ano, e multa, além da pena correspondente à violência.

4.8.1. Objetividade jurídica

A finalidade do dispositivo é garantir que sejam respeitadas as regras referentes ao número mínimo de trabalhadores brasileiros que devem ser contratados pelas empresas.

4.8.2. Tipo objetivo

Apesar de a Constituição Federal atual não prever, ao contrário do que ocorria no ordenamento anterior, uma percentagem mínima de trabalhadores brasileiros, continua a existir regra nesse sentido nos arts. 352 e 354 da CLT.

O art. 352 dispõe que "*as empresas, individuais ou coletivas, que explorem serviços públicos dados em concessão, ou que exerçam atividades industriais ou comerciais, são obrigadas a manter, no quadro do seu pessoal, quando composto de três empregados ou mais, uma proporção de brasileiros não inferior à estabelecida no presente Capítulo*". A proporção a que se refere tal dispositivo é encontrada no art. 354: "*A proporcionalidade será de 2/3 (dois terços) de empregados brasileiros, podendo, entretanto, ser fixada proporcionalidade inferior, em atenção às circunstâncias especiais de cada atividade, mediante ato do Poder Executivo, e depois de devidamente apurada pelo Departamento Nacional do Trabalho a insuficiência do número de brasileiros na atividade de que se tratar*".

Interessante notar que, se o empregador simplesmente desrespeita essa proporcionalidade, fazendo-o às claras, estará incurso apenas em sanções administrativas. O ilícito penal consiste em empregar fraude ou violência para driblar a proporcionalidade e a sanção administrativa.

4.8.3. Sujeito ativo

Pode ser qualquer pessoa: o empregador ou o empregado que quer ser contratado e, fraudulentamente, esconde sua condição de estrangeiro.

4.8.4. Sujeito passivo

O Estado.

4.8.5. Consumação

No momento em que for efetivamente frustrada a obrigação legal da proporcionalidade.

4.8.6. Tentativa

É possível.

4.8.7. Concurso de crimes

De acordo com o que estabelece o próprio tipo penal, se da violência empregada resultarem lesões corporais, ainda que leves, o agente responderá pelos dois crimes e as penas são somadas.

4.8.8. Ação penal

É pública incondicionada. A competência é do Juizado Especial Criminal.

4.9. EXERCÍCIO DE ATIVIDADE COM INFRAÇÃO DE DECISÃO ADMINISTRATIVA

> **Art. 205.** Exercer atividade, de que está impedido por decisão administrativa:
> Pena — detenção, de três meses a dois anos, ou multa.

4.9.1. Objetividade jurídica

O respeito às decisões administrativas que determinam o impedimento do exercício de atividades profissionais.

4.9.2. Tipo objetivo

A conduta típica consiste em exercer as atividades de que está impedido por decisão administrativa. Pressupõe que o agente seja habilitado e que tenha havido um julgamento administrativo no qual tenha sido suspensa ou cancelada sua licença etc. A decisão administrativa pode ser proveniente de Órgão da Administração Pública, Ministério do Trabalho etc.

Existem julgados dizendo que, quando se trata de advogado suspenso pela Ordem dos Advogados do Brasil (OAB), configura-se o crime do art. 205 do Código Penal por ser a Ordem uma autarquia com regime especial. Prevalece, contudo, o entendimento de que o advogado suspenso que exerce suas atividades incorre na **contravenção de exercício ilegal de profissão** (art. 47 da LCP): "*A jurisprudência dos Tribunais — inclusive aquela emanada do Supremo Tribunal Federal — tem assinalado, tratando-se de exercício ilegal da Advocacia, que a norma inscrita no art. 47 da Lei das Contravenções Penais aplica-se tanto ao profissional não inscrito nos quadros da Ordem dos Advogados do Brasil quanto ao profissional, que, embora inscrito, encontra-se suspenso ou impedido, estendendo-se, ainda, essa mesma cláusula de tipificação penal, ao profissional com inscrição já cancelada. Precedentes*" (STF — HC 74.471 — Rel. Min. Celso de Mello — 1ª Turma — julgado em 18-3-1997 — *DJe*-053 20-3-2009, p. 0299); **e** "*o advogado que, após sofrer suspensão disciplinar pela OAB, pratica o exercício da profissão não comete o crime previsto no art. 205 do CP e sim a contravenção penal do art. 47 do Dec.-lei 3.688/41, pois a expressão 'decisão administrativa' contida no primeiro tipo, tomada em seu sentido técnico administrativo, somente pode ser entendida como atos ou resoluções emanados dos órgãos da administração pública, onde entidades disciplinadoras de profissões liberais não se incluem*" (Tacrim/SP — Rel. Lopes da Silva — *RT* 748/644).

Se o agente nunca foi habilitado ao exercício da profissão, o crime será o de exercício ilegal da medicina, arte dentária ou farmacêutica (art. 282 do CP), ou, para os demais casos, estará configurada a contravenção de exercício ilegal de profissão ou atividade (art. 47 da LCP).

Caso o agente tenha sido suspenso ou privado do direito de exercer certa atividade por decisão **judicial**, o exercício da atividade configura crime específico previsto no art. 359 do Código Penal. Por sua vez, quando se trata de exercício ilegal de função pública por parte de quem foi exonerado, removido, substituído ou suspenso, configura-se o crime do art. 324 do Código Penal.

■ 4.9.3. Sujeito ativo

A pessoa que viola a decisão administrativa, exercendo a atividade da qual está impedida. Trata-se de crime **próprio**.

■ 4.9.4. Sujeito passivo

É o Estado, ente interessado no cumprimento das decisões administrativas.

■ 4.9.5. Consumação

A doutrina, de forma praticamente unânime, firmou entendimento de que se trata de crime **habitual**, que só se configura pela reiteração de atos que denotem que o agente está efetivamente se dedicando ao exercício da atividade de que está impedido.

■ 4.9.6. Tentativa

Por se tratar de crime habitual, não admite a tentativa.

4.9.7. Ação penal

É pública incondicionada. Considerando que a pena máxima é de dois anos, a competência é do Juizado Especial Criminal.

Se o crime for cometido em detrimento de serviço ou interesse de autarquia federal, a competência é da Justiça Federal.

4.10. ALICIAMENTO PARA O FIM DE EMIGRAÇÃO

> **Art. 206.** Recrutar trabalhadores, mediante fraude, com o fim de levá-los para território estrangeiro:
> Pena — detenção, de um a três anos, e multa.

4.10.1. Objetividade jurídica

Evitar que trabalhadores sejam recrutados de forma fraudulenta para trabalhar no exterior.

4.10.2. Tipo objetivo

A conduta típica consiste em recrutar, arrebanhar, aliciar, pessoas para trabalhar no exterior. A palavra "trabalhadores", no plural, indica a necessidade de que ao menos três trabalhadores sejam aliciados. Quando a lei se contenta com o número mínimo de duas pessoas, o faz de forma expressa.

Importante ressaltar que só há crime se o recrutamento se der com emprego de fraude, isto é, com mentiras, com falsas promessas. Um dos exemplos mais comuns é o de pessoas que enganam as vítimas com promessas de bom emprego, quando, em verdade, trabalharão em atividades braçais e mal remuneradas.

Se o agente aliciar prostituta para que atue no exterior, incorrerá em crime específico previsto no art. 149-A do Código Penal, chamado "tráfico de pessoas".

4.10.3. Sujeito ativo

Pode ser qualquer pessoa. Trata-se de crime **comum**.

4.10.4. Sujeito passivo

O trabalhador enganado e o Estado.

4.10.5. Consumação

No instante em que o trabalhador é aliciado, ou seja, quando ele concorda em ir trabalhar no exterior após a proposta fraudulenta feita pelo agente. Pela forma como o dispositivo está redigido, conclui-se que se trata de crime **formal**, que se consuma ainda que a vítima não concretize o ato de emigração, isto é, mesmo que ela não saia do território brasileiro.

4.10.6. Tentativa

É possível.

4.10.7. Ação penal

É pública incondicionada.

4.11. ALICIAMENTO DE TRABALHADORES DE UM LOCAL PARA OUTRO DO TERRITÓRIO NACIONAL

> **Art. 207.** Aliciar trabalhadores, com o fim de levá-los de uma para outra localidade do território nacional:
> Pena — detenção, de um a três anos, e multa.

4.11.1. Objetividade jurídica

O interesse do Estado em evitar o êxodo de trabalhadores.

4.11.2. Tipo objetivo

No crime em análise não se mostra necessário o emprego de fraude, bastando o aliciamento dos trabalhadores, em número mínimo de três. A intenção do agente deve ser a de que os trabalhadores se desloquem para prestar seus serviços em outra parte do território nacional, ainda que próxima ao local de origem.

O aperfeiçoamento dessa infração é consideravelmente comum no aliciamento de pessoas humildes, normalmente, no Norte ou Nordeste do Brasil, para trabalhar no corte de cana-de-açúcar no interior do Estado de São Paulo.

4.11.3. Sujeito ativo

Pode ser qualquer pessoa. Trata-se de crime **comum**.

4.11.4. Sujeito passivo

O Estado. A pessoa aliciada não é vítima, já que na presente infração penal não há emprego de fraude.

4.11.5. Consumação

No momento em que se concretiza o aliciamento, ou seja, quando os trabalhadores aceitam a proposta de deslocamento para trabalhar em outro local. Trata-se de crime **formal**, pois não se exige, para fim de consumação, o efetivo deslocamento.

4.11.6. Tentativa

É possível.

4.11.7. Causas de aumento de pena

Nos termos do art. 207, § 2º, do Código Penal, a pena será aumentada de um sexto a um terço se a vítima for menor de 18 anos, idosa, gestante, indígena ou portadora de deficiência física ou mental.

4.11.8. Ação penal

É pública incondicionada.

4.11.9. Figuras equiparadas

De acordo com o § 1º do art. 207, introduzido no Código Penal pela Lei n. 9.777/98, incorre na mesma pena do *caput* quem recrutar trabalhadores fora da localidade de execução do trabalho, dentro do território nacional, mediante fraude ou cobrança de qualquer quantia do trabalhador, ou, ainda, não assegurar condições do seu retorno ao local de origem.

São três, portanto, as condutas equiparadas:

a) recrutar trabalhadores, fora da localidade de execução do trabalho, dentro do território nacional, **mediante fraude**;

b) recrutar trabalhadores, fora da localidade de execução do trabalho, **mediante cobrança de qualquer quantia do trabalhador**;

c) não assegurar condições de retorno do trabalhador ao seu local de origem após tê-lo recrutado em local diverso.

A bem da verdade, as duas primeiras figuras eram desnecessárias, na medida em que o tipo principal do *caput* já pune o aliciamento, independentemente de fraude ou do pagamento de qualquer quantia pelo trabalhador. Atualmente, entretanto, se houver uma dessas formas de execução, estará tipificado o crime específico do § 1º.

4.12. QUESTÃO

1. (Magistratura Federal/3ª Região — 5º concurso) No delito de frustração de direito assegurado por lei trabalhista:

a) o sujeito ativo é sempre o empregador.
b) o tipo configura norma penal em branco.
c) um dos meios de execução é a grave ameaça.
d) não se admite a tentativa.

■ GABARITO ■

1. "b". O crime tratado no art. 203 do Código Penal é norma penal em branco porque os direitos trabalhistas estão elencados em outras leis e na própria Constituição Federal. A assertiva A está errada porque o trabalhador também pode ser sujeito ativo. A alternativa C está errada porque o tipo penal só menciona a violência e a fraude como formas de execução. Por fim, a alternativa D está errada porque a tentativa é possível.

TÍTULO V

5. DOS CRIMES CONTRA O SENTIMENTO RELIGIOSO E CONTRA O RESPEITO AOS MORTOS

Este Título é subdividido em dois Capítulos:

DOS CRIMES CONTRA O SENTIMENTO RELIGIOSO E CONTRA O RESPEITO AOS MORTOS
• Capítulo I — Dos crimes contra o sentimento religioso; • Capítulo II — Dos crimes contra o respeito aos mortos.

DOS CRIMES CONTRA O SENTIMENTO RELIGIOSO

5.1. DOS CRIMES CONTRA O SENTIMENTO RELIGIOSO

5.1.1. Ultraje a culto e impedimento ou perturbação de ato a ele relativo

> **Art. 208.** Escarnecer de alguém publicamente, por motivo de crença ou função religiosa; impedir ou perturbar cerimônia ou prática de culto religioso; vilipendiar publicamente ato ou objeto de culto religioso:
>
> Pena — detenção, de um mês a um ano, ou multa.
>
> Parágrafo único. Se há emprego de violência, a pena é aumentada em um terço, sem prejuízo da correspondente à violência.

Há, em verdade, três ilícitos penais distintos no presente dispositivo, cuja finalidade é tutelar mandamento constitucional o qual dispõe que "*é inviolável a liberdade de consciência e de crença, sendo assegurado o livre exercício dos cultos religiosos e garantida, na forma da lei, a proteção aos locais de culto e as suas liturgias*" (art. 5º, VI, da Constituição Federal).

5.1.1.1. Ultraje público por motivo religioso

O crime consiste em escarnecer de alguém publicamente, por motivo de crença ou função religiosa. O agente zomba, ridiculariza, ofende a vítima, quer em razão da fé que professa, quer em decorrência de sua função religiosa (padre, rabino, freira, coroinha, pastor etc.). É necessário que o escárnio ocorra em público, ainda que a vítima não esteja presente. Se o fato não ocorrer em público, poderá estar tipificado o crime de injúria.

O tipo penal exige que a ofensa seja contra **alguém**, isto é, contra pessoa ou pessoas **determinadas**, em razão de sua religião ou função religiosa. Daí por que o escárnio contra a religião em si (catolicismo, islamismo etc.) não constituiria crime. De ver-se, entretanto, que a Lei n. 9.459/97 inseriu, no art. 20, *caput*, da Lei n. 7.716/89, ilícito penal consistente na prática ou incitação de preconceito religioso, delito que pode se mostrar presente dependendo do escárnio público que se faça da religião.

5.1.1.1.1. Sujeito ativo

Pode ser qualquer pessoa, inclusive ministros de outra religião.

■ 5.1.1.1.2. *Sujeito passivo*

A pessoa ofendida.

■ 5.1.1.1.3. *Consumação*

No momento em que é proferida a ofensa em público.

■ 5.1.1.1.4. *Tentativa*

É possível, exceto na forma verbal. Assim, sua configuração é muito improvável porque, em geral, a ofensa pública é feita verbalmente.

■ 5.1.1.2. *Impedimento ou perturbação de cerimônia ou culto*

As condutas típicas são **impedir** (não permitir o início ou o prosseguimento) ou **perturbar** (tumultuar, atrapalhar o regular andamento das atividades religiosas). O crime pode ser cometido por qualquer meio (violência, algazarra, vaia, interrupção da fala do sacerdote etc.).

Cerimônias são as celebrações religiosas solenes (missas, casamentos, batizados etc.). **Cultos** são práticas religiosas de menores proporções como novenas, orações em capela etc.

■ 5.1.1.2.1. *Sujeito ativo*

Pode ser qualquer pessoa, esteja ou não participando da cerimônia ou culto.

■ 5.1.1.2.2. *Sujeito passivo*

A coletividade religiosa (os fiéis e as pessoas que celebravam o culto ou cerimônia).

■ 5.1.1.2.3. *Consumação*

No momento em que o agente efetivamente impede ou perturba a cerimônia ou culto.

■ 5.1.1.2.4. *Tentativa*

É possível.

■ 5.1.1.3. *Vilipêndio público de ato ou objeto de culto religioso*

Vilipendiar é desrespeitar, menosprezar. Pode ser praticada por palavras, como críticas ofensivas a certos procedimentos religiosos, por escrito ou por gestos (chutar a imagem de um santo, cuspir em uma cruz com a imagem de Cristo). É necessário que a conduta recaia sobre ato religioso ou sobre objeto de culto religioso e que ocorra **em público**.

▪ 5.1.1.3.1. *Sujeito ativo*

Pode ser qualquer pessoa, inclusive ministro de outra religião.

▪ 5.1.1.3.2. *Sujeito passivo*

A coletividade religiosa.

▪ 5.1.1.3.3. *Consumação*

No momento em que o agente realiza o ato de escárnio público do ato religioso ou do objeto de culto.

▪ 5.1.1.3.4. *Tentativa*

É possível.

▪ 5.1.1.4. *Causa de aumento de pena e concurso de crimes*

Para todas as figuras elencadas no art. 208 do Código Penal, a pena será aumentada em um terço se houver emprego de violência. Como o texto legal não faz distinção, o dispositivo abrange a violência contra coisas ou pessoas. Ademais, conforme ressalva a própria lei, a pena aumentada aplica-se sem prejuízo daquela correspondente à violência. Assim, as penas serão somadas se a violência empregada provocar lesão, ainda que leve, ou dano. Se a violência consistir em meras vias de fato, a contravenção do art. 21 da Lei das Contravenções Penais fica absorvida, de acordo com o que dispõe o próprio art. 21, no sentido de que tal contravenção sempre fica absorvida quando empregada para a prática de qualquer espécie de crime.

▪ 5.1.1.5. *Ação penal*

É pública incondicionada, de competência do Juizado Especial Criminal.

11

DOS CRIMES CONTRA O RESPEITO AOS MORTOS

5.2. DOS CRIMES CONTRA O RESPEITO AOS MORTOS

5.2.1. Impedimento ou perturbação de cerimônia funerária

> **Art. 209.** Impedir ou perturbar enterro ou cerimônia funerária:
> Pena — detenção, de um mês a um ano, ou multa.
> Parágrafo único. Se há emprego de violência, a pena é aumentada de um terço, sem prejuízo da correspondente à violência.

5.2.1.1. Objetividade jurídica

O sentimento de respeito em relação às pessoas mortas e à dor de seus familiares.

5.2.1.2. Tipo objetivo

Enterro é o transporte do corpo até o local onde será sepultado ou cremado. **Cerimônia funerária** são todos os atos em homenagem e de despedida em relação ao falecido, incluindo-se, evidentemente o velório.

As condutas típicas consistem em impedir ou perturbar o enterro ou a cerimônia funerária. **Impedir** significa evitar que se inicie ou fazer interromper os atos já em andamento. **Perturbar** é sinônimo de tumultuar, fazer alvoroço no local.

5.2.1.3. Sujeito ativo

Pode ser qualquer pessoa. Trata-se de crime **comum**.

5.2.1.4. Sujeito passivo

A coletividade, que representa os familiares do morto e o Estado.

5.2.1.5. Consumação

No exato instante em que o agente efetivamente impede ou perturba o enterro ou a cerimônia funerária.

■ 5.2.1.6. *Tentativa*

É possível.

■ 5.2.1.7. *Elemento subjetivo*

O dolo, direto ou eventual.

■ 5.2.1.8. *Causa de aumento de pena e concurso de crimes*

De acordo com a regra do parágrafo único, a pena será aumentada em um terço se houver emprego de violência. Como o texto legal não faz distinção, o dispositivo abrange a violência contra coisas ou pessoas. Ademais, conforme ressalva a própria lei, a pena aumentada aplica-se sem prejuízo daquela correspondente à violência. Assim, as penas serão somadas se a violência empregada provocar lesão, ainda que leve, ou dano. Se a violência consistir em meras vias de fato, a contravenção do art. 21 da Lei das Contravenções Penais fica absorvida, de acordo com o que dispõe o próprio art. 21, no sentido de que tal contravenção sempre fica absorvida quando empregada para a prática de qualquer espécie de crime.

■ 5.2.1.9. *Ação penal*

Pública incondicionada, de competência do Juizado Especial Criminal.

■ 5.2.2. Violação de sepultura

> **Art. 210.** Violar ou profanar sepultura ou urna funerária:
> Pena — reclusão, de um a três anos, e multa.

■ 5.2.2.1. *Objetividade jurídica*

O sentimento de respeito em relação às pessoas mortas.

■ 5.2.2.2. *Tipo objetivo*

Sepultura é o local onde o cadáver está enterrado, compreendendo toda a construção que envolve o caixão. Urna funerária é o recipiente onde efetivamente se guardam o cadáver, seus ossos ou suas cinzas.

As condutas típicas são:

a) Violar, que significa abrir, devassar. É necessário que ocorra de forma ilegítima, pois, se houver autorização para exumação, o fato não constitui crime.

b) Profanar, que é ultrajar, desprezar, como, por exemplo, pichar a sepultura ou jogar sujeira sobre o caixão etc. De acordo com a jurisprudência, profanação é "*qualquer ato de vandalismo sobre a sepultura, ou de alteração chocante, de aviltamento ou grosseira irreverência*" (TJSP — *RT* 476/349).

Se o agente, concomitantemente, viola e profana, comete crime único. Trata-se de tipo misto alternativo em que a realização de mais de uma conduta em relação ao mesmo objeto material constitui uma só infração.

- **Violação de sepultura e furto**

Se o agente subtrai objetos externos, como placas de bronze ou de prata, sem violar ou profanar a sepultura, não há dúvida de que o crime é o de furto.

Em relação à hipótese em que o agente subtrai objetos enterrados com o cadáver, existem duas correntes, conforme já estudado durante a análise do crime de furto, junto ao tema "coisa alheia". Para alguns, os familiares são donos dos bens e o fato constitui furto, enquanto, para outros, estes objetos equiparam-se às coisas abandonadas (*res derelicta*), e o delito é o de violação de sepultura. Conforme já havíamos mencionado, adotamos esta última orientação. No mesmo sentido: "A subtração de coroa dentária de cadáver, após a violação da sepultura, não configura o delito de furto, mas somente o descrito no art. 210 do CP" (TJSP — Rel. Goulart Sobrinho — RT 243/265).

- **Violação de sepultura e subtração de cadáver ou parte dele**

A subtração de cadáver constitui crime descrito no art. 211 do Código Penal, de modo que, se a finalidade do agente é a subtração do cadáver ou parte dele, resta absorvido o delito de violação de sepultura por tratar-se de crime-meio.

- **Violação de sepultura e contravenção de exumação de cadáver (art. 67 da LCP)**

A contravenção referida consiste em exumar cadáver com infração às disposições legais. Essas disposições são encontradas nos arts. 163 a 166 do Código de Processo Penal, que regulamentam a exumação judicial de cadáveres, e no Código Sanitário. Na contravenção, o ilícito não decorre de intenção de desrespeitar o cadáver ou a sepultura, e sim da não observância dos preceitos legais relacionados ao tema. Segundo Manoel Carlos da Costa Leite,[209] "*caracteriza o crime o elemento subjetivo de falta de respeito aos mortos e a contravenção é integrada exclusivamente pela desobediência às disposições legais, concernentes às inumações e exumações de cadáveres*".

5.2.2.3. *Sujeito ativo*

Pode ser qualquer pessoa. Trata-se de crime **comum**.

5.2.2.4. *Sujeito passivo*

A coletividade, que representa os familiares do morto e o Estado.

---

[209] Manoel Carlos da Costa Leite, *Lei das contravenções penais*, p. 441.

Cuida-se de crime **vago** por ter como vítima uma entidade sem personalidade jurídica.

■ 5.2.2.5. *Consumação*

No momento da efetiva violação ou profanação da sepultura ou urna funerária. Trata-se de crime **material**.

■ 5.2.2.6. *Tentativa*

É admissível.

■ 5.2.2.7. *Elemento subjetivo*

É o dolo, direto ou eventual.

■ 5.2.2.8. *Ação penal*

É pública incondicionada. Considerando que a pena mínima é de um ano, o delito admite a suspensão condicional do processo, se presentes os demais requisitos do art. 89 da Lei n. 9.099/95.

■ 5.2.3. Destruição, subtração ou ocultação de cadáver

> **Art. 211.** Destruir, subtrair ou ocultar cadáver ou parte dele:
> Pena — reclusão, de um a três anos, e multa.

■ 5.2.3.1. *Objetividade jurídica*

O sentimento de respeito pelos mortos.

■ 5.2.3.2. *Tipo objetivo*

A lei pune três condutas típicas:

a) Destruir cadáver ou parte dele. Na destruição **total** o cadáver deixa de existir como tal, o que ocorre, por exemplo, no esquartejamento ou no ateamento de fogo no cadáver. Na destruição **parcial**, é necessário que o agente destroce uma parte do cadáver, quer esteja ainda ligada ao corpo, quer não (um braço separado da vítima em um acidente fatal, por exemplo). Se o agente se limita a fazer um corte no rosto do cadáver, não se mostra presente uma efetiva destruição dessa parte do corpo, devendo o agente responder por crime de vilipêndio (desrespeito) a cadáver.

Comete o crime em estudo quem decepa os dedos da vítima de um homicídio para que o corpo não seja identificado.

Em se tratando de parte separada de ser humano **(vivo)**, a destruição é atípica.

Quando o agente comete homicídio e a destruição do corpo é ato inerente ao crime, responde só pelo primeiro delito. Ex.: colocar pessoa viva em um forno. Se, todavia, o agente primeiro mata e depois destrói o cadáver, responde por dois crimes em concurso **material**.

b) Subtrair cadáver: significa tirá-lo da esfera de vigilância dos familiares ou dos responsáveis por sua guarda. Não é necessário o *animus rem sibi habendi*. Se o agente leva o corpo e o abandona em outro local, já está configurado o crime.

Conforme já estudado anteriormente, na hipótese de o cadáver integrar o patrimônio de alguma universidade ou instituto de pesquisa, a subtração constitui crime de furto.

A remoção não autorizada de órgão ou tecido de cadáver **para fim de transplante** constitui crime especial, descrito no art. 14 da Lei n. 9.434/97 (Lei dos Transplantes).

c) Ocultar cadáver: significa colocar o corpo morto em local onde não possa ser encontrado. É comum sua configuração em concurso material com o homicídio, em que o agente, após matar a vítima, enterra o corpo ou o atira em um rio amarrado em um peso para que afunde.

A ocultação só é possível antes do sepultamento. Após, haverá subtração de cadáver, se ele ainda conservar os traços humanos, ou violação de sepultura.

Quando a ocultação do corpo faz parte do ato executório do homicídio, o agente responde apenas por este crime. Ex.: enterrar pessoa viva. Se, entretanto, após o homicídio, o agente enterra o corpo em local desconhecido da coletividade, incorre nos dois delitos em concurso material.

Quem deixa de entregar ou retarda a entrega de cadáver para sepultamento aos familiares ou interessados comete crime mais grave previsto no art. 19 da Lei n. 9.434/97.

O ato de enterrar cadáver com desrespeito às formalidades legais (sem a existência de atestado de óbito, por exemplo), sem que tenha havido ocultação, constitui contravenção penal do art. 67 da LCP: "*O simples fato de haver enterrado um cadáver, com desrespeito às disposições legais relativas ao assunto e que só consentem ao enterramento em cemitério, não torna o agente incurso no art. 211 do Código Penal, mas, sim no art. 67 da LCP*" (TJSP — Rel. Thomaz Carvalhal — *RT* 176/373).

- **Crime de ação múltipla**

O tipo penal em estudo possui três verbos separados pela partícula "ou", de modo que a realização de mais de uma conduta em relação ao mesmo cadáver constitui **crime único**.

- **Objeto material**

Cadáver é o corpo humano morto, enquanto conserva sua aparência. Por esse conceito, estão excluídos as cinzas, as múmias, os esqueletos e os corpos já decompostos. Assim, o coveiro que subtrai crânios para vendê-los a estudantes de odontologia incorre no crime de violação de sepultura, porque a ossada não integra o conceito de cadáver.

Forte é a divergência **doutrinária** em torno da possibilidade de o feto integrar o conceito de cadáver. Praticamente pacífico, entretanto, o entendimento de que o natimorto, após o trabalho de parto, merece o mesmo respeito, e, por isso, sua ocultação, destruição ou subtração caracteriza o crime em tela.

Na **jurisprudência**, há consistente interpretação no sentido de que, após o sexto mês de gestação, quando o feto já possui a forma humana, é viável a configuração do crime. Nesse sentido: "*Após cento e oitenta dias de vida intrauterina, o corpo humano oferece a possibilidade de sobrevivência por ter atingido a maturidade vital. Vale dizer que, se morto depois de seis meses, deve ser considerado cadáver*" (TJSP — Rel. Ítalo Galli — *RT* 286/96); "*Segundo o CC, art. 338, I, a duração mínima da prenhez com feto viável é de 180 dias. Destarte, acima de seis meses, viável o feto, isto é, com probabilidade de vida extrauterina, o seu corpo deve ser tido como cadáver, de que trata a lei penal, em seu art. 211*" (TJSP — Rel. Adriano Marrey — *RT* 450/366).

▪ 5.2.3.3. *Sujeito ativo*

Pode ser qualquer pessoa. Trata-se de crime **comum**.

▪ 5.2.3.4. *Sujeito passivo*

A coletividade (crime vago), além dos familiares da pessoa morta.

▪ 5.2.3.5. *Consumação*

No instante em que o agente realiza a conduta típica. Se ele quer a destruição total do cadáver, mas logra êxito apenas em sua destruição parcial, o crime já estará aperfeiçoado.

Costuma-se dizer que a conduta "ocultar" tem caráter permanente. Tal caráter, entretanto, depende da forma como se dá a ocultação. Quando a esposa, por exemplo, mantém o corpo do marido no *freezer* da própria casa para que não se descubra que ele morreu, é inegável o caráter permanente. Ao contrário, se o homicida joga o corpo da vítima em alto-mar, o corpo não está mais em sua esfera de disposição, não constituindo delito permanente. Não se pode afirmar, neste último caso, que o agente **está ocultando** o cadáver.

▪ 5.2.3.6. *Tentativa*

Perfeitamente possível.

▪ 5.2.3.7. *Ação penal*

É pública incondicionada.

▪ 5.2.4. Vilipêndio a cadáver

> **Art. 212.** Vilipendiar cadáver ou suas cinzas:
> Pena — detenção, de um a três anos, e multa.

■ 5.2.4.1. *Objetividade jurídica*

Tal como nos delitos anteriores, é o sentimento de respeito aos mortos.

■ 5.2.4.2. *Tipo objetivo*

Vilipendiar é sinônimo de desrespeitar, ultrajar, e admite qualquer meio de execução (palavras, gestos, escritos). É necessário que o ato seja praticado na presença do cadáver ou de suas cinzas. Configura o delito aproximar-se do cadáver e passar a xingá-lo ou a dar gargalhadas apontando para o falecido, desferir cusparada ou desarrumar sua roupa ou seu cabelo, abrir sua boca para que assim fique exposto no caixão, colocar uma fruta em sua boca para que pareça um leitão servido, chutar o corpo após encontrá-lo morto etc.

Os atos de necrofilia — relações sexuais com cadáver — configuram o crime em estudo. Nesse sentido: "*Não causa mossa a incredulidade de familiares e conhecidos sobre a realidade de práticas necrofílicas, comprovadamente surpreendidas. É que, além de criarem situações favoráveis à satisfação de suas perversões, como obtenção de emprego em necrotérios, cemitérios e agências funerárias, tornam-se com facilidade hábeis dissimuladores, procurando sempre transmitir imagem de exemplaridade de conduta social, moral, profissional e familiar. Raramente buscam tratamento médico e, de regra, só ocasionalmente soem ser descobertos em sua doentia atuação*" (Tacrim-SP — Rel. Gonzaga Fraceschini — *Jutacrim* 85/293).

Se o agente mata a vítima com a específica intenção de violar seu corpo sem vida, responde por homicídio qualificado (cometido para assegurar a execução de outro crime), em concurso material com vilipêndio a cadáver. A propósito: "*Vilipêndio a cadáver. Acusado que, levado por seus instintos sexuais, mata a vítima e, em seguida, depois de morta, dá vazão à sua libido*" (TJSP — Rel. Hoeppner Dutra — *RJTJSP* 22/456); "*Vilipêndio a cadáver. Homicídio praticado contra menor com o objetivo de com ele manter coito anal numa demonstração de ausência de elementar sentimento de piedade*" (TJSP — Rel. Bomfim Pontes — *RJTJSP* 30/369).

Caso o sujeito agarre uma mulher a fim de estuprá-la e a mate porque ela tentava se esquivar do ato sexual, e, somente após a morte, ele consiga a penetração, responde por homicídio qualificado, tentativa de estupro e vilipêndio a cadáver, em concurso material.

Muitos são os casos de vilipêndio em que o agente tem a específica intenção de ultrajar o cadáver e de que seu gesto seja visto por testemunhas, hipóteses em que o crime normalmente é praticado no próprio velório ou enterro. Em casos de necrofilia, entretanto, não existe a intenção de desprezar o cadáver, e sim de satisfação da desviada preferência sexual. Tampouco é intenção do necrófilo que seu ato chegue ao conhecimento de terceiros. O fato constitui crime porque, objetivamente, é aviltante.

O ato de deixar de recompor cadáver, devolvendo-lhe aspecto condigno para o sepultamento, constitui crime específico do art. 19 da Lei n. 9.434/97.

- **Objeto material**

Neste crime, além do cadáver, as cinzas também podem ser objeto material. Cinzas de cadáver são o produto da cremação do corpo. Configura o delito jogar fezes ou urinar sobre as cinzas.

Apesar de o tipo penal não mencionar de forma expressa, partes de um cadáver também podem ser objeto material deste crime, já que as próprias cinzas o são.

■ 5.2.4.3. *Sujeito ativo*

Pode ser qualquer pessoa, inclusive familiares do falecido.

■ 5.2.4.4. *Sujeito passivo*

A coletividade (crime **vago**) e os familiares da pessoa morta.

■ 5.2.4.5. *Consumação*

No momento do ato de desrespeito.

■ 5.2.4.6. *Tentativa*

Admissível, exceto na forma verbal.

■ 5.2.4.7. *Ação penal*

É pública incondicionada.

■ 5.2.5. Quadros

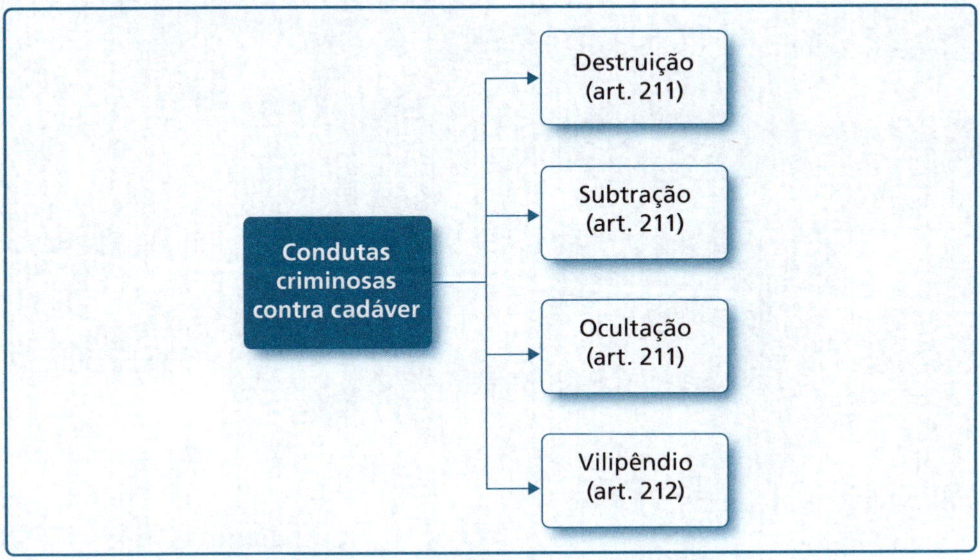

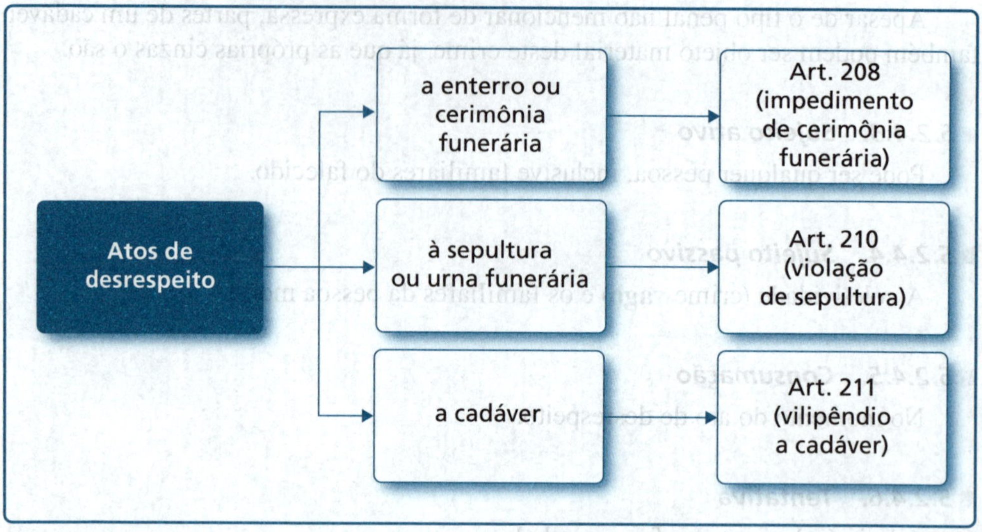
Atos de desrespeito
a enterro ou cerimônia funerária
à sepultura ou urna funerária
a cadáver
Art. 208 (impedimento de cerimônia funerária)
Art. 210 (violação de sepultura)
Art. 211 (vilipêndio a cadáver)

TÍTULO VI

6. DOS CRIMES CONTRA A DIGNIDADE SEXUAL

Este Título sofreu profundas alterações em decorrência da aprovação da Lei n. 12.015/2009. Até o nome foi modificado, pois, anteriormente, se chamava "Dos Crimes Contra os Costumes". A intenção do legislador quanto a tal alteração foi a de evitar que a interpretação da lei, realizada com fundamento no nome do Título, continuasse a se dar com base em hábitos machistas ou moralismos antiquados e eventuais avaliações dos julgadores sobre estes.

É composto de seis Capítulos, mas o Capítulo III, que tratava dos crimes de rapto, encontra-se integralmente revogado. Os comentários aos Capítulos IV e VII, que tratam das disposições gerais (há dois Capítulos com o mesmo nome), serão feitos durante a exposição dos crimes previstos nos Capítulos I e II.

DOS CRIMES CONTRA A DIGNIDADE SEXUAL
• Capítulo I — Dos crimes contra a liberdade sexual;
• Capítulo II — Dos crimes sexuais contra vulnerável;
• Capítulo IV — Disposições gerais;
• Capítulo V — Do lenocínio e do tráfico de pessoa para fim de prostituição ou outra forma de exploração sexual;
• Capítulo VI — Do ultraje público ao pudor;
• Capítulo VII — Disposições gerais.

O crime de tráfico de pessoa para fim de prostituição ou outra forma de exploração sexual, que integra o nome do Capítulo V, foi expressamente revogado pela Lei n. 13.344/2016. Referida conduta passou a tipificar crime de "tráfico de pessoas", previsto no art. 149-A do Código Penal.

DOS CRIMES CONTRA A LIBERDADE SEXUAL

6.1. DOS CRIMES CONTRA A LIBERDADE SEXUAL

Os crimes previstos neste Capítulo atingem a faculdade de livre escolha do parceiro sexual, bem como do momento e dos atos sexuais que deseja praticar com o parceiro escolhido. Essa faculdade pode ser violada por:

a) ***violência*** ou ***grave ameaça:*** crime de estupro (art. 213);
b) ***fraude:*** crime de violação sexual mediante fraude (art. 215).

Neste Capítulo estão também previstos os crimes de importunação sexual (art. 215-A) e assédio sexual (art. 216-A).

6.1.1. Estupro

> **Art. 213.** Constranger alguém, mediante violência ou grave ameaça, a ter conjunção carnal ou a praticar ou permitir que com ele se pratique outro ato libidinoso:
> Pena — reclusão, de seis a dez anos.

6.1.1.1. Objetividade jurídica

A faculdade de livre escolha do parceiro sexual, bem como do momento e dos atos sexuais que deseja praticar com o parceiro escolhido.

6.1.1.2. Tipo objetivo

No crime de estupro, a vítima é coagida, obrigada a realizar o ato sexual. Premissa do crime, portanto, é o dissenso da vítima, isto é, que o ato seja realizado contra sua vontade. Deve, ademais, ser um **dissenso sério**, que indique não ter a vítima aderido à conduta do agente. Por isso, não há crime quando um casal está se beijando e o homem começa a tirar a roupa da mulher e, embora ela diga inicialmente para ele parar, acaba aderindo ao ato sexual e permitindo que ele acaricie suas partes íntimas sem qualquer objeção. Ocorre que, em tal caso, não se mostrou presente o emprego de violência ou grave ameaça. De outro lado, não é necessária à configuração do crime a chamada "resistência heroica", em que a vítima luta fisicamente com o agente até suas últimas forças. Veja-se, por exemplo, a hipótese do estuprador que está armado, em que a luta por parte da vítima só lhe traria riscos maiores (até de morte). O crime, porém, está perfeitamente delineado em razão do emprego da grave ameaça.

Importantíssima alteração foi trazida pela Lei n. 12.015/2009, que deixou de fazer distinção entre os crimes de estupro e atentado violento ao pudor, unindo-os sob a nomenclatura única de **estupro**. Pela legislação anterior, o estupro só se configurava pela prática de conjunção carnal (penetração do pênis na vagina), de modo que só podia ser cometido por homem contra mulher. Já o atentado violento ao pudor se constituía pela prática de qualquer outro ato de libidinagem (sexo anal, oral, introdução do dedo na vagina da vítima etc.) e podia ser cometido por homem ou mulher contra qualquer outra pessoa.

Pela nova lei haverá estupro, quer tenha havido conjunção carnal, quer tenha sido praticado qualquer outro tipo de ato sexual.

A conjunção carnal existe com a penetração, ainda que parcial, do pênis na vagina.

Em relação a outros atos de libidinagem, o crime existe, quer o agente tenha obrigado a vítima a **praticar** o ato, tendo um posicionamento ativo na relação (masturbar o agente, nele fazer sexo oral etc.), quer a tenha obrigado a **permitir que nela se pratique** o ato, tendo posicionamento passivo na relação (a receber sexo oral, a permitir que o agente introduza o dedo em seu ânus ou vagina, ou o pênis em seu ânus etc.).

Além dos exemplos já mencionados (sexo oral e anal e da introdução do dedo na vagina ou ânus da vítima) podem ser apontados inúmeros outros atos libidinosos que também configuram crime de estupro: passar a mão nos seios da vítima ou em suas nádegas, esfregar o órgão sexual no corpo dela, introduzir objeto em seu ânus ou vagina, beijo com a introdução da língua na boca da vítima (beijo lascivo) etc.

Quanto ao beijo lascivo, veja-se o seguinte julgado do Superior Tribunal de Justiça, "*subsume-se ao crime previsto no art. 213, § 1º, do CP — a conduta de agente que abordou de forma violenta e sorrateira a vítima com a intenção de satisfazer sua lascívia, o que ficou demonstrado por sua declarada intenção de 'ficar' com a jovem — adolescente de 15 anos – e pela ação de impingir-lhe, à força, um beijo, após ser derrubada ao solo e mantida subjugada pelo agressor, que a imobilizou pressionando o joelho sobre seu abdômen*" (REsp 1.611.910/MT — Rel. Min. Rogerio Schietti Cruz — 6ª Turma — julgado em 11-10-2016 — *DJe* 27-10-2016). Em outubro de 2019, a 1ª Turma do Supremo Tribunal Federal também confirmou que o beijo lascivo constitui ato libidinoso (HC 134.591/SP). Nesta ação penal, o réu era acusado de dar beijo lascivo em criança de 5 anos e foi condenado por estupro de vulnerável.

Para que haja o crime, é desnecessário contato físico entre o autor do crime e a vítima. Assim, se ele usar de grave ameaça para forçar a vítima a se automasturbar ou a introduzir um vibrador na própria vagina, estará configurado o estupro. Da mesma maneira, se ela for forçada a manter relação com terceiro (o agente obrigar duas pessoas a fazerem sexo) ou até com animais. O que é pressuposto do crime, em verdade, é o envolvimento corpóreo da **vítima** no ato sexual. Por isso, se ela for simplesmente obrigada a assistir a um ato sexual envolvendo outras pessoas, o crime será o de constrangimento ilegal (art. 146) ou, se for menor de 14 anos, o de satisfação da lascívia mediante presença de criança ou adolescente (art. 218-A).

O crime de estupro pode caracterizar-se ainda que a roupa da vítima não seja tirada, como na hipótese de o agente deitar-se sobre ela ou passar a mão em seu órgão genital por sobre as vestes, desde que haja emprego de violência física ou grave ameaça.

Há controvérsia em torno de qual delito se configura quando o agente manda a vítima tirar a roupa, sem obrigá-la à prática de qualquer ato sexual (contemplação lasciva). Para alguns, o crime é o de constrangimento ilegal, com o argumento de que o ato de ficar nu, por si só, não é ato libidinoso. Para outros, a conduta constitui ato libidinoso e o crime é o de estupro. O Superior Tribunal de Justiça firmou entendimento de que se trata de crime de estupro: "*A maior parte da doutrina penalista pátria orienta no sentido de que a contemplação lasciva configura o ato libidinoso constitutivo dos tipos dos arts. 213 e 217-A do Código Penal — CP, sendo irrelevante, para a consumação dos delitos, que haja contato físico entre ofensor e ofendido*" (RHC 70.976/MS — Rel. Min. Joel Ilan Paciornik — 5ª Turma — julgado em 2-8-2016, *DJe* 10-8-2016). No mesmo sentido: AgRg no REsp 1.819.419/MT, Rel. Min. Ribeiro Dantas, 5ª Turma, julgado em 19-9-2019, *DJe* 24-9-2019.

Saliente-se que, como o tipo penal exige um **ato** de natureza sexual, não se configura o delito quando o agente se limita ao uso de palavras para fazer propostas indecorosas à vítima, hipótese que tipificava a contravenção de importunação ofensiva ao pudor (art. 61 da LCP) e que agora foi expressamente revogada pela Lei n. 13.718/2018. Quando o agente, intencionalmente, se encosta na vítima aproveitando-se da lotação e do movimento de um coletivo, incorre no crime de importunação sexual (art. 215-A) criado pela mesma Lei n. 13.718/2018, desde que não haja emprego de violência física ou grave ameaça, pois, se houver, o delito será o de estupro.

■ 6.1.1.3. Meios de execução

O estupro pressupõe emprego de violência ou grave ameaça.

Violência é toda forma de agressão ou de força física para dominar a vítima e viabilizar a conjunção carnal ou outro ato de libidinagem. Configuram-na a agressão a socos e pontapés, o ato de amarrar a vítima, de derrubá-la no chão e deitar-se sobre ela etc.

Na legislação atual, o estupro é sempre cometido mediante violência real (física). A Lei n. 12.015/2009 deixou de prever a **presunção de violência** como forma de execução do estupro, passando a tratar a relação sexual com menores de 14 anos, deficientes mentais ou pessoas que não possam oferecer resistência com a denominação "estupro de vulnerável", previsto no art. 217-A, que tem pena mais grave em razão da condição da vítima.

Grave ameaça é a promessa de mal injusto e grave, a ser causado na própria vítima do ato sexual ou em terceiro. Exs.: capturar um filho menor de idade e exigir que a mãe vá a um encontro sexual sob pena de matar a criança; perigoso bandido preso em penitenciária que aborda a mulher de outro preso em dia de visita íntima e exige relação sexual com ela sob pena de matar o marido.

O pai que se aproveita do medo da filha, maior de 14 e menor de 18 anos, decorrente do temor reverencial para com ela praticar conjunção carnal ou outro ato libidinoso responde por estupro qualificado pela idade da vítima (art. 213, § 1º). Evidente que, se a vítima tiver menos de 14 anos, o delito será o de estupro de vulnerável.

É possível a responsabilização penal por crime de estupro até mesmo em virtude de **omissão**. Ex.: mãe que nada faz para evitar que seu companheiro mantenha relações sexuais violentas com a filha de 15 anos de idade. A mãe tinha o dever jurídico de proteção. Tendo permitido pacificamente a prática do delito ou sua reiteração (quando cientificada de atos anteriores), responde por este juntamente com o companheiro. Se a vítima tem menos de 14 anos, ambos responderão por crime de estupro de vulnerável (art. 217-A).

■ 6.1.1.4. *Sujeito ativo*

Com as alterações trazidas pela Lei n. 12.015/2009, o crime de estupro pode ser praticado por qualquer pessoa. Trata-se de crime **comum**.

O homem que força uma mulher à conjunção carnal (penetração do pênis na vagina) responde por estupro. A mulher que obriga um homem a penetrá-la também responde por tal crime (hipótese rara). O homem que força outro homem ou uma mulher a nele realizar sexo oral responde por estupro. Da mesma forma, a mulher que força outra mulher ou um homem a nela fazer sexo oral.

O estupro admite **coautoria** e **participação**. Será considerado coautor aquele que empregar violência ou grave ameaça contra a vítima (ato executório), sem, entretanto, realizar conjunção carnal ou qualquer ato libidinoso com ela, porém a fim de viabilizar que o comparsa o faça. Trata-se da chamada coautoria funcional, na qual ocorre a divisão dos atos executórios. Ex.: uma pessoa segura a vítima para que o comparsa realize a conjunção carnal. Existe também coautoria quando duas pessoas realizam atos sexuais concomitantemente com a vítima. Ex.: um dos agentes introduz o pênis na vagina da vítima enquanto o comparsa a obriga a nele fazer sexo oral. Por sua vez, haverá participação por parte de quem concorrer para o crime sem realizar qualquer ato executório. Ex.: amigo que, verbalmente, estimula outro a estuprar a vítima.

Nessas hipóteses de estupro **coletivo** — cometido por duas ou mais pessoas — a pena será aumentada de um a dois terços (art. 226, IV, "a", do CP — inserido pela Lei n. 13.718/2018).

■ 6.1.1.5. *Sujeito passivo*

A vítima também pode ser qualquer pessoa. O tipo penal não faz qualquer exigência quanto ao sujeito passivo.

Prostitutas podem ser vítimas deste crime, quando forçadas a um ato sexual indesejado.

A conjunção carnal após a morte da vítima constitui crime de vilipêndio a cadáver (art. 212 do CP).

O bestialismo ou zoofilia – prática sexual com animal – configura crime de abuso contra animal, descrito no art. 32 da Lei n. 9.605/98 (Lei Ambiental).

- **Estupro de marido contra a própria esposa**

Esse assunto, que foi polêmico no passado, pacificou-se após a Lei n. 11.106/2005 ter inserido no art. 226, II, do Código Penal, previsão de aumento de metade da pena sempre que o crime sexual for cometido por cônjuge ou companheiro. Tal regra, por estar no Capítulo das Disposições Gerais, aplica-se a todos os crimes sexuais.

- **Relevância da palavra da vítima na comprovação do estupro**

Nos crimes sexuais, a palavra da vítima se reveste de especial importância na medida em que essa espécie de crime normalmente é cometido às escondidas, sem a presença de testemunhas. Assim, caso seja prestado com convicção e de forma coerente, seu depoimento é suficiente para o decreto condenatório. É evidente, entretanto, que existem falsas vítimas que simulam o estupro com a intenção de prejudicar outra pessoa (um parente, ex-marido, uma pessoa abastada a fim de lhe exigir dinheiro etc.). Por isso, é sempre relevante que o juiz analise com cuidado as palavras da vítima a fim de verificar eventuais contradições com os depoimentos anteriores por ela prestados ou a existência de alguma razão concreta para querer prejudicar o acusado, hipóteses em que a análise das provas deverá ser feita ainda com mais cautela, para evitar condenações injustas. Em suma, é possível a condenação de um estuprador com base somente nas palavras e no reconhecimento efetuado pela vítima, desde que não haja razões concretas para que se questione o seu depoimento. Há uma presunção de que suas palavras são verdadeiras, sendo, contudo, relativa tal presunção.

A respeito do tema, veja-se: "*Nos crimes sexuais, a palavra da vítima ganha especial relevo, tendo em vista sobretudo o* modus operandi *empregado na prática desses delitos, cometidos, via de regra, às escondidas. Precedentes*" (STJ — HC 206.730/RS — Rel. Min. Nefi Cordeiro — 6ª Turma — julgado em 5-3-2015 — *DJe* 17-3-2015). No mesmo sentido: AgRg no AREsp 1.595.939/GO, Rel. Min. Ribeiro Dantas, 5ª Turma, julgado em 19-5-2020, *DJe* 27-5-2020; AgRg no AREsp 1.518.912/MS, Rel. Min. Rogerio Schietti Cruz, 6ª Turma, julgado em 10-3-2020, *DJe* 17-3-2020; AgRg no AREsp 1.586.879/MS, Rel. Min. Nefi Cordeiro, 6ª Turma, julgado em 3-3-2020, *DJe* 9-3-2020; AgRg no AREsp 1.531.519/PE, Rel. Min. Laurita Vaz, 6ª Turma, julgado em 18-2-2020, *DJe* 2-3-2020; AgRg no AREsp 1.594.445/SP, Rel. Min. Reynaldo Soares da Fonseca, 5ª Turma, julgado em 6-2-2020, *DJe* 14-2-2020.

Se ficar demonstrado em juízo que a pretensa acusou falsamente o réu por crime de estupro, responderá ela pelo delito de denunciação caluniosa (art. 339 do CP).

6.1.1.6. Consumação

A conjunção carnal consuma-se com a introdução, ainda que parcial, do pênis na vagina. Contudo, se antes disso o agente realizou outro ato sexual independente, já terá cometido estupro consumado em tal momento. Por sua vez, se a intenção do agente era apenas a de praticar ato libidinoso diverso da conjunção carnal, o crime se consumará com sua concretização.

6.1.1.7. Tentativa

É possível quando o agente empregar a violência ou grave ameaça e não conseguir realizar qualquer ato sexual com a vítima por circunstâncias alheias à sua vontade. Ex.: o estuprador aborda a vítima na rua com uma arma e a obriga a adentrar em uma casa abandonada onde os atos sexuais ocorrerão, mas ela consegue fugir ou é auxiliada por outras pessoas ou por policiais. Ao contrário do que se possa supor, o início de execução do estupro ocorre com o emprego da violência ou grave ameaça visando ao ato sexual, e não pelo início deste.

6.1.1.8. Elemento subjetivo

É o dolo. O texto legal não exige que o agente tenha a específica intenção de satisfazer sua libido, seu apetite sexual. Assim, também estará configurado o estupro se a intenção do agente era vingar-se da vítima, humilhando-a com a prática do ato sexual, ou, ainda, se o ato sexual violento for cometido em razão de aposta etc. Com efeito, o que importa é que, em todos esses casos, a liberdade sexual da vítima foi atingida pelo emprego da violência ou grave ameaça, sendo irrelevante a motivação do agente (satisfação da lascívia ou outra qualquer). Lembre-se de que, quando o legislador quer condicionar a tipificação de algum delito à finalidade do agente de satisfazer a própria lascívia, o faz de forma expressa, tal como ocorre no art. 218-A do Código Penal.

É evidente, porém, que, em certas circunstâncias, resta nítida a não configuração do estupro, por ser outra a intenção do agente, como no caso do marido que, ao saber que havia sido traído pela esposa, a amarrou e introduziu um espeto de ferro em sua vagina até perfurar seus órgãos internos e provocar sua morte (empalamento). É clara, nesse caso, a intenção específica de matar, respondendo o agente apenas por homicídio qualificado pelo meio cruel.

6.1.1.9. Concurso

- **Conjunção carnal e outros atos libidinosos contra a mesma vítima no mesmo contexto fático**

Na vigência da legislação antiga, discutia-se se o fato de o agente forçar a vítima à conjunção carnal e também a outros atos libidinosos no mesmo contexto fático (sexo anal, oral etc.) constituía concurso material ou crime continuado. Prevalecia o entendimento do concurso material com o argumento de que estupro e atentado violento ao pudor não eram crimes da mesma espécie porque previstos em tipos penais diversos (arts. 213 e 214 do CP). O STF, aliás, havia pacificado a questão neste sentido. Como a Lei n. 12.015/2009 passou a considerar estupro tanto a conjunção carnal forçada como a prática de qualquer outro ato de libidinagem, novamente surgiram várias correntes em torno do tema:

a) O crime de estupro passou a ter tipo misto alternativo, de modo que, se contra a mesma vítima forem realizados vários atos libidinosos, no mesmo contexto fático, até mesmo com conjunção carnal dentre eles, o agente responderá por **crime único**. A pluralidade de atos sexuais deverá ser apreciada pelo juiz na fixação da pena-base.

b) O tipo penal do estupro não é alternativo porque possui apenas um verbo — "constranger" —, de modo que não é possível a punição por crime único. Como as condutas atualmente são da mesma espécie, há de ser reconhecido o **crime continuado**.

c) Além de não se tratar de tipo alternativo, o que impede o reconhecimento do crime único, são diversas as formas de execução (conjunção carnal e atos libidinosos diversos), o que inviabiliza também o crime continuado, sendo assim aplicável o **concurso material**.

Em um primeiro momento, a questão se mostrou bastante tormentosa no **Superior Tribunal de Justiça**, com decisões divergentes (nos três sentidos supramencionados):

a) **crime único:** *"No caso, o paciente foi condenado pela prática de estupro e atentado violento ao pudor, por ter praticado, respectivamente, conjunção carnal e coito anal dentro do mesmo contexto, com a mesma vítima. 5. Aplicando-se retroativamente a lei mais favorável, o apenamento referente ao atentado violento ao pudor não há de subsistir. 6. Ordem concedida, a fim de, reconhecendo a prática de estupro e atentado violento ao pudor como crime único, anular a sentença no que tange à dosimetria da pena, determinando que nova reprimenda seja fixada pelo Juiz das execuções"* (HC 144.870/DF — 6ª Turma — Rel. Min. Og Fernandes — *DJe* 24-5-2010). No mesmo sentido: HC 242.925 (Rel. Min. Gilson Dipp — 5ª Turma); HC 239.778 e HC 239.781 (ambos relatados pelo Min. Og Fernandes — 6ª Turma).

b) **crime continuado:** *"No Superior Tribunal de Justiça e no Supremo Tribunal Federal, prevalece o entendimento de que, após a Lei n. 12.015/09 unificar em um único tipo penal as figuras do estupro e do atentado violento ao pudor, as condutas antes previstas nos arts. 213 e 214 do Código Penal devem ser compreendidas como delitos da mesma espécie. 2. Em atenção ao princípio constitucional da retroatividade da lei penal mais benéfica, essa legislação passou a incidir com relação às condenações anteriormente previstas nos artigos acima mencionados, de modo a afastar o concurso material e permitir o reconhecimento da continuidade delitiva entre esses ilícitos, desde que presentes os requisitos elencados no art. 71 do Código Penal (REsp 970.127/SP, 5ª Turma, julgado em 07/04/2011). 3. Assim, ressalvado o entendimento pessoal da Relatora, não se reconhece a incidência da regra relativa ao concurso material de crimes nas hipóteses em que restar comprovado que o agente praticou, contra a mesma vítima e no mesmo contexto fático, atos de conjunção carnal e de atos libidinosos diversos"* (REsp 1.208.116/DF — Rel. Min. Laurita

Vaz — 5ª Turma — *DJe* 5-10-2011). No mesmo sentido, o HC 113.918, em que figura como relator o Min. Jorge Mussi, *DJe* 9-5-2011.

c) **concurso material:** *"Se, durante o tempo em que a vítima esteve sob o poder do agente, ocorreu mais de uma conjunção carnal caracteriza-se o crime continuado entre as condutas, porquanto estar-se-á diante de uma repetição quantitativa do mesmo injusto. Todavia, se, além da conjunção carnal, houve outro ato libidinoso, como o coito anal, por exemplo, cada um desses caracteriza crime diferente e a pena será cumulativamente aplicada à reprimenda relativa à conjunção carnal. Ou seja, a nova redação do art. 213 do Código Penal absorve o ato libidinoso em progressão ao estupro — classificável como* praeludia coiti *— e não o ato libidinoso autônomo"* (STJ — HC 105.533/PR — 5ª Turma — Rel. Min. Laurita Vaz — *DJe* 7-2-2011).

Posteriormente, entretanto, ambas as turmas criminais do Superior Tribunal de Justiça pacificaram entendimento no sentido de que se trata de crime único. A propósito: *"A reforma introduzida pela Lei n. 12.015/2009 condensou num só tipo penal as condutas anteriormente tipificadas nos arts. 213 e 214 do CP, constituindo, hoje, um só crime o constrangimento, mediante violência ou grave ameaça, a ter conjunção carnal ou a praticar ou permitir que com ele se pratique outro ato libidinoso, na hipótese em que a conduta tenha sido praticada em um mesmo contexto fático e contra a mesma vítima, em observância ao princípio da retroatividade da lei mais benéfica. Trata-se, pois, de crime misto alternativo. 3. Na hipótese dos autos, verifica-se a ocorrência de crime único de estupro, pois as condutas delitivas — conjunção carnal, sexo anal e oral — foram praticados contra a mesma vítima e no mesmo contexto fático-temporal, o que inviabiliza a aplicação da continuidade delitiva. Ressalte-se, contudo, que, apesar de inexistir concurso de crimes, é de rigor a valoração na pena-base de todas as condutas que compuseram o tipo misto alternativo do atual crime de estupro, sob pena de vulneração da individualização da pena"* (STJ — HC 325.411/SP, Rel. Min. Ribeiro Dantas, 5ª Turma, julgado em 19-4-2018, *DJe* 25-4-2018); *"A atual jurisprudência desta Corte Superior sedimentou-se no sentido de que, 'como a Lei 12.015/2009 unificou os crimes de estupro e atentado violento ao pudor em um mesmo tipo penal, deve ser reconhecida a existência de crime único de estupro, caso as condutas tenham sido praticadas contra a mesma vítima e no mesmo contexto fático' (AgRg no AREsp n. 233.559/BA, Rel. Ministra Assusete Magalhães, 6ª T., DJe 10/2/2014, destaquei)"* (STJ — HC 412.473/SP, Rel. Ministro Rogerio Schietti Cruz, 6ª Turma, julgado em 12-12-2017, *DJe* 19-12-2017); *"A jurisprudência do Superior Tribunal de Justiça é pacífica de que os crimes previstos nos arts. 213 e 214 do Código Penal, após a redação dada pela Lei n. 12.015/09, configuram crime único. Todavia, devem as diversas condutas praticadas serem valoradas na primeira fase do cálculo da pena. (...) Na hipótese dos autos, considerando que a vítima foi submetida a conjunção carnal e ato libidinoso diverso, no mesmo contexto fático, deve ser concedida a ordem para reconhecer a ocorrência de crime único"* (HC 441.523/BA, Rel. Min. Joel Ilan Paciornik, 5ª Turma, julgado em 30-5-2019, *DJe* 11-6-2019); *"Com o advento da Lei n. 12.015/09, as práticas de conjunção carnal e de ato libidinoso diverso passaram a* *ser tipificadas no mesmo dispositivo legal, deixando de configurar crimes diversos, de estupro e de atentado violento ao pudor, para constituir crime único, desde que praticados no mesmo contexto. Tal compreensão, por ser mais benéfica, deve retroagir para alcançar os fatos anteriores*" (HC 342.464/SP — Rel. Min. Maria Thereza de Assis Moura — 6ª Turma — julgado em 12-4-2016, *DJe* 22-4-2016).

No **Supremo Tribunal Federal**, não há muitos julgados acerca do tema, contudo existem alguns admitindo a continuidade delitiva: "*Estupro e atentado violento ao pudor. Mesmas circunstâncias de tempo, modo e local. Crimes da mesma espécie. Continuidade delitiva. Reconhecimento. Possibilidade. Superveniência da Lei n. 12.015/09. Retroatividade da lei penal mais benéfica. Art. 5º, XL, da Constituição Federal. HC concedido. Concessão de ordem de ofício para fins de progressão de regime. A edição da Lei n. 12.015/09 torna possível o reconhecimento da continuidade delitiva dos antigos delitos de estupro e atentado violento ao pudor, quando praticados nas mesmas circunstâncias de tempo, modo e local e contra a mesma vítima*" (HC 86.110 — 2ª Turma — Rel. Min. Cezar Peluso — *DJe* 71, p. 89). No mesmo sentido: HC 99.808/RS e HC 102.199/SP, ambos relatados pelo Min. Gilmar Mendes; HC 102.355 e HC 99.544 ambos relatados pelo Min. Ayres Britto.

Em 15 de agosto de 2019, o Plenário do STF, no julgamento do HC 100.181/RS, entendeu tratar de concurso material quando há sexo vaginal e sexo anal contra a mesma vítima no mesmo contexto fático. No *site* da Corte Suprema constou: "Alexandre de Moraes observou que a questão discutida se refere a duas condutas que, antes da Lei de Crimes Sexuais, eram consideradas concurso material entre estupro e atentado violento ao pudor. No entanto, com o julgamento de hoje, a maioria dos ministros passou a considerar concurso material entre estupro (sexo vaginal) e estupro (sexo anal), ao entender que existem condutas diversas, apesar de ser o mesmo tipo penal" (Notícias STF – 15-8-2019).

- **Conjunções carnais forçadas contra a mesma vítima em momentos diversos**

Haverá crime continuado se os crimes tiverem sido cometidos pelo mesmo modo de execução, na mesma cidade e sem que tenha decorrido mais de um mês entre uma conduta e outra, ou concurso material se ausente algum dos requisitos do crime continuado. Ex.: pai que estupra a filha por diversas ocasiões, durante vários meses ou anos, no interior da própria residência.

- **Conjunções carnais contra duas vítimas no mesmo contexto fático**

Nesse caso também há crime continuado, contudo, como os crimes são dolosos, cometidos com violência ou grave ameaça, contra **vítimas diversas**, mostra-se possível a aplicação da regra do art. 71, parágrafo único, do Código Penal, em que, apesar de se tratar de continuação delitiva, o juiz pode somar as penas.

De acordo com referido dispositivo, o juiz tem um limite nessa soma, podendo, no máximo, triplicar a pena. Assim, se forem duas vítimas, elas serão somadas. Se forem três vítimas, serão triplicadas. Se forem quatro ou mais vítimas, serão também triplicadas.

- **Várias pessoas que estupram a mesma vítima**

Na chamada "curra" (ou estupro coletivo), em que duas (ou mais) pessoas estupram a vítima, revezando-se nas atividades (enquanto uma segura a outra estupra e depois invertem as posições), respondem por dois crimes em continuação delitiva — como autor de uma conduta e coautor na outra. Como se trata de vítima única, aplica-se a regra do crime continuado comum em que o juiz fixa uma só pena, aumentada de um sexto a dois terços (art. 71, *caput*, do CP). Como o crime foi cometido mediante concurso de agentes, será também aplicado aumento de um a dois terços da pena, previsto no art. 226, IV, "a", do Código Penal.

- **Estupro e perigo de contágio de moléstia venérea**

O estuprador que sabe ou deve saber que está contaminado com doença venérea e que obriga a vítima a com ele manter relação sexual, expondo-a a risco de contrair a moléstia, responde por estupro em concurso formal com o crime do art. 130, *caput*, do Código Penal (perigo de contágio venéreo). A configuração desse crime pressupõe que o ato sexual seja capaz de transmitir a doença (conjunção carnal, sexo anal ou oral etc.), o que não ocorre quando ele, por exemplo, passa as mãos nos seios da vítima. Por se tratar de crime de perigo, pressupõe que não ocorra a transmissão da moléstia. Se houver, afasta-se a incidência do crime do art. 130 e aplica-se a causa de aumento do art. 234-A, inc. IV, do Código Penal (redação dada pela Lei n. 12.015/2009) ao crime de estupro.

Se era intenção do estuprador transmitir a doença, responde por estupro em concurso formal com o crime qualificado do art. 130, § 1º, do Código Penal, desde que a doença não seja transmitida (crime de perigo com dolo de dano). Se houver a transmissão, aplica-se a causa de aumento mencionada no parágrafo anterior.

6.1.1.10. *Classificação doutrinária*

CLASSIFICAÇÃO DOUTRINÁRIA				
Crime simples e de dano quanto à objetividade jurídica	Comum e de concurso eventual quanto ao sujeito ativo	De ação livre, comissivo ou omissivo impróprio quanto aos meios de execução	Material e instantâneo quanto ao momento consumativo	Doloso quanto ao elemento subjetivo

6.1.1.11. *Crime qualificado pela provocação de lesão grave ou em razão da idade da vítima*

> **Art. 213, § 1º** — Se da conduta resulta lesão corporal de natureza grave ou se a vítima é menor de 18 ou maior de 14 anos:
> Pena — reclusão, de oito a doze anos.

- **Estupro qualificado pela lesão grave**

As hipóteses de lesão grave que qualificam o estupro são aquelas elencadas nos §§ 1º e 2º do art. 129 do Código Penal.

Eventuais lesões **leves** decorrentes da violência empregada pelo estuprador ficam absorvidas pelo crime-fim (estupro), mas podem ser levadas em conta pelo juiz na fixação da pena-base (art. 59 do CP). A contravenção de vias de fato também fica absorvida.

A figura qualificada em estudo é exclusivamente preterdolosa em razão do montante de pena previsto em abstrato. Assim, pressupõe que haja dolo quanto ao estupro e culpa em relação ao resultado lesão grave. Se ficar demonstrado que houve dolo de provocar lesão grave ou gravíssima, o agente responde por estupro simples em concurso material com o crime de lesão corporal grave.

A Lei n. 12.015/2009 trouxe importante alteração no texto legal, pois, no regime anterior, a figura qualificada exigia que a lesão grave fosse decorrente da **violência** empregada pelo estuprador. No texto atual, a qualificadora se configura se "da conduta" decorre o resultado agravador, abrangendo, portanto, a lesão grave que decorra da grave ameaça (ex.: vítima que sofre ataque cardíaco em razão da ameaça empregada pelo estuprador e que fica com sequelas graves).

- **Vítima menor de 18 e maior de 14 anos**

Trata-se de inovação da Lei n. 12.015/2009, já que não havia figura qualificada semelhante na legislação anterior.

O reconhecimento da qualificadora pressupõe que tenha havido emprego de violência física ou grave ameaça contra a vítima em tal faixa etária (menor de 18 e maior de 14 anos). Se a vítima for menor de 14 anos, configura-se crime de estupro de vulnerável (art. 217-A) — independentemente do emprego de violência ou grave ameaça.

Nos termos do art. 111, V, do Código Penal, com a redação que lhe foi dada pela Lei n. 12.650/2012, o lapso **prescricional** somente começará a correr quando a vítima completar **18 anos**. De acordo com esse dispositivo, quando a vítima do estupro tiver menos de 18 anos o prazo prescricional não se inicia a contar da consumação do delito, e sim da data em que ela completar 18 anos, salvo se antes disso a ação penal já tiver sido proposta.

Quando a vítima do estupro tem mais de 18 anos, o prazo prescricional corre a partir da consumação do delito, nos termos do art. 111, I, do Código Penal.

■ 6.1.1.12. *Crime qualificado pela morte*

> **Art. 213, § 2º** — Se da conduta resulta morte:
> Pena — reclusão, de doze a trinta anos.

Tal como se dá no parágrafo anterior, o crime de estupro qualificado pela morte é **exclusivamente preterdoloso**, pressupondo dolo em relação ao estupro e culpa quanto à morte. Essa conclusão é inevitável em razão do montante de pena estabelecido em abstrato para a figura qualificada. O estupro qualificado pela morte, portanto, não é julgado pelo Tribunal do Júri, e sim pelo juízo singular.

Quando o agente estupra a vítima e, em seguida, **intencionalmente** a mata para assegurar sua impunidade, responde por crimes de estupro simples em concurso material com homicídio qualificado. Esta última hipótese é mais comum na prática, e a pena mínima para o réu é de 18 anos. O julgamento de ambos os delitos ocorrerá no Tribunal do Júri, por serem conexos.

Se o sujeito amordaça a vítima para evitar que ela grite por socorro e, ao estuprá-la, não percebe que ela está se engasgando com o pano, de modo que ela acaba morrendo por sufocação, responde por estupro qualificado, porque, nesse caso, a morte foi uma decorrência **culposa** de sua conduta.

Se o agente aborda a vítima com uma arma e a arrasta para um terreno abandonado e esta, ao perceber que será vítima de crime sexual (porque o agente começou a tirar a sua roupa), entra em luta corporal e acaba sendo morta por um disparo, mas o sujeito, em seguida, realiza atos sexuais com o cadáver, responde por tentativa de estupro, homicídio qualificado (morte a fim de assegurar a execução de outro crime) e vilipêndio a cadáver, em concurso material.

O estupro qualificado existe, quer a morte seja decorrência da violência, quer da grave ameaça utilizada pelo estuprador.

Na hipótese em que o estupro não passa da tentativa, mas o agente, culposamente, dá causa à morte da vítima, o crime qualificado está consumado. É que os crimes preterdolosos não admitem tentativa e o texto legal vincula a incidência da qualificadora ao evento morte. Com efeito, estabelece o dispositivo em estudo que, se da conduta visando ao cometimento do estupro decorrer, culposamente, a morte da vítima, deverá ser aplicada a pena de doze a trinta anos (pena do crime qualificado **consumado**).

■ 6.1.1.13. *Natureza hedionda*

A atual redação do art. 1º, inc. V, da Lei n. 8.072/90, dada pela Lei n. 12.015/2009, considera de natureza hedionda, em suas formas consumada ou tentada, o "estupro (art. 213, *caput*, e §§ 1º e 2º)". Essa redação, que menciona também o *caput* do art. 213, afasta qualquer possibilidade de controvérsia, deixando claro que tanto o estupro **simples** como suas figuras **qualificadas** constituem crime hediondo.

■ 6.1.1.14. *Causas de aumento de pena*

Após o advento da Lei n. 12.015/2009, passaram a existir dois Capítulos com a mesma denominação — "Disposições Gerais" — no Título dos crimes sexuais. São os Capítulos IV e VII. Neles existem causas de aumento de pena aplicáveis aos crimes previstos nos arts. 213 a 218 (art. 226) e outras aplicáveis a todos os crimes contra a dignidade sexual (art. 234-A).

> **Art. 226.** A pena é aumentada:
> I — de quarta parte, se o crime é cometido com o concurso de duas ou mais pessoas.

Esse dispositivo foi **revogado** tacitamente, em relação ao crime de estupro, pela Lei n. 13.718/2018, que criou a modalidade chamada estupro coletivo. Na tramitação do projeto que se transformou em referida Lei, restou aprovada na Câmara dos Deputados nova redação para este inc. I, com majoração de um terço da pena se o crime fosse cometido em local público, aberto ao público ou com grande aglomeração de pessoas, ou em meio de transporte público. Ocorre que, no Senado, foi rejeitada essa nova redação do inc. I. Por isso, acabou permanecendo a redação originária, que prevê aumento de um quarto quando o crime for praticado mediante concurso de agentes. Tal dispositivo, todavia, foi tacitamente revogado pela Lei n. 13.718/2018, que acrescentou o inc. IV, "a", no art. 226, estabelecendo aumento de pena de um a dois terços se o crime for cometido mediante concurso de duas ou mais pessoas. Essa nova regra, contudo, chamada de estupro coletivo, só se aplica, obviamente, aos crimes de estupro. Em relação aos demais crimes sexuais, continua aplicável o art. 226, I.

> **Art. 226.** A pena é aumentada:
> II — de metade, se o agente é ascendente, padrasto ou madrasta, tio, irmão, cônjuge, companheiro, tutor, curador, preceptor ou empregador da vítima ou por qualquer outro título tiver autoridade sobre ela.

A enumeração legal é taxativa. São hipóteses em que a pena é maior em razão de o agente exercer autoridade ou ter algum tipo de parentesco ou relação próxima com a vítima. A lei descreve, inicialmente, uma série de hipóteses específicas e, ao final, utiliza-se de fórmula genérica para abranger toda e qualquer relação de fato ou de direito que implique autoridade sobre a vítima, como, por exemplo, do carcereiro sobre a presa, do companheiro da mãe da vítima, do professor de crianças (estupro de vulnerável com a pena aumentada) etc. Nesse sentido: "*Incide no caso a causa especial de aumento de pena do art. 226, II, do mesmo Código, porque o apelante era amásio da mãe das vítimas e, nessa condição, tinha autoridade sobre elas*" (TJSP — AC. 107.603-3 — Rel. Jarbas Betanho).

O aumento decorrente da condição de cônjuge, companheiro, madrasta ou tio da vítima foi inserido no Código Penal pela Lei n. 11.106/2005. As demais hipóteses já constavam da redação originária do Código Penal.

É evidente que não pode ser aplicada ao crime de estupro a agravante genérica do art. 61, II, *e*, do Código Penal, que se refere a crime cometido contra descendente, cônjuge ou irmão, na medida em que haveria *bis in idem*, pois o fato já é considerado causa especial de aumento de pena do delito. Se o crime, entretanto, for cometido pelo filho contra a mãe, será aplicável a agravante genérica (crime contra "ascendente"), porque essa hipótese não consta do art. 226, II.

Preceptor é o professor responsável pela educação individualizada de menores.

A Lei n. 11.106/2005 revogou o inc. III deste art. 226, de modo que o fato de o autor do crime ser **casado** com terceira pessoa não mais constitui causa de aumento de pena nos crimes sexuais.

Em relação aos ascendentes, o texto legal não faz restrição ao grau, de modo que a majorante também é aplicável se o delito for cometido pelo avô, bisavô etc. Nesse sentido: "*O bisavô encontra-se, na relação de parentesco com a bisneta, no terceiro grau da linha reta (arts. 1.591 e 1.594 do Código Civil), e não há no ordenamento jurídico nenhuma regra de limitação quanto ao número de gerações. II — É juridicamente possível a majoração da pena privativa de liberdade imposta ao recorrente, bisavô da vítima, em razão da incidência da causa de aumento prevista no inciso II do art. 226 do Código Penal, considerada a figura do ascendente*" (STF — RHC 138.717 — Rel. Min. Ricardo Lewandowski — 2ª Turma — julgado em 23-5-2017 — *DJe*-117 divulg. 2-6-2017, public. 5-6-2017).

> **Art. 226.** A pena é aumentada:
> Estupro **coletivo** — IV — de um terço a dois terços, se o crime é praticado:
> a) mediante concurso de dois ou mais agentes:

Apesar da discordância de Nélson Hungria[210] e Rogério Greco,[211] prevalece o entendimento de que esta causa de aumento aplica-se tanto a casos de coautoria quanto de participação, na medida em que o legislador referiu-se genericamente ao concurso de pessoas, sem fazer restrição. É a opinião, dentre outros, de Heleno Cláudio Fragoso,[212] Julio Fabbrini Mirabete,[213] Guilherme de Souza Nucci,[214] Luiz Regis Prado[215] e Damásio de Jesus.[216] Assim, existe o aumento quando duas pessoas estão no local agarrando a vítima a fim de viabilizar o estupro, como também na hipótese em que uma delas age apenas para induzir, instigar ou prestar auxílio material secundário à execução do delito. Argumenta-se que, se o legislador almejasse agravar a pena somente quando existissem duas pessoas no local realizando atos executórios, deveria ter feito uso da mesma expressão indicativa de coautoria utilizada no art. 146, § 1º, do Código Penal, que expressamente exige a união de pessoas para a **execução** do crime de constrangimento ilegal para que a pena de tal crime seja agravada.

A denominação estupro coletivo foi introduzida no Código Penal pela Lei n. 13.718/2018.

> **Art. 226.** A pena é aumentada:
> Estupro **corretivo** — IV — de um terço a dois terços, se o crime é praticado:
> b) para controlar o comportamento social ou sexual da vítima.

Nesse dispositivo, introduzido no Código pela Lei n. 13.718/2018, é a finalidade do agente que torna a pena mais severa: intenção de controlar o comportamento so-

[210] Nélson Hungria, *Comentários ao Código Penal*, v. VIII, p. 249/250.
[211] Rogério Greco, Código Penal comentado, p. 575.
[212] Heleno Cláudio Fragoso, *Lições de direito penal*. Parte especial, v. II, p. 44.
[213] Julio Fabbrini Mirabete, *Manual de direito penal*, v. 2, p. 453.
[214] Guilherme de Souza Nucci, *Código Penal comentado*, p. 1.122.
[215] Luiz Regis Prado, *Comentários ao Código Penal*, p. 868.
[216] Damásio de Jesus, *Direito penal*, v. 3, p. 147.

cial ou sexual da vítima. Ex.: homem que estupra uma mulher porque esta é homossexual, visando modificar sua opção sexual ou puni-la por isso.

> **Art. 234-A.** Nos crimes previstos neste Título a pena é aumentada:
> III — de metade a dois terços,[217] se do crime resulta gravidez.

Os incs. I e II deste artigo foram vetados pela Presidência da República após a aprovação da Lei n. 12.015/2009.

De acordo com o inc. III, haverá aumento de metade a dois terços da pena se do crime resultar gravidez. Será necessário, portanto, demonstrar que a gravidez foi resultante do ato sexual forçado.

Lembre-se que o art. 128, II, do Código Penal permite a realização de aborto, por médico, quando a gravidez for resultante de estupro, desde que haja consentimento da gestante, ou, se incapaz, de seu representante legal. A pena do réu, todavia, será majorada ainda que a vítima tenha optado pela interrupção da gravidez.

> **Art. 234-A.** Nos crimes previstos neste Título a pena é aumentada:
> IV — de um terço a dois terços,[218] se o agente transmite à vítima doença sexualmente transmissível de que sabe ou deveria saber ser portador, ou se a vítima é idosa ou pessoa com deficiência.

São exemplos de doenças sexualmente transmissíveis a sífilis, a gonorreia, o cancro mole, o papilomavírus etc. É necessário que o agente saiba efetivamente estar acometido da doença ou que, ao menos, deva saber disso em razão de seu quadro clínico.

A pessoa acometida de Síndrome da Imunodeficiência Adquirida (AIDS) que comete crime de estupro e transmite a doença à vítima deve responder por estupro e por lesão corporal gravíssima pela transmissão de moléstia incurável (art. 129, § 2º, II, do CP). No dizer de Julio Fabbrini Mirabete:[219] "*A transmissão da AIDS, pelo coito ou transfusão, enquanto não ocorre a morte da vítima, é crime de lesão corporal grave (gravíssima em verdade), que pode ser integrado por dolo direto ou eventual*". Este também o entendimento adotado pelo Superior Tribunal de Justiça no julgamento do HC 160.982/DF — Rel. Min. Laurita Vaz — 5ª Turma — julgado em 17-5-2012, *DJe* 28-5-2012. Há, porém, quem entenda que o agente deve responder por estupro e tentativa de homicídio.

217 Antes da entrada em vigor da Lei n. 13.718/2018, o aumento era feito em patamar fixo (metade da pena).

218 Antes da entrada em vigor da Lei n. 13.718/2018, o aumento da pena, no caso de transmissão de doença venérea, era menor (um sexto até metade).

219 Julio Fabbrini Mirabete, *Manual de direito penal*, v. 2, p. 113.

Para maiores informações quanto à questão da transmissão de AIDS, ver comentários ao art. 129, § 2º, II.

A Lei n. 13.718/2018 introduziu duas causas de aumento de pena neste inciso, para as hipóteses em que a vítima é pessoa idosa (idade igual ou superior a 60 anos) ou portadora de deficiência (física ou mental). No caso da pessoa deficiente, é preciso fazer uma ressalva: se ficar demonstrado que a vítima não tinha o necessário discernimento para o ato em razão de deficiência mental ou que não podia oferecer qualquer resistência em razão de deficiência física, estará configurado crime de estupro de vulnerável (art. 217-A, § 1º), hipóteses em que não será cabível o aumento por se tratar de *bis in idem* — a mesma circunstância não pode ser elementar e causa de aumento de pena.

■ *6.1.1.15. Quadro das causas de aumento de pena do estupro*

Aumento de 1/3 a 2/3	■ Se o crime é praticado para controlar o comportamento social ou sexual da vítima. ■ Se o agente transmite à vítima doença sexualmente transmissível de que sabe ou deveria saber ser portador, ou se a vítima é idosa ou pessoa com deficiência. ■ Se o crime é cometido mediante concurso de dois ou mais agentes.
Aumento de 1/2	■ Se o agente é ascendente, padrasto ou madrasta, tio, irmão, cônjuge, companheiro, tutor, curador, preceptor ou empregador da vítima ou por qualquer outro título tiver autoridade sobre ela.
Aumento de 1/2 a 2/3	■ Se do crime resultar gravidez.

■ *6.1.1.16. Ação penal*

A Lei n. 13.718/2018 modificou a redação do art. 225 do Código Penal, estabelecendo que a ação penal nos crimes dos capítulos I e II é **pública incondicionada**.

Assim, para os crimes de estupro praticados a partir de 25 de setembro de 2018, a ação penal não mais dependerá de representação da vítima.

Antes da entrada em vigor da Lei n. 13.718/2018, as regras eram as seguintes:

a) estupro simples — ação pública condicionada à representação.

b) estupro qualificado por ser a vítima menor de 18 e maior de 14 anos — ação pública incondicionada (regra contida no parágrafo único do art. 225 — revogado pela Lei n. 13.718/2018).

c) estupro qualificado pela lesão grave ou morte — tema controvertido. Com efeito, nos termos da redação antiga do art. 225, *caput*, do Código Penal, nos crimes previstos nos Capítulos I e II do Título VI, a ação penal era pública condicionada à representação. De acordo com tal dispositivo, essa regra seria aplicável também ao estupro qualificado pela lesão grave ou morte, na medida em que tais figuras ilícitas estão previstas no Capítulo I. Tal situação, contudo, era considerada inaceitável. Primeiro, porque a Constituição Federal reconhece o direito à vida e não pode deixar nas mãos de terceiros (cônjuge, ascendentes, descendentes ou irmãos) decidir se o agente será ou não punido. Segundo, porque é possível que a vítima não tenha cônjuge ou parentes próximos. A Procuradoria-Geral da República ingressou em setembro de 2009 com Ação Direta de Inconstitucionalidade (ADIn 4.301) a fim de que o Supremo Tribunal Federal declarasse que a necessidade de representação no estupro qualificado pela lesão grave ou morte feria os princípios da proporcionalidade e razoabilidade, devendo o art. 225, *caput*, do Código Penal ser declarado inconstitucional quanto a esse aspecto, mantido seu alcance em relação aos demais crimes sexuais, inclusive o estupro simples. Nesta ação, a Procuradoria sustentava que, como o art. 225 era especial e posterior ao art. 101 do Código Penal, que trata da ação penal nos crimes complexos, não se poderia fazer uso deste último dispositivo para afastar tal regra. Daí por que pleiteou-se a declaração da inconstitucionalidade (parcial) do art. 225. Comungávamos desse entendimento. Havia, porém, quem defendesse ser desnecessária a declaração de inconstitucionalidade do mencionado dispositivo, sugerindo que a regra do art. 101 do Código Penal deveria se sobrepor à do art. 225. Por esse entendimento, sendo o estupro qualificado um crime complexo (integrado por crimes de ação pública incondicionada), a ação penal para sua apuração seria igualmente pública incondicionada.

Saliente-se que, com a entrada em vigor da Lei n. 13.718/2018, que modificou o art. 225 do Código Penal, a discussão perdeu o sentido para os fatos ocorridos após 25 de setembro de 2018, já que, a partir de tal data, todo e qualquer crime contra a dignidade sexual apura-se mediante ação pública incondicionada.

▪ 6.1.1.17. *Segredo de justiça*

Nos termos do art. 234-B do Código Penal, os processos que apuram essa modalidade de infração penal correm em segredo de justiça, independentemente de determinação judicial.

■ 6.1.1.18. *Casamento do estuprador com a vítima*

O art. 107, VII, do Código Penal, que previa a extinção da punibilidade do estuprador como consequência de seu casamento com a vítima do crime sexual, foi expressamente revogado pela Lei n. 11.106/2005. Ademais, não se pode cogitar de renúncia ou perdão em razão do casamento porque essas causas extintivas da punibilidade são exclusivas da ação privada e, atualmente, o estupro é de ação pública.

■ 6.1.1.19. *Casamento da vítima com terceira pessoa*

Desde o advento da Lei n. 11.106/2005, que revogou o art. 107, VIII, do Código Penal, não gera qualquer efeito.

■ 6.1.1.20. *A revogação expressa do art. 214 do Código Penal*

A Lei n. 12.015/2009 expressamente revogou o art. 214 do Código Penal, que tipificava o crime de atentado violento ao pudor. Não se trata, entretanto, de caso de *abolitio criminis*, porque a mesma lei, também de forma expressa, passou a tratar como crime de estupro todas as condutas que antes caracterizavam o atentado violento. Assim, não há falar em extinção da punibilidade para as pessoas já condenadas ou que estavam sendo acusadas por esse crime, na medida em que o art. 107, II, do Código Penal, só admite a extinção da punibilidade quando a nova lei deixa de considerar o fato como crime, o que não ocorreu. O fato continua sendo criminoso, apenas mudou de nome. A propósito: "*Diante do princípio da continuidade normativa, descabe falar em* abolitio criminis *do delito de atentado violento ao pudor, anteriormente previsto no art. 214 do Código Penal. O advento da Lei n. 12.015/2009 apenas condensou a tipificação das condutas de estupro e atentado violento ao pudor no artigo 213 do Estatuto repressivo. 3.* Habeas corpus *denegado*" (STJ — HC 162.766/SP — Rel. Min. Laurita Vaz — 5ª Turma — julgado em 25.09.2012 — *DJe* 02.10.2012).

■ 6.1.2. Violação sexual mediante fraude

> **Art. 215.** Ter conjunção carnal ou praticar outro ato libidinoso com alguém mediante fraude ou outro meio que impeça ou dificulte a livre manifestação de vontade da vítima:
>
> Pena — reclusão, de dois a seis anos.
>
> Parágrafo único. Se o crime é cometido com o fim de obter vantagem econômica, aplica-se também a multa.

■ 6.1.2.1. *Objetividade jurídica*

A liberdade sexual no sentido de se evitar que pessoas sejam induzidas fraudulentamente à prática de atos sexuais.

6.1.2.2. *Tipo objetivo*

A Lei n. 12.015/2009 trouxe grandes inovações em torno da fraude como meio de execução de crime sexual, unificando dois delitos, que anteriormente tratavam do tema, em uma única infração penal, bem como promovendo outras alterações.

Pelo regime penal anterior, cometia o crime de **posse** sexual mediante fraude (antigo art. 215) quem mantivesse **conjunção carnal** com mulher mediante fraude, e incorria no crime de **atentado** ao pudor mediante fraude quem a empregasse para induzir alguém (homem ou mulher) a praticar ou submeter-se à prática de qualquer ato libidinoso **diverso** da conjunção carnal (antigo art. 216). A pena do primeiro era maior que a do segundo. Pelo novo sistema, as condutas foram unificadas no art. 215 sob a nomenclatura "violação sexual mediante fraude". Atualmente, quem empregar fraude para manter conjunção carnal ou para praticar qualquer outro ato de libidinagem com a vítima incorre no mesmo crime e na mesma pena. Aliás, se no mesmo contexto fático e em decorrência da mesma fraude obtiver tanto a conjunção carnal como outro ato libidinoso, se mostrará presente a mesma controvérsia estudada no crime de estupro.

O art. 216, *caput*, que tratava do crime de atentado ao pudor mediante fraude foi expressamente revogado pela Lei n. 12.015/2009. Não houve, entretanto, *abolitio criminis* capaz de gerar a extinção da punibilidade de pessoas já condenadas ou que estivessem sendo investigadas ou processadas por tal crime. Com efeito, o art. 107, II, do Código Penal, estabelece que só existe a extinção da punibilidade em razão de *abolitio criminis* se uma lei posterior deixar de considerar o fato como criminoso. A Lei n. 12.015/2009, todavia, limitou-se a alterar o nome do delito e sua posição geográfica no Código, mantendo o caráter criminoso da conduta.

De acordo com o texto legal, é necessário que o agente empregue fraude ou outro meio que impeça ou dificulte a livre manifestação de vontade da vítima.

Fraude é qualquer meio iludente empregado para que a vítima tenha uma errada percepção da realidade e consinta no ato, ciente ou não da intenção sexual do agente. A fraude tanto pode ser empregada para criar a situação de engano na mente da vítima como para mantê-la em tal estado para que, assim, seja levada ao ato. Exemplos: médico que mente para a paciente a respeito da necessidade de exame ginecológico ou apalpação de seio a fim de tocá-la, quando tais exames eram desnecessários em face do quadro de saúde da vítima; falso enfermeiro que adentra em hospital e obtém autorização de mulher recentemente submetida a cirurgia para que tire sua roupa e lhe dê banho, tocando em suas partes íntimas; pessoa que se diz "pai de santo" ou parapsicólogo e que convence pessoas crédulas a tomar um "passe" no qual devem tirar a roupa e se submeter a apalpações. Nesses exemplos a vítima foi ludibriada quanto à conotação do ato, não tendo ciência da finalidade sexual do agente. O crime também se configura quando um irmão gêmeo idêntico se passa pelo outro para realizar atos sexuais com a namorada ou esposa deste. Neste exemplo, a vítima tinha ciência da conotação sexual, mas foi enganada quanto à identidade do parceiro.

Os julgados que serão a seguir relacionados fazem menção aos tipos penais antigos, contudo são aplicáveis à nova legislação penal, já que se referem ao tipo de fraude capaz de atingir a liberdade sexual da vítima: "*Comete posse sexual mediante fraude quem, aproveitando-se da credulidade da ofendida, faz-se passar por "pai de santo" e, mediante manobras enganosas, vicia sua vontade levando-a à prática de ato sexual para servir sua lascívia*" (TJRJ — Rel. Gama Malcher — EJTJRJ 7/285); "*Empregado de hospital, que se faz passar por médico e pratica ato libidinoso contra mulher internada, comete atentado ao pudor mediante fraude*" (TJDF — Rel. Helladio Monteiro — *DJU* 18-8-1980, p. 5988).

Entendemos que a intenção do legislador foi a de punir os atos fraudulentos em que a vítima se entrega em face do erro e não por almejar algum tipo de vantagem em troca do próprio corpo. Assim, não há crime quando alguém promete um emprego para que uma mulher a ele se entregue ou quando oferece dinheiro para obter a relação sexual e, em seguida, não honra a palavra, negando-lhe o benefício ou valor prometido. É certo que a prostituta pode ser vítima do crime, mas em situações como a do médico mencionada acima, e não naquela em que se entrega por dinheiro e o cliente se mostra inadimplente. Da mesma maneira, não há crime quando o agente diz reiteradamente que ama uma moça apenas para que ela concorde em manter relação sexual e depois termina o relacionamento.

Interessante notar que, na legislação anterior, exigia-se que a vítima **anuísse** com a conjunção carnal, que fosse **induzida** a praticar outra espécie de ato de libidinagem ou que **aceitasse** submeter-se a este. Existem, entretanto, situações em que o cenário montado pelo agente impede até mesmo que a vítima perceba a realização do ato de libidinagem e, portanto, oponha-se a ele. Um exemplo é o do médico que, estando a vítima em posição ginecológica e tendo sua visão encoberta por um lençol, não percebe que o médico abriu o zíper da própria calça e esfregou o pênis em sua vagina ou nádegas, enquanto realizava o toque vaginal com o dedo. Corrigindo a omissão da legislação anterior, que poderia dar margem à não incriminação do agente, acrescentou-se no atual tipo penal uma fórmula genérica permitindo a tipificação do delito quando for empregado qualquer outro meio que impeça ou dificulte a livre manifestação de vontade da vítima. Saliente-se que, no crime em análise, o que o agente impede é a **manifestação de vontade** da vítima. Caso inviabilize sua capacidade de reação física pelo emprego de soníferos, anestésicos ou drogas, incorre no crime de estupro de vulnerável, por ter abusado de pessoa que não tinha qualquer possibilidade de resistência (art. 217-A, § 1º).

Suponha-se, pois, que um homem casado trabalhe todos os dias até de madrugada e sempre chegue em casa quando a esposa já está dormindo. Imagine-se, então, que outro homem, ciente disso, ingresse na residência e deite-se na cama enquanto a esposa está dormindo e comece a passar as mãos em suas nádegas e em seus seios, e esta, sentindo os atos, porém, sem saber que não é o marido, não se oponha a eles em razão da sonolência. Houve algumas condenações em casos similares no regime anterior, contudo, atualmente, esse tipo de conduta está melhor descrita no texto legal, que não exige que a fraude induza a vítima a consentir na prática do ato ou a concordar em submeter-se a ele, bastando que a fraude viabilize sua realização.

6.1.2.3. *Sujeito ativo*

Pode ser qualquer pessoa, homem ou mulher. Trata-se de crime **comum**.

6.1.2.4. *Sujeito passivo*

Pode ser qualquer pessoa. Não é necessário que a vítima seja virgem ou pessoa recatada.

Não há previsão expressa de agravamento da pena se a vítima tiver idade entre 14 e 18 anos — pelo regime anterior à Lei n. 12.015/2009, a pena era agravada em tal hipótese.

Caso o agente empregue fraude para obter ato sexual com pessoa menor de 14 anos, responderá apenas por crime de estupro de vulnerável (art. 217-A), que é mais grave.

6.1.2.5. *Consumação*

No momento em que é realizado o ato sexual.

6.1.2.6. *Tentativa*

É possível, quando o agente emprega a fraude, mas não consegue realizar o ato sexual.

6.1.2.7. *Causas de aumento de pena*

Aplicam-se ao crime de violação sexual mediante fraude as causas de aumento de pena dos arts. 226 e 234-A do Código Penal, já que tais causas de aumento encontram-se previstas nas "Disposições Gerais" do Título em estudo.

6.1.2.8. *Incidência cumulativa da pena de multa*

O parágrafo único do art. 215 prevê a aplicação cumulativa de pena de multa **se o crime for cometido com o fim de obter vantagem econômica**. Note-se, porém, que o médico que cobra pelas consultas em que abusa fraudulentamente da paciente não comete o delito para obter a vantagem econômica, pois o pagamento é inerente ao atendimento médico. Se a intenção do legislador fosse a de punir o médico com multa cumulativa deveria ter adotado outra redação, como, por exemplo, "se o crime é cometido no desempenho de atividade remunerada". Aquele que engana uma prostituta para com ela ter relação e foge sem pagar, ao nosso ver, sequer comete o crime em análise, contudo, ainda que o cometesse, sua finalidade não seria a de obter vantagem econômica, e sim a relação sexual. Com esta, aliás, ele não obtém ganho patrimonial.

O dispositivo, portanto, se aplica, por exemplo, ao irmão gêmeo idêntico que aposta dinheiro com alguns amigos, os quais duvidam que ele tenha coragem de abordar a namorada de seu irmão e ter com ela relação sexual, fazendo-a acreditar que se trata de seu namorado.

■ *6.1.2.9. Classificação doutrinária*

CLASSIFICAÇÃO DOUTRINÁRIA				
■ Simples e de dano quanto à objetividade jurídica	■ Comum e de concurso eventual quanto ao sujeito ativo	■ De ação livre quanto aos meios de execução	■ Material e instantâneo quanto ao momento consumativo	■ Doloso quanto ao elemento subjetivo

■ *6.1.2.10. Ação penal*

Nos termos do art. 225 do Código Penal (modificado pela Lei n. 13.718/2018), a ação penal é pública incondicionada.

■ *6.1.2.11. Segredo de justiça*

Nos termos do art. 234-B do Código Penal, os processos que apuram esta modalidade de infração penal correm em segredo de justiça.

■ 6.1.3. Importunação sexual

> **Art. 215-A.** Praticar contra alguém e sem a sua anuência ato libidinoso com o objetivo de satisfazer a própria lascívia ou a de terceiro:
> Pena — reclusão, de 1 a 5 anos, se o ato não constitui crime mais grave.

■ *6.1.3.1. Objetividade jurídica*

A liberdade sexual.

■ *6.1.3.2. Tipo objetivo*

A inserção do presente tipo penal no Código Penal, por intermédio da aprovação da Lei n. 13.718/2018, teve por finalidade possibilitar punição mais rigorosa aos inúmeros casos de abuso sexual ocorridos, precipuamente em coletivos lotados. Antes da aprovação desta Lei, tais atos sexuais eram enquadrados meramente como contravenção penal de importunação ofensiva ao pudor (art. 61 da LCP). Referida contravenção, aliás, foi expressamente revogada por mencionada Lei.

O texto legal exige a efetiva prática de ato libidinoso **contra** alguém. Exs.: esfregar o pênis nas nádegas da vítima, passar a mão em suas nádegas, órgão genital ou nos seios, ejacular sobre o corpo da vítima etc. É evidente que esses atos só serão enquadrados no presente tipo penal se o fato não constituir crime mais grave (subsidiariedade expressa no texto legal). Assim, se o agente empregar violência ou grave ameaça, ou se a vítima for pessoa vulnerável, estarão tipificados, respectivamente, os crimes de estupro (art. 213, *caput*) ou estupro de vulnerável (art. 217-A).

O texto legal exige que o ato seja praticado **contra** alguém e não **com** alguém de modo que o contato físico não é imprescindível. É necessário, porém, que a conduta seja direcionada especificamente a uma ou algumas pessoas. Configura o delito, por exemplo, aproximar-se de alguém e começar a se masturbar na sua frente. Note-se que, antes da aprovação do texto final da Lei n. 13.718/2018 pelo Senado, o projeto aprovado pela Câmara dos Deputados considerava crime praticar o ato libidinoso "na presença de alguém", o que poderia gerar problemas interpretativos com o crime de ato obsceno. Com a modificação feita pelo Senado, e que se transformou efetivamente em lei, se o agente se masturbar em local público, mas a uma certa distância, sem que o ato seja feito especificamente em direção a uma ou algumas pessoas, restará configurado o crime de ato obsceno (art. 233).

O assédio **verbal** grosseiro não configura a presente infração penal.

É claro que o fato será atípico se houver concordância da vítima para o contato sexual.

O texto legal não exige que o fato ocorra em local público, aberto ou exposto ao público.

Para a configuração do ilícito penal é necessário que o ato seja realizado com o objetivo de satisfazer a própria lascívia ou a de terceiro (elemento subjetivo do tipo).

■ 6.1.3.3. *Sujeito ativo*

Qualquer pessoa.

■ 6.1.3.4. *Sujeito passivo*

Qualquer pessoa, exceto aquelas que se enquadram no conceito de vulnerável do art. 217-A do Código Penal, pois a prática de qualquer ato libidinoso com estas configura o crime de estupro de vulnerável.

■ 6.1.3.5. *Consumação*

No momento em que praticado o ato libidinoso. Não é necessário que o agente aufira prazer sexual. Trata-se de crime formal.

■ 6.1.3.6. *Tentativa*

Possível, em tese.

■ 6.1.3.7. *Ação penal*

Pública incondicionada.

■ 6.1.4. Assédio sexual

> **Art. 216-A.** Constranger alguém com o intuito de obter vantagem ou favorecimento sexual, prevalecendo-se o agente da sua condição de superior hierárquico ou ascendência inerentes ao exercício de emprego, cargo ou função:
> Pena — detenção, de um a dois anos.
> § 2º A pena é aumentada em um terço se a vítima é menor de 18 anos.

■ 6.1.4.1. *Objetividade jurídica*

Esse tipo penal, introduzido em nossa legislação pela Lei n. 10.224/2001, tutela a liberdade sexual das pessoas, bem como sua tranquilidade no sentido de não serem importunadas em seu local de trabalho ou por pessoas que se valham da importância de seu cargo ou função.

■ 6.1.4.2. *Tipo objetivo*

O núcleo do tipo é o verbo **constranger**. Este verbo possui dois significados, dependendo de ser ou não acompanhado de algum complemento. Quando acompanhado deste, significa coagir, obrigar a vítima a fazer alguma coisa, pois consiste em constranger alguém a fazer ou deixar de fazer algo. Quando desacompanhado do complemento, **tal como ocorre no crime em análise**, o ato de constranger significa incomodar, importunar, envergonhar, embaraçar alguém. A própria palavra **"assédio"** tem o sentido de importunar, molestar com propostas ou condutas impertinentes de cunho libidinoso. Não basta, entretanto, que o patrão conte uma anedota que faça a vítima ficar envergonhada, uma vez que, nesse caso, não há propriamente um assédio sexual. Tampouco configuram o delito os simples elogios ou gracejos eventuais, ou, ainda, convite para jantar ou para um passeio, já que isso não é algo concretamente constrangedor. É claro, entretanto, que haverá crime se houver recusa da vítima e o chefe começar a importuná-la com reiteradas investidas.

Como a lei não esclarece os meios de execução, todos devem ser admitidos (crime de ação livre), como, por exemplo, atos, gestos, palavras, escritos etc. É claro, portanto, que existe o crime quando o patrão beija furtivamente o pescoço da funcionária, pede-lhe uma massagem, cheira seus cabelos, troca de roupa em sua presença, pede que ela experimente uma *lingerie*, convida-a para ir a um motel, mostra-lhe o pênis no escritório etc. Lembre-se, porém, de que é sempre necessário para a configuração do crime que o agente tenha se aproveitado do seu cargo.

É plenamente possível que o patrão cometa o crime pelo simples assédio constrangedor ou até mesmo que prometa uma vantagem para a vítima ("relacione-se comigo e será promovida"). É também comum na tipificação da infração o emprego de ameaça que não seja considerada grave. Ex.: "se não aceitar sair comigo, não obterá férias no mês que pretende". Evidente, entretanto, que, se a ameaça for grave, o quadro muda de aspecto, configurando crime de estupro, consumado ou tentado. É o caso, por exemplo, do diretor de colégio que diz que expulsará a aluna, simulando provas de que ela fez uso de entorpecente no banheiro da Instituição, caso ela não faça sexo com ele.

Igualmente a promessa de demissão poderá ter graves contornos na mente da vítima, dependendo de sua condição ou de eventuais dificuldades financeiras pelas quais esteja passando, hipótese em que o enquadramento deverá ser no art. 213 do Código Penal.

6.1.4.3. *Sujeito ativo*

Pode ser qualquer pessoa, **homem ou mulher**. Pode ser cometido contra pessoa do mesmo sexo ou do sexo oposto.

Trata-se de crime **próprio** que só pode ser cometido por quem se encontra nas situações elencadas no texto legal. É necessário que o agente importune a vítima, **prevalecendo-se** de sua superioridade hierárquica ou ascendência inerente ao exercício de emprego (relação laboral de natureza privada), cargo ou função (relação laboral de cunho público). Na hipótese de hierarquia, existe um superior e um subordinado, o que não ocorre no caso de ascendência em que o agente apenas goza de poder ou influência em relação à vítima (professores[220] ou diretores de colégio ou de universidades em relação aos estudantes; Prefeito em relação aos munícipes etc.).

Note-se que uma conduta que constitui crime quando cometida pelo superior é atípica se realizada pelo subordinado.

Em razão do veto presidencial ao parágrafo único do art. 216-A, somente o assédio laboral constitui crime, sendo atípico o assédio proveniente de relações domésticas, de coabitação ou hospitalidade, ou, ainda, aquele proveniente de abuso de dever inerente a ofício ou ministério.

6.1.4.4. *Sujeito passivo*

Qualquer pessoa, homem ou mulher, desde que se enquadre nas hipóteses elencadas no tipo penal.

6.1.4.5. *Consumação*

A redação do dispositivo deixa claro que se trata de crime **formal** cuja consumação ocorre no momento do assédio, independentemente da efetiva obtenção da vantagem ou favorecimento sexual visados.

6.1.4.6. *Tentativa*

É possível, por exemplo, na forma escrita (bilhete contendo proposta indecorosa que se extravia).

---

[220] Quanto à possibilidade de o professor cometer crime de assédio sexual: "*É patente a aludida 'ascendência', em virtude da 'função' desempenhada pelo recorrente — também elemento normativo do tipo —, devido à atribuição que tem o professor de interferir diretamente na avaliação e no desempenho acadêmico do discente, contexto que lhe gera, inclusive, o receio da reprovação. Logo, a 'ascendência' constante do tipo penal objeto deste recurso não deve se limitar à ideia de relação empregatícia entre as partes. Interpretação teleológica que se dá ao texto legal*" (STJ — REsp 1.759.135/SP, Rel. Min. Sebastião Reis Júnior, Rel. p/ Acórdão Min. Rogerio Schietti Cruz, 6ª Turma, julgado em 13-8-2019, *DJe* 1º-10-2019). No mesmo sentido: AgRg no REsp 1.832.392/SP, Rel. Min. Reynaldo Soares da Fonseca, 5ª Turma, julgado em 7-11-2019, *DJe* 22-11-2019.

6.1.4.7. Causas de aumento de pena

De acordo com o § 2º do art. 216-A, a pena é aumentada de um terço se a vítima do assédio é menor de 18 anos. Esse dispositivo foi introduzido no Código Penal pela Lei n. 12.015/2009. Interessante notar que não existe e nunca existiu o § 1º.

Saliente-se, outrossim, que a proposta de sexo seriamente feita, por exemplo, a uma criança de 11 anos, configura tentativa de estupro de vulnerável, e não figura agravada de assédio sexual.

Aplicam-se ao crime de assédio sexual as causas de aumento de pena do art. 226 do Código Penal, exceto a hipótese do art. 226, II, que prevê aumento de metade da pena se o agente é empregador da vítima, na medida em que constituiria *bis in idem*.

6.1.4.8. Classificação doutrinária

CLASSIFICAÇÃO DOUTRINÁRIA				
Simples quanto à objetividade jurídica	Próprio e de concurso eventual quanto ao sujeito ativo	De ação livre e comissivo quanto aos meios de execução	Formal e instantâneo quanto ao momento consumativo	Doloso quanto ao elemento subjetivo

6.1.4.9. Ação penal

Nos termos do art. 225 do Código Penal, a ação penal é pública incondicionada. Se a vítima tiver menos de 18 anos, a prescrição somente começará a correr a partir da data em que a vítima completar a maioridade, salvo se antes disso a ação penal já tiver sido proposta (art. 111, V, do CP).

I-A

DA EXPOSIÇÃO DA INTIMIDADE SEXUAL

O presente capítulo foi introduzido no Código Penal pela Lei n. 13.772, de 19 de dezembro de 2018. O único crime deste capítulo é o "registro não autorizado da intimidade sexual (art. 216-B).

■ 6.1.A. DA EXPOSIÇÃO DA INTIMIDADE SEXUAL

■ *6.1.A.1. Registro não autorizado da intimidade sexual*

> **Art. 216-B.** Produzir, fotografar, filmar ou registrar, por qualquer meio, conteúdo com cena de nudez ou ato sexual ou libidinoso de caráter íntimo e privado sem autorização dos participantes.
>
> Pena — detenção, de 6 meses a 1 ano, e multa.
>
> Parágrafo único. Na mesma pena incorre quem realiza montagem em fotografia, vídeo, áudio ou qualquer outro registro com o fim de incluir pessoa em cena de nudez ou ato sexual ou libidinoso de caráter íntimo.

■ *6.1.A.1.1. Objetividade jurídica*

Resguardar a intimidade sexual.

■ *6.1.A.1.2. Elementos do tipo*

A presente infração penal (de menor potencial ofensivo) pune a pessoa que, sem o conhecimento da vítima, produz, fotografa, filma ou, por qualquer meio, registra cena com nudez ou ato sexual ou libidinoso de caráter íntimo e privado. Não é necessário que o agente esteja envolvido no ato sexual. Há crime, por exemplo, quando o namorado esconde uma câmera no quarto e filma a relação sexual com a namorada. Existe, também, infração penal, quando o vizinho se esconde e filma o casal da residência ao lado mantendo relação sexual na piscina da casa deles.

A existência de autorização de todos os envolvidos exclui a tipicidade.

■ *6.1.A.1.3. Sujeito ativo*

Qualquer pessoa.

■ 6.1.A.1.4. Sujeito passivo

As pessoas que foram filmadas, fotografadas, etc. Se esta pessoa for menor de idade, estará configurado, em regra, crime mais grave previsto no art. 240, *caput*, da Lei n. 8.069/90 (Estatuto da Criança e do Adolescente), que pune com reclusão, de 4 a 8 anos, e multa, as condutas de produzir, reproduzir, dirigir, fotografar, filmar ou registrar, por qualquer meio, cena de sexo explícito ou pornográfica, envolvendo criança ou adolescente. De acordo com o art. 241-E, do Estatuto: "para efeito dos crimes previstos nesta Lei, a expressão 'cena de sexo explícito ou pornográfica' compreende qualquer situação que envolva criança ou adolescente em atividades sexuais explícitas, reais ou simuladas, ou exibição dos órgãos genitais de uma criança ou adolescente para fins primordialmente sexuais".

■ 6.1.A.1.5. Consumação

No momento em que o agente filma, fotografa etc. Se, posteriormente, houver divulgação — igualmente não autorizada — restará configurado também o crime do art. 218-C, do Código Penal.

■ 6.1.A.1.6. Tentativa

É possível.

■ 6.1.A.1.7. Figura equiparada

O parágrafo único do art. 216-B prevê a mesma pena para quem realiza montagem em fotografia, vídeo, áudio ou qualquer outro registro com o fim de incluir pessoa em cena de nudez ou ato sexual ou libidinoso de caráter íntimo.

■ 6.1.A.1.8. Ação penal

Pública incondicionada, de competência do Juizado Especial Criminal.

11

DOS CRIMES SEXUAIS CONTRA VULNERÁVEL

6.2. DOS CRIMES SEXUAIS CONTRA VULNERÁVEL

6.2.1. Estupro de vulnerável

> **Art. 217-A.** Ter conjunção carnal ou praticar outro ato libidinoso com menor de 14 anos:
> Pena — reclusão, de oito a quinze anos.
> § 1º Incorre nas mesmas penas quem pratica as ações descritas no *caput* com alguém que, por enfermidade ou deficiência mental, não tem o necessário discernimento para a prática do ato, ou que, por qualquer outra causa, não pode oferecer resistência.

6.2.1.1. Objetividade jurídica

A dignidade sexual das pessoas vulneráveis — menores de 14 anos, deficientes mentais que não têm o necessário discernimento para atos sexuais e pessoas impossibilitadas de oferecer resistência.

Cuida-se de crime hediondo, tanto em sua forma simples como nas qualificadas, nos termos do art. 1º, VI, da Lei n. 8.072/90 (com a redação da Lei n. 12.015/2009).

6.2.1.2. Tipo objetivo

A Lei n. 12.015/2009 abandonou o sistema de presunções de violência, que tantas controvérsias geravam, e estabeleceu **objetivamente** como crime o ato de manter relacionamento sexual com uma das pessoas vulneráveis elencadas no tipo penal. Assim, pouco importa que uma moça de 12 anos seja prostituta e já tenha se relacionado com outros homens. Aquele que for flagrado com ela mantendo relação sexual, ciente de sua idade, responderá pelo crime. Não há falar em vulnerabilidade relativa, capaz de afastar o enquadramento, pois a própria Exposição de Motivos do Projeto de Lei do Senado n. 253/2004, advinda da CPMI sobre a violência sexual e as redes de exploração sexual de crianças e adolescentes, assim esclarece: "*Esse artigo, que tipifica o estupro de vulnerável, substitui o atual sistema de presunção de violência contra criança ou adolescente menor de 14 anos, previsto no art. 224 do Código Penal. Apesar de poder a CPMI advogar que é absoluta a presunção legal de que trata o art. 224, não é esse o entendimento em muitos julgados. O projeto de reforma do Código Penal, então, destaca a vulnerabilidade de certas pessoas, não somente crianças e adolescentes com idade até 14 anos, mas também a pessoa que, por enfermidade ou deficiência mental, não possuir discernimento para a prática do ato sexual, e aquele que não* *pode, por qualquer motivo, oferecer resistência; e com essas pessoas considera como crime ter conjunção carnal ou praticar qualquer outro ato libidinoso; sem entrar no mérito da violência ou sua presunção. Trata-se de objetividade fática.*

Esclareça-se que, em se tratando de crianças e adolescentes na faixa etária referida, sujeitos de proteção especial prevista na Constituição Federal e na Convenção das Nações Unidas sobre os Direitos da Criança, ratificada pelo Brasil, não há situação admitida de compatibilidade entre o desenvolvimento sexual e o início da prática sexual. Afastar ou minimizar tal situação seria exacerbar a vulnerabilidade, numa negativa de seus direitos fundamentais".

O texto acima e a nova redação do dispositivo não deixam qualquer margem de dúvida no sentido de que se quis afastar o entendimento jurisprudencial que vinha prevalecendo de que a presunção de violência era relativa, e considerar, objetivamente, como crime de estupro de vulnerável a conjunção carnal ou a prática de qualquer outro ato libidinoso com pessoa menor de 14 anos, doente mental ou que não possa oferecer resistência. Apenas o **erro de tipo** (que não se confunde com vulnerabilidade relativa) é que pode afastar o delito, quando o agente provar que, por erro plenamente justificado pelas circunstâncias, pensava que a vítima, que concordou em ter com ele relação sexual, já tinha 14 anos ou mais, por ter ela, por exemplo, mentido a idade e ter desenvolvimento corporal já avançado.

A alteração legislativa relacionada ao crime de estupro de vulnerável não foi bem aceita por uma minoria, que sempre procura argumentos para impedir a punição daqueles que mantêm relações sexuais com menores de 14 anos, deficientes mentais etc. (ex.: que a vítima já tinha experiência sexual). O **Supremo Tribunal Federal**, no entanto, já se pronunciou a respeito do tema, confirmando que o crime se tipifica em qualquer hipótese: "*A violência presumida foi eliminada pela Lei n. 12.015/2009. A simples conjunção carnal com menor de quatorze anos consubstancia crime de estupro. Não se há mais de perquirir se houve ou não violência. A lei consolidou de vez a jurisprudência do Supremo Tribunal Federal. Ordem indeferida*" (HC 101.456 — Rel. Min. Eros Grau — 2ª Turma — *DJe* 076, p. 378). No mesmo sentido, tem decidido o Superior Tribunal de Justiça: "*Pacificou-se a jurisprudência deste Superior Tribunal de Justiça no sentido de que, segundo o sistema normativo em vigor após a edição da Lei n. 12.015/09, a conjunção carnal ou outro ato libidinoso com menor de 14 (catorze) anos configura o crime do artigo 217-A do Código Penal independentemente de grave ameaça ou violência (real ou presumida), razão pela qual tornou-se irrelevante eventual consentimento ou autodeterminação da vítima para a configuração do delito*" (AgRg no REsp 1.363.531/MG — Rel. Min. Maria Thereza de Assis Moura — 6ª Turma — julgado em 27-6-2014 — *DJe* 4-8-2014). Em 27 de agosto de 2015, no julgamento do Recurso Especial 1.480.881/PI, relatado pelo Min. Rogerio Schietti Cruz, a Terceira Seção do Superior Tribunal de Justiça, em julgamento realizado sob o rito de recursos repetitivos, aprovou a seguinte tese: "*Para a caracterização do crime de estupro de vulnerável previsto no art. 217-A,* caput, *do Código Penal, basta que o agente tenha conjunção carnal ou pratique qualquer ato libidinoso com pessoa menor de 14 anos. O consentimento da vítima, sua eventual experiência sexual anterior ou a existência de relacionamento amoroso entre o agente e a vítima* *não afastam a ocorrência do crime*" (**tema 918**). Em novembro de 2017, o Superior Tribunal de Justiça aprovou a **Súmula n. 593** com idêntica redação. A Lei n. 13.718/2018 inseriu um § 5º no art. 217-A, estabelecendo que "as penas previstas no *caput* e nos §§ 1º, 3º e 4º deste artigo aplicam-se independentemente do consentimento da vítima ou do fato de ela ter mantido relações sexuais anteriormente ao crime".

O fato de ter havido revogação expressa dos arts. 214 e 224, que tratavam, respectivamente, do crime de atentado violento ao pudor e das hipóteses de presunção de violência, não tornou possível a extinção da punibilidade de pessoas que tenham, por exemplo, praticado atos sexuais com menores de 14 anos antes da entrada em vigor da Lei n. 12.015/2009. É que para a efetiva ocorrência da chamada *abolitio criminis* não basta a revogação dos dispositivos da lei anterior, sendo necessário que a nova lei não mais considere o fato criminoso. Não foi isso, entretanto, o que aconteceu, posto que a referida Lei n. 12.015/2009, além de revogar os arts. 214 e 224, concomitantemente, tipificou o crime de estupro de vulnerável, continuando a punir as mesmas condutas. Assim, continuam sendo puníveis aqueles que realizaram atos libidinosos com menores de 14 anos ou doentes mentais antes da entrada em vigor da Lei n. 12.015/2009. A propósito: "*Não houve* abolitio criminis *da conduta prevista no art. 214 c/c o art. 224 do Código Penal. O art. 224 do Estatuto Repressor foi revogado para dar lugar a um novo tipo penal tipificado como estupro de vulnerável. III. Acórdão mantido por seus próprios fundamentos. IV. Ordem denegada*" (STJ — HC 204.416/SP — Rel. Min. Gilson Dipp — 5ª Turma — julgado em 17-5-2012 — *DJe* 24-5-2012).

- **Condutas típicas**

Consiste em ter conjunção carnal ou praticar qualquer outro ato libidinoso. A conjunção carnal é a penetração do pênis na vagina. Outros atos libidinosos são todos aqueles que têm conotação sexual, como o sexo anal, oral, introduzir o dedo ou um objeto na vagina ou no ânus da vítima, passar as mãos nos seios ou nádegas etc.

Para a configuração do crime, não se exige o emprego de violência física ou grave ameaça. Ainda que a vítima diga que consentiu no ato, estará configurada a infração, pois tal consentimento não é válido conforme se explicou no tópico anterior. Caso haja emprego de violência física ou grave ameaça contra uma criança de 10 anos de idade para forçá-la ao ato sexual, haverá também crime de estupro de vulnerável e não a figura simples de estupro do art. 213, já que não faria sentido aplicar a pena mais grave do art. 217-A apenas para os casos em que não houvesse emprego de violência ou grave ameaça. Em suma, com ou sem o emprego de violência ou grave ameaça, o crime será sempre o de estupro de vulnerável se a vítima se enquadrar em qualquer das hipóteses do art. 217-A, *caput* e seu § 1º. Em havendo violência física ou grave ameaça contra pessoa vulnerável tal aspecto deverá ser levado em conta pelo juiz na fixação da pena-base (art. 59 do CP).

- **Pessoas vulneráveis**

São considerados vulneráveis:

a) Os menores de 14 anos. Se o ato for realizado no dia do 14º aniversário, a vítima não é mais considerada vulnerável. Se ela tiver consentido com o ato em tal data, o fato será atípico porque o crime de corrupção sexual de menores (antigo art. 218) foi revogado. Se o ato tiver sido acompanhado de violência ou grave ameaça na data do 14º aniversário, o agente responderá por estupro qualificado (art. 213, § 1º).

Em suma, considera-se vulnerável a pessoa que ainda não completou 14 anos.

b) As pessoas portadoras de enfermidade ou deficiência mental, que não tenham o necessário discernimento para a prática do ato. Para a comprovação do crime é necessária a realização de perícia médica para a constatação de que o problema mental retirava por completo da vítima o discernimento para o ato sexual. A propósito: "*... não basta que a vítima seja alienada ou débil mental. Necessário é que a doença mental seja de natureza tal a ponto de abolir inteiramente a sua capacidade de consentimento ou de entendimento do ato sexual a que se diz submetida, o que deve ser comprovado por perícia médica. Se esta inexiste, absolve-se o acusado*" (TJMS — Rel. Nildo de Carvalho — *RT* 620/342); "*Tratando-se de patentear circunstância elementar do delito, como a debilidade mental da vítima de estupro, a prova só pode decorrer de laudo pericial incontestável em seus fundamentos e em suas conclusões*" (TJMG — Rel. Freitas Teixeira — *RT* 598/398).

O art. 6º, II, do Estatuto da Pessoa com Deficiência (Lei n. 13.146/2015) dispõe que a deficiência não afeta a plena capacidade civil da pessoa, inclusive para exercer direitos sexuais e reprodutivos. Tal dispositivo, portanto, reforça a conclusão de que pessoas com doença mental têm também direito de exercer sua sexualidade, exceto — de acordo com o Código Penal — se a enfermidade lhe retirar por **completo** a capacidade de entendimento. Repita-se, pois, que só haverá crime de estupro de vulnerável se a doença mental retirar **por completo a capacidade** de discernimento quanto ao ato sexual e houver prova idônea nesse sentido.

Pela redação do dispositivo, dada pela Lei n. 12.015/2009, admite-se que o agente tenha agido com dolo eventual quanto ao estado mental da vítima, já que foi retirada a exigência do efetivo conhecimento a respeito dessa circunstância que expressamente constava do antigo art. 224, *b*, do Código Penal.

c) As pessoas que, por qualquer outra causa, não podem oferecer resistência. É indiferente que o fator impossibilitante da defesa da vítima seja prévio (doença incapacitante, paralisia corporal, idade avançada, estado de coma, desmaio), provocado pelo agente (ministração de sonífero ou droga na bebida da vítima, uso de anestésico etc.) ou causado por ela própria (embriaguez completa, uso de sonífero). É necessário que o agente se aproveite do estado de incapacidade de defesa e que se demonstre que este fator impossibilitava por completo a capacidade de a vítima se opor ao ato sexual.

6.2.1.3. *Sujeito ativo*

Qualquer pessoa. Homem ou mulher.

6.2.1.4. *Sujeito passivo*

Qualquer pessoa vulnerável.

6.2.1.5. *Consumação*

No instante em que é realizada a conjunção carnal ou qualquer outro ato libidinoso.

6.2.1.6. *Tentativa*

É possível.

6.2.1.7. *Formas qualificadas*

> **Art. 217-A, § 3º** — Se da conduta resulta lesão corporal de natureza grave:
> Pena — reclusão, de dez a vinte anos.
> § 4º Se da conduta resulta morte:
> Pena — reclusão, de doze a trinta anos.

Essas figuras qualificadas são exclusivamente preterdolosas. Só se configuram se tiver havido dolo em relação ao estupro de vulnerável e culpa em relação à lesão grave ou morte. Se o agente quis ou assumiu o risco de provocar o resultado agravador, responderá por crime de estupro de vulnerável em sua modalidade simples em concurso material com crime de lesão grave ou homicídio doloso.

6.2.1.8. *Causas de aumento de pena*

Aplicam-se ao crime de estupro de vulnerável as causas de aumento de pena dos arts. 226, II e IV, e 234-A, III e IV, do Código Penal, já estudadas no crime de estupro simples. Assim, a pena é aumentada em metade se o estupro é cometido por ascendente, padrasto ou madrasta, tio, irmão, cônjuge, companheiro, tutor, curador, preceptor ou empregador da vítima ou por pessoa que por qualquer outro título tem autoridade sobre ela; é aumentada de um a dois terços se o crime é cometido mediante concurso de dois ou mais agentes (estupro coletivo), para controlar o comportamento social ou sexual da vítima (estupro corretivo), se o agente transmite à vítima doença sexualmente transmissível de que sabe ou deveria saber ser portador, ou, ainda, se a vítima é idosa ou pessoa com deficiência; por fim, a pena é aumentada de metade a dois terços se resulta gravidez.

6.2.1.9. *Classificação doutrinária*

CLASSIFICAÇÃO DOUTRINÁRIA				
■ Simples e de dano quanto à objetividade jurídica	■ Comum e de concurso eventual quanto ao sujeito ativo	■ De ação livre, comissivo ou omissivo impróprio quanto aos meios de execução	■ Material e instantâneo quanto ao momento consumativo	■ Doloso quanto ao elemento subjetivo

6.2.1.10. *Ação penal*

É pública incondicionada, nos termos do art. 225 do Código Penal, com a redação que lhe foi dada pela Lei n. 13.718/2018.

6.2.1.11. *Segredo de justiça*

Nos termos do art. 234-B do Código Penal, os processos que apuram essa modalidade de infração penal correm em segredo de justiça.

■ 6.2.1.12. *Termo inicial do prazo prescricional*

De acordo com o art. 111, V, do Código Penal, com a redação dada pela Lei n. 12.650/2012, o **início** do lapso **prescricional** em relação a todos os crimes contra a **dignidade sexual** de **criança** ou **adolescente**, previstos no Código Penal ou em lei especial, ocorre quando a vítima completar 18 anos, salvo se antes disso a ação penal já tiver sido iniciada. Essa regra vale para todos os crimes sexuais em que a vítima é menor de 18 anos — estupro qualificado por ter a vítima mais de 14 e menos de 18 anos (art. 213, § 1º), estupro de vulnerável por ser a vítima menor de 14 anos, violação sexual mediante fraude contra pessoa com menos de 18 anos etc. Se, todavia, a vítima do estupro de vulnerável for **maior de 18 anos** (portadora de doença mental ou que não possa por outra causa oferecer resistência), aplica-se a regra do art. 111, I, do Código Penal, segundo a qual o lapso prescricional se inicia com a **consumação** do delito.

■ 6.2.1.13. *Da infiltração de agentes de polícia para a investigação de crimes contra a dignidade sexual de criança e de adolescente*

A Lei n. 13.441/2017 inseriu a Seção V-A na Lei n. 8.069/90, introduzindo os arts. 190-A a E, a fim de permitir a infiltração de agentes de polícia na *internet* com o fim de investigar os crimes previstos nos arts. 154-A, 217-A, 218, 218-A e 218-B do Código Penal (e também nos crimes dos arts. 240, 241, 241-A, 241-B, 241-C e 241-D do próprio Estatuto).

De acordo com o art. 190-A, deverão ser obedecidas as seguintes regras:

I – a infiltração deverá ser precedida de autorização judicial devidamente circunstanciada e fundamentada, que estabelecerá os seus limites para obtenção de prova, ouvido o Ministério Público;

II – dar-se-á mediante requerimento do Ministério Público ou representação de delegado de polícia e conterá a demonstração de sua necessidade, o alcance das tarefas dos policiais, os nomes ou apelidos das pessoas investigadas e, quando possível, os dados de conexão ou cadastrais que permitam a identificação dessas pessoas;

III – não poderá exceder o prazo de noventa dias, sem prejuízo de eventuais renovações, desde que o total não exceda a setecentos e vinte dias e seja demonstrada sua efetiva necessidade, a critério da autoridade judicial.

De acordo com o art. 190-A, § 3º, a infiltração de agentes de polícia na *internet* não será admitida se a prova puder ser obtida por outros meios.

As informações da operação de infiltração serão encaminhadas diretamente ao juiz responsável pela autorização da medida, que zelará por seu sigilo (art. 190-B). Antes da conclusão da operação, o acesso aos autos será reservado ao juiz, ao Ministério Público e ao delegado de polícia responsável pela operação, com o objetivo de garantir o sigilo das investigações (art. 190-B, parágrafo único).

Concluída a investigação, todos os atos eletrônicos praticados durante a operação deverão ser registrados, gravados, armazenados e encaminhados ao juiz e ao Ministério Público, juntamente com relatório circunstanciado (art. 190-E). Os atos eletrônicos registrados citados no *caput* deste artigo serão reunidos em autos apartados e apensados ao processo criminal juntamente com o inquérito policial, assegurando-se a preservação da identidade do agente policial infiltrado e a intimidade das crianças e dos adolescentes envolvidos (art. 190-E, parágrafo único).

O art. 190-C esclarece que o policial que oculta sua identidade durante a infiltração não comete crime, exceto se houver excesso.

■ 6.2.2. Mediação para satisfazer a lascívia de outrem com pessoa vulnerável menor de 14 anos[221]

> **Art. 218, *caput*** — Induzir alguém menor de 14 anos a satisfazer a lascívia de outrem:
> Pena — reclusão, de dois a cinco anos.

■ *6.2.2.1. Objetividade jurídica*

A dignidade sexual da pessoa menor de 14 anos.

■ *6.2.2.2. Tipo objetivo*

Induzir significa convencer, persuadir o menor, com ou sem a promessa de alguma vantagem, para que satisfaça os desejos sexuais de outra pessoa. O agente visa, com a conduta, satisfazer a lascívia de terceiro e não a própria. Exige-se que a terceira pessoa seja **determinada**.

Muito importante salientar que, se o agente convence uma adolescente de 12 anos a manter conjunção carnal com terceiro e o ato se concretiza, este responde por estupro de vulnerável e quem induziu a menor é partícipe de tal crime. Assim, o delito em análise só restará tipificado se a vítima for induzida a satisfazer a lascívia do terceiro, sem, todavia, realizar ato sexual efetivo com este. Exs.: a "fazer sexo" por telefone, a fazer-lhe um *striptease* etc. Evidente que não houve, por parte do legislador, intenção de criar exceção à teoria unitária ou monista.

■ *6.2.2.3. Sujeito ativo*

Pode ser qualquer pessoa. Trata-se de crime **comum**.

---

[221] A Lei n. 12.015/2009 introduziu esta nova figura criminosa no art. 218, *caput*, do Código Penal, sem, contudo, dar-lhe um nome. Saliente-se que a inserção do *nomen juris* na lei não é obrigatória, embora usual. Na Lei Antidrogas, por exemplo, nenhuma das condutas ilícitas possui denominação. Em tais casos, cabe à doutrina definir o nome. No delito em análise, por existir crime semelhante no art. 227, chamado mediação para satisfazer a lascívia de outrem, a doutrina escolheu a nova denominação apenas acrescentando a idade da vítima. É necessário, entretanto, fazer um esclarecimento: a Lei n. 12.015/2009 não contém dispositivo determinando a expressa revogação do art. 218 que continha o antigo delito de corrupção sexual de menores. Tal lei, entretanto, reescreveu todo o dispositivo, deixando-o, todavia, sem nome. Por engano, entretanto, no site oficial de legislação do Planalto (planalto.gov.br) não foi apagado o nome antigo (o que deveria ter ocorrido diante da nova Lei que não repetiu tal denominação). Em tal site, portanto, consta o nome "corrupção de menores" acima do novo tipo penal. Algumas editoras perceberam esse engano e não inseriram o nome "corrupção de menores" em suas edições de Código Penal posteriores à Lei n. 12.015/2009. Outras, entretanto, não perceberam o erro e acabaram por reproduzi-lo.

6.2.2.4. *Sujeito passivo*

Crianças ou adolescentes menores de 14 anos.

6.2.2.5. *Consumação*

No momento em que o ato é realizado, independentemente de o terceiro restar sexualmente satisfeito. Não é necessário, portanto, que tenha atingido o orgasmo.

O prazo prescricional, por sua vez, só tem início quando a vítima completar 18 anos, salvo se antes disso a ação penal já tiver sido proposta (art. 111, V, do CP).

6.2.2.6. *Tentativa*

É possível.

6.2.2.7. *Ação penal*

Pública incondicionada.

6.2.2.8. *Segredo de justiça*

Nos termos do art. 234-B do Código Penal, os processos que apuram essa modalidade de infração penal correm em segredo de justiça.

6.2.3. Satisfação de lascívia mediante presença de criança ou adolescente

> **Art. 218-A.** Praticar, na presença de alguém menor de 14 anos, ou induzi-lo a presenciar, conjunção carnal ou outro ato libidinoso, a fim de satisfazer a lascívia própria ou de outrem:
> Pena — reclusão, de dois a quatro anos.

6.2.3.1. *Objetividade jurídica*

A dignidade sexual da pessoa menor de 14 anos. Pretende-se preservar a formação sexual dos menores, evitando que tomem conhecimento precoce de atos de natureza libidinosa.

6.2.3.2. *Tipo objetivo*

A infração penal configura-se quer o agente convença o menor a assistir ao ato, quer simplesmente o realize em sua presença. O ato sexual pode ser a penetração do pênis na vagina (conjunção carnal) ou qualquer outro ato de conotação sexual (presenciar o agente se masturbar, a manter sexo oral ou anal com terceiro etc.). Nesse crime, o agente faz com que uma pessoa menor de 14 anos assista a ato sexual envolvendo o **próprio agente** ou **outras pessoas**.

Premissa do crime é a intenção de satisfazer a própria lascívia ou de terceiro pelo fato de o ato sexual estar sendo presenciado por pessoa menor de 14 anos. Outra premissa é a de que o menor não se envolva sexualmente no ato, pois, se o fizer, o crime será o de estupro de vulnerável.

■ *6.2.3.3. Sujeito ativo*

Qualquer pessoa, homem ou mulher. Cuida-se de crime **comum**. Se o ato sexual for praticado por duas pessoas na presença do menor, a fim de satisfazer a lascívia de ambos, os dois respondem pelo crime.

■ *6.2.3.4. Sujeito passivo*

Crianças ou adolescentes, do sexo masculino ou feminino, menores de 14 anos.

■ *6.2.3.5. Consumação*

No instante em que é realizado o ato sexual na presença do menor, ainda que o agente não consiga satisfazer a própria lascívia ou a do terceiro. O prazo prescricional, porém, só tem início quando a vítima completar 18 anos, salvo se antes disso a ação penal já tiver sido proposta (art. 111, V, do CP).

■ *6.2.3.6. Tentativa*

É possível. Ex.: menor é convencido a presenciar o ato sexual, mas, quando o agente começa a tirar a roupa, o menor sai correndo e não presencia concretamente qualquer ato libidinoso.

■ *6.2.3.7. Ação penal*

É pública incondicionada.

■ *6.2.3.8. Segredo de justiça*

Nos termos do art. 234-B do Código Penal, os processos que apuram essa modalidade de infração penal correm em segredo de justiça.

■ 6.2.4. Favorecimento da prostituição ou de outra forma de exploração sexual de criança ou adolescente ou de vulnerável

> **Art. 218-B.** Submeter, induzir ou atrair à prostituição ou outra forma de exploração sexual alguém menor de 18 anos ou que, por enfermidade ou deficiência mental, não tem o necessário discernimento para a prática do ato, facilitá-la, impedir ou dificultar que a abandone:
> Pena — reclusão, de quatro a dez anos.

■ *6.2.4.1. Objetividade jurídica*

A dignidade e a moralidade sexual do vulnerável. A lei visa ainda evitar danos à sua saúde e outros riscos ligados ao exercício da prostituição.

A Lei n. 12.978/2014 inseriu este crime, bem como as figuras de seus §§ 1º e 2º, no rol dos crimes hediondos (art. 1º, VIII, da Lei n. 8.072/90).

■ 6.2.4.2. *Tipo objetivo*

O crime consiste em convencer alguém, com palavras ou promessas de boa vida, a se prostituir ou se submeter a outras formas de exploração sexual, colaborar para que alguém exerça a prostituição ou, de algum modo, impedir ou dificultar que a vítima abandone as referidas atividades. Em suma, constitui crime introduzir alguém no mundo da prostituição, apoiá-lo materialmente enquanto a exerce ou impedir ou dificultar o abandono das atividades por parte de quem deseja fazê-lo.

Na figura em análise, a vítima deve ser pessoa menor de 18 anos ou com deficiência mental que lhe retire a capacidade de entender o caráter do ato. Caso a vítima tenha menos de 14 anos e fique provado o agenciamento de encontro sexual com pessoa determinada, haverá também punição por crime de estupro de vulnerável (o responsável pelo agenciamento será considerado partícipe desse crime). Se a vítima for pessoa maior de idade e sã, o induzimento à prostituição configura o crime do art. 228 do Código Penal, que tem pena menor.

Prostituição é o comércio do próprio corpo, em caráter habitual, visando à satisfação sexual de qualquer pessoa que se disponha a pagar para tanto. A prostituição a que se refere a lei pode ser a masculina ou a feminina.

Pune-se também nesse tipo penal quem submete o menor ou o enfermo mental a qualquer outra forma de **exploração sexual**. Esta, tal qual a prostituição, deve ter caráter habitual. Exs.: induzir uma menor a ser dançarina de *striptease*, a dedicar-se a "fazer sexo" por telefone ou via internet por meio de *webcams* (sem que haja efetivo contato físico com o cliente) etc.

Nos termos dos arts. 240 e 241 da Lei n. 8.069/90, com a redação que lhes foi dada pela Lei n. 11.829/2008, constitui crime específico produzir, reproduzir, dirigir, fotografar, filmar ou registrar, por qualquer meio, cena de sexo explícito ou pornográfica envolvendo criança ou adolescente, bem como oferecer, trocar, disponibilizar, transmitir, distribuir ou divulgar, por qualquer meio, referidas imagens. São também punidos aqueles que agenciarem ou recrutarem o menor para participar dessas cenas e aqueles que adquirirem, armazenarem ou possuírem tais fotografias, imagens ou registros.

Saliente-se, por fim, que o art. 218-B, inserido no Código Penal pela Lei n. 12.015/2009, por tratar do mesmo tema, revogou tacitamente o crime do art. 244-A da Lei n. 8.069/90.

■ 6.2.4.3. *Sujeito ativo*

Pode ser qualquer pessoa. Trata-se de crime comum.

■ 6.2.4.4. *Sujeito passivo*

Homem ou mulher menor de idade ou que, em razão de enfermidade mental, não tenha discernimento necessário para compreender a prostituição ou a exploração sexual.

■ 6.2.4.5. *Consumação*

Quando a vítima assume uma vida de prostituição, colocando-se à disposição para o comércio carnal, ou quando passa a ser explorada sexualmente. Na modalidade de impedimento, consuma-se no momento em que a vítima não abandona as atividades. Nesta última figura, o crime é permanente. Na modalidade dificultar, consuma-se quando o agente cria o óbice.

No caso de vítima menor de 18 anos, o prazo prescricional só tem início quando a vítima completar tal idade, salvo se antes disso a ação penal já tiver sido proposta (art. 111, V, do CP).

■ 6.2.4.6. *Tentativa*

É possível.

■ 6.2.4.7. *Intenção de lucro*

> **Art. 218-B, § 1º** — Se o crime é praticado com o fim de obter vantagem econômica, aplica-se também multa.

A intenção de lucro a que o texto se refere como condição para a incidência cumulativa de multa é por parte do agente e não da vítima. O crime de favorecimento à prostituição, evidentemente, pode ser cometido sem intenção de lucro por parte do agente, que, por exemplo, aconselha uma moça a entrar na prostituição para que ela possa se sustentar. Caso ele o faça, todavia, a fim de obter alguma vantagem financeira, incorrerá também na pena de multa. Se o agente visar reiteradamente participação nos lucros de quem exerce a prostituição, incorrerá em crime de rufianismo (art. 230), que tem a pena agravada quando a vítima for menor de 18 anos e maior de 14.

■ 6.2.4.8. *Figuras equiparadas*

> **Art. 218-B, § 2º** — Incorre nas mesmas penas:
> I — quem pratica conjunção carnal ou outro ato libidinoso com alguém menor de 18 e maior de 14 anos na situação descrita no *caput* deste artigo;
> II — o proprietário, o gerente ou o responsável pelo local em que se verifiquem as práticas referidas no *caput* deste artigo.

O inciso I pune quem faz programa sexual com pessoa menor de idade que esteja se prostituindo ou sendo vítima de exploração sexual. Cuida-se de modalidade de infração penal introduzida em nossa legislação pela Lei n. 12.015/2009. O ato de manter relação sexual com prostituta maior de idade continua não configurando crime.

O agente não será punido se tiver sido enganado a respeito da idade da prostituta ou se as circunstâncias o levaram a acreditar que ela era maior de idade. Temos, nesses casos, hipóteses de erro de tipo.

Há quem defenda que a expressão contida neste inc. I — "... alguém menor de 18 e maior de 14 anos na situação descrita no *caput* deste artigo" — refere-se apenas à prostituta que foi induzida ou atraída para esta atividade por terceiro. Não abrangeria, portanto, a hipótese de pessoas que tomaram a iniciativa de se prostituir sem que tenham sido influenciadas por outrem. É o que pensa Guilherme de Souza Nucci.[222] Não foi esta, entretanto, a intenção do legislador, conforme se verifica na Exposição de Motivos da Lei n. 12.015/2004, na qual se lê que "outra atenção foi dada em relação ao cliente da prostituição infantil, acrescentando-se o art. 218-B, do qual deve constar parágrafo a dispor que incorre também no crime de favorecimento quem tem conjunção carnal ou pratica outro ato libidinoso com pessoa menor de 18 e maior de 14 anos". Em nenhum momento, esse texto exige que a vítima tenha sido induzida à prostituição por terceiro, ao contrário, esclarece que o próprio cliente é autor de favorecimento à prostituição, pois, dispondo-se a pagar pelo programa com prostituta em tal faixa etária, estimula sua prática. Não há dúvida de que o objetivo legal é desestimular a prostituição por menores de idade, sendo, em verdade, irrelevante, em relação ao cliente, se a vítima está a se prostituir por iniciativa própria ou incentivada por terceiro. Para a configuração do delito, tampouco é exigida habitualidade nos programas com a prostituta menor. A propósito do tema, veja-se primorosa decisão do Superior Tribunal de Justiça no julgamento do HC 288.374/AM.[223] Em sentido

---

[222] Guilherme de Souza Nucci, *Código Penal comentado*, p. 1.118.

[223] "Se pode ser criticada a proteção paternalista estatal que retira do adolescente opção de trabalho, inclusive com o próprio corpo (sem admitir aqui valorações morais sobre o tema), não se pode porém ver essa opção política como absurda ou desarrazoada. A necessidade social por vezes até provoca o adolescente ao trabalho ou à prostituição, mas opta o Estado por isto não admitir, como proteção ao melhor desenvolvimento do adolescente, na educação, na formação cidadã — seja isso concretamente possível ou não no momento.

Para impedir violações à proteção integral, não se pune o adolescente (que trabalha ou se prostitui), mas quem serve-se dessa atividade vedada (punindo administrativamente empregadores e criminalmente — opção política de tratamento mais gravoso — aos *clientes* da prostituição).

(...)

Para a realização do tipo penal, alega o impetrante a exigência de outras elementares implícitas, a condição de vulnerabilidade da vítima, a habitualidade da prostituição e do relacionamento reiterado com o acusado, assim como a impossibilidade de corrupção prévia da vítima. Nenhum desses elementos, porém, é admitido no texto normativo para a tipicidade.

O fato de já ser a vítima corrompida, atuante na prostituição, é irrelevante para o tipo penal. Não se pune a provocação de deterioração moral, mas o incentivo à atividade de prostituição, inclusive por aproveitamento eventual dessa atividade, como *cliente*.

Essa é a previsão típica do art. 218-B do CP, e especialmente de seu § 2º, I. Pune-se não somente quem atua para a prostituição do adolescente, induzindo facilitando submetendo ou dificultando impedindo seu abandono, mas também quem serve-se desta atividade. É ação político-social de defesa do adolescente, mesmo contra a vontade deste, pretendendo afastá-lo do trabalho de prostituição pela falta de quem sirva-se de seu atendimento.

A condição de vulnerável é no tipo penal admitida por critério biológico ou etário, neste último caso pela constatação objetiva da faixa etária, de 14 a 18 anos, independentemente de demonstração concreta dessa condição de incapacidade plena de autogestão.

Tampouco faz o tipo penal qualquer exigência na habitualidade da mantença de relações sexuais com a prostituta adolescente. Habitualidade há na atividade de prostituição da adolescente, não nos contatos com aquele que de sua atividade serve-se. Basta no tipo penal único contato consciente

contrário, o entendimento de Cezar Roberto Bitencourt,[224] segundo o qual o cliente eventual não comete o delito.

Caso a menor tenha sido forçada a se prostituir, o crime será o de estupro qualificado (art. 213, § 1º).

O consentimento do menor para o ato sexual remunerado não exclui o crime.[225]

Lembre-se, outrossim, de que, se a vítima tiver menos de 14 anos, a prática de ato sexual constituirá crime de estupro de vulnerável.

Na hipótese do inc. II, o legislador criou uma espécie de figura qualificada do crime de casa de prostituição (art. 229). Assim, o dono, gerente ou responsável por local onde haja prostituição ou exploração sexual de pessoa com menos de 18 anos ou com enfermidade mental, incorrerá no crime em análise, para o qual a pena é maior em relação àqueles que mantém lupanar apenas com prostitutas maiores de idade. Pressupõe, contudo, que o agente tenha conhecimento de que há prostitutas menores de idade trabalhando no local. Haverá crime também por parte do dono de motel ou outra espécie de estabelecimento que permita que prostituta em referida faixa etária faça programa com clientes em suas dependências.

O § 3º do art. 218-B estabelece ainda que constitui efeito obrigatório da condenação a cassação da licença de localização e de funcionamento do estabelecimento. Interessante notar que, se no local houver apenas prostitutas maiores de idade, o agente incorrerá no crime do art. 229, mas a condenação não trará como consequência o fechamento do estabelecimento, que deverá ser determinado administrativamente.

A inserção do presente dispositivo no Código Penal pela Lei n. 12.015/2009 revogou tacitamente o delito previsto no art. 244-A, § 1º, da Lei n. 8.069/90 — que trata da mesma conduta típica.

---

com prostituta adolescente para que se configure o crime" (HC 288.374/AM — Rel. Min. Nefi Cordeiro — 6ª Turma — julgado em 05.06.2014 — *DJe* 13.06.2014).

224 Cezar Roberto Bitencourt, *Tratado de direito penal*, v. 4, p. 125.

225 "1. Nos termos do artigo 218-B do Código Penal, são punidos tanto aquele que capta a vítima, inserindo-a na prostituição ou outra forma de exploração sexual (*caput*), **como também o cliente do menor prostituído ou sexualmente explorado** (§ 1º). 2. Na espécie, o paciente, a quem se imputou a exploração sexual dos ofendidos, também figurou como 'cliente' dos menores, com eles praticando atos libidinosos, fatos que se enquadram na figura do inciso I do § 2º do artigo 218-B do Estatuto Repressivo. Precedentes. 3. O crime de favorecimento da prostituição ou outra forma de exploração sexual de criança ou adolescente busca proteger a dignidade sexual do vulnerável, assegurando que possa se desenvolver de forma saudável, e, no momento apropriado, decidir livremente o seu comportamento sexual (...) 5. No caso dos autos, não há que se falar em atipicidade da conduta sob o argumento de que os adolescentes teriam consentido com a prática dos atos libidinosos, uma vez que a vulnerabilidade dos ofendidos restou devidamente comprovada no acórdão impugnado, tendo a autoridade impetrada registrado que o paciente, aproveitando-se da situação de miserabilidade dos ofendidos, os atraiu a se prostituírem, com eles mantendo relações sexuais mediante pagamento, o que caracteriza o delito do artigo 218-B, § 2º, inciso I, do Código Penal" (STJ — HC 371.633/SP, Rel. Min. Jorge Mussi, 5ª Turma, julgado em 19-3-2019, *DJe* 26-3-2019).

6.2.4.9. *Ação penal*

É pública incondicionada. O prazo prescricional somente terá início quando a vítima completar 18 anos, salvo se antes disso a ação penal já tiver sido proposta (art. 111, V, do CP).

6.2.4.10. *Segredo de justiça*

Nos termos do art. 234-B do Código Penal, os processos que apuram essa modalidade de infração penal correm em segredo de justiça.

6.2.4.11. *Crimes sexuais contra vulnerável menor de 14 anos*

CRIMES SEXUAIS CONTRA VULNERÁVEL MENOR DE 14 ANOS		
1) Ter conjunção carnal ou praticar outro ato libidinoso com menor de 14 anos (art. 217-A).	2) Induzir menor de 14 anos a satisfazer a lascívia de outrem (art. 218, *caput*).	3) Praticar na presença de menor de 14 anos, ou induzi-lo a presenciar, conjunção carnal ou outro ato libidinoso, a fim de satisfazer a lascívia própria ou de outrem (art. 218-A).

6.2.5. Divulgação de cena de estupro ou de cena de estupro de vulnerável, de cena de sexo ou de pornografia

> **Art. 218-C.** Oferecer, trocar, disponibilizar, transmitir, vender ou expor à venda, distribuir, publicar ou divulgar, por qualquer meio — inclusive por meio de comunicação de massa ou sistema de informática ou telemática —, fotografia, vídeo ou outro registro audiovisual que contenha cena de estupro ou de estupro de vulnerável ou que faça apologia ou induza a sua prática, ou, sem o consentimento da vítima, cena de sexo, nudez ou pornografia:
> Pena — reclusão, de 1 a 5 anos, se o fato não constitui crime mais grave.

6.2.5.1. *Objetividade jurídica*

A dignidade e a moralidade sexual. Tutelam-se, também, a honra e a imagem da pessoa cuja imagem é divulgada de forma não autorizada.

6.2.5.2. *Tipo objetivo*

A presente infração penal foi introduzida no Código Penal a fim de coibir a conduta de pessoas que divulgam cena de estupro ou de estupro de vulnerável ou cena que, de alguma forma, faça apologia ou induza à prática de um desses crimes sexuais. O dispositivo pune, outrossim, quem, sem o consentimento da vítima, divulga cena de sexo, nudez ou pornografia. A divulgação ou publicação pode ocorrer por qualquer meio, inclusive de comunicação de massa ou sistema de informática ou telemática. A maioria dos casos de que se tem notícia são de divulgação de imagens pelo aplicativo *whatsapp*, mas podem ocorrer por qualquer outro modo. A configuração do delito pressupõe a divulgação de fotografia, vídeo ou outro registro audiovisual que contenha uma das cenas já mencionadas.

As condutas típicas são: a) oferecer; b) trocar; c) disponibilizar; d) transmitir; e) vender; f) expor à venda; g) distribuir; h) publicar; i) divulgar.

Saliente-se que a pena do delito será aumentada de um a dois terços se o crime for praticado por agente que mantém ou tenha mantido relação íntima de afeto com a vítima ou com o fim de vingança ou humilhação. Não são poucos os casos noticiados de ex-namorados que haviam filmado relação sexual com a namorada e, após o término do relacionamento, divulgaram as imagens a fim de prejudicar a vítima. Também há casos de rapazes que filmam secretamente a relação sexual com alguma garota e, posteriormente, divulgam as imagens.

Ao tratar da pena da infração penal, o legislador deixou patenteada a sua natureza subsidiária (subsidiariedade expressa). Assim, quando a imagem divulgada envolver cena de sexo explícito ou pornográfica com criança ou adolescente, restará configurado o crime do art. 241-A do Estatuto da Criança e do Adolescente (Lei n. 8.069/90), cuja pena é de reclusão, de 3 a 6 anos, e multa. No que se refere à divulgação de cena de estupro de vulnerável (art. 217-A), o enquadramento será também em tal art. 241-A quando se tratar de pessoa vulnerável por ser menor de 14 anos, o mesmo ocorrendo quando se tratar de estupro qualificado por ser a vítima menor de 18 anos (art. 213, § 1º, do CP).

O fato de a vítima ter tomado a iniciativa de remeter, por exemplo, uma fotografia na qual aparece nua a alguma pessoa não exclui a prática do delito por parte de quem, sem estar autorizado por ela, divulgar a imagem para outras pessoas.

■ 6.2.5.3. *Sujeito ativo*

Qualquer pessoa. Se o agente mantém ou tenha mantido relação íntima de afeto com a vítima sua pena será aumentada de um a dois terços (§ 1º).

A lei não visa punir somente o responsável pela divulgação inicial. Parece-nos que quem receber a imagem e a compartilhar com outras pessoas ciente de que não havia autorização da vítima incorrerá igualmente na infração penal.

De acordo com o § 2º do art. 218-C, "não há crime quando o agente pratica as condutas descritas no *caput* deste artigo em publicação de natureza jornalística, científica, cultural ou acadêmica com a adoção de recurso que impossibilite a identificação da vítima, ressalvada sua prévia autorização, caso seja maior de 18 anos" (trata-se de excludente específica de ilicitude).

■ 6.2.5.4. *Sujeito passivo*

A pessoa cuja imagem foi divulgada.

■ 6.2.5.5. *Consumação*

No momento em que realizada qualquer das condutas típicas, independentemente de qualquer resultado.

■ 6.2.5.6. *Tentativa*

É possível.

■ 6.2.5.7. *Ação penal*

Pública incondicionada, nos termos da redação dada ao art. 225.

■ 6.2.6. Dispositivos revogados

Diversas leis alteraram o tratamento dos crimes de natureza sexual, revogando infrações penais que, no passado, tiveram grande relevância, mas que, em face da alteração dos costumes, haviam perdido o seu sentido.

A Lei n. 11.106/2005 revogou os crimes de sedução e rapto consensual.

A sedução (art. 217) consistia em ter conjunção carnal com mulher **virgem**, maior de 14 e menor de 18 anos, aproveitando-se de sua inexperiência ou justificável confiança.

O rapto consensual (art. 220) consistia em uma espécie de fuga da mulher menor de idade da casa dos pais, para fim libidinoso.

O crime de corrupção de menores (antigo art. 218) foi revogado pela Lei n. 12.015/2009. Consistia em corromper ou facilitar a corrupção de pessoa maior de 14 e menor de 18 anos, com ela praticando ato de libidinagem ou induzindo-a a praticá-lo ou presenciá-lo.

O delito de rapto violento (art. 219) sofreu alterações e passou a compor uma das figuras qualificadas do crime de sequestro (art. 148, § 1º, V), desde o advento da Lei n. 11.106/2005. Não houve *abolitio criminis* porque o fato continuou a ser previsto como crime, contudo, em outro Título do Código Penal e sob nova denominação.

O Capítulo III do Título dos crimes contra os costumes (atuais crimes contra a dignidade sexual) tratava dos crimes de rapto e encontra-se totalmente revogado.

O Capítulo IV, que trata das Disposições Gerais, teve dois dispositivos revogados pela Lei n. 12.015/2009:

a) o art. 223, que tratava das qualificadoras dos crimes de estupro e atentado violento ao pudor, e que foram deslocadas para o art. 213, §§ 1º e 2º;

b) o art. 224, que tratava das hipóteses de presunção de violência.

No Capítulo das Disposições Gerais ainda vigoram os arts. 225, que regulamenta a ação penal, e 226, que prevê algumas causas de aumento de pena. Tais dispositivos, todavia, já foram abordados durante o estudo do crime de estupro (ver comentários ao art. 213).

V

DO LENOCÍNIO

6.3. DO LENOCÍNIO

6.3.1. Mediação para satisfazer a lascívia de outrem

> **Art. 227.** Induzir alguém a satisfazer a lascívia de outrem:
> Pena — reclusão, de um a três anos.

6.3.1.1. *Objetividade jurídica*

Evitar a exploração sexual.

6.3.1.2. *Tipo objetivo*

Nesta infração penal a vítima não é forçada ao ato sexual. Ela é convencida a entregar-se a terceiro ou satisfazer sua lascívia de outra forma qualquer, de modo que eventual relação sexual é consentida. Existem necessariamente três pessoas envolvidas: aquele que induz, a pessoa que é induzida (vítima) e o terceiro beneficiário do ato sexual. Somente o primeiro responde pelo delito por ter incentivado a vítima a satisfazer a lascívia do terceiro. Este último não comete crime algum. Se, todavia, o agente convence a vítima a satisfazer a lascívia de terceiro, mas, ao chegar no local, esta desiste do ato e o terceiro emprega violência ou grave ameaça para obrigá-la, este responde por crime de estupro.

O que diferencia o crime em análise do induzimento à prostituição (art. 228) é a circunstância de que esta pressupõe habitualidade e a entrega do próprio corpo a pessoas indeterminadas que se disponham a pagar, enquanto no crime em estudo a vítima é induzida a servir pessoa **determinada** — ainda que mediante paga.

6.3.1.3. *Sujeito ativo*

Qualquer pessoa. Trata-se de crime **comum**.

6.3.1.4. *Sujeito passivo*

Qualquer pessoa, homem ou mulher.

■ 6.3.1.5. Consumação

No momento em que a vítima realiza algum ato capaz de satisfazer a lascívia do terceiro.

■ 6.3.1.6. Tentativa

É possível.

■ 6.3.1.7. Figuras qualificadas

> **§ 1º** Se a vítima é maior de 14 e menor de 18 anos, ou se o agente é ascendente, descendente, cônjuge ou companheiro, irmão, tutor ou curador ou pessoa a quem esteja confiada para fins de educação, de tratamento ou guarda:
> Pena — reclusão, de dois a cinco anos.
> **§ 2º** Se o crime é cometido com emprego de violência, grave ameaça ou fraude:
> Pena — reclusão, de dois a oito anos, além da pena correspondente à violência.

O § 1º descreve uma série de qualificadoras, que se referem à idade da vítima (entre 14 e 18 anos), à relação de parentesco, casamento ou união estável entre autor do crime e vítima, ou, ainda, à existência de vínculo entre eles por estar a vítima confiada ao agente para fim de educação, tratamento ou guarda.

O § 2º pune ainda mais gravemente a conduta quando cometida com emprego de violência, grave ameaça ou fraude. Ademais, se da violência empregada resultarem lesões corporais, ainda que leves, o agente responderá também pelo crime do art. 129 do Código Penal, por haver disposição expressa nesse sentido. O reconhecimento da qualificadora do § 2º, por ter pena mais alta, afasta a aplicação das figuras menos graves do § 1º, que, nesse caso, serão consideradas como circunstância judicial na aplicação da pena-base ou como agravante genérica (art. 61, II, *e*).

Note-se que no crime do art. 227, em sua modalidade básica, a vítima é induzida e não forçada a um ato para satisfazer a lascívia de terceiro. Já na figura qualificada do § 2º, o agente emprega violência ou grave ameaça para forçá-la a fazer algo contra sua vontade. Por isso, se ela for forçada a manter conjunção carnal ou realizar outra espécie de ato libidinoso com terceiro, o agente responde por crime de estupro. Se o terceiro sabe que a vítima está sendo coagida, responde também por este crime. Se não sabe, apenas o coautor responde pelo estupro, tendo havido autoria mediata. Por isso, a qualificadora do art. 227, § 2º, tem aplicação somente para casos em que o agente emprega violência ou grave ameaça para forçar a vítima a "fazer sexo" por telefone, *striptease* para outrem, hipóteses não configuradoras de estupro.

■ 6.3.1.8. Intenção de lucro

> **Art. 227, § 3º** — Se o crime é cometido com o fim de lucro, aplica-se também multa.

O dispositivo refere-se à intenção de lucro por parte do próprio autor do delito.

■ 6.3.1.9. *Ação penal*

É pública incondicionada. No caso de vítima menor de 18 anos, o prazo prescricional somente terá início quando a vítima completar a maioridade, salvo se antes disso a ação penal já tiver sido proposta (art. 111, V, do CP).

■ 6.3.1.10. *Segredo de justiça*

Nos termos do art. 234-B do Código Penal, os processos que apuram esta modalidade de infração penal correm em segredo de justiça.

■ 6.3.1.11. *Modalidades de mediação para satisfazer a lascívia de outrem*

Se a vítima é maior de idade	• Crime de mediação para servir a lascívia de outrem em sua modalidade simples (art. 227, *caput*)
Se a vítima tem mais de 14 e menos de 18 anos	• Crime de mediação para servir a lascívia de outrem em sua modalidade qualificada (art. 227, § 1º)
Se a vítima é menor de 14 anos	• Crime de mediação para servir a lascívia de outrem com vulnerável menor de 14 anos (art. 218)

■ 6.3.2. Favorecimento da prostituição ou outra forma de exploração sexual

> **Art. 228.** Induzir ou atrair alguém à prostituição ou outra forma de exploração sexual, facilitá-la, impedir ou dificultar que alguém a abandone:
> Pena — reclusão, de dois a cinco anos, e multa.

■ 6.3.2.1. *Objetividade jurídica*

A moralidade sexual e os bons costumes, evitando-se a prostituição e os riscos à saúde pública, bem como das próprias prostitutas, que decorrem de tal atividade.

■ 6.3.2.2. *Tipo objetivo*

No **induzimento**, o agente procura pessoa determinada e a convence a ingressar no mundo da prostituição.

Na **atração**, o agente, por exemplo, anuncia que está contratando moças ou rapazes para se prostituírem.

A **facilitação** ocorre quando o agente, de alguma maneira, ajuda a prostituta a desenvolver suas atividades ou até mesmo a amealhar clientes. Exs.: porteiro de hotel que apresenta catálogo de prostitutas a hóspedes, motorista de táxi que diz conhecer garotas de programa e se dispõe a buscar um grupo delas para uma festa, sites que se dedicam a anunciar garotas e garotos de programa etc.

Por fim, existe o crime quando o agente realiza alguma ação visando obstar o abandono das atividades. Se ele, ao menos por uma vez, conseguiu evitar o abandono, diz-se que ele **impediu** a vítima de fazê-lo. Se, entretanto, apesar do óbice criado, a vítima conseguiu abandoná-la, diz-se que ele **dificultou** o abandono das atividades. O verbo dificultar, introduzido pela Lei n. 12.015/2009, tirou parte da importância da figura do impedimento, pois sua consumação é antecipada, isto é, existe o crime se o agente cria o óbice, mas, mesmo assim, a prostituta consegue superá-lo e abandonar o comércio carnal. No impedimento, entretanto, o crime é permanente, o que viabiliza a prisão em flagrante a qualquer instante.

Em suma, constitui crime introduzir alguém no mundo da prostituição, apoiá-lo materialmente enquanto a exerce ou de, qualquer modo, impedir ou dificultar o abandono das atividades por parte de quem deseja fazê-lo.

Prostituição é o comércio do próprio corpo, em caráter **habitual**, visando à satisfação sexual de qualquer pessoa que se disponha a pagar para tanto. A prostituição a que se refere a lei pode ser a masculina ou a feminina.

Pune-se também nesse tipo penal quem submete a vítima a qualquer outra forma de **exploração sexual**. Esta, tal qual a prostituição, deve ter caráter **habitual**. Ex.: induzir uma mulher a dedicar-se a "fazer sexo" por telefone ou via internet por meio de *webcams* (sem que haja efetivo contato físico com o cliente) etc. Têm proliferado essas duas últimas modalidades antes não abrangidas pelo texto legal. Nestas, o cliente: a) tem conversas eróticas com a vítima pelo telefone — normalmente mulheres — mediante pagamento bancário direcionado ao responsável por organizar o esquema, providenciar as linhas telefônicas, reunir as atendentes e divulgar o número em jornais ou pela internet; b) fornece o número de seu cartão de crédito para desconto de determinado valor para que, durante alguns minutos, tenha contato visual com a vítima da exploração sexual via *webcam*. Nesse período, ele pede para que a vítima faça poses eróticas, se masturbe, fale coisas excitantes etc.

■ 6.3.2.3. *Sujeito ativo*

Pode ser qualquer pessoa. Trata-se de crime **comum**.

A prostituição, em si, não constitui crime, de forma que a prostituta não é punida. Também não existe tipo penal incriminando quem com ela faça o programa sexual (desde que não se trate de prostituta menor de idade).

■ 6.3.2.4. *Sujeito passivo*

Pode ser homem ou mulher.

■ 6.3.2.5. Consumação

Nas modalidades induzir e atrair, o crime se consuma quando a vítima passa a se prostituir.

Na facilitação, o crime se consuma no momento da ação do sujeito no sentido de colaborar com a prostituição.

Na modalidade dificultar, o crime consuma-se no instante em que o agente cria o óbice, ainda que a vítima abandone a prostituição. Na modalidade impedir, consuma-se quando a vítima não consegue abandonar as atividades e, conforme já mencionado, em tal hipótese o delito possui natureza permanente.

■ 6.3.2.6. Tentativa

É possível.

■ 6.3.2.7. Figuras qualificadas

> **Art. 228, § 1º** — Se o agente é ascendente, padrasto, madrasta, irmão, enteado, cônjuge, companheiro, tutor ou curador, preceptor ou empregador da vítima, ou se assumiu, por lei ou outra forma, obrigação de cuidado, proteção ou vigilância:
> Pena — reclusão, de três a oito anos.
> **§ 2º** Se o crime é cometido com emprego de violência, grave ameaça ou fraude:
> Pena — reclusão, de quatro a dez anos, além da pena correspondente à violência.

A enumeração legal é taxativa. Se a vítima for menor de 18 anos ou enferma mental, não se aplica a figura qualificada, ainda que presente uma das hipóteses deste § 1º, na medida em que existe crime específico, mais grave, no art. 218-B do Código Penal.

O § 2º pune ainda mais gravemente o delito quando cometido com emprego de violência, grave ameaça ou fraude. Ademais, se da violência empregada resultarem lesões corporais, ainda que leves, o agente responderá também pelo crime do art. 129 do Código Penal, por haver disposição expressa nesse sentido. O reconhecimento da qualificadora do § 2º, por ter pena mais alta, afasta a aplicação das figuras menos graves do § 1º, que, nesse caso, serão consideradas como circunstância judicial na aplicação da pena-base ou como agravante genérica (art. 61, II, *e*).

■ 6.3.2.8. Intenção de lucro

> **Art. 228, § 3º** — Se o crime é cometido com o fim de lucro, aplica-se também multa.

O dispositivo refere-se à intenção de lucro por parte do próprio autor do delito.

O crime de favorecimento à prostituição, evidentemente, pode ser cometido sem intenção de lucro por parte do agente, que, por exemplo, aconselha uma moça a entrar na prostituição para que ela possa se sustentar ou sustentar a família. Caso ele o faça, todavia, a fim de obter alguma vantagem financeira, incorrerá também na pena de multa. Se o agente visar reiteradamente participação nos lucros de quem exerce a prostituição, incorrerá em crime de rufianismo (art. 230).

■ 6.3.2.9. *Ação penal*

É pública incondicionada.

■ 6.3.2.10. *Segredo de justiça*

Nos termos do art. 234-B do Código Penal, os processos que apuram essa modalidade de infração penal correm em segredo de justiça.

■ 6.3.3. Casa de prostituição

> **Art. 229.** Manter, por conta própria ou de terceiro, estabelecimento em que ocorra exploração sexual, haja, ou não, intuito de lucro ou mediação direta do proprietário ou gerente:
> Pena — reclusão, de dois a cinco anos.

■ 6.3.3.1. *Objetividade jurídica*

A moralidade sexual e os bons costumes, evitando-se a prostituição e os riscos à saúde pública, bem como das próprias prostitutas, que decorrem de tal atividade.

■ 6.3.3.2. *Tipo objetivo*

O dispositivo diz respeito a casas de prostituição, casas de massagem onde haja encontros com prostitutas em quartos, boates em que se faça programa sexual com prostitutas etc. O tipo penal é abrangente, punindo o dono do estabelecimento, o gerente, os empregados que mantêm a casa etc. O texto legal, ademais, dispensa para a ocorrência do crime a intenção de lucro (normalmente existente) e a mediação direta do proprietário ou gerente na captação de clientes. Assim, não exclui o crime o fato de, no interior da casa de prostituição, serem as próprias moças quem se incumbem de se aproximar dos clientes e fazerem a proposta do encontro carnal.

Existem muitas boates cujos donos incentivam a frequência de prostitutas ou as atraem para o exercício de suas atividades no local, mas que, por não possuírem local apropriado para a prática de relações sexuais, não são enquadradas como casa de prostituição. Nesses casos, todavia, devem os responsáveis ser punidos ao menos pelo crime de favorecimento à prostituição — na forma de facilitação —, quando não cobrarem porcentagem ou valores das prostitutas, ou rufianismo, quando for cobrada comissão.

Para o reconhecimento do crime em análise, exige-se habitualidade, ou seja, o funcionamento reiterado do estabelecimento.

A existência de alvará de funcionamento concedido pelas autoridades competentes não exclui o crime, já que o responsável pelas atividades ilícitas evidentemente desvirtua a licença obtida para outros fins.

A prostituta que recebe clientes em sua casa para encontros sexuais, explorando o próprio comércio carnal, não incorre no crime em análise.

O fato de não haver grande resistência popular nos dias atuais à existência de casas de prostituição não exclui a ilicitude da conduta. Nesse sentido: "*Casa de prostituição. Aplicação dos princípios da fragmentariedade e da adequação social: impossibilidade. Conduta típica. Constrangimento não configurado. 1. No crime de manter casa de prostituição, imputado aos Pacientes, os bens jurídicos protegidos são a moralidade sexual e os bons costumes, valores de elevada importância social a serem resguardados pelo Direito Penal, não havendo que se falar em aplicação do princípio da fragmentariedade. 2. Quanto à aplicação do princípio da adequação social, esse, por si só, não tem o condão de revogar tipos penais. Nos termos do art. 2º da Lei de Introdução às Normas do Direito Brasileiro (com alteração da Lei n. 12.376/2010), 'não se destinando à vigência temporária, a lei terá vigor até que outra a modifique ou revogue'. 3. Mesmo que a conduta imputada aos Pacientes fizesse parte dos costumes ou fosse socialmente aceita, isso não seria suficiente para revogar a lei penal em vigor. 4.* Habeas corpus *denegado*" (STF — HC 104.467 — Rel. Min. Cármen Lúcia — 1ª Turma — *DJe* 044, p. 57, 9-3-2011); **e** "*1. A eventual tolerância da sociedade ou das autoridades públicas não implica na atipicidade da conduta relativa à prática do crime previsto no art. 229 do Código Penal ('casa de prostituição'), valendo ressaltar que o alvará expedido tinha por objeto autorizar o funcionamento de um bar e não de uma casa para encontros libidinosos, não havendo que se falar, portanto, em aplicação do princípio da adequação social. Precedentes*" (STJ — AgRg no REsp 1.045.907/PR — Rel. Min. Marco Aurélio Bellizze — 5ª Turma — julgado em 25-9-2012, *DJe* 2-10-2012); **e** "*A jurisprudência desta Corte Superior orienta-se no sentido de que eventual tolerância de parte da sociedade e de algumas autoridades públicas não implica a atipicidade material da conduta de manter casa de prostituição, delito que, mesmo após as recentes alterações legislativas promovidas pela Lei n. 12.015/2009, continuou a ser tipificada no artigo 229 do Código Penal. 4. De mais a mais, a manutenção de estabelecimento em que ocorra a exploração sexual de outrem vai de encontro ao princípio da dignidade da pessoa humana, sendo incabível a conclusão de que é um comportamento considerado correto por toda a sociedade*" (STJ — REsp 1.435.872/MG — Rel. Min. Sebastião Reis Júnior — Rel. p/ Acórdão Min. Rogerio Schietti Cruz — 6ª Turma — julgado em 3-6-2014 — *DJe* 1º-7-2014). Há inúmeros julgados no mesmo sentido no Superior Tribunal de Justiça.

■ 6.3.3.3. *Sujeito ativo*

Pode ser qualquer pessoa.

Se alguém mantém a casa de prostituição por conta de terceiro, ambos respondem pelo crime.

■ 6.3.3.4. *Sujeito passivo*

As pessoas exploradas sexualmente no estabelecimento. Pode ser homem ou mulher. A sociedade também é vítima deste crime, que tutela a moralidade e a saúde pública.

■ 6.3.3.5. *Consumação*

Quando o estabelecimento começa a funcionar de forma reiterada. Trata-se de crime habitual e permanente. Enquanto a casa estiver em funcionamento e, em havendo prova da habitualidade, a prisão em flagrante será possível. Nesse sentido: "*Casa de prostituição. O caráter habitual do crime não impede a efetuação de prisão em flagrante, se deste resulta que o agente tem local em funcionamento para o fim previsto na lei. É irrelevante o licenciamento do hotel para a caracterização do delito. Recurso em* habeas corpus *desprovido*" (STF — RHC 46.115/SP — Rel. Min. Amaral Santos — *DJ* 26-9-1969).

■ 6.3.3.6. *Tentativa*

Em se tratando de crime habitual, há incompatibilidade com o instituto da tentativa.

■ 6.3.3.7. *Ação penal*

É pública incondicionada.

■ 6.3.3.8. *Segredo de justiça*

Nos termos do art. 234-B do Código Penal, os processos que apuram essa modalidade de infração penal correm em segredo de justiça.

■ 6.3.4. Rufianismo

> **Art. 230.** Tirar proveito da prostituição alheia, participando diretamente de seus lucros ou fazendo-se sustentar, no todo ou em parte, por quem a exerça:
> Pena — reclusão, de um a quatro anos, e multa.

■ 6.3.4.1. *Objetividade jurídica*

Evitar a exploração da prostituição alheia.

■ 6.3.4.2. *Tipo objetivo*

O rufião visa à obtenção de vantagem econômica reiterada em relação a prostituta ou prostitutas determinadas. É o caso, por exemplo, de pessoas que fazem agenciamento de encontro com prostitutas, que "empresariam" prostituta, que recebem participação nos lucros por lhe prestar segurança, ou, simplesmente, que se sustentam pelos lucros da prostituição alheia, sem que se trate de hipótese de estado de necessidade. A propósito: "*A espontaneidade do oferecimento do sustento, por parte da meretriz ao seu amásio, é indiferente à configuração do delito de rufianismo*" (TJSP — Rel. P. Costa Manso — *RT* 288/176); "*Não é necessário que a iniciativa parta do agente, para a configuração do delito de rufianismo. Ele existe ainda que haja oferecimento espontâneo da prostituta*" (TJSP — Rel. Vasconcelos Leme — *RT* 277/126).

Trata-se de crime **habitual** que só se configura pelo proveito **reiterado** nos lucros da vítima.

6.3.4.3. *Sujeito ativo*

Pode ser qualquer pessoa.

6.3.4.4. *Sujeito passivo*

A vítima é necessariamente pessoa que exerce a prostituição (homem ou mulher).

6.3.4.5. *Consumação*

Quando ocorrer reiteração na participação nos lucros ou no sustento pela prostituta.

6.3.4.6. *Tentativa*

Inadmissível por se tratar de crime habitual.

6.3.4.7. *Figuras qualificadas*

> **Art. 230, § 1º** — Se a vítima é menor de 18 e maior de 14 anos ou se o crime é cometido por ascendente, padrasto, madrasta, irmão, enteado, cônjuge, companheiro, tutor ou curador, preceptor ou empregador da vítima, ou se assumiu por lei ou outra forma, obrigação de cuidado, proteção ou vigilância:
>
> Pena — reclusão, de três a seis anos, e multa.
>
> **§ 2º** Se o crime é cometido com emprego de violência, grave ameaça, fraude ou outro meio que impeça ou dificulte a livre manifestação da vontade da vítima:
>
> Pena — reclusão, de dois a oito anos, sem prejuízo da pena correspondente à violência.

Nas hipóteses do § 1º, a enumeração legal é taxativa, não podendo ser ampliada por analogia. Se a vítima for menor de 18 e maior de 14 anos e o agente, ao mesmo tempo, for uma das pessoas enumeradas no mesmo dispositivo, a pluralidade de qualificadoras deverá ser levada em conta pelo juiz na fixação da pena-base.

A pena do § 1º é maior do que a do § 2º, de forma que, em caso de estarem presentes ambas as modalidades, o juiz fixará somente a pena maior, servindo a menor como circunstância judicial a ser considerada na fixação da pena-base (art. 59 do CP).

Se da violência empregada resultarem lesões, ainda que leves, as penas devem ser somadas.

■ *6.3.4.8. Ação penal*

Pública incondicionada. No caso de vítima menor de 18 anos, o prazo prescricional somente terá início quando a vítima completar a maioridade, salvo se antes disso a ação penal já tiver sido proposta (art. 111, V, do CP).

■ *6.3.4.9. Segredo de justiça*

Nos termos do art. 234-B do Código Penal, os processos que apuram essa modalidade de infração penal correm em segredo de justiça.

■ 6.3.5. Tráfico internacional de pessoa para fim de exploração sexual

> **Art. 231.** Promover ou facilitar a entrada, no território nacional, de alguém que nele venha a exercer a prostituição ou outra forma de exploração sexual, ou a saída de alguém que vá exercê-la no estrangeiro:
> Pena — reclusão, de três a oito anos.
> § 1º Incorre na mesma pena aquele que agenciar, aliciar ou comprar pessoa traficada, assim como, tendo conhecimento dessa condição, transportá-la, transferi-la ou alojá-la.

■ *6.3.5.1. Revogação do dispositivo*

Esse dispositivo foi expressamente revogado pela Lei n. 13.344/2016. O tráfico internacional de pessoa para fim de exploração sexual passou a ser tipificado como crime no art. 149-A do Código Penal, com a denominação "tráfico de pessoas", desde que o fato ocorra mediante emprego de grave ameaça, violência, coação, fraude ou abuso. A existência de consentimento válido por parte de pessoa maior de idade exclui o delito.

■ 6.3.6. Tráfico interno de pessoa para fim de exploração sexual

> **Art. 231-A.** Promover ou facilitar o deslocamento de alguém dentro do território nacional para o exercício da prostituição ou outra forma de exploração sexual:
> Pena — reclusão, de dois a seis anos.
> § 1º Incorre na mesma pena aquele que agenciar, aliciar ou comprar pessoa traficada, assim como, tendo conhecimento dessa condição, transportá-la, transferi-la ou alojá-la.

6.3.6.1. *Revogação do dispositivo*

Esse dispositivo foi expressamente revogado pela Lei n. 13.344/2016. O tráfico interno de pessoa para fim de exploração sexual passou a ser tipificado como crime no art. 149-A do Código Penal, com a denominação "tráfico de pessoas", desde que o fato ocorra mediante emprego de grave ameaça, violência, coação, fraude ou abuso. A existência de consentimento válido por parte de pessoa maior de idade exclui o delito.

6.3.7. Quadro complementar

CONSEQUÊNCIAS DE TER A VÍTIMA MENOS DE 18 ANOS NOS CRIMES CONTRA A DIGNIDADE SEXUAL
1) Torna qualificado o crime de estupro, se a vítima tiver mais de 14 anos (art. 213, § 1º);
2) Torna maior a pena do crime de assédio sexual (art. 216-A, § 2º);
3) Há crime especial de favorecimento à prostituição, se a vítima for menor (art. 218-B);
4) A relação sexual é considerada crime se realizada com prostituta com mais de 14 e menos de 18 anos (art. 218-B, § 2º, I);
5) Há crime especial em relação ao dono, gerente ou responsável pelo local onde haja relação sexual com prostituta menor de 18 anos (art. 218-B, § 2º, II);
6) O crime de mediação para satisfazer a lascívia de outrem torna-se qualificado se a vítima tem mais de 14 ou menos de 18 anos (art. 227, § 1º);
7) O delito de rufianismo torna-se qualificado se a idade da vítima é entre 14 e 18 anos (art. 230, § 1º);
8) O prazo prescricional só tem início quando a vítima completar a maioridade, salvo se antes disso a ação penal já tiver sido proposta (art. 111, V, do CP).

6.3.8. Promoção de migração ilegal

> **Art. 232-A.** Promover, por qualquer meio, com o fim de obter vantagem econômica, a entrada ilegal de estrangeiro em território nacional ou de brasileiro em país estrangeiro:
> Pena — reclusão, de 2 (dois) a 5 (cinco) anos, e multa.
> § 1º — Na mesma pena incorre quem promover, por qualquer meio, com o fim de obter vantagem econômica, a saída de estrangeiro do território nacional para ingressar ilegalmente em país estrangeiro.
> § 2º — A pena é aumentada de 1/6 (um sexto) a 1/3 (um terço) se:
> I — o crime é cometido com violência; ou
> II — a vítima é submetida a condição desumana ou degradante.
> § 3º — A pena prevista para o crime será aplicada sem prejuízo das correspondentes às infrações conexas.

6.3.8.1. *Introdução*

Essas modalidades ilícitas foram introduzidas no Código Penal pela Lei n. 13.445/2017, conhecida como Lei de Migração. Tal lei revogou expressamente o Estatuto do Estrangeiro.

Merece críticas o legislador ao introduzir essas infrações penais no título que trata dos crimes contra a dignidade sexual, pois os novos crimes não guardam qualquer relação com referido bem jurídico. Melhor teria sido que os crimes constassem no título dos crimes contra a Administração Pública.

■ 6.3.8.2. Objetividade jurídica

Tendo em vista que o dispositivo pune a promoção de migração ilegal, ou seja, feita sem a atenção aos ditames da própria Lei de Migração, conclui-se que os bens tutelados são a soberania nacional e a segurança interna do país. No caso da promoção de entrada ilegal de brasileiro em território estrangeiro e de saída ilegal de estrangeiro do país, tutela-se a boa relação entre o Brasil e os demais países.

■ 6.3.8.3. Tipo objetivo

A figura principal (art. 232-A, *caput*) pune quem promove, por qualquer meio, com o fim de obter vantagem econômica, a entrada ilegal de estrangeiro em território nacional ou de brasileiro em país estrangeiro.

Trata-se de crime de ação livre, pois o próprio tipo penal pune quem promove a conduta por qualquer meio. Exs.: quem agencia ou realiza o transporte de tal maneira que o estrangeiro não passe por postos de controle, quem fornece documentação falsa para viabilizar o ingresso no país etc.

A figura equiparada do § 1º pune quem promove, por qualquer meio, com o fim de obter vantagem econômica, a saída de estrangeiro do território nacional para ingressar ilegalmente em país estrangeiro.

No que pertine aos brasileiros, a conduta pode se referir aos natos ou naturalizados.

De acordo com o art. 12 da Carta Magna, são brasileiros natos a) os nascidos na República Federativa do Brasil, ainda que de pais estrangeiros, desde que estes não estejam a serviço de seu país; b) os nascidos no estrangeiro, de pai brasileiro ou mãe brasileira, desde que qualquer deles esteja a serviço da República Federativa do Brasil; c) os nascidos no estrangeiro de pai brasileiro ou de mãe brasileira, desde que sejam registrados em repartição brasileira competente ou venham a residir na República Federativa do Brasil e optem, em qualquer tempo, depois de atingida a maioridade, pela nacionalidade brasileira.

São brasileiros naturalizados: a) os que, na forma da lei, adquiram a nacionalidade brasileira, exigidas aos originários de países de língua portuguesa apenas residência por um ano ininterrupto e idoneidade moral; b) os estrangeiros de qualquer nacionalidade, residentes na República Federativa do Brasil há mais de quinze anos ininterruptos e sem condenação penal, desde que requeiram a nacionalidade brasileira.

Por exclusão, estrangeiro é quem não é considerado brasileiro nato ou naturalizado.

Por território nacional entende-se toda a área compreendida entre as fronteiras nacionais, onde o Estado exerce sua soberania, aí incluídos o solo, os rios, os lagos, as baías, o mar territorial (faixa que compreende o espaço de 12 milhas contadas da faixa litorânea média – art. 1º da Lei n. 8.617/93) e o espaço aéreo sobre o território e o mar territorial (art. 11 da Lei n. 7.565/86).

Os §§ 1º e 2º do art. 5º do Código Penal esclarecem ainda que se consideram como extensão do território nacional as embarcações e aeronaves brasileiras, de natureza pública ou a serviço do governo brasileiro onde quer que se encontrem, bem como as aeronaves e as embarcações brasileiras, mercantes ou de propriedade privada, que se achem, respectivamente, no espaço aéreo correspondente ou em alto-mar

(§ 1º) e as aeronaves ou embarcações estrangeiras de propriedade privada, achando-se aquelas em pouso no território nacional ou em voo no espaço aéreo correspondente, e estas em porto ou mar territorial do Brasil (§ 2º).

Parece-nos, contudo, que o tipo penal visa punir apenas o ingresso no território nacional físico, não abrangendo o território por extensão mencionado nos §§ 1º e 2º do art. 5º do CP.

É muito importante ressaltar a existência de elemento subjetivo do tipo consistente na intenção de obter vantagem econômica, tanto nas modalidades do *caput* quanto na figura do § 1º. Por isso, quem simplesmente auxilia o brasileiro ou o estrangeiro por amizade ou outra finalidade qualquer não comete nenhuma dessas infrações penais.

■ 6.3.8.4. Sujeito ativo

Trata-se de crime comum, que pode ser praticado por qualquer pessoa. A punição recai apenas sobre o terceiro que, de algum modo, promove a entrada ou a saída ilegal do brasileiro ou estrangeiro. O migrante não é alcançado pela norma penal.

■ 6.3.8.5. Sujeito passivo

O Estado.

■ 6.3.8.6. Consumação

Nas figuras do *caput*, consuma-se com a entrada ilegal do estrangeiro no território nacional ou com a entrada ilegal do brasileiro em outro país.

Na forma equiparada do § 1º, a consumação se dá com a saída do estrangeiro do território brasileiro.

■ 6.3.8.7. Tentativa

É possível.

■ 6.3.8.8. Majorantes

Prevê o art. 232-A, § 2º, que as penas serão aumentadas de 1/6 a 1/3, se o crime for cometido com violência ou se a vítima for submetida a condição desumana ou degradante.

■ 6.3.8.9. Autonomia da infração penal

O § 3º do art. 232-A prevê que a pena prevista para os crimes será aplicada sem prejuízo das correspondentes às infrações conexas. A intenção do legislador é deixar patenteado que o crime em análise não absorve e não é absorvido por outras infrações penais eventualmente cometidas, como, por exemplo, tráfico de pessoas (art. 149-A do CP), falsificação ou uso de documento falso (arts. 297 e 304 do CP) etc.

■ 6.3.8.10. Ação penal

Pública incondicionada, de competência da Justiça Federal.

VI

DO ULTRAJE PÚBLICO AO PUDOR

■ 6.4. DO ULTRAJE PÚBLICO AO PUDOR

Neste Capítulo estão previstos os crimes de ato obsceno (art. 233) e escrito ou objeto obsceno (art. 234).

■ 6.4.1. Ato obsceno

> **Art. 233.** Praticar ato obsceno em lugar público, ou aberto ou exposto ao público:
> Pena — detenção, de três meses a um ano, ou multa.

■ *6.4.1.1. Objetividade jurídica*

O pudor público.

■ *6.4.1.2. Tipo objetivo*

Ato obsceno é o ato revestido de sexualidade e que fere o sentimento médio de pudor. Ex.: exposição de órgãos sexuais, manter relação sexual ou fazer sexo oral em local público, masturbar-se de forma visível em trem do metrô etc. Se o ato for realizado na presença de pessoa menor de 14 anos, configura crime mais grave do art. 218-A.

A micção voltada para a via pública com exposição do pênis caracteriza o ato obsceno. Também configura o delito o *trottoir* feito por travestis nus nas ruas.

Exibicionismo é a denominação dada ao desvio de personalidade que faz com que a pessoa tenha o costume de expor seus órgãos sexuais em público.

O tipo penal exige a prática de **ato** e, por isso, o mero uso da palavra não tipifica ato obsceno. O beijo dado em local público há muito tempo não é considerado ato obsceno, pois até mesmo em novelas é praticado com frequência e presenciado por pessoas de todas as idades.

Só se configura o crime se o fato ocorrer em um dos locais mencionados no texto legal:

a) ***Local público:*** ruas, praças, parques etc.

b) ***Local aberto ao público:*** onde qualquer pessoa pode entrar, ainda que sujeita a condições, como o pagamento de ingresso — teatro, cinema, estádio de futebol etc. Não há o crime, entretanto, se as pessoas pagam o ingresso justamente para ver *show* de sexo explícito, por exemplo.

c) *Local exposto ao público:* é um local privado, mas que pode ser visto por número indeterminado de pessoas que passem pelas proximidades. Ex.: quarto com a janela aberta, terraço, varanda, terreno baldio aberto, interior de automóvel etc. Se o agente pode ser visto por vários de seus vizinhos, já é suficiente para configurar o delito.

A publicidade a que se refere o tipo penal diz respeito ao local onde o fato ocorre e não à necessidade de presença de pessoas. Assim, se um homem está fazendo sexo oral em outra pessoa no banco de uma praça pública em momento em que não há outras pessoas passando pelo local, mas policiais flagram a cena, o fato constitui crime porque existia a possibilidade de pessoas passarem por ali a qualquer momento. No entanto, entende-se que não há crime se o ato é praticado em local afastado e ermo, que não pode ser visto pelas pessoas, como no caso de casal que está tendo relação sexual, de madrugada, em estrada de terra longínqua e não iluminada.

Também não se punem mulheres que desfilam com os seios à mostra no Carnaval, com o argumento de que, em geral, estão retratando indígenas ou algum personagem. Ademais, o fato é socialmente aceito.

■ 6.4.1.3. Sujeito ativo

Pode ser qualquer pessoa, homem ou mulher. Trata-se de crime **comum**. Se, por exemplo, duas pessoas estão fazendo sexo explicitamente em local público, são coautoras do delito.

■ 6.4.1.4. Sujeito passivo

A coletividade, bem como qualquer pessoa que presencie o ato.

■ 6.4.1.5. Elemento subjetivo

O tipo penal não exige que o agente tenha finalidade erótica. O fato pode ter sido praticado por vingança, por brincadeira (grupo de rapazes que passam de carro e mostram o pênis em frente ao um bar lotado), por aposta (correr nu em via pública) etc. Em qualquer caso, há crime.

■ 6.4.1.6. Consumação

Com a prática do ato obsceno, ainda que não seja presenciado por qualquer pessoa, mas desde que pudesse sê-lo, ou, ainda, quando o assistente não se sente ofendido. Trata-se de crime **formal** e de **perigo**.

■ 6.4.1.7. *Tentativa*

Discute-se acerca da tentativa, por ser duvidosa a possibilidade de fracionamento da conduta. Magalhães Noronha,[226] Paulo José da Costa Junior,[227] Celso Delmanto[228] e Damásio de Jesus[229] não a admitem, ao contrário de Julio Fabbrini Mirabete,[230] Cezar Roberto Bitencourt,[231] Rogério Greco,[232] Luiz Regis Prado[233] e Heleno Cláudio Fragoso,[234] que a aceitam. Entendemos não ser possível a tentativa, pois, ou o agente realiza efetivamente o ato obsceno, e o crime está configurado, ou não o faz, e o fato é irrelevante juridicamente.

■ 6.4.1.8. *Ação penal*

É pública incondicionada, de competência do Juizado Especial Criminal.

■ 6.4.2. Escrito ou objeto obsceno

> **Art. 234.** Fazer, importar, exportar, adquirir ou ter sob sua guarda, para fim de comércio, de distribuição ou de exposição pública, escrito, desenho, pintura, estampa ou qualquer objeto obsceno:
>
> Pena — detenção, de seis meses a dois anos, ou multa.
>
> Parágrafo único. Incorre na mesma pena quem:
>
> I — vende, distribui ou expõe à venda ou ao público qualquer dos objetos referidos neste artigo;
>
> II — realiza, em lugar público ou acessível ao público, representação teatral, ou exibição cinematográfica de caráter obsceno, ou qualquer outro espetáculo, que tenha o mesmo caráter;
>
> III — realiza, em lugar público ou acessível ao público, ou pelo rádio, audição ou recitação de caráter obsceno.

■ 6.4.2.1. *Objetividade jurídica*

O bem jurídico tutelado é o pudor público, a moralidade sexual pública.

■ 6.4.2.2. *Tipo objetivo*

Trata-se de crime de ação múltipla, uma vez que a lei descreve vários verbos como núcleo separados pela partícula "ou". Para que exista o crime, o agente deve

---

[226] E. Magalhães Noronha, *Direito penal,* v. 2, p. 385.

[227] Paulo José da Costa Junior. *Curso de Direito Penal*, p. 720.

[228] Celso Delmanto, *Código Penal comentado*, p. 725.

[229] Damásio de Jesus, *Direito penal,* v. 3, p. 178.

[230] Julio Fabbrini Mirabete, *Manual de direito penal,* v. 2, p. 476.

[231] Cezar Roberto Bitencourt, *Tratado de direito penal,* v. 4, p. 107.

[232] Rogério Greco, *Código Penal comentado*, p. 592.

[233] Luiz Regis Prado, *Comentários ao Código Penal*, p. 886.

[234] Heleno Cláudio Fragoso, *Lições de direito penal.* Parte especial, v. II, p. 79.

fazer (confeccionar), **importar** (introduzir no território nacional), **exportar** (fazer sair do País), **adquirir** (obter a propriedade) ou **ter sob sua guarda** (ter pessoalmente a custódia) o objeto material. Este deve ser um escrito, pintura, estampa ou qualquer objeto obsceno.

Para a tipificação do crime, exige a lei que o agente tenha intenção de comércio, distribuição ou exposição pública do objeto (elemento **subjetivo** do tipo). Não se tem punido, todavia, donos de *sex shops* que vendem objetos com formas de órgãos sexuais, desde que a exposição e venda dos produtos ocorra em local fechado e apenas para pessoas maiores de idade.

Nos incs. I, II e III, temos figuras equiparadas, punidas com as mesmas penas, para quem comercializa, expõe à venda ou distribui os objetos mencionados, apresenta ao público peça teatral ou filmes cinematográficos de caráter obsceno, ou realiza audição ou declamação obscenas em local público ou acessível ao público.

Ressalte-se, entretanto, que nos dias atuais não tem havido repressão a essa infração penal, sob o fundamento de que a sociedade moderna não se abala, por exemplo, com a exibição de espetáculos ou revistas pornográficas, desde que para adultos. Segundo Heleno Cláudio Fragoso,[235] *"a pesquisa veio demonstrar que não há dano na exibição de espetáculos obscenos, que, ao contrário, podem evitar ações delituosas em matéria sexual, pela gratificação que constituem para certas pessoas"*. Por essas razões, não se tem punido o dono do cinema que exibe filme pornográfico, o jornaleiro que vende revistas da mesma natureza, salvo se expuser uma revista com cena de sexo explícito com as páginas abertas, visíveis a todos, inclusive crianças que passem pelo local. Da mesma forma, haverá crime se o dono de uma loja de televisão, frequentada por pessoas de todas as idades, mantiver, em horário comercial, televisão ligada exibindo filmes pornográficos.

■ 6.4.2.3. *Sujeito ativo*

Pode ser qualquer pessoa. Trata-se de crime **comum**.

■ 6.4.2.4. *Sujeito passivo*

A coletividade, bem como qualquer pessoa afetada pelo escrito ou objeto obsceno.

■ 6.4.2.5. *Consumação*

Com a ação, independentemente da efetiva ofensa à moral pública.

■ 6.4.2.6. *Tentativa*

É possível.

---

[235] Heleno Cláudio Fragoso, *Lições de direito penal*. Parte especial, v. II, p. 86.

■ 6.4.2.7. *Ação penal*

É pública incondicionada, de competência do Juizado Especial Criminal.

■ 6.5. QUESTÕES

1. (Delegado de Polícia/SP) Autor de estupro, em que a vítima vem a falecer, em decorrência da violência praticada, responde por:

a) estupro qualificado pelo resultado.
b) estupro, em concurso formal com homicídio.
c) estupro, em concurso material com homicídio.
d) homicídio, absorvendo este o crime de estupro.

2. (Magistratura/SP — 182º concurso) Pode constituir, em tese, ato obsceno, na figura típica do art. 233 do Código Penal,

a) a exposição de cartazes, em lugar aberto ao público, mostrando corpos nus.
b) a exposição à venda de revista com fotografias de cunho pornográfico em lugar aberto ao público.
c) o ato de urinar em lugar público com exibição do pênis.
d) a exposição pública de fotografias de crianças nuas.

3. (MP/GO — 2010) Em relação ao tipo penal previsto no artigo 229 do Código Penal (Casa de prostituição) é correto afirmar:

a) Foi revogado, com base no princípio da adequação social, pela Lei 12.015/09.
b) Não se exige o intuito de lucro como elemento subjetivo do tipo.
c) A prostituta que exerce habitualmente tal atividade na sua casa realiza a conduta típica.
d) Os locais destinados a encontros libidinosos de namorados, como os motéis, podem, em princípio, ser considerados casas de prostituição.

4. (OAB — 2012.1 — FGV) Filolau, querendo estuprar Filomena, deu início à execução do crime de estupro, empregando grave ameaça à vítima. Ocorre que ao se preparar para o coito vagínico, que era sua única intenção, não conseguiu manter seu pênis ereto em virtude de falha fisiológica alheia à sua vontade. Por conta disso, desistiu de prosseguir na execução do crime e abandonou o local. Nesse caso, é correto afirmar que:

a) trata-se de caso de desistência voluntária, razão pela qual Filolau não responderá pelo crime de estupro.
b) trata-se de arrependimento eficaz, fazendo com que Filolau responda tão somente pelos atos praticados.
c) a conduta de Filolau é atípica.
d) Filolau deve responder por tentativa de estupro.

5. (Delegado de Polícia/DF — Fundação Universa) Acerca dos crimes contra a dignidade sexual, com a nova redação dada pela Lei n. 12.015, de 7 de agosto de 2009, assinale a alternativa incorreta.

a) Nos crimes contra a dignidade sexual, não mais haverá ação penal privada.
b) A ação será pública incondicionada se a vítima for menor de dezoito anos de idade, se estiver em situação de vulnerabilidade ou se ocorrer o resultado morte ou lesão corporal grave ou gravíssima.
c) Configura crime de estupro constranger alguém, mediante violência ou grave ameaça, a ter conjunção carnal ou a praticar ou permitir que com ele se pratique outro ato libidinoso.

d) O crime de assédio sexual caracteriza-se quando o agente, prevalecendo-se de sua condição de superior hierárquico ou ascendência inerentes ao exercício de emprego, cargo ou função, constrange alguém com o intuito de obter vantagem ou favorecimento sexual.
e) Se alguém der sonífero à vítima para, aproveitando-se do seu sono, manter com ela relação sexual, ele pratica o crime de estupro com violência presumida.

6. (Magistratura/PE — 2011 — FCC) Nos crimes contra a liberdade sexual, NÃO constitui causa de aumento da pena a circunstância de

a) Resultar gravidez.
b) O agente ser casado.
c) O agente ser empregador da vítima.
d) O crime ser cometido com concurso de duas ou mais pessoas.
e) O agente transmitir doença sexualmente transmissível de que sabe ser portador.

7. (Magistratura/SP — 2013 — Vunesp) A foi processado como incurso no artigo 217-A, § 1º, do Código Penal (estupro de vulnerável), por ter tido conjunção carnal com pessoa de 19 anos, portadora de deficiência mental. Finda a instrução, resultou provado que o réu atuou em erro sobre a vulnerabilidade da ofendida, decorrente da deficiência mental, cuja circunstância desconhecia. Considerada a hipótese, o Juiz deve

a) absolver o réu, com fundamento em causa de exclusão da antijuridicidade.
b) absolver o réu, com fundamento em causa de exclusão da tipicidade.
c) absolver o réu, com fundamento em causa de exclusão da culpabilidade.
d) condenar o réu pelo crime de estupro, na forma simples.

8. (Ministério Público/SP — 2015) Levando em consideração dominantes orientações doutrinárias e jurisprudenciais em relação aos crimes contra a dignidade sexual, assinale a alternativa falsa:

a) Para caracterização do crime de estupro de vulnerável não se exige que o agente empregue violência, grave ameaça ou fraude, bastando que se consume um dos atos sexuais com a pessoa vulnerável.
b) O crime de corrupção de menores se tipifica quando praticado contra menor de 18 (dezoito) anos, desde que não experiente em questões sexuais e ainda não corrompido.
c) Distingue-se o estupro da violação sexual mediante fraude porque neste o agente não emprega violência ou grave ameaça, mas artifícios que viciam a vontade da vítima, induzindo-a em erro.
d) Tratando-se o agente de tio, padrasto ou madrasta da vítima, as penas dos crimes são aumentadas de metade.
e) O assédio sexual se tipifica quando praticado por agente que, para alcançar seu intento, se prevalece de sua superioridade hierárquica tanto no serviço público, quanto no trabalho particular.

9. (Defensoria Pública/MT — 2016 — CEV) No que se refere aos crimes contra a dignidade sexual, analise as afirmativas abaixo.

I. No crime de estupro, não é possível a responsabilização penal por omissão.
II. Como regra, a ação penal é privada, exigindo-se a queixa-crime.
III. No crime de estupro, o tipo penal não exige contato físico entre a vítima e o agente.
IV. Pratica crime de corrupção de menores, previsto no artigo 228 do Código Penal, aquele que induz menor de dezesseis anos a satisfazer a lascívia de outrem.

Está correto o que se afirma em

a) I, II e IV, apenas.
b) II e III, apenas.

c) I e IV, apenas.
d) III, apenas.
e) II, III e IV, apenas.

10. (Ministério Público/SP – 2019) Assinale a alternativa correta.

a) O crime de importunação sexual, com elemento subjetivo específico, foi criado pela Lei n. 13.718/2018, que revogou expressamente o artigo 61 do Decreto-Lei n. 3.688/41, Lei das Contravenções Penais.
b) O crime de importunação sexual, tipificado pela Lei n. 13.718/2018, exige que a conduta seja praticada em lugar público, ou aberto ou exposto ao público.
c) A Lei n. 13.718/2018 tipificou o crime de importunação sexual, com dolo genérico e expressa subsidiariedade ao crime de estupro de vulnerável.
d) O crime de importunação sexual, assim como o crime de estupro, é crime de ação penal pública condicionada à representação da pessoa contra a qual o ato foi praticado.
e) A importunação sexual é crime contra a liberdade sexual, tal qual o crime de ato obsceno.

11. (Ministério Público/SP – 2019) O crime de divulgação de cena de estupro ou de cena de estupro de vulnerável, de cena de sexo ou de pornografia, previsto no artigo 218-C do Código Penal, pode ser classificado como

a) comum, material, comissivo, unissubjetivo, culposo, principal.
b) comum, formal, comissivo, unissubjetivo, doloso, subsidiário.
c) especial, formal, comissivo, plurissubjetivo, admite as formas doloso e culposo, subsidiário.
d) especial, material, comissivo ou omissivo, unissubjetivo, doloso, principal.
e) comum, material, comissivo, plurissubjetivo, admite as formas doloso e culposo, subsidiário.

■ GABARITO ■

1. "a". O art. 213, § 2º, do Código Penal prevê a morte como qualificadora do crime de estupro.
2. "c". É a única alternativa que menciona a efetiva prática de um ato de caráter obsceno.
3. "b". As demais assertivas estão incorretas.
4. "d". A falta de ereção é a circunstância alheia à vontade do agente que impediu a consumação do estupro.
5. "e". Quem dá sonífero para a vítima para ter com ela relação sexual comete atualmente crime de estupro de vulnerável, e não estupro com violência presumida. As demais alternativas estão corretas porque em consonância com os arts. 225 (assertivas A e B), 213 (C) e 216-A (D) do CP.
6. "b". As demais hipóteses estão expressamente previstas como causas de aumento de pena nos arts. 226 e 234-A do CP.
7. "b". A hipótese é de erro de tipo.
8. "b". O crime sexual de corrupção de menores decorrente da prática de ato sexual com menor de 18 anos foi revogado pela Lei n. 12.015/2009.
9. "d". É possível a responsabilização por omissão; a ação penal é pública incondicionada; quem induz menor de 16 anos a satisfazer a lascívia alheia comete crime previsto no art. 227 (e não no art. 228), e que se chama "mediação para satisfazer a lascívia de outrem" (e não "corrupção de menores").

10. "a". A alternativa B está errada porque o tipo penal do crime de importunação sexual não exige que o fato ocorra em local público, ou aberto ou exposto ao público. A alternativa C está errada porque é necessário elemento subjetivo específico no crime de importunação sexual (satisfação da própria lascívia ou de terceiro). A alternativa D está errada porque todos os crimes sexuais atualmente apuram-se mediante ação pública incondicionada. A alternativa E está errada porque o ato obsceno não é crime contra a liberdade sexual.

11. "b". Trata-se de crime que pode ser cometido por qualquer pessoa (comum), que não depende de resultado para a consumação (formal), que não pode ser cometido por omissão (comissivo), que pode ser praticado por uma só pessoa (unissubjetivo), que não prevê modalidade culposa (doloso) e que só se configura se não constituir crime mais grave (subsidiário).

TÍTULO VII

7. DOS CRIMES CONTRA A FAMÍLIA

Neste Título estão previstos inúmeros crimes que atingem a organização familiar. Subdivide-se em quatro Capítulos:

DOS CRIMES CONTRA A FAMÍLIA
• Capítulo I — Dos crimes contra o casamento; • Capítulo II — Dos crimes contra o estado de filiação; • Capítulo III — Dos crimes contra a assistência familiar; • Capítulo IV — Dos crimes contra o pátrio poder, tutela ou curatela.

DOS CRIMES CONTRA O CASAMENTO

7.1. DOS CRIMES CONTRA O CASAMENTO

No presente Capítulo estão descritos os crimes de bigamia (art. 235), induzimento a erro essencial e ocultação de impedimento (art. 236), conhecimento prévio de impedimento (art. 237), simulação de autoridade para celebração de casamento (art. 238) e simulação de casamento (art. 239).

7.1.1. Bigamia

> **Art. 235.** Contrair alguém, sendo casado, novo casamento:
> Pena — reclusão, de dois a seis anos.
> § 1º Aquele que, não sendo casado, contrai casamento com pessoa casada, conhecendo essa circunstância, é punido com reclusão ou detenção de um a três anos.
> § 2º Anulado por qualquer motivo o primeiro casamento, ou por outro motivo que não a bigamia, considera-se inexistente o crime.

7.1.1.1. Objetividade jurídica

Proteger a organização familiar, mais especificamente o casamento monogâmico, de modo a evitar reflexos indesejados na ordem jurídica no que pertine aos direitos e obrigações entre os cônjuges.

7.1.1.2. Tipo objetivo e sujeito ativo

A premissa do crime é a de que ao menos um dos contraentes seja casado. Este, ao contrair novo matrimônio, responde pela figura do *caput*, que tem pena de dois a seis anos de reclusão. O consorte, se solteiro e **ciente da condição do outro**, responde pela figura privilegiada do § 1º, que tem pena de reclusão ou detenção de um a três anos. Se desconhece tal condição, não responde pelo crime por falta de dolo. Ao contrário, é também vítima do delito.

Se os dois já são casados, ambos respondem pela figura principal.

Na modalidade do *caput* o crime é **próprio**, pois só pode ser cometido por pessoas já casadas.

A bigamia é crime de **concurso necessário** porque pressupõe o envolvimento de duas pessoas, ainda que uma delas possa, eventualmente, não ser punida por falta de dolo.

Respondem também pelo crime do § 1º as pessoas ou testemunhas que, cientes do fato, colaborem com o aperfeiçoamento do segundo casamento. Nesse sentido: "*Advogado que sabendo ser seu cliente casado, funciona como testemunha de novo matrimônio deste com outra mulher, deixando de cumprir a obrigação de denunciar o impedimento — Comportamento que concorreu para o delito — 'Quem de qualquer modo concorre para o crime incide nas penas a este cominadas*'" (TJSP — Rel. Andrade Junqueira — *RJTJSP* 68/331). Tais pessoas são consideradas partícipes do delito. Lembre-se que, se a própria pessoa que contrai o matrimônio, incorre na figura mais branda do § 1º, não faz sentido que outros envolvidos incorram na figura mais severa do *caput*.

Se o agente é separado judicialmente ou separado de fato, mas ainda não é divorciado, comete o crime quando vem a casar-se novamente. Apenas o divórcio extingue o vínculo e abre a possibilidade de novo matrimônio lícito. Após o advento da Lei do Divórcio (Lei n. 6.515/77), que passou a permitir o divórcio e a contração de novo matrimônio após a formalização daquele, bem como a aprovação de novas leis facilitando a realização do divórcio (redução de tempo e de várias formalidades), o crime de bigamia tornou-se raro.

Se o primeiro casamento for nulo ou anulável, mas ainda não tiver sido declarado como tal, haverá crime. No entanto, o § 2º esclarece que, sendo posteriormente declarada a anulação ou nulidade do primeiro casamento, considera-se inexistente o delito.

O simples casamento religioso (por quem já é casado) não configura o crime, salvo se for realizado na forma do art. 226, § 2º, da CF (com efeitos civis).

Por falta de previsão legal, não constitui crime viver em união estável com duas pessoas.

■ *7.1.1.3. Sujeito passivo*

O Estado, o cônjuge ofendido do primeiro casamento, bem como o cônjuge de boa-fé do segundo.

■ *7.1.1.4.* Consumação

O crime se consuma no momento em que os nubentes manifestam formalmente a vontade de contrair casamento perante a autoridade competente, durante a celebração. Para tal fim, nem sequer é exigido o termo de casamento, que é simples prova do delito. Trata-se de crime **instantâneo**, de efeitos permanentes.

■ *7.1.1.5.* Tentativa

É possível quando, iniciada a celebração, a concretização do casamento é impedida. Há, todavia, entendimento, bastante minoritário em sentido oposto, sob o fundamento de que, ou há a manifestação de vontade, e o crime está consumado, ou não há, hipótese em que o fato é atípico (mero ato preparatório).

Não há divergência, entretanto, no sentido de que o processo de habilitação (anterior à celebração) constitui mero ato preparatório, não configurando a tentativa de bigamia, mas, sim, crime de falsidade ideológica (art. 299) a declaração de pessoa casada de que é desimpedida. Veja-se, porém, que a consumação da bigamia absorve a falsidade (crime-meio).

■ *7.1.1.6. Prazo prescricional*

Como a ocorrência do crime de bigamia comumente permanece ignorada por tempo considerável, houve por bem o legislador criar regra especial no que pertine ao início do prazo prescricional deste delito, determinando que o lapso somente passe a correr da data em que o fato se tornar conhecido da autoridade pública (art. 111, IV, do CP). A propósito: "*Criminal. Bigamia. Prescrição pela pena em concreto. Data inicial do prazo. Jurisprudência assentada sobre que o prazo começa a correr a partir da* notitia criminis *levada ao conhecimento da autoridade pública*" (STJ — 5ª Turma — RHC 7.206/RJ — Rel. Min. José Dantas — *DJU* 25-5-1998, p. 124).

■ *7.1.1.7. Ação penal*

É pública incondicionada.

■ 7.1.2. Induzimento a erro essencial e ocultação de impedimento

> **Art. 236.** Contrair casamento, induzindo em erro essencial o outro contraente, ou ocultando-lhe impedimento que não seja casamento anterior:
>
> Pena — detenção, de seis meses a dois anos.
>
> Parágrafo único. A ação penal depende de queixa do contraente enganado e não pode ser intentada senão depois de transitar em julgado a sentença que, por motivo de erro ou impedimento, anule o casamento.

■ *7.1.2.1. Objetividade jurídica*

A regularidade na constituição do matrimônio, nos termos exigidos pela Lei Civil.

■ *7.1.2.2. Tipo objetivo*

A conduta típica é contrair casamento. Para que haja delito, entretanto, é necessário que o agente tenha induzido o consorte inocente em erro essencial ou que lhe tenha ocultado a existência de impedimento para a celebração do casamento — que não o matrimônio anterior, que configuraria o crime de bigamia. Premissa do crime, portanto, é que a outra parte esteja de boa-fé e tenha sido enganada pelo agente.

As hipóteses de **erro essencial** estão expostas no art. 1.557 do Código Civil, havendo crime, por exemplo, quando o sujeito mente a respeito de sua identidade ou oculta tratar-se de criminoso ou portador de defeito físico irremediável que não caracterize deficiência ou de moléstia grave e transmissível, por contágio ou por herança, capaz de pôr em risco a saúde do outro cônjuge ou de sua descendência.

As hipóteses de impedimento para o casamento estão elencadas no art. 1.521 do Código Civil, havendo crime, assim, se o agente se casar ocultando encontrar-se em uma das situações ali elencadas.

O crime em estudo é modalidade de norma penal em branco porque pressupõe complemento, que é encontrado em outra lei.

■ 7.1.2.3. *Sujeito ativo*

Pode ser qualquer pessoa, homem ou mulher.

■ 7.1.2.4. *Sujeito passivo*

O Estado e o contraente de boa-fé.

■ 7.1.2.5. *Consumação*

No momento da celebração do casamento.

■ 7.1.2.6. *Tentativa*

Apesar de possível no plano fático, é inviável em termos jurídicos. Com efeito, o parágrafo único do art. 236 diz que a ação penal só pode ser proposta se já tiver transitado em julgado a sentença que anulou o casamento em razão do erro ou do impedimento. Ora, só existe sentença declarando a tal anulação se o casamento se concretizou.

■ 7.1.2.7. *Prescrição*

O prazo prescricional tem início na data em que transita em julgado a sentença que declarou a anulação do casamento. Se antes disso a ação não poderia ser proposta, o prazo prescricional não poderia estar já em andamento.

A sentença anulando o casamento é condição de procedibilidade.

■ 7.1.2.8. *Ação penal*

É privada personalíssima, na medida em que o art. 236, parágrafo único, prevê que a ação só pode ser intentada pelo cônjuge ofendido. Assim, em caso de morte do titular da ação penal, não será possível a substituição no polo ativo, havendo, por consequência, extinção da punibilidade.

A competência é do Juizado Especial Criminal.

■ 7.1.3. Conhecimento prévio de impedimento

> **Art. 237.** Contrair casamento, conhecendo a existência de impedimento que lhe cause nulidade absoluta:
> Pena — detenção, de três meses a um ano.

■ 7.1.3.1. *Objetividade jurídica*

A regularidade do matrimônio.

■ 7.1.3.2. *Tipo objetivo*

A conduta típica é **contrair** casamento, desde que o agente o faça sabendo da existência de impedimento que lhe cause a nulidade absoluta. Cuida-se de **norma penal em branco** porque exige complemento da lei civil à qual cabe definir as hipóteses de impedimento matrimonial. Atualmente, tais impedimentos encontram-se nos incs. I a VII do art. 1.521 do Código Civil; contudo, se o casamento se der com infração à hipótese do inc. VI (casamento anterior), o crime será o de bigamia. Se o impedimento for referente aos demais incisos, estará configurado o crime do art. 237.

Se o agente sabe do impedimento e **omite** o fato da pessoa com quem irá se casar, incorre no crime em análise. Só ocorrerá o delito do artigo anterior — ocultação de impedimento — se o agente fraudulentamente ocultar o fato. Assim, se ele mente para esconder o impedimento, comete crime mais grave do art. 236. Se apenas se omite, sua conduta enquadra-se no delito em estudo.

Saliente-se, ainda, que, se o sujeito narra ao outro contraente a existência do impedimento antes de o matrimônio se realizar e este aceita se casar mesmo assim, ambos respondem pelo delito.

■ 7.1.3.3. *Elemento subjetivo*

Apenas o dolo direto é capaz de tipificar este crime, na medida em que o dispositivo exige que o agente conheça o impedimento matrimonial. Correto concluir, portanto, que ele **quer** se casar com pessoa com quem não pode. Não se admite a figura do dolo eventual.

■ 7.1.3.4. *Sujeito ativo*

Pode ser qualquer pessoa. Se ambos os cônjuges conhecerem a existência do impedimento, serão coautores do crime.

■ 7.1.3.5. *Sujeito passivo*

O Estado e o outro contraente, desde que esteja de boa-fé.

■ 7.1.3.6. *Consumação*

No momento em que é realizado o casamento.

■ 7.1.3.7. *Tentativa*

É possível quando, iniciada a celebração, a cerimônia é interrompida antes da concretização do casamento.

■ 7.1.3.8. *Ação penal*

Pública incondicionada, de competência do Juizado Especial Criminal.

■ 7.1.4. Simulação de autoridade para celebração de casamento

> **Art. 238.** Atribuir-se falsamente autoridade para celebração de casamento:
> Pena — detenção, de um a três anos, se o fato não constitui crime mais grave.

■ *7.1.4.1. Objetividade jurídica*

A regularidade formal do ato matrimonial.

■ *7.1.4.2. Tipo objetivo*

A conduta ilícita consiste em simular a condição de juiz de paz para celebrar matrimônio. O art. 98, II, da Constituição Federal, ao tratar da Justiça de Paz, diz que ela é "*remunerada, composta de cidadãos eleitos pelo voto direto, universal e secreto, com mandato de quatro anos e competência para, na forma da lei, celebrar casamentos, verificar, de ofício ou em face de impugnação apresentada, o processo de habilitação e exercer atribuições conciliatórias, sem caráter jurisdicional, além de outras previstas na legislação*".

É evidente que, na prática, a intenção do sujeito é obter a remuneração pelo casamento; caso consiga, responderá apenas por crime de estelionato porque o tipo em estudo é expressamente subsidiário. Assim, considerando que esse crime se constitui pela simples conduta de atribuir-se a condição de autoridade para celebração de casamento, estará configurado o delito somente se, posteriormente, o agente não obtiver qualquer vantagem como consequência de tal ato.

O casamento realizado por autoridade incompetente é anulável, mas se convalida se não for proposta a ação para a anulação no prazo de dois anos a contar da celebração (arts. 1.550, VI, e 1.560, II, do Código Civil).

■ *7.1.4.3. Sujeito ativo*

Pode ser qualquer pessoa.

■ *7.1.4.4. Sujeito passivo*

O Estado e os cônjuges de boa-fé.

■ *7.1.4.5. Consumação*

No momento em que o agente se atribui falsamente a condição de juiz de paz, independentemente da efetiva celebração do casamento. Cuida-se de crime **formal**.

■ *7.1.4.6. Tentativa*

É possível quando o ato puder ser fracionado. Na prática, entretanto, não ocorre.

7.1.4.7. *Ação penal*

Pública incondicionada. Considerando que a pena mínima é de um ano, possível a suspensão condicional do processo se presentes os demais requisitos do art. 89 da Lei n. 9.099/95.

7.1.5. Simulação de casamento

> **Art. 239.** Simular casamento mediante engano de outra pessoa:
> Pena — detenção, de um a três anos, se o fato não constitui elemento de crime mais grave.

7.1.5.1. *Objetividade jurídica*

A organização familiar e o regime jurídico do casamento.

7.1.5.2. *Tipo objetivo*

Simular significa fingir que está se casando. Para que haja crime, é necessário que o agente, por meio fraudulento, engane o outro nubente, de tal forma que este acredite que está mesmo se casando. Se duas pessoas combinam fazer uma brincadeira com amigos, simulando que estão se casando, e os convidam para uma festa de matrimônio, o fato não constitui crime, pois a pessoa enganada deve ser aquela apta para consentir no casamento, e não terceiros. Excepcionalmente, entretanto, poderá ocorrer o crime quando ambos os nubentes souberem da farsa, mas enganarem os pais de um deles, menor de idade, para que dê seu consentimento, nos termos do art. 1.517 do Código Civil.

O Juiz de Paz ou o Oficial do Cartório de Registro Civil que realiza a cerimônia, mas dolosamente engana os noivos e não registra ou não leva a registro o ato no livro respectivo, comete falsidade ideológica, consistente em omitir declaração que devia constar em documento público.

- **Subsidiariedade expressa**

De acordo com o próprio texto legal, o crime em estudo fica absorvido quando o fato constitui crime mais grave. Assim, se o fato é, por exemplo, meio de execução para a obtenção de vantagem econômica indevida, a conduta será enquadrada como crime de estelionato (art. 171); já se a intenção do agente é manter relação sexual com moça que, por exemplo, assegura que só perderá a virgindade após o matrimônio, o crime será o de violação sexual mediante fraude (art. 215).

7.1.5.3. *Sujeito ativo*

Pode ser qualquer pessoa. Trata-se de crime **comum**.

7.1.5.4. *Sujeito passivo*

O Estado, bem como a pessoa enganada.

7.1.5.5. *Consumação*

No momento da celebração simulada.

7.1.5.6. *Tentativa*

É possível.

7.1.5.7. *Ação penal*

É pública incondicionada.

7.1.6. Adultério

> **Art. 240.** Cometer adultério:
> Pena — detenção, de quinze dias a seis meses.
> § 1º Incorre na mesma pena o corréu.
> § 2º A ação somente pode ser intentada pelo cônjuge ofendido, e dentro de um mês após o conhecimento do fato.
> § 3º A ação penal não pode ser intentada:
> I — pelo cônjuge desquitado;
> II — pelo cônjuge que consentiu no adultério ou o perdoou, expressa ou tacitamente.
> § 4º O Juiz pode deixar de aplicar a pena:
> I — se havia cessado a vida em comum dos cônjuges;
> II — se o querelante havia praticado qualquer dos atos previstos no art. 317 do Código Civil.

A menção ao crime de adultério e às suas regras quanto à ação penal e ao perdão judicial foram mantidas apenas por razões históricas, já que esse crime foi revogado expressamente pela Lei n. 11.106/2005, tendo havido *abolitio criminis*. O delito de adultério punia o relacionamento sexual, fora do casamento, com pessoa do sexo oposto.

II

DOS CRIMES CONTRA O ESTADO DE FILIAÇÃO

7.2. DOS CRIMES CONTRA O ESTADO DE FILIAÇÃO

Estão aqui previstos os crimes de registro de nascimento inexistente (art. 241), parto suposto, supressão ou alteração de direito inerente a estado civil de recém-nascido (art. 242) e sonegação de estado de filiação (art. 243).

7.2.1. Registro de nascimento inexistente

> **Art. 241.** Promover no registro civil a inscrição de nascimento inexistente:
> Pena — reclusão, de dois a seis anos.

7.2.1.1. Objetividade jurídica

O estado de filiação e a fé pública nos documentos oficiais.

7.2.1.2. Tipo objetivo

A conduta típica é registrar, dar causa ao registro de pessoa que não nasceu, havendo, também, infração na conduta de registrar natimorto como se tivesse nascido vivo. Por se tratar de crime especial, a sua configuração afasta a aplicação do crime de falsidade ideológica.

7.2.1.3. Sujeito ativo

Trata-se de crime **comum**, que pode ser praticado por qualquer pessoa (pai e mãe fictícios, Oficial do Registro Civil quando ciente da falsidade etc.). Também respondem pelo crime os partícipes, como médicos que tenham atestado o nascimento inexistente, "testemunhas" do nascimento inexistente etc.

7.2.1.4. Sujeito passivo

O Estado, bem como a pessoa eventualmente lesada pelo crime.

7.2.1.5. Consumação

No momento em que é feito o registro.

■ 7.2.1.6. *Tentativa*

É possível, como, por exemplo, na hipótese em que a concretização do ato registral é obstada por terceiro ou quando o Oficial desconfia da documentação apresentada e não o realiza.

■ 7.2.1.7. *Prescrição*

Determina o art. 111, IV, do Código Penal, que o prazo prescricional somente começa a correr a partir da data em que o fato se torna conhecido.

■ 7.2.1.8. *Ação penal*

É pública incondicionada.

■ 7.2.2. Parto suposto. Supressão ou alteração de direito inerente ao estado civil de recém-nascido

> **Art. 242.** Dar parto alheio como próprio; registrar como seu o filho de outrem; ocultar recém-nascido ou substituí-lo, suprimindo ou alterando direito inerente ao estado civil:
> Pena — reclusão, de dois a seis anos.
> Parágrafo único. Se o crime é cometido por motivo de reconhecida nobreza:
> Pena — detenção, de um a dois anos, podendo o juiz deixar de aplicar a pena.

■ 7.2.2.1. *Objetividade jurídica*

O estado de filiação.

■ 7.2.2.2. *Tipo objetivo*

São previstas, ao todo, quatro condutas típicas absolutamente autônomas entre si, as quais estão dispostas a seguir.

■ 7.2.2.2.1. *Dar parto alheio como próprio*

É um crime que só pode ser praticado por mulher, cuja ação incriminada é a de apresentar à sociedade um recém-nascido como se fosse seu próprio filho. Trata-se de crime **próprio**. É necessário que a mulher tenha a intenção específica de criar uma situação jurídica em que se faça passar por mãe do infante, introduzindo-o em sua família. É desnecessário o registro do menor.

As vítimas são o Estado e os herdeiros da agente.

A **consumação** ocorre no instante em que é criada uma situação que leve outras pessoas a interpretar que o filho é dela.

A **tentativa** é possível.

■ 7.2.2.2.2. *Registrar como seu o filho de outrem*

Cuida-se de infração penal em que o agente (homem ou mulher) promove a inscrição no Registro Civil de criança declarando tratar-se de filho próprio, quando, em verdade, cuida-se de filho de outrem. Respondem também pelo crime o Oficial do Cartório e os pais verdadeiros se, cientes da intenção dos agentes, colaboram para a efetivação do registro. Comete ainda o crime pessoa que passa a viver maritalmente com a gestante, ciente de que ela se encontra grávida de outro homem, e, após o nascimento, registra o recém-nascido como filho dele próprio e de sua companheira. Trata-se de crime **comum**.

Sujeitos passivos são o Estado e as pessoas lesadas pela conduta.

O delito em análise absorve o crime de falsidade ideológica.

A **consumação** se dá no momento em que o registro é efetivado.

É possível a **tentativa**.

■ *7.2.2.2.3. Ocultar recém-nascido, suprimindo ou alterando direito inerente ao estado civil*

Pratica o crime quem, dolosamente, esconde o recém-nascido visando, com isso, suprimir os direitos inerentes ao estado civil do neonato. Assim, comete também o crime quem intencionalmente deixa de registrar o menor, ainda que continue a sustentá-lo. Trata-se de crime **comum**, pois pode ser cometido por qualquer pessoa.

Sujeitos passivos são o Estado e o neonato prejudicado.

O crime se **consuma** quando a ocultação atinge os direitos do recém-nascido.

A **tentativa** é possível.

■ *7.2.2.2.4. Substituir recém-nascido, suprimindo ou alterando direito inerente ao estado civil*

O crime consiste em dolosamente trocar recém-nascidos (em berçário, em creche etc.), pouco importando que um deles seja natimorto. As crianças, portanto, passam a viver em famílias trocadas. Trata-se de crime **comum**, pois pode ser cometido por integrantes de uma das famílias, por integrantes das duas ou até por terceira pessoa.

Vítimas são os neonatos e os familiares que não tenham tomado parte no crime.

Consuma-se quando a troca atinge os direitos civis do recém-nascido, não sendo necessário o registro.

A **tentativa** é possível.

■ *7.2.2.3. Figura privilegiada e perdão judicial*

Estabelece o art. 242, parágrafo único, que, se o crime for praticado por motivo de reconhecida nobreza, o juiz pode reduzir a pena para detenção de um a dois anos ou deixar de aplicar a pena, concedendo o **perdão judicial**. A reconhecida nobreza é evidenciada quando a conduta demonstra generosidade ou afeto do agente que visa criar e educar a criança e, por isso, a registrou em seu nome, por exemplo. Esses benefícios são aplicáveis a todas as figuras ilícitas descritas no art. 242.

■ 7.2.2.4. *Prescrição*

Nos termos do art. 111, IV, do Código Penal, para a modalidade registrar como próprio o filho de outrem (falsificação de assento de registro civil), a prescrição só passa a correr da data em que o fato se torna conhecido. Nas demais modalidades, o prazo prescricional segue a regra geral, ou seja, começa a ser contado da data da consumação (art. 111, I, do CP).

■ 7.2.3. Sonegação de estado de filiação

> **Art. 243.** Deixar em asilo de expostos ou outra instituição de assistência filho próprio ou alheio, ocultando-lhe a filiação ou atribuindo-lhe outra, com o fim de prejudicar direito inerente ao estado civil:
> Pena — reclusão, de um a cinco anos, e multa.

■ 7.2.3.1. *Objetividade jurídica*

O estado de filiação.

■ 7.2.3.2. *Tipo objetivo*

A conduta típica é deixar, isto é, abandonar em asilo de expostos ou outra instituição assistencial, pública ou particular, o próprio filho ou filho alheio. É necessário, ainda, que o agente oculte o estado de filiação ou lhe atribua outro, com o fim de prejudicar direito inerente ao estado civil.

■ 7.2.3.3. *Sujeito ativo*

No caso de abandono do próprio filho, o delito é classificado como próprio, pois só pode ser cometido por um ou por ambos os pais. Em se tratando de filho alheio, o sujeito ativo pode ser qualquer pessoa.

■ 7.2.3.4. *Sujeito passivo*

O Estado e o menor — que pode ser lesado em seus direitos.

■ 7.2.3.5. *Consumação*

No momento em que o menor é deixado na instituição. Não é necessário que o agente consiga atingir sua finalidade de sonegar o estado de filiação; basta a intenção nesse sentido.

■ 7.2.3.6. *Tentativa*

É possível.

■ 7.2.3.7. *Ação penal*

É pública incondicionada.

III

DOS CRIMES CONTRA A ASSISTÊNCIA FAMILIAR

7.3. DOS CRIMES CONTRA A ASSISTÊNCIA FAMILIAR

Neste Capítulo estão previstos os crimes de abandono material (art. 244), entrega de filho a pessoa inidônea (art. 245), abandono intelectual (art. 246) e abandono moral (art. 247).

7.3.1. Abandono material

> **Art. 244.** Deixar, sem justa causa, de prover a subsistência do cônjuge, ou de filho menor de 18 anos ou inapto para o trabalho, ou de ascendente inválido ou maior de 60 anos, não lhes proporcionando os recursos necessários ou faltando ao pagamento de pensão alimentícia judicialmente acordada, fixada ou majorada; deixar, sem justa causa, de socorrer descendente ou ascendente gravemente enfermo:
> Pena — detenção, de um a quatro anos, e multa.
> Parágrafo único. Na mesma pena incide quem, sendo solvente, frustra ou ilide, de qualquer modo, inclusive abandono injustificado de emprego ou função, o pagamento de pensão alimentícia judicialmente acordada, fixada ou majorada.

7.3.1.1. Objetividade jurídica

O dispositivo visa proteger a família, no sentido de ser observada a regra Constitucional que prevê a obrigação de assistência material recíproca. De acordo com o art. 229 da Constituição Federal, "os pais têm o dever de assistir, criar e educar os filhos menores, e os filhos maiores têm o dever de ajudar e amparar os pais na velhice, carência ou enfermidade". Tutela, outrossim, o direito à pensão alimentícia judicialmente acordada, fixada ou majorada.

7.3.1.2. Tipo objetivo

Na primeira modalidade, o legislador incrimina o cônjuge, ascendente ou descendente que, sem justa causa, deixa de prover a subsistência de seus dependentes (cônjuge, o filho menor de 18 anos ou incapacitado para o trabalho, ou, ainda, o ascendente inválido ou maior de 60 anos). É evidente que só existirá o crime se a vítima estiver passando por necessidades materiais e o agente, podendo prover-lhe a subsistência, intencionalmente deixar de fazê-lo.

Na segunda modalidade, o agente, sem justa causa, deixa de efetuar o pagamento da pensão alimentícia acordada, fixada ou majorada em **processo judicial**. A eventual existência de prisão civil pela inadimplência do dever alimentar não exclui o crime, mas o tempo que o agente permanecer preso em sua consequência poderá ser descontado na execução penal, sendo, portanto, caso de detração (art. 42 do CP).

Para a existência do crime, é necessário que o fato se dê sem justa causa (elemento **normativo** do tipo). Há justa causa, por exemplo, quando o sujeito encontra-se doente e precisa usar os recursos financeiros para seu próprio tratamento ou quando foi vítima de crime contra o patrimônio, etc.

Tendo sido fixada a pensão alimentícia, o fato de outra pessoa ajudar a sustentar o filho (avós, por exemplo) não exime a responsabilidade daquele que se omite.

O parágrafo único do art. 244 pune com as mesmas penas do *caput* o sujeito que **frustra** ou **ilide** de qualquer modo o pagamento de pensão alimentícia. Trata-se de punir o emprego de fraude tendente a afastar o encargo, como, por exemplo, deixar de trabalhar para que o valor da pensão não seja descontado da folha de pagamento, ocultar rendimentos etc.

Saliente-se que a Lei de Alimentos (art. 22, *caput*, da Lei n. 5.478/68) prevê pena de seis meses a um ano de detenção para o **empregador** ou **funcionário público** que deixar de prestar ao juízo competente as informações necessárias à instrução de processo ou execução de sentença ou acordo que fixe pensão alimentícia. Além disso, incorrerá na mesma pena quem, de qualquer modo, ajudar o devedor a eximir-se ao pagamento de pensão alimentícia judicialmente fixada, acordada ou majorada, ou se recusar ou procrastinar a execução da ordem de descontos em folhas de pagamento expedida pelo juiz competente (art. 22, par. único, da Lei n. 5.478/68).

Por fim, a parte final do art. 244, *caput*, prevê também a configuração do delito de abandono material por parte de quem, sem justa causa, deixar de socorrer materialmente ascendente ou descendente gravemente enfermo (mental ou fisicamente), independentemente da idade.

Por seu turno, o art. 90, parágrafo único, da Lei n. 13.146/2015 (Estatuto da Pessoa com Deficiência) estabelece pena de reclusão, de seis meses a três anos, e multa para quem deixar de prover as necessidades básicas de pessoa com deficiência quando obrigado por lei ou mandado. Tal dispositivo, por ter pena menor do que a do art. 244 do Código Penal, só terá incidência quando faltar alguma das elementares deste último delito.

■ 7.3.1.3. Sujeito ativo

O crime do art. 244 é **próprio** e só pode ser cometido por cônjuge, ascendente, descendente etc.

■ 7.3.1.4. Sujeito passivo

O cônjuge, o filho menor de 18 anos ou incapacitado para o trabalho, o ascendente inválido ou maior de 60 anos, bem como o ascendente ou descendente gravemente enfermo. Como se trata de norma incriminadora, não existe a possibilidade de analogia para abranger o abandono material de **convivente** nos casos de união estável. Com o objetivo de corrigir tal lacuna, existe projeto de lei em tramitação no Congresso Nacional para inserir tal hipótese no art. 244 do Código Penal.

■ *7.3.1.5. Consumação*

Na primeira e na terceira figuras, a consumação se dá quando o agente, ciente de que a vítima passa por necessidades, deixa de socorrê-la materialmente. Exige-se permanência no gesto, não havendo crime no ato transitório, em que há ocasional omissão por parte do devedor. Na segunda figura, a consumação ocorre no dia seguinte ao término do prazo para o pagamento da pensão estipulada.

Em todas as figuras, o crime é permanente.

■ *7.3.1.6. Tentativa*

Em todas as hipóteses, o crime é **omissivo próprio**; assim, não admite a tentativa.

■ 7.3.2. Entrega de filho menor a pessoa inidônea

> **Art. 245.** Entregar filho menor de 18 anos a pessoa em cuja companhia saiba ou deva saber que o menor fica moral ou materialmente em perigo:
> Pena — detenção, de um a dois anos.

■ *7.3.2.1. Objetividade jurídica*

A assistência familiar, no sentido do cuidado que devem ter os pais em relação aos filhos menores, nos termos do art. 229 da Constituição Federal, o qual afirma que "*os pais têm o dever de assistir, criar e educar os filhos menores*".

■ *7.3.2.2. Tipo objetivo*

A conduta típica é **entregar** o filho menor a alguém.

Deve-se demonstrar que a pessoa que recebeu o menor é inidônea, ou seja, que este ficou moral ou materialmente em perigo em sua companhia. Configura, pois, o delito entregar o menor para mendigo que não tenha condições de lhe fornecer os cuidados necessários, alcoólatra, dependente químico, pessoa com grave enfermidade mental ou portadora de doença contagiosa etc. Trata-se de crime de perigo **abstrato**, em que a lei presume o risco em razão da condição da pessoa inidônea. Basta provar a situação de tal pessoa, hipótese em que o risco sofrido pelo menor é considerado consequência inexorável.

Para a configuração do delito, é necessário que o agente saiba efetivamente do risco que o menor correrá na companhia daquela pessoa ou que deva sabê-lo.

■ *7.3.2.3. Sujeito ativo*

Apenas os pais, já que o tipo penal contém a expressão "entregar o próprio filho" a pessoa inidônea. Trata-se, pois, de crime **próprio**. É irrelevante que se trate de pai natural ou adotivo. Qualquer deles pode cometer o delito.

O crime não pode ser cometido, por exemplo, pelo tutor.

7.3.2.4. *Sujeito passivo*

O filho menor de 18 anos.

7.3.2.5. *Consumação*

O crime se consuma no instante em que o menor é entregue à pessoa inidônea. Não é necessário que fique em poder dela por tempo prolongado ou que o menor sofra qualquer espécie de dano.

7.3.2.6. *Tentativa*

É possível quando se evidencia, por exemplo, que o pai pretendia entregar o filho, mas que foi obstado por autoridade ou por outro parente da criança ou adolescente.

7.3.2.7. *Figuras qualificadas*

> **§ 1º** A pena é de um a quatro anos de reclusão, se o agente pratica delito para obter lucro, ou se o menor é enviado para o exterior.

Na primeira modalidade qualificada, basta a intenção de lucro por parte do agente. Ex.: para que o filho trabalhe e o pai fique com o dinheiro.

Na segunda o menor é mandado para o exterior.

> **§ 2º** Incorre, também, na pena do parágrafo anterior quem, embora excluído o perigo moral ou material, auxilia a efetivação de ato destinado ao envio de menor para o exterior, com o fito de obter lucro.

Essa figura qualificada encontra-se revogada pelo art. 239 do Estatuto da Criança e do Adolescente, que pune as condutas de "*promover ou auxiliar a efetivação de ato destinado ao envio de criança ou adolescente para o exterior com inobservância das formalidades legais ou com fito de lucro*". A pena é de reclusão, de quatro a seis anos.

7.3.2.8. *Ação penal*

É pública incondicionada. Na figura simples, a competência é do Juizado Especial Criminal.

7.3.3. Abandono intelectual

> **Art. 246.** Deixar, sem justa causa, de prover a instrução primária de filho em idade escolar:
> Pena — detenção, de 15 dias a um mês, ou multa.

■ 7.3.3.1. *Objetividade jurídica*

Assegurar que os pais providenciem a educação primária dos filhos menores de idade.

■ 7.3.3.2. *Tipo objetivo*

O crime de abandono intelectual consiste no descumprimento, por parte dos pais, do dever de prover à instrução intelectual dos filhos menores em idade escolar. A instrução primária a que se refere o texto penal é, atualmente, chamada de **ensino fundamental** (art. 210 da Constituição Federal). A Lei n. 9.394/96 — Lei de Diretrizes e Bases da Educação Nacional — complementa o tipo penal em estudo (norma penal em branco), estabelecendo a obrigatoriedade dos pais ou responsáveis em efetuar a matrícula dos menores, a partir dos **seis** anos de idade, no ensino fundamental. Este é obrigatório, dura nove anos e tem por objetivo a formação básica do cidadão (art. 32). Assim, cometem o crime os pais que não efetuam a matrícula, sem justa causa, quando a criança atinge a idade para o início do ensino fundamental (seis anos), bem como aqueles que permitem a evasão do ensino antes de completado o ciclo de nove anos mencionado na Lei de Diretrizes. Apesar de a Lei n. 9.394/96 obrigar também os responsáveis legais pelo menor a efetuar sua matrícula, o tipo penal do art. 246 só pune quem não matricula os próprios filhos.

Eventual existência de justa causa para o descumprimento da obrigação exclui o delito (elemento normativo do tipo). Mostra-se presente a justa causa, hábil a desconfigurar o delito, em casos de ausência de vagas em escolas públicas, de penúria da família, de longa distância da moradia da família até a escola mais próxima, de impossibilidade de manter o filho adolescente arredio frequentando as aulas etc. Nesse sentido: "*Evasão escolar decorrente da vontade da adolescente, que não mais desejava estudar e foi viver com o namorado, não obstante os esforços da genitora, incabível a responsabilização criminal desta. Ausente o dolo, ou seja, a vontade dos genitores em impedir que o filho frequente a escola e, não sendo o delito punível a título de culpa, não há como receber a denúncia. Não será processando criminalmente os genitores que se resolverá o problema, muito mais complicado, de cunho social, cuja solução demanda atendimento sociopsicológico do adolescente e sua família*" (Turma Recursal/RS — Apelação n. 71000939157 — Rel. Angela Maria Silveira).

Para que exista crime, é necessário que haja **dolo** na conduta dos genitores, no sentido de privar os filhos menores da educação do ensino fundamental.

■ 7.3.3.3. *Sujeito ativo*

Só os **pais** podem ser sujeitos ativos e é irrelevante se vivem ou não em companhia de seus filhos. Assim, ainda que não convivam com seus filhos, são obrigados a lhes prover à instrução. Trata-se de crime **próprio**, que, entretanto, não abrange os meros tutores ou curadores do menor.

■ 7.3.3.4. *Sujeito passivo*

Os filhos menores em idade escolar.

■ 7.3.3.5. Consumação

O crime se consuma no momento em que, após a criança atingir a idade escolar, os genitores revelam inequivocamente a vontade de não cumprir com o dever familiar de lhe propiciar concretamente a instrução primária. Trata-se de crime **permanente**, pois sua consumação perdura enquanto o menor não for enviado à escola.

■ 7.3.3.6. Tentativa

Por se tratar de crime **omissivo próprio** não admite a tentativa.

■ 7.3.3.7. Ação penal

É pública incondicionada, de competência do Juizado Especial Criminal.

■ 7.3.4. Abandono moral

> **Art. 247.** Permitir alguém que menor de 18 anos, sujeito a seu poder ou confiado à sua guarda ou vigilância:
> I — frequente casa de jogo ou mal-afamada ou conviva com pessoa viciosa ou de má vida;
> II — frequente espetáculo capaz de pervertê-lo ou de ofender-lhe o pudor, ou participe de representação de igual natureza;
> III — resida ou trabalhe em casa de prostituição;
> IV — mendigue ou sirva a mendigo para excitar a comiseração pública.
> Pena — detenção, de um a três meses, ou multa.

■ 7.3.4.1. Objetividade jurídica

A formação moral da criança ou adolescente. A denominação "abandono moral" não consta do Código Penal, mas há consenso na doutrina em torno desse nome em face das peculiaridades do delito, que pressupõe que o responsável permita que o menor seja colocado em situações perigosas à sua formação moral.

■ 7.3.4.2. Tipo objetivo

O delito consiste em permitir que o menor realize uma das condutas elencadas nos incisos do art. 247. A permissão pode ser **expressa** ou **tácita**, tendo, neste último caso, o sentido de tolerância apesar de ciente da conduta do menor.

Para a tipificação da hipótese do inc. I, é preciso que o menor frequente **com habitualidade** casa de jogo ou mal-afamada (casa de prostituição, bar etc.), ou que conviva com pessoa viciosa ou de má vida. É necessário que o responsável saiba desse comportamento e permita, de forma expressa ou tácita, que se repita. Distingue-se do crime do art. 245, pois, neste, o agente **entrega o menor a uma pessoa determinada** cujo comportamento ou meio de vida expõe a vítima a risco material ou moral.

A permissão para que o adolescente vá uma única vez em casa de prostituição não se enquadra no tipo penal, que exige **frequência** nessa conduta.

No caso do inc. II, 1ª parte, também se exige habitualidade do menor em frequência a espetáculo capaz de pervertê-lo (*show* de sexo ou de *striptease* etc.). Em sua 2ª parte, entretanto, não é necessária habitualidade, bastando que o agente consinta em que o menor participe de representação de igual natureza. Caso, todavia, haja encenação de sexo explícito ou de cena pornográfica envolvendo o menor, o produtor ou diretor incorrerá em crime mais grave, previsto no art. 240 da Lei n. 8.069/90, e o responsável que, conscientemente, der autorização, estará incurso no mesmo crime.

Na hipótese do inc. III, o agente permite que o menor more ou trabalhe em casa de prostituição. É evidente que o trabalho a que a lei se refere é outro qualquer (garçom, atendente, faxineiro), e nunca o de prostituta ou garoto de programa, pois, em relação a estes, a permissão dos pais para seu exercício constitui crime mais grave.

Por fim, no inc. IV, a permissão é para que o menor mendigue ou sirva de mendigo para excitar a comiseração pública. O pai, ao permitir que seu filho menor mendigue ou ao "cedê-lo" ou "alugá-lo" a terceiro para que o utilize em atos de mendicância, comete o crime em estudo. O terceiro que faz uso do menor praticava a contravenção penal descrita no art. 60, *c*, da LCP, que, todavia, foi revogada pela Lei n. 11.983/2009.

7.3.4.3. *Sujeito ativo*

Trata-se de crime **próprio**, pois só pode ser cometido pelos pais ou tutores, ou por outras pessoas a quem tenha sido confiada a guarda ou a vigilância da vítima.

7.3.4.4. *Sujeito passivo*

Apenas o menor de 18 anos que se encontre nas condições elencadas no tipo penal — sob o poder, guarda ou vigilância do agente.

7.3.4.5. *Consumação*

No momento em que o menor realiza a conduta elencada no tipo penal, independentemente da verificação de danos à sua moral. Nas hipóteses em que se exige a habitualidade de atos por parte do menor, a consumação só se dará pela reiteração permitida pelo agente.

7.3.4.6. *Tentativa*

É possível, quando o responsável, por exemplo, dá autorização para que o menor passe a mendigar com terceiro, mas o ato em si não se concretiza. Nas modalidades de crime habitual a tentativa é inadmissível.

7.3.4.7. *Ação penal*

Pública incondicionada, de competência do Juizado Especial Criminal.

IV

DOS CRIMES CONTRA O PÁTRIO PODER, TUTELA OU CURATELA

7.4. DOS CRIMES CONTRA O PÁTRIO PODER, TUTELA OU CURATELA

7.4.1. Induzimento a fuga, entrega arbitrária ou sonegação de incapazes

> **Art. 248.** Induzir menor de 18 anos, ou interdito, a fugir do lugar em que se acha por determinação de quem sobre ele exerce autoridade, em virtude de lei ou de ordem judicial; confiar a outrem sem ordem do pai, do tutor ou curador algum menor de 18 anos ou interdito, ou deixar, sem justa causa, de entregá-lo a quem legitimamente o reclame:
> Pena — detenção, de um mês a um ano, ou multa.

7.4.1.1. Objetividade jurídica

No presente dispositivo tutela-se o pátrio poder (poder familiar), a tutela e a curatela.

7.4.1.2. Tipo objetivo

Há, em verdade, três condutas distintas neste tipo penal, as quais estão dispostas a seguir.

7.4.1.2.1. Induzimento a fuga de menor ou interdito

Nesta modalidade, o agente convence o incapaz a fugir da casa dos pais ou representantes legais. É necessário que a fuga ocorra por tempo razoável (juridicamente relevante). Neste crime, o agente não acompanha o menor em sua fuga, pois, se o fizesse, incorreria em delito mais grave, previsto no art. 249 (subtração de incapaz).

Premissa do crime em análise é que não haja consentimento dos pais ou representantes do menor.

O delito só se consuma se o incapaz efetivamente empreender fuga.

A tentativa é possível quando o agente entabula conversa a fim de convencer o menor ou interdito a fugir, mas este não o faz ou é impedido por terceiro de fazê-lo.

7.4.1.2.2. Entrega não autorizada de menor ou interdito a terceiro

Nesta modalidade, o agente entrega o incapaz a terceiro sem a anuência dos responsáveis. Se houver a concordância, o fato é atípico por expressa determinação legal. Comete o crime, por exemplo, o diretor de escola ou asilo que entrega o menor ou interdito a terceiro sem autorização dos responsáveis.

A consumação ocorre no momento da entrega.

A tentativa é possível.

7.4.1.2.3. *Sonegação de incapaz*

Nesta figura, o agente deixa de entregar o menor ou interdito, sem justa causa, a quem legitimamente o reclama. Há justa causa, por exemplo, quando o menor está doente e a locomoção pode lhe agravar o quadro.

O crime se consuma no momento da primeira recusa na devolução. Essa modalidade de crime é omissiva e não admite a tentativa. Assim, tendo havido recusa, o crime estará consumado, ainda que seja acionada a polícia e o menor restituído por intervenção dos policiais.

7.4.1.3. *Sujeito ativo*

Pode ser qualquer pessoa, inclusive os pais se tiverem sido afastados do poder familiar. Trata-se de crime **comum**.

7.4.1.4. *Sujeito passivo*

As vítimas são os pais, tutores ou curadores, bem como os menores de idade e os interditos.

O menor emancipado não pode ser sujeito passivo do crime em análise.

O pródigo só é interditado em relação a questões patrimoniais, de modo que também não pode ser vítima deste delito.

7.4.1.5. *Ação penal*

É pública incondicionada, de competência do Juizado Especial Criminal.

7.4.2. Subtração de incapazes

> **Art. 249.** Subtrair menor de dezoito anos ou interdito ao poder de quem o tem sob sua guarda em virtude de lei ou de ordem judicial:
>
> Pena — detenção, de dois meses a dois anos, se o fato não constitui elemento de outro crime.
>
> § 1º O fato de ser o agente pai ou tutor do menor ou curador do interdito não o exime de pena, se destituído ou temporariamente privado do pátrio poder, tutela, curatela ou guarda.
>
> § 2º No caso de restituição do menor ou do interdito, se este não sofreu maus-tratos ou privações, o juiz pode deixar de aplicar pena.

7.4.2.1. *Objetividade jurídica*

O direito à guarda da pessoa menor de 18 anos ou interdita, exercido pelo titular do poder familiar, tutor, curador etc.

■ 7.4.2.2. *Tipo objetivo*

Consiste em retirar o menor de 18 anos ou o interdito da esfera de vigilância de quem exerce o pátrio poder (poder familiar), a tutela, a curatela ou a guarda. Para a caracterização do delito, não importa se houve consentimento do menor, uma vez que tal consentimento é totalmente inválido. A lei não exige qualquer intenção específica de agir por parte do sujeito. Assim, há crime ainda que a intenção seja dar um futuro melhor ao menor ou afastá-lo da convivência da mãe que passou a viver em união estável com outro homem etc.

- **Subsidiariedade expressa**

O legislador, ao tratar da pena do crime do art. 249, determinou sua tipificação apenas quando o fato não constituir crime mais grave, como, por exemplo, sequestro ou extorsão mediante sequestro.

O crime ficará também absorvido quando a intenção do agente for a colocação do menor subtraído em família substituta, uma vez que o art. 237 do Estatuto da Criança e do Adolescente (Lei n. 8.069/90) pune com reclusão, de dois a seis anos, e multa, quem subtrai criança ou adolescente ao poder de quem o tem sob sua guarda em virtude de lei ou ordem judicial *com o fim de colocação em lar substituto.*

■ 7.4.2.3. *Sujeito ativo*

Pode ser qualquer pessoa, inclusive os pais, tutores ou curadores do menor ou interdito, desde que tenham sido destituídos ou afastados temporariamente do direito de guarda ou do poder familiar, tutela ou curatela.

■ 7.4.2.4. *Sujeito passivo*

Os titulares do direito violado, bem como o menor ou interdito subtraído.

■ 7.4.2.5. *Consumação*

No momento da subtração efetivada contra a vontade do titular do direito de guarda do menor ou interdito. Trata-se de crime de natureza **permanente**, cuja consumação se alonga no tempo enquanto o menor ou interdito não for restituído.

■ 7.4.2.6. *Tentativa*

É possível.

■ 7.4.2.7. *Perdão judicial*

Prevê o § 2º do art. 249 uma hipótese de perdão judicial quando o agente **restitui** o menor ou interdito sem tê-lo submetido a **maus-tratos** ou **privações** de qualquer ordem.

■ 7.4.2.8. *Ação penal*

É pública incondicionada, de competência do Juizado Especial Criminal.

TÍTULO VIII

8. DOS CRIMES CONTRA A INCOLUMIDADE PÚBLICA

Os crimes deste Título são relacionados a condutas que atingem ou colocam em risco a segurança da coletividade. Subdividem-se em três Capítulos, dependendo da forma como a coletividade é afetada:

DOS CRIMES CONTRA A INCOLUMIDADE PÚBLICA
• Capítulo I — Dos crimes de perigo comum; • Capítulo II — Dos crimes contra a segurança dos meios de comunicação e transporte e outros serviços públicos; • Capítulo III — Dos crimes contra a saúde pública.

DOS CRIMES DE PERIGO COMUM

8.1. DOS CRIMES DE PERIGO COMUM

8.1.1. Incêndio

> **Art. 250.** Causar incêndio, expondo a perigo a vida, a integridade física ou o patrimônio de outrem:
> Pena — reclusão, de três a seis anos, e multa.

8.1.1.1. Objetividade jurídica

Preservar a incolumidade pública, evitando que incêndios provoquem risco à vida, à integridade física e aos bens das pessoas.

8.1.1.2. Tipo objetivo

No crime de incêndio, o agente provoca intencionalmente a combustão de algum material no qual o fogo se propaga. É necessário, ainda, que o incêndio, em razão de suas proporções, cause risco efetivo (concreto) para número elevado e indeterminado de pessoas ou coisas. A situação de risco pode também decorrer do pânico provocado pelo incêndio (em um cinema, teatro, edifício etc.).

A provocação de incêndio em uma casa de campo afastada não coloca em risco a coletividade e, assim, configura apenas crime de dano qualificado (art. 163, parágrafo único, II).

O crime pode ser praticado por ação ou por omissão. Configura-se o delito em sua forma omissiva, por exemplo, quando alguém tem o dever jurídico de evitar o resultado porque causou acidentalmente uma pequena combustão, mas, podendo fazê-lo, resolve se omitir e deixar o fogo tomar grandes proporções, de modo a colocar em risco grande número de pessoas.

Por se tratar de infração que deixa vestígios, exige-se a realização de perícia no local, tanto para demonstrar a ocorrência do incêndio como do perigo comum dele decorrente. Com efeito, dispõe o art. 173 do Código de Processo Penal que "*no caso de incêndio, os peritos verificarão a causa e o lugar em que houver começado, o perigo que dele tiver resultado para a vida ou o patrimônio alheio, a extensão do dano e o seu valor e as demais circunstâncias que interessarem à elucidação do caso*". A propósito: "*Prova. Exame de corpo de delito. Os crimes de dano qualificado e incêndio qualificado são daqueles que deixam vestígios. Assim, o exame de corpo de delito direto é da própria substância da acusação, a qual, diante da inexistência de tais provas nos autos, não se reveste de qualquer densidade legal, pelo que a absolvição se impõe*" (TJPB — Rel. Raphael Carneiro Arnaud — *RT* 817/637).

■ 8.1.1.3. *Sujeito ativo*

Pode ser qualquer pessoa, inclusive o proprietário do local incendiado. Trata-se de crime **comum**.

■ 8.1.1.4. *Sujeito passivo*

A coletividade representada pelo Estado e as pessoas expostas a risco em relação à sua integridade ou patrimônio.

■ 8.1.1.5. *Consumação*

Quando o incêndio cria a situação de perigo a número indeterminado de pessoas.

■ 8.1.1.6. *Tentativa*

É possível quando o agente é impedido de dar início às chamas após ter, por exemplo, jogado gasolina no local, ou quando ateia fogo, mas este é imediatamente apagado por terceiros, que impedem que tome as proporções necessárias para provocar perigo comum. A propósito: "*A tentativa de incêndio é admissível tanto na hipótese de o agente ser obstado de atear fogo no objeto visado, desde que iniciados os atos de execução, como no de o fogo ateado não expor a perigo a incolumidade pública, por haver sido logo debelado graças à intervenção de terceiros*" (TJSP — Rel. Djalma Lofrano — *RT* 600/326).

■ 8.1.1.7. *Distinção*

Se a intenção do agente era matar alguém, responde por crime de homicídio (consumado ou tentado, conforme o resultado) qualificado pelo emprego de fogo, em concurso formal com o crime de incêndio.

Por outro lado, a caracterização do crime de incêndio absorve o crime de dano qualificado pelo uso de substância inflamável (art. 163, parágrafo único, II, do CP). Esse crime só se caracteriza quando o fogo não causa perigo comum, aplicando-se, portanto, a situações de menor gravidade. Nesse sentido: "*Para a caracterização do crime de incêndio é indispensável a ocorrência de risco efetivo para a vida, a integridade física ou o patrimônio de um número indeterminado de pessoas. A destruição de coisas determinadas, sem produzir perigo coletivo, pode configurar delito de dano*" (TJRJ — Rel. Paulo Gomes da Silva Filho — *RDTJRJ* 16/319). A distinção é facilmente visualizada em casos concretos. Se a esposa, por exemplo, por ter visto o marido com outra mulher dentro do carro, coloca por vingança fogo em tal veículo de madrugada, quando ele está estacionado em via pública, o crime é o de dano qualificado. Se, entretanto, um grupo de pessoas em um tumulto começa a atirar garrafas incendiárias de combustível em direção a diversas residências, colocando em risco os moradores que saem em fuga, o crime é o de incêndio. O caráter subsidiário do dano qualificado consta expressamente do art. 163, parágrafo único, II, do Código Penal.

Se o agente havia cometido outro crime no local — um furto, por exemplo — e provoca grande incêndio no imóvel para que não se descubra a subtração anterior, responde por crime de furto em concurso material com o crime de incêndio, aplicando-se, em relação ao último, a agravante genérica do art. 61, II, *b*, do Código Penal — intenção de assegurar a ocultação de outro crime.

■ 8.1.1.8. *Causas de aumento de pena*

O § 1º do art. 250 prevê causas de aumento de pena de duas espécies. Na primeira delas (inc. I), a pena é aumentada de um terço em razão da finalidade do agente (obtenção de vantagem) e, na segunda (inc. II), em razão do local em que é provocado o incêndio.

- **Incêndio com intenção de obter alguma vantagem pecuniária (inc. I)**

O aumento de um terço incide ainda que o agente não consiga obter a vantagem visada.

O próprio texto legal deixa claro que é indiferente que ele queira a vantagem para si próprio ou para terceiro.

A vantagem visada deve ser de caráter patrimonial, já que essa exigência está expressa na lei.

Configura a majorante, por exemplo, provocar incêndio para destruir os títulos de crédito que representam uma dívida do agente ou para danificar o estoque de um concorrente para que sua empresa seja contratada para o fornecimento dos mesmos produtos etc.

Se a intenção do agente é a de obter o valor de seguro, fica absorvido o crime de estelionato (na modalidade de fraude contra seguradora — art. 171, § 2º, V, do CP), respondendo o agente pelo crime de incêndio com a pena majorada pela intenção de obtenção de vantagem pecuniária, que tem pena consideravelmente maior.

- **Incêndio em locais onde há maior risco (inc. II)**

Nas hipóteses desse inciso, a pena é agravada única e tão somente em razão do local onde o incêndio é provocado, independentemente de qualquer outro requisito.

A agravação se dá quando o incêndio é provocado:

a) *em casa habitada ou destinada a habitação;*

b) *em edifício público ou destinado a uso público ou a obra de assistência social ou de cultura;*

c) *em embarcação, aeronave, comboio ou veículo de transporte coletivo;*
d) *em estação ferroviária ou aeródromo;*
e) *em estaleiro, fábrica ou oficina;*
f) *em depósito de explosivo, combustível ou inflamável;*
g) *em poço petrolífero ou galeria de mineração;*
h) *em lavoura, pastagem, mata ou floresta.*

A enumeração legal é **taxativa** e não admite ampliação das hipóteses por analogia.

O ato de provocar incêndio em mata ou floresta constitui crime previsto no art. 41 da Lei n. 9.605/98 (Lei de Proteção Ambiental). Esse crime tem pena menor — reclusão, de dois a quatro anos, e multa —, pois se configura quando referido incêndio não provoca perigo concreto a diversas pessoas. Se o causar, o crime é o de incêndio com a pena majorada.

■ 8.1.1.9. Causas de aumento de pena decorrentes do resultado

Nos termos da 1ª parte do art. 258 do Código Penal, se do crime doloso de perigo comum resultar lesão corporal de natureza grave, a pena privativa de liberdade será aumentada de metade, e se resultar morte, será aplicada em dobro.

Assim, se do crime doloso de **incêndio**:

a) resultar lesão corporal de natureza grave, a pena será aumentada de metade;
b) resultar morte, a pena será aplicada em dobro.

Essas hipóteses são exclusivamente **preterdolosas**, ou seja, pressupõem dolo na conduta inicial (crime de perigo comum) e culpa no resultado agravador (lesão corporal grave ou morte). Como mencionado anteriormente, existindo dolo em relação à morte, o agente responde por homicídio doloso qualificado pelo emprego de fogo (art. 121, § 2º, III, do CP), em concurso formal com o delito de incêndio. Se há dolo de causar as lesões, haverá crime de lesões corporais graves em concurso formal com o crime simples de perigo comum.

■ 8.1.1.10. Ação penal

É pública incondicionada.

■ 8.1.1.11. Incêndio culposo

> **Art. 250, § 2º** — Se culposo o incêndio, a pena é de detenção, de seis meses a dois anos.

Trata-se de crime que se configura quando alguém não toma os cuidados necessários em determinada situação e, por consequência, provoca um incêndio que expõe a perigo a incolumidade física ou o patrimônio de número indeterminado de pessoas.

Ex.: atirar ponta de cigarro em local onde pode ocorrer combustão, não tomar as cautelas devidas em relação a fios elétricos desencapados etc.

Se o incêndio decorre de um relâmpago, não há crime.

As causas de aumento de pena do § 1º não se aplicam ao crime de incêndio culposo.

■ 8.1.1.12. *Causas de aumento de pena do delito culposo*

Nos termos da 2ª parte do art. 258, se em razão do crime culposo resultar lesão corporal, a pena aumenta-se de metade; se resultar morte, aplica-se a pena cominada ao **homicídio** culposo, aumentada de um terço.

Há, portanto, duas situações:

a) se o incêndio culposo provocar lesão corporal em alguém — qualquer que seja sua natureza, inclusive leve —, a pena será aumentada de metade;

b) se provocar morte, a pena será a do homicídio culposo (detenção de 1 a 3 anos), aumentada de um terço.

■ 8.1.1.13. *Ação penal*

É pública incondicionada, de competência do Juizado Especial Criminal, exceto quando resulta lesão corporal ou morte, hipótese em que a pena máxima supera o limite de dois anos e passa à competência do Juízo Comum.

■ 8.1.2. Explosão

> **Art. 251.** Expor a perigo a vida, a integridade física ou o patrimônio de outrem, mediante explosão, arremesso ou simples colocação de engenho de dinamite ou de substância de efeitos análogos:
>
> Pena — reclusão, de três a seis anos, e multa.
>
> § 1º Se a substância utilizada não é dinamite ou explosivo de efeitos análogos:
>
> Pena — reclusão, de um a quatro anos, e multa.

■ 8.1.2.1. *Objetividade jurídica*

Preservar a incolumidade pública, evitando riscos à vida, à integridade física e aos bens das pessoas.

■ 8.1.2.2. *Tipo objetivo*

São previstas as seguintes condutas típicas:

a) ***Provocar explosão.*** Significa provocar o estouro de substância, com a produção de estrondo e violento deslocamento de ar pela brusca expansão das substâncias que a compõem.

b) ***Arremessar explosivo.*** É o lançamento feito à distância, com as mãos ou aparelhos. Para a configuração da situação de risco, basta o arremesso, sendo desnecessária a efetiva explosão.

c) *Colocação de explosivos.* Significa armar o explosivo em determinado local, como, por exemplo, colocar minas explosivas em um terreno. A situação de risco existe, ainda que não haja a efetiva explosão. A propósito: "*Comete o crime de explosão, previsto no art. 251 do CP, aquele que enterra no chão bombas de dinamite, expondo a perigo evidente a vida, a integridade física e o patrimônio de outrem*" (TJSP — Rel. Thomaz Carvalhal — *RT* 393/243).

O objeto material nesses crimes é a dinamite ou substância de efeitos análogos (*caput*) ou qualquer outra substância explosiva de menor potencial (forma privilegiada do § 1º).

■ *8.1.2.3. Sujeito ativo*

Pode ser qualquer pessoa, inclusive o proprietário do local onde ocorreu a explosão. Trata-se de crime **comum**.

■ *8.1.2.4. Sujeito passivo*

O Estado e as pessoas expostas a risco em relação à sua integridade ou patrimônio.

■ *8.1.2.5. Consumação*

Dá-se com a provocação da situação de perigo a número indeterminado de pessoas.

■ *8.1.2.6. Tentativa*

É possível.

■ *8.1.2.7. Distinção*

Se a intenção do agente é provocar a morte de alguém com uma grande explosão que provoca também risco a número elevado de pessoas, responde pelo homicídio qualificado pelo emprego de explosivo (art. 121, § 2º, III, do CP), em concurso formal como o delito de explosão.

A configuração do crime de explosão absorve o crime de dano qualificado pelo uso de substância explosiva (art. 163, parágrafo único, II, do CP). No crime de dano qualificado a intenção é a de danificar bens individualizados com explosão de pequenas proporções, enquanto no crime em estudo o agente provoca explosão de proporções consideráveis ou faz arremesso ou colocação de explosivos capaz de provocá-la, gerando perigo a número elevado de pessoas.

A pesca mediante utilização de explosivos constitui crime contra o meio ambiente, previsto no art. 35 da Lei n. 9.605/98, que tem pena de reclusão, de um a cinco anos. Caso, entretanto, sejam empregados razoavelmente próximos de pessoas que estejam nadando ou de outras embarcações, gerando, portanto, perigo para estes, configura-se o crime de explosão, que é mais grave. Nesse sentido: "*Pratica o delito do art. 251 do CP quem explode bombas para abater peixes, perto de outras embarcações ocupadas por terceiros*" (TFR — Rel. William Patterson — JTFR — *Lex* 77/317).

Por fim, o art. 16, parágrafo único, III, da Lei n. 10.826/2003 (Estatuto do Desarmamento), pune com reclusão, de três a seis anos, e multa, quem possui, detém, fabrica ou emprega artefato explosivo, sem autorização e em desacordo com determinação legal ou regulamentar. No crime do art. 251, é necessário que a explosão crie perigo concreto a número indeterminado de pessoas, o que não ocorre no crime do Estatuto.

■ 8.1.2.8. *Causas de aumento de pena*

O § 2º do art. 251 prevê causas de aumento de pena de duas espécies. Na primeira delas (inc. I), a pena é aumentada de um terço em razão da finalidade do agente (obtenção de vantagem) e, na segunda (inc. II), em razão do local em que é provocada a explosão.

- **Explosão com intenção de obter alguma vantagem pecuniária (inc. I)**

O aumento de um terço incide ainda que o agente não consiga obter a vantagem visada.

O próprio texto legal deixa claro que é indiferente que ele queira a vantagem para si próprio ou para beneficiar terceiro.

A vantagem visada deve ser de caráter patrimonial, já que essa exigência está expressa na lei.

Se a intenção do agente é a de obter o valor de seguro, fica absorvido o crime de estelionato (na modalidade de fraude contra seguradora — art. 171, § 2º, V, do CP), na medida em que o crime de explosão agravada tem pena consideravelmente maior.

- **Explosão em locais onde há maior risco (inc. II)**

Nas hipóteses desse inciso, a pena é agravada única e tão somente em razão do local da conduta, independentemente de qualquer outro requisito.

A agravação se dá quando o agente visa atingir ou atinge:

a) *casa habitada ou destinada a habitação;*

b) *edifício público ou destinado a uso público ou a obra de assistência social ou de cultura;*

c) *embarcação, aeronave, comboio ou veículo de transporte coletivo;*

d) *estação ferroviária ou aeródromo;*

e) *estaleiro, fábrica ou oficina;*

f) *depósito de explosivo, combustível ou inflamável;*

g) *poço petrolífero ou galeria de mineração;*

h) *lavoura, pastagem, mata ou floresta.*

A enumeração legal é **taxativa** e não admite ampliação das hipóteses por analogia.

8.1.2.9. *Causas de aumento de pena decorrentes do resultado*

Nos termos da 1ª parte do art. 258 do Código Penal, se do crime doloso de perigo comum resultar lesão corporal de natureza grave, a pena privativa de liberdade será aumentada de metade, e se resultar morte, será aplicada em dobro.

Assim, se em razão do crime doloso de explosão:

a) resultar lesão corporal de natureza grave, a pena será aumentada de metade;

b) resultar morte, a pena será aplicada em dobro.

Essas hipóteses são exclusivamente **preterdolosas**, ou seja, pressupõem dolo na conduta inicial (crime de perigo comum) e culpa no resultado agravador (lesão corporal grave ou morte). Dessa forma, como já mencionado anteriormente, existindo dolo em relação à morte, o agente responde por homicídio doloso qualificado pelo emprego de explosivo (art. 121, § 2º, III, do CP) em concurso formal com o delito de explosão. Se há intenção de causar as lesões, responderá por crime de lesões corporais graves em concurso com o crime simples de perigo comum.

8.1.2.10. *Ação penal*

É pública incondicionada.

8.1.2.11. *Modalidade culposa*

> **Art. 251, § 3º** — No caso de culpa, se a explosão é de dinamite ou substância de efeitos análogos, a pena é de detenção, de seis meses a dois anos; nos demais casos, é de detenção de três meses a um ano.

Trata-se de crime que ocorre quando alguém não toma os cuidados necessários em determinada situação e, por consequência, provoca uma explosão que expõe a perigo a incolumidade física ou o patrimônio de número indeterminado de pessoas. Ex.: colocação de tambores de gás para utilização como combustível em veículo sem as cautelas necessárias, gerando explosão; estocagem de fogos de artifício ou pólvora em condições perigosas, que vem a causar fortes explosões etc. A propósito: "*Explosão culposa. Negligência. Falta de cuidado na prevenção e combate a incêndio. Contato de agente ignitor com os explosivos. Condenação mantida. O fato de ser o agente dono, responsável pela distribuidora de fogos, obriga-o aos cuidados especiais que sua atividade exige. As corretas embalagens, conservação, resguardo e proteção dos explosivos, por manifesto não permitiria, evitaria, seu contato com o agente ignitor*" (Tacrim-SP — Rel. Marrey Neto — *RJDTacrim* 12/221).

Ressalte-se que também na explosão culposa existe diferenciação na pena se há o uso de dinamite ou apenas explosivo de menor potencial lesivo.

As causas de aumento de pena do § 2º não se aplicam ao crime de explosão culposa.

■ 8.1.2.12. *Causas de aumento de pena*

Nos termos da 2ª parte do art. 258, se em razão do crime culposo resultar lesão corporal, a pena aumenta-se de metade; se resultar morte, aplica-se a pena cominada ao homicídio culposo, aumentada de um terço.

Há, portanto, duas situações:

a) se a explosão culposa provocar lesão corporal em alguém — qualquer que seja sua natureza, inclusive leve —, a pena será aumentada de metade;

b) se provocar morte, a pena será a do homicídio culposo (detenção de 1 a 3 anos), aumentada de um terço.

■ 8.1.2.13. *Ação penal*

É pública incondicionada, de competência do Juizado Especial Criminal, exceto quando resulta lesão corporal ou morte em decorrência do uso de dinamite ou explosivo similar, hipótese em que a pena máxima supera o limite de dois anos e passa à competência do Juízo Comum.

■ 8.1.3. Uso de gás tóxico ou asfixiante

> **Art. 252.** Expor a perigo a vida, a integridade física ou o patrimônio de outrem, usando de gás tóxico ou asfixiante:
> Pena — reclusão, de um a quatro anos, e multa.

■ 8.1.3.1. *Objetividade jurídica*

A incolumidade pública.

■ 8.1.3.2. *Tipo objetivo*

Este delito, que também é de perigo **concreto**, pressupõe que o agente exponha a risco número indeterminado de pessoas pelo uso de gás tóxico ou asfixiante. **Tóxico** é o gás venenoso, ainda que não mortal. **Asfixiante** é aquele que causa sufocação. Comete o crime, por exemplo, quem faz uso irregular de bomba de gás lacrimogêneo durante manifestações ou quem libera gás de pimenta em estádios de futebol provocando perigo a grande número de torcedores. No tipo penal em análise, a exposição a risco deve ser: a) da vida ou da integridade física; b) do patrimônio (gases que coloquem em risco animais ou plantações, por exemplo).

O art. 54, § 2º, V, da Lei n. 9.605/98 (Lei de Proteção ao Meio Ambiente) pune mais severamente quem causa poluição pelo lançamento de **resíduos** gasosos em tais níveis que resultem ou possam resultar em danos à saúde humana, ou que **provoquem** a mortandade de animais ou a destruição significativa da flora. Em face desse dispositivo, boa parte da doutrina entende derrogado o art. 252 no que diz respeito à provocação de perigo à saúde humana. Não comungamos desse entendimento, na medida em que o art. 54, § 2º, V, da Lei Ambiental refere-se exclusivamente ao lançamento de resíduos que provoquem poluição. **Resíduos** são apenas os materiais que sobram após uma ação ou processo produtivo. Resíduo é lixo. De acordo com o dicionário Michaelis, resíduo é "*a substância que resta depois de uma operação química ou de uma destilação; resto, sobra*". Ora, não há que cogitar de não estar mais em vigor o crime do Código Penal nas condutas acima mencionadas de acionar ilegalmente bomba de gás lacrimogêneo em público ou lançar gás de pimenta em estádio de futebol, na medida em que nada têm a ver com lançamento de resíduos gasosos. Tampouco estamos diante de hipótese de poluição.

Distingue-se o crime em análise da contravenção do art. 38 da Lei das Contravenções Penais, em que basta a emissão abusiva de fumaça, vapor ou gás que possam ofender ou molestar alguém, hipóteses em que o perigo é individual. Ademais, não é necessário na contravenção que o gás seja tóxico ou asfixiante.

8.1.3.3. *Sujeito ativo*

Pode ser qualquer pessoa. Trata-se de crime **comum**.

8.1.3.4. *Sujeito passivo*

A coletividade e as pessoas efetivamente expostas a risco no caso concreto.

8.1.3.5. *Consumação*

No momento em que é criada a situação de perigo comum.

8.1.3.6. *Tentativa*

É possível.

8.1.3.7. *Causas de aumento de pena decorrentes do resultado*

Nos termos da 1ª parte do art. 258 do Código Penal, se do crime doloso de perigo comum resultar lesão corporal de natureza grave, a pena privativa de liberdade será aumentada de metade, e se resultar morte, será aplicada em dobro.

Assim, se em razão do crime doloso de uso de gás tóxico ou asfixiante:

a) resultar lesão corporal de natureza grave, a pena será aumentada de metade;

b) resultar morte, a pena será aplicada em dobro.

Essas hipóteses são exclusivamente **preterdolosas**, ou seja, pressupõem dolo na conduta inicial (crime de perigo comum) e culpa no resultado agravador (lesão corporal grave ou morte).

8.1.3.8. *Ação penal*

Pública incondicionada.

8.1.3.9. *Modalidade culposa*

> **Art. 252, parágrafo único** — Se o crime é culposo:
> Pena — detenção, de três meses a um ano.

A conduta culposa mostra-se presente, por exemplo, em casos de vazamentos de gases tóxicos em empresas, decorrentes de negligência na manutenção das máquinas em que são usados ou de imprudência ou imperícia no manuseio.

8.1.3.10. *Causas de aumento de pena*

Nos termos da 2ª parte do art. 258, se, em razão do crime culposo, resultar lesão corporal, a pena aumenta-se de metade; se resultar morte, aplica-se a pena cominada ao homicídio culposo, aumentada de um terço.

Há, portanto, duas situações:

a) se o crime culposo provocar lesão corporal em alguém — qualquer que seja sua natureza, inclusive leve —, a pena será aumentada de metade;

b) se provocar morte, a pena será a do homicídio culposo (detenção de 1 a 3 anos), aumentada de um terço.

8.1.3.11. *Ação penal*

É pública incondicionada.

8.1.4. Fabrico, fornecimento, aquisição, posse ou transporte de explosivo, gás tóxico ou asfixiante

> **Art. 253.** Fabricar, fornecer, adquirir, possuir ou transportar, sem licença da autoridade, substância ou engenho explosivo, gás tóxico ou asfixiante, ou material destinado à sua fabricação:
> Pena — detenção, de seis meses a dois anos, e multa.

8.1.4.1. *Objetividade jurídica*

A incolumidade pública.

8.1.4.2. *Tipo objetivo*

Na presente infração penal, o agente não provoca explosão ou faz efetivo uso de gás tóxico ou asfixiante. As condutas típicas têm menor periculosidade e, por consequência, pena menor, consistindo em fabricar, fornecer, adquirir, possuir ou transportar, sem licença da autoridade, substância ou engenho explosivo, gás tóxico ou asfixiante, ou material destinado à sua fabricação.

Em relação a substâncias ou engenhos explosivos, o dispositivo está revogado pelo art. 16, parágrafo único, III, do Estatuto do Desarmamento (Lei n. 10.826/2003), que pune mais gravemente (reclusão, de três a seis anos, e multa) aquele que possui, detém, fabrica ou emprega artefato explosivo ou incendiário, sem autorização ou em desacordo com determinação legal ou regulamentar. Embora esse tipo penal não mencione alguns verbos contidos no art. 253, como, por exemplo, "transportar" ou "adquirir", a verdade é que tais condutas estão abrangidas pelo verbo "possuir" existente na Lei n. 10.826/2003.

O art. 253 continua em vigor em relação a gases tóxicos ou asfixiantes, bem como no que diz respeito às **substâncias** explosivas (tolueno, por exemplo), e materiais destinados à sua fabricação (pólvora ou detonador, por exemplo), já que o Estatuto do Desarmamento só faz referência a artefato explosivo (dinamite já pronta, por exemplo).

O tipo penal exige que a conduta ocorra sem **licença da autoridade (elemento normativo do tipo)**. É claro, portanto, que não há crime quando o agente efetua o transporte de gás tóxico devidamente **autorizado** pela autoridade competente. Cuida-se de crime de perigo **abstrato**, em que a lei presume o perigo à coletividade quando inexiste a licença da autoridade.

■ 8.1.4.3. *Sujeito ativo*

Pode ser qualquer pessoa. Trata-se de crime **comum**.

■ 8.1.4.4. *Sujeito passivo*

A coletividade.

■ 8.1.4.5. *Consumação*

No instante em que é realizada a conduta típica, independentemente de qualquer resultado.

■ 8.1.4.6. *Tentativa*

Considerando que o dispositivo transformou em crime atos preparatórios do delito descrito no art. 251, a conclusão é de que a tentativa não é admissível.

■ 8.1.4.7. *Ação penal*

É pública incondicionada, de competência do Jecrim.

■ 8.1.5. Inundação

> **Art. 254.** Causar inundação, expondo a perigo a vida, a integridade física ou o patrimônio de outrem:
> Pena — reclusão, de três a seis anos, e multa, no caso de dolo, ou detenção, de seis meses a dois anos, no caso de culpa.

8.1.5.1. *Objetividade jurídica*

A incolumidade pública.

8.1.5.2. *Tipo objetivo*

Causar inundação significa provocar o alagamento de um local de grande extensão pelo desvio das águas de seus limites naturais ou artificiais, de forma que não seja possível controlar a força da corrente. O crime pode ser praticado por ação (rompimento de um dique, represamento) ou por omissão.

É indiferente que a inundação seja violenta (abertura total de comporta, rompimento de um dique, por exemplo) ou lenta (represamento, por exemplo), bastando que tenha o potencial de expor a perigo a coletividade.

8.1.5.3. *Sujeito ativo*

Pode ser qualquer pessoa, inclusive o dono do local que venha a ser inundado.

8.1.5.4. *Sujeito passivo*

A coletividade representada pelo Estado e as pessoas expostas a risco em relação à sua integridade ou patrimônio.

8.1.5.5. *Consumação*

Quando as águas se espalham de tal maneira que criam efetiva situação de perigo (concreto) para número indeterminado de pessoas.

8.1.5.6. *Tentativa*

É possível.

8.1.5.7. *Distinção*

Por ser crime mais grave, o delito de inundação absorve o crime de usurpação ou desvio de águas (art. 161, § 1º, do CP).

O crime de inundação pode ser praticado dolosa ou culposamente, sendo que, no último caso, o fato resulta da não observância de um cuidado necessário (no sentido de evitar a inundação), e a pena evidentemente é mais branda.

Se a intenção do agente é provocar a morte de alguém, responde por homicídio qualificado (art. 121, § 2º, III, do CP), em concurso formal com o crime de inundação.

8.1.5.8. *Causas de aumento de pena decorrentes do resultado*

Nos termos da 1ª parte do art. 258 do Código Penal, se do crime doloso de perigo comum resultar lesão corporal de natureza grave, a pena privativa de liberdade será aumentada de metade, e se resultar morte, será aplicada em dobro.

Assim, se em razão do crime doloso de inundação:

a) resultar lesão corporal de natureza grave, a pena será aumentada de metade;

b) resultar morte, a pena será aplicada em dobro.

Essas hipóteses são exclusivamente preterdolosas, ou seja, pressupõem dolo na conduta inicial (crime de perigo comum) e culpa no resultado agravador (lesão corporal grave ou morte). Dessa forma, como já mencionado anteriormente, existindo dolo em relação à morte, o agente responde por homicídio doloso qualificado em concurso formal com o crime doloso de inundação. Se há intenção de causar as lesões, haverá crime de lesões corporais graves em concurso com o crime simples de perigo comum.

Já a 2ª parte do art. 258 estabelece que, se em razão do crime culposo resultar lesão corporal, a pena aumenta-se de metade e, se resultar morte, aplica-se a pena cominada ao homicídio culposo, aumentada de um terço.

Há, portanto, duas situações:

a) se a inundação culposa provocar lesão corporal em alguém — qualquer que seja sua natureza, inclusive leve —, a pena será aumentada de metade;

b) se provocar morte, a pena será a do homicídio culposo (detenção de 1 a 3 anos), aumentada de um terço.

8.1.5.9. *Ação penal*

É pública incondicionada.

8.1.6. Perigo de inundação

> **Art. 255.** Remover, destruir ou inutilizar, em prédio próprio ou alheio, expondo a perigo a vida, a integridade física ou o patrimônio de outrem, obstáculo natural ou obra destinada a impedir inundação:
> Pena — reclusão, de um a três anos, e multa.

8.1.6.1. *Objetividade jurídica*

A incolumidade pública.

8.1.6.2. *Tipo objetivo*

Esse crime se caracteriza pela não ocorrência da inundação, uma vez que a existência desta tipifica o crime previsto no artigo anterior. A conduta incriminada no delito em tela consiste apenas em tirar, eliminar ou tornar ineficaz algum obstáculo (margem, por exemplo) ou obra (barragem, dique, comporta etc.) cuja finalidade é evitar a inundação.

De acordo com Nélson Hungria,[236] se sobrevém a inundação, o agente responde por concurso formal entre o crime de perigo de inundação e o delito de inundação

[236] Nélson Hungria, *Comentários ao Código Penal,* v. VIII, p. 50.

culposa. Entendemos, porém, que quem remove ou destrói obstáculo natural ou obra destinada a impedir inundação, ainda que não queira provocá-la de forma específica, assume o risco de produzir o resultado e, caso este efetivamente sobrevenha, o agente responde por crime de inundação dolosa (com dolo eventual).

■ 8.1.6.3. *Sujeito ativo*

Pode ser qualquer pessoa, até mesmo o dono do imóvel de onde foi retirado o obstáculo ou obra destinada a impedir a inundação.

■ 8.1.6.4. *Sujeito passivo*

A coletividade representada pelo Estado e as pessoas expostas a risco em relação à sua integridade ou patrimônio.

■ 8.1.6.5. *Consumação*

Trata-se de crime doloso, em que o agente objetiva provocar uma situação de risco à coletividade pela simples remoção do obstáculo, não visando à efetiva ocorrência da inundação. Assim, o crime se consuma com a situação de perigo **concreto** decorrente de sua conduta (remoção, destruição ou inutilização do obstáculo ou obra).

■ 8.1.6.6. *Tentativa*

É possível quando o agente, por exemplo, não consegue remover o obstáculo.

Não se confunde o crime de tentativa de inundação (art. 254), em que o agente quer, mas não consegue provocá-la, com o crime de perigo de inundação, em que o agente efetivamente não quer provocá-la.

■ 8.1.6.7. *Ação penal*

É pública incondicionada.

■ 8.1.7. Desabamento ou desmoronamento

> **Art. 256.** Causar desabamento ou desmoronamento, expondo a perigo a vida, a integridade física ou o patrimônio de outrem:
> Pena — reclusão, de um a quatro anos, e multa.

■ 8.1.7.1. *Objetividade jurídica*

A incolumidade pública.

■ 8.1.7.2. *Tipo objetivo*

a) Causar desabamento. Significa provocar a queda de obras construídas pelo homem (edifícios, pontes ou quaisquer outras construções).

b) Causar desmoronamento. Significa provocar a queda de parte do solo (barrancos, morros, pedreiras etc.).

A propósito: *"Os verbos 'desabar' e 'desmoronar' expressam, em significado precioso, a envolver ideia de enorme e pesada estrutura que vem abaixo, no seu todo ou em partes, de modo que a simples queda de materiais isolados não basta para configurar o delito do art. 256 do CP"* (Tacrim-SP — Rel. Ralpho Waldo — *RT* 582/345).

É necessário, ainda, que o desabamento ou desmoronamento tenham sido provocados dolosamente e que tal conduta provoque perigo concreto à integridade física ou ao patrimônio de número indeterminado de pessoas.

■ 8.1.7.3. Sujeito ativo

Pode ser qualquer pessoa, inclusive o dono do imóvel atingido.

■ 8.1.7.4. Sujeito passivo

A coletividade representada pelo Estado e as pessoas expostas a risco em relação à sua integridade ou patrimônio.

■ 8.1.7.5. Consumação

O crime se consuma com a provocação de perigo concreto à integridade física ou ao patrimônio de número indeterminado de pessoas. Não basta criar a situação de perigo de desabamento. A consumação do delito pressupõe que a queda se concretize e exponha a perigo a vida ou o patrimônio de diversas pessoas. Nesse sentido: "*Não basta, para a consumação do crime, criar-se o perigo de desabamento ou desmoronamento: é preciso que tal resultado ocorra efetivamente, ameaçando* in concreto *pessoas ou coisas, isto é, criando perigo comum. Se este não se apresenta, objetivamente, de modo direto e imediato, o fato deixará de ser crime contra a incolumidade pública, para configurar simples contravenção, quando não seja penalmente indiferente*" (Tacrim-SP — Rel. Barros Monteiro — *Jutacrim* 62/313).

■ 8.1.7.6. Tentativa

É possível.

■ 8.1.7.7. Causas de aumento de pena decorrentes do resultado

Nos termos da 1ª parte do art. 258 do Código Penal, se do crime doloso de perigo comum resultar lesão corporal de natureza grave, a pena privativa de liberdade será aumentada de metade, e se resultar morte, será aplicada em dobro.

Assim, se em razão do crime doloso de desabamento ou desmoronamento:

a) resultar lesão corporal de natureza grave, a pena será aumentada de metade;

b) resultar morte, a pena será aplicada em dobro.

Essas hipóteses são exclusivamente **preterdolosas**, ou seja, pressupõem dolo na conduta inicial (crime de perigo comum) e culpa no resultado agravador (lesão corporal grave ou morte). Dessa forma, como já mencionado anteriormente, existindo dolo em relação à morte, o agente responde por homicídio doloso qualificado pelo perigo comum causado (art. 121, § 2º, III, do CP), em concurso formal com o delito de desabamento ou desmoronamento. Se há intenção de causar as lesões, haverá crime de lesões corporais graves em concurso com o crime simples de perigo comum.

8.1.7.8. *Ação penal*

É pública incondicionada.

8.1.7.9. *Modalidade culposa*

> **Parágrafo único.** Se o crime é culposo:
> Pena — detenção, de seis meses a um ano.

É bastante comum a modalidade culposa do crime de desabamento ou desmoronamento. É o que ocorre, por exemplo, quando não são observadas as regras próprias na edificação de casas ou prédios, quando são construídas valas próximas a edificações ou quando é retirada terra ou desmatada área que impede a queda de barrancos, provocando-se, com isso, o desabamento ou desmoronamento. Nesse sentido: "*Casa contígua a terreno em que se procedia a escavação. Falta de escoramento. Negligência do engenheiro responsável pelas obras. Não se pode levar a efeito obras de escavações vizinhas a prédios sem o necessário escoramento destes, agindo, pois, com negligência o responsável pelas mesmas, que omite cuidados que até aos olhos de leigos se impõem*" (Tacrim-SP — Rel. Camargo Sampaio — *RT* 458/375).

Também na figura culposa exige-se que o desabamento tenha colocado em situação de risco concreto número indeterminado de pessoas. A conduta de provocar desabamento de construção ou, por erro no projeto ou na execução, dar-lhe causa, sem, todavia, gerar perigo comum, constitui a contravenção penal do art. 29 da LCP. Nesse sentido: "*Havendo erro na execução de projeto de demolição de edifício, ocorrendo desabamento sem danos pessoais, caracteriza-se a contravenção do art. 29, e não o delito de desabamento ou desmoronamento culposo*" (STF — Rel. Djaci Falcão — *RT* 612/419).

8.1.7.10. *Causas de aumento de pena*

A 2ª parte do art. 258 estabelece que, se em razão do crime culposo resultar lesão corporal, a pena aumenta-se de metade e, se resultar morte, aplica-se a pena cominada ao homicídio culposo, aumentada de um terço.

Há, portanto, duas situações:

a) se o desabamento culposo provocar lesão corporal em alguém — qualquer que seja sua natureza, inclusive leve —, a pena será aumentada de metade;

b) se provocar morte, a pena será a do homicídio culposo (detenção de 1 a 3 anos), aumentada de um terço. Essa hipótese é muito comum em desabamentos de prédios, viadutos, obras do metrô em construção etc.

8.1.7.11. *Ação penal*

É pública incondicionada, de competência do Juizado Especial Criminal, exceto se resultar morte, hipótese em que a pena máxima supera o patamar de dois anos.

8.1.8. Subtração, ocultação ou inutilização de material de salvamento

> **Art. 257.** Subtrair, ocultar ou inutilizar, por ocasião de incêndio, inundação, naufrágio ou outro desastre ou calamidade, aparelho, material ou qualquer meio destinado a serviço de combate ao perigo, de socorro ou salvamento, ou impedir ou dificultar serviço de tal natureza:
> Pena — reclusão, de dois a cinco anos, e multa.

8.1.8.1. *Objetividade jurídica*

A incolumidade pública

8.1.8.2. *Tipo objetivo*

O presente tipo penal possui duas partes.

Na primeira delas, o agente **subtrai** (tira o bem do local), **oculta** (esconde) ou **inutiliza** (destrói ou torna de outra forma imprestável) objeto destinado a salvamento. É necessário que o fato ocorra por ocasião de incêndio, inundação, naufrágio ou outro desastre, ou calamidade, razão pela qual a lei presume o risco que decorre da conduta. Esta deve recair sobre aparelho, material ou qualquer meio destinado a serviço de combate ao perigo, de socorro ou salvamento. Ex.: extintor de incêndio, escadas, mala de primeiros socorros, bote salva-vidas, bomba de água, rede de salvamento etc.

CONDUTA TÍPICA	OBJETO MATERIAL	OCASIÃO
■ Subtrair	■ Aparelho ou objeto destinado ao combate ao perigo	■ Incêndio
■ Ocultar	■ Aparelho ou objeto destinado a socorro	■ Inundação
■ Inutilizar	■ Aparelho ou objeto destinado a salvamento	■ Naufrágio, desastre ou calamidade

Existe o crime se o agente realizar qualquer das **condutas típicas**, em relação a qualquer dos **objetos materiais**, em uma das **ocasiões** mencionadas no tipo penal.

Na segunda figura típica, o agente **dificulta** ou **impede** o serviço de socorro. A conduta pode se dar por ação (violência ou fraude) ou por omissão (deixar de retirar um veículo que impede a chegada do socorro, por exemplo).

Se foi o próprio agente quem provocou o perigo e depois dificultou o socorro, responde pelo dois crimes em concurso material.

8.1.8.3. Sujeito ativo

Pode ser qualquer pessoa, inclusive o proprietário do material de salvamento. Trata-se de crime **comum**.

8.1.8.4. Sujeito passivo

A coletividade e as pessoas efetivamente expostas a risco no caso concreto.

8.1.8.5. Consumação

No instante em que o agente subtrai, oculta ou inutiliza os objetos, ainda que não consiga impedir o socorro. Trata-se de crime de perigo **abstrato**. Na segunda modalidade criminosa, o delito se consuma quando o agente efetivamente dificulta ou impede o socorro.

8.1.8.6. Tentativa

É possível.

8.1.8.7. Causas de aumento de pena decorrentes do resultado

Nos termos da 1ª parte do art. 258 do Código Penal, se do crime doloso de perigo comum resultar lesão corporal de natureza grave, a pena privativa de liberdade será aumentada de metade, e se resultar morte, será aplicada em dobro.

Assim, se do crime doloso em análise:

a) resultar lesão corporal de natureza grave, a pena será aumentada de metade;

b) resultar morte, a pena será aplicada em dobro.

Essas hipóteses são exclusivamente **preterdolosas**, ou seja, pressupõem dolo na conduta inicial (crime de perigo comum) e culpa no resultado agravador (lesão corporal grave ou morte). É difícil, todavia, visualizar na prática mera conduta culposa quanto ao evento agravador. Com efeito, ainda que o agente não tenha tido a intenção específica de causar lesão grave ou morte (dolo direto), se intencionalmente impediu o socorro em situação de incêndio ou inundação, e a vítima acabou morrendo pela falta de socorro, sua conduta será interpretada como dolo eventual em relação ao resultado morte, devendo ser responsabilizado por homicídio doloso em concurso com o crime em estudo em sua figura simples.

8.1.8.8. Ação penal

É pública incondicionada.

8.1.9. Difusão de doença ou praga

> **Art. 259.** Difundir doença ou praga que possa causar dano a floresta, plantação ou animais de utilidade econômica:
> Pena — reclusão, de dois a cinco anos, e multa.
> Parágrafo único. No caso de culpa, a pena é detenção, de um a seis meses, ou multa.

A figura principal desse dispositivo encontra-se revogada tacitamente pelo art. 61 da Lei de Proteção ao Meio Ambiente (Lei n. 9.605/98), que pune com reclusão, de um a quatro anos, e multa quem "*disseminar doença ou praga ou espécies que possam causar dano à agricultura, à pecuária, à fauna, à flora ou aos ecossistemas*". Esse era o único crime do Capítulo em que se punia tão somente o perigo ao patrimônio, já que, nos demais tipos penais, o perigo pode envolver também a vida e a integridade física das pessoas.

A modalidade culposa ainda está em vigor por não haver figura semelhante na lei ambiental. Pressupõe que, por falta de cuidado, o agente dê causa à difusão de doenças ou pragas potencialmente perigosas a florestas, plantações ou animais de utilidade doméstica.

8.1.10. Quadro comparativo dos crimes deste Capítulo (perigo concreto ou abstrato)

PERIGO CONCRETO	PERIGO ABSTRATO
• Incêndio; • Explosão; • Uso de gás tóxico ou asfixiante; • Inundação; • Perigo de inundação; • Desabamento ou desmoronamento.	• Fabrico, fornecimento, aquisição, posse ou transporte de explosivo, gás tóxico ou asfixiante; • Subtração, ocultação ou inutilização de material de salvamento.

II

DOS CRIMES CONTRA A SEGURANÇA DOS MEIOS DE COMUNICAÇÃO E TRANSPORTE E OUTROS SERVIÇOS PÚBLICOS

8.2. DOS CRIMES CONTRA A SEGURANÇA DOS MEIOS DE COMUNICAÇÃO E TRANSPORTE E OUTROS SERVIÇOS PÚBLICOS

8.2.1. Perigo de desastre ferroviário

> **Art. 260.** Impedir ou perturbar serviço de estrada de ferro:
> I — destruindo, danificando ou desarranjando, total ou parcialmente, linha férrea, material rodante ou de tração, obra de arte ou instalação;
> II — colocando obstáculo na linha;
> III — transmitindo falso aviso acerca do movimento dos veículos ou interrompendo ou embaraçando o funcionamento de telégrafo, telefone ou radiotelegrafia;
> IV — praticando outro ato de que possa resultar desastre:
> Pena — reclusão, de dois a cinco anos, e multa.

8.2.1.1. Objetividade jurídica

A incolumidade pública.

8.2.1.2. Tipo objetivo

Impedir é fazer com que pare de funcionar o serviço ferroviário, e **perturbar** é sinônimo de atrapalhar seu funcionamento.

A própria lei elenca as formas de criar a situação de perigo comum:

a) Destruindo, danificando ou desarranjando, total ou parcialmente, a linha férrea (trilhos, dormentes), material rodante (vagões) ou de tração (locomotivas), obra de arte (túneis e pontes) ou instalação (aparelho de sinalização, chaves de desvio, cabines etc.).

b) Colocando obstáculo na pista. O obstáculo pode ser uma pedra de grandes proporções, o corpo de um boi ou cavalo, um veículo etc.

c) Transmitindo falso aviso acerca do movimento dos veículos ou interrompendo ou embaraçando o funcionamento de telégrafo, telefone ou radiotelegrafia. A interrupção do sistema de comunicação deve gerar perigo de desastre ferroviário, pois, caso contrário, estaria presente o crime do art. 266, que tem pena muito menor.

d) Praticando outro ato de que possa resultar desastre. Trata-se aqui de fórmula genérica que tem a finalidade de abranger qualquer outra situação provocadora de perigo. Abrange até mesmo omissões por parte de ferroviários que possam provocar risco.

Pode parecer, à primeira vista, que o tipo penal em estudo é de ação vinculada porque o legislador, inicialmente, elencou, pormenorizadamente, as formas pelas quais o agente impede ou perturba o serviço de estrada de ferro, gerando perigo de desastre ferroviário. Acontece que, ao final, com a inserção da fórmula genérica no inc. IV, o crime admite qualquer meio de execução, sendo, assim, de ação livre.

Estrada de ferro, nos termos do art. 260, § 3º, do Código Penal, é "*qualquer via de comunicação em que circulem veículos de tração mecânica, em trilhos ou por meio de cabo aéreo*". Engloba os trens, teleféricos, metrôs, bondes etc. Por se tratar de crime de perigo comum, exige-se que se trate de estrada de ferro destinada a **transporte público**. Apesar de não haver menção expressa nesse sentido no art. 260, a conclusão não pode ser outra em face da redação dada ao crime do art. 262, previsto no mesmo Capítulo: "expor a perigo **outro meio de transporte público** impedindo-lhe ou dificultando-lhe o funcionamento".

Para a configuração do crime em estudo, basta o dolo de realizar uma das condutas típicas, a fim de impedir ou perturbar o serviço ferroviário, tendo ciência do perigo de desastre que deles decorre. Não é necessário que o agente queira especificamente provocar a situação de perigo, basta que tenha ciência de que sua ação poderá desencadeá-la.

■ 8.2.1.3. Sujeito ativo

Qualquer pessoa. Trata-se de crime **comum**.

■ 8.2.1.4. Sujeito passivo

A coletividade e as pessoas expostas a perigo.

■ 8.2.1.5. Consumação

No momento em que é gerado o perigo concreto, ou seja, o risco imediato de desastre.

■ 8.2.1.6. Tentativa

É possível.

■ 8.2.1.7. Ação penal

Pública incondicionada.

8.2.1.8. *Desastre ferroviário*

> **Art. 260, § 1º** — Se do fato resulta desastre:
> Pena — reclusão, de quatro a doze anos, e multa.

Premissa do crime simples descrito no *caput* é que a conduta não cause o desastre, mas apenas perigo de sua ocorrência. Caso este se concretize em razão de uma das condutas descritas no *caput*, estará configurado o delito de desastre ferroviário, cuja pena é consideravelmente maior.

- **Causas de aumento de pena**

Nos termos do art. 263, combinado com o art. 258 do Código Penal, se do desastre doloso resultar lesão grave, a pena de reclusão será aumentada em metade e, se resultar morte, será aplicada em dobro. Essas hipóteses são exclusivamente **preterdolosas**, pois, se o agente quer provocar a morte, responde por crime de homicídio qualificado.

8.2.1.9. *Desastre ferroviário culposo*

> **Art. 260, § 2º** — No caso de culpa, ocorrendo desastre:
> Pena — detenção, de seis meses a dois anos.

Na modalidade culposa, não há qualquer relação com as condutas elencadas no *caput*. Basta que alguém, por qualquer tipo de imprudência, negligência ou imperícia, dê causa a um acidente ferroviário. Ex.: motorista de veículo que cruza os trilhos sem a atenção devida e causa colisão; maquinista que não reduz a velocidade ao se aproximar de local habitado etc.

- **Causas de aumento de pena**

Nos termos do art. 263, combinado com o art. 258 do Código Penal, se do desastre resulta lesão, ainda que leve, a pena aumenta-se em metade e, se resulta morte, aplica-se a pena do homicídio culposo aumentada de um terço.

8.2.1.10. *Ação penal*

É pública incondicionada.

8.2.2. Atentado contra a segurança de transporte marítimo, fluvial ou aéreo

> **Art. 261.** Expor a perigo embarcação ou aeronave, própria ou alheia, ou praticar qualquer ato tendente a impedir ou dificultar navegação marítima, fluvial ou aérea:
> Pena — reclusão, de dois a cinco anos.

8.2.2.1. *Objetividade jurídica*

A incolumidade pública, no sentido de que a segurança nos meios de transporte referidos no tipo penal não seja colocada em risco.

8.2.2.2. *Tipo objetivo*

O dispositivo em questão tem duas partes, as quais serão analisadas a seguir.

8.2.2.2.1. *Expor a perigo embarcação ou aeronave, própria ou alheia*

Embarcação é toda construção destinada a navegar sobre águas (lancha, navio, catamarã, balsa). Aeronave é "*todo aparelho manobrável em voo, que possa sustentar-se e circular no espaço aéreo, mediante reações aerodinâmicas, apto a transportar pessoas ou coisas*" (art. 106 da Lei n. 7.565/86 — Código Brasileiro de Aeronáutica). Abrange não só os aviões de qualquer porte mas também helicópteros, balões, dirigíveis etc.

Para a configuração do delito, é necessário que a embarcação ou aeronave seja destinada ao transporte público, mesmo que realizado por particulares. Essa conclusão é inevitável em razão de o delito subsidiário previsto no art. 262 punir o atentado contra a segurança de **outro meio de transporte público**.

A conduta típica consiste em, de alguma forma, colocar em situação de perigo concreto a embarcação ou aeronave (própria ou de terceiro). Ex.: fazer manobras arriscadas para se exibir.

O responsável por rádio pirata que, ciente do risco, atrapalha com a transmissão a conversa entre o piloto e a torre de comando na aproximação com a pista comete o crime em tela.

De acordo com o art. 39, parágrafo único, da Lei Antidrogas (Lei n. 11.343/2006), incorrerá em pena de 4 a 6 anos de reclusão, além de 400 a 600 dias-multa, quem conduzir embarcação ou aeronave destinada ao transporte público de passageiros **após o consumo de drogas**, expondo a dano potencial a incolumidade de outrem.

8.2.2.2.2. *Praticar qualquer ato tendente a impedir ou dificultar navegação marítima, fluvial ou aérea*

Pode configurar o crime a colocação de obstáculos, as falsas informações a respeito de tormentas, a remoção de sinalizações ou de peças da embarcação ou aeronave etc.

8.2.2.3. *Sujeito ativo*

Pode ser qualquer pessoa, inclusive o dono da aeronave ou embarcação, conforme esclarece o próprio tipo penal.

8.2.2.4. *Sujeito passivo*

A coletividade e as pessoas efetivamente expostas ao perigo.

■ 8.2.2.5. *Consumação*

Entendemos tratar-se de crime de perigo **concreto** em suas duas figuras, de modo que a consumação só ocorrerá quando se verificar a situação de perigo.

■ 8.2.2.6. *Tentativa*

É possível.

■ 8.2.2.7. *Ação penal*

É pública incondicionada.

■ 8.2.2.8. *Sinistro em transporte marítimo, fluvial ou aéreo*

> **Art. 261, § 1º** — Se do fato resulta naufrágio, submersão ou encalhe de embarcação ou queda ou destruição de aeronave:
> Pena — reclusão, de quatro a doze anos.

A figura qualificada foi prevista para punir mais gravemente a conduta da qual decorra resultado danoso à embarcação ou aeronave, ainda que pertencente ao próprio autor do crime. Diverge a doutrina em torno da natureza dessa forma qualificada. Para Damásio de Jesus,[237] Julio Fabbrini Mirabete[238] e Nélson Hungria,[239] não se trata de hipótese exclusivamente preterdolosa, abrangendo também o dolo quanto ao sinistro. Já para Magalhães Noronha,[240] Alberto Silva Franco,[241] Fernando Capez[242] e Heleno Cláudio Fragoso,[243] a figura é exclusivamente preterdolosa.

- **Causas de aumento de pena**

Nos termos do art. 263, combinado com o art. 258 do Código Penal, se do sinistro resulta lesão grave, a pena de reclusão é aumentada em metade e, se resulta morte, é aplicada em dobro. Essas hipóteses são exclusivamente **preterdolosas**, pois, se o agente quer provocar a morte, responde por crime de homicídio qualificado.

■ 8.2.2.9. *Prática do crime com intenção de lucro*

> **Art. 261, § 2º** — Aplica-se, também, a pena de multa, se o agente pratica o crime com intuito de obter vantagem econômica, para si ou para outrem.

237 Damásio de Jesus, *Direito penal,* v. 3, p. 306.
238 Julio Fabbrini Mirabete, *Manual de direito penal,* v. 3, p. 125.
239 Nélson Hungria, *Comentários ao Código Penal,* v. VIII, p. 83.
240 E. Magalhães Noronha, *Direito penal,* v. 3, p. 400.
241 Alberto Silva Franco, *Código Penal e sua interpretação jurisprudencial,* p. 2.725.
242 Fernando Capez, *Curso de direito penal,* v. 3, p. 193.
243 Heleno Cláudio Fragoso, *Lições de direito penal*. Parte especial, v. II, p. 188.

É o que ocorre com piloto de aeronave que, por aposta, efetua acrobacia, ou que recebe dinheiro de empresa concorrente para dificultar a prestação de serviço daquela em que trabalha etc.

8.2.2.10. Modalidade culposa

> **Art. 261, § 3º** — No caso de culpa, se ocorre o sinistro:
> Pena — detenção, de seis meses a dois anos.

É o que ocorre, por exemplo, quando o sujeito dá causa ao evento pela falta de manutenção no equipamento.

- **Causas de aumento de pena**

Nos termos do art. 263, combinado com o art. 258 do Código Penal, se do sinistro resulta lesão, ainda que leve, a pena aumenta-se em metade e, se resulta morte, aplica-se a pena do homicídio culposo aumentada de um terço.

8.2.2.11. Ação penal

É pública incondicionada.

8.2.3. Atentado contra a segurança de outro meio de transporte

> **Art. 262.** Expor a perigo outro meio de transporte público, impedir-lhe ou dificultar-lhe o funcionamento:
> Pena — detenção, de um a dois anos.
> § 1º Se do fato resulta desastre, a pena é de reclusão, de dois a cinco anos.

8.2.3.1. Objetividade jurídica

A incolumidade pública.

8.2.3.2. Tipo objetivo

As condutas típicas são as mesmas do arts. 260 e 261, isto é, impedir ou dificultar o funcionamento de um meio de transporte, gerando perigo concreto à incolumidade pública. A diferença é que, naqueles dispositivos, que têm pena maior, o risco é gerado em estrada de ferro, embarcação ou aeronave, enquanto, no delito ora em análise, é causado em outro meio qualquer de transporte público (ônibus, táxis, lotações etc.). Abrange também a exposição a perigo de embarcação lacustre, já que o dispositivo anterior só menciona as marítimas e as fluviais.

Comete o crime, por exemplo, quem deixa um grande tronco de madeira ou pedras em via pública, quem retira uma placa sinalizadora, quem atira uma pedra e quebra um semáforo, quem instala inadequadamente um tanque de gás em seu táxi etc.

■ 8.2.3.3. *Sujeito ativo*

Pode ser qualquer pessoa, inclusive o proprietário do veículo ou seus funcionários. Trata-se de crime **comum**.

■ 8.2.3.4. *Sujeito passivo*

A coletividade e as pessoas efetivamente expostas a risco no caso concreto.

■ 8.2.3.5. *Consumação*

Quando ocorre a situação de perigo coletivo decorrente da conduta do sujeito.

■ 8.2.3.6. *Tentativa*

É possível.

■ 8.2.3.7. *Figura qualificada e causa de aumento de pena*

Se do fato resulta desastre, o crime é qualificado, nos termos do § 1º. Além disso, nos termos do art. 263, combinado com o art. 258 do Código Penal, se do desastre resulta lesão grave, a pena de reclusão é aumentada em metade e, se resulta morte, é aplicada em dobro. Essas hipóteses são exclusivamente **preterdolosas**, pois, se o agente quer provocar a morte, responde por crime de homicídio qualificado.

■ 8.2.3.8. *Ação penal*

É pública incondicionada, de competência do Jecrim em sua figura simples.

■ 8.2.3.9. *Modalidade culposa*

> **Art. 262, § 2º** — No caso de culpa, se ocorre desastre:
> Pena — detenção, de três meses a um ano.

A modalidade culposa somente é punida quando dela decorre desastre. Não há crime em, culposamente, expor a perigo os meios de transporte acima referidos.

- **Causas de aumento de pena**

Nos termos do art. 263, combinado com o art. 258 do Código Penal, se do desastre culposo resulta lesão, ainda que leve, a pena aumenta-se em metade e, se resulta morte, aplica-se a pena do homicídio culposo aumentada de um terço.

■ 8.2.3.10. *Ação penal*

É pública incondicionada.

8.2.4. Arremesso de projétil

> **Art. 264.** Arremessar projétil contra veículo, em movimento, destinado ao transporte público por terra, por água ou pelo ar:
> Pena — detenção, de um a seis meses.
> Parágrafo único. Se do fato resulta lesão corporal, a pena é de detenção, de seis meses a dois anos; se resulta morte, a pena é a do art. 121, § 3º, aumentada de um terço.

8.2.4.1. Objetividade jurídica

A incolumidade pública, no que se refere à segurança nos meios de transporte coletivos.

8.2.4.2. Tipo objetivo

A conduta típica consiste em **arremessar**, que significa atirar, jogar um projétil. Este é um objeto sólido capaz de ferir ou causar dano em coisas ou pessoas (pedaços de pau, pedras etc.). Não estão compreendidos pelo conceito os corpos líquidos ou gasosos. Além disso, o disparo de arma de fogo nas proximidades de veículo em movimento configura crime mais grave previsto no art. 15 da Lei n. 10.826/2003 (Estatuto do Desarmamento).

Para que exista crime, é necessário que o projétil seja lançado contra veículo em **movimento** por terra, mar ou ar. Exige-se também que o veículo seja destinado a transporte **coletivo** (ônibus, navios, aviões etc.). Assim, o arremesso de projétil contra veículo de uso particular ou de transporte público que esteja parado pode caracterizar apenas outro crime (lesões corporais, dano etc.).

8.2.4.3. Sujeito ativo

Pode ser qualquer pessoa. Trata-se de crime **comum**.

8.2.4.4. Sujeito passivo

A coletividade.

8.2.4.5. Consumação

Com o arremesso, ainda que não atinja o alvo. Trata-se de crime de perigo **abstrato**, cuja configuração independe da efetiva demonstração da situação de risco. O perigo, portanto, é **presumido**.

8.2.4.6. Tentativa

É possível quando o agente movimenta o braço para lançar o projétil e é detido por alguém.

■ 8.2.4.7. *Causas de aumento de pena*

Nos termos do parágrafo único, se do fato resulta lesão, ainda que leve, a pena é aumentada para seis meses a dois anos de detenção e, se resulta morte, a pena é a do homicídio culposo, aumentada de um terço. Essas qualificadoras são exclusivamente preterdolosas, pois, se o agente quer provocar a morte, responde por crime de homicídio doloso, que absorve o delito de arremesso de projétil.

■ 8.2.4.8. *Distinção*

O crime de atentado contra a segurança de outro meio de transporte coletivo (art. 262) pressupõe dolo específico de expor a perigo o meio de transporte público, colocando em risco grande número de pessoas, ou de dificultar ou impedir seu funcionamento, requisitos que não existem no delito de arremesso de projétil. Nesse sentido: "*agente que indignado com o aumento da tarifa arremessa pedra contra coletivo em movimento. Não se confundem as figuras típicas dos arts. 262 e 264 do CP de 1940, que, não obstante guardem entre si alguma afinidade representada pelo corresponder comum a crime contra a segurança dos meios de transporte, distinguem-se fundamentalmente, pelo elemento subjetivo componente de um e de outro dos tipos considerados. No primeiro — art. 262 — o elemento subjetivo que o identifica é o dolo, a vontade deliberada de expor a perigo qualquer meio de transporte público, ou a vontade de impedir-lhe ou dificultar-lhe o funcionamento. É o intuito de frustrar a prestação do serviço de transporte público genericamente considerado, o que, certamente, é um* plus *em relação ao elemento subjetivo integrante do tipo descrito no art. 264. Nesse último, ao contrário, vislumbra-se o elemento subjetivo no singelo gesto de atirar projétil, na vontade de lançá-lo contra o veículo em movimento, sem qualquer consideração ao propósito consciente de expor a perigo o transporte ou de impedir-lhe ou dificultar-lhe o funcionamento. Basta-lhe a vontade livre e consciente de praticar a ação incriminada, sabendo o agente que cria possibilidade de causar dano pessoal ou patrimonial*" (Tacrim-SP — Rel. Canguçu de Almeida — *Jutacrim* 85/537).

■ 8.2.4.9. *Ação penal*

É pública incondicionada.

■ 8.2.5. Atentado contra a segurança de serviço de utilidade pública

> **Art. 265.** Atentar contra a segurança ou o funcionamento de serviço de água, luz, força ou calor, ou qualquer outro de utilidade pública:
> Pena — reclusão, de um a cinco anos, e multa.
> Parágrafo único. Aumentar-se-á a pena de um terço até a metade, se o dano ocorrer em virtude de subtração de material essencial ao funcionamento dos serviços.

■ 8.2.5.1. *Objetividade jurídica*

A incolumidade pública no sentido da manutenção dos serviços de utilidade pública.

■ 8.2.5.2. *Tipo objetivo*

As condutas típicas consistem em:

a) Atentar contra a segurança dos serviços, isto é, torná-los inseguros, perigosos. Ex.: deixar desencapados fios de alta tensão em postes públicos.

b) Atentar contra o funcionamento dos serviços, ou seja, provocar a paralisação destes. Ex.: cortar os cabos elétricos fazendo faltar energia em uma região.

Não basta à configuração do delito quebrar a lâmpada de um único poste. É necessário que pessoas indeterminadas sejam ou possam ser prejudicadas.

Além dos serviços expressamente mencionados no texto legal — água, luz, força ou calor —, estão também abrangidos os serviços de gás, de limpeza etc., em razão da fórmula genérica contida no dispositivo — "qualquer outro serviço de utilidade pública".

É indiferente que o serviço seja prestado por entidade pública ou particular (concessionárias de serviço público, sociedades de economia mista etc.).

Dependendo da motivação poderá restar configurado crime de terrorismo do art. 2º, § 1º, IV, da Lei n. 13.260/2016.

■ 8.2.5.3. *Sujeito ativo*

Pode ser qualquer pessoa, inclusive o próprio fornecedor do serviço ou algum funcionário da empresa prestadora.

■ 8.2.5.4. *Sujeito passivo*

A coletividade, além das pessoas eventualmente prejudicadas pela falta ou má prestação do serviço.

■ 8.2.5.5. *Consumação*

No momento em que o agente realiza a conduta capaz de perturbar a segurança ou o funcionamento do serviço. Trata-se de crime de perigo **abstrato** em que se presume o risco decorrente da ação.

■ 8.2.5.6. *Tentativa*

É possível.

■ 8.2.5.7. *Causa de aumento de pena*

Haverá agravação de um terço da pena quando o dano ocorrer em razão de furto de material essencial ao funcionamento dos serviços. Ex.: a subtração de grande quantidade de fios elétricos que provoque falta de energia em área considerável.

■ 8.2.5.8. *Ação penal*

É pública incondicionada.

■ 8.2.6. Interrupção ou perturbação de serviço telegráfico ou telefônico

> **Art. 266.** Interromper ou perturbar serviço telegráfico, radiotelegráfico ou telefônico, impedir ou dificultar-lhe o restabelecimento:
>
> Pena — detenção, de um a três anos, e multa.
>
> § 1º Incorre na mesma pena quem interrompe serviço telemático ou de informação de utilidade pública, ou impede ou dificulta-lhe o restabelecimento.
>
> § 2º Aplicam-se as penas em dobro, se o crime é cometido por ocasião de calamidade pública.

■ *8.2.6.1. Objetividade jurídica*

A incolumidade pública no que diz respeito à regularidade dos serviços telegráficos e telefônicos.

■ *8.2.6.2. Tipo objetivo*

O texto legal pune aqueles que provocam a interrupção total do serviço e também os que apenas prejudicam seu funcionamento. Pune, ainda, aqueles que, de algum modo, impedem ou criam óbices ao restabelecimento do serviço cujo defeito não foi por eles provocado.

Para a configuração do crime, não basta prejudicar o funcionamento de um aparelho telefônico ou telegráfico, já que o tipo penal tutela o interesse coletivo na manutenção do serviço. É preciso que a conduta afete o serviço de uma região, prejudicando número indeterminado de pessoas (todos os moradores de uma rua ou de um bairro, por exemplo).

O impedimento de contato telefônico entre duas pessoas determinadas configura o crime do art. 151, § 1º, III, do Código Penal.

■ *8.2.6.3. Sujeito ativo*

Qualquer pessoa, inclusive os funcionários da prestadora do serviço.

■ *8.2.6.4. Sujeito passivo*

A coletividade e as pessoas prejudicadas por não poderem utilizar o serviço adequadamente.

■ *8.2.6.5. Consumação*

No momento em que o agente realiza a conduta descrita no tipo penal. Trata-se de crime de perigo **abstrato**.

■ *8.2.6.6. Tentativa*

É possível. Ex.: pessoa flagrada quando estava prestes a cortar os cabos telefônicos que possibilitam o funcionamento dos aparelhos em certa região.

■ 8.2.6.7. *Figura equiparada*

O § 1º do art. 266 do Código Penal foi inserido pela Lei n. 12.737/2012 e tem por finalidade punir os chamados "*crackers*" que, intencionalmente e, em geral, sem qualquer motivo (apenas por diversão), paralisam o funcionamento de sites de utilidade pública — Ministérios, Tribunais, empresas telefônicas ou de energia, da Receita Federal, de autarquias previdenciárias etc.

■ 8.2.6.8. *Causa de aumento de pena*

Se a conduta for realizada por ocasião de calamidade pública, as penas (detenção e multa) serão aplicadas em dobro (art. 266, § 2º). São hipóteses de calamidade pública as grandes enchentes, inundações, deslizamentos de encostas de morros etc. Em tais situações, a necessidade de uso do telefone, por exemplo, se exacerba e a impossibilidade de sua utilização prejudica o socorro e impede ou dificulta que as pessoas atingidas peçam auxílio.

■ 8.2.6.9. *Ação penal*

É pública incondicionada.

■ 8.2.7. Quadro comparativo entre os crimes deste Capítulo (perigo concreto ou abstrato)

PERIGO CONCRETO	PERIGO ABSTRATO
• Perigo de desastre ferroviário; • Atentado contra a segurança de transporte marítimo fluvial ou aéreo; • Atentado contra outro meio de transporte.	• Arremesso de projétil; • Atentado contra a segurança de serviço de utilidade pública; • Interrupção ou perturbação de serviço telegráfico, telefônico ou telemático.

III

DOS CRIMES CONTRA A SAÚDE PÚBLICA

■ 8.3. DOS CRIMES CONTRA A SAÚDE PÚBLICA

■ 8.3.1. Epidemia

> **Art. 267.** Causar epidemia, mediante a propagação de germes patogênicos:
> Pena — reclusão, de dez a quinze anos.
> § 1º Se do fato resulta morte, a pena é aplicada em dobro.

■ *8.3.1.1. Objetividade jurídica*

A saúde pública.

■ *8.3.1.2. Tipo objetivo*

A conduta típica consiste em propagar germes patogênicos, que implica difundir, espalhar vírus, bacilos ou protozoários capazes de produzir moléstias infecciosas. Ex.: meningite, sarampo, gripe, febre amarela etc. O crime pode ser praticado por qualquer meio: contaminação do ar, da água, transmissão direta etc.

É necessário, também, que a conduta provoque epidemia, ou seja, contaminação de grande número de pessoas em determinado local ou região. Por isso, a doutrina costuma dizer que se trata de crime de perigo **concreto**. Entendemos, porém, cuidar-se de crime de dano, pois, conforme mencionado, exige a efetiva transmissão da doença a grande número de pessoas. O perigo é para aqueles que ainda não foram contaminados.

Trata-se de crime doloso que pressupõe a específica intenção de provocar a disseminação dos germes. Se a conduta visa apenas à transmissão da moléstia a pessoa determinada, configura-se o crime de lesão corporal.

■ *8.3.1.3. Sujeito ativo*

Pode ser qualquer pessoa. O delito pode ser cometido por alguém que já esteja contaminado ou por pessoas não contaminadas.

■ *8.3.1.4. Sujeito passivo*

A coletividade e as pessoas que forem contaminadas.

8.3.1.5. *Consumação*

Quando se verifica a epidemia, vale dizer, com a ocorrência de inúmeros casos da doença.

8.3.1.6. *Tentativa*

É possível na hipótese de o agente propagar os germes patogênicos, mas não provocar a epidemia que visava.

8.3.1.7. *Causa de aumento de pena*

A pena é aplicada em dobro se resulta morte. Quanto ao resultado agravador, é possível que se tenha verificado dolosa ou culposamente, tendo em vista o *quantum* final da pena (20 a 30 anos). Para que se verifique a causa de aumento, basta a ocorrência de uma única morte. O crime de epidemia qualificada pela **morte** é considerado hediondo pelo art. 1º, VII, da Lei n. 8.072/90.

8.3.1.8. *Modalidade culposa*

> § 2º — No caso de culpa, a pena é de detenção, de um a dois anos, ou, se resulta morte, de dois a quatro anos.

Se a provocação da epidemia for culposa, aplica-se a pena de detenção de um a dois anos e, se dela resulta morte, de dois a quatro anos.

A transmissão não intencional da doença para pessoa determinada, sem a provocação de epidemia, não configura o crime.

8.3.1.9. *Ação penal*

É pública incondicionada.

8.3.2. Infração de medida sanitária preventiva

> **Art. 268.** Infringir determinação do poder público, destinada a impedir introdução ou propagação de doença contagiosa:
> Pena — detenção, de um mês a um ano, e multa.
> Parágrafo único. A pena é aumentada de um terço, se o agente é funcionário da saúde pública ou exerce a profissão de médico, farmacêutico, dentista ou enfermeiro.

8.3.2.1. *Objetividade jurídica*

A incolumidade pública, no sentido da preservação da saúde pública.

8.3.2.2. *Tipo objetivo*

O crime em análise é modalidade de **norma penal em branco**, pois exige complemento por lei ou ato administrativo no qual o poder público faça determinação expressa visando impedir a introdução no País de doença contagiosa ou a sua propagação. No ano de 2009, por exemplo, o Ministério da Saúde publicou **recomendação** no sentido de que deveriam ser evitadas viagens a países em que a gripe A (H1N1) já se encontrava disseminada — como era o caso do Chile e da Argentina. O descumprimento a essa recomendação, entretanto, não constituiria crime, já que o tipo penal exige descumprimento a **determinação** do poder público, pressupondo, assim, proibições expressas ou ações imperativas. Ex.: proibição de viagem e retorno ao Brasil de local onde haja pessoas infectadas.

■ 8.3.2.3. *Sujeito ativo*

Pode ser qualquer pessoa. Trata-se de crime **comum**. Se for um dos profissionais elencados no parágrafo único (funcionário da saúde pública, médico, farmacêutico, dentista ou enfermeiro), a pena será aumentada em um terço. Nesse caso, o aumento pressupõe a inobservância do preceito no desempenho das atividades profissionais, e não na vida particular.

■ 8.3.2.4. *Sujeito passivo*

A coletividade, bem como pessoas que eventualmente venham a ser infectadas.

■ 8.3.2.5. *Consumação*

Basta o descumprimento da determinação do poder público. Cuida-se, portanto, de crime de perigo **abstrato** em que se presume o risco decorrente da desobediência, sendo desnecessária a efetiva introdução ou propagação da doença contagiosa.

■ 8.3.2.6. *Tentativa*

É possível.

■ 8.3.2.7. *Ação penal*

É pública incondicionada.

■ 8.3.3. Omissão de notificação de doença

> **Art. 269.** Deixar o médico de denunciar à autoridade pública doença cuja notificação é compulsória:
>
> Pena — detenção, de seis meses a dois anos, e multa.

■ 8.3.3.1. *Objetividade jurídica*

A saúde pública.

■ 8.3.3.2. *Tipo objetivo*

O dispositivo em tela constitui **norma penal em branco**, cuja existência pressupõe que o médico desrespeite a obrigação de comunicar doença cuja notificação é

compulsória, obrigação essa decorrente de lei, decreto ou regulamento administrativo. São exemplos o cólera, a febre amarela, a difteria etc.

A Lei n. 6.259/75 trata da questão da notificação compulsória de doenças. Estabelece seu art. 7º que são de notificação compulsória às autoridades sanitárias os casos suspeitos ou confirmados: I — de doenças que podem implicar medidas de isolamento ou quarentena, de acordo com o Regulamento Sanitário Internacional; II — de doenças constantes de relação elaborada pelo Ministério da Saúde, para cada Unidade da Federação, a ser atualizada periodicamente. A Portaria n. 1.100/96 do Ministério da Saúde complementa o inc. II, elencando o rol de doenças de notificação compulsória.

O art. 8º da referida lei estabelece a obrigação da notificação por parte de médicos e outros profissionais da área da saúde, bem como aos responsáveis por organizações e estabelecimentos públicos e particulares de saúde e ensino, de casos suspeitos ou confirmados das doenças relacionadas em conformidade com o art. 7º. Nota-se, entretanto, que o art. 269 considera como crime somente a **omissão do médico**. O art. 10, VI, da Lei n. 6.437/77, por sua vez, prevê sanções administrativas (multa e advertência) ao médico e **outras pessoas** que se omitam na obrigação da notificação compulsória de doença.

O art. 10 da mesma lei diz que a notificação compulsória de casos de doenças tem caráter sigiloso, obrigando nesse sentido as autoridades sanitárias que a tenham recebido, e seu parágrafo único acrescenta que a identificação do paciente, fora do âmbito médico sanitário, somente poderá efetivar-se, em caráter excepcional, em caso de grande risco à comunidade, a juízo da autoridade sanitária e com conhecimento prévio do paciente ou do seu responsável.

Os demais dispositivos da Lei n. 6.259/75 regulamentam as providências que as autoridades sanitárias devem tomar após a notificação no acompanhamento do paciente a fim de evitar a propagação da doença.

■ 8.3.3.3. *Sujeito ativo*

Trata-se de crime **próprio**, que somente pode ser praticado por médico. O profissional não se isenta da responsabilidade ao alegar que a notificação poderia configurar, de sua parte, crime de violação de sigilo profissional, na medida em que este crime só se configura quando não há justa causa para a notificação e, na hipótese em análise, essa justa causa existe por determinação legal. Ademais, conforme acima mencionado, a notificação tem caráter sigiloso.

■ 8.3.3.4. *Sujeito passivo*

A coletividade, que pode ser prejudicada pela não comunicação da doença, de forma a dificultar ou retardar o combate à sua difusão.

■ 8.3.3.5. *Consumação*

Cuida-se de crime omissivo próprio, que se consuma no momento em que o médico deixa de observar o prazo previsto em lei, decreto ou regulamento para a efetivação da comunicação. O crime é de perigo **presumido** (abstrato).

8.3.3.6. *Tentativa*

É inadmissível, já que se trata de crime omissivo puro.

8.3.3.7. *Ação penal*

Pública incondicionada.

8.3.4. Envenenamento de água potável ou de substância alimentícia ou medicinal

> **Art. 270.** Envenenar água potável, de uso comum ou particular, ou substância alimentícia ou medicinal destinada a consumo:
> Pena — reclusão, de dez a quinze anos.
> § 1º Está sujeito à mesma pena quem entrega a consumo ou tem em depósito, para o fim de ser distribuída, a água ou a substância envenenada.

8.3.4.1. *Objetividade jurídica*

A saúde pública.

8.3.4.2. *Tipo objetivo*

Colocar, misturar veneno em água, alimento ou substância medicinal.

Veneno é a substância química ou orgânica que, introduzida no organismo, tem o poder de causar a morte ou sérios distúrbios na saúde da vítima.

Para que haja o crime, o agente deve querer a contaminação de água potável, de uso **comum** ou **particular**. Na realidade, como se cuida de delito de perigo comum, só haverá crime se a água se destinar ao consumo da coletividade ou ao consumo particular de pessoas indeterminadas (hóspedes de um hotel, detentos de uma prisão, alunos de um colégio etc.). Assim, o envenenamento da água contida numa garrafa ou num copo o qual se sabe que será ingerida por pessoa determinada caracteriza crime de lesões corporais ou homicídio.

Há crime, também, se o envenenamento recai em alimentos ou em remédios que se destinam à distribuição a pessoas indeterminadas (que estejam em depósito para distribuição, em prateleira de supermercado etc.).

8.3.4.3. *Sujeito ativo*

Pode ser qualquer pessoa. Trata-se de crime **comum**.

8.3.4.4. *Sujeito passivo*

A coletividade.

8.3.4.5. *Consumação*

Quando a substância envenenada é colocada em situação na qual possa ser consumida por número indeterminado de pessoas. Cuida-se de crime de perigo **abstrato**.

8.3.4.6. Tentativa

É possível.

8.3.4.7. Figuras equiparadas

O § 1º do art. 270 prevê duas figuras equiparadas, para as quais aplica-se a mesma pena do *caput,* incriminando quem:

a) ***Entrega a consumo água ou substância envenenada por outrem.*** É evidente que, por se tratar de figura equiparada, a punição se dá a título de dolo.

b) ***Tem em depósito, para o fim de ser distribuída, a água ou substância envenenada por outrem.*** Essa figura consuma-se com o ato de ter a água ou substância em depósito, ainda que o agente não consiga atingir sua finalidade de distribuí-la. Trata-se, portanto, de crime **formal**. O crime é também permanente, sendo possível a prisão em flagrante enquanto a água ou substância estiver em depósito.

8.3.4.8. Causas de aumento de pena

Nos termos do art. 285, em combinação com o art. 258, se resulta lesão grave, a pena será aumentada em metade e, se resulta morte, será aplicada em dobro. Essas hipóteses são exclusivamente **preterdolosas**, ou seja, pressupõem dolo na conduta inicial (crime contra a saúde pública) e culpa em relação ao resultado (lesão grave ou morte). Em havendo dolo quanto ao evento morte, o agente responde por homicídio doloso qualificado pelo envenenamento. Da mesma forma, se a provocação de lesão grave é intencional, o agente responde por crime de lesão corporal (em concurso com o crime contra a saúde pública).

A Lei n. 8.072/90 (Lei dos Crimes Hediondos), em sua redação originária, considerava o crime em estudo, quando qualificado pelo resultado morte, de natureza hedionda. Posteriormente, a Lei n. 8.930/94 alterou referida lei e excluiu tal figura do rol dos delitos hediondos.

8.3.4.9. Distinção

O crime em estudo não foi revogado pelo art. 54 da Lei n. 9.605/98, que pune a poluição de águas. Com efeito, o delito do Código Penal possui pena muito maior porque diz respeito ao **envenenamento** de água potável, enquanto o delito da lei ambiental pune a poluição por outro tipo de substância.

8.3.4.10. Ação penal

É pública incondicionada.

8.3.4.11. Modalidade culposa

> **Art. 270, § 2º** — Se o crime é culposo:
> Pena — detenção, de seis meses a dois anos.

A modalidade culposa aplica-se tanto à figura do envenenamento descrita no *caput* como às formas equiparadas do § 1º.

■ 8.3.4.12. *Causas de aumento de pena*

Nos termos do art. 285, em combinação com o art. 258, se em decorrência do crime culposo resultar lesão corporal, ainda que leve, a pena será aumentada em metade e, se resultar morte, será aplicada a pena do crime de homicídio culposo aumentada em um terço.

■ 8.3.4.13. *Ação penal*

É pública incondicionada, de competência do Juizado Especial Criminal, salvo se resultar lesão ou morte, hipóteses em que a pena máxima supera dois anos.

■ 8.3.5. Corrupção ou poluição de água potável

> **Art. 271.** Corromper ou poluir água potável, de uso comum ou particular, tornando-a imprópria para o consumo ou nociva à saúde:
> Pena — reclusão, de dois a cinco anos.

■ 8.3.5.1. *Objetividade jurídica*

A saúde pública.

■ 8.3.5.2. *Tipo objetivo*

Água potável é aquela apta ao consumo (ingestão, banho etc.). Existem águas correntes que são potáveis, porém, em sua maior parte não o são, devendo ser colhidas (em rios, açudes, represas) e submetidas a tratamento pelas empresas responsáveis. Assim, quem poluir ou corromper água, de uso comum ou particular, apta ao consumo humano, incorre no crime em análise.

Por sua vez, em se tratando de poluição lançada sobre água não potável, haverá o crime do art. 54, *caput*, da Lei n. 9.605/98 e, caso tal poluição torne necessária a interrupção do abastecimento público de água em uma comunidade, estará presente o crime qualificado do art. 54, § 1º, III, da mesma lei.

Quando se diz que determinadas águas não são potáveis, não se quer dizer necessariamente que estejam poluídas. Conforme já mencionado, as águas de rios e represas, normalmente, não são potáveis, devendo passar por processos de filtragem e decantação para a retirada de impurezas naturais (sujeira, coliformes fecais de animais, detritos provenientes de algas, micro-organismos etc.) e adição de cloro antes de serem destinadas ao consumo humano. Caso, todavia, alguém lance esgoto ou substâncias nocivas em rio ou represa que sirva à coleta para fornecimento a uma comunidade, incorre no crime do art. 54, § 1º, III, da Lei n. 9.605/98, porque não se trata de água potável. Caso, porém, se trate de água já tratada ou que seja naturalmente potável, a conduta tipifica o crime mais grave do art. 271 do Código Penal.

8.3.5.3. *Sujeito ativo*

Pode ser qualquer pessoa. Trata-se de crime **comum**.

8.3.5.4. *Sujeito passivo*

A coletividade e as pessoas prejudicadas por não poderem fazer uso da água ou por terem feito uso da água poluída.

8.3.5.5. *Consumação*

Trata-se de crime **material**, que só se consuma quando a água se tornar imprópria para o consumo de número indeterminado de pessoas. Com a poluição, presume-se o risco à coletividade (perigo **abstrato**).

8.3.5.6. *Tentativa*

É possível quando o agente lança sujeira na água potável, mas não a torna imprópria para o consumo.

8.3.5.7. *Causas de aumento de pena*

Nos termos do art. 285, em combinação com o art. 258, se resulta lesão grave, a pena será aumentada em metade e, se resulta morte, será aplicada em dobro. Essas hipóteses são exclusivamente **preterdolosas**, ou seja, pressupõem dolo na conduta inicial (crime contra a saúde pública) e culpa em relação ao resultado (lesão grave ou morte). Em havendo dolo quanto ao evento morte, o agente responde por homicídio doloso. Da mesma forma, se a provocação de lesão grave é intencional, o agente responde por crime de lesão corporal (em concurso com o crime contra a saúde pública).

8.3.5.8. *Ação penal*

É pública incondicionada.

8.3.5.9. *Modalidade culposa*

> **Art. 271, parágrafo único —** Se o crime é culposo:
> Pena — detenção, de dois meses a um ano.

Trata-se de hipótese em que a poluição é causada por imprudência, negligência ou imperícia.

8.3.5.10. *Causas de aumento de pena*

Nos termos do art. 285, em combinação com o art. 258, se em decorrência do crime culposo resultar lesão corporal, ainda que leve, a pena será aumentada em metade e, se resultar morte, será aplicada a pena do crime de homicídio culposo aumentada em um terço.

■ *8.3.5.11. Ação penal*

É pública incondicionada, de competência do Juizado Especial Criminal, salvo se resultar morte, hipótese em que a pena máxima supera dois anos.

■ 8.3.6. Falsificação, corrupção, adulteração ou alteração de substância ou produtos alimentícios

> **Art. 272.** Corromper, adulterar, falsificar ou alterar substância ou produto alimentício destinado a consumo, tornando-o nocivo à saúde ou reduzindo-lhe o valor nutritivo:
> Pena — reclusão, de quatro a oito anos.

■ *8.3.6.1. Objetividade jurídica*

A saúde pública.

■ *8.3.6.2. Tipo objetivo*

O dispositivo, com a redação dada pela Lei n. 9.677/98, pune as seguintes condutas:

a) *corromper* — sinônimo de estragar, tornar podre, desnaturar;

b) *falsificar* — empregar substâncias diferentes das que entram na composição de um alimento, ou seja, o agente, no momento em que fabrica ou produz o alimento, utiliza substância diversa da que deveria;

c) *adulterar ou alterar* — modificar para pior a substância alimentícia anteriormente fabricada ou produzida.

Para a existência do crime, a lei exige que, com a conduta, o alimento ou substância alimentícia tornem-se **nocivos à saúde** ou tenham seu valor nutritivo diminuído. No primeiro caso, é necessária a demonstração de que, com a ingestão do alimento, haverá consequências maléficas para a saúde do consumidor (uso de água poluída ou de leite estragado na produção de alimento etc.). Na segunda hipótese, deve-se demonstrar que a conduta do agente reduziu a perfeição calórica, proteica etc. (adição de água pura em leite, por exemplo).

Trata-se de crime de perigo **concreto**, que exige prova de que o produto se tornou nocivo à saúde ou teve seu valor nutritivo reduzido.

O objeto material do crime é a substância alimentícia (qualquer substância que entre na produção do alimento) ou o próprio alimento destinado a consumo, ou seja, a ser consumido por número indeterminado de pessoas, pela população em geral. É, pois, crime de perigo **comum**.

■ *8.3.6.3. Sujeito ativo*

Pode ser qualquer pessoa. Trata-se de crime **comum**.

8.3.6.4. *Sujeito passivo*

A coletividade e eventualmente pessoas afetadas pelo produto corrompido.

8.3.6.5. *Consumação*

No exato instante em que o agente corrompe, adultera, falsifica ou altera a coisa. Por se tratar de crime de perigo, não se exige o efetivo malefício às vítimas. Se da ação resultar lesão grave ou morte, o crime será considerado qualificado, aplicando-se as penas contidas no art. 258 (remissão feita pelo art. 285).

8.3.6.6. *Tentativa*

Apesar de difícil a constatação, é admissível, já que o *iter criminis* pode ser cindido.

8.3.6.7. *Causas de aumento de pena*

Nos termos do art. 285, em combinação com o art. 258, se resulta lesão grave, a pena será aumentada em metade e, se resulta morte, será aplicada em dobro. Essas hipóteses são exclusivamente **preterdolosas**, ou seja, pressupõem dolo na conduta inicial (crime contra a saúde pública) e culpa em relação ao resultado (lesão grave ou morte). Em havendo dolo quanto ao evento morte, o agente responde por homicídio doloso. Da mesma forma, se a provocação de lesão grave é intencional, o agente responde por crime de lesão corporal (em concurso com o crime contra a saúde pública).

8.3.6.8. *Figuras equiparadas*

a) Nos termos do art. 272, § 1º-A, "*incorre nas penas deste artigo quem fabrica, vende, expõe à venda, importa, tem em depósito para vender ou, de qualquer forma, distribui ou entrega a consumo a substância alimentícia ou o produto falsificado, corrompido ou adulterado*".

O objeto material é o mesmo, contudo, o dispositivo acrescenta algumas condutas típicas, como vender, expor à venda etc.

b) O § 1º, por sua vez, esclarece que "*está sujeito às mesmas penas quem pratica as ações previstas neste artigo em relação a bebidas, com ou sem teor alcoólico*" (cerveja, uísque, guaraná, suco etc.).

Nesse caso, o objeto material se altera para acrescentar as bebidas com ou sem teor alcoólico.

8.3.6.9. *Substância destinada à falsificação*

O art. 277 do Código Penal pune quem vende, expõe à venda, tem em depósito ou cede substância destinada à falsificação de produtos alimentícios (bromato de potássio, sulfito de sódio). A pena é de reclusão, de um a cinco anos, e multa.

■ 8.3.6.10. Ação penal

É pública incondicionada.

■ 8.3.6.11. Modalidade culposa

> **Art. 272, § 2º** — Se o crime é culposo:
> Pena — detenção, de um a dois anos, e multa.

O dispositivo pune o agente que por imprudência, negligência ou imperícia dá causa à adulteração, corrupção etc.

■ 8.3.6.12. Causas de aumento de pena

Nos termos do art. 285, em combinação com o art. 258, se em decorrência do crime culposo resultar lesão corporal, ainda que leve, a pena será aumentada em metade e, se resultar morte, será aplicada a pena do crime de homicídio culposo aumentada em um terço.

■ 8.3.6.13. Ação penal

É pública incondicionada, de competência do Juizado Especial Criminal, salvo se resultar lesão ou morte, hipóteses em que a pena máxima supera dois anos.

■ 8.3.7. Falsificação, corrupção, adulteração ou alteração de produto destinado a fins terapêuticos ou medicinais

> **Art. 273.** Falsificar, corromper, adulterar ou alterar produto destinado a fins terapêuticos ou medicinais:
> Pena — reclusão, de dez a quinze anos, e multa.

■ 8.3.7.1. Objetividade jurídica

A saúde pública.

■ 8.3.7.2. Tipo objetivo

O presente dispositivo sofreu duas importantes alterações no ano de 1998 ante o grande número de notícias acerca da falsificação de medicamentos vendidos no País. A primeira delas, Lei n. 9.677/98, modificou o tipo penal antes existente e aumentou a pena para reclusão, de dez a quinze anos, e multa (a pena anterior era de um a três anos). A segunda, Lei n. 9.695/98, incluiu esse delito no rol dos crimes hediondos, passando a constar no art. 1º, VII-B, da Lei n. 8.072/90.

As condutas típicas são as mesmas do delito anterior (falsificar, corromper, adulterar ou alterar), que, entretanto, devem recair sobre produto destinado a fim **terapêutico** ou **medicinal** (objeto material). Abrange os medicamentos destinados a cura, melhora, controle ou prevenção de doenças de número indeterminado de pessoas ou a serem utilizados em tratamentos médicos (moderadores de apetite, anabolizantes, anestésicos, analgésicos etc.). O medicamento pode ser alopático ou homeopático.

Estão abrangidos no dispositivo, além dos medicamentos, as matérias-primas, os insumos farmacêuticos, os cosméticos, os saneantes e os de uso em diagnóstico (§ 1º-A).

Como a antiga redação exigia que a conduta tornasse o produto nocivo à saúde, requisito não repetido na atual legislação, pode-se concluir que o delito atualmente é de perigo **presumido**. É evidente, entretanto, que essa faceta é questionada pela doutrina em face do princípio da lesividade quando se trata, por exemplo, de mera falsificação de frasco de vitamina C ou de remédio para dor de cabeça.

■ 8.3.7.3. *Sujeito ativo*

Trata-se de crime **comum**, que pode ser cometido por qualquer pessoa.

■ 8.3.7.4. *Sujeito passivo*

A coletividade e, eventualmente, as pessoas afetadas pelo crime.

■ 8.3.7.5. *Consumação*

No instante em que o agente corrompe, falsifica, adultera ou altera o produto, independentemente de qualquer resultado ou do efetivo consumo por terceiros. Como já mencionado, trata-se de crime de perigo. Se em virtude de eventual nocividade do medicamento ou de sua ineficácia decorrente da falsificação sobrevém lesão grave ou morte (ou a aceleração desses resultados), serão aplicadas as qualificadoras do art. 258 (com a remissão do art. 285), desde que o resultado seja culposo (delito **preterdoloso**). À toda evidência, porém, o resultado agravador em geral decorre de dolo (ao menos eventual), hipótese em que há concurso material entre o homicídio doloso e o delito em estudo.

■ 8.3.7.6. *Tentativa*

É possível.

■ 8.3.7.7. *Figuras equiparadas*

A lei pune com as mesmas penas quem importa, vende, expõe à venda, tem em depósito para vender ou, de qualquer forma, distribui ou entrega a consumo produto falsificado, corrompido, adulterado ou alterado, bem como pratica tais ações em relação a produtos em quaisquer das seguintes condições (§ 1º-B):

"I — sem registro, quando exigível, no órgão de vigilância sanitária competente;

II — em desacordo com a fórmula constante do registro previsto no inciso anterior;

III — sem as características de identidade e qualidade admitidas para a sua comercialização;

IV — com redução de seu valor terapêutico ou de sua atividade;

V — de procedência ignorada;

VI — adquiridos de estabelecimento sem licença da autoridade sanitária competente."

A propósito do inc. I: "*Não se pode trancar ação penal por atipicidade, quando a conduta imputada constitui crime em tese. O art. 273, § 1º-B, I, do Código Penal, tipifica a ação de vender, expor à venda ou ter em depósito para fins de comércio, distribuir ou entregar a consumo produto sem registro, quando este é exigível, no órgão de vigilância sanitária. Não há óbice legal à punição de uma conduta na esfera administrativa e na esfera penal, se houver sua previsão como infração à legislação sanitária federal, assim como sua tipificação no Código Penal ou na legislação penal especial*" (STJ — 5ª Turma — RHC 12.264-RS — Rel. Min. Gilson Dipp — julgado em 10-12-2002 — v.u. — *DJU* 10-3-2003, p. 243); e "*Crime de exposição à venda de produto sem registro no Ministério da Saúde. Art. 273, § 1º-B, inc. I, do Código Penal. Cacau/chocolate. Produtos dietéticos, listados no anexo II da resolução n. 23 da Anvisa. Obrigatoriedade do registro*".

8.3.7.8. Ação penal e pena

É pública incondicionada.

A Lei n. 9.677/98, conforme já mencionado, aumentou a pena em abstrato para **dez a quinze anos de reclusão, e multa**. A pena anteriormente prevista era de um a três anos de reclusão. Ocorre que, no ano de 2015, a Corte Especial do Superior Tribunal de Justiça, no julgamento no HC 239.363/PR, reconheceu a inconstitucionalidade do preceito secundário (pena em abstrato) deste dispositivo por ofensa aos princípios da proporcionalidade e da razoabilidade, porque o legislador teria sido açodado na modificação legislativa ao estabelecer penas tão altas. Como consequência, determinou que, por analogia, devem ser aplicadas a este crime as penas do delito de tráfico de drogas (art. 33, *caput*, da Lei n. 11.343/06): reclusão, de cinco a quinze anos.

Veja-se a ementa do julgamento:

> *"Arguição de inconstitucionalidade. Preceito secundário do art. 273, § 1º-B, V, do CP. Crime de ter em depósito, para venda, produto destinado a fins terapêuticos ou medicinais de procedência ignorada. Ofensa ao princípio da proporcionalidade. 1. A intervenção estatal por meio do Direito Penal deve ser sempre guiada pelo princípio da proporcionalidade, incumbindo também ao legislador o dever de observar esse principio como proibição de excesso e como proibição de proteção insuficiente.*
> *2. É viável a fiscalização judicial da constitucionalidade dessa atividade legislativa, examinando, como diz o Ministro Gilmar Mendes, se o legislador considerou suficientemente os fatos e prognoses e se utilizou de sua margem de ação de forma adequada para a proteção suficiente dos bens jurídicos fundamentais. 3. Em atenção ao princípio constitucional da proporcionalidade e razoabilidade das leis restritivas de direitos (CF, art. 5º, LIV), é imprescindível a atuação do Judiciário para corrigir o exagero e ajustar a*

> *pena cominada à conduta inscrita no art. 273, § 1º-B, do Código Penal. 4. O crime de ter em depósito, para venda, produto destinado a fins terapêuticos ou medicinais de procedência ignorada é de perigo abstrato e independe da prova da ocorrência de efetivo risco para quem quer que seja. E a indispensabilidade do dano concreto à saúde do pretenso usuário do produto evidencia ainda mais a falta de harmonia entre o delito e a pena abstratamente cominada (de 10 a 15 anos de reclusão) se comparado, por exemplo, com o crime de tráfico ilícito de drogas — notoriamente mais grave e cujo bem jurídico também é a saúde pública. 5. A ausência de relevância penal da conduta, a desproporção da pena em ponderação com o dano ou perigo de dano à saúde pública decorrente da ação e a inexistência de consequência calamitosa do agir convergem para que se conclua pela falta de razoabilidade da pena prevista na lei. A restrição da liberdade individual não pode ser excessiva, mas compatível e proporcional à ofensa causada pelo comportamento humano criminoso. 6. Arguição acolhida para declarar inconstitucional o preceito secundário da norma*" (STJ — AI no HC 239.363/PR — Rel. Min. Sebastião Reis Júnior — Corte Especial — julgado em 26-2-2015 — *DJe* 10-4-2015).

Note-se que a decisão que declarou a inconstitucionalidade do preceito secundário refere-se especificamente ao crime do art. 273, § 1º-B, V, do Código Penal, porque esta era a hipótese em julgamento no caso específico. Outras decisões do Superior Tribunal de Justiça, todavia, esclarecem que a regra vale também para as outras modalidades do delito: REsp 1.368.868/MG — Rel. Min. Rogerio Schietti Cruz — 6ª Turma — julgado em 23-6-2015 — *DJe* 3-8-2015; HC 260.847/PR — Rel. Min. Sebastião Reis Júnior — 6ª Turma — julgado em 19-5-2015 — *DJe* 29-5-2015; REsp 915.442/SC — Rel. Min. Maria Thereza de Assis Moura — 6ª Turma — julgado em 14-12-2010 — *DJe* 1º-2-2011; e HC 259.627/PR — Rel. Min. Sebastião Reis Júnior — julgado em 19-5-2015 — *DJe* 29-5-2015.

No âmbito do Supremo Tribunal Federal, há decisões que reconhecem a constitucionalidade da pena: RE 844.152 AgR, Rel. Min. Gilmar Mendes; RE 662.090 AgR, Rel. Min. Cármen Lúcia; e RE 870.410 AgR, Rel. Min. Roberto Barroso. Em razão da divergência, foi reconhecida a repercussão geral no julgamento do tema 1003, razão pela qual o Plenário do Supremo Tribunal Federal deverá se pronunciar em definitivo em relação ao tema.

■ 8.3.7.9. Modalidade culposa

> **Art. 273, § 2º** — Se o crime é culposo:
> Pena — detenção, de um a três anos, e multa.

O dispositivo pune o agente que por imprudência, negligência ou imperícia dá causa à adulteração, corrupção etc.

■ 8.3.7.10. Causas de aumento de pena

Nos termos do art. 285, em combinação com o art. 258, se em decorrência do crime culposo resultar lesão corporal, ainda que leve, a pena será aumentada em metade e, se resultar morte, será aplicada a pena do crime de homicídio culposo aumentada em um terço.

8.3.7.11. *Ação penal*

É pública incondicionada.

8.3.7.12. *Substância destinada à falsificação*

O art. 277 do Código Penal pune quem vende, expõe à venda, tem em depósito ou cede *substância destinada à falsificação* de produtos alimentícios, terapêuticos ou medicinais. A pena é de reclusão, de um a cinco anos, e multa.

8.3.7.13. *Outras condutas ilícitas relacionadas*

Os arts. 274 a 276 do Código Penal, todos com redação alterada pela Lei n. 9.677/98, punem, com penas de reclusão de um a cinco anos, e multa, as seguintes condutas ilícitas:

a) *empregar, no fabrico de produto destinado a consumo, revestimento, gaseificação artificial, matéria corante, substância aromática, antisséptica, conservadora ou qualquer outra não expressamente permitida pela legislação sanitária* (art. 274);

b) *inculcar, em invólucro ou recipiente de produtos alimentícios, terapêuticos ou medicinais, a existência de substância que não se encontra em seu conteúdo ou que nele existe em quantidade menor que a mencionada* (art. 275);

c) *vender, expor à venda, ter em depósito para vender ou, de qualquer forma, entregar a consumo produto nas condições dos arts. 274 e 275* (art. 276).

Esses tipos penais também não exigem demonstração da nocividade dos produtos.

8.3.8. Outras substâncias nocivas à saúde pública

> **Art. 278.** Fabricar, vender, expor à venda, ter em depósito para vender, ou, de qualquer forma, entregar a consumo coisa ou substância nociva à saúde, ainda que não destinada à alimentação ou a fim medicinal:
> Pena — detenção, de um a três anos, e multa.

8.3.8.1. *Objetividade jurídica*

A saúde pública.

8.3.8.2. *Tipo objetivo*

Para a tipificação do crime em estudo, é necessário que a coisa ou substância seja nociva à saúde, isto é, que seja capaz de provocar dano orgânico ou psicológico às pessoas que dele se utilizem. Se o exame pericial constatar a nocividade, ainda que baixa, estará aperfeiçoado o ilícito penal.

Requisito do crime é que a substância ou coisa sejam destinadas ao **consumo público**.

O objeto material pode ser uma pomada, um inseticida, uma tinta etc., desde que nocivo à saúde por alguma razão.

Caso se trate de produto alimentício ou medicinal, estarão configurados crimes mais graves descritos nos arts. 272 e 273, de modo que o crime em estudo é subsidiário.

Entendemos que, se houver relação de consumo, por ser o adquirente o destinatário final do produto (art. 2º da Lei n. 8.078/90), estará tipificado o crime do art. 7º, inc. IX, da Lei n. 8.137/90, que pune com detenção, de dois a cinco anos, ou multa, quem vende, tem em depósito para vender ou expõe à venda, ou de qualquer forma, entrega matéria-prima ou mercadoria em condições impróprias para o consumo. É que o art. 18, § 6º, inc. II, da Lei n. 8.078/90 define que todo produto nocivo ao consumidor é impróprio para o consumo.

■ 8.3.8.3. *Sujeito ativo*

Pode ser qualquer pessoa.

■ 8.3.8.4. *Sujeito passivo*

A coletividade e as pessoas que eventualmente sofram algum dano em decorrência do crime.

■ 8.3.8.5. *Consumação*

No momento da realização da conduta típica, independentemente de qualquer resultado. Trata-se de crime de perigo **abstrato**.

■ 8.3.8.6. *Tentativa*

É possível.

■ 8.3.8.7. *Causas de aumento de pena*

Nos termos do art. 285, em combinação com o art. 258, se resulta lesão grave, a pena será aumentada em metade e, se resulta morte, será aplicada em dobro. Essas hipóteses são exclusivamente **preterdolosas**, ou seja, pressupõem dolo na conduta inicial (crime contra a saúde pública) e culpa em relação ao resultado (lesão grave ou morte). Em havendo dolo quanto ao evento morte, o agente responde por homicídio doloso. Da mesma forma, se a provocação de lesão grave é intencional, o agente responde por crime de lesão corporal (em concurso com o crime contra a saúde pública).

▪ 8.3.8.8. *Ação penal*

É pública incondicionada.

▪ 8.3.8.9. *Modalidade culposa*

> **Parágrafo único.** Se o crime é culposo:
> Pena — detenção, de dois meses a um ano.

Quando a conduta for decorrente da falta de cuidado ou de atenção por parte do agente.

▪ 8.3.8.10. *Causas de aumento de pena*

Nos termos do art. 285, em combinação com o art. 258, se em decorrência do crime culposo resultar lesão corporal, ainda que leve, a pena será aumentada em metade e, se resultar morte, será aplicada a pena do crime de homicídio culposo aumentada em um terço.

▪ 8.3.8.11. *Ação penal*

É pública incondicionada, de competência do Juizado Especial Criminal, exceto no caso de evento morte, em que a pena máxima supera dois anos.

▪ 8.3.9. Medicamento em desacordo com receita médica

> **Art. 280.** Fornecer substância medicinal em desacordo com receita médica:
> Pena — detenção, de um a três anos, e multa.

▪ 8.3.9.1. *Objetividade jurídica*

A saúde pública.

▪ 8.3.9.2. *Tipo objetivo*

A conduta típica é fornecer, isto é, entregar a substância medicinal. A entrega pode se dar a título oneroso ou gratuito. Substância medicinal é aquela destinada à cura, melhora, controle ou prevenção de moléstias.

O tipo penal pressupõe que o fornecimento seja feito em **desacordo** com a receita emitida pelo médico. Essa divergência pode dizer respeito à espécie, quantidade ou qualidade da substância. Não há crime, entretanto, quando o princípio ativo é o mesmo, tratando-se de medicamento genérico.

No caso de a receita ter sido emitida por outro profissional que não médico, a entrega em desacordo com a receita é atípica. Ex.: receita emitida por dentista.

Se o farmacêutico entender que a receita está errada, deverá observar o que dispõe o art. 254 do Regulamento do Departamento Nacional da Saúde: *"Para aviar uma receita que lhe pareça perigosa, deverá o farmacêutico consultar o médico, que retificará ou fará declaração expressa e escrita de que assume a responsabilidade da mesma, declaração que o farmacêutico copiará no livro de registro do receituário e na própria receita, que ficará em seu poder*". Caso, todavia, o médico não seja encontrado e a situação seja de urgência, o farmacêutico deverá corrigir a receita, estando, nesse caso, acobertado pela excludente do estado de necessidade.

■ 8.3.9.3. Sujeito ativo

Normalmente o farmacêutico. O crime, entretanto, pode ser praticado por qualquer funcionário de uma farmácia (balconista, atendente etc.).

■ 8.3.9.4. Sujeito passivo

Costuma-se dizer que é a coletividade; contudo, somente fica exposta efetivamente a risco a pessoa a quem a substância foi entregue para dela fazer uso.

■ 8.3.9.5. Consumação

Cuida-se de crime **formal**, que se consuma no momento em que a substância é entregue, ainda que o destinatário, posteriormente, dela não faça uso. Trata-se, ainda, de crime de perigo **abstrato**.

■ 8.3.9.6. Causas de aumento de pena

Nos termos do art. 285, em combinação com o art. 258, se resulta lesão grave, a pena será aumentada em metade e, se resulta morte, será aplicada em dobro. Essas hipóteses são exclusivamente **preterdolosas**, ou seja, pressupõem dolo na conduta inicial (crime contra a saúde pública) e culpa em relação ao resultado (lesão grave ou morte). Em havendo dolo quanto ao evento morte, o agente responde por homicídio doloso. Da mesma forma, se a provocação de lesão grave é intencional, o agente responde por crime de lesão corporal (em concurso com o crime contra a saúde pública).

■ 8.3.9.7. Ação penal

É pública incondicionada.

■ 8.3.9.8. Modalidade culposa

> **Parágrafo único.** Se o crime é culposo:
> Pena — detenção, de dois meses a um ano.

A conduta culposa se mostra presente quando o agente, normalmente o farmacêutico, mostra-se descuidado na análise da receita ou na preparação da substância (em farmácia de manipulação), fornecendo medicamento em desacordo com o constante da receita.

▪ *8.3.9.9. Causas de aumento de pena*

Nos termos do art. 285, em combinação com o art. 258, se em decorrência do crime culposo resultar lesão corporal, ainda que leve, a pena será aumentada em metade e, se resultar morte, será aplicada a pena do crime de homicídio culposo aumentada em um terço.

▪ *8.3.9.10. Ação penal*

É pública incondicionada, de competência do Juizado Especial Criminal, exceto no caso de evento morte, em que a pena máxima supera dois anos.

▪ 8.3.10. Exercício ilegal da medicina, arte dentária ou farmacêutica

> **Art. 282.** Exercer, ainda que a título gratuito, a profissão de médico, dentista ou farmacêutico, sem autorização legal ou excedendo-lhe os limites:
> Pena — detenção, de seis meses a dois anos.
> Parágrafo único. Se o crime é praticado com o fim de lucro, aplica-se também multa.

▪ *8.3.10.1. Objetividade jurídica*

A saúde pública.

▪ *8.3.10.2. Tipo objetivo*

O exercício de determinadas profissões exige conhecimento técnico e teórico bastante aprofundado; por isso, são fiscalizadas pelo Poder Público. É o que ocorre com a medicina, a odontologia e a farmácia, em que o exercício da profissão por pessoa não capacitada pode gerar danos à saúde pública. Por esse motivo, incriminou o legislador o exercício ilegal dessas profissões.

Prevê o dispositivo duas condutas típicas:

a) *Exercer a profissão de médico, dentista ou farmacêutico, sem autorização legal.*

Trata-se de crime **comum**, que pode ser cometido por qualquer pessoa que não possua o diploma universitário ou seu registro no Departamento Nacional de Saúde.

Assim, comete o crime aquele que, sem possuir tal registro, mantém consultório para atender clientes, expede receitas, ministra tratamentos, realiza cirurgias etc.

Nos termos da lei, o crime existe ainda que o fato ocorra a título gratuito, mas, se o agente visa ao lucro, será aplicada também a pena de multa, nos termos do parágrafo único.

A propósito: "*Acusado que se diz biologista mas exerce atos próprios dos médicos: exames e diagnósticos dos clientes, prescrevendo-lhes medicamentos. Habitualidade na prática de tais atos. A prática de atos de natureza clínica médica por pessoa leiga constitui fato típico, desde que executados com a habitualidade exigi-*

da pelo art. 282 do CP" (Tacrim-SP — Rel. Gonçalves sobrinho — *RT* 430/380); "*Comete o delito de exercício ilegal quem se faz passar por 'doutor', sem ter concluído qualquer curso universitário, mantendo consultório, expedindo receitas e divulgando avisos pelo rádio sobre os dias em que irá clinicar no interior do município*" (TARS — Rel. Wolney Santos — *RT* 451/467); "*Acusado que, não sendo médico, atendia como ortopedista e traumatologista. Perigo daí resultante. A traumatologia e a ortopedia são especialidades médicas que, exercidas por leigo, com habitualidade, configuram o exercício ilegal da medicina, como crime de perigo que é, não exigindo a lei qualquer lesão ou prejuízo a terceiro. Basta a potencialidade do dano*" (TARS — Rel. Alaor Wiltgen Terra — *RT* 446/485); "*Exerce ilegalmente a Medicina, com fim de lucro, o estudante de Medicina que, mediante receituário assinado em branco por profissional habilitado, dirige clínica clandestina, atendendo a doentes e a eles fornecendo receituário*" (TARJ — Rel. Gama Malcher — *RT* 513/474).

A pessoa que se dedica às atividades de parteira, não se tratando de caso de estado de necessidade pela ausência de médico na região, comete o crime em estudo.

Quem exerce as funções de veterinário sem ser habilitado comete exercício ilegal de profissão — art. 47 da Lei das Contravenções Penais — já que a hipótese não é mencionada no art. 282.

O protético que passa a exercer atividades próprias do dentista comete exercício ilegal da odontologia.

b) *Exercer a profissão de médico, dentista ou farmacêutico, excedendo-lhe os limites.*

Cuida-se de crime **próprio** que somente pode ser cometido por quem é médico, dentista ou farmacêutico e, no exercício de sua profissão, extrapola os seus limites. É o que ocorre, por exemplo, quando um dentista faz cirurgia no tórax da vítima; quando um farmacêutico passa a atender clientes e expedir receitas; quando um médico passa a clinicar além dos limites de sua especialidade etc.

■ 8.3.10.3. Sujeito ativo

Conforme já mencionado, na primeira figura pode ser cometido por qualquer pessoa e, na segunda, apenas por médicos, dentistas ou farmacêuticos que extrapolem os limites de sua profissão.

■ 8.3.10.4. Sujeito passivo

A coletividade e as pessoas que tenham sido atendidas pelo agente.

■ 8.3.10.5. Consumação

Com a **habitualidade**, ou seja, com a reiteração de condutas privativas de médicos, dentistas ou farmacêuticos, ou pela **repetição** de atos em que o agente extrapole os limites de sua profissão.

Trata-se de crime de perigo **abstrato**, que se configura ainda que se prove que o agente, embora não fosse médico, por exemplo, clinicava com extrema competência.

▪ 8.3.10.6. *Tentativa*

Inadmissível, pois, ou existe a reiteração de atos e o crime está consumado, ou não existe e o fato é atípico.

▪ 8.3.10.7. *Estado de necessidade*

Tem-se admitido a excludente do estado de necessidade em casos em que a atividade é exercida em locais longínquos onde não existe profissional legalmente habilitado. Nesse sentido: "*Onde não há médicos e a comunicação com lugares de maiores recursos é difícil, não pratica o exercício ilegal da medicina o leigo que, valendo-se de sua experiência e de seus rudimentares conhecimentos, faz curativos, ministra e prescreve medicamentos, sem comprometer a saúde dos que dele se socorrem*" (*Jutacrim* 81/299); "*Punir-se por exercício ilegal da medicina um farmacêutico que, no sertão, na falta, ainda que momentânea, de médico, atende casos simples, fornecendo remédios a doentes, é solução que o Judiciário tem repudiado em vários arestos*" (*RT* 264/56); "*Reconhece-se o estado de necessidade em favor de quem exercita ilegalmente a arte dentária na zona rural, distante dos grandes centros e onde inexiste profissional habilitado*" (TJSC — Rel. Trompowsky Taulois — *RT* 547/366).

▪ 8.3.10.8. *Causas de aumento de pena*

Nos termos do art. 285, em combinação com o art. 258, se resulta lesão grave, a pena será aumentada em metade e, se resulta morte, será aplicada em dobro. Essas hipóteses são exclusivamente **preterdolosas**, ou seja, pressupõem dolo na conduta inicial (crime contra a saúde pública) e culpa em relação ao resultado (lesão grave ou morte). Ex.: o falso médico que, durante o tratamento, acaba dando causa à morte por falta de experiência ou conhecimentos aprofundados sobre determinado distúrbio ou doença.

Se restar demonstrado que houve dolo eventual em relação ao evento morte, o agente responde por homicídio doloso em concurso material com o crime simples do art. 282.

▪ 8.3.10.9. *Distinção*

a) O exercício ilegal de outras profissões, por exemplo, da advocacia, pode configurar a contravenção penal descrita no art. 47 da Lei das Contravenções Penais.

b) O crime do art. 282 não se confunde com o delito de curandeirismo (art. 284). Neste, o agente se dedica à cura de moléstias por meios extravagantes, não científicos, sendo pessoa sem conhecimentos técnicos da medicina. Naquele, o sujeito ativo é pessoa com alguma aptidão e conhecimento técnico em relação à profissão (enfermeiros, práticos, estudantes de medicina, leigos com algum conhecimento etc.), que procura aplicar métodos científicos imitando os procedimentos médicos. A propósito: "*No exercício ilegal da medicina, o agente demonstra aptidões e alguns conhecimentos da arte médica, ministrando remédios da farmacopeia oficial; no curandeirismo, o sujeito ativo é pessoa ignorante e rude, que se* *dedica à cura de moléstia por meios extravagantes e grosseiros*" (Tacrim-SP — Rel. Silva Rico — *Jutacrim* 87/393).

■ *8.3.10.10. Ação penal*

É pública incondicionada.

■ 8.3.11. Charlatanismo

> **Art. 283.** Inculcar ou anunciar cura por meio secreto ou infalível:
> Pena — detenção, de três meses a um ano, e multa.

■ *8.3.11.1. Objetividade jurídica*

A saúde pública.

■ *8.3.11.2. Tipo objetivo*

Charlatão é o golpista que ilude a boa-fé dos doentes, inculcando ou anunciando cura por meio **secreto** ou **infalível**, ciente de que a afirmação é falsa. Normalmente o agente toma essa atitude visando à obtenção de lucro. Tal intento, entretanto, não é pressuposto do delito.

■ *8.3.11.3. Sujeito ativo*

Pode o crime ser praticado por qualquer pessoa, inclusive médico, desde que esteja de má-fé. Trata-se de crime **comum**.

■ *8.3.11.4. Sujeito passivo*

A coletividade e as pessoas que tenham sido atendidas pelo agente.

■ *8.3.11.5. Consumação*

No momento em que o agente **inculca** (afirma, recomenda) ou **anuncia** (divulga, propaga) o método secreto ou infalível de cura. Trata-se de crime de perigo **abstrato**, que se configura ainda que ninguém tenha se submetido ao falso tratamento.

■ *8.3.11.6. Tentativa*

É possível.

■ *8.3.11.7. Causas de aumento de pena*

Nos termos do art. 285, em combinação com o art. 258, se resulta lesão grave, a pena será aumentada em metade e, se resulta morte, será aplicada em dobro. Essas hipóteses são exclusivamente **preterdolosas**, ou seja, pressupõem dolo na conduta inicial (crime contra a saúde pública) e culpa em relação ao resultado (lesão grave ou morte).

8.3.11.8. *Distinção*

O charlatanismo não se confunde com o exercício ilegal da medicina, uma vez que neste o agente acredita no tratamento recomendado, enquanto naquele o agente não crê na eficácia do meio de cura que anuncia.

Não se confunde também com o curandeirismo, que, por sua vez, é crime mais grave e pressupõe que o agente prescreva, ministre ou aplique medicamento.

8.3.11.9. *Ação penal*

É pública incondicionada.

8.3.12. Curandeirismo

> **Art. 284.** Exercer o curandeirismo:
> I — prescrevendo, ministrando ou aplicando, habitualmente, qualquer substância;
> II — usando gestos, palavras ou qualquer meio;
> III — fazendo diagnósticos:
> Pena — detenção, de seis meses a dois anos.
> Parágrafo único. Se o crime é praticado mediante remuneração, o agente fica também sujeito à multa.

8.3.12.1. *Objetividade jurídica*

A saúde pública.

8.3.12.2. *Tipo objetivo*

O curandeiro é pessoa sem conhecimentos técnicos e científicos e que deixa isso claro às pessoas, mas que as faz acreditar que pode curar por meio de rezas, passes, ervas, essências, benzeduras, intervenções espirituais etc. A propósito: "*Qualquer princípio de crença a serviço da arte de curar é nocivo à saúde física e moral do povo e, portanto, constitui crime*" (STF — Rel. Lafayette de Andrada — *RT* 310/746); "*Quem prescreve o uso de água fria, com a aposição de mãos e invocação de forças sobrenaturais, para cura de doença, pratica o curandeirismo, que é crime contra a saúde pública*" (TJRS — Rel. Mário Boa Nova Rosa — *RF* 204/345).

Trata-se de crime de ação vinculada, uma vez que o legislador descreve de forma pormenorizada as condutas típicas que o configuram:

a) Prescrever, ministrar ou aplicar, habitualmente, qualquer substância. *Prescrever* é receitar. *Ministrar* é entregar algo para que seja consumido. *Aplicar* é injetar, administrar. O objeto da conduta, nos termos da lei, pode ser qualquer substância (de origem animal, vegetal ou mineral, inócua ou não). É necessário, ainda, que o agente prescreva, ministre ou aplique a substância a pretexto de cura ou de prevenção de doença. Trata-se, entretanto, de crime mais grave que o charlatanismo, no qual o agente se limita a *anunciar, afirmar* a existência de cura secreta ou infalível.

b) Usar gestos, palavras ou qualquer outro meio como método de cura. *Gestos* são os passes. *Palavras* são as rezas, benzeduras. Além disso, a lei se utiliza de uma fórmula genérica, punindo quem, por qualquer outro meio, exerce práticas inócuas e fantasiosas no sentido de curar alguém (magias, simpatias etc.).

c) Fazer diagnósticos, ou seja, afirmar a existência de uma doença com base nos sintomas apresentados pelo paciente. O diagnóstico somente pode ser feito por médicos, e, por isso, responde por curandeirismo o agente que realiza essa conduta.

■ *8.3.12.3. Sujeito ativo*

Pode ser qualquer pessoa, desde que não dotada de conhecimentos técnicos de medicina, pois, conforme já mencionado, responde por exercício ilegal dessa profissão aquele que possui tais conhecimentos, ainda que parcialmente, mas não tem diploma ou registro que o habilite a exercê-la.

A propósito: "*O curandeirismo é uma especial modalidade do crime de exercício ilegal da medicina, consagrada como figura autônoma. No seu exercício a arte de curar despe-se inteiramente dos seus atributos científicos; serve-se da credulidade ingênua, da ignorância e, sobretudo, da superstição*" (Tacrim-SP — Rel. Dante Busana — *Jutacrim* 75/355); "*Apelos obscurantistas aptos a ilaquear a fé de pessoas humildes ou desesperadas de tratamentos médicos convencionais, bem como a utilização de substâncias grosseiras para as prometidas curas, arredando desde o início caráter científico da atividade, caracterizam o delito de curandeirismo e não exercício ilegal de medicina*" (TARS — Rel. Aristides de Albuquerque Neto).

A liberdade de crença e de culto asseguradas no art. 5º, VI, da Constituição Federal não exclui o crime quando padre, pastor ou líder religioso deixa de lado a pregação da fé e passa a atos concretos de tratamento da saúde de fiéis doentes por meio de benzeduras, tratamentos místicos, passes, ministração de óleos sem poder de cura etc.

■ *8.3.12.4. Sujeito passivo*

A coletividade e a pessoa submetida ao crivo do curandeiro.

O curandeirismo é crime de perigo **abstrato**, cuja existência dispensa prova de que pessoa determinada foi exposta a perigo efetivo. A lei presume que a prática dos atos descritos no dispositivo colocam em risco a saúde pública. Nesse sentido: "*O curandeirismo é crime de perigo e não de dano, caracterizando-se exatamente pela situação de perigo que o fato criminoso estabelece para um número indeterminado e indefinido de pessoas. Por isso mesmo, desde que comprovada a ocorrência do delito, não há necessidade de se indicarem nominalmente os indivíduos a que se tenha ministrado a terapêutica proibida*" (Tacrim-SP — Rel. Henrique Machado — *RT* 318/349).

8.3.12.5. *Consumação*

Apesar de só haver menção expressa em relação à habitualidade na hipótese do inc. I, é pacífico que se exige tal requisito em todas as formas do delito (incs. I, II e III). Trata-se, assim, de crime **habitual**, que somente se consuma com a reiteração de condutas.

8.3.12.6. *Tentativa*

Inadmissível por se tratar de crime habitual.

8.3.12.7. *Intenção de lucro*

Nos termos do art. 284, parágrafo único, se o crime for cometido com intuito de lucro, será aplicada também pena de multa.

8.3.12.8. *Causas de aumento de pena*

Nos termos do art. 285, em combinação com o art. 258, se resulta lesão grave, a pena será aumentada em metade e, se resulta morte, será aplicada em dobro. Essas hipóteses são exclusivamente **preterdolosas**, ou seja, pressupõem dolo na conduta inicial (crime contra a saúde pública) e culpa em relação ao resultado (lesão grave ou morte). Ex.: vítima que, acreditando nos métodos do curandeiro, deixa de procurar médicos e tratamentos adequados e acaba falecendo.

A propósito: "A ratio essendi *da punição dos curandeiros está justamente na repressão do perigo que representa o desvio, por eles propiciado, daqueles que deveriam buscar um médico, para uma consulta regular, entravando o processo da cura, pelo retardamento e tornando impossível, às vezes, a recuperação da saúde*" (Tacrim-SP — Rel. Manoel Pedro — *RT* 368/254).

8.3.12.9. *Ação penal*

É pública incondicionada, de competência do Juizado Especial Criminal.

8.3.13. Quadro comparativo entre os crimes deste Capítulo (perigo concreto ou abstrato)

PERIGO CONCRETO	PERIGO ABSTRATO
• Epidemia; • Falsificação ou adulteração de produto alimentício.	• Todos os demais crimes do Capítulo.

8.4. QUESTÕES (CAPÍTULOS I, II E III)

1. (Ministério Público/SC — 2008)

I. O crime denominado de invólucro ou recipiente com falsa indicação previsto no art. 275 do CP, para a sua ocorrência, não se exige qualquer espécie de nocividade, quer positiva, quer negativa.

II. A falsidade visada no crime de falsidade ideológica é aquela que se refere ao conteúdo do documento.

III. O crime de concussão se consuma com a obtenção da vantagem.

IV. O crime de omissão de socorro previsto no Código de Trânsito se aplica ao condutor do veículo não causador do acidente.
V. O crime de inundação é de perigo abstrato.

a) apenas I, II e III estão corretos;
b) apenas I, II e IV estão corretos;
c) apenas II, III e IV estão corretos;
d) apenas I, IV e V estão corretos;
e) apenas II, IV e V estão corretos.

2. (Ministério Público/PE — 2008 — FCC) Sobre o crime de perigo de inundação, previsto no Código Penal, é correto afirmar:

a) O elemento subjetivo é tanto o dolo quanto a culpa em sentido estrito.
b) Só se consuma com a efetiva inundação.
c) Trata-se de crime de perigo concreto, exigindo a causação de risco para a incolumidade pública.
d) Sujeito ativo do delito é apenas o proprietário do imóvel em que se encontra o obstáculo ou a obra destinada a impedir inundação.
e) Para sua caracterização, basta a ocorrência de perigo eventual.

3. (Defensoria Pública/SP — II concurso) Admitem a forma culposa os seguintes crimes no Código Penal:

a) homicídio, lesão corporal, dano, receptação e incêndio.
b) receptação, incêndio, explosão, perigo de inundação e desabamento.
c) difusão de doença ou praga, apropriação indébita, lesão corporal e perigo de desastre ferroviário.
d) homicídio, lesão corporal, explosão, uso de documento falso e ato obsceno.
e) receptação, incêndio, explosão, desabamento e difusão de doença ou praga.

4. (Delegado de Polícia/SP — 2001) Pessoa que anuncia cura de doença, por meio secreto ou infalível, pratica:

a) curandeirismo;
b) exercício ilegal da medicina;
c) charlatanismo;
d) exploração da credulidade pública.

5. (Delegado de Polícia/SP — 2008) Provocar o desabamento de construção ou, por erro no projeto ou na execução, dar-lhe causa, tipifica:

a) crime material.
b) contravenção penal referente à incolumidade pública.
c) crime de desabamento, previsto no Código Penal.
d) crime contra a administração pública.
e) contravenção penal referente à paz pública.

6. (Ministério Público/SP — 81º concurso) Quem pratica o crime contra a saúde pública de omissão de notificação compulsória ou doença é:

a) o auxiliar de enfermagem.
b) o atendente.
c) o policial de plantão.
d) o enfermeiro.
e) o médico.

7. (Magistratura/RS — 2000) O crime de exercício ilegal da medicina (art. 282 do Código Penal) é

a) permanente.

b) habitual.
c) continuado.
d) de ação múltipla.
e) de consumação instantânea.

8. (Ministério Público/SP — 2012 — 89º concurso) É correto afirmar:

a) O crime tipificado como de assédio sexual (art. 216-A, CP) não pode ter como vítima o homem.
b) O convivente que deixou, sem justa causa, de prover a subsistência do companheiro com quem viveu em união estável, não lhe proporcionando os recursos necessários, pratica o crime de abandono material (art. 244, CP).
c) Não se pune o incêndio culposo (art. 250, § 2º, CP), salvo se é em edifício público.
d) No crime de explosão (art. 251, CP), é dispensável para a consumação do crime a efetiva explosão, bastando que da ação do agente ocorra perigo concreto à incolumidade pública.
e) O estelionato (art. 171, *caput*, CP) é crime formal, que se consuma independentemente da efetiva obtenção de vantagem ilícita, bastando à sua consumação o emprego de artifício, ardil ou qualquer outro meio fraudulento.

GABARITO

1. "b". A assertiva V está errada porque o crime de inundação é de perigo concreto. Por sua vez, o crime do art. 275, mencionado na assertiva I, realmente não pressupõe nocividade do produto, nos termos da nova redação dada pela Lei n. 9.677/98.

2. "c". O crime de inundação é mesmo de perigo concreto. A alternativa A está errada porque o crime de perigo de inundação não admite modalidade culposa. A hipótese B está errada porque, ao contrário do mencionado, o crime de perigo pressupõe a não ocorrência da inundação. A alternativa D contém equívoco, uma vez que o sujeito ativo pode ser qualquer pessoa e não apenas o dono do imóvel. A alternativa E está errada porque é necessário perigo concreto e não eventual.

3. "e". O crime culposo de difusão de doença ou praga não foi revogado pela Lei Ambiental. Não admitem a forma culposa os crimes de dano (alternativa A), perigo de inundação (alternativa B), apropriação indébita e perigo de desastre ferroviário (alternativa C) e uso de documento falso e ato obsceno (alternativa D).

4. "c". O enunciado se enquadra na descrição do art. 283 do Código Penal, que trata do crime de charlatanismo.

5. "b". O enunciado amolda-se ao tipo penal da contravenção descrita no art. 29 da Lei das Contravenções e se refere à incolumidade pública.

6. "e". O crime do art. 269 do Código Penal refere-se apenas à omissão de médico. Outras pessoas que se omitam ficam sujeitas apenas a sanções administrativas previstas em lei especial.

7. "b". Uma das principais características do crime em tela é o seu caráter habitual, ressaltado por toda a doutrina.

8. "d". O próprio art. 251 do Código Penal estabelece que basta o arremesso ou a colocação do explosivo para a configuração do crime.

TÍTULO IX

9. DOS CRIMES CONTRA A PAZ PÚBLICA

■ 9.1. INCITAÇÃO AO CRIME

> **Art. 286.** Incitar, publicamente, a prática de crime:
> Pena — detenção, de três a seis meses, ou multa.

■ 9.1.1. Objetividade jurídica

A paz pública.

■ 9.1.2. Tipo objetivo

O delito consiste em instigar, provocar ou estimular a prática de **crime** de qualquer natureza, previsto no Código Penal ou em outras leis. Nos termos do art. 286, a incitação pública à prática de ato **contravencional** não constitui ilícito penal.

Exige o tipo penal que a conduta seja praticada em público, ou seja, na presença de número elevado de pessoas, uma vez que a conduta de induzir pessoa certa e determinada à prática de um crime específico constitui participação no delito efetivamente cometido.

É necessário que o agente estimule grande número de pessoas a cometer **determinada** espécie de delito, pois a conduta de estimular genericamente o ingresso de pessoas à delinquência não se enquadra no texto legal.

Também não caracteriza o delito a simples **opinião** favorável à legalização de certas condutas (porte de entorpecente, aborto etc.). Por essa razão, o Supremo Tribunal Federal autorizou a realização das chamadas "marchas da maconha", que consistem em manifestações pleiteando a descriminalização do uso desse entorpecente. De acordo com o julgamento da ADIn 4.274, ocorrido em 23 de novembro de 2011, foi dada interpretação conforme à Constituição ao art. 33, § 2º, da Lei Antidrogas (Lei n.

11.343/2006), que prevê pena de 1 a 3 anos de detenção e multa, para quem induzir, instigar ou auxiliar alguém ao uso de substância entorpecente. De acordo com referida "interpretação conforme", estão excluídos do dispositivo "qualquer significado que enseje a proibição de manifestações e debates públicos acerca da descriminalização ou legalização do uso de drogas ou de qualquer substância que leve o ser humano ao entorpecimento episódico, ou então viciado, das suas faculdades psicofísicas". É evidente, portanto, que também não poderá haver o enquadramento no delito de incitação ao crime.

A incitação ao crime pode ser exercitada por qualquer meio: panfletos, cartazes, discursos, gritos em público, e-mails, sites na internet, em redes sociais (*Facebook*, *Twitter*), entrevista em rádio, revista, jornal ou televisão etc. Comete o delito, por exemplo, quem mantém site na internet dizendo que todo marido traído deve espancar ou matar a esposa; ou quem, em entrevista, aconselha as pessoas a fazer ligações clandestinas de água, luz, gás etc.; ou, ainda, líder sindical que, em discurso, diz que operários devem depredar as indústrias em que trabalham.

Tendo em vista que o Supremo Tribunal Federal considerou, ao julgar a ADPF n. 130, que a Lei de Imprensa (Lei n. 5.250/67) não foi recepcionada pela Constituição Federal de 1988, não se encontra mais em vigor o delito de incitação ao crime previsto no art. 19 da referida lei. Assim, quem, em entrevista a uma rádio, propuser, por exemplo, que todos os empresários passem a sonegar impostos comete incitação ao crime do Código Penal.

Quem incita a prática de preconceito racial ou a discriminação de raça, cor, religião, etnia ou procedência nacional comete infração mais grave, prevista no art. 20 da Lei n. 7.716/89.

■ 9.1.3. Sujeito ativo

Qualquer pessoa. Trata-se de crime **comum**.

■ 9.1.4. Sujeito passivo

A coletividade.

■ 9.1.5. Consumação

Com a simples incitação pública, ou seja, quando número indeterminado de pessoas dela toma conhecimento. Trata-se de crime **formal** e de perigo **abstrato**, cuja caracterização dispensa a efetiva prática de crime por parte dos que receberam a mensagem.

■ 9.1.6. Tentativa

Somente é admitida na forma **escrita**, quando, por exemplo, extraviam-se os panfletos que seriam distribuídos, quando o agente é impedido de entregá-los às pessoas etc.

■ 9.1.7. Ação penal

É pública incondicionada, de competência do Juizado Especial Criminal.

9.2. APOLOGIA DE CRIME OU CRIMINOSO

> **Art. 287.** Fazer, publicamente, apologia de fato criminoso ou de autor de crime:
> Pena — detenção, de três a seis meses, ou multa.

9.2.1. Objetividade jurídica

A paz pública.

9.2.2. Tipo objetivo

Fazer apologia significa **elogiar** de forma eloquente, enaltecer, exaltar um crime **já cometido** ou o autor do delito por **tê-lo cometido**. Comete o ilícito penal, por exemplo, quem, em entrevista, elogia um empresário por ter, comprovadamente, sonegado milhões em tributos, ou um assassino porque matou determinada pessoa, ou um estuprador por ter escolhido uma vítima bonita.

A apologia pressupõe o elogio inequívoco e perigoso. Assim, não se configura quando alguém apenas narra o fato ou se limita a tentar justificar as razões do criminoso.

Diferencia-se da incitação porque se refere a fato pretérito. Comete o crime, dessa forma, quem enaltece fato criminoso já ocorrido (previsto no Código Penal ou outras leis) ou o próprio autor do delito **em razão do delito que cometeu**.

A apologia a fato contravencional não se amolda ao tipo penal.

É também requisito desse crime que a apologia seja feita em **público**, isto é, que o enaltecimento ao ato criminoso ocorra na presença de número elevado de pessoas ou de modo que chegue ao seu conhecimento. Pode o delito ser cometido por qualquer meio: discurso, panfletos, cartazes, em redes sociais etc. Desde o julgamento da ADPF n. 130, em que o Supremo Tribunal Federal considerou inconstitucional a Lei de Imprensa (Lei n. 5.250/67), não se encontra mais em vigor o seu art. 19, § 2º, que previa pena mais grave para a apologia feita por meio de imprensa. Atualmente, portanto, o crime do art. 287 do Código Penal também pode ser cometido no rádio, televisão, jornal etc.

9.2.3. Sujeito ativo

Pode ser qualquer pessoa. Trata-se de crime **comum**.

9.2.4. Sujeito passivo

A coletividade.

9.2.5. Consumação

Com a exaltação feita em público, independentemente de qualquer outro resultado. Cuida-se de crime de **mera conduta** e de perigo **abstrato**.

9.2.6. Tentativa

É possível na forma escrita.

■ 9.2.7. Ação penal

É pública incondicionada, de competência do Juizado Especial Criminal.

■ 9.3. ASSOCIAÇÃO CRIMINOSA

> **Art. 288.** Associarem-se 3 (três) ou mais pessoas, para o fim específico de cometer crimes:
> Pena — reclusão, de 1 (um) a 3 (três) anos.
> Parágrafo único. A pena aumenta-se até a metade se a associação é armada ou se houver a participação de criança ou adolescente.

■ 9.3.1. Objetividade jurídica

Preservar a paz pública.

■ 9.3.2. Tipo objetivo

O delito em estudo configura-se pela associação estável de **três** ou **mais** pessoas com o fim de cometer **reiteradamente** crimes. Pressupõe, portanto, um acordo de vontades dos integrantes, no sentido de juntarem seus esforços no cometimento dos **crimes**.

A denominação "associação criminosa" surgiu com a Lei n. 12.850, de 5 de agosto de 2013, que alterou o art. 288 do Código Penal, modificando o *nomen juris* da infração penal, antes denominada **"quadrilha ou bando"**, e facilitando sua tipificação, uma vez que o crime de quadrilha exigia para sua configuração o envolvimento **mínimo de quatro pessoas, enquanto na associação criminosa bastam três**.

QUADRILHA OU BANDO	ASSOCIAÇÃO CRIMINOSA
Art. 288. Associarem-se mais de três pessoas, em quadrilha ou bando, para o fim de cometer crimes: Pena — reclusão de 1 a 3 anos. Parágrafo único. A pena aplica-se em dobro, se a quadrilha ou bando é armado.	Art. 288. Associarem-se 3 ou mais pessoas, para o fim específico de cometer crimes: Pena — reclusão, de 1 a 3 anos. Parágrafo único. A pena aumenta-se até a metade se a associação é armada ou se houver a participação de criança ou adolescente.

O fato de ter sido excluída a denominação "quadrilha ou bando" do art. 288 do Código Penal não significa que tenha ocorrido *abolitio criminis* em relação a fatos anteriores à Lei n. 12.850/2013, uma vez que a conduta **não deixou de ser considerada criminosa** com a nova redação — ao contrário, passou a ser mais fácil sua configuração. De acordo com o art. 107, III, do Código Penal, extingue-se a punibilidade pela **retroatividade** de lei **que não mais considera o fato criminoso** (e não pela mera modificação do nome do delito). Dessa forma, a farta jurisprudência existente em relação ao crime de quadrilha ou bando é plenamente aplicável ao novo delito de associação criminosa, ressalvando-se que agora basta a associação três ou mais pessoas (e não mais de quatro).

O tipo penal do delito de associação criminosa, conforme mencionado, pressupõe a união de um número mínimo de **três** pessoas. Nessa contagem, **incluem-se** os menores de idade, que não podem ser punidos pela Justiça Comum, os associados que morreram após ingressar no grupo, os comparsas que não foram identificados ou que foram identificados apenas por meio de alcunhas etc. É necessário, contudo, que o Ministério Público **descreva na denúncia** o envolvimento mínimo de três pessoas na associação, ainda que não seja possível mencionar o nome completo de todas elas. Ex.: João da Silva e Eduardo de Oliveira associaram-se com outros três indivíduos, identificados apenas como "Zoio", "Tonho" e "Pato", para a prática reiterada de crimes. Nesse sentido: "*O crime de quadrilha ou bando exige a participação de no mínimo quatro pessoas. Nada impede, entretanto, em face da morte de cinco dos integrantes do bando em confronto com a polícia, que apenas o sexto seja denunciado. Não pode é imputar a denúncia o delito a uma única pessoa, sem referência à sua associação com os demais, cuja punibilidade foi extinta pela morte*" (STJ — HC 8.812/PE — Rel. Min. Fernando Gonçalves — 6ª Turma — *DJU* 21-6-1999, p. 203); "*O fato de não terem alguns componentes do bando sido identificados, não descaracteriza o delito, máxime quando a denúncia menciona que agiam juntos os três acusados e 'mais dois indivíduos não identificados sem prejuízo da participação de outros mais*'" (TJSP — HC 367.064-4 — Rel. Silva Pinto — julgado em 28-1-2002).

O delito de associação criminosa distingue-se do **concurso comum de pessoas** (coautoria ou participação). Na associação criminosa, as pessoas reúnem-se de **forma estável**, enquanto no concurso elas se unem de forma **momentânea**. Além disso, na associação os agentes visam cometer número indeterminado de infrações, existindo, portanto, intenção de reiteração delituosa; já no concurso, visam à prática de crime específico. A propósito: "*É uma certa permanência ou estabilidade o que distingue o crime de quadrilha ou bando da simples participação criminosa (*societas sceleris *ou* societas in crimine*). Se os agentes não se unem para delinquir de modo indeterminado e permanente, mas em caráter transitório, ocorre, na realidade, ocasional concurso de agentes*" (TJSP — Rel. Bittencourt Rodrigues — *RT* 744/560). A estabilidade do grupo como requisito do delito e a intenção de reiteração delituosa por parte dos integrantes são premissas que se encontram na própria redação do art. 288, pois o núcleo do tipo penal é "associarem-se", que transmite ideia de união contínua de esforços. Ademais, o texto legal usa a palavra "crimes" (no plural), reforçando que a associação criminosa pressupõe que os integrantes não tenham se unido para a prática de um único crime.

Em suma, se dez pessoas se juntam apenas para cometer um determinado roubo a banco e depois cada uma vai para seu lado, não há delito de associação criminosa — apenas de roubo majorado pelo concurso de agentes. Nesse sentido: "*O delito de quadrilha ou bando supõe a permanência do vínculo associativo, para a prática de novos e futuros delitos, não bastando à configuração do tipo a participação em determinado crime de quatro ou mais pessoas, ainda que sob o comando de uma delas, mas sem caráter de associação para a continuação da atividade criminosa*" (TFR — Rel. Min. Dias Duarte — *DJU* 20-11-1986, p. 22726).

Por sua vez, se **duas** pessoas se unem para a prática reiterada de crimes, também não se mostra presente o delito de associação criminosa, porque não foi atingido o número mínimo exigido pelo art. 288 do Código Penal.

A associação necessariamente deve visar ao cometimento de **crimes**. Estes podem ser de **qualquer natureza**. Exs.: a) grupo de pessoas que se unem para exterminar pessoas (grupo de extermínio); b) integrantes de torcida organizada que agem em bando sempre que há jogo de sua equipe a fim de agredir torcedores de outro time e para depredar bens alheios (ônibus, trens, automóveis estacionados etc.); c) médicos e seus assistentes que montam uma clínica a fim de praticar reiteradamente crimes de aborto mediante remuneração; d) grupo de *hackers* que se une para criar sites falsos e obter os números da conta e da senha de grande número de vítimas a fim de desviar dinheiro de suas contas correntes (furtos); e) ladrões que se associam para roubar bancos ou cargas de caminhões; f) estelionatários que se unem para dar golpes em grande número de vítimas; g) integrantes de desmanches de veículos que se juntam para a aquisição de carros de origem ilícita (receptadores); h) pessoas que se unem para falsificar documentos; i) políticos que se unem entre si e com outras pessoas para desfalcar o patrimônio público; j) empresários que se juntam a advogados e contadores para montar esquema a fim de sonegar reiteradamente tributos etc.

Nos exemplos acima, a associação foi montada para o cometimento de crimes de uma **espécie determinada**. Nada obsta, entretanto, a existência de grupos que pretendam cometer infrações penais **diversificadas** (furtos, roubos, homicídios, falsificações etc.). Nesse sentido: "*Elemento subjetivo. Para a configuração do delito de quadrilha, basta a vontade de associação criminosa — manifestada por mais de três pessoas — dirigida à prática de delitos indeterminados, sejam estes, ou não, da mesma espécie*" (STF — HC 72.992/SP — Rel. Min. Celso de Mello — 1ª Turma — *RTJ* 168/864).

Quando a associação visar ao cometimento de crimes **hediondos**, estará configurado o crime de associação criminosa **qualificada**, que será a seguir analisado.

A associação de pessoas para a prática reiterada de **contravenção penal** (jogo do bicho, por exemplo) não constitui associação criminosa, já que o art. 288 se refere expressamente à união para a prática de **crimes**.

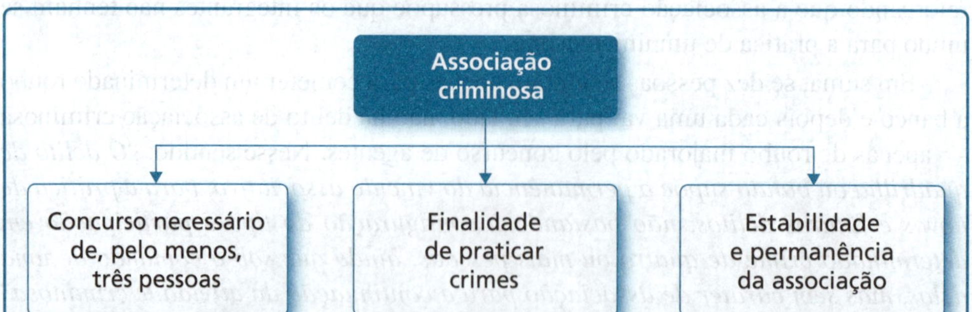

9.3.3. Sujeito ativo

Pode ser qualquer pessoa. Trata-se de crime **comum**. Cuida-se, ainda, de crime de **concurso necessário**, pois sua existência depende da união de, ao menos, três pessoas. A hipótese é de concurso necessário **de condutas paralelas**, porque os envolvidos auxiliam-se mutuamente, visando um resultado ilícito comum.

9.3.4. Sujeito passivo

A coletividade. Trata-se de crime vago, ou seja, de delito que tem como sujeito passivo entidade sem personalidade jurídica.

9.3.5. Consumação e concurso de crimes

O delito se consuma no momento em que ocorre o acordo de vontades entre os integrantes no sentido de formar a associação, **independentemente da prática de qualquer crime**. Trata de delito **formal**. Ex.: policiais que, em interceptação telefônica, descobrem uma associação criminosa que acaba de ser formada e impedem a prática do primeiro crime, prendendo seus integrantes. "*O crime de quadrilha se consuma, em relação aos fundadores, no momento em que aperfeiçoada a convergência de vontades entre mais de três pessoas, e, quanto àqueles que venham posteriormente a integrar-se ao bando já formado, na adesão de cada qual; crime formal, nem depende, a formação consumada de quadrilha, da realização ulterior de qualquer delito compreendido no âmbito de suas projetadas atividades criminosas, nem, consequentemente, a imputação do crime coletivo a cada um dos partícipes da organização reclama que se lhe possa atribuir participação concreta na comissão de alguns crimes-fim da associação*" (STF — HC 81.260/ES — Rel. Min. Sepúlveda Pertence — Pleno — *RTJ* 181/680).

É necessário ressaltar que o delito de associação criminosa é **autônomo** em relação aos delitos que efetivamente venham a ser cometidos por seus integrantes, uma vez que a lei visa punir a simples situação de **perigo** que representa para a **sociedade** a associação de pessoas que pretendem cometer crimes de forma contumaz. Dessa forma, haverá **concurso material** entre o delito de associação criminosa e as **demais infrações efetivamente praticadas por seus integrantes**. Nesse sentido: "*O crime de quadrilha é juridicamente independente daqueles que venham a ser praticados pelos agentes reunidos na* societas delinquentium *(*RT *88/468). O delito de quadrilha subsiste autonomamente, ainda que os crimes para os quais foi organizado o bando sequer venham a ser cometidos*" (STF — HC 72.992/SP — Rel. Min. Celso de Mello — 1ª Turma — *RTJ* 168/164).

Quando os delitos cometidos forem **furtos** ou **roubos**, que já possuem qualificadora ou causa de aumento de pena pelo envolvimento de pelo menos duas pessoas, há divergência, na doutrina e na jurisprudência, quanto ao correto enquadramento, caso tais crimes sejam praticados por três ou mais membros de uma associação criminosa. Para alguns, os agentes respondem por associação em concurso material com furto ou roubo **simples**, porque a aplicação da qualificadora ou causa de aumento seria *bis in* *idem*. Para outros, os agentes respondem por associação criminosa e pelos crimes qualificados ou majorados, porque a associação é um crime de **perigo** contra a **coletividade** decorrente da mera formação do grupo em caráter estável, enquanto a qualificadora decorre da maior gravidade da conduta contra a vítima do caso concreto. Este é o entendimento que vem sendo adotado no Supremo Tribunal Federal e no Superior Tribunal de Justiça (mais informações sobre o tema nos comentários aos crimes de furto qualificado — art. 155, § 4º, IV, do CP — e roubo agravado — art. 157, § 2º, II, do CP).

Deve-se salientar, outrossim, que o delito de associação criminosa tem natureza **permanente**, de modo que, enquanto não desmantelado o grupo pela polícia (ou pela morte de alguns dos associados) ou desfeito por acordo de seus integrantes, mostra-se possível a prisão em flagrante (art. 303 do CPP). É que, enquanto subsiste a intenção de cometer crimes por parte dos membros que se associaram, a paz pública permanece afetada a todo momento.

■ 9.3.6. Tentativa

É **inadmissível**, pois, ou existe a associação e o crime está consumado, ou apenas tratativas que constituem meros atos preparatórios.

■ 9.3.7. Causa de aumento

A redação atual do parágrafo único do art. 288, dada pela Lei n. 12.850/2013, prevê que a pena será aumentada em **até** metade se a associação for **armada ou se houver participação de criança ou adolescente**. Apesar das divergências, prevalece o entendimento de que basta um dos integrantes da associação atuar armado, desde que isso guarde relação com os fins criminosos do grupo. A propósito: "*A utilização de arma por* qualquer *membro da quadrilha constitui elemento evidenciador da maior periculosidade do bando, expondo* todos *que o integram à causa de aumento de pena prevista no art. 288, parágrafo único, do Código Penal. Para efeito de configuração do crime de* quadrilha armada, *basta que* um *só de seus integrantes esteja a portar armas*" (STF — HC 72.992/SP — Rel. Min. Celso de Mello — *RTJ* 168/865).

O dispositivo alcança a utilização de armas **próprias** (fabricadas para servir como instrumento de ataque ou defesa — armas de fogo, punhais etc.) ou **impróprias** (feitas com outra finalidade, mas que também podem matar ou ferir — facas, navalhas, estiletes etc.).

Note-se que na redação antiga — referente ao crime de quadrilha ou bando — o fato de o grupo ser armado gerava uma exasperação maior da pena, que devia ser aplicada em **dobro**. Nesse aspecto, a nova lei é mais benéfica, permitindo um aumento máximo de **metade** da pena. Assim, tratando-se de lei nova mais favorável, retroage para beneficiar pessoas que já tenham sido condenadas pelo crime de quadrilha armada.

Saliente-se também que o dispositivo não diz que a pena será aumentada em metade, e sim que a pena "aumenta-se **até a metade**", de modo que o juiz pode escolher índice menor de acordo com a gravidade do caso concreto.

9.3.8. Figura qualificada

O art. 8º da Lei n. 8.072/90 (Lei dos Crimes Hediondos) dispõe que será de **três** a **seis** anos de reclusão a pena prevista no art. 288 do Código Penal quando se tratar de união visando à prática de crimes **hediondos, tortura ou terrorismo**.[244] Trata-se de qualificadora que se aplica, portanto, quando a associação é formada para a prática desses crimes de maior gravidade. Nessas hipóteses, haverá concurso **material** entre o delito de associação qualificada e os crimes efetivamente cometidos. Esse art. 8º também menciona a associação para a prática de **tráfico** de entorpecentes, porém, atualmente, a união de **duas** ou mais pessoas para a prática de **tráfico**, de forma reiterada ou não, constitui o crime do art. 35, *caput*, da Lei n. 11.343/2006 (nova Lei Antitóxicos), punido com reclusão de três a dez anos, e multa, chamado de **"associação para o tráfico"**. Além disso, o art. 35, parágrafo único, da mesma lei, pune com as mesmas penas a associação de **duas** ou mais pessoas para o **financiamento** reiterado do tráfico.

O dispositivo em questão (art. 8º da Lei n. 8.072/90) faz referência ao crime do art. 288 do Código Penal, não mencionando expressamente a denominação "quadrilha ou bando". Assim, o fato de não ter sofrido modificação pela Lei n. 12.850/2013 não impede a aplicação da qualificadora ao novo delito de associação criminosa, pois, de acordo com tal art. 8º, "*será de **três** a **seis** anos de reclusão a pena prevista no art. 288 do Código Penal*" quando se tratar de união visando à prática de crimes hediondos, tortura ou terrorismo.

9.3.9. Delação premiada

A Lei dos Crimes Hediondos, em seu art. 8º, parágrafo único, dispõe que o participante ou associado que denunciar à autoridade (juiz, promotor, delegado, policial militar) o bando ou quadrilha, possibilitando seu **desmantelamento**, terá a pena reduzida de um a dois terços. Apesar de o dispositivo mencionar expressamente o crime de "quadrilha ou bando" — denominação afastada pela Lei n. 12.850/2013 —, é viável sua aplicação ao crime de associação criminosa, uma vez que o dispositivo em questão é norma benéfica (que gera redução da pena).

Nos termos da lei, só haverá a diminuição da pena se a delação implicar o efetivo desmantelamento do grupo.

No caso do concurso material entre o delito de associação criminosa e outros delitos praticados por seus integrantes, a redução da pena atingirá apenas o primeiro (associação).

Esse instituto foi também chamado por Damásio de Jesus de **traição benéfica**, pois implica redução da pena como consequência da delação de comparsas.

---

[244] O art. 3º da Lei n. 13.260/2016 prevê pena de reclusão de cinco a oito anos para quem "promover, constituir, integrar ou prestar auxílio, pessoalmente ou por interposta pessoa, a organização terrorista". O art. 2º, § 2º, II, da Lei n. 12.850/2013, introduzido por referida Lei, define organização terrorista como aquela voltada para a prática dos atos de terrorismo legalmente definidos, ou seja, para os crimes de terrorismo descritos na própria Lei n. 13.260/2016. Apesar de o dispositivo não mencionar o número mínimo de integrantes que o grupo deve ter para ser enquadrado como organização terrorista, o fato de ter sido inserido na Lei n. 12.850/2013 leva à conclusão de que devem ser ao menos quatro os integrantes efetivos da organização.

9.3.10. Classificação doutrinária

CLASSIFICAÇÃO DOUTRINÁRIA				
Simples e de perigo quanto à objetividade jurídica	Comum e de concurso necessário quanto ao sujeito ativo	De ação livre e comissivo quanto aos meios de execução	Formal e permanente quanto ao momento consumativo	Doloso quanto ao elemento subjetivo

9.3.11. Ação penal

É pública incondicionada.

9.3.12. Organização criminosa

O art. 2º, *caput*, da Lei n. 12.850/2013 tipificou um novo crime de concurso necessário denominado "organização criminosa". Tal infração penal consiste em **"promover, constituir, financiar ou integrar, pessoalmente ou por interposta pessoa, organização criminosa"**. Cuida-se de delito mais grave do que o de associação criminosa (art. 288), porque apenado com reclusão, de três a oito anos, e multa, sem prejuízo das penas correspondentes às demais infrações penais praticadas. Insta salientar que o próprio art. 1º, § 1º, da Lei cuida de definir organização criminosa: **"considera-se organização criminosa a associação de 4 (quatro) ou mais pessoas estruturalmente ordenada e caracterizada pela divisão de tarefas, ainda que informalmente, com objetivo de obter, direta ou indiretamente, vantagem de qualquer natureza, mediante a prática de infrações penais cujas penas máximas sejam superiores a 4 (quatro) anos, ou que sejam de caráter transnacional"**.

É preciso salientar, todavia, que não basta que quatro ou mais pessoas se unam para cometer roubos, estelionatos ou extorsões (delitos que possuem pena máxima superior a quatro anos), para que se tipifique esta infração penal. Com efeito, se quatro roubadores se juntam para cometer "assaltos" em bares ou restaurantes sem uma estrutura organizada, com escolha aleatória de vítimas, sem divisão de tarefas e severa hierarquia entre os integrantes, o delito tipificado é o de associação criminosa. O delito de organização criminosa — o próprio nome diz — exige a demonstração de que seus membros integram um grupo com classes hierárquicas bem delineadas, com nítida divisão de tarefas e com alta periculosidade devido às infrações que cometem (com pena superior a 4 anos ou de caráter transnacional). É evidente que certas facções criminosas, muitas delas com atuação concomitante em diversas partes do país, que possuem centenas de membros com clara hierarquia e divisão de tarefas entre eles, enquadram-se no tipo penal.

9.4. CONSTITUIÇÃO DE MILÍCIA PRIVADA

> **Art. 288-A.** Constituir, organizar, integrar, manter ou custear organização paramilitar, milícia particular, grupo ou esquadrão com a finalidade de praticar qualquer dos crimes previstos neste Código:
> Pena — reclusão, de 4 (quatro) a 8 (oito) anos.

9.4.1. Objetividade jurídica

Preservar a paz pública.

9.4.2. Tipo objetivo

Esse dispositivo foi introduzido no Código Penal pela Lei n. 12.720/2012. Tal como o delito de associação criminosa, essa nova figura também pressupõe a **associação** de pessoas com a específica finalidade de cometer crimes. Por expressa previsão legal, entretanto, só se configura se a intenção for a de cometer crimes do **Código Penal**. Se a milícia visar exclusivamente ao cometimento de crimes de lei especial, o enquadramento será no delito de associação criminosa.

Apesar de não constar expressamente do tipo penal do art. 288-A, o próprio *nomen juris* da infração penal estampa que a ação ilícita diz respeito às "milícias privadas" que se unem sob o pretexto de prestar **serviços de segurança** em certa localidade e que, nesta condição, cometem crimes como extorsão, roubo, ameaça, tortura, usurpação de função pública, lesões corporais e até homicídios. O próprio histórico do projeto de lei que deu origem à Lei n. 12.720/2012 deixa clara tal destinação, sendo de se mencionar que o legislador se utilizou das expressões "organização paramilitar", "milícia particular", "grupo" ou "esquadrão" como figuras afins, e não para definir quatro espécies distintas de ilícito penal. No dispositivo em estudo, aliás, a palavra "grupo" está também empregada no sentido de organização paramilitar, e não no sentido específico de "grupo de extermínio" (em que a união se dá somente com o intuito de matar pessoas). No art. 288-A, o grupo paramilitar (milícia) é formado a pretexto de prestar serviços de segurança e seus membros eventualmente cometem homicídios. Nada obsta, portanto, a que uma milícia seja concomitantemente enquadrada como grupo de extermínio. Estes, entretanto, nem sempre são milícias.

O aspecto que diferencia o delito de milícia privada do crime comum de associação criminosa é sua **forma de atuação**. Nas milícias, um grupo de pessoas previamente organizado toma, mediante violência e ameaça, determinado **território** (bairro, favela, morro) e passa a atuar de forma **ostensiva** (armados), fazendo as vezes da polícia preventiva — ao largo da atuação oficial, ignorando, portanto, o monopólio estatal da segurança pública. Seus integrantes passam a fazer patrulhas armadas pela região ocupada sob o pretexto de evitar outras práticas ilícitas (tráfico de drogas, roubos, furtos etc.). Para isso, cobram dos moradores e dos comerciantes valores semanais ou mensais — os que se recusam a pagar sofrem represálias: assaltos, depredações, disparos de arma de fogo em seus imóveis e, algumas vezes, até tortura e morte. Além disso, os integrantes da milícia costumam monopolizar a prestação de certos serviços ou a comercialização de determinados produtos na região dominada. Os moradores, por exemplo, são obrigados a comprar gás de cozinha ou combustível dos milicianos ou a adquirir planos clandestinos de TV a cabo com eles. Caso se recusem e procurem outros fornecedores, sofrem represálias.

As condutas típicas são:

a) constituir: significa criar, fundar;

b) organizar: estruturar, estabelecer bases para o funcionamento, colocar em ordem para as atividades;

c) integrar: unir-se às atividades do grupo, fazer parte da milícia;

d) manter: após a constituição da milícia, colaborar para que prossiga em suas atividades;

e) custear: colaborar financeiramente para a existência da organização. É evidente que os moradores e comerciantes da região extorquidos pelos milicianos não respondem pelo crime, na medida em que são vítimas da infração penal.

Apesar de o tipo penal conter diversas condutas típicas, diferenciando, por exemplo, aqueles que fundam a milícia daqueles que nela ingressam posteriormente, na prática todos os que tiverem colaborado para a existência e o funcionamento do grupo incorrerão no tipo penal. É evidente, entretanto, que o juiz, na fixação da pena-base, deverá levar em conta a maior ou menor responsabilidade do integrante, aplicando, por exemplo, pena maior aos líderes da milícia.

Pelo fato de o legislador ter inserido o novo tipo penal no art. 288-A do Código, é inevitável a conclusão de que seu significado e seu alcance devem ter como paradigma o delito de associação criminosa (art. 288, *caput*). Não é por outra razão que se pode dizer que se trata de crime **formal** e de **perigo**. Assim, haverá concurso **material** entre o crime de constituição de milícia privada com os delitos efetivamente praticados por seus integrantes. Ex.: os membros da milícia extorquem moradores e comerciantes para que paguem mensalmente pela ilegal prestação de serviços de segurança. Com isso, incorrem no crime de constituição de milícia (art. 288-A) em concurso material com delitos de extorsão (agravada pelo concurso de agentes — art. 158, § 1º, do CP).

A localização geográfica desse novo ilícito penal e a modificação decorrente da Lei n. 12.850/2013 (que passou a denominar "associação criminosa" o antigo delito de quadrilha e a exigir apenas três componentes no grupo) servem também de fundamento para que se conclua que o número mínimo para a formação de uma milícia é de três pessoas.

■ 9.4.3. Sujeito ativo

Pode ser **qualquer** pessoa. Trata-se de crime **comum**. Muitas vezes, a milícia é composta por militares da ativa ou da reserva, mas isso não é requisito do delito.

■ 9.4.4. Sujeito passivo

A coletividade e, principalmente, os moradores da região dominada.

■ 9.4.5. Consumação

A consumação se dá com a **constituição da milícia**.

Em regra os membros da milícia cometem inúmeros delitos até serem presos e nesse caso respondem por estas infrações em concurso **material** com o delito de constituição de milícia privada.

A infração penal pressupõe **estabilidade**, ou seja, intenção de agir de forma **reiterada**. Cuida-se, assim, de crime **permanente**.

■ 9.4.6. Tentativa

Tal como no crime de associação criminosa, o *conatus* não é possível.

■ 9.4.7. Ação penal

É pública incondicionada.

■ 9.5. QUESTÕES

1. (Magistratura/SP — 173º concurso) O agente que, ao ver o criminoso passar algemado e escoltado, bate-lhe acaloradas palmas, pratica:

a) crime de apologia de criminoso.
b) delito de incitação ao crime.
c) contravenção penal de conduta inconveniente.
d) conduta atípica.

2. (Ministério Público/PR) Assinale a alternativa correta:

a) para a caracterização da chamada "organização criminosa" é preciso verificar um mínimo de dez pessoas, que tenham o propósito de praticar crimes;
b) o homicídio, quando praticado em atividade típica de "grupo de extermínio", é crime hediondo, e exige um mínimo de cinco pessoas para sua caracterização, menos do que a "organização criminosa", justamente por ser apenas um "grupo";
c) para caracterização da "associação criminosa" no caso de tráfico de substância entorpecente, é exigido, a exemplo do crime de quadrilha ou bando, um mínimo de quatro pessoas;
d) para a caracterização do crime de quadrilha ou bando é preciso que os agentes pratiquem ao menos dois ou mais crimes;
e) o fato de a quadrilha usar armas já caracteriza a qualificadora do crime autônomo de quadrilha ou bando.

3. (Magistratura Federal — 3ª Região — 13º Concurso) Com relação ao crime do art. 288 do Código Penal (quadrilha ou bando) assinale a alternativa que seja incorreta:

a) É inadmissível a mera tentativa pois a infração se aperfeiçoa no momento associativo, no instante mesmo em que convergem as vontades de mais de três pessoas para cometer indeterminados crimes;
b) Sendo infrações que atingem objetividades jurídicas diversas, não há *bis in idem* no reconhecimento de concurso entre o delito de quadrilha ou bando e o crime patrimonial qualificado pela prática em concurso de agentes;
c) A pena deve ser aplicada em dobro sempre que a quadrilha ou bando for armado; cabe essa exasperação ainda que se trate de instrumento extraordinariamente empregado como arma, ou que um único quadrilheiro esteja armado na anuência dos demais;
d) Tratando-se de crime formal e plurissubjetivo que exige a participação de pelo menos quatro agentes, haverá atipicidade se um ou alguns forem inimputáveis, tiverem extinta a punibilidade ou não puderem ser adequadamente identificados.

4. (Magistratura/DF) Analise as proposições e assinale a única alternativa correta:

I. Não descaracteriza o crime de quadrilha a circunstância de um dos quadrilheiros não conhecer os demais.

II. O participante que denunciar a quadrilha, permitindo o seu desmantelamento, terá direito à redução da pena.
III. Quadrilha é crime formal, consumando-se independentemente da concretização do fim visado.

a) Todas as proposições são verdadeiras.
b) Todas as proposições são falsas.
c) Apenas uma das proposições é verdadeira.
d) Apenas uma das proposições é falsa.

5. (Magistratura/SP — 2014 — Vunesp) Assinale a opção verdadeira. No Direito brasileiro posto é elemento do tipo penal da Associação Criminosa:

a) Possuir ao menos quatro pessoas.
b) Estruturação hierarquizada, com divisão de tarefas entre os seus membros.
c) Possuir ao menos três pessoas.
d) Voltar-se à prática de delitos cuja pena máxima supera cinco anos.

6. (Magistratura/PI — 2015 — FCC) Segundo a nova redação do art. 288 do Código Penal, conferida pela Lei n. 12.850/13, o crime de associação criminosa

a) deve ter a pena aumentada até o dobro, se houver a participação de criança ou adolescente.
b) consiste na associação de mais de três pessoas para o fim específico de cometer crimes.
c) deve ter a pena aumentada até a metade, se houver a participação de criança ou adolescente, não retroagindo tal disposição.
d) conduz à aplicação da pena em dobro, se a associação é armada.
e) deve ter a pena aumentada até a metade, se a associação é armada, não retroagindo tal disposição.

■ GABARITO ■

1. "a". O enunciado encontra perfeito enquadramento no crime de apologia de criminoso descrito no art. 287 do Código Penal.

2. "e". A hipótese enquadra-se na previsão do art. 288, parágrafo único, do Código Penal. As alternativas A, B e C estão erradas porque o número de pessoas mencionado nos enunciados está em desacordo com a legislação. A alternativa D está errada porque o crime de quadrilha se aperfeiçoa ainda que seus integrantes não consigam cometer o primeiro crime para o qual se reuniram. Essa questão é anterior às modificações trazidas pela Lei n. 12.850/2013 (que afastou a denominação "quadrilha ou bando" e passou a chamar o ilícito penal de "associação criminosa", cuja configuração exige um número mínimo de apenas três pessoas — e não mais de quatro, como no delito de quadrilha). De qualquer modo, se nas alternativas fosse trocado o nome "quadrilha" por "associação criminosa", não haveria na presente questão modificação quanto ao resultado.

3. "d". As outras alternativas contêm informações corretas.

Observação: Após o advento da Lei n. 12.850/2013, a presente questão passaria a ter o seguinte teor:

Com relação ao crime do art. 288 do Código Penal (associação criminosa) assinale a alternativa que seja incorreta:

a) É inadmissível a mera tentativa pois a infração se aperfeiçoa no momento associativo, no instante mesmo em que convergem as vontades de três ou mais pessoas para cometer indeterminados crimes;
b) Sendo infrações que atingem objetividades jurídicas diversas, não há *bis in idem* no reconhecimento de concurso entre o delito de associação criminosa e o crime patrimonial qualificado pela prática em concurso de agentes;

c) A pena deve ser aumentada em até metade sempre que a associação criminosa for armada; cabe essa exasperação ainda que se trate de instrumento extraordinariamente empregado como arma, ou que um único associado esteja armado na anuência dos demais;

d) Tratando-se de crime formal e plurissubjetivo que exige a participação de pelo menos três agentes, haverá atipicidade se um ou alguns forem inimputáveis, tiverem extinta a punibilidade ou não puderem ser adequadamente identificados.

A resposta continuaria sendo a "d".

4. "a". Todas as proposições são corretas.

Observação: Após o advento da Lei n. 12.850/2013, a presente questão passaria a ter o seguinte teor:

Analise as proposições e assinale a única alternativa correta:

I. Não descaracteriza o crime de associação criminosa a circunstância de um dos integrantes não conhecer os demais.

II. O participante que denunciar a associação criminosa, permitindo o seu desmantelamento, terá direito à redução da pena.

III. Associação criminosa é crime formal, consumando-se independentemente da concretização do fim visado.

a) Todas as proposições são verdadeiras.

b) Todas as proposições são falsas.

c) Apenas uma das proposições é verdadeira.

d) Apenas uma das proposições é falsa.

A resposta continuaria sendo a "a".

5. "c". As demais alternativas referem-se ao delito de organização criminosa do art. 2°, *caput*, da Lei n. 12.850/2013.

6. "c".

TÍTULO X

10. DOS CRIMES CONTRA A FÉ PÚBLICA

DOS CRIMES CONTRA A FÉ PÚBLICA
• Capítulo I — Da moeda falsa;
• Capítulo II — Da falsidade de títulos e outros papéis públicos;
• Capítulo III — Da falsidade documental;
• Capítulo IV — De outras falsidades;
• Capítulo V — Das fraudes em certames de interesse público.

Fé pública é a crença na **veracidade** dos documentos, símbolos e sinais que são empregados pelo homem em suas relações em sociedade. Não há, nos dias atuais, como se viver sem o uso de papel-moeda, cheques ou cartões de crédito, documentos de veículos, Carteira de Habilitação e de identidade, contratos, notas fiscais etc. Se a falsificação desses papéis não fosse considerada crime de certa gravidade, ninguém acreditaria quando algum deles lhe fosse apresentado, prejudicando sobremaneira as relações sociais e jurídicas.

A violação da fé pública constitui o crime de **falso**.

- **Requisitos** dos crimes de falso:

1) Imitação da verdade. Pode ocorrer de duas formas:

a) *immutatio veri*: mudança do verdadeiro (ex.: modificar o teor de um documento já existente);

b) *imitatio veritatis*: imitação da verdade (ex.: criar um documento falso imitando um verdadeiro).

2) Dano potencial. O prejuízo inerente à falsidade não precisa ser efetivo nem necessariamente patrimonial.

Só há dano potencial, por sua vez, quando o documento falsificado é capaz de iludir ou enganar um número indeterminado de pessoas. A falsificação **grosseira**, reconhecível *ictu oculi*, não caracteriza, portanto, o crime de falso. Considera-se grosseira a falsidade que pode ser percebida por toda e qualquer pessoa que manuseie o documento.

3) Dolo. Todos os crimes contra a fé pública são dolosos. Não existe modalidade culposa nos delitos deste Título.

Além disso, há alguns crimes de falso que exigem um elemento subjetivo específico, como, por exemplo, a falsidade ideológica (art. 299), em que o agente deve ter cometido a falsificação com a "finalidade de prejudicar direito, criar obrigação ou alterar a verdade sobre fato juridicamente relevante etc.".

- **Modalidades** de falso existentes no Título em estudo:

1) Falsidade **material**: diz respeito aos elementos exteriores que compõem o documento ou outros papéis. Refere-se à **forma** do documento;
2) Falsidade **ideológica**: é a que diz respeito unicamente ao **conteúdo** de documentos ou outros papéis;
3) Falsidade **pessoal**: consiste em se passar por outra pessoa quanto a suas qualidades (nome, idade, estado civil, profissão etc.).

REQUISITOS DA FALSIDADE	ESPÉCIES DE FALSIDADE
1) Imitação ou alteração da verdade; 2) Dano potencial; 3) Dolo.	1) Material; 2) Ideológica; 3) Pessoal.

- **Princípio da insignificância**

Devido à natureza do bem tutelado, as Cortes Superiores não admitem, em regra, a aplicação do princípio da insignificância aos crimes contra a fé pública: "*O princípio da insignificância não é aplicado aos delitos cujo bem tutelado seja a fé pública. Precedente*" (STJ — AgRg no AREsp 1.131.701/SP, Rel. Min. Rogerio Schietti Cruz, 6ª Turma, julgado em 17-4-2018, *DJe* 2-5-2018); "*Ambas as Turmas da Terceira Seção desta Corte Superior de Justiça já se posicionaram pela não aplicação do princípio da insignificância aos Crimes contra a Fé Pública*" (STJ — AgRg no REsp 1.644.250/RS, Rel. Min. Sebastião Reis Júnior, 6ª Turma, julgado em 23-5-2017, *DJe* 30-5-2017).

DA MOEDA FALSA

10.1. DA MOEDA FALSA

10.1.1. Moeda falsa

> **Art. 289.** Falsificar, fabricando-a ou alterando-a, moeda metálica ou papel-moeda de curso legal no país ou no estrangeiro:
>
> Pena — reclusão, de três a doze anos, e multa.
>
> § 1º Nas mesmas penas incorre quem, por conta própria ou alheia, importa ou exporta, adquire, vende, troca, cede, empresta, guarda ou introduz na circulação moeda falsa.
>
> § 2º Quem, tendo recebido de boa-fé, como verdadeira, moeda falsa ou alterada, a restitui à circulação, depois de conhecer a falsidade, é punido com detenção, de seis meses a dois anos, e multa.
>
> § 3º É punido com reclusão, de três a quinze anos, e multa, o funcionário público ou diretor, gerente, ou fiscal de banco de emissão que fabrica, emite ou autoriza a fabricação ou emissão:
>
> I — de moeda com título ou peso inferior ao determinado em lei;
>
> II — de papel-moeda em quantidade superior à autorizada.
>
> § 4º Nas mesmas penas incorre quem desvia e faz circular moeda, cuja circulação não estava ainda autorizada.

10.1.1.1. Objetividade jurídica

Tutelar a fé pública no dinheiro em circulação.

10.1.1.2. Tipo objetivo

A conduta típica consiste em **falsificar**, que pode dar-se pela **fabricação** (criação da moeda falsa) ou **alteração** (modificação de seu valor para maior). Pode recair sobre a moeda nacional ou qualquer moeda estrangeira, quer se trate de moeda metálica ou de papel-moeda.

Se a falsificação for grosseira, não estará configurado o crime, podendo constituir estelionato. De acordo com a Súmula n. 73 do Superior Tribunal de Justiça: "*a utilização de papel-moeda grosseiramente falsificado configura, em tese, o crime de estelionato, da competência da justiça estadual*". É de se ver, contudo, que, se a falsidade for grosseira, existe grande chance de ser reconhecido o crime impossível de estelionato, por absoluta ineficácia do meio, exceto se ficar demonstrado que a vítima poderia ser (ou foi) ludibriada, por ser, por exemplo, um estrangeiro, não acostumado com a moeda nacional.

A falsificação de papel-moeda que já deixou de circular não se amolda no tipo, podendo caracterizar estelionato. Ex.: falsificar cédula rara para enganar colecionador.

Não se admite a aplicação do princípio da insignificância ao crime em análise (cédula de R$ 2,00, por exemplo), com o fundamento de que o crime de bagatela é incompatível com delitos que tutelam a fé pública — e não o valor da cédula em si (*RT* 803/713, 816/713). A propósito: "Habeas corpus. *Circulação de moeda falsa. Alegação de inexpressividade financeira dos valores impressos nas cédulas falsas. Inaplicabilidade do princípio da insignificância penal ao caso. Norma penal que não se limita a coibir o prejuízo a quem recebeu moeda falsa. Ordem denegada. 1. O princípio da insignificância penal é doutrinariamente versado como vetor interpretativo do fato penalmente típico. Vetor interpretativo que exclui da abrangência do Direito Penal condutas provocadoras de ínfima lesão a bem jurídico alheio. Tal forma de interpretação visa, para além de uma desnecessária carcerização, ao descongestionamento de uma Justiça Penal que se deve ocupar apenas das infrações tão lesivas a bens jurídicos dessa ou daquela pessoa quanto aos interesses societários em geral. 2. A norma criminalizadora da falsificação de moeda tutela a fé pública. Bem jurídico revelador da especial proteção à confiabilidade do 'sistema monetário' nacional. Pelo que o valor impresso na moeda falsa não é o critério de análise da relevância, ou da irrelevância da conduta em face das normas penais. 3. Tem-se por violada a fé pública quando a moeda nacional é falsificada seja qual for o valor estampado no papel-moeda. O que impossibilita concluir, no caso, pela inexpressividade da lesão jurídica resultante da conduta do agente. 4. Ordem denegada*" (STF — HC 97.220/MG — Rel. Min. Ayres Britto — 2ª Turma — *DJe* 164, 26-8-2011, p. 151); **e** "*Ambas as Turmas do Supremo Tribunal Federal já consolidaram o entendimento de que é 'inaplicável o princípio da insignificância aos crimes de moeda falsa, em que objeto de tutela da norma a fé pública e a credibilidade do sistema financeiro, não sendo determinante para a tipicidade o valor posto em circulação' (HC 105.638, Rel. Min. Rosa Weber). Precedentes*" (STF — HC 108.193 — Rel. Min. Roberto Barroso — 1ª Turma — julgado em 19-8-2014 — *DJe*-186 divulg. 24-9-2014, public. 25-9-2014). No mesmo sentido: "*Conforme reiterada jurisprudência desta Corte Superior, o princípio da insignificância é inaplicável ao delito de moeda falsa uma vez que o bem jurídico tutelado é a fé pública, sendo, independentemente do valor falsificado ou da quantidade de moeda expedida, malferida a credibilidade da moeda e a segurança da sua tramitação. Não há, portanto, falar em mínima ofensividade da conduta*" (STJ — AgRg no REsp 1.459.167/RS, Rel. Min. Gurgel de Faria, 5ª Turma, julgado em 16-2-2016, *DJe* 4-3-2016).

■ *10.1.1.3. Sujeito ativo*

Trata-se de crime **comum**, que pode ser cometido por qualquer pessoa.

10.1.1.4. Sujeito passivo

O Estado.

10.1.1.5. Consumação

Consuma-se o crime com a falsificação, independentemente de qualquer outro resultado.

10.1.1.6. Tentativa

É possível.

10.1.1.7. Figuras equiparadas

O § 1º prevê as mesmas penas para quem: a) importa; b) exporta; c) adquire; d) vende; e) troca; f) cede; g) empresta; h) guarda; i) introduz em circulação. O objeto material em todas as condutas é a moeda que o agente **sabe** ser falsa. Assim, enquanto no *caput* se pune o autor da falsificação, no § 1º pune-se outras pessoas que sabem da falsidade e realizam uma das condutas típicas posteriores.

A propósito: "*Para caracterização do crime de moeda falsa descrito no art. 289, § 1º, do CP, urge que o agente saiba que a moeda por ele adquirida e posta em circulação é falsa. Sem esse conhecimento prévio, deixa de existir o* **dolo**, *elemento subjetivo do tipo. O crime não se configura*" (TRF — 1ª Região — Rel. Nelson Gomes da Silva — *DJU* 24-6-1991, p. 14710); "*Moeda-falsa. O simples fato de guardar papel-moeda falso, de curso no país ou no estrangeiro, sabendo que é falso, tipifica o crime definido no § 1º do art. 289, do Código Penal*" (TRF — Rel. Min. Hélio Pinheiro — *DJU* 14-3-1985, p. 3036).

10.1.1.8. Figura privilegiada

A modalidade descrita no § 2º é uma figura privilegiada (detenção de 6 meses a 2 anos, e multa) e pune a pessoa que, **após ter recebido a moeda falsa de boa-fé**, toma conhecimento da falsidade e a recoloca em circulação.

10.1.1.9. Figuras qualificadas

Os §§ 3º e 4º constituem crimes **próprios**, pois punem o funcionário público, o gerente, o diretor ou o fiscal de banco que fabrica, emite ou autoriza a fabricação ou emissão de moeda com peso inferior ou em quantidade superior à autorizada, ou, ainda, que desvia ou faz circular moeda verdadeira cuja circulação não estava autorizada naquele momento. São figuras qualificadas porque possuem pena consideravelmente maior (reclusão, de três a quinze anos, e multa).

10.1.1.10. Ação penal

É pública incondicionada, de competência da Justiça Federal, ainda que se trate apenas de moeda estrangeira.

10.1.1.11. *Crimes assimilados ao de moeda falsa*

> **Art. 290.** Formar cédula, nota ou bilhete representativo de moeda com fragmentos de cédulas, notas ou bilhetes verdadeiros; suprimir, em nota, cédula ou bilhete recolhidos, para o fim de restituí-los à circulação, sinal indicativo de sua inutilização; restituir à circulação cédula, nota ou bilhete em tais condições, ou já recolhidos para o fim de inutilização:
> Pena — reclusão, de dois a oito anos, e multa.
> Parágrafo único. O máximo da reclusão é elevado a doze anos e multa, se o crime é cometido por funcionário que trabalha na repartição onde o dinheiro se achava recolhido, ou nela tem fácil ingresso, em razão do cargo.

No art. 290 do Código Penal, com a denominação acima, estão tipificadas três condutas que também envolvem moeda e que são punidas com reclusão, de dois a oito anos, e multa:

1) Formação de cédula, nota ou bilhete representativo de moeda: nessa modalidade o agente, de acordo com o tipo penal, junta fragmentos de cédulas, notas ou bilhetes verdadeiros (que se rasgaram, por exemplo) e forma uma nova cédula com aparência real.

2) Supressão de sinal indicativo da inutilização de cédula, nota ou bilhete: nessa modalidade existe carimbo ou outro tipo de sinal indicando que a cédula foi tirada de circulação (por estar muito usada, por exemplo), e o agente consegue retirar esse sinal, mediante processo de lavagem, por exemplo, com a específica finalidade de **restituí-la à circulação**.

3) Restituição à circulação: nessa figura o agente recoloca em circulação a moeda nas condições dos itens 1 e 2, ou aquela recolhida para fim de inutilização. Ressalte-se, todavia, que, quando o próprio autor das condutas previstas nos itens anteriores recoloca o papel-moeda em circulação, só responde pela formação ou supressão (condutas anteriores). Assim, a hipótese em estudo pune a terceira pessoa, não responsável pela formação ou supressão do sinal indicativo, que restitui a cédula à circulação.

10.1.1.12. *Figura qualificada*

Se o crime for cometido por funcionário que trabalha na repartição em que a moeda se encontra recolhida, ou que nela tem fácil ingresso em razão do cargo, a pena máxima é elevada para doze anos de reclusão (art. 290, parágrafo único, do Código Penal).

10.1.2. Petrechos para falsificação de moeda

> **Art. 291.** Fabricar, adquirir, fornecer, a título oneroso ou gratuito, possuir ou guardar maquinismo, aparelho ou instrumento ou qualquer objeto especialmente destinado à falsificação de moeda:
> Pena — reclusão, de dois a seis anos, e multa.

10.1.2.1. *Objetividade jurídica*

A fé pública.

10.1.2.2. *Tipo objetivo*

Cuida-se de **tipo misto alternativo** em que são punidas as condutas de **fabricar** (produzir), **adquirir** (obter a propriedade), **fornecer** (ceder), **possuir** (ter a posse) ou **guardar** (dar abrigo) qualquer maquinismo, instrumento ou objeto destinado à falsificação de moeda, como **prensas, matrizes, moldes** etc.

É indiferente que o agente esteja atuando a título oneroso ou gratuito.

Para a comprovação do crime, exige-se exame pericial nos objetos apreendidos a fim de demonstrar sua eficácia na produção de moeda falsa.

10.1.2.3. *Sujeito ativo*

Qualquer pessoa. Trata-se de crime **comum**.

10.1.2.4. *Sujeito passivo*

O Estado.

10.1.2.5. *Consumação*

Com a prática de um dos comportamentos previstos na lei, sendo que, nas modalidades **possuir** ou **guardar**, o crime é **permanente**.

10.1.2.6. *Tentativa*

É possível.

10.1.2.7. *Subsidiariedade*

O crime em análise é subsidiário, pois fica **absorvido** quando o agente, fazendo uso do maquinismo, efetivamente falsifica a moeda, hipótese em que responde pelo delito do art. 289, que tem pena maior.

10.1.2.8. *Ação penal*

É pública incondicionada, de competência da Justiça Federal.

11

DA FALSIDADE DE TÍTULOS E OUTROS PAPÉIS PÚBLICOS

10.2. DA FALSIDADE DE TÍTULOS E OUTROS PAPÉIS PÚBLICOS

10.2.1. Falsificação de papéis públicos

> **Art. 293.** Falsificar, fabricando-os ou alterando-os:
> I — selo destinado a controle tributário, papel selado ou qualquer outro papel de emissão legal destinado à arrecadação de tributo;
> II — papel de crédito público que não seja moeda de curso legal;
> III — vale postal;
> IV — cautela de penhor, caderneta de depósito de caixa econômica ou de outro estabelecimento mantido por entidade de direito público;
> V — talão, recibo, guia, alvará ou qualquer outro documento relativo a arrecadação de rendas públicas ou a depósito ou caução por que o poder público seja responsável;
> VI — bilhete, passe ou conhecimento de empresa de transporte administrada pela União, Estado ou Município:
> Pena — reclusão, de dois a oito anos, e multa.

10.2.1.1. Objetividade jurídica

A fé pública nos papéis elencados no tipo penal.

10.2.1.2. Tipo objetivo

A conduta típica da figura principal (*caput*) é falsificar, que pode se dar por **fabricação** (criar imitando) ou **alteração** (modificação). O objeto material, entretanto, é que é distinto, havendo longo rol de papéis no tipo penal:

> **I — Selo destinado a controle tributário, papel selado ou qualquer outro papel de emissão legal destinado à arrecadação de tributo.** O dispositivo se refere a marcas que devem ser inseridas ou afixadas em produtos a fim de demonstrar o pagamento de qualquer tipo de tributo.

Nos termos do art. 293, § 1º, II, incorre na mesma pena quem importa, exporta, adquire, vende, troca, cede, empresta, guarda, fornece ou restitui à circulação selo falsificado destinado a controle tributário.

Além disso, no § 1º, III, do art. 293, pune-se quem importa, exporta, adquire, vende, expõe à venda, mantém em depósito, guarda, troca, cede, empresta, fornece, porta ou, de qualquer forma, utiliza, em proveito próprio ou alheio, no exercício de atividade comercial ou industrial, produto ou mercadoria:

a) Em que tenha sido aplicado selo falsificado que se destine a controle tributário. É necessário, evidentemente, conhecimento a respeito de tal fato, já que o tipo penal faz uso da expressão em proveito próprio ou alheio.

b) Sem selo oficial, nos casos em que a legislação tributária determina a obrigatoriedade de sua aplicação.

Veja-se que o § 5º do art. 293 equipara a atividade comercial, para os fins desse dispositivo, qualquer forma de comércio irregular ou clandestino, inclusive o exercido em vias, praças ou outros logradouros públicos ou em residências.

II — Papel de crédito público que não seja moeda de curso legal. O dispositivo se refere a apólices e títulos da dívida pública.

III — Vale postal. Revogado pelo art. 36 da Lei n. 6.538/78.

IV — Cautela de penhor, caderneta de depósito de caixa econômica ou de outro estabelecimento mantido por entidade de direito público. Cautela de penhor é o título com o qual o sujeito pode retirar o bem empenhado das mãos do credor. Cadernetas de depósito eram utilizadas no passado para anotação de aplicações financeiras, como, por exemplo, a chamada caderneta de poupança.

V — Talão, recibo, guia, alvará ou qualquer outro documento relativo a arrecadação de rendas públicas ou a depósito ou caução por que o poder público seja responsável. Tendo em vista a parte final do inciso, que usa a fórmula genérica "qualquer outro documento", pode-se concluir que também o talão, recibo, guia ou alvará a que se refere o dispositivo devem ser referentes à arrecadação de rendas públicas ou a depósito ou caução por que o poder público seja responsável.

VI — Bilhete, passe ou conhecimento de empresa de transporte administrada pela União, Estado ou Município. Bilhete e **passe** são papéis que autorizam o transporte de pessoas, de forma gratuita ou não, em veículo de transporte coletivo. É muito comum a falsificação de bilhete de metrô. O tipo penal pune a fabricação e a alteração. Por isso, comete o crime nesta última figura quem consegue inserir créditos fraudulentamente em bilhete de metrô recarregável. **Conhecimento**, por sua vez, diz respeito ao transporte de mercadorias.

De acordo com o art. 293, § 1º, I, incorre nas mesmas penas quem usa, guarda, possui ou detém qualquer dos papéis falsificados a que se refere esse artigo.

■ *10.2.1.3. Figuras privilegiadas*

O § 2º do art. 293 pune com reclusão, de um a quatro anos, e multa, quem suprime, em qualquer dos papéis mencionados, quando legítimos, com o fim de torná-los novamente utilizáveis, carimbo ou sinal indicativo de sua inutilização. Já o § 3º estabelece as mesmas penas para quem usa, depois de alterado, qualquer dos papéis a que se refere o § 2º.

Por fim, o § 4º prevê pena de detenção, de seis meses a dois anos, ou multa, para quem usa ou restitui à circulação, embora recebido de boa-fé, qualquer dos papéis falsificados ou alterados a que se referem este artigo e seu § 2º, depois de conhecer a falsidade ou alteração.

■ 10.2.1.4. *Sujeito ativo*

Pode ser qualquer pessoa. Trata-se de crime **comum**.

■ 10.2.1.5. *Sujeito passivo*

O Estado e as pessoas, físicas ou jurídicas, eventualmente lesadas.

■ 10.2.1.6. *Consumação*

No momento em que o agente realiza a conduta típica.

■ 10.2.1.7. *Tentativa*

É possível.

■ 10.2.1.8. *Causa de aumento de pena*

Nos termos do art. 295, se o crime for cometido por funcionário público prevalecendo-se de suas funções, a pena será aumentada em um sexto.

■ 10.2.1.9. *Ação penal*

É pública incondicionada. Na hipótese privilegiada do § 4º, a competência é do Juizado Especial Criminal.

■ 10.2.2. Petrechos de falsificação

> **Art. 294.** Fabricar, adquirir, fornecer, possuir ou guardar objeto especialmente destinado à falsificação de qualquer dos papéis referidos no artigo anterior:
> Pena — reclusão, de um a três anos, e multa.

■ 10.2.2.1. *Objetividade jurídica*

A fé pública.

■ 10.2.2.2. *Tipo objetivo*

Cuida-se de **tipo misto alternativo**, em que são punidas as condutas de **fabricar** (produzir), **adquirir** (obter a propriedade), **fornecer** (ceder), **possuir** (ter a posse) ou **guardar** (dar abrigo). Essas condutas típicas são as mesmas do crime de petrechos para falsificação de moeda (art. 291), sendo diverso apenas o objeto, que visa especificamente falsificar qualquer dos papéis mencionados no artigo anterior, e não à falsificação de moeda.

É indiferente que o agente esteja atuando a título oneroso ou gratuito.

Para a configuração do crime, exige-se exame pericial nos objetos apreendidos para que se possa constatar sua eficácia na produção dos papéis falsos.

■ 10.2.2.3. Sujeito ativo

Pode ser qualquer pessoa. Trata-se de crime **comum**.

■ 10.2.2.4. Sujeito passivo

O Estado.

■ 10.2.2.5. Consumação

Com a prática de um dos comportamentos previstos na lei, sendo que, nas modalidades **possuir** ou **guardar**, o crime é **permanente**.

■ 10.2.2.6. Tentativa

É possível.

■ 10.2.2.7. Subsidiariedade

O crime em análise é subsidiário, ficando **absorvido** quando o agente, fazendo uso do maquinismo, efetivamente comete a falsificação descrita no artigo anterior.

■ 10.2.2.8. Causa de aumento de pena

Nos termos do art. 295, a pena será exasperada em um sexto se o crime for cometido por funcionário público que, para tanto, se aproveite de alguma facilidade proporcionada pelo cargo.

■ 10.2.2.9. Ação penal

É pública incondicionada.

III

DA FALSIDADE DOCUMENTAL

■ 10.3. DA FALSIDADE DOCUMENTAL

Os principais crimes deste Capítulo são a falsidade **material** e a **ideológica**. Em ambos o objeto material é um **documento**. A falsidade material diz respeito aos elementos exteriores que compõem o documento. É a falsificação referente à forma, ao passo que a falsidade ideológica diz respeito unicamente ao conteúdo dos documentos.

- **Conceito de documento**

É todo escrito devido a um autor determinado, contendo exposição de fatos ou declaração de vontade, dotado de significação ou relevância jurídica e que pode, por si só, fazer prova de seu conteúdo.

- **Requisitos para que um papel seja considerado documento**

a) Forma escrita, sobre coisa móvel, transportável e transmissível (papel, pergaminho etc.). Não constituem documento um quadro, uma fotografia, uma pichação, escritos em porta de veículos etc. Assim, quem faz montagem em uma fotografia isolada não comete falsidade documental, mas pode responder por crime contra a honra ou contra a dignidade sexual (art. 216-B). Ex.: colocar o rosto de certa moça no corpo de mulher nua e divulgar pela internet). Já a troca de fotografia em uma carteira de identidade constitui falsidade material porque, nesse caso, a fotografia é apenas uma das partes que compõe a carteira de identidade, que é escrita. A propósito: "*Falsificação de documento público. Art. 297 do Código Penal. Substituição de fotografia em documento de identidade. Configuração. Sendo a alteração de documento público verdadeiro uma das condutas típicas do crime de falsificação de documento público (art. 297 do Código Penal), a substituição da fotografia em documento de identidade dessa natureza caracteriza a alteração dele, que não se cinge apenas ao seu teor escrito, mas que alcança essa modalidade de modificação que, indiscutivelmente, compromete a materialidade e a individualização desse documento verdadeiro, até porque a fotografia constitui parte juridicamente relevante dele*" (STF — 1ª Turma — HC 75.690-5/SP — Rel. Min. Moreira Alves — *DJU* 3-4-1998, p. 4).

A adulteração de chassi de veículo ou de qualquer de seus elementos identificadores (numeração das placas, do motor, do câmbio) caracteriza o crime do art. 311 do Código Penal (com a redação dada pela Lei n. 9.426/96). Se, entretanto, o agente altera o número do chassi ou da placa no próprio documento do veículo (certificado de propriedade), caracteriza-se o crime de falsidade de documento público.

b) Que tenha autor certo, identificável por assinatura, nome ou, quando a lei não faz essa exigência, pelo próprio conteúdo.

A autoria certa que se exige para que algo seja considerado documento é daquele de quem o documento deveria ter emanado, e não do autor da falsidade. A autoria da falsidade é necessária para a condenação do falsário, mas em nada se relaciona com o conceito de documento. Contratos, carteiras de identidade ou de habilitação, escrituras etc. são documentos porque neles consta a identificação das pessoas que o elaboraram.

c) O conteúdo deve ter relevância jurídica. O documento deve, portanto, expressar uma manifestação de vontade ou a exposição de um fato relevante (exs.: um testamento, um contrato de compra e venda, a qualificação de alguém etc.). Assim, a assinatura em um papel em branco não constitui documento, uma vez que não há qualquer conteúdo. Poderá se transformar em documento, contudo, após ser preenchido, desde que o conteúdo inserido tenha relevância jurídica. Assim, se for preenchido com uma simples receita de bolo de chocolate, ainda que assinado, não será considerado documento.

d) Valor probatório. Para que seja considerado documento, o escrito deve ter o potencial de gerar consequências no plano jurídico, ou, em outras palavras, deve ter valor probatório **por si só**. Assim, apresentado a alguém, deve ter o condão de fazer prova de seu conteúdo. Esse valor probatório decorre de leis, decretos, resoluções etc. O Código Civil, por exemplo, confere valor probatório aos contratos, que, portanto, são considerados documentos. O Código de Trânsito, por sua vez, confere valor probatório às Carteiras de Habilitação.

O escrito a lápis não tem valor probatório em razão da facilidade em ser alterado, razão pela qual não constitui documento.

A fotocópia não autenticada, nos termos do art. 232, parágrafo único, do Código de Processo Penal, não tem valor probatório e, por isso, não é documento. Se for autenticada, sim.

■ 10.3.1. Falsificação de selo ou sinal público

Art. 296. Falsificar, fabricando-os ou alterando-os:
I — selo público destinado a autenticar atos oficiais da União, de Estado ou de Município;
II — selo ou sinal atribuído por lei a entidade de direito público, ou a autoridade, ou sinal público de tabelião:
Pena — reclusão, de dois a seis anos, e multa.
§ 1º Incorre nas mesmas penas:
I — quem faz uso do selo ou sinal falsificado;
II — quem utiliza indevidamente o selo ou sinal verdadeiro em prejuízo de outrem ou em proveito próprio ou alheio;
III — quem altera, falsifica ou faz uso indevido de marcas, logotipos, siglas ou quaisquer outros símbolos utilizados ou identificadores de órgãos ou entidades da Administração Pública.
§ 2º Se o agente é funcionário público, e comete o crime prevalecendo-se do cargo, aumenta-se a pena de sexta parte.

10.3.1.1. *Objetividade jurídica*

A fé pública nos sinais e selos públicos elencados no texto legal.

10.3.1.2. *Tipo objetivo*

A conduta típica da figura principal (*caput*) é falsificar, que pode se dar por fabricação (criar imitando) ou alteração (modificação).

O objeto material é o selo ou sinal público. De acordo com Cezar Roberto Bitencourt,[245] "*selo e sinal são termos similares utilizados pelo legislador que têm o significado de marca a ser aposta ou estampada em determinados papéis para atribuir-lhes autenticidade*". Na hipótese do inciso I, o selo público falsificado deve ser destinado a autenticar atos oficiais da União, de Estado ou de Município, ao passo que no inciso II deve dizer respeito a selo ou sinal atribuído por lei a entidade de direito público, ou a autoridade, ou a sinal público de tabelião.

O delito em análise refere-se à falsificação do selo ou sinal em si e não daqueles já apostos em documento, hipótese que caracteriza o crime do art. 297 do Código Penal (falsidade material de documento).

10.3.1.3. *Sujeito ativo*

Pode ser qualquer pessoa. Trata-se de crime comum. Quando o crime é cometido por funcionário público, que para tanto se prevaleça de suas funções, a pena é aumentada em um sexto, nos termos do § 2º do art. 296.

10.3.1.4. *Sujeito passivo*

O Estado.

10.3.1.5. *Consumação*

No momento em que falsificado ou alterado o selo ou sinal, independentemente de qualquer resultado.

10.3.1.6. *Tentativa*

É possível, na medida em que os atos executórios podem ser fracionados.

10.3.1.7. *Figuras equiparadas*

O § 1º do art. 296 prevê as mesmas penas do *caput* para quem:

I — *faz uso do selo ou sinal falsificado*. Só incorre nesta modalidade a pessoa que não foi a responsável pela falsificação. Com efeito, quem falsifica e depois faz uso do selo ou sinal falsificado só responde pela falsificação.

[245] Cezar Roberto Bitencourt, *Tratado de direito penal*, v. 4, p. 445.

II — *utiliza indevidamente o selo ou sinal verdadeiro em prejuízo de outrem ou em proveito próprio ou alheio.* São necessários três requisitos: a) que o selo ou sinal sejam verdadeiros; b) que haja utilização indevida (elemento normativo); c) que sobrevenha o resultado (prejuízo a outrem ou vantagem para o agente ou terceiro).

III — *altera, falsifica ou faz uso indevido de marcas, logotipos, siglas ou quaisquer símbolos utilizados ou identificadores de órgãos ou entidades da Administração Pública.*

10.3.1.8. *Ação penal*

Pública incondicionada.

10.3.2. Falsificação de documento público

> **Art. 297.** Falsificar, no todo ou em parte, documento público, ou alterar documento público verdadeiro:
> Pena — reclusão, de dois a seis anos, e multa.

10.3.2.1. *Objetividade jurídica*

A fé pública nos documentos públicos.

10.3.2.2. *Tipo objetivo*

O crime de falsificação de documento é mais conhecido pela denominação "falsidade material", diferenciando-se, assim, da falsidade ideológica (que também é modalidade de falsidade documental).

- **Objeto material**

Documento **público** é aquele elaborado por funcionário público, de acordo com as formalidades legais, no desempenho de suas funções. Exs.: carteira de identidade, CPF, Carteira de Habilitação, Carteira Funcional, Certificado de Reservista, Título de Eleitor, escritura pública etc.

Um particular pode cometer crime de falsidade de documento público, desde que falsifique documento que deveria ter sido feito por funcionário público ou altere documento efetivamente elaborado por este. Não se trata, portanto, de crime próprio, podendo ser cometido por funcionário público ou por particular. Na hipótese de a falsificação ter sido feita por funcionário, prevalecendo-se de seu cargo, a pena sofrerá aumento de um sexto, nos termos do art. 297, § 1º.

- **Espécies de documento público**

a) Formal e substancialmente público. É aquele elaborado por funcionário público, com conteúdo e relevância jurídica de direito público (atos legislativos, executivos e judiciários).

b) Formalmente público e substancialmente privado. É o elaborado por funcionário público, mas com conteúdo de interesse predominantemente privado. Ex.: escritura pública de compra e venda de bem particular.

- **Documentos públicos por equiparação**

O art. 297, em seu § 2º, equipara alguns documentos particulares a documento público, permitindo, assim, a punição de quem os falsifica como incursos em crime mais grave. Os documentos públicos por equiparação são os seguintes:

a) os emanados de entidade **paraestatal** (autarquias, empresas públicas, sociedades de economia mista, fundações instituídas pelo Poder Público);

b) o título ao **portador** ou transmissível por **endosso** (cheque, nota promissória etc.);

c) as **ações** das sociedades mercantis: sociedades anônimas ou em comandita por ações;

d) os **livros** mercantis: utilizados pelos empresários para registro dos atos de comércio (livro diário, por exemplo). Veja-se, porém, que a falsificação do livro de registro de duplicatas caracteriza crime específico, previsto no art. 172, parágrafo único, do Código Penal;

e) o testamento **particular** (hológrafo): aquele escrito pessoalmente pelo testador (art. 1.876 do Código Civil).

Observação: A respeito da falsificação de cheques ou outros documentos para a prática de estelionato, ver item 2.6.1.10.

- **Condutas típicas**

1) Falsificar. Significa criar materialmente, formar um documento falso. É chamada, também, de **contrafação**.

A falsificação pode ser:

a) Total: quando o documento é integralmente forjado. É o que ocorre, por exemplo, quando sobre um espelho falso de Carteira de Habilitação o agente apõe carimbos e assinaturas também falsas, declarando habilitada pessoa que não passou pelos exames necessários.

b) Parcial: quando parte do documento é verdadeira quanto à forma e parte é falsa. Ex.: alguém furta um espelho verdadeiro em branco e o preenche, inserindo carimbos, assinaturas ou fotografias falsas.

2) Alterar. Significa modificar um documento verdadeiro. Ex.: uma pessoa troca a fotografia em um documento de identidade já existente, ou altera a categoria para a qual é habilitado em sua CNH, ou troca o número de seu cadastro no CPF etc.

• **Comprovação da materialidade**

A falsidade material é infração que deixa vestígios, de modo que é indispensável o exame de corpo de delito para a prova da materialidade (art. 158 do Código de Processo Penal). Esse exame pericial, feito com a finalidade de verificar a autenticidade do objeto material, chama-se exame **documentoscópico**.

• **Diferença entre falsificação parcial e alteração**

A principal distinção é que, na **alteração**, preexiste um documento autêntico cujos dizeres ou outros aspectos são modificados pelo agente. Na **falsidade parcial**, como *regra*, o documento já surge como trabalho de um falsário, ou seja, não há documento verdadeiro preexistente (quando o documento fica pronto já é falso). Assim, se o documento chegou a existir materialmente como verdadeiro e depois foi modificado, temos a figura da alteração. Ex.: uma pessoa muda a sua data de nascimento no documento de identidade verdadeiro que tinha em seu poder.

Por outro lado, se o agente obtém um espelho verdadeiro ainda não preenchido, extraviado do órgão oficial, ele ainda não está na posse de um documento completo, e sim de um papel que só será considerado documento quando estiver formalmente pronto (preenchido em suas lacunas, com a fotografia colocada, com a assinatura do responsável e a inserção dos devidos carimbos). Em tal caso, quando o agente elaborar o documento com um desses elementos falsos, teremos falsidade material parcial, pois, no exato instante em que ele ficar pronto, já será falso. Em suma, os elementos que integram a **forma** de um documento não se restringem ao papel (espelho), mas a todos os que foram acima mencionados (fotografia, carimbos, assinatura etc.). Assim, basta que um deles seja falso (apenas a assinatura, por exemplo), para que esteja presente a falsidade parcial. É evidente que, em tais casos, o conteúdo costuma também ser falso, pois não faz sentido falsificar a forma para inserir conteúdo verdadeiro. É de se lembrar, entretanto, que, como se trata de um só documento, o agente não pode responder por dois crimes e, em tal hipótese, responde apenas pelo crime mais grave, ou seja, a falsidade material (parcial) que, por ter pena maior, absorve a falsidade ideológica. É por isso que o falso ideológico pressupõe que o documento seja totalmente verdadeiro quanto à forma e só o seu conteúdo seja falso. Ex.: espelho de Carteira de Habilitação verdadeiro, preenchido e assinado pela autoridade competente, com a fotografia e carimbos devidos, no qual se afirma que certa pessoa passou nos exames de habilitação, quando isso é falso.

Em geral, essa é a distinção entre a falsidade parcial e a alteração de documento. Existe, entretanto, uma situação excepcional em que a falsidade parcial pode se configurar quando um documento verdadeiro preexiste. Isso ocorrerá se nele for feito um acréscimo **totalmente autônomo**, como, por exemplo, a criação de aval falso em um título de crédito verdadeiro. Nesse caso, não se diz ter havido alteração, pois não foi atingida qualquer parte já existente do documento, mas, sim, introduzida uma parte absolutamente independente (e falsa em sua assinatura). Em suma, se o agente modifica, por exemplo, o valor contido em um documento, aumentando-o, ele comete alteração, pois está atingindo parte já existente deste. Por outro lado, como a criação de um aval falso não atinge a parte já existente e verdadeira do título, caracteriza-se a falsificação parcial.

Resumindo:

a) quem falsifica o próprio espelho em uma gráfica e acrescenta dizeres inverídicos comete falsidade material (no todo);

b) quem tem em suas mãos um espelho verdadeiro em branco e, sem possuir legitimidade, o preenche com dados falsos, comete falsidade material (em parte). Nesse caso, ao menos a assinatura é falsa;

c) aquele que tem em seu poder um espelho verdadeiro e, tendo legitimidade para preenchê-lo, o faz com dados falsos, comete falsidade ideológica;

d) quem altera dizeres no texto de documento verdadeiro comete falsidade material, na modalidade alterar. Se o agente, entretanto, acrescenta dizeres totalmente individualizáveis em documento verdadeiro, sem afetar qualquer parte anteriormente dele constante, comete falsificação parcial (material).

■ 10.3.2.3. Elemento subjetivo

Ao contrário do que ocorre com o crime de falsidade ideológica, o tipo penal da falsidade material não exige qualquer finalidade especial por parte do agente e tampouco que se demonstre a que fim o documento falso se destinava. Basta que a conduta seja dolosa.

A falsidade material de documento público para fins **eleitorais** constitui crime especial, previsto no art. 348 do Código Eleitoral (Lei n. 4.737/65).

■ 10.3.2.4. Sujeito ativo

Pode ser qualquer pessoa. Trata-se de crime **comum**. Se o delito for cometido por **funcionário público**, que, para tanto, se **prevaleça das suas funções**, a pena sofrerá um acréscimo de **um sexto** (art. 297, § 1º).

■ 10.3.2.5. Sujeito passivo

O Estado e, eventualmente, alguém que tenha sido prejudicado pelo falso.

■ 10.3.2.6. Consumação

Com a falsificação ou alteração, **independentemente do uso** ou de qualquer outra consequência posterior. Basta a *editio falsi*. Na modalidade falsificar, a consumação se dá quando o documento falso fica pronto. Na modalidade alterar, quando a modificação se concretiza.

A falsificação é crime de **perigo**, que se aperfeiçoa independentemente do uso.

O fato será considerado atípico quando a falsificação for grosseira, ou seja, quando for perceptível *ictu oculi* (a olho nu) por toda e qualquer pessoa que manuseie o documento. Quando o falso é percebido por policiais acostumados ao manuseio de documentos, mas não é perceptível ao leigo, não se considera grosseira a falsificação.

10.3.2.7. Tentativa

É possível porque os atos executórios podem ser fracionados. Quando alguém, por exemplo, produz espelhos falsos em uma gráfica clandestina a fim de preenchê-los fraudulentamente, mas é flagrado antes de os dizeres serem preenchidos ou da inserção da assinatura falsa, o documento ainda está em formação e o responsável responde por tentativa.

Observação: Ao contrário do que ocorre nos Capítulos I (moeda falsa) e II (títulos e papéis públicos) do Título em estudo (Crimes contra a fé pública), que punem condutas relacionadas a "petrechos" para falsificação (arts. 291 e 294 do CP), no Capítulo III (falsidade documental), não existe tal previsão, que, portanto, deve ser considerada como mero ato preparatório e, assim, impunível. Dessa forma, não é viável a punição de pessoa que tem em seu poder carimbos falsos, com o comprovado intuito de, futuramente, falsificar documentos, se ainda não deu efetivo início à sua confecção.

10.3.2.8. Ação penal

É pública incondicionada.

Se o documento foi ou devia ter sido emitido por autoridade federal, a competência é da Justiça Federal. Ex.: passaporte. Se, porém, foi ou devia ter sido emitido por funcionário público estadual ou municipal, a competência é da Justiça Estadual.

A falsificação de Carteira Nacional de Habilitação (CNH) é de competência da Justiça Estadual, pois, embora seja válida em todo o território nacional, é emitida por autoridade estadual.

10.3.2.9. Classificação doutrinária

CLASSIFICAÇÃO DOUTRINÁRIA				
■ Simples e de perigo quanto à objetividade jurídica	■ Comum e de concurso eventual quanto ao sujeito ativo	■ De ação livre e comissivo quanto aos meios de execução	■ Formal e instantâneo quanto ao momento consumativo	■ Doloso quanto ao elemento subjetivo

10.3.2.10. Falsificação de dados em carteira de trabalho ou outros documentos previdenciários

A Lei n. 9.983/2000 acrescentou os §§ 3º e 4º ao art. 297, punindo com as mesmas penas da falsidade material de documento público a falsificação de determinados documentos que têm reflexos na Previdência Social. Na realidade, entretanto, as condutas típicas descritas constituem quase sempre hipóteses de falsidade **ideológica**. Os parágrafos têm a seguinte redação:

§ 3º Nas mesmas penas incorre quem insere ou faz inserir:

I — na folha de pagamento ou em documento de informações que seja destinado a fazer prova perante a Previdência Social, pessoa que não possua a qualidade de segurado obrigatório;

II — na Carteira de Trabalho e Previdência Social do empregado ou em documento que deva produzir efeito perante a Previdência Social, declaração falsa ou diversa da que deveria ter sido escrita;

III — em documento contábil ou em qualquer outro documento relacionado com as obrigações da empresa perante a Previdência Social, declaração falsa ou diversa da que deveria ter constado.

§ 4º Nas mesmas penas incorre quem omite, nos documentos mencionados no § 3º, nome do segurado e seus dados pessoais, a remuneração, a vigência do contrato de trabalho ou de prestação de serviços.

De acordo com a Súmula n. 62 do Superior Tribunal de Justiça "*compete à Justiça Estadual processar e julgar o crime de falsa anotação na Carteira de Trabalho e Previdência Social, atribuído à empresa privada*". Caso, todavia, a finalidade da falsificação seja, de algum modo, fraudar a previdência social, a competência será da Justiça Federal, nos termos do art. 109, IV, da Carta Magna.

Por sua vez, na hipótese do art. 297, § 4º, quando consiste no caso concreto na completa omissão do contrato de trabalho na respectiva Carteira de Trabalho e Previdência Social, sempre haverá ofensa aos interesses do INSS, pois o empregador que não registra o empregado evidentemente não deposita os valores previdenciários. Daí por que o Superior Tribunal de Justiça definiu que, em tais casos, a competência é da Justiça Federal: "*Omitir o nome ou a qualificação do segurado, a quantia paga a título de salários e verbas acessórias, bem como o prazo do contrato de trabalho (ou a informação de que se trata de contrato por prazo indeterminado) em documento destinado à Previdência Social tipifica o crime do artigo 297, § 4º, do Código Penal. 2. O dispositivo legal incrimina a conduta omissiva de deixar de inserir em qualquer um daqueles documentos relacionados nos incisos do § 3º do art. 297 o nome do segurado e seus dados pessoais, a remuneração, a vigência do contrato de trabalho ou de prestação de serviço. A omissão criminosa é restrita a esses dados, não exigindo o tipo a obtenção de qualquer outra informação. 3. O sujeito passivo primário do crime omissivo do art. 297, § 4º, do Diploma Penal é o Estado, e, eventualmente, de forma secundária, o particular, terceiro prejudicado, com a omissão das informações, referentes ao vínculo empregatício e a seus consectários da CTPS. Cuida-se, portanto de delito que ofende de forma direta os interesses da União, atraindo a competência da Justiça Federal, conforme o disposto no art. 109, IV, da Constituição Federal. 5. Conflito conhecido para declarar competente o Juízo Federal da Vara das Execuções Fiscais e Criminais de Caxias do Sul — SJ/RS, ora suscitado*" (CC 127.706/RS — Rel. Min. Rogerio Schietti Cruz — 3ª Seção — julgado em 09.04.2014 — *DJe* 3-9-2014); "*A partir do julgamento no conflito de competência n. 127.706/RS, de relatoria do Ministro Rogerio Schietti Cruz, esta egrégia Terceira Seção pacificou o entendimento no sentido de que 'o sujeito passivo primário do crime omissivo do art. 297, § 4º, do Diploma Penal, é o Estado, e, eventualmente, de forma secundária, o particular, terceiro prejudicado, com a omissão das informações, referentes ao vínculo empregatício e a seus consectários da CTPS. Cuida-se, portanto, de delito que ofende de forma direta os interesses da União, atraindo a competência da Justiça Federal, conforme o disposto no art. 109, IV, da Constituição Federal'* (*DJe* 9-4-2014)" (STJ — CC 145.567/PR, Rel. Min. Joel Ilan Paciornik, 3ª Seção, julgado em 27-4-2016, *DJe* 4-5-2016).

10.3.3. Falsificação de documento particular

> **Art. 298.** Falsificar, no todo ou em parte, documento particular ou alterar documento particular verdadeiro:
> Pena — reclusão, de um a cinco anos, e multa.
> **Falsificação de cartão**
> Parágrafo único. Para fins do disposto no *caput*, equipara-se a documento particular o cartão de crédito ou débito.

10.3.3.1. Objetividade jurídica

Preservar a fé pública nos documentos particulares.

10.3.3.2. Tipo objetivo

Documento **particular** é aquele que não é público em si mesmo ou por equiparação. Os requisitos dos documentos particulares são os mesmos dos documentos públicos (forma escrita, autor certo, conteúdo com relevância jurídica e valor probatório), sendo que, entretanto, não são elaborados por funcionário público no desempenho de suas funções. Ex.: contratos de compra e venda, de locação, notas fiscais, carteira de sócio de clube etc.

O documento particular registrado em cartório não tem sua natureza alterada. O registro é apenas para dar publicidade ao documento, no sentido de ficar registrada a sua existência em determinada data, mas não altera seu caráter particular. Assim, quando alguém registra um compromisso de compra e venda, a finalidade é demonstrar que tal contrato já havia sido celebrado em certa data, de modo que uma venda posterior a outra pessoa não tenha valor. Se, depois do registro, alguém modifica maliciosamente cláusulas do contrato, comete falsificação de documento particular (na modalidade de "alteração"). Por sua vez, se alguém altera a própria matrícula do imóvel no Cartório (registros ou averbações), comete falsificação de documento público.

A cópia autenticada de documento particular continua sendo documento particular.

A Lei n. 12.737/2012 equiparou a documento particular os cartões de crédito e de débito. De ver-se que, na prática, a pessoa que falsifica um desses tipos de cartão tem a finalidade de utilizá-los em golpes ou em saques indevidos da conta corrente da vítima, cometendo crimes de estelionato ou furto. É preciso, contudo, salientar que, ao contrário do que ocorre com a falsificação de cheque para a prática de estelionato — que fica por este absorvido de acordo com a Súmula n. 17 do Superior Tribunal de Justiça (ver item 2.6.1.10) —, tal **absorção não se dá no caso do uso de cartão falsificado**. A diferença é que a falsificação do cheque se exaure no estelionato porque a cártula é entregue ao vendedor enganado, ao passo que o cartão falsificado (clonado) permanece em poder do criminoso após a prática do estelionato, subsistindo a potencialidade lesiva. Assim, quem falsifica um cartão e com ele consegue fazer uma compra enganando o vendedor (passando-se pelo titular verdadeiro do cartão) comete falsificação de documento particular em concurso material com o crime contra o patrimônio.

Para que haja a punição pelo crime contra a fé pública, mostra-se necessário que o cartão falsificado seja semelhante a um verdadeiro. Caso se trate de um plástico em branco com clone apenas da fita magnética, incapaz de enganar pessoas mas apto a viabilizar saques indevidos em caixas eletrônicos, a punição será apenas pelo crime de furto.

A falsidade material de documento particular para fins **eleitorais** constitui crime especial, previsto no art. 349 do Código Eleitoral (Lei n. 4.737/65).

■ 10.3.3.3. *Sujeito ativo*

Pode ser qualquer pessoa. Trata-se de crime **comum**.

■ 10.3.3.4. *Sujeito passivo*

O Estado e eventualmente as pessoas prejudicadas pelo documento falso.

■ 10.3.3.5. *Consumação*

Consuma-se com a falsificação ou alteração, independentemente do uso ou de qualquer outra consequência posterior. Basta a *editio falsi*.

A falsificação é crime de **perigo**, que se aperfeiçoa independentemente do uso.

■ 10.3.3.6. *Tentativa*

É possível, pois os atos executórios podem ser fracionados e o agente, portanto, pode ser impedido de concluir uma falsificação que já iniciou.

■ 10.3.3.7. *Ação penal*

É pública incondicionada.

De acordo com Súmula n. 104 do Superior Tribunal de Justiça, "*compete à Justiça Estadual o processo e julgamento dos crimes de falsificação e uso de documento falso relativo a estabelecimento particular de ensino*".

■ 10.3.3.8. *Classificação doutrinária*

CLASSIFICAÇÃO DOUTRINÁRIA				
■ Simples e de perigo quanto à objetividade jurídica	■ Comum e de concurso eventual quanto ao sujeito ativo	■ De ação livre e comissivo quanto aos meios de execução	■ Formal e instantâneo quanto ao momento consumativo	■ Doloso quanto ao elemento subjetivo

■ 10.3.4. Falsidade ideológica

> **Art. 299.** Omitir, em documento público ou particular, declaração que dele devia constar, ou nele inserir ou fazer inserir declaração falsa ou diversa da que devia ser escrita, com o fim de prejudicar direito, criar obrigação ou alterar a verdade sobre fato juridicamente relevante:
> Pena — reclusão, de um a cinco anos, e multa, se o documento é público, e reclusão, de um a três anos, e multa, se o documento é particular.

10.3.4.1. *Objetividade jurídica*

A fé pública.

10.3.4.2. *Tipo objetivo*

A falsidade ideológica também é conhecida por falsidade **intelectual, ideal** ou **moral**. Nela, o documento é autêntico em seus requisitos extrínsecos e emana realmente da pessoa que nele figura como seu autor. Assim, apenas o seu conteúdo é falso. Conforme menciona o tipo penal, trata-se de falsidade nas **declarações** contidas no documento.

- **Condutas típicas**

Estão elencadas no art. 299 três condutas típicas:

1) Omitir declaração que devia constar do documento. Nessa modalidade, a conduta é omissiva pois se refere a uma declaração que deixou de constar. O agente elabora um documento deixando, dolosamente, de inserir alguma informação que era obrigatória.

2) Inserir declaração falsa ou diversa da que devia constar. O agente confecciona o documento inserindo informação inverídica ou diversa da que devia constar. Trata-se de conduta **comissiva**. Exs.: autoridade responsável que elabora Carteira de Habilitação declarando que determinada pessoa é habilitada quando ela, em verdade, foi reprovada no exame (declaração falsa); ou declarando que a pessoa é habilitada em categoria diversa da qual ela foi efetivamente aprovada (declaração diversa da que deveria constar).

3) Fazer inserir declaração falsa ou diversa da que devia constar. O agente fornece informação falsa a terceira pessoa, responsável pela elaboração do documento, e esta, sem ter ciência da falsidade, o confecciona. Ex.: alguém declara que é solteiro ao Tabelião durante a lavratura de uma escritura para prejudicar os direitos de sua esposa de quem está se divorciando.

Nas duas primeiras hipóteses (omitir e inserir) existe a chamada falsidade **imediata**, pois é a própria pessoa que confecciona o documento quem comete o falso ideológico. Na última modalidade (fazer inserir) a lei não pune quem confecciona o documento, mas quem lhe passa a informação falsa (falsidade **mediata**). Nessa figura quem elabora o documento está de boa-fé, desconhece a falsidade da declaração. Se tal pessoa conhecesse a falsidade da declaração e, ainda assim, elaborasse o documento, seria autor do crime na modalidade "inserir" declaração falsa, ao passo que a pessoa que lhe solicitou ou incentivou para desse modo agir seria partícipe de tal crime.

- **Objeto material**

As condutas podem recair sobre documento **público** ou **particular**, sendo que, na primeira hipótese, a pena é de reclusão, de um a cinco anos, e multa, e, na segunda, reclusão, de um a três anos, e multa.

- **Elemento subjetivo do tipo**

Para que exista falsidade ideológica, é necessário que o agente queira prejudicar direito, criar obrigação ou alterar a verdade sobre fato juridicamente relevante. Ausentes tais finalidades, o fato será atípico.

A falsidade ideológica de documento público ou particular para fins **eleitorais** constitui crime especial, previsto no art. 350 do Código Eleitoral (Lei n. 4.737/65).

- **Comprovação**

A falsidade ideológica é crime que não pode ser comprovado pericialmente, pois o documento é verdadeiro em seu aspecto formal, sendo falso apenas o seu conteúdo. O juiz é quem deve avaliar no caso concreto se o conteúdo é verdadeiro ou falso. A propósito: "*Ademais, firme a jurisprudência do STJ no sentido de que 'Afigura-se desnecessária a prova pericial para demonstração da falsidade ideológica, tendo em vista recair o falso sobre o conteúdo das ideias, que pode ser demonstrado através de outros meios de prova' (Resp 685.164/RS, Rel. Ministra Laurita Vaz, 5ª Turma,* DJ *28-11-2005)*" (STJ — AgRg no Ag 1.427.121/SP, Rel. Min. Jorge Mussi, 5ª Turma, julgado em 20-8-2013, *DJe* 5-9-2013).

- **Preenchimento abusivo de papel assinado em branco por outra pessoa**

Duas situações podem ocorrer:

a) Se o papel foi assinado em branco e entregue em confiança a alguém para que o preenchesse posteriormente com determinado conteúdo, mas o agente maliciosamente o fez em desacordo com as instruções recebidas, há crime de **falsidade ideológica**.

b) Se o papel assinado em branco foi obtido de forma ilícita (furto, roubo etc.), o crime é o de falsidade **material**.

A diferença está em que, no primeiro caso, o documento foi elaborado por quem tinha autorização para fazê-lo, sendo falso apenas o seu conteúdo. No segundo, a assinatura "subtraída" equivale a uma assinatura falsa — o que caracteriza o falso material.

- **Falsidade ideológica em documento fiscal**

A inserção de dados falsos em documentos, livros ou declarações exigidas pelas leis fiscais caracteriza crime contra a ordem tributária (art. 1º da Lei n. 8.137/90). Trata-se da falsidade ideológica tributária. Tal crime absorve o delito de falsidade ideológica comum. Aliás, o **pagamento** do tributo **antes do recebimento da denúncia ou durante o transcorrer da ação penal extingue a punibilidade do crime de sonegação fiscal**, não subsistindo também o delito de falsidade ideológica comum. A propósito: "*A sonegação fiscal absorve a falsidade, quando esta é o meio fraudulento empregado para a prática do delito tributário" (RHC 1.506-SP, Rel. Min. Carlos Thibau). A extinção da punibilidade do réu, no tocante ao crime de sonegação fiscal, porque efetuado o pagamento do tributo, é decisão que motiva o trancamento* *da ação penal por falta de justa causa, relativamente aos corréus que se utilizavam do crime de falso para realização do delito tributário*" (STJ — 6ª Turma — HC 4.340/RJ — Rel. Min. Anselmo Santiago — *DJU* 10-3-1997, p. 5996).

- **Declarações particulares**

A falsificação de declaração particular só caracteriza o crime quando **por si só** puder criar obrigação, prejudicar direito ou alterar a verdade sobre fato juridicamente relevante. Não haverá crime, portanto, se a declaração particular for sujeita a exame obrigatório por parte de funcionário público (exame oficial). Nesse sentido: "*Crime de falsidade ideológica. Art. 299, do Código Penal. Declaração de pobreza para obtenção de gratuidade judiciária. Não caracterização como documento para fins penais. Ação penal trancada. Ordem concedida. Declaração passível de averiguação ulterior não constitui documento para fins penais. HC deferido para trancar a ação penal*" (STF — 2ª Turma — HC 85.976-3-MT — Rel. Min. Ellen Gracie — j. 13-12-2005 — v.u. — *DJU* 24-2-2006, p. 51); "... *somente se configura o crime de falsidade ideológica se a declaração prestada não estiver sujeita a confirmação pela parte interessada, gozando, portanto, de presunção absoluta de veracidade. 2. Esta Corte já decidiu ser atípica a conduta de firmar ou usar declaração de pobreza falsa em juízo, com a finalidade de obter os benefícios da gratuidade de justiça, tendo em vista a presunção relativa de tal documento, que comporta prova em contrário*" (STJ — RHC 46.569/SP, Rel. Min. Maria Thereza de Assis Moura, 6ª Turma, julgado em 28-4-2015, *DJe* 6-5-2015); "*O Superior Tribunal de Justiça tem se posicionado no sentido de que a mera declaração falsa de hipossuficiência com a finalidade de obtenção da justiça gratuita, nos termos da Lei n. 1.060/50, por ter presunção apenas relativa, podendo ser contraditada pela parte contrária ou aferida de ofício pelo Magistrado, não pode ser considerada documento para fins penais, não se inserindo, portanto, no tipo penal de falsidade ideológica*" (STJ — RHC 53.237/MG — Rel. Min. Ericson Maranho — 6ª Turma — julgado em 18-12-2014, *DJe* 6-2-2015).

No que diz respeito à **falsa declaração de pobreza**, existe ainda o argumento de que o art. 100, parágrafo único, do novo CPC, que regulamenta atualmente tal tema, prevê que a consequência para a declaração falsa é o pagamento de multa no valor de 10 vezes o montante das custas processuais. Como esse dispositivo prevê multa de cunho administrativo e não ressalva a aplicação de sanção penal, a punição por falsidade ideológica mostra-se inviável (HC 261.074/MS — Rel. Min. Marilza Maynard — 6ª Turma — julgado em 5-8-2014). Observe-se que o mencionado dispositivo repete o que dizia o art. 4º da Lei n. 1.060/50 — que foi expressamente revogado pela Lei n. 13.105/2015 (novo CPC).

- **Simulação no negócio jurídico**

A simulação, quando recai sobre documento, além de constituir ilícito civil, tipifica o falso ideológico. Na simulação, as partes contraentes de um negócio o fazem somente para prejudicar terceiros ou para fraudar a lei. O documento é verdadeiro, mas o conteúdo é falso. Ex.: o marido, para prejudicar a esposa de quem pretende se divorciar, a fim de parecer que possui menos patrimônio, assina documento simulando dívidas e entrega dinheiro a um falso credor que, posteriormente, repassa-lhe os valores de forma sigilosa.

- **Falso conteúdo em petições judiciais**

Declarações falsas em requerimentos ou petições judiciais, ainda que sirvam de fundamento para um pedido, não caracterizam o delito porque não têm valor probatório. Assim, se um advogado pede a libertação de seu cliente dizendo que ele é primário, mas fica provado que se trata de pessoa reincidente, o advogado não responde por falsidade ideológica, porque o juiz tem sempre obrigação de conferir a veracidade da informação — verificar se o réu é mesmo primário.

10.3.4.3. Sujeito ativo

Qualquer pessoa. Em se tratando de crime praticado por **funcionário público prevalecendo-se do cargo**, a pena será aumentada de um sexto, nos termos do art. 299, parágrafo único, do Código Penal.

Considerando que no delito em estudo o documento deve ser autêntico quanto à forma, conclui-se que o **particular** só pode cometer falsidade ideológica em documento público em duas hipóteses: a) Se ele fizer um funcionário público de boa-fé inserir declaração falsa em documento público; b) Se elaborar documento público por equiparação, de sua alçada, com declaração falsa.

10.3.4.4. Sujeito passivo

O Estado e, eventualmente, alguém que sofra prejuízo em razão do documento falso.

10.3.4.5. Consumação

Quando o documento fica pronto com a efetiva omissão ou inserção de declaração, de forma a tornar falso o seu conteúdo, mesmo que o agente não atinja a sua finalidade de prejudicar direito, criar obrigação etc. Trata-se de crime **formal**.

10.3.4.6. Tentativa

Só é possível nas formas **comissivas**.

10.3.4.7. Falsidade em assento de registro civil

Nos termos do art. 299, parágrafo único, a pena da falsidade ideológica será aumentada de um sexto se a falsificação ou alteração recair em **assentamento de registro civil** (nascimento, casamento, óbito, emancipação, interdição etc.), ou seja, se o agente inserir ou fizer inserir declaração falsa no próprio livro ou arquivo onde os atos são registrados no Cartório de Registro Civil de Pessoas Naturais. O legislador entendeu ser mais grave a conduta nesses casos, pois, sendo falsificado o próprio assento, todas as certidões dali extraídas posteriormente conterão as impropriedades dele decorrentes.

Veja-se, entretanto, que, dependendo da espécie de falsificação, o fato poderá caracterizar crime específico:

a) quem promove a inscrição em registro civil de **nascimento inexistente** comete o crime do art. 241 do Código Penal;

b) quem **registra como seu o filho de outrem** responde pelo crime do art. 242, segunda figura, do Código Penal. Nesse caso, temos o que alguns chamam de **"adoção à brasileira"**, em que os interessados na adoção de um recém-nascido, visando evitar as delongas de um processo de adoção, comparecem ao cartório e registram o filho de outrem como próprio.

Exceto essas duas hipóteses especiais, qualquer outra falsificação feita no assentamento de **nascimento** caracteriza o crime de falsidade ideológica, com a pena majorada (art. 299, parágrafo único). Ex.: data ou local do nascimento. Além disso, caso não se trate de registro de nascimento, mas de qualquer outro tipo de registro civil (casamento, óbito etc.), o delito será sempre o de falsidade ideológica com a pena agravada.

Em todos os casos de falso em assento de registro civil, a prescrição só passa a correr da data em que o fato se torna conhecido (art. 111, IV, do CP).

■ *10.3.4.8. Ação penal*

É pública incondicionada.

■ *10.3.4.9. Classificação doutrinária*

CLASSIFICAÇÃO DOUTRINÁRIA				
■ Simples e de perigo quanto à objetividade jurídica	■ Comum e de concurso eventual quanto ao sujeito ativo	■ De ação livre e comissivo ou omissivo quanto aos meios de execução	■ Formal e instantâneo quanto ao momento consumativo	■ Doloso quanto ao elemento subjetivo

■ 10.3.5. Falso reconhecimento de firma ou letra

> **Art. 300.** Reconhecer, como verdadeira, no exercício de função pública, firma ou letra que não o seja:
> Pena — reclusão, de um a cinco anos, e multa, se o documento é público; e de um a três anos, e multa, se o documento é particular.

■ *10.3.5.1. Objetividade jurídica*

Preservar a fé pública nas letras ou firmas reconhecidas.

■ *10.3.5.2. Tipo objetivo*

Trata-se de crime semelhante à falsidade ideológica, porém com regras próprias. Consiste em reconhecer o agente como verdadeira firma ou letra que não o seja.

Firma é a assinatura de alguém, e **letra** é o manuscrito de uma pessoa. O reconhecimento de firma é uma atividade corriqueira e tem a finalidade de demonstrar que a pessoa que assinou determinado contrato ou documento é efetivamente aquela. Para isso, em geral, as pessoas possuem nos tabelionatos uma ficha com o modelo de sua assinatura. Assim, se assinam algum contrato ou documento, a outra parte (ou ela própria) pode procurar o tabelionato para que a assinatura seja reconhecida como verdadeira. Existem várias formas de reconhecimento de firma — por autenticidade, por semelhança ou indireto —, e, como a lei não faz distinção, o crime abrange qualquer delas. O reconhecimento de letra é algo raro, pois, na prática, só é usado para reconhecer a autenticidade de testamentos lavrados de próprio punho pelo ***de cujus***.

De lembrar-se que se trata de crime doloso, porém, ao contrário do que ocorre na falsidade ideológica, a lei não exige um especial fim de agir. Não existe forma culposa.

■ *10.3.5.3. Sujeito ativo*

O crime só pode ser cometido por quem tem atribuição legal para reconhecer firma ou letra (tabelião, escrevente do tabelionato, oficial do cartório de registro civil etc.). Trata-se, pois, de crime **próprio**, porém, o particular que colabora com o delito responde na condição de partícipe.

■ *10.3.5.4. Sujeito passivo*

O Estado e, eventualmente, alguém que seja prejudicado.

■ *10.3.5.5. Consumação*

Com o reconhecimento da firma ou letra, independentemente de qualquer consequência posterior. Entende-se, inclusive, que o crime está consumado antes mesmo da devolução do documento. Trata-se, pois, de crime **formal**.

■ *10.3.5.6. Tentativa*

É possível.

■ *10.3.5.7. Distinção*

Quando um particular, agindo sozinho, reconhece uma firma, falsificando a assinatura de um tabelião ou de um funcionário autorizado, comete crime de falsificação de documento público ou particular (arts. 297 e 298) ou, eventualmente, de falsificação de sinal público de tabelião (art. 296, II).

Se o fato ocorrer para fins eleitorais, estará caracterizado o delito do art. 352 da Lei n. 4.737/65 (Código Eleitoral).

■ *10.3.5.8. Ação penal*

É pública incondicionada.

10.3.6. Certidão ou atestado ideologicamente falso

> **Art. 301.** Atestar ou certificar falsamente, em razão de função pública, fato ou circunstância que habilite alguém a obter cargo público, isenção de ônus ou de serviço de caráter público, ou qualquer outra vantagem:
> Pena — detenção, de dois meses a um ano.

10.3.6.1. Objetividade jurídica

A fé pública, no sentido de se evitar que funcionários públicos emitam atestado ou certidão ideologicamente falsos a fim de beneficiar alguém perante a Administração.

10.3.6.2. Tipo objetivo

Não se deve confundir o crime em tela com o delito de falsidade ideológica (art. 299), que se refere à falsificação de um **documento**. Aqui a conduta recai sobre **atestado** ou **certidão** feito por funcionário público acerca de fato ou circunstância. No dizer de Damásio de Jesus,[246] "*atestado é um documento que traz em si o testemunho de um fato ou circunstância. O signatário o emite em face do conhecimento pessoal a respeito de seu objeto, obtido, na espécie do tipo, no exercício de suas atribuições funcionais. Certidão (ou certificado) é o documento pelo qual o funcionário, no exercício de suas atribuições oficiais, afirma a verdade de um fato ou circunstância contida em documento público*". A diferença, portanto, é que a certidão é feita com base em um documento guardado ou em tramitação em uma repartição pública, enquanto o atestado é um testemunho por escrito do funcionário público sobre um fato ou circunstância. Só existe o crime quando o atestado ou certidão emanam originariamente do funcionário público. A conduta de extrair cópia falsa de documento público guardado em repartição constitui crime mais grave, de falsidade documental.

O **fato** ou **circunstância** a que a lei se refere deve guardar relação com a pessoa destinatária.

Além disso, exige-se para a configuração desse delito que o atestado ou certidão tenha por finalidade:

a) habilitar alguém a obter cargo público;

b) isentá-lo de ônus ou de serviço de caráter público;

c) levá-lo à obtenção de qualquer outra vantagem. Essa última hipótese é uma formulação genérica, mas, segundo a doutrina dominante, deve ser interpretada em consonância com as três hipóteses anteriores, ou seja, a vantagem deve ter caráter público.

São exemplos: dar atestado de bom comportamento carcerário para preso conseguir algum benefício ou para determinada pessoa obter cargo público; atestar que alguém é pobre para obter defensor público ou a assistência do Ministério Público, ou,

[246] Damásio de Jesus, *Direito penal*, v. 4, p. 66.

ainda, para obter vaga em hospital público; certificar que alguém já atuou como jurado para isentá-lo de novamente atuar nessa função; certificar que alguém já prestou serviço militar para isentá-lo de qualquer ônus etc.

Ressalte-se que, para a caracterização do delito, é necessário que o funcionário saiba da falsidade da informação e da finalidade a que se destina o atestado ou certidão (obtenção de cargo público, isenção de ônus etc.) e, mesmo assim, dolosamente o emita.

■ 10.3.6.3. Sujeito ativo

Trata-se de crime **próprio**, que só pode ser cometido por funcionário público no exercício de suas funções. Aquele que recebe o atestado ou certidão e dele faz uso incide no art. 304 do Código Penal, com a pena do art. 301.

■ 10.3.6.4. Sujeito passivo

É o Estado.

■ 10.3.6.5. Consumação

Apesar de ser controvertido o tema, prevalece na doutrina o entendimento de que basta a elaboração do atestado ou certidão falsa, não sendo necessária sua efetiva entrega ao destinatário. Comungamos, entretanto, da opinião minoritária de Damásio de Jesus,[247] segundo a qual o crime só se consuma com a entrega do atestado ou certidão, na medida em que, antes disso, o funcionário pode simplesmente se arrepender e rasgá-lo, hipótese que deve ser interpretada como arrependimento eficaz, exatamente porque o crime ainda não estava consumado.

Há, porém, unanimidade no sentido de que o crime é **formal**, ou seja, sua consumação independe de o destinatário efetivamente conseguir, com o atestado ou certidão, obter o benefício visado.

■ 10.3.6.6. Tentativa

Considerando a divergência existente quanto ao momento consumativo, diverge também a doutrina acerca da possibilidade de o crime admitir a forma tentada. Para Nélson Hungria,[248] o fato de o crime se consumar com a efetiva elaboração do atestado ou certidão torna inviável a tentativa. Para os que, como nós, pensam que o crime se consuma com a entrega ao destinatário, é possível o *conatus*.

■ 10.3.6.7. Aplicação cumulativa de multa

Se há intenção de lucro, aplica-se também pena de multa (§ 2º).

■ 10.3.6.8. Ação penal

É pública incondicionada, de competência do Juizado Especial Criminal.

---

[247] Damásio de Jesus, *Direito penal*, v. 4, p. 67.

[248] Nélson Hungria, *Comentários ao Código Penal*, v. IX, p. 294.

10.3.7. Falsidade material de atestado ou certidão

> **Art. 301, § 1º** — Falsificar, no todo ou em parte, atestado ou certidão, ou alterar o teor de certidão ou de atestado verdadeiro, para prova de fato ou circunstância que habilite alguém a obter cargo público, isenção de ônus ou de serviço de caráter público, ou qualquer outra vantagem:
> Pena — detenção, de três meses a dois anos.

10.3.7.1. Objetividade jurídica

A fé pública.

10.3.7.2. Tipo objetivo

Nessa modalidade de delito, a falsidade do atestado ou certidão é **material** e, portanto, consiste em falsificar, no todo ou em parte, atestado ou certidão, ou alterar o teor de certidão ou atestado verdadeiro. É também necessário que o objeto da falsificação seja fato ou circunstância que habilite alguém a obter cargo público, isenção de ônus ou de serviço de caráter público, ou qualquer outra vantagem.

É necessário que o dolo do agente abranja a finalidade para a qual será utilizado o objeto material do crime.

10.3.7.3. Sujeito ativo

Existe divergência doutrinária e jurisprudencial a respeito de quem pode ser sujeito ativo deste crime. A primeira corrente defende que só funcionário público pode cometê-lo, pois, apesar de não haver menção expressa (ao contrário do que ocorre no *caput*) exigindo que o crime seja praticado no exercício da função pública, a interpretação deste § 1º deve ser feita em consonância com aquele. A outra orientação é no sentido de que também o particular pode cometer o crime de falsidade material de atestado ou certidão. Para essa corrente, apenas a figura do *caput* exige a condição de funcionário público, porque apenas este pode falsificar ideologicamente um atestado público ou uma certidão pública. Porém, quando se trata de falsidade material, qualquer pessoa — funcionário ou não — pode praticá-la. Por isso, a não menção à qualidade de funcionário público na figura do § 1º teria sido intencional, justamente para permitir que o particular também possa ser enquadrado no delito.

Em virtude dessa divergência, decorrente de o § 1º não exigir que o fato ocorra no desempenho de função pública, acaba havendo também forte dúvida quanto à interpretação da fórmula genérica "*qualquer outra vantagem*" contida no tipo penal. Para os seguidores da primeira corrente, a expressão refere-se a qualquer outra vantagem de natureza pública, e para a segunda envolve toda e qualquer espécie de vantagem.

Na prática, tem sido mais aceita a tese de que particulares também podem ser autores desse crime, o que possibilita a punição daqueles que, por exemplo, falsificam um atestado com a assinatura de um médico, declarando que certa pessoa está doente e impossibilitada de trabalhar. Por sua vez, quem usa tal atestado falso para justificar faltas no trabalho incorre no crime do art. 304 do Código Penal com a pena do art. 301, § 1º.

Nesse sentido: "*Uso de certidão material e ideologicamente falsa. Art. 301, § 1º, do Código Penal. Tipificação. 1. Qualquer pessoa pode ser responsabilizada pela feitura de documento ou atestado que contenha falsidade material, e não apenas o exercente da função pública que o teria expedido ou deveria expedir, porquanto, intencionalmente não incluído pelo legislador o requisito, em razão da função pública, no § 1º do art. 301 do CP, faz com que se tenha, na espécie, crime classificado como comum, quanto ao agente e não crime próprio. Assim, se o agente, ao utilizar o documento público falsificado, visa obter vantagem no serviço público, tem-se que sua ação se amolda no art. 304 com remissão ao art. 301, § 1º, do CP e não ao art. 297 do mesmo estatuto. Precedentes*" (STJ — 6ª Turma — REsp 210.379/DF — Rel. Min. Fernando Gonçalves — j. 12-9-2000 — *DJU* 2-10-2000 — p. 187); "*Falsidade material de atestado ou certidão — Crime comum. 1. Diversamente do tipificado no* caput *do art. 301 do Código Penal (Certidão ou Atestado Ideologicamente Falso), o crime previsto no § 1º daquele artigo (Falsidade Material de Atestado ou Certidão) não é crime próprio de servidor público, podendo ser praticado por qualquer pessoa. 2. Precedentes do Superior Tribunal de Justiça*" (STJ — 6ª Turma — REsp 209.245/DF — Rel. Min. Hamilton Carvalhido — j. 1º-3-2001 — *DJU* 13-8-2001, p. 296). No mesmo sentido: STJ — 6ª Turma — REsp 209.450/DF — Rel. Min. Fontes de Alencar — j. 9-10-2001 — *DJU* 5-11-2001, p. 146; REsp 188.184/DF — Rel. Min. Felix Fischer — 5ª Turma — *DJ* 29-3-1999; REsp 209.245/DF — Rel. Min. Hamilton Carvalhido — 6ª Turma — *DJ* 13-8-2001; STJ — REsp 246.592/DF — Rel. Min. Arnaldo Esteves Lima — decisão de 29-5-2006 — *DJU* 9-6-2006, p. 380/381; STJ — 5ª Turma — REsp 251.485/DF — Rel. Min. José Arnaldo da Fonseca — j. 18-12-2003 — v.u. — *DJU* 16-12-2004, p. 284-285.

Também entendendo que o sujeito ativo pode ser **particular**, temos as opiniões de Nélson Hungria,[249] Damásio de Jesus,[250] Fernando Capez,[251] dentre outros.

No que diz respeito especificamente àqueles que falsificam a assinatura de médico em atestado a fim de justificar faltas no trabalho, veja-se: "*Ora, o crime de falsificação de atestado é autônomo e específico (art. 301, CP), sendo uma modalidade mais brandamente apenada de falsificação de documento público ou falsidade ideológica por ser, sem dúvida, conduta de menor ofensividade ao bem público, não podendo, por isso, serem equiparadas. E o crime específico de falsificação material de* **atestado médico***, como previsto no artigo 301, § 1º, CP, pode ser praticado por qualquer pessoa, ao contrário do tipo previsto no* caput *que, por abranger a falsidade ideológica, somente pode ser praticado pelo funcionário público em razão de seu ofício. O crime aqui tratado, como se vê dos fatos apurados, trata-se do falso material (art. 301, § 1º, do CP), observando-se, nesse sentido, a solução do conflito aparente de normas — ambas vigentes hoje e ao tempo da ação — pelo princípio da especialidade*" (TJSP — Ap. 0211291-67-2010 — Rel. Des. Newton Neves — j. 1º-3-

[249] Nélson Hungria, *Comentários ao Código Penal*, 2. ed., vol. IX, p. 294/295.

[250] Damásio de Jesus, *Direito penal*, v. 4, p. 68.

[251] Fernando Capez, *Curso de direito penal*, v. 3, p. 335.

2011); e "*A falsificação de atestado médico e o uso dele por quem o adquiriu, para iludir seu empregador, são condutas puníveis nos termos dos arts. 301, § 1º, e art. 304 do CP*" (TFR — Rel. Carlos Madeira — *DJU* 3-6-1983, p. 7916).

■ 10.3.7.4. Sujeito passivo

O Estado e as pessoas lesadas pelo eventual uso do atestado materialmente falso.

■ 10.3.7.5. Consumação

No exato instante em que o atestado ou certidão é falsificado ou alterado, independentemente da produção de qualquer resultado. Como aqui se trata de terceiro falsificando materialmente o atestado ou certidão, não há divergência quanto ao momento consumativo.

■ 10.3.7.6. Tentativa

É possível.

■ 10.3.7.7. Aplicação cumulativa de multa

Se há intenção de lucro, aplica-se também pena de multa (§ 2º).

■ 10.3.7.8. Ação penal

É pública incondicionada, de competência do Juizado Especial Criminal.

■ 10.3.8. Falsidade de atestado médico

> **Art. 302.** Dar o médico, no exercício da sua profissão, atestado falso:
> Pena — detenção, de um mês a um ano.
> Parágrafo único. Se o crime é cometido com o fim de lucro, aplica-se também multa.

■ 10.3.8.1. Objetividade jurídica

A fé pública nos atestados médicos.

■ 10.3.8.2. Tipo objetivo

O tipo penal é expresso no sentido de que o crime em análise pressupõe que um **profissional da medicina** forneça um atestado médico falso a alguém. O crime só se caracteriza quando o conteúdo do atestado guarda relação com as funções médicas: existência de certa doença, necessidade de repouso para convalescência, atendimento de pessoa em consulta médica, atestado de óbito etc. A falsidade pode ser total ou parcial, mas deve referir-se a ato juridicamente relevante. O atestado deve ter sido dado por escrito.

Quem usa o atestado médico falso incorre no crime do art. 304 com a pena do art. 302.

■ 10.3.8.3. Sujeito ativo

Trata-se de crime **próprio**, pois só pode ser cometido por **médico**. Admite, porém, a participação de terceiro. Conforme já mencionado, quem não é médico e falsifica atestado médico comete o crime do art. 301, § 1º, do CP.

Veja-se que, quando o médico fornece o atestado **no desempenho de função pública** (por trabalhar em hospital público, por exemplo), comete o crime do art. 301 do Código Penal, que é mais grave. Se recebeu alguma vantagem para a emissão do atestado falso, haverá crime ainda mais grave — corrupção passiva.

Se o particular, autor de atestado próprio falso, é dentista, veterinário ou qualquer outro profissional que não seja da área médica, não estará configurado o crime em tela, e sim o de falsidade ideológica, do art. 299. Esse tratamento jurídico dado pelo Código Penal merece severas críticas, pois pune o delito praticado pelo médico — que certamente é mais grave — com pena menor que a de outros profissionais. Em tais hipóteses, trata-se de dentista emitindo atestado falso de dentista (e não de médico). Conforme mencionado anteriormente, quem não é médico e falsifica atestado dessa natureza (médico) incorre no crime do art. 301, § 1º.

■ 10.3.8.4. Sujeito passivo

Sujeito passivo do crime é o Estado e qualquer outra pessoa prejudicada pelo uso do atestado falso, como, por exemplo, o empregador a quem o atestado é apresentado a fim de abonar faltas ao trabalho.

■ 10.3.8.5. Consumação

No momento em que o médico fornece o atestado falso a alguém.

■ 10.3.8.6. Tentativa

É possível.

■ 10.3.8.7. Aplicação cumulativa de multa

Se o médico dá o atestado falso a alguém por amizade, incorre na figura comum do delito, porém, se o faz com o intuito de lucro, cobrando por sua emissão, incorre na figura agravada do parágrafo único, cuja única consequência é a aplicação cumulativa de pena de multa.

■ 10.3.8.8. Ação penal

É pública incondicionada.

■ 10.3.9. Reprodução ou alteração de selo ou peça filatélica

> **Art. 303.** Reproduzir ou alterar selo ou peça filatélica que tenha valor para coleção, salvo quando a reprodução ou alteração está visivelmente anotada na face ou no verso do selo ou peça:
> Pena — detenção, de um a três anos.
> Parágrafo único. Na mesma pena incorre quem, para fins de comércio, faz uso do selo ou peça filatélica.

Esse dispositivo foi revogado pelo art. 39 da Lei n. 6.538/78, que pune as mesmas condutas.

■ 10.3.10. Uso de documento falso

> **Art. 304.** Fazer uso de qualquer dos papéis falsificados ou alterados a que se referem os arts. 297 a 302:
> Pena — a cominada à falsificação ou à alteração.

■ *10.3.10.1. Objetividade jurídica*

A fé pública.

■ *10.3.10.2. Tipo objetivo*

O uso de documento falso é um crime **remetido**, uma vez que a descrição típica se integra pela menção a outros dispositivos legais. Assim, caracteriza o crime o uso de quaisquer dos documentos falsos descritos nos arts. 297 a 302 do Código Penal, como, por exemplo, de documento material ou ideologicamente falso.

O crime em análise enquadra-se no conceito de crime **acessório**, pois sua existência pressupõe a ocorrência de um crime anterior, qual seja, o de falsificação do documento. A pena é a mesma prevista para o falsário.

Fazer uso consiste em apresentar efetivamente o documento a alguém, tornando-o acessível à pessoa que se pretende iludir. Caracteriza-se o crime pela apresentação do documento a qualquer pessoa, e não apenas a funcionário público. É necessário, entretanto, que tenha sido apresentado com a finalidade de fazer prova sobre fato relevante. Não há crime, por exemplo, quando alguém mostra um documento falso a amigos em um bar.

Se o documento é apreendido em poder do agente, em decorrência de busca domiciliar ou revista pessoal feita por policiais, não há crime, pois não houve apresentação do documento. Assim, a **posse** e o **porte** do documento são **atípicos** quando ele não é efetivamente apresentado pelo agente a alguém.

É praticamente pacífico o entendimento de que há crime quando a pessoa apresenta um documento falso em decorrência de solicitação policial. O tema, porém, torna-se mais polêmico quando o documento é apresentado em razão de exigência (ordem) do policial, prevalecendo atualmente o entendimento de que também constitui delito. Nesse sentido: "*Reiterada é a jurisprudência desta Corte e do STF no sentido de que há crime de uso de documento falso ainda quando o agente o exibe para a sua identificação em virtude de exigência por parte de autoridade policial*" (STJ — 5ª Turma — Rel. Min. Arnaldo da Fonseca — *DJU* 24-5-1999, p. 190); "*Configura-se o crime de uso de documento falso quando o agente apresenta a carteira de habilitação falsificada que porta em atendimento à exigência da autoridade policial ou de trânsito. 2. Nos termos dos precedentes do Supremo Tribunal Federal, não descaracterizam o delito previsto no art. 304 do Código Penal o fato de a 'cédula de identidade e de carteira de habilitação terem sido exibidas ao policial por exigência deste e não por iniciativa do agente — pois essa é a forma normal de utilização de tais documentos'* (HC 70.179/SP — 1ª Turma — Rel. Min. Sepúlveda Pertence — *DJ* de 24-6-1994)" (STJ — HC 185.219/SC — Rel. Min. Laurita Vaz — 5ª Turma, julgado em 21-6-2012, *DJe* 28-6-2012); "*A circunstância de o documento falsificado ser solicitado pelas autoridades policiais não descaracteriza o crime do art. 304 do Código Penal*" (STJ — AgRg no REsp 1.369.983/RS — Rel. Min. Sebastião dos Reis Júnior — 6ª Turma — julgado em 6-6-2013 — *DJe* 21-6-2013); **e** "*O delito previsto no art. 304 do Código Penal consuma-se mesmo quando a carteira de habilitação falsificada é exibida ao policial por exigência deste, e não por iniciativa do agente. Precedentes*" (STJ — HC 240.201/SP — Rel. Min. Laurita Vaz — 5ª Turma — julgado em 25-3-2014 — *DJe* 31-3-2014).

Em se tratando de cópia de documento, só haverá crime se o uso for de cópia autenticada. A cópia não autenticada não tem valor probatório e, por isso, não se enquadra no conceito de documento. "*A jurisprudência desta Corte firmou-se no sentido de que a cópia de documento sem autenticação não possui potencialidade para causar dano à fé pública, não podendo ser objeto material do crime de uso de documento falso. Precedentes*" (STJ — HC 58.298/SP — Rel. Min. Gilson Dipp — 5ª Turma — julgado em 24-4-2007, *DJ* 4-6-2007, p. 384); "*A utilização de fotocópia não autenticada afasta a tipicidade do crime de uso de documento falso, por não possuir potencialidade lesiva apta a causar dano à fé pública. 2. Precedentes deste Superior Tribunal de Justiça*" (STJ — HC 127.820/AL — Rel. Min. Haroldo Rodrigues — 6ª Turma — julgado em 25-5-2010, *DJe* 28-6-2010).

■ 10.3.10.3. Sujeito ativo

Qualquer pessoa, exceto o autor da falsificação, visto que o entendimento sedimentado é o de que o falsário que posteriormente usa o documento responde apenas pela falsificação, sendo o uso um *post factum* impunível. Em suma, o crime será reconhecido quando alguém usar documento falsificado por outrem. Nesse sentido: "*De acordo com a jurisprudência do Supremo Tribunal Federal e do Superior Tribunal de Justiça, o crime de uso, quando cometido pelo próprio agente que falsificou o documento, configura* 'post factum' *não punível, vale dizer, é mero exaurimento do crime de falso. Impossibilidade de condenação pelo crime previsto no art. 304 do Código Penal*" (STF — AP 530 — Rel. Min. Rosa Weber — Rel. p/ Acórdão:

Min. Roberto Barroso — 1ª Turma — julgado em 9-9-2014, acórdão eletrônico *DJe*-225 divulg. 14-11-2014, public. 17-11-2014, republicação: *DJe*-250 divulg. 18-12-2014, public. 19-12-2014).

■ 10.3.10.4. *Sujeito passivo*

O Estado e, eventualmente, a pessoa enganada pela apresentação do documento falso.

■ 10.3.10.5. *Consumação*

Com o uso, independentemente de o agente ter obtido qualquer vantagem e até mesmo que não engane o destinatário. A falsificação só não pode ser grosseira, pois, nesse caso, o fato é considerado atípico (crime impossível).

■ 10.3.10.6. *Tentativa*

Não é admissível, pois, ou o agente usa o documento falso, e está consumado o delito, ou não o utiliza, hipótese em que o fato é atípico. Teoricamente, contudo, poderíamos falar em tentativa no caso de uso feito mediante remessa do documento. Ex.: pessoa que remete pelo correio um diploma falso a fim de se matricular em universidade, mas o documento se extravia. Nesse caso, entretanto, o extravio impede a demonstração da falsidade.

■ 10.3.10.7. *Distinção*

A pessoa que usa documento **verdadeiro** de outra pessoa como se fosse próprio infringe o art. 308 do Código Penal (espécie do crime chamado "falsa identidade").

Quem usa documento falso a fim de cometer estelionato só responde por este crime, nos termos da Súmula n. 17 do Superior Tribunal de Justiça, sendo o uso considerado crime-meio.

O falsário que usa o documento por ele falsificado só responde pela falsificação, delito que primeiro se consumou sendo o uso um *post factum* impunível, conforme já mencionado. Nesse sentido: "*O uso de documento público falso pelo próprio autor da falsificação configura crime único, qual seja, o delito descrito no art. 297 do Código Penal (falsificação de documento público), porquanto o posterior uso do falso documento configura mero exaurimento do crime de* falsum. *Vale dizer, o uso de documento falsificado, pelo próprio falsário, caracteriza* post factum *impunível, de modo que deve o agente responder apenas por um delito: ou pelo de falsificação de documento público (art. 297) ou pelo de falsificação de documento particular (art. 298)*" (STJ — HC 226.128/TO — Rel. Min. Rogerio Schietti Cruz — 6ª Turma — julgado em 7-4-2016, *DJe* 20-4-2016); **e** "*O uso dos papéis falsificados, quando praticado pelo próprio autor da falsificação, configura* 'post factum' *não punível, mero exaurimento do* 'crimen falsi', *respondendo o falsário, em tal hipótese, pelo delito de falsificação de documento público (CP, art. 297) ou, conforme o caso, pelo* *crime de falsificação de documento particular (CP, art. 298). Doutrina. Precedentes (STF)*" (STF — 2ª Turma — HC 84.533-9/MG — Rel. Min. Celso de Mello — j. 14-9-2004 — v.u. — *DJU* 30-6-2006, p. 35).

■ 10.3.10.8. *Ação penal*

É pública incondicionada.

Caso o documento falso seja apresentado na Justiça Federal ou do Trabalho, a competência será da esfera federal. A propósito: *"Crime de uso de documento particular falso. Competência. Apresentação perante a justiça do trabalho. Falsificação de recibos de pagamento de verbas rescisórias de empregado. Competência da Justiça Federal"* (STJ — Conflito de Competência n. 47.993/PR — Rel. Min. Laurita Vaz — *DJU* 6-9-2005, p. 197).

De acordo com a Súmula n. 546 do Superior Tribunal de Justiça, "*a competência para processar e julgar o crime de uso de documento falso é firmada em razão da entidade ou órgão ao qual foi apresentado o documento público, não importando a qualificação do órgão expedidor*". Assim, se um documento estadual falso for utilizado em uma repartição pública federal, a competência será da Justiça Federal, e vice-versa.

■ 10.3.10.9. *Classificação doutrinária*

CLASSIFICAÇÃO DOUTRINÁRIA				
■ Simples quanto à objetividade jurídica	■ Comum e de concurso eventual quanto ao sujeito ativo	■ De ação livre e comissivo quanto aos meios de execução	■ Formal e instantâneo quanto ao momento consumativo	■ Doloso quanto ao elemento subjetivo

■ 10.3.11. Supressão de documento

> **Art. 305.** Destruir, suprimir ou ocultar, em benefício próprio ou de outrem, ou em prejuízo alheio, documento público ou particular verdadeiro, de que não podia dispor:
> Pena — reclusão, de dois a seis anos, e multa, se o documento é público, e reclusão, de um a cinco anos, e multa, se o documento é particular.

■ 10.3.11.1. *Objetividade jurídica*

A fé pública.

■ 10.3.11.2. *Tipo objetivo*

As condutas típicas são:

a) destruir: queimar, rasgar, eliminar, estragar, dilacerar etc.;

b) suprimir: fazer desaparecer o documento, sem que tenha havido sua destruição ou ocultação;

c) ocultar: esconder, colocar o documento em local que não possa ser encontrado.

O objeto material do crime é o documento público ou particular.

Exige também a lei elemento subjetivo específico, qual seja, intenção de obter vantagem em proveito próprio ou alheio ou, ainda, de causar prejuízo a terceiro.

■ 10.3.11.3. *Sujeito ativo*

Pode ser qualquer pessoa, inclusive o proprietário do documento que, por qualquer razão, dele não possa dispor.

■ 10.3.11.4. *Sujeito passivo*

O Estado e a pessoa a quem a conduta cause prejuízo.

■ 10.3.11.5. *Consumação*

O crime é **formal** e, assim, consuma-se no momento em que o agente destrói, suprime ou oculta o documento, ainda que não atinja sua finalidade de obter vantagem ou causar prejuízo.

■ 10.3.11.6. *Tentativa*

É possível, na medida em que a conduta pode ser fracionada.

■ 10.3.11.7. *Ação penal*

É pública incondicionada.

DE OUTRAS FALSIDADES

10.4. DE OUTRAS FALSIDADES

10.4.1. Falsificação do sinal empregado no contraste de metal precioso ou na fiscalização alfandegária ou para outros fins

> **Art. 306.** Falsificar, fabricando-o ou alterando-o, marca ou sinal empregado pelo poder público no contraste de metal precioso ou na fiscalização alfandegária, ou usar marca ou sinal dessa natureza, falsificado por outrem:
> Pena — reclusão, de dois a seis anos, e multa.

10.4.1.1. Objetividade jurídica

A fé pública, no sentido de se preservar a confiança nas marcas ou sinais empregados pelo poder público.

10.4.1.2. Tipo objetivo

De acordo com Damásio de Jesus,[252] a "*marca corresponde a um selo de garantia com destinação de autenticar certos objetos ou de indicar a qualidade de determinados produtos ou a satisfação de requisitos legais. Sinal é a impressão simbólica do poder público com a finalidade de conferir a legitimidade do metal precioso*".

As condutas típicas são as mesmas estudadas nos arts. 297 e 304: falsificar (criando ou alterando) ou usar.

10.4.1.3. Sujeito ativo

Pode ser qualquer pessoa. Trata-se de crime **comum**.

Tal como ocorre com as demais infrações deste título, só pode responder pelo crime de uso quem não tiver sido o autor da própria falsificação.

10.4.1.4. Sujeito passivo

O Estado e, eventualmente, alguém que venha a ser prejudicado pela conduta ilícita.

[252] Damásio de Jesus, *Direito penal,* v. 4, p. 88.

10.4.1.5. *Consumação*

Na falsificação, o crime se consuma com a fabricação ou alteração da marca ou sinal, independentemente do efetivo uso.

Já na modalidade de uso, o crime se consuma com sua primeira utilização.

10.4.1.6. *Tentativa*

É possível na falsificação e inadmissível no uso.

10.4.1.7. *Figura privilegiada*

Nos termos do parágrafo único do art. 306, a pena é de reclusão, de um a três anos, e multa, se a marca ou sinal falsificado é o que usa a autoridade pública para o fim de fiscalização sanitária, ou para autenticar ou encerrar determinados objetos, ou comprovar o cumprimento de formalidade legal.

10.4.1.8. *Ação penal*

É pública incondicionada.

10.4.2. Falsa identidade

> **Art. 307.** Atribuir-se ou atribuir a terceiro falsa identidade para obter vantagem, em proveito próprio ou alheio, ou para causar dano a outrem:
> Pena — detenção, de três meses a um ano, ou multa, se o fato não constitui elemento de crime mais grave.

10.4.2.1. *Objetividade jurídica*

A fé pública na palavra das pessoas quanto à própria identificação ou de terceiros.

10.4.2.2. *Tipo objetivo*

Identidade é o conjunto de características que servem para identificar uma pessoa: nome, filiação, estado civil, profissão, sexo etc.

Nesse crime, **não há uso de documento falso ou verdadeiro**. O agente simplesmente atribui-se ou atribui a terceiro uma falsa identidade, mentindo a idade, dando nome inverídico etc.

Para a caracterização do crime, é necessário que o agente vise obter alguma **vantagem**, em proveito próprio ou alheio, ou causar dano a outrem. Ex.: fazer uma prova na faculdade para outra pessoa; criar perfil falso de um artista no *Facebook* ou no *Twitter* etc.

Grande controvérsia envolvia o crime de falsa identidade na hipótese em que alguém, ao ser preso em flagrante, mentia verbalmente seu nome, a fim de esconder que já ostentava condenações anteriores, de modo a evitar o cumprimento de mandados de prisão contra ele existentes, ou ainda quando mentia ser menor de idade. O entendimento que vinha prevalecendo era o de que o fato não constituía crime em razão de ter o acusado direito de não produzir prova contra si mesmo (*nemo tenetur se detegere*), sendo permitida essa forma de autodefesa, nos termos do art. 5º, LXIII, da Constituição Federal. Contra esse entendimento, argumentava-se que tal dispositivo da Carta Magna, em verdade, permite apenas que o réu permaneça calado e não que minta em relação à sua qualificação. A conduta seria típica porque o agente obtém vantagem ao se identificar como outra pessoa. Sempre defendemos esta última corrente.

No Superior Tribunal de Justiça encontrava-se pacificado o entendimento de que o fato era atípico, em face do privilégio contra a autoincriminação, segundo o qual ninguém pode ser obrigado a produzir prova contra si mesmo. Acontece que, posteriormente, o Plenário do Supremo Tribunal Federal apreciou recurso extraordinário, no qual foi reconhecida repercussão geral, julgando caracterizado o delito em tais hipóteses: "*Constitucional. Penal. Crime de falsa identidade. Artigo 307 do Código Penal. Atribuição de falsa identidade perante autoridade policial. Alegação de autodefesa. Artigo 5º, inciso LXIII, da Constituição. Matéria com repercussão geral. Confirmação da jurisprudência da Corte no sentido da impossibilidade. Tipicidade da conduta configurada. O princípio constitucional da autodefesa (art. 5º, inciso LXIII, da CF/88) não alcança aquele que atribui falsa identidade perante autoridade policial com o intento de ocultar maus antecedentes, sendo, portanto, típica a conduta praticada pelo agente (art. 307 do CP). O tema possui densidade constitucional e extrapola os limites subjetivos das partes*" (RE 640.139 — Rel. Min. Dias Toffoli — *DJe* 198, 14-10-2011, p. 885). No mesmo sentido: (RE 639.732 — 1ª Turma — Rel. Min. Luiz Fux — j. 23-8-2011 — *DJe* 175). Como consequência desta decisão da Corte Suprema, as duas Turmas Criminais do Superior Tribunal de Justiça passaram também a entender que a conduta configura o crime de falsa identidade, até que, no ano de 2015, o Superior Tribunal de Justiça aprovou a Súmula n. 522, com o seguinte teor: "*A conduta de atribuir-se falsa identidade perante autoridade policial é típica, ainda que em situação de alegada autodefesa*".

Por ser tipo penal específico, tal delito prevalece sobre o de falsidade ideológica.

- **Autodefesa e uso de documento falso**

Deve-se salientar, outrossim, que ainda mais extremado era o entendimento de alguns ministros do Superior Tribunal de Justiça reconhecendo a atipicidade em razão da autodefesa até mesmo no crime de uso de documento falso (art. 304 do CP), quando a intenção do réu fosse a de ocultar seu passado criminoso. Nesse sentido, podemos apontar exemplificativamente os seguintes julgados: HC 103.314 (*DJe* 109, 08.06.2011); HC 148.479 (*DJe* 5-4-2010); HC 99.179 (*DJe* 13-12-2010) e AgRg no REsp 115.4821 (*DJe* 4-4-2011). Atualmente, porém, o entendimento é o de que a conduta configura o crime do art. 304: "*A apresentação de documento falso (cédula de identidade) para a finalidade de ocultar a condição de foragido, independentemente da solicitação de autoridade policial, caracteriza o crime do art. 304 do Código Penal. Tese da autodefesa afastada. Precedentes*" (STJ — AgRg no REsp

1.563.495/SP, Rel. Min. Rogerio Schietti Cruz, 6ª Turma, julgado em 19-4-2016, *DJe* 28-4-2016); "*A jurisprudência do Superior Tribunal de Justiça consolidou-se no sentido de que não fica afastada a tipicidade do delito previsto no art. 304 do Código Penal em razão de a atribuição de falsa identidade originar-se da apresentação de documento à autoridade policial, quando por ela exigida, não se confundindo o ato com o mero exercício do direito de defesa. Precedentes*" (STJ — HC 313.868/SP, Rel. Min Ribeiro Dantas, 5ª Turma, julgado em 17-3-2016, *DJe* 29-3-2016). No Supremo Tribunal Federal, também tem-se reconhecido o ilícito penal (HC 103.314/MS — 2ª Turma — Rel. Min. Ellen Gracie, *RJP* v. 7, n. 40, 2011, p. 103-105, *RT* v. 100, n. 910, 2011, p. 402-405); e (HC 92.763/MS — 2ª Turma — Rel. Min. Eros Grau — *DJe* 074, p. 1186).

■ 10.4.2.3. *Sujeito ativo*

Trata-se de crime **comum**, que pode ser cometido por qualquer pessoa.

■ 10.4.2.4. *Sujeito passivo*

O Estado e, eventualmente, alguém que seja prejudicado pelo fato.

■ 10.4.2.5. *Consumação*

Cuida-se de crime **formal**, que se consuma no instante em que o agente se atribui ou atribui a terceiro a falsa identidade, independentemente de conseguir a vantagem visada.

■ 10.4.2.6. *Tentativa*

É possível, exceto na forma verbal.

■ 10.4.2.7. *Subsidiariedade*

O legislador, ao estabelecer a pena do crime em estudo, expressamente previu sua subsidiariedade, restando este sempre absorvido quando o fato constituir crime mais grave.

Assim, embora no crime de falsa identidade a vantagem visada possa ser de qualquer natureza, caso seja meio para a obtenção de vantagem econômica, responderá o agente apenas por estelionato. Na hipótese de se passar por outra pessoa para enganar a vítima e conseguir realizar ato sexual com ela, o crime será o de violação sexual mediante fraude (art. 215). Ex.: passar-se por ginecologista para efetuar exame de toque em uma mulher.

No caso de o agente atribuir-se falsamente a qualidade de funcionário público, haverá o crime de falsa identidade se ficar demonstrado que ele assim procedeu para obter alguma vantagem ou para causar prejuízo a terceiro. Sem que tenha havido essa intenção específica, estará caracterizada apenas a contravenção do art. 45 da Lei das Contravenções Penais ("fingir-se funcionário público"). Caso, entretanto, o agente se passe por policial para exigir dinheiro de pessoa para não a prender, o crime será o de extorsão, que é mais grave.

Quando o agente usa documento falso para se passar por outra pessoa, caracteriza-se o crime do art. 304 do Código Penal — uso de documento falso —, que possui pena mais severa. É o que ocorre, por exemplo, quando alguém usa documento alheio no qual foi inserida a própria fotografia. Se o agente, para se passar por outra pessoa, usa documento de identidade alheio, porém **verdadeiro**, incorre na modalidade do crime de falsa identidade do art. 308 do Código Penal.

■ *10.4.2.8. Ação penal*

É pública incondicionada, de competência do Juizado Especial Criminal.

■ 10.4.3. Subtipo de falsa identidade (uso de documento de identidade alheio)

> **Art. 308.** Usar, como próprio, passaporte, título de eleitor, caderneta de reservista ou qualquer documento de identidade alheia ou ceder a outrem, para que dele se utilize, documento dessa natureza ou de terceiro:
> Pena — detenção, de quatro meses a dois anos, e multa, se o fato não constitui elemento de crime mais grave.

■ *10.4.3.1. Objetividade jurídica*

A fé pública no que diz respeito à identificação das pessoas.

■ *10.4.3.2. Tipo objetivo, consumação e tentativa*

A lei incrimina duas condutas distintas:

a) Usar como próprio documento alheio. Nessa hipótese, o agente tem em suas mãos um passaporte, título de eleitor, carteira de reservista ou qualquer outro documento de identidade (RG, Carteira de Habilitação etc.) pertencente a terceiro, e dele se utiliza para fazer-se passar por tal pessoa. O documento deve ser **verdadeiro**, pois, se for falso, caracteriza crime mais grave, qual seja, o do art. 304 do Código Penal.

O crime se consuma com o uso, independentemente de qualquer outro resultado. A tentativa não é possível: ou o agente usa o documento, e o crime está consumado, ou não o usa, e o fato é atípico.

b) Ceder a outrem, para que dele se utilize, documento próprio ou de terceiro. Nessa modalidade a lei pune apenas o sujeito que cede, entrega a alguém um documento verdadeiro, próprio ou de terceiro, para que dele se utilize. O crime se consuma com a **tradição** do documento, sendo possível a tentativa quando o agente não consegue efetivá-la.

Aquele que recebe o documento deve estar imbuído da intenção de utilizá-lo para fazer-se passar por outra pessoa, mas, enquanto não faz uso efetivo de tal documento, o fato é atípico em relação a ele. Não se pode cogitar de receptação, uma vez que, por ser verdadeiro, o documento não é produto de crime.

O legislador, ao disciplinar a pena relativa a essas infrações, estabelece que ela somente se aplica quando não constituir elemento de crime mais grave. Trata-se de hipótese de **subsidiariedade expressa**.

■ 10.4.3.3. *Sujeito ativo*

Pode ser qualquer pessoa. Trata-se de crime **comum**.

■ 10.4.3.4. *Sujeito passivo*

O Estado e a pessoa a quem o documento é apresentado.

■ 10.4.3.5. *Ação penal*

É pública incondicionada.

■ 10.4.4. Fraude de lei sobre estrangeiros

> **Art. 309.** Usar o estrangeiro, para entrar ou permanecer no território nacional, nome que não é o seu:
> Pena — detenção, de um a três anos, e multa.

■ 10.4.4.1. *Objetividade jurídica*

A fé pública.

■ 10.4.4.2. *Tipo objetivo*

O crime consiste em apresentar-se o estrangeiro às autoridades, a fim de ingressar ou permanecer em território nacional, usando nome que não é seu. Pressupõe o delito, na hipótese em que a intenção do estrangeiro é permanecer no território nacional, que ele não esteja com sua situação legalizada no País nos termos da Lei de Migração (Lei n. 13.445/2017), pois, caso contrário, não haveria razão para a falsa identificação.

O crime existe, quer se trate de nome imaginário ou alheio.

Pode ser cometido verbalmente ou por escrito.

Configura também o crime o uso de nome falso para entrar ou permanecer no território **jurídico** do País (mar territorial, espaço aéreo, navios nacionais em alto-mar etc.).

Trata-se de uma modalidade especial do crime de falsa identidade, que, entretanto, refere-se apenas ao uso do nome suposto, e não a outros dados qualificativos. Evidente, ademais, que, se o agente usar documento de identidade alheio falsificado, incorrerá em crime mais grave, previsto no art. 304 do Código Penal.

■ 10.4.4.3. *Sujeito ativo*

Trata-se de crime **próprio**, que só pode ser cometido por estrangeiro.

10.4.4.4. *Sujeito passivo*

O Estado.

10.4.4.5. *Consumação*

Com a efetiva apresentação com nome fictício ou de terceiro. A redação do dispositivo deixa claro que se trata de crime **formal**, cuja consumação independe de o agente conseguir entrar ou permanecer no território nacional.

10.4.4.6. *Tentativa*

Não é possível, pois, ou o agente faz uso do nome falso e o delito está consumado, ou não o faz, e o fato é atípico.

10.4.4.7. *Ação penal*

É pública incondicionada, de competência da Justiça Federal (art. 109, X, da Constituição Federal).

10.4.5. Falsa atribuição de qualidade a estrangeiro

> **Art. 309, parágrafo único —** Atribuir a estrangeiro falsa qualidade para promover-lhe a entrada em território nacional:
> Pena — reclusão, de um a quatro anos, e multa.

10.4.5.1. *Objetividade jurídica*

A fé pública.

10.4.5.2. *Tipo objetivo*

No crime em análise, o agente, que pode ser qualquer pessoa, atesta um falso predicado ao estrangeiro (profissão, boa conduta, nacionalidade diversa da verdadeira), a fim de viabilizar sua entrada no território nacional. A conduta pode se dar de forma verbal ou por escrito e é necessário que tenha o poder de tornar possível o ingresso no território nacional.

10.4.5.3. *Sujeito ativo*

Pode ser qualquer pessoa. Trata-se de crime **comum**.

10.4.5.4. *Sujeito passivo*

O Estado.

10.4.5.5. *Consumação*

Trata-se de crime **formal**, que se consuma no momento em que o agente faz a atribuição falsa, ainda que o estrangeiro não obtenha êxito em ingressar no território nacional.

10.4.5.6. *Tentativa*

Não é possível.

10.4.5.7. *Ação penal*

É pública incondicionada.

10.4.6. Falsidade em prejuízo da nacionalização de sociedade

> **Art. 310.** Prestar-se a figurar como proprietário ou possuidor de ação, título ou valor pertencente a estrangeiro, nos casos em que a este é vedada por lei a propriedade ou a posse de tais bens:
> Pena — detenção, de seis meses a três anos, e multa.

10.4.6.1. *Objetividade jurídica*

A fé pública e a ordem econômica.

10.4.6.2. *Tipo objetivo*

Não basta que o sujeito se preste a figurar como "testa de ferro" em conversa entre amigos ou em reuniões. É necessário que concorde em figurar em **contrato** ou outro tipo de documento como **dono** ou **possuidor** de ação, título ou valor que, em verdade, pertence a estrangeiro quando, de acordo com a legislação brasileira, a este era vedada a propriedade ou posse. Cuida-se, pois, de simulação, em hipótese especial de falsidade ideológica.

Trata-se, outrossim, de norma penal em **branco** que depende de complemento por parte de outra lei ou do texto constitucional. Este, por exemplo, proíbe estrangeiros de serem donos de empresa jornalística (art. 222 da CF). Há também regras especiais nos arts. 176 e 190, § 1º, da Carta Magna.

10.4.6.3. *Sujeito ativo*

Qualquer brasileiro. Trata-se de crime **comum**.

10.4.6.4. *Sujeito passivo*

O Estado.

10.4.6.5. *Consumação*

No instante em que o sujeito se passa por dono ou possuidor daquilo que pertence ao estrangeiro.

10.4.6.6. *Tentativa*

É possível.

10.4.6.7. *Ação penal*

É pública incondicionada.

10.4.7. Adulteração de sinal identificador de veículo automotor

> **Art. 311.** Adulterar ou remarcar número de chassi ou qualquer sinal identificador de veículo automotor, de seu componente ou equipamento:
> Pena — reclusão, de três a seis anos, e multa.
> § 1º Se o agente comete o crime no exercício da função pública ou em razão dela, a pena é aumentada de um terço.
> § 2º Incorre nas mesmas penas o funcionário público que contribui para o licenciamento ou registro do veículo remarcado ou adulterado, fornecendo indevidamente material ou informação oficial.

10.4.7.1. *Objetividade jurídica*

A fé pública no sentido de serem preservados os sinais que identificam os veículos automotores e o seu registro nos órgãos oficiais.

10.4.7.2. *Tipo objetivo*

Cuida-se de infração penal inserida no Código Penal pela Lei n. 9.426/96, em que o legislador pune o agente que adultera ou remarca número de chassi ou qualquer outro sinal identificador do veículo (placas, numeração do motor, do câmbio, numeração de chassi gravada nos vidros do automóvel etc.).

A **remarcação** do chassi ocorre quando o agente, utilizando-se de material abrasivo (raspagem, ácido), consegue apagar a numeração originária (ou parte dela) e, em seu lugar, colocar outro número com a utilização de ferramentas apropriadas. A **adulteração** pode dar-se com qualquer espécie de montagem do chassi de um veículo em outro. Quando não foi o sujeito quem adulterou o chassi, não configura o crime em análise o ato de dirigir o veículo com a numeração do chassi remarcada. Nesse caso, o condutor poderá ser responsabilizado por receptação se ficar apurado que o carro era roubado ou furtado e que ele sabia disso.

Quanto à possibilidade de a troca ou adulteração das **placas** configurar o delito, vejam-se os seguintes julgados: "*Este Superior Tribunal de Justiça já se manifestou no sentido de que 'o agente que substitui as placas originais de veículo automotor por placas de outro veículo enquadra-se na conduta prevista no art. 311 do Código Penal, tendo em vista a adulteração dos sinais identificadores' (REsp 799.565/SP, Relatora Ministra Laurita Vaz, 5ª Turma, julgado em 28/02/2008,* DJe *07/04/2008)*" (STJ REsp 1.722.894/RJ, Rel. Min. Jorge Mussi, 5ª Turma, julgado em 17-5-2018, *DJe* 25-5-2018); "*Não há ilegalidade na condenação do paciente, quando demonstrada a adulteração de sinal identificador de motocicleta por meio de troca da placa original, conduta que se subsume ao tipo penal do art. 311 do CP*" (STJ — HC 344.116/RS, Rel. Min. Rogerio Schietti Cruz, 6ª Turma, julgado em 17-3-2016, *DJe* 31-3-2016); "*É pacífica a jurisprudência em ambas as turmas que 'a conduta consis-*

tente na troca de placas de veículo automotor configura o crime previsto no art. 311, caput, *do Código Penal, tendo em vista a adulteração dos sinais identificadores' (HC 306.507/SP, Rel. Ministro Reynaldo Soares da Fonseca, Quinta Turma, julgado em 22-9-2015,* DJe *30-9-2015)"* (AgRg no AREsp 1.352.798/MS, Rel. Min. Ribeiro Dantas, 5ª Turma, julgado em 27-11-2018, *DJe* 3-12-2018); "*Firmou-se a jurisprudência deste Superior Tribunal no sentido de que a conduta consistente na troca de placas de veículo automotor configura o crime previsto no art. 311,* caput, *do Código Penal, tendo em vista a adulteração dos sinais identificadores*" (STJ — AgRg no REsp 1.455.764/MT — Rel. Min. Sebastião Reis Júnior — 6ª Turma — julgado em 21-8-2014 — *DJe* 5-9-2014); "*Configura-se o crime de adulteração de sinal identificador de veículo automotor, previsto no art. 311 do Código Penal, a prática dolosa de adulteração e troca das placas automotivas, não exigindo o tipo penal elemento subjetivo especial ou alguma intenção específica. Precedentes*" (STF — HC 134713, Rel. Min. Rosa Weber, 1ª Turma, julgado em 16-8-2016, processo eletrônico *DJe*-116, divulg. 1º-6-2017, public. 2-6-2017).

É comum que pessoas alterem o último número da placa de seu veículo com o uso de **fita isolante**, quer para que as infrações de trânsito eventualmente praticadas não sejam corretamente aplicadas, quer para burlar o chamado sistema de "rodízio" existente em cidades como São Paulo. Para alguns, o fato é atípico, pois a adulteração não se deu de forma permanente, aspecto que constituiria requisito do crime. Para outros, o fato configura o delito com o argumento de que a lei não exige que a adulteração seja permanente. Este entendimento foi adotado pelo Superior Tribunal de Justiça e pelo Supremo Tribunal Federal. A propósito: "*Adulteração de placa traseira do veículo com aposição de fita isolante preta. 3. As placas de um automóvel são sinais identificadores externos do veículo, obrigatórios conforme dispõe o Código de Trânsito Brasileiro. A jurisprudência do STF considera típica a adulteração de placa numerada dianteira ou traseira do veículo. 4. Reconhecimento da tipicidade da conduta atribuída ao recorrente. Recurso a que se nega provimento*" (STF — RHC 116.371 — Rel. Min. Gilmar Mendes — 2ª Turma — julgado em 13-8-2013, processo eletrônico *DJe*-230 divulg. 21-11-2013, public. 22-11-2013); "*1. O Superior Tribunal de Justiça, pelas turmas que compõem a sua Terceira Seção, firmou o entendimento pela tipicidade da conduta de alterar a placa de veículo automotor através de fitas adesivas, uma vez que a placa é sinal externo de identificação veicular. Precedentes*" (STJ — AgRg no AREsp 606.634/SC — Rel. Min. Gurgel de Faria — 5ª Turma — julgado em 16-6-2015 — *DJe* 29-6-2015); **e** "*1. O Superior Tribunal de Justiça bem como o Supremo Tribunal Federal já assentaram ser típica a conduta de modificar a placa de veículo automotor por meio de utilização de fita isolante. De fato, a jurisprudência é pacífica no sentido de que, a conduta de adulterar ou remarcar placas dianteiras ou traseiras de veículos automotores, por qualquer meio, se subsume perfeitamente ao tipo previsto no art. 311 do Código Penal*" (STJ — HC 336.517/SP — Rel. Min. Reynaldo Soares da Fonseca — 5ª Turma — julgado em 4-2-2016 — *DJe* 15-2-2016). No mesmo sentido: STJ — AgRg no REsp 1.670.062/SP, Rel. Min. Maria Thereza de Assis Moura, 6ª Turma, julgado em 27-6-2017, *DJe* 1º-8-2017)".

No caso da colocação de fita isolante na placa, alegam alguns tratar-se de crime impossível por ser grosseira a falsificação. Argumentam que qualquer policial que inspecione as placas notará a presença da fita isolante. De ver-se, todavia, que nem sempre a placa modificada com a fita isolante é objeto de inspeção manual por parte dos policiais. Na imensa maioria das vezes, o policial vê o carro em movimento e não percebe a adulteração e, justamente por isso, não multa o condutor do carro que está transitando irregularmente no dia do rodízio. Além disso, se o motorista praticar infração de trânsito, o policial que estiver razoavelmente distante elaborará a multa inserindo no auto de infração o número errado da placa, pois, devido à distância, não conseguirá perceber a modificação. Por fim, quando se trata de infração de trânsito flagrada por radar fotográfico, é praticamente impossível notar a fita isolante na fotografia. Por essas razões, não convence a tese de que se trata de crime impossível.

Existem, ainda, os que dizem que só ocorre o delito em análise se a intenção do agente for ocultar a procedência criminosa do veículo. Tal exigência, entretanto, não consta do tipo penal. Ademais, para tais hipóteses, já existe o crime de receptação. Assim, se o carro for roubado e o agente adulterar as placas, responde pelos dois crimes em concurso **material**. Se o carro não for de origem criminosa e o agente adulterar a placa (com fita isolante ou de outra forma qualquer), responderá só pelo crime do art. 311. A propósito da desnecessidade de finalidade específica no crime do art. 311 do CP, veja-se: "Habeas corpus. *Direito penal. Crime de adulteração de sinal identificador de veículo automotor. Dolo específico. Inexigência. Troca de placas. Tipicidade da conduta. Recurso especial. Reexame de provas. Ordem denegada. Configura-se o crime de adulteração de sinal identificador de veículo automotor, previsto no art. 311 do Código Penal, pela prática dolosa de adulteração e troca das placas automotivas, não exigindo o tipo penal elemento subjetivo especial ou alguma intenção específica. Precedente*" (STF — HC 107.507 — Rel. Min. Rosa Weber — 1ª Turma — *DJe* 108 — 4-6-2012); "*A jurisprudência deste Superior Tribunal de Justiça firmou-se no sentido de que a norma contida no art. 311 do Código Penal busca resguardar a autenticidade dos sinais identificadores dos veículos automotores, sendo, pois, típica, a simples conduta de alterar, com fita adesiva, a placa do automóvel, ainda que não caracterizada a finalidade específica de fraudar a fé pública*" (STJ — AgRg no REsp 1.327.888/SP — Rel. Min. Jorge Mussi — 5ª Turma — julgado em 3-3-2015 — *DJe* 11-3-2015); **e** "*Não há atipicidade manifesta na conduta de adulterar números ou letras integrantes da placa de veículo automotor, por meio de fita isolante preta, sendo possível a configuração do delito descrito no art. 311 do Código Penal. 4. O art. 311 do CP tem como objetivo precípuo resguardar a autenticidade do sinal identificador de veículo, de seu componente ou equipamento, prescindindo de finalidade específica do agente para a sua caracterização. 5. Ordem denegada*" (STJ — HC 90.112/SP — Rel. Min. Arnaldo Esteves Lima — 5ª Turma — *DJe* 3-11-2009).

O crime em estudo, conforme já mencionado, é autônomo em relação a eventual furto ou receptação do veículo automotor, bem como no que diz respeito à falsificação do documento. Assim, quem furta um carro, adultera o número do chassi e troca suas placas, bem como falsifica a numeração no respectivo documento (tornando o veículo um dublê), comete três infrações penais em concurso **material**. Esse tipo de conduta, aliás, gera enormes transtornos ao dono do carro verdadeiro que, comumente, começa a receber multas por infrações de trânsito que não cometeu e encontra grande dificuldade para provar sua inocência. Ademais, ainda que o faça, o real autor da infração acaba não sendo identificado, exceto se for preso na posse do veículo dublê. É muito comum, ademais, que, com a criação dos carros dublês, os agentes visem enganar um comprador descuidado que adquire um carro de origem ilícita por preço similar a um original. Esta pessoa, que desconhece a origem criminosa do bem, não responde por receptação dolosa, podendo incorrer na figura culposa se ficar demonstrado que poderia ter percebido a adulteração se agisse com mais cautela na negociação. Existem, porém, algumas adulterações, como transplantes de chassi, que podem enganar até mesmo pessoas experientes, hipótese em que o fato é atípico por parte de quem compra o carro. Em tais casos, sendo o veículo apreendido, será devolvido para o verdadeiro dono, ficando o comprador com o prejuízo.

■ 10.4.7.3. *Sujeito ativo*

Pode ser qualquer pessoa, mas, se o crime for praticado por funcionário público, no exercício de suas funções ou em razão dela, a pena será aumentada de um terço (§ 1º).

■ 10.4.7.4. *Sujeito passivo*

O Estado e outras pessoas eventualmente prejudicadas.

■ 10.4.7.5. *Consumação*

Com a efetiva remarcação ou adulteração.

■ 10.4.7.6. *Tentativa*

É possível.

■ 10.4.7.7. *Figura equiparada*

Estabelece, por fim, o § 2º do art. 311 que na mesma pena incorre o funcionário que contribui para o licenciamento ou registro do veículo com sinal identificador remarcado ou adulterado **fornecendo indevidamente material** (espelho de registro de veículo, documento de licenciamento, carimbos etc.) ou **dando informação oficial** (para que os marginais possam, por exemplo, providenciar a documentação de veículo dublê). Essas condutas do funcionário público dificultam sobremodo a descoberta e a apuração dos delitos, pois visam "esquentar" a documentação, que normalmente é de origem ilícita, de modo a fazer com que o veículo seja considerado em situação regular. Trata-se de crime **próprio**, que somente pode ser praticado por funcionário público (em geral em atuação junto ao Detran ou às Ciretrans).

■ *10.4.7.8. Ação penal*

É pública incondicionada.

V

DAS FRAUDES EM CERTAMES DE INTERESSE PÚBLICO

10.5. DAS FRAUDES EM CERTAMES DE INTERESSE PÚBLICO

> **Art. 311-A.** Utilizar ou divulgar, indevidamente, com o fim de beneficiar a si ou a outrem, ou de comprometer a credibilidade do certame, conteúdo sigiloso de:
>
> I — concurso público;
>
> II — avaliação ou exame públicos;
>
> III — processo seletivo para ingresso no ensino superior; ou
>
> IV — exame ou processo seletivo previstos em lei:
>
> Pena — reclusão, de 1 a 4 anos, e multa.
>
> § 1º Nas mesmas penas incorre quem permite ou facilita, por qualquer meio, o acesso de pessoas não autorizadas às informações mencionadas no *caput*.
>
> § 2º Se da ação ou omissão resulta dano à administração pública:
>
> Pena — reclusão, de 2 a 6 anos, e multa.
>
> § 3º Aumenta-se a pena de 1/3 se o fato é cometido por funcionário público.

10.5.1. Objetividade jurídica

A fé pública na **lisura** dos certames mencionados no tipo penal: concursos, avaliações ou exames públicos, processos seletivos para ingresso no ensino superior e exames ou processos seletivos previstos em lei.

10.5.2. Tipo objetivo

Os concursos, exames e avaliações mencionados no tipo penal pressupõem, obviamente, **sigilo** em relação ao **conteúdo** das questões que serão objeto da prova. Assim, o dispositivo em análise, inserido no Código Penal pela Lei n. 12.550/2011, pune quem diretamente **divulga** o conteúdo sigiloso da prova a algum candidato ou a terceiro e também quem **permite** ou **facilita**, por qualquer meio, o acesso de pessoas não autorizadas a referido conteúdo.

A lei pune, outrossim, o **candidato** que maliciosamente toma ciência das questões e utiliza as informações em benefício próprio por ocasião da prova.

A figura delituosa alcança as informações sigilosas relativas a concursos públicos de qualquer espécie, avaliações ou exames públicos (ENEM, por exemplo), processos seletivos para ingresso no ensino superior (vestibulares) e exames ou processos seletivos previstos em lei (exame da Ordem dos Advogados do Brasil, por exemplo).

10.5.3. Sujeito ativo

Qualquer pessoa. Trata-se de crime **comum**.

Na elaboração de provas de concursos públicos e de outros tipos de exames seletivos, inúmeras são as pessoas que podem previamente ter contato com o material: os responsáveis pela confecção das questões, os funcionários das gráficas onde as provas são impressas, os responsáveis pela distribuição (muitas vezes, realizadas concomitantemente em pontos diversos do país), os fiscais das provas etc. Qualquer destes pode ser sujeito ativo do delito, caso transmita o conteúdo a outrem.

O **candidato** que obtém a informação maliciosamente também responde pelo crime, por exemplo, aquele que compra a prova ou que recebe as informações por ser amigo ou parente de alguém que trabalha em alguma das fases de sua elaboração. Em tal caso, o juiz poderá aplicar como pena substitutiva à prisão, dentre outras, a interdição temporária de direitos, **consistente na proibição de inscrever-se em concursos, avaliações ou exame públicos** pelo período da condenação (art. 47, V, do Código Penal, com a redação dada pela Lei n. 12.550/2011).

É de ressaltar que já houve casos em que professores de cursinhos preparatórios, cientes previamente do conteúdo das questões, abordaram os temas perante seus alunos, que estavam de boa-fé, isto é, não sabiam que a eles estava sendo revelado o conteúdo do concurso ou exame. Em tais casos, é evidente que o exame deve ser anulado, mas os alunos, que não agiram de forma dolosa, não respondem pelo crime.

10.5.4. Sujeito passivo

O Estado, bem como as instituições e as pessoas prejudicadas (os outros candidatos, por exemplo).

10.5.5. Consumação

Por parte de quem divulga, o crime se consuma no momento em que o conteúdo é transmitido, ainda que o destinatário não consiga dele fazer uso por ser a farsa descoberta antes da realização da prova. Por parte do destinatário, o crime se consuma, de acordo com o tipo penal, no instante em que ele utiliza as informações recebidas, ainda que não seja aprovado no concurso ou que a prova seja cancelada ou anulada. Cuida-se de crime formal.

10.5.6. Tentativa

É possível. Ex.: pessoa é presa em flagrante quando entrega um pacote fechado com cópia das provas a alguns candidatos.

10.5.7. Elemento subjetivo

É o dolo. O tipo penal exige, outrossim, intenção de **beneficiar** a si próprio ou a outrem, ou, ainda, de comprometer a credibilidade do certame. Responde pelo crime, por exemplo, quem subtrai da gráfica um exemplar da prova e, posteriormente, procura jornalistas a fim de vendê-la e demonstrar que é possível a fraude.

10.5.8. Causa de aumento de pena

Prevê o art. 311-A, § 3º, que a pena será aumentada em 1/3 se o crime for cometido por **funcionário público**.

Se ficar demonstrado que o funcionário público agiu em razão de vantagem indevida, responde por crime de corrupção passiva (em concurso material com o crime em estudo). Quem fez a oferta da vantagem incorre no crime de corrupção ativa.

Antes do advento da Lei n. 12.550/2011, que criou o tipo penal em análise, o funcionário público que divulgasse o conteúdo de concurso ou exame público incorria no crime de violação de sigilo funcional (art. 325 do CP), que, por ser subsidiário, fica atualmente absorvido.

10.5.9. Figura qualificada

De acordo com o art. 311-A, § 2º, a pena é consideravelmente maior (reclusão, de dois a seis anos, e multa), se em razão da conduta houver **dano à Administração Pública**. O prejuízo a que o dispositivo se refere é o econômico, decorrente, por exemplo, da anulação do concurso ou exame público, que traz como consequência a necessidade de realização de novas provas, com todos os custos a elas inerentes.

10.5.10. Ação penal

É pública incondicionada.

10.6. QUESTÕES

1. (Ministério Público/PE — 2008 — FCC) A conduta do agente que altera, em parte, testamento particular, configura crime de:

a) corrupção ativa.
b) falsificação de documento particular.
c) corrupção passiva.
d) favorecimento pessoal.
e) falsificação de documento público.

2. (Ministério Público/PE — 2008 — FCC) No crime de falsificação de documento público, se o agente é funcionário público e comete o crime prevalecendo-se do cargo,

a) aumenta-se a pena de um terço.
b) aumenta-se a pena de um sexto.
c) a pena não sofre alteração em razão da função pública do agente.
d) a pena pode ser reduzida de 1/3 até metade se o funcionário tiver mais de dez anos de serviço.
e) a pena pode ser reduzida de 1/6 até metade se o funcionário tiver mais de dez anos de serviço e não tenha sofrido nenhuma punição administrativa nesse período.

3. (Delegado de Polícia/SP — 2002) A inserção de declaração falsa, em documento público ou particular, colimando a criação de obrigação, é tipificada como:

a) falsificação de papéis públicos;
b) falsificação de documento público;
c) falsidade ideológica;
d) falsificação de documento particular.

4. (Ministério Público/SP — 83º concurso) O funcionário público que, ao informar seus dados pessoais para elaboração de compromisso de compra e venda de um apartamento, fornece falsa declaração de estado civil, com a intenção de prejudicar o cônjuge, de quem pretendia se separar, responde pelo crime de:

a) falsificação de documento particular, com o aumento de pena pelo fato de ser funcionário público.
b) falsidade ideológica.
c) falsificação de documento público, com o aumento de pena pelo fato de ser funcionário público.
d) falsidade ideológica, com o aumento de pena pelo fato de ser funcionário público.
e) falsificação de documento particular.

5. (Magistratura Federal/3ª Região — 5º concurso) Se o funcionário, ainda que fora de seu ofício, insere, a pedido de amigo, em documento público a que ajudou a redigir, declaração falsa com o fim de beneficiá-lo, alterando a verdade sobre fato relevante e em prejuízo de terceira pessoa, comete crime de:

a) falsificação de documento público.
b) falsidade ideológica.
c) prevaricação.
d) corrupção passiva.

6. (Ministério Público/SP — 80º concurso) Tratando-se de crime de sonegação fiscal, a falsidade ideológica, como meio para a execução daquele delito é considerada:

a) absorvida em face do princípio da especialidade.
b) não absorvida, aplicando-se a pena nos termos do regramento estabelecido para o crime continuado.
c) crime-fim.
d) ação constitutiva de crime continuado, pois encontra-se no contexto de uma única conduta causadora de dois resultados.
e) circunstância agravante ou atenuante prevista na Parte Geral do Código Penal.

7. (Ministério Público/SP — 81º concurso) Constitui crime de uso de documento particular falso, fazer uso de:

a) título ao portador falsificado.
b) testamento particular falsificado.
c) livro mercantil falsificado.
d) contrato de dação em pagamento falsificado.
e) ações de sociedade comercial.

8. (MP/SP — 87º concurso) Relativamente às assertivas abaixo, assinale, em seguida, a alternativa correta:

I. O crime de falsidade ideológica comporta modalidades comissivas e omissivas.
II. É possível a modalidade culposa do crime de falsificação de documento público.
III. Constitui crime de falsidade ideológica inserir dados inexatos em certidão de casamento verdadeira obtida junto ao cartório competente, mediante alteração dos dizeres, com o fim de prejudicar direito de terceiro.
IV. O objeto material do crime de uso de documento falso constitui-se de papéis materialmente ou ideologicamente falsos.

a) Somente a III é verdadeira.
b) Somente a I e III são verdadeiras.
c) Somente a III e IV são verdadeiras.

d) Somente a I e IV são verdadeiras.
e) Somente a II e IV são verdadeiras.

9. (Cartório/SP — 2011) Qual o tipo penal consistente na prática de reconhecer, como verdadeira, no exercício de função pública, firma ou letra que não o seja:

a) falso reconhecimento de firma ou letra.
b) falsidade ideológica.
c) petrechos de falsificação.
d) falsidade documental.

10. (Ministério Público/SP — 2012 — 89º concurso) É INCORRETO afirmar:

a) Quem, tendo recebido de boa-fé, como verdadeira, moeda falsa ou alterada, a restitui à circulação, depois de conhecer a falsidade, pratica o crime de moeda falsa na forma privilegiada (art. 289, § 2º, CP).
b) O crime de uso de documento falso (art. 304, CP) trata-se de delito unissubsistente, que não admite a forma tentada (art. 14, II, CP).
c) O crime de falsidade ideológica (art. 299, do CP) comporta as modalidades comissiva e omissiva.
d) No crime de falsificação de documento público (art. 297, CP), a forma do documento é verdadeira, mas seu conteúdo é falso.
e) A substituição de fotografia em documento de identidade verdadeiro (cédula de identidade) pertencente a outrem, com intenção de falsificá-lo, configura o crime de falsificação do documento público (art. 297, CP).

11. (Ministério Público/GO — 2012) Analisando o tipo penal incriminador descrito no art. 311-A (Fraudes em certames de interesse público), é correto afirmar que:

a) Não incide aumento de pena se o fato é cometido por funcionário público.
b) A conduta punível e descrita no tipo penal é somente aquela de "utilizar", indevidamente, com o fim de beneficiar a si ou a outrem, ou de comprometer a credibilidade do certame, conteúdo sigiloso de concurso público, processo seletivo para ingresso no ensino superior ou exame ou processo seletivo previsto em lei.
c) Embora o entendimento predominante no STF seja no sentido de que a "cola eletrônica" não constitui estelionato nem falsidade ideológica, tem preponderado na doutrina mais moderna a tese de que tal comportamento enquadra-se no tipo penal do art. 311-A do Código Penal.
d) A modalidade culposa somente poderá se configurar quando o sujeito ativo agir com negligência.

12. (OAB — 2017.2 — FGV) Catarina leva seu veículo para uma determinada entidade autárquica com o objetivo de realizar a fiscalização anual. Carlos, funcionário público que exerce suas funções no local, apesar de não encontrar irregularidades no veículo, verificando a inexperiência de Catarina, que tem apenas 19 anos de idade, exige R$ 5.000,00 para "liberar" o automóvel sem pendências. Catarina, de imediato, recusa-se a entregar o valor devido e informa o ocorrido ao superior hierárquico de Carlos, que aciona a polícia. Realizada a prisão em flagrante de Carlos, a família é comunicada sobre o fato e procura um advogado para que ele preste esclarecimentos sobre a responsabilidade penal de Carlos. Diante da situação narrada, o advogado da família de Carlos deverá esclarecer que a conduta praticada por Carlos configura, em tese, crime de

a) corrupção passiva consumada.
b) concussão consumada.
c) corrupção passiva tentada.
d) concussão tentada.

13. (Polícia Civil/BA — Vunesp — 2018) Teodoro, 30 anos de idade, brasileiro, casado e sem antecedentes, falsificou 10 cédulas de R$ 10,00 (dez reais) com o intuito de introduzi-las em circulação, na conduta de pagar uma conta de TV a cabo atrasada. A caminho da casa lotérica, no entanto, foi abordado por policiais e, assustado, entregou as cédulas e confessou a falsificação. Considerando-se a situação hipotética, é correto afirmar que

a) Teodoro praticou o crime de moeda falsa na modalidade tentada, pois não conseguiu consumar seu intento que era o de colocar as cédulas em circulação.
b) tendo em vista o ínfimo valor das cédulas falsificadas, trata-se de fato atípico.
c) Teodoro praticou o crime de moeda falsa na modalidade consumada e, se condenado, poderá receber uma pena de reclusão de 3 (três) a 12 (doze) anos, mais a imposição de multa.
d) apesar de ter falsificado as cédulas, tendo em vista que as entregou à autoridade policial antes de introduzi-las na circulação, Teodoro poderá ter reconhecida em seu favor a figura privilegiada prevista no § 2° do art. 289 do Código Penal, que trata de figura privilegiada.
e) por ter falsificado as cédulas visando pagar uma conta atrasada, Teodoro poderá alegar estado de necessidade e ter reconhecida a excludente de ilicitude.

■ GABARITO ■

1. "e". O art. 297, § 2°, do Código Penal equipara o testamento particular a documento público.
2. b". O art. 297, § 1°, do Código Penal expressamente prevê esse aumento de 1/6.
3. "c". A conduta se amolda perfeitamente ao tipo penal do art. 299 do Código Penal — falsidade ideológica.
4. "b". A conduta foi de fazer inserir declaração falsa em documento formalmente verdadeiro, que constitui falsidade ideológica. A pena não sofre exasperação porque o agente não cometeu o crime, prevalecendo-se de suas funções.
5. "b". A falsidade se refere à declaração contida no documento e, por isso, configura falso ideológico.
6. "a". O crime de sonegação fiscal é especial em relação à falsidade ideológica.
7. "d". As hipóteses das demais alternativas foram equiparadas a documento particular pelo art. 297, § 2°, do Código Penal.
8. "d". O enunciado II está errado porque os crimes de falsidade documental só admitem a forma dolosa. O enunciado III está errado porque a alteração que recai sobre documento já existente configura falso material e não ideológico.
9. "a". O enunciado reproduz o tipo penal descrito no art. 300 do Código Penal, denominado falso reconhecimento de firma ou letra.
10. "d". A assertiva está errada porque define falsidade ideológica, e não falsificação de documento público.
11. "c". Todas as outras assertivas estão erradas.
12. "b". Houve exigência de vantagem indevida, o que caracteriza a concussão consumada.
13. "c". Para a consumação do crime de moeda falsa não é necessário colocá-la em circulação. A assertiva "b" está errada porque não se admite a aplicação do princípio da insignificância no crime de moeda falsa. A alternativa "d" está errada porque a figura privilegiada do art. 289, § 2°, do CP, nada tem a ver com a hipótese mencionada. A assertiva "e" está errada porque o pagamento de conta atrasada não é situação de perigo abarcada pela excludente do estado de necessidade.

TÍTULO XI

11. DOS CRIMES CONTRA A ADMINISTRAÇÃO PÚBLICA

O Título XI, que é o último do Código Penal, possui cinco Capítulos:

DOS CRIMES CONTRA A ADMINISTRAÇÃO PÚBLICA
• Capítulo I — Dos crimes praticados por funcionário público contra a Administração em geral; • Capítulo II — Dos crimes praticados por particular contra a Administração em geral; • Capítulo II-A — Dos crimes praticados por particular contra a Administração Pública estrangeira; • Capítulo III — Dos crimes contra a administração da justiça; • Capítulo IV — Dos crimes contra as finanças públicas.

DOS CRIMES PRATICADOS POR FUNCIONÁRIO PÚBLICO CONTRA A ADMINISTRAÇÃO EM GERAL

11.1. DOS CRIMES PRATICADOS POR FUNCIONÁRIO PÚBLICO CONTRA A ADMINISTRAÇÃO EM GERAL

11.1.1. Introdução

Os delitos previstos neste Capítulo só podem ser praticados de forma direta por funcionário público, daí serem chamados de crimes **funcionais**. Dentro da classificação geral dos delitos, os crimes funcionais estão inseridos na categoria dos crimes **próprios**, porque a lei exige uma característica específica no sujeito ativo, ou seja, ser funcionário público. Os crimes funcionais, por sua vez, admitem outras formas de classificação, cujos nomes adotados pela doutrina parecem confundir-se com a mencionada no parágrafo anterior. Trata-se, entretanto, de subdivisão feita apenas entre os crimes funcionais:

a) **Crimes funcionais próprios.** São aqueles cuja exclusão da qualidade de funcionário público torna o **fato atípico**. Um exemplo é o crime de prevaricação, pois, provado que o sujeito não é funcionário público, o fato torna-se atípico.

b) **Crimes funcionais impróprios.** Excluindo-se a qualidade de funcionário público, haverá **desclassificação** para crime de outra natureza. No peculato, por exemplo, se provado que a pessoa não era funcionário público, desclassifica-se o delito para furto ou apropriação indébita.

- **Participação e coautoria por particular**

Em todos os crimes deste Capítulo a condição de funcionário público é elementar. Assim, o particular que, **ciente da condição de funcionário do comparsa**, ajuda-o a cometer o delito responde também pela infração penal, uma vez que o art. 30 do Código Penal estabelece que as circunstâncias de caráter pessoal, quando **elementares** do crime, comunicam-se a todos os demais. O particular, portanto, pode ser coautor e partícipe de crime funcional. Ex.: um funcionário público pede para um amigo efetuar solicitação de vantagem indevida a um particular. O funcionário e o amigo que fez o pedido ao particular respondem por corrupção passiva. A propósito: *"O particular pode figurar como coautor do crime descrito no § 1º do art. 312 do Código Penal (Peculato-furto). Isto porque, nos termos do artigo 30 do CP, 'não se comunicam as circunstâncias e as condições de caráter pessoal, salvo quando elementares do crime'. Se a condição de funcionário público é elementar do tipo descrito no artigo 312 do*

Código Penal, esta é de se comunicar ao coautor (particular), desde que ciente este da condição funcional do autor. Precedentes: HC 74.588, Relator o Ministro Ilmar Galvão; e HC 70.610, Relator o Ministro Sepúlveda Pertence" (STF — HC 90.337 — Rel. Min. Carlos Britto — 1ª Turma — julgado em 19-6-2007 — *DJe*-096 divulg. 5-9-2007, public. 6-9-2007, *DJ* 6-9-2007, p. 40, ement vol. 2288-03, p. 437).

O funcionário público é denominado *intraneus*.

O não funcionário é denominado *extraneus*.

- **Procedimento especial**

O Código de Processo Penal estabelece, em seus arts. 513 a 518, rito especial para a apuração dos crimes funcionais.

A única diferença em relação aos ritos comuns, entretanto, é a existência de uma fase de defesa preliminar para os crimes funcionais afiançáveis, que, todavia, perdeu muito de sua importância com a aprovação da **Súmula n. 330** do Superior Tribunal de Justiça, que dispõe que essa fase não é necessária se a denúncia se fizer acompanhar de **inquérito policial**, ou seja, tal fase só precisa ser observada quando a denúncia for oferecida com base em outro tipo de procedimento (cópia de sindicância, peças de informação etc.). Em tais casos, o art. 514 do Código de Processo Penal diz que o juiz, antes de receber a denúncia, deve notificar o funcionário público para que ofereça **defesa preliminar**, por escrito, em um prazo de **quinze dias**. Após essa fase, o juiz receberá ou rejeitará a denúncia. Recebendo-a, os atos procedimentais posteriores serão aqueles previstos para o rito **ordinário**, ainda que a pena máxima prevista seja inferior a quatro anos (art. 518 do CPP), desde que não se trate de infração de menor potencial ofensivo, pois, quanto a estas, deve ser observado o rito sumariíssimo, tal como acontece com o crime de prevaricação (art. 319 do CP), cuja pena máxima é de um ano.

Observe-se que, atualmente, todos os crimes funcionais são afiançáveis, uma vez que a Lei n. 12.403/2011 reformou o Código de Processo Penal e elencou como inafiançáveis apenas alguns poucos delitos, sendo que nenhum dos crimes funcionais consta de tal rol.

Caso se trate de crime funcional cometido por quem goza de foro por prerrogativa de função (juiz de direito, prefeito, promotor de justiça, governador de Estado, deputado, senador etc.), deverá ser observado o rito especial previsto nos arts. 1º a 12 da Lei n. 8.038/90.

- **Perda do cargo ou função pública como efeito da condenação**

Ao prolatar a sentença, se houver condenação por crime funcional, o juiz deverá atentar para o disposto no art. 92, I, *a*, do Código Penal, que estabelece como efeito da condenação a perda do cargo, função pública ou mandato eletivo quando aplicada pena privativa de liberdade por tempo **igual ou superior a um ano**, nos crimes praticados com abuso de poder ou violação de dever para com a Administração Pública. Atente-se, ainda, que o art. 92, parágrafo único, ressalva que tal efeito **não é automático**, devendo ser motivadamente declarado na sentença.

- **Necessidade de reparação do dano para a progressão de regime**

Nos termos do art. 33, § 4º, do Código Penal, o funcionário condenado por crime contra a Administração Pública somente pode progredir de regime durante a execução da pena caso já tenha reparado o dano causado ou devolvido o produto do crime. O Plenário do Supremo Tribunal Federal teve a oportunidade de analisar a constitucionalidade do dispositivo e assim decidiu: "*É constitucional o art. 33, § 4º, do Código Penal, que condiciona a progressão de regime, no caso de crime contra a Administração Pública, à reparação do dano ou à devolução do produto do ilícito*" (EP 22 ProgReg-AgR — Rel. Min. Roberto Barroso — Tribunal Pleno — julgado em 17-12-2014, processo eletrônico *DJe*-052, divulg. 17-3-2015, public. 18-3-2015).

- **Princípio da insignificância**

É amplamente dominante o entendimento nos tribunais superiores no sentido de ser incabível o reconhecimento da atipicidade da conduta por aplicação do princípio da insignificância nos crimes cometidos por funcionário público contra a Administração. De acordo com essa interpretação, não é possível a absolvição de funcionário público que tenha desviado ou furtado bens de valor não muito elevado (peculato) ou que tenha se corrompido por pequeno valor ou por fato de pouca relevância. O argumento é que nos crimes em análise, o bem jurídico principal tutelado é a moralidade da Administração Pública, e não o valor dos bens. A propósito: "*O acórdão recorrido está em perfeita consonância com a jurisprudência desta Corte Superior, firme no sentido de que não se aplica, em regra, o princípio da insignificância aos crimes contra a Administração Pública, ainda que o valor da lesão possa ser considerado ínfimo, uma vez que a norma visa resguardar não apenas o aspecto patrimonial mas principalmente a moral administrativa*" (STJ — AgRg no AREsp 342.908/DF — Rel. Min. Marco Aurélio Bellizze — 5ª Turma — julgado em 18-6-2014, *DJe* 27-6-2014); "*Não se aplica o princípio da insignificância aos crimes contra a Administração Pública, uma vez que a norma visa resguardar não apenas a dimensão material, mas, principalmente, a moralidade administrativa, insuscetível de valoração econômica (AgRg no REsp n. 1.382.289/PR — Min. Jorge Mussi — 5ª Turma —* DJe *11.06.2014)*" (STJ — AgRg no AREsp 614.524/MG — Rel. Min. Sebastião Reis Júnior — 6ª Turma — julgado em 14-4-2015, *DJe* 23-4-2015); **e** "*É da jurisprudência desta Corte (de ambas as Turmas da 3ª Seção) a impossibilidade de se aplicar o princípio da insignificância ao crime praticado contra a Administração Pública*" (STJ — AgRg no Ag 1.133.678/SC — Rel. Min. Felix Fischer — 5ª Turma — julgado em 13-8-2009, *DJe* 16-11-2009). Em 20 de novembro de 2017, o Superior Tribunal de Justiça aprovou a **Súmula n. 599** no seguinte sentido: "O princípio da insignificância é inaplicável aos crimes contra a Administração Pública".

Existe, porém, entendimento em sentido contrário, com o qual não comungamos: "*Delito de peculato-furto. Apropriação, por carcereiro, de farol de milha que guarnecia motocicleta apreendida. Coisa estimada em treze reais.* Res *furtiva de valor insignificante. Periculosidade não considerável do agente. Circunstâncias relevantes. Crime de bagatela. Caracterização. Dano à probidade da administração. Irrelevância no caso. Aplicação do princípio da insignificância. Atipicidade reconhecida. Absolvição decretada. HC concedido para esse fim. Voto vencido. Verifi-*

cada a objetiva insignificância jurídica do ato tido por delituoso, à luz das suas circunstâncias, deve o réu, em recurso ou habeas corpus, *ser absolvido por atipicidade do comportamento*" (STF — HC 112.388 — Rel. Min. Ricardo Lewandowski — Relator p/ Acórdão: Min. Cezar Peluso — 2ª Turma — julgado em 21-8-2012, Processo Eletrônico *DJe*-181 — divulg. 13-9-2012, public. 14-9-2012).

■ 11.1.2. Conceito de funcionário público

> **Art. 327.** Considera-se funcionário público, para efeitos penais, quem, embora transitoriamente ou sem remuneração, exerce cargo, emprego ou função pública.

Cargos públicos são criados por lei, com denominação própria, em número certo e pagos pelos cofres públicos (Lei n. 8.112/90, art. 3º, parágrafo único). Ex.: Presidente da República, Prefeitos, Vereadores, Juízes de Direito, Delegados de Polícia, escreventes, oficiais de justiça etc.

A expressão **emprego público** refere-se ao servidor contratado em regime especial ou da CLT, normalmente para serviço temporário. Ex.: diaristas, mensalistas.

Por fim a expressão **função pública** abrange qualquer conjunto de atribuições públicas que não correspondam a cargo ou emprego público. Ex.: jurados, mesários de eleições etc.

■ 11.1.3. Funcionário público por equiparação

> **Art. 327, § 1º** — Equipara-se a funcionário público quem exerce cargo, emprego ou função em entidade paraestatal, e quem trabalha para empresa prestadora de serviço contratada ou conveniada para a execução de atividade típica da Administração Pública.

A Lei n. 9.983, de 14 de julho de 2000, alterou a redação do art. 327, § 1º, para ampliar o conceito de funcionário público por equiparação. Em virtude dessa nova redação, podem ser extraídas algumas conclusões:

1) Em relação ao conceito de entidade **paraestatal**, adotou-se a corrente **ampliativa**, pela qual se considera funcionário por equiparação aquele que exerce suas atividades em: a) **autarquias** (ex.: INSS); b) **sociedades de economia mista** (ex.: Banco do Brasil); c) **empresas públicas** (ex.: Empresa Brasileira de Correios e Telégrafos); d) **fundações instituídas pelo Poder Público** (ex.: FUNAI). O Supremo Tribunal Federal, ao julgar o famoso caso do "mensalão" (ação penal n. 470/STF), confirmou tal interpretação, condenando funcionários do Banco do Brasil por crimes "contra a Administração Pública".

2) Passaram a ser puníveis por crimes funcionais aqueles que trabalham em **concessionárias ou permissionárias** de serviço público (empresas contratadas) e até mesmo **em empresas conveniadas**, como, por exemplo, a Santa Casa de Misericórdia.

O conceito de funcionário público por equiparação não abrange as pessoas que trabalham em empresas contratadas com a finalidade de prestar serviço para a Administração Pública **quando não se trata de atividade típica desta**. Ex.: trabalhador de empreiteira contratada para construir viaduto.

Por conta desse maior alcance da equiparação, passaram a ser puníveis por crimes como corrupção passiva e concussão, médicos (particulares) conveniados com o SUS, que já recebem do Estado pelos serviços prestados e, ao mesmo tempo, cobram dos pacientes. Nesse sentido: "*Nos termos da nova redação atribuída ao § 1º do art. 327 do Código Penal, equipara-se a funcionário público quem exerce cargo, emprego ou função em entidade paraestatal, e quem trabalha para empresa prestadora de serviço contratada ou conveniada para a execução de atividade típica da Administração Pública. Os médicos e administradores de hospitais particulares participantes do Sistema Único de Saúde exercem atividades típicas da Administração Pública, mediante contrato de direito público ou convênio, nos termos do § 1º do art. 199 da Constituição da República, equiparando-se, pois, a funcionário público para fins penais, nos termos do § 1º do art. 327 do Código Penal. Recurso especial provido*" (STJ — 6ª Turma — REsp 331.055/RS — Rel. Min. Paulo Medina — j. 26-6-2003 — v.u. — *DJU* 25-8-2003); "*O médico particular, participante do Sistema Único de Saúde (SUS), exerce atividade típica da Administração Pública, mediante contrato de direito público ou convênio, nos termos do §1º do art. 199 da Constituição da República, inserindo-se, pois, no conceito de funcionário público para fins penais*" (STJ — HC 28.373-RS — Rel. Min. Paulo Medina — decisão de 11-3-2005 — *DJU* 7-4-2005, p. 416-417); "*A jurisprudência desta Corte Superior é no sentido que "compete à Justiça Estadual processar e julgar o feito destinado a apurar crime de concussão consistente na cobrança de honorários médicos ou despesas hospitalares a paciente do SUS por se tratar de delito que acarreta prejuízo apenas ao particular, sem ofensa a bens, serviços ou interesse da União" (CC 36.081/RS, Rel. Min. Arnaldo Esteves de Lima, 3ª Seção, julgado em 13/12/2004,* DJ *01/02/2005, p. 403)*" (STJ — AgRg no AREsp 1027491/RS, Rel. Min. Joel Ilan Paciornik, 5ª Turma, julgado em 17-5-2018, *DJe* 1º-6-2018).

Da mesma forma, podem ser punidos por crimes funcionais os advogados dativos, nomeados para defender pessoas carentes, que já recebem do Estado (convênio com a OAB) pelos serviços prestados, mas que cobram das pessoas cujos direitos defendem judicialmente. A propósito: "*O advogado que, por força de convênio celebrado com o Poder Público, atua de forma remunerada em defesa dos agraciados com o benefício da Justiça Pública, enquadra-se no conceito de funcionário público para fins penais. (Precedente). Recurso desprovido*" (STJ — 5ª Turma — RHC 17.321-SP — Rel. Min. Felix Fischer — j. 28-6-2005 — v.u. — *DJU* 22-8-2005, p. 304). No mesmo sentido: REsp 902.037/SP — Rel. Min. Felix Fischer — 5ª Turma — julgado em 17-4-2007 — *DJ* 4-6-2007, p. 426). No mesmo sentido: STJ — HC 264.459/SP, Rel. Min. Reynaldo Soares da Fonseca, 5ª Turma, julgado em 10-3-2016, *DJe* 16-3-2016.

- **Alcance da equiparação**

A equiparação do § 1º, em razão do local em que está prevista no Código Penal — crimes **praticados por** funcionário público —, só se aplica quando se refere ao

sujeito ativo do delito e nunca em relação ao **sujeito passivo**. Ex.: ofender funcionário de uma empresa pública é injúria, e não desacato. Se o mesmo funcionário, contudo, apropria-se de um bem da empresa, responde por peculato, e não por mera apropriação indébita. Embora esse entendimento seja quase pacífico na doutrina, existem precedentes no STF em sentido contrário: "*Considerando que o disposto no § 1º do art. 327 do CP, que equipara a funcionário público, para os efeitos penais, quem exerce cargo, emprego ou função em entidade paraestatal, abrange os servidores de sociedade de economia mista e de empresas públicas e que esta equiparação se aplica tanto ao sujeito passivo do crime como ao ativo, a Turma indeferiu* habeas corpus *impetrado em favor de paciente acusado da prática do delito de tráfico de influência (CP, art. 332) — teria recebido determinada importância para exercer influência sobre funcionários de sociedade de economia mista —, em que se alegava a atipicidade do fato (CP, art. 332: 'Solicitar, exigir, cobrar ou obter, para si ou para outrem, vantagem ou promessa de vantagem, a pretexto de influir em ato praticado por funcionário público no exercício da função'). Precedentes citados: RHC 61.653-RJ (RTJ 111/267) e HC 72.198-PR (DJU 26.05.1995)*" (STF — HC 79.823-RJ — Rel. Min. Moreira Alves, 28-3-2000).

■ 11.1.4. Aumento da pena

> **Art. 327, § 2º** — A pena será aumentada da terça parte quando os autores dos crimes previstos neste Capítulo forem ocupantes de cargos em comissão ou de função de direção ou assessoramento de órgão da administração direta, sociedade de economia mista, empresa pública ou fundação instituída pelo poder público.

Cargo em comissão é o cargo para o qual o sujeito é nomeado em confiança, sem a necessidade de concurso público. O aumento também será cabível quando o agente ocupar função de **direção** (Governadores, por exemplo) ou **assessoramento** (Secretários Municipais, assessores de Deputados etc.).

■ 11.1.5. Peculato

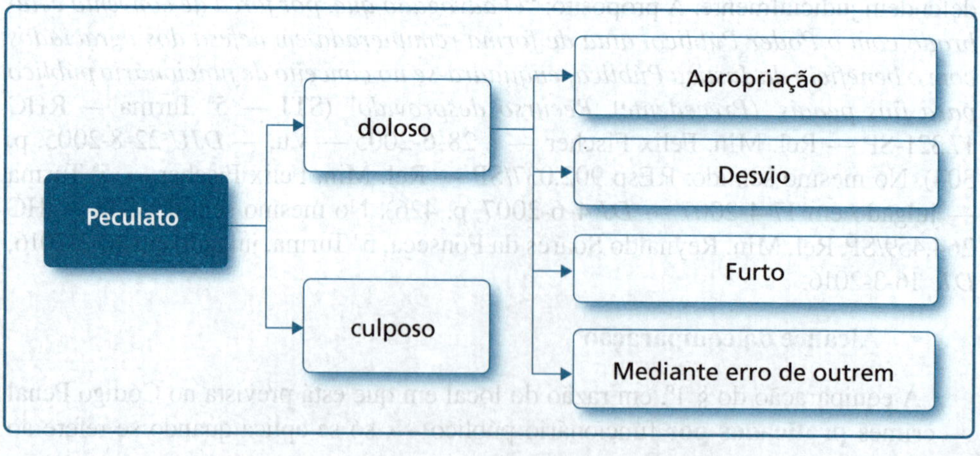

■ 11.1.5.1. *Peculato-apropriação*

> **Art. 312, *caput*, 1ª parte** — Apropriar-se o funcionário público de dinheiro, valor ou qualquer outro bem móvel, público ou particular, de que tem a posse em razão do cargo...:
>
> Pena — reclusão, de dois a doze anos, e multa.

■ 11.1.5.1.1. *Objetividade jurídica*

O patrimônio **público** e o **particular** que esteja sob a guarda ou custódia da Administração e a probidade administrativa.

■ 11.1.5.1.2. *Tipo objetivo*

- **Conduta típica**

Apropriar-se significa fazer sua a coisa de outra pessoa, invertendo o ânimo sobre o objeto. O funcionário tem a posse do bem, mas passa a atuar como se fosse seu dono. Exige o tipo penal que essa posse tenha sido obtida **em razão do cargo**, isto é, que o funcionário tenha recebido o bem em razão da função pública que exerce. Assim, pode cometer o crime o motorista oficial que tem a posse do carro; o carteiro que tem a posse das correspondências; o funcionário de repartição arrecadadora que tem a posse dos valores etc.

A expressão "posse", nesse dispositivo, abrange também a detenção e a posse indireta. Fora dessas hipóteses, não há peculato-apropriação.

A posse deve, ainda, ter sido obtida de forma **lícita**. Dessa forma: a) se a entrega do bem decorreu de fraude, o crime é o de estelionato; b) se decorreu de violência ou de grave ameaça, há roubo ou extorsão; c) se alguém, por **engano** quanto à pessoa, coisa ou obrigação, entregou objeto a funcionário público, em razão do cargo deste, e ele se apropriou do bem, há **peculato mediante erro de outrem** (art. 313 do CP).

As modalidades de peculato que pressupõem prévia posse do bem por parte do funcionário são chamadas de peculato **próprio**.

- **Objeto material**

O objeto material do crime deve ser **dinheiro, valor ou qualquer outro bem móvel**. Não existe peculato de bem imóvel.

Não há crime na conduta de **usar indevidamente serviços** ou **mão de obra pública**. Assim, a conduta do superior que manda funcionário subordinado aparar a grama de sua casa durante o horário de trabalho constitui apenas ato de improbidade administrativa descrito no art. 9º, IV, da Lei n. 8.429/92, e não peculato. Caso, entretanto, o funcionário público seja **prefeito municipal**, haverá crime específico previsto no art. 1º, II, do Decreto-lei n. 201/67, que disciplina apenas crimes praticados por prefeitos.

A lei tutela o bem **público** e também os **particulares** que estejam sob a **guarda** ou **custódia** da Administração. No último caso, o crime também é chamado de **peculato-malversação**. Exs.: carcereiro que recebe os objetos do preso e deles se apropria; policial que apreende objeto com roubador e fica com ele. Se a coisa particular não estiver sob a guarda ou custódia da Administração e o funcionário público dela se apropriar, responderá por apropriação indébita.

Se o funcionário fica com dinheiro público para se ressarcir de dívidas que o Estado tem para com ele, há peculato. No entanto, alguns defendem a existência tão somente do crime de exercício arbitrário das próprias razões (art. 345 do CP).

11.1.5.1.3. *Sujeito ativo*

Qualquer funcionário público.

Prefeitos que se apropriam de bens do qual têm posse não respondem por crimes de peculato-apropriação e peculato-desvio previstos no Código Penal, pois, para eles, existem crimes específicos descritos no art. 1º, I, do Decreto-lei n. 201/67.

Tutores, curadores, inventariantes, testamenteiros e depositários judiciais não são funcionários públicos. Por expressa disposição legal, respondem por apropriação indébita com a pena aumentada em um terço (art. 168, § 1º, II, do CP).

Em relação ao administrador judicial da falência que se apodera de bem da massa existe crime específico no art. 173 da Lei n. 11.101/2005.

11.1.5.1.4. *Sujeito passivo*

O Estado, sempre. Algumas vezes o bem pertence a particular. Nesses casos, haverá dois sujeitos passivos: o Estado e o particular.

11.1.5.1.5. *Consumação*

No momento em que o funcionário público passa a se comportar como dono do objeto, ou seja, quando ele **inverte o ânimo** que tem sobre a coisa.

11.1.5.1.6. *Tentativa*

É possível.

11.1.5.1.7. *Ação penal*

Pública incondicionada.

11.1.5.2. *Peculato-desvio*

> **Art. 312, *caput*, 2ª parte —** ... ou desviá-lo, em proveito próprio ou alheio:
> Pena — reclusão, de dois a doze anos, e multa.

■ 11.1.5.2.1. *Tipo objetivo*

Desviar significa alterar o destino do bem que está em seu poder. O funcionário público emprega o objeto em um fim diverso de sua destinação original, com o intuito de beneficiar-se ou de beneficiar terceiro. Exs.: o funcionário público que paga alguém com dinheiro público por serviço não prestado ou objeto não vendido à Administração Pública; o que empresta dinheiro público de que tem a guarda para ajudar amigos etc.

O desvio deve ser em proveito próprio ou de terceiros, porque, se for em proveito da própria Administração, haverá o crime do art. 315 do CP (emprego irregular de verbas ou rendas públicas).

O proveito pode ser **material** (patrimonial) ou **moral** — como a obtenção de prestígio ou vantagem política.

Eventual aprovação de contas pelo Tribunal de Contas não exclui o crime.

No que diz respeito à objetividade jurídica, sujeitos ativo e passivo e ação penal, as regras são as mesmas do peculato-apropriação.

- **Peculato de uso**

A jurisprudência entende que só há crime quando o uso não autorizado do bem público pelo funcionário referir-se a bem **fungível**. Ex.: o funcionário público usa dinheiro público para comprar uma casa. Nessa hipótese, houve consumação no momento da compra, e, assim, mesmo que ele posteriormente reponha o dinheiro, irá responder pelo delito. Se o funcionário, porém, usa bem **infungível** e o devolve logo em seguida, **não** responde pelo crime, pois a lei não pune o mero uso. Ex.: usar trator pertencente ao patrimônio público para arar suas terras particulares e depois o devolver. Nesse caso, entende-se que não há crime, exceto se o combustível for público e não for reposto, pois então o objeto material será o combustível (que é fungível).

É necessário ressalvar, contudo que, mesmo que o uso seja de bem infungível, haverá crime específico se o funcionário público for **prefeito** (art. 1º, II, do Decreto-lei n. 201/67).

De qualquer forma, o uso de bem público por funcionário público para fins particulares, qualquer que seja a hipótese, caracteriza ato de improbidade administrativa, previsto no art. 9º, IV, da Lei n. 8.429/92.

■ 11.1.5.2.2. *Consumação*

É também pressuposto desse crime que o funcionário tenha a posse lícita do bem e que, depois disso, o desvie. Por isso, o crime se consuma no momento em que ocorre o desvio, pouco importando se a vantagem visada é obtida ou não.

■ 11.1.5.2.3. *Tentativa*

É possível.

11.1.5.3. *Peculato-furto*

> **Art. 312, § 1º** — Aplica-se a mesma pena, se o funcionário público, embora não tendo a posse do dinheiro, valor ou bem, o subtrai, ou concorre para que seja subtraído, em proveito próprio ou alheio, valendo-se de facilidade que lhe proporciona a qualidade de funcionário.

11.1.5.3.1. *Tipo objetivo*

Essa figura criminosa é classificada como peculato **impróprio** porque, ao contrário das modalidades anteriores, pressupõe que o agente não tenha a prévia posse do bem.

Há duas condutas típicas:

a) Subtrair: furtar, tirar, desapossar com ânimo de assenhoreamento. Exs.: funcionário público abre o cofre da repartição em que trabalha e leva os valores que nele estavam guardados; policial subtrai rádio (ou toca-CD) de carro apreendido que está no pátio da delegacia.

Caso um policial esteja no interior de uma casa fazendo uma investigação e subtraia dinheiro de uma gaveta, responde por crime comum de furto (art. 155), porque o bem particular só pode ser objeto de peculato quando está sob a guarda ou custódia da Administração.

b) Concorrer para que terceiro subtraia: o funcionário público colabora **dolosamente** para a subtração. Ex.: intencionalmente o funcionário deixa a porta da repartição aberta para que à noite alguém entre e furte. Há peculato-furto por parte do funcionário e do terceiro. Pouco importa se o terceiro que efetiva a subtração também é funcionário público ou não. Trata-se de hipótese de concurso necessário, e ambos respondem pelo peculato, nos termos do art. 30 do Código Penal.

Se a colaboração tiver decorrido de imprudência ou negligência, haverá peculato **culposo**. Ex.: funcionário que esquece a porta aberta e alguém se aproveita da situação para furtar objetos da repartição. Em tal hipótese o funcionário incorre em peculato culposo e o terceiro em crime comum de furto.

Outro requisito do peculato-furto expressamente exigido no texto legal é que o agente se **valha de alguma facilidade proporcionada pelo seu cargo**. Essa facilidade refere-se à menor vigilância que existe na relação entre o funcionário e os bens, ou ao livre ingresso e trânsito na repartição etc. Sem esse requisito, haverá furto comum.

No que diz respeito à objetividade jurídica, sujeitos ativo e passivo e ação penal, as regras são as mesmas do peculato-apropriação.

11.1.5.3.2. *Consumação*

No instante em que o agente consegue deixar o local na posse do bem subtraído, ainda que seja imediatamente perseguido e preso e os bens recuperados.

■ 11.1.5.3.3. *Tentativa*

É possível.

■ 11.1.5.3.4. *Classificação doutrinária*

CLASSIFICAÇÃO DOUTRINÁRIA				
■ Simples e de dano quanto à objetividade jurídica	■ Próprio e de concurso eventual quanto ao sujeito ativo	■ De ação livre quanto aos meios de execução	■ Material e instantâneo quanto ao momento consumativo	■ Doloso quanto ao elemento subjetivo

■ 11.1.5.4. *Peculato culposo*

> **Art. 312, § 2º** — Se o funcionário concorre culposamente para o crime de outrem:
> Pena — detenção, de três meses a um ano.

■ 11.1.5.4.1. *Tipo objetivo*

O reconhecimento do peculato culposo pressupõe a soma de dois fatores:

1) Que o funcionário público tenha sido descuidado, tenha faltado com a cautela a que era obrigado na guarda ou vigilância da coisa pública. Exatamente aqui reside a conduta **culposa**.

2) Que **terceiro** pratique um crime **doloso** aproveitando-se da facilidade advinda da conduta culposa do funcionário público, pouco importando se o terceiro é também funcionário público (peculato-apropriação, desvio ou furto) ou se é particular.

Se em razão da culpa do funcionário há prejuízo ao erário, sem que terceiro pratique crime doloso, o fato não constitui peculato culposo, visto que a hipótese não está abrangida pelo art. 312, § 2º, do Código Penal. Ex.: funcionário que esquece uma janela aberta, de forma a permitir que uma chuva intensa penetre pelo local, danificando objetos no interior da repartição.

Comete peculato culposo, por exemplo, o policial que deixa uma viatura com as portas abertas em via pública e dela se afasta desnecessariamente, deixando-a sem vigilância, o que acaba possibilitando o furto do radiotransmissor por pessoa que passava pelo local. Não se trata, entretanto, de hipótese de concurso de agentes entre o autor do peculato culposo e o terceiro que cometeu o crime doloso, pois não agiram em conluio. São, na verdade, crimes autônomos, pois falta, por parte do funcionário público, a consciência de estar colaborando para o crime de outrem. Quando há essa consciência, ou seja, quando o funcionário **dolosamente** contribui para o crime também doloso de outrem, ambos respondem pelo peculato-furto (conforme já estudado no delito anterior).

No exemplo acima, é evidente que não haveria crime se o policial tivesse deixado a viatura aberta no local por não haver tempo de trancá-la durante perseguição a bandidos. Em tal caso não haveria conduta **culposa**.

A punição do funcionário pelo peculato culposo pressupõe que se prove que terceira pessoa se aproveitou de seu descuido para cometer crime em prejuízo da Administração, mas é desnecessário que tal pessoa seja identificada e punida.

■ 11.1.5.4.2. *Consumação*

No mesmo momento em que se consuma o crime do terceiro.

■ 11.1.5.4.3. *Tentativa*

Não existe tentativa de crime culposo. Assim, se um terceiro tenta praticar crime doloso, aproveitando-se da colaboração culposa de um funcionário público, responderá por tentativa desse crime doloso, enquanto o funcionário público não responderá por qualquer infração penal, já que, nesse caso, não houve qualquer prejuízo patrimonial ao erário público.

■ 11.1.5.4.4. *Ação penal*

É pública incondicionada, de competência do Juizado Especial Criminal.

■ 11.1.5.4.5. *Reparação do dano e extinção da punibilidade*

Nos termos do art. 312, § 3º, do Código Penal, a reparação do dano no peculato **culposo** pode gerar dois tipos de consequência, dependendo do momento em que ocorra:

1) se **antes** da sentença irrecorrível, **extingue a punibilidade**;

2) se **após** o trânsito em julgado da sentença, **reduz metade** da pena imposta.

Há reparação do dano quando ocorre a devolução do bem ou o ressarcimento do prejuízo.

No peculato **doloso**, a reparação do dano apenas reduz a pena. Se acontecer **antes** do recebimento da denúncia, aplicar-se-á o instituto do **arrependimento posterior** do art. 16 do Código Penal (redução de um a dois terços) e, se ocorrer **durante** o tramitar da ação, será aplicada a **atenuante genérica** do art. 65, III, *b*, do Código Penal. Saliente-se, ainda, que o art. 33, § 4º, do Código Penal, condiciona a progressão de regime de cumprimento de pena das pessoas condenadas por crime contra a Administração à reparação do dano causado. Assim, ainda que realizada apenas em sede de execuções criminais, a reparação mostra-se relevante para o condenado.

■ 11.1.6. Peculato mediante erro de outrem

> **Art. 313.** Apropriar-se de dinheiro ou qualquer utilidade que, no exercício do cargo, recebeu por erro de outrem:
> Pena — reclusão, de um a quatro anos, e multa.

■ 11.1.6.1. *Objetividade jurídica*

A moralidade da Administração Pública, bem como o patrimônio público e o particular.

11.1.6.2. *Tipo objetivo*

Essa modalidade é denominada **peculato-estelionato**, uma vez que a vítima entrega um bem ao agente por estar em erro. Esse erro, entretanto, **não é provocado pelo agente**. Assim, tal delito, em verdade, guarda semelhança com o crime de apropriação de coisa havida por erro (art. 169), e não propriamente com o estelionato. Se o próprio funcionário induz a vítima em erro, comete estelionato comum (art. 171, *caput*, do CP) por não existir figura similar no crime de peculato.

O delito configura-se quando o funcionário, no exercício de suas atividades, recebe dinheiro ou qualquer coisa móvel de valor econômico e, percebendo o erro da vítima, apodera-se do bem, não o devolvendo ao proprietário. Exige-se que o agente tenha ciência de que o bem lhe foi entregue por engano. O erro da vítima pode consistir em supor que deve entregar um bem à Administração quando isso não se faz necessário, ou em entregar bens ou valores mais valiosos do que deveria, ou, ainda em efetuar a entrega em repartição diversa da que deveria etc.

11.1.6.3. *Sujeito ativo*

Qualquer funcionário público.

11.1.6.4. *Sujeito passivo*

O Estado e a pessoa prejudicada pela conduta.

11.1.6.5. *Consumação*

Quando o agente passa a se comportar como dono do objeto que recebeu por erro.

11.1.6.6. *Tentativa*

Como nas demais hipóteses de peculato doloso, é admissível.

11.1.6.7. *Ação penal*

É pública incondicionada.

11.1.7. Inserção de dados falsos em sistema de informações

> **Art. 313-A.** Inserir ou facilitar, o funcionário autorizado, a inserção de dados falsos, alterar ou excluir indevidamente dados corretos nos sistemas informatizados ou bancos de dados da Administração Pública com o fim de obter vantagem indevida para si ou para outrem ou para causar dano:
> Pena — reclusão, de dois a doze anos, e multa.

11.1.7.1. *Objetividade jurídica*

A preservação dos bancos de dados da Administração Pública.

11.1.7.2. *Tipo objetivo*

As condutas típicas descritas são:

a) **Inserir ou facilitar a inserção de dados falsos nos sistemas informatizados ou bancos de dados da Administração Pública.** Em tal hipótese, o próprio funcionário efetua a inserção dos dados falsos ou permite que terceiro o faça.

b) **Alterar ou excluir indevidamente dados corretos nos sistemas informatizados ou bancos de dados da Administração Pública.** Aqui não ocorre inclusão, e sim a modificação ou retirada indevida de dados verdadeiros do sistema. Necessário que a conduta se dê de forma **indevida** — elemento normativo do tipo.

Por fim, o tipo penal exige uma especial finalidade por parte do funcionário, no sentido de obter, para si ou para outrem, **qualquer espécie de vantagem**.

11.1.7.3. *Sujeito ativo*

Cuida-se de crime **próprio**, cometido apenas pelo funcionário autorizado a trabalhar com o sistema de dados.

11.1.7.4. *Sujeito passivo*

O Estado e as pessoas, eventualmente, prejudicadas pela conduta.

11.1.7.5. *Consumação*

Trata-se de crime **formal**, que se consuma no momento da conduta típica, ainda que o agente não obtenha a vantagem almejada.

11.1.7.6. *Tentativa*

É possível.

11.1.7.7. *Ação penal*

Pública incondicionada.

11.1.8. Modificação ou alteração não autorizada de sistema de informações

> **Art. 313-B.** Modificar ou alterar, o funcionário, sistema de informações ou programa de informática sem autorização ou solicitação de autoridade competente.
> Pena — detenção, de três meses a dois anos, e multa.

11.1.8.1. *Objetividade jurídica*

A preservação dos sistemas de informações e programas de informática da Administração.

11.1.8.2. *Tipo objetivo*

Nesse tipo penal, o funcionário modifica o funcionamento do sistema de informações ou do programa de informática, enquanto no tipo penal anterior a conduta recai sobre os dados constantes do sistema. É evidente que não há crime se o funcionário age com autorização ou mediante solicitação da autoridade competente.

11.1.8.3. *Sujeito ativo*

Qualquer funcionário público. Ao contrário do dispositivo anterior, não é necessário que se trate de funcionário autorizado a trabalhar no sistema de informações.

11.1.8.4. *Sujeito passivo*

O Estado e as pessoas que, eventualmente, sejam prejudicadas pela conduta.

11.1.8.5. *Consumação*

No momento em que o agente modifica ou altera o sistema de informações ou o programa de informática.

11.1.8.6. *Tentativa*

É possível.

11.1.8.7. *Causa de aumento de pena*

O parágrafo único estabelece um **aumento** de um terço até a metade da pena se da modificação ou alteração resulta **dano** para a **Administração** ou para o **administrado**.

11.1.8.8. *Ação penal*

É pública incondicionada, de competência do Juizado Especial Criminal, exceto na forma agravada do parágrafo único, quando a pena máxima excede dois anos.

11.1.9. Extravio, sonegação ou inutilização de livro ou documento

> **Art. 314.** Extraviar livro oficial ou qualquer documento, de que tem a guarda em razão do cargo; sonegá-lo ou inutilizá-lo, total ou parcialmente:
> Pena — reclusão, de um a quatro anos, se o fato não constitui crime mais grave.

11.1.9.1. *Objetividade jurídica*

A regularidade da Administração Pública no sentido da preservação dos livros ou documentos confiados à guarda de funcionários públicos.

11.1.9.2. *Tipo objetivo*

A lei pune três condutas:

a) extraviar: fazer desaparecer, ocultar;

b) **sonegar:** sinônimo de não apresentar, não exibir quando alguém o solicita;

c) **inutilizar:** tornar imprestável.

Nas três hipóteses, a conduta deve recair sobre **livro oficial**, que é aquele pertencente à Administração Pública, ou sobre qualquer documento público ou particular que esteja sob a guarda da Administração. Nos termos da lei, o crime subsiste ainda que a conduta atinja **parcialmente** o livro ou o documento.

É necessário que a conduta tenha sido **dolosa**. Não existe forma culposa.

■ 11.1.9.3. *Sujeito ativo*

Trata-se de crime **próprio**, que só pode ser cometido pelo funcionário responsável pela guarda do livro ou documento.

■ 11.1.9.4. *Sujeito passivo*

O Estado e, eventualmente, o particular que tenha documento de sua propriedade sob a guarda da Administração.

■ 11.1.9.5. *Consumação*

Com o **extravio** ou **inutilização**, ainda que parcial e independentemente de qualquer outro resultado.

Na modalidade **sonegar**, o crime consuma-se no instante em que o agente deveria fazer a entrega e, intencionalmente, não o faz.

No extravio e na sonegação, o crime é **permanente**.

■ 11.1.9.6. *Tentativa*

Não é admissível apenas na modalidade omissiva (sonegar).

■ 11.1.9.7. *Absorção*

A própria lei estabelece que esse crime é subsidiário, ou seja, deixa de existir se o fato constitui crime mais grave, como corrupção passiva (art. 317), supressão de documento (art. 305) etc.

■ 11.1.9.8. *Distinção*

Aquele que inutiliza documento ou objeto de valor probatório que recebeu na qualidade de **advogado** ou **procurador** comete o crime do art. 356 do Código Penal.

O **particular** que subtrai ou inutiliza, total ou parcialmente, livro oficial, processo ou documento confiado à Administração comete o crime do art. 337 do Código Penal. No crime do art. 314, o sujeito ativo é somente o funcionário público que tem a guarda do livro oficial.

11.1.9.9. *Ação penal*

É pública incondicionada.

11.1.10. Emprego irregular de verbas ou rendas públicas

> **Art. 315.** Dar às verbas ou rendas públicas aplicação diversa da estabelecida em lei:
> Pena — detenção, de um a três meses, ou multa.

11.1.10.1. *Objetividade jurídica*

A regularidade da Administração Pública, sob o prisma da necessidade de aplicação dos recursos públicos de acordo com os termos da lei.

11.1.10.2. *Tipo objetivo*

Nesse delito o funcionário público não se apropria ou subtrai as verbas em proveito dele próprio ou de terceiro. Na realidade, o crime caracteriza-se pelo emprego de verbas ou rendas públicas em **benefício da própria Administração**, de forma que o ilícito reside no fato de o funcionário empregá-las de forma diversa da prevista em lei. Ex.: funcionário que deveria empregar o dinheiro público na obra *A* dolosamente o emprega na obra *B*.

É pressuposto desse crime a existência de uma lei regulamentando o emprego da verba ou renda pública e que o agente, **dolosamente**, as empregue de maneira diversa daquela descrita na lei. Nos termos do dispositivo, não basta o desrespeito a decretos ou outros atos administrativos. Para a caracterização do delito, é necessário o desrespeito aos termos de **lei**.

11.1.10.3. *Sujeito ativo*

Somente funcionário público que tem poder de disposição de verbas ou rendas públicas. Tratando-se, entretanto, de prefeito municipal, a conduta se amolda ao art. 1º, III, do Decreto-lei n. 201/67.

11.1.10.4. *Sujeito passivo*

O Estado, representado pela entidade pública titular da verba ou renda desviada.

11.1.10.5. *Consumação*

Com o efetivo emprego irregular da verba ou renda pública, ainda que não haja prejuízo para o erário. Trata-se de crime **formal**.

11.1.10.6. *Tentativa*

Se houver mera indicação ou destinação irregular, cuja execução acaba sendo impedida, o crime considera-se tentado.

■ *11.1.10.7. Ação penal*

É pública incondicionada.

■ 11.1.11. Concussão

Art. 316, *caput* — Exigir, para si ou para outrem, direta ou indiretamente, ainda que fora da função ou antes de assumi-la, mas em razão dela, vantagem indevida:
Pena — reclusão, de dois a doze anos, e multa.

■ *11.1.11.1. Objetividade jurídica*

A moralidade da Administração Pública quanto a seu normal funcionamento.

■ *11.1.11.2. Tipo objetivo*

Nesse crime, o funcionário público faz **exigência** de uma vantagem. Essa exigência envolve, necessariamente, uma ameaça à vítima, pois, do contrário, haveria mero pedido, que caracterizaria a corrupção passiva.

Tal ameaça pode ser:

a) explícita: exigir dinheiro para não fechar uma empresa, para expedir o passaporte de que a vítima necessita para fazer uma viagem, para permitir o funcionamento de obras etc. Nesses casos todos, a vítima será prejudicada se não concordar em entregar os valores.

b) implícita: nessa hipótese não há promessa de um mal determinado, mas a vítima fica amedrontada pelo simples temor que o exercício do cargo público inspira.

A exigência pode ser ainda:

a) direta: quando o funcionário público a formula na presença da vítima, sem deixar qualquer margem de dúvida de que está querendo uma vantagem indevida;

b) indireta: o funcionário se vale de uma terceira pessoa para que a exigência chegue ao conhecimento da vítima ou a faz de forma velada, capciosa, ou seja, o funcionário público não fala que quer a vantagem, mas deixa isso implícito.

Para que exista concussão, é necessário que o agente exija uma vantagem **indevida**. Para Damásio de Jesus,[253] Nélson Hungria[254] e Magalhães Noronha,[255] esta deve ser uma vantagem **patrimonial**. Já para Julio Fabbrini Mirabete[256] e Fernando

---

253 Damásio de Jesus, *Direito penal,* v. 4, p. 141.

254 Nélson Hungria, *Comentários ao Código Penal,* v. IX, p. 361.

255 E. Magalhães Noronha, *Direito penal,* v. 4, p. 239.

256 Julio Fabbrini Mirabete, *Manual de direito penal,* v. 3, p. 315.

Capez,[257] pode ser de **qualquer espécie**, uma vez que a lei não faz distinção. Ex.: proveitos patrimoniais, sentimentais, sexuais etc.

O agente deve visar proveito para ele próprio ou para terceira pessoa.

■ 11.1.11.3. *Sujeito ativo*

Qualquer funcionário público. Trata-se de crime **próprio**. Não é necessário que o funcionário esteja trabalhando no momento da exigência. O próprio tipo diz que ele pode estar **fora da função** (horário de descanso, férias, licença) ou, até mesmo, **nem tê-la assumido** (quando já passou no concurso ou já foi eleito, mas ainda não tomou posse, por exemplo). O que é necessário é que a exigência diga respeito à função pública e as represálias a ela se refiram.

Se o crime for cometido por policial militar, estará configurado o crime do art. 305 do Código Penal Militar, que é igualmente chamado de concussão.

■ 11.1.11.4. *Sujeito passivo*

O Estado e a pessoa contra quem é dirigida a exigência. Como na concussão o funcionário público faz uma **ameaça** explícita ou implícita, a pessoa ameaçada é considerada **vítima** e, caso venha a entregar o dinheiro exigido, **não** cometerá corrupção ativa, uma vez que somente o terá feito por ter se sentido constrangida.

■ 11.1.11.5. *Consumação*

No momento em que a exigência **chega ao conhecimento da vítima**, independentemente da efetiva obtenção da vantagem visada pelo agente. Trata-se de crime **formal**. A obtenção da vantagem é **mero exaurimento**. Não desnatura o crime, portanto, a devolução posterior da vantagem (mero arrependimento posterior — art. 16 do CP) ou a ausência de prejuízo. Nesse sentido: "*Crime de concussão: é crime formal, que se consuma com a exigência. Irrelevância no fato do não recebimento da vantagem indevida*" (STF — 2ª Turma — HC 74.009-0/MS — Rel. Min. Carlos Velloso — *DJU* 14-3-1997).

Quando um funcionário exige dinheiro e a vítima se compromete a entregar os valores em data posterior, mas aciona policiais que flagram o funcionário no dia em que iria receber o dinheiro, temos **crime consumado**. **Não se trata de crime impossível** porque o delito já havia se consumado com a **exigência** feita em data anterior. Tampouco se trata de **flagrante provocado**, pois não houve qualquer provocação, ou seja, ninguém induziu o funcionário a fazer a exigência. De ver-se, entretanto, que não há situação de flagrância, já que o delito havia se consumado em dia anterior. O fato de policiais terem presenciado a entrega dos valores ao funcionário serve apenas como prova do crime; mas, se tiverem dado voz de prisão em flagrante ao funcionário, este

[257] Fernando Capez, *Curso de direito penal*, v. 3, p. 421.

deve ser relaxado por ser ilegal. Em tal caso, poderá ser decretada a prisão preventiva do funcionário, se presentes os requisitos legais.

11.1.11.6. *Tentativa*

É possível. Exs.: a) o funcionário pede para terceiro fazer a exigência à vítima, mas ele morre antes de encontrá-la; b) uma carta contendo a exigência se extravia.

11.1.11.7. *Distinção*

- **Concussão e corrupção passiva**

Na concussão, o funcionário público constrange, **exige** a vantagem indevida. A vítima, quando cede à exigência, o faz por temer uma represália. Na corrupção passiva, há mero pedido, mera **solicitação**. A concussão, portanto, descreve fato mais grave e, por isso, deveria possuir pena mais elevada. Ocorre que, após o advento da Lei n. 10.763/2003, a pena máxima da corrupção passiva passou a ser maior que a da concussão, o que é absurdo. Posteriormente, a Lei n. 13.964/2019 corrigiu parcialmente a distorção, equiparando as penas dos dois crimes.

- **Concussão e extorsão**

A concussão é uma forma de coação praticada por funcionário público com abuso de autoridade. Na concussão, como já mencionado, ocorre uma ameaça que, entretanto, não pode ser **grave**. Como o crime de **extorsão** é sempre cometido mediante o emprego de violência ou **grave** ameaça e tem pena maior do que a do crime de concussão, caso o funcionário empregue **violência contra pessoa** ou **grave ameaça** para exigir dinheiro da vítima, responderá por tal crime. Ex.: um policial simula apreensão de droga com alguém e exige dinheiro para não o prender por tráfico. A propósito: "*O emprego de violência ou grave ameaça é circunstância elementar do crime de extorsão tipificado no art. 158 do Código Penal. Assim, se o funcionário público se utiliza desse meio para obter vantagem indevida, comete o crime de extorsão e não o de concussão*" (STJ — AgRg no REsp 1763917/SP, Rel. Min. Ribeiro Dantas, 5ª Turma, julgado em 18-10-2018, *DJe* 24-10-2018). Há concussão, por exemplo, quando um funcionário público exige dinheiro sob pena de não conceder alvará autorizando um evento qualquer que depende de autorização oficial.

Como no crime de extorsão não é necessário que o agente seja funcionário público, também haverá tal crime se alguém **simular** a condição de policial e exigir dinheiro para não prender alguém.

11.1.11.8. *Ação penal*

É pública incondicionada.

A pena do crime de concussão, antes da entrada em vigor da Lei n. 13.964/2019, era de 2 a 8 anos de reclusão, e multa. Atualmente, a pena é de reclusão, de 2 a 12 anos, e multa.

■ *11.1.11.9. Classificação doutrinária*

CLASSIFICAÇÃO DOUTRINÁRIA				
■ Simples quanto à objetividade jurídica	■ Próprio e de concurso eventual quanto ao sujeito ativo	■ De ação livre e comissivo quanto aos meios de execução	■ Formal e instantâneo quanto ao momento consumativo	■ Doloso quanto ao elemento subjetivo

■ 11.1.12. Excesso de exação

> **Art. 316, § 1º** — Se o funcionário exige tributo ou contribuição social que sabe ou deveria saber indevido, ou, quando devido, emprega na cobrança meio vexatório ou gravoso, que a lei não autoriza:
> Pena — reclusão, de três a oito anos, e multa.

A expressão **excesso de exação** significa exagero indevido na cobrança de tributos (impostos, taxas ou contribuições de melhoria) ou contribuições sociais.

São duas as condutas típicas:

a) exigir o funcionário público tributo ou contribuição social que sabe ou deveria saber indevido. Nessa modalidade, o funcionário tem ciência de que nada é devido pelo contribuinte, ou tem sérias razões para supor que não existe dívida fiscal ou previdenciária, e, ainda, assim, efetua a cobrança. Na primeira hipótese, ele age com dolo direto e, na segunda, com dolo eventual. A redação do dispositivo deixa claro tratar-se de crime **formal**, que se consuma com a **mera exigência**, sendo desnecessário o efetivo pagamento por parte do contribuinte.

b) exigir tributo devido empregando meio vexatório ou gravoso que a lei não autoriza. Configura o crime uma cobrança feita em público de forma acintosa, em alto tom, por exemplo. Cuida-se também de delito **formal** que se consuma no momento em que é empregado o meio **vexatório** ou **gravoso**, independentemente do efetivo pagamento do tributo ou da contribuição devidos.

- **Figura qualificada**

Prevê o § 2º do art. 316 que o crime de excesso de exação é qualificado quando o funcionário recebe o tributo ou contribuição **indevidamente**, para recolhê-los aos cofres públicos, e os desvia em proveito próprio ou alheio. Nesse caso, a pena é de reclusão de dois a doze anos, e multa. Essa figura qualificada tem aplicação apenas na modalidade de excesso de exação em que o tributo ou contribuição são **indevidos**, e o funcionário os desvia para si ou para outrem. Caso o funcionário receba tributo ou contribuição devidos e deles se apodere, o crime será o de **peculato**.

Em suma, para a configuração do crime de excesso de exação em sua figura simples, que é formal, basta a exigência. Caso, entretanto, o funcionário receba algum valor e os encaminhe aos cofres públicos, não haverá alteração na capitulação de crime simples. Caso se trate de valores indevidos e ele os desvie, incorrerá na forma qualificada do excesso de exação e, caso sejam valores devidos ao Estado, o desvio constituirá peculato.

11.1.13. Corrupção passiva

> **Art. 317, *caput*** — Solicitar ou receber, para si ou para outrem, direta ou indiretamente, ainda que fora da função ou antes de assumi-la, mas em razão dela, vantagem indevida, ou aceitar promessa de tal vantagem:
> Pena — reclusão, de dois a doze anos, e multa.

11.1.13.1. Objetividade jurídica

A moralidade e probidade administrativa, bem como o normal funcionamento da Administração Pública.

11.1.13.2. Tipo objetivo

O tipo penal elenca três condutas típicas:

1) Solicitar: significa pedir alguma vantagem ao particular. Na solicitação, a conduta inicial é do funcionário público. Ele é quem pede algo ao particular. Se o particular dá o que foi pedido, não comete corrupção ativa por falta de previsão legal, conforme será estudado no art. 333.
2) Receber: entrar na posse.
3) Aceitar promessa: concordar com a proposta.

No recebimento e na aceitação de promessa de vantagem indevida, a conduta inicial é do corruptor (particular). Nesses casos, o funcionário responderá por corrupção passiva e o particular por corrupção ativa.

Todas as condutas típicas referem-se, necessariamente, a uma **vantagem indevida em razão do cargo**. Assim, na corrupção passiva, a vantagem deve ser indevida porque tem a finalidade de fazer com que o funcionário público beneficie alguém em seu trabalho por meio de ações ou omissões. Ocorre uma espécie de troca entre a vantagem indevida visada pelo agente público e a ação ou omissão funcional que beneficiará o terceiro. Exs.: receber dinheiro para não multar alguém que cometeu infração de trânsito, para não fechar estabelecimento que não possui alvará, para fornecer habilitação a alguém que não passou no exame (neste exemplo, há concurso material com o crime de falsidade ideológica), para autorizar uma obra apesar da inexistência dos requisitos necessários etc. Nesse sentido: "*Corrupção passiva. Escrevente de Cartório criminal que, em razão de suas funções, solicita vantagem indevida para influir no processo por infração do jogo do bicho, acenando com eventual prescri-*

ção da ação penal. Crime de corrupção passiva caracterizado" (TJSP — Rel. Humberto da Nova — *RJTJSP* 16/4343); "*Delegado de Polícia que recebe qualquer quantia para colocar em liberdade quem se encontra detido comete o delito de corrupção passiva*" (TJMT — Rel. Odair da Cruz Bandeira — *RT* 522/438).

Na **concussão**, a vítima, quando cede à exigência e entrega a vantagem indevida, o faz por ter sofrido uma **ameaça**, para não sofrer um mal. Ela tem medo em razão da conduta do funcionário público. Na corrupção passiva, o **particular** visa obter **benefícios** em troca da vantagem prestada.

Normalmente a vantagem indevida tem a finalidade de fazer com que o funcionário público pratique ato **ilegal** ou deixe de praticar, de forma ilegal ou irregular, ato que deveria praticar de ofício. É possível, todavia, que exista corrupção passiva ainda que a vantagem indevida seja entregue para que o funcionário pratique ato **não ilegal**. Tal entendimento doutrinário e jurisprudencial se justifica porque a punição visa resguardar a probidade administrativa, na medida em que o funcionário público recebe regularmente seus subsídios do ente estatal para praticar os atos inerentes ao seu cargo e não pode receber quantias extras para exercer suas funções. Nesses casos, há crime, pois o funcionário público pode acostumar-se e deixar de trabalhar sempre que não lhe oferecerem valores extras. A corrupção passiva, portanto, pode ser: a) **própria:** quando se pretende que o ato que o funcionário público realize ou deixe de realizar seja ilegal. Ex.: oficial de justiça que recebe dinheiro para não citar alguém; b) **imprópria:** quando se pretende que o ato que funcionário venha a realizar ou deixar de realizar seja **legal**. Ex.: oficial de justiça que recebe dinheiro para citar alguém.

Tem-se entendido que pequenas doações ocasionais, como as costumeiras "Boas Festas" de Natal ou Ano Novo, não configuram o crime. Nesses casos, o funcionário público não está aceitando uma retribuição por algum ato ou omissão. Não há dolo, portanto.

▪ *11.1.13.3. Sujeito ativo*

Pode ser qualquer funcionário público. Trata-se de crime **próprio**. Não é necessário que o funcionário esteja trabalhando no momento do delito. O próprio tipo diz que ele pode estar **fora da função** (horário de descanso, férias, licença) ou, até mesmo, **nem tê-la assumido** (quando já passou no concurso ou já foi eleito, mas ainda não tomou posse, por exemplo).

Se o crime for cometido por policial militar, estará configurado o crime de corrupção passiva militar, descrito no art. 308 do Código Penal Militar.

▪ *11.1.13.4. Sujeito passivo*

O Estado. Na hipótese de solicitação de vantagem, o particular também é vítima.

▪ *11.1.13.5. Consumação*

Trata-se de crime **formal**. Consuma-se no momento em que o funcionário solicita, recebe ou aceita a vantagem.

Nas modalidades solicitar e aceitar promessa de vantagem indevida, pouco importa, para fim de consumação, se o funcionário público efetivamente obtém a vantagem visada. Em todas as figuras (solicitar, receber ou aceitar promessa de vantagem indevida) também não importa se o funcionário pratica ou não algum ato em decorrência da vantagem. A *ação* ou *omissão* funcional, todavia, não constitui mero exaurimento do crime, na medida em que o art. 317, § 1º, do Código Penal prevê que a pena será aumentada em um terço se, em consequência da vantagem ou promessa indevida, o funcionário público retarda ou deixa de praticar ato de ofício ou o pratica infringindo dever funcional. Nessas hipóteses, a doutrina faz a seguinte classificação: a) corrupção passiva *antecedente*: quando a vantagem é entregue ao funcionário público antes da ação ou omissão funcional; b) corrupção passiva *subsequente*: quando a vantagem é entregue depois.

■ 11.1.13.6. Tentativa

Entende-se que a tentativa só é possível na modalidade solicitar (e quando feita por escrito).

■ 11.1.13.7. Distinção

a) O fiscal que exige, solicita, recebe ou aceita promessa de vantagem indevida para não cobrar **tributo** ou **contribuição** social, ou para cobrá-los em valor menor, pratica o crime previsto no art. 3º, II, da Lei n. 8.137/90 (crime contra a ordem tributária). Esse delito é especial e sua pena mínima é mais alta (3 a 8 anos de reclusão, e multa).

b) A testemunha ou perito **não oficiais** que recebem dinheiro para cometer falso testemunho ou falsa perícia incorrem em crime do art. 342, § 2º, do Código Penal.

c) O art. 299 da Lei n. 4.737/65 (Código Eleitoral) prevê crimes idênticos à corrupção passiva e ativa, mas praticados com a intenção de conseguir voto, ainda que o agente não obtenha sucesso.

d) Quem solicita ou aceita, para si ou para outrem, vantagem ou promessa de vantagem **patrimonial** ou não **patrimonial para qualquer ato ou omissão destinado a alterar ou falsear o resultado de uma competição desportiva** incorre no crime do art. 41-C da Lei n. 12.299/2010 (Estatuto do Torcedor), apenado com reclusão de 2 a 6 anos e multa. É a chamada **corrupção passiva desportiva**. Ex.: o árbitro de futebol que solicita dinheiro para beneficiar ou prejudicar determinada equipe em certo jogo.

■ 11.1.13.8. Ação penal

É pública incondicionada.

■ 11.1.13.9. *Classificação doutrinária*

CLASSIFICAÇÃO DOUTRINÁRIA				
■ Simples quanto à objetividade jurídica	■ Próprio e de concurso eventual quanto ao sujeito ativo	■ De ação livre e comissivo quanto aos meios de execução	■ Formal e instantâneo quanto ao momento consumativo	■ Doloso quanto ao elemento subjetivo

■ 11.1.13.10. *Corrupção privilegiada*

Nos termos do art. 317, § 2º, se o funcionário pratica, deixa de praticar ou retarda ato de ofício, com infração de dever funcional, **cedendo a pedido ou influência de outrem**, incorre em pena consideravelmente menor — detenção, de três meses a um ano, ou multa. Nesta figura, o funcionário público **não visa vantagem indevida**. Ele pratica, retarda ou deixa de praticar ato com infração de dever funcional cedendo a pedido ou influência de terceiro. A diferença, portanto, em relação à corrupção passiva comum é que a motivação do funcionário público é outra.

A corrupção passiva privilegiada é crime **material** em razão da redação do dispositivo. Assim, só se **consuma** quando o funcionário **pratica, deixa de praticar** ou **retarda** o ato de ofício.

■ 11.1.14. Facilitação de contrabando ou descaminho

> **Art. 318.** Facilitar, com infração de dever funcional, a prática de contrabando ou descaminho (art. 334):
> Pena — reclusão, de três a oito anos.

■ 11.1.14.1. *Objetividade jurídica*

A Administração Pública, no sentido de serem coibidos o contrabando e o descaminho.

■ 11.1.14.2. *Tipo objetivo*

Facilitar significa afastar eventuais dificuldades ou empecilhos que possam existir e que se interponham à prática do contrabando ou descaminho. Consiste, pois, em viabilizá-los.

A conduta pode ser **comissiva** ou **omissiva**, sendo necessário que o funcionário público atue (ou deixe de atuar) **com infração de dever funcional**. É comissiva, por exemplo, quando o funcionário indica uma forma de o contrabandista desviar-se da fiscalização. É omissiva quando o funcionário, ciente de que há produto de descaminho em um compartimento, não o inspeciona, liberando as mercadorias.

Trata-se, evidentemente, de crime **doloso**, que pressupõe a específica intenção de facilitar o contrabando ou descaminho.

Caso o agente tenha recebido dinheiro ou outra vantagem, responderá por crime de corrupção passiva.

O dispositivo em análise consagra outra exceção à teoria unitária ou monista, uma vez que o responsável pelo contrabando ou descaminho responde por crime autônomo, descrito nos arts. 334 e 334-A do Código Penal.

■ 11.1.14.3. *Sujeito ativo*

Somente pode ser o funcionário público em cujas atribuições esteja inserida a repressão ao contrabando ou descaminho. Nesse sentido: "*O crime do art. 318 do Código Penal tem como pressuposto a infração a dever funcional, somente podendo ser praticado pelo funcionário que tem, como atribuição legal, prevenir e reprimir o contrabando ou descaminho. Assim, não pratica o delito em questão o funcionário estadual, em cujas atribuições não se inclui a repressão ao crime do art. 334 do Código Penal*" (TRF — 1ª Região — Rel. Osmar Tognolo — *DJU* 10-9-1999, p. 278).

■ 11.1.14.4. *Sujeito passivo*

O Estado.

■ 11.1.14.5. *Consumação*

No instante em que o funcionário público presta o **auxílio** (omissivo ou comissivo), a fim de facilitar o contrabando ou descaminho, ainda que este não se concretize. Trata-se de crime **formal**. A propósito: "*O crime definido no art. 318 do Código Penal consuma-se com a efetiva facilitação por parte do agente, com consciência de estar infringindo o dever funcional, pouco importando que circunstâncias diversas impeçam a consumação do contrabando*" (TFR — Rel. Min. Flaquer Scartezzini — *DJU* 25-10-1984, p. 17896).

■ 11.1.14.6. *Tentativa*

É possível apenas na modalidade comissiva.

■ 11.1.14.7. *Ação penal*

É pública incondicionada, de competência da Justiça Federal.

■ 11.1.15. Prevaricação

> **Art. 319.** Retardar ou deixar de praticar, indevidamente, ato de ofício, ou praticá-lo contra disposição expressa de lei, para satisfazer interesse ou sentimento pessoal:
> Pena — detenção, de três meses a um ano, e multa.

■ 11.1.15.1. *Objetividade jurídica*

A moralidade na Administração Pública, no sentido de ser preservado o princípio da impessoalidade administrativa, evitando-se retaliações ou favorecimentos por parte de funcionários públicos no desempenho de suas funções.

▪ 11.1.15.2. Tipo objetivo

Nesse crime, o que faz o funcionário público agir ilicitamente no desempenho de suas funções são **razões pessoais**, e não a busca por uma vantagem indevida tal como ocorre na corrupção passiva. Na prevaricação, o funcionário, por exemplo, beneficia alguém por ser seu amigo ou parente, ou prejudica uma pessoa por ser seu desafeto ou concorrente etc.

De acordo com o texto legal, na prevaricação, o funcionário deve ser movido por **interesse** ou **sentimento pessoal**. O interesse pode ser de **qualquer espécie** (promoção no cargo, fama), inclusive patrimonial. Ex.: funcionário que determina a execução de uma obra a fim de valorizar terreno de sua propriedade. O sentimento pessoal, por sua vez, diz respeito à afetividade do agente em relação a pessoas ou fatos, como nos exemplos antes citados de amizade ou inimizade. O sentimento pessoal é do funcionário público, mas o beneficiado pode ser terceiro.

Na prática é comum constatar-se que um funcionário agiu ou deixou de agir de forma irregular, porém, não se conseguir desvendar qual sua motivação. Em tais casos, torna-se inviável a condenação por prevaricação, podendo ser o funcionário responsabilizado apenas administrativamente pela ação ou omissão indevidas no desempenho da função. Assim, é absolutamente necessário que o Ministério Público descreva na denúncia por prevaricação qual foi o interesse ou o sentimento pessoal que levou o réu a agir ilicitamente. Não basta dizer que ele agiu por interesse ou sentimento pessoal, deve-se esclarecer exatamente em que este consistiu. A propósito: "*No crime de prevaricação, inepta a denúncia que não especifica o sentimento pessoal que anima a atitude do autor*" (STF — Rel. Décio Miranda — *RJT* 111/288); "*Cuidando-se de crime de prevaricação, é inepta a denúncia que não especifica o interesse ou sentimento pessoal que o autor buscou satisfazer, por infringência ao art. 41 do CPP*" (STJ — Rel. Costa Leite — *RSTJ* 7/108); "*Não é suficiente que a denúncia, cuidando de delito de prevaricação, afirme, genericamente, que o acusado agiu para a satisfação de interesse pessoal. É preciso que o especifique e consigne, de forma expressa, em que consistiu tal interesse, sob pena de inépcia*" (Tacrim-SP — Rel. Camargo Sampaio — *RT* 578/361).

O pequeno **atraso** no serviço por preguiça ou desleixo não constitui, por si só, o crime de prevaricação, podendo configurar infração administrativa. Nesse sentido: "*O erro, a simples negligência, apenas poderão determinar a responsabilidade civil ou legitimar sanções de outra natureza. Para caracterizar o delito exige-se o propósito deliberado, a intenção direta*" (STF — RE 10.351 — Rel. Orozimbo Nonato — 2ª Turma — *RF* 120/357). Caso, entretanto, fique demonstrado que o funcionário, por preguiça, deixa efetivamente de realizar suas funções, comete o crime, como, por exemplo, o Oficial de Justiça que não vai procurar as testemunhas para serem intimadas para ficar jogando cartas. Neste caso não houve mero atraso, pois o Oficial não intimou as testemunhas para a audiência.

As condutas típicas são três:

a) retardar: atrasar por tempo considerável;

b) deixar de praticar: omitir por completo;

c) **praticar:** realizar, levar a efeito o ato.

Nas duas primeiras modalidades, basta que a conduta ocorra **indevidamente** (elemento normativo), enquanto na última exige o tipo penal que o ato seja praticado **contra expresso texto de lei (norma penal em branco)**. É sempre necessário, de qualquer forma, que o funcionário queira satisfazer sentimento ou interesse pessoal (elemento subjetivo do tipo).

A conduta pode se referir a qualquer **ato de ofício**, assim entendido todo aquele que se encontra dentro da esfera de atribuição do agente.

■ 11.1.15.3. Sujeito ativo

Qualquer funcionário público.

■ 11.1.15.4. Sujeito passivo

O Estado e a pessoa eventualmente prejudicada pela ação ou omissão funcional.

■ 11.1.15.5. Consumação

No exato instante em que o funcionário omite, retarda ou pratica o ato de ofício, independentemente de qualquer resultado (efetiva satisfação do interesse ou sentimento pessoal). Cuida-se de crime **formal**.

■ 11.1.15.6. Tentativa

Possível apenas na modalidade comissiva.

■ 11.1.15.7. Distinção

O crime em estudo não se confunde com a **corrupção passiva privilegiada**, em que o agente age ou deixa de agir **cedendo a pedido ou influência de outrem**. Na prevaricação não existe este pedido ou influência. O agente toma a iniciativa de agir ou se omitir para **satisfazer interesse ou sentimento pessoal**. Assim, se um fiscal flagra um desconhecido cometendo irregularidade e deixa de autuá-lo em razão de insistentes pedidos deste, há corrupção passiva privilegiada, mas, se o fiscal deixa de autuar porque percebe que a pessoa é um antigo amigo, configura-se a prevaricação.

■ 11.1.15.8. Ação penal

É pública incondicionada, de competência do Juizado Especial Criminal.

■ 11.1.15.9. Classificação doutrinária

CLASSIFICAÇÃO DOUTRINÁRIA				
■ Simples quanto à objetividade jurídica	■ Próprio e de concurso eventual quanto ao sujeito ativo	■ De ação livre e comissivo ou omissivo quanto aos meios de execução	■ Instantâneo e formal quanto ao momento consumativo	■ Doloso quanto ao elemento subjetivo

▪ *11.1.15.10. Figura equiparada — omissão do dever de vedar acesso a telefone móvel ou rádio a pessoa presa*

A Lei n. 11.466/2007 inseriu no art. 319-A uma nova figura criminosa, com a mesma pena da prevaricação, exceto multa, para punir o diretor de penitenciária e/ou agente público que se omite em seu dever de vedar ao preso o acesso a aparelho telefônico, de rádio ou similar, que permita a comunicação com outros presos ou com o ambiente externo. Devido ao local em que este dispositivo foi inserido no Código Penal, alguns autores se referem à infração penal como **"prevaricação imprópria"**.

A necessidade de inserção desse dispositivo no Código Penal deveu-se à constatação por parte do legislador de que enorme número de presos vinham tendo acesso a telefones celulares com os quais comandavam suas organizações criminosas de dentro das cadeias, cometiam crimes (tráfico de drogas, homicídios, extorsões, estelionatos, extorsões mediante sequestro) e organizavam fugas.

O crime é **próprio** e só pode ser cometido por **diretor de penitenciária ou agente penitenciário**. A conduta típica é exclusivamente **omissiva**. Caso o funcionário introduza o aparelho no presídio, incorre no crime do **art. 349-A** do Código. Caso se omita ou **introduza** o aparelho no presídio em troca **de vantagem indevida**, responde por **corrupção passiva**.

A consumação se dá no momento em que o preso tem acesso ao aparelho como consequência da **omissão do funcionário**, e a tentativa não é **possível**.

▪ 11.1.16. Condescendência criminosa

> **Art. 320.** Deixar o funcionário, por indulgência, de responsabilizar subordinado que cometeu infração no exercício do cargo ou, quando lhe falte competência, não levar o fato ao conhecimento da autoridade competente:
> Pena — detenção, de quinze dias a um mês, ou multa.

▪ *11.1.16.1. Objetividade jurídica*

A probidade e a regularidade administrativa.

▪ *11.1.16.2. Tipo objetivo*

Tendo um funcionário público, no exercício de suas funções, cometido infração administrativa ou penal que deva ser objeto de apuração na esfera da Administração, constituirá crime a omissão por parte de seu **superior hierárquico** que, por **clemência** ou **tolerância**, **deixe** de tomar as providências a fim de **responsabilizá-lo**.

A lei incrimina duas condutas, ambas de caráter omissivo:

a) deixar o superior hierárquico de **responsabilizar** o funcionário autor da infração;

b) deixar o superior hierárquico de levar o fato ao **conhecimento** da autoridade competente, quando lhe falte autoridade para punir o funcionário infrator.

Deve-se ressaltar novamente que o crime de condescendência criminosa pressupõe que o agente, **ciente da infração do subordinado** e por **indulgência** (clemência, tolerância), **deixe de atuar**. Se a motivação for outra, poderão estar caracterizados delitos diversos, como a prevaricação ou a corrupção passiva, se a intenção do funcionário tiver sido, respectivamente, a satisfação de interesse ou sentimento pessoal ou a obtenção de alguma vantagem indevida.

■ *11.1.16.3. Sujeito ativo*

O **superior hierárquico** que, dolosamente, se omite. O funcionário beneficiado **não** responde pelo delito.

■ *11.1.16.4. Sujeito passivo*

O Estado.

■ *11.1.16.5. Consumação*

Quando o superior toma conhecimento da infração e não promove de imediato a responsabilização do infrator ou não comunica o fato à autoridade competente.

■ *11.1.16.6. Tentativa*

É inadmissível, pois se trata de crime omissivo próprio.

■ *11.1.16.7. Ação penal*

É pública incondicionada, de competência do Juizado Especial Criminal.

■ 11.1.17. Advocacia administrativa

> **Art. 321.** Patrocinar, direta ou indiretamente, interesse privado perante a administração pública, valendo-se da qualidade de funcionário:
> Pena — detenção, de um a três meses, ou multa.
> Parágrafo único. Se interesse é ilegítimo:
> Pena — detenção, de três meses a um ano, além da multa.

■ *11.1.17.1. Objetividade jurídica*

A moralidade administrativa.

■ *11.1.17.2. Tipo objetivo*

A infração se configura quando um funcionário público, **valendo-se de sua condição** (de seu prestígio perante outros funcionários, de sua amizade etc.), defende interesse alheio, legítimo ou ilegítimo, perante a Administração Pública. Se o interesse for ilegítimo, será aplicada a qualificadora descrita no parágrafo único.

No crime em análise, o agente pleiteia, advoga junto a companheiros ou superiores, o interesse particular. "*Caracteriza-se a advocacia administrativa pelo patrocínio (valendo-se da qualidade de funcionário) de interesse privado alheio perante a Administração Pública. Patrocinar corresponde a defender, pleitear, advogar junto a companheiros e superiores hierárquicos, o interesse particular*" (TJSP — Rel. Silva Lema — *RJTJSP* 13/443). O delito pode ser cometido de forma verbal ou por escrito e estará configurado sempre que ficar demonstrado que o funcionário fez uso de seu cargo com a finalidade de beneficiar um particular.

É desnecessário que o fato ocorra na própria repartição em que trabalha o agente, podendo ele valer-se de sua qualidade de funcionário para pleitear favores em qualquer esfera da Administração.

Nos termos do dispositivo, não existe a infração penal quando o funcionário patrocina **interesse próprio** ou de outro **funcionário público**.

Para a configuração do delito, é indiferente que o funcionário tenha realizado a conduta pessoalmente ou por interposta pessoa, uma vez que a lei pune a advocacia administrativa efetivada **direta** ou **indiretamente**. Tampouco se exige que vise obter alguma vantagem pessoal ou econômica, requisitos que não constam do tipo penal.

Quando o funcionário patrocina, direta ou indiretamente, interesse privado perante a administração fazendária, valendo-se de sua qualidade, configura-se crime especial descrito no art. 3º, III, da Lei n. 8.137/90 (crime contra a ordem tributária), que tem pena bem mais severa — reclusão, de 1 a 4 anos, e multa.

■ 11.1.17.3. *Sujeito ativo*

Deve ser funcionário público, porém responde também pelo delito o particular que o auxilia. Apesar do nome do delito (*advocacia administrativa*), não é necessário que seja cometido por advogado.

■ 11.1.17.4. *Sujeito passivo*

O Estado.

■ 11.1.17.5. *Consumação*

No momento em que o agente realiza o ato de patrocinar o interesse alheio, por escrito ou oralmente, ainda que não obtenha êxito em beneficiar o particular. Trata-se de crime **formal**.

■ 11.1.17.6. *Tentativa*

É admissível.

■ 11.1.17.7. *Ação penal*

É pública incondicionada, de competência do Juizado Especial Criminal, tanto na forma simples como na qualificada.

11.1.18. Violência arbitrária

> **Art. 322.** Praticar violência, no exercício de função ou a pretexto de exercê-la:
> Pena — detenção, de seis meses a três anos, além da pena correspondente à violência.

Havia controvérsia quanto à revogação deste dispositivo pela Lei n. 4.898/65 (antiga Lei de abuso de autoridade). Damásio de Jesus,[258] Heleno Cláudio Fragoso,[259] Rogério Greco,[260] Guilherme de Souza Nucci[261] e Luiz Regis Prado,[262] dentre outros, entendiam ter havido a revogação por haver crime específico na referida Lei. Magalhães Noronha,[263] Cezar Roberto Bitencourt[264] e Paulo José da Costa Júnior,[265] de outro lado, entendiam que o crime ainda estava em vigor. No Superior Tribunal de Justiça entendia-se que o delito ainda estava em vigor: "*O crime de violência arbitrária não foi revogado pelo disposto no artigo 3º, alínea 'i', da Lei de Abuso de Autoridade. Precedentes da Suprema Corte. 2. Ordem denegada*" (HC 48.083/MG — Rel. Min. Laurita Vaz — 5ª Turma — julgado em 20-11-2007 — *DJe* 7-4-2008).

A Lei n. 13.869/2019 (nova Lei de Abuso de Autoridade) expressamente revogou a Lei n. 4.898/65 e não tipificou a violência arbitrária, de modo que a interpretação a ser dada é a de que o delito ainda está em vigor.

11.1.18.1. Objetividade jurídica

A probidade e a moralidade administrativa, bem como a incolumidade física dos cidadãos.

11.1.18.2. Tipo objetivo

A conduta incriminada é praticar violência, ou seja, empregar força física contra pessoa (ou pessoas) no exercício da função ou a pretexto de exercê-la. É evidente que o fato somente configura infração penal se a agressão ocorrer de forma arbitrária, isto é, sem justa causa. Quando um policial emprega força física para prender alguém que se encontra em flagrante delito ou para defender outra pessoa não incorre, obviamente, no delito em estudo.

O crime de violência arbitrária se aperfeiçoa ainda que as vítimas da agressão não sofram lesões. Caso, entretanto, alguma delas sofra lesão ou morra, o agente responderá também pelos crimes de lesões corporais ou homicídio, já que tal autonomia entre as infrações penais consta expressamente do preceito secundário do art. 322.

---

[258] Damásio de Jesus, *Código Penal anotado*, p. 993.
[259] Heleno Cláudio Fragoso, *Lições de direito penal*. Parte especial, v. II, p. 439.
[260] Rogério Greco, *Código Penal comentado*, p. 772.
[261] Guilherme de Souza Nucci, *Código Penal comentado*, p. 1.353.
[262] Luiz Regis Prado, *Comentários ao Código Penal*, p. 1.072.
[263] Magalhães Noronha, *Direito penal*, v. 4, p. 272.
[264] Cezar Roberto Bitencourt, *Tratado de direito penal*, v. 5, p. 157.
[265] Paulo José da Costa Júnior, *Curso de direito penal*, p. 910.

■ *11.1.18.3. Sujeito ativo*

Trata-se de crime próprio, que só pode ser cometido por funcionário público no desempenho da função ou a pretexto de exercê-la.

■ *11.1.18.4. Sujeito passivo*

O Estado e as pessoas que sofram a violência arbitrária.

■ *11.1.18.5. Consumação*

No momento em que a vítima sofre a violência física, ainda que não sofra lesão.

■ *11.1.18.6. Tentativa*

É possível.

■ *11.1.18.7. Ação penal*

Pública incondicionada.

■ 11.1.19. Abandono de função

> **Art. 323.** Abandonar cargo público, fora dos casos permitidos em lei:
> Pena — detenção, de quinze dias a um mês, ou multa.
> § 1º Se do fato resulta prejuízo público:
> Pena — detenção, de três meses a um ano, e multa.
> § 2º Se o fato ocorre em lugar compreendido na faixa de fronteira:
> Pena — detenção, de um a três anos.

■ *11.1.19.1. Objetividade jurídica*

Protege a lei nesse dispositivo a **regularidade** e o **normal funcionamento** das atividades públicas, no sentido de evitar que os funcionários públicos abandonem seus cargos de forma a gerar perturbação ou até mesmo a paralisação do serviço público.

■ *11.1.19.2. Tipo objetivo*

Abandonar significa deixar o cargo. Para que esteja configurado o abandono, é necessário que o agente se afaste do seu cargo por **tempo juridicamente relevante**, de forma a colocar em risco a regularidade dos serviços prestados. Assim, não há crime na falta eventual, bem como no desleixo na realização de parte do serviço, que caracterizam apenas falta funcional, punível na esfera administrativa. A propósito: "*Abandono de função. Delito caracterizado. Acusado que, nomeado, compromissado e empossado no cargo público, deixa, porém, de exercê-lo. Prejuízo acarretado à regularidade da função. Condenação mantida. Inteligência do art. 323. Se depois de empossado, não chega o acusado a exercer, por vontade própria, o cargo para o* *qual foi nomeado, abandonando a função pública com prejuízo para a Administração, incide nas disposições do art. 323 do CP*" (Tacrim-SP — Rel. Hoeppner Dutra — *RT* 388/289); "*Delito caracterizado em tese. Acusado que se ausentou por mais de trinta dias, sem motivo de força maior ou estado de necessidade, da função pública. Escrevente do Poder Judiciário. Prejuízo daí resultante ao serviço da repartição. Justa causa para ação penal.* Habeas corpus *denegado. Inteligência do art. 323 do CP. O crime de abandono de função consuma-se sempre que a ausência injustificada do funcionário público perdure por tempo suficiente para criar a possibilidade de dano*" (TJSP — Rel. Hoeppner Dutra — *RT* 522/358).

Não há crime, por sua vez, quando a ausência se dá nos casos permitidos em lei, como, por exemplo, com autorização da autoridade competente, para prestação de serviço militar.

Por se tratar de crime doloso, não se configura quando o abandono ocorre em razão de força maior (prisão, doença etc.).

A doutrina tem sustentado também que não existe crime na suspensão, ainda que prolongada, do trabalho por parte de funcionário público — mesmo que de função essencial — quando se trata de ato coletivo na luta por reivindicações da categoria, ou seja, nos casos de greve (enquanto não declarada ilegal).

O funcionário que já entrou com requerimento de aposentadoria ou exoneração pode cometer o crime, caso o pedido ainda não tenha sido deferido.

■ 11.1.19.3. *Sujeito ativo*

Apesar de o delito ter o nome de "abandono de função", percebe-se pela descrição típica que o crime somente existe com o abandono de **cargo**, não prevalecendo a regra do art. 327 do Código Penal, que define funcionário público como ocupante de cargo, emprego ou função pública. Assim, pode-se concluir que sujeito ativo desse crime pode ser apenas quem ocupa **cargo** público (criado por lei, com denominação própria, em número certo e pago pelos cofres públicos).

■ 11.1.19.4. *Sujeito passivo*

O Estado.

■ 11.1.19.5. *Consumação*

Com o abandono do cargo por tempo juridicamente relevante, ainda que não decorra efetivo prejuízo para a Administração. Trata-se de crime **formal**. Aliás, o § 1º estabelece uma forma **qualificada**, quando o abandono traz como consequência **prejuízo ao erário**.

■ 11.1.19.6. *Tentativa*

Por se tratar de crime omissivo não admite a tentativa.

■ 11.1.19.7. *Figura qualificada em razão do local da infração*

A pena aplicada para o delito será consideravelmente maior se o fato ocorrer em lugar compreendido na faixa de fronteira (faixa de 150 quilômetros ao longo das fronteiras nacionais — art. 1º da Lei n. 6.634/79), nos termos do art. 323, § 2º.

■ 11.1.19.8. *Ação penal*

É pública incondicionada, de competência do Juizado Especial Criminal, exceto na figura qualificada do § 2º, em que a pena máxima supera dois anos.

■ 11.1.20. Exercício funcional ilegalmente antecipado ou prolongado

> **Art. 324.** Entrar no exercício de função pública antes de satisfeitas as exigências legais, ou continuar a exercê-la, sem autorização, depois de saber oficialmente que foi exonerado, removido, substituído ou suspenso:
> Pena — detenção, de quinze dias a um mês, ou multa.

■ 11.1.20.1. *Objetividade jurídica*

Resguardar a regularidade na prestação dos serviços pela Administração Pública, evitando o desempenho de funções por quem não preenche os requisitos legais.

■ 11.1.20.2. *Tipo objetivo*

A lei prevê duas figuras típicas:

a) Entrar no exercício da função pública antes de satisfeitas as exigências legais. Essa forma de delito acontece quando o agente já foi nomeado, mas ainda não pode exercer legalmente as funções — por restarem exigências a serem observadas, como, por exemplo, a realização de exame médico ou a posse —, mas, apesar disso, começa a praticar os atos inerentes à função. Trata-se de norma penal em branco, porque o tipo penal pressupõe complemento pela legislação correspondente que indique quais "exigências legais" foram desrespeitadas.

b) Continuar a exercer as funções públicas depois de saber oficialmente que foi exonerado, removido, substituído ou suspenso. Para que essa forma de delito se configure, exige-se que o agente tenha sido **comunicado oficialmente** de que não mais poderá exercer as funções e, contrariando a determinação, continue a exercê-las. É necessária a comunicação pessoal ao funcionário, não bastando a comunicação via Diário Oficial. "*Crime contra a Administração Pública. Exercício funcional ilegalmente antecipado ou prolongado. Escrivão de Cartório de Notas que recebe custas e emolumentos quando se achava suspenso da função. Condenação mantida. Inteligência do art. 324 do CP. A disposição prevista no art. 324 do CP tem fundamento na confiança que a parte deve depositar no Estado-administração, do qual o funcionário é representante. Se já não o representa mais, por qualquer motivo de afastamento, o Estado não pode garantir à parte* *que o ato seja escorreito, passível que é de anulação*" (Tacrim-SP — Rel. Edmeu Carmesini — *RT* 585/330).

Veja-se que a própria lei ressalva não haver crime quando existir **autorização superior** para o funcionário continuar exercendo temporariamente as funções após a remoção, suspensão etc.

A doutrina entende que não há crime no ato de continuar exercendo as funções após ter entrado em férias ou licença. Com efeito, a expressão "depois de saber oficialmente que foi substituído" diz respeito à substituição de caráter não transitório.

Por fim, por ausência de expressa previsão legal, não constitui crime a conduta de continuar indevidamente a praticar as funções públicas após a **aposentadoria** porque a punição em tal caso seria fruto de analogia *in malam partem*.

O crime em estudo exige **dolo direto**. Não se punem as condutas culposas ou revestidas de dolo eventual, pois se exige que o agente **saiba da ilegalidade** de que se reveste sua conduta. O fim do agente ao antecipar ou prolongar o exercício das funções é **irrelevante**, não afastando a responsabilidade penal a alegação de querer auxiliar a Administração Pública. Evidentemente, entretanto, estará afastado o crime se houver estado de necessidade.

■ 11.1.20.3. *Sujeito ativo*

O crime em tela só pode ser praticado por funcionário público — que se antecipa ou prolonga nas funções. Quando particular pratica ato de ofício de funcionário público, comete outro crime, chamado usurpação de função pública (art. 328).

■ 11.1.20.4. *Sujeito passivo*

O Estado.

■ 11.1.20.5. *Consumação*

Com a prática de algum ato inerente à função pública.

■ 11.1.20.6. *Tentativa*

É possível.

■ 11.1.20.7. *Ação penal*

É pública incondicionada, de competência do Juizado Especial Criminal.

■ 11.1.21. Violação de sigilo funcional

> **Art. 325.** Revelar fato de que tem ciência em razão do cargo e que deva permanecer em segredo ou facilitar-lhe a revelação:
> Pena — detenção, de seis meses a dois anos, ou multa, se o fato não constitui crime mais grave.

11.1.21.1. *Objetividade jurídica*

Resguardar o regular funcionamento da Administração Pública, que pode ser prejudicado pela revelação de certos segredos. Por isso, será punido o funcionário público que revelar ou facilitar a revelação desses segredos, desde que deles tenha tido conhecimento em razão de seu cargo.

11.1.21.2. *Tipo objetivo*

A conduta de **revelar** segredo caracteriza-se quando o funcionário público intencionalmente dá conhecimento de seu teor a terceiro, por escrito, verbalmente, mostrando documentos etc. Já a conduta de **facilitar a divulgação** de segredo, também chamada de divulgação indireta, dá-se quando o funcionário, querendo que o fato chegue a conhecimento de terceiro, adota determinado procedimento que torna a descoberta acessível a outras pessoas, como ocorre no clássico exemplo de deixar anotações ou documentos em local que possam ser facilmente vistos por outras pessoas.

O segredo a que se refere esse dispositivo é aquele cujo conhecimento é limitado a **número determinado** de pessoas e cuja divulgação afronte o interesse público pelas consequências que possam advir.

O delito em análise é **doloso** — intenção livre e consciente de revelar o sigilo funcional. Não admite a forma culposa.

Até o advento da Lei n. 12.550/2011, uma hipótese muito comum desse crime era a divulgação, por parte de servidor público, do conteúdo de provas de concurso a alguns candidatos, antes da realização do exame. Atualmente, contudo, tal conduta configura o crime de fraude em certame de interesse público, agravado pelo fato de ser praticado por funcionário público (art. 311-A, § 3º, do CP).

Pode-se mencionar como exemplo do delito em estudo a divulgação, por parte de funcionário do Poder Judiciário, de informações relativas a processo no qual tenha sido decretado segredo de justiça. Já a divulgação de segredo de justiça relativo a interceptação telefônica, telemática ou informática decretadas judicialmente configura crime mais grave, previsto no art. 10 da Lei n. 9.296/96.

O art. 3º, § 2º, da Lei n. 11.671/2008, dispõe que os estabelecimentos penais **federais** de segurança máxima deverão dispor de monitoramento de áudio e vídeo no parlatório e nas áreas comuns, para fins de preservação da ordem interna e da segurança pública, vedado seu uso nas celas e no atendimento advocatício, salvo expressa autorização judicial em sentido contrário. A violação dessas regras — com a divulgação ilegal do conteúdo — configura o crime do art. 325, conforme determina expressamente o art. 3º, § 5º, da Lei n. 11.671/2008, com a redação dada pela Lei n. 13.964/2019.

11.1.21.3. *Sujeito ativo*

Apenas o funcionário público que teve ciência do segredo em razão do cargo pode ser sujeito ativo. Predomina na doutrina o entendimento de que mesmo o funcionário **aposentado** ou **afastado** pode cometer o delito, pois o interesse público na manutenção do sigilo permanece. O crime admite a coautoria e também a participação — de outro funcionário público ou de particular que colabore para que a divulgação inicial ocorra. A doutrina, contudo, salienta que o particular que se limita a tomar conhecimento do fato divulgado não comete o delito, ainda que posteriormente relate o segredo a outras pessoas.

A revelação de segredo profissional por quem **não é funcionário público** constitui crime de outra natureza, previsto no art. 154 do Código Penal.

■ 11.1.21.4. Sujeito passivo

O sujeito passivo é sempre o Estado e, eventualmente, o particular que possa sofrer prejuízo, material ou moral, com a revelação do sigilo.

■ 11.1.21.5. Consumação

No momento em que terceiro, funcionário público ou particular, que não podia tomar conhecimento do segredo, dele toma ciência. Trata-se de crime **formal**, cuja caracterização independe da ocorrência de prejuízo.

■ 11.1.21.6. Tentativa

É admitida, exceto na forma oral.

■ 11.1.21.7. Subsidiariedade explícita

O art. 325, ao cuidar da pena, expressamente estabelece sua absorção quando o fato constitui crime mais grave, por exemplo, crime contra a segurança nacional (arts. 13, 14 e 21 da Lei n. 7.170/83), fraude em procedimento licitatório com divulgação antecipada de propostas (art. 94 da Lei n. 8.666/93), crime contra o sistema financeiro (art. 18 da Lei n. 7.492/86), crime de quebra de sigilo de interceptação telefônica, telemática ou informática (art. 10 da Lei n. 9.296/96) etc.

Se o funcionário tiver recebido dinheiro para revelar o segredo, incorrerá no crime de corrupção passiva (art. 317).

■ 11.1.21.8. Figuras equiparadas

A Lei n. 9.983/2000 criou no § 1º do art. 325 algumas infrações penais equiparadas, punindo com as mesmas penas do *caput* quem:

a) permite ou facilita, mediante atribuição, fornecimento e empréstimo de senha ou qualquer outra forma, o acesso de pessoas não autorizadas a sistemas de informações ou banco de dados da Administração Pública (inc. I);

b) se utiliza, indevidamente, do acesso restrito a tais informações (inc. II).

■ 11.1.21.9. Figura qualificada

O § 2º do art. 325 estabelece uma qualificadora, prevendo pena de reclusão, de dois a seis anos, e multa, se da ação ou omissão resultar **dano** à Administração ou a terceiro. Como o tipo penal não faz restrição, o dano não precisa ser necessariamente patrimonial. Abrange tanto o prejuízo para a Administração como para terceiros.

▪ *11.1.21.10. Ação penal*

É pública incondicionada, de competência do Juizado Especial Criminal, exceto na forma qualificada em que a pena máxima é superior a 2 anos.

▪ 11.1.22. Violação do sigilo de proposta de concorrência

> **Art. 326.** Devassar o sigilo de proposta de concorrência pública, ou proporcionar a terceiro o ensejo de devassá-lo:
> Pena — detenção, de três meses a um ano, e multa.

Esta infração penal nada mais é do que uma violação de segredo funcional que se refere especificamente a sigilo quanto a proposta de concorrência pública. Tal dispositivo, contudo, foi tacitamente revogado pelo art. 94 da Lei n. 8.666/93 — Lei de Licitações, que tem uma redação mais abrangente, punindo com detenção, de dois a três anos, e multa, qualquer devassa em sigilo envolvendo procedimento.

▪ 11.1.23. Questões

1. (Procurador da República — 17° concurso) Os crimes funcionais:

a) circunscrevem-se ao Código Penal.
b) não se aplicam a particular.
c) quando impróprios, ausente a condição de funcionário público, a conduta é atípica.
d) quando impróprios, ausente condição de funcionário público, opera-se a desclassificação para outro delito.

2. (Magistratura/SP — 174° concurso) Em relação aos crimes praticados por particular e funcionário público contra a Administração em geral, assinale a alternativa correta:

a) O descumprimento, por autoridade administrativa, de sentença proferida em Mandado de Segurança, não configura, sequer em tese, o crime de prevaricação (art. 319 do Código Penal).
b) Havendo, no crime de concussão (art. 316 do Código Penal), ameaça explícita ou implícita, são inconciliáveis, no mesmo fato, a existência desse delito e o de corrupção ativa (art. 333 do Código Penal) praticado pelo particular.
c) Para sua caracterização, o crime de peculato, na modalidade culposa (art. 312, § 2°, do Código Penal), não reclama a existência de nexo causal entre o comportamento culposo do funcionário e o crime cometido por outra pessoa.
d) Se o funcionário deixa de praticar ato de ofício, com infração de dever funcional, cedendo a pedido ou influência de outrem, comete o delito de condescendência criminosa (art. 320 do Código Penal).

3. (Ministério Público/SP — 81° concurso) Bruno, previamente ajustado com Eduardo, subtrai dinheiro de entidade paraestatal, valendo-se da facilidade que lhe proporciona o cargo que nela exerce, circunstância, entretanto, desconhecida de Eduardo. Mais tarde, em local seguro, dividem o produto do crime, quando são surpreendidos pela Polícia e presos em flagrante, sendo apreendido todo o dinheiro subtraído, enfim devolvido à vítima. Entende-se que:

a) Bruno e Eduardo cometeram peculato consumado.
b) Bruno cometeu peculato e Eduardo cometeu furto, consumados.
c) Bruno e Eduardo cometeram furto tentado.
d) Bruno e Eduardo cometeram furto consumado.
e) Bruno cometeu apropriação indébita e Eduardo cometeu furto.

4. (Magistratura/SP — 172º concurso) Funcionário público A. deixa, propositadamente, a porta do prédio da repartição aberta, sabendo que seu amigo B. irá nele penetrar e subtrair objetos valiosos da Administração. Neste caso:

a) A. responderá por peculato-furto e B. por peculato-apropriação.
b) ambos responderão por peculato-furto.
c) A. responderá por peculato culposo e B. por peculato-furto.
d) A. responderá por peculato-apropriação e B. por furto simples.

5. (Magistratura/SP — 2015) Profissional nomeado pela assistência judiciária para atuar como defensor dativo ingressa com ação contra o INSS, em favor da parte para a qual foi constituído, e posteriormente faz o levantamento do valor devido. Contudo, não repassou o dinheiro à parte, cometendo o delito de

a) apropriação indébita, uma vez que tinha a posse ou detenção do numerário.
b) prevaricação, considerando que retardou ou deixou de praticar, indevidamente, ato de ofício.
c) furto mediante fraude, pois abusou da confiança da vítima.
d) peculato, tendo em vista apropriar-se de dinheiro ou valor de que tem a posse em razão do cargo.

6. (Magistratura Federal/3ª Região — 6º concurso) Agentes policiais exigem de pessoa suspeita vantagem indevida, consistente na emissão de dois cheques. Antes do seu pagamento, porém, os cheques são sustados no banco sacado, por ordem do emitente. Nesse caso, aqueles funcionários públicos:

a) cometeram o crime consumado de concussão.
b) cometeram o crime de concussão, na forma tentada, pois o recebimento da vantagem ilícita não se consumou.
c) cometeram o crime de corrupção passiva, porque lhes foi feita a entrega dos cheques.
d) não cometeram crime algum, mas mera irregularidade administrativa, tendo em vista que os cheques exigidos foram entregues mas não foram pagos.

7. (Ministério Público — 83º concurso) Um jurado, depois de sorteado pelo Juiz Presidente do Tribunal do Júri para participar de um julgamento, foi aceito pelas partes. Antes de se dirigir para seu lugar no plenário, exige de familiares do réu, que estão ao seu lado, vantagem indevida para não votar em desfavor do acusado. Entretanto, não obtém sucesso em sua investida, pois as pessoas abordadas levam o caso ao conhecimento do Juiz e do Promotor de Justiça, que tomam as providências cabíveis. Como consequência, referido jurado:

a) não responde por nenhum crime, pois o fato é atípico, já que não gerou nenhuma consequência.
b) responde por extorsão, crime formal, pois, como não assumiu a função não é equiparado a funcionário público, e agiu com o intuito de obter indevida vantagem econômica.
c) responde por concussão, pois é equiparado a funcionário público e o crime, por ser formal, se consumou.
d) responde por tentativa de concussão, pois não conseguiu a vantagem indevida exigida.
e) responde por tentativa de corrupção passiva, pois sua conduta foi levada ao conhecimento das autoridades, impedindo a obtenção da vantagem indevida.

8. (Ministério Público — 82º concurso) Leia as afirmações que seguem:

I. Para configuração do crime de corrupção passiva, na modalidade solicitar vantagem indevida, é necessário que a solicitação do funcionário seja correspondida pelo *extraneus*.
II. No mesmo crime, na aceitação de promessa de vantagem pelo funcionário público, é o particular promitente quem tem a iniciativa, e este comete o crime de corrupção ativa.

Pode-se dizer que:

a) as duas afirmações mostram-se irreais.
b) ambas as afirmações se apresentam corretas.

c) está errada somente a afirmação I.
d) está errada somente a afirmação II.
e) a afirmação II é parcialmente correta e a afirmação I é inteiramente certa.

9. (Magistratura Federal/1ª Região) Qual o crime praticado pelo funcionário público que exige de um particular indevida vantagem, mediante violência?

a) Corrupção ativa.
b) Concussão.
c) Extorsão.
d) Corrupção passiva.

10. (OAB/SP — 121º exame — VUNESP) Dos crimes praticados por funcionário público contra a Administração em geral, como se tipifica o crime de prevaricação?

a) Solicitar ou receber, para si ou para outrem, direta ou indiretamente, ainda que fora da função ou antes de assumi-la, mas em razão dela, vantagem indevida, ou aceitar promessa de tal vantagem.
b) Apropriar-se o funcionário público de dinheiro, valor ou qualquer outro bem móvel, público ou particular, de que tem a posse em razão do cargo, ou desviá-lo, em proveito próprio ou alheio.
c) Exigir, para si ou para outrem, direta ou indiretamente, ainda que fora da função ou antes de assumi-la, mas em razão dela, vantagem indevida.
d) Retardar ou deixar de praticar, indevidamente, ato de ofício, ou praticá-lo contra disposição expressa de lei, para satisfazer interesse ou sentimento pessoal.

11. (Magistratura/SP — 170º concurso) Policarpo, que exerce a chefia numa repartição pública municipal, surpreendeu o funcionário Belarmino no momento em que ele furtava material do almoxarifado, mas, movido por um sentimento de compaixão, deixou de responsabilizar o subordinado. Que infração penal teria o chefe cometido?

a) Favorecimento pessoal.
b) Prevaricação.
c) Omissão de comunicação de crime.
d) Condescendência criminosa.

12. (Ministério Público/PI — 2007) Funcionário público, valendo-se da facilidade que proporciona a ele a qualidade de funcionário público, subtrai, em proveito próprio, bem particular que se encontra na repartição pública e da qual não tem posse. Considerando a assertiva acima, assinale a alternativa correta.

a) O coautor não enquadrável no conceito de funcionário público (CP, art. 327) responderá, necessariamente, por crime contra o patrimônio.
b) O funcionário e o coautor respondem pelo crime de furto.
c) Não se trata de crime contra a Administração Pública.
d) O coautor não enquadrável no conceito de funcionário público (CP, art. 327) poderá responder por crime contra a Administração Pública.
e) Os crimes contra a Administração Pública não admitem a forma culposa.

13. (Ministério Público/PI) Lépido, exercendo o *munus publico* de inventariante, tomou para si um computador dos bens deixados pelo *de cujus*, e do qual tinha posse em razão da referida condição. Lépido cometeu, em tese, o crime de:

a) roubo.
b) desvio de bem.
c) apropriação indébita.
d) peculato.
e) furto qualificado.

14. (Ministério Público/PR) Assinale a alternativa *correta*:

a) considera-se equiparado a funcionário público para efeitos penais quem trabalha para empresa prestadora de serviço contratada ou conveniada para a execução de atividade típica da Administração Pública.

b) o crime previsto no art. 343 do Código Penal, tipificando as condutas de "dar, oferecer ou prometer dinheiro ou qualquer outra vantagem a testemunha, perito, contador, tradutor ou intérprete, para fazer afirmação falsa, negar ou calar a verdade em depoimento, perícia, cálculos ou interpretação", aplica-se apenas caso o corrompido exerça a função como titular de específico cargo público, como os peritos oficiais.

c) incrimina-se no art. 359-G do Código Penal a conduta de *ordenar*, *autorizar* ou *executar* ato que acarrete aumento de despesa total com pessoal, nos 180 (cento e oitenta) dias anteriores ao final do mandato ou da legislatura, consumando-se o delito com a prática de qualquer das condutas típicas, desde que concretizado efetivo prejuízo material para a Administração Pública.

d) não é punível a calúnia contra os mortos, embora possa sê-lo contra a pessoa jurídica, cuja ofensa reputa-se feita aos que a representam ou dirigem, ou desde que a imputação diga respeito à prática de crime ambiental, previsto na Lei 9.605/98.

e) o tipo culposo retratado no § 3º do art. 180 do Código Penal é aberto, pois o legislador especificou os indícios objetivos da culpa, consubstanciados nas expressões "por sua natureza, pela desproporção entre o valor e o preço, ou pela condição de quem a oferece".

15. (Ministério Público/PR) Assinale a alternativa correta:

a) uma banda de rock que, em suas músicas, incentiva o uso de *cannabis sativa* (maconha) não pratica crime algum, haja vista o princípio constitucional da liberdade de expressão.

b) o fato de o administrador público deixar de ordenar o cancelamento do montante de restos a pagar inscrito em valor superior ao permitido em lei é mera infração administrativa, não caracterizando nenhum crime previsto no Código Penal Brasileiro.

c) quem remarca número de chassi de automóvel pratica o crime de falsidade ideológica, do art. 299, do Código Penal.

d) o fato de o funcionário público ocupar cargo em comissão em órgão da administração direta representa uma qualificadora dos crimes por ele praticados contra a administração pública.

e) sempre que se verificar a ocorrência de um crime de corrupção ativa verificar-se-á, também, o crime de corrupção passiva.

16. (Cartório/SP — 2011) O crime de concussão, art. 316 do Código Penal, é:

a) crime formal.
b) crime material.
c) crime habitual.
d) crime de conduta especial.

17. (Cartório/SP — 2011) O funcionário público processado criminalmente por crime funcional tem direito às regras do art. 514 do Código de Processo Penal, defesa preliminar,

a) quando for maior de 60 anos.
b) somente se não for reincidente.
c) quando, tendo praticado mais de um crime, a soma das penas não ultrapasse 4 anos de reclusão.
d) sempre que o delito for afiançável.

18. (Magistratura/SP — 2011) Antônio, funcionário público, exige de Pedro, para si, em razão da função, vantagem indevida, consistente em certa quantia em dinheiro. Pedro concorda com a exigência e combina com Antônio um local para a entrega do dinheiro, mas Antônio é preso por policiais, previamente avisados do ocorrido, no momento em que ia recebê-lo. Assinale a alternativa correta.

a) Antônio cometeu crime de extorsão consumado.
b) Antônio cometeu crime de concussão consumado.

c) Antônio cometeu crime de extorsão tentado.
d) Antônio cometeu crime de concussão tentado.
e) Trata-se de crime impossível, em razão de flagrante preparado.

19. (Ministério Público/SP — 2012 — 89º concurso) É INCORRETO afirmar

a) Para a configuração do crime de corrupção passiva (art. 317, CP) é necessário que a solicitação do funcionário público seja correspondida pelo *extraneus*.
b) São incompossíveis os crimes de corrupção ativa (art. 333, CP) praticados pelo particular e os de concussão (art. 316, CP), praticados pelo funcionário público, em face do mesmo contexto fático.
c) Não há crime de corrupção ativa, na hipótese de motorista de veículo automotor que dirige sem habilitação e, após liberada irregularmente da fiscalização de trânsito, oferece a policial rodoviário vantagem indevida referente a prestação de ato de natureza sexual.
d) O excesso de exação não é forma privilegiada do crime de concussão.
e) O particular, estranho ao serviço público, pode ser responsabilizado como partícipe no crime de peculato.

20. (Cartório/SP — VI — VUNESP) A conduta do funcionário público que exige tributo que sabe ou deveria saber indevido configura o delito de

a) excesso de exação.
b) concussão.
c) corrupção passiva.
d) prevaricação.

21. (Delegado/SC) O objeto material do crime de peculato-apropriação pode ser:

a) dinheiro, valor ou qualquer outro bem móvel, de natureza pública ou privada, de que tem o funcionário público a posse em razão do cargo.
b) dinheiro, valor ou qualquer outro bem imóvel ou móvel, de natureza pública ou privada, de que tem o funcionário público a posse em razão do cargo.
c) dinheiro, valor ou qualquer outro bem móvel, sempre de natureza pública, de que tem o funcionário público a posse em razão do cargo.
d) dinheiro, valor ou qualquer outro bem imóvel ou móvel, sempre de natureza pública, de que tem o funcionário público a posse em razão do cargo.

22. (Delegado/PA — Movens) A respeito dos crimes contra a Administração Pública, assinale a opção correta.

a) Aquele que exige vantagem indevida para si ou para outrem, direta ou indireta, ainda que fora da função ou antes de assumi-la, mas em razão dela, comete o delito de corrupção ativa.
b) No delito de peculato culposo, a reparação do dano, se precede à sentença irrecorrível, extingue a punibilidade; se lhe é posterior, reduz de metade a pena imposta.
c) Quem solicitar ou receber vantagem indevida para si ou para outrem, direta ou indiretamente, ainda que fora da função ou antes de assumi-la, mas em razão dela, ou aceitar promessa de tal vantagem comete o crime de concussão.
d) Aquele que retarda ou deixa de praticar, indevidamente, ato de ofício, ou pratica-o contra disposição expressa de lei, para satisfazer interesse ou sentimento pessoal, comete o delito de condescendência criminosa.

23. (Cartório/SP — VI — Vunesp) Considerando o conceito de funcionário público para fins penais, indique a alternativa incorreta.

a) Funcionário público é aquele que exerce cargo, emprego ou função pública, ainda que transitoriamente e sem remuneração.
b) É funcionário público aquele que exerce cargo, emprego ou função pública em entidade paraestatal.

c) É funcionário público aquele que trabalha para empresa prestadora de serviço ou conveniada para a execução de atividade típica da Administração Pública.
d) Funcionário público é apenas aquele que exerce cargo público criado por lei, com atribuição própria e remunerado pelos cofres públicos.

24. (Ministério Público/SP — 2015) No caso de o *extraneus* participar, mediante instigação e auxílio material, de um crime de peculato-apropriação praticado por seu irmão funcionário público:

a) responderá por apropriação indébita, tendo em vista lhe faltar a qualidade de funcionário público.
b) responderá por apropriação indébita, pois aplicável o disposto no § 2º do art. 29 do Código Penal, já que quis participar de crime menos grave.
c) não responderá por nenhum crime, pois, não sendo funcionário público, sua participação é atípica nos chamados crimes funcionais.
d) responderá por peculato-apropriação, pois, apesar de não ser funcionário público, esta qualidade, por ser elementar do crime, a ele se comunica.
e) responderá por peculato-apropriação, pois, apesar de não ser funcionário público, esta qualidade, por ser circunstância objetiva do crime, a ele se comunica.

■ GABARITO ■

1. "d". Nos crimes funcionais próprios é que a exclusão da qualidade de funcionário público torna o fato atípico.
2. "b". No crime de concussão, como o particular é ameaçado, caso ceda à exigência do funcionário, não incorre em corrupção ativa. A alternativa A está errada porque o agente pode responder por prevaricação, dependendo de sua motivação. A alternativa C está errada porque o peculato culposo reclama nexo causal entre a conduta culposa do funcionário e a do autor da infração — embora inexista liame subjetivo entre eles. A alternativa D contém erro porque descreve crime de corrupção passiva privilegiada e não de condescendência criminosa.
3. "b". Eduardo não responde por peculato por não saber que Bruno é funcionário público.
4. "b". O funcionário A. é autor de peculato-furto porque concorreu para que o bem fosse subtraído. Em tal crime, tal conduta que, normalmente seria de participação, foi elevada à hipótese de tipo independente. Por isso, B. também responde pelo crime porque estava previamente conluiado.
5. "d". O advogado dativo é considerado funcionário público por equiparação e, por isso, o crime é o de peculato.
6. "a". O crime é o de concussão, e não de corrupção passiva, porque o enunciado diz que os policiais exigiram, e não apenas solicitaram a vantagem indevida. O crime se consumou porque a concussão é delito formal que se consuma com a mera exigência.
7. "c". O crime de concussão é possível mesmo antes de o funcionário assumir as funções, desde que faça a exigência em razão dela (art. 316). O Jurado é equiparado a funcionário público porque, ainda que transitoriamente e sem remuneração, exerce função pública (judicial). Por fim, a concussão está consumada por ser crime formal, que se consuma no momento da exigência.
8. "c". A corrupção passiva na modalidade solicitar independe da efetiva aceitação por parte do particular, estando errada a assertiva I. Já a assertiva II está certa porque, para que o funcionário aceite uma promessa de vantagem, é lógico que o particular deve tê-la prometido, respondendo pela corrupção ativa.
9. "c". O emprego de violência faz com que o agente responda por crime de extorsão, que é mais grave do que a concussão em que não há este meio de execução.
10. "d". O crime de prevaricação está descrito no art. 319 do Código Penal exatamente como descreve a alternativa D.

11. "d". A omissão, decorrente de indulgência, em responsabilizar subordinado que cometeu infração penal, constitui condescendência criminosa (art. 320 do Código Penal).
12. "d". O coautor também responde por peculato em razão da regra do art. 30 do Código Penal.
13. "c". O inventariante não é funcionário público, nem propriamente nem por equiparação, e, nos termos do art. 168, § 1º, III, do Código Penal, responde por apropriação indébita com a pena aumentada.
14. "a". A assertiva encontra-se em consonância com o art. 327, §1º, do Código Penal, que define funcionário público por equiparação. As demais alternativas contêm informações falsas.
15. "d". O art. 327, § 2º, do Código Penal prevê um aumento de 1/3 de pena quando o autor do crime ocupa cargo em comissão. Trata-se, em verdade, de causa de aumento de pena, mas é comum doutrinadores se referirem a ela como qualificadora. Ademais, as alternativas restantes estão erradas. Com efeito, somente o incentivo direto ao uso de droga por pessoa determinada constitui o crime previsto no art. 33, § 2º, da Lei n. 11.343/2006. A conduta descrita na alternativa B constitui crime descrito no art. 359-F, do Código Penal. Na alternativa C, o erro consiste em afirmar que o crime é o de falsidade ideológica, quando o correto é o crime de adulteração de sinal identificador de veículo (art. 311). Por fim, a alternativa E está errada porque é possível corrupção ativa sem a passiva.
16. "a". Cuida-se de crime formal porque se consuma no momento da exigência da vantagem, independentemente do efetivo resultado.
17. "d". É o que diz expressamente o art. 514 do Código de Processo Penal.
18. "b". O crime é o de concussão porque o agente é funcionário público e está consumado porque referido delito se aperfeiçoa no momento da exigência da vantagem.
19. "a". Conforme estudado, o crime de corrupção passiva não tem como premissa que a solicitação seja correspondida pelo particular. As demais assertivas são corretas.
20. "a". É o que diz o art. 316, § 1º, do CP.
21. "a". É o que prevê expressamente o art. 312, *caput*, do CP.
22. "b". É o que diz expressamente o art. 312, § 3º, do CP. Na alternativa A, o crime descrito é o de concussão, e não o de corrupção ativa, como constou, enquanto na assertiva C está definida a corrupção passiva, e não a concussão. Na alternativa D, o crime descrito é o de prevaricação, e não o de condescendência criminosa, como constou.
23. "d". As alternativas A, B e C estão de acordo com o teor do art. 327 do CP.
24. "d". É o que estabelece o art. 30 do Código Penal.

11

DOS CRIMES PRATICADOS POR PARTICULAR CONTRA A ADMINISTRAÇÃO EM GERAL

11.2. DOS CRIMES PRATICADOS POR PARTICULAR CONTRA A ADMINISTRAÇÃO EM GERAL

11.2.1. Usurpação de função pública

> **Art. 328.** Usurpar o exercício de função pública:
> Pena — detenção, de três meses a dois anos, e multa.
> Parágrafo único. Se do fato o agente aufere vantagem:
> Pena — reclusão, de dois a cinco anos, e multa.

11.2.1.1. Objetividade jurídica

A regularidade e o normal funcionamento das atividades públicas.

11.2.1.2. Tipo objetivo

Usurpar significa desempenhar indevidamente uma atividade pública, ou seja, assumir indevidamente as atividades de determinada função pública, vindo a executar atos inerentes ao ofício, sem que tenha sido aprovado em concurso ou nomeado para tal função. Exs.: uma pessoa passa a se apresentar como policial e a realizar atos próprios desta função, ou alguém comparece ao Fórum e se apresenta como promotor e passa a fazer as audiências em nome do Ministério Público. Nesse sentido: "*Viola o interesse da Administração Pública, na normalidade, prestígio e decoro do serviço público, aquele que, embriagado, se apresenta como policial e passa a exigir dos circunstantes documentos de identidade e a praticar arbitrariedades*" (TJSP — Rel. Weiss de Andrade — *RT* 507/357).

A configuração do delito pressupõe que o agente tenha ciência de que está usurpando a função pública. Se ele não tem conhecimento de que determinado ato é específico dos titulares de certo cargo, não comete o delito.

A simples conduta de se **intitular** funcionário público perante terceiros, sem praticar atos inerentes ao ofício, configura apenas a **contravenção** descrita no art. 45 da Lei das Contravenções Penais ("fingir-se funcionário público").

11.2.1.3. Sujeito ativo

O particular que realiza atos inerentes à função pública que não exerce. Parte da doutrina entende que também comete o crime o funcionário público que exerce, indevidamente, as funções de outro. Parece-nos evidente tal possibilidade, como no caso do escrevente que passa a praticar atos próprios de juiz de direito.

■ 11.2.1.4. *Sujeito passivo*

O Estado.

■ 11.2.1.5. *Consumação*

No instante em que o agente pratica algum ato inerente à função usurpada. É desnecessária a ocorrência de qualquer outro resultado.

■ 11.2.1.6. *Tentativa*

É admissível.

■ 11.2.1.7. *Figura qualificada*

Se com a conduta o agente obtém **vantagem** — material, moral, política etc. —, configura-se a forma **qualificada** descrita no parágrafo único, cuja pena é de reclusão, de dois a cinco anos, e multa.

- **Distinção com os crimes de estelionato e tráfico de influência**

Se o agente efetivamente realiza atos próprios de determinada função pública e, com isso, aufere alguma vantagem, incorre na figura qualificada do delito de usurpação de função pública, que tem pena mais alta do que o crime de estelionato. Este, por sua vez, estará presente quando o agente mentir que exerce certa função pública a fim de induzir alguém em erro para obter vantagem ilícita em seu detrimento. Ex.: mentindo ser fiscal, o agente pede dinheiro à vítima a pretexto de regularizar sua situação. A propósito: *"Não há falar-se em usurpação de função pública se o escopo do agente, ao irrogar-se aquela qualidade, era o de alcançar vantagem patrimonial em prejuízo da pessoa a quem pretendia induzir em erro e não o de exercer, efetivamente, a função irrogada dentro dos quadros da Administração"* (Tacrim-SP — Rel. Ricardo Couto — *RT* 372/269).

Caso o agente não se passe por funcionário público, mas engane a vítima, pedindo-lhe dinheiro a pretexto de influir em ato praticado por funcionário no exercício da função, estará configurado o crime de tráfico de influência do art. 332 do Código Penal.

■ 11.2.1.8. *Ação penal*

Pública incondicionada. Na modalidade simples é de competência do Juizado Especial Criminal.

11.2.2. Resistência

> **Art. 329.** Opor-se à execução de ato legal, mediante violência ou ameaça a funcionário competente para executá-lo ou a quem lhe esteja prestando auxílio:
> Pena — detenção, de dois meses a dois anos.
> § 1º Se o ato, em razão da resistência, não se executa:
> Pena — reclusão, de um a três anos.
> § 2º As penas deste artigo são aplicáveis sem prejuízo das correspondentes à violência.

11.2.2.1. Objetividade jurídica

A autoridade e o prestígio da função pública.

11.2.2.2. Tipo objetivo

Para a caracterização do crime de resistência, é preciso que o agente empregue **violência** ou **ameaça** (não é necessário que seja grave) com o intuito de evitar a prática do ato funcional. Exs.: para evitar uma prisão ou uma reintegração de posse. Se forem empregadas após a realização do ato, haverá outro crime, como ameaça (art. 147), lesão corporal (art. 129) etc. Isso ocorre porque o tipo da resistência exige que a violência ou ameaça sejam empregadas **contra a execução do ato**.

Se a violência for empregada com o fim de fuga, após a prisão ter sido efetuada, o crime será aquele do art. 352 do Código Penal (evasão mediante violência contra pessoa).

A caracterização da resistência exige o emprego de:

a) Violência: agressão, desforço físico etc. O tipo refere-se à violência contra a pessoa do **funcionário público** ou do **terceiro** que o auxilia. Eventual violência empregada contra **coisa** (viatura policial, por exemplo) caracteriza crime de dano qualificado (art. 163, parágrafo único, III). O Superior Tribunal de Justiça, entretanto, possui julgado com entendimento de que o dano provocado na viatura com o intuito de obter fuga é atípico pela falta de *animus nocendi* — intenção específica de provocar prejuízo: "*Nesse passo, a destruição, deterioração ou inutilização das paredes ou grades de cela pelo detento, com vistas à fuga de estabelecimento prisional, ou, ainda, da viatura na qual o flagranteado foi conduzido à delegacia de polícia, demonstra tão somente o seu intuito de recuperar a sua liberdade, sem que reste evidenciado o necessário dolo específico de causar dano ao patrimônio público*" (STJ — HC 503.970/SC, Rel. Min. Ribeiro Dantas, 5ª Turma, julgado em 30-5-2019, *DJe* 4-6-2019).

A chamada **resistência passiva**, ou seja, sem o emprego de violência ou ameaça, não é crime. Exs.: segurar-se em um poste para não ser conduzido, jogar-se no chão para não ser preso, sair correndo etc. A propósito: "*A simples fuga do infrator, ao ser preso, não configura o delito de resistência, que exige para sua caracterização a* *presença dos requisitos da violência ou ameaça contra funcionário*" (Tacrim-SP — Rel. Mattos Faria — *Jutacrim* 10/249).

b) Ameaça: ao contrário do que ocorre normalmente no Código Penal, a lei não exige que a ameaça seja grave. Essa ameaça pode ser escrita ou verbal.

O ato a ser cumprido deve ser **legal** quanto ao **conteúdo** e à **forma** (modo de execução). Se a ordem for **ilegal**, a oposição mediante violência ou ameaça não tipifica resistência. Ex.: prender alguém sem que haja mandado de prisão; prisão para averiguação. "*Um dos elementos caracterizadores da resistência é a oposição a uma ordem legal. Ora, se esta é abusiva, portanto, antijurídica, não se pode falar na existência do delito em questão*" (Tacrim-SP — Rel. Camargo Aranha — *RT* 461/378).

Se a ordem for legal, mas **injusta**, haverá o crime. Ex.: juiz decreta a prisão preventiva de alguém por roubo. A polícia vai prender o sujeito e este emprega violência. Posteriormente, prova-se que ele não era o autor do roubo e é absolvido por esse crime. A resistência, entretanto, continua punível.

Para a existência da infração em estudo, é necessário que o funcionário público seja **competente** para o cumprimento do ato, conforme exige a descrição típica. Assim, o funcionário público incompetente não pode ser sujeito passivo de resistência.

Também haverá crime se for empregada violência ou ameaça apenas contra **terceiro** que esteja ajudando o funcionário público a cumprir a ordem. Nesse caso, não importa se houve solicitação de ajuda pelo funcionário público ou adesão voluntária. Ex.: investigador de polícia vai cumprir mandado de prisão e é ajudado por alguém que acaba agredido.

O particular pode efetuar prisão em flagrante, nos termos do art. 301 do Código de Processo Penal. Se o fizer desacompanhado de algum funcionário público e contra ele for empregada violência ou ameaça, não haverá crime de resistência, já que não é funcionário público, podendo o sujeito responder por crime de lesão corporal ou ameaça.

A embriaguez do agente não afasta o crime. Com efeito, embora exista certa controvérsia na jurisprudência, não é aceitável o entendimento de que tal estado inibe o reconhecimento da resistência. É que este crime, ao contrário do que ocorre com o desacato, não contém elemento subjetivo incompatível com o estado de embriaguez. No delito de desacato é compreensível que exista forte entendimento de que a embriaguez não se coaduna com a intenção de ofender, humilhar o funcionário público (elemento subjetivo do desacato), uma vez que o avançado estado alcoólico inibe os freios da fala, e é comum ver o ébrio blasfemando ou gritando. Na resistência, entretanto, o agente **agride** ou **ameaça** um funcionário público para evitar a execução de um ato legal. Não se cuida de mero ato desrespeitoso, e sim de ação agressiva, que não pode ser relevada simplesmente em decorrência da embriaguez, caso contrário, excluiria também o roubo, a lesão corporal etc. Nesse sentido: "*Resistência. Réu embriagado. Irrelevância. Desnecessidade de dolo específico. Condenação. Dispondo a lei penal que a embriaguez voluntária ou culposa do agente não exclui a responsabilidade penal, não se pode, com base nela, absolver o acusado do delito* *de resistência. Mesmo porque nem dolo específico exige o crime, contentando-se com o genérico*" (Tacrim-SP — Rel. Machado Araújo — *Jutacrim* 46/270).

Quando uma pessoa está sendo perseguida por policiais em razão de um delito anteriormente cometido e efetua disparo de arma de fogo na via pública a fim de fazer com que os policiais parem a perseguição, a conduta encontra tipificação tanto no crime de resistência como no delito de disparo de arma de fogo em via pública (art. 15 da Lei n. 10.826/2003 — Estatuto do Desarmamento). Como este último crime possui pena consideravelmente maior, deve prevalecer em relação à resistência, que se mostrará presente, entretanto, em qualquer outra forma de ameaça perpetrada. A parte final do mencionado art. 15 diz que ele não se configura quando o disparo em via pública tem como finalidade a prática de outro crime que, deve, todavia, ser mais grave (um roubo ou, um homicídio, por exemplo).

■ 11.2.2.3. Sujeito ativo

Qualquer pessoa. Não importa se é a pessoa contra quem é dirigido o ato funcional ou terceiro. Assim, tanto comete o crime aquele que agride o Oficial de Justiça que vai despejá-lo como o vizinho que toma a iniciativa de agredi-lo em solidariedade àquele que será despejado. Se ambos agredirem o Oficial, ambos cometem resistência.

A propósito: "*Não se exige do sujeito ativo do crime de resistência qualquer qualidade especial, podendo ser pessoa diversa daquela contra a qual se dirige o ato praticado por funcionário competente. Assim, responde pelo art. 329 do CP, quem, sem razão plausível, intervém na execução de ato legal por autoridade, opondo-se, por exemplo, à prisão de terceiro por policiais no exercício de suas funções*" (Tacrim-SP — Rel. Lauro Malheiros — *Jutacrim* 26/263).

■ 11.2.2.4. Sujeito passivo

O Estado, que tem interesse no cumprimento dos atos legais, e, de forma secundária, o funcionário público contra quem é dirigida a violência ou ameaça.

O emprego de violência ou ameaça contra dois ou mais funcionários públicos configura **crime único**, e não concurso formal, pois o sujeito passivo direto e principal é o Estado. Além disso, o ato legal que o agente pretendia evitar era um só. Nesse sentido: "*O fato de ter sido a resistência oposta pelo réu a dois militares, que efetuaram sua prisão, não configura o concurso formal, porque o sujeito passivo do delito em questão é a Administração Pública como um todo, ou seja, o Estado*" (TJSP — Rel. Onei Raphael — *RT* 577/342).

■ 11.2.2.5. Consumação e figura qualificada

No momento em que for empregada a violência ou ameaça. Trata-se de crime **formal**, pois, para a consumação, não se exige que o sujeito consiga impedir a execução do ato.

Aliás, se isso ocorrer, será aplicada a qualificadora do art. 329, § 1º, do Código Penal: **"Se o ato, em razão da resistência, não se executa"**, a pena é de reclusão, de um a três anos.

Nesse caso, o que seria exaurimento funciona como qualificadora — em razão do texto legal.

■ 11.2.2.6. *Tentativa*

É possível. Ex.: ameaça escrita que se extravia.

■ 11.2.2.7. *Concurso de crimes*

Se da violência resulta lesão corporal ou morte, o sujeito responderá por dois crimes (resistência e lesões corporais ou homicídio — consumado ou tentado), nos termos do art. 329, § 2º, do Código Penal. As penas serão **somadas**, conforme determina a própria redação desse parágrafo. Essa regra se aplica mesmo que as lesões sofridas sejam de natureza **leve**.

O mero xingamento contra funcionário público constitui crime de desacato. Se, no caso concreto, o agente xinga e emprega violência contra o funcionário público, teria cometido dois crimes, mas a jurisprudência firmou entendimento de que, nesse caso, o desacato fica absorvido pela resistência, exceto se ocorrerem em momentos distintos: "*A consunção do crime de desacato pelo delito de resistência é possível, a depender das circunstâncias do caso concreto. 2 — Na espécie, consoante análise probatória realizada pelo acórdão, é possível concluir que as ações, embora em um mesmo contexto, foram praticadas em momentos distintos, tendo sido as ofensas verbais irrogadas pelo paciente quando já estava dominado pelos policiais e dentro da viatura. Descrição, portanto, de dois ilícitos penais. 3 — Ordem denegada*" (STJ — HC 375.019/RS — Rel. Min. Maria Thereza de Assis Moura — 6ª Turma — julgado em 13-6-2017 — *DJe* 23-6-2017); "*Admite-se a incidência do princípio da consunção se o agente, em um mesmo contexto fático, além de resistir ativamente à execução de ato legal, venha a proferir ofensas verbais contra policial na tentativa de evitar a sua prisão. No caso, porém, infere-se que o réu, após abordagem policial, desceu do seu veículo proferindo impropérios contra o funcionário público. Na sequência, após ter se recusado a apresentar o documento do automóvel, o ora paciente ofereceu propina para ser liberado. Diante disso, o policial deu-lhe voz de prisão, contra a qual o réu ofereceu resistência, tendo sido necessário o uso de algemas para o cumprimento do decreto prisional. Nesse passo, descabe falar em absorção do delito de desacato pelo de resistência, pois não resta demonstrada a unidade de desígnios, bem como que o réu tão somente buscou se esquivar da prisão*" (STJ — HC 380.029/RS, Rel. Min. Ribeiro Dantas, 5ª Turma, julgado em 22-5-2018, *DJe* 30-5-2018).

■ *11.2.2.8. Classificação doutrinária*

CLASSIFICAÇÃO DOUTRINÁRIA				
■ Simples quanto à objetividade jurídica	■ Comum e de concurso eventual quanto ao sujeito ativo	■ De ação livre e comissivo quanto aos meios de execução	■ Formal e instantâneo quanto ao momento consumativo	■ Doloso quanto ao elemento subjetivo

■ *11.2.2.9. Ação penal*

É pública incondicionada, de competência do Juizado Especial Criminal na modalidade simples.

■ 11.2.3. Desobediência

> **Art. 330.** Desobedecer a ordem legal de funcionário público:
> Pena — detenção, de quinze dias a seis meses, e multa.

■ *11.2.3.1. Objetividade jurídica*

O prestígio e o cumprimento das ordens emitidas por funcionários públicos no desempenho de suas atividades.

■ *11.2.3.2. Tipo objetivo*

Desobedecer é sinônimo de não cumprir, não atender, dolosamente, a ordem recebida.

Pode ser praticada por **ação**, quando a ordem determina uma **omissão**, ou por omissão, quando a ordem determina uma ação. Exs.: faltar injustificadamente à audiência para a qual foi intimada na condição de testemunha, recusar-se a enviar informações ao juízo que as requisitou, efetuar obra em local embargado, abrir estabelecimento interditado etc.

A doutrina costuma apontar os seguintes requisitos para a configuração do crime de desobediência:

a) Deve haver uma **ordem**: significa determinação, mandamento. O não atendimento de mero pedido ou solicitação não caracteriza o crime.

b) A ordem deve ser **legal**: material e formalmente. Pode até ser injusta, só não pode ser ilegal.

c) Deve ser emanada de funcionário público **competente** para proferi-la. Ex.: delegado de polícia requisita informação bancária de um particular e o gerente do banco não atende. Não há crime, pois o gerente só está obrigado a fornecer a informação se houver determinação judicial.

d) É necessário que o destinatário tenha o **dever jurídico de cumprir** a ordem. Além disso, não haverá crime se o descumprimento se der por motivo de força maior ou por ser impossível por algum motivo o seu cumprimento.

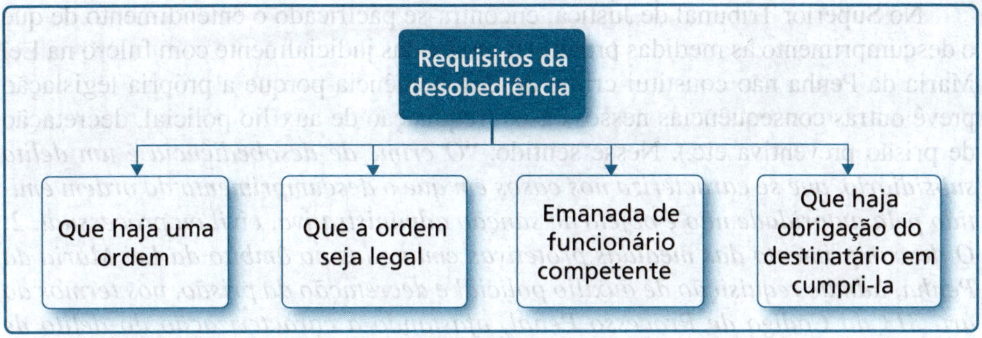

- **Previsão de sanção civil ou administrativa**

Se alguma norma civil ou administrativa comina sanção da mesma natureza para um fato que poderia caracterizar **crime** de desobediência, mas deixa de ressalvar a sua cumulação com a pena **criminal**, não pode haver a responsabilização penal. Exs.: a) o art. 219 do Código de Processo Penal, prevê que o juiz pode aplicar pena de multa à testemunha intimada que sem motivo justificado falta à audiência em que seria ouvida, "sem prejuízo do processo penal por crime de desobediência". Assim, o faltoso responde pelo crime; b) o art. 442 do Código de Processo Penal, com a redação dada pela Lei n. 11.689/2008, prevê pena de multa ao jurado que deixe de comparecer no dia marcado para a sessão ou que se retire antes de ser dispensado, mas não ressalva a aplicação autônoma do crime de desobediência, de modo que o faltoso só incorre na sanção administrativa; c) o art. 195 do Código de Trânsito Brasileiro prevê multa àqueles que desrespeitam ordens dos agentes de trânsito (de parada, por exemplo), mas não ressalva a aplicação autônoma do crime de desobediência. Assim, o motorista somente responde pela multa de caráter administrativo. Não responde pelo crime caso desrespeite a ordem dada pelo agente de trânsito; d) o art. 165 do Código de Trânsito prevê pena de multa e de suspensão da habilitação a quem se recusa a efetuar o teste de alcoolemia (bafômetro), sem ressalvar a autonomia do crime de desobediência. Em relação a este último exemplo, acrescente-se que ninguém pode ser obrigado a colaborar na produção de prova contra si mesmo, de acordo com as regras do Pacto de São José da Costa Rica (art. 8º, IX). Trata-se do princípio do privilégio contra a autoincriminação, que, igualmente, impede a punição por crime de desobediência de investigado que se recusa a fornecer material para exame grafotécnico ou registros vocais para perícia de comparação de voz etc.

A propósito: "*A jurisprudência desta Corte firmou-se no sentido de que não há crime de desobediência quando a inexecução da ordem emanada de servidor público estiver sujeita à punição administrativa, sem ressalva de sanção penal. Hipótese em que o paciente, abordado por agente de trânsito, se recusou a exibir documentos pessoais e do veículo, conduta prevista no Código de Trânsito Brasileiro como infração gravíssima, punível com multa e apreensão do veículo (CTB, art. 238). Ordem concedida*" (STF — 2ª Turma — HC 88.452-1/RS — Rel. Min. Eros Grau — j. 2-5-2006 — v.u. — *DJU* 19-5-2006, p. 43).

No Superior Tribunal de Justiça, encontra-se pacificado o entendimento de que o descumprimento às medidas protetivas emanadas judicialmente com fulcro na Lei Maria da Penha não constitui crime de desobediência porque a própria legislação prevê outras consequências nesses casos (requisição de auxílio policial, decretação de prisão preventiva etc.). Nesse sentido: "*O crime de desobediência é um delito subsidiário, que se caracteriza nos casos em que o descumprimento da ordem emitida pela autoridade não é objeto de sanção administrativa, civil ou processual. 2. O descumprimento das medidas protetivas emanadas no âmbito da Lei Maria da Penha, admite requisição de auxílio policial e decretação da prisão, nos termos do art. 313 do Código de Processo Penal, afastando a caracterização do delito de desobediência*" (AgRg no REsp 1.476.500/DF — Rel. Min. Walter de Almeida Guilherme (Desembargador convocado do TJ/SP) — 5ª Turma — julgado em 11-11-2014, *DJe* 19-11-2014); "*O Superior Tribunal de Justiça adota o entendimento de que o descumprimento de medida protetiva prevista na Lei Maria da Penha não caracteriza a ocorrência do delito de desobediência previsto no art. 330 do Código Penal — CP. Precedentes*" (AgRg no REsp 1.490.460/DF — Rel. Min. Ericson Maranho (Desembargador convocado do TJ/SP) — 6ª Turma — julgado em 16-4-2015, *DJe* 11-5-2015). Em razão disso, foi aprovada a Lei n. 13.641/2018, que inseriu no art. 24-A da própria Lei Maria da Penha (Lei n. 11.340/2006), crime específico, apenado com detenção de 3 meses a 2 anos, para punir quem descumpre decisão judicial que defere medidas protetivas de urgência previstas na própria Lei, quer tenha sido decretada pelo juízo cível, quer pelo criminal.

■ 11.2.3.3. Sujeito ativo

Trata-se de crime comum, que pode ser cometido por qualquer particular.

Há divergência doutrinária e jurisprudencial em torno da possibilidade de um funcionário público cometer o crime ao não atender a ordem de outro funcionário.

Para alguns, não é possível porque o art. 330 integra o Capítulo dos crimes cometidos por *particular* contra a Administração.

Para outros, o funcionário comete o crime apenas quando desobedece a ordem em situação similar à de um particular, mas, se o faz no exercício de suas funções, não há desobediência, podendo responder, dependendo da situação, por crime de prevaricação. Ex.: perito judicial que é chamado a depor como testemunha em processo criminal e que falta injustificadamente à audiência. Ele tomou conhecimento dos fatos no desempenho das funções, porém o ato de testemunhar é igual para todos, particulares ou funcionários. Assim, ele responde por desobediência.

Existe, por fim, quem defenda que o funcionário também pode cometer crime de desobediência quando, no desempenho das funções, descumpre ordem *judicial*. Este o entendimento que vem sendo adotado no Superior Tribunal de Justiça: "*O funcionário público pode cometer crime de desobediência, se destinatário da ordem judicial, e considerando a inexistência de hierarquia, tem o dever de cumpri-la, sob pena da determinação judicial perder sua eficácia. Precedentes da Turma*" (REsp 1.173.226/RO — Rel. Min. Gilson Dipp — 5ª Turma — julgado em 17-3-2011, *DJe* 4-4-2011); "*O*

Superior Tribunal de Justiça possui entendimento firmado no sentido da possibilidade de funcionário público ser sujeito ativo do crime de desobediência, quando destinatário de ordem judicial, sob pena de a determinação restar desprovida de eficácia" (REsp 556.814/RS — Rel. Min. Arnaldo Esteves Lima — 5ª Turma — julgado em 7-11-2006 — *DJ* 27-11-2006, p. 307). É também o entendimento que adotamos.

Saliente-se, por sua vez, que o art. 26 da Lei n. 12.016/2009 especifica que comete crime de desobediência a autoridade coatora que descumpre as determinações judiciais proferidas em sede de mandado de segurança.

■ 11.2.3.4. *Sujeito passivo*

O Estado e, secundariamente, o funcionário público que emitiu a ordem desobedecida.

■ 11.2.3.5. *Consumação*

Depende do conteúdo da ordem:

a) Se determina uma **omissão**, o crime se consuma no momento da **ação**.

b) Se determina uma **ação**, duas hipóteses podem ocorrer: se a ordem fixou um **prazo** para a ação, o crime se consumará com a **expiração** desse prazo, mas, se a ordem não fixou qualquer prazo, o crime estará consumado com o decurso de um **tempo juridicamente relevante** (a ser analisado no caso concreto), capaz de indicar com segurança a intenção de não a cumprir.

■ 11.2.3.6. *Tentativa*

Só é possível na forma comissiva.

■ 11.2.3.7. *Distinção*

a) O retardamento, a recusa ou a omissão no envio de dados técnicos para instruir inquérito civil indispensáveis à propositura de ação civil pública, quando devidamente requisitados pelo Ministério Público, constitui crime específico do art. 10 da Lei n. 7.347/85, apenado com reclusão de 1 a 3 anos e multa.

b) Se, para evitar o cumprimento de um ato legal, o agente emprega violência ou ameaça contra funcionário público, o crime é o de resistência.

c) Quem se recusa injustificadamente a identificar-se perante autoridade quando feita tal exigência incorre na contravenção do art. 68, *caput*, da Lei das Contravenções Penais.

d) A desobediência à **decisão judicial** sobre perda ou suspensão de direito configura crime do art. 359 do Código Penal.

e) Prefeitos Municipais que, injustificadamente, deixem de cumprir ordem **judicial** cometem crime de desobediência específico, previsto no art. 1º, XIV, do Decreto-lei n. 201/67.

11.2.3.8. *Classificação doutrinária*

CLASSIFICAÇÃO DOUTRINÁRIA				
■ Simples quanto à objetividade jurídica	■ Comum e de concurso eventual quanto ao sujeito ativo	■ De ação livre e comissivo ou omissivo quanto aos meios de execução	■ Formal e instantâneo quanto ao momento consumativo	■ Doloso quanto ao elemento subjetivo

11.2.3.9. *Ação penal*

É pública incondicionada, de competência do Juizado Especial Criminal.

11.2.4. Desacato

> **Art. 331.** Desacatar funcionário público no exercício da função ou em razão dela:
> Pena — detenção, de seis meses a dois anos, e multa.

11.2.4.1. *Objetividade jurídica*

A dignidade da Administração Pública e o respeito aos servidores públicos.

11.2.4.2. *Tipo objetivo*

Desacatar significa desrespeitar, desprestigiar, ofender. Admite qualquer meio de execução, como palavras, gestos, vias de fato ou qualquer outro meio que evidencie a intenção de ofender o funcionário público. Ex.: xingar o policial que o está multando; fazer sinais ofensivos; rasgar o mandado de intimação entregue pelo oficial de justiça e atirá-lo ao chão; passar a mão no rosto do policial; atirar seu quepe no chão; mostrar o pênis ao policial que pediu para o agente mostrar o documento; empurrar o funcionário público; atirar um copo de cerveja nele etc. Se o ato agressivo, todavia, visa evitar o cumprimento de um ato funcional, o crime será o de resistência.

O desacato pode, excepcionalmente, ser cometido por ato omissivo, como no caso de pessoa que, acintosamente, finge não perceber que o funcionário está lhe dirigindo a palavra.

O crime pode configurar-se em duas situações:

a) quando a ofensa for feita contra funcionário que **está** no exercício de suas funções, ou seja, que está trabalhando (dentro ou fora da repartição);

b) quando for feita contra funcionário que está de folga, desde que se **refira** às suas funções.

A denúncia oferecida pelo Ministério Público contra alguém por crime de desacato deve **descrever**, sob pena de ser considerada inepta, o meio de execução, mencionando inclusive eventuais palavras de baixo calão utilizadas pelo agente.

A caracterização do crime independe de o funcionário público se julgar ou não ofendido, pois o que a lei visa é prestigiar e dar dignidade ao cargo. Assim, se, no caso concreto, o funcionário alega não se ter sentido ofendido, mas fica demonstrado que a conduta era objetivamente ofensiva, existe o delito.

O desacato pressupõe que a ofensa seja feita **na presença** do funcionário, pois somente assim ficará caracterizada a intenção de desprestigiar a função. A ofensa feita contra funcionário em razão de suas funções, mas em sua ausência, configura crime de injúria majorada (art. 140, combinado com o art. 141, II, do Código Penal). Por isso, não há desacato se a ofensa é feita, por exemplo, por carta. Veja-se, entretanto, que a existência do desacato não pressupõe que o agente e o funcionário estejam face a face. Haverá o crime se estiverem, por exemplo, em salas separadas, com as portas abertas, e o agente falar algo ofensivo para o funcionário ouvir.

O crime de desacato existe mesmo que o fato não seja presenciado por outras pessoas, porque a publicidade da ofensa não é requisito do crime. Basta, portanto, que o funcionário esteja presente.

- **Embriaguez**

Existem três correntes em torno de a embriaguez excluir a tipificação do crime de desacato:

a) Não, nos termos do art. 28, II, do Código Penal, que estabelece que a embriaguez não exclui a imputabilidade penal.

b) Sim, pois o desacato exige dolo específico, consistente na intenção de humilhar, ofender, que é incompatível com o estado de embriaguez. Trata-se de entendimento majoritário. De acordo com essa corrente, o ébrio perde os freios inibitórios e fala coisas sem pensar, não agindo com a específica intenção de ofender a Administração ou seus agentes.

c) A embriaguez somente exclui o crime quando é completa, capaz de eliminar a capacidade intelectual e volitiva do sujeito. É o que pensa Damásio de Jesus.[266]

- **Exaltação de ânimos**

Há também corrente majoritária entendendo que o crime exige ânimo calmo, sendo que a exaltação ou cólera exclui o seu elemento subjetivo. É a posição de Nélson Hungria,[267] dentre outros, segundo o qual o delito exige intenção específica de ultrajar, menosprezar, incompatível com o estado de cólera.

De outro lado, sustenta-se que a emoção não exclui a responsabilidade pelo desacato, uma vez que o art. 28, I, do Código Penal estabelece que a emoção não exclui a imputabilidade penal. É o entendimento de Damásio de Jesus.[268]

---

[266] Damásio de Jesus, *Direito penal,* v. 4, p. 209.

[267] Nélson Hungria, *Comentários ao Código Penal,* v. IX, p. 425.

[268] Damásio de Jesus, *Direito penal,* v. 4, p. 208.

Magalhães Noronha[269] nos ensina, por sua vez, que "*não constitui crime a crítica ou censura justa, conquanto incisiva. Não comete crime quem, embora de modo enérgico, mas não ultrajante, diz a funcionário que, agindo daquela maneira, ele está errado (...). Também não se pode dizer desacatado o funcionário que provoca a repulsa ultrajante: o diretor da repartição que chama alguém de imbecil não se pode dizer desacatado, por haver este retrucado que ele é um idiota. Quem primeiramente ofendeu a dignidade da função foi o servidor público que não pode, dessarte, exigir seja ela respeitada*".

■ 11.2.4.3. Sujeito ativo

Em princípio pode ser qualquer pessoa.

Quanto à possibilidade de funcionário público cometer desacato existem três correntes:

a) Não, pois o desacato está contido no Capítulo dos "crimes praticados por **particular** contra a administração em geral". Assim, a ofensa de um funcionário contra outro caracteriza sempre crime de injúria.

b) Só será possível o desacato se o ofensor for subordinado hierarquicamente ao ofendido ou de igual posto. É a opinião de Nélson Hungria.[270]

c) Sim, sempre, pois o funcionário, ao ofender o outro, se despe da qualidade de funcionário público e se equipara a um particular, respondendo pelo crime de desacato. É a opinião majoritária (Damásio de Jesus,[271] Heleno Cláudio Fragoso,[272] Magalhães Noronha[273] e Julio Fabbrini Mirabete).[274] Adotamos também esse entendimento, na medida em que não se encontra dentre as funções do superior ofender o subordinado, de modo que, quando o faz, desrespeita a Administração e comete desacato.

Advogados podem cometer desacato. Com efeito, o Supremo Tribunal Federal, ao apreciar a ADIn 1.127/DF, suspendeu a eficácia do art. 7º, § 2º, da Lei n. 8.906/94 (Estatuto da OAB), no que diz respeito à imunidade que tal dispositivo conferia a tais profissionais em relação ao crime de desacato, mantendo-a, contudo, em relação aos crimes de injúria e difamação. Entendeu o Pretório Excelso que o art. 133 da Constituição Federal, o qual confere imunidade aos advogados no desempenho das funções, nos limites da lei, só pode alcançar crimes contra a honra e não aqueles que atingem a Administração Pública. Nesse sentido: "*Considerou-se o entendimento firmado pelo STF no julgamento da ADIN 1.127/DF (acórdão pendente de publicação), no sentido da inconstitucionalidade da expressão 'e desacato' contida no aludido dispositivo*" (STF — 2ª Turma — HC 88.164-5-MG — Rel. Min. Celso de Mello — j. 15-8-2006 — *DJU* 25-8-2006, p. 62 e *Inf. STF* n. 436 — 14 a 18-8-2006, p. 4).

---

269 E. Magalhães Noronha, *Direito penal*, v. 4, p. 311.

270 Nélson Hungria, *Comentários ao Código Penal*, v. IX, p. 424/425.

271 Damásio de Jesus, *Direito penal*, v. 4, p. 206.

272 Heleno Cláudio Fragoso, *Lições de direito penal*. Parte especial, v. II, p. 462.

273 E. Magalhães Noronha, *Direito penal*, v. 4, p. 306.

274 Julio Fabbrini Mirabete, *Manual de direito penal*, v. 3, p. 366.

Observação: Em 15-12-2016, a 5ª Turma do STJ, no julgamento do REsp 1.640.084/SP, do qual foi relator o Min. Ribeiro Dantas, entendeu que a tipificação do crime de desacato é incompatível com o art. 13 da Convenção Americana de Direitos Humanos porque ressalta a preponderância do Estado sobre o indivíduo e que, por tal razão, eventuais ofensas contra o funcionário público devem ser enquadradas como crime de injúria qualificada. Posteriormente, contudo, a 3ª Seção do Superior Tribunal de Justiça (reunião das duas Turmas Criminais da Corte), no julgamento do HC 379.269/MS, Rel. Min. Reynaldo Soares da Fonseca, Rel. p/ Acórdão Min. Antonio Saldanha Palheiro (julgado em 24-5-2017 — *DJe* 30-6-2017), decidiu que o delito de desacato continua em vigor em nossa legislação: "Manutenção da tipificação do crime de desacato no ordenamento jurídico. Direitos humanos. Pacto de São José da Costa Rica (PSJCR). Direito à liberdade de expressão que não se revela absoluto. Controle de convencionalidade. Inexistência de decisão proferida pela corte (IDH). Atos expedidos pela comissão interamericana de direitos humanos (CIDH). Ausência de força vinculante. Teste tripartite. Vetores de hermenêutica dos direitos tutelados na Convenção Americana de Direitos Humanos. Possibilidade de restrição. Preenchimento das condições antevistas no art. 13.2. do PSJCR. Soberania do estado. Teoria da margem de apreciação nacional (*margin of appreciation*). **Incolumidade do crime de desacato pelo ordenamento jurídico pátrio, nos termos em que entalhado no art. 331 do Código Penal. Em 22 de junho de 2020, o Plenário do Supremo Tribunal Federal, no julgamento da ADPF 496, reconheceu que o crime de desacato foi recepcionado pela Constituição Federal de 1988, pois não viola a garantia da liberdade de expressão.**

■ 11.2.4.4. *Sujeito passivo*

O Estado e, de forma secundária, o funcionário público que foi ofendido. Como o sujeito passivo direto e principal é o Estado, a ofensa perpetrada ao mesmo tempo contra mais de um funcionário tipifica **um só crime** de desacato, e não concurso formal de delitos.

■ 11.2.4.5. *Consumação*

No momento da ofensa.

■ 11.2.4.6. *Tentativa*

Não é possível, pois o desacato reclama a presença da vítima.

■ 11.2.4.7. *Classificação doutrinária*

CLASSIFICAÇÃO DOUTRINÁRIA				
■ Simples quanto à objetividade jurídica	■ Comum e de concurso eventual quanto ao sujeito ativo	■ De ação livre e comissivo ou omissivo quanto aos meios de execução	■ De mera conduta e instantâneo quanto ao momento consumativo	■ Doloso quanto ao elemento subjetivo

■ 11.2.4.8. *Ação penal*

É pública incondicionada, de competência do Juizado Especial Criminal.

11.2.5. Tráfico de influência

> **Art. 332.** Solicitar, exigir, cobrar ou obter, para si ou para outrem, vantagem ou promessa de vantagem, a pretexto de influir em ato praticado por funcionário público no exercício da função:
>
> Pena — reclusão, de dois a cinco anos, e multa.
>
> Parágrafo único. A pena é aumentada da metade, se o agente alega ou insinua que a vantagem é também destinada ao funcionário.

11.2.5.1. Objetividade jurídica

A confiança na Administração Pública e o seu prestígio junto à coletividade.

11.2.5.2. Tipo objetivo

Esse crime é uma modalidade especial de estelionato, em que o agente, gabando-se de influência sobre funcionário público, pede, exige, cobra ou recebe qualquer vantagem (material ou de outra natureza) ou promessa de vantagem, afirmando ardilosamente que irá influir em ato praticado por tal funcionário no exercício de sua função. O agente, portanto, visa obter uma vantagem negociando algo que não possui (condições de levar um funcionário a agir desta ou daquela forma). Por tal razão, a doutrina costuma dizer que neste delito pune-se a "venda de fumaça" (*venditio fumi*), que acaba maculando a imagem da Administração Pública perante os cidadãos, além de, eventualmente, lesar o patrimônio de outras pessoas. Comete o crime, por exemplo, o sujeito que alega ter amizade com um fiscal da prefeitura e solicita dinheiro para um comerciante a pretexto de o estabelecimento não passar por inspeções periódicas.

De acordo com Magalhães Noronha,[275] "*o agente ilude e frauda o pretendente ao ato ou providência governamental, alegando um prestígio que não possui e assegurando-lhe um êxito que não está ao seu alcance*".

11.2.5.3. Sujeito ativo

Qualquer pessoa, inclusive funcionário público que alardeie influência sobre outro.

11.2.5.4. Sujeito passivo

O Estado e, secundariamente, a pessoa ludibriada.

11.2.5.5. Consumação

No exato momento em que o agente solicita, exige, cobra ou obtém a vantagem ou promessa de vantagem. Trata-se de crime **formal** nas três primeiras figuras e **material** na última ("obter").

[275] E. Magalhães Noronha, *Direito penal*, v. 4, p. 314.

11.2.5.6. *Tentativa*

Possível, como, por exemplo, na hipótese de solicitação ou exigência feita por escrito, que se extravia.

11.2.5.7. *Causa de aumento de pena*

Quando o agente diz ou dá a entender que a vantagem é também endereçada ao funcionário, sua pena é aumentada em metade, nos termos do art. 332, parágrafo único, do Código Penal.

11.2.5.8. *Distinção*

a) Se a vantagem efetivamente se destina ao funcionário público, que está mancomunado com o agente, ambos respondem por crime de corrupção passiva.

b) Se o agente visa vantagem a pretexto de influir especificamente em juiz, jurado, órgão do Ministério Público, funcionário da justiça, perito, tradutor, intérprete ou testemunha, o crime é o de **exploração de prestígio**, descrito no art. 357 do Código Penal.

11.2.5.9. *Ação penal*

É pública incondicionada.

11.2.6. Corrupção ativa

> **Art. 333.** Oferecer ou prometer vantagem indevida a funcionário público, para determiná-lo a praticar, omitir ou retardar ato de ofício:
> Pena — reclusão, de dois a doze anos, e multa.
> Parágrafo único. A pena é aumentada de um terço, se, em razão da vantagem ou promessa, o funcionário retarda ou omite ato de ofício, ou o pratica infringindo dever funcional.

11.2.6.1. *Objetividade jurídica*

Proteger a moralidade da Administração Pública e seu regular funcionamento, que podem ser colocados em risco pela corrupção.

11.2.6.2. *Tipo objetivo*

No crime de corrupção ativa, pune-se o particular que **toma a iniciativa** de oferecer ou prometer alguma vantagem indevida a um funcionário público a fim de se beneficiar, em troca, com alguma **ação** ou **omissão** deste funcionário. Na **oferta**, o agente coloca dinheiro ou valores à imediata disposição do funcionário. Ex.: estende a mão com dinheiro a um policial que está prestes a autuá-lo por infração de trânsito. Na **promessa**, o agente se compromete a entregar posteriormente a vantagem ao funcionário.

O crime pode ser praticado por qualquer forma, embora a mais comum seja a oral, já que, em tese, é a forma mais difícil de ser comprovada. É possível, contudo, que o delito seja cometido por escrito ou por gestos (estender o dinheiro ou abrir um talão de cheques).

Conforme já mencionado, só existe corrupção ativa quando a iniciativa é do particular, pois somente nesse caso sua conduta pode fazer com que o funcionário se corrompa. Quando é este quem toma a **iniciativa** de solicitar alguma vantagem, conclui-se que ele já está corrompido, de modo que, se o particular **entrega** o que foi solicitado, não comete o crime de corrupção ativa. Com efeito, não existe no art. 333 conduta típica consistente em entregar ou dar dinheiro ou outra vantagem ao funcionário.

São, assim, possíveis as seguintes situações:

1) O particular oferece a vantagem indevida, mas o funcionário recusa-se a recebê-la: existe apenas corrupção ativa.
2) O particular oferece a vantagem indevida e o funcionário a recebe: há corrupção ativa e também passiva.
3) O particular promete a vantagem indevida e o funcionário não aceita: existe apenas a corrupção ativa.
4) O particular promete a vantagem indevida e o funcionário a aceita: há corrupção ativa e também passiva.
5) O funcionário solicita a vantagem: há apenas corrupção passiva, quer o particular concorde em entregar a vantagem, quer se recuse.

Assim, verifica-se que é possível existir corrupção ativa sem que ocorra a passiva (hipóteses 1 e 3) e que se configure a corrupção passiva sem a correspondente corrupção ativa (hipótese 5).

É evidente, por sua vez, a possibilidade da coexistência das duas formas de corrupção, tal como se dá nas hipóteses 2 e 4, em que o funcionário **recebe** ou **aceita** a promessa de vantagem feita pelo particular. Em tais casos, estamos diante de exceção à teoria **monista** ou **unitária**, segundo a qual todos os envolvidos em um fato ilícito devem responder pelo mesmo crime. Optou o legislador por punir o funcionário por um crime e o particular por outro, para poder diferenciar os momentos consumativos, embora a pena prevista para ambos os delitos seja a mesma.

Será ainda punida exclusivamente a corrupção passiva quando um menor de idade for flagrado cometendo, por exemplo, um ato infracional e, para não ser encaminhado ao Juízo da Infância e da Juventude, ofereça dinheiro ao funcionário e este o receba. Em tal caso, apenas o funcionário poderá ser punido em razão da inimputabilidade do adolescente.

É necessário que o agente ofereça ou faça uma promessa de **vantagem indevida** para que o funcionário público **pratique**, **omita** ou **retarde** ato de ofício. Sem tal intenção específica, não há corrupção ativa. Ademais, se os valores oferecidos forem **devidos**, o fato será atípico.

Diverge a doutrina em torno da **natureza** da vantagem. Para alguns autores, como Damásio de Jesus,[276] Nélson Hungria[277] e Magalhães Noronha,[278] esta deve

276 Damásio de Jesus, *Direito penal,* v. 4, p. 141.

277 Nélson Hungria, *Comentários ao Código Penal,* v. IX, p. 361.

278 E. Magalhães Noronha, *Direito penal,* v. 4, p. 239.

ser necessariamente **patrimonial**. Já para Julio Fabbrini Mirabete[279] e Fernando Capez,[280] pode ser de **qualquer espécie**, uma vez que a lei não faz distinção. Ex.: proveitos patrimoniais, sentimentais, sexuais etc.

Se o particular se limita a insistentes pedidos para o funcionário "dar um jeitinho" ou "quebrar o galho", não se configura a corrupção ativa por falta de uma de suas elementares — oferta ou promessa de **vantagem indevida**. Nesse caso, se o funcionário público "dá o jeitinho" e não pratica o ato que deveria, responde por **corrupção passiva privilegiada** (art. 317, § 2º) e o particular figura como **partícipe** em razão do induzimento. Se o funcionário público não "dá o jeitinho", o fato é atípico.

Para que exista a corrupção ativa, o sujeito, com a oferta ou promessa de vantagem, deve visar que o funcionário:

a) Retarde ato de ofício. Ex.: para que um delegado de polícia demore a concluir um inquérito policial, visando a prescrição.

b) Omita ato de ofício. Ex.: para que o policial não o multe.

c) Pratique ato de ofício. Exs.: para delegado de polícia emitir Carteira de Habilitação a quem não passou no exame (nesse caso, há também crime de falsidade ideológica); para que um funcionário da Prefeitura emita autorização para início de uma construção sem que tenham sido atendidas as formalidades legais.

Se o particular oferece a vantagem para evitar que o funcionário público pratique contra ele algum ato **ilegal**, não há crime.

■ *11.2.6.3. Sujeito ativo*

Trata-se de crime **comum**, que pode ser cometido por qualquer pessoa. Até mesmo funcionário público pode ser sujeito ativo. Ex.: chefe do executivo que oferece valores para integrantes do legislativo aprovarem projetos de sua autoria.

■ *11.2.6.4. Sujeito passivo*

O Estado.

■ *11.2.6.5. Consumação e causa de aumento de pena*

Quando a oferta ou a promessa **chegam** ao funcionário público, ainda que ele não a aceite. Trata-se de crime **formal**. Se, entretanto, o funcionário público a aceitar e, em razão da vantagem, **retardar, omitir** ou **praticar** ato infringindo dever funcional, a pena da corrupção ativa será **aumentada de um terço**, nos termos do art. 333, parágrafo único, do Código Penal. Sempre que ocorrer essa hipótese, o funcionário público será responsabilizado pela forma exasperada de corrupção passiva descrita no art. 317, § 1º, do Código Penal.

---

[279] Julio Fabbrini Mirabete, *Manual de direito penal,* v. 3, p. 315.

[280] Fernando Capez, *Curso de direito penal,* v. 3, p. 421.

11.2.6.6. *Tentativa*

É possível na forma escrita quando ocorre o extravio.

11.2.6.7. *Distinção*

a) Se houver corrupção ativa em transação comercial internacional, estará configurado o crime do art. 337-B do Código Penal.

b) A corrupção para obter voto em eleição constitui crime do art. 299 do Código Eleitoral (Lei n. 4.737/65). Cuida-se aqui de corromper um eleitor e não um funcionário público.

c) A corrupção ativa de testemunhas, peritos, tradutores ou intérpretes, não oficiais, constitui o crime do art. 343 do Código Penal, quando a intenção do agente é fazer com que aqueles façam afirmação falsa, neguem ou calem a verdade em depoimento, perícia, cálculos, tradução ou interpretação.

d) Quem dá ou promete vantagem **patrimonial** ou não **patrimonial com o fim de alterar ou falsear o resultado de uma competição desportiva** incorre no crime do art. 41-D da Lei n. 12.299/2010 (Estatuto do Torcedor), apenado com reclusão de 2 a 6 anos e multa. É a chamada **corrupção ativa desportiva**. Ex.: oferecer dinheiro ao árbitro de futebol para beneficiar ou prejudicar determinada equipe em certa partida.

11.2.6.8. *Ação penal*

É pública incondicionada.

11.2.6.9. *Classificação doutrinária*

CLASSIFICAÇÃO DOUTRINÁRIA				
Simples quanto à objetividade jurídica	Comum e de concurso eventual quanto ao sujeito ativo	De ação livre e comissivo quanto aos meios de execução	Formal e instantâneo quanto ao momento consumativo	Doloso quanto ao elemento subjetivo

11.2.7. Contrabando e descaminho

> **Descaminho:**
> **Art. 334.** Iludir, no todo ou em parte, o pagamento de direito ou imposto devido pela entrada, pela saída ou pelo consumo de mercadoria:
> Pena — reclusão, de um a quatro anos.
> **Contrabando:**
> **Art. 334-A.** Importar ou exportar mercadoria proibida:
> Pena — reclusão, de dois a cinco anos.

11.2.7.1. *Objetividade jurídica*

O controle do Poder Público sobre a **entrada** e **saída** de mercadorias do País e os interesses em termos de **tributação** da Fazenda Nacional.

11.2.7.2. Tipo objetivo

O contrabando e o descaminho eram previstos no mesmo tipo penal e tinham a mesma pena. A Lei n. 13.008/2014, visando aumentar a pena do crime de contrabando, desmembrou os tipos penais. Atualmente, portanto, o descaminho está previsto no art. 334 e possui pena de um a quatro anos de reclusão, enquanto o contrabando está descrito no art. 334-A e tem pena de dois a cinco anos de reclusão.

Contrabando é a clandestina importação ou exportação de mercadorias cuja entrada no País, ou saída dele, é absoluta ou relativamente proibida. **Descaminho** é a fraude tendente a frustrar, total ou parcialmente, o pagamento de direitos de importação ou exportação ou do imposto de consumo (a ser cobrado na própria aduana) sobre mercadorias. Essa distinção é apontada por Nélson Hungria.[281]

O Supremo Tribunal Federal, com fulcro no art. 20 da Lei n. 10.522/2002, que dispõe que "*serão arquivados, sem baixa na distribuição, mediante requerimento do Procurador da Fazenda Nacional, os autos das execuções fiscais de débitos inscritos como Dívida Ativa da União pela Procuradoria-Geral da Fazenda Nacional ou por ela cobrados, de valor consolidado igual ou inferior a R$ 10.000,00 (dez mil reais)*", passou a reconhecer reiteradamente o princípio da insignificância no crime de descaminho quando o valor devido é de até R$ 10.000,00, pois, se o tributo sequer será cobrado, não deve também ser movida ação penal. A propósito: *HC 96.412/SP, red. p/ acórdão Min. Dias Toffoli; 1ª Turma,* DJ *de 18.03.2011; HC 97.257/RS, Rel. Min. Marco Aurélio, 1ª Turma,* DJ *de 1.12.2010; HC 102.935, Rel. Min. Dias Toffoli, 1ª Turma,* DJ *de 19.11.2010; HC 96.852/PR, Rel. Min. Joaquim Barbosa, 2ª Turma,* DJ *de 15.03.2011; HC 96.307/GO, Rel. Min. Joaquim Barbosa, 2ª Turma,* DJ *de 10.12.2009; HC 100.365/PR, Rel. Min. Joaquim Barbosa,* DJ *de 05.02.2010*; (HC 100.942/PR — 1ª Turma — Rel. Min. Luiz Fux). Posteriormente, as Portarias ns. 75/2012 e 130/2012 — ambas do Ministério da Fazenda — passaram a dispensar a cobrança fiscal em juízo de valores de até **R$ 20.000,00**, de modo que o Supremo Tribunal Federal passou a reconhecer a insignificância até tal patamar: "*No crime de descaminho, o Supremo Tribunal Federal tem considerado, para a avaliação da insignificância, o patamar de R$ 20.000,00 previsto no art. 20 da Lei n. 10.522/2002, atualizado pelas Portarias ns. 75 e 130/2012 do Ministério da Fazenda. Precedentes*" (HC 126.191 — Rel. Min. Dias Toffoli — 1ª Turma — julgado em 3-3-2015, *DJe*-065 divulg. 7-4-2015, public. 8-4-2015); "*Nos termos da jurisprudência deste Tribunal, o princípio da insignificância deve ser aplicado ao delito de descaminho quando o valor sonegado for inferior ao estabelecido no art. 20 da Lei 10.522/2002, com as atualizações feitas pelas Portarias 75 e 130, ambas do Ministério da Fazenda*" (HC 121.892 — Rel. Min. Ricardo Lewandowski — 2ª Turma — julgado em 6-5-2014, *DJe*-151 divulg. 5-8-2014, public. 6-8-2014). A 3ª Seção do Superior Tribunal de Justiça, em um primeiro momento, decidiu que o Ministério da Fazenda exorbitou de sua competência ao modificar o patamar para arquivamento sem baixa na distribuição, fixando-o em R$ 20.000,00, de modo que o princípio da insignificância continuou sendo aplicado em tal tribunal apenas quando o valor devido não superasse os R$ 10.000,00 previstos na Lei n.

[281] Nélson Hungria, *Comentários ao Código Penal,* v. IX, p. 432.

10.522/2002 (REsp 1.393.317/PR — Rel. Min. Rogerio Schietti Cruz, proc. eletrônico — julgado em 12-11-2014). No mesmo sentido: "*No julgamento do REsp n. 1.112.748/TO (representativo de controvérsia), consolidou-se orientação de que incide o princípio da insignificância ao crime de descaminho quando o valor do débito tributário não ultrapasse o limite de R$ 10.000,00 (dez mil reais), a teor do disposto no art. 20 da Lei n. 10.522/2002. 2. A Portaria MF n. 75, de 22 de março de 2012, do Ministério da Fazenda, por se cuidar de norma infralegal que não possui força normativa capaz de revogar ou modificar lei em sentido estrito, não tem o condão de alterar o patamar limítrofe para a aplicação do princípio da bagatela*" (STJ — AgRg no AREsp 651.395/PR — Rel. Min. Joel Paciornik — 5ª Turma — julgado em 24-5-2016, *DJe* 3-6-2016); "*No crime de descaminho, o princípio da insignificância somente afasta a tipicidade da conduta se o valor dos tributos elididos não ultrapassar a quantia de dez mil reais, estabelecida no art. 20 da Lei n. 10.522/2002*" (STJ — AgRg no AREsp 791.589/SP — Rel. Min. Sebastião dos Reis Júnior — 6ª Turma — julgado em 19-5-2016, *DJe* 7-6-2016). Ainda nesse sentido: AgRg no REsp 1.538.629/RS — Rel. Min. Ribeiro Dantas — 5ª Turma — julgado em 21-3-2017 — *DJe* 27-3-2017; AgInt no REsp 1.622.588/RS — Rel. Min. Antonio Saldanha Palheiro — julgado em 9-3-2017 — *DJe* 21-3-2017. De ver-se, entretanto, que, **em fevereiro de 2018**, a 3ª Seção do Superior Tribunal de Justiça modificou seu entendimento para se adequar à interpretação da Corte Suprema e passou a aplicar o princípio da insignificância para os crimes tributários e de descaminho até o valor de R$ 20.000,00. A 3ª Seção, então, modificou a redação da tese 157, aprovada em sede de recursos repetitivos, que passou a ter a seguinte redação: "*Incide o princípio da insignificância aos crimes tributários federais e de descaminho quando o débito tributário verificado não ultrapassar o limite de R$ 20.000,00, a teor do disposto no artigo 20 da Lei 10.522/2002, com as atualizações efetivadas pelas Portarias 75 e 130, ambas do Ministério da Fazenda.*"

O Superior Tribunal de Justiça firmou entendimento de que o princípio da insignificância não pode ser aplicado em caso de **reincidência** ou **reiteração criminosa**: "*A jurisprudência do Supremo Tribunal Federal e do Superior Tribunal de Justiça, no caso específico do crime de descaminho, refuta a aplicação do princípio da insignificância a acusados reincidentes ou inclinados à prática delitiva*" (AgRg no REsp 1.780.308/RS, Rel. Min. Laurita Vaz, 6ª Turma, julgado em 14-5-2019, *DJe* 24-5-2019); "*No que se refere ao crime de descaminho, a jurisprudência desta Corte Superior reconhece que o princípio da insignificância não tem aplicabilidade em casos de reiteração da conduta delitiva, visto que tal circunstância denota maior grau de reprovabilidade do comportamento lesivo, sendo desnecessário perquirir o valor dos tributos iludidos pelo acusado*" (STJ — AgRg no AREsp 1.665.418/SP, Rel. Min. Ribeiro Dantas, 5ª Turma, julgado em 2-6-2020, *DJe* 15-6-2020).

O art. 34 da Lei n. 9.249/95 estabelece: "*extingue-se a punibilidade dos crimes definidos na Lei n. 8.137/90 e na Lei n. 4.729/65, quando o agente promover o pagamento do tributo ou contribuição social, inclusive acessórios, antes do recebimento da denúncia*". O art. 9º, § 2º, da Lei n. 10.684/2003, por sua vez, dispõe: "*ex-*

tingue-se a punibilidade dos crimes referidos neste artigo[282] *quando a pessoa jurídica relacionada com o agente efetuar o pagamento integral dos débitos oriundos de tributos e contribuições sociais, inclusive acessórios*". Semelhante regra existe no art. 69 da Lei n. 11.941/2009. Embora estas leis não mencionem o crime de descaminho, tem-se entendido que o dispositivo é aplicável a referido delito, pois, como os demais, atinge a ordem tributária. Nesse sentido, manifestou-se o Supremo Tribunal Federal: "*Descaminho (art. 334, § 1º, Alíneas "c" e "d", do Código Penal. Pagamento do tributo. Causa extintiva da punibilidade. Abrangência pela Lei n. 9.249/95. Norma penal favorável ao réu. Aplicação retroativa. Crime de natureza tributária*" (HC 85.942/SP — 1ª Turma — Rel. Min. Luiz Fux — *DJe* 146, p. 78).

O Superior Tribunal de Justiça, entretanto, não acata tal entendimento, não decretando a extinção da punibilidade com a seguinte argumentação: "*1. A partir do julgamento do HC n. 218.961/SP, a Quinta Turma do Superior Tribunal de Justiça assentou o entendimento de que o delito de descaminho é formal, se configurando com o simples ato de iludir o pagamento do imposto devido pela entrada de mercadoria no país. Precedentes do STJ e do STF. 2. O bem jurídico tutelado pelo artigo 334 do Estatuto Repressivo vai além do valor do imposto iludido ou sonegado, pois, além de lesar o Fisco, atinge a estabilidade das atividades comerciais dentro do país, dá ensejo ao comércio ilegal e à concorrência desleal, gerando uma série de prejuízos para a atividade empresarial brasileira. 3. Assim, o descaminho não pode ser equiparado aos crimes materiais contra a ordem tributária, o que revela a impossibilidade de que o agente tenha a sua punibilidade extinta pelo pagamento do tributo. 4. O artigo 9º da Lei 10.684/2003 prevê a extinção da punibilidade pelo pagamento dos débitos fiscais apenas no que se refere aos crimes previstos nos artigos 1º e 2º da Lei 8.137/1990, 168-A e 337-A do Código Penal, o que reforça a impossibilidade de incidência do benefício em questão ao descaminho. 5. Se a infração penal tipificada no artigo 334 do Estatuto Repressivo não se assemelha aos crimes materiais contra a ordem tributária e de apropriação ou sonegação de contribuição previdenciária, notadamente em razão dos diferentes bens jurídicos por cada um deles tutelados, inviável a aplicação analógica da Lei 10.684/2003 ao caso dos autos. Precedente. 6. Constatada a impossibilidade de extinção da punibilidade do recorrente pelo pagamento dos tributos iludidos com a suposta prática do crime de descaminho, revela-se irrelevante, neste momento, a discussão acerca do destino do dinheiro apreendido em sua residência, até mesmo porque ainda não foi proferida sentença no feito, momento oportuno para a referida deliberação. 7. Recurso desprovido*" (RHC 43.558/SP — Rel. Min. Jorge Mussi — 5ª Turma — julgado em 5-2-2015, *DJe* 13-2-2015); "*Consoante jurisprudência pacífica desta Corte, por se tratar de crime formal, é irrelevante o parcelamento e pagamento do tributo, não se aplicando ao descaminho a extinção da punibilidade prevista na Lei Federal n. 10.684/2003*"(AgRg no AREsp 1259739/SP, Rel. Min. Joel Ilan Paciornik, 5ª Turma, julgado em 30-5-2019, *DJe* 11-6-2019).

Saliente-se, por fim, que, de acordo com o tema 933 do Superior Tribunal de Justiça, aprovado em sede de recursos repetitivos, "*quando o falso se exaure no*

[282] Arts. 1º e 2º da Lei n. 8.137/90 e 168-A e 337-A do Código Penal.

descaminho, sem mais potencialidade lesiva, é por este absorvido, como crime-fim, condição que não se altera por ser menor a pena a este cominada". Em outras palavras, quando alguém falsifica ou faz uso de documento falso para viabilizar o delito de descaminho responde apenas por este delito, desde que o falso não tenha mais potencialidade lesiva no caso concreto.

O Superior Tribunal de Justiça firmou os seguintes entendimentos em relação ao crime de contrabando:

"Configura crime de contrabando (art. 334-A, CP) a importação não autorizada de arma de pressão por ação de gás comprimido ou por ação de mola, independentemente do calibre": AgRg no REsp 1.479.836/RS — Rel. Min. Ribeiro Dantas — 5ª Turma — julgado em 18-8-2016 — *DJe* 24-8-2016; AgRg no REsp 1.460.554/RS — Rel. Min. Rogerio Schietti Cruz — 6ª Turma — julgado em 15-3-2016 — *DJe* 28-3-2016; AgRg no AgRg no REsp 1.427.793/RS — Rel. Min. Felix Fischer — 5ª Turma — julgado em 16-2-2016 — *DJe* 24-2-2016.

"A importação não autorizada de cigarros ou de gasolina constitui crime de contrabando, insuscetível de aplicação do princípio da insignificância": RHC 071203/RS — Rel. Min. Reynaldo Soares da Fonseca — 5ª Turma — julgado em 22-11-2016 — *DJe* 2-12-2016; AgRg no AREsp 697.456/SC — Rel. Min. Nefi Cordeiro — julgado em 11-10-2016 — *DJe* 28-10-2016; AgRg no REsp 1.471.072/SP — Rel. Min. Joel Ilnal Paciornik — 5ª Turma — julgado em 13-9-2016 — *DJe* 23-9-2016.

"A importação clandestina de medicamentos configura crime de contrabando, aplicando-se, excepcionalmente, o princípio da insignificância aos casos de importação não autorizada de pequena quantidade para uso próprio": AgRg no REsp 1.572.314/RS — Rel. Min. Reynaldo Soares da Fonseca — 5ª Turma — julgado em 2-2-2017 — *DJe* 10-2-2017; AgRg no REsp 1.500.691/SP — Rel. Min. Jorge Mussi — 5ª Turma — julgado em 11-10-2016 — *DJe* 26-10-2016; AgRg no AREsp 509.128/PR — Rel. Min. Ericson Maranho — 6ª Turma (Desembargador Convocado do TJ/SP) — julgado em 8-3-2016 — *DJe* 21-3-2016.

■ 11.2.7.3. *Sujeito ativo*

Pode ser qualquer pessoa. Trata-se de crime **comum**. O funcionário público que facilite a conduta, entretanto, responderá pelo crime de facilitação ao contrabando ou descaminho (art. 318).

■ 11.2.7.4. *Sujeito passivo*

O Estado, representado pela União.

■ 11.2.7.5. *Consumação*

Com a **entrada** ou **saída** da mercadoria do território nacional. Entendemos tratar-se de crime **instantâneo de efeitos permanentes**, e não de crime permanente. Assim, é equivocado falar-se em prisão em flagrante quando o agente é encontrado na posse de produtos contrabandeados com os quais ingressou no País muitos dias antes.

Cuida-se, ainda, de crime formal, que se consuma independentemente da constituição administrativa do débito fiscal, conforme decisões da Corte Suprema: *"A consumação do delito de descaminho e a posterior abertura de processo-crime não estão a depender da constituição administrativa do débito fiscal. Primeiro, porque o delito de descaminho é rigorosamente formal, de modo a prescindir da ocorrência do resultado naturalístico. Segundo, porque a conduta materializadora desse crime é 'iludir' o Estado quanto ao pagamento do imposto devido pela entrada, pela saída ou pelo consumo de mercadoria. E iludir não significa outra coisa senão fraudar, burlar, escamotear (HC 99.740, Segunda Turma, Relator o Ministro Ayres Britto,* DJe *de 1º.02.11). No mesmo sentido: HC 120.783, Primeira Turma, Relatora a Ministra Rosa Weber, DJe de 11.04.14"* (RHC 119.960 — Rel. Min. Luiz Fux — 1ª Turma — julgado em 13-5-2014 — processo eletrônico *DJe*-105 divulg. 30-5-2014, public. 2-6-2014); e *"Crime de descaminho. Crime formal. Desnecessidade da constituição definitiva do tributo para a consumação do delito e o início da persecução penal. Precedente do STF. 3. Ordem denegada"* (HC 122.325 — Rel. Min. Gilmar Mendes — 2ª Turma — julgado em 27-5-2014 — *DJe*-113 divulg. 11-6-2014, public. 12-6-2014). No mesmo sentido decisões do Superior Tribunal de Justiça: RHC 047.893/SP — Rel. Min. Ribeiro Dantas — 5ª Turma — julgado em 14-2-2017 — *DJe* 17-2-2017; AgRg no HC 373.705/SP, Rel. Min. Jorge Mussi — 5ª Turma — julgado em 17-11-2016 — *DJe* 23-11-2016; RHC 067.467/SP — Rel. Min. Felix Fischer — 5ª Turma — julgado em 23-8-2016 — *DJe* 31-8-2016; HC 271.650/PE — Rel. Min. Reynaldo Soares da Fonseca — 5ª Turma — julgado em 3-3-2016 — *DJe* 9-3-2016.

Segundo Magalhães Noronha,[283] *"dá-se a consumação do contrabando quando a mercadoria proibida já penetrou o território nacional ou dele saiu; é a hipótese comum, como se falou, isto é, do contrabando sigiloso, oculto etc. Se, entretanto, for feito através da alfândega, é só com a liberação da mercadoria; até então não se poderá dizer consumada a importação ou exportação. É também com a liberação que se consuma o descaminho: a fraude ou expediente surtiu efeito, iludiu as autoridades alfandegárias, entrando o destinatário na posse da coisa sem pagar os tributos ou direitos respectivos"*. No mesmo sentido, veja-se: *"Há vozes, e de bom tempo, por exemplo, a de Fragoso nas 'Lições', segundo as quais, 'se a importação ou exportação se faz através da alfândega, o crime somente estará consumado depois de ter sido a mercadoria liberada pelas autoridades ou transposta a zona fiscal'. 2. Assim, também não há falar em crime consumado se as mercadorias destinadas aos pacientes foram, no caso, apreendidas no centro de triagem e remessas postais internacionais dos correios"* (STJ — HC 120.586/SP — Rel. Min. Nilson Naves — 6ª Turma — julgado em 5-11-2009, *DJe* 17-5-2010).

■ 11.2.7.6. Tentativa

É possível. Ex.: mercadoria apreendida no setor alfandegário.

[283] E. Magalhães Noronha, *Direito penal*, v. 4, p. 330.

■ 11.2.7.7. *Causa de aumento de pena*

Determina o § 3º que a pena será aplicada em **dobro** quando o contrabando ou descaminho for praticado em transporte **aéreo, marítimo ou fluvial**. A razão da maior severidade da pena é a facilidade decorrente da utilização de aeronaves ou embarcações para a prática do delito. Por esse mesmo motivo, parece-nos não ser aplicável a majorante quando a aeronave pousa ou decola de aeroporto dotado de alfândega, uma vez que nestes não existe maior facilidade na entrada ou saída de mercadorias.

■ 11.2.7.8. *Distinção*

a) Em se tratando de importação ou exportação de substância **entorpecente**, configura-se crime de **tráfico internacional** de entorpecente, previsto no art. 33, *caput*, com a pena aumentada pelo art. 40, I, todos da Lei n. 11.343/2006.

b) A importação ou exportação ilegal de arma de fogo, acessório ou munição constitui também crime específico, previsto no art. 18 da Lei n. 10.826/2003 (Estatuto do Desarmamento), cuja pena é de quatro a oito anos de reclusão, e multa. Como essa lei não faz ressalva, ao contrário do que ocorria com a anterior (Lei n. 9.437/97), não é possível a punição concomitantemente com o crime de contrabando.

■ 11.2.7.9. *Figuras equiparadas ao crime de descaminho*

O § 1º do art. 334 prevê, em seus quatro incisos, várias figuras equiparadas ao descaminho, para as quais é reservada a mesma pena do *caput*, para quem:

I) pratica navegação de cabotagem fora dos casos permitidos em lei. A navegação de cabotagem é a realizada entre portos ou pontos de um mesmo país, utilizando a via marítima ou esta e as vias navegáveis interiores (art. 2º, IX, da Lei n. 9.432/97). Constitui crime a sua prática fora dos casos permitidos em lei, tratando-se, portanto, de norma penal em branco, cuja tipificação pressupõe o desrespeito ao texto de outra lei.

II) pratica fato assimilado, em lei especial, a descaminho. Constitui fato assimilado previsto em lei, por exemplo, a saída de mercadorias da Zona Franca de Manaus sem o pagamento de tributos, quando o valor excede a cota que cada pessoa pode trazer. Trata-se, também, de norma penal em branco.

III) vende, expõe à venda, mantém em depósito ou, de qualquer forma, utiliza em proveito próprio ou alheio, no exercício de atividade comercial ou industrial, mercadoria de procedência estrangeira que introduziu clandestinamente no País ou importou fraudulentamente ou que sabe ser produto de introdução clandestina no território nacional ou de importação fraudulenta por parte de outrem. Nesse dispositivo, o legislador pune, na parte inicial, o **próprio** autor do descaminho que vende, expõe à venda, mantém em depósito ou de qualquer forma utiliza a mercadoria no exercício de atividade comercial ou industrial. Quando isso ocorre, é evidente que o agente não será punido pela figura do *caput*, que resta, portanto, absorvida. Lembre-se de que o § 2º estabelece que se **equipara** à atividade **comercial** qualquer forma de comércio **irregular** (sem registro junto aos órgãos competentes) ou **clandestino de mercadorias estrangeiras** (camelôs, por exemplo), inclusive o exercido em **residências.**

Em sua parte final, a lei pune quem toma as mesmas atitudes em relação a mercadorias introduzidas clandestinamente ou importadas fraudulentamente por terceiro.

IV) adquire, recebe ou oculta, em proveito próprio ou alheio, no exercício de atividade comercial ou industrial, mercadoria de procedência estrangeira, desacompanhada de documentação legal, ou acompanhada de documentos que sabe serem falsos. A lei pune, por fim, a pessoa que, no exercício de atividade comercial ou industrial, adquire (obtém a propriedade), recebe (obtém a posse) ou oculta (esconde) mercadoria de procedência estrangeira desacompanhada de documentos ou acompanhada de documentos que sabe serem falsos. Trata-se de delito que possui as mesmas condutas típicas do crime de receptação, mas que se aplica especificamente a mercadorias objeto de descaminho. Equipara-se às atividades comerciais, para os efeitos deste artigo, qualquer forma de comércio irregular ou clandestino de mercadorias estrangeiras, inclusive o exercido em residências (art. 334, § 2º).

▪ *11.2.7.10. Figuras equiparadas ao crime de contrabando*

O § 1º do art. 334-A, introduzido no Código Penal pela Lei n. 13.008/2014, prevê, em seus cinco incisos, várias figuras equiparadas ao contrabando, para punir quem:

I — pratica fato assimilado, em lei especial, a contrabando;

II — importa ou exporta clandestinamente mercadoria que dependa de registro, análise ou autorização de órgão público competente;

III — reinsere no território nacional mercadoria brasileira destinada à exportação;

IV — vende, expõe à venda, mantém em depósito ou, de qualquer forma, utiliza em proveito próprio ou alheio, no exercício de atividade comercial ou industrial, mercadoria proibida pela lei brasileira;

V — adquire, recebe ou oculta, em proveito próprio ou alheio, no exercício de atividade comercial ou industrial, mercadoria proibida pela lei brasileira.

▪ *11.2.7.11. Ação penal*

É pública incondicionada, de competência da Justiça Federal.

A Súmula n. 151 do Superior Tribunal de Justiça estabelece que "*a competência para processo e julgamento por crime de contrabando ou descaminho define-se pela prevenção do Juízo Federal do lugar da apreensão dos bens*".

11.2.8. Impedimento, perturbação ou fraude de concorrência

> **Art. 335.** Impedir, perturbar ou fraudar concorrência pública ou venda em hasta pública, promovida pela administração federal, estadual ou municipal, ou por entidade paraestatal; afastar ou procurar afastar concorrente ou licitante, por meio de violência, grave ameaça, fraude ou oferecimento de vantagem:
> Pena — detenção, de seis meses a dois anos, ou multa, além da pena correspondente à violência.
> Parágrafo único. Incorre na mesma pena quem se abstém de concorrer ou licitar, em razão da vantagem oferecida.

Esse dispositivo foi revogado pelos arts. 93 e 95 da Lei n. 8.666/93 (Lei de Licitações), que pune as mesmas condutas com penas maiores.

11.2.9. Inutilização de edital ou de sinal

> **Art. 336.** Rasgar, ou de qualquer forma, inutilizar ou conspurcar edital afixado por ordem de funcionário público; violar ou inutilizar selo ou sinal empregado, por determinação legal ou por ordem de funcionário público, para identificar ou cerrar qualquer objeto:
> Pena — detenção, de um mês a um ano, ou multa.

11.2.9.1. Objetividade jurídica

A regularidade no funcionamento da Administração Pública.

11.2.9.2. Tipo objetivo

A primeira figura se refere a edital afixado por ordem de funcionário público, que pode ser de caráter **administrativo** (de casamento ou hasta pública, por exemplo), **judicial** (de citação, por exemplo) ou **legislativo**. Abrange as condutas de **rasgar** (cortar, lacerar), **inutilizar** (tornar ilegível) ou **conspurcar** (sujar, rabiscar, sem tornar ilegível). **Edital** é um comunicado **oficial** cuja finalidade é dar **conhecimento** a todos de determinado fato e, por isso, é afixado em local público.

A segunda figura consiste em **inutilizar** ou **violar** (transpor) o **obstáculo** que o selo ou o sinal representam. Estes visam, normalmente, dar **garantia oficial** à identificação ou ao conteúdo de certos pacotes, envelopes etc. É necessário que tenham sido empregados por determinação legal ou de funcionário público competente.

11.2.9.3. Sujeito ativo

Qualquer pessoa. Trata-se de crime **comum**.

11.2.9.4. *Sujeito passivo*

O Estado.

11.2.9.5. *Consumação*

No exato instante em que o agente consegue rasgar, inutilizar ou conspurcar o edital, ou violar ou inutilizar o selo ou sinal, independentemente de qualquer outro resultado.

11.2.9.6. *Tentativa*

É possível.

11.2.9.7. *Ação penal*

É pública incondicionada, de competência do Juizado Especial Criminal.

11.2.10. Subtração ou inutilização de livro ou documento

> **Art. 337.** Subtrair, ou inutilizar, total ou parcialmente, livro oficial, processo ou documento confiado à custódia de funcionário, em razão de ofício, ou de particular em serviço público:
> Pena — reclusão, de dois a cinco anos, se o fato não constitui crime mais grave.

11.2.10.1. *Objetividade jurídica*

A preservação dos livros oficiais, processos e documentos mencionados no tipo penal.

11.2.10.2. *Tipo objetivo*

As condutas típicas são:

a) subtrair: tirar, retirar;

b) inutilizar: tornar imprestável.

Necessário que a conduta recaia sobre:

a) livro oficial: usado para escriturações ou registros;

b) processo: judicial ou administrativo;

c) documento: público ou privado, que esteja confiado à custódia de funcionário público ou de particular em serviço público.

Saliente-se, porém, que, se o documento destina-se a fazer prova de relação jurídica, e o agente visa beneficiar a si próprio ou a terceiro, o fato constituirá crime mais grave, previsto no art. 305 do Código Penal, na medida em que o crime do art. 337, *caput*, é expressamente subsidiário.

■ 11.2.10.3. Sujeito ativo

Pode ser qualquer pessoa. Trata-se de crime **comum**.

Se o crime for cometido por funcionário público que tem a guarda do livro ou documento em razão do cargo, configura-se o crime especial previsto no art. 314 do Código Penal, e, se for advogado ou procurador que tenha recebido o objeto ou documento nesta qualidade, o crime será o do art. 356.

■ 11.2.10.4. Sujeito passivo

O Estado e, em segundo plano, as pessoas prejudicadas pela conduta.

■ 11.2.10.5. Consumação

No instante em que o agente subtrai ou inutiliza, total ou parcialmente, o livro, processo ou documento.

■ 11.2.10.6. Tentativa

É possível.

■ 11.2.10.7. Ação penal

É pública incondicionada.

■ 11.2.10.8. Quadro comparativo de crimes em que há inutilização ou destruição de documento

1) Art. 305 — Supressão de documento: Esse delito pode ser cometido por qualquer pessoa. O documento pode ser público ou particular, mas é necessário que seja destinado à prova de alguma relação jurídica e que o agente o danifique a fim de obter vantagem em proveito próprio ou alheio.
2) Art. 337, *caput* — Subtração ou inutilização de livro ou documento: Esse delito também pode ser praticado por qualquer pessoa, exceto por funcionário público que tenha a guarda do documento, hipótese que configura o crime do art. 314. Por ter pena menor e ser expressamente subsidiário, só pode ser reconhecido se ausente qualquer dos requisitos do art. 305 (ausência de intenção de obter vantagem ou que o documento não seja destinado à prova de alguma relação jurídica).
3) Art. 314 — Extravio, sonegação ou inutilização de livro ou documento: Esse crime se diferencia dos demais porque cometido pelo próprio funcionário que tem a guarda do documento. No delito do art. 337, o tipo penal exige que o documento esteja na guarda de funcionário ou de particular em serviço público, contudo, o autor do delito é terceira pessoa.

> **4) Art. 356 — Sonegação de papel ou objeto de valor probatório:** Essa infração é bem diversa das demais, pois o sujeito ativo só pode ser advogado ou procurador que recebeu o documento ou objeto de valor probatório no exercício de tais atividades.

11.2.11. Sonegação de contribuição previdenciária

> **Art. 337-A.** Suprimir ou reduzir contribuição social previdenciária e qualquer acessório, mediante as seguintes condutas:
>
> I — omitir de folha de pagamento da empresa ou de documento de informações previsto pela legislação previdenciária segurados empregado, empresário, trabalhador avulso ou trabalhador autônomo ou a este equiparado que lhe prestem serviços;
>
> II — deixar de lançar mensalmente nos títulos próprios da contabilidade da empresa as quantias descontadas dos segurados ou as devidas pelo empregador ou pelo tomador de serviços;
>
> III — omitir, total ou parcialmente, receitas ou lucros auferidos, remunerações pagas ou creditadas e demais fatos geradores de contribuições previdenciárias:
>
> Pena — reclusão, de dois a cinco anos, e multa.

11.2.11.1. Objetividade jurídica

O art. 194 da Constituição Federal estabelece que "*a seguridade social compreende um conjunto integrado de ações de iniciativa dos Poderes Públicos e da sociedade, destinadas a assegurar os direitos relativos à saúde, à previdência e à assistência social*". É evidente, portanto, que, para garantir o pagamento dos benefícios de pessoas aposentadas, inválidas, desempregadas etc., é necessário que as autarquias responsáveis pelo pagamento possuam fundos suficientes para tanto. No âmbito federal, a autarquia responsável é o INSS — Instituto Nacional do Seguro Social.

Assim, o art. 195 da própria Constituição estabelece que a seguridade será financiada por recursos provenientes do orçamento da União, Estados, Distrito Federal e Municípios, bem como por contribuições sociais: a) do empregador, da empresa ou entidade a ela equiparada; b) do trabalhador; c) sobre a receita de concursos de prognósticos; d) do importador de bens ou serviços do exterior.

É evidente, portanto, que a sonegação de tais contribuições afeta gravemente o sistema e deve ser combatida.

Em suma, o delito em análise tutela **o patrimônio e o bom funcionamento da Seguridade Social**.

11.2.11.2. Tipo objetivo

A Lei n. 8.212/91 dispõe sobre a organização da Seguridade Social e institui o seu Plano de Custeio. Além disso, tipificava os respectivos ilícitos penais, que acabaram sendo revogados pela Lei n. 9.983/2000, que trouxe para o Código Penal as condutas ilícitas lesivas à Seguridade Social, como a sonegação de contribuição social descrita neste art. 337-A.

As condutas incriminadas são:

a) suprimir: deixar de declarar;

b) reduzir: declarar valor menor do que o devido.

O **objeto material** do delito são as contribuições sociais, cujas hipóteses de incidência e respectivos valores são definidos em lei, e seus acessórios.

Trata-se de crime de **ação vinculada**, que só se configura quando a sonegação (total ou parcial) se reveste de uma das formas descritas nos incs. I, II e III acima descritos. O crime, assim, é cometido por quem:

I — omitir de folha de pagamento da empresa ou de documento de informações previsto pela legislação previdenciária segurados empregado, empresário, trabalhador avulso ou trabalhador autônomo ou a este equiparado que lhe prestem serviços;

II — deixar de lançar mensalmente nos títulos próprios da contabilidade da empresa as quantias descontadas dos segurados ou as devidas pelo empregador ou pelo tomador de serviços;

III — omitir, total ou parcialmente, receitas ou lucros auferidos, remunerações pagas ou creditadas e demais fatos geradores de contribuições previdenciárias.

O crime de sonegação de contribuição previdenciária não exige dolo específico para a sua configuração. Nesse sentido: AgRg no AREsp 840.609/SP — Rel. Min. Jorge Mussi — 5ª Turma — julgado em 14-3-2017 — *DJe* 22-3-2017; AgRg no REsp 1.552.195/SP — Rel. Min. Sebastião Reis Júnior — julgado em 16-2-2016 — *DJe* 25-2-2016.

11.2.11.3. *Sujeito ativo*

Somente o **responsável pelo lançamento** das informações nos documentos mencionados no texto legal (crime próprio). Em princípio, pode ser sujeito ativo qualquer sócio, diretor, gerente ou administrador de um estabelecimento. É evidente, entretanto, que, no caso concreto, deve-se identificar o efetivo responsável, ou seja, a pessoa que tinha a função, dentro da empresa, de efetuar os lançamentos e não o fez. Apenas poderão ser corresponsáveis os sócios, diretores etc. que tenham sido coniventes com tal ato. Contudo, o simples fato de ser sócio, por si só, não pode levar à responsabilização de alguém, caso não tenha colaborado ou tomado ciência da sonegação, pois, nesse caso, estaríamos diante de responsabilidade objetiva.

O crime pode ser cometido no setor privado e no setor público: "Pode qualquer pessoa, particular ou agente público, inclusive prefeitos, praticar o crime do art. 337-A do Código Penal, consistente na omissão de valores na guia de recolhimento do fundo de garantia por tempo de serviço e informação à Previdência Social — GFIP" (STJ — RHC 43.741/RJ — Rel. Min. Nefi Cordeiro — 6ª Turma — julgado em 10-3-2016 — *DJe* 17-3-2016).

11.2.11.4. *Sujeito passivo*

O Estado, representado pela Seguridade Social.

11.2.11.5. Consumação

No momento em que o agente efetivamente suprime ou reduz a contribuição social. O Superior Tribunal de Justiça fixou entendimento no sentido de que "O crime de sonegação de contribuição previdenciária é de natureza material e exige a constituição definitiva do débito tributário perante o âmbito administrativo para configurar-se como conduta típica": RHC 044.669/RS — Rel. Min. Nefi Cordeiro — julgado em 5-4-2016 — *DJe* 18-4-2016; AgRg no AREsp 534.251/SP — Rel. Min. Sebastião Reis Junior — 6ª Turma — julgado em 13-10-2015 — *DJe* 5-11-2015; RHC 040.411/RJ — Rel. Min. Jorge Mussi — 5ª Turma — julgado em 23-9-2014 — *DJe* 30-9-2014.

11.2.11.6. Tentativa

É inadmissível, já que as condutas são exclusivamente omissivas.

11.2.11.7. Extinção da punibilidade

Extingue-se a punibilidade do autor do crime em estudo:

a) Se ele, espontaneamente, declara e confessa as contribuições, importâncias ou valores e presta as informações devidas à Previdência Social, na forma definida em lei ou regulamento, **antes do início da ação fiscal** (art. 337-A, § 1º). A ação fiscal se inicia com a notificação pessoal do contribuinte a respeito de sua instauração.

b) Se a pessoa jurídica relacionada a ele efetuar o pagamento integral dos débitos, inclusive acessórios (art. 9º, § 2º, da Lei n. 10.684/2003), em qualquer momento da persecução penal. Saliente-se, outrossim, que o art. 9º, § 1º, desta lei estabelece a suspensão da pretensão punitiva estatal, se a empresa obtiver o parcelamento dos valores devidos.

11.2.11.8. Perdão judicial ou substituição por pena de multa

Nos termos do art. 337-A, § 2º, o juiz pode deixar de aplicar a pena ou aplicar somente a de multa se o agente for primário e de bons antecedentes, e desde que o valor das contribuições devidas, inclusive acessórios, seja igual ou inferior ao estabelecido pela Previdência Social, administrativamente, como o mínimo para o ajuizamento de suas execuções fiscais. A escolha entre os benefícios (perdão ou multa) fica, evidentemente, a critério do juiz, de acordo com as circunstâncias do caso concreto.

O Superior Tribunal de Justiça, tem, todavia, reconhecido o princípio da insignificância. Inicialmente, tal princípio era aplicado quando o valor não superasse R$ 10.000,00. A propósito: "*No julgamento do REsp n. 1.112.478/TO, a 3ª Seção desta Corte Superior de Justiça firmou o entendimento de que é possível a aplicação do princípio da insignificância ao crime de descaminho desde que o total do tributo devido não ultrapasse o patamar de R$ 10.000,00 (dez mil reais) previsto no artigo 20 da Lei 10.522/2002. 2. Por sua vez, a Lei 11.457/2007 considerou como dívida ativa da União os débitos decorrentes de contribuições previdenciárias, conferindo--lhes tratamento semelhante ao que é dado aos créditos tributários, motivo pelo* *qual a Quinta e a Sexta Turma têm entendido que não há por que distinguir, na esfera penal, os crimes de descaminho, de apropriação indébita e de sonegação de contribuição previdenciária, aos quais se aplica o princípio da insignificância desde que o valor da dívida seja inferior a R$ 10.000,00 (dez mil reais). Precedentes*" (RHC 55.468/SP — Rel. Min. Jorge Mussi — 5ª Turma — julgado em 3-3-2015, *DJe* 11-3-2015). De ver-se, entretanto, que, em fevereiro de 2018, a 3ª Seção do Superior Tribunal de Justiça passou a aplicar o princípio da insignificância para crimes tributários e descaminho até o valor de R$ 20.000,00: "*Incide o princípio da insignificância aos crimes tributários federais e de descaminho quando o débito tributário verificado não ultrapassar o limite de R$ 20.000,00, a teor do disposto no artigo 20 da Lei 10.522/2002, com as atualizações efetivadas pelas Portarias 75 e 130, ambas do Ministério da Fazenda*" (tese 157, aprovada em sede de recursos repetitivos).

Observe-se, contudo, que o Supremo Tribunal Federal não tem admitido a aplicação do princípio da insignificância no crime de apropriação indébita previdenciária (art. 168-A do CP), com o argumento de que o bem jurídico é supraindividual (a subsistência financeira à Previdência Social). Nesse sentido: HC 107.331 — Rel. Min. Gilmar Mendes — 2ª Turma — julgado em 28-5-2013, *DJe*-110 public. 12-6-2013; HC 110.124 — Rel. Min. Cármen Lúcia — 1ª Turma — julgado em 14-2-2012, *DJe*-055 public. 16-3-2012; HC 107.041 — Rel. Min. Dias Toffoli — 1ª Turma — julgado em 13-9-2011, *DJe*-193 public. 7-10-2011; HC 98.021 — Rel. Min. Ricardo Lewandowski — 1ª Turma, julgado em 22-6-2010, *DJe*-149 divulg. 12-8-2010, public. 13-8-2010, ement vol-02410-03, p. 516, *RMDPPP* v. 7, n. 37, 2010, p. 99-105, *LEXSTF* v. 32, n. 381, 2010, p. 425-433, *RT* v. 100, n. 904, 2011, p. 516-520. Desse modo, também em relação ao crime em estudo, possível concluir que a Corte Suprema não admite a aplicação do princípio da insignificância, restando, assim, a possibilidade de serem aplicadas as regras deste art. 337-A, § 2º, do Código Penal (perdão judicial ou substituição por multa).

■ 11.2.11.9. *Causa de diminuição de pena*

Estabelece o art. 337-A, § 3º, que, se o empregador for pessoa física e sua folha de pagamento mensal não ultrapassar R$ 1.510,00, o juiz poderá reduzir a pena de um terço até a metade ou aplicar somente a multa. Esse valor será reajustado nas mesmas datas e nos mesmos índices do reajuste dos benefícios da Previdência Social (§ 4º).

■ 11.2.11.10. *Ação penal*

É pública incondicionada, de competência da Justiça Federal, já que o INSS é autarquia da União (art. 109, I, da Constituição Federal).

■ 11.2.12. Questões

1. (Magistratura/SP — 169º concurso) Assinale a alternativa que indica em que circunstância se pode aceitar a configuração do delito de resistência:

a) O agente desatende ao chamado verbal de autoridade para receber uma censura em público.

b) O agente põe-se a espernear, dificultando ser encaminhado à prisão.
c) O agente profere ofensas verbais ao meirinho quando este cumpria mandado judicial.
d) O agente se opõe, mediante agressões físicas, ao cumprimento de mandado de prisão, alegando decorrer de injusta sentença condenatória.

2. (Ministério Público/MG — 44º concurso) Assinale a alternativa correta:

a) No peculato impróprio, o funcionário público concorre culposamente para o crime de outrem.
b) Inocorre crime de resistência, se inexiste comportamento agressivo contra o funcionário público.
c) O funcionário público somente pode ser sujeito ativo de desacato se hierarquicamente inferior ao ofendido.
d) Pelo princípio da consunção, a denunciação caluniosa absorve a injúria e a difamação.
e) A evasão do presídio, com violência contra a coisa e grave ameaça constitui crime contra a Administração Pública.

3. (Delegado de Polícia/SP — 2008) A conduta do agente que, após ter sido abordado por policiais, abaixa cinicamente as calças em público, chamando-os para revistá-lo em tom jocoso, demonstrando efetivo intuito de menosprezo, pretendendo constrangê-los e ridicularizá-los diante de populares que presenciam o ato, caracteriza o crime de:

a) injúria.
b) ato obsceno.
c) resistência.
d) desobediência.
e) desacato.

4. (Delegado de Polícia/SP — 2006) A pessoa que obtém para si vantagem, a pretexto de influir em ato praticado por funcionário público no exercício da função, pratica:

a) usurpação de função pública;
b) favorecimento pessoal;
c) exploração de prestígio;
d) favorecimento real;
e) tráfico de influência.

5. (OAB-RJ — 2007 — CESPE) Não pode ser considerado próprio de funcionário público o crime de:

a) concussão.
b) prevaricação.
c) corrupção ativa.
d) corrupção passiva.

■ GABARITO ■

1. "d". É a única das alternativas em que o agente se opôs à execução de ato legal com emprego de violência física efetiva contra o funcionário público.
2. "b". Não existe resistência sem comportamento agressivo. As demais alternativas contêm informações erradas.
3. "e". A intenção do agente foi nitidamente de ofender o funcionário público e não de cometer ato obsceno.
4. "e". A conduta se enquadra no crime de tráfico de influência do art. 332 do Código Penal.
5. "c". O crime de corrupção ativa é cometido por particular contra a administração (art. 333 do Código Penal).

II-A

DOS CRIMES PRATICADOS POR PARTICULAR CONTRA A ADMINISTRAÇÃO PÚBLICA ESTRANGEIRA

■ 11.3. DOS CRIMES PRATICADOS POR PARTICULAR CONTRA A ADMINISTRAÇÃO PÚBLICA ESTRANGEIRA

A globalização e o aumento das transações comerciais internacionais motivaram a aprovação da Lei n. 10.467/2002, que acrescentou este Capítulo no Código Penal, criando os novos ilícitos penais de corrupção ativa e tráfico de influência em transação comercial internacional, bem como estabelecendo a definição de funcionário público estrangeiro.

■ 11.3.1. Conceito de funcionário público estrangeiro

O art. 337-D do Código Penal considera funcionário público estrangeiro, para efeitos penais, **quem, ainda que transitoriamente ou sem remuneração, exerce cargo, emprego ou função pública em entidades estatais ou em representações diplomáticas de país estrangeiro.** Além disso, o parágrafo único do mesmo artigo equipara a funcionário público estrangeiro **quem exerce cargo, emprego ou função em empresas controladas, direta ou indiretamente, pelo Poder Público de país estrangeiro ou em organizações públicas internacionais.**

■ 11.3.2. Corrupção ativa nas transações comerciais internacionais

> **Art. 337-B.** Prometer, oferecer ou dar, direta ou indiretamente, vantagem indevida a funcionário público estrangeiro, ou a terceira pessoa, para determiná-lo a praticar, omitir ou retardar ato de ofício relacionado a transação comercial internacional:
> Pena — reclusão, de um a oito anos, e multa.

■ *11.3.2.1. Objetividade jurídica*

A lisura nas transações comerciais internacionais.

■ *11.3.2.2. Tipo objetivo*

As condutas típicas são as mesmas da corrupção ativa comum (art. 333), à exceção da conduta "dar", que foi acrescentada neste dispositivo penal. O que diferencia esta modalidade de corrupção ativa do delito comum é o fato de que, neste último, a corrupção ativa visa a funcionário público brasileiro (no âmbito federal, estadual ou municipal), enquanto, na nova legislação, a conduta visa a funcionário **estrangeiro** e pressupõe que o agente tenha a intenção de obter daquele, com a vantagem indevida, benefício relacionado a alguma transação comercial internacional.

A lei brasileira só se refere à corrupção ativa porque a eventual punição do funcionário público estrangeiro incumbe ao outro país.

■ *11.3.2.3. Sujeito ativo*

Pode ser qualquer pessoa. Trata-se de crime **comum**.

■ *11.3.2.4. Sujeito passivo*

A empresa ou pessoa física prejudicada e o Estado estrangeiro.

■ *11.3.2.5. Consumação*

No momento em que a oferta ou promessa chegam ao funcionário estrangeiro, ainda que este não as aceite. Na modalidade "dar", o crime se consuma quando o funcionário a recebe.

■ *11.3.2.6. Tentativa*

Possível na modalidade "dar" e, nas demais figuras típicas, em caso de extravio de oferta ou promessa feita por escrito.

■ *11.3.2.7. Causa de aumento de pena*

O parágrafo único prevê um acréscimo de um terço na pena se, em razão da vantagem ou promessa, o funcionário público estrangeiro efetivamente retarda ou omite o ato de ofício, ou o pratica infringindo dever funcional.

■ *11.3.2.8. Ação penal*

É pública incondicionada.

■ 11.3.3. Tráfico de influência em transação comercial internacional

> **Art. 337-C.** Solicitar, exigir, cobrar ou obter, para si ou para outrem, direta ou indiretamente, vantagem ou promessa de vantagem a pretexto de influir em ato praticado por funcionário público estrangeiro no exercício de suas funções, relacionado a transação comercial internacional:
> Pena — reclusão, de dois a cinco anos, e multa.

■ *11.3.3.1. Objetividade jurídica*

A boa-fé e a lisura nas transações comerciais internacionais.

■ *11.3.3.2. Tipo objetivo*

São as mesmas condutas típicas do tráfico de influência comum descrito no art. 332 do Código Penal. Altera-se apenas o fato de que o agente alega que a vantagem que ele solicita, exige, cobra ou obtém é para fazê-lo influir em funcionário público estrangeiro em ato relacionado a transação comercial internacional.

■ *11.3.3.3. Sujeito ativo*

Pode ser qualquer pessoa. Trata-se de crime **comum**.

■ *11.3.3.4. Sujeito passivo*

A empresa ou pessoa física prejudicada e o Estado estrangeiro.

■ *11.3.3.5. Consumação*

No momento em que o agente realiza a conduta típica, independentemente de qualquer outro resultado.

■ *11.3.3.6. Tentativa*

É possível.

■ *11.3.3.7. Causa de aumento de pena*

A pena é aumentada da metade, se o agente alega ou insinua que a vantagem é também destinada ao funcionário estrangeiro (art. 337-C, parágrafo único).

■ *11.3.3.8. Ação penal*

Pública incondicionada.

III

DOS CRIMES CONTRA A ADMINISTRAÇÃO DA JUSTIÇA

11.4. DOS CRIMES CONTRA A ADMINISTRAÇÃO DA JUSTIÇA

11.4.1. Reingresso de estrangeiro expulso

> **Art. 338.** Reingressar no território nacional o estrangeiro que dele foi expulso:
>
> Pena — reclusão, de um a quatro anos, sem prejuízo de nova expulsão após o cumprimento da pena.

11.4.1.1. Objetividade jurídica

Preservar a autoridade e a eficácia dos atos de expulsão de estrangeiro.

11.4.1.2. Tipo objetivo

Considera-se estrangeiro quem não é brasileiro, nato ou naturalizado (art. 12 da Constituição Federal). O delito em análise tem como premissa a existência de ato oficial de expulsão do estrangeiro do território nacional. O procedimento de expulsão está regulamentado na Lei n. 13.445/2017 (Lei de Migração). Poderá dar causa à expulsão, nos termos do art. 54 da mencionada Lei, a condenação com sentença transitada em julgado relativa à prática de: I — crime de genocídio, crime contra a humanidade, crime de guerra ou crime de agressão, nos termos definidos pelo Estatuto de Roma do Tribunal Penal Internacional, de 1998, promulgado pelo Decreto n. 4.388, de 25 de setembro de 2002; ou II — crime comum doloso passível de pena privativa de liberdade, consideradas a gravidade e as possibilidades de ressocialização em território nacional (art. 54, § 1º).

Não se tipifica o delito quando o estrangeiro, após decretada sua expulsão, permanece indevidamente no País. O delito, nos termos do art. 338, pressupõe que o estrangeiro, após ter sido oficialmente expulso e deixado o território nacional, nele ingresse novamente sem autorização.

Por território nacional entende-se toda a área compreendida entre as fronteiras nacionais, onde o Estado exerce sua soberania, aí incluídos o solo, os rios, os lagos, as baías, o mar territorial (faixa que compreende o espaço de 12 milhas contadas da faixa litorânea média — art. 1º da Lei n. 8.617/93) e o espaço aéreo sobre o território e o mar territorial (art. 11 da Lei n. 7.565/86).

■ 11.4.1.3. *Sujeito ativo*

Trata-se de crime **próprio**, que só pode ser cometido por estrangeiro que tenha sido expulso do território brasileiro. Brasileiros podem ser partícipes do crime.

Trata-se de crime de **mão própria**, que não admite coautoria. A específica conduta de **reingressar** após ser expulso só pode ser cometida pessoalmente pelo estrangeiro.

■ 11.4.1.4. *Sujeito passivo*

O Estado.

■ 11.4.1.5. *Consumação*

No instante em que o estrangeiro penetra no território nacional, após ter deixado o país em razão da expulsão. Discute-se se o delito tem natureza permanente ou instantânea. Rogério Greco[284] entende tratar-se de crime permanente. Cezar Roberto Bitencourt[285] e Guilherme de Souza Nucci,[286] por sua vez, entendem que se trata de crime instantâneo. Existe julgado da 3ª Seção do Superior Tribunal de Justiça no sentido de que o crime é instantâneo: "*Controvérsia a respeito da classificação do delito: se instantâneo, a competência é verificada pelo local onde se deu o reingresso do estrangeiro expulso; se permanente: será determinada pelo lugar em que ocorreu a prisão do estrangeiro, pois enquanto permanecer em território nacional, o delito estará sendo praticado. O reingresso de estrangeiro expulso é crime instantâneo, consumando-se no momento em que o estrangeiro reingressa no País*" (STJ — CC 40.112/MS — Rel. Min. Gilson Dipp — 3ª Seção — julgado em 10-12-2003 — *DJ* 16-2-2004, p. 202).

■ 11.4.1.6. *Tentativa*

É possível.

■ 11.4.1.7. *Ação penal*

É pública incondicionada, de competência da Justiça Federal (art. 109, X, da Constituição Federal).

■ 11.4.2. Denunciação caluniosa

> **Art. 339.** Dar causa à instauração de investigação policial, de processo judicial, instauração de investigação administrativa, inquérito civil ou ação de improbidade administrativa contra alguém, imputando-lhe crime de que o sabe inocente:
> Pena — reclusão, de dois a oito anos, e multa.
> § 1º A pena é aumentada de sexta parte, se o agente se serve de anonimato ou de nome suposto.
> § 2º A pena é diminuída de metade, se a imputação é de prática de contravenção.

[284] Rogério Greco, *Código Penal comentado*, p. 820.
[285] Cezar Roberto Bitencourt, *Tratado de direito penal*, v. 5, p. 302.
[286] Guilherme de Souza Nucci, *Código Penal comentado*, p. 1.423.

■ 11.4.2.1. *Objetividade jurídica*

A administração da justiça, que é prejudicada com a imputação falsa de infração penal a pessoa inocente.

■ 11.4.2.2. *Tipo objetivo*

Dar causa significa provocar, dar início a uma investigação policial ou administrativa, a uma ação penal etc. Pode ser praticada por qualquer meio (crime de forma livre), não se exigindo a apresentação formal de *notitia criminis*, queixa ou denúncia (na maior parte dos casos, entretanto, é por um desses meios que se pratica o delito). Essa provocação pode ser:

a) Direta: quando o agente formalmente apresenta a notícia do crime à autoridade (policial, administrativa, judiciária ou do Ministério Público), oralmente (para a lavratura de um boletim de ocorrência, por exemplo) ou por escrito (requerimento para instauração de inquérito policial, apresentação de queixa-crime etc.).

b) Indireta: quando o agente, por um meio qualquer, de forma maliciosa, faz com que a notícia falsa chegue até a autoridade para que esta inicie a investigação. Exs.: a) ligação telefônica ou carta anônima imputando crime a alguém; b) contar um fato a terceiro de boa-fé, ciente de que este o levará ao conhecimento de uma autoridade amiga; c) colocar um objeto na bolsa de alguém e chamar a polícia, dizendo que o objeto foi furtado, e fazer com que os policiais revistem a bolsa de todos os presentes, para que o objeto seja encontrado com aquela pessoa e, assim, seja iniciado procedimento policial contra ela.

A Lei n. 10.028/2000 alterou a redação do art. 339, aumentando seu âmbito de abrangência. Originariamente só se punia quem dava causa ao início de uma **investigação policial** ou **processo judicial**. Atualmente, entretanto, **também** poderá ser punido quem der causa ao início de: a) **investigação administrativa:** sindicância, processo administrativo etc.; b) **inquérito civil:** procedimento administrativo específico instaurado e presidido pelo Ministério Público, de natureza inquisitiva, tendente a colher elementos de prova para o ajuizamento de ação civil pública, visando reparar atos lesivos a interesses difusos ou coletivos (Lei n. 7.347/85); c) **ação de improbidade administrativa:** modalidade de ação, regulamentada pela Lei n. 8.429/92, que tem por finalidade a punição e o ressarcimento do erário pelos responsáveis por atos de improbidade administrativa (que a própria lei descreve).

A denunciação caluniosa pressupõe que o agente atribua a outrem a prática de um **crime** ou **contravenção**. Assim, se alguém, ciente da inocência de quem está acusando, envia um ofício à Corregedoria noticiando que certo funcionário público teria cometido um crime e, em razão disso, é instaurado um processo administrativo, haverá denunciação caluniosa. Entretanto, se esse ofício noticiava mera falta funcional (atrasos no serviço, por exemplo), o fato será atípico, ainda que o autor do ofício saiba da falsidade da imputação.

A imputação deve ser feita contra pessoa **determinada** ou **identificável de imediato** (ex.: o autor do crime é o irmão do fulano). Sem isso, o crime será o de **comunicação falsa de crime ou contravenção** (art. 340).

Se o agente narrar um fato típico à autoridade, mas disser que o denunciado agiu acobertado por alguma **excludente de ilicitude** ou abrangida por alguma **escusa absolutória**, não haverá crime de denunciação caluniosa.

Também não haverá denunciação caluniosa se o crime imputado já estiver **prescrito**, pois a autoridade não pode iniciar investigação para apurar crime já prescrito ou acobertado por qualquer outra causa extintiva da punibilidade, ainda que não tenham sido reconhecidas expressamente até aquele momento.

A **imputação** falsa de crime ou contravenção que caracteriza a denunciação pode ocorrer de duas formas:

a) Quando se atribui a responsabilidade por crime que ocorreu, mas do qual o denunciado (vítima da denunciação) **não participou**.

b) Quando se atribui a alguém a responsabilidade por infração penal **que não aconteceu**. Não confundir essa hipótese com o crime de comunicação falsa de crime do art. 340 do Código Penal, em que o agente comunica infração que não aconteceu, mas não atribui a responsabilidade a qualquer pessoa determinada.

Requisito da denunciação é a espontaneidade, ou seja, a iniciativa deve ser exclusiva do denunciante. Assim, se ele faz a acusação em razão de questionamento de outrem, não existe o crime. Ex.: réu que atribui o crime a outra pessoa em seu interrogatório. Testemunha que fala que o crime foi cometido por outra pessoa, visando beneficiar o réu (nesse caso há falso testemunho e não denunciação caluniosa).

A denunciação deve ser **objetiva** e **subjetivamente** falsa. **Objetivamente**, no sentido de que a pessoa contra quem foi imputada a infração não pode ter sido realmente a sua autora. Ex.: João imputa crime a Antonio, supondo-o inocente. Posteriormente, por coincidência, fica apurado que este realmente havia praticado o crime. Nesse caso não há denunciação caluniosa, pois a imputação não era objetivamente falsa.

Subjetivamente falsa significa que o denunciante deve ter plena consciência de que está acusando uma pessoa inocente. O crime de denunciação caluniosa só admite o **dolo direto**, sendo, assim, incompatível com o dolo eventual. Desse modo, se o denunciante tem dúvida acerca da responsabilidade do denunciado e faz a imputação, não há crime, mesmo que se apure posteriormente que o denunciado não havia cometido o delito. Só há crime, portanto, quando o agente **sabe** efetivamente da inocência da pessoa. Ademais, se alguém se limita a dizer que supõe que Antonio cometeu certo crime, não pratica denunciação caluniosa, mesmo que Antonio seja inocente. Porém, se a pessoa **sabe** que Antonio não cometeu o crime e diz que **acha** que foi ele o autor do crime (apenas para disfarçar), existe a denunciação.

É óbvio que também não existe denunciação caluniosa quando alguém acusa outra pessoa supondo que ela realmente praticou um crime e depois se apura que a suposição estava errada.

Não há crime, ainda, quando o denunciante descobre a inocência do denunciado depois de já ter sido feita a imputação e de já terem sido iniciadas as investigações, mas deixa de efetuar a comunicação às autoridades. Em tal caso, não havia dolo no momento em que as investigações se iniciaram.

CARACTERÍSTICAS DA DENUNCIAÇÃO CALUNIOSA
1) Provocação de investigação policial ou administrativa, ação penal ou de improbidade ou inquérito civil contra alguém inocente.
2) A provocação pode ser direta ou indireta.
3) Necessidade de dolo direto (ciência da falsidade da imputação).
4) A falsidade pode se referir à existência do delito ou à sua autoria.
5) A imputação deve ser objetiva e subjetivamente falsa.
6) Necessidade de imputação de crime ou contravenção.
7) A denunciação deve ser direcionada a pessoa determinada ou imediatamente identificável.
8) Que a iniciativa da imputação seja do denunciante.

■ 11.4.2.3. *Sujeito ativo*

Em princípio pode ser qualquer pessoa, particular ou funcionário público. Cuida-se de crime **comum**. O sujeito ativo é chamado de **denunciante**.

Em se tratando de crime de ação **privada** ou de ação pública **condicionada à representação**, o sujeito ativo somente pode ser aquele que poderia dar início ao procedimento, ou seja, o ofendido ou seu representante legal, pois apenas com autorização destes é que pode ser iniciada qualquer forma de persecução.

O **advogado** somente pode ser responsabilizado por crime de denunciação caluniosa se ficar evidenciado que ele tinha ciência da falsidade da imputação de seu cliente contra o denunciado.

O **órgão do Ministério Público**, quando oferece denúncia contra pessoa que ele sabe ser inocente, comete crime de denunciação caluniosa.[287] O mesmo ocorre quando o **delegado de polícia** instaura inquérito contra pessoa que ele sabe não ter cometido qualquer infração penal, salvo se o inquérito tiver sido requisitado por juiz de direito ou promotor de Justiça.

Se um policial forja apreensão de droga com alguém e o prende em flagrante, comete crime de denunciação caluniosa.

[287] O art. 30 da Lei n. 13.869/2019 (lei de abuso de autoridade) pune quem dá início ou procede à persecução penal, civil ou administrativa sem justa causa fundamentada ou contra quem sabe inocente. A pena, todavia, é menor — detenção, de 1 a 4 anos, e multa. Em nosso entendimento, o promotor de justiça que ofereça denúncia contra alguém, plenamente ciente de sua inocência em razão da prova produzida, comete os dois delitos em concurso formal (denunciação caluniosa e abuso de autoridade), uma vez que os bens jurídicos afetados são diversos. Ademais, não faria sentido o órgão do Ministério Público responder apenas pelo delito mais brando.

■ 11.4.2.4. *Sujeito passivo*

O Estado e a pessoa a quem se atribuiu falsamente a prática do delito. Este é conhecido como **denunciado**.

■ 11.4.2.5. *Consumação*

Com o **início** da investigação (policial ou administrativa), do inquérito civil ou da ação (penal ou de improbidade).

No caso de investigação policial, é possível que a polícia realize algum ato investigatório antes mesmo de instaurar o respectivo inquérito policial. Nessa hipótese, o crime estará consumado quando for realizada a primeira diligência, mesmo que o inquérito nem sequer chegue a ser instaurado. Assim, se o agente noticia o fato à autoridade e depois volta atrás, contando a verdade, sem que a investigação tenha sido iniciada, não há crime, pois houve arrependimento eficaz. Se a investigação, porém, já havia começado quando o agente contou a verdade, o crime de denunciação caluniosa já estará consumado, e a confissão valerá apenas como atenuante genérica. A propósito: "*Para a configuração do crime previsto no artigo 339 do Código Penal, é necessário que a denúncia falsa dê ensejo à deflagração de uma investigação administrativa, sendo prescindível, contudo, que haja a formalização de inquérito policial ou de termo circunstanciado. Doutrina. Precedentes*" (STJ — HC 433.651/SC, Rel. Min. Jorge Mussi, 5ª Turma, julgado em 13-3-2018, *DJe* 20-3-2018).

Na hipótese de processo judicial, o crime consuma-se quando o juiz recebe a denúncia ou queixa. Já no caso de ação de improbidade, quando for proposta a ação e, na hipótese de inquérito civil, quando for baixada a respectiva portaria pelo órgão do Ministério Público.

■ 11.4.2.6. *Tentativa*

É possível. Exs.: a) o agente narra ao delegado de polícia que o autor de determinado crime foi a pessoa A, mas o delegado não inicia qualquer investigação porque o verdadeiro autor do crime é B, que se apresenta e confessa ter cometido o delito antes mesmo de a autoridade ter iniciado qualquer investigação; b) o juiz rejeita a queixa-crime oferecida contra um inocente.

■ 11.4.2.7. *Causas de aumento de pena*

A pena da denunciação caluniosa será aumentada em um sexto, se o agente se servir do **anonimato** ou de **nome falso** para a prática do delito (art. 339, § 1º, do CP).

■ 11.4.2.8. *Figura privilegiada*

Denunciação caluniosa privilegiada é aquela em que a imputação falsa é de **contravenção** porque, em tal caso, a pena é reduzida pela metade, nos termos do art. 339, § 2º, do Código Penal.

■ 11.4.2.9. *Distinção*

a) Denunciação caluniosa e calúnia (art. 138 do CP). Na **calúnia**, o agente somente quer atingir a **honra** da vítima, contando para outras pessoas que ela cometeu um crime (o que não é verdade). Na **denunciação**, o agente quer prejudicar a vítima perante a **justiça**, enganando órgãos policiais ou do próprio Judiciário, ao imputar à vítima infração penal que não foi por ela praticada. Além disso, a **calúnia** só existe quando ocorre imputação falsa de **crime**, enquanto, na **denunciação caluniosa**, a imputação falsa pode referir-se a **crime** ou **contravenção**.

b) O art. 19 da Lei n. 8.429/92 prevê um crime de denunciação caluniosa específico para quem representar à autoridade para que seja instaurada investigação por ato de improbidade por parte de agente público ou de terceiro beneficiário, sabendo que a pessoa é inocente. A pena nesse caso é de detenção, de seis a dez meses, e multa. Esse delito, entretanto, só estará configurado se o ato de improbidade imputado **não** constituir ao mesmo tempo **crime**, pois, caso contrário, haverá denunciação caluniosa, de acordo com a nova redação do art. 339 dada pela Lei n. 10.028/2000.

c) Quem, em procedimento de delação premiada regulamentado pela Lei n. 12.850/2013, imputar falsamente, sob pretexto de colaboração com a Justiça, a prática de infração penal a pessoa que sabe ser inocente, ou revelar informações sobre a estrutura de organização criminosa que sabe inverídicas, incorre em crime previsto no art. 19 da referida Lei, que é apenado com reclusão, de um a quatro anos, e multa. Se disso, contudo, decorrer o início de investigação policial ou ação judicial, configura-se a denunciação caluniosa, que possui pena maior.

d) Quando se tratar de denunciação caluniosa com finalidade eleitoral estará configurada a modalidade especial do delito descrita no art. 326-A do Código Eleitoral (Lei n. 4.737/65), inserida pela Lei n. 13.834/2019. A pena, entretanto, é a mesma: reclusão, de 2 a 8 anos, e multa.

■ 11.4.2.10. *Classificação doutrinária*

CLASSIFICAÇÃO DOUTRINÁRIA				
■ Simples quanto à objetividade jurídica	■ Comum e de concurso eventual quanto ao sujeito ativo	■ De ação livre e comissivo quanto aos meios de execução	■ Material e instantâneo quanto ao momento consumativo	■ Doloso quanto ao elemento subjetivo

■ 11.4.2.11. *Ação penal*

É pública incondicionada.

Discute-se na doutrina e jurisprudência se o processo por denunciação caluniosa pode ser iniciado antes do desfecho do procedimento ou ação originários.

Damásio de Jesus[288] e Julio Fabbrini Mirabete[289] entendem que sim, pois a prova da inocência do denunciado e da ciência do denunciante a esse respeito podem ser produzidas por qualquer meio, não ficando na dependência do desfecho de outro procedimento qualquer. Além disso, o aguardo por tempo prolongado pode acabar

[288] Damásio de Jesus, *Direito penal,* v. 4, p. 250.

[289] Julio Fabbrini Mirabete, *Manual de direito penal,* v. 3, p. 396.

gerando a prescrição em relação ao crime de denunciação caluniosa. *"O crime de denunciação caluniosa, embora relacionado com a instauração de inquérito policial, guarda autonomia. A denúncia, por isso, não está condicionada ao arquivamento da investigação na Polícia. Outros elementos idôneos podem arrimar a imputação do Ministério Público."* (STJ — 6ª Turma — REsp 91.158/MG — Rel. Min. Luiz Vicente Cernicchiaro — *DJU* 30-6-1997, p. 31091).

Nélson Hungria[290] e Magalhães Noronha[291] entendem que não, pois, sem que fique evidenciada **oficialmente** a inocência do denunciado, não se pode ter certeza da falsidade da imputação. A medida visa evitar a prolação de decisões conflitantes. *"Somente com o arquivamento do inquérito policial ou absolvição irrecorrível em favor do denunciado, é possível qualquer iniciativa no sentido do processo por denunciação caluniosa. Ausência de justa causa para a persecução penal."* (STJ — 5ª Turma — HC 7.137/MG — Rel. Min. Edson Vidigal — *DJU* 4-5-1998, p. 194).

Nada impede, por outro lado, que o Ministério Público, ao receber um inquérito iniciado porque *A* imputou crime a *B*, convença-se da inocência daquele contra quem foi instaurado o inquérito e, com base nos mesmos autos, ofereça denúncia contra o autor da imputação, narrando em tal peça que a acusação inicial era falsa e apontando as provas de que A sabia disso.

11.4.3. Comunicação falsa de crime ou de contravenção

Art. 340. Provocar a ação de autoridade, comunicando-lhe a ocorrência de crime ou de contravenção que sabe não se ter verificado:
Pena — detenção, de um a seis meses, ou multa.

11.4.3.1. Objetividade jurídica

A administração da justiça, no sentido de evitar que as autoridades percam tempo apurando infrações falsamente comunicadas.

11.4.3.2. Tipo objetivo

Provocar a ação da autoridade significa dar causa, ocasionar uma investigação por parte dela. A comunicação falsa pode ser cometida por qualquer meio: escrito, oral, anonimamente ou não etc.

O tipo exige que a imputação seja feita à **autoridade**, que, normalmente, é a autoridade policial (delegado de polícia). Nada impede, todavia, que o crime se caracterize pela comunicação falsa a policial militar, a juiz de direito, promotor de justiça etc.

O crime ou contravenção comunicado pode ser de **qualquer espécie**. Não pode, porém, estar prescrito ou abrangido por outra causa extintiva da punibilidade, pois, nesses casos, a autoridade não pode iniciar qualquer investigação.

---

290 Nélson Hungria, *Comentários ao Código Penal*, v. IX, p. 466.

291 E. Magalhães Noronha, *Direito penal*, v. 4, p. 357.

O tipo penal exige que o agente tenha pleno conhecimento de que o fato não ocorreu. Se o agente está na dúvida e faz a comunicação, não existe o crime em estudo. Não é possível, portanto, o **dolo eventual**.

Segundo a maioria da doutrina, não se configura o crime do art. 340 quando o agente se limita a comunicar ilícito penal diverso do que realmente ocorreu, desde que o fato comunicado e o realmente ocorrido sejam crimes da mesma natureza. Ex.: comunicar roubo quando ocorreu furto. Ambos constituem crimes contra o patrimônio, e, assim, não se mostra presente o crime do art. 340 do Código Penal. Haverá o delito, entretanto, se o fato comunicado for de natureza diversa. Ex.: comunicar estupro quando o crime foi o de roubo.

■ 11.4.3.3. *Sujeito ativo*

Qualquer pessoa. Trata-se de crime **comum**.

■ 11.4.3.4. *Sujeito passivo*

O Estado.

■ 11.4.3.5. *Consumação*

Quando a autoridade realiza uma ação qualquer em razão da comunicação falsa, mesmo que não chegue a instaurar inquérito policial. Veja-se que, apesar de o nome do delito ser "**comunicação** falsa de crime ou contravenção", a infração apenas se consuma quando a autoridade toma alguma providência em razão dela, porque o tipo do art. 340 descreve a conduta de "**provocar a ação da autoridade**", não bastando, portanto, a mera comunicação. A jurisprudência entende, por exemplo, que o crime já está configurado pela simples lavratura de um boletim de ocorrência, pois, nesse caso, além da comunicação, já houve uma ação da autoridade, ou seja, a própria lavratura da ocorrência. Nesse sentido: "*Consuma-se o delito previsto no art. 340 do CP desde que a autoridade tome alguma providência investigatória inicial, não sendo necessária a regular instauração de inquérito. Se a autoridade mandou lavrar 'BO' e requisitou diligências para elucidação do fato, consumado resultou o delito já que não prosseguiram tais diligências porque o acusado, dias mais tarde, confessou a prática do crime*" (Tacrim-SP — Rel. Costa Manso — *Jutacrim* 95/135).

Um dos casos mais comuns do crime em estudo verifica-se quando alguém realiza um telefonema para a polícia dizendo que em certo local está sendo praticado um crime (trote telefônico), o que faz com que viaturas sejam deslocadas até o local indicado onde nenhum ilícito ocorreu ou está ocorrendo.

■ 11.4.3.6. *Tentativa*

É possível. Assim, se o agente comunicar infração penal inexistente e a autoridade não iniciar qualquer investigação, por circunstâncias alheias à vontade do agente, haverá mera tentativa. Se o agente, entretanto, após a comunicação, arrepender-se e impedir que a autoridade inicie a investigação, haverá arrependimento eficaz, e o fato será atípico.

■ *11.4.3.7. Distinção e concurso*

a) Não se confunde com a **denunciação caluniosa**, pois, nesta, o agente aponta pessoa **certa** e **determinada** como autora da infração, enquanto no art. 340 isso não ocorre. Nesse crime, o agente se limita a comunicar falsamente a ocorrência de crime ou contravenção, não apontando qualquer pessoa como responsável por ele ou então apontando pessoa indeterminada.

b) Se o agente faz a comunicação falsa para tentar ocultar outro crime por ele praticado responde também pela comunicação falsa de crime. Exs.: a) empregado de uma empresa que se apropria do dinheiro que recebeu para efetuar um pagamento e vai até a polícia dizer que o dinheiro foi roubado responde pela apropriação indébita e pela comunicação falsa de crime; b) *A* mata *B* e vai até a polícia narrar que indivíduos desconhecidos praticaram latrocínio contra *B* e fugiram. (Veja-se que, nesses casos, há entendimento minoritário de que a comunicação falsa constituiria *post factum* impunível, o que na verdade não ocorre, já que as condutas atingem bens jurídicos diferentes.)

c) Muitas vezes, a comunicação falsa tem a finalidade de possibilitar a prática de outro crime. Ex.: comunicar o furto de um carro para receber o valor do seguro e depois vendê-lo. Nesse caso, há duas correntes.

Nélson Hungria[292] entende que o agente só responde pelo crime-fim (fraude para recebimento de seguro — art. 171, § 2º, VI, do CP). O crime do art. 340 fica absorvido por ser crime-meio, aplicando-se, segundo ele, o princípio da consunção. Heleno Cláudio Fragoso,[293] Magalhães Noronha[294] e Julio Fabbrini Mirabete[295] entendem que há concurso material, pois as condutas são distintas e atingem bens jurídicos diversos, de vítimas diferentes (o Estado e a seguradora). Em nosso entendimento, esta última interpretação é a correta.

■ *11.4.3.8. Ação penal*

É pública incondicionada, de competência do Juizado Especial Criminal.

■ *11.4.4. Autoacusação falsa*

> **Art. 341.** Acusar-se, perante a autoridade, de crime inexistente ou praticado por outrem:
> Pena — detenção, de três meses a dois anos, ou multa.

---

292 Nélson Hungria, *Comentários ao Código Penal,* v. IX, p. 471.

293 Heleno Cláudio Fragoso, *Lições de direito penal.* Parte especial, v. II, p. 507.

294 E. Magalhães Noronha, *Direito penal,* v. 4, p. 362.

295 Julio Fabbrini Mirabete, *Manual de direito penal,* v. 3, p. 401.

11.4.4.1. Objetividade jurídica

A administração da justiça, prejudicada com acusações falsas, ainda que contra si próprio.

11.4.4.2. Tipo objetivo

A autoacusação pode se dar por qualquer meio: oral, escrito etc. Não se exige, todavia, que o agente tenha espontaneamente procurado a autoridade para se autoacusar. Assim, se alguém é ouvido como suspeito ou testemunha em um inquérito policial e assume a autoria de um crime que não praticou, responde pelo delito do art. 341.

É óbvio, entretanto, que não existe o crime se o sujeito confessa a prática de delito que não cometeu em virtude de tortura policial ou de coação irresistível por parte do verdadeiro autor da infração (ex.: preso que é ameaçado de morte para assumir ser o autor de um homicídio cometido por outros presos no interior da penitenciária).

O tipo penal exige que a autoacusação ocorra perante uma autoridade, que pode ser delegado de polícia, policial militar, promotor de justiça, juiz de direito etc.

O tipo penal também exige que a autoacusação seja referente a um **crime** (que pode ser de qualquer espécie: doloso, culposo, de ação pública ou privada etc.). A autoacusação falsa de contravenção é atípica, pois o art. 341 não abrange essa hipótese.

A lei não exige qualquer motivação específica para a caracterização desta infração. Assim, pouco importa se o agente quer beneficiar o verdadeiro autor do crime, que é seu amigo ou parente, assegurar abrigo e alimentação no presídio ou, ainda, se comete o delito por qualquer outro motivo. São casos comuns de autoacusação falsa: a) o preso já condenado por vários crimes que assume a autoria de crime que não cometeu para livrar outra pessoa da cadeia; b) o pai que confessa ter praticado certo crime para livrar o filho, verdadeiro autor da infração.

11.4.4.3. Sujeito ativo

Qualquer pessoa, exceto o autor, o coautor e o partícipe do crime do qual se está acusando, já que o texto legal contém a expressão "crime praticado por outrem". Ex.: *A* diz que praticou sozinho um crime que praticou junto com outra pessoa. Não há crime de autoacusação falsa.

É possível coautoria no crime de autoacusação falsa quando duas pessoas se acusam de crime praticado por outras duas pessoas ou por crime inexistente.

11.4.4.4. Sujeito passivo

O Estado.

11.4.4.5. Consumação

No momento em que a autoacusação chega ao conhecimento da autoridade. É irrelevante saber se, em razão disso, a autoridade tomou alguma providência, ao contrário do que ocorre na denunciação caluniosa e na comunicação falsa de crime ou contravenção.

A retratação não gera qualquer efeito por falta de previsão legal a respeito.

■ 11.4.4.6. Tentativa

É possível na forma escrita, quando, por exemplo, a confissão falsa remetida por correio se extravia.

■ 11.4.4.7. Distinção e concurso

Na denunciação caluniosa o sujeito acusa um terceiro inocente, enquanto na autoacusação falsa o agente acusa a si próprio de crime que não ocorreu ou que ocorreu, mas foi praticado por terceiro. Se alguém, além de se acusar falsamente, atribui também a responsabilidade pelo crime a terceiro que ele sabe inocente, responde por autoacusação falsa e por denunciação caluniosa em concurso formal.

■ 11.4.4.8. Ação penal

É pública incondicionada, de competência do Juizado Especial Criminal.

■ 11.4.5. Falso testemunho ou falsa perícia

> **Art. 342.** Fazer afirmação falsa, ou negar ou calar a verdade, como testemunha, perito, contador, tradutor ou intérprete em processo judicial, ou administrativo, inquérito policial, ou em juízo arbitral:
> Pena — reclusão, de dois a quatro anos, e multa.

■ 11.4.5.1. Objetividade jurídica

Evitar que a prestação jurisdicional seja prejudicada por falsos depoimentos ou falsas perícias.

■ 11.4.5.2. Tipo objetivo

- **Condutas típicas**

As condutas incriminadas são:

a) fazer afirmação falsa (conduta comissiva): significa afirmar inverdade. É a chamada falsidade positiva;

b) negar a verdade (conduta comissiva): o sujeito diz não ter visto o que, em verdade, viu. Esta modalidade é conhecida como falsidade negativa;

c) calar a verdade (conduta omissiva): silenciar a respeito do que sabe. Esta figura é chamada de falsidade omissiva ou reticência.

Para que ocorra o crime de falso testemunho, a falsidade deve ser relativa a fato juridicamente **relevante**, ou seja, deve referir-se a assunto discutido nos autos. Existe o crime, por exemplo, quando a testemunha nega ter visto o réu matar a vítima, quando, na realidade, presenciou o homicídio, ou quando diz que policiais forjaram a localização da droga com o traficante, quando, em verdade, viu a droga em poder deste. Por outro lado, não há falso testemunho por parte daquele que presencia um roubo em um bar e narra o delito corretamente ao juiz, mas, ao ser indagado sobre o que fazia no estabelecimento, diz que estava bebendo com amigos, quando, em verdade, estava com a amante.

Para a configuração do falso **não** é necessário que o depoimento tenha efetivamente **influenciado** na decisão, bastando a **possibilidade** de influir no resultado da causa. Por isso, existe crime, por exemplo, quando alguém fornece falso álibi ao réu, dizendo que estava com ele em outro local no momento do crime, ainda que as vítimas o reconheçam como autor do roubo e ele seja condenado.

É evidente que, se a testemunha mente por estar sendo **ameaçada** de morte ou de algum outro mal grave, não responde pelo falso testemunho. O autor da ameaça é quem responde por crime de coação no curso do processo (art. 344 do CP).

Não há crime se o sujeito mente para evitar que se descubra fato que pode levar à sua própria incriminação. Nesse sentido: "*O falso, que afasta a autoincriminação, não caracteriza o delito tipificado no artigo 342 do Código Penal*" (STJ — HC 47.125/SP — Rel. Min. Hamilton Carvalhido — 6ª Turma — julgado em 2-5-2006, *DJ* 5-2-2007, p. 389).

A mentira quanto a **qualificação** pessoal no início do depoimento (nome, idade, filiação, profissão etc.) não tipifica o falso testemunho, podendo caracterizar o crime de **falsa identidade** do art. 307 do Código Penal.

- **Sedes do falso testemunho**

Para que o falso caracterize crime, deve ser cometido em:

a) Processo judicial: abrange o processo civil, trabalhista, criminal etc. Em se tratando de depoimento falso em processo trabalhista, a competência é da Justiça Federal (Súmula n. 165 do STJ).

b) Inquérito policial.

c) Processo administrativo: instaurado no âmbito da Administração Pública para apurar faltas ou transgressões disciplinares ou administrativas. Entendemos que o inquérito civil é procedimento, mas não **processo** administrativo, e, por isso, não está abrangido no dispositivo. Existe, inclusive, projeto de lei para a expressa inclusão do inquérito civil no art. 342.

d) Em **juízo arbitral:** procedimento regulamentado pela Lei n. 9.307/96 que tem por finalidade resolver extrajudicialmente litígios relativos a direitos patrimoniais disponíveis.

O crime de falso testemunho também existirá se o depoimento for prestado em **inquérito parlamentar**, nos termos do art. 4º, II, da Lei n. 1.579/52.

Se o falso testemunho for prestado em processo que posteriormente se reconheça nulo, ou se o próprio depoimento for considerado nulo por outro motivo que não a sua falsidade, não estará configurado o crime, pois *quod nullum est nullum producit effectum*.

Se o sujeito depõe falsamente em fases sucessivas do mesmo processo ou durante o inquérito e depois no transcorrer da ação penal, há crime único, e não concurso material ou crime continuado, com o argumento de que o prejuízo à Administração da Justiça é o mesmo.

- **Teorias quanto ao falso testemunho**

Existem duas teorias em torno da configuração deste crime:

1) Subjetiva: só se configura o falso testemunho quando não há correspondência entre o depoimento e o que a testemunha ou perito **percebeu**, **sentiu** ou **ouviu**. Há crime, portanto, quando uma testemunha alega ter presenciado um delito que realmente aconteceu na forma por ela narrada, quando, em verdade, ela não estava no local. Em suma, é possível que haja falso testemunho acerca de fato verdadeiro. Essa a teoria aceita pela doutrina.

2) Objetiva: só há crime quando o depoimento não corresponde ao que aconteceu. No exemplo acima, em que a testemunha narra ter visto um fato (verdadeiro) que não foi por ela presenciado, o delito não se configura.

O falso testemunho é crime essencialmente doloso, ou seja, pressupõe a vontade deliberada de mentir, com plena consciência de estar faltando com a verdade. Não existe forma culposa. O engano e o esquecimento, portanto, não tipificam o crime.

11.4.5.3. *Sujeito ativo*

Trata-se de crime **próprio**, pois só pode ser cometido por testemunha, perito, tradutor ou intérprete.

- **Alcance do falso testemunho quanto ao sujeito ativo**

A **vítima** não é considerada testemunha e, portanto, não comete falso testemunho. As partes (autor e réu em ação cível, por exemplo) também não cometem falso testemunho.

Antes de serem ouvidas, as testemunhas devem fazer, "sob palavra de honra", a promessa de dizer a verdade. É o chamado compromisso, previsto no art. 203 do Código de Processo Penal. Certas pessoas, porém, não prestam o compromisso conforme estabelecem os arts. 206 e 208 do CPP. Essas pessoas são ouvidas como informantes do juízo. O art. 208 do Código de Processo Penal prevê que não se deferirá o compromisso a que alude o art. 203 aos doentes, deficientes mentais e aos menores de 14 anos, nem às pessoas a que se refere o art. 206 (ascendente ou descendente, afim em linha reta, cônjuge, ainda que desquitado, irmão e pai, mãe, ou filho adotivo do acusado).

Discute-se, na doutrina e na jurisprudência, se o **informante** pode responder por crime de falso testemunho:

a) Pode cometer o crime (Magalhães Noronha,[296] Nélson Hungria[297] e Damásio de Jesus[298]). Para essa corrente, o compromisso não é elementar do crime. O falso testemunho surge da desobediência do dever de dizer a verdade, "que não deriva do compromisso" (*RT* 392/116). Ademais, o Código Penal de 1890 previa como condição do falso testemunho a existência do "compromisso ou juramento", requisito que, tendo sido retirado do tipo penal pelo legislador, quando da reforma de 1940, deixou clara a intenção deste em não condicionar a caracterização do crime à existência do compromisso.

b) Não pode cometer o crime (Heleno Cláudio Fragoso,[299] Cezar Roberto Bitencourt[300] e Guilherme de Souza Nucci[301]) porque não tem o dever de dizer a verdade, pois não presta o compromisso.

O art. 207 do Código de Processo Penal, por sua vez, estabelece que "*são proibidas de depor as pessoas que, em razão de função, ministério, ofício ou profissão, devam guardar segredo, salvo se, desobrigadas pela parte interessada, quiserem dar o seu testemunho*". Essas pessoas, quando desobrigadas pela parte interessada, prestam compromisso antes de depor, e quanto a elas não há qualquer divergência, sendo pacífico que podem cometer o crime de falso testemunho.

Nélson Hungria[302] ressalva, todavia, que "*se qualquer dessas pessoas, embora não desobrigada, deixar-se perquirir, mas deturpando ou negando a verdade, ou deixando de revelar tudo quanto sabe*", não cometerá falso testemunho, porque, em verdade, não poderia estar prestando o depoimento, em razão da vedação expressa do art. 207 do Código de Processo Penal. Assim, por ser considerada ilícita, tal prova é nula e, portanto, não tem valor. Caso tal pessoa, embora não desobrigada, preste depoimento contando o que realmente sabe, de modo a revelar indevidamente o segredo profissional, incorrerá no crime de violação de segredo profissional (art. 154).

O falso testemunho é crime de **mão própria**. Assim, se duas pessoas mentirem em uma audiência, haverá dois crimes autônomos (cada um responderá por um falso testemunho, e não em coautoria).

Apesar de ser pacífica a impossibilidade de coautoria no falso testemunho, existem duas correntes em torno da possibilidade de **participação**:

a) É possível, pois alguém pode induzir ou instigar outro a mentir em juízo. Até o advogado pode ser partícipe em falso testemunho, caso induza ou esti-

---

[296] E. Magalhães Noronha, *Direito penal,* v. 4, p. 368.

[297] Nélson Hungria, *Comentários ao Código Penal,* v. IX, p. 485.

[298] Damásio de Jesus, *Direito penal,* v. 4, p. 263.

[299] Heleno Cláudio Fragoso, *Lições de direito penal*. Parte especial, v. II, p. 513.

[300] Cezar Roberto Bitencourt, *Tratado de direito penal*, v. 5, p. 337.

[301] Guilherme de Souza Nucci, *Código Penal comentado*, p. 1.441.

[302] Nélson Hungria, *Comentários ao Código Penal,* v. IX, p. 485.

mule alguém a falsear a verdade. É a opinião de Julio Fabbrini Mirabete,[303] Guilherme de Souza Nucci,[304] Rogério Greco,[305] entre outros.

b) Apesar de a participação não ser incompatível com o falso testemunho, entende-se que a intenção do legislador foi a de não punir o partícipe. O raciocínio é o seguinte: o art. 343 do Código Penal pune, de forma autônoma, quem **dá, oferece** ou **promete dinheiro** a testemunha para que esta minta. Assim, em razão da redação desse art. 343, Damásio de Jesus[306] conclui que o legislador só quis punir essas pessoas, pois não mencionou aqueles que pedem ou incentivam alguém a praticar falso testemunho. Em outras palavras: o legislador tipificou algumas formas de participação (dar, oferecer ou prometer dinheiro ou qualquer outra vantagem) como crime autônomo no art. 343 e nada mencionou acerca das outras formas de participação (solicitar, incentivar). Assim, não há participação no crime de falso testemunho, pois algumas hipóteses de participação constituem o crime do art. 343 e as demais formas são atípicas.

Essa última interpretação só fazia sentido antes do advento da Lei n. 10.268/2001, uma vez que a pena dos arts. 342 e 343 era igual. Atualmente, porém, a pena do art. 343, para quem suborna a testemunha, é de 3 a 4 anos de reclusão, superior, portanto, à do falso testemunho (art. 342). Fortaleceu-se, em razão disso, a interpretação de que o legislador quis estabelecer a seguinte distinção: a) quem meramente pede ou incentiva uma testemunha a mentir é partícipe do crime de falso testemunho (pena de 1 a 3 anos); b) quem dá, oferece ou promete dinheiro à testemunha para falsear a verdade comete o crime do art. 343 (pena de 3 a 4 anos).

No Supremo Tribunal Federal e no Superior Tribunal de Justiça, por sua vez, é pacífico o entendimento de que é possível participação em falso testemunho, inclusive por parte de advogados. Nesse sentido: "*Falso testemunho (art. 342 do CP). (...) Participação. Advogado que instrui testemunha a prestar depoimento inverídico nos autos de reclamação trabalhista. Conduta que contribuiu moralmente para o crime, fazendo nascer no agente a vontade delitiva. Art. 29 do CP. (...) Relevância do objeto jurídico tutelado pelo art. 342 do CP: a administração da justiça, no tocante à veracidade das provas e ao prestígio e seriedade da sua coleta. Relevância robustecida quando o partícipe é advogado, figura indispensável à administração da justiça (art. 133 da CF). Circunstâncias que afastam o entendimento de que o partícipe só responde pelo crime do art. 343 do CP. Recurso ordinário improvido*" (STF — RHC 81.327 — Rel. Min. Ellen Gracie — 1ª Turma — *DJ* 5-4-2002, p. 196); "*O Superior Tribunal de Justiça firmou compreensão de que, apesar do crime de falso testemunho ser de mão própria, pode haver a participação do advogado no seu cometimento. 4. Ordem conhecida em parte e denegada*" (STJ — 5ª Turma — HC 30.858-RS — Rel. Min. Paulo Medina — julgado em 12-6-2006 — v.u. — *DJU* 1º-8-2006,

303 Julio Fabbrini Mirabete, *Manual de direito penal*, v. 3, p. 406.
304 Guilherme de Souza Nucci, *Código Penal comentado*, p. 1.441.
305 Rogério Greco, *Código Penal comentado*, p. 832.
306 Damásio de Jesus, *Direito penal*, v. 4, p. 265/266.

p. 549). "*Ante o efetivo cometimento do falso testemunho, a instigação ou induzimento que supostamente ensejou a prática do crime passa a ser penalmente relevante, como participação. Precedentes*" (STJ — 5ª Turma — RHC 10.517/SC — Rel. Min. Edson Vidigal — julgado em 22-5-2001 — *DJU* 13-8-2001, p. 173); "*I — É possível a participação no delito de falso testemunho. (Precedentes desta Corte e do Pretório Excelso.) II — A retratação de um dos acusados, tendo em vista a redação do art. 342, § 2º, do Código Penal, estende-se aos demais corréus ou partícipes.* Writ *concedido*" (STJ — 5ª Turma — HC 36.287/SP — Rel. Min. Felix Fischer — julgado em 17-5-2005 — v.u. — *DJU* 20-6-2005, p. 305).

- **Alcance da falsa perícia quanto ao sujeito ativo**

Podem ser sujeitos ativos da falsa perícia o perito, o contador, o tradutor e o intérprete. **Perito** é o técnico incumbido, por sua especial aptidão, de averiguar fatos, pessoas ou coisas e emitir, perante a autoridade a que serve, seu juízo ou parecer como meio de prova. **Contador** é o responsável pela elaboração de cálculos. **Tradutor** é o perito incumbido de verter para o vernáculo os documentos em idioma estrangeiro. **Intérprete** é o perito encarregado de fazer com que se entendam, quando necessário, a autoridade e alguma pessoa (acusado, ofendido, testemunha, parte interessada) que não conhece o idioma nacional ou que não pode falar em razão de defeito psicofísico ou qualquer outra particular condição anormal.

O tradutor e o intérprete diferenciam-se do perito comum porque não são fontes de prova, limitando-se a fazer compreender o conteúdo de elementos produzidos para instrução e decisão do processo em causa.

■ *11.4.5.4. Sujeito passivo*

O Estado e, secundariamente, aquele a quem o falso possa prejudicar.

■ *11.4.5.5. Consumação*

Quando se encerra o depoimento. Trata-se de crime **formal**, cujo reconhecimento independe de o falso ter efetivamente enganado o juízo, bastando, conforme mencionado, que se trate de falsidade relativa a fato **relevante** tratado nos autos.

Se o falso testemunho for cometido em carta **precatória**, o crime se consumará no juízo **deprecado**, e este será o competente. A falsa perícia se consuma quando o laudo é entregue.

■ *11.4.5.6. Tentativa*

Há divergência a respeito. Damásio de Jesus[307] entende que é possível, apesar de, na prática, ser de difícil ocorrência. Ex.: audiência interrompida durante depoimento mendaz, por falta de energia elétrica.

[307] Damásio de Jesus, *Direito penal,* v. 4, p. 270.

11.4.5.7. *Causas de aumento de pena*

No § 1º do art. 342, com a redação dada pela Lei n. 10.268/2001, existem três hipóteses em que a pena do falso testemunho ou falsa perícia sofre um acréscimo de um sexto a um terço:

a) Se o crime for praticado mediante **suborno**. Nesse caso, a pessoa que deu, prometeu ou ofereceu o dinheiro à testemunha ou perito incide no art. 343 do Código Penal.

b) Se o delito for cometido com o fim de obter prova destinada a produzir efeito em **processo penal**. Assim, se o falso for cometido em inquérito policial ou em ação penal, a pena será agravada.

c) Se o crime for praticado com o fim de obter prova destinada a produzir efeito em **processo civil em que for parte entidade da Administração Pública direta ou indireta**. O dispositivo diz respeito a ações civis de que seja parte União, Estado, Município, Distrito Federal, autarquia, sociedade de economia mista, empresa pública ou fundação instituída pelo Poder Público etc.

11.4.5.8. *Retratação*

De acordo com o art. 342, § 2º, do Código Penal, "*o fato deixa de ser punível se, antes da sentença no processo em que ocorreu o ilícito, o agente se retrata ou declara a verdade*". Nos termos do art. 107, VI, do Código Penal, a retratação é causa extintiva da punibilidade. Para que seja reconhecida, é necessário que **ocorra antes da sentença de 1ª instância** no processo originário e que seja **completa**.

No Tribunal do Júri a retratação é possível até a sentença prolatada no dia do julgamento em plenário, e não somente até a pronúncia.

Para os que aceitam a possibilidade de participação no falso testemunho, a retratação se comunica àqueles que tenham concorrido para o crime, pois a lei diz que o "**fato** deixa de ser punível". Nesse sentido: "*É possível a participação no delito de falso testemunho. (Precedentes desta Corte e do Pretório Excelso). II — A retratação de um dos acusados, tendo em vista a redação do art. 342, § 2º, do Código Penal, estende-se aos demais corréus ou partícipes*" (STJ — HC 36.287/SP — Rel. Min. Felix Fischer — 5ª Turma — julgado em 17-5-2005 — *DJ* 20-6-2005, p. 305).

Tendo em vista a possibilidade de retratação até a sentença no processo originário, divergem a doutrina e a jurisprudência em torno da possibilidade do imediato oferecimento de denúncia após a prática do crime ou da necessidade de se aguardar eventual retratação. Uma primeira corrente diz que a ação pode ser imediatamente proposta, pois não há vedação legal, mas não pode ser **julgada** antes da sentença do outro processo, porque até tal momento é cabível a retratação. Esse é o entendimento que preferimos, pois evita eventual prescrição do falso testemunho. É também o entendimento que vem sendo adotado pelo Superior Tribunal de Justiça: "*É possível a propositura da ação penal para se apurar o crime de falso testemunho antes de ocorrer a sentença no* *processo em que o crime teria ocorrido, desde que fique sobrestado seu julgamento até a outra sentença ou decisão*" (REsp 596.500/DF — Rel. Min. José Arnaldo da Fonseca — 5ª Turma — julgado em 21-10-2004 — *DJ* 22-11-2004, p. 377). No mesmo sentido: HC 89.885/PE — Rel. Min. Arnaldo Esteves Lima — 5ª Turma — julgado em 16-3-2010 — *DJe* 19-4-2010). A segunda corrente diz que a ação por falso testemunho não pode ser iniciada antes da sentença de primeira instância, uma vez que até esse momento é possível a retratação; não é necessário, entretanto, que se aguarde o trânsito em julgado da sentença. Por fim, existem ainda os que defendem que a ação não pode ser iniciada antes do trânsito em julgado da sentença do processo em que o falso testemunho foi prestado, para que sejam evitadas eventuais decisões conflitantes, caso o Tribunal profira decisão entendendo verdadeiras as declarações daquele que teria cometido o falso.

O Superior Tribunal de Justiça entende, outrossim, que é desnecessária a instauração de inquérito policial para a apuração do crime de falso testemunho. Assim, se prestado o depoimento falso durante uma ação judicial, pode o Ministério Público extrair cópia do processo e oferecer imediatamente a denúncia, pois o Código de Processo Penal diz que a denúncia pode ser oferecida com base em inquérito policial ou em **peças de informação** (art. 28 do CPP): "*O Ministério Público pode iniciar a persecução penal com base em quaisquer elementos hábeis a formar a sua* opinio delicti. *II — É entendimento assente nesta Corte que o inquérito policial e o procedimento investigativo preliminar servem precipuamente para a colheita de elementos informativos mínimos para subsidiar o* Parquet *no oferecimento da denúncia. Conclui-se, portanto, que se o titular da ação penal dispõe de substrato mínimo necessário para a persecução penal em documentos diversos, o inquérito e o procedimento preliminar serão inteiramente dispensáveis. III — Nessa ordem de ideias e considerando que o crime de falso testemunho é de natureza formal, consumando-se no momento da afirmação falsa a respeito de fato juridicamente relevante, aperfeiçoando-se quando encerrado o depoimento, a cópia integral dos autos no qual foi constatada a suposta prática criminosa fornece elementos suficientes para a persecução penal, dispensando, de consequência, a instauração de qualquer procedimento investigativo prévio, notadamente o inquérito*" (RHC 82.027/SC, Rel. Min. Felix Fischer, 5ª Turma, julgado em 3-5-2018, *DJe* 9-5-2018).

Observação: Se o falso testemunho tiver sido prestado durante inquérito policial e a falsidade do depoimento for descoberta durante o próprio inquérito, o autor do falso poderá ser denunciado junto com o sujeito que ele visava favorecer com seu depoimento, porque, em tal caso, tramitam conjuntamente as duas acusações, de modo que fica assegurada a possibilidade de retratação.

11.4.5.9. Ação penal

É pública incondicionada.

■ 11.4.5.10. *Classificação doutrinária*

CLASSIFICAÇÃO DOUTRINÁRIA				
■ Simples quanto à objetividade jurídica	■ Próprio e de mão própria quanto ao sujeito ativo	■ De ação livre e comissivo ou omissivo quanto aos meios de execução	■ Formal e instantâneo quanto ao momento consumativo	■ Doloso quanto ao elemento subjetivo

■ 11.4.6. Corrupção ativa de testemunha ou perito

> **Art. 343.** Dar, oferecer, ou prometer dinheiro ou qualquer outra vantagem a testemunha, perito, contador, tradutor ou intérprete, para fazer afirmação falsa, negar ou calar a verdade em depoimento, perícia, cálculos, tradução ou interpretação:
>
> Pena — reclusão, de três a quatro anos, e multa.
>
> Parágrafo único. As penas aumentam-se de um sexto a um terço, se o crime é cometido com o fim de obter prova destinada a produzir efeito em processo penal ou em processo civil em que for parte entidade da administração pública direta ou indireta.

■ 11.4.6.1. *Objetividade jurídica*

A administração da justiça.

■ 11.4.6.2. *Tipo objetivo*

Temos aqui nova exceção à teoria **unitária** ou **monista**, uma vez que o corruptor responde pelo crime do art. 343, enquanto a testemunha, ou outra das pessoas elencadas na lei, que se corrompe incide no art. 342, § 1º, do Código Penal.

As condutas típicas são **dar** (entregar), **oferecer** (colocar à disposição) ou **prometer** (fazer promessa, comprometer-se). É necessário que se refiram a dinheiro ou outro tipo de vantagem, material ou moral. É ainda preciso que tenham a finalidade de fazer com que o destinatário (testemunha, perito etc.) faça afirmação falsa, negue ou cale a verdade em depoimento, perícia, cálculo, tradução ou interpretação. É requisito do delito que o destinatário da oferta ou promessa ostente a condição de testemunha, perito (etc.) no momento da conduta, não bastando a possibilidade de vir a ter tal condição no futuro.

O texto legal não abrange a vantagem oferecida à **vítima** de crime anterior.

Nas condutas "oferecer" e "prometer" vantagem, a iniciativa é do terceiro. Caso a testemunha ou o perito não as aceitem, haverá apenas o delito de corrupção ativa deste art. 343; mas, caso as aceitem e prestem o depoimento falso ou apresentem a falsa perícia, incorrerão no art. 342, § 1º, do Código Penal.

Na modalidade "dar", a iniciativa é da testemunha ou do perito (que solicita a vantagem). Se o terceiro entregar a vantagem, cometerá o delito em estudo.

O perito a que a lei se refere é o **particular**. Caso se trate de perito oficial, o crime é o de corrupção ativa comum (art. 333), pois o destinatário da oferta ou promessa é funcionário público.

■ 11.4.6.3. *Sujeito ativo*

Trata-se de crime **comum**, pois pode ser cometido por qualquer pessoa. Normalmente é cometido pela pessoa que se beneficiará com o falso depoimento ou a falsa perícia.

■ 11.4.6.4. *Sujeito passivo*

O Estado e a pessoa eventualmente prejudicada pelo falso depoimento ou falsa perícia, caso estes se concretizem.

■ 11.4.6.5. *Consumação*

O crime se consuma ainda que a oferta ou promessa não sejam aceitas, de forma que é possível a sua caracterização mesmo que o falso testemunho ou falsa perícia não se verifiquem. Trata-se, portanto, de crime **formal**. Na modalidade "dar", o crime se consuma quando a testemunha ou perito recebe a vantagem.

■ 11.4.6.6. *Tentativa*

Possível na modalidade "dar" e, nas demais figuras típicas, em caso de extravio de oferta ou promessa feita por escrito.

■ 11.4.6.7. *Causa de aumento de pena*

Sendo a ação destinada a produzir efeito em processo penal ou civil em que seja parte entidade da Administração Pública direta ou indireta, a pena será aumentada de um sexto a um terço.

■ 11.4.6.8. *Ação penal*

É pública incondicionada.

■ 11.4.7. Coação no curso do processo

> **Art. 344.** Usar de violência ou grave ameaça, com o fim de favorecer interesse próprio ou alheio, contra autoridade, parte ou qualquer outra pessoa que funciona ou é chamada a intervir em processo judicial, policial ou administrativo, ou em juízo arbitral:
> Pena — reclusão, de um a quatro anos, e multa, além da pena correspondente à violência.

■ 11.4.7.1. *Objetividade jurídica*

O normal funcionamento da Justiça, no sentido de que sejam evitadas coações que possam provocar prejuízo na apuração dos fatos ou no desfecho da causa. Tutela-se, também, a incolumidade física e psíquica da pessoa contra a qual a conduta é direcionada.

11.4.7.2. *Tipo objetivo*

O presente dispositivo tem por finalidade punir o sujeito que, visando o seu próprio benefício ou de outrem, emprega **violência física** ou **grave ameaça** contra qualquer pessoa que funciona ou intervenha em um dos procedimentos elencados no tipo penal.

Essa pessoa pode ser uma **autoridade** (juiz, delegado, promotor etc.), **parte** (autor, querelante, querelado) ou qualquer outra pessoa que **funcione** ou seja chamada a **intervir** (perito, tradutor, intérprete, jurado, escrivão, testemunha etc.). É necessário que o agente pretenda intimidar a vítima a fim de que esta, amedrontada, de algum modo o favoreça ou a terceiro em um dos procedimentos mencionados no tipo penal. Pratica o crime o réu que procura uma testemunha de acusação e a ameaça para que preste depoimento a ele favorável ou que ameaça a vítima para que não o reconheça como autor do crime; ou o reclamado de uma ação trabalhista que ameaça demitir funcionário arrolado como testemunha de outro empregado dizendo, ainda, que dará más informações caso procure outro emprego; ou o indiciado que telefona para o promotor e diz que irá matar seus filhos caso ofereça denúncia, ou diz ao juiz que irá matá-lo caso o condene etc. É também comum que parentes ou amigos de réu preso procurem vítimas e testemunhas para ameaçá-las a fim de que prestem depoimento favorável àquele, hipótese em que respondem pelo delito.

Não há crime, entretanto, se o familiar se limita a procurar a testemunha e pedir para ela "pegar leve" no depoimento porque o acusado tem família para criar, sem, entretanto, proferir, de forma expressa ou implícita, alguma ameaça.

Saliente-se que, se a vítima ou testemunha já prestou o depoimento judicial desfavorável, e o réu ou algum amigo ou familiar, **por vingança**, a procura e diz que irá matá-la, comete crime de ameaça (art. 147), posto que, após o depoimento, exauriu-se a participação daquela na ação.

Apesar de o nome ser "coação no curso do *processo*", existe o crime se a violência ou grave ameaça for utilizada no curso:

a) de **processo judicial:** de qualquer natureza (civil, penal, trabalhista);
b) de **inquérito policial**;
c) de **procedimento administrativo**;
d) de procedimento em **juízo arbitral**.

Observação: Eventual ameaça feita fora de um desses procedimentos caracteriza apenas o crime de ameaça do art. 147 do Código Penal, ou, em se tratando de violência ou grave ameaça empregada com o intuito de impedir ou tentar impedir o funcionamento de Comissão Parlamentar de Inquérito ou o livre exercício das atribuições de seus membros, estará configurado crime específico, previsto no art. 4º, I, da Lei n. 1.579/52.

11.4.7.3. *Sujeito ativo*

A própria pessoa contra quem foi instaurado o procedimento (processo judicial, inquérito etc.) ou terceiro que esteja visando o benefício daquele. Na primeira hipótese, além de ser cabível, em tese, a prisão preventiva do réu/indiciado no próprio procedimento originário (para garantia da instrução criminal), o sujeito também será responsabilizado por crime autônomo de coação no curso do processo.

■ *11.4.7.4. Sujeito passivo*

O Estado e, secundariamente, a pessoa que sofre a coação. Se o agente ameaça duas pessoas para obter benefício no mesmo processo, comete crime único.

■ *11.4.7.5. Consumação*

No momento do emprego da violência ou grave ameaça, independentemente do êxito em relação ao fim visado pelo agente (favorecer a si próprio ou a terceiro). Trata-se de crime **formal**.

■ *11.4.7.6. Tentativa*

É possível, por exemplo, no caso de ameaça escrita que se extravia.

■ *11.4.7.7. Concurso de crimes*

A lei prevê pena de reclusão, de um a quatro anos, e multa, **além da pena correspondente à violência**. Assim, se da violência empregada resultar qualquer forma de lesão corporal ou a morte da vítima, o sujeito responderá pelo crime do art. 344 e também pelo crime de lesões corporais ou de homicídio e, nos termos do dispositivo, as penas serão somadas.

O mero emprego de **vias de fato** (quando a vítima não sofre lesões), todavia, fica **absorvido** pelo crime de coação no curso do processo.

A reiteração de ameaças com o mesmo objetivo caracteriza crime único, e não crime continuado, porque o benefício visado é único. Ex.: pessoa que ameaça testemunha duas vezes antes do depoimento desta.

■ *11.4.7.8. Ação penal*

É pública incondicionada.

■ 11.4.8. Exercício arbitrário das próprias razões

> **Art. 345.** Fazer justiça pelas próprias mãos, para satisfazer pretensão, embora legítima, salvo quando a lei o permite:
>
> Pena — detenção, de quinze dias a um mês, ou multa, além da pena correspondente à violência.
>
> Parágrafo único. Se não há emprego de violência, somente se procede mediante queixa.

■ *11.4.8.1. Objetividade jurídica*

A administração e o prestígio da justiça, no sentido de ser evitada a autotutela como forma indevida de resolução de conflito de interesses.

11.4.8.2. *Tipo objetivo*

Quando alguém tem um direito ou julga tê-lo por razões convincentes e a outra parte envolvida se recusa a cumprir a obrigação, o prejudicado deve procurar o Poder Judiciário para que o seu direito seja reconhecido e a pretensão seja satisfeita. Se o sujeito, entretanto, resolve não buscar o Judiciário e **fazer justiça com as próprias mãos** para obter aquilo que acha devido, pratica o crime do art. 345. Trata-se de crime contra a administração da justiça, porque o sujeito menospreza o Poder Judiciário, deixando propositadamente de procurar o órgão do Estado incumbido de resolver a querela. Ex.: subtrair objeto do devedor para se autorressarcir de dívida vencida e não paga (nesse caso não há crime de furto por ausência de dolo de gerar prejuízo patrimonial à vítima, requisito do crime contra o patrimônio); trocar a fechadura de sua casa e colocar na rua os bens do inquilino que não estava pagando os aluguéis; apropriar-se de bens da empresa porque o patrão não lhe pagou os devidos direitos trabalhistas etc.

A pretensão que o agente visa satisfazer, capaz de caracterizar o delito em estudo, pode ser:

a) legítima;

b) ilegítima, desde que o agente, por motivos convincentes a serem analisados no caso concreto, a **suponha legítima**. A própria redação do art. 345 do Código Penal fundamenta expressamente esta conclusão.

Observação: Se o agente tiver consciência da ilegitimidade da pretensão, haverá outro crime (furto, lesões corporais, violação de domicílio etc.).

A pretensão que o agente visa satisfazer e que pode caracterizar o delito pode ser de qualquer natureza, ou seja, pode ser fundada em direito: **real** (expulsar invasores de terra com emprego de força, em vez de procurar a justiça, fora das hipóteses de legítima defesa da posse ou desforço imediato, em que o emprego da força é admitido), **pessoal** (como no exemplo já mencionado de subtrair objetos do devedor), de **família** (subtrair objetos do devedor de alimentos inadimplente, em vez de promover a competente execução) etc.

É pressuposto do crime que a pretensão do agente, pelo menos em tese, **possa ser satisfeita** pelo Judiciário, vale dizer, é necessário que exista alguma espécie de **ação judicial** apta a satisfazê-la. Assim, não haverá exercício arbitrário das próprias razões quando faltar interesse de agir (dívida prescrita, por exemplo) ou quando o pedido for, em tese, juridicamente impossível (matar alguém que matou seu filho). No último caso, obviamente o crime será o de homicídio. Nessas hipóteses, em que a pretensão não poderia sequer em tese ser satisfeita pelo Judiciário, não existe o crime do art. 345 porque não há desrespeito à administração da justiça. Em tais casos, dependendo da situação, poderá haver mero fato atípico ou outra espécie qualquer de infração penal.

Trata-se de crime de **ação livre**, pois pode ser praticado por qualquer meio: fraude, subtração, violência, grave ameaça etc. Se o credor ameaça o devedor com uma faca para subtrair-lhe o exato valor da dívida, não comete crime de roubo, e sim exercício arbitrário das próprias razões em concurso formal com o delito de ameaça.

Em alguns casos a lei permite que a pessoa faça justiça com as próprias mãos. Ex.: direito de retenção, desforço imediato e legítima defesa da posse (art. 1.210, § 1º, do CC). Nesses casos, o fato será **atípico**, pois o art. 345 ressalva que é crime "fazer justiça pelas próprias mãos, (...) *salvo quando a lei o permite*". Este é o elemento **normativo** do tipo.

■ 11.4.8.3. Sujeito ativo

Qualquer pessoa.

■ 11.4.8.4. Sujeito passivo

O Estado e, secundariamente, a pessoa prejudicada com a conduta.

■ 11.4.8.5. Consumação

Existem duas correntes. A primeira diz que o crime é **formal** e se consuma no momento em que o agente emprega o meio executório (violência, grave ameaça, fraude etc.). É a opinião de Damásio de Jesus,[308] Cezar Roberto Bitencourt,[309] Guilherme de Souza Nucci[310] e Magalhães Noronha.[311] A segunda entende que o crime é material e só se consuma com a satisfação da pretensão visada. É o entendimento de Nélson Hungria,[312] Celso Delmanto,[313] Rogério Greco[314] e Julio Fabbrini Mirabete.[315] Pela leitura do tipo penal, todavia, parece-nos que a primeira corrente é a correta.

■ 11.4.8.6. Tentativa

É possível, qualquer que seja a corrente adotada quanto ao momento consumativo.

■ 11.4.8.7. Concurso de crimes

Havendo emprego de violência física para a prática do crime, e se desta resultarem lesões corporais ou a morte de alguém, o agente responderá pelo art. 345 e também pelo crime de lesões corporais ou de homicídio; as penas serão somadas, já que o art. 345, ao tratar da pena, estabelece: "detenção, de quinze dias a um mês, ou multa, *além da pena correspondente à violência*".

Eventual contravenção de **vias de fato**, todavia, fica absorvida, pois o próprio art. 21 da Lei das Contravenções Penais dispõe que as vias de fato somente configuram infração autônoma quando o fato não constitui crime.

308 Damásio de Jesus, *Direito penal,* v. 4, p. 285.
309 Cezar Roberto Bitencourt, *Tratado de direito penal*, v. 5, p. 357.
310 Guilherme de Souza Nucci, *Código Penal comentado*, p. 1.453.
311 E. Magalhães Noronha, *Direito penal*, v. 4, p. 381.
312 Nélson Hungria, *Comentários ao Código Penal,* v. IX, p. 498.
313 Celso Delmanto, *Código Penal comentado,* p. 601.
314 Rogério Greco, *Código Penal comentado*, p. 838.
315 Julio Fabbrini Mirabete, *Manual de direito penal,* v. 3, p. 419.

■ *11.4.8.8. Ação penal*

O art. 345, parágrafo único, do Código Penal estabelece duas regras:

a) havendo emprego de qualquer forma de **violência** para a prática do crime, a ação será pública **incondicionada**;

b) não havendo emprego de violência, a ação será **privada** (mesmo que haja grave ameaça).

A competência é do Juizado Especial Criminal.

■ 11.4.9. Subtipo do exercício arbitrário das próprias razões — subtração ou dano de coisa própria legalmente em poder de terceiro

> **Art. 346.** Tirar, suprimir, destruir ou danificar coisa própria, que se acha em poder de terceiro por determinação judicial ou convenção:
> Pena — detenção, de seis meses a dois anos, e multa.

■ *11.4.9.1. Objetividade jurídica*

A administração da justiça.

■ *11.4.9.2. Tipo objetivo*

O legislador, no art. 346 do Código Penal, descreveu um delito com características próprias, mas que também está contido no *nomen juris* "exercício arbitrário das próprias razões", contudo, com pena mais grave. O dispositivo em análise pune quem *tira, suprime, destrói ou danifica coisa própria que se acha em poder de terceiro por determinação judicial ou convenção.*

As condutas incriminadas são:

a) tirar: subtrair;

b) suprimir: fazer desaparecer;

c) destruir: atingir agressivamente o objeto, de forma que ele deixe de existir em sua individualidade;

d) danificar: estragar ou deteriorar o bem.

É necessário que o objeto pertença ao **próprio agente** e que esteja em poder de **terceira pessoa** em razão de **contrato** ou **ordem judicial**. Comete o crime, por exemplo, o dono que, tendo alugado um carro, pede-o de volta ao locatário antes do término do contrato e, ante à recusa deste, usa a chave reserva que está em seu poder para pegar o veículo de volta. Também existe o crime no caso do mútuo pignoratício (empréstimo garantido por penhor) quando o devedor subtrai o bem móvel próprio que estava em poder do credor como garantia da dívida. Configura-se, ainda, a infração, quando o juiz determina a apreensão de um veículo e o entrega a um depositário, mas o dono, fazendo uso da chave reserva, vai até o local onde o carro está guardado e o pega de volta. Note-se que, no último exemplo, o veículo estava em poder de terceiro em razão de ordem judicial. Caso um veículo esteja apreendido em decorrência de ordem de **autoridade administrativa** (agente de trânsito, por exemplo), a subtração da coisa própria não encontrará enquadramento no presente tipo penal, podendo o agente responder por crime de desobediência (art. 330).

Ao contrário do que ocorre com o crime de exercício arbitrário das próprias razões (art. 345), a lei não exige que o agente queira satisfazer uma pretensão para que o crime esteja configurado. Aliás, não faria sentido considerar o fato como criminoso se o agente pretendesse satisfazer uma pretensão legítima, e ser ele atípico, por ser a coisa própria, se a conduta ocorresse de forma totalmente injustificada. A diferença é que, no exercício arbitrário (art. 345), a inexistência da intenção de satisfazer pretensão pode fazer com que o fato constitua crime mais grave.

■ 11.4.9.3. *Sujeito ativo*

O **dono** do objeto que está em poder de terceiro em razão de uma ordem judicial (depósito, busca e apreensão etc.) ou de um contrato (penhor, aluguel, comodato etc.). Trata-se de crime **próprio**. Admite coautoria quando um objeto tem dois proprietários e ambos subtraem a coisa própria que se encontra em poder de terceiro. Se o dono pede ajuda a um amigo para **juntos** subtraírem (ou danificarem) a coisa de um deles que está em poder de terceiro, serão considerados coautores. A circunstância de caráter **pessoal** — ser dono — por ser **elementar** do crime, **comunica-se** ao amigo, nos termos do art. 30 do Código Penal. Não se pode cogitar de punir o amigo por crime de furto porque a conduta se deu com a autorização do dono.

Na hipótese em que o bem tem dois proprietários, mas está em poder de um deles, e não de terceiro, haverá crime de **furto de coisa comum** (art. 156), caso o outro proprietário o subtraia das mãos do primeiro a fim de se locupletar indevidamente.

O delito admite **participação** quando o autor da conduta típica é somente o dono e conta com a ajuda de outra pessoa, sendo esta última a partícipe.

■ 11.4.9.4. *Sujeito passivo*

O Estado e, secundariamente, a pessoa lesada pela conduta.

■ 11.4.9.5. *Consumação*

No momento em que o agente realiza a conduta típica, independentemente de qualquer outro resultado.

■ 11.4.9.6. *Tentativa*

É possível.

■ *11.4.9.7. Ação penal*

É pública incondicionada.

■ 11.4.10. Fraude processual

> **Art. 347.** Inovar artificiosamente, na pendência de processo civil ou administrativo, o estado de lugar, de coisa ou de pessoa, com o fim de induzir a erro o juiz ou o perito:
> Pena — detenção, de três meses a dois anos, e multa.
> Parágrafo único. Se a inovação se destina a produzir efeito em processo penal, ainda que não iniciado, as penas aplicam-se em dobro.

■ *11.4.10.1. Objetividade jurídica*

A administração da justiça, no sentido de serem coibidos artifícios que visem enganar o juiz ou os peritos.

■ *11.4.10.2. Tipo objetivo*

Nesse dispositivo o legislador pune o agente que, empregando um artifício qualquer, **altera** o estado do local, de algum objeto ou de pessoa, com o fim de enganar juiz ou perito durante o tramitar de **ação civil** ou **processo administrativo**. Ex.: alterar características de objeto que será periciado, simular maior extensão de uma lesão ou sequela com o intento de buscar maior indenização decorrente de um acidente etc. Se o fato visa produzir efeito em **ação penal**, aplica-se a pena em **dobro** (parágrafo único). Nesse caso, há crime com a pena majorada ainda que no dia do fato o processo penal não esteja iniciado com o recebimento da denúncia. Ex.: colocar arma na mão da vítima de homicídio para parecer que esta se suicidou, lavar o sangue do local do crime, modificar a cena do delito, eliminar impressões digitais, lavar a roupa da vítima do crime sexual onde havia esperma etc.

A doutrina salienta que a realização de cirurgia plástica pelo réu, para não ser reconhecido, caracteriza o delito, mas o simples fato de raspar o cabelo ou deixar a barba crescer, por serem direito de qualquer pessoa, não constituem a infração.

É evidente que, quando o autor de um homicídio ou de um roubo se desfaz da arma do crime, jogando-a, por exemplo, em um rio, não incorre no delito de fraude processual porque não há, nesse caso, a inovação artificiosa exigida pelo tipo penal. Ressalte-se que ninguém é obrigado a produzir prova contra si mesmo (privilégio contra a autoincriminação), contudo não pode o autor do delito forjar prova ou modificá-la. Por isso, se o autor de um homicídio, a pretexto de colaborar com as investigações, entrega arma de fogo diversa da usada no crime para que o confronto balístico resulte negativo, incorre no crime em questão. Da mesma forma, responde pelo delito se entrega a própria arma usada no crime, mas, antes disso, modifica-a — também para que o exame balístico lhe resulte favorável. A propósito, já decidiu o Superior Tribunal de Justiça: "*O direito à não autoincriminação não abrange a possibilidade de os acusados alterarem a cena do crime, inovando o estado de lugar, de coisa ou de pessoa, para, criando artificiosamente outra realidade, levar peritos ou o próprio Juiz a erro de avaliação relevante*" (HC 137.206/SP — Rel. Min. Napoleão Nunes Maia Filho — 5ª Turma — julgado em 1º-12-2009 — *DJe* 1º-2-2010).

O art. 158-C, § 2º, do Código de Processo Penal, introduzido pela Lei n. 13.064/2019, dispõe que é proibida a entrada em locais isolados bem como a remoção de quaisquer vestígios de locais de crime antes da liberação por parte do perito responsável, sendo tipificada como **fraude processual** a sua realização. Notável a falta de técnica na elaboração do dispositivo. O crime de fraude processual exige a efetiva demonstração, no caso concreto, do elemento subjetivo do tipo, qual seja, da intenção específica de induzir em erro o perito ou juiz. Esta elementar deve ser provada, não podendo ser presumida conforme consta do art. 158-C, § 2º.

■ 11.4.10.3. Sujeito ativo

Qualquer pessoa, tenha ou não interesse na causa. O delito pode, por exemplo, ser cometido por um amigo ou parente para beneficiar a parte do processo civil ou o autor de um delito. Trata-se de crime **comum**.

■ 11.4.10.4. Sujeito passivo

O Estado.

■ 11.4.10.5. Consumação

No momento da **alteração** do local, coisa ou pessoa, desde que idônea a induzir o juiz ou o perito em erro. É desnecessário, entretanto, que se consiga efetivamente enganá-los. Trata-se de crime **formal**.

■ 11.4.10.6. Tentativa

É possível.

■ 11.4.10.7. Causa de aumento de pena

Conforme já explicado acima, a pena será aplicada em dobro se a finalidade do agente for fraudar processo penal. Certas fraudes podem gerar efeitos, concomitantemente, em processo civil e criminal. Em tais casos, entretanto, haverá crime único com a pena agravada.

■ 11.4.10.8. Distinção

Haverá crime menos grave, descrito no art. 312 do Código de Trânsito Brasileiro (Lei n. 9.503/97), na conduta de "*inovar artificiosamente, em caso de acidente automobilístico com vítima, na pendência do respectivo procedimento policial preparatório, inquérito policial ou processo penal, o estado do lugar, de coisa ou de pessoa, a fim de induzir em erro o agente policial, o perito ou o juiz*", hipótese em que a pena é de detenção, de seis meses a um ano, e multa.

O crime será o de falsa identidade (art. 307) quando uma pessoa se passar por outra, ainda que com o intuito de enganar o juiz ou o perito, já que o crime de fraude processual pressupõe alteração **no estado** de pessoa (simular agravamento de lesão, mudar o corpo da vítima de um crime de lugar etc.), e não a substituição da pessoa por outra. Assim, existe falsa identidade quando um preso se apresenta no lugar de outro ao ser chamado o nome do réu na carceragem, para que a vítima não consiga efetuar reconhecimento positivo e o verdadeiro réu venha a ser absolvido.

Por sua vez, quando uma pessoa se apresenta na delegacia se passando pelo indiciado e fornece material grafotécnico para perícia comparativa, incorre em crime mais grave — falsidade ideológica — porque se cuida de documento o instrumento de coleta do material. Nesse caso, o delito de falsa identidade, por ser subsidiário, fica absorvido.

Constitui crime de abuso de autoridade previsto no art. 23, *caput*, da Lei n. 13.869/2019 "inovar artificiosamente, no curso de diligência, de investigação ou de processo, o estado de lugar, de coisa ou de pessoa, com o fim de eximir-se de responsabilidade ou de responsabilizar criminalmente alguém ou agravar-lhe a responsabilidade". A pena é de detenção, de 1 a 4 anos, e multa. Comete o crime, portanto, o policial que, por exemplo, forja provas no local do crime.

A fraude processual também é crime **subsidiário**, que fica absorvido quando o fato constitui crime mais grave, por exemplo, supressão de documento ou falsidade documental.

■ *11.4.10.9. Ação penal*

É pública incondicionada, de competência do Juizado Especial Criminal, salvo na hipótese majorada pela intenção de fraudar processo penal, quando a pena máxima supera dois anos.

■ 11.4.11. Favorecimento pessoal

> **Art. 348.** Auxiliar a subtrair-se à ação de autoridade pública autor de crime a que é cominada pena de reclusão:
> Pena — detenção, de um a seis meses, e multa.
> § 1º Se ao crime não é cominada pena de reclusão:
> Pena — detenção, de quinze dias a três meses, e multa.
> § 2º Se quem presta o auxílio é ascendente, descendente, cônjuge ou irmão do criminoso, fica isento de pena.

■ *11.4.11.1. Objetividade jurídica*

A administração da justiça, prejudicada pelo auxílio prestado ao autor do crime.

■ *11.4.11.2. Tipo objetivo*

O auxílio ao criminoso pode ser prestado por **qualquer forma**, como, por exemplo:

a) Ajudar na fuga, emprestando carro ou dinheiro ou, ainda, por qualquer outro modo. Tal ajuda, entretanto, pressupõe que o autor do crime anterior esteja solto, pois, se estiver preso, o auxílio constitui crime de facilitação de fuga de pessoa presa (art. 351 do CP).

b) Esconder a pessoa em algum lugar para que não seja encontrada.

c) Enganar a autoridade, dando informações falsas acerca do paradeiro do autor do delito (despistar).

d) Efetuar remessas de dinheiro para que a pessoa foragida possa se manter escondida.

Quando a lei pune quem auxilia outrem a subtrair-se da ação da **autoridade pública**, está se referindo a qualquer autoridade: policiais civis ou militares, membros do Judiciário, autoridades administrativas (ajudar pessoa que está sendo procurada para extradição, em razão de crime de permanência ilegal no país) etc.

A configuração do favorecimento pessoal não pressupõe que esteja havendo uma perseguição direta ao criminoso, mas somente que ele esteja sendo procurado. Exs.: em razão de mandado de prisão preventiva ou decorrente de sentença condenatória; por ter fugido da prisão etc. É evidente que também existe o delito quando o sujeito acabou de cometer uma infração penal, está sendo perseguido e outra pessoa o ajuda a fugir.

O delito em análise somente pode ser praticado na forma **comissiva**, e nunca por omissão. Assim, aquele que diz que nada sabe ou que não comunica o que sabe quando questionado pela autoridade não comete o crime de favorecimento pessoal, pois este pressupõe alguma ação direta no sentido de ajudar o criminoso.

A figura do *caput* pune quem auxilia autor de crime apenado com reclusão, enquanto a do § 1º refere-se a quem auxilia autor de crime punido com detenção e/ou multa. Nesta última hipótese temos o chamado **favorecimento pessoal privilegiado**, uma vez que a pena prevista é menor.

O favorecimento pessoal é crime **acessório**, pois pressupõe a existência de um **crime** anterior, que pode ser de qualquer espécie (doloso ou culposo, consumado ou tentado etc.). O auxílio a **contraventor**, entretanto, é atípico, pois a hipótese não está abrangida pelo texto da lei, que expressamente se refere a **autor de crime**.

Não haverá favorecimento pessoal quando, em relação ao fato anterior: a) houver causa excludente de ilicitude; b) já estiver extinta a punibilidade por qualquer causa; c) houver alguma escusa absolutória. Nesses casos, a ação da autoridade não é legítima e, portanto, quem presta o auxílio não comete favorecimento pessoal.

Quando o texto legal menciona o auxílio prestado a autor de crime a que é cominada pena de reclusão ou detenção, afasta a possibilidade de tipificação do favorecimento pessoal em relação a quem presta auxílio a menor de idade autor de ato infracional, já que a estes não podem ser aplicadas aquelas penas.

Se o autor do crime antecedente vier a ser **absolvido** por qualquer motivo (exceto no caso de absolvição imprópria, em que há aplicação de medida de segurança), o juiz não poderá condenar o réu acusado de auxiliá-lo por não ter ficado demonstrado que ele era "autor de crime", tal como exige o tipo penal. Em sentido contrário, todavia, existe a opinião minoritária de Nélson Hungria[316] no sentido de ser possível o reconhecimento do favorecimento pessoal quando a absolvição em relação ao crime antecedente se der por falta de provas.

É óbvio, por sua vez, que é **possível** a caracterização do favorecimento pessoal, mesmo quando **desconhecido** o autor do crime antecedente, bastando, nesse caso, que exista prova de que houve um crime anterior e que o autor desse crime foi ajudado por alguém a subtrair-se à ação da autoridade. Ex.: pessoa desconhecida comete um furto e é ajudada por *B* a fugir da polícia. O desconhecido consegue fugir e acaba não sendo identificado, mas a polícia consegue prender *B*, que o auxiliou.

Se o autor do crime antecedente e o autor do favorecimento forem identificados haverá conexão, e ambos os delitos, de regra, deverão ser apurados em um mesmo processo, nos termos do art. 79 do Código de Processo Penal.

■ *11.4.11.3. Sujeito ativo*

Qualquer pessoa, **exceto** o autor, **coautor** ou **partícipe** do crime **antecedente**. Ex.: uma pessoa convence outra a cometer um homicídio e, em seguida, a ele dá abrigo em sua casa para se esconder da polícia. O agente responde por participação no homicídio, sendo o auxílio dado ao comparsa *post factum* impunível. Assim, pode-se dizer que, para a existência do favorecimento, o auxílio deve ser prestado exclusivamente após a execução do crime antecedente. Se **antes** dele ou **durante** sua prática, haverá coautoria ou participação no delito antecedente, e não favorecimento pessoal.

A própria **vítima** do crime antecedente pode praticar o favorecimento. Ex.: namorada vítima de agressão que, depois de noticiar o crime às autoridades, esconde o namorado para evitar que ele seja punido.

O advogado não é obrigado a dizer onde se encontra escondido o seu cliente. Pode, todavia, cometer o crime se o auxilia na fuga, se o esconde em sua casa etc.

■ *11.4.11.4. Sujeito passivo*

O Estado.

■ *11.4.11.5. Consumação*

Quando o beneficiado consegue subtrair-se, ainda que por poucos instantes, da ação da autoridade.

■ *11.4.11.6. Tentativa*

Se o auxílio chega a ser prestado, mas o beneficiário não se livra da ação da autoridade, haverá mera **tentativa**.

---

[316] Nélson Hungria, *Comentários ao Código Penal*, v. IX, p. 508.

■ 11.4.11.7. *Escusa absolutória*

O art. 348, § 2º, do Código Penal, prevê uma escusa absolutória ao estabelecer: "*se quem presta o auxílio é ascendente, descendente, cônjuge ou irmão, fica isento de pena*". Abrange, por analogia *in bonam partem* o auxílio prestado por companheiro nos casos de união estável.

■ 11.4.11.8. *Ação penal*

É pública incondicionada, de competência do Juizado Especial Criminal.

■ 11.4.12. Favorecimento real

> **Art. 349.** Prestar a criminoso, fora dos casos de coautoria ou de receptação, auxílio destinado a tornar seguro o proveito do crime:
> Pena — detenção, de um a seis meses, e multa.

■ 11.4.12.1. *Objetividade jurídica*

A administração da justiça, no sentido de serem coibidas condutas que auxiliem criminosos a garantir a lucratividade do delito anterior.

■ 11.4.12.2. *Tipo objetivo*

A conduta típica **prestar auxílio** admite qualquer forma de execução, direta ou indireta. A hipótese mais comum consiste em esconder o produto do crime para que o autor do delito venha buscá-lo posteriormente.

Para a configuração do delito o auxílio deve ser destinado a tornar seguro o **proveito do crime**. Este abrange qualquer vantagem alcançada com a prática do delito principal (antecedente), tais como:

a) o **objeto material** do crime: pode ser o objeto conseguido diretamente com a ação delituosa (o próprio bem subtraído, por exemplo) ou aquele proveniente de modificação ou alteração (barra de ouro obtida com o derretimento de peças furtadas etc.);

b) o **preço** do crime. Ex.: guardar para o homicida dinheiro que este recebeu para matar alguém.

A expressão não abrange o **instrumento** usado na prática do delito (arma utilizada para roubar, chave falsa usada para abrir o veículo furtado etc.), já que proveito do crime é apenas aquilo que advém da sua prática, e não o meio utilizado para sua execução.

O favorecimento real é crime **acessório**, mas seu reconhecimento não pressupõe a condenação do autor do crime antecedente. Ex.: há prova da prática de um furto e de que alguém ajudou o autor desse crime, escondendo os bens furtados. A polícia, todavia, não consegue identificar o furtador, mas consegue identificar aquele que escondeu os bens.

Não existe favorecimento real se o agente **desconhece** a procedência criminosa do bem.

O crime antecedente não precisa necessariamente ser previsto no Título dos crimes contra o patrimônio. Assim, é possível, por exemplo, que alguém cometa favorecimento real ao auxiliar a tornar seguro o proveito de crime de peculato ou de homicídio.

Se a infração anterior for **contravenção penal**, o auxílio destinado a tornar seguro o seu proveito não caracterizará favorecimento real, pois o art. 349 somente se refere a proveito de **crime**.

Apesar de rara, é possível a existência de favorecimento real consumado mesmo que o crime antecedente seja tentado. Ex.: *A* recebe dinheiro para matar *B*. *A* atira contra *B*, que não morre. O crime de homicídio qualificado ficou na esfera da tentativa, mas *C*, que guardou o dinheiro para *A*, cometeu favorecimento real.

Se o autor do crime antecedente for menor de idade ou se já estiver extinta a sua punibilidade, continua sendo possível o favorecimento real, pois o objeto não deixa de ser produto de crime. A menoridade e a extinção da punibilidade apenas impedem a aplicação de sanção penal ao autor do crime antecedente, mas a origem ilícita do bem remanesce.

A lei não prevê qualquer escusa absolutória no favorecimento real.

Só responde pelo crime do art. 349 o agente que **não** estava ajustado previamente com os autores do delito antecedente, no sentido de lhes prestar auxílio posterior, pois, se isso ocorreu, ele será responsabilizado por **participação** no crime antecedente (por ter estimulado a prática do delito ao assegurar aos seus autores que lhes prestaria uma forma qualquer de ajuda). Ademais, se o sujeito praticou qualquer ato de execução do crime antecedente, será coautor desse crime, e não responderá pelo favorecimento real, conforme consta expressamente da descrição típica.

O tipo penal também exclui o crime de favorecimento real quando o agente tiver praticado **receptação**.

A principal diferença entre a receptação e o favorecimento real consiste no fato de que, no favorecimento, o agente visa auxiliar **única e exclusivamente o autor do crime antecedente**, enquanto na receptação o sujeito visa seu próprio proveito ou o proveito de terceiro (que não o autor do crime antecedente).

A Lei n. 12.683/2012 alterou a redação do art. 1º da Lei n. 9.613/98, que trata dos crimes de lavagem de dinheiro, e passou a punir com pena de reclusão, de três a dez anos, e multa, quem "*ocultar ou dissimular a natureza, origem, localização, disposição, movimentação ou propriedade de bens, direitos ou valores provenientes, direta ou indiretamente, de infração penal*". Neste crime, porém, pressupõe-se a específica intenção de **dissimular** a **origem** dos bens ou valores e lhes dar, **fraudulentamente**, aparência **lícita**, a fim de serem **reintroduzidos** na economia formal. O sujeito que se limita a esconder por alguns dias o bem furtado, a fim de ajudar o ladrão, comete, portanto, mero crime de favorecimento real.

11.4.12.3. *Sujeito ativo*

Qualquer pessoa, **exceto** o **autor**, **coautor** ou **partícipe** do crime **antecedente**, pois o próprio tipo penal exclui essa possibilidade. A palavra "coautoria" foi utilizada em sentido amplo, de forma a abranger também a participação, uma vez que não haveria motivos para que assim não fosse.

Os coautores e partícipes do crime anterior respondem apenas por este e nunca pelo favorecimento real.

11.4.12.4. *Sujeito passivo*

O Estado e o proprietário do objeto material do crime antecedente.

11.4.12.5. *Consumação*

No instante em que o agente presta o auxílio, independentemente de conseguir tornar seguro o proveito do delito anterior. Trata-se de crime **formal**, de acordo com a própria redação do art. 349.

11.4.12.6. *Tentativa*

É possível.

11.4.12.7. *Distinção*

No favorecimento pessoal o agente visa tornar seguro o autor do crime antecedente no sentido de não ser localizado pelas autoridades, enquanto no favorecimento real ele visa tornar seguro o proveito do crime anterior.

A conduta de trocar as placas de veículo furtado ou roubado para ajudar o ladrão a ocultar a procedência do bem caracterizava o favorecimento real na redação originária do Código Penal, mas, após a aprovação da Lei n. 9.426/96, passou a configurar o crime do art. 311 do Código Penal, cuja pena é consideravelmente mais severa.

11.4.12.8. *Ação penal*

É pública incondicionada, de competência do Juizado Especial Criminal.

11.4.12.9. *Ingresso não autorizado de aparelho telefônico ou similar em presídio*

> **Art. 349-A.** Ingressar, promover, intermediar ou facilitar a entrada de aparelho telefônico de comunicação móvel, de rádio ou similar, sem autorização legal, em estabelecimento prisional:
> Pena — detenção, de 3 meses a 1 ano.

O delito em questão foi criado pela Lei n. 12.012/2009 e não tem, em verdade, relação direta com o delito de favorecimento real previsto no *caput*, já que não se refere a auxílio relacionado ao proveito do crime.

■ 11.4.12.9.1. Objetividade jurídica

A finalidade do dispositivo é tutelar a administração da justiça no sentido de dar efetividade à proibição de posse de aparelhos telefônicos e similares por pessoas presas, conforme previsto no art. 50, VII, da Lei de Execuções Penais.

■ 11.4.12.9.2. Tipo objetivo

As condutas típicas são ingressar, promover, intermediar ou facilitar a entrada em estabelecimento prisional dos aparelhos a que o texto legal se refere, sem autorização legal (elemento normativo).

Apesar de não estar expresso no tipo penal, é evidente que a configuração do delito pressupõe a entrega ou a intenção de entrega do aparelho **ao preso**, pois o que se procura evitar é a possibilidade de **comunicação** deste com o meio exterior ou com presos de outros estabelecimentos. A lei pune, por exemplo, quem entra pessoalmente com o telefone celular a fim de entregá-lo ao reeducando em dia de visita e aqueles que lançam o aparelho por cima do muro da penitenciária.

O objeto material do crime é o aparelho de **telefonia celular**, os **rádios** (Nextel, *walkie talkie*), bem como os aparelhos **similares** (*pagers, ipads*) etc.

É necessário que o ingresso do aparelho se dê em estabelecimento **prisional**: penitenciárias, cadeias públicas, casas de detenção, colônias penais, celas de distritos policiais, casas do albergado etc.

■ 11.4.12.9.3. Sujeito ativo

Este delito normalmente é cometido por **particulares**. Exs.: mulher que esconde o aparelho na vagina para entregá-lo ao preso por ocasião da visita; amigo do preso que joga o aparelho por cima do muro; integrantes da mesma facção que usam pombo-correio para fazer chegar o aparelho ao interior do presídio, advogado que entrega o aparelho ao preso etc.

O crime, no entanto, pode também ser cometido por agente penitenciário que introduza o aparelho no estabelecimento. Caso, entretanto, esteja sendo remunerado para isso, o que normalmente ocorre, responde por crime de corrupção passiva, que é mais grave.

O próprio preso pode ser sujeito ativo do delito em duas situações: a) na condição de **autor**, quando, por exemplo, retorna ao sistema prisional após saída temporária ocultando que tem em seu poder o aparelho; b) na condição de partícipe quando, por exemplo, encomenda o aparelho ao seu advogado. Nestes casos estará incurso no ilícito penal e na falta grave descrita no art. 50, VII, da Lei de Execuções Penais.

Caso a conduta seja **omissiva** por parte do Diretor do presídio ou de agente público, que deixe de cumprir seu dever de vedar o acesso do preso ao aparelho, estará tipificado o crime do art. 319-A, do Código Penal, que tem a mesma pena.

■ *11.4.12.9.4. Sujeito passivo*

O Estado, mais especificamente a Administração Penitenciária.

■ *11.4.12.9.5. Consumação*

De acordo com o texto legal, o delito consuma-se com o **ingresso** do aparelho no estabelecimento (em sua parte interna), ainda que não chegue às mãos do preso.

■ *11.4.12.9.6. Tentativa*

É plenamente possível. É o que ocorre, por exemplo, quando os agentes penitenciários realizam revista na pessoa que pretendia entregar o aparelho ao preso em um dia de visita, evitando, portanto, o seu acesso à parte interna do estabelecimento prisional.

■ *11.4.12.9.7. Ação penal*

É pública incondicionada, de competência do Juizado Especial Criminal.

■ 11.4.13. Exercício arbitrário ou abuso de poder

> **Art. 350.** Ordenar ou executar medida privativa de liberdade individual, sem as formalidades legais ou com abuso de poder:
> Pena — detenção, de um mês a um ano.

Esse dispositivo foi expressamente revogado pela Lei n. 13.869/2019.

■ 11.4.14. Fuga de pessoa presa ou submetida a medida de segurança

> **Art. 351.** Promover ou facilitar a fuga de pessoa legalmente presa ou submetida a medida de segurança detentiva:
> Pena — detenção, de seis meses a dois anos.

■ *11.4.14.1. Objetividade jurídica*

A administração da justiça, no sentido de evitar-se a facilitação de fuga de pessoas presas.

■ *11.4.14.2. Tipo objetivo*

A lei pune, inicialmente, quem **promove** a fuga, isto é, provoca, orquestra, dá causa à fuga. Pune, portanto, quem realiza os atos executórios que levarão o preso à liberdade, quer este tenha ciência ou não de que o fato ocorrerá. Ex.: grupo que aborda preso que está sendo transportado e consegue libertá-lo após subjugar os integrantes da escolta. Em segundo lugar, a lei incrimina quem **facilita** tal fuga, isto é, quem fornece os meios necessários para que o preso consiga fugir. Ex.: fornece serra para ele cortar a grade ou corda para ele pular o muro do presídio. O dispositivo pune, também, o carcereiro, que abre a porta para o preso fugir, hipótese, inclusive, em que o crime é qualificado.

Pessoa presa é aquela que perdeu sua liberdade em razão de prisão em flagrante ou ordem judicial (prisão preventiva, temporária, decorrente de condenação, prisão civil etc.).

Pessoa sujeita a medida de segurança detentiva é a que se encontra internada em hospital de custódia ou tratamento psiquiátrico ou em outro estabelecimento adequado (art. 96, I, do Código Penal). A lei penal não tipifica a facilitação de fuga de menor de idade **internado por determinação judicial** em razão da prática de ato infracional.

É de se ressalvar que o fato não pode ser considerado criminoso quando a prisão é ilegal, como, por exemplo, no caso de prisão não decorrente de flagrante ou de ordem judicial, ou quando já havia ordem superior para libertação do preso, não cumprida pela autoridade responsável pela custódia. Por sua vez, se estiverem presentes os requisitos formais para a legalidade da prisão, haverá crime, ainda que se prove, no futuro, que tal prisão era injusta.

O crime pode ocorrer em qualquer local: penitenciárias ou cadeias públicas, na via pública quando o preso está sendo escoltado para audiência no Fórum ou transportado do local onde ocorreu prisão até a cadeia, em hospital onde está recebendo tratamento por doença etc.

■ 11.4.14.3. *Sujeito ativo*

Pode ser qualquer pessoa. Trata-se de crime **comum**.

O preso que foge, sem empregar violência ou grave ameaça, não comete infração penal.

No caso de fuga coletiva, em que os presos auxiliam-se mutuamente, também não há ilícito penal, com o argumento de que cada qual buscava sua própria liberdade.

■ 11.4.14.4. *Sujeito passivo*

O Estado.

■ 11.4.14.5. *Consumação*

No momento da fuga, ainda que o preso seja logo em seguida recapturado.

■ 11.4.14.6. *Tentativa*

É possível.

■ 11.4.14.7. *Figuras qualificadas*

Os §§ 1º e 3º descrevem formas qualificadas deste crime.

No primeiro, a pena é maior (reclusão, de dois a seis anos), se o crime for cometido: a) com **emprego de arma**; b) mediante **concurso de duas ou mais pessoas** (não se computando o preso nesse total); c) mediante **arrombamento** (de cadeados, grades, portas etc.). Tais hipóteses são comuns nos "resgates" de presos em cadeias públicas.

No terceiro, a pena é de reclusão, de um a quatro anos, se o crime for cometido por quem tem a **custódia** do detento (carcereiro, policial etc.). Caso se trate de policial militar, a conduta configura o crime do art. 178 do Código Penal Militar.

▪ *11.4.14.8. Concurso de crimes*

De acordo com a ressalva do art. 351, § 2º, do Código Penal, se o crime for cometido com emprego de violência contra pessoa, o agente responderá pelo crime de facilitação de fuga e pelo delito de **lesões** corporais, ainda que **leves**, ou homicídio, devendo as penas serem **somadas**.

▪ *11.4.14.9. Modalidade culposa*

No caso de culpa do funcionário incumbido da custódia ou guarda do preso ou da pessoa submetida a medida de segurança detentiva, aplica-se a pena de detenção, de três meses a um ano, ou multa (art. 351, § 4º). Trata-se de crime **próprio**, que somente pode ser praticado por quem tem a **guarda** ou **custódia** do detento e que, nesse mister, comete um **descuido** quanto à segurança, de forma a tornar possível a fuga (esquecer destrancada a cela, sair do local da guarda para fumar etc.).

Caso o agente seja policial militar, configura-se crime especial, descrito no art. 179 do Código Penal Militar.

▪ *11.4.14.10. Ação penal*

É pública incondicionada. Na figura dolosa simples e na culposa, a competência é do Juizado Especial Criminal.

▪ 11.4.15. Evasão mediante violência contra pessoa

> **Art. 352.** Evadir-se ou tentar evadir-se o preso ou o indivíduo submetido a medida de segurança detentiva usando de violência contra pessoa:
> Pena — detenção, de três meses a um ano, além da pena correspondente à violência.

▪ *11.4.15.1. Objetividade jurídica*

A administração da justiça e a incolumidade física das pessoas responsáveis pela custódia de presos.

▪ *11.4.15.2. Tipo objetivo*

O crime consiste em o preso **obter** fuga ou **tentar obtê-la** mediante emprego de **violência** contra os responsáveis por sua guarda.

A mera fuga, desacompanhada de violência contra pessoa, não constitui crime, mas, sim, falta grave disciplinar (art. 50, II, da Lei de Execuções Penais).

O emprego de grave ameaça **não** foi mencionado como forma de execução do crime em estudo, de modo que sua utilização para a fuga configura crime de ameaça ou constrangimento ilegal, dependendo do caso.

A utilização de violência contra coisa, a fim de danificar a cela ou outra parte do presídio, para viabilizar a fuga, encontra enquadramento no crime de dano qualificado. O Superior Tribunal de Justiça, todavia, vem entendendo que o fato é atípico porque a intenção do preso não é a de causar prejuízo ao Estado com sua conduta, e sim de obter sua liberdade (a respeito do tema, ver comentários ao art. 163, parágrafo único, III, do Código Penal).

O crime só pode ser cometido se o agente já estiver legalmente preso ou submetido a medida de segurança detentiva. Se a violência, todavia, for empregada para evitar que a prisão se concretize, o crime será o de resistência (art. 329).

■ 11.4.15.3. *Sujeito ativo*

Trata-se de crime **próprio**, pois só pode ser cometido pela pessoa presa (provisoriamente ou por condenação definitiva) ou submetida a medida de segurança detentiva.

■ 11.4.15.4. *Sujeito passivo*

O Estado e a pessoa que sofrer a violência.

■ 11.4.15.5. *Consumação*

No instante em que o agente realiza o primeiro ato executório visando à fuga, após ter empregado a violência. A lei equipara, para fim de consumação e de aplicação de pena, a fuga e a sua tentativa.

■ 11.4.15.6. *Tentativa*

Não é possível, pois o texto legal equipara a fuga tentada à consumada, prevendo a mesma pena para ambas as hipóteses. Assim, quando o agente tenta fugir após empregar violência, mas não obtém êxito, o crime é considerado **consumado**.

Esse tipo de infração, em que a tentativa possui a mesma pena do crime consumado, é conhecido como crime de **atentado** ou de **empreendimento**.

■ 11.4.15.7. *Concurso*

Se da violência empregada resultarem **lesões**, ainda que **leves**, ou morte, o agente responderá pelos dois crimes, e as penas serão **somadas**. É o que prevê expressamente o preceito secundário da norma incriminadora.

■ 11.4.15.8. *Ação penal*

É pública incondicionada, de competência do Juizado Especial Criminal.

11.4.16. Arrebatamento de presos

> **Art. 353.** Arrebatar preso, a fim de maltratá-lo, do poder de quem o tenha sob custódia ou guarda:
> Pena — reclusão, de um a quatro anos, além da pena correspondente à violência.

11.4.16.1. Objetividade jurídica

A Administração Pública e a preservação da incolumidade física e moral da pessoa presa.

11.4.16.2. Tipo objetivo

Arrebatar significa tirar, tomar o preso, normalmente com emprego de violência ou grave ameaça, de quem o tenha sob custódia ou guarda.

É necessário que a conduta seja realizada com o intuito de **maltratar** o preso, o que abrange desde a finalidade de ofendê-lo moralmente até a intenção de agredi-lo, matá-lo ou torturá-lo. Ex.: grupo de pessoas que arrebata preso, acusado de crime grave, do interior de uma delegacia a fim de linchá-lo. Nesse caso, os agentes responderão pelos crimes de arrebatamento de preso e homicídio em concurso material.

É indiferente que o preso seja arrebatado do interior de presídio ou na rua, quando está sob escolta.

11.4.16.3. Sujeito ativo

Pode ser qualquer pessoa. Trata-se de crime **comum**.

11.4.16.4. Sujeito passivo

O Estado e o preso.

11.4.16.5. Consumação

No momento em que o preso é arrebatado, ainda que o agente não atinja a finalidade de maltratá-lo, por ser ele imediatamente recuperado pelos agentes policiais ou carcerários. Trata-se de crime **formal**.

11.4.16.6. Tentativa

É possível.

11.4.16.7. Concurso

Se da violência empregada resultarem **lesões**, ainda que **leves**, ou morte, o agente responderá pelos dois crimes, e as penas serão **somadas**. É o que prevê expressamente o preceito secundário da norma incriminadora.

11.4.16.8. Ação penal

É pública incondicionada.

11.4.17. Motim de presos

> **Art. 354.** Amotinarem-se presos, perturbando a ordem ou disciplina da prisão:
> Pena — detenção, de seis meses a dois anos, além da pena correspondente à violência.

11.4.17.1. Objetividade jurídica

A Administração Pública, no sentido de ser preservada a ordem e a disciplina no interior dos presídios e cadeias públicas.

11.4.17.2. Tipo objetivo

Motim é a **revolta conjunta** de **grande número** de **presos** em que os participantes assumem posição de violência contra os funcionários, provocam depredações com prejuízos ao Estado ou causam distúrbios à ordem e disciplina do presídio. Não se confunde com mera briga envolvendo grande número de detentos.

Trata-se de crime de **concurso necessário**, cuja caracterização pressupõe o envolvimento de excessivo número de presos. A desordem pode ocorrer de forma espontânea ou planejada.

A participação em movimento visando subverter a ordem e a disciplina no interior de presídio constitui, concomitantemente, falta disciplinar de natureza grave, nos termos do art. 50, I, da Lei de Execuções Penais.

11.4.17.3. Sujeito ativo

Cuida-se de crime **próprio** que só pode ser cometido por pessoa presa (provisoriamente ou por condenação definitiva).

11.4.17.4. Sujeito passivo

O Estado.

11.4.17.5. Consumação

Com a perturbação da ordem carcerária.

11.4.17.6. Tentativa

É possível.

11.4.17.7. Concurso

Se da violência empregada resultarem **lesões**, ainda que **leves**, ou morte, o agente responderá pelos dois delitos, e as penas serão **somadas**. É o que prevê expressamente o preceito secundário da norma incriminadora.

Caso os agentes consigam se evadir em decorrência da violência empregada para o motim, responderão também pelo crime do art. 352.

■ 11.4.17.8. *Ação penal*

É pública incondicionada, de competência do Juizado Especial Criminal.

■ 11.4.18. Patrocínio infiel

> **Art. 355, *caput*** — Trair, na qualidade de advogado ou procurador, o dever profissional, prejudicando interesse, cujo patrocínio, em juízo, lhe é confiado:
> Pena — detenção, de seis meses a três anos, e multa.

■ 11.4.18.1. *Objetividade jurídica*

A administração da justiça e a fidelidade do advogado à pessoa a quem representa.

■ 11.4.18.2. *Tipo objetivo*

O delito pode ser cometido por **ação** (desistir de testemunha imprescindível, provocar nulidade prejudicial a seu cliente, fazer acordo lesivo etc.) ou por **omissão** (não recorrer no prazo, dar causa à perempção em razão de sua inércia etc.).

Trata-se de crime **doloso**, que somente se caracteriza quando o agente tem intenção específica de **prejudicar** interesse do representado. O erro profissional ou a conduta culposa não tipificam o delito, podendo gerar a responsabilização civil, bem como punições pela Ordem dos Advogados.

É necessário que o advogado ou procurador lese interesse do representado, que pode ser de qualquer espécie (patrimonial ou moral). Exige expressamente o tipo penal que se trate de profissional que esteja atuando em juízo (cível, criminal, falimentar, trabalhista). Assim, embora o Estatuto da OAB (Lei n. 8.906/94) elenque muitas outras formas de atuação dos advogados no interesse de seus clientes — que não seja em juízo —, estas não estão abrangidas pelo tipo penal.

A tipificação do delito em análise pressupõe que haja traição de dever profissional, referindo-se aos deveres contidos no Estatuto da OAB (Lei n. 8.906/94) e no Código de Ética e Disciplina da OAB.

O fato de o advogado não receber remuneração (atuando por favor ou por amizade) não exclui o delito.

■ 11.4.18.3. *Sujeito ativo*

Trata-se de crime **próprio**, cujo sujeito ativo é o advogado (bacharel inscrito na OAB) ou o procurador (Procurador da Fazenda, do Estado, do Município, estagiário etc.) que venha a prejudicar interesse de quem esteja representando. Pouco importa que se trate de advogado **constituído** ou **nomeado** pelo juízo.

■ 11.4.18.4. *Sujeito passivo*

O Estado e a pessoa prejudicada pela conduta do agente.

■ 11.4.18.5. Consumação

Trata-se de crime **material** que, em razão da descrição típica, só se consuma com a efetiva provocação do prejuízo.

■ 11.4.18.6. Tentativa

A tentativa somente é possível quando o advogado ou procurador pretende cometer o crime na forma comissiva, uma vez que na forma omissiva não se admite a tentativa.

■ 11.4.18.7. Ação penal

É pública incondicionada.

■ 11.4.19. Patrocínio simultâneo ou tergiversação

> **Art. 355, parágrafo único —** Incorre na pena deste artigo o advogado ou procurador judicial que defende na mesma causa, simultânea ou sucessivamente, partes contrárias.

■ 11.4.19.1. Objetividade jurídica

A administração da justiça e a fidelidade do advogado à pessoa a quem representa.

■ 11.4.19.2. Tipo objetivo

A expressão "mesma causa" deve ser entendida como sinônimo de controvérsia, litígio — ainda que os processos sejam distintos. Assim, se uma pessoa move várias ações contra pessoas diversas, fundadas, entretanto, no mesmo fato, o advogado não pode representá-la em uma das ações e a um dos réus em outra. É evidente que deve haver controvérsia entre as partes, de modo que o delito não se configura quando um mesmo advogado representa um casal em divórcio consensual em juízo.

O fato pode se dar em qualquer fase do processo: 1ª ou 2ª instância, fase de conhecimento ou execução etc.

Nos termos da lei, é indiferente que o agente defenda as partes contrárias ao mesmo tempo ou sucessivamente (tergiversação). É necessário, entretanto, que se demonstre ter o sujeito agido com dolo, pois a mera culpa não é suficiente para caracterizar a infração penal.

■ 11.4.19.3. Sujeito ativo

Trata-se de crime **próprio**, cujo sujeito ativo é o advogado (bacharel inscrito na OAB) ou o procurador (Procurador da Fazenda, do Estado, do Município, estagiário etc.). Pouco importa que se trate de advogado **constituído** ou **nomeado** pelo juízo.

■ 11.4.19.4. Sujeito passivo

O Estado e, eventualmente, a parte que seja prejudicada.

11.4.19.5. *Consumação*

Ocorre com a prática de algum ato processual em favor da segunda parte. Ao contrário do que ocorre na figura do patrocínio infiel, descrito no art. 355, *caput*, é **desnecessário** que o agente cause algum **prejuízo** para quaisquer das partes. Trata-se, pois, de crime **formal**.

11.4.19.6. *Tentativa*

É possível, como, por exemplo, quando o juiz percebe que o advogado pretende ingressar na causa para defender interesse da outra parte e o impede de fazê-lo.

11.4.19.7. *Ação penal*

É pública incondicionada. Se o fato se der na Justiça Trabalhista, a competência será da Justiça Federal.

11.4.20. Sonegação de papel ou objeto de valor probatório

> **Art. 356.** Inutilizar, total ou parcialmente, ou deixar de restituir autos, documento ou objeto de valor probatório, que recebeu na qualidade de advogado ou procurador:
> Pena — detenção, de seis meses a três anos, e multa.

11.4.20.1. *Objetividade jurídica*

A administração da justiça, no sentido de serem preservados os autos dos processos, os documentos e os objetos de valor probatório.

11.4.20.2. *Tipo objetivo*

A primeira das condutas típicas é **comissiva** e consiste em **inutilizar** o objeto material, tornando-o imprestável, como, por exemplo, ateando fogo em um processo ou rasgando um documento. Nos termos da lei, haverá o delito, seja a inutilização **total** ou **parcial**.

A segunda conduta típica é **omissiva** e se verifica quando o agente, **dolosamente**, deixa de restituir os autos, documento ou objeto. Não existe modalidade culposa do crime em análise. Assim, se o veículo de um advogado é furtado, ele não pode ser punido criminalmente porque havia um processo em seu interior, ainda que tenha sido imprudente em deixá-lo dentro de um carro estacionado na rua.

É necessário que a conduta recaia sobre autos, documento ou objeto de valor probatório. **Autos** são as peças que integram um processo de qualquer área jurisdicional (civil, penal, trabalhista etc.). **Documento** é todo papel escrito, que tem autor determinado, cujo conteúdo tem relevância jurídica e que tem valor probatório. **Objeto de valor probatório** é aquele que serve ou pode servir de elemento de convicção (ex.: um revólver apreendido em apuração de delito de homicídio). Lembre-se de que só existe crime se o agente recebeu qualquer desses objetos na qualidade de **advogado** ou **procurador**.

Por ser crime especial, absorve o delito previsto no art. 305 do Código Penal.

■ 11.4.20.3. *Sujeito ativo*

Trata-se de crime **próprio** que só pode ser cometido por advogado ou procurador.

■ 11.4.20.4. *Sujeito passivo*

O Estado e, eventualmente, a pessoa prejudicada. Ex.: a parte contrária.

■ 11.4.20.5. *Consumação*

Na modalidade inutilizar, a consumação ocorre no momento em que o objeto se torna imprestável. Na modalidade omissiva, a jurisprudência exige que o prazo de devolução tenha vencido e que o advogado ou procurador tenha sido intimado a devolver os autos e não o tenha feito, na medida em que a não restituição dentro do primeiro prazo pode ter ocorrido por esquecimento.

■ 11.4.20.6. *Tentativa*

Só é possível na modalidade comissiva, pois não existe tentativa em crimes omissivos.

■ 11.4.20.7. *Ação penal*

É pública incondicionada.

■ 11.4.21. Exploração de prestígio

> **Art. 357.** Solicitar ou receber dinheiro ou qualquer outra utilidade, a pretexto de influir em juiz, jurado, órgão do Ministério Público, funcionário de justiça, perito, tradutor, intérprete ou testemunha:
> Pena — reclusão, de um a cinco anos, e multa.
> Parágrafo único. As penas aumentam-se de um terço, se o agente alega ou insinua que o dinheiro ou utilidade se destina a qualquer das pessoas referidas neste artigo.

■ 11.4.21.1. *Objetividade jurídica*

A administração da justiça e o prestígio das autoridades mencionadas no tipo penal, bem como o patrimônio da pessoa enganada.

■ 11.4.21.2. *Tipo objetivo*

Trata-se de crime assemelhado ao delito de tráfico de influência, descrito no art. 332 do Código Penal, mas que dele se diferencia por exigir que o agente pratique o delito a **pretexto de influir** em pessoas específicas ligadas à aplicação da lei, mais especificamente em juiz, jurado, órgão do Ministério Público, funcionário da justiça, perito, tradutor, intérprete ou testemunha. No tráfico de influência, o crime é cometido a pretexto de influir em qualquer **outro** funcionário público.

A conduta típica consiste em o agente mentir para a vítima, fazendo-a acreditar que ele tem influência sobre uma das pessoas enumeradas no texto legal e, assim, solicitar ou receber alguma vantagem ou valor a pretexto de convencer o juiz, o promotor etc., a beneficiá-la de algum modo. Ex.: advogado que diz ao seu cliente que é amigo do juiz e que pode convencê-lo a julgar uma causa desta ou daquela forma e, para tanto, solicita dinheiro.

▪ *11.4.21.3. Sujeito ativo*

Pode ser qualquer pessoa, mas o crime comumente é praticado por advogados inescrupulosos. Trata-se de crime **comum**.

▪ *11.4.21.4. Sujeito passivo*

O Estado e, secundariamente, a pessoa lesada.

▪ *11.4.21.5. Consumação*

A exploração de prestígio se consuma no instante em que o agente pede ou recebe dinheiro ou qualquer outra espécie de utilidade (material, moral, sexual etc.), independentemente da ocorrência de outro resultado. Na modalidade **solicitar**, o crime se consuma ainda que a pessoa não entregue a vantagem solicitada.

▪ *11.4.21.6. Tentativa*

É possível (em relação à *solicitação*, entretanto, somente na forma escrita).

▪ *11.4.21.7. Causa de aumento de pena*

O parágrafo único prevê aumento de um terço da pena se o agente diz ou insinua que a vantagem é também endereçada a uma das pessoas enumeradas no *caput*. Ex.: advogado que solicita dinheiro ao preso, dizendo a ele que é o valor pedido pelo juiz para conceder a liberdade provisória. Para a configuração do delito, conforme já mencionado, é necessário que a afirmação seja falsa. Por isso, se o agente estiver prévia e efetivamente **conluiado** com o juiz no sentido de solicitar vantagem do preso em troca da liberdade deste, ambos responderão por corrupção passiva.

▪ *11.4.21.8. Ação penal*

É pública incondicionada.

▪ 11.4.22. Violência ou fraude em arrematação judicial

> **Art. 358.** Impedir, perturbar ou fraudar arrematação judicial; afastar ou procurar afastar concorrente ou licitante, por meio de violência, grave ameaça, fraude ou oferecimento de vantagem:
>
> Pena — detenção, de dois meses a um ano, ou multa, além da pena correspondente à violência.

■ 11.4.22.1. *Objetividade jurídica*

A administração da justiça, no sentido de preservar o bom andamento das arrematações judiciais.

■ 11.4.22.2. *Tipo objetivo*

Todas as condutas típicas são relacionadas à **arrematação judicial**, isto é, a bens levados à hasta pública por ordem judicial.

As condutas incriminadas são:

a) impedir (apor obstáculos), **perturbar** (atrapalhar) ou **fraudar** a arrematação;

b) afastar ou **procurar afastar** pessoa interessada em dela tomar parte, mediante violência, grave ameaça, fraude, ou pelo oferecimento de alguma vantagem. Comete o delito, por exemplo, quem ameaça concorrente de morte para que ele não ofereça valor maior por um bem que está interessado em arrematar.

Em se tratando de licitação realizada pela Administração Pública (federal, estadual ou municipal), as condutas caracterizam crimes mais graves previstos nos arts. 93 e 95 da Lei n. 8.666/93 (Lei de Licitações).

Existe divergência jurisprudencial para a hipótese em que alguém paga o bem arrematado com cheque sem fundos. Para alguns, configura o crime de fraude no pagamento por meio de cheque (art. 171, § 2º, VI); para outros, o crime em análise. A primeira solução parece ser a correta em face do montante da pena.

■ 11.4.22.3. *Sujeito ativo*

Qualquer pessoa. Trata-se de crime **comum**.

■ 11.4.22.4. *Sujeito passivo*

O Estado e, eventualmente, as pessoas lesadas (exs.: aquela cujo bem foi arrematado por valor menor, aquela que foi ameaçada para não dar o lance etc.).

■ 11.4.22.5. *Consumação*

Na primeira hipótese, no momento em que a arrematação judicial é impedida, perturbada ou fraudada.

Na segunda modalidade, o delito se consuma no instante em que o agente emprega a violência, grave ameaça ou fraude, ou quando oferece alguma vantagem ao concorrente ou licitante, ainda que **não** consiga retirá-lo da disputa.

■ 11.4.22.6. *Tentativa*

É possível na primeira parte do dispositivo. Na segunda parte, em que o tipo penal prevê pena para quem afasta ou procura afastar concorrente ou licitante, não é possível a tentativa, por se tratar de crime de empreendimento (ou atentado), em que a lei pune a tentativa ("procura afastar") com a mesma pena do delito consumado.

11.4.22.7. *Concurso*

Se a vítima sofrer **lesão** corporal, ainda que **leve**, ou se morrer em decorrência da violência empregada para a prática do delito, a pena do crime será **somada** à da lesão corporal ou do homicídio.

11.4.22.8. *Ação penal*

É pública incondicionada.

11.4.23. Desobediência a decisão judicial sobre perda ou suspensão de direito

> **Art. 359.** Exercer função, atividade, direito, autoridade ou múnus de que foi suspenso ou privado por decisão judicial:
> Pena — detenção, de três meses a dois anos, ou multa.

11.4.23.1. *Objetividade jurídica*

A administração da justiça, preservando-se o cumprimento das decisões judiciais a que o tipo penal se refere.

11.4.23.2. *Tipo objetivo*

A conduta típica consiste em exercer (desempenhar) a função de que foi suspenso ou privado por decisão judicial. É necessário que o sujeito o faça em desobediência a decisão judicial de natureza cível ou penal, como, por exemplo, aquelas elencadas no art. 92 do Código Penal (efeitos extrapenais específicos da condenação criminal): perda de cargo, função pública ou mandato eletivo; incapacidade para o exercício do pátrio poder (poder familiar), tutela ou curatela, nos crimes dolosos, sujeitos à pena de reclusão, cometidos contra filho, tutelado ou curatelado; inabilitação para dirigir veículo, quando utilizado como meio para a prática de crime doloso.

Por sua vez, quando o juiz **substitui** a pena privativa de liberdade por pena restritiva de direitos consistente em alguma interdição, o descumprimento não configura o crime em análise, pois a consequência encontra-se no próprio Código Penal: **revogação** da substituição e cumprimento da pena privativa de liberdade originariamente imposta.

A desobediência à suspensão imposta **administrativamente** não constitui o crime em estudo. Ex.: advogado suspenso pela OAB. O exercício da advocacia, nesse caso, configura, para alguns, o crime do art. 205 do Código Penal e, para outros, a contravenção do art. 47 da LCP (exercício ilegal de profissão).

Quem não observa a suspensão da Carteira de Habilitação imposta judicialmente em razão de condenação por crime de trânsito, comete novo delito, elencado no art. 307 da Lei n. 9.503/97 (Código de Trânsito Brasileiro).

11.4.23.3. *Sujeito ativo*

Somente a pessoa que tenha sido suspensa ou privada de exercer função, atividade, direito, autoridade ou múnus. Trata-se de crime **próprio**.

11.4.23.4. *Sujeito passivo*

O Estado.

11.4.23.5. *Consumação*

No momento em que o agente inicia o exercício, desatendendo a determinação judicial. Entendemos que o crime não tem natureza habitual.

11.4.23.6. *Tentativa*

É possível.

11.4.23.7. *Ação penal*

É pública incondicionada, de competência do Juizado Especial Criminal.

11.4.24. Questões

1. (Delegado de Polícia/SP — 2003) A solicitação de determinada importância em dinheiro, a pretexto de influir em testemunha, constitui:

a) patrocínio infiel;
b) exploração de prestígio;
c) advocacia administrativa;
d) corrupção passiva.

2. (Delegado de Polícia/SP — 2008) O crime de evasão mediante violência contra a pessoa (art. 352 do CP), em que a pena da tentativa é a mesma do crime consumado, sem qualquer redução, recebe em doutrina o *nomen juris* de:

a) crime de ensaio.
b) crime de encontro.
c) crime de empreendimento.
d) crime bipróprio.
e) crime de conteúdo variado.

3. (OAB — 133º exame — CESPE) O advogado do acusado de um crime de estupro instrui a testemunha, por ele arrolada, a mentir no processo criminal. A testemunha mente em juízo e, quando descoberta a mentira, antes da sentença, retrata-se dizendo a verdade e que foi o advogado quem a orientou a mentir. Assinale a alternativa incorreta:

a) A testemunha recebe uma extinção da punibilidade pela retratação.
b) Não constitui prerrogativa do advogado orientar a testemunha a mentir.
c) O advogado responde como partícipe do crime de falso testemunho, por ter induzido a testemunha a mentir.
d) O advogado responde como autor do crime de falso testemunho por ter induzido a testemunha a mentir.

4. (Ministério Público/PR — 2002) Quem dá dinheiro a testemunha para que esta faça afirmação falsa em depoimento comete qual crime?

a) Equiparado ao falso testemunho (343, Código Penal).
b) Corrupção passiva (317, Código Penal).
c) Concussão (art. 316, Código Penal).
d) Fraude processual (art. 347, Código Penal).

5. (Magistratura/SP — 182º concurso) Depois de ter praticado a subtração de certo bem, Fulano obteve ajuda eficaz de Sicrano para que o produto da subtração fosse escondido em

lugar seguro para futura comercialização a cargo de Fulano. A conduta de Sicrano, nesse caso, em tese, configura

a) receptação dolosa.
b) favorecimento pessoal.
c) coautoria.
d) favorecimento real.

6. (OAB — 2012.1 — FGV) Baco, após subtrair um carro esportivo de determinada concessionária de veículos, telefona para Minerva, sua amiga, a quem conta a empreitada criminosa e pede ajuda. Baco sabia que Minerva morava em uma grande casa e que poderia esconder o carro facilmente lá. Assim, pergunta se Minerva poderia ajudá-lo, escondendo o carro em sua residência. Minerva, apaixonada por Baco, aceita prestar a ajuda. Nessa situação, Minerva deve responder por

a) participação no crime de furto praticado por Baco.
b) receptação.
c) favorecimento pessoal.
d) favorecimento real.

7. (OAB — 2011.2 — FGV) Ao tomar conhecimento de um roubo ocorrido nas adjacências de sua residência, Caio compareceu à delegacia de polícia e noticiou o crime, alegando que vira Tício, seu inimigo capital, praticar o delito, mesmo sabendo que seu desafeto se encontrava na Europa na data do fato. Em decorrência do exposto, foi instaurado inquérito policial para apurar as circunstâncias do ocorrido. A esse respeito, é correto afirmar que Caio cometeu

a) delito de calúnia.
b) delito de comunicação falsa de crime.
c) delito de denunciação caluniosa.
d) crime de falso testemunho.

8. (Magistratura/SP — 2013 — Vunesp) A, testemunha compromissada, mediante suborno, presta falso testemunho, em fases sucessivas de um processo penal, por homicídio doloso, ou seja, no inquérito policial, na instrução criminal e em plenário. A cometeu crime de

a) falso testemunho em continuidade delitiva.
b) falso testemunho único, com aumento de pena.
c) falso testemunho em concurso material.
d) falso testemunho em concurso formal.

9. (Magistratura/SP — 2015) No crime de falso testemunho ou falsa perícia,

a) incide-se no crime quando a afirmação falsa é feita em juízo arbitral.
b) a conduta é tipificada quando realizada apenas em processo penal.
c) a retratação do agente, antes da sentença em que ocorreu o falso testemunho, é causa de diminuição de pena.
d) a pena aumenta da metade se o crime é praticado mediante suborno.

10. (Procurador Legislativo/Cotia — Vunesp — 2017) De acordo com o Código Penal Brasileiro, é correto afirmar, sobre os crimes praticados por particulares contra a Administração Pública, que

a) o crime de usurpação de função pública somente se caracteriza se o agente usurpador obtém vantagem enquanto na função.
b) o crime de resistência caracteriza-se pela oposição à execução de ato, ainda que ilegal, mediante violência ou grave ameaça, a funcionário competente para executá-lo ou a quem lhe esteja prestando auxílio.
c) o crime de tráfico de influência caracteriza-se independentemente de o agente influir em ato praticado por funcionário público no exercício da função.

d) no crime de sonegação de contribuição previdenciária, é extinta a punibilidade se o agente, espontaneamente, declara e confessa as contribuições e presta as informações devidas, antes do início da ação penal.
e) a reinserção no território brasileiro de mercadoria destinada à exportação, em tese, caracteriza o crime de descaminho.

■ GABARITO ■

1. "b". A conduta se enquadra no art. 357 do Código Penal.
2. "c". A denominação dada aos crimes que punem a tentativa com a mesma pena do crime consumado é crime de empreendimento ou de atentado.
3. "d". O falso testemunho, por ser crime de mão própria, só pode ter a testemunha figurando na posição de autor. Assim, o advogado que a induziu a mentir é partícipe e não autor do crime. As outras afirmativas estão corretas.
4. "a". A conduta se encaixa perfeitamente no tipo penal do art. 343 — corrupção ativa de testemunha ou perito.
5. "d". Como a intenção de Sicrano é beneficiar o próprio autor da infração (Fulano), o crime é o de favorecimento real.
6. "d". O auxílio prestado por Minerva visava beneficiar o próprio autor do crime antecedente, configurando, assim, favorecimento real.
7. "c". Caio deu causa ao início de investigação policial imputando crime de roubo a Tício, sabendo que ele era inocente (art. 339 do CP).
8. "b". As mentiras sucessivas em uma mesma ação penal constituem crime único. A pena é agravada porque houve suborno (art. 342, § 1º).
9. "a". O art. 342, do CP, expressamente menciona a possibilidade de falso testemunho em juízo arbitral.
10. "c". A obtenção de vantagem não é elementar do crime de usurpação de função pública e sim qualificadora. Só se configura resistência quando a oposição é a ato legal do funcionário público. A alternativa "d" está errada porque trocou a expressão "ação fiscal" contida na lei por "ação penal". Por fim, a conduta descrita na alternativa "e" configura contrabando e não descaminho.

IV

DOS CRIMES CONTRA AS FINANÇAS PÚBLICAS

11.5. DOS CRIMES CONTRA AS FINANÇAS PÚBLICAS

A Lei n. 10.028/2000 acrescentou este Capítulo IV no Título dos crimes contra a Administração Pública com a finalidade de resguardar os cofres públicos da ação de maus administradores que, com suas condutas irresponsáveis e levianas, criam enormes endividamentos ao Estado, bem como transferem aos seus sucessores a responsabilidade pelo pagamento.

Este novo Capítulo visa dar eficácia à Lei Complementar n. 101/2000, conhecida como **Lei de Responsabilidade Fiscal**. Foram tipificadas inúmeras infrações penais, contudo, com vários fatores em comum. Todos os crimes deste Capítulo, por exemplo, são próprios, pois só podem ser cometidos pelos funcionários públicos responsáveis por determinados atos que envolvem as finanças públicas.

11.5.1. Contratação de operação de crédito

> **Art. 359-A.** Ordenar, autorizar ou realizar operação de crédito, interno ou externo, sem prévia autorização legislativa:
> Pena — reclusão, de um a dois anos.
> Parágrafo único. Incide na mesma pena quem ordena, autoriza ou realiza operação de crédito, interno ou externo:
> I — com inobservância de limite, condição ou montante estabelecido em lei ou em resolução do Senado Federal;
> II — quando o montante da dívida consolidada ultrapassa o limite máximo autorizado por lei.

11.5.1.1. Objetividade jurídica

A probidade administrativa em relação às finanças públicas.

11.5.1.2. Tipo objetivo

As condutas típicas são **ordenar** (mandar que se faça), **autorizar** (permitir) ou **realizar** (executar) operação de crédito, sem prévia autorização legislativa. **Operação de crédito** é o "*compromisso financeiro assumido em razão de mútuo, abertura de* *crédito, emissão e aceite de título, aquisição financiada de bens, recebimento antecipado de valores provenientes da venda a termo de bens e serviços, arrendamento mercantil e outras operações assemelhadas, inclusive com o uso de derivativos financeiros*" (art. 29, III, da Lei Complementar n. 101/2000). Haverá crime se não houver prévia autorização legislativa (*caput*) ou se a operação desrespeitar limite, condição ou montante nela estabelecido ou em resolução do Senado Federal (inc. I).

Também haverá crime se o montante da dívida consolidada ultrapassar o limite máximo autorizado por lei. **Dívida consolidada** compreende o "*montante total, apurado sem duplicidade, das obrigações financeiras do ente da Federação, assumidas em virtude de leis, contratos, convênios ou tratados e da realização de operações de crédito, para amortização em prazo superior a doze meses*" (art. 29, I, da Lei Complementar n. 101/2000).

■ 11.5.1.3. *Sujeito ativo*

O funcionário público responsável pelo ato. Caso se trate de Prefeito Municipal, existe crime específico descrito no art. 1º, XX, do Decreto-Lei n. 201/67 — com a redação que lhe foi dada pela Lei n. 10.028/2000.

■ 11.5.1.4. *Sujeito passivo*

O Estado.

■ 11.5.1.5. *Consumação*

No momento em que o agente ordena, autoriza ou realiza a operação de crédito.

■ 11.5.1.6. *Tentativa*

É possível.

■ 11.5.1.7. *Ação penal*

É pública incondicionada, de competência do Juizado Especial Criminal.

■ 11.5.2. Inscrição de despesas não empenhadas em restos a pagar

> **Art. 359-B.** Ordenar ou autorizar a inscrição em restos a pagar, de despesa que não tenha sido previamente empenhada ou que exceda limite estabelecido em lei:
> Pena — detenção, de seis meses a dois anos.

■ 11.5.2.1. *Objetividade jurídica*

A probidade administrativa em relação às finanças públicas.

■ 11.5.2.2. *Tipo objetivo*

A expressão contábil "restos a pagar" refere-se à transferência para o exercício financeiro seguinte de despesas assumidas pelo administrador e que, portanto, serão pagas com fundos provenientes do orçamento do próximo ano. Haverá crime se a despesa não tiver sido previamente empenhada ou se exceder limite previsto em lei, ainda que não tenha sido trocado o administrador.

■ *11.5.2.3. Sujeito ativo*

Somente o funcionário público com atribuição para autorizar ou ordenar a inscrição. Trata-se de crime próprio.

■ *11.5.2.4. Sujeito passivo*

O Estado.

■ *11.5.2.5. Consumação*

Quando se opera efetivamente a inscrição em restos a pagar.

■ *11.5.2.6. Tentativa*

É possível.

■ *11.5.2.7. Ação penal*

Pública incondicionada, de competência do Juizado Especial Criminal.

■ 11.5.3. Assunção de obrigação no último ano do mandato ou legislatura

> **Art. 359-C.** Ordenar ou autorizar a assunção de obrigação, nos dois últimos quadrimestres do último ano do mandato ou legislatura, cuja despesa não possa ser paga no mesmo exercício financeiro ou, caso reste parcela a ser paga no exercício seguinte, que não tenha contrapartida suficiente de disponibilidade de caixa:
> Pena — reclusão, de um a quatro anos.

■ *11.5.3.1. Objetividade jurídica*

O equilíbrio orçamentário.

■ *11.5.3.2. Tipo objetivo*

A conduta ilícita consiste em ordenar ou autorizar despesa ou obrigação que não possa ser paga no mesmo ano (exercício) e vigora nos últimos oito meses do mandato ou legislatura (mandato legislativo). A finalidade é evitar os antigos "trens da alegria" em que o administrador, no término de sua gestão, assumia inúmeras despesas a serem pagas por seu sucessor.

■ *11.5.3.3. Sujeito ativo*

O titular do mandato que tem atribuição para assumir a obrigação. Ex.: Prefeito Municipal, Governador de Estado etc.

■ 11.5.3.4. *Sujeito passivo*

O Estado.

■ 11.5.3.5. *Consumação*

Quando a ordem ou autorização é concretizada, ou seja, quando a obrigação é efetivamente assumida em momento no qual já vigora a vedação.

■ 11.5.3.6. *Tentativa*

É possível.

■ 11.5.3.7. *Ação penal*

É pública incondicionada.

■ 11.5.4. Ordenação de despesa não autorizada

> **Art. 359-D.** Ordenar despesa não autorizada por lei:
> Pena — reclusão, de um a quatro anos.

■ 11.5.4.1. *Objetividade jurídica*

O patrimônio público e a probidade administrativa em relação às finanças públicas.

■ 11.5.4.2. *Tipo objetivo*

Esse dispositivo pune a criação, **a qualquer tempo**, de despesa não prevista na Lei de Orçamento, Lei de Diretrizes Orçamentárias e Plano Plurianual.

■ 11.5.4.3. *Sujeito ativo*

Somente o funcionário público que tenha atribuição legal para ordenar a despesa.

■ 11.5.4.4. *Sujeito passivo*

O Estado.

■ 11.5.4.5. *Consumação*

No momento em que a ordem é executada.

■ 11.5.4.6. *Tentativa*

É possível.

■ 11.5.4.7. *Ação penal*

Pública incondicionada.

■ 11.5.5. Prestação de garantia graciosa

> **Art. 359-E.** Prestar garantia em operação de crédito sem que tenha sido constituída contragarantia em valor igual ou superior ao valor da garantia prestada, na forma da lei:
>
> Pena — detenção, de três meses a um ano.

■ 11.5.5.1. *Objetividade jurídica*

O equilíbrio orçamentário e o patrimônio público.

■ 11.5.5.2. *Tipo objetivo*

Se um Estado ou Município fizer um empréstimo, a União, por exemplo, só poderá prestar garantia de adimplência de tal dívida se houver sido prestada contragarantia, em valor igual ou superior. Nos termos do art. 40, § 1º, II, da Lei Complementar n. 101/2000, "*a contragarantia exigida pela União a Estado ou Município, ou pelos Estados aos Municípios, poderá consistir na vinculação de receitas tributárias diretamente arrecadadas e provenientes de transferências constitucionais, com outorga de poderes ao garantidor para retê-las e empregar o respectivo valor na liquidação da dívida vencida*". Comete o crime, portanto, aquele que desrespeita tais regras e presta a garantia graciosa.

■ 11.5.5.3. *Sujeito ativo*

Somente o funcionário público competente para o ato de prestar garantia em operação de crédito.

■ 11.5.5.4. *Sujeito passivo*

O Estado.

■ 11.5.5.5. *Consumação*

Quando a garantia é prestada, independentemente de futuras consequências econômicas.

■ 11.5.5.6. *Tentativa*

É possível.

■ *11.5.5.7. Ação penal*

Pública incondicionada.

■ 11.5.6. Não cancelamento de restos a pagar

> **Art. 359-F.** Deixar de ordenar, de autorizar ou de promover o cancelamento do montante de restos a pagar inscrito em valor superior ao permitido em lei:
> Pena — detenção, de seis meses a dois anos.

■ *11.5.6.1. Objetividade jurídica*

As finanças públicas.

■ *11.5.6.2. Tipo objetivo*

O dispositivo visa punir o ato de deixar de ordenar, autorizar ou promover o cancelamento de todas as despesas que excederam o limite imposto por lei na conta de "restos a pagar". Se não for extrapolado referido limite, o fato é atípico.

A punição pressupõe que o agente não tenha sido o responsável pela inscrição em restos a pagar, pois, em tal hipótese, o crime por ele cometido seria o do art. 359-B. Os dois crimes poderão restar configurados na hipótese em que um governante que está deixando o cargo ordena ilegalmente a inscrição (art. 358-B) e aquele que assume, dolosamente deixa de determinar ou promover o cancelamento (art. 359-F).

■ *11.5.6.3. Sujeito ativo*

Somente o funcionário público que tenha atribuição para cancelar despesas inscritas em restos a pagar.

■ *11.5.6.4. Sujeito passivo*

O Estado.

■ *11.5.6.5. Consumação*

Estará configurado o crime no momento em que o agente tomar conhecimento da ilegalidade e deixar de ordenar o cancelamento dos valores acima do limite legal.

■ *11.5.6.6. Tentativa*

Inadmissível por se tratar de crime omissivo próprio.

■ *11.5.6.7. Ação penal*

É pública incondicionada.

11.5.7. Aumento de despesa total com pessoal no último ano do mandato ou legislatura

> **Art. 359-G.** Ordenar, autorizar ou executar ato que acarrete aumento de despesa total com pessoal, nos cento e oitenta dias anteriores ao final do mandato ou da legislatura:
> Pena — reclusão, de um a quatro anos.

11.5.7.1. Objetividade jurídica

A probidade administrativa em relação às finanças públicas.

11.5.7.2. Tipo objetivo

O delito em análise não se confunde com aquele do art. 359-C, pois este engloba toda e qualquer despesa e abarca um período de oito meses, enquanto o art. 359-G refere-se apenas ao aumento de despesa com pessoal e limita-se a um prazo de cento e oitenta dias. Ademais, no art. 359-C é punido o gasto que não pode ser pago na mesma gestão, enquanto no art. 359-G pune-se o aumento de despesa com pessoal a ser pago no mesmo ou em outro exercício financeiro.

11.5.7.3. Sujeito ativo

O titular do mandato que tem atribuição para assumir a obrigação. Ex.: Prefeito Municipal, Governador de Estado etc.

11.5.7.4. Sujeito passivo

O Estado.

11.5.7.5. Consumação

No momento em que é efetivado o ato que acarreta o aumento de despesa.

11.5.7.6. Tentativa

É possível.

11.5.7.7. Ação penal

É pública incondicionada.

11.5.8. Oferta pública ou colocação de títulos no mercado

> **Art. 359-H.** Ordenar, autorizar ou promover a oferta pública ou a colocação no mercado financeiro de títulos da dívida pública sem que tenham sido criados por lei ou sem que estejam registrados em sistema centralizado de liquidação e de custódia:
> Pena — reclusão, de um a quatro anos.

■ *11.5.8.1. Objetividade jurídica*

A probidade administrativa em relação às finanças públicas.

■ *11.5.8.2. Tipo objetivo*

O Estado pode vender títulos da dívida pública para captar recursos no mercado financeiro. Se tais títulos, entretanto, forem emitidos sem lastro legal (sem lei que os autorize) ou sem que estejam registrados em sistema centralizado de liquidação e de custódia, haverá crime.

■ *11.5.8.3. Sujeito ativo*

Os agentes públicos responsáveis pela colocação destes títulos no mercado.

■ *11.5.8.4. Sujeito passivo*

O Estado.

■ *11.5.8.5. Consumação*

Nas condutas "ordenar" e "autorizar", quando elaborado o ato administrativo respectivo.

Na conduta "promover", a consumação ocorre quando os títulos são ofertados ou colocados ilegalmente no mercado.

■ *11.5.8.6. Tentativa*

É possível.

■ *11.5.8.7. Ação penal*

Pública incondicionada.

REFERÊNCIAS

BARROS, Flávio Augusto Monteiro de. *Crimes contra a pessoa*. São Paulo: Saraiva, 1997. Curso de Direito Penal.

BITENCOURT, Cezar Roberto. *Tratado de direito penal*. 8. ed. São Paulo: Saraiva, 2008. v. 2.

______. *Tratado de direito penal*. São Paulo: Saraiva, 2003. v. 3.

______. *Tratado de direito penal*. São Paulo: Saraiva, 2004. v. 4.

______. *Tratado de direito penal*. 11. ed. São Paulo: Saraiva, 2011. v. 2.

______. *Tratado de direito penal*. 4. ed. São Paulo: Saraiva, 2010, v. 5.

BRUNO, Aníbal. *Crimes contra a pessoa*. 3. ed. Rio de Janeiro: Rio Gráfica, 1975.

CAPEZ, Fernando. *Curso de direito penal*. 3. ed. São Paulo: Saraiva, 2004. v. 2.

______. *Curso de direito penal*. São Paulo: Saraiva, 2004. v. 3.

COSTA JÚNIOR, Paulo José da. *Curso de direito penal*. 9. ed. São Paulo: Saraiva, 2008.

CUNHA, Rogério Sanches; BATISTA PINTO, Ronaldo. *Violência doméstica*: Lei Maria da Penha comentada artigo por artigo. 6. ed. São Paulo: RT, 2015.

DELMANTO, Celso; DELMANTO, Roberto; DELMANTO JÚNIOR, Roberto. *Código Penal comentado*. 6. ed. Rio de Janeiro: Renovar, 2002.

FRAGOSO, Heleno Cláudio. *Lições de direito penal*. 9. ed. Rio de Janeiro: Forense, 1987. v. I: Parte especial.

______. *Lições de direito penal*. 5. ed. Rio de Janeiro: Forense. 1986. v. II: Parte especial.

FRANCO, Alberto Silva. *Código Penal e sua interpretação jurisprudencial*. 6. ed. São Paulo: RT, 1995.

GRECO, Rogério. *Curso de direito penal*. 6. ed. Rio de Janeiro: Impetus, 2009. v. II.

______. *Curso de direito penal* — Parte especial. 6. ed. Rio de Janeiro: Impetus, 2009. v. III.

______. *Código Penal comentado*. 2. ed. Rio de Janeiro: Impetus, 2009.

HUNGRIA, Nélson. *Comentários ao Código Penal*. 4. ed. Rio de Janeiro: Forense, 1958. v. V.

______. *Comentários ao Código Penal*. 4. ed. Rio de Janeiro: Forense, 1958. v. VI.

______. *Comentários ao Código Penal*. 3. ed. Rio de Janeiro: Forense, 1967. v. VII.

______. *Comentários ao Código Penal*. 4. ed. Rio de Janeiro: Forense, 1959. v. VIII.

______. *Comentários ao Código Penal*. 2. ed. Rio de Janeiro: Forense, 1959. v. IX.

JESUS, Damásio de. *Direito penal*. 26. ed. São Paulo: Saraiva, 2004. v. 2.

______. *Direito penal*. 14. ed. São Paulo: Saraiva, 1999. v. 3.

______. *Direito penal*. 10. ed. São Paulo: Saraiva, 2000. v. 4.

______. *Código Penal anotado*. 10. ed. São Paulo: Saraiva, 2000.

LEITE, Manoel Carlos da Costa. *Lei das contravenções penais*. São Paulo: RT, 1976.

MIRABETE, Julio Fabbrini. *Manual de direito penal*. 18. ed. São Paulo: Atlas, 2001. v. 2.

______. *Manual de direito penal*. 14. ed. São Paulo: Atlas, 2000. v. 3.

NORONHA, E. Magalhães. *Direito penal*. 26. ed. São Paulo: Saraiva, 1994. v. 2.

______. *Direito penal*. 19. ed. São Paulo: Saraiva, 1988. v. 3.

______. *Direito penal*. 20. ed. São Paulo: Saraiva, 1995. v. 4.

NUCCI, Guilherme de Souza. *Código Penal comentado*. 14. ed. São Paulo, Forense, 2015.

______. *Curso de direito penal*. Parte especial. Rio de Janeiro: Forense, 2017. v. 2.

PRADO, Luiz Regis. *Comentários ao Código Penal*. 2. ed. São Paulo: RT, 2003.

SILVEIRA, Euclides Custódio da. *Crimes contra a pessoa*. 2. ed. São Paulo: RT, 1973.

TOLEDO, Francisco de Assis. *Princípios básicos de direito penal*. 5. ed. São Paulo: Saraiva, 1994.